ପ୍ରାଚୀନ କାବ୍ୟ ବିତାନ

ପ୍ରାଚୀନ କାବ୍ୟ ବିତାନ

ସଂକଳିକା
ଡକ୍ଟର ସଂଘମିତ୍ରା ଭଂଜ
ଦୀପ୍ତିମୟୀ ସାହୁ

ବ୍ଲାକ୍ ଈଗଲ୍ ବୁକ୍ସ
ଭୁବନେଶ୍ୱର, ଓଡ଼ିଶା

BLACK EAGLE BOOKS
Dublin, USA

ପ୍ରାଚୀନ କାବ୍ୟ ବିତାନ

ସଂକଳିକା:

ଡକ୍ଟର ସଂଘମିତ୍ରା ଭଞ୍ଜ

ଦୀପ୍ତିମୟୀ ସାହୁ

ପ୍ରଥମ ପ୍ରକାଶନ : ରଥଯାତ୍ରା, ୨୦୨୨

ପ୍ରକାଶକ: ବ୍ଲାକ୍ ଈଗଲ୍ ବୁକ୍ସ

BLACK EAGLE BOOKS

USA address:
7464 Wisdom Lane
Dublin, OH 43016

India address:
E/312, Trident Galaxy, Kalinga Nagar,
Bhubaneswar-751003, Odisha, India

E-mail: info@blackeaglebooks.org
Website: www.blackeaglebooks.org

First International Edition Published by
BLACK EAGLE BOOKS, 2022

PRACHINA KAVYA BITANA
Compiled by
Dr. Sanghamitra Bhanja
Diptimayee Sahu

Copyright © **Black Eagle Books**

All rights reserved. No part of this publication may be reproduced, stored in a retrieval system, or transmitted, in any form or by any means, electronic, mechanical, photocopying, recording or otherwise without the prior permission of the publisher.

Cover & Interior Design: Ezy's Publication

ISBN- 978-1-64560-288-0 (Paperback)

Printed in the United States of America

ଆମୁଖ

ପ୍ରାଚୀନ ଭିତ୍ତିଭୂମି ଉପରେ ଦଣ୍ଡାୟମାନ ହୋଇଥିବା ଆଧୁନିକ ମୂଲ୍ୟବୋଧ ସର୍ବଦା ଶକ୍ତିଶାଳୀ ହୁଏ । ଭିନ୍ନ ଅର୍ଥରେ କହିଲେ ପ୍ରାଚୀନ ମୂଲ୍ୟବୋଧରେ ଆଧୁନିକତାର ବଳିଷ୍ଠ ଭିତ୍ତିପ୍ରସ୍ତର ସ୍ଥାପିତ ହୋଇଥାଏ । ଅନୁରୂପ ଭାବରେ ପ୍ରାଚୀନ ଓଡ଼ିଆ ଭାଷା ସାହିତ୍ୟ ଯୁଗେଯୁଗେ ଆଧୁନିକ ସାହିତ୍ୟର ପ୍ରତିନିଧିତ୍ୱ କରି ଆସୁଅଛି । ପ୍ରାଚୀନତା ଏକ ମୂଳଦୁଆ । ଏକ ଟାଣୁଆ ଚେର, ଭିତ୍ତିଭୂମି, ଗଣ୍ଡି ଏବଂ ଏକ ଦୀପଦଣ୍ଡୀ । ଓଡ଼ିଆ ଭାଷା ସାହିତ୍ୟର ବିଶ୍ଳେଷଣ କ୍ଷେତ୍ରରେ ଏହାର ଆରମ୍ଭିକ ରୂପ ସର୍ବଦା ନିଜସ୍ୱ ମୌଳିକତା ଏବଂ ବ୍ୟତିକ୍ରମକୁ ନେଇ ଔଜ୍ଜ୍ୱଲ୍ୟମଣ୍ଡିତ । ଓଡ଼ିଆ ଭାଷା-ସାହିତ୍ୟର ବିଶ୍ଳେଷଣ କ୍ଷେତ୍ରରେ ଏହାର ଆରମ୍ଭିକ ରୂପ ସର୍ବଦା ଗୁରୁତ୍ୱପୂର୍ଣ୍ଣ ଭୂମିକା ନିର୍ବାହ କରିଥାଏ । ମୂଳଦୁଆକୁ ଭୁଲି କେହି କେବେ ଊର୍ଦ୍ଧ୍ୱାୟିତ ହୋଇପାରି ନାହିଁ । ଚେତନାର ଊର୍ଦ୍ଧ୍ୱଗମନ ସର୍ବଦା ଶକ୍ତିଶାଳୀ ମୂଳଦୁଆ ଉପରେ ନିର୍ଭରଶୀଳ ଥାଏ । ପ୍ରାଚୀନ ଓଡ଼ିଆ ସାହିତ୍ୟ ଯୁଗେ ଯୁଗେ ଆଲୋକବର୍ତ୍ତିକା ତୁଲ୍ୟ ଆଧୁନିକ ଓଡ଼ିଆ ସାହିତ୍ୟପ୍ରେମୀଙ୍କୁ ସ୍ପଷ୍ଟ ଭାବରେ ଏକ ବଳୟ ପ୍ରଦାନ କରିଛି । ଯଦି ଜଣେ ପାଠକ, ପ୍ରାଚୀନ ସାହିତ୍ୟକୁ ବାଦ୍ ଦେଇ ଆଧୁନିକ ସାହିତ୍ୟଠାରୁ ପଢ଼ା ଆରମ୍ଭ କରେ ତେବେ ତା'ର ସାହିତ୍ୟାନୁଶୀଳନ ଫମ୍ପା ଓ ଅର୍ଥହୀନ ମନେହେବ । ତେବେ ଏତିକି ସର୍ବଜନାଦୃତ ଯେ, ପ୍ରାଚୀନ ସାହିତ୍ୟ ହିଁ ଆଧୁନିକ ସାହିତ୍ୟର ଗର୍ଭଗୃହ ।

ପ୍ରାଚୀନ ସାହିତ୍ୟକୁ ଅବଲୋକନ କଲେ ପ୍ରଥମେ ଆମର ଦୃଷ୍ଟିବଦ୍ଧ ହୁଏ ଏକ ସଂପ୍ରସାରିତ ଲୋକ ସାହିତ୍ୟର ଧାରା । ଯାହାର ଅନ୍ୟନାମ ଶ୍ରୁତି ବା ଲୋକବେଦ । ଯାହା ସହସ୍ର ବର୍ଷ ଧରି ଲୋକଜୀବନର ପ୍ରାଣସ୍ପନ୍ଦନକୁ ପ୍ରତିଷ୍ଠା ଦେଇଆସିଛି । ଏହାର ପରବର୍ତ୍ତୀ ପର୍ଯ୍ୟାୟରେ ବୌଦ୍ଧଧର୍ମ କୈନ୍ଦ୍ରିକ ଚଉରାଅଶି ସିଦ୍ଧାଚାର୍ଯ୍ୟମାନଙ୍କ 'ଚର୍ଯ୍ୟା ସାହିତ୍ୟ' ଏକ

ଅନତିକ୍ରମ୍ୟ ତତ୍ତ୍ୱଗ୍ରନ୍ଥ । ଯାହାକି ଓଡ଼ିଆ ଭାଷା-ସାହିତ୍ୟର ଅସ୍ମିତାକୁ ଚିହ୍ନାଏ । ଯାହାର ଗଭୀର ଦର୍ଶନ, ମୂଲ୍ୟବୋଧ, ନିଗୂଢ଼ ତତ୍ତ୍ୱ ଯୁଗଯୁଗ ଧରି ବିଶ୍ଳେଷଣର ଅପେକ୍ଷା ରଖେ । ଏ ଦୃଷ୍ଟିରୁ ୮୪ ସିଦ୍ଧାଚାର୍ଯ୍ୟଙ୍କ ପରମ୍ପରାରେ ଅନ୍ତର୍ଭୁକ୍ତ ୨୩ ଜଣ କବିଙ୍କ ୫୦ଗୋଟି ଗୀତିକା ଅତ୍ୟନ୍ତ ଉପାଦେୟ । କିନ୍ତୁ ଚର୍ଯ୍ୟା ସାହିତ୍ୟର ଆବିଷ୍କର୍ତ୍ତା ଭାବରେ ମହାମହୋପାଧ୍ୟାୟ ପଣ୍ଡିତ ହରପ୍ରସାଦଶାସ୍ତ୍ରୀ ମହୋଦୟଙ୍କର ଭାଷାତାତ୍ତ୍ୱିକ ଆକଳନ ଏବଂ ଡକ୍ଟର କରୁଣାକର କର ପ୍ରମୁଖ ବିଦ୍ୱାନ୍‌ଙ୍କ ଦ୍ୱାରା ଓଡ଼ିଆ ଭାଷାର ଆଦିରୂପ ଭାବରେ ଏହାକୁ ମର୍ଯ୍ୟାଦା ପ୍ରଦାନ କରିବା ନିଶ୍ଚିତ ରୂପେ ଗର୍ବ ଏବଂ ଗୌରବର ବିଷୟ । ଚର୍ଯ୍ୟା ସାହିତ୍ୟ ଅପଭ୍ରଂଶ ଭାଷାର ଅନ୍ତିମ ରୂପ ଏବଂ ଓଡ଼ିଆ ଭାଷାର ଆଦିରୂପ ଭାବରେ ସ୍ୱତନ୍ତ୍ର ପ୍ରତିଷ୍ଠା ଓ ପ୍ରଚୁର ସମ୍ମାନ ଦାବି କରେ । ପରବର୍ତ୍ତୀ ପର୍ଯ୍ୟାୟରେ ନାଥ ସାହିତ୍ୟର ଯୋଗସମନ୍ୱିତ ତତ୍ତ୍ୱଗ୍ରନ୍ଥ ଶୈବ ସାହିତ୍ୟର ରୁଦ୍ର ସୁଧାନିଧି, ସୋମନାଥ ବ୍ରତ କଥା ପରି ହାତଗଣତି କେତୋଟି ଜ୍ଞାନଗ୍ରନ୍ଥର ପ୍ରକାଶିତ ରୂପ ଆମର ଦୃଷ୍ଟି ପଥାରୂଢ଼ ହୁଏ । ଏ କ୍ଷେତ୍ରରେ 'ରୁଦ୍ରସୁଧାନିଧି' ପରି ଆଦିଯୁଗୀୟ ଗଦ୍ୟ ସାହିତ୍ୟର କାଳଖଣ୍ଡ ଆକଳନ ଏ ଯାବତ୍ ବିବାଦୀୟ । ଶୈବଧର୍ମର ପ୍ରଖ୍ୟାପକ ଭାବରେ ଏହି ଗ୍ରନ୍ଥଟି ଓଡ଼ିଆ ଭାଷା-ସାହିତ୍ୟ ଏବଂ ବିଶେଷ କରି ଗଦ୍ୟସାହିତ୍ୟରେ ଆଦି ପର୍ଯ୍ୟାୟର ଏକ ସ୍ୱତନ୍ତ୍ର କୃତି । ଏଥିରେ ଆଧୁନିକ ଗଦ୍ୟ ସୃଷ୍ଟିର ଆଦ୍ୟ ଉତ୍ସ ନିହିତ । ଓଡ଼ିଆ ଭାଷା-ସାହିତ୍ୟର ଐଶ୍ୱର୍ଯ୍ୟମୟ ଦିଗ ଉନ୍ମୋଚନ କରିଥିବା ମାଟିର ମହାକବି ସାରଳା ଦାସଙ୍କର 'ମହାଭାରତ' ରଚନା ଓଡ଼ିଶା ତଥା ଓଡ଼ିଆ ଜନଜୀବନର ବିଶ୍ୱସ୍ତ ବାର୍ତ୍ତାବହ । 'ସାରଳା ମହାଭାରତ' ଗ୍ରନ୍ଥଟି ବ୍ୟାସଦେବ କୃତ ମହାଭାରତରେ ସଂପୂର୍ଣ୍ଣ ଅନୁକରଣ ନୁହେଁ, ବରଂ ମୌଳିକ ଚିନ୍ତନପର୍ବର ନୂତନ ନୂତନ ଅଧ୍ୟାୟକୁ ସଂଯୋଜିତ କରୁଥିବା ଏକ ଉଜ୍ଜ୍ୱଳ ସାହିତ୍ୟ କୃତି । ଏଥିପାଇଁ ସାରଳା ଦାସ କାଳଜୟୀ ସ୍ରଷ୍ଟାର ମାନ୍ୟତା ଦାବି କରନ୍ତି । 'ସାରଳା ମହାଭାରତ'ର ବିବିଧ ପର୍ବ ମଧ୍ୟରୁ 'ସ୍ୱର୍ଗାରୋହଣ' ପର୍ବଟି ତାଙ୍କ ମୌଳିକ କାବ୍ୟପ୍ରତିଭା ତଥା ବଳିଷ୍ଠ ଚେତନାର ନିଖୁଣ ପରିପ୍ରକାଶ କହିଲେ ଭୁଲ୍ ହେବନାହିଁ । ନୂତନ ବିଷୟବସ୍ତୁର ସଂଯୋଗ, ଉତ୍କଳର ମାଟି, ପାଣି, ପବନ, ତୀର୍ଥକ୍ଷେତ୍ରର ସ୍ୱାତନ୍ତ୍ର୍ୟ ପ୍ରତିଷ୍ଠା କରିଛନ୍ତି ପାଣ୍ଡବଙ୍କ ସ୍ୱର୍ଗାରୋହଣ ଯାତ୍ରାର ଅବଶେଷରେ । ଉଚ୍ଚାଙ୍ଗ ଚେତନା, ଉନ୍ନତ ପରିକଳ୍ପନା, ମଞ୍ଜୁଳ ଶବ୍ଦରାଶିର ସମାରୋହରେ 'ସ୍ୱର୍ଗାରୋହଣ ପର୍ବ'ର ଶୋଭା ପାଠକ ହୃଦୟ, ଚିତ୍ତ, ଜ୍ଞାନକୁ କରେ ଆହ୍ଲାଦିତ । ସାରଳା ଦାସଙ୍କ ପରବର୍ତ୍ତୀ ଯୁଗଜନ୍ମା ସନ୍ଥସାଧକ ତଥା ପଞ୍ଚସଖାଙ୍କ ମଧ୍ୟରେ ଅଗ୍ରଜ ବଳରାମ ଦାସ ଚିରନମସ୍ୟ । ତାଙ୍କ ଦ୍ୱାରା ଲିଖିତ 'ଭାବସମୁଦ୍ର'ର ପଠନ, ଶ୍ରବଣ ଦ୍ୱାରା ପାଠକ ମହାପ୍ରଭୁ ଜଗନ୍ନାଥଙ୍କ ପ୍ରତି ଅନାବିଳ ସିନ୍ଧୂର୍ମିଙ୍କୁ ଉପଲବ୍ଧି କରିପାରିବେ । ଭକ୍ତର ପ୍ରଚଣ୍ଡ ଅଭିମାନ ନେଇ ବାଲିରଥରେ ମହାପ୍ରଭୁ ଶ୍ରୀଜଗନ୍ନାଥଙ୍କୁ ବିଜେ କରାଇବାର ଅନୁଭୂତି

ତତ୍ତ୍ୱତଃ ଅନନ୍ୟ। ଆବେଗରେ ଜଡ଼ସଡ଼ ଏହାର ପ୍ରତ୍ୟେକଟି ପଦପଂକ୍ତି ପାଠକଙ୍କୁ ଭକ୍ତିରସରେ ଆପ୍ଳୁତ କରିପାରେ। ପଞ୍ଚସଖା ଯୁଗୀୟ ଅନ୍ୟତମ ସନ୍ଥକବି ଜଗନ୍ନାଥ ଦାସ ଗୋସ୍ୱାମୀଙ୍କ 'ଭାଗବତ' ଭକ୍ତିଗ୍ରନ୍ଥ ଆଜି ମଧ୍ୟ ସ୍ମରଣୀୟ। 'ଭାଗବତ'ର ଦଶମ ସ୍କନ୍ଧରେ ସନ୍ନିବେଶିତ ୩୦ ଅଧ୍ୟାୟଠାରୁ ୩୪ ଅଧ୍ୟାୟ ପର୍ଯ୍ୟନ୍ତ ଥିବା 'ରାସପଞ୍ଚାଧ୍ୟାୟୀ' ମଧ୍ୟରେ ଗୋପୀ-କୃଷ୍ଣଙ୍କ ଅଲୌକିକ ଦିବ୍ୟଲୀଳାର ବୈଷ୍ଣବୀୟ ଭକ୍ତିତତ୍ତ୍ୱ ସମ୍ବଳିତ ପ୍ରସଙ୍ଗର ଶ୍ରେଷ୍ଠତା ଅବିସମ୍ବାଦିତ। ପ୍ରତ୍ୟେକ ଭକ୍ତ ଏବଂ ପାଠକ ପ୍ରାଣକୁ ଅଭିମନ୍ତ୍ରିତ ତଥା ମଧୁର ବଂଶୀବାଦନ କରି ଗୋପୀକୂଳଙ୍କୁ ଆବାହନ, ଗୋପୀଙ୍କ ଗର୍ବ ଗଞ୍ଜନ, ଯମୁନା ତଟର ବାଲିକୁଦରେ ବିରହବିଧୂର- ଶୋକାତୁର ଗୋପାଙ୍ଗନାଙ୍କର ଶ୍ରୀକୃଷ୍ଣଙ୍କ ଗୁଣସ୍ମରଣ, ପରିଣତିରେ ଷୋଳ ସହସ୍ର ଗୋପାଙ୍ଗନାଙ୍କୁ ଷୋଳ ସହସ୍ର ରୂପ ନେଇ ଶ୍ରୀକୃଷ୍ଣଙ୍କ ରାସକ୍ରୀଡ଼ାର ମାଧୁର୍ଯ୍ୟପୂର୍ଣ୍ଣ ବର୍ଣ୍ଣନା ହୃଦୟକୁ ମୁଗ୍ଧବିଭୋର କରେ।

ପ୍ରାଚୀନ ଓଡ଼ିଆ ସାହିତ୍ୟର ପରଂପରା ଥିଲା ଗୀତିମୟ। ସେହି ଗୀତିମୟତାର ଛନ୍ଦଲାଳିତ୍ୟ, ରସ ପ୍ରାଚୁର୍ଯ୍ୟ, ସାଙ୍ଗୀତିକତା ଯୁଗେ ଯୁଗେ ଓଡ଼ିଆ ପାଠକଙ୍କ ନିମନ୍ତେ ସ୍ୱତନ୍ତ୍ର ଆବେଦନ ରଖେ। ପ୍ରାଚୀନ ଗୀତି ପରଂପରାକୁ ଅବଲୋକନ କଲେ ଆମ ସମ୍ମୁଖରେ ସେହି ସୁଦୀର୍ଘ ପରଂପରା ନିଃସୃତ ପଦ୍ୟରୂପ ସ୍ପଷ୍ଟ ପ୍ରତିଭାତ ହୁଏ। ଯାହାକୁ ପାଠକ ସମାଜ ପୋଇ, ବୋଲି, ଚମ୍ପୂ, ଚଉପଦୀ, ଚଉତିଶା, ଭଜନ, ଜଣାଣ, କୋଇଲି, ଗାହା, ଦୋହାଦି କ୍ଷୁଦ୍ରକ୍ଷୁଦ୍ର ଗୀତିକା ଭାବରେ ପ୍ରତ୍ୟକ୍ଷ କରନ୍ତି। ଏହି କ୍ଷୁଦ୍ରସଂଗୀତ ଗୁଡ଼ିକ ନିରସ, ସ୍ପନ୍ଦନହୀନ ଓଡ଼ିଆଙ୍କ ପ୍ରାଣରେ ମଧୁର ମୂର୍ଚ୍ଛନା ତୋଳି, ପ୍ରାଣପ୍ରାଚୁର୍ଯ୍ୟ ପ୍ରଦାନରେ ଅଦ୍ଭୁତ ଶକ୍ତି ପ୍ରଦାନ କରିପାରିଥିଲା। ପରବର୍ତ୍ତୀ ଆଧୁନିକ ଯୁଗରେ 'ଚତୁର୍ଦ୍ଦଶପଦୀ କବିତା (ସନେଟ), ଶୋକ ଗୀତିକା, ଗାଥା କବିତା, ସମ୍ବୋଧନାତ୍ମକ କବିତା, ବ୍ୟଙ୍ଗ କବିତା, ଦେଶାତ୍ମବୋଧ କବିତାଦିର ନବରୂପ ପ୍ରତିଭାତ ହୋଇଥିଲା। ପ୍ରାଚୀନ ଗୀତିକାଗୁଡ଼ିକରୁ କବିଗଣ ଯେ ପ୍ରବନ୍ଧର ଆଦ୍ୟପ୍ରେରଣା ଲାଭ କରିଥିଲେ ଏହା ନିଃସନ୍ଦେହ। କ୍ଷୁଦ୍ରାବୟବ ବିଶିଷ୍ଟ ସ୍ୱୟଂସମ୍ପୂର୍ଣ୍ଣ ଏହି ସୁକୁମାର କଳାକୃତି ସମୂହ ଏବେବି ବହୁ ଜନପ୍ରିୟ ଓ ପାଠକାଦୃତି ଲାଭ କରିପାରିଛି।

ପ୍ରାଚୀନ ସାହିତ୍ୟ ଏତେ ବ୍ୟାପକ ଯେ, ତାକୁ ଗୋଟେ ସୀମିତ ପରିସର ଭିତରେ ସୁଗୁମ୍ଫିତ କରି ପାଠକମାନଙ୍କ ନିମନ୍ତେ ପ୍ରସ୍ତୁତ କରିବା ଅତ୍ୟନ୍ତ କଷ୍ଟସାପେକ୍ଷ କିନ୍ତୁ, ଆମେ ଅନୁଭବ କରିଛୁ ଯେତେବେଳେ ଜିଜ୍ଞାସୁ ବିଦ୍ୟାର୍ଥୀ ପ୍ରାଚୀନ ସାହିତ୍ୟର ସ୍ୱରୂପକୁ ବୁଝି ତାକୁ ଏକତ୍ର ଭାବରେ ଖୋଜିବା ପାଇଁ ଇଚ୍ଛା କରେ ସେତେବେଳେ ସେ ମଧୁମକ୍ଷିକା ପରି ଏଣେତେଣେ ଘୁରିବୁଲେ ଏବଂ ବିବିଧ ଉତ୍ସରୁ ଜ୍ଞାନଲାଭ କରେ। ତାହା ସମୟ ସାପେକ୍ଷ ହେବା ସହିତ ଅତ୍ୟନ୍ତ ଅସହାୟ ବୋଧକ ମଧ୍ୟ। ଜିଜ୍ଞାସୁ ବିଦ୍ୟାର୍ଥୀଙ୍କ ଏହି

ଅସହାୟତାକୁ ଦୂର କରିବା ଉଦ୍ଦେଶ୍ୟରେ ଆମର ଏହି ପ୍ରୟାସ ନିଶ୍ଚିତ ରୂପେ ଆଶାନୁରୂପ ଫଳଦାୟୀ ହେବ। ଏହାକୁ ସଂଯୋଜିତ କରିବା ପାଇଁ ବହୁଶ୍ରମ ବିନିଯୋଗ ହୋଇଛି। ଏହି ଆୟାସସାଧ୍ୟ ସଂପାଦନ କାର୍ଯ୍ୟଟିକୁ ସୁଚାରୁ ରୂପେ ପୂର୍ଣ୍ଣ କରିବା ନିମନ୍ତେ ଆମେ ବହୁ ବିଶିଷ୍ଟ ପ୍ରାଚୀନ ସାହିତ୍ୟ ସଂପାଦକଙ୍କର ମୂଳ ସଂପାଦିତ ପୁସ୍ତକ ଗୁଡ଼ିକୁ ତନ୍ନ ତନ୍ନ ଅନୁଧ୍ୟାନ ପୂର୍ବକ ଅନୁକରଣ କରିଛୁ। ପଣ୍ଡିତ ଆର୍ତ୍ତବଲ୍ଲଭ ମହାନ୍ତି, ଡକ୍ଟର କୃଷ୍ଣ ଚରଣ ବେହେରା, ପ୍ରଫେସର ବଂଶୀଧର ମହାନ୍ତି, ଡକ୍ଟର ସଂପାଦକ ବୃନ୍ଦ ଏ କ୍ଷେତ୍ରରେ ଆମ ପାଇଁ ସୁସ୍ମରଣୀୟ ଏବଂ ଗ୍ରନ୍ଥର ପ୍ରକାଶ ଅବକାଶରେ ଆମେ ତାଙ୍କ ଋଣକୁ ସ୍ୱୀକାର କରୁଛୁ।

ପରିଶେଷରେ ଏହି ଗ୍ରନ୍ଥ ସଂକଳନ ଏବଂ ପ୍ରକାଶନ ନିମିତ୍ତ ପୂର୍ଣ୍ଣ ସହଯୋଗ, ପ୍ରେରଣା ଓ ଉତ୍ସାହ ପ୍ରଦାନ କରିଥିବା ସେହି ବିଶିଷ୍ଟ ବ୍ୟକ୍ତିବୃନ୍ଦଙ୍କୁ ଆମେ ସ୍ମରଣ କରୁଛୁ। ପ୍ରାଚୀନ ସାହିତ୍ୟ କ୍ଷେତ୍ରରେ ମହତ୍ତ୍ୱପୂର୍ଣ୍ଣ ଭୂମିକା ନିର୍ବାହ କରିଥିବା ବିଶିଷ୍ଟ ପଣ୍ଡିତ ସୂର୍ଯ୍ୟନାରାୟଣ ଦାଶ, ପଣ୍ଡିତ ନୀଳକଣ୍ଠ ଦାସ, ସୁରେନ୍ଦ୍ର ମହାନ୍ତି, ଏବଂ ଆଧୁନିକ ଯୁଗର ସୁସମାଲୋଚକ ସୁରେନ୍ଦ୍ର କୁମାର ମହାରଣା ଏ କ୍ଷେତ୍ରରେ ଆମର ନମସ୍ୟ। ସାହିତ୍ୟକୁ ପ୍ରାଣ ଭାବେ ବିବେଚନା କରୁଥିବା ୟୁ.ଏସ୍.ଏ ସ୍ଥିତ ବିଶିଷ୍ଟ କବି, ସାହିତ୍ୟିକ, ସୁସଂପାଦକ, ଅନୁବାଦ ତଥା ପ୍ରକାଶକ, ଶ୍ରୀ ସତ୍ୟ ପଟ୍ଟନାୟକଙ୍କ ନିକଟରେ କୃତଜ୍ଞତା ଜ୍ଞାପନ କରୁଛୁ। ମୁଦ୍ରଣ ଦାୟିତ୍ୱରେ ଶାରଳା ଗ୍ରାଫିକ୍ସ ଏବଂ ପ୍ରଚ୍ଛଦ ଦାୟିତ୍ୱରେ ଥିବା ଅଶୋକ ପରିଡ଼ାଙ୍କୁ ଏହି ଅବସରରେ ଆମ୍ଭେ ଧନ୍ୟବାଦ ଅର୍ପଣ କରୁଛୁ।

ଏହି ସଂକଳନଟି ଅନୁସନ୍ଧିତ୍ସୁ ଓଡ଼ିଆ ପାଠକବୃନ୍ଦଙ୍କ ସେବାରେ ନିୟୋଜିତ ହୋଇପାରିଲେ ଆମର ଅକ୍ଲାନ୍ତ ଶ୍ରମ ସାର୍ଥକ ହୋଇପାରିବ।

ସଂଘମିତ୍ରା ଭଞ୍ଜ

ଦୀପ୍ତିମୟୀ ସାହୁ

ସୂଚିପତ୍ର

ଚର୍ଯ୍ୟାକାର ସରହପାଦ		୧୧
ଅଚିନ୍ତ୍ୟ ଧର୍ମ-ଚର୍ଯ୍ୟା	ସରହପାଦ	୧୨
ମନଃ ଶିକ୍ଷା-ଚର୍ଯ୍ୟା	ସରହପାଦ	୧୪
ନୌକା-ଚର୍ଯ୍ୟା	ସରହପାଦ	୧୬
ଅବିନୀତ ଚିତ୍ତ-ଚର୍ଯ୍ୟା	ସରହପାଦ	୧୮
ଚର୍ଯ୍ୟାକାର ଲୁଇପାଦ		୨୦
କାୟା-ତରୁଚର୍ଯ୍ୟା	ଲୁଇପାଦ	୨୧
ସହଜ ତତ୍ତ୍ୱଚର୍ଯ୍ୟା	ଲୁଇପାଦ	୨୩
ଚର୍ଯ୍ୟାକାର ଶବରୀପାଦ		୨୫
ଶବର ଶବରୀ-ପ୍ରେମଚର୍ଯ୍ୟା	ଶବରୀପାଦ	୨୭
ମତ୍ତ ଶବର-ମୃତ୍ୟୁଚର୍ଯ୍ୟା	ଶବରୀପାଦ	୩୦
ଚର୍ଯ୍ୟାକାର କାହ୍ନୁପାଦ	କାହ୍ନୁପାଦ	୩୩
ବାଟ ଓଗାଳି ଚର୍ଯ୍ୟା	କାହ୍ନୁପାଦ	୩୫
ମତ୍ତ ମାତଙ୍ଗଚର୍ଯ୍ୟା	କାହ୍ନୁପାଦ	୩୭
ଡୋମ୍ବୀ ଚର୍ଯ୍ୟା	କାହ୍ନୁପାଦ	୩୯
ଡୋମ୍ବୀ ହେରୁକ ଚର୍ଯ୍ୟା	କାହ୍ନୁପାଦ	୪୧
ନୟବଳ ଚର୍ଯ୍ୟା	କାହ୍ନୁପାଦ	୪୩
ନୌଯାତ୍ରା ଚର୍ଯ୍ୟା	କାହ୍ନୁପାଦ	୪୫
କାମ ଚଣ୍ଡାଳୀ ଚର୍ଯ୍ୟା	କାହ୍ନୁପାଦ	୪୭
ଡୋମ୍ବୀବିବାହ-ଚର୍ଯ୍ୟା	କାହ୍ନୁପାଦ	୪୯
ରାଜହଂସ-ଚର୍ଯ୍ୟା	କାହ୍ନୁପାଦ	୫୧
ସହଜନିଦ୍ରା ଚର୍ଯ୍ୟା	କାହ୍ନୁପାଦ	୫୩
ମୂକବଧିର ଉପଦେଶ-ଚର୍ଯ୍ୟା	କାହ୍ନୁପାଦ	୫୫

- ସ୍କନ୍ଦ ବିଯୋଗ-ଚର୍ଯ୍ୟା କାହ୍ନୁପାଦ ୫୭
- ନିଷ୍କଳ ବୃକ୍ଷ ଛେଦ -ଚର୍ଯ୍ୟା କାହ୍ନୁପାଦ ୫୯
- ସ୍ୱର୍ଗାରୋହଣ ପର୍ବ ସାରଳା ଦାସ ୬୧
- ରୁଦ୍ର ସୁଧାନିଧି ନାରାୟଣାନନ୍ଦ
  ଅବଧୂତ ସ୍ୱାମୀ ୧୫୦
- କଳସା ଚଉତିଶା ବସା ଦାସ ୩୦୩
- କେଶବ କୋଇଲି ମାର୍କଣ୍ଡ ଦାସ ୩୦୯
- ଭାବସମୁଦ୍ର ବଳରାମ ଦାସ ୩୧୨
- କମଳ ଲୋଚନ ଚଉତିଶା ବଳରାମ ଦାସ ୪୮୭
- କାନ୍ତ କୋଇଲି ବଳରାମ ଦାସ ୪୮୯
- ରାସ ପଞ୍ଚାଧ୍ୟାୟୀ ଜଗନ୍ନାଥ ଦାସ ୪୯୨
- ଅର୍ଥ କୋଇଲି ଜଗନ୍ନାଥ ଦାସ ୫୨୫
- ବାରମାସୀ କୋଇଲି ଶିଶୁ ଶଙ୍କର ଦାସ ୫୪୩
- ଆଉଂଶ୍ରାଣ ଜଣାଣ ଦୀନକୃଷ୍ଣ ଦାସ ୫୪୪
- ମନବୋଧ ଚଉତିଶା ଭକ୍ତ ଚରଣ ଦାସ ୫୫୮
- କଳା କଳେବର ଚଉତିଶା ଭକ୍ତ ଚରଣ ଦାସ ୫୭୧

ଚର୍ଯ୍ୟାକାର ସରହପାଦ

ଶରହସ୍ତ ହୋଇ ସଦା ଭ୍ରମଣ କରୁଥିବାରୁ ତାଙ୍କ ନାମ ଥିଲା - ସରହପା । ସରହପାଙ୍କ ଅନ୍ୟାନ୍ୟ ନାମ - ରାହୁଲଭଦ୍ର, ରାହୁଲଶୁଚି, ସରୋଜବଜ୍ର, ବା ପଦ୍ମବଜ୍ର । ବୌଦ୍ଧ ସିଦ୍ଧାଚାର୍ଯ୍ୟ ମାନଙ୍କ ମଧ୍ୟରେ ସରହପା ଆଦିସିଦ୍ଧ ଭାବେ ପରିଚିତ । ତିବ୍ବତୀୟ ତାଙ୍ଗୁର ଗ୍ରନ୍ଥ ଓ ତାରାନାଥଙ୍କ ବିବରଣୀ ଅନୁସାରେ ତାଙ୍କର ଓଡ଼ିଶାରେ ଜନ୍ମ । "ପାଗ୍ ସାମ୍ ଜୋନ୍ ଜାଙ୍' ଅନୁସାରେ ପୂର୍ବାଞ୍ଚଳ 'ରାଜ୍ଞୀ' ନାମକ ସ୍ଥାନରେ ସେ ଜନ୍ମଗ୍ରହଣ କରିଥିଲେ ।

ତାଙ୍କ ପିତା ଥିଲେ ବ୍ରାହ୍ମଣ ଏବଂ ମାତା ଥିଲେ ଡାକିଣୀ । ଶିକ୍ଷା - ବୌଦ୍ଧଶାସ୍ତ୍ର ଏବଂ ବ୍ରାହ୍ମଣ୍ୟଶାସ୍ତ୍ରକୁ ଅଧ୍ୟୟନ କରିଥିଲେ । ଦୀକ୍ଷାଗୁରୁ - ଚୋବେସୁକଜ୍ଞ ଓଡ଼ିଶାର ଜଣେ ରାଜା । ଦୀକ୍ଷା ପ୍ରଦାନ କରିଥିଲେ - ରାଜା ରତ୍ନପାଳ ଏବଂ ତାଙ୍କ ବ୍ରାହ୍ମଣ ମନ୍ତ୍ରୀକୁ । ଶିକ୍ଷାଦାନ / ଶିକ୍ଷକତା - ନାଳନ୍ଦାରେ । ସିଦ୍ଧି ପ୍ରାପ୍ତି : ମହାରାଷ୍ଟ୍ରର ଜଣେ ଶରନିର୍ମାତାଙ୍କ କନ୍ୟାର ସାହଚର୍ଯ୍ୟ ଦ୍ୱାରା । ତାଙ୍କ ରଚିତ ଚର୍ଯ୍ୟାଗୀତିଗୁଡ଼ିକର ସଂଖ୍ୟା ଓ ନାମ -

- ନଂ. ୨୨ (ଅଚିନ୍ତ୍ୟ ଧର୍ମ - ଚର୍ଯା)
- ନଂ. ୩୨ (ମନଃ ଶିକ୍ଷା - ଚର୍ଯା)
- ନଂ. ୩୮ (ନୌକା ଚର୍ଯା)
- ନଂ. ୩୯ (ଅବନୀତ ଚିତ୍ତ - ଚର୍ଯା)

ଅଚିନ୍ତ୍ୟ ଧର୍ମ-ଚର୍ଯ୍ୟା

ଚର୍ଯ୍ୟାକ୍ରମ -୨୨

● ସରହପାଦ

(ରାଗ-ଗୁଞ୍ଜରୀ)

ଅପଣେ ରଚି ରଚି ଭବ ନିର୍ବାଣା ।
ମିଛେଁ ଲୋଅ ବନ୍ଧାବଏ ଆପଣା ॥୧॥
ଅମ୍ହେ ଣ ଜାଣହୁ ଅଚିନ୍ତ ଜୋଇ ।
ଜାମ ମରଣ ଭବ କଇସଣ ହୋଇ ॥୨॥
ଜଇସୋ ଜାମ ମରଣ ବି ତଇସୋ ।
ଜୀବନ୍ତେ ମଇଲେଁ ନାହି ବିଶେସୋ ॥୩॥
ଜା ଏଥୁ ଜାମ ମରଣେ ବିସଙ୍କ ।
ସୋ କରଉ ରସ ରସାନେ କଂଖା ॥୪॥
କେ ସଚରାଚର ତିଅସ ଭମନ୍ତି ।
ତେ ଅଜରାମର କିମ୍ପି ନ ହୋନ୍ତି ॥୫॥
ଜାମେ କାମ କି କାଧେ ଜାମ ।
ସରହ ଭଣତି ଅଚିନ୍ତ ସୋ ଧାମ ॥୬॥

କଠିନ ଶବ୍ଦାର୍ଥ :

ଅପଣେ - ଆପଣେ, ନିଜ। ନିର୍ବାଣା /ନିବାଣା - ନିର୍ମାଣ, ବନ୍ଧାବଏ - ବନ୍ଧନ କରେ, ଅମ୍ହେ - ଆମ୍ଭେ, ଆମେ, ଣ - ନ, ଜାଣହୁ - ଜାଣୁ, ଜୋଇ - ଯୋଗୀ, ଜାମ - ଜନ୍ମ, କଇସଣ - କେସନ, ଜଇସୋ - ଯେପରି, ତଇସୋ - ସେପରି, ସଦୃଶ, ବିଶେସୋ - ବିଶେଷ, ଜା - ଯେ, ବିସଙ୍କା - ବିଶଙ୍କ, ଭୟଭୀତ, ଭୀତ, ସୋ - ସେ, କରଉ - କରୁ, ରସାନେ - ରସାୟନେ, କଂଖା - ଆକାଂକ୍ଷା, ତେ - ସେ, ତିଅସ - ତ୍ରିଦଶ, ଭମନ୍ତି - ଭ୍ରମନ୍ତି, କିମ୍ପି -କିମ୍ବା, କାହିଁକି, କାଧେ/କାମେ - କର୍ମରେ, ଅଚିନ୍ତ - ଅଚିନ୍ତନୀୟ।

ଅର୍ଥ :

    ସମାଜର ସାଧାରଣ ଲୋକେ ନିଜେ ନିଜ ମନରେ ଭବ ଓ ନିର୍ବାଣର ଦ୍ବିବିଧ ବିକଳ୍ପ ଚିନ୍ତାକରି ଆପଣାକୁ ସଂସାର ବନ୍ଧରେ ବନ୍ଧନ କରିଦିଅନ୍ତି। ଆମ୍ଭେ ଏ ବିଷୟରେ ଅବଗତ ନଥାଉ। ଆମ୍ଭେ ଅଚିନ୍ତଯୋଗୀ। ଜନ୍ମ, ମରଣ ଓ ସଂସାରର ସ୍ଥିତି କିଭଳି ହୁଏ ଜାଣିନଥାଉ। ଜନ୍ମ ଓ ମରଣ ପରି ଜିଇବା ଓ ମରିବାର ପାର୍ଥକ୍ୟ ଆମେ ବିଶେଷ ଉପଲବ୍ଧି କରିପାରିନଥାଉ। ଯେଉଁମାନେ ଏହି ଜନ୍ମମରଣ ପ୍ରତି ଭୟଭୀତ, ସେମାନେ ଦୀର୍ଘଜୀବନ ପାଇଁ ରସ-ରସାୟନର ଇଚ୍ଛା ବା ସିଦ୍ଧିକାମନା କରନ୍ତୁ। ଯେଉଁମାନେ ସଚରାଚର, ଦେବଲୋକ (ସଚରାଚର ତ୍ରିଦଶ – ସୃଷ୍ଟି ଚକ୍ରରେ ଜନ୍ମ, ମୃତ୍ୟୁ, ସ୍ଥିତି ତ୍ରିଦଶା /ସେନ) ପର୍ଯ୍ୟନ୍ତ ଯାତାୟାତ କରନ୍ତି, ସେମାନେ କାହିଁକି ଅଜରାମର ହୋଇପାରୁନାହାନ୍ତି ? ଜନ୍ମ ପାଇଁ କର୍ମ କି କର୍ମ ପାଇଁ ଜନ୍ମ – ସରହ କହନ୍ତି ଏହି ସମସ୍ୟା ସମାଧାନର ଧର୍ମ ଅଚିନ୍ତନୀୟ।

ମନଃ ଶିକ୍ଷା-ଚର୍ଯ୍ୟା

ଚର୍ଯ୍ୟାକ୍ରମ -୩୨

● ସରହପାଦ

(ରାଗ-ଦେଶାଖ)

ନାଦ ନ ବିନ୍ଦୁ ନ ରବି ନ ଶଶିମଣ୍ଡଳ
ଚିଅରାଅ ସହାବେ ମୁକଲ ॥୧॥
ଉଜୁରେ ଛାଡ଼ି ମା ଲେହୁରେ ବାଙ୍କ ।
ନିଅଡି ବୋହି ମା ଜାହୁରେ ଲାଙ୍କ ॥୨॥
ହାଥେ ରେ କାଙ୍କଣ ମା ଲୋଡ଼ ଦାପଣ ।
ଅପଣେ ଅପା ବୁଝ ତୁନିଅ ମଣ ॥୩॥
ପାର ଉଆଁରେ ସୋଉ ମଜିଇ ।
ଦଜ୍ଜନ ସାଙ୍ଗେ ଅବସରି ଜାଇ ॥୪॥
ବାମ ଦାହିଣ ଜୋ ଖାଲ ବିଖଲା ।
ସରହ ଭଣଇ ବାପା ଉଜୁବାଟ ଭାଇଲା ॥୫॥

କଠିନ ଶବ୍ଦାର୍ଥ :

ନାଦ - ଲୋହିତ, ରଜ, ରବି, ଶକ୍ତି, ନାଭିମଣ୍ଡଳରେ ସ୍ଥିତ; ବିନ୍ଦୁ - ପାଣ୍ଡୁର, ଶୁକ୍ର, ଚନ୍ଦ୍ର, ଶିବ, ଊର୍ଦ୍ଧ୍ୱ ଶରୀରରେ ସ୍ଥିତ; ଚିଅରାଅ - ଚିତ୍ତରାଜ, ସହାବେ - ସ୍ୱଭାବେ, ଉଜୁରେ - ସୋଜା, ସହଜରେ, ଲେହୁରେ - ନିଅରେ, ନିଅଡ଼ି - ନିକଟେ, ପାଖରେ, ବୋହି - ବୋଧି, ମା - ନ, ଜାହୁରେ - ଯାଅରେ, ଲାଙ୍କ - ଲଙ୍କା, ହାଥେ - ହାତେ, ହାତରେ, କାଙ୍କଣ - କଙ୍କଣ, ଦାପଣ - ଦର୍ପଣ, ଅପଣେ - ଆପଣେ, ଅପା - ଆପେ, ନିଅ - ନିଜ, ମଣ - ମନ, ଉଆଁରେ - ଉତାରେ, ସୋଉ - ସେହି, ମଜିଇ - ମଜ୍ଜଇ, ଦଜ୍ଜନ - ଦୁର୍ଜନ, ଅବସରି - ଅପସରି, ଜାଇ - ଯାଇ, ଦାହିଣ - ଡାହାଣ, ବିଖଲା - ବିଖାଲ (ଢିପ), ଉଜୁବାଟ - ସିଧାବାଟ, ଭାଇଲା - ଭାବିଲା ।

ଅର୍ଥ :

ଚିତ୍ତ ସ୍ୱଭାବତଃ ମୁକ୍ତ ଥିବାରୁ ମୁକ୍ତି କାମନାରେ ନାଦ, ବିନ୍ଦୁ, ରବି, ଶଶି ଆଦି ସାଧନାକୁ ଏଠାରେ ଅନାବଶ୍ୟକ କୁହାଯାଇଛି। ସହଜ ମାର୍ଗ ଛାଡ଼ି ଜଟିଳ ପଥରେ ଯାଅ ନାହିଁ। ସବୁ ତତ୍ତ୍ୱ (ବୋଧି) ନିକଟରେ (ନିଜ ଭିତରେ / ନିଜ ପାଖରେ) ରହିଛି। ଦୂର ଦୂରାନ୍ତର (ଲଙ୍କା) ଯାଇ ଅନୁସନ୍ଧାନ କରିବା ଅନାବଶ୍ୟକ। ହାତରେ କଙ୍କଣ ଥାଉଥାଉ ଦର୍ପଣକୁ ଖୋଜ / ଲୋଡ଼ ନାହିଁ। ନିଜେ ନିଜ ମନକୁ ତୁ ବୁଝ। ସଂସାର ସମୁଦ୍ରରେ ପାରଉତ୍ତାର ବେଳେ ସେହି ମନ ହିଁ ଆପେ ଆପଣାକୁ ରକ୍ଷା କରେ। ଆପାତ ସହାୟକାରୀ ଦୁର୍ଜନ (ମୋହାଦି) ସହ ସଙ୍ଗ ହେଲେ ଚିତ୍ତର ସେ ଶକ୍ତି ଅପସରି ଯାଏ। ବାମ ଡାହାଣ ଦୁଇପାଖେ ଖାଲ। ସରହ କହୁଛନ୍ତି- ବାପା ମଝିବାଟକୁ ଭାବି ସିଧା ଚାଲ।

■

ନୌକା-ଚର୍ଯ୍ୟା

ଚର୍ଯ୍ୟାକ୍ରମ -୩୮

● ସରହପାଦ

(ରାଗ-ଭୈରବୀ)

କାଅ ଣାବଡ଼ି ଖାଣିମଣ କେଡୁଆଲ
ସଦଗୁରୁ ବଅଣେ ଧର ପତବାଲ ॥୧॥
ଚିଅ ଥିର କରି ଧ (ର)ହୁ ରେ ନାଇ ।
ଅନ ଉପାୟ ପାରଣ ଜା ଇ ॥୨॥
ନୌବାହି ନୌକା ଟାଣଅ ଗୁଣେ ।
ମେଲି ମେଲ ସହଜେ ଜାଉଣ ଆଣେଁ ॥୩॥
ବାଟ ତ ଇଅ ଖାଣ୍ଟବି ବଳଆ ।
ଭବ ଉଲୋଲେଁ ସବ ବି ବୋଲିଆ ॥୪॥
କୂଳ ଲାଇ ଖରେ ସୋନ୍ତେଁ ଉଜାଅ ।
ସରହ ଭଣଇ ଗଅଣେଁ ସମାଅ ॥୫॥

କଠିନ ଶବ୍ଦାର୍ଥ :

କାଅ - କାୟ, ଣାବଡ଼ି - ନାବଟି, ଖାଣିମଣ - ଖାଣ୍ଟିମନ (ପଞ୍ଚବିଧ ବିଜ୍ଞାନ ସମନ୍ୱିତ ମନ), କେଡୁଆଲ - ଆହୁଲା, ବଅଣେ - ବଚନେ, ପତବାଲ - ପଟୁଆଳ, ଚିଅ - ଚିତ୍ତ (ସଂବୃତ୍ତି ବୋଧିଚିତ୍ତ), ଥିର - ସ୍ଥିର, ଧର ହୁରେ / ଧନୁରେ ନାଇ - ଧରରେ ନାଆ, ଅନ - ଅନ୍ୟ, ଣ - ନ, ଟାଣଅ - ଟାଣ, ଜାଉ ଣ ଆଣେଁ - ଯାଉ ନ ଆଡ଼େ, ଭଅ - ଭୟ, ଖାଣ୍ଟ - ଖଣ୍ଟ / ଚୋର (ଖଣ୍ଟ-ଚନ୍ଦ୍ର ସୂର୍ଯ୍ୟ ବା ଇଡ଼ା ପିଙ୍ଗଳା ନାଡ଼ୀଦ୍ୱୟ), ବଳଆ - ବଳୁଆ, ଉଲୋଲେଁ - ଉଲ୍ଲୋଳେ, ବୋଲିଆ - ଭୋଳ, ବାଉଳା, ଲଇ - ନେଇ, ଖରେ ସୋନ୍ତେଁ - ଖରସ୍ରୋତେ(ମହାସୁଖ ରାଗ ସ୍ରୋତାବର୍ତ୍ତ), ଗଅଁଣେ - ଗଗନେ (ବୈମଲ୍ୟ ଚକ୍ର ଦ୍ୱୀପରେ) ।

ଅର୍ଥ :

ବିଭିନ୍ନ ଚିତ୍ରକଳ୍ପ ମଧ୍ୟରେ ଗୂଢ଼ତତ୍ତ୍ୱକୁ ଉପସ୍ଥାପିତ କରୁଥିବା ସିଦ୍ଧାଚାର୍ଯ୍ୟଙ୍କ ମଧ୍ୟରେ ସରହପାଦ ଅନ୍ୟତମ। ସେ ନୌଯାତ୍ରାର ଏହି ସୁନ୍ଦର ଦୃଶ୍ୟ ଉପସ୍ଥାପିତ କରି ଏଠାରେ ଅନ୍ତର୍ନିହିତ ତତ୍ତ୍ୱକୁ ଦର୍ଶାଇଛନ୍ତି। ସେ କହନ୍ତି- କାୟାରୂପକ ନୌକାରେ ବିଶୁଦ୍ଧ ମନକୁ ଆହୁଲା କରି, ସଦ୍‌ଗୁରୁଙ୍କ ବଚନାନୁସାରେ ତା'ର ମଙ୍ଗକୁ ସ୍ଥିର ଚିତ୍ତ ସଂବୃତ୍ତି (ବୋଧି ଚିତ୍ତ)ରେ ଧରି ସେହି ନୌକାକୁ ଆଶ୍ରୟ କର। ଏହାବ୍ୟତୀତ ଭୀଷଣ ଭବସମୁଦ୍ରକୁ ଅନ୍ୟ ଉପାୟରେ ପାରିକରିପାରିବ ନାହିଁ। ନାବିକ / ନୌବାହୀ ଗୁଣ ଧରି ନୌକା ଟାଣିନିଏ; ତୁମ୍ଭେ ସେହିପରି ସହଜ ମାର୍ଗରେ ଯାଇ ନୌକାକୁ ବାହିନିଅ। ନୌକା ଅନ୍ୟଆଡ଼େ ନଯାଉ। ବାଟରେ (ଅବଧୂତୀ ମାର୍ଗରେ) ନାନା ଭୟ ଓ ବଳୁଆ ଖଣ୍ଟ (ଚନ୍ଦ୍ର ସୂର୍ଯ୍ୟ ବା ଇଡ଼ା ପସିଙ୍ଗଳା ନାଡ଼ୀଦ୍ୱୟ) ଅଛନ୍ତି। ଭବର ତରଙ୍ଗାୟିତ ବିଷୟବାସନା ତୁମକୁ ଭୋଳ (ଭ୍ରମିତ) କରିଦେଇପାରେ। ତେଣୁ ସରହ କହନ୍ତି ଯେ - କୂଳ (ପ୍ରକୃତି ପରିଶୁଦ୍ଧାବଧୂତିକା) ଧରି ଖରସ୍ରୋତରେ (ମହାସୁଖ ରାଗ ସ୍ରୋତର ଆବର୍ତ୍ତରେ) ନାଆକୁ ଉଜେଇ ଦିଅ ଏବଂ ଗଗନ ବା ଶୂନ୍ୟ କାୟା (ବୈମଲ୍ୟ ଚକ୍ରଦୀପ)ରେ ପ୍ରବେଶ କର।

■

ଅବିନୀତ ଚିତ୍ତ-ଚର୍ଯ୍ୟା

ଚର୍ଯ୍ୟାକ୍ରମ -୩୯

• ସରହପାଦ

(ରାଗ-ମାଳଶ୍ରୀ)

ସୁଇଣେଁ ହ ଅବିଦାରଅ ରେ ନିଅମନ ତୋହୋରେଁ ଦୋସେ ।
ଗୁରୁ ବଅଣ ବିହାରେଁ ରେ ଥାକିବ ତଇ ଘୁଣ୍ଡ କଇସେ ॥୧॥
ଆକଟ ହୁଁ ଭବ ଗଅଣା
ବଙ୍ଗେ ଜାୟା ନିଲେସି ପରେ ଭାଗେଲ ତୋହୋର ବିଣାଣା ॥୨॥
ଅଦ ଭୁଅ ଭବମୋହାରେ ଦିସଇ ପର ଅପ୍‌ପଣା
ଏ ଜଗ ଜଳ ବିମ୍ବାକାରେ ସହଜେଁ ସୁଣ ଅପଣା ॥୩॥
ଅମିଆ ଆଛନ୍ତେଁ ବିସ ଗିଳେସି ରେ ବିଅ ପର ବସ ଅପା ।
ଘରେଁ ପରେଁ କା ବୁଝିଲେ ମରେ ଖାଇବ ମଇ ଦୁଠକୁଣ୍ଡବାଁ ॥୪॥
ସରହ ଭଣନ୍ତି ବରସୁଣ ଗୋହାଲୀ କି ମୋ ବୁଠ ବଲନ୍ଦେଁ ।
ଏକେଲେ ଜଗ ନାସିଅରେ ବିହରହୁ ଛ ଛନ୍ଦେ ॥୫॥

କଠିନ ଶବ୍ଦାର୍ଥ :

ସୁଇଣେଁ - ସପନେ, ହ - ହି, ଅବିଦାରଅ - ଅବିଦ୍ୟାରତ, ନିଅମନ - ନିଜମନ, ଗୁରୁ ବଅଣ - ଗୁରୁ ବଚନ, ଥାକିବ - ଠାକିବ, ତଇ - ତୁଇ, ଘୁଣ୍ଡ - ଧୂଣ୍ଡୁ (ଖୋଜିବା), କଇସେ - କି ସେ, କିପରି, ଗଅଣା - ଗଗନ, ନିଲେସି - ନେଲୁ, ଭାଗେଲ - ଭାଙ୍ଗିଲା, ବିଣାଣା - ବିଜ୍ଞାନ, ଅଦଭୁଅ - ଅଦଭୁତ, ଅପ୍‌ପଣା - ଆପଣା, ଜଗ - ଜଗତ, ସୁଣ - ଶୂନ୍ୟ, ଅମିଆ - ଅମୀୟ (ସହଜାନନ୍ଦ), ଆଛନ୍ତେଁ - ଥାଆନ୍ତେ, ଗିଳେସିରେ - ଗିଳିଲୁରେ, ବିଅ - ଚିତ୍ତ, ଅପା - ଆପେ, ମରେ - ମୁଁ ରେ, ଖାଇବ - ଖାଇବି, ବିସ - ବିଷ (ରୂପାଦି ବିଷୟ ବାସନା), ମଇ - ମୋ, ଦୁଠ କୁଣ୍ଡବାଁ - ଦୁଷ୍ଟ କୁଣିଆ, ବର ସୁତା - ବରଂ ଶୂନ୍ୟ, ଗୋହାଲୀ - ଗୁହାଳ, ବୁଠ - ଦୁଷ୍ଟ, ବଲନ୍ଦେଁ - ବଳଦେ, ଏକେଲେ - ଏକଲା, ଜଗ - ଜଗତ, ନାସିଅରେ - ନାଶିଣରେ, ଛ ଛନ୍ଦେ - ସ୍ୱଚ୍ଛନ୍ଦେ ।

ଅର୍ଥ :

ହେ ମନ! ନିଜ ଦୋଷରୁ ତୁ ଅବିଦ୍ୟାରତ ହୋଇ ସ୍ୱପ୍ନରେ ରହିଛୁ। ଗୁରୁ ବଚନ ଯେଉଁଠାରେ ବ୍ୟାପୃତ, ପ୍ରସାରିତ ତୁ କିପରି ସେଠି ଠକି ରହି ଧନ୍ଦି ହେଉଛୁ ? ପୃଥିବୀରୁ ଗଗନ ଯାଏଁ ହଂ - କାର ନାଦ (ହୁଁ ମନ୍ତ୍ରରୁ ଉତ୍ପନ୍ନ ବଜ୍ରସତ୍ତ୍ୱ ଗଗନ ବା ବିଶ୍ୱ ବା ବିଶ୍ୱବଜ୍ର ଭାବନା) ଅକାଟ୍ୟ। (ତିବ୍ବତୀ ଅନୁବାଦ ଅନୁଯାୟୀ ଆଶ୍ଚର୍ଯ୍ୟ ଯେ ହୁ - ରୁ ଗଗନ ଜାତ ହୋଇଛି। ମୁନିଦତ୍ତ ଅନୁସାରେ - ଆଶ୍ଚର୍ଯ୍ୟ ହେ - ହଂକାର ବୀଜୋଦ୍ଭବ ଚିତ୍ତରାଜ!) ବଙ୍ଗଦେଶୀ ସ୍ତ୍ରୀ (ଚାଣ୍ଡାଳୀ) ଗ୍ରହଣ କଲାପରେ ତୋର ବିଜ୍ଞାନ ଭଗ୍ନ ହେଲା। ଏ ଜଗତର ବିଚିତ୍ର ମୋହାଦି ଓ ପରଆପଣା ଭେଦ ଜଳବିମ୍ବ ପରି ଅସାର। ଯାହାଫଳରେ ସହଜ ତତ୍ତ୍ୱରେ ମଧ୍ୟ ନିଜତ୍ୱ ଜ୍ଞାନ ଶୂନ୍ୟ ହୋଇଯାଇପାରେ। ରେ ଚିତ୍ତ! ଅମୀୟ ଥାଉ ଥାଉ ପରବଶ ହୋଇ ଆପଣାଛାଏଁ ବିଷ ଗିଳୁଛୁ? ଘର (ସ୍ୱକୀୟା) ଓ ପର (ରାଗଦ୍ୱେଷ ମୋହାଦି) ଠିକ୍ ଭାବରେ ବୁଝିଲେ ଦୁଷ୍ଟଘର ଘରଲୋକଙ୍କୁ ଛାଡ଼ି, ମୁଁ / ମୋର ଖାଇବାକୁ ଜାଣିପାରିବୁ। ସରହ କହନ୍ତି - ଶୂନ୍ୟ ଗୁହାଳ ବରଣୀୟ; ମାତ୍ର ତନ୍ମଧ୍ୟରେ ଦୁଷ୍ଟ ବଳଦ ରଖି ଲାଭ କ'ଣ ? ତେଣୁ ଜଗତକୁ ନାଶକରି ମୁଁ ଏକଲା ସ୍ୱଚ୍ଛନ୍ଦରେ ବିଚରଣ କରେ।

❑❑

ଚର୍ଯ୍ୟାକାର ଲୁଇପାଦ

- ସମୟକାଳ : ନିର୍ଦ୍ଧାରଣରେ ଭିନ୍ନ ମତ ପ୍ରକାଶ ପାଏ।
  ଡକ୍ଟର ବିଜୟତୋଷ ଭଟ୍ଟାଚାର୍ଯ୍ୟଙ୍କ ମତରେ - ୬୬୯ ଖ୍ରୀଷ୍ଟାବ୍ଦ।
  ମହାପଣ୍ଡିତ ରାହୁଳ ସାଂକୃତ୍ୟାୟନଙ୍କ ମତରେ ୭୬୯-୮୦୯ ଖ୍ରୀଷ୍ଟାବ୍ଦ।
  ଡକ୍ଟର ପ୍ରବୋଧ ଚନ୍ଦ୍ର ବାଗ୍‌ଚୀଙ୍କ ମତରେ- ୧୦ମ ଶତାବ୍ଦୀ
- ଲୁଇପା ମହାଯୋଗେଶ୍ୱର ନାମରେ ପରଚିତ ଥିଲେ।
- ସିଦ୍ଧମାନଙ୍କ ମଧ୍ୟରେ ଆଦିସିଦ୍ଧ ଭାବରେ ତାଙ୍କୁ ଅନେକ ଗ୍ରହଣ କରିଥା'ନ୍ତି। ଚର୍ଯ୍ୟାଚର୍ଯ୍ୟ ବିନିଶ୍ଚୟରେ ସେ ସର୍ବ ପ୍ରଥମ ସିଦ୍ଧାଚାର୍ଯ୍ୟ ବା ଆଦିସିଦ୍ଧାଚାର୍ଯ୍ୟ।
- ପାଗ୍‌ସାମ୍ ଜୋନ୍ ଜାଙ୍ଗ୍ କହେ - ସେ କୈବର୍ତ୍ତ ପରିବାରରେ ଜନ୍ମ ଓ ସାମନ୍ତଶୁଭ ନାମରେ ଉଡ୍‌ଡ୍ରୀୟାନ ରାଜା ଧର୍ମପାଳଙ୍କ ଦରବାରରେ ଥିଲେ ଲିପିକାର।
- ତାରାନାଥଙ୍କ ବିବରଣୀ କହେ - ଉଡ୍ଡୀୟାନର ପଶ୍ଚିମାଞ୍ଚଳର ରାଜା ସାମନ୍ତଶୁଭଙ୍କ ଦରବାରର ସେ ଥିଲେ ଲିପିକାର।
- ସେ ଶବରୀପାଙ୍କ ପ୍ରଧାନ ଶିଷ୍ୟ ଥିଲେ।
- ସିଦ୍ଧିଲାଭ - ବଙ୍ଗଳାର ଗଙ୍ଗାନଦୀ କୂଳରେ ବଜ୍ରବରାହୀ ମନ୍ତ୍ର ଜପ ଓ କିଛି ମାଛ ଭକ୍ଷଣ କରିବା ଦ୍ୱାରା ହୋଇଥିଲା।
- ତିବ୍ବତରେ ଲୁଇପାର ଅର୍ଥ - ମତ୍ସେନ୍ଦ୍ର ଓ ମତ୍ସ୍ୟାନ୍ତ୍ରଦ (Nalta-pa)।
- ତାନ୍ତ୍ରିକ - ବୌଦ୍ଧଧର୍ମ ଦର୍ଶନ ବ୍ୟାଖ୍ୟାମୂଳକ ତାଙ୍କ ରଚନାଗୁଡ଼ିକ ହେଲା- ୧. ଶ୍ରୀ ଭଗବଦ୍‌ଭିସମୟ, ୨. ଅଭିସମୟବିଭଙ୍ଗ, ୩. ବୁଦ୍ଧୋଦୟ, ୪. ବଜ୍ରସତ୍ତ୍ୱସାଧନ ଓ ୫. ଚର୍ଯ୍ୟାଗୀତିକୋଷରେ ସଂକଳିତ - ୧ମ (କାୟାତରୁଚର୍ଯ୍ୟା) ଓ ୨୯ଶ (ସହଜ - ତତ୍ତ୍ୱ ଚର୍ଯ୍ୟା) ଦ୍ୱୟ।

■

କାୟା-ତରୁଚର୍ଯ୍ୟା

ଚର୍ଯ୍ୟାକ୍ରମ -୧

● ଲୁଇପାଦ

(ରାଗ-ପାଟମଞ୍ଜରୀ)

କାଆ ତରୁବର ପଞ୍ଚ ବି ଡାଳ ।
ଚଞ୍ଚଳ ଚୀଏ ପଇଠା କାଳ ॥୧॥
ଦିଢ଼ କରିଅ ମହାସୁହ ପରିମାଣ ।
ଲୁଇ ଭଣଇ ଗୁରୁ ପୁଛିଅ ଜାଣ ।ଧ୍ରୁ।
ସଅଳ ସମାହିଅ କାହି କରିଅଇ ।
ସୁଖ ଦୁଃଖେ ତେଁ ନିଚିତ ମରିଅଇ॥୨॥ ॥ଧ୍ରୁ॥
ଏଡି ଏଉ ଛାନ୍ଦକ ବାନ୍ଧ କରଣ କପଟେର ଆସ ।
ସୁନପାଖ ଭିଡ଼ି ଲେହୁରେ ପାସ ।୩। ଧ୍ରୁ
ଭଣଇ ଲୁଇ ଆମ୍ହେ ଝାଣେ ଦିଠା ।
ଧମଣ ଚମଣ ବେଣି ପିଣ୍ଡି ବଇଠା ।୪। ଧ୍ରୁ

କଠିନ ଶବ୍ଦାର୍ଥ :

କାଆ - କାୟା, ଶରୀର । ତରୁବର - ବୃକ୍ଷ । ଚୀଏ - ଚିତ୍ତେ । ପଇଠା - ପ୍ରବିଷ୍ଟ, ପ୍ରବେଶ । ଦିଢ଼ - ଦୃଢ଼ । କରିଅ - କରିଣ । ମହାସୁହ - ମହାସୁଖ, ନିର୍ବାଣ, ସଅଳ - ସକଳ, ସମାହିଅ - ସମାଧିରେ । କାହି - କିସ, କ'ଣ । ନିଚିତ - ନିଶ୍ଚିତ । ମରିଆଇ - ମୃତ୍ୟୁ ହୁଏ, ଏଉ - ଏନୁ, ସୁନ ପାଖ - ଶୂନ୍ୟ ପାଖ, ଲେହୁରେ - ନିଅରେ, ଆମ୍ହେ - ଆମ୍ଭେ, ଝାଣେ - ଧ୍ୟାନେ ଦିଠା - ଦେଖିଲୁ; ଧମଣ ଚମଣ - ଇଡ଼ା ପିଙ୍ଗଳା / ବାମନାଡ଼ି - ଦକ୍ଷିଣ ନାଡ଼ି, ବେଣି - ବେନି, ବଇଠା - ଆସନ, କପଟେର ଆସ - ବୃଥା ଆଶା ।

ଅର୍ଥ :

ଏଠାରେ ଶରୀର ରୂପକ ବୃକ୍ଷରେ ପଞ୍ଚେନ୍ଦ୍ରିୟ ପାଞ୍ଚୋଟି ଶାଖା ଭାବରେ

ପରିଗଣିତ। ଶାଖା - ପତ୍ରର ଦ୍ରୁତ ସଞ୍ଚାଳନ ଯୋଗୁଁ ବୃକ୍ଷ ଧୀରେଧୀରେ ମୃତ୍ୟୁ ଲଭିବା ଭଳି ଇନ୍ଦ୍ରିୟର ଚପଳତା ଫଳରେ ଚିତ୍ତର ଦୃଢ଼ତା ଭଳି ଇନ୍ଦ୍ରିୟ ଚପଳତା ଫଳରେ ଚିତ୍ତର ଦୃଢ଼ତା ନଷ୍ଟ ହୁଏ ଓ ତନ୍ମଧ୍ୟରେ କାଳ ଶୀଘ୍ର ପ୍ରବେଶ କରେ। ତେଣୁ ଲୁଇ ଉପଦେଶ ଦିଅନ୍ତି ଯେ - ଗୁରୁଙ୍କୁ ପଚାରି ଚିତ୍ତ ଚାଞ୍ଚଲ୍ୟ ନାଶର ଉପାୟ ଜାଣି ଚିତ୍ତକୁ ଦୃଢ଼ କରି ମହାସୁଖକୁ ପ୍ରାପ୍ତ ହୁଅ। ଏଥିପାଇଁ ଦୁଃସାଧ୍ୟ ସାଧନା କିମ୍ବା ସମାଧିର ଆବଶ୍ୟକତା ନାହିଁ। କାରଣ ସାଧକଙ୍କୁ ମଧ୍ୟ ସୁଖ-ଦୁଃଖ ଭୋଗକରି ଶେଷରେ ମୃତ୍ୟୁ ବରଣ କରିବାକୁ ହୁଏ। ମୁଦ୍ରା, ଆସନ, ବନ୍ଧ ଆଦି ସାଧନ କରି ମହାସୁଖ ପାଇବାର କପଟ ଆଶା ତ୍ୟାଗ କର। ସହଜ ଉପାୟ ଶୂନ୍ୟପନ୍ଥାକୁ ଅବଲମ୍ବନ କର। ଲୁଇ ଏସବୁ ଦେଖି କହନ୍ତି ଯେ - ଅମଡ଼ା ଚମଡ଼ା ତଥା ଶ୍ୱାସ ପ୍ରଶ୍ୱାସକୁ ନାଡ଼ିଦ୍ୱୟକୁ ଆସନ ପିଠିକା ପରେ ନିୟନ୍ତ୍ରଣ ରଖି କାୟାତରୁକୁ କାଳ କବଳରୁ ରକ୍ଷା କରିବାର ମହାସୁଖ ପ୍ରାପ୍ତି ସହଜ ଉପାୟକୁ ଶିକ୍ଷା କର।

■

ସହଜ ତତ୍ତ୍ୱଚର୍ଯ୍ୟା

ଚର୍ଯ୍ୟାକ୍ରମ -୨୯

● ଲୁଇପାଦ

(ରାଗ-ପଟମଞ୍ଜରୀ)

ଭାବ ନ ହୋଇ ଅଭାବ ଣ ଜାଇ
ଅଇସ ସଂବୋହେ କୋ ପତିଆଇ ।୧।
ଲୁଇ ଭଣଇ ବଢ଼ି ଦୁଲକ୍‌ଖ ବିଣାଣା ।
ତିଅ ଧାଏ ବିଳସଇ ଉହ ଲାଗେଣା ॥ ଧ୍ରୁ ॥
ଜାହେର ବାଣ ଚିହ୍ନ ରୁବ ନ ଜାଣୀ ॥
ସୋକଇସେ ଆଗମ ବେଏଁ ବଖାଣୀ ।୨। ଧ୍ରୁ
କାହେରେ କିସ ଭଣି ମଇ ଦିବି ପିରିଚ୍ଛା ।
ଉଦକ ଚାନ୍ଦ ଜିମ ସାଚ ନ ମିଚ୍ଛା ।୩। ଧ୍ରୁ
ଜଇ ଭଢ଼ାଇ ମଇ ରାଇବ ଛିମ କିସ
ଜାଲଇ ଅଛମ ଦାହେର ଉହଣ ଦିସ ॥୪॥ ଧ୍ରୁ

କଠିନ ଶବ୍ଦାର୍ଥ :

ଣ - ନ। ଅଇସ - ଏସନ। ସଂବୋହେ - ସଂବୋଧେ। କୋ - କିଏ। ପତିଆଇ - ପ୍ରତ୍ୟଅଇ, ପରତେ କରଇ, ବିଶ୍ୱାସ କରଇ। ଭଣଇ - ଭଣଇ। ଦୁଲକ୍‌ଖ - ଦୁଲକ୍ଷ। ବିଣାଣା - ବିଜ୍ଞାନ। ତିଅ ଧାଏ - ତିନି ଧାତୁରେ। ଉହ ଲାଗେ ଣା - ତହି ଲାଗେନା / ନ ହୁଏ ଲଗ୍ନ। ଜାହେର - ଯାହାର। ବାଣ - ବର୍ଣ୍ଣ। ରୁବ - ରୂପ। ସୋକଇସେ - ତା କେସନେ / ତା କିପରି। ବେଏଁ - ବେଦେ। ମଇ - ମୁଁ। ପରିଚ୍ଛା - ପରୀକ୍ଷା। ଜିମ - ଯେମିତି। ସାଚ ନ ମିଚ୍ଛା - ସତ୍ୟ ନା ମିଥ୍ୟା। ରାଇବ - ଭାବିବ। ଜା ଲଇ ଅଛମ - ଯାହା ନେଇଅଛି ମୁଁ। ତାହେର - କାହାର। ଉହଣ - ଉହନ। ସହଜ - ଅବିକୃତ ଆତ୍ମତତ୍ତ୍ୱ।

ଅର୍ଥ :

ସହଜ, ବୋଧିଚିତ୍ତ, ଶୂନ୍ୟତତ୍ତ୍ୱ, ମହାସୁଖ ପ୍ରଭୃତି ସହଜିଆ ସାଧନାର ଯେଉଁ ଗୂଢ଼ ତଥା ଚରମ ତତ୍ତ୍ୱ ରହିଛି ତାହାର ସ୍ୱରୂପକୁ ଲୁଇପା ଏ ଗୀତିକାରେ ଉଲ୍ଲେଖ କରିଛନ୍ତି। ପ୍ରତ୍ୟେକ ବସ୍ତୁରେ ନିହିତ ସହଜ ତତ୍ତ୍ୱର ପରିଚୟ, ଉପସ୍ଥିତି ବା ସତ୍ତାକୁ କେହି ଉପଲବ୍ଧି କରିପାରନ୍ତି ନାହିଁ। ପୁଣି ତା'ର ଅନୁପସ୍ଥିତି ତଥା ଅଭାବ ମଧ୍ୟ ଲକ୍ଷ୍ୟ କରାଯାଇପାରେ ନାହିଁ। ସହଜ ତତ୍ତ୍ୱରେ କୌଣସି ଭାବାଭାବ / ଅସ୍ତିତ୍ୱ ନାସ୍ତିତ୍ୱ ନଥିବା କଥାକୁ କିଏ ବା ପ୍ରତ୍ୟୟ / ଚିହ୍ନିତ କରିପାରିବ ? ତର୍କ, ନ୍ୟାୟ ଶାସ୍ତ୍ର ସାହାଯ୍ୟରେ ମଧ୍ୟ କରାଯାଇପାରେ ନାହିଁ। ଲୁଇ ଭଣତି କରି କହନ୍ତି ଯେ – ଏହି ସହଜ ତତ୍ତ୍ୱ ବଡ଼ ଦୁର୍ଲକ୍ଷ୍ୟ। ତତ୍ତ୍ୱ ହୋଇଥିବା କାରଣରୁ ଏହାର ସ୍ୱରୂପ ଆକଳନ କରିବା ଏକ ଦୁରୂହ ବ୍ୟାପାର। ଏହା ତ୍ରିଧାତୁ (କାୟ, ବାକ୍, ଚିତ୍ତ)ରେ ବିଳାସ କରି / ପ୍ରକାଶିତ ହୋଇ ମଧ୍ୟ ତନ୍ମଧ୍ୟରେ ନଥାଏ। ଅର୍ଥାତ୍ ଦେହଜ ହୋଇ ମଧ୍ୟ ଏହା ଦେହାତୀତ। ଯାହା ଅଦୃଶ୍ୟ, ଯାହା ବର୍ଣ୍ଣ, ଚିହ୍ନ, ରୂପ ନାହିଁ ତାହାକୁ କେସନେ ବେଦ, ଆଗମ ମଧ୍ୟରେ ବର୍ଣ୍ଣନା କରାଯାଇପାରିବ ? ପୁଣି ଲୁଇପା କହନ୍ତି – କ'ଣ କହି ମୁଁ ଏ ତତ୍ତ୍ୱର ପରୀକ୍ଷା ଦେଇ ପ୍ରତ୍ୟୟ ଆଣିପାରିବି। ତାପରେ ସେ କହନ୍ତି – ଜଳରେ ପ୍ରତିବିମ୍ବିତ ଚନ୍ଦ୍ର ପରି ଯେମିତି ସତ୍ୟ କି ମିଥ୍ୟା ନୁହେଁ, ଅନୁରୂପ ଭାବରେ ସହଜ ତତ୍ତ୍ୱ ମଧ୍ୟ ଏହିପରି ପ୍ରକାଶ ପାଇଥାଏ। ବୁଝିଲେ ଏହା ଅଛି ନ ବୁଝିଲେ ନାହିଁ। ଲୁଇ କହନ୍ତି ଯେ – କେଉଁ ଭାବନାରେ ଏହାକୁ ମୁଁ ବୁଝାଇ ପାରିବି ? ଯେଉଁ ମାର୍ଗକୁ (ସହଜିୟା ମାର୍ଗ) ଅବଲମ୍ବନ କରିଛି, ଏପର୍ଯ୍ୟନ୍ତ ତା'ର ସନ୍ଧାନ ମଧ୍ୟ ପାଇପାରିନାହିଁ।

■

ଚର୍ଯ୍ୟାକାର ଶବରୀପାଦ

- ଶବରୀପାଙ୍କୁ ସମ୍ବୋଧନ କରାଯାଏ - ସିଦ୍ଧ, ଆଚାର୍ଯ୍ୟ, ମହାଚାର୍ଯ୍ୟ, ମହାସିଦ୍ଧାଚାର୍ଯ୍ୟ।
- ଅନ୍ୟାନ୍ୟ ନାମ - ଶବରପା, ଶବରୀଶ୍ୱର, ଶବରେଶ୍ୱର, ମହାଶବର।
- ସମୟ କାଳ - ଡକ୍ଟର ବିନୟତୋଷ ଭଟ୍ଟାଚାର୍ଯ୍ୟଙ୍କ ମତରେ - ୬୫୭ ଖ୍ରୀଷ୍ଟାବ୍ଦ

  - ସାଂକୃତାୟନଙ୍କ ମତରେ - ରାଜା ଧର୍ମପାଳ (୭୬୯-୮୦୯) ଖ୍ରୀଷ୍ଟାବ୍ଦଙ୍କ ସମସାମୟିକ
- ଜନ୍ମ ଓ ଜାତି :

  - ତାରାନାଥଙ୍କ ବିବରଣୀ କହେ - ସେ ପୂର୍ବ ଭାରତର ନୃତ୍ୟ ରଚନାକାରୀ ଜାତିର ଥିଲେ।

  - 'ପାଗ୍ ସାମ୍ ଜୋନ୍ ଜାଙ୍ଗ୍ କହେ - ବଙ୍ଗଳାର ଶବର ସମ୍ପ୍ରଦାୟରେ ତାଙ୍କର ଜନ୍ମ।

  - ମହାପଣ୍ଡିତ ରାହୁଳ ସାଂକୃତ୍ୟାୟନଙ୍କ ମତରେ - ତାଙ୍କର ଜାତି - କ୍ଷତ୍ରିୟ ଓ ସେ ଥିଲେ ବିକ୍ରମଶୀଳାର ଅଧିବାସୀ।
- ପତ୍ନୀ :

  - ସହୋଦରା ଭଗ୍ନୀ 'ଲୋକୀ' ଓ 'ଗୁଣୀ'।

  - ଏ ଦୁହିଁଙ୍କର ଚର୍ଯ୍ୟାନାମ ଥିଲା 'ପଦ୍ମାବତୀ' ଓ 'ଜ୍ଞାନବତୀ'।
- ଦୀକ୍ଷାଗୁରୁ - ସରହପାଙ୍କ ପ୍ରଧାନ ଶିଷ୍ୟ ସିଦ୍ଧାଚାର୍ଯ୍ୟ ନାଗାର୍ଜୁନ ଥିଲେ ତାଙ୍କର ଦୀକ୍ଷା ଗୁରୁ।
- ଦୀକ୍ଷା - ମନ୍ତ୍ରଯାନ
- ଶବରୀପାଙ୍କ ସାଧନା ପୀଠ - ଗୁରୁଙ୍କ ଶ୍ରୀପର୍ବତ ବା ନାଗାର୍ଜୁନ କୋଣ୍ଡା।
- ଉଡ୍ଡୀୟାନରେ ପୂଜିତା ଦେବୀ କୁରୁକୁଲ୍ଲାଙ୍କ ସମ୍ପର୍କୀତ ସାଧନା ଗ୍ରନ୍ଥ

ସହ ତାଙ୍କୁର ତାଲିକାରେ ତାଙ୍କର ୧୦ଗୋଟି ବଜ୍ରଯାନୀ ଶାସ୍ତ୍ରର ନାମ ଦେଖାଯାଏ।

- ଚର୍ଯ୍ୟାକୋଷସ୍ଥ ଚର୍ଯ୍ୟାଗୀତିକାର ସଂଖ୍ୟା ଓ ନାମ ହେଲା-
  - ନଂ.୨୮ (ଶବର ଶବରୀ - ପ୍ରେମ ଚର୍ଯ୍ୟା)
  -ନଂ.୫୦ (ମତ୍ତ ଶବର - ମୃତ୍ୟୁ ଚର୍ଯ୍ୟା)
- 'ସାଧନା ମାଳା' କହେ - ସେ ରକ୍ତ ବର୍ଣ୍ଣର ଦେବୀପୂଜା ଓ ଚକ୍ରଯୋଗିନୀ ପୂଜାର ପ୍ରବର୍ତ୍ତକ।
- ଇନ୍ଦ୍ରଭୂତି ଓ ତାଙ୍କ କନ୍ୟା ପ୍ରବର୍ତ୍ତିତ ବଜ୍ରଯୋଗିନୀ ସାଧନା ସମ୍ପ୍ରଦାୟର ସେ ଅନୁଗାମୀ ମଧ୍ୟ।
- ତାଙ୍କ ରଚନା - ବଜ୍ରଯୋଗିନୀ ସାଧନା, ମହାମୁଦ୍ରା ବଜ୍ରଗୀତି, ଶୂନ୍ୟତା ଦୃଷ୍ଟି, ଚିତ୍ତଗୁହ୍ୟ ଗମ୍ଭୀରାର୍ଥ ଗୀତି, ଷଡ଼ଙ୍ଗ ଯୋଗ, ସହଜୋପଦେଶ, ସ୍ୱାଧିଷ୍ଠାନ, ସହଜ ଶଂକର ସ୍ୱାଧିଷ୍ଠାନ ଇତ୍ୟାଦି।

■

ଶବର ଶବରୀ-ପ୍ରେମଚର୍ଯ୍ୟା

ଚର୍ଯ୍ୟାକ୍ରମ -୨୮

● ଶବରୀପା

(ରାଗ-ବଲାଡ୍‌ଡି)

ଉଁ ଚା ଉଁ ଚା ପାବତ ତହିଁ ବସଇ ସବରୀ ବାଲୀ।
ମୋରଙ୍ଗୀ ପୀଛ ପାରହିଣ ସବରୀ ଗିବତ ଗୁଞ୍ଜରୀ ମାଳୀ ।୧। ଧ୍ରୁ
ଉମତ ସବରୋ ପାଗଳ ସବରୋ ମାକର ଗୁଲୀ ଗୁହାଡ଼ା ତୋହୋରି ।
ଣିଅ ଘରଣୀ ନାମେ ସହଜ ସୁନ୍ଦାରୀ (ଧ୍ରୁ)
ନାନା ତରୁବର ମୌଳିଲରେ ଗଅଣତ ଲାଗେଲୀ ଡାଳୀ।
ଏକେଲୀ ସବରୀ ଏ ବଣ ହିଣ୍ଡଇ କର୍ଣ୍ଣକୁଣ୍ଡଳ ବଜ୍ରଧାରୀ ।୨। (ଧ୍ରୁ)
ତିଅଧାଉ ଖାଟ ପାଡ଼ିଲା ସବରୋ ମହାସୁହେ ସେଜି ଛାଇଲୀ ।
ସବରୋ ଭୁଜଙ୍ଗ ନଇରାମଣୀ ଦାରୀପେମ୍ହ ରାତି ପୋହାଇଲୀ ।୩। (ଧ୍ରୁ)
ହିଅ ତାଁବୋଲା ମହାସୁହେ କାପୁର ଖାଇ ।
ସୁନ ନଇରାମଣି କଣ୍ଠେ ଲଇଆ ମହାସୁହେ ରାତି ପୋହାଇ ।୪। (ଧ୍ରୁ)
ଗୁରୁବାକ୍ ପୁଞ୍ଛିଆ ବିନ୍ଧ ନିଅମଣ ବାଣେ
ଏକେ ଶର ସନ୍ଧାନେ ବିନ୍ଧହ ବିନ୍ଧହ ପରମଣିବାଣେ ।୫। (ଧ୍ରୁ)
ଉମତ ସବରା ଗରୁଆ ରୋଷେ
ଗିରିବର ସିହର ସନ୍ଧି ପଇସନ୍ତେ ସବରୋ ଲୋଡ଼ିବ କଇସେ ।୬।

କଠିନ ଶବ୍ଦାର୍ଥ :

ଉଁଚା ଉଁଚା ପାବତ – ଉଚ୍ଚ ପର୍ବତ, ମହାସୁଖ ଚକ୍ର – ନୈରାତ୍ମାଦେବୀଙ୍କ ଅଧିଷ୍ଠାନ। ମୋରଙ୍ଗୀ ପୀଛ – ମୟୂର ପୁଚ୍ଛ (ବିଭିନ୍ନ ଭାବ ବିକଳ୍ପ) ସବରୀ ବାଲୀ – ଶବରୀ କନ୍ୟା (ନୈରାତ୍ମ୍ୟା, ସହଜ ସୁନ୍ଦରୀ), ଗିବତ – ଗ୍ରୀବାରେ (ସମ୍ଭୋଗ ଚକ୍ର), ଗୁଞ୍ଜରୀମାଳୀ – ଗୁହ୍ୟମନ୍ତ୍ର। ଉମତ – ଉନ୍ମତ୍ତ (ବିଷୟ ବିହ୍ୱଳିତ ଚିତ୍ତ)। ସବରୋ – ଶବର (ବଜ୍ରଧର ସାଧକ)। ମାକର ଗୁଲୀ – ନକର ଗୋଳ। ଗୁହାଡ଼ା – ଗୁହାରି। ଣିଅ – ନିଜ। ତରୁବର – ବୃକ୍ଷ

(ଅବିଦ୍ୟା)। ଗଅଣତ - ଗଗନରେ (ପ୍ରଭାସ୍ୱର ଶୂନ୍ୟ)। ତିଅ ଧାଉ - ତ୍ରିଧାତୁ (କାୟ, ବାକ୍, ଚିତ୍ତ / କାମଧାତୁ, ରୂପ ଧାତୁ ଓ ଅରୂପ ଧାତୁ)। ଖାଟି - ଖଟ। ମହାସୁହେ - ମହାସୁଖେ। ସେଜି - ଶେଯ। ଛାଇଲୀ - ବିଛାଇବା। ପେମ୍‌ହ - ପ୍ରେମ। ଦାରୀ - ଯେ କ୍ଳେଶ ବିଦାରଣ କରେ। ରାତି - ପ୍ରଜ୍ଞୋପାୟ ବିକଳ୍ପ। ତାଁବୋଲା - ତାମ୍ବୁଲ (ପରିଶୁଦ୍ଧ ଚିତ୍ତ)। କାପୁର - କର୍ପୂର (ଶୁକ୍ର, ଯୁଗନଦ୍ଧ ରୂପ)। ସୁନ - ଶୂନ୍ୟ। ଲଇଆ - ନେଇଣ। କଣ୍ଠେ - ସମ୍ଭୋଗ ଚକ୍ରରେ। ରାତି - କାୟ କ୍ଳେଶାନ୍ଧକାର। ଗୁରୁବାକ୍ ପୁଞ୍ଛିଆ - ଗୁରୁ ବାକ୍ୟ ପଚାରି। ବିନ୍ଧହ ବିନ୍ଧହ - ବିନ୍ଧ ବିନ୍ଧ। ପରିମଣିବାଣେ - ପରମ ନିର୍ବାଣେ। ଗରୁଆ ରୋଷେ - ଜ୍ଞାନାନୁରାଗ। ଗିରିବର ସିହର ସନ୍ଧି - ଗିରିବର ଶିଖର ସନ୍ଧି (ମହାସୁଖ ଚକ୍ର ନଳିନୀ ବନ)। ପଇସନ୍ତେ - ପଶନ୍ତେ। କଇସେ - କେସନେ।

ଅର୍ଥ :

ଏଠାରେ ଶବର - ଶବରୀ ପ୍ରେମଚର୍ଯ୍ୟାରେ ବାହ୍ୟାର୍ଥ ଦେଇ ଚର୍ଯ୍ୟାର ଗୂଢ଼ତତ୍ତ୍ୱକୁ ପ୍ରଚ୍ଛନ୍ନରେ ବ୍ୟକ୍ତ କରାଯାଇଛି। ଉଚ୍ଚପର୍ବତମାଳାରେ ବାସ କରୁଥିବା ମୟୂରପୁଚ୍ଛ ଓ ଗୁଞ୍ଜାରମାଳ ପରିହିତ ଶବରୀବାଳୀ ଶବରକୁ ପ୍ରେମଭିକ୍ଷା କଲାପରି ସାଧକର ମହାସୁଖଚକ୍ରରେ ଅଧିଷ୍ଠିତ ନୈରାତ୍ମା ତାକୁ ତୁଚ୍ଛ ବିଷୟ ବାସନାରୁ ମୁକ୍ତ କରି ମହାସୁଖ ସ୍ୱରୂପିଣୀ ନୈରାତ୍ମ୍ୟକୁ ସାଧନା କରିବା ପାଇଁ ପ୍ରେରିତ କରିଥା'ନ୍ତି। କାୟ, ବାକ୍, ଚିତ୍ତ ବିଷୟ ଊର୍ଦ୍ଧ୍ୱାୟିତ ଚେତନାକୁ ଉପଲବ୍ଧି କରି ସାଧନା ଦ୍ୱାରା ଅବିଦ୍ୟା ଦୋଷ ଦୂର କରେ। ଶବରୀବାଳୀ (ନୈରାତ୍ମ୍ୟ ଦେବୀ)ର ମତ୍ତ ଶବର (ସିଦ୍ଧ ସାଧକ)କୁ ନିଜକୁ ଚିହ୍ନାଇ ତା' ଚେତନା ଫେରାଇ ତା' ସହ (ବରୀବାଳୀ ନୈରାତ୍ମ୍ୟ ଦେବୀ) ମିଳିତ ହେବା ନିମିତ୍ତ ତୀବ୍ର ଆକାଂକ୍ଷାବୋଧ ସୃଷ୍ଟି କରିଛନ୍ତି। ଶବର ଯୁବକ ଶବରୀ ବାଳୀକୁ ସଙ୍ଗିନୀ କରି ତ୍ରିଧାତୁ ନିର୍ମିତ ଖଟପକାଇ ମହାସୁଖରେ ସମ୍ଭୋଗ ବିଳାସ କରିଛି। ହୃଦୟ ଆନନ୍ଦରେ ଦ୍ରବୀଭୂତ ହେଲା। ତାମ୍ବୁଲ ଓ କର୍ପୂର ସେବନ କରି ପ୍ରେମିକାକୁ କଣ୍ଠଶ୍ଳେଷ କରି ରାତ୍ରିଯାପନ କଲା। ଅନୁରୂପ ଭାବରେ

ସାଧକ ଶୁକ୍ରର ନିମ୍ନଗାମୀ ପ୍ରବାହକୁ ରୁଦ୍ଧ କରି ଅବଧୂତି ମାର୍ଗରେ ମହାସୁଖରେ ପ୍ରବେଶ କରି, କଣ୍ଠଦେଶସ୍ଥ ସମ୍ଭୋଗ ଚକ୍ରରେ ନୈରାତ୍ମ୍ୟ ସହ ବୋଧିଚିତ୍ତର ମିଳନ ଦ୍ୱାରା ସମସ୍ତ କ୍ଳେଶ ଦୂର କରିପାରନ୍ତି। ସହଜିଆ ସାଧକ ଗୁରୁବାକ୍ୟକୁ ପାଥେୟ କରି ସ୍ୱଚିତ୍ତକୁ ପରମରାଗରେ ନୈରାତ୍ମ୍ୟଙ୍କ ସହ ନିନ୍ଦିତ କଲେ ଆଉ ପୁନର୍ଜନ୍ମ ଦୋଷ ରହେ ନାହିଁ। ଏଠାରେ "ସାଧକର ଚିତ୍ତ ଶବର ସଦୃଶ୍ୟ। ଶବର ଯେପରି ଶର ସନ୍ଧାନ କରେ, ସେହିପରି ସାଧକ ଗୁରୁବାକ୍ୟରୂପ ଧନୁରେ ନିଜ ମନରୂପ ବାଣ ସନ୍ଧାନ କରି ପରମ ନିର୍ବାଣକୁ ଅଧିକାର କରେ। ଶବର ଯେପରି ଉନ୍ମତ୍ତ ହୋଇ ପର୍ବତଶିଖରରେ ପ୍ରବେଶ କଲେ ତାକୁ ଆଉ ଖୋଜି ବାହାର କରିଯାଇପାରେ ନାହିଁ, ସେହିପରି ସହଜାନନ୍ଦରେ ପ୍ରମତ୍ତ ଚିତ୍ତ ପରମ ରାଗରେ ମହାସୁଖ ଚକ୍ରରେ ପ୍ରବେଶ କଲେ ତାହା ଆଉ ଭବ ବନ୍ଧନରେ ପଡ଼େ ନାହିଁ।"

■

ମତ୍ତ ଶବର-ମୃତ୍ୟୁଚର୍ଯ୍ୟା

ଚର୍ଯ୍ୟାକ୍ରମ -୫୦

● ଶବରୀପା

(ରାଗ-ରାମକ୍ରୀ)

ଗଅଣତ ଗଅଣତ ତଇଲା ବାଡ଼ୀ ହେଞ୍ଚେ କୁରାଡୀ।
କଣ୍ଠେ ନୈରାମଣି ବାଲୀ ଜଗନ୍ତେ ଉପାଡ଼ୀ ॥୧॥
ଛାଡ଼ ଛାଡ଼ ମାଆମୋହା ବିଷମ ଦୂନ୍ଦୋଲୀ।
ମହାସୁହେ ବିଲସନ୍ତି ଶବରୋଲଇଆ ସୁଣ ମେହେଲୀ ॥ ଧ୍ରୁ ॥
ହେରି ସେ ମେରି ତଇଲା ବାଡ଼ୀ ଖସମେ ସମତୁଲା
ଷୁକଡ଼ ଏ ସେ ରେ କପାସୁ ଫୁଟିଲା ॥ଧ୍ରୁ॥
ତଇଲା ବାଡ଼ିର ପାସେର ଜୋହ୍ନାବାଡ଼ି ଉଏଲା।
ଫିଟେଲି ଅନ୍ଧାରିରେ ଆକାଶ ଫୁଲିଆ ॥୩॥ (ଧ୍ରୁ)
କଙ୍ଗୁଚିନା ପାକେଲାରେ ଶବରୀ ଶବରୀ ମାତେଲା।
ଅଣୁଦିନ ଶବରୋ କିମ୍ପି ନଚେବଇ ମହାସୁହେଁ ଭୋଲା ॥୪॥ (ଧ୍ରୁ)
ଚାରିବାସେଁ ଭାଇଲାରେ ଦିଆ ଚଞ୍ଚାଲୀ।
ତହିଁ ତୋଲି ଶବରୋ ଡାହ କଏଲା କାନ୍ଦଇ ସଗୁଣ ଶିଆଳୀ ॥୫॥ (ଧ୍ରୁ)
ମାରିଲ ଭବମତ୍ତାରେ ଦହ ଦିହେ ଦିଧଲି ବଲୀ।
ହେର ସେ ଶବର ନିରେବଣ ଭଇଲା ଫିଟିଲି ସବରାଳୀ ॥୬॥ (ଧ୍ରୁ)

କଠିନ ଶବ୍ଦାର୍ଥ :

ଗଅଣତ - ଗଗନେ। ହେଞ୍ଚେ - ହାଣେ। କୁରାଡ଼ୀ - କୁରାଢ଼ି। ଜଗନ୍ତେ - ଜାଗନ୍ତେ। ମାଆମୋହା - ମାୟାମୋହ। ଦୁନ୍ଦୋଲୀ - ଧନ୍ଦୋଳ। ଶବରୋଲଇଆ - ଶବର ନେଇଣ। ସୁଣ - ଶୂନ୍ୟ। ମେହେଲୀ - ମାହାରୀ। ହେରି ସେ ମେରି - ହେର ସେ ମୋର। ଷୁକଡ଼ - ଶୁକଳ। ଏ - ଏହି। ଜୋହ୍ନାବାଡ଼ୀ - ଜହ୍ନା ବାଡ଼ି। ଫିଟେଲି - ଫିଟିଲା। ଫୁଲିଆ - ଫୁଟିଲା।

କଙ୍ଗୁଚିନା - ଚତୁର୍ଥ ଶୂନ୍ୟ। ପାକେଲାରେ - ପାଚିଲାରେ। ଅଣୁଦିନ - ଅନୁଦିନ। କିମ୍ପି - କିଛି। ନଚେବଇ - ନ ଚେତଇ। ମହାମୁହେଁ - ମହାସୁଖେ। ଚାରିବାଁସେ - ଚାରି ବାଆଁଶେ। ଭାଇଲାରେ - ଭେଇଲାରେ। ଦିଆ - ଦେଇ। ଚଞ୍ଚାଲୀ - ଚାଞ୍ଚରୀ। କଏଲା - କଲା। ସଗୁଣ - ଶାଗୁଣା। ମାରିଲା - ମାରିଲା। ଦହ ଦିହେ - ଦଶ ଦିଗେ। ଦିଥଲି ବଲୀ - ଦେଲା ବଳୀ। ନିରେବଣ - ନିର୍ବାଣ। ଉଇଲା - ହୋଇଲା। ଫିଟିଲା - ଫୁଟିଲା। ଶବରାଲୀ - ଶବରାମି।

ଅର୍ଥ :

ଶବର ପାହାଡ଼କୁ କୁରାଢ଼ିରେ କାଟି କପା-ତଇଲା ତିଆରି କଲାପରି ସାଧକ ବୋଧିଚିତ୍ତ ରୂପକ କୁଠାର ଦ୍ୱାରା ଶୂନ୍ୟ, ଅତିଶୂନ୍ୟ ଓ ତଲଗ୍ନ ତୃତୀୟ ଶୂନ୍ୟର ଦୋଷ ଖଣ୍ଡନ କରିପାରେ। ଶବରୁଣୀ ତଇଲାରୁ ଘାସ ଉପାଡ଼ି ଶବରକୁ ସାହାଯ୍ୟ କଲାପରି ସାଧକର ସମ୍ଭୋଗ ଚକ୍ରରେ ଜାଗ୍ରତ ହୋଇ ସମସ୍ତ ଦୋଷ ଉତ୍ପାଟନରେ ସହାୟତା କରେ। ଶବରୀ ପାଦ କହନ୍ତି - ହେ ସାଧକ ବୃନ୍ଦ ! ଶବର ଶବରୁଣୀ ଏକମନ ହୋଇ ସୁଖମୟ ଦାମ୍ପତ୍ୟ ଜୀବନ କଲାପରି ସମସ୍ତ ମାୟା ମୋହକୁ ତ୍ୟାଗ କରି ଶୂନ୍ୟତ ରୂପକ ନାରୀ ସହ ଏକାତ୍ମ ହୋଇ ମହାସୁଖରେ ବିଚରଣ କର। ଶବରର ତଇଲା ବାଡ଼ିରେ ସବୁଜିମା ଶାଖାପତ୍ରରେ କ୍ରମେ ଶୁକ୍ଳବର୍ଣ୍ଣ କପା ଫୁଟିଲା। ଅନୁରୂପ ଭାବରେ ତୁମର ଚିତ୍ତ ତୃତୀୟ ଶୂନ୍ୟରେ ଅଧିଷ୍ଠିତ ଶୂନ୍ୟମୟ ଓ ଚତୁର୍ଥ ଶୂନ୍ୟର ନିର୍ମଳପ୍ରଭା ଫୁଟି ଉଠିବ। କାପା ତଇଲା ପାଖରେ ମକା ଗଛ ସବୁ ଉଠି, ତହିଁରେ ଫୁଲ ଫୁଟିବା ଦ୍ୱାରା ଆକାଶରେ ଫୁଲ ଫୁଟିଲା ପରେ ଯେଉଁ ସୌନ୍ଦର୍ଯ୍ୟ ପ୍ରତୀୟମାନ ହୁଏ ଅନୁରୂପ ଭାବରେ ସାଧକର ଚିତ୍ତରେ ତୃତୀୟ ଶୂନ୍ୟ ନିକଟରେ ଜ୍ଞାନ ରୂପ ଚନ୍ଦ୍ରମଣ୍ଡଳ ଉଦିତ ହେଲେ ଅବିଦ୍ୟା - ଅନ୍ଧକାର ଦୂର ହୁଏ ଓ ଚତୁର୍ଥଶୂନ୍ୟ ପ୍ରସ୍ଫୁଟିତ ହୁଏ। ମାଣ୍ଡିଆ ଚିନା ପାଚିଲେ ଶବର ଶବରୀ ତାକୁ ସଂଗ୍ରହ କରି ମହାନନ୍ଦରେ ଅନ୍ୟସବୁ କଥା ପାଶୋରିଗଲା ପରି ସିଦ୍ଧ ସାଧକର ମନ ଚତୁର୍ଥ ଶୂନ୍ୟରେ ପ୍ରବେଶ କଲେ ସେ ଜ୍ଞାନାସବ ପାନରେ ପ୍ରମତ୍ତ ରହିଲେ ଚିତ୍ତର ଅନ୍ୟାନ୍ୟ ଭାବ ତାଙ୍କୁ ସ୍ପର୍ଶ କରିପାରେ ନାହିଁ। ଏହିପରି ଭାବରେ ଶବର

ଯେତେବେଳେ ମୃତ୍ୟୁବରଣ କରେ ଶବରୀ ଚାରିଖଣ୍ଡ ବାଉଁଶରେ ଚାଞ୍ଚରି ବିଛାଇ ଶବ - ଶଯ୍ୟା (କୋକେଇ) ପ୍ରସ୍ତୁତ କରି ତନ୍ମଧ୍ୟରେ ଶବକୁ ରଖି ଦାହ କରିଦିଏ। ଶାଗୁଣା ଶିଆଳ ସବୁ ଚିତ୍କାର କରୁଥାଆନ୍ତି। ସେହିପରି ସାଧକର ଚତୁର୍ଥାନନ୍ଦ ଉପଲବ୍ଧି ଦ୍ୱାରା ଇନ୍ଦ୍ରିୟ ସମୂହ ଦଗ୍ଧ ହେବା ଫଳରେ ସଗୁଣ ଚିତ୍ତ ଦୁଃଖ ପ୍ରକାଶ କରନ୍ତି। ଶବଦାହ ପରେ ଶବରୁଣୀ ଦଶଦିଗରେ ସ୍ୱାମୀର ପିଣ୍ଡଦାନ କରି ପରଲୋକ ପ୍ରାପ୍ତି କରାଏ। ସେପରି ସାଧକ ଭବମାୟାକୁ ଛିନ୍ନ କରି ଦଶ ଦିଗପାଳ ବୁଦ୍ଧଙ୍କର ସନ୍ତୋଷ ବିଧାନ କରି ପରମ ନିର୍ବାଣ ଲାଭ ଫଳରେ ସ୍ୱ ଚିତ୍ତର ଅଶୁଦ୍ଧତା ମଧ୍ୟ ଦୂର କରିପାରନ୍ତି।

■

ଚର୍ଯ୍ୟାକାର କାହ୍ନୁପାଦ

➢ କାହ୍ନୁପା ଓଡ଼ିଶାର ଏକ ବ୍ରାହ୍ମଣ କୁଳରେ ଜନ୍ମ ଗ୍ରହଣ କରିଥିଲେ ।

➢ ୮୪ ସିଦ୍ଧାଚାର୍ଯ୍ୟମାନଙ୍କ ମଧ୍ୟରେ ଜଣେ ଶକ୍ତିଶାଳୀ କବି ପ୍ରତିଭା ହେଲେ କାହ୍ନୁପା ।

➢ କାହ୍ନୁପାଙ୍କ ଅନ୍ୟାନ୍ୟ ନାମ – କୃଷ୍ଣାଚାର୍ଯ୍ୟ, କୃଷ୍ଣପାଦ, କାହ୍ନୁପା ।

➢ ଗୁରୁ – ସିଦ୍ଧାଚାର୍ଯ୍ୟ ଜାଳନ୍ଧରୀପା ।

➢ ସମୟ – ଡକ୍ଟର ବିନୟତୋଷ ଭଟ୍ଟାଚାର୍ଯ୍ୟ କହନ୍ତି – ୮ମ ଶତାବ୍ଦୀର ପ୍ରଥମ ଭାଗ ।

➢ ରାହୁଲ ସାଂକୃତ୍ୟାୟନଙ୍କ ମତରେ – ରାଜା ଦେବପାଳ (୯୦୦-୯୫୦ ଖ୍ରୀଷ୍ଟାବ୍ଦ)ଙ୍କ ସମସାମୟିକ ।

➢ ରଚନା –

- 'ତାଙ୍ଗୁର' ଗ୍ରନ୍ଥରେ ସ୍ଥାନିତ ୬୯ଟି ବୌଦ୍ଧଗ୍ରନ୍ଥ ।

➢ ତାଙ୍କର ରଚିତ ଚର୍ଯ୍ୟାଗୀତି ସଂଖ୍ୟା ଓ ତା'ର ନାମଗୁଡ଼ିକ ହେଲା – • ୭ (ବାଟ-ଓଗାଳ ଚର୍ଯ୍ୟା), • ୯ (ମତ୍ତ ମାତଙ୍ଗ ଚର୍ଯ୍ୟା), • ୧୦ (ଡୋମ୍ବୀ ଚର୍ଯ୍ୟା), • ୧୧ (ଡୋମ୍ବୀ ହେରୁକ ଚର୍ଯା), • ୧୨ (ନୟବଳ ଚର୍ଯା), • ୧୩ (ନୌଯାତ୍ରା ଚର୍ଯା), • ୧୮ (କାମ ଚଣ୍ଡାଳୀ ଚର୍ଯା), • ୧୯ (ଡୋମ୍ବୀବିବାହ – ଚର୍ଯା), • ୨୪ (ରାଜହଂସ – ଚର୍ଯା), • ୩୬ (ସହଜନିଦ୍ରା – ଚର୍ଯା), • ୪୦ (ମୂକବଧିର ଉପଦେଶ – ଚର୍ଯା), • ୪୨ (ସ୍କନ୍ଧ ବିୟୋଗ ଚର୍ଯା), • ୪୫ (ନିଷ୍ଫଳ ବୃକ୍ଷ ଛେଦ – ଚର୍ଯା) ।

➢ କବିଙ୍କ ସମ୍ପର୍କରେ କୌତୂହଳପୂର୍ଣ୍ଣ କତିପୟ ସୂଚନା –

- ରାଜା ଦେବପାଳଙ୍କ ସୋମପୁରୀ ବିହାରରେ ଗୁରୁଙ୍କ ଦ୍ୱାରା ଅଭିଷେକ ପରେ ଲଙ୍କାପୁରୀ ଯାତ୍ରା କାଳରେ ମନରେ ଅହଂଭାବ ଆସିବାରୁ ସମୁଦ୍ରରେ ନିମଜ୍ଜିତ ହୋଇଯାଇଥିଲେ । ଗୁରୁଙ୍କ ଦ୍ୱାରା ରକ୍ଷା ପାଇଥିଲେ ।
- ଗୁରୁଙ୍କ ନିର୍ଦ୍ଦେଶକ୍ରମେ ତାଙ୍କର ଅନ୍ୟତମ ପ୍ରମୁଖ ଶିଷ୍ୟ ତନ୍ତିପାଙ୍କ ସହ ଅନେକ ଘୃଣିତ କାର୍ଯ୍ୟରେ ଲିପ୍ତ ରହି ସିଦ୍ଧି ପାଇଥିଲେ ।

- ଆମ୍ବ ବଗିଚାରେ ରକ୍ଷିତା ରମଣୀ ଉପରେ ସାଧନା ଶକ୍ତି ପ୍ରୟୋଗ କରିଥିଲେ।
- ଫଳ ମନ୍ଦ ହେବାରୁ ଲୋକଙ୍କ ଆଗରେ ହୋଇଥିଲେ ନିନ୍ଦିତ।
- ପୁନଶ୍ଚ ସ୍ୱସାଧନା ଦ୍ୱାରା ତାକୁ ସିଦ୍ଧ ପରେ ମଧ୍ୟ ମନ୍ତ୍ରର କୁପ୍ରଭାବ ଫଳରେ ସେ ହେଲେ ପୀଡ଼ିତ।
- ଗୁରୁଙ୍କ ନିର୍ଦ୍ଦେଶିତ 'ବଜ୍ରବରାହୀ - ମନ୍ତ୍ର' ଜପ କରି କଷ୍ଟରୁ ମୁକ୍ତି ପାଇଥିଲେ।

■

ବାଟ ଓଗାଳ ଚର୍ଯ୍ୟା

ଚର୍ଯ୍ୟାକ୍ରମ -୭

● କାହ୍ନୁପାଦ

(ରାଗ-ପଟମଞ୍ଜରୀ)

ଆଳିଏଁ କାଳିଏଁ ବାଟ ରୁନ୍ଧେଲା ।
ତା ଦେଖି କାହ୍ନୁ ବିମନ ଭଇଲା ॥୧॥
କାହ୍ନୁ କାହିଁଗଇ କରିବି ନିବାସ ।
ଜୋ ମନ ଗୋଅର ସୋ ଉଆସ । (ଧ୍ରୁ)
ତେ ତିନି ତେ ତିନି ତିନି ହୋ ଭିନ୍ନା ।
ଭଣଇ କାହ୍ନୁ ଭବ ପରିଚ୍ଛିନ୍ନା ॥୨॥(ଧ୍ରୁ)
ଜେ ଜେ ଆଇଲା ତେତେ ଗେଲା ।
ଅବଣା ଗବଣେ କାହ୍ନୁ ବିମନ ଭଇଲା ॥୩॥ (ଧ୍ରୁ)
ହେରି ସେ କାହ୍ନି ନିଅଡି ଜିନଉର ବଟ୍‌ଟଇ ।
ଭଣଇ କାହ୍ନୁ ମୋ ହିଅହି ନ ପଇସଇ ॥୪॥ (ଧ୍ରୁ)

କଠିନ ଶବ୍ଦାର୍ଥ :

ରୁନ୍ଧେଲା - ରୁନ୍ଧିଲା, ଅବରୁଦ୍ଧ, ବନ୍ଦ । ଭଇଲା - ହୋଇଲା । କାହିଁ ଗଇ - କାହିଁ ଯାଇ । ଜୋ ମନ - କାହା ମନ । ଗୋଅର - ଗୋଚର । ସୋ - ତାହା । ଉଆସ - ଉଦାସ । ତେ - ତା । ଜେ ଜେ - ଯା' ଯା' । ତେ ତେ - ତା' ତା' ଅବଣା ଗବଣେ - ଗମନା ଗମନେ । ନିଅଡ଼ି - ନିକଟେ । ଜିନଉର - ଜିନପୁର । ବଟ୍‌ଟଇ - ଅଛଇ । ମୋ ହିଅହି - ମୋହି ଆରେ । ନ ପଇସଇ - ନ ପଶଇ ।

ମର୍ମାର୍ଥ :

'ଆଳିକାଳି', ବା କାମନାଡ଼ି ଦକ୍ଷିଣାନାଡି ଦ୍ୱାରା ନିଜ ମନେନ୍ଦ୍ରିୟକୁ ଅବରୋଧ ସହ ନିଜକୁ ପରିଶୁଦ୍ଧମନା କରି କାହ୍ନୁପା ଅନ୍ତର ମଧ୍ୟସ୍ଥ ପରମ ଆନନ୍ଦମୟ ମହାସୁଖ ସ୍ଥଳର ସନ୍ଧାନ କରିଛନ୍ତି । ମନେନ୍ଦ୍ରିୟ ଯୋଗୀମାନଙ୍କ ପରି

କାୟବାକ୍ ଚିତ୍ତ ସର୍ବସ୍ୱ ସଂସାରର ଜନ୍ମମୃତ୍ୟୁ ବନ୍ଧନ ଏଥିପାଇଁ ତାଙ୍କୁ ସ୍ପର୍ଶ କରିପାରିନାହିଁ।

ଅନ୍ୟ ଅର୍ଥରେ :

ଆଲିକାଲି ମାର୍ଗରେ ପ୍ରାଣବାୟୁ ଶ୍ୱାସ ପ୍ରଶ୍ୱାସ ରୂପରେ ପ୍ରବାହିତ ହେବା କାରଣରୁ ମହାସୁଖ ଚକ୍ରର ପ୍ରବେଶଦ୍ୱାର 'ଅବଧୂତୀ ମାର୍ଗ'ର ଅବରୁଦ୍ଧ ଦେଖି କାହ୍ନୁ ବିରସ ହୋଇଛନ୍ତି। ଆଲି, କାଲି ଓ ଅବଧୂତୀମାର୍ଗ ଏକତ୍ର ହୋଇ ନ ପାରିବା କାରଣରୁ ଭବବନ୍ଧନରୁ ଜନ୍ମ ମୃତ୍ୟୁର ବନ୍ଧନରେ ପତନକୁ ସାମ୍ନା କରି ଦୁଃଖୀ ହୋଇଛନ୍ତି। ସମ୍ମୁଖରେ ମହାସୁଖପୁର ଥାଇ ମଧ୍ୟ ରୁଦ୍ଧ ଅବଧୂତୀ ମାର୍ଗରେ ପ୍ରବେଶ କରିନପାରିବା ଦେଖି କାହ୍ନୁ ବିରସ ହୋଇଛନ୍ତି।

■

ମତ୍ତ ମାତଙ୍ଗଚର୍ଯ୍ୟା

ଚର୍ଯ୍ୟାକ୍ରମ -୯

• କାହ୍ନୁପାଦ

(ରାଗ-ପଟମଞ୍ଜରୀ)

ଏବଂକାର ଦିଢ଼ ବାଖୋଡ଼ ମୋଡ଼ିଉ ।
ବିବିହ ବିଆପକ ବାନ୍ଧନ ତୋଡ଼ିଉ ॥୧॥
କାହ୍ନୁ ବିଲସଅ ଆସବମାତା ।
ସହଜ ନଳିନୀବନ ପଇସି ନିବିତା (ଧ୍ରୁ)
ଜିମ ଜିମ କରିଣା କରିଣିରେଁ ରିସଅ ।
ତିମ ତିମ ତଥତା ମଅଗଲ ବରିସଅ ॥୨॥ (ଧ୍ରୁ)
ଛଡ଼ଗଇ ସଅଳ ସହାବେ ସୁଧ ।
ଭାବାଭାବ ବାଲାଗ ନ ଛୁଧ ॥୩॥(ଧ୍ରୁ)
ଦଶବଳ ରଅଣ ହରିଅ ଦଶଦିସେଁ ।
ଅବିଦ୍ୟା କରିକୁଁ ଦମ ଅକିଳେସଁ ।୪। (ଧ୍ରୁ)

କଠିନ ଶବ୍ଦାର୍ଥ :

ଦିଢ଼ - ଦୃଢ଼ । ମୋଡ଼ିଉ - ମୋଡ଼ି । ବିବିହ - ବିବିଧ । ବିଆପକ - ବ୍ୟାପକ । ବାନ୍ଧନ - ବନ୍ଧନ । ତୋଡ଼ିଉ - ତୋଡ଼ି । ବିଲସଅ - ବିଲସଇ । ଆସବମାତା - ଆସବ ମତ୍ତ । ନଳିନୀ ବନ - ମହାସୁଖ ପଦ୍ମ । ଜିମ ଜିମ - ଯେମିତି । କରିଣା କରିଣିରେଁ - କରୀ କରିଣୀ । ନିବିତା - ନିବୃତ୍ତ । ରିସଅ - ଈର୍ଷଇ । ତିମ ତିମ - ତେମିତି । ମଅଗଲ - ମଦ-ଗଳ । ବରିସଅ - ବରଷଇ । ଛଡ଼ଗଇ - ଛଡ଼ଗତି । ସଅଳ - ସକଳ । ସହାବେ - ସ୍ୱଭାବେ । ସୁଧ - ଶୁଦ୍ଧ (ନିର୍ମଳ) । ବାଲାଗ - ବାଲାଗ୍ର, କେଶାଗ୍ର । ଛୁଧ - ଛୁତ (ଅଶୁଦ୍ଧ) । ରଅଣ - ରଣନ । ହରିଅ - ହରିଣ (ଆହରଣ) । ଦଶଦିସେଁ - ଦଶ ଦିଗରେ । ଅକିଳେସଁ - ଅକ୍ଳେଶରେ ।

ଅର୍ଥ :

ମଦମତ୍ତ ହସ୍ତୀ ବନ୍ଧନ ସ୍ତମ୍ଭ ଭାଙ୍ଗି ରଜ୍ଜୁ ଛିନ୍ନ କରି ପଦ୍ମବନରେ ପ୍ରବେଶ କରି ହସ୍ତିନୀ ସହ କ୍ରୀଡ଼ା କଲା ପରି କାହ୍ନୁପା 'ଏ' (ବାମନାଡ଼ି) 'ବଂ' (ଦକ୍ଷିଣ ନାଡ଼ି) ରୂପ ସ୍ତମ୍ଭ ଦ୍ୱୟ ଭାଙ୍ଗିଦେଇ, ଜାଗତିକ ବନ୍ଧନକୁ ଛିନ୍ନ କରି ସହଜ ପଦ୍ମ ବନରେ ପ୍ରବେଶ କରି ନିର୍ବିକଳ୍ପ ଭାବେ ସହଜ ସୁନ୍ଦରୀ ନୈରାତ୍ମାଙ୍କ ସହ ବିଳାସ କରିଛନ୍ତି। ପ୍ରେମୋନ୍ମତ୍ତ ହସ୍ତୀ ମଦସ୍ରାବ କଲାପରି କାହ୍ନୁପାଙ୍କ ଚିତ୍ତ ଗଜେନ୍ଦ୍ର ଅନୁରୂପ ମଦ ତଥା ପରମ ସତ୍ୟ ବର୍ଷଣ କରୁଛି। ଜଗତର ପ୍ରତ୍ୟେକ ଜୀବ ହେଉଛନ୍ତି 'ତାହା' (ଶୁଦ୍ଧ)। କାହାର ସ୍ଥିତି ବା ଲୟ କେଶାଗ୍ର ପର୍ଯ୍ୟନ୍ତ ଅଶୁଦ୍ଧ ନୁହେଁ। ପରିଶେଷରେ ଉପଦେଶ ଦେଇ ସେ କହିଛନ୍ତି - ଦଶ ବଳ ରୂପକ ରତ୍ନ ସମୂହ ଦଶ ଦିଗରୁ ଆହରଣ କରି ତନ୍ମଧ୍ୟରେ ଅକ୍ଲେଶରେ ଅବିଦ୍ୟା ମୋହିତ ଚିତ୍ତ - ହସ୍ତୀକୁ ଦମନ କର। 'ବୋଧିଚିତ୍ତ' (ଜ୍ଞାନ) ଜାଗ୍ରତ ହେଲେ ତୁମେ ମଧ୍ୟ ଅବିଦ୍ୟାକୁ ଅକ୍ଲେଶରେ ଦମନ କରିପାରିବ ଏବଂ ତଥତା ତତ୍ତ୍ୱ ('ତାହା', 'ସେଇ ରକମ', ପ୍ରଜ୍ଞା ପାରମିତା, ବିଶୁଦ୍ଧ ପ୍ରକୃତି)କୁ ଉପଲବ୍ଧି କରିପାରିବ।

- ତଥା ବାଦର ପ୍ରତିଷ୍ଠାତା - ବିଖ୍ୟାତ ବୌଦ୍ଧ ଦାର୍ଶନିକ ଅଶ୍ୱଘୋଷ।

ଡୋମ୍ବୀ ଚର୍ଯ୍ୟା

ଚର୍ଯ୍ୟାକ୍ରମ -୧୦

• କାହ୍ନୁପାଦ

(ରାଗ-ଦେଶାଖ)

ନଗର ବାହିରେ ରେ ଡୋମ୍ବି ତୋହେରି କୁଡ଼ିଆ ।
ଛୋଇ ଛୋଇ ଜାହି ସୋ ବ୍ରାହ୍ମ ନାଡିଆ ।୧।
ଆଲୋ ଡୋମ୍ବି ତୋଏ ସମ କରିବୋ ମୋ ସାଙ୍ଗ ।
ନିଘନ କାହ୍ନୁ କାପାଳି ଜୋଇ ଲାଙ୍ଗ ॥(ଧ୍ରୁ)
ଏକସୋ ପଦୁମା ଚୌଷଠୀ ପାଖୁଡ଼ୀ ।
ତହିଁ ଚଢ଼ି ନାଚଅ ଡୋମ୍ବୀ ବାପୁଡ଼ୀ ॥୨॥(ଧ୍ରୁ)
ହାଲୋ ଡୋମ୍ବୀ ତୋ ପୁଛମି ସଦଭାବେ ।
ଆଇସି ଜାସି ଡୋମ୍ବୀ କାହାରି ନାବେଁ ॥୩॥ (ଧ୍ରୁ)
ତାନ୍ତି ବିକଣଅ ଡୋମ୍ବୀ ଅତର ନା ଚାଂଗେଡ଼ା ।
ତୋହୋର ଅନ୍ତରେ ଛାଡ଼ି ନଡ଼ ପେଡ଼ା ॥୪॥(ଧ୍ରୁ)
ତୁ ଲୋ ଡୋମ୍ବୀ ହାଉଁ କପାଳୀ ।
ତୋହୋର ଅନ୍ତରେ ମୋ ଏ ଘେଣିଲି ହାଡ଼େରି ମାଳୀ ॥୫॥ (ଧ୍ରୁ)
ସରୋବର ଭାଞ୍ଜିଅ ଡୋମ୍ବୀ ଖାଅ ମୋଲାଣ ।
ମାରମି ଡୋମ୍ବୀ ଲେମି ପରାଣ ॥୬॥ (ଧ୍ରୁ)

କଠିନ ଶବ୍ଦାର୍ଥ :

ତୋହରି - ତୋହରି । ଛୋଇ ଛୋଇ - ଛୁଇଁ ଛୁଇଁ । ଜାହି - ଯାଏ । ସୋ - ସେ । ବ୍ରାହ୍ମ ନାଡ଼ିଆ - ବ୍ରାହ୍ମଣ ନାଣ୍ଡିଆ । ତୋଏ - ତୋର । ମମ - ସହ । କରିବୋ - କରିବି । ଯୋଇ - ଯୋଗୀ । ଏକ ସୋ - ଏକ ସେ । ପଦୁମା ଚୌଷଠୀ - ପଦ୍ମ ଚୌଷଠୀ (ନିରାତ୍ମା ଚଣ୍ଡାଳୀର ଅବସ୍ଥାନ କ୍ଷେତ୍ର ନାଭିସ୍ଥଳସ୍ଥ ନିର୍ମାଣ ଚକ୍ର) । ଆଇସସ ଜାସି - ଆସୁ ଯାଉ । ତାନ୍ତି - ତନ୍ତି । କୁଡ଼ିଆ - ମହାସୁଖ ଚକ୍ର । ନାବେ - ସଂବୃତ୍ତି ବୋଧିଚିତ୍ତ । ଚାଂଗେଡ଼ା -

ଟାଙ୍ଗୁଡ଼ା। ଛାଡ଼ି - ଛାଡ଼ିଲି। ନଡ଼ ପେଡ଼ା - ନଟ -ପେଡ଼ା। ହାଉଁ - ମୁଁ।
ମୋ - ମୁଁ। ଭାଞ୍ଜିଆ - ଭାଗିଣ। ମେଲାଣ - ମୃଣାଳ (ପଦ୍ମନାଡ଼)।

ମର୍ମାର୍ଥ :

ନଗର ବାହାରେ ଡୋମ୍ବୀ ପ୍ରତି ଜାତିକୁଳ ବିବର୍ଜିତ କାପାଳିକ ପ୍ରେମ ଲାଳସୀ ନଣ୍ଡା ବ୍ରାହ୍ମଣ ପ୍ରେମ ଭିକ୍ଷା କରିବାର ଅନ୍ତରାଳରେ ସହଜଯାନର ଗୁହ୍ୟ ତତ୍ତ୍ୱ ନିହିତ ହୋଇଛି। ମଣିମୂଳରେ ବିରମାନନ୍ଦରେ ଶୁକ୍ର ସ୍ୱରୂପ ସଂବୃତ୍ତି ବୋଧିଚିତ୍ତକୁ ସ୍ପର୍ଶ କରି ମିଳିତ ହେଉଥିବା ଇନ୍ଦ୍ରିୟାତୀତ ମହାସୁଖଚକ୍ରର ଅସ୍ପର୍ଶ୍ୟ ପରିଶୁଦ୍ଧାବତୀ ନୈରାତ୍ମା ଦେବୀଙ୍କ ସ୍ୱଭାବକୁ କାପାଳିକ କାହ୍ନୁପା ସ୍ୱ ସ୍ୱଭାବ ସହିତ ତୁଳନା କରିଛନ୍ତି। ଅବିଦ୍ୟା ବିଷୟାଭାଷ ପରିତ୍ୟାଗ କରି ୬୪ ଦଳ ଯୁକ୍ତ ବିକଶିତ ପଦ୍ମ ପାଖୁଡ଼ାରେ ନୃତ୍ୟରତା ନୈରାତ୍ମା ଦେବୀ ଅପରିଶୁଦ୍ଧା ବଧୂତିକା ରୂପେ ଯୋଗୀର କାୟା ବିକ୍ଷୁବ୍ଧ କରି ଯୋଗୀ ଚିତ୍ତକୁ ବିକ୍ଷୁବ୍ଧ କରନ୍ତି। ଅନୁରୂପ ଭାବରେ କାହ୍ନୁପା ମଧ୍ୟ ଷଟ୍ ତଥାଗତ ଚକ୍ରୀକୁଣ୍ଡଳ - କର୍ଣ୍ଣାକାଦି ଗ୍ରହଣ କରି ବାହ୍ୟ ମନ୍ତ୍ରତନ୍ତ୍ରକୁ ନିରପେକ୍ଷ ଭାବରେ ପାଳନ ସହ ନୈରାତ୍ମାଙ୍କ ପ୍ରଦତ୍ତ ଅପରିଶୁଦ୍ଧ ରୂପକୁ ବିନାଶ କରି ଚିତ୍ତକୁ ଅବିଦ୍ୟା କବଳରୁ ରକ୍ଷା କରିପାରିବେ ବୋଲି ପ୍ରକାଶ କରିଛନ୍ତି।

ଡୋମ୍ବୀ ହେରୁକ ଚର୍ଯ୍ୟା

ଚର୍ଯ୍ୟାକ୍ରମ -୧୧

• କାହ୍ନୁପାଦ

(ରାଗ-ପଟମଞ୍ଜରୀ)

ନାଡ଼ି ଶକ୍ତି ଦିଢ଼ ଧରିଅ ଖଟ୍ଟେ ।
ଅନହ ଡମରୁ ବାଜଇ ବୀର ନାଦେ ॥୧॥
କାହ୍ନ କପାଳୀ ଯୋଗୀ ପଇଠ ଆଚାରେ ।
ଦେହ ନଅରୀ ବିହରଇ ଏକାକାରେଁ ।(ଧ୍ରୁ)
ଆଳି କାଳି ଘଣ୍ଟା ନେଉର ଚରଣେ ।
ରବିଶଶି କୁଣ୍ଡଳ କଉ ଆଭରଣେ ॥୨॥(ଧ୍ରୁ)
ରାଗଦେଷ ମୋହ ଲାଇଅ ଛାର
ପରମ ମୋଖ ଲବଏ ମୂତିହାର ॥୩॥ (ଧ୍ରୁ)
ମାରିଅ ସାସୁ ନଣନ୍ଦ ଘରେ ଶାଳୀ
ମାଆ ମାରିଆ କାହ୍ନୁ ଭଇଲ କବାଳୀ ॥୪॥ (ଧ୍ରୁ)

କଠିନ ଶବ୍ଦାର୍ଥ :

ଦିଢ଼ - ଦୃଢ଼। ଖଟ୍ଟେ - ଖଟେ (ଆକଟେ), ପର୍ଯ୍ୟଙ୍କବନ୍ଧ ବା ଏକ ପ୍ରକାର ଯୋଗାସନ, ସନ୍ଧ୍ୟା ଅର୍ଥରେ ହେବ- ଶୂନ୍ୟଚକ୍ରରେ। ଅନହ - ଅନାହତ। ହଠଯୋଗ ସାଧନା ବେଳେ ନିଶ୍ଚଳ ଅବସ୍ଥାରେ ସାଧକ ନିଜ ଅନ୍ତରରୁ ସ୍ୱତଃଜାତ ଯେଉଁ ଧ୍ୱନିକୁ ଶୁଣିପାରେ। ନଅରୀ - ନଗରୀ। ଆଳିକାଳି ଓ ରବିଶଶି - ବାମ ଦକ୍ଷିଣ ନାଡ଼ି ଦ୍ୱୟର ନାମାନ୍ତର। ନେଉର - ନେପୁର, ନୁପୂର। ଲାଇଅ - ଲଭଇ। ମୋଖ - ମୋକ୍ଷ। ମୂତିହାର - ମୋତିହାର। ମାରିଅ - ମାରିଣ। ଶାଶୂ - ଶ୍ୱାସ। ନଣନ୍ଦ - ଆନନ୍ଦଦାୟୀ ଇନ୍ଦ୍ରିୟାଦି। ଶାଳୀ - 'ନିଃସ୍ୱଭାବୀ କୃତ୍ୟ'। ମାଆ - ମାୟା। ଭଇଲା - ହୋଇଲା। କବାଳୀ - କପାଳୀ। ରାଗ, ଦ୍ୱେଷ, ମୋହ - ତିନି ଅଗ୍ନି (ଏହାର ନିର୍ବାପନରେ ନିର୍ବାଣ ସମ୍ଭବ)।

ମର୍ମାର୍ଥ :

ନାଡ଼ି - ଶକ୍ତିକୁ ପର୍ଯ୍ୟାଙ୍କ - ବନ୍ଧନରେ ଦୃଢ଼ ରୂପେ ଅବସ୍ଥାପିତ କରି ଅର୍ଥାତ୍ ହଠଯୋଗୀ ଦ୍ୱାରା ଶ୍ୱାସ ପ୍ରଶ୍ୱାସବାହୀ ବାମ ଦକ୍ଷିଣ ନାଭିଦ୍ୱୟ ରୁଦ୍ଧ କରି, ମଧ୍ୟମ ନାଡ଼ି ଅବଧୂତିକାରେ ପ୍ରାଣବାୟୁ ଉତ୍ତୋଳନ ପୂର୍ବକ ମସ୍ତକସ୍ଥିତ ଶୂନ୍ୟ ଚକ୍ରରେ ଧାରଣ କରି, ସିଦ୍ଧ କାହ୍ନୁପାଦ କାପାଳିକ ରୂପେ ସାଧନାରେ ପ୍ରବୃତ୍ତ ହୋଇଛନ୍ତି। କାପାଳିକ ଡମ୍ବରୁ ବଜାଇ ନିର୍ବିକାର ଭାବରେ ଭ୍ରମଣ କଲାପରି ସାଧକ ସ୍ୱ ଅନ୍ତରରୁ ଅନାହତ ନାଦ ପ୍ରକଟ କରି ପିଣ୍ଡ ବ୍ରହ୍ମାଣ୍ଡରେ ନିର୍ବିକଳ୍ପ ଭାବରେ ବିଚରଣ କରୁଛନ୍ତି। କାପାଳିକ ପାଦରେ ନୂପୁର, କର୍ଣ୍ଣରେ କୁଣ୍ଡଳାଦି ଅଳଙ୍କାର ପରିଧାନ କଲାପରି କାହ୍ନୁପା 'ଆଳିକାଳି' ଓ 'ରବିଶଶି'କୁ ଆୟତ୍ତାଧୀନ କରି ନିଜର ଭୂଷଣ ଭାବରେ କରିଛନ୍ତି ଗ୍ରହଣ। କାପାଳିକ ଭସ୍ମଲେପ ଏବଂ ଗଳାରେ ମୋତିହାର ଧାରଣ କଲାପରି କାହ୍ନୁପା ରାଗ, ଦ୍ୱେଷ, ମୋହାଦି ରିପୁକୁ ଦଗ୍ଧ କରି ତା'ର ଭସ୍ମପ୍ରଲେପ କରି, ଧାରଣ କରିଛନ୍ତି ନିର୍ବାଣ ରୂପକ ମୁକ୍ତାହାର। କାପାଳିକ ଘର ସଂସାର ପରିତ୍ୟାଗ କରି ଶାଶୂ, ନଣନ୍ଦ, ଶାଳୀ, ମାୟାଦିକୁ ତ୍ୟାଗ କଲା ପରି କାହ୍ନୁପା ମଧ୍ୟ ଶ୍ୱାସ ଇନ୍ଦ୍ରିୟ, ମାୟାଦିକୁ ବିନାଶ କରିଛନ୍ତି।

■

ନୟବଳ ଚର୍ଯ୍ୟା

ଚର୍ଯ୍ୟାକ୍ରମ -୧୨

• କାହ୍ନୁପାଦ

(ରାଗ-ଭୈରବୀ)

କରୁଣା ପିହାଡ଼ି ଖେଳହୁଁ ନଅବଳ ।
ସଦଗୁରୁ ବୋହେଁ ଜିତେଲ ଉବବଳ ॥୧॥
ଫିଟଉ ଦୁଆ ମାଦେସିରେ ଠାକୁର ।
ଉଆରି ଉଏସେଁ କାହ୍ନୁ ନିଅଡ଼ି ଜିଣଉର ।(ଧ୍ରୁ)
ପହିଲେ ତୋଡ଼ିଆ ବଡ଼ିଆ ମରାଡିଉ ।
ଗଅବରେଁ ତୋଡ଼ିଆ ପାଞ୍ଚଜନା ଘାଲିଉ ॥୨॥ (ଧ୍ରୁ)
ମତିଏଁ ଠାକୁରକ ପରିନିବିତା ।
ଅବଶ କରିଆ ଭବବଳ ଜିତା ॥୩॥ (ଧ୍ରୁ)
ଭଣଇ କାହ୍ନୁ ଅମ୍ହେ ଭାଲ ଦାନ ଦେହୁଁ ।
ଚଉଷଟ୍‌ଠି କୋଠା ଗୁଣିୟା ଲେହୁ ॥୩॥

କଠିନ ଶବ୍ଦାର୍ଥ :

କରୁଣା ପୀଢ଼ - ଦାବା ଖେଳ ପୀଠ ବା କରୁଣା ଭାବ ସମନ୍ୱିତ ଚିତ୍ତ । ନଅବଳ - ନ୍ୟାୟବଳ (ନଅ ମନ୍ତ୍ର ଦ୍ୱାରା ଲବ୍ଧ ଚତୁର୍ଥାନନ୍ଦ ବଳ) । ବୋହେଁ - ବୋଧେ । ଜିତେଲ - ଜିତିଲୁଁ । ଉବବଳ - ଭବବଳ । ମାଦେସିରେ - ମାରିଦେଲାରେ । ଉଆରି - ଉଭାରି । ମରାଡ଼ିଉ - ମରାଇଲୁ । ଗଅବରେଁ - ଗଜବରେ, ବୋଧିଚିତ୍ତରେ । ତୋଡ଼ିଆ - ତୋଡ଼ି । ବଡ଼ିଆ - ୧୬୦ଟି ପ୍ରକୃତି ଦୋଷ । ମତିଏଁ - ମନ୍ତ୍ରୀରେ । ପାଞ୍ଚଜନ - ପଞ୍ଚ ବିଷୟ ଗତ ପଞ୍ଚସ୍କନ୍ଧର ଅହଂକାରାଦି ଭୂଷଣ । ଚଉଷଠି କୋଠା - ନିର୍ମାଣ ଚକ୍ର । ଗୁଣିୟା - ଗଣାଇ ।

ମର୍ମାର୍ଥ :

ଦାବା ଖେଳ ସାହାଯ୍ୟରେ ସଂସାର ଚକ୍ର ଜୟ କରାଯାଇପାରିବାର କଥା ଏଥିରେ ଉଲ୍ଲେଖ କରାଯାଇଛି । କାହ୍ନୁପା କହନ୍ତି ଯେ – କରୁଣା ରୂପକ ପାଲିରେ ଦାବାଖେଳ ଖେଳି ସଦ୍‌ଗୁରୁ ଉପଦେଶ ଦ୍ୱାରା ସେ ଭବ ବଳ ଜୟ କଲେ । ଲୋକ ଜ୍ଞାନ ବା ଅବିଦ୍ୟା ଓ ଲୋକଭାସକୁ ଫିଟାଇ ରାଜା ଦ୍ୱାରା ମାରିଦେଇ ବିଜୟର ରାସ୍ତାକୁ ଉନ୍ମୁକ୍ତ କରିଦେଲେ । ତାପରେ ସିପାହୀ ସବୁକୁ ମାରି ହାତୀଦ୍ୱାରା ପାଞ୍ଚଗୋଟି ଅକର୍ମଣ୍ୟ କରିଦେବାରୁ, ମନ୍ତ୍ରୀ ଦ୍ୱାରା ରାଜା ପରାସ୍ତ ହେଲା । ଏହିପରି ଅପର ପକ୍ଷର ସବୁ ଗୋଟି ଅବଶ କରିଦେଇ ସେ ବିଜୟ ହାସଲ କଲେ । କାହ୍ନୁ କହନ୍ତି – ମୁଁ ଭଲ ଦାନ ପକାଏ ଓ ଦାବାପାଲିର ଚଉଷଠି ଘର ସହଜରେ ଦଖଲ କରିନିଏଁ ।

ନୌଯାତ୍ରା ଚର୍ଯ୍ୟା

ଚର୍ଯ୍ୟାକ୍ରମ -୧୩

● କାହ୍ନୁପାଦ

(ରାଗ-କାମୋଦି)

ତିଶରଣ ଣାବୀ କିଅ ଅଠ କୁମାରୀ ।
ନିଅ ଦେହ କରୁଣାଶୂନ ମେହେରୀ ॥୧॥
ତରିତ୍ତା ଉବଜଲଧି ଜିମକରି ମାଅ ସୁଇନା ।
ମାଝ୍‌ବେଣୀ ତରଙ୍ଗ ମ ମୁନିଆ ॥(ଧ୍ରୁ)
ପଞ୍ଚ ତଥାଗତ କିଅ କେଡୁଆଲ ।
ବାହଅ କାଅ କାହ୍ନିଲ ମାଆ ଜାଲ ॥୨॥ (ଧ୍ରୁ)
ଗନ୍ଧ ପରସରସ ଜଇସୋଁ ତଇସୋଁ ।
ନିଦବିହୁନେ ସୁଇନା ଜଇସୋ ॥୩॥ (ଧ୍ରୁ)
ଚିଅ କଣ୍ଡାଣହାର ସୁଣତ ମାଙ୍ଗେ ।
ଚଲିଲ କାହ୍ନ ମହାସୁହ ସାଙ୍ଗେ ॥୪॥ (ଧ୍ରୁ)

କଠିନ ଶବ୍ଦାର୍ଥ :

ତିଶରଣ – ତ୍ରିଶରଣ / ବୁଦ୍ଧ, ଧର୍ମ, ସଂଘ / କାୟା । ବାକ୍, ଚିତ୍ତ/ ଉପାୟ, ପ୍ରଜ୍ଞା, ପ୍ରଜ୍ଞୋପାୟ । ଣାବୀ – ନାବ । କିଅ – କଲି । ଅଠ କୁମାରୀ – ଅଷ୍ଟସିଦ୍ଧି ବା ଅଷ୍ଟବୁଦ୍ଧ ଐଶ୍ୱର୍ଯ୍ୟ । ତରିତ୍ତା – ତିରିଲି । ଉବଜଲଧି – ଭବ ଜଳଧି । ଜିମ କରି – ଯେମିତି କରି । ମାଅ – ମାୟା । ସୁଇନା – ସ୍ୱପନ । ମ – ନ । ପଞ୍ଚ ତଥାଗତ – ପଞ୍ଚ ଧ୍ୟାନ ବୁଦ୍ଧ । ମାଝ୍‌ବେଣୀ – ଅବଧୂତିକା, ଲଳନା ରସନା ନାଡ଼ି ଦ୍ୱୟର ମଧ୍ୟବର୍ତ୍ତିନୀ । କାଅ – କାୟା । ମାଆ ଜାଲ – ମାୟା ଜାଲ । ଗନ୍ଧ ପରସରସ – ଶବ୍ଦ ଓ ରୂପ, ପଞ୍ଚ ବିଷୟ ଓ ପଞ୍ଚେନ୍ଦ୍ରିୟ ସହିତ ଏହା ସମ୍ବନ୍ଧାନ୍ୱିତ । ସୁଇନା ସପନ । କଣ୍ଣହାର – କର୍ଣ୍ଣଧାର । ସୁଣତ – ଶୂନ୍ୟତା । ମଧ୍ୟବେଣୀ – ଅବଧୂତିକା ମାର୍ଗ ।

ମର୍ମାର୍ଥ :

ସାଧକ ନିଜ ଦେହରେ କରୁଣା ଓ ଶୂନ୍ୟ-ନାରୀର ମିଳନ ସଂସାଧିତ କରି ଅଷ୍ଟ ଐଶ୍ୱର୍ଯ୍ୟ ସୁଖାନୁଭୂତି ରୂପକ ଅଷ୍ଟ କନ୍ୟା ଲାଭ କଲେ। ଏହି ଅବସ୍ଥାରେ ସାଧକ କାୟ, ବାକ୍, ଚିତ୍ତ ବା ପ୍ରଜ୍ଞା, ଉପାୟ ଓ ଦୁଇଟିର ମିଳନ ଯୁଗନନ୍ଧ ରୂପ - ଏହି ତିନୋଟିକୁ ଏକତ୍ରିତ କରି ତା'ର ଶରଣ ନେଲେ। ଭାବ - ସମୁଦ୍ର ପାର ହେବା ପାଇଁ ଏହାହିଁ ତାଙ୍କ ନିକଟରେ ନୌକା ସଦୃଶ ପ୍ରତିଭାତ ହେଲା। ସେ ଏହାଦ୍ୱାରା ଭବ ଜଳଧିକୁ ମାୟା - ସ୍ୱପ୍ନ ପରି ପାର ହୋଇଗଲେ। ଯାତ୍ରା କାଳରେ ମଧ - ବେଣୀରେ ଅର୍ଥାତ୍ ଅବଧୂତିକା ମାର୍ଗରେ ସୁଖରେ ନୌକା ବାହି କଲେ। ମଝି ସୁଅରେ ସ୍ୱାଭାବିକ ତୀକ୍ଷ୍ଣତା ସେ ଅନୁଭବ କଲେ ନାହିଁ। ପଞ୍ଚ - ତଥାଗତ ଆହୁଲା କରି କାହ୍ନୁ ମାୟା ଜାଲବତ୍ ଏହି ସଂସାରସମୁଦ୍ର ପାରି ହୋଇଗଲେ। ବାହ୍ୟ ବିଷୟ - ସୁଖ ପ୍ରତି ତାଙ୍କର ଲାଳସା ରହିଲା ନାହିଁ। ଗନ୍ଧ ସ୍ପର୍ଶ ରସାଦି ପଞ୍ଚ ବିଷୟ - ସୁଖରେ କୌଣସି ତାରତମ୍ୟ ସେ ଉପଲବ୍ଧି କରିପାରିଲେ ନାହିଁ। ସେସବୁ ଯେମିତି ସେମିତି ପଡ଼ିରହିଲା। ଦିବାସ୍ୱପ୍ନ ପରି ସେସବୁ ଅସ୍ତିତ୍ୱହୀନ ଓ ନିରର୍ଥକ ପ୍ରତୀତ ହେଲା। ଚିତ୍ତ ରୂପ ମଙ୍ଗୁଆଳ ଦ୍ୱାରା ଶୂନ୍ୟତା - ମଙ୍ଗ ମାଡ଼ି ଧରି କାହ୍ନୁ ମହାସୁଖ ଚକ୍ରରେ ପହଞ୍ଚିବାକୁ ଚାଲିବା ଆରମ୍ଭ କଲେ।

■

କାମ ଚଣ୍ଡାଲୀ ଚର୍ଯ୍ୟା

ଚର୍ଯ୍ୟାକ୍ରମ -୧୮

• କାହ୍ନୁପାଦ

(ରାଗ-ବରାଡା)

ତିଣି ଭୁଅଣମଇ ବାହିଅ ହେଲେଁ ।
ହାଉଁ ସୁତେଲି ମହାସୁହ ଲୀଲେଁ ॥୧॥
କଇସନି ହାଲୋ ଡୋମ୍ବୀ ତୋହରି ଭାଭରୀ ଆଲୀ ।
ଅନ୍ତେ କୁଳିଣ ଜଣ ମାଝେଁ କାବାଳୀ ।ଧ୍ରୁ ।
ତଇଁ ଲୋ ଡୋମ୍ବୀ ସଅଳ ବିଶାଳିଉ ।
କାଜଣ କାରଣ ସସହର ଟାଳିଉ ॥୨॥ ଧ୍ରୁ
କେହୋ କେହୋ ତୋହୋରେ ବିରୁଆ ବୋଲଇ ।
ବିଦୁଜନ ଲୋଅ ତୋରେଁ କଣ୍ଠ ନ ମେଲଇ ॥୩॥ ଧ୍ରୁ
କାହ୍ନ ଗାଇ ତୁକାମ ଚଣ୍ଡାଳୀ ।
ଡୋମ୍ବୀତ ଆଗଲି ନାହିଁ ଛିନାଳୀ ॥୪॥ ଧ୍ରୁ

କଠିନ ଶବ୍ଦାର୍ଥ :

ତିନି ଭୁବନ - କାୟ, ବାକ୍, ଚିତ୍ତ। ବାହିଅ - ବାହିଣ। ହାଉଁ - ମୁଁ। ସୁତେଲି - ଶୋଇଲି। ମହାସୁହ - ମହାସୁଖ। କଇସନି - କେସନେଣ। ଡୋମ୍ବୀ - ଅବଧୂତିକା ରୂପିଣୀ ମହାମୁଦ୍ରା। ଭାଭରୀ ଆଳୀ - ବାରୁଆଳୀ। ଜଣ - ଜନ। କାବାଳୀ - କାପାଳିକ (ସହଜ ସାଧକ ଯୋଗୀ)। କୁଳିଣ - କୁଳିନ (ଶରୀରରେ ଲୀନ ପ୍ରଭାସ୍ୱର ବା ଶାସ୍ତ୍ରଜ୍ଞ ପଣ୍ଡିତ ବ୍ରାହ୍ମଣାଦି)। କାଜଣ କାରଣ - କାର୍ଯ୍ୟ ନା କାରଣ। ସସହର - ଶଶଧର (ବୋଧିଚିତ୍ତ)। ବିରୁଆ - ବିରୂପା। କଣ୍ଠ - ସମ୍ଭୋଗ ଚକ୍ର। କାମ ଚଣ୍ଡାଳୀ - କର୍ମର ସାଧନ ଉପାୟ, ନିର୍ମାଣ ଚକ୍ରରେ ସ୍ଥିତା - ଶକ୍ତି। ଛିନାଳୀ - ଚତୁରୀ - ନାଗରୀ।

ମର୍ମାର୍ଥ :

କାହ୍ନୁପା ତ୍ରିଶରଣ ନୌକାରେ ତ୍ରିଭୁବନକୁ ଅବଲୀଳା କ୍ରମେ ପାର ହୋଇ ମହାସୁଖ ଲୀଳାରେ ପ୍ରବେଶ କରି ପରମ ଶାନ୍ତିରେ ସୁପ୍ତ ହୋଇଛନ୍ତି । ସେ ଅବଧୂତିକା ରୂପିଣୀ ମହାମୁଦ୍ରା (ଡୋମ୍ବୀ)କୁ କହୁଛନ୍ତି ଯେ - ତୋର ଏ କି ରକମ ଚାତୁରୀ ? ତୁ ବ୍ରାହ୍ମଣାଦି କୁଳିନ ଲୋକଙ୍କୁ ବାହାରେ ରଖି କାପାଳିକକୁ ଗୃହ ମଧ୍ୟରେ ସ୍ଥାନ ଦେଇ ସମସ୍ତଙ୍କୁ ନଷ୍ଟଭ୍ରଷ୍ଟ କରୁଛୁ । ବିନା କାର୍ଯ୍ୟ କାରଣରେ ଚନ୍ଦ୍ରରେ ବି କଳଙ୍କ ଲଗାଇ ଦେଉଛୁ । କିନ୍ତୁ ବଡ଼ ଆଶ୍ଚର୍ଯ୍ୟର କଥା କେହି କେହି ତୋତେ ବିରୂପା କହିଲେ ମଧ୍ୟ ପଣ୍ଡିତମାନେ ତେତେ କଣ୍ଠରୁ ତ୍ୟାଗ କରନ୍ତି ନାହିଁ । କାହ୍ନୁ କହନ୍ତି, ତୁ ଗୋଟିଏ କାମ - ଚଣ୍ଡାଳୀ । ତୋ ଠାରୁ ବଳି ଆଉ ଛିଣ୍ଡାଳୀ ନାହାନ୍ତି ।

■

ଡୋମ୍ବୀବିବାହ-ଚର୍ଯ୍ୟା

ଚର୍ଯ୍ୟାକ୍ରମ -୧୯

• କାହ୍ନୁପାଦ

(ରାଗ-ଭୈରବୀ)

ଭବ ନିର୍ବାଣେ ପଡହ ମାଦଲା ।
ମଣ ପବଣ ବେଣି କରଣ୍ଡ କସାଲା ॥୧॥
ଜଅ ଜଅ ଦୁନ୍ଦୁହି ସାଦ ଉଚ୍ଛଳିଲା ।
କାହ୍ନୁ ଡୋମ୍ବୀ ବିବାହେ ଚଳିଲା ।ଧ୍ରୁ।
ଡୋମ୍ବୀ ବିବାହିଆ ଅହାରିଉ ଜାମ ।
ଜଉତୁକେ କିଅ ଅଣୁ ତୁ ଧାମ ॥୨॥ ଧ୍ରୁ
ଅହଣିସି ସୁରଅ ପସଙ୍ଗେ ଜାଅ ।
ଜୋଇଣି ଜାଲେ ରଅଣି ପୋହାଅ ॥୩॥ ଧ୍ରୁ
ଡୋମ୍ବୀଏର ସଙ୍ଗେ ଜୋ ଜୋଇ ରଓୋ ।
ଖଣହ ନ ଛାଡ଼ଅ ସହଜ ଉନ୍ମତ୍ତ ॥୪॥ ଧ୍ରୁ

କଠିନ ଶବ୍ଦାର୍ଥ :

ଭବନିର୍ବାଣେ - ଜନ୍ମମୃତ୍ୟୁ ଓ ସଂସାର ବନ୍ଧନରୁ ମୁକ୍ତି, ଚିତ୍ତର ସ୍ଥିତି ଅର୍ଥରେ ମଧ୍ୟ ଏହା ପରିଚିତ। ପଡ଼ହ - ପଟିହ। ମାଦଲା - ମାଦଳା। ମତା ପବଣ - ମନ ପବନ। କସାଲା - କରତାଳ (ଶୂନ୍ୟତା ଓ କରୁଣା ମିଳିତ ମହାମୁଦ୍ରାକୁ ଧର୍ମ କରଣ୍ଡକ ବା ବୁଦ୍ଧ ରତ୍ନ କରଣ୍ଡକ କୁହାଯାଏ।) ଦୁନ୍ଦୁହି - ଦୁନ୍ଦୁଭି। ଡୋମ୍ବୀ - ବର। ଡୋମ୍ବୀ - କନ୍ୟା। ପଡ଼ହ ମାଦଲା - ଭବ ନିର୍ବାଣ। ମଣ ପବଣ - କରାଣ୍ଡ ରୂପକ ଅନୁତ୍ତର ଧର୍ମ। ଅଣୁ ତୁ ଧାମ - ଅନୁତ୍ତର ଧର୍ମ (ପ୍ରଜ୍ଞା ଉପାୟ ବା ଶୂନ୍ୟତା କରୁଣା ଅଦ୍ୱୟ ମିଳନ ସଂସାଧିତ କରି ତାହାକୁ ଦୃଢ଼ତା ସହକାରେ ଧାରଣ କଲେ ଶ୍ରେଷ୍ଠ ସିଦ୍ଧି ବା ବୁଦ୍ଧ ଜ୍ଞାନ ଲାଭ ହୁଏ। ଜୋଇଣି - ଯୋଗିନୀ। ରଅଣି - ରଜନୀ। ପୋହାଅ - ପୁହାଏ। ଜୋଇ - ଯୋଗୀ। ରଓୋ - ରତ। ଖଣହ - କ୍ଷଣେ।

ମର୍ମାର୍ଥ :

ବିବାହ ପରି ଏକ ସାମାଜିକ ଅନୁଷ୍ଠାନର ତତ୍କାଳୀନ ବିଧି-ବିଧାନର ପ୍ରଚ୍ଛଦ ପଟ୍ଟରେ କାହ୍ନୁପାଙ୍କ ଏ ଗୀତିକାଟିରେ ଗୂଢ଼ାର୍ଥ ଇଙ୍ଗିତ ହୋଇଛି। ଜନ୍ମ ମୃତ୍ୟୁ ଆଦି ବିକଳ୍ପ ଜ୍ଞାନକୁ ପରିହାର କରି, ମନ ଓ ଶ୍ୱାସ ପ୍ରଶ୍ୱାସ ବାୟୁର ନିରୋଧ କରି ସିଦ୍ଧ କାହ୍ନୁପାଦ ଅବଧୂତିକାର ନିମ୍ନବାହୀ ପ୍ରବାହ ଭଙ୍ଗକଲେ। ତାଙ୍କର ପୂନର୍ଜନ୍ମ ଦୋଷ ଦୂର ହେଲା। ଫଳରେ ସେ ଅନୁତ୍ତର ଧର୍ମ ବା ନିର୍ବାଣର ଅଧିକାରୀ ହେଲେ। ବିବାହଠାରେ ବରକନ୍ୟା ପ୍ରଗାଢ଼ ପ୍ରେମମୟ ଦାମ୍ପତ୍ୟ ସୁଖ ଭୋଗ କଲାପରି କାହ୍ନୁପା ପରିଶୁଦ୍ଧାବଧୂତିକା ସହିତ ନିରନ୍ତର ମିଳିତ ଅବସ୍ଥାରେ ରହିଲେ। ଜ୍ଞାନ ପ୍ରଭାବରେ ଅବିଦ୍ୟା ଅନ୍ଧକାର ଦୂର ହେଲା। ଯେଉଁ ଯୋଗୀ ଅବଧୂତି ସହିତ ମିଳିତ ହୋଇ ସହଜାନନ୍ଦ ଉପଲବ୍ଧି କରିଛି। ସେ କଦାପି ତା'ର ସଙ୍ଗ ପରିତ୍ୟାଗ କରିବ ନାହିଁ।

■

ରାଜହଂସ-ଚର୍ଯ୍ୟା

ଚର୍ଯ୍ୟାକ୍ରମ -୨୪

• କାହ୍ନୁପାଦ

କଇସେ ଚାନ୍ଦ ଉଇଆ ହୋଇ ।
ତଅରାଜ ତଇସେ ସୋହିଅଇ ॥
ମୋହ ମଳ ଗୁରୁ ଉଏସେ କାଇ ।
ଆଅଉନ ଇଦୀ ଗଅନ ସମାଇ ॥
ଖସମ ବୀଅ କା ଖସମେ ଜାଇ ।
ନିଅ ରୁଅହୁ ତିହଅନ ଛାଅ ବିଛଇ ॥
ସୂଜ ଉଏଲା ଜିମ ରାତି ପୋହାଇ ।
ଭବ ସମୁଦା ମୋହ ତିମ ଅବସରି ଜାଇ ॥
ହଂସ ରାଅ ଜିମ ପାନୀ ଲେଇ ।
ଭବ ଆହାରି ଏହୁ କାହ୍ନେ ଗାଇ ॥

କଠିନ ଶବ୍ଦାର୍ଥ :

ଜଇସେ - ଯେସନେ । ଚାନ୍ଦ ଉଇଆ - ଚନ୍ଦ୍ର ଉଦୟ । ତଅରାଜ - ଚିତ୍ତରାଜ । ତଇସେ - ତେସନେ । ସୋହିଅଇ - ଶୋଭାପାଏ । ଉଏ ସେ - ଉପଦେଶ । କାଇ - ଯାଏ । ଆଅଉନ - ରୟତନ । ଇଦୀ - ଇନ୍ଦ୍ରିୟ । ଗଅନ - ଗଗନେ । ସମାଇ - ସମ୍ଭାଏ । ବୀଅ - ବୀଜ । କା - ଯା । ଜାଇ - ଯାଏ । ରୁଅହୁ - ଗଛରୁ । ତିହଅନ - ତିନି ଭୁବନ । ସୂଜ - ସୂର୍ଯ୍ୟ । ଉଏଲା - ଉଇଁଲା । ଜିମ - ଯେମିତି । ପୋହାଇ - ପୋହେ । ତିମ - ସେମିତି । ହଂସ ରାଅ - ରାଜ ହଂସ । ଲେଇ - ନିଏ । ଆହାରି - ଆହାର ।

ମର୍ମାର୍ଥ :

ନିଷ୍କଳଙ୍କ ପୂର୍ଣ୍ଣଚନ୍ଦ୍ର ସଦୃଶ ବୋଧିଚିତ୍ତ ଗୁରୁ ଉପଦେଶରେ ମୋହାଦି ରିପୁ ଦମନ ଦ୍ୱାରା ନିର୍ମଳ ହୋଇଛି । ଇନ୍ଦ୍ର ଆୟତାନାଦି ବାହ୍ୟ ବିଷୟରେ ଲିପ୍ତ ନ

ହୋଇ ଶୂନ୍ୟରେ ପ୍ରବେଶ କରିଛି। ମୂଳବୀଜ ଶୂନ୍ୟବୀଜ ଚିତ୍ତ ସାଧନାରୁ ଶୂନ୍ୟ ବୃକ୍ଷର ସୃଷ୍ଟି ହୋଇ ତା'ର କାୟ-ବାକ୍-ଚିତ୍ତ ରୂପକ ଛାୟା ତ୍ରିଭୁବନରେ ବିସ୍ତାରିତ କରି ଶାନ୍ତି ପ୍ରଦାନ କରୁଛି। ସୂର୍ଯ୍ୟ ଉଦୟରେ ଅନ୍ଧକାର ଦୂର ହେଲା ପରି ବୋଧି ଚିତ୍ତର ଜାଗ୍ରତରେ ଭବ ସମୁଦ୍ରର ମୋହ - କୁହେଳିକା ଅପସରି ଯାଏ। କାହ୍ନୁପାଙ୍କ ମତରେ - ହଂସ ଯେମିତି ନୀର ମିଶ୍ରିତ କ୍ଷୀରରୁ କେବଳ କ୍ଷୀର ପାନ କରିଥାଏ ସେହିପରି ଭବମାୟା ମଧ୍ୟରୁ ଭବକୁ ଭକ୍ଷଣ କର। ଭବ ଉପାଦାନ (ଲୋଭ ମୋହାଦି) ପ୍ରତି ଆକର୍ଷିତ ହୁଅନାହିଁ।

■

ସହଜନିଦ୍ରା ଚର୍ଯ୍ୟା

ଚର୍ଯ୍ୟାକ୍ରମ -୩୬

● କାହ୍ନୁପାଦ

(ରାଗ-ପଟମଞ୍ଜରୀ)

ସୁନବାହ ତଥତା ପହାରୀ।
ମୋହ ଭଣ୍ଡାର ଲଇ ସଅଳ ଆହାରୀ ॥୧॥
ଘୁମଇଣ ଚେବଇ ସପରି ବିଭାଗା ।
ସହଜ ନିଦାଲୁ କାହ୍ନୁଲା ଲାଙ୍ଗା ।ଧ୍ରୁ।
ଚେଅନ ନ ବେଅନ ଭର ନିଦ ଗେଲା ।
ସଅଳ ମୂକଲ କରି ସୁହେ ସୁତେଲା ॥୨॥ ଧ୍ରୁ
ସ୍ୱପଣେ ମଇ ଦେଖିଲ ତିହୁବଣ ସୁଣ ।
ଘୋରିଅ ଅବଣାଗମଣ ବିହୁଣ ॥୩॥ ଧ୍ରୁ
ଶାଖି କରିବ ଜାଲନ୍ଧରି ପାଏ ।
ପାଖି ନ ଚାହଅ ମୋରି ପାଣ୍ଡିଆ ଚାଏ ॥୪। ଧ୍ରୁ

କଠିନ ଶବ୍ଦାର୍ଥ :

ସୁନ ବାହ - ଶୂନ୍ୟ ବାହୁ / ବାସନାଗାର। ପହାରି - ପହାର କରି। ସଅଳ - ସକଳ। ଆହାରି - ନେଲା ହରି। ଣ ଚେବଇ - ନ ଚେତଇ। ସପରି - ସ୍ୱପ୍ନର। ବିଭାଗା - ବିଭାଗ। ନିଦାଲୁ - ନିଦ୍ରାଳୁ। ଲାଙ୍ଗା - ଉଲଗ୍ନ। ଚେଅନ ନ ବେଅନ - ଚେତନା ନା ବେଦନା ? ସଅଳ - ସକଳ। ମୂକଲ - ମୁକତ। ସୁହେ - ସୁଖେ। ସୁତେଲା - ଶୋଇଲା। ତିହୁବଣ ସୁଣ - ତ୍ରିଭୁବନ ଶୂନ୍ୟ। ଘୋରିଅ - ଘୋରଣ। ଅବଣା ଗମଣ - ଗମନା ଗମନ। ବିହୁଣ - ବିହୁନ। ପାଖି ନ ଚାହଅ - ପାଖେ ନ ଚାହଁଇ। ପାଣ୍ଡିଆ ଚାଏ - ପଣ୍ଡିତ ଆଚାର୍ଯ୍ୟେ।

ମର୍ମାର୍ଥ :

ଏଥିରେ କାହ୍ନୁପା କହୁଅଛନ୍ତି ଯେ, ଶୂନ୍ୟବାହୁକୁ / ବାସକୁ ତଥଦା ଦ୍ୱାରା ପ୍ରହାର କରି, ତହିଁରୁ ସକଳ ମୋହଭାବକୁ ଅପହରଣ କରିନେଲେ। ଫଳରେ ସଂସାରର ମୋହମୁକ୍ତ ହୋଇ ସହଜ ଭାବାଚ୍ଛନ୍ନ କାପାଳିକର ବାହ୍ୟଚେତନା ଲୋପ ପାଇଲା। ସେ ଜାଗ୍ରତ କି ନିଦ୍ରିତ ଅବା ନିଜ - ପର ଜ୍ଞାନ ମଧ୍ୟରେ ପ୍ରଭେଦ ଦେଖିପାରିଲେନି। ସକଳ ଚେତନା ଓ ବେଦନା ରହିତ ହୋଇ ସାଂସାରିକ ବନ୍ଧନର ମୁକ୍ତ ହୋଇ ଗଭୀର ନିଦ୍ରାଗଲେ। ସ୍ୱପ୍ନରେ ସେ ତ୍ରିଭୁବନଶୂନ୍ୟ ପ୍ରତ୍ୟକ୍ଷ କଲେ। ଯହିଁରେ କାହାର ଆଗମନ ନାହିଁ କି ପ୍ରତ୍ୟାଗମନ ନାହିଁ।

■

ମୂକବଧିର ଉପଦେଶ-ଚର୍ଯ୍ୟା

ଚର୍ଯ୍ୟାକ୍ରମ -୪୦

● କାହ୍ନୁପାଦ

(ରାଗ-ମଲସୀ ଗବୁଡ଼ା)

ଜୋମଣ ଗୋଅର ଆଲାଜାଲା
ଆଗମ ପୋଥୀ ଇଷ୍ଟମାଳା ।୧।
ଭଣ କଇସେଁ ସହଜ ବୋଲବା ଜାଅ ।
କାଅବାକ୍‌ଚିଅ ଜସୁଣ ସମାଅ ।।ଧ୍ରୁ।।
ଆଲେ ଗୁରୁ ଉଏସଇ ସୀସ ।
ବାକ୍‌ପଥାତୀତ କହିବ କୀସ ।।୨।।
ଜେତଇ ବୋଲୀ ତେତ ବିଟାଳ ।
ଗୁରୁ ବୋବ ସେ ସୀମା କାଲ ।।୩।। (ଧ୍ରୁ)
ଭଣଇ କାହ୍ନ ଜିଣରଅଣ ବି କଇସ ।
କାଲେ ବୋବ ସଂବୋହିଅ ଜଇସା ।।୪।। (ଧ୍ରୁ)

କଠିନ ଶବ୍ଦାର୍ଥ :

ଜୋମଣ ଗୋଅର – ଯାହା ମନ ଗୋଚର। କଇସେଁ – କେସନେ। ବୋଲବା ଜାଅ – ବୋଲାଯାଏ। ଜସୁଣ ସମାଅ – ଯାରେ ନ ସମ୍ଭାଏ। ଉଏସଇ – ଉପଦେଶର ସୀସ – ଶିଷ୍ୟ। ଜେତଇ, ଯେତେ। ଜିଣରଅଣ – ଜୀନ ରତନ। କାଲେ – କଲେ। ସଂବୋହିଅ – ସଂବୋଧଇ। ଜଇସା – ଯେସନେ।

ମର୍ମାର୍ଥ :

ସହଜ ମନଗୋଚର ବିଷୟ ନୁହେଁ। ଏହାର ସ୍ୱରୂପକୁ ପୋଥିପାଠ ଓ ଇଷ୍ଟମାଳା ଜପ ଦ୍ୱାରା ପାଇ ହୁଏ ନାହିଁ। ଏହାଦ୍ୱାରା କେବଳ ଅସ୍ପଷ୍ଟ ବା ଇନ୍ଦ୍ରଜାଲ ପରି ମିଥ୍ୟାକୁ ଜାଣି ହୋଇପାରେ। ତୁମେ କିପରି କହୁଛ ମୁଁ ସହଜ କଥା କହିବି ?

କାୟ ବାକ୍ୟ ଚିତ୍ତ ଯେଉଁ ବିଷୟରେ ପ୍ରବେଶ କରେନା । ସେ କଥା କିପରି କୁହାଯାଇ ପାରିବ ? ଗୁରୁ କେବଳ ତୁଚ୍ଛାରେ ଏ ବିଷୟରେ ଶିଷ୍ୟକୁ କହି ହୁଏ । ଯାହା ବାକ୍‌ପଥାତୀତ ବା ଅବର୍ଣ୍ଣନୀୟ, ସେ କଥା କ'ଣ କହିବି ? ପୁଣି ଏ ବିଷୟରେ ଯେତେ ବେଶି କହିବ ସେତେ ଗୋଳମାଳିଆ ହୋଇଯିବ । ଏ ବିଷୟରେ କହିବାବାଲା ସବୁ ଗୁରୁ ଜଡ଼ା ଏବଂ ଶୁଣିଲାବାଲା ସବୁ ଶିଷ୍ୟ କାଲା । କାହ୍ନୁ କହନ୍ତି- ତା' ହେଲେ କିପରି ଜିନରତ୍ନଙ୍କର ବର୍ଣ୍ଣନା କରାଯିବ ? ନା ଯେପରି କାଲକୁ ଜଡ଼ା ଇଙ୍ଗିତ ଦ୍ୱାରା ବୁଝାଏ ଏବଂ ଦୁହେଁ ପରସ୍ପରର ବକ୍ତବ୍ୟ ଭାବବଶରୁ ବୁଝିବାକୁ ସମର୍ଥ ହୁଅନ୍ତି, ଗୁରୁ ସେପରି ଶିଷ୍ୟକୁ ପ୍ରଭାବିତ କରି ଆଭାସ ଦ୍ୱାରା ବୁଝାଇ ପାରନ୍ତି ।

■

ସ୍କନ୍ଧ ବିୟୋଗ-ଚର୍ଯ୍ୟା

ଚର୍ଯ୍ୟାକ୍ରମ -୪୨

● କାହ୍ନୁପାଦ

ରାଗ-କାମୋଦ

ଚିଅ ସହଜେ ଶୂନ୍ୟ ସଂପୂନ୍ନା ।
କାନ୍ଧ ବିୟୋଏଁ ମା ହୋହି ବିସନ୍ନା ॥୧॥
ଭଣ କଇସେ କାହ୍ନୁ ନାହିଁ ।
ଫରଇ ଅନୁଦିନ ତୈଲୋଏ ପମାଇ ॥ ଧ୍ରୁ ॥
ମୂଢ଼ା ଦିଠ ନାଠ ଦେଖି କାଅର ।
ଭାଙ୍ଗ ତରଙ୍ଗ କି ସୋଷଇ ସାଅର ॥୨॥ ଧ୍ରୁ
ମୂଢ଼ା ଅଛନ୍ତା ଲୋଅନ ପେଖଇ ।
ଦୁଧ ମାଝେଁ । ଲଡ଼ଛନ୍ତେ ନ ଦେଖଇ ॥୩॥ ଧ୍ରୁ
ଭବ ଜାଇଣ ଆବଇଣ ଏଥୁ କୋଇ ।
ଅସଇ ଭାବେ ବିଲସଇ କାହ୍ନିଲ ଜୋଇ ॥୪। ଧ୍ରୁ

କଠିନ ଶବ୍ଦାର୍ଥ :

ଚିଅ - ଚିତ୍ତ । ସଂପୂନ୍ନା - ସଂପୂର୍ଣ୍ଣ । କାନ୍ଧ - ସ୍କନ୍ଧ । ବିୟୋଏଁ - ବିୟୋଗେ । ମୋ ହୋହି - ନ ହୁଅ । ବିସନ୍ନା - ବିଷଣ୍ଣ । କଇସେ - କେସନେ । ଫରଇ - ଫୁରଇ । ତ୍ରୈଲୋଏ - ତ୍ରୈଲୋକେ । ପମାଇ - ମପାଇ । ମୂଢ଼ା ଦିଠ ନାଠ - ମୂଢ଼ ଦୃଷ୍ଟ ନଷ୍ଟ । କାଅର - କାତର । ଭାଙ୍ଗ - ତରଙ୍ଗ - ଭଙ୍ଗାତରଙ୍ଗ । ସାଅର - ସାଗର । ଲୋଅ - ଲୋକ । ନ ପେଖଇ - ନ ଦେଖଇ । ଲଡ଼ଛନ୍ତେ - ସର ଅଛନ୍ତା । ଭବ ଜାଇଣ - ଭବୁ ଯାଏନା । ଆବଇଣ - ଆସେନା । କୋଇ - କେହି । ଅସଇ - ଏସନ । କାହ୍ନିଲ ଜୋଇ - କାହ୍ନୁ ଯୋଗୀ ।

ମର୍ମାର୍ଥ :

　　ସହଜାବସ୍ଥାରେ ଚିତ୍ତ ଶୂନ୍ୟତାରେ ପରିପୂର୍ଣ୍ଣ ହୋଇଛି । ରୂପ ବେଦନାଦିର ଅଭାବରେ ମୁଁ ପଞ୍ଚତ୍ୱ ପ୍ରାପ୍ତ ହୋଇଛି ଭାବି କେହି ଦୁଃଖ ପ୍ରକାଶ କରନାହିଁ । ତୁମେ କିପରି କହୁଛ ଯେ କାହ୍ନୁ ମୃତ ? ମୁଁ ତ ସଦା ସର୍ବଦା ତ୍ରିଭୁବନରେ ବିହାର କରୁଛି । ମୂର୍ଖ ଲୋକମାନେ କିଛି ବିନାଶ ହେଉଥିବାର ଦେଖିଲେ କାତର ହୁଅନ୍ତି । କାରଣ ସେମାନେ ଜାଣିପାରନ୍ତି ନାହିଁ ଯେ କାହାର ବିନାଶ ହେଉନାହିଁ, କେବଳ ରୂପାନ୍ତର ଘଟୁଛି । ସମୁଦ୍ରରେ ତରଙ୍ଗ ଉଠି ପୁଣି ତହିଁରେ ଲୀନ ହୋଇଗଲେ କ'ଣ ତହିଁରୁ (ତରଙ୍ଗର ଜଳ ସମୁଦ୍ରରୁ) ଜଳ ଶୁଷ୍କ ହୋଇଯାଏ ? ଯାହା ଜଗତରେ ଜନ୍ମ ହୁଏ, ବିନାଶ ପରେ ମଧ୍ୟ ଜଗତରେ ରହେ । ସେହିପରି କୌଣସି ଲୋକ ମୃତ୍ୟୁପ୍ରାପ୍ତ ବା ସହଜପ୍ରାପ୍ତ ହେଲେ ମଧ୍ୟ ଏହି ଜଗତରେ ଅବସ୍ଥାନ କରେ । ମୂର୍ଖ ଏହା ଦେଖିପାରେ ନାହିଁ । ଦୁଧ ମଧ୍ୟରେ ଘୃତ ବା ସର ଯେପରି ତହିଁରେ ଥାଇ ମଧ୍ୟ ଦେଖାଯାଏ ନାହିଁ, ଅନୁରୂପ ଭାବରେ ସେ ମଧ୍ୟ ଜଗତରେ ବିଦ୍ୟମାନ ଥାଏ । ଏ ତତ୍ତ୍ୱ ବୁଝିପାରିଥିବାରୁ କାହ୍ନୁପା ନିରପେକ୍ଷ ହୋଇ ମହାନନ୍ଦରେ ସଂସାରର ଲୀଳାଖେଳା ଉପଭୋଗ କରୁଛନ୍ତି ।

ନିଷ୍କଳ ବୃକ୍ଷ ଛେଦ -ଚର୍ଯ୍ୟା

ଚର୍ଯ୍ୟାକ୍ରମ -୪୫

• କାହ୍ନୁପାଦ

(ରାଗ-ମଲ୍ଲରୀ)

ମଣତରୁ ପାଞ୍ଚଇନ୍ଦି ତସୁ ସାହା ।
ଆସା ବହଲ ପାତ ଫଳ ବାହା ।୧।
ବର ଗୁରୁ ବଅଣେ କୁଠାରେଁ ଛିଜହ ॥
କାହ୍ନୁ ଭଣଇ ତରୁ ପୁଣ ନ ଉଇଜଅ । ଧ୍ରୁ
ବାଢଇ ସୋ ତରୁ ସୁଭାସୁଭ ପାଣି ।
ଛେବଇ ବିଦଜନ ଗୁରୁ ପରିମାଣୀ ।୨। ଧ୍ରୁ
ଜୋ ତରୁ ଛେବଇ ଭେଉ ନ ଜାଣଇ ।
ସଡ଼ି ପଡ଼ିଆଁରେ ମୂଢ଼ ତା ଭବ ମାଣଇ ॥୩॥ ଧ୍ରୁ
ସୁଣ ତରୁବର ଗଅଣ କୁଠାର ।
ଛେବହ ସୋ ତରୁ ମୂଳ ନ ଡାର ॥୪॥ ଧ୍ରୁ

କଠିନ ଶବ୍ଦାର୍ଥ :

ମଣତରୁ - ମନ ତରୁ (ଅବିଦ୍ୟା ମୋହିତ ଅପରି ଶୁଦ୍ଧ ଚିତ୍ତ) । ତସୁ ସାହା - ତାର ଶାଖା । ପାତ ଫଳ - ପତ୍ର ଫଳ । ବଅଣେ - ବଚନେ । ଛିଜହ - ଛିଡ଼ାଅ । ଉଇଜଅ - ଉଦ୍‌ଭିଦାଅ (ଆଉଥରେ ଜନ୍ମ ନ ହେବା) । ଛେବଇ - ଛେଦଇ । ଶୁଭାଶୁଭ ପାଣି - ନିଜ କର୍ମର ଦୋଷଗୁଣ ଦ୍ୱାରା ନିଜ ମନରେ ସୁଖଦୁଃଖ ନିୟନ୍ତ୍ରିତ ହେବାକୁ ବୁଝାଏ । ସଡ଼ି ପଡ଼ିଆଁରେ - ପଡ଼ିଣ ସଢ଼ଇ । ସୁଣ ତରୁବର - ଶୂନ୍ୟ ତରୁବର । ଗଅଣ - ଗଗନ (ଚତୁର୍ଥ ଶୂନ୍ୟ ବା ପ୍ରଭାସ୍ୱର ଶୂନ୍ୟ) । ଛେବହ - ଛେଦ କର । ମୂଳ ନ ଡାର - ଡାଳ ନୁହେଁ ମୂଳ (ଏଠାରେ 'ଡାଳ' ଇନ୍ଦ୍ରିୟ ଓ ବାସନା ସମୂହର ପ୍ରତୀକ) ।

ମର୍ମାର୍ଥ :

ମନ ରୂପକ ବୃକ୍ଷରେ ପଞ୍ଚେନ୍ଦ୍ରିୟ ତା'ର ପାଞ୍ଚଟି ଶାଖା ସଦୃଶ। ତନ୍ମଧ୍ୟରେ ଆଶା-ଆକାଂକ୍ଷାଦି 'ପତ୍ର ଓ ଫଳ' ପରି। ଶ୍ରେଷ୍ଠ ଗୁରୁ ତଥା ବଜ୍ରଗୁରୁଙ୍କ ଉପଦେଶାତ୍ମକ ବଚନ ରୂପକ କୁରାଢ଼ିରେ ଏହି ବୃକ୍ଷକୁ ଛେଦନ କର। କାହ୍ନୁ କହନ୍ତି- ଏହାକୁ ଏପରି କାଟିଥାଅ ଯେପରି ଏହା ପୁନର୍ବାର ଜନ୍ମ ନ ହୁଏ। ଏହି ମନ-ତରୁ ନିଜର ଶୁଭାଶୁଭ କର୍ମରୂପକ ଜଳ ଗ୍ରହଣ କରି ବଢ଼େ। ବୁଦ୍ଧିମାନ୍ ଲୋକ ଗୁରୁବଚନକୁ ପାଳନ ପୂର୍ବକ ଏହାକୁ ଜଳଦାନ ଦୂରେ ଥାଉ ଏହାକୁ ଛେଦନ କରିଦିଅନ୍ତି। ଯେଉଁମାନେ ଏ ବୃକ୍ଷ ଛେଦନ କରିବାର ଭେଦ ପାଇପାରନ୍ତି ନାହିଁ ସେମାନେ ସଂସାର ଦୁଃଖରେ ସଢ଼ନ୍ତି ଓ ପୁନର୍ଜନ୍ମ ଲାଭ କରନ୍ତି। ପ୍ରଥମ ଶୂନ୍ୟତ୍ରୟ ରୂପକ ବୃକ୍ଷକୁ ଚତୁର୍ଥ ଶୂନ୍ୟ ରୂପକ କୁରାଢ଼ିରେ ଛେଦନ କର। କେବଳ ଡାଳପତ୍ର ନ କାଟି ସମ୍ପୂର୍ଣ୍ଣ ରୂପେ ତାକୁ ନିର୍ମୂଳ କର।

■

ସ୍ୱର୍ଗାରୋହଣ ପର୍ବ

ଆଦିକବି ସାରଳା ଦାସ

ପ୍ରଜାଙ୍କଠାରୁ ଯୁଧିଷ୍ଠିରଙ୍କର ବିଦାୟ, ପରୀକ୍ଷିତଙ୍କୁ ରାଜନୀତି ଶିକ୍ଷା, ସୁବର୍ଣ୍ଣ ଚୂଡ଼ି ଓ କଳିଯୁଗ ବିବରଣ

ଯେଥୁ ଅନନ୍ତରେ ବଇବସୁତ ମନୁ ରାଜା
ଅଗସ୍ତି ମୁନିଂକ ଚରଣେ କଲାକ ଦିବ୍ୟ ପୂଜା । ୧ ।
ଅଶ୍ୱମେଧ ଯାଗ କୃଷ୍ଣ ସ୍ୱର୍ଗାରୋହଣ ଉତ୍ତାରେଣ କଥା
କହିବା ଭୋ ଋଷି ମୋତେ ପାଣ୍ଡବଂକ ବ୍ୟବସ୍ଥା । ୨ ।
ଅଗସ୍ତି ବୋଇଲେ ହୋ ସାବଧାନେ ଶୁଣ
ମହାଭାରଥ ଅନ୍ତେ ଯେ ସ୍ୱର୍ଗ ଆରୋହଣ । ୩ ।
କଥୟନ୍ତି ମହାତମା ଅଗସ୍ତି ପୁରାଣ ବ୍ରହ୍ମଋଷି
କଳିଯୁଗ ପ୍ରବେଶ ଯେ ହୋଇଲାକ ଆସି । ୪ ।
ଅନୀତି ଗତି ଲୋକେ ହେଲେ ଗରୁହଂସୀ
କଳିଯୁଗ ସିଦ୍ଧ ଯେ ଅଭୟେ ସୋମବଂଶୀ । ୫ ।
ଦ୍ରିଯୋଧନ ମାରି ରାଜ୍ୟ କଲେ କଳିଯୁଗର ମଧ୍ୟେ
ଆଠଶତ ବରଷ ହେଲା ଯେଣେ କୃଷ୍ଣ ଗଲେ ବଧେ । ୬ ।
କୃଷ୍ଣର ଗଲା ଉତ୍ତାରେ ବରଷ ଶତ ଦୁଇ
ରାଜ୍ୟ କରୁଛନ୍ତି ଯେ ପାଣ୍ଡବ ପାଞ୍ଚଭାଇ । ୭ ।
ଯେ କ୍ଷେତ୍ର ମହୀଭାର ରାଜ୍ୟର ସମ୍ପଦ
କେସନେକ ଯୁଝେଷ୍ଟି କଲେ ବନ ସଧ । ୮ ।
କହ ମହାମୁନି ମୋତେ ସ୍ୱର୍ଗ ଆରୋହଣ ବାଣୀ
ଅଗସ୍ତି ବୋଇଲେ ହୋ ଶୁଣ ନୃପମଣି । ୯ ।
ରାତ୍ର ପ୍ରଭାତେଣ ଆସ୍ଥାନେ ବିଜୟେ ଦଣ୍ଡଧାରୀ
ଯୁଝେଷ୍ଟି ଦେବେ ସକଳ ଜନନ୍ତ ହକାରି । ୧୦ ।

ପାତ୍ର ମନ୍ତ୍ରୀ ଅମନାତ୍ୟ ସନ୍ୟ ଯେ ପ୍ରୋହିତ
ରାଇଣ ବଚନ ଯେ ବୋଲନ୍ତି ଧର୍ମସୁତ । ୧୧ ।
ବାବୁ ତୁମ୍ଭେ ସକଳ ଜନେ ଶୁଣିମା ମୋର ବାଣୀ
ଆମ୍ଭଂକୁ ସଖା ଥିଲେ ଦେବ ଚକ୍ରପାଣି । ୧୨ ।
କୃଷ୍ଣର ଅଭାବେ ଆମ୍ଭର କିସ ରାଜ୍ୟ
କହଇ ତୁମ୍ଭନ୍ତ ଯେବେ ଆମ୍ଭର ପୂର୍ବ କାର୍ଯ୍ୟ । ୧୩ ।
ଯେତେକ ଦୋଷ ତୁମ୍ଭନ୍ତ ଅଛଇ ମୁଂ କରି
କ୍ଷମା କରିବାକୁ ଯେବେ ସେ ଦୋଷ ମୋହୋରି । ୧୪ ।
ମୋହୋର ଅପମାନ ପାଇଲ ବହୁତ
ଏ ଦୋଷ ମୋହୋର କ୍ଷମା କରିବା ସମସ୍ତ । ୧୫ ।
ସମସ୍ତ ଦୋଷ ମୋର କରିବା ଉପେକ୍ଷା
କିଞ୍ଚିତ ପୁଣ୍ୟେ ମୋର ବହୁତ ଧର୍ମ ବାଞ୍ଛା । ୧୬ ।
ମହତ୍ୱ ପ୍ରାଣୀମାନେ ନ ଘେନନ୍ତି ଦୋଷ
କିଞ୍ଚିତ ଲୋକେ ଯେ ବୁଝନ୍ତି ବିଶେଷ । ୧୭ ।
ମୋତେ ଆଜହୁଂ ତୁମ୍ଭେ ଉପେକ୍ଷା କରିବା
ପରୀକ୍ଷ ଅନୁମତେ ସକଳେ ରହିବା । ୧୮ ।
ଚନ୍ଦ୍ରେଣ ଯେସନେ ଅଟଇ ତାରା ଯେ ବିଦିତ
ତେସନେକ ହୋଇ ନରେ ତମ୍ଭର ନିୟତ । ୧୯ ।
ଯେ ମୋହୋର ଲକ୍ଷ୍ମୀ ଯେବେ ପରୀକ୍ଷକୁ ଦେଇ
ବନେଣ ଗମନ କରିବୁଂ ପଞ୍ଚୁ ଭାଇ । ୨୦ ।
ଯୁଝେଷ୍ଟି ବଚନ ଶୁଣି ସମସ୍ତ ବିସ୍ମୟ ମନ
ଆମ୍ଭନ୍ତ ଛାଡ଼ି ନୃପତି କାହିଂକି କରିବୁ ଗମନ । ୨୧ ।
ଆମ୍ଭେ ବନେ ଯାଇ ସମସ୍ତେ ତୁମ୍ଭନ୍ତ କରିବୁଂ ସେବା
ଅନୁରାଗ କେତେକ ଅଛଇ ଆଗ୍ୟାଂ ଦେବା । ୨୨ ।
ବଦୟନ୍ତି ଯୁଝେଷ୍ଟି ନିର୍ମଳ ଯେହୁ ବାଣୀ
ରାଜ୍ୟ କର ତୁମ୍ଭେ ପରୀକ୍ଷକୁ ଘେନି । ୨୩ ।

ମୋତେ ଯେତେ ଭଗତି ପରୀକ୍ଷକୁ ଦେବା
ତାହାର ଯେତେ ଦୋଷ କଲେ ମୋତେ ଉପେକ୍ଷିବା । ୨୪ ।
ପରୀକ୍ଷକୁ ରାଜ୍ୟ ଦିଲେ ହସ୍ତିନା ନଗରୀ
ପଞ୍ଚୁ କଟକ ମଧ୍ୟେ ଯେକାଙ୍ଗ ଦଣ୍ଡଧାରୀ । ୨୫ ।
ପାତ୍ର ବୃହସେନ ମନ୍ତ୍ରୀ ସୋମଦାସ
ରାଜ୍ୟର ସୁବିଧାନ କରନ୍ତି ସର୍ବ ଯଶ । ୨୬ ।
ପରୀକ୍ଷକୁ ତିଆରନ୍ତି ଦେବ ଧର୍ମ ଶିକ୍ଷେ
ବାବୁ ପ୍ରଜା ପାଳିଲେ ବର୍ଦ୍ଧିତ ହୋଅଇ ଯଶଶ୍ରୀ ଆୟୁଷେ ।୨୭ ।
ପରଜାକୁ ଯେବଣ ରାଜା ପାଳଇ ପୁତ୍ର ତୁଲେ
ଦେବ ଇନ୍ଦ୍ର ତହିଂ ପାଳଇଟି ଭଲେ । ୨୮ ।
ରାଜା ପାଳିଲେ ସେ ପରଜା ହୋଇ ସୁପ୍ତ
ପ୍ରଜା ପାଳନେ କୃଷି ଉପୁଜଇ ବହୁତ । ୨୯ ।
କୃଷି ଉପୁଜିଲେ ଭଣ୍ଡାର ହୋୟେ ପୁଷ୍ଟ
ଜନ ଜନ୍ତୁମାନେ ନ ପାବନ୍ତି କଷ୍ଟ । ୩୦ ।
ଆପଣେ ଶ୍ରୀକରେ ମାପିଲେ ଯୁଝେଷ୍ଟି
ଅଷ୍ଟାଦଶ ହାଥ ହୋଇଲା ନଳକାଠି । ୩୧ ।
ଦୀର୍ଘ ପଞ୍ଚବିଂଶ ପ୍ରତି ପଞ୍ଚବିଂଶ ନଳ ଉଠି
ୟେମନ୍ତ ଘନ କରନ୍ତେ ହୋଇବ ୟେକ ବାଟି । ୩୨ ।
ୟେଥକୁ କର ଭିଆଣ କଲେ ସେଟି
ବାଟିକରେ ସଂଜା ଘେନିମ ୟେକ ଯେ ପଉଟି । ୩୩।
ଯୁଝେଷ୍ଟି ଦେବେ କହିଲେ ରାଜ୍ୟର ବିଧାନ
ଯତନେ କହିଲେ ସମସ୍ତ ରାଜ୍ୟର ସୁବିଧାନ କଥାମାନ। । ୩୪ ।
ସୁଜନ ଦେଖିଲେ ନିଯୋଗ ଦେଉଥିବୁ
ଜୀବ ଥିବାଯାୟେ ତାହାକୁ ନ ଛୁଡ଼ିବୁ । ୩୫ ।
ତାହାର ଅନ୍ତରେ ଦେବୁ ପୁଅକୁ ଅଧିକାର
ଯୁଝେଷ୍ଟି ଦେବେ ତିଆରିଲେ ଅନେକ ବେଭାର । ୩୫ ।

ସଂଚପି କହିଲେ ଯେ ଅନେକ ବିଧାନ
ଅନ୍ତକରି ପାରିବା କି ପଠନ ଲେଖନ ।୩୬।
ଯେମନ୍ତର ସମୟେ ବଇତରଣୀ ନଦୀ କୂଳେ
ବେଦପୁର ବୋଲି ଯେ ନଗ୍ର ପରିମଳେ ।୩୭।
ସେ ନଗ୍ରେ ସୁରେଶ୍ୱର ବୋଲିଣ ବ୍ରାହ୍ମଣ
ଯେକଦିନେ ପ୍ରବେଶ ହୋଇଲେ କୃଷି କର୍ମେଣ ।୩୮।
ତଡ଼ପା ବୋଲିଣ ତାହାର କିରିଷାଣ
ଲଙ୍ଗଳ ଘେନିଣ ସେ ଭୂମି କରଇ କରଷଣ ।୩୯।
ଲଙ୍ଗଳ ଫେଡ଼ିଲା ଉତ୍ତାରେ ପଣ୍ଡାୟେ ଦିଲେକ କୋଦାଳ
ଖେତର ଟିକର ଖାଲ କର ସମତୁଲ ।୪୦।
ଯେ ବୁଦା ହାଣିଣ ତୁ ପକାଅ ଭୂମିକି
କ୍ଷେତ ସମ୍ପୂର୍ଣ୍ଣ ହୋଉ ଭୂମି ହୋଉ ନିକି ।୪୧।
ଆଗ୍ୟାଂ ଦେଇ ବିଦୁଜନ ଗଲା ନିଜ ପୁରେ
ଖେଳାଇ କିରିଷାଣ ବୁଦାଇ ପକାଇ ଦୂରେ ଦୂରେ ।୪୨।
ହାଣନ୍ତେ ପାଷାଣେ ଯାଇ ବାଜିଲାକ କୋଡ଼ି
ପଥର କାଢ଼ନ୍ତେ ପାଇଲାକ ରତ୍ନ ଜାଲି ।୪୩।
ଧନ ଦେଖିଣ ସେ ମହାବଳବନ୍ତା
ମଥାରେ ଘେନିଲା ସେ ଦୁଗୁଣ ଶକତା ।୪୪।
ମୁଣ୍ଡିଆଇ ପଣ୍ଡାଂକ ଛାମୁରେ ନେଇ ଦେଇ
ପଣ୍ଡାୟେ ବୋଇଲେ ନିଅ ଯା ତୋହୋର ଘରକଇଂ ।୪୫।
କୃଷି ସେ ଆମ୍ଭର ନା ଅଟଇ ଯୁଗତେ
କର୍ମେ ସେ ଯେବେ ପାଇଲୁ ବେଭାର ଅଟଇ ତୋତେ ।୪୬।
ବୋଲଇ ତଡ଼ପା ଗୋସାଇଂ କହିଲ ଅନୀତି
ତୁମ୍ଭର ତୋଟା ବାସ୍ତୁ ତୁମ୍ଭର ବାଡ଼ିବୃତ୍ତି ।୪୭।
ତୁମ୍ଭର ଉପର ବଂଶେ କେବଣ ସାଧେବ
ଗୁପତେ ଥୋଇଲା ଆନ କେ ହରିବ ।୪୮।

ମୁହିଂ କୃଷିକାରୀ ଉପୁଜାଇବି ବିତ୍ତ
ଧନ ମୋହୋର କିସ ମୂଲ୍ୟହିଂ ଯୁଗତ ।୪୯।
ଅନ୍ନ ବସ୍ତ୍ର ବର୍ତ୍ତନ ହୁଅଇ ଯେତେ ମୋତେ
ତୁମ୍ଭର ଆୟେ ବିତ୍ତ ମୁଂ ନେମଇଂ କେମନ୍ତେ ।୫୦।
ବ୍ରାହ୍ମଣ ବୋଲଇ ତୁହୋ ଶୁଣସି ସମ୍ବାଦ
କୃଷାଣ ହୋଇ ମୋତେ କରାଇ ଅପବାଦ ।୫୧।
ୟେହାର କର୍ମେ ସେ ଉପୁଜିଲା ବିତ୍ତ
ମୁହିଂ ୟେହା କେସନେକେ କରିବି ଗ୍ରାହିତ ।୫୨।
କିରିଷାଣ ବୋଇଲା ତୁମ୍ଭେ ପୁଣ୍ୟବନ୍ତ ଜନ
ୟେତକ ଛନ୍ଦବନ୍ଧ ସେ ତୁମ୍ଭର ବଡ଼ପଣ ।୫୩।
ବାର ଚିନା ବର୍ତ୍ତନେ ଅନ୍ନ ବସ୍ତ୍ରେ ମୁଂ କାରେଣି
ରାଜାର ଛାମୁରେ ଯାଇଂ ଗୁହାରି କରିବି ୟେହିକ୍ଷଣି ।୫୪।
ବ୍ରାହ୍ମଣ ବୋଇଲା ବେଗେ ମଥାରେ ଘେନ ୟେହା
ରାଜାର ଛାମୁକୁ ଯିବା ଚାଲରେ ଦୋରେହା ।୫୫।
ଆହୋ ଚଇତନ ବ୍ରାହ୍ମଣ କିରିଷାଣ ଦୁହିଂକର କଳି
ଧନ ଘେନି ଦୁହେଂ ଯୁଝେଷ୍ଟି ଦେବଂକ ଛାମୁରେ ଯାଇଂ ମିଳି ୫୬।
ସିଂଘଦ୍ୱାରେ ନେଇ ଥୋଇଲେକ ନିଧି
କିରିଷାଣ ବୋଇଲା ମୋତେ ହୋଇଲା ଅବିଧି ।୫୭।
ବ୍ରାହ୍ମଣ ବୋଇଲା ଦେବ ୟେ ମୋହୋର କିରିଷାଣ
ୟେ ମୋହୋର ଉପରେ ଦେଖାଉଛି ଛନ୍ଦୁଆଳ ପଣ ।୫୯।
ଗୋଳ ଶବଦ ଶୁଣି ବିଜେକଲେ ଯୁଝେଷ୍ଟି
ଦେଖିଲେ ସିଂଘଦ୍ୱାରେ କଣୟ ଜାଲି ଗୋଟି ।୬୦।
ସୁରେଶ୍ୱର ବୋଇଲା ଦେବ ୟେ ମୋହୋର କିରିଷାଣ
କୋଦାଳ ଦେଇ ବୋଇଲି ୟେ ବୁଦାମାନ ହାଣ ।୬୧।
ହାଣନ୍ତେ ତହିଂରୁ ପାଇଲା ୟେ ଅମୂଲ୍ୟ ରତ୍ନ ନିଧି
ଭୋ ଦେବ ରତ୍ନ ୟେହାର ହୋଇବନା ବିଧି ।୬୨।

ଯେତେ ଛନ୍ଦୁଆଳ ନିକି ଚଷାଲୋକ ହୋଇ
ଯେହାର ଅରିଜିଲା ଧନ ଯେ ମୋହୋର ଉପରେ ପକାଇ । ୬୩ ।
ଯୁଢେଷ୍ଟି ଦେବେ ବୋଇଲେ ଯେବେ ପାଇଲୁ ରତ୍ନଜାଲି
ଧନ ନ ନେଇ କିମ୍ପେ ବ୍ରାହ୍ମଣ ତୁଲେ ଦ୍ୱନ୍ଦ କରି । ୬୪ ।
କିରିଷାଣ ବୋଇଲା ଦେବ ମୁଂ କି କରଇ ବେପାର
ଅନ୍ନ ବସ୍ତ୍ର ବରତନ ହେ ଅଇ ସିନା ମୋର । ୬୫ ।
ଭୂମିରେ ଯେବଣହିଂ ଉପୁଜଇ ଆୟେ
ଯେହାଂକର ହୋଇ ସିନା ବିଚାର ଦେବରାୟେ । ୬୬ ।
ଯୁଢେଷ୍ଟି ବୋଇଲେ ହୋ ଅଧେ ଅଧେ କର
ବାଣ୍ଟିନିଅ ଧନ ତୁମ୍ଭେ ବିଚାର ଆମ୍ଭର । ୬୭ ।
କିରିଷାଣ ବୋଇଲା ଦେବ ତୁମ୍ଭେ ସେ ଧର୍ମରାୟେ
ମୋହୋର ବେଳେତ ନେଇ ନୋହଇ ଚିନାୟେ । ୬୮ ।
ବ୍ରାହ୍ମଣ ବୋଇଲା ମୁଂ ଚିନାୟେ କିମ୍ପେ ନେବି
ଯେହୁ ଦୁଖେ ଅର୍ଜିଲା ମୁହିଂ କେସନେ ହରିବି । ୬୯ ।
ଶୁଣିଣ ଆଶ୍ରିଜ ହୋଇଲେ ଯୁଢେଷ୍ଟି ନୃପବର
ସହଦେବକୁ ବୋଇଲେ ଯେ କେବଣ ବିଚାର । ୭୦ ।
ସହଦେବ ବୋଇଲା ଦେବ ବୁଝିବା ଯେହିକ୍ଷଣି
ଯେଥିର ତଦନ୍ତ ମୁଂ ଅଛଇନା ଜାଣି । ୭୧ ।
ଶୁଣ ଦେବ ଯୁଢେଷ୍ଟିର ଯେଥିର ବ୍ୟବସ୍ଥା
କଳିଯୁଗ ପ୍ରବେଶ ହୋଇଲା ଶୁଣିମା ତଥ୍ୟ କଥା । ୭୨ ।
ଉଦିଯୋଗେ ଶ୍ରୀକୃଷ୍ଣ ହୋଇଗଲେ ଦୂତ
ସେହିଦିନୁଂ କଳିଯୁଗ ହୋଇଲା ଉଦିତ । ୭୩ ।
ହରି ଅର୍ଜୁନର ଭୟେଣ ପଶିତ ନୁଆରିଲା
ମହାଭାରଥ ଯୁଦ୍ଧେ କଳି ପ୍ରବେଶ ହୋଇଲା । ୭୪ ॥
ଆମ୍ଭର ସମୟେ ସୁଖ ଭୋଗ ନିମନ୍ତେ
କଳିକି ପଶି ନଦିଲେ ସହଦେବ ଦେବ ଜଗନ୍ନାଥେ । ୭୫ ।

ଆକାଶରେ ବାଣୀ ପଡ଼ିଲା ଶୁଣ ହେ ସହଦେବ
ଅନୀତି ପଡ଼ିବଟି ତୁମ୍ଭେ ନ ଥାଅ ଯେବ ।୭୬।
କୃଷ୍ଣ ଅଇଲେ ଅର୍ଜୁନ ନାହିଁ ସ୍ୱର୍ଗେ
ପୁଣ ଜାତ ହୋଇବନା କଳିଯୁଗ ଭୋଗେ ।୭୭।
ଯୁଧିଷ୍ଠି ଦେବ ଆକାଶେ ଯେ ନଇଲେ ନୋହଇ
ଧର୍ମରାଜା ନ ଥିଲେ ଆକାଶ ନ ଶୋହଇ ।୭୮।
ଆକାଶର ବାଣୀ ଶୁଣି ମନ୍ତ୍ରୀ ଉଦବେଗ
କଳିକାଳ ଫାଶି ଫେଇଦିଲେ କଳିଯୁଗ ।୭୬।
ଯେକା ନିମିଷକେ ସୟଳ ଜନ ଘୋଟି
ଲାଗିଲା ମାୟାମୋହ ଘୋଟିଲା ନବସୃଷ୍ଟି ।୮୦।
ସୁରେଶର ବ୍ରାହ୍ମଣ ବୋଇଲା ଯେ ଧନ ମୋହୋର ବୋଲି
ପଳା ଯାଅ ସାଧୁତ ବୋଲି କିରିଷାଣ ଦିଲା ପେଲି ।୮୧।
ବ୍ରାହ୍ମଣ ବୋଲଇ ଦେବ ତୁମ୍ଭେ ଯେ ଧର୍ମରାୟେ
କିରଷାଣ ମାତ୍ର ହୋଇ ସାଧୁଙ୍କୁ ବଳ କୟେ ।୮୨।
ବ୍ରାହ୍ମେଣ କୋଳକରି ଧରଇ ଯାଇଂ ଜାଲି
ବଳେଣ କିରିଷାଣ ଯେ ନିଆଇ ଉଛୁଡ଼ି ।୮୩।
ଦେଖିଣ ଯୁଧିଷ୍ଠି ନାଶିକାୟେ ଦିଲେ ହାଥ
ଯେହିକ୍ଷଣି ସହଦେବ ରେ ହୋଇଲା କେମନ୍ତ ।୮୪।
ସହଦେବ ବୋଇଲା ଯେଉଁ ଦିନୁଂ କୃଷ୍ଣ ଦୂତପଣେ ଗଲେ
ସେହିଦିନୁ କଳିଯୁଗ ପ୍ରବେଶ ହୋଇଲେ ।୮୫।
ମହାଭାରଥ ଯୁଦ୍ଧ ଯହୁଂ ଶେଷ ହୋଇଲା
ମୋତେ ହକାରି ଦେବ କୃଷ୍ଣ ଯେ ବୋଇଲା ।୮୬।
କାଳେକ ଯୁଧିଷ୍ଠି ଦେବ ବନେଣ ମହାଦୁଖୀ
ରାଜକୁମାର ହୋଇ ନୋହିଲେ କିଛି ସୁଖି ।୮୭।
ଯେତେ ବୋଲି ଦେବ କଳିଯୁଗ ବନ୍ଧନ କଲୁ ଆମ୍ଭେ
ସମୟେକ ସୁଖଭୋଗ ପାଇଲ ଦେବ ତୁମ୍ଭେ ।୮୮।

କଳିଯୁଗ ଫେଡ଼ନ୍ତେ ଦେବ ହୋଇଲା ଯେମନ୍ତ
ଯୁଝେଷ୍ଠି ବୋଇଲେ କିମ୍ପେ କଳିଯୁଗ ହୋଇବ ଅନିତ୍ୟ। ୮୯।
ପରୀକ୍ଷ ବୋଇଲେ ଦେବ ପୃଥୀରେ ଥିଲା ସୁନା
ବିଚାରିଲେ ଯୁଗତେ ଯେ ରାଜାର ଭଣ୍ଡାର ଧନ ସିନା । ୯୦।
ସାଧବ କିରିଷାଣ ଗଲେ ମନ ମୂଛି
ଭଣ୍ଡାରେ ଧନ ଥୋଇଲେ ଯୁଝେଷ୍ଠି ନ ବୋଇଲେ କିଛି । ୯୧ ।
ସହଦେବ ବୋଇଲା ଦେବ ଶୁଣିମା ସାବଧାନେ
କଳିଯୁଗର ଚରିତ ହୋଇବ ଯେମନ୍ତ ବିଧାନେ । ୯୨।
ଅନେକ କଷ୍ଟେ ପରଜାଯେ ଉପୁଜାଇବେ କୃଷି
ନାନା ଛନ୍ଦ ପାତି ରାଜା ନେମ ଦୁଇରାଶି । ୯୩।
ଯହୁଁ ସେ ଅବିଧି କରିବାକୁ ରାଯେ
ଇନ୍ଦ୍ର ବୃଷ୍ଟି ନ କରିବ ପୃଥୀ ନୋହିବ ଫଳଦାଯେ । ୯୪।
ପରଜା ଦୁଇରାଶି ନ ଅଣ୍ଟିବ ରାଜାକୁ
କଟାଳ କରିବେ ସେ ଦେବତା ବ୍ରାହ୍ମଣଂକୁ । ୯୫।
ରାଜା ହୋଇବେ ଶାଗୁଣା ପରଜା ହୋଇବେ ମଡ଼ା
ଠାବ ଠାବ ହୋଇ ସେ ଉଠିବାକ ପଡ଼ା । ୯୬।
ଶୂଦ୍ରକଇଂ ବ୍ରାହ୍ମଣେ ଯେ ମାଗିବେ ତଳହାଥେ
ନିତ୍ୟକର୍ମ ତେଜିବେ ଅନ୍ନ ଅଭ୍ୟାଗତେ । ୯୭।
ଆଚାର ତେଜି ବ୍ରାହ୍ମଣେ ହୋଇବେ ଅନାଚାରୀ
ରାଜସେବା କରିବେ ଯେ ଦଣ୍ଡପାଟ ଆବୋରି । ୯୮।
କୃଷି କର୍ମେଣ ଯେ ଦଳିବାକ ମହୀ
ଶହସ୍ର ଧରି ଶିର ଛେଦିବାକ ସେହି । ୯୯।
ବେଦମନ୍ତ୍ରମାନ ସେ ଯେ ହୋଇବ ଅଗ୍ରାହିଜ
ବ୍ରାହ୍ମଣ ସ୍ତିରୀ ଯୋନିରେ ଚାଣ୍ଡାଳେ ଦେବେ ବୀର୍ଯ୍ୟ ।୧୦୦।
ବିଧବା ବ୍ରାହ୍ମଣୀ ଯେ ହୋଇବେ ଅନ୍ୟାଚାରୀ
କୁଳସ୍ତିରୀମାନେ ଯେ ହୋଇବେ ଅଭିସାରୀ ।୧୦୧।

ବିଭାଇତ ପତ୍ନୀକି କରିବେ ଉପେକ୍ଷା
ବିଧବା ସ୍ତିରୀ ଘେନି କରିବେ କୁଳ ରକ୍ଷା ।୧୦୨।
ବିଧବା ରମଣେ ଯେ ପୁତ୍ର ହୋଇବାକ ଜାତ
ପିତା ମାତାକଇଂ ସେ ନୋହିବେ ଭଗତ ।୧୦୩।
ସୁଖରେ ସ୍ତ୍ରୀ ରତି କରିବେ ଚାରି ଜାତି
ପୁତ୍ର ସାଧବ ପିତା ମରିବ ଅନ୍ନ ଶାସ୍ତି ।୧୦୪।
ଶାହାସ୍ତ୍ର ନିନ୍ଦା କରିବେ କଳିଯୁଗ ଲୋକେ
ଭଣ୍ଡପଣ କରି ତହିଂ ବ୍ରତିବେ ସେ ଥୋକେ ।୧୦୫।
କିଞ୍ଚିତ କଥାକୁ କଳି କରିବେ ବହୁତେ
ଦ୍ୱନ୍ଦେଣ ପ୍ରବର୍ତ୍ତ ହୋଇବେ ପିତା ପୁତ୍ରେ ।୧୦୬।
ପିତା ପୁତ୍ର ପତ୍ନୀରେ ହୋଇବେ ୟେକ ସଙ୍ଗ
ସାବତ ପୁତ୍ରେ ମାତା ହୋଇବେ ରତିଯୋଗ ।୧୦୭।
ଆପଣାର ନିଜ ବୃତ୍ତି ଛାଡ଼ିବେ ଶକ୍ୟ ହୀନେ
ଶୃଙ୍ଗାରେ ଅନ୍ୟୋଅନ୍ୟି ହୋଇବେ ହାଦେ ଜନେ ।୧୦୮।
କଳିର ପ୍ରାନ୍ତକୁ ଯେ ହୋଇବେ ୟେକଯୋଗ
କଳିଯୁଗେ ଜନେ ପାଇବେ ହୀନଭୋଗ ।୧୦୯।
ବାମ ପୂଜ୍ୟଜନେ କରିବେ ଅକୀର୍ତ୍ତି
ବ୍ରାହ୍ମଣ ଚାଣ୍ଡାଳ ଯେ ଏକତ୍ରେ ମଦିରା ରସେ ଅର୍ଥୀ ।୧୧୦।
ସ୍ୱାମୀକି ସେବକ ଯେ ମାରିବାକ ବେଳେ
ଚଉର୍ଯ୍ୟକର୍ମେ ବ୍ରତୀ ହୋଇବେ ବିକଳେ ।୧୧୧।
ମିଛହୁଂ ସତ ଜନେ ନ କହିବ ବାଣୀ
ଓଛ ଲୋକେ ସିଂଘାସନେ ବସିବେ ପାତ୍ର ମନ୍ତ୍ରୀ ଜାଣି ।୧୧୨।
ପନ୍ଥଶ୍ରାନ୍ତି ଲୋକଂକୁ ହୋଇବାକ ଦ୍ୱନ୍ଦ
ଅଦଭୁତେ ଲୋକକୁ ହୁଅଇ କୂଟ ଛନ୍ଦ ।୧୧୩।
ପରଧନ ଚଉର୍ଯ୍ୟେ ମରିବେ ଅନେକ ପ୍ରାଣୀ
ଅବିଚାରେ ରାଜା ଯେ ଅନେକ ଶିର ହାଣି ।୧୧୪।

ଆପଣାର ଭୂମି ଯେ କରିବେ ପରିତେଜ୍ୟା
ପରସୀମା ହରି ମରିବାକ ରାଜା ।୧୧୫।
ନିୟତ କ୍ରିୟା ଛାଡ଼ି ନରେ ହୋଇବେ ଅନ୍ୟାଚାରୀ
ଅଶଉଚ କର୍ମ ସେ ବ୍ରତିବେ ସଂସାରୀ ।୧୧୬।
ବାର ବ୍ରତ ତେଜିଣ ଅନୁବ୍ରତେ ଭୋଗୀ
ଅବିଚ୍ଛନେ ଶୃଙ୍ଗାରେ ଜନେ ହୋଇବାକ ରୋଗୀ ।୧୧୭।
ଗଉରବ ସ୍ତିରୀକି ଯେ କରିବେ ରମଣ
ସଂକ୍ରାନ୍ତି ଅମାବଇ ରାତ୍ରେ କରିବେ ଅନ୍ନ ଭୋଜନ ।୧୧୮।
ଜୂଅ ଆଚାରେ ଯେ ପୋଷିବେ କୁଟୁମ୍ବ
ନିଜ ଆଷ୍ୟ ଘେନି ଯେ କେହି ନ ବ୍ରତିବ ।୧୧୯।
ବିପ୍ର ଚାଣ୍ଡାଳ ଯେ ହୋଇବେ ୟେକତ୍ୱ
ଗୁରୁ ମାନୀତ ଜନେ ଅନୁବ୍ରତେ ରତ ।୧୨୦।
ରାଜାକଇଂ ମାରିତେ ପାଞ୍ଚ କରିବେ ଅମନାତ୍ୟ
ସୁଜନେ ଅନ୍ୟାଚାର ଯେ କରିବେ ନିୟତ ।୧୨୧।
ବ୍ରାହ୍ମଣେ ତିଳଦାନ ଘେନିମାକ ହାଦେ ଲୋଭେ
ସଚରାଚରେ ଗୋଳକୁଣ୍ଡା ହୋଇବେ ଠାବେ ଠାବେ ।୧୨୨।
ସନ୍ତାନ ନିମନ୍ତେ ବ୍ରାହ୍ମଣୀ ଶୂଦ୍ର ସଙ୍ଗେ ରତ
ସେ ଚାଣ୍ଡାଳ ପୁତ୍ରେ ହୋଇବେ ବେଦ ପାରଗ ନିୟତ।୧୨୩।
ଅନେକ ଅନ୍ୟାୟ ଯେ ହୋଇବ କଳିଯୁଗେ
ସହଦେବ କହିଲେ ଯୁଝେଷ୍ଟି ଦେବଂକର ଆଗେ ।୧୨୪।
ଧର୍ମ ଆଚାରେ ଯେ ବ୍ରତିବାକ ଜନ
ତାହାକଇଂ ନ ମିଳିବ ଅନ୍ନବସ୍ତ୍ର ଧନ ଯେ ସନ୍ତାନ ।୧୨୫।
ବୋଲନ୍ତି ଯୁଝେଷ୍ଟି ୟେ ତ ବଡ଼ାଇ ଅନିର୍ଯ୍ୟାପ
ୟେ ଭୂମିରେ ଥାଇଂ କିମ୍ପେ ବାବୁ ଅରଜିବା ପାପ ।୧୨୬।
ସହଦେବ ମୁଖୁଂ କଳିର ବାକ୍ୟ ଶୁଣି
ପରୀକ୍ଷକୁ ତିଆରିଣ ଯୁଝେଷ୍ଟି ଅନକୂଳ ଘେନି ।୧୨୭।

ଭୋ ରାଜନ କୋଇନ୍ତାର ପୁତ୍ରେ ଯେ ରାଜ୍ୟ ତେଜ୍ୟା କରି
ବଇତରଣୀ ନଦୀକୂଳେ ଅଛି ଯାଜନଗ୍ର ପୁରୀ ।୧୨୮।
ଯହୁଂ ଯୁଝେଷ୍ଟି ଦେବ ଚଳିଲେ ପ୍ରସ୍ଥାନେ
ରହିଲେ ଧର୍ମପୁରେ ପଣ୍ଡୁର ନନ୍ଦନେ ।୧୨୯।
ଯାଇଂଣ ଧର୍ମପୁରେ ପ୍ରବେଶ ପଞ୍ଚୁବୀରେ
ଦ୍ରୌପତୀ ମାତ୍ରକ ଅଛନ୍ତି ସଙ୍ଗତରେ ।୧୩୦।
ଅମରାବତୀ ନଗ୍ରେ ହରିସାହୁ ବଶ୍ୟ ଜାତି
ସୁହାଣୀ ବୋଲିଣ ଯେ ତାହାର ଦୁହିତୀ ।୧୩୧।
ମାଘ ଶୁକଳ ତୃତୀୟା ତିଥି ବୁଧବାର
ତଇତିଲ ନାମେ କରଣ ଅଟଇ ଆବର ।୧୩୨।
ଶତଭିଷା ନକ୍ଷତ୍ର ଯେ ବରୀୟାନ ଯୋଗ
ସେହି ଦିନ କନ୍ୟା ଜନ୍ମ ହୋଇଥିଲା ଭୋଗ ।୧୩୩।
ଉଦ୍ଧାଳେକ ନାମେ ଯେ ୟେକଇ ଦଇବଗ୍ୟଂ
ବଡ଼ାଇ ସପତାଙ୍ଗ ସେ ଗଣିତ ମହାଭିଁଗ୍ୟଂ ।୧୩୪।
ତାହାକୁ ରାଇଣ ଯେ ଗଣାଇଲେ ହରି ସାହୁ
ଦୋହିତାର ଜନ୍ମ ନକ୍ଷତ୍ର ନାମ ଯାହା କହୁ ।୧୩୫।
ବୋଲଇ ଗଣକ ଶୁଣସି ହୋ ବଶ୍ୟ
ବଡ଼ାଇ ଭାଗ୍ୟବନ୍ତୀ ୟେ ତୋତେ ପୁଣ୍ୟ ଯଶ ।୧୩୬।
ୟେକା କଥାୟେ ମାତ୍ର ତୋତେ କହଇ ବିଶ୍ୱାସ
ବିଭା ହୋଇଲେ ମରିବ ୟେ ଅବଶ୍ୟ ।୧୩୭।
ୟେହା ଶୁଣି ବିଭା ନ କରଇ ହରି ସାହୁ
ପଞ୍ଚଦଶ ବରଷ କନ୍ୟା ହୋଇଲାନି ଯହୁଂ ।୧୩୮।
ଯୁଝେଷ୍ଟ ଦେବ ବିଜେ କଲେକ ଯେତେବେଳେ
ହରି ସାହୁ ପାଣ୍ଡବଂକ ଛାମୁରେ ଯାଇଂ ମିଳେ ।୧୩୯।
ପିତାର ପଛକତି ଗୋଡ଼ାଇ ଦୋହିତା
ଚନ୍ଦ୍ର ଉଦୟ ପ୍ରାୟେ ଦିଶଇ ସେ ବାଳ ବନିତା ।୧୪୦।

ଯୁଝେଷ୍ଟି ପଚାରନ୍ତି ଶୁଣସି ହୋ ହରି ବଶ୍ୟ
ଯେ କୁମାରୀ ଗୋଟିର କାହିଂ ଗୃହବାସ ।୧୪୧।
ଶୁଣିଣ ବଶ୍ୟ ଯେ ତାହାଂକ ଚରଣେ ପରିଣାମି
ବିଭା ନିହାଇ ହୋଇ ଯେ ଦୋହିତା ମୋର ସ୍ୱାମୀ ।୧୪୨।
ଯୁଝେଷ୍ଟି ବୋଇଲେ ତୁ ଶୁଣସି ହୋ ବଶ୍ୟ
ଯେ ତୋହୋର ବଂଶକୁ ଅଟଇ ବଡ଼ ଦୋଷ ।୧୪୩।
ଦୋହିତା ପିତା ଘରେ ହୋଇଲେ ରଜୋବତୀ
ପିତୃଲୋକମାନଙ୍କୁ ହୋଅଇ ଅସଦ ଗତି ।୧୪୪।
ହରି ସାହୁ ବୋଇଲା ଦେବ ମୋହୋର ମନ୍ଦ କର୍ମ
କେବଣ ପାପକ୍ଷଣେ ଯେ ହୋଇଲାକ ଜନ୍ମ ।୧୪୫।
ଦଇବଗ୍ୟଂ ବୋଇଲା ଯେ ବିଭାକାଳେ ମରିବ
ତେଣୁକରି ବିଭା ଯେହାକୁ ନ କରଇ ଭୋ ଦେବ ।୧୪୬।
ଯୁଝେଷ୍ଟି ଚାହିଂଲେ ଯେ ସହଦେବ ମୁଖ
ଯେ କଥା ସତ କି ବାବୁ ବୁଝନି ପ୍ରତକ୍ଷ ।୧୪୭।
ସହଦେବ ବୋଇଲେ ଦେବ ନିଶ୍ଚୟ ଯେ ଅଟଇ
ହସ୍ତଗଣ୍ଠି କାଳେ ଯମ ଯେହାକୁ ଭେଟଇ ।୧୪୮।
ସହଦେବର ବଚନେ ଦେବ ହୋଇଲେକ ତୁନି
ହରି ସାହୁ କରଇ ଚରଣେ ବିନୟ ଦୟିନୀ ।୧୪୯।
ଆନେ ପ୍ରଦାନେ ଦେବ ନାହିଂନା କାରଣ
ଯେବେ ଦୋହିତାକୁ ଘେନି ତୁମ୍ଭରେ ଶରଣ ।୧୫୦।
ତୁମ୍ଭରେ ପ୍ରଦାନ ମୁଂ କରିବି ଦୋହିତା
ଯାବତ ଚନ୍ଦ୍ରାର୍କେ ରୁହାଇବି କଥା ।୧୫୧।
ସ୍ୱାମୀର ସତ୍ୟ ବାଚା ହେଉ ଉଦିତ ହେଉ ଧର୍ମ
ବଶ୍ୟ କୁଳକୁ କଥା ରହୁ ଜନ୍ମ ଜନ୍ମ ।୧୫୨।
ଉଠିଣ ପ୍ରଲମ୍ବିତ ହୋଇଲେ ଚାରି ଭାଇ
ଯେ କଥାକୁ ଦେବ ନକର ତୁମ୍ଭେ ନାହିଂ ।୧୫୩।

ଯୁଝେଷ୍ଠି ବୋଇଲେ ଆମ୍ଭର ଗଳିତ ବୟସ
ରାଜ୍ୟ ଭୋଗ ତେଜି ଅଇଲୁ ଆସି ଆତ୍ମା ହୋୟେ ଶେଷ ।୧୫୪।
ରାଜ୍ୟ ସମ୍ପଦ ତେଜି ଆମ୍ଭର ତୀର୍ଥଯୋଗ
ବିଭା ଦାରାୟେ ଆମ୍ଭର କିସ ଭୋଗ ।୧୫୫।
ସହଦେବ ବୋଲନ୍ତି ଦେବ ଶୁଣ ଗୁଣନିଧି
ଯାଚିଲା କନ୍ୟା ପ୍ରଦାନ ହେବା ମିଳଇ ୟେହି ବିଧି ।୧୫୬।
ଯାଚିଲା କନ୍ୟା ଯେ ଅର୍ଚିଲା ଭୋଜନ
ୟେହା ଉପେକ୍ଷିଲେ ଦେବ କୁଳକଇଂ ଦୂଷଣ ।୧୫୭।
ଯୁଝେଷ୍ଠି ଦେବ ବୋଇଲେ ଯେ ୟେହାକୁ ହୋଇବା ପ୍ରଦାନ
ଯମ ଭୟରୁ ସେ କନ୍ୟା ରଖିବାକୁ କେ ହୋଇବ ଭାର୍ଜନ ।୧୫୮।
କରପତ୍ର ଯୋଡ଼ିଣ ବୋଲଇ ସର୍ବସାଚୀ
ଯମର ଭୟରୁ ଦେବ ପାରଇ ମୁହିଂ ରଖି ।୧୫୯।
ରାଜୁସି ଯଗ୍ୟଂ କାଳେ ମୁଂ ନିମନ୍ତ୍ରଣେ ଗୟେ
ଅନେକ ବିନୋୟୀ ମୋତେ ବୋଇଲା ଜନ୍ତୁରାୟେ ।୧୬୦।
ତାହାର ମୋହୋର ଦେବ ଅନେକ ପୀରତି
ତା ତହୁଂ ରକ୍ଷା କରିବି ନକର ମନେ ଭ୍ରାନ୍ତି ।୧୬୧।
ତୁ ଯେବେ ରକ୍ଷା କରିପାରିବୁ ଯମକୁ
ଆମ୍ଭେ ପ୍ରଦାନ ହୋଇବୁଂ ୟେ କନ୍ୟାକୁ ।୧୬୨।
ସର୍ବଗୁଣେ ସୁଲକ୍ଷଣୀ ଯାଚିଲା ଯେବେ ବାଳୀ
ଜାତି ମଧ୍ୟମାନ ଉଚିତ ଯେବେ ମିଳି । ।୧୬୩।
ଅର୍ଜୁନର ପ୍ରତିଗ୍ୟାଂ ଶୁଣିଣ ନରେନ୍ଦ୍ର
ବିଭାକଇଂ ଉଦିଯୋଗ କଲେକ ପରମ ସାନନ୍ଦ ।୧୬୪।
ବନ୍ଧୁ ବାନ୍ଧବନ୍ତ ରୁଣ୍ଡ କଲାକ ହରି ସାହୁ
ମୋହୋର ଜୁଆଇଂ ହୋଇଲେ ଯୁଝେଷ୍ଠି ମହାବାହୁ ।୧୬୫।
ଜୀଇଂଲେ ଜୀଉଂ ପଛେ ମଲେ ମରୁ ବାଳୀ
ୟେ କଥା ଚିରାଞ୍ଜନ ରହିବ ମହୀଆଳି ।୧୬୬।

ଧଉମ୍ୟ ପ୍ରୋହିତଂକୁ ଦେବ କଲେକ ସୁମରଣ
ପ୍ରୋହିତ ତୁଲେ ମିଳିଲେ ଲକ୍ଷେକ ବ୍ରାହ୍ମଣ ।୧୬୭।
ଷାଠିୟେ ସହସ୍ର ତୁଲେ ବାଳଖିଲା ଋଷି
ଆପଣେ ବ୍ୟାସ ମୁନି ପ୍ରବେଶ ହେଲେ ଆସି ।୧୬୮।
ସୀଉକାର ବରଣ ଯେ ହରି ସାହୁ କଲା
ଯଥାବିଧି ମହାବାକ୍ୟେ ବର କନ୍ୟାନ୍ତ ବରିଲା ।୧୬୯।
କୁମ୍ଭ ମାସ ଶୁକ୍ଳପକ୍ଷ ସପତମୀ ତିଥି
ରୋହିଣୀ ନକ୍ଷତ୍ର ପୁଣି ବାର ବୃହସ୍ପତି ।୧୭୦।
ବାଣିଜ୍ୟ ନାମେ କରଣ ପ୍ରୀତି ନାମେ ଯୋଗ
ଧର୍ମପୁର ନଗରରେ ବଢ଼ାଇ ସୁଯୋଗ ।୧୭୧।
ଯେମନ୍ତ ସମୟେ ତାଂକୁ ହେଲା ଶୁଭଯୋଗ
ଅମୃତ ବେଳା ସେକାଳେ ହେଉଥିଲା ଭୋଗ ।୧୭୨।
ପ୍ରଥମ ବେନି ଘଡ଼ି ବୃହସ୍ପତି ବେଳେ
ବିଭାର ସମଯୋଗ ଭବାନୀ ନଦୀ କୂଳେ ।୧୭୩।
ଛାୟା ମଣ୍ଡୋପରେ ହୋୟେ କଣୟ ରତ୍ନବେଦୀ
ସଷ୍ଟିକର ଖମ୍ଭ ରୁଅ ରୂପାରେ ସମ୍ପାଦି ।୧୭୪।
ସୁବର୍ଣ୍ଣର କଳସ ନେତର ପାତାଙ୍ଗ ଉଡ଼ାନ୍ତି
ଦିବ୍ୟ ବସ୍ତ୍ରମାନ ଛାୟା ଘରମାନ ମଣ୍ଡାନ୍ତି ।୧୭୫।
ଯୁଗତେ ହରି ସାହୁ ଗନ୍ଧ ଯେ ବଣିଆ
କସ୍ତୁରୀ ପିଚିକାମାନେ ମାରନ୍ତି ଛାମୁଣ୍ଡିଆ ।୧୭୬।
ଗନ୍ଧରାଜ ଜୁଆଦ ଅଗର କସ୍ତୁରୀ ଚନ୍ଦନ ଗୁଗୁଳି
କୁଂକୁମର ତୁଲେ ଯେ କର୍ପୁର ଗୁଣ୍ଡି ବୋଳି ।୧୭୭।
ମଙ୍ଗଳ ସୀଉକାର ସାରିଲେ ଯେତେବେଳେ
ଯୁଝେଷ୍ଟି ବିଜେ କଲେ ବ୍ୟାସଂକର କୋଳେ ।୧୭୮।
ହରି ସାହୁ ବଣିଆ କୋଳେ ସେ ସୁହାଣୀ
ମଙ୍ଗଳ ଧ୍ୱନି ବ୍ୟାସେ ଉଚ୍ଚାରନ୍ତି ବାଣୀ ।୧୭୯।

କୁଂକୁମ ଆଭରଣ କର ବୋଇଲେ ପ୍ରୋହିତେ
କନ୍ୟାକଇଂ ନିଅ ହୋ ଅହିଗ୍ୟଂ ପୂଜାକୁ ଯୁଗତେ ।୧୮୦।
କଣୟ ହାନ୍ଦୋଳାରେ ବିଜୟେ ସୁହାଣୀ
ବାଜନ୍ତି ବୀରତୂର ଟମକ ନିଶାଣି ।୧୮୧।
ସୁଲଭ କାମିନୀୟେ ଘେନିଣ ଦୀପାବଳୀ
ମଙ୍ଗଳ ଗୀତ ଗାଇ ଦିଅନ୍ତି ହୁଳହୁଳି ।୧୮୨।
ଗାଣ୍ଡିମ ଧନୁ କରେ ଘେନିଣ ବିବଛ
ଗୋଡ଼ାଇ ଅର୍ଜୁନ ଯେ କନ୍ୟାର ପଛ ପଛ ।୧୮୩।
ଦିବ୍ୟ ଚକ୍ଷୁ ଘେନି ଚାହଂାଇ ସବ୍ୟସାଚୀ
ଯମ ଭୁବନ ପରିଯନ୍ତେ ନିର୍ମଳ ଦିଶୁଅଛି ।୧୮୪।
ଦେବୀଂକର ସନ୍ନିଧ୍ୟେ ଯେ ବିଜୟେ ସୁହାଣୀ
ଅହିଗ୍ୟଂ ସ୍ଥାନେ ବାଞ୍ଛା ସାରି କନ୍ୟାକୁ ବେଗେ ଆଣି ।୧୮୫।
ପିତାର କୋଳେ ଆଣି ବସାଇଲେ ଯୁବତୀ
ଯଥାବିଧି ପ୍ରୋହିତେ ଗୋତ୍ର ଉଚ୍ଚାରନ୍ତି ।୧୮୬।
ଦେଶ କାଳ ବାକ୍ୟ ସାରିଲେ ପୁରୋହିତେ
ୟେକଯୋଗ କରନ୍ତି ବର କନ୍ୟାଂକର ହାଥେ ।୧୮୭।
ଯହୁଂ କୁଶ ବନ୍ଧନ କଲେକ ବେନି ହାଥ
ଶୂନ୍ୟେଣ ମିଳିଲେ କାଳ ବିକାଳ ଯମର ବେନି ଦୂତ ।୧୮୮।
ଖାଣ୍ଡେବ ବନ ଦହନ୍ତେ ଯେ ଅର୍ଜୁନ ପାଇ କାଳଫାଶି
ସେ ଶର ଘେନି ଅର୍ଜୁନ ବିନ୍ଧିଲା ଆକ୍ରୋଷି ।୧୮୯।
କାଳଫାଶି ଶର ଯହୁଂ ବିନ୍ଧଇ ଅର୍ଜୁନ
କାଳ ବିକାଳ ବେନି ଦୂତଂକୁ କଲାକ ବନ୍ଧନ ।୧୯୦।
ଭୟେ ପଳାଇଲେ ତହୁଂ ଚିତ୍ର ଯେ ଗୁପତେ
ଯାଇଣ କହିଲେ ଯମ ଦେବତା ଅଗ୍ରତେ ।୧୯୧।
ସ୍ୱାମୀ ହରି ସାହୁ ଝିଅ ନାମ ତା'ର ସୁହାଣୀ
ପ୍ରଜାପତି ଘଟସୂତ୍ର ବିଭାକାଳେ ଗଲୁ ଆଣି ।୧୯୨।

ସେ କନ୍ୟାକୁ ବିଭା ଯେ ହୋଇଲେ ଯୁଝେଷ୍ଟି
କାଳ ନିଶୋଧନ ଦେବ କଲାକ କିରିଟୀ ।୧୯୩।
କାଳଫାଶି ଘେନିଣ କାଳ ବିକାଳନ୍ତ ବାନ୍ଧି
ଦୂତ ଦେଖି ନାରାଜ ପୁରୋଇ ମନଭେଦି ।୧୯୪।
ଶୁଣିଣ କୋପ ଯେ କଲାକ ଜନ୍ତୁ ନାଶକର
ମଇଂଷୀ ବାହନେ ଯେ ବିଜେ କାଳ ଦଣ୍ଡଧର ।୧୯୫।
କରେଣ କାଳଦଣ୍ଡ ଫାଶ ଘେନିଣ ବେଗେ ଆସି
ଦିବ୍ୟ ଚକ୍ଷୁରେ ତାହା ଅର୍ଜୁନଂକୁ ଦିଶି ।୧୯୬।
ବିରସ ହୋଇଲା ମନେ ସହଦେବ ମନ୍ତ୍ରୀ
ଦେଖିଣ ବିଚାରନ୍ତି ଧର୍ମରାୟେ ନୃପତି ।୧୯୭।
କରପତ୍ର ଯୋଡ଼ିଣ ସହଦେବ ଯୁଝେଷ୍ଟିଂକି ବୋଇଲା
ବିଭା ଦେଖି ଯମ କାଳ ବିକାଳନ୍ତ ପେଷିଦିଲା ।୧୯୮।
ଅର୍ଜୁନ ଠାକୁରେ ବନ୍ଧନ କଲେ କାଳି ବିକାଳଂକୁ
ଆପଣେ ବିଜେ କଲେ ନାଶକର କନ୍ୟା ପ୍ରାଣ ହରିବାକୁ ।୧୯୯।
ଶୁଣିଣ ହରି ସାହୁ ଯେ ହୋଇଲା ତାଟକା
ଯୁଝେଷ୍ଟି ଦେବଂକ ମନେ ଲାଗିଲା ବଡ଼ ଶଂକା ।୨୦୦।
ଧଉମ୍ୟ ପ୍ରୋହିତେ ଯେ ବ୍ୟାସଂକ ସହିତେ
ବିଧବା ଆତ୍ମା ପ୍ରାୟେ ହୋଇ ବିସରିଲେ ସମସ୍ତେ ।୨୦୧।
ଅର୍ଜୁନ ବୋଇଲା ଦେବ ସୁଖେ ହୋଅ ବିଭା
ଯମର କଥାକୁ ଦେବ ଭୟ ନ କରିବା ।୨୦୨।
ଅର୍ଜୁନର ବଚନେ ଯେ ଫିଟିଲା ମନ ଭ୍ରାନ୍ତି
ହୁଳହୁଳି ଶବଦ ଯେ ଶୁଭିଲା ଗଗନ ଗତି ।୨୦୩।
ବଦୟନ୍ତି ଅଗସ୍ତ ଶୁଣ ବଇବସୁତ ମନୁ
ଯମଦେବତାଂକୁ ବିନୟେ ହୋଇଲେ ଫାଲଗୁନ୍ୟ ।୨୦୪।
ସଂସାର ନାଶ କରନ୍ତା ତୁ କୃତାନ୍ତେକ ଦେବତା ।
ସକଳ ଜୀବଜନ୍ତୁଂକର ତୁହି ସେ ବିହନ୍ତା ବିଧାତା
ତୋହୋର ଭୟେ ହରି ସାହୁ ଯୁଝେଷ୍ଟିଂକି ଦିଲାକ ଦୁହିତା ।୨୦୫।

ଦୋହିତା ଗୋଟିକି ଦେଇ ପଶଇ ଶରଣ
ତୁ ଯେବେ ଏହାକଇଁ ନକର ହରଣ ।୨୦୬।
ତୁହି ଦେବ ଜଗତ ଜନ୍ତୁ କର ନାଶ
ନିର୍ଭୟେ ପୁରୁଷ ସଂଜୀବନୀ ହୋୟେ ଯାର ଦାସ ।୨୦୭।
ତୁ ଦେବ ନାଶକର ମହା ଅନର୍ଗଳା
ପ୍ରଚଣ୍ଡ ଦୁର୍ଦ୍ଦଣ୍ଡ ତୋର କାଳ ଯେ ବିକାଳା ।୨୦୮।
ତୁ ଦେବ ଅଯାଚେକ ଅଟୁ ବିଶ୍ୱମୂର୍ତ୍ତି
ତୁ ଦେବ କାଳାନଳ ଅଟୁ ଯେ ଅଶାନ୍ତି ।୨୦୯।
ତାରଣ ପୁରୁଷ ତୁହି ଅଟୁ ହୋ ନିର୍ଦ୍ଧୟେ
ପୃଥୀ ଆପ ତେଜ ବାୟବ୍ୟ ଆକାଶ ନିର୍ଭୟେ ।୨୧୦।
ସଦ ଅସଦ ତୁହି ଯେ ନାଶକର
ଅନନ୍ତ କୋଟି ବ୍ରହ୍ମାଣ୍ଡ ତୋହୋର ଉଦର ଭିତର ।୨୧୧।
ଆତ୍ମାର ପ୍ରିୟବତୀ ହୋୟେ ଯାହାର କରାଳୀ
ପୁତ୍ର ନାମ ଯାହାର କରାଳ ବିକରାଳୀ ।୨୧୨।
ଛାୟାର ବଚନେ ତୋହର ଚରଣେ ଗଳୁତକୁଷ୍ଠ ବ୍ୟାଧି
ପଣ୍ଡୁର ହରଣେ ଯେ ହୋଇଲା ସଂସିଦ୍ଧି ।୨୧୩।
ଭୂତ ପ୍ରେତ ପିଚାଶ ଗଣରେ ଯାହାର ହୋୟେ ଠଣା
ବିହନ୍ତା ପୁରୁଷ ତୁ ପିତାମହର ଆପଣା ।୨୧୪।
ବାମ ନୟନ ଯମ ଡାହାଣ ନୟନ ଅନଳ
ଅମରନାଥ ତୁହି ଶରଣ ଲୋକପାଳ ।୨୧୫।
ସ୍ୱାମୀ ଅନଙ୍ଗ ସୁନ୍ଦର ପୁରୁଷ ତୁ କଳାଗୋରା ଧବଳା ଶ୍ୟାମଳା
ନାନା ବର୍ଣ୍ଣ ରୂପ ତୁହି ସେ ମହାଖଳା ।୨୧୬।
ମେଦ ମେଦା ମାୟେଂସେ କର୍ଦ୍ଦନ ଯାର ପିଣ୍ଡ
ସର୍ବ ସଞ୍ଚଳା ନାଥ ଅଭୟେ ମାରତଣ୍ଡ ।୨୧୭।
ୟେକା ଶରୀର ତୋହୋର ସତ୍ୱ ରଜ ତମ
ସମସ୍ୱାମୀ ବ୍ରହ୍ମ ୟେକ ବର୍ଣ୍ଣ ଯମ ।୨୧୮।

ମାତା ରଜ ପିତା ବୀର୍ଯ୍ୟ ଯେତେବେଳେ ମାତା ଗର୍ଭେ ରହୁ
ଅଢ଼ାଇପନ୍ତି ଅକ୍ଷର ଲେଖ କପାଳେଣ ଲିହୁ ।୨୧୯।
ଜନ୍ମ କର୍ମ ଆଧାନ ଯେକା ବଇରାଶି
ଚଉରାଶି କୋଟି ଜୀବଜନ୍ତୁ ଯେକା କାଳଫାଶି ।୨୨୦।
ଯେକା ଫାଶକେ ତୋର ବନ୍ଧନ ସମସ୍ତ
ଭାବଗ୍ରାହୀ ଜନ୍ତୁନାଥ କରନ୍ତା ଆତଯାତ ।୨୨୧।
ସ୍ୱାମୀ କେଶ ଊର୍ଦ୍ଧ୍ୱ ବନ୍ଧନ ଘନ ଊର୍ଦ୍ଧ୍ୱଦନ୍ତ
ଊର୍ଦ୍ଧ୍ୱ ଚରଣେ ହୋୟେ ଊର୍ଦ୍ଧ୍ୱ ଯାର ରେତ ।୨୨୨।
ପ୍ରଳୟ ଉଦ୍ଧାରେଣ କଶ୍ୟପର ଗୋତ୍ର
ଛାୟାର ନନ୍ଦନ ତୁ କାଳରୁଦ୍ର ମରୁତ ।୨୨୩।
ଦିବିଭୁବି ପାତାଳ ତୋହୋରେ ହୁୟେ ସୀମା
ମୁଂ କେହ୍ନେ ବର୍ଣ୍ଣିବି ହାଦେ ତୋହୋର ମହିମାଂ ।୨୨୪।
ଯେ ଯାହାର ପାପକର୍ମେ ନାଶଯାନ୍ତି ପ୍ରାଣୀ
ଅପଛାଡି ପୁରୁଷ ତୋହୋର କଥାମାନ ଶୁଣି ।୨୨୫।
ବ୍ୟାକୁଳ ଆକୁଳ ଯେ ହୋଇଲେ ତୋର ପିତା
ଅପାପୀ ଅକ୍ରୋଧୀ ତୁହି ବିହନ୍ତା ଦେବତା ।୨୨୬।
ମୁହିଂ ଯାହା ସ୍ରୁଜିବି ତୁହି ସିନା ସାକ୍ଷୀ
ବିହନ୍ତା ତାରନ୍ତା ତୁହି ସିନା ନାଥ ଯେକୀ ।୨୨୭।
ସ୍ୱାମୀ ମୁହିଂ ସେ ଯେ ଦ୍ୱାରପାଳ କପିଳା ସ୍ୱର୍ଗେ
ମାନେବ ଜନ୍ମ ମୁହିଂ ଶ୍ରୀରାମଂକ କିଞ୍ଚିତ ଅନୁରାଗେ ।୨୨୮।
ଅଭୟେ ପିଙ୍ଗଳାକ୍ଷୀ ବଚନେ ମୁହିଂ ଅଛି
ଯେ ମୋହୋର କଥାକୁ ନାଥ ତୁହି ସେ ଅଟୁ ସାକ୍ଷୀ ।୨୨୯।
ଗତ ଆଗତ ସଞ୍ଚିତ ନାଥ ମୁହିଂ ତୋହୋର ଅନୁରାଗୀ
ଭଣ୍ଡାର ଅଧିକାରପଣେ ମୋତେ ଆଗ୍ୟାଂଦିଲେ ବାକ୍ୟଦେବୀ।୨୩୦।
ହରଣ ତାରଣ ନାଥ ତୁହି ସେ ଅଟୁ ଯେକା
ହତ ଗତ ପାଞ୍ଜିରୁ ମୋର ନାମ କିଳିପକା ।୨୩୧।

କଳି ଧର୍ମ ଉଦିତ ବୋଲି ନ କର ମୋତେ କୋପ
ଆପଣେ କିଳିପକା ମୋର ଅଗ୍ୟାନ ବେଳ ପାପ ।୨୩୨।
ପ୍ରସନ୍ନେ ଦୁରାନ୍ତେକ ଦେବକାର୍ଯ୍ୟେ ଦୁଖୀ
ତ୍ରିୟମ୍ବେକ ଲୋଚନ ଜଗତ ତୁହି ଦେଖି ।୨୩୩।
ଗ୍ୟାନ ଅଗ୍ୟାନେ ମୋର ଯେତେକ ଥିଲା ପାପ
ଭାରତ ଯୁଦ୍ଧେ ମୁଁ ମାଇଲି ଅନେକ ଯେ ନୃପ ।୧୩୪।
ସ୍ୱାମୀ ଗ୍ୟାନ ଅଗ୍ୟାନେ ମୋର ଯିସ ପାପ
ନ କଲଇଁ ଗୋପ୍ୟାନ ମୁଁ ତୁମ୍ଭଂକୁ କହିଲି ସ୍ୱରୂପ ।୨୩୫।
ମାନବ ଜନ୍ମ ମୁହିଁ ମାଗିବାକୁ ନୁହଇ କ୍ଷମ
ତବ ଦଣ୍ଡୁ ମୋତେ ଉଦ୍ଧରି ଧର ଦେବ ଯମ ।୨୩୬।
ସଞ୍ଚିତ ମହାଭାରଥ ଯେ ବେଦମୟ ବାକ୍ୟେ
ମୁହିଁ କି ସଞ୍ଚପି କହି ପାରିବାକୁ ଶକ୍ୟେ ।୨୩୭।
ଶ୍ରବଣେ ଶୁଣଇ ମାତ୍ର ତୁହି ଅଣଉପ୍ରୋଧୀ
ତୋହୋର ଆଗ୍ୟାଂୟେ ମୋହୋରେ ପ୍ରାପତ ଋଦ୍ଧି ସିଦ୍ଧି ।୨୩୮।
ମାୟା ପଟଳ ସଂସାର ୟେ ନ ସରଇ କାଳ
କଳିକାଳ କୃତାନ୍ତେକ ୟେ ତୋର ଦ୍ୱାରପାଳ ।୨୩୯।
ତୋର ଚରଣେ ଶରଣ ଆହେ ନାଶକର
ଶ୍ରୀକୃଷ୍ଣର ଦାସ ମୁଁ ଯେ ମୁନି ଅବତାର ।୨୪୦।
ତୁଳସୀର ବଲ୍ଲଭ ମୋର ମାଳା ହୃଦଗତେ
ବଦୟନ୍ତି ଶୂଦ୍ରମୁନି ସାରୋଳ ଦାସ ଶରଣ ଯମ ଦଇବତେ ।୨୪୧।
ହେ ବୁଧଜନେ ଯମ ଦେବତା ସ୍ତୁତି ଶୁଣ
ନିତ୍ୟେ ସାଧନ କଲେ ୟେକତ୍ୱ ହୋୟେ ପିଣ୍ଡପ୍ରାଣ ।୨୪୨।
ତୁମ୍ଭେ ବୋଲିବ ଅବା ଆପଣେ ନ ସାଧି
ଆପଣେ ଅଧମ ତୁ ପରକୁ କହ ବୁଦ୍ଧି ।୨୪୩।
କପିଳାସ ଦ୍ୱାରପାଳ ନାମ ମୋ ନନ୍ଦିକେଶ୍ୱର
ପାର୍ବତୀ ଦୁର୍ଗା ରୂପେ ବଧିଲେ ମଇଂଷାସୁର ।୨୪୪।

ଉଲଙ୍ଗ ହୋଇଣ ସେ ବଧକଲେ ତାକୁ
ସିଂଘ ବାହନେ ବିଜେକରି ନେଇଥିଲେ ମୁକୁ ।୨୪୫।
ଯେସନେକ କିରତୀ ତହିଂ କହିଲଇଂ ମୁହିଂ
ଶୁଣି କୋପକଲେ ମୋତେ ତ୍ରିଦଶର ସାଇଂ ।୨୪୬।
ଯେହେନେକ ଚରିତ ହୋଇଲା ଶୁଣିକରି ବୋଇଲେ
ମାତାଂକ କର୍ମ କହିଲୁ ବୋଲି ବିଘ୍ନରାଜ କୋପକଲେ ।୨୪୭।
କୋପକରି ଗଜାନନ ଦିଲେକ ମୋତେ ଶାପ
ସେ ଦୋଷରୁ ହୋଇଲି ମାନୁଷ ସ୍ୱରୂପ ।୨୪୮।
ପ୍ରଥମ ଜନ୍ମରେ ମୁଂ ହୋଇଲି କାଳିଦାସ
ମହା କାଳିକା ବିଜୟ ନାମେ ଅଂଶ ।୨୪୯।
ତୃତୀୟ ଜନ୍ମରେ ମୁଂ ସାରୋଳ ଦାସ କବି
ଆର ଜନ୍ମରେ ପୁଣି ମୃତୁ ମଣ୍ଡଳେ ଜନ୍ମିବି ।୨୫୦।
ଆହୋ ଜନ୍ମେ ଜନ୍ମେ ପନ୍ଦର ଲକ୍ଷ ବିଷ୍ଣୁକାଳରେ ଭକତ
ଚାରି ଜନ୍ମେ ହୋଇବ ଯେ ଷାଠିଏ ଲକ୍ଷ ଗ୍ରନ୍ଥ ।୨୫୧।
ଷାଠିଏ ଲକ୍ଷ ଗ୍ରନ୍ଥ କହିବି ମର୍ତ୍ତ୍ୟର ଭୁବନେ
ତେବେ ସେ ବସିବ ଯାଇଂ ଶିବଦ୍ୱାର ସ୍ଥାନେ ।୨୫୨।
ଜାତିସ୍ମର ନୁହଇ ମୁଂ ନ ଜାଣଇ ଯେହା
ସିଦ୍ଧଚଣ୍ଡୀ ସାରୋଳା କହିଲେ ମୋତେ ଯାହା ।୨୫୩।
ଶୂଦ୍ରମୁନି ସାରୋଳା ତୁଳୁସାର ବଲ୍ଲଭ ନିଜ ଦାସ
ହେ ବୁଧଜନେ ମୋର ଜନ୍ମେ ଜନ୍ମେ ଅଭ୍ୟାସ
ନ ଜାଣଇ ବେଦବିଦ୍ୟା ନୋହଇ ମୁଂ କାହାରି ଶିଷ୍ୟ ।୨୫୪।
ହେ ବୁଧଜନେ ଯମ ଦେବତାର ବଚନ ଶୁଣ
ନିତ୍ୟ ସାଧନ କଲେ ଯେକତ୍ୱ ପିଣ୍ଡ ପ୍ରାଣ ।୨୫୫।
ଅନେକ ବିନୟ ଯେ ହୋଇଲେ ଫାଲଗୁନି
ଯମ ଦେବତା ନ ଘେନିଲା ତାହାର ଦୟିନୀ ।୨୫୬।
ମଇଂଷୀ ବାହାନୁଂ ଉତୁରିଲା ନାଶକର
ଅଦୃଶ୍ୟେ ବିଜୟେ ଯାଇଂ ଛାୟା ମଣ୍ଡପର ।୨୫୭।

ଅର୍ଜୁନ ବୋଇଲା ସ୍ୱାମୀ ଯେମନ୍ତ ନୁହଇ ମୁହିଂଟି ଦୋଷୀ
ରାଗେ ଧନୁର୍ଜ୍ଜୟେ ପେଷିଲା କାଳଫାଶୀ ।୨୫୮।
କାଳଫାଶୀ ତୁଲେ ଶହସ୍ର ମନଭେଦୀ
ସହସ୍ରେ ପୁର କରି ଯମ ଦେବତାଙ୍କୁ ପକାଇଲା ବାନ୍ଧି ।୨୫୯।
ବଡ଼ ସୁମେରୁ ବୋଲି ଯେକଇ ପରବତ
ତହିଂ ବନ୍ଧନ କଲେ ନେଇ ଯମ ଦଇବତ ।୨୬୦।
ବିଭାର ଉଛବ ତହିଂ ସାରିଲେ ଯୁଝେଷ୍ଟି
ଧର୍ମେ ଯେ ରହିଲେ ତହିଂ ନାମ ଧର୍ମ ପୁରଟି ।୨୬୧।
ସୁହାଣୀକି ଦେଇ ଯେ ହରି ସାହୁ ବଶ୍ୟ
ସକୁଟୁମ୍ବଯାକ ଯେ ହୋଇଲେ ହରଷ ।୨୬୨।
ଯମ ଦର୍ପ ଭାଙ୍ଗିଲା ଯେବଣ ରାଜଦେବ
ଯମଦଣ୍ଡ ଶାସ୍ତି ନାହିଂନା ମୋହୋର କୁଟୁମ୍ବ ।୨୬୩।
ହରି ସାହୁ ଯୁଝେଷ୍ଟି ଦେବଂକୁ କରଇ ଯେ ପୁଚ୍ଛା
ଯମଦଣ୍ଡ କେମନ୍ତେ ହେଲା ରକ୍ଷା ।୨୬୪।
ସହଦେବ ବୋଇଲା ହୋ ଶୁଣ ହରି ସାହୁ
ଯେଥେ ଯମ ଦେବତାର ଯେତେ ଦର୍ପ କାହୁଂ ।୨୬୫।
ଯମ ଦେବତାର ଗଳୁତ କୋଷ୍ଟ ବ୍ୟାଧି ହୋଇଥିଲା ପାଦେ
ସେ ବ୍ୟାଧିରୁ ପାରଗଲା ଅର୍ଜ୍ଜୁନ ପରସାଦେ ।୨୬୬।
ନିର୍ଦ୍ଦେୟେ ନିପ୍ରୋହି ସେ ଅଟଇ ନାଶକର
ଗାଢ଼େଣ ପଶିଲା ଆସି ଯେ ତୋହୋର ପୁର ।୨୬୭।
ତୋହୋର ଦୋହିତାର ପ୍ରାଣ ଆପଣେ ନିଅନ୍ତେ ବାନ୍ଧି
କୋପେଣ ଅର୍ଜ୍ଜୁନ ଯେ ତାହାକୁ କଲେ ବନ୍ଦୀ ।୨୬୮।
ବନ୍ଧନ କରିଛି ସେ ସୁମେରୁ ପର୍ବତେ
ହରି ସାହୁ ବୋଇଲା ଯମ ଦେବତାଂକୁ ଦେଖାଇବା ସ୍ୱାମୀ ମୋତେ ।୨୬୯।
ବିଭା ଯୋଗାଡ଼ମାନ ସାରିଲେ ଯୁଗତେ
ହରି ସାହୁକଇଂ ନେଲେ ଯମର ଅଗ୍ରତେ ।୨୭୦।

ହରି ସାହୁ ପ୍ରଣମ୍ୟ ଯମଦେବଂକ ଚରଣେ
ଭୋ ଯମ ଦେବତା ମୋତେ କରିବା କାରଣେ ।୨୭୧।
ଅର୍ଜୁନ ସହଦେବ ଦେଖାଇଲେ ଯମଦେବତାନ୍ତ ହରି ସାହୁକୁ
ସ୍ୱାମୀ ବନ୍ଧନ ଫେଡ଼ିବା ଯେ ଯମଦେବତାଂକୁ ।୨୭୨।
ଅର୍ଜୁନ ବୋଇଲେ ତୁମ୍ଭେ ଆମ୍ଭ ଶ୍ୱଶୁରନ୍ତ
ତୁମ୍ଭର ବୋଲେ ଫେଡ଼ିବା ଯେ ଯମଦେବତାନ୍ତ ।୨୭୩।
ଅର୍ଜୁନ ବୋଇଲେ ଯମ ଦେବତାଂକୁ
ହରି ସାହୁ ବୋଲେ ଛାଡ଼ିଲି ତୁମ୍ଭଂକୁ ।୨୭୪।
ଯେତେ ଦିନ ପରିଯନ୍ତେ ଆମ୍ଭେ ଥିବୁଟି ଯେଥ
ଯେ ଭୁବନକୁ ତୁମ୍ଭର ନ ପଶିବଟି ଦୂତ ।୨୭୫।
ଯମ ଦେବତା ବୋଇଲା ଯେ ମୋର ସତ୍ୟସତି୍ୟ
ମୃତୁ ମଣ୍ଡଳେ ଯେ ନଗ୍ର ନାମ ଅମରାବତୀ ।୨୭୬।
ଶୁଣ ଆହେ ବୁଧଜନେ ମୁ ଯାହା କହିଲି
ତେଣୁ ସେ ଅମରାବତୀ ନାମ ଧର୍ମପୁର ବୋଲି ।୨୭୭।
ବନ୍ଧନୁ ମୁକତ ଯେ ହୋଇଲେ ନାଶକର
ହରି ସାହୁକୁ ବୋଇଲେ ମାଗ ମୋତେ ବର ।୨୭୮।
ହରି ସାହୁ ବୋଇଲେ ମୋହୋର ଯେ ବଶ୍ୟ ଜାତି
ତୋହୋର ଯମଦଣ୍ଡେ କେହି ନ ପାଇବେ ଶାସ୍ତି ।୨୭୯।
ହରି ସାହୁ ବୋଇଲା ଶତେ ଅଷ୍ଟଉତ୍ତର ଆୟୁଷ
ଯେତେକ ପୁରିଲେ ଯେ ଆମ୍ଭେ ଯିବୁଂ କପିଳାସ ।୨୮୦।
ଯମହିଂ ବୋଇଲେ ମୁହିଂ ସତ୍ୟକଲି ଯେବେ
ଯେ କଥା ଆଉ ଅନ୍ୟଥା ନୋହିବାକ ତେବେ ।୨୮୧।
ତୋହୋର ଜାତିକି ତିଆରି ଥାଅ ଯେ ସବୁନ୍ତି
ସ୍ୱ ଜାତିରେ ଆଉ କେହି ନୋହିବେ ଅନୀତି ।୨୮୨।
ବଣିଜେ ସ୍ୱରୂପ କରି କହିବାନା କଥା
ଲାଭ ଲାଇ କହିବ ସେ ନ କହିବ ମିଥ୍ୟା ।୨୮୩।

ଗଣ୍ଡାକରେ କଡ଼ାଯେ ଲାଭ ବୋଡ଼ିକରେ ଗଣ୍ଡାଯେ
ପଣକରେ ବୋଡ଼ିଯେ କାହାଣକରେ ପଦିକାଯେ ।୨୮୪।
ଚାରି ପାଦେ କିଣିବ ବିକିବ ପାଞ୍ଚ ପାଦେ
ପୁଣ୍ୟ ମାର୍ଗେ ଥିବ ନ ପଶିବ ଅପ୍ରମାଦେ ।୨୮୫।
ଯଦି ବୋଇଲ ଯେ ମୋହୋର ସ୍ୱରୂପ
ଯେତକ କରିବ ଯେହୁ ତହିଂ ନାହିଂ ପାପ ।୨୮୬।
ଯମ ବୋଇଲା ଯେ ମୃତୁ ମଣ୍ଡଳେ ଦେଶ ମରହଟ୍ଟ
ସେ ନଗ୍ର ଭିତରେ ବସଇ ମହା ମହା ହାଟ ।୨୮୭।
ଯେକଇ ତପୋଧନଂକ ନାମ ସୁଜାଣେଶ୍ୱର ଯତି
ସର୍ବଦା ସଂସ୍କାରେ ସେ ଅଟଇ ସତ୍ୟବ୍ରତୀ ।୨୮୮।
କଷା କଉପୁନୀ ତୁଳସୀ ରୁଦ୍ରାକ୍ଷର ମାଳ
ଅଂଶା ଲେପନ ଯେ ଜଟା କମଣ୍ଡଳ ।୨୮୯।
ଶବର ତହୁଂ ମାଂସ ଘେନି ବିକଇ ହାଟରେ
ପାଞ୍ଚକଡ଼ା ମାଗଇ ମାୟେଂସ ପଣକରେ ।୨୯୦।
ସବୁ ଦିନେ ବାଣିଜ୍ୟ ବ୍ରତ ହେତୁ କଲା
ମାୟେଂସ ବଣିଜୁଂ ସେ ଆନ ନ ଶିଖିଲା ।୨୯୧।
କାହାଣକରେ ପଣେ ଦେବଇ ବଣିଜ
ସତ କହି ଚାରି କାହାଣରେ ଚାରିପଣ ଅରଜ ।୨୯୨।
ଭାରିଯା ପୁତ୍ର ଗୋଟିଯେ ଆପଣେ ତିନି ପ୍ରାଣୀ
ସତ୍ୟହୁଂ ମିଥ୍ୟା କେହି ନ କହନ୍ତି ବାଣୀ ।୨୯୩।
ସମଯେକ ପ୍ରାଣତ୍ୟାଜ ସୁଜାଣେଶ୍ୱର ଯତି
ନକ୍ଷତ୍ର ହୋଇ ବସିଲା କାର୍ତ୍ତିକ ପୁଞ୍ଜି କତି ।୨୯୪।
ତୋହୋର ଲୋକନ୍ତ ସମସ୍ତ ତିଆରିବୁ
ପର ଦାରା କଥାକୁ ପଶିତ ନ ଦେବୁ ।୨୯୫।
ଅନ୍ୟ ଜାତି ସ୍ତିରୀଂକ ତୁମ୍ଭେ ନ ଛୁଇଁବ ଅଂଗ
ଆପଣା ଜାତିରେ ସେ ହୋଇବ ସତସଂଗ ।୨୯୬।

ପ୍ରାତ ଆହାର୍ଣ୍ଣିକ ସାରିବ ତିନିକାଳ
ଅବସର ଥିଲେ ପଶିବ ଦେବଆଳ ।୨୯୭।
ବିଷ୍ଣୁଂକୁ ଉପାସନା କରିବ ନିତ୍ୟ ଯେ ବିଧାନେ
ଶାହାସ୍ର ସଂଗତେ ଯେ ବସିବ ମଧ୍ୟାହ୍ନେ ।୨୯୮।
ହତ୍ୟା ବିବାଦ ବଧ ନ ଯିବାକ ଦେଖି
ବେନିଜନ କଳହେଣ ନୋହିବାକ ସାକ୍ଷୀ ।୨୯୯।
ବହୁତ ଲାଭ ଦେଖି ନ ଯିବାକ ବିଦେଶେ
ଷାଠିୟେ ବରଷ ହେଲେ ଯିବ ତୀର୍ଥବାସେ ।୩୦୦।
ଆହୋ ସୁଗ୍ୟଂଜନେ ଶୁଣ ଶାହସ୍ର ବିଧାନେ
ମୁଂ ୟେହା କହିଲି ସିଦ୍ଧ ସାରୋଳା ପ୍ରସନ୍ନେ ।୩୦୧।
ବ୍ରାହ୍ମଣ ପାପ କଲେ କରିବାକ ଯାଗ
କ୍ଷତ୍ରୀ ପାପକଲେ ପଶିବ ରଣଯାଗ ।୩୦୨।
ଶୂଦ୍ର ପାପ କଲେ ଉପୁଜାଇ କୃଷି
ବଶ୍ୟ ପାପ କଲେ ମୁକତ ବାଟ ନ ଦିଶି ।୩୦୩।
ଯାହା ସେ ଯମ ଦେବତା କହିଲେ ସରୂପ
ଆପଣାର ନିଜ କର୍ମେ ଥିଲେ ନ ଲାଗଇ ପାପ ।୩୦୪।
ମୁହଂ ମୂର୍ଖ ୟେହା ନିର୍ଭାଇଲି ଭଲେ
କବି ସାରୋଳ ଦାସ ଏହା ଅଭ୍ୟାସଗତେ କହିଲେ ।୩୦୫।

ସୁହାଣୀ କନ୍ୟା ଶିଖରେଶ୍ୱର ଶିବ ସେବାରେ ନିଯୁକ୍ତ, ଗୌରୀ ଗୋପାଳୁଣୀ ବେଶେ କୃତ୍ତିବାସ ଓ କୀର୍ତ୍ତିବାସ ଦୈତ୍ୟଙ୍କୁ ସଂହାର

ଶୁଣ ହୋ ବଇବସୁତ ମନୁ ବଦୟନ୍ତି ଅଗସ୍ତି
ପାଣ୍ଡବେ ରହିଲେ ଯେ ନଗ୍ର ଅମରାବତୀ । ୧ ।
ସୁହାଣୀ କନ୍ୟାକଇଂ ବିଭା ହୋଇଲେ ଧର୍ମସୁତେ
ରହିଲେ ପାଣ୍ଡବେ ପଞ୍ଚତିରିଶ ବର୍ଷ ପରିଯନ୍ତେ । ୨ ।
ଯୁଝେଷ୍ଠି ବୋଲନ୍ତି ଶୁଣ ଅରଜୁନ
ତୀର୍ଥ ସେବି ଯିବା ଯେଥେ କିସ ପ୍ରୟୋଜନ । ୩।
ଲୋମଶଂକୁ ରାଇ ବୋଲନ୍ତି ଧର୍ମସୁତ
ଯେ ଭୂଅଖଣ୍ଡ ମଧ୍ୟେ ଅଛି କେବଣ ଗୁପତ ତୀର୍ଥ । ୪ ।
ଲୋମଶ ବୋଇଲେ ତୁମ୍ଭେ ଆମ୍ଭର ତୁଲେ ଆସ
ବନସ୍ତ ଭିତରେ ଅଛି ଭୁବନ କପିଳାସ । ୫ ।
ସାତ ପର୍ବତ ତଳେ ଅଛଇ ଧବଳାଙ୍ଗୀ
ଉର୍ଦ୍ଧେରେତା ହୋଇ ବହଇ ସଉଭାଗୀ । ୬ ।
ଗନ୍ଧର୍ବ ନୃପତିର ନାମ ବିଶ୍ୱାବସୁ
ତାହାର ଭାରିଜାର ନାମ ଅଟେ ପ୍ରସୂ । ୭ ।
କାଳ କାମ ସମ ସୋମ ଆଧାନ ପ୍ରିୟ ନିଦ୍ରା ସାତପୁତ୍ର
ନିଶାରେ କଟୁଆଳ ଯେ ରଖନ୍ତି ବନସ୍ତ । ୮ ।
ଅପକ୍ଷରୀଂକର ତୁଲେ ହୋଇଲେ ପୀରତି
ଧନ ଦେଇ ତାଂକୁ ତ୍ରିପୁତି କରି ନୁଆରନ୍ତି । ୯ ।
ଶ୍ରୀ ଆକ୍ଷ୍ୟ ଧନ ଦେଇ ପୋଷଇ ଯେହ୍ନୁ ବେଶ୍ୟା
ଗୋତ୍ରେ ଅବରଣି ସେ ଜାତିରେ ଅମନିକ୍ଷ୍ୟା । ୧୦ ।
କୋବେର ଭଣ୍ଡାରୁ ଯେ ଧନ ଚଉର୍ଯ୍ୟ କଲେ
ଅମୂଲ୍ୟ ରତ୍ନମାନ ବେଶ୍ୟାନ୍ତ ନେଇ ଦିଲେ । ୧୧ ।

ଯେସନେକ ବୃତ୍ତାନ୍ତ ଜାଣିଣ ଧନେଶ୍ୱର
ସାତକଙ୍କ କଲା ନେଇ ସଦାଶିବଂକ ଆଗର ।୧୨।
ଅନୀତି ଦେଖି କୋପକଲେ ଦେବରାୟେ
ଯାଅରେ ସାତଂକରି ପାଷାଣ ହୋଇ କାୟେ ।୧୩।
ସଦାଶିବ ସ୍ୱାମୀଂକି ସାତେହେଂ କଲେ ସେବା
ଭୋ ସ୍ୱାମୀ ବିଶ୍ୱନାଥ ଆମ୍ଭନ୍ତ ତବ ଭୁବନ ଦେବା ।୧୪।
ଶଂକର ବଦୟନ୍ତି ଇଛିଲ ଯେବେ ଯେହା
ମୋହୋର କପିଳାସେ ତୁମ୍ଭେରେ ପାବଛ ହୋଇଥାଆ ।୧୫।
ମୋତେ ଦ୍ରଶନ କରି ଆସିବେ ଯେତେ ନର
ସବୁରି-ପାଦରଜ ପଡୁ ତୁମ୍ଭର ଉପର ।୧୬।
ଲୋମଶ କହିଲେ ଶୁଣ ହୋ ଯୁଝେଷ୍ଟି
ବିଶ୍ୱାବସୁଂକର ପୁତ୍ର ଯେ ପର୍ବତ ସାତଗୋଟି ।୧୭।
ଯେ ପର୍ବତ ସାତଗୋଟି ଉପୁଚି ଉଠିଆସି
ଦେଖ ଯାଇ କପିଳାସେ ଶିଖରେ ଈଶ୍ୱର ବସି ।୧୮।
ଆସ ଆସ ବାବୁ ତୋତେ ନେମା ସେହି ତୀର୍ଥ
ଶୁଣିକରି ସାନନ୍ଦ ହୋଇଲେ ଧର୍ମସୁତ ।୧୯।
ପରୀକ୍ଷକୁ ରାଇକରି ଅନେକ ତିଆରି
ଯେ ଭ୍ରଥଖଣ୍ଡ ମଧେ ତୋତେ କିଯେ ନୋହେ ସରି ।୨୦।
ଯେ ରାଜ୍ୟ ପ୍ରତିପାଳିଣ ଥାଅସି ବାବୁ ଭଲେ
ଆସିବୁ ତୀର୍ଥ କରି ଲୋମଶଂକର ତୁଲେ ।୨୧।
ଶୁଣି ପରୀକ୍ଷ ନୟନୁ ବହେ ଅଶ୍ରୁବାରି
ସୋଦୋଦ୍ରାଂକୁ ପ୍ରବୋଧି ଅନେକହିଂ ତିଆରି ।୨୨।
ଯେହାକଇଂ ଘେନିଣ ରାଜ୍ୟେ ତୁମ୍ଭେ ଥାଅ ମାୟେ
ପଞ୍ଚଭ୍ରାଥ ଦ୍ରୋପତୀ ସହିତ ସଜ ହୋୟେ ।୨୩।
ସୋହାଣୀ ନାମେଣ ସେ ହରି ସାହୁର ଦୁହିତୀ
ତାକୁ ସଙ୍ଗେ ଘେନିଣ ଗଲେ ଧର୍ମରାୟେ ନୃପତି ।୨୪।

ଯାନ୍ତେଣ ଭୀମସେନ ତାର ମନରେ ବିଚାରି
ପର୍ବତରେ ଉଠି ନୁଆରିବ ଯେ ବାଳୁତ ଯେ ନାରୀ ।୨୫।
ପର୍ବତର ତଳେ ତାହାକଇଂ ରୁହାଇଲେ
ସେହୁ ଠାବରେ ସେହୁ ସିଦ୍ଧ ନାମ ହୋଇଲେ ।୨୬।
ନାରାୟଣୀ ରୁଦ୍ରାୟଣୀ ହେଲେ ଯେହୁ ଯହୁଂ
ଯେବେ ନାରାୟଣୀ ପାଠୁ ଅଛଇ ନ ସହୁଂ ।୨୭।
କୁମ୍ଭମାସ କୃଷ୍ଣପକ୍ଷ ଚତୁର୍ଦ୍ଦଶୀ ତିଥି
ଶତଭିଷା ନକ୍ଷତ୍ର ଶଉରିବାର ରାତି ।୨୮।
କପିଳାସେ ବିୟ ବିଳେକ ଧର୍ମସୁତେ
କହିଲେ ଯୁଗଶେଷ ଗବନ ବାନପ୍ରସ୍ଥେ ।୨୯।
ଭୀମକଇଂ କହିଲେ ତୁ ତଣ୍ଡୁଳ ଗୁଡ଼ାଏ ଆଣ
ସହସ୍ର ମାଣ ତଣ୍ଡୁଳ ପଞ୍ଚନ କର ଅନ୍ନ ।୩୦।
ରାତ୍ରକ ବଞ୍ଚିବା ଆମ୍ଭେ ଭୁଞ୍ଜି ଶତପଳ ପଞ୍ଚାମୃତେ
ଧର୍ମପୁର ନଗ୍ରେ ଭୀମା ମିଳିଲା ତୁରିତେ ।୩୧।
କାଟିଣି ଧାନମାନ ଥୋଇଛନ୍ତି ଖଳା
ଭାରେକ ତହୁଂଣ ଆଣିଲାକ ଅମଳା ।୩୨।
ଯୁଝେଷ୍ଟି ବୋଇଲେ ବାବୁ ଯେହା ଆଣିଲ ଯେମନ୍ତେ
କହିଂରେ ମଳିବୁ ତୁ ବଳଦ କାହିଂ ତୋତେ ।୩୩।
ବନସ୍ତ ଭିତରେ ଯାଇ ଭୀମସେନ ବୁଲି
ସାତଗୋଟି ବ୍ରାଘ୍ର ତହିଂ କଲାକ ଯେକପଲ୍ଲି ।୩୪।
ତାହାନ୍ତ ଘେନିଣ ସେ ମଳିଲାକ ଧାନ
ବାଛିଣ ପାଳଧାନ ଘେନଇ ଭୀମସେନ ।୩୫।
ପଥରେ ପକାଇଣ କରେ ମୁଥ ମାରି
ସହସ୍ରେ ମାଣ ଚାଉଳ ଘେନିଲା ସମ୍ପାଦି କରି ।୩୬।
ଆପଣେ ରାନ୍ଧଣା ତାହା କଲାକ ଅତି ବେଗେ
ନେଇଣ କୁଢ଼ାଇଲା ଭାତ ଶିଖରେଶ୍ୱର ଆଗେ ।୩୭।

ଯୁଧିଷ୍ଠି ଦେବଂକ ପଛ କନିଆ ସୋହାଣୀ
ସେ ପର୍ବତ ତଳେ ତାକୁ ରୁହାଇଲେ ଆଣି ।୩୮।
ବୋଇଲେ ଯେହି ପର୍ବତରେ ଥାଇ ତୁ ଈଶ୍ୱରଂକୁ କର ସେବା
ବାହୁଡ଼ା ବେଳେ ତୋତେ ବାତାରାଶି ନେବା ।୩୯।
ସେମବଂଶ ମଧେ ଗୋ କନିଆ ନାୟେକାଣୀ
ତହୁଂ ସେ ନାୟେକାଣୀ ମଦହିଂ ନିର୍ବାଣି ।୪୦।
କଳିଯୁଗ ବାନ୍ଧିଥିଲେ ଯେବଣ ପର୍ବତରେ
କଳିକଳା ଗଡ଼ ସେହୁ ବନସ୍ତ ଭିତରେ ।୪୧।
ତହୁଂଣ ପାଣ୍ଡବେ ଯେ ଗଲେ ଦକ୍ଷିଣ ମୂରତି
ଚିତ୍ରଉତପଳା ନଦୀ ପାରି ହୋଇଣ ଯାଆନ୍ତି ।୪୨।
ଯମ ଦେବତାଂକୁ ବୋଇଲେ ଯୁଧିଷ୍ଠି ନୃପବର
ଲେଖନ କରିଥାଅ ହୋ ପାଞ୍ଜିରେ ତୋହୋର ।୪୩।
ଚତୁର୍ଦ୍ଦଶୀ ଶିବରାତ୍ରିରେ ଯେ କପିଳାସେ ଜାଗନ୍ତି
ସେ ଲୋକ ଅନେକ ଦୋଷ କଲେ ତାଂକୁ ନ ଦେବୁ ତୁ ଶାସ୍ତି ।୪୪।
ଯମ ଦେବତାଂକୁ ସ୍ୱାମୀ ସତ୍ୟ କରାଇଲେ
ତହୁଂଣ ଯୁଧିଷ୍ଠି ଦେବ ଦକ୍ଷିଣ ଭାଗେ ଗଲେ ।୪୫।
ଚିତ୍ରଉତପଳା ତୀରେ ଉତ୍ପଳେଶ୍ୱର ପୁଜି
ଅମରେଶ୍ୱର ଦ୍ରଶନେ ଅନେକ ତୋଷ ଭଜି ।୪୬।
ପ୍ରବେଶ ହୋଇଲେ ଯାଇ ଯେକାମ୍ରର ତୀର୍ଥେ
ବିନ୍ଦୁସାଗରେ ସ୍ନାନ କରି ଦେଖିଲେ ବିଶ୍ୱନାଥେ ।୪୭।
ଯେକାମ୍ରେଶ୍ୱର ଦେବତାଂକୁ ତହିଂ କଲେ ପୂଜା
ପଞ୍ଚୁଲିଙ୍ଗ ଥାପିଲେ ଧର୍ମଂକର ତନୁଜା ।୪୮।
ତହିଂରୁ ଚଳିଯାନ୍ତେ ଅଗ୍ନିକୋମ ମୃତ୍ତି
ପରାଚୀ ନଦୀକୂଳେ ଯାଇ ପ୍ରବେଶ ହୁଅନ୍ତି ।୪୯।
ଲୋମଶ କହିଲେ ଯେ ଗୋପ୍ୟା ନ ତୀର୍ଥ ପ୍ରାଚୀ
ସତ୍ୟଯୁଗେ ସ୍ନାହାନ ଯେଣେ କରୁଥିଲେ ଶଚୀ ।୫୦।

ଅମର ସ୍ୱର୍ଗ ଭୁବନ୍ନୁଂ ଆସନ୍ତି ଓହ୍ଲାଇ
ଯେ ନଦୀରେ ସ୍ନାହନ କରି ଅଷ୍ଟଶମ୍ଭୁ ଦାହି ।୫୧।
ଅସୁର ଭୟେ ବୋଲି ଇନ୍ଦ୍ର ଦେବତା ଦିଲେ ଦୀକ୍ଷା
ଅସି ସହସ୍ର ଗନ୍ଧର୍ବ କରନ୍ତି ତହିଂ ରକ୍ଷା ।୫୨।
ଯୁଝେଷ୍ଟି ଦେବ ବୋଇଲେ ଶୁଣିମା ଲୋମଶ୍ୟେ
ସତ୍ୟଯୁଗେ ଥିଲେ ଯେଥେ କେବଣ ରାକ୍ଷସେ ।୫୩।
ଲୋମଶେ କହିଲେ ଶୁଣିମା ଦେବରାଜ
ରକ୍ଷ ଭକ୍ଷ ବୋଲି ଥିଲେ ଯେଥେ ବେନି ଯେ ଦନୁଜ ।୫୪।
ରକ୍ଷ ଭକ୍ଷଂକର ପୁତ୍ର ହେତି ଯେ ପ୍ରହେତି
ବଜ୍ରାଙ୍ଗ କାଳାନଳ ଯେ ତାଂକର ସନ୍ତତି ।୫୫।
ବଜ୍ରାଙ୍ଗର ନନ୍ଦନ ମାଳୀ ଯେ ସୁମାଳୀ ମାଲ୍ୟବନ୍ତ
କେତୁମାଳୀ ବୋଲିକରି ମାଲ୍ୟବନ୍ତର ପୁତ୍ର ।୫୬।
କେତୁମାଳୀର ପୁତ୍ର ହୋଇଲା ଅଶୁଂମାଳୀ
ଯେହାଂକର ପୁତ୍ର ହୋୟେ କାଳୀ ଯେ ଗୋପାଳୀ ।୫୭।
ସେ ଗୋପାଳୀର ନନ୍ଦନ ଯେ ଉଦୟେ ଭାନୁବନ୍ତ
ଭାନୁବନ୍ତ ଦତ୍ୟର ହୋଇଲା ତିନି ପୁତ୍ର ।୫୮।
କୀର୍ତ୍ତନ କୀର୍ତ୍ତିବାସ ଆରଢେକ ତିନି
ଯେକାମ୍ୱର ବନେ ରହିଲେ କୀର୍ତ୍ତନ କୀର୍ତ୍ତିବାସ ବେନି ।୫୯।
ଆରଢ଼େକ ରହିଲା ପ୍ରାଚୀକୂଳ ମାଡ଼ି
ମୃତିକା ପର୍ବତକୁ ସେ ନ ଗଲାକ ଛାଡ଼ି ।୬୦।
ଗୁପତ ହୋଇଣ ତୁମ୍ଭେ ବନେ ଥାଇ ଆରଢ଼େକ
ସ୍ନାହାନ କରି ଅଇଲେ ମାଗଇ ପଥୁକି ।୬୧।
ଗୁପତ ହୋଇଣ ସେ ବନେଶ ଥାଇ ଟାକି
ସ୍ନାହାନ କରି ଅଇଲେ ହରିନେବ ଶଚୀକି ।୬୨।
ନାରଦ କହିଲେ ଇନ୍ଦ୍ରକଇଂ ମଞ୍ଜେଣ ଯାଉ ଶଚୀ
ଆରଢ଼େକ ଦଇତ ଯେ ଜଗିଅଛି ପ୍ରାଚୀ ।୬୩।

ଯୁଝେଷ୍ଟି ଦେବ ବୋଇଲେ ସେ କୀର୍ତ୍ତନ କୀର୍ତ୍ତିବାସ ବେନି
ତାହାନ୍ତ କେ ବଧକଲା କହ ଲୋମଶ ମୁନି । ୬୪।
ଲୋମଶ ବୋଇଲେ ବାବୁ ୟେକାମ୍ବର ତୀର୍ଥେ
ଅସୁରଂକ ଭୟେ କେହୁ ନ କରନ୍ତି ଆତୟାତେ ।୬୫।
ଦିନକରେ ଦିଗମ୍ବର ବୋଇଲେ ଶୁଣ ଗୋଟିଏ ପାର୍ବତୀ
କେମନ୍ତେ ବଧ କରିଣ ଅସୁର ଦୁହିନ୍ତି ।୬୬।
ପାର୍ବତୀ ବୋଇଲେ ତୁମ୍ଭର ଆଗ୍ୟାଂ ଯେ ପାଇଲେ
ମୁଂ ୟେହାନ୍ତ ବଧ କରିବି ତୁମ୍ଭେ କୋପ ଯେ ନ କଲେ ।୬୭।
ଯାଅ ବୋଲି ଆଗ୍ୟାଂ ଯେ ଦିଲେ ପଶୁପତି
କପଟେ ପାର୍ବତୀ ମଥାରେ ବହଇ ଦଧି ଯେ ନଉତି ।୬୮।
ବିଂଝଗିରି ପର୍ବତରେ ଅଛନ୍ତି କୀର୍ତ୍ତନ କୀର୍ତ୍ତିବାସ ବେନି
ଦେଖିଲେ ଗୋପାଲୁଣୀ ଜଗତ ମୋହିନୀ ।୬୯।
ଦରିଦ୍ରକୁ ନିଧି ପ୍ରାପତ ହୋଅଇ ଯେହ୍ନେ
ୟେତେକାଳେ ସେ ଅଇଲା ଆମ୍ଭର ୟେ ପୁଣ୍ୟେ ।୭୦।
ଦଧି ଓହ୍ଲାଇଣ ସେ ବସିଲାକ କତି
ଆମ୍ଭକଇଂ ଦିଅ ଗୋ ତୋ ଦଧି ଯେ ନଉତି ।୭୧।
ବାଭିୟେ ମୁହିଂ ବଧୂ କୁଳ ଭୁଆସୁଣୀ
ଧାନ ଗୁଡ଼ାୟେ ବିକିନେଲେ ବଞ୍ଚୁ ପଞ୍ଚୁଅ ପରାଣୀ ।୭୨।
ବୋଲନ୍ତି ଦୟିତେ ତୁ ଯେ ଧାନ ଗୁଡ଼ାୟେ ବିକୁ
ହୀରା ନୀଳା ନଉତିୟେ ପୂରାଇ ଦେବୁ ତୁକୁ ।୭୩।
ଆପଣେ ପତ୍ର ଘେନି ବସିଲେ ଭାଇ ବେନି
ପରଶନ୍ତି ମାହେଶ୍ୱରୀ ଓରାରେ ଦହି ଘେନି ।୭୪।
ହାସ୍ୟ ପରିହାସ୍ୟ ଅସୁରେ ତାହା ସଙ୍ଗି
ବାଭିୟେ ବହନ କରି ଭୁଞ୍ଜିବଇଂ ବେଗି ।୭୫।
ୟେକା ଦହି ନଉତି ପରଶନ୍ତି ସତୀ
ଯେତେ ଇଚ୍ଛା ଦୟିତେ ଭୁଞ୍ଜନ୍ତି ତ୍ରିପୁତି ।୭୬।

ମଉଦଧି ଶୋଷି ପାରନ୍ତି ଦଇତେ
ଯେକା ଦଧି ନଉତି ଯେ ପୂରିଲା ଗର୍ଭଗତେ ।୭୭।
ଭୁଞ୍ଜିଣ ଦୟିତେ ଯେ ଆଞ୍ଚୋବନ କଲେ
ସୁବର୍ଣ୍ଣ ନଉତି ଯେ ପୂରୋଇଣ ଦିଲେ ।୭୮।
କାଲି ଦଧି ଆଣି ଦେବଟି ଆମ୍ଭଂକୁ
ଆବର କି ଦ୍ରାରିଦ୍ର ରହିବାକୁ ତୁକୁ ।୭୯।
ଚଳିଲେ ଗୋସାମଣି ଭୁବନ କପିଳାସେ
ସମସ୍ତ କହିଲେ ଯାଇଂ ସଦାନନ୍ଦ ପାଶେ ।୮୦।
ଭାଳନ୍ତି ଅସୁରେ ମନ୍ଦକୃତ୍ୟ କଲୁ
ହସ୍ତଗତ ତିରୀରତ୍ନେ କିମ୍ପେ ଛାଡ଼ିଦିଲୁ ।୮୧।
ନପୁଣ ସେ କାଲି ନୁଆସଇ ଗଇତୁଣୀ
ପୁନରପି ଆଉ କି ସେ ପାଇବା ରମଣୀ ।୮୨।
କାମଭୋଳେ ବିଚାର ଯେ ପାହିଲା ରୟଣୀ
ବିଂଝଗିରି ପର୍ବତେ ଥାଇ ଚାହୁଥାନ୍ତି ବେନି ।୮୩।
ଦେବାଙ୍ଗ ବସ୍ତ୍ରମାନ ଯେ ପିନ୍ଧିଲେ ପାର୍ବତୀ
ସର୍ବ ଅଳଂକାର ଅଙ୍ଗେ ମଥାରେ ଦଧି ଯେ ନଉତି ।୮୪।
ଦଇବେ ପାର୍ବତୀଂକି ପଟାନ୍ତର କିସ ଅଛି
ମୁନି ମନ ମୋହିନୀ ସେ ଅସୁରେ କାହିଂ ମୃଛି ।୮୫।
ନେଇଣ ମହାଦେଈ ଓହ୍ଲାଇଲେ ଦହି
ବୋଇଲେ ଦୂରନ୍ତକେ ଆସ ଆସ ଗୋଟିଏ ପ୍ରାଣସହି ।୮୬।
ମତୁଆଳ ମଉ ଦେଖି ଦେବୀ ଯତ୍ନ କରି
ଶାକର ମେହିଣ ଅଛନ୍ତି ଦଧିରେଣ ଭରି ।୮୭।
ଭୁଞ୍ଜନ୍ତି କୀର୍ତ୍ତନ କ୍ରୀତିବାସ ପରଶନ୍ତି ଉମା
ଦଇତେ ବୋଲୁଛନ୍ତି ତୁ ହୁଅ ଗୋ ଆମ୍ଭର ବାମା ।୮୮।
ଅନେକ ରତ୍ନ ଅଳଂକାରମାନ ତୋତେ ଦେବୁଂ
ପଞ୍ଚମ ଶରେ ତୋତେ କାମେଣ ମନାଇବୁଂ ।୮୯।

ବୋଇଲେ ଗୋପାଳୁଣୀ ମୁହିଂ ତୁମ୍ଭନ୍ତ ଭଜିଲି
ରାଗେଣ ଭାଳଇ ମୁଂ କିମ୍ପାଇ ଛାଡ଼ିଣ ଅଇଲି ।୯୦।
ଯେକା ମୋହୋର ଓଷା ଗୋଟିଯେକ ଅଛି
ତାହା ପ୍ରତିପାଳିଲେ ମୁଂ ତୁମ୍ଭର କାମାକ୍ଷୀ ।୯୧।
କୀର୍ତ୍ତନ କ୍ରୀତିବାସ ବୋଇଲେ କହ ତୁମ୍ଭର କି ଓଷା
ଦେବଂକୁ ଦୁଲ୍ଲଭ ହୋଇଲେ ଆମ୍ଭେ ପୂରୋଇବୁଂ ମନୀଷା ।୯୨।
ବୋଇଲେ ଗୋପାଳୁଣୀ ନୋହଇ ଧନେ କାର୍ଯ୍ୟ
କିଞ୍ଚିତ ସେ ଅଟଇ କହିବାକୁ ବଡ଼ ଲାଜ ।୯୩।
ତୁ ଆମ୍ଭର ଭାରିଯା ଆମ୍ଭେ ତୋହୋର ପ୍ରଭୁ
କହସି ବେଦନା ସଖି କାହାକୁ ଡରି ତୁ ଭାବୁ ।୯୪।
ପାର୍ବତୀ କହିଲେ ଦୁହିଂକର କନ୍ଧେ ମୁଂ ପାଦ ଦେଇଥିବି
ହାଥେ ହାଥେ ଦେଇ ତୁମ୍ଭର ମୁଣ୍ଡ ମୁଂ ଧରିଥିବି ।୯୫।
ବୁଲାଇବ ମୋତେ ତିନିକୋଶ ପରିଯନ୍ତେ
ଯେତେକ କଲେ ମୁଂ ତୁମ୍ଭ ଭାରିଯା ଯୁଗତେ ।୯୬।
ମୋହେ ମୋହିଲେ ଦେବୀ ଅସୁରେ ପଡ଼ିଲେ ମୋହବନ୍ଧେ
ଦୁଇଭାଇ ନେଇ ତାଂକୁ ବସାଇଲେ କାନ୍ଧେ ।୯୭।
ମଦୁଆଳ ରସ ଖାଇଣ ମତୁଆଳି
କାନ୍ଧରେ ଠିଆକରି ବୁଲାଇଲେ ମହୀଆଳୀ ।୯୮।
ଯେକାମ୍ରର ଦେବ ତାଂକର ଛାମୁରେ ଯାଇଂ ମିଳି
ଦୁର୍ଗା ଅବତାରେ ଦେବୀ ଶରୀର ଉଗୁଳି ।୯୯।
ମହା ବଳିଷ୍ଟ ରୂପେ ଅସୁରନ୍ତି ପୟରେ ଚାପି
ଦୁଇ ଭାଇନ୍ତ କଲେ ଭୂମିରେଣ ଗୋପି ।୧୦୦।
ଯେକାମ୍ରର ବନ ପଛିମେ ଭୁବନେଶ୍ୱର
ତାହାର ଉତ୍ତର ଦିଗେ ଚାପିଲେ ଅସୁର ।୧୦୧।
ଚାପନ୍ତେ ଅସୁରଂକର ଦିଶିଲାକ ଶିର
ଦଇତେ ବୋଇଲେ ମାଗୋ କପଟ ତୋହୋର ।୧୦୨।

ବୋଲନ୍ତି ମହାଦେବୀ ମୁହିଂ ସେ ପାର୍ବତୀ
ଯେତେକ ଦୃଶ୍ୟ ଥାଉ ଗୋ ଦେଖୁଥାଉଂ ସବୁନ୍ତି ।୧୦୩।
ଯେବେତ ହୋଇଲାନି ଗୋଟିଏ ଆମ୍ଭର ମରନ୍ତେ
କୀର୍ତ୍ତନ କ୍ରୀତଦାସ ନାମ ଧରି କ୍ଷେତ୍ରକୁ ଆମ୍ଭନ୍ତ ସମସ୍ତେ।୧୦୪।
ତାହାଂକର ଧର୍ମରୁ ମାଗେ ଆମ୍ଭନ୍ତ ଅଧେକ ଦେଅସି
କୀର୍ତ୍ତନ କ୍ରୀତବାସ ଦୁଇ ଦଇତ ନାଶି
ବିଂଝଗିରି ତଟେ ଶୋଇଲେ ଦେବୀ ଆସି ।୧୦୫।
ଈଶ୍ୱରେ ଲୋଡ଼ିଣ ଆସନ୍ତି ଚଉକତି
ଶୟନ ଦେଖି ପଦତଳେ ଶୋଇଲେ ପଶୁପତି ।୧୦୬।
ଶୁଣ ବାବୁ ଯୁଝେଷ୍ଠି ବୋଇଲେ ଲୋମଶ
ଯେକାମ୍ର ବନେ ରହିଲେ ବେନି ଯେ ରାକ୍ଷସ ।୧୦୭।
ଆରେଢ଼କ ଦଇତ ଯେହାଂକର କନିଷ୍ଠ
ମୃତ୍ତିକା ଗିରି ଶିଖରେ ପ୍ରାଚୀ ନଦୀ ତଟ ।୧୦୮।
କୀର୍ତ୍ତନ କ୍ରୀତିବାସ ଦୁହିନ୍ତି ଦୁର୍ଗା ନାଶ କଲେ
ଯେକାମ୍ଭର ତୀର୍ଥକୁ ଯେ ଦେବୀ ଉଦ୍ଧାରିଲେ ।୧୦୯।
ଯୁଝେଷ୍ଠି ବୋଇଲେ ହୋ ଚାଲ କରିବା ତୀର୍ଥ
ଦେଖିଲେ ମାରିବା ଆମ୍ଭେ ଆରଢ଼େକ ଦଇତ ।୧୧୦।
ଲୋମଶନ୍ତ ଘେନି ତୀର୍ଥ କଲେ ପଞ୍ଚୁଭ୍ରାଥ
ଯାଇଣ ମିଳିଲେ ସେ ପାଚୀନଦୀ ତୀର୍ଥ ।୧୧୧।
ପ୍ରାଚୀନଦୀ ତୀର୍ଥେ ପାଣ୍ଡବେ ପ୍ରବେଶ ହୋଇଲେ
ପାଣ୍ଡବେ ପଞ୍ଚ ତୀର୍ଥ ତହୁଂ ସେ ବୋଇଲେ ।୧୧୨।
କୁଣ୍ଡେ ପଶି ସ୍ରାହାନ କରନ୍ତେ ଦେବ ଧର୍ମେ
ଦେଖିଲେ କୃଷ୍ଣବର୍ଣ୍ଣ ମାଧବ ପ୍ରତିମେ ।୧୧୩।
ଶଙ୍ଖ ଚକ୍ର ଗଦା ଯେ ଶୋହଇ ପଦ୍ମହସ୍ତ
ଯୁଝେଷ୍ଠି ତୋଳି ଆଣିଲେ ମାଧବ ଦେବତାନ୍ତ ।୧୧୪।

ପାଣ୍ଡବ ଘାଟରେ ଯେ ଥୋଇଲେ ତାଂକୁ ଆଣି
ପ୍ରତକ୍ଷେ ନାରାୟଣ ବୋଲି ଶୁଭିଲା ଆକାଶର ବାଣୀ ।୧୧୫।
ଉଚ୍ଚବାଚ ଶୁଣି ଆରେଡ଼କ ଦଇତ
ଧାମଇ ଦୁରାନ୍ତେକ କୋଠାର ବେନି ହାଥ ।୧୧୬।
ଭୀମସେନ ବୋଇଲା ତୁମ୍ଭେ ମାଧବେ କର ପୂଜା
ମୁହିଂ ଚୂର କରିବି ଆରେଡ଼କ ଦନୁଜା ।୧୧୭।
ନିଉନ ବଳ ଦେଖି ଅସୁର କଲାକ କଟାଳ
ଗଦାବର ବୁଲାଇଲା ପାଣ୍ଡବ ମହାବଳ ।୧୧୮।
ଆରେଡ଼କ ପିଟିଲା ଯେ ବେନି କୋଠାର ଘେନି
ଭୀମସେନ ବାମଅଙ୍ଗେ ପଡ଼ି ଉଠିଲା ବହ୍ନି ।୧୧୯।
ପୁଣିହିଂ ଭୀମସେନ ପିଟିଲା ବେନି ଗଦା
ଅଙ୍ଗରେ ପଡ଼ି ଭାଜିଲା ରହିଲାକ ଅଧା ।୧୨୦।
ଖଣ୍ଡିତ ଗଦା ପକାଇ ବ୍ରିକୋଦର
ଅସୁରକୁ ଧଇଲା ସେ ମାଲବନ୍ଧ ସମର ।୧୨୧।
ଧରାଧରି କୋଡ଼ାକୋଡ଼ି ଗଡ଼ାଗଡ଼ି ଯାନ୍ତି
ନଖ ଦନ୍ତ ଘାତେଣ ଶ୍ୱରୀର ବିଦାରନ୍ତି ।୧୨୨।
ତିନିକୋଶ ଓସାର ଯେ ବନସ୍ତ ଚୂର ଗଲା
ମୃତ୍ତିକା ଗିରି ଶିଖରେ ଭୀମକଇଂ ଆରଡ଼େକ ମାଡ଼ିବସିଲା ।୧୨୩।
ବଜ୍ରମୁଥ ପ୍ରହାର କଲାକ ଦତ୍ୟ ତମେ
ବହଇ ଶ୍ରୋଣିତ ଯେ ଗଳଇ ରୋମେ ରୋମେ ।୧୨୪।
କୋପେଣ ଦଇତ ଯେ ଗର୍ଜଇ ମହାଘୋର
ଧାତିକାରେ ବସିଲା ପୁଣ ଭୀମସେନର ଉପର ।୧୨୫।
କୀରଟୀ ବୋଲି ଯହୁଂ ବୋଇଲାକ ପାବେନି
ଛାଡ଼ିଲା ତାକ ଆରଡ଼େକ ବିନ୍ଧାଣ କର୍ମ ଘେନି ।୧୨୬।
ଦୁଜ ଯୁଦ୍ଧକୁ ଭୀମ ଅଟଇ ବଳବନ୍ତା
ଶତସିଂଘ ପ୍ରାକର୍ମେ ତ୍ରଇଲୋକ୍ୟ ଯାକ ଜିତା ।୧୨୭।

ଅରଣ୍ଡେକ ଧରି ତଳେ ପାଡ଼ିଲା ମାରୁତି
ମନ୍ଦର ଗିରି ଜାଣି ମାଡ଼ିବସିଲା ନିଭ୍ରାନ୍ତି ।୧୨୮।
ଚଳ ପ୍ରଚଳ ହୋଇ ଯେ ଦଇତ ନୁଆରିଲା
ବିନ୍ଧାଣେ ହାରିଲି ବୋଲି କିରିଟୀ ବୋଇଲା ।୧୨୯।
ଭୀମସେନ ବୋଇଲା ଦଇତ ହୋଇଲାକ ବାଇ
ୟେକା ଜଣକହିଂ କିରିଟୀ ବୋଲୁ କାହିଂ ।୧୩୦।
ଗଦା ନାହିଂ ୟେଣୁ ମାରଇ ବଜ୍ର ମୁଥ
ଅଗ୍ନି ବୃଷ୍ଟି ହୋଇଲା ଦାନବର ଗାତ୍ର ।୧୩୧।
ବେନି ପାଦ ଧରି ଭୀମ ବୁଲାଇଲା ଅନ୍ତରୀକ୍ଷେ
ପର୍ବତ ଉପରେ ନେଇ ପିଟିଲା ପ୍ରତକ୍ଷେ ।୧୩୨।
ଅଶିତଳ ଉତ୍ସର୍ଗ ଯେ ମୃତ୍ତିକା ନାମେ ଗିରି
ଅସୁରକଇଂ ପିଟନ୍ତେ ସେ ହୋଇଲାକ ଚୂରି ।୧୩୩।
ଆକାଶବାଣୀ ଶୁଭିଲା ନ ମରଇ ଦଇତ
ତୁହୋ ବ୍ରିକୋଦର ମାଡ଼ି ବସିଥାଅ ୟେଥ ।୧୩୪।
ବ୍ରିକୋଦର ନ ଦେଖି ଧାମନ୍ତି ତିନି ଭାଇ
ଦେଖିଲେ ବ୍ରିକୋଦର ମାଡ଼ି ବସିଛି ଦଇତକଇଂ ।୧୩୫।
ଆକାଶର ବାଣୀ ସେ ଦିଲେ ଦେବରାଜା
ଆହୋ ୟୁଝେଷ୍ଟି ତୁ ମାଧବ ଘେନି ଯା ଯା ।୧୩୬।
ପ୍ରାଚୀନଦୀ ତୀରେ ମୃତ୍ତିକା ଗିରି ଶିଖର
ଆରେଡ଼କ ଦତ୍ୟକୁ ମାଡ଼ି ବସିଛି ବ୍ରିକୋଦର ।୧୩୭।
ୟେ ମାଧବ ପ୍ରତିମା ତହିଂ ଉପରେ ବିଜେକର
ତେବେ ସେ ଦାନବ ଯେ ହୋଇବ ଅପହାର ।୧୩୮।
ଚାରି ୟୁଗକଇଂ ତୋହର କଥା ରହୁ
ୟୁଝେଷ୍ଟି ମାଧବ ବୋଲି ୟେହାର ନାମ ହେଉ ।୧୩୯।
ବ୍ରହ୍ମାଂକ ବଚନ ଶୁଣି ୟୁଝେଷ୍ଟି ରାଜଦେବ
ଶିରେଣ ବସାଇଲେ ୟୁଝେଷ୍ଟି ମାଧବ ।୧୪୦।

ମୃତ୍ତିକା ଶିଖରେ ଆରଢ଼େକ ଉତ୍ତାନଶାୟୀ
ଶିରେଣ ମାଧବ ବିଜେ ଜଗତ୍ର କଲେ ତ୍ରାହି ।୧୪୧।
ଆରଢ଼େକ ଗଳାକୁ ଭୀମସେନ ଦିଲା ମାଡ଼ି
ନିଶ୍ଶେଷ ହୋଇ ଯେ ଅସୁରବୀର ପଡ଼ି ।୧୪୨।
ଯୁଝେଷ୍ଠି ଦେବ ବିଜେ ମାଧବ ପାଦତଳେ
ତୁ ଦେବ ମହାଶମ୍ଭୁ ଅଟୁ ସର୍ବକାଳେ ।୧୪୩।
ବାଳ ବୃଦ୍ଧ ତରୁଣ ପ୍ରତକ୍ଷେ ତିନି ରୂପ
ସନ୍ଦେଶ ଗାରେଢ଼ି ଦେବ ବିଷହରଣ ଦର୍ପ ।୧୪୪।
ହେ ପଣ୍ଡିତ ଜନେ ହାଦେ ମୁଁ ନୁହଇ ଗ୍ୟାଂତା
ବିଦୁଜନ ମୁଖେ ନ ଶୁଣିଲି ଶାହାସ୍ର ସଂଘିତା ।୧୪୫।
ସେ ପାଣ୍ଡବ ଘାଟେ ସ୍ରାହାନ ସାରିଣ ଯୁଝେଷ୍ଠି
ସେ ମୃତ୍ତିକା ଗିରି ଉପରେ ଯାଇ ଉଠି ।୧୪୬।
ସେ ପର୍ବତେ ଉଠିଣ ମାଧବ ଦ୍ରଶନେ
ବାଳ ବୃଦ୍ଧ ତରୁଣ ରୂପ ଦେଖୁ ୟେକ ଦିନେ ।୧୪୭।
ଜନ୍ମଯାକେ ଆଉ ନ ଲାଗଇ ପାପ
ହରଇ ସର୍ବଦୋଷ ନାଶ କରଇ ତାପ ।୧୪୮।
କିସ କରିବ ହୋ ନାନା ତୀର୍ଥ ଗବନେ
ଧର୍ମ ଅର୍ଥ କାମ ମୋକ୍ଷ ଯୁଝେଷ୍ଠି ମାଧବ ଦ୍ରଶନେ ।୧୪୯।
ମାଧବ ସୁମର ନରେ ରୋଗ ବ୍ୟାଧି ନ ପୀଡୁ
ମାଧବ ସୁମର ନରେ କାଳଦଣ୍ଡ ନ ପଡୁ ।୧୫୦।
ମାଧବ ସୁମର ନରେ ହରୁ ସର୍ବ ପାପ
ମାଧବ ସୁମର ନରେ ସିଦ୍ଧ ହୋଉ ଜପ ।୧୫୧।
ମାଧବ ସୁମର ନରେ ପ୍ରାପତ ହୋଉ ସିଦ୍ଧି
ମାଧବ ସୁମର ନରେ ପ୍ରସାର ହୋଉ ବୁଦ୍ଧି ।୧୫୨।
ମାଧବ ସୁମର ନରେ କାଳ କଳଂକ ନ ପଡୁ
ମାଧବ ସୁମର ନରେ ହତ୍ୟାହିଂ ନ ପୀଡୁ ।୧୫୩।

ମାଧବ ସୁମର ନରେ ଅଇଶ୍ୱର୍ଯ୍ୟ ଭୁଞ୍ଜି
ମାଧବ ସୁମର ନରେ ସିଦ୍ଧ ହୋଉ ସର୍ବ କାର୍ଯ୍ୟ ।୧୫୪।
ମାଧବ ସୁମର ନରେ ବନ୍ଧ ବନ୍ଧନ ଫିଟୁ
ମାଧବ ସୁମର ନରେ ଆୟୁଷ ନ ତୁଟୁ ।୧୫୫।
ମାଧବ ସୁମର ନରେ ଧନ ସନ୍ତାନ ହୋଉ
ମାଧବ ସୁମର ନରେ ଦୁଃଖ ଅପାଦ କ୍ଷୟ ଯାଉ ।୧୫୬।
ଅନନ୍ତ କୋଟି ମହିମାଂ ଯେବଣ ଯୁଝେଷ୍ଟି ମାଧବ
ପଞ୍ଚୁଭୂତେ ଲୟକରି ମାଧବ ଚରଣେ ସେବ ।୧୫୭।
ବାଳବୃଦ୍ଧ ତରୁଣ ତିନିମୂର୍ତ୍ତି ଦେଖି
ପରଲୋକ ବାନ୍ଧବ ସେହି ଅଟଇ ସାକ୍ଷୀ ।୧୫୮।
ପ୍ରତକ୍ଷେ ନାରାୟଣ ସନ୍ଦେଶ ଗାରେଡ଼ି
ପ୍ରସନ୍ନେ ଅବତାର ଯେ ବଳି ଦର୍ପ ମାଡ଼ି ।୧୫୯।
ଶ୍ୱେତ ପୀତ କୁଂକୁମ ଅଟଇ ତିନିରୂପ
କଳିକାଳ ଜାଣି ସ୍ୱାମୀ ହୋୟେ ଯେବଣ ସରୂପ ।୧୬୦।
ଅସଂଖ୍ୟ ମହିମା ଯାର ନ ସରଇ କହନ୍ତେ
ମୁହିଂ କିସ ଅନ୍ତ କରିବି ଲେଖନ୍ତେ ।୧୬୧।
ଅପଣ୍ଡିତ ଲୋକ କିସ ମୋର ବୁଦ୍ଧି
ଯୁଝେଷ୍ଟି ମାଧବ ଚରଣେ ସୟଳ ଜନ ବନ୍ଦି ।୧୬୨।
ମନ ବଚନ କର୍ତ୍ତବ୍ୟେ ନ ପଶୁ ମୋର ଆନ
ସର୍ଜନ ଶୂଦ୍ରମୁନି ସାରୋଳା ଦାସ ଧ୍ୟାନ ।୧୬୩।
ଶ୍ରୀ ମହାଭାରତ ୟେ ମୁନି ଅଂଶ ବାକ୍ୟେ
ୟେହା ମୁଂ ଘଟଣ କରଇ ଯେହ୍ନେ ମୋର ଶକ୍ୟେ ।୧୬୪।
ଯୁଝେଷ୍ଟି ମାଧବ ଚରଣାରବିନ୍ଦେ
ବଦୟନ୍ତି ଶୂଦ୍ରମୁନି ସାରୋଳା ଦାସ ତୁଳସାର ବଲ୍ଲଭ ମମହୃଦେ ।୧୬୫।

ଯୁଧିଷ୍ଠିରଙ୍କର ଉତ୍ତର ଦିଗ ତୀର୍ଥେ ଗମନ, ଅପ୍ରତିଷ୍ଠା ଡାକେଶ୍ୱର ବିବରଣ, ଅସ୍ତ୍ରଶସ୍ତ୍ରାଦି ତ୍ୟାଗ

ମାଧବ ଦ୍ରଶନ ଯେ ସାରିଣ ଯୁଧିଷ୍ଠିର
ଚଳନ୍ତି ପଞ୍ଚୁବୀରେ ଲତା ଗହନ କନ୍ଦର ।୧।
ଗମନ୍ତି ପାଣ୍ଡବେ ଯେ ପଚ୍ଛିମ ମୂରତି
ମହ୍ଲାର ରାଜ ବଳରାମ ଭୁବନେ ମିଳନ୍ତି ।୨।
ବିଜୟେ ନାରାୟଣ ଶବରୀ ଦେବତା
ତାହାର ଦ୍ରଶନ କଲେ ପଞ୍ଚୁ ମହାରଥା ।୩।
ତହୁଂଣ ବିଜୟେ ତୁଳସୀ ନଗ୍ର ପୁରେ
ଦେଖିଲେ କୋଠରୀ ଯେ ରୁଦ୍ର ନଦୀ ତୀରେ ।୪।
ପ୍ରଶୁରାମଂକ ସନ୍ତକ କର୍ଣ୍ଣ ଯେ କଟାରି
ଯେଣେ ସେ ଯେକୋଇଶି ବାର ପୃଥ୍ୱୀ ନିଛତ୍ର କରି ।୫।
ରୁଧିରେ ତର୍ପଣ କରି ଭଇରୋବୀ କଲେ ପୂଜା
କରେ ବିଜେ କର୍ଣ୍ଣକଟାରୀ ଦିଲେ ଜମଦଗ୍ନିଂକ ତନୁଜା ।୬।
ପଞ୍ଚୁ ପାଣ୍ଡବେ ଯେ ତାଂକୁ ବିନୟେ ଭଗତି
ଜୟ ତୁ କୋଠାରୀ ଗୋ ଖଣ୍ଡସି ଦୁର୍ଗତି ।୭।
ଯୁଗ ଯୁଗାନ୍ତରେ ତୁମ୍ଭେ ଅହର୍ନିଶି ଯୁବା
ଜଗୁଜନ ମୋହିନୀ ଗୋ ଘେନ ମୋର ସେବା ।୮।
ତାରିଣୀ କାରେଣୀ ଗୋ ହୁଂକାରେ ନର ଭୋଜୀ
ମାତାଙ୍ଗୀ ମତୁଆଳୀ ଗୋ କେଳି ଅଇଶ୍ୱର୍ଯ୍ୟୀ ।୯।
ନମୋ ନମୋ ମାତା ଗୋ ସଦା ମତୁଆଳୀ
ପ୍ରସନ୍ନେ ମହାଦେବୀ ଗୋ ରୋଧିରେଣ ଭୋଜୀ ।୧୦।
ଜାତ ଅନ୍ତ ମଧ୍ୟେ ଅବିକାର ଯାର କାୟେ
ପ୍ରସନ୍ନ କୋଠାରୀ ଗୋ ଉଦ୍ଧର ମହାମାୟେ ।୧୧।

ଜୟ ତୁ ଚଣ୍ଡୀ ଚାମଣ୍ଡା ଗୋ ଅଭୟ ତ୍ରୀଶୁଳି
ତବ ନାମ ମୁହିଂ ଗୋ ଚିନ୍ତଇ ତିନି ଓଳି ।୧୨।
ସିଦ୍ଧ କୋଠାରୀଂକର ଚରଣେ ଅନୁବ୍ରତେ
କବିତ୍ୱ ସାରୋଳା ଦାସ ବିନୟେ ଭଗତେ ।୧୩।
ଅଗସ୍ତିଂକି ପୁଚ୍ଛା କଲେ ବଇବସୁତ ମନୁ
ସ୍ୱର୍ଗ ଆରୋହଣ କଥା କହିବା ମତେ କୁମ୍ଭ ରଷି ତନୁ।୧୪।
କୋଠାରୀଂକି ଦ୍ରଶନ କରିଣ ନୃପମଣି
ସେ ପାଣ୍ଡବ ପାଞ୍ଚ ଭାଇ ଗଲେ କାହିଂ ପୁଣି ।୧୫।
ଶୁଣୋ ହୋ ମହାରାଜା କଥୟନ୍ତି ଅଗସ୍ତି
ରୁଦ୍ର ନଦୀ ତୀରେ ରହିଲେ ପଞ୍ଚୁ ପାଣ୍ଡବ ଦ୍ରୋପତୀ ।୧୬।
ଯୁଝେଷ୍ଟି ଦେବ ବୋଇଲେ ଶୁଣି ବ୍ରିକୋଦର
ଯେ ନଦୀ ପାରି ହୋଇ ବୁଝ ଯେ କେବଣ ତୀର୍ଥବର।୧୭।
ଆଗ୍ୟାଂରେ ବ୍ରିକୋଦର ନଦୀ ହୋଇଲା ପାରି
ଦକ୍ଷିଣ କୂଳେ ଥାଇ ରେ ରେ କାର କରି ।୧୮।
ଯୁଝେଷ୍ଟି ବୋଇଲେ ଯେ କେବଳ ଆକାର
ଡାକ ଦିଅରେ ଅର୍ଜୁନ ବାହୁଡୁ ବ୍ରିକୋଦର ।୧୯।
ଅର୍ଜୁନ ଡାକ ଦିଅଇ ବେଗେ ଆସ ବାହୁଡ଼ିଟି
ଭୀମସେନ ବୋଇଲେ ତୁମ୍ଭେମାନେ କେଟି ।୨୦।
ଅର୍ଜୁନ ବୋଇଲେ ଆମ୍ଭେ ଚାରି ପାଣ୍ଡବେ
ଅର୍ଜୁନ ନକୁଳ ସହଦେବ ଯୁଝେଷ୍ଟି ରାଜଦେବେ ।୨୧।
ନୟନ ବୁଲାଇ ବୋଇଲେ ପାଣ୍ଡବେ କେରେ
ଜାଣିବା ତୁମ୍ଭର ଦର୍ପ ଯେବେ ଯେଣିକି ଆମ୍ଭେରେ ।୨୨।
ସହଦେବ ମୁଖ ଚାହିଂ ବୋଲନ୍ତି ଯୁଝେଷ୍ଟି
କେବଣ ଚରିତ ବାବୁ ଯେତ ବଡ଼ ଅରିଷ୍ଟି ।୨୩।
ସହଦେବ ବୋଇଲେ ସତ୍ୟଯୁଗେ ମାନଧାତା ଯାଗ କଲେ
ମହୀମଣ୍ଡଳ ପ୍ରଜାନ୍ତ ସମସ୍ତ ନିମନ୍ତ୍ରିଲେ ।୨୪।

ରେ ରେ କାର ଶବଦେ ଯେଥେ ରହିଲେ ଡାକେଶ୍ୱରୀ
ଅମୋକ୍ଷ ଭୂମି ତେଣିକି ତପୋଧନେ ନୁହନ୍ତି ପାରି ।୨୫।
ସ୍ୱାମୀ ଶଉଚ ଅଶଉଚ ନ ଜାଣନନ୍ତି ବେନି
ପ୍ରକୃତିଶଂକା କରି ତହିଂ ଜଳହିଂ ନ ଘେନି ।୨୬।
ମାନିତି ଗଉରୋବି ନାହିଂ ସବୁ ଯେକାକାର
ଦ୍ୱିଜ ଚାଣ୍ଡାଳ ଯେକତ୍ୱ ତହିଂ ନାହିଂ ବେଭାର ।୨୭।
ଭୋଜନ କଲେ ଦେବ ନ ଜାଣନ୍ତି ଅଇଂଠା
ଶୂକର ମାଂସ ମଦିରା ହାଣ୍ଡି ବସ୍ତ୍ର ଅପାଲଟା ।୨୮।
ଅବିଚାରେ ରମଣ କରନ୍ତି ମନ ଇଚ୍ଛା
ଯୋନି ଯଉବନ ଅରକ୍ଷଣ ବନ୍ଧନ ନାହିଂ କଚ୍ଛା ।୨୯।
ଯୁଝେଷ୍ଟି ଦେବ କହିଲେ ନ କହରେ ଯେସନେକ ବାଣୀ
ଯିବ ଛାଡ଼ି ଯେ ପଥ ଶ୍ରବଣେ ନ ଶୁଣି ।୩୦।
ସହଦେବ ବୋଇଲେ ତେଣିକି ଚାହିଂଲେଣ ହୋଇବ ବଡ଼ ଦୋଷ
ଯୁଝେଷ୍ଟି ଭୀମକଇଂ ବୋଇଲେ ବାବୁ ବାହୁଡ଼ି ବେଗେ ଆସା୩୧।
ନିଶ ଫୁଲାଇ ଭୀମ ବୁଲାଇ ବାଡ଼ି
ଯେଣିକି ଅଇଲେ ରେ ପକାଇବି କଚାଡ଼ି ।୩୨।
ଯୁଝେଷ୍ଟି ଆଗ୍ୟାଂ ଦିଲେ ଅର୍ଜୁନ ସହଦେବ ଯାଅ ଯେହିକ୍ଷଣି
ଗାଢ଼େଣ ଧରି ଭୀମକଇଂ ବହନ ଆଣ ପୁଣି ।୩୩।
ସହଦେବ ଅର୍ଜୁନ ଯେ ଗଲେ ତହୁଂ ବେନି
କୋଳକରି ଅଇଲେ ଭୀମକଇଂ ଘେନି ।୩୪।
ଭୀମସେନ ବୋଇଲେ ଯେସନେକ ନେଇ
ଯେହାକୁ ପାରି ହେଲେ ପିତା ପୁତ୍ରକୁ ନ ଚିହ୍ନଇ ।୩୫।
ବାର ବ୍ରତ ନ ଜାଣଇ ଶାହସ୍ର କିଛି ପାଠ
ରାନ୍ଧଣା ସଙ୍ଗେ ଭୁଞ୍ଜନ୍ତି ବାସି କିବା ଉଚ୍ଛିଷ୍ଟ ।୩୬।
ଗୋବ୍ରାହ୍ମଣ ନ ଜାଣେ ନ ଜାଣେ ବ୍ରହ୍ମହତ୍ୟା
କେ ଜାଣଇ ତୋହୋର ହୋ ହରିହର ଦେବତା ।୩୭।

ଯେ ରୁଦ୍ର ନଦୀ ପାର ହୋଇ ନ ଯାଅ ନରେ ତେଣେ
ଶ୍ରବଣେ ହାତ ଦେଇ ବାହୁଡ଼ନ୍ତି ଦେବ ଧର୍ମେ ।୩୮।
ଲେଉଟି ରହିଲେ ଆସି ଯେକାମ୍ରର ବନେ
କ୍ରୀତଦାସ ଦକ୍ଷିଣ ଦିଗେ ରହିଲେ ଯେକ ଦିନେ ।୩୯।
ଭୀମସେନ ଅନ୍ନ ତହିଁ କଲାକ ପଞ୍ଚନ
ବିନ୍ଦୁସାଗରେ ସ୍ନାହାନ ସାରି କଲେକ ଭୋଜନ ।୪୦।
ବିଂଝମାଳେ ପଶିଯାଇ କରନ୍ତି ଗବନ
ଯେକଠାବ ହୋଇଥାନ୍ତି ଛଡ଼ଜଣ ।୪୧।
ଚିତ୍ରୋପ୍ଳା ପାର ହୋଇ ଉତ୍ତର ମୂରତି
ବଇତରଣୀ ନଦୀତୀରେ ରହିଲେ ପଞ୍ଚୁରାତି ।୪୨।
ତହିଂରୁ ପାଣ୍ଡବେ ହୋଇଲେ ପଶ୍ଚିମ ମୂରତି
ଫଲୁକି ଦ୍ରଶନ କଲେ ଯାଇଣ ସେ ଧାତି ।୪୩।
ରାମଗୟା ତୀର୍ଥେ ଯାଇଂ ରହିଲେ ପାଞ୍ଚଦିନ
ସାରିଲେ ସଂକଳ୍ପ ଶ୍ରାଦ୍ଧ ପିତୃକାର୍ଯ୍ୟମାନ ।୪୪।
ଯଥାବିଧି କରି ତହିଂ ବାଲିପିଣ୍ଡ ଦିଲେ
ଶ୍ରୀଗଦାଧରଂକ ପ୍ରସନ୍ନେ ପିତୃକାର୍ଯ୍ୟ କଲେ ।୪୫।
ଗୟାରେ ଶ୍ରାଦ୍ଧକଲେ ଯେ କୁଟୁମ୍ବ ବନ୍ଧୁମାନେ
ପିତୃ ସୁହୃଦ କଲେ ଦେବଗଣ ଆପ୍ୟାନେ ।୪୬।
ତହୁଂଣ ପାଣ୍ଡବେ ଯେ ବିଜୟେ କରି ଆସି
ମଣିକା ତୀର୍ଥେ ପ୍ରବେଶ ବାଣରାସୀ ।୪୭।
ମଣି ହଜାଇ ଯାହା ଖୋଜିଲେ ସୁଢ଼ଳ
ତହିଂ ସେ ଛାଡିଲେ ଶିବ କରୁ ବ୍ରହ୍ମ କପାଳ ।୪୮।
ସେ ତୀର୍ଥ ସ୍ନାହାନ ସାରି ଦେଖିଲେ ବିଶ୍ୱନାଥ
କାଶୀପୁର ନଗ୍ରେ ଧର୍ମେ ରହିଲେ ଦିନା ସାତ ।୪୯।
ସେଠାରୁ ଯାନ୍ତି ମକର ପ୍ରତିପଦା ଦିନ
ସେ ଦିନ ପୁଷ୍ୟା ନକ୍ଷତ୍ର ଥିଲା ବିଦ୍ୟମାନ ।୫୦।

ବାୟିବ୍ୟ ନାମେ କରଣ ବିତପାତ ଯୋଗ
ମକର ସଂକ୍ରାନ୍ତିକି ସତର ଦିନ ଭୋଗ ।୫୧।
ପାଣ୍ଡବେ ଯାଇଂ ବିଜେକଲେ କାଶୀପୁର
ମକର ମାସେ ଦ୍ରୋପତୀ ଅଛନ୍ତି ସଙ୍ଗତର ।୫୨।
ବ୍ୟାସ ମାରକଣ୍ଡ ଯେ ପ୍ରବେଶ ହେଲେ ଆସି
ଦେଖିଣ ଧର୍ମ ନନ୍ଦନ ଚରଣ ସମ୍ଭାଷି ।୫୩।
ମାରକଣ୍ଡ ବୋଇଲେ ଯୁଝେଷ୍ଟି ପଞ୍ଚୁରାଜ୍ୟ ତେଜି ଆସି
ତପୋଧନ ଲୋକେ ସେ ଆସନ୍ତି ବାଣରାସୀ ।୫୪।
ଶୁଣିଣ ଯୁଝେଷ୍ଟି ଦେବ ଦିଅନ୍ତି ପ୍ରତିବାଚ
ପଞ୍ଚୁ କଟକ ରାଜ୍ୟେ କରଇ ପରୀକ୍ଷ ।୫୫।
ଆମ୍ଭେ ଯେ ଅନେକ ସୋଦରନ୍ତ ବଧ କଲୁ
ହତ୍ୟା ବିମୋଚନ ଅର୍ଥେ ତୀର୍ଥେ କରି ଅଇଲୁ ।୫୬।
ମାରକଣ୍ଡେ ବୋଇଲେ ଯେବେ ହୋଇଲ ତୀର୍ଥବାସୀ
ଶସ୍ତ୍ରେଧାରୀ ହୋଇଲେ କିସ ଧର୍ମ ଆସି ।୫୭।
ଯେହୁ ପଞ୍ଚଧନୁ ଦଶଦ୍ରୋଣ ଦେବଂକ ଭଣ୍ଡାର
ଭାରା ନିବାରଣେ ସିନା ତୁମ୍ଭର ହାଥର ।୫୮।
ତୀର୍ଥବାସେ ବାନପ୍ରସ୍ଥେ ହୋଇବ ଅଶକତ
ଅସୁରେ ହରିନେବେ ତୁମ୍ଭର ତହୁଂ ଦେବ ଶହସ୍ରନ୍ତ ।୫୯।
ବ୍ରହ୍ମା ପେଶିଲେ ଯେ ଦୃଭାସ୍ୟା ମହାଋଷି
ଯେ ଶହସ୍ରମାନଂକୁ କପିଳାସ ନିଅସି ।୬୦।
ଦୁର୍ଭାସ୍ୟା କହିଲେ ଆସି ଯୁଝେଷ୍ଟିଂକ ଅଗ୍ରତେଣ
ଯେ ଧନୁ ଦ୍ରୋଣେ ଦିଅ ଆମ୍ଭେ ନେମୁ କପିଳାସ ଭୁବନ ।୬୧।
ଶୁଣିଣ ଯୁଝେଷ୍ଟି ଦେବ କଲେକି ସନମତ
ଚାରିଧନୁ ଅଷ୍ଟଦ୍ରୋଣ ଦିଲେ ଦୃଭାସ୍ୟାଂକ ହାଥ ।୬୨।
ଅର୍ଜୁନ ନ ଦିଲା ଯେ ଗାଣ୍ଡିମ ନାମେ ଧନୁ
ମୁଂ ଯେହାନ୍ତ ଛାଡିତ ନୁଆରଇ ଧର୍ମତନୁ ।୬୩।

ଆତ୍ମାହୁଁ ଅଧିକ ଯେ ଅଟଇ ମୋହାର ସେନେହା
ପ୍ରାଣ ଥିବାଯାଏ ଛାଡି ନୁଆରଇ ଯେହା ।୬୪।
ଚାରିଧନୁ ଅଷ୍ଟଦ୍ରୋଣ ଦୃଭାସ୍ୟାଏ ନେଲେ
କୁବେର ଭଣ୍ଡାରେ ସେ ନେଇଣ ଥୋଇଲେ ।୬୫।
ଅଗ୍ନି ଦେବତାଏ ବ୍ରାହ୍ମଣେକ ହୋଇ
ପାଣ୍ଡବଂକ ସନ୍ନିଧେ ପ୍ରବେଶ ହେଲେଯାଇଂ ।୬୬।
ପ୍ରତିଗ୍ରହ କରିଣ ସେ ମାଗିଲେ ଗାଣ୍ଡିମ
ତୋହୋର କରେ ଥିଲେ ନାଶ ଯିବଟି ଧର୍ମ ।୬୭।
ଯୁଝେଷ୍ଠି ଦେବ ବୋଇଲେ ଆମ୍ଭେ ଯିବା ବାନପ୍ରଶସ୍ତେ
ଯେ ଧନୁ ଶହସ୍ର ରଖିବାର ନୁହଂଇ ଯୁଗତେ ।୬୮।
ଯେ ଧନୁ ଶସ୍ତ୍ରକୁ ଯେବେ ତୋର ଇଛା
ବାହୁଡ଼ିଯାଅ ବାବୁ ଯହିଂ ଅଛଇ ପରୀକ୍ଷ ବଛା ।୬୯।
ଅର୍ଜୁନ ବୋଇଲେ ସ୍ୱାମୀ ନ ଦେଖିଲେ ଯେତେ
କୃଷ୍ଣଗଲେ ଅର୍ଜୁନ ବ୍ରତିବ କେମନ୍ତେ ।୭୦।
ସ୍ୱାମୀ ଅଗ୍ନି ଦେବତାଏ ଯେହା ଦେଇଛନ୍ତି ମୁକୁ
ତାହାଂକ ବିତ୍ରକେ ଯେହା ନ ଦିଅଇ ଆନକୁ ।୭୧।
ବ୍ରାହ୍ମଣ ବୋଇଲେ ତୁ ଦିଅ ମୋର ହାଥେ
ଅଗ୍ନି ଦେବତାଏ ତୋଷ ହୋଇବେ ଯୁଗତେ ।୭୨।
ଅର୍ଜୁନ ବୋଇଲା ଯେବେ ନୟନେ ନ ଦେଖଇ
ଯେ ଧନୁ ଦ୍ରୋଣ ମୁଂ କେସନେକେ ଉପେକ୍ଷଇ ।୭୩।
ବଦୟନ୍ତି ଦ୍ୱିଜବର ଆମ୍ଭେ ସେ ବଶ୍ୟାନର ଅଗ୍ନି
ଦେଖାଅ ତୋହୋର ନିଜ ରୂପ ବୋଇଲା ଫାଲଗୁନି ।୭୪।
ତତକ୍ଷଣି ବହନି ବିକାଶିଲେ ରେଖା
ପଞ୍ଚସ୍ତରୀ ତାଳ ହୋଇଲା ଲାଗିଲାକ ଶିଖା ।୭୫।
ଦେଖିଣ ଅର୍ଜୁନ ଯେ ଅନେକ ବିନୟେ
ବେନି ଲୋଚନରୁ ଅନେକ ଅଶ୍ରୁ ଜଳ ବହେ ।୭୬।

ଗାଣ୍ଡିମ ଧନୁ ଡ୍ରୋଣ ପକାଇଲା ଅନଳେ
ଘେନିଣ ଗଗନ ଗତି ଗଲେ ବଶ୍ୟାନରେ ।୭୭।
ଅନ୍ତରୀକ୍ଷେ ଥାଇ ଯେ ବୋଇଲେ ବହ୍ନି
ତୁ ୟେଥକୁ ବିକୃତ ନ ପାଅ ଫାଲଗୁନି ।୭୮।
ଭାରା ନିବାରଣେ ପୁଣ ହୋଇବୁ ତୁ ଜାତ
ତୋହୋର ହାଥେ ଦେବା ୟେ ଧନୁ ଶହସ୍ରନ୍ତ ।୭୯।
ୟେତେ କହି ତହୁଂ ଗଲେକ ବହ୍ନତି
ଶୁଣିଣ ଅର୍ଜୁନ ଯେ ହୋଇଲା ତ୍ରିପୁତି ।୮୦।
ମାରକଣ୍ଡ ବୋଇଲେ ଶୁଣ ହୋ ଧର୍ମରାୟେ
ୟେହୁ ବାଣରାସୀ ତୀର୍ଥ ପାପ କର କ୍ଷୟେ ।୮୧।
ମଣିକୁଣ୍ଡେ ସ୍ରାହାନ କରି ଈଶ୍ୱର ରୂପ ଦେଖି
ତୀର୍ଥ କରାବନ୍ତି ତହିଂ ମାରକଣ୍ଡ ମହାରଷି ।୮୨।
ମାରକଣ୍ଡ ବୋଇଲେ ୟେଥୁଂ ଯାଅ ଯା ବହନ
ବହୁତ ବିଳମ୍ବ ୟେଥି ରହି ନୁଆରଇ ୟେ ଥାନ ।୮୩।
ସମସ୍ତ ଲିଙ୍ଗମୟେ ୟେଥି ଆନତ ନାହିଂ କିଛି
ୟେକା ତାକକେ ନବ ସହସ୍ର ଲିଙ୍ଗ ଅଛି ।୮୪।
କରତାଳକେ ପଞ୍ଚସ୍ତରୀ ଲିଙ୍ଗ
ପଞ୍ଚସ୍ତରୀ ମୂରତୀ ଧବଳା ସତସଙ୍ଗ ।୮୫।
ପାଦ ବଢ଼ାବନ୍ତେ ଯେ ଲିଙ୍ଗେକ ଅଛଇ
ୟେ ବିଧି ପଞ୍ଚକୋଶରେ ଥିବା ଧର୍ମ ନ ଯୋଗାଇ ।୮୬।
ଯଦ୍ୟପି ୟେଥେଣ ବଞ୍ଚିବ ଦିନକେ ଅବା ରହି
ପ୍ରକୃତିଶଂକା ଶଉଚକୁ ଭୂମି ୟେଥି ନାହିଂ ।୮୭।
ଅଇଲେ ଅନେକ ଧର୍ମ ରହିଲେ ଅନେକ ଧର୍ମ ନାଶ
ବିଳମ୍ବେ ଥିବାର ୟେଥେ ପିରୋଜନ କିସ ।୮୮।
ମାରକଣ୍ଡେ ବୋଇଲେ ଅନ୍ୟ ଥାନେ ଶଇଚ ସାରିଣ ଆସିବା
ଧାତିକାରେ ଯାଇ ମଣିକର୍ଣ୍ଣିକାରେ ପଶିବା ।୮୯।

ସ୍ନାହାନ ସାରିଣ ଦ୍ରସନ କରିବା ଦେବ ବିଶ୍ୱେଶ୍ୱର
ରନ୍ଧନ ଭୋଜନ ନ ଯୋଗାଇ ଯେ ତୀର୍ଥର ।୯୦।
ଭୋଜନ ସାରିଣ ଯେଥେ ଆଞ୍ଚୋବନ କଲେ
କଳା ଧର୍ମ ନାଶ ଯାଇ ଯେଥ ଉଚ୍ଛିଷ୍ଟ ପକାଇଲେ ।୯୧।
ମାରକଣ୍ଡ ବଚନ ଶୁଣି ପଞ୍ଚୁବୀରେ
ଚଳିଲେ ପଞ୍ଚୁବୀରେ ନ ରହିଲେ ସେ ତୀର୍ଥବରେ ।୯୨।
ତହୁଂଣ ପଞ୍ଚୁ ପାଣ୍ଡବେ ରାତ୍ର ଦିବସ ପଥ ବହିଗୟେ
ପ୍ରାଗ ତୀର୍ଥରେ ଯାଇଂ ବିଜୟେ ଧର୍ମରାୟେ ।୯୩।
ବହଇ ତ୍ରିବେଣୀ ଗଙ୍ଗା ଯମୁନା ସରସ୍ୱତୀ
ତିନି ଧାର ଯେକ ସଂଗ ଭିନ୍ନ ଭିନ୍ନ ମୂରତୀ ।୯୪।
ପଛିମକଇଂ ମୂରତୀ ବହଇ ଧବଳାଙ୍ଗୀ
ସର୍ବ ପ୍ରତିକ୍ଷଣ କରି ସତସଙ୍ଗୀ ।୯୫।
ବିଜୟ ମାଧବ ଯେ ପ୍ରୟାଗେ ନିଜ ତଟେ
ବଇକୁଣ୍ଠ ଭେଦି ସେ ଅଛଇ ବାଞ୍ଛାବଟେ ।୯୬।
କୃପ ଅଶସ୍ତମା ପ୍ରଶୁରାମେ ତହିଂ ଛନ୍ତି
ତ୍ରିବେଣୀ ଗଙ୍ଗାୟେ ପଶି ସ୍ନାହାନ କରନ୍ତି ।୯୭।
ମକର ମାସେ ହୋୟେ ଶୁକ୍ଳପକ୍ଷ ପଞ୍ଚମୀ
ଅର୍କବାର ରୋହିଣୀ ନକ୍ଷତ୍ର ଯୋଗ ବ୍ରହ୍ମି ।୯୮।
କୃପ ଅଶ୍ୱସ୍ତମାକଇଂ ଯୁଝେଷ୍ଟି ପ୍ରତିକ୍ଷଣ
ପ୍ରଶୁକଇଂ ଦେଖି ବିନୟେ ଶରଣ ।୯୯।
ଯୁଝେଷ୍ଟି ଦେବଂକୁ କହିଲେ ଅଶସ୍ତମା
ଯେ ସେ ପ୍ରଶୁରାମ ହୋ ଅଟନ୍ତି ଦୁତୀ ବ୍ରହ୍ମା ।୧୦୦।
ସତ୍ୟଯୁଗ କଥାମାନ କହିଲେ ପ୍ରଶୁରାମେ
ସାବଧାନ ହୋଇ ଶୁଣିମା ଦେବ ଧର୍ମେ ।୧୦୧।
ଅଶସ୍ତମା କହିଲେ ମହରଭାରଥ ଯୁଦ୍ଧ କଥା
ପାଣ୍ଡବଂକ ପ୍ରଗତ୍ୟାଂ ଯେବଣ ବାରତା ।୧୦୨।

ସମସ୍ତେ ଯେ ସ୍ନାହାନ କଲେ ସେ ତୀର୍ଥେ
ଅଶସ୍ତମା ବୋଇଲେ ରହିବାକ ଯେଥେ ।୧୦୩।
ଯୁଝେଷ୍ଟି ବୋଇଲେ ୟେ କଳିକାଳ ଅନୀତି
ପଞ୍ଚୁପୁର ତେଜି ମୁଂ ଅଇଲି ସବୁନ୍ତି ।୧୦୪।
ଯୁଝେଷ୍ଟି ଦେବ ବୋଇଲେ ଆମ୍ଭେ ହିଂଙ୍ଗୁଳା ପରଖି ଆସିବୁ
ତୁମ୍ଭର ତୁଲେ ଆସି ସମୟେକ ରହିବୁ ।୧୦୫।
ୟେତେ ବୋଲିଣ ତହୁଂ ଚଳିଗଲେ ଛଡ଼ଜଣେ
ହରିଲେ ଦୁଷ୍କୃତ ଯେ ମାଧବ ଦରଶନେ ।୧୦୬।
ତୁ ଯେ ବାଞ୍ଛାବଟ ଅଟୁ ସିଦ୍ଧ କାମ
ହେମବନ୍ତରେ ଆମ୍ଭର କାୟା ହେଉ ନୀନ (ଲୀନ) ।୧୦୭।
ୟେତେ ବାଞ୍ଛା ତହିଂ କରିଣ ଧର୍ମରାୟେ
ପଶୁପତି ତୀର୍ଥରେ ଯାଇଂ ବିଜୟେ ପଣ୍ଡୁର ତନୟେ ।୧୦୮।
ବହି ଗଣ୍ଡୁକୀ ଯେ ଉତ୍ତର ବାହିନୀ
ତହିଂ ସ୍ନାହାନ ପଶୁପତି ଦ୍ରଶନ କଲେ ପୁଣି ।୧୦୯।
ତହୁଂଣ ବିଜୟେ ଯେ କଲେ ଛଡ଼ମୂର୍ତ୍ତି
ଦେଖିଲେ ନଦୀ ଗୋଟି ବହଇ ମାଳତୀ ।୧୧୦।
ତହିଂ ସେ ବିଶ୍ୱାମିତ୍ରଂକର ତପସ୍ଥାନ
ଆକାଶ ଶିଖାତ ଶ୍ୱେତନାମେ ବନ ।୧୧୧।
ମହା ବିସ୍ତାର ଯେ ଦ୍ରାକ୍ଷାଂକର ଶାଖା
ଫଳ ପୁଷ୍ୟ ନାହିଂ ଗଗନେଣ ରେଖା ।୧୧୨।
ତହିଂ ଯାଇ ଭେଟିଲେ ବିଶ୍ୱାମିତ୍ର ମୁନି
ମୁନିଂକ ଚରଣ ତଳେ କରନ୍ତି ଦୟିନି ।୧୧୩।
ଭୋ ମୁନି ହେଙ୍ଗଳାକଇଂ ଦ୍ରଶନ କରିବୁ
ତୋହର ପ୍ରଶନ୍ନ ହେଲେ ଦ୍ରଶନ ପାଇବୁ ।୧୧୪।
ୟେତେ କହିଣ ତାହାନ୍ତ ଗଲେକ ସମସ୍ତେ
ଯାଇଂଣ ଉଠିଲେ ସେ ହେଙ୍ଗୁଳା ପର୍ବତେ ।୧୧୫।

ଦେଖିଲେ ହେଙ୍ଗୁଳା ଯେ ନୋହଇ ଶସ୍ତ୍ରଧାରୀ
କାମସେଣୀ ସରୂପେ ସେ ଯେ ପ୍ରସନ୍ନେ ଯୋଗେଶ୍ୱରୀ ।୧୧୬।
ଲୋହିତ ବର୍ଣ୍ଣ କାୟେ ସର୍ବେଣ ବେନି ଭୁଜ
ଲୋଚନ ବିରାଜଇ ଜାତ ଅନଳ ତେଜ ।୧୧୭।
ଯୁଝେଷ୍ଟି ରାଜଦେବ ରୂପ ଦେଖି ପୁଣି
ସଂସିଦ୍ଧ କାନ୍ତାନୀୟେ ନୋହଇ ନାରାୟଣୀ ।୧୧୮।
ବିଶ୍ୱାମଇତ୍ର ବୋଇଲେ ତ୍ରେତାଯୁଗେ ଧନପାଳ ନାମେ ସାଧୁ
ହେଙ୍ଗୁଳା ନାମେଣ ଯେ ତାହାର କୁଳବଧୂ ।୧୧୯।
ସମୟେକେ ସାଧବ ସେ କଲା କାମ୍ୟଶ୍ରାଦ୍ଧ
ଗଣ୍ଡାମାରି ଆଣିଦିଲା ବୋଇଲା ବେଗେ ୟେହା ରାନ୍ଧ ।୧୨୦।
ସୁସଞ୍ଚ ରାନ୍ଧଣା ଯେ କଲା ପାକଯୋଗେ
ଦେବରଷିମାନେ ତାହା ଆପ୍ୟାନ କଲେ ବେଗେ ।୧୨୧।
ପାକସିଦ୍ଧ ଦେଖି ହୋଇଲେ ତ୍ରିପୁତି
ପିତୃଲୋକେ ଆଘ୍ରାଣେ ହୋଇଲେ ଶାନ୍ତିମୃତ୍ତି ।୧୨୨।
ପିତୃଲୋକେମାନେ ବୋଇଲେ ତୋହୋର ଜୀବନ ସାଧୁ ସାଧୁ
ବଂଶହିଂ ସାଧୁ ତୋହୋର ତୁ ଯାହାର କୁଳବଧୂ ।୧୨୩।
ହେଙ୍ଗୁଳା ନାମ ତୋହର ଆଜହୁଂ ୟେହି ମଧ୍ୟପୁରେ
ସିଦ୍ଧ ହୋଇଥାଅ ତୁ ରଣସ୍ତମ୍ଭ ଗଡ଼ରେ ।୧୨୪।
ମାନବ ଜନ୍ମେ ଯେ ଅବା ତୋତେ ପରଖି
ବଂଶ ତାହାର ଅତୁଟ ବର୍ଦ୍ଧିତ ହେଉ ଲଛୀ ।୧୨୫।
ତୋହୋର ନାମ ଧରି ଯେହୁ ପାକ ସମ୍ପାଦେ ସ୍ୱତୀ
ତାହାର ପିତୃଲୋକେ ପାବନ୍ତି ଭଗତି ମୁକତି ।୧୨୬।
ହିଙ୍ଗୁଳା ସୁମର ନରେ ଦରିଦ୍ର କ୍ଷୟେ ଯାଉ
ହିଙ୍ଗୁଳା ସୁମର ନରେ ଆପାଦ ପଳାଉ ।୧୨୭।
ହିଙ୍ଗୁଳା ସୁମର ନରେ ପିତୃଲୋକେ ପାବନ୍ତୁ ଗତି
ହିଙ୍ଗୁଳା ସୁମର ନରେ ଭୋଜନେ ହୋଅ ତ୍ରିପୁତି ।୧୨୮।

ଲୋହିତ ବର୍ଣ୍ଣ ସୁନ୍ଦର ବିଜୟେ ନିର୍ମଳା
କୃପାଜଳ ନନ୍ଦିନୀ ଗୋ ପ୍ରତକ୍ଷେ ହିଙ୍ଗୁଳା ।୧୨୯।
ପରମ ନିରାକୂଳି ସୟଳ ଜନ ଚିନ୍ତ
ଶିରୀ ସମ୍ପଦ ଦିଅନ୍ତା ହାଦେ ଉଦ୍ଧରନ୍ତ ।୧୩୦।
ୟେକାଦଶ ବର୍ଣ୍ଣ ପଞ୍ଚାଶ ଯାର ମୁଦ୍ରା
ଖେଚରୀ ସାଧନେ ତୁ ମଗ୍ନା ଯନ୍ତ୍ରେ ଭଦ୍ରା ରୁଦ୍ରା ।୧୩୧।
ଅମୃତ ଲୋଚନ ଦୂରୀତ ଜନ ଦୁଖହରା
ତାରିଣୀ ମାରିଣୀ ଗୋ ପାଳଣୀ ଉଗ୍ରତାରା ।୧୩୨।
ଜଗୁଜନ ବୋଧିନୀ ମମ ହୃଦ ଚିନ୍ତା
ଶିରୀ ସମ୍ପଦ ଦେଇ ତୁ ସଂକଟୁ ଉଦ୍ଧରନ୍ତା ।୧୩୩।
ଅବ୍ୟଗତ ଅପର୍ଣ୍ଣା ଗୋ ସାରଳା ଚଣ୍ଡୀ ଦେବୀ
ତୁଳୁସାର ବଲ୍ଲଭ ସେବେ ସାରୋଳା ଦାସ କବି ।୧୩୪।

ହିମବନ୍ତ ପର୍ବତେ ଦ୍ରୌପଦୀ, ସହଦେବ, ନକୁଳ, ଅର୍ଜୁନ ଓ ଭୀମଙ୍କର ତନୁତ୍ୟାଗ

ଯେଥୁ ଅନନ୍ତରେ ଯେ ବିଲଂକ ଦେଶ ରାଜା
ଅଗସ୍ତି ମହର୍ଷିଂକ ଚରଣେ କଲେ ପୂଜା । ୧ ।
ବସନ କୁଣ୍ଡଳ ନବରତ୍ନମାଳା ପୁଷ୍ପ ଚନ୍ଦନ ଦେଇ
ଶତେ ସହସ୍ର ଦଣ୍ଡ ପ୍ରଲମ୍ବିତ ହୋଇ । ୨ ।
ମୁନିୟେ ଶୁଣିମା ଯୁଝେଷ୍ଟି ସ୍ୱର୍ଗ ଆରୋହଣ କଥା
କେବଣ ପ୍ରକାରେ ହୋଇ ଜଣେ ଜଣେ ମଲେ ପଞ୍ଚୁ ମହାରଥା । ୩ ।
ଯେହା ମୋତେ ସଞ୍ଚପି କହିବା ମହାମୁନ୍ୟ
ତବ ମୁଖୁଂ ଶୁଣି ପାପ ମୋହୋର ହୋଇବ ଦହନ । ୪ ।
ହିଙ୍ଗୁଳା ପରୀକ୍ଷ ବୋଲି ବୋଇଲେ ବିଶ୍ୱାମିତ୍ରେ
କର୍ଣ୍ଣ ମହରଷି ଅଛନ୍ତି କର୍ଣ୍ଣକୂଟ ପରବତେ । ୫ ।
କର୍ଣ୍ଣକୁଟ ପର୍ବତେ ବସିଛନ୍ତି କର୍ଣ୍ଣ
ଗଙ୍ଗା ବହି ଆସୁଛନ୍ତି ମେରୁ ସନ୍ନିଧାନ ।୬।
ଗଙ୍ଗା ଯମୁନା ସରସ୍ୱତୀ ତିନିଧାର
ତିନିହେଂ ପଶୁଛନ୍ତି ସେ ଋଷିଂକ ଗର୍ଭର ।୭।
ଦୁଇ କର୍ଣ୍ଣରେ ଦୁଇଧାର କଣ୍ଠରେ ସରସ୍ୱତୀ
ଡାହାଣ ଜାନୁ ଫୁଂରି ବାହାର ତିନି ମୃତ୍ତି ।୮।
ତପକରି ସତ୍ୟଯୁଗେ ଆଣିଲେ ଗଙ୍ଗା ଭଗୀରଥି
କର୍ଣ୍ଣ ଋଷି ଗଣ୍ଡୁଷ କଲେ ଗଙ୍ଗା ଯମୁନା ସରସ୍ୱତୀ ।୯।
ସେ ଗର୍ଭୁଂ ବହିଣ ଅଛଇ ସତ୍ୟଯୁଗେ
ସହଦେବ କହିଲେ ଯୁଝେଷ୍ଟି ଦେବ ଆଗେ ।୧୦।
ତହିଂକି ହେମବନ୍ତ ବିଶାଶୟେ ଯୋଜନ
ମହାହିମ ତହିଂ ଯେ ପଡ଼ଇ ଅବିଚ୍ଛନ୍ନ ।୧୧।

ଘୋଳ ମନ୍ଥନେ ଯେହ୍ନେ ବାହାର ହୋଅଇ ଫେନ
ସେହିମତି ପ୍ରାୟେ ମେଦିନୀ ଉତପନ୍ନ ।୧୨।
ଚାଲନ୍ତେ ଚରଣ ମିଳାଇ ହାତ ମାୟେଂସ
ଦ୍ରୋପତୀ ବୋଲନ୍ତି ଦେବ ୟେଣେ କାର୍ଯ୍ୟ କିସ ।୧୩।
ଯୁଝେଷ୍ଟି ବୋଲନ୍ତି ଦେବୀ ଗୋ ଯିବା ହିମବନ୍ତେ
ତହିଂକି ନିକଟ ସ୍ୱର୍ଗ ଦେଖିବା ଦଇବତେ ।୧୪।
ଆମ୍ଭର ପଞ୍ଚଭୂତ ଆତ୍ମାହିଂ ଭଗବାନ
ସେ ଯେବେ ତେଜ୍ୟାକରି ଗଲେ ୟେ ଭୁବନ ।୧୫।
ଆମ୍ଭର ଜୀବନେ ଆଉ କିସ ପିରୋଜନ
ଅଥବା ୟେଥେ ଥିଲେ ଅର୍ଜିବା ପାପମାନ ।୧୬।
ପବନହୁଂ ବେଗେ ସେ ଚଳନ୍ତି ଯୁଝେଷ୍ଟି
ହେମବନ୍ତ ପର୍ବତ ଉପରେ ବେଗେ ଉଠି ।୧୭।
ସୁମରନ୍ତି ଭଗବାନ ବିଷ୍ଣୁ ଯେ ଦେବତା
ତୁହି ସେ କାରଣ ନାଥ ବିହନ୍ତା ଉଦ୍ଧାରନ୍ତା ।୧୮।
କ୍ଷୁଧାରେ ଦ୍ରୋପତୀ ପର୍ବତକୁ ନୁଆରିଲେ ଉଠି
ଦ୍ରୋପତୀ ବୋଲନ୍ତି ଦେବ ଶୁଣିମା ଯୁଝେଷ୍ଟି ।୧୯।
କ୍ଷୁଧା ତୃଷା କଲା ମୋତେ ନୁଆରଇ ଯାଇ
ଆଜକ ରହିବା ୟେଥି ସ୍ୱାମୀ କାଲି ଯିବା ପଥ ବାହି ।୨୦।
ଯୁଝେଷ୍ଟି ବୋଇଲେ ଅନ୍ନେ କାର୍ଯ୍ୟ କିସ
ପୁଣ୍ୟ ଭୁବନ ୟେଥି କରିବା ଉପବାସ ।୨୧।
ପ୍ରାଣ ଯେବେ ଆମ୍ଭେ ୟେ ତୀର୍ଥେ କରିବାନା ତ୍ୟାଗ
ଆବର ଶରୀରକୁ କିସ ଦେବା ଭୋଗ ।୨୨।
ଆସ ଗୋ ଦ୍ରୋପତୀ ତୁମ୍ଭେ ଅନ୍ନକୁ ନକର ଆଶ
ପର୍ବତ ଉପରେ କରିବା ଅନେକ ଫଳମୂଳ ଗ୍ରାସ ।୨୩।
ଆସ ବୋଲି ରାୟେ ଦ୍ରୋପତୀଂକି ଗଲେ ଛାଡ଼ି
ପାଦ ଢଳି ଦ୍ରୋପତୀ ପଡ଼ିଲେ ମୁହଂ ମାଡ଼ି ।୨୪।

ସ୍ୱାମୀ ରଖ ରଖ ବୋଲି ଢଳି ପଡ଼ିଲେକ ସତୀ
କୋଳକରି ତୋଳି ବେଗେ ଧଇଲା ମାରୁତି ।୨୫।
ହା ହା ପ୍ରିୟା ବୋଲି ଆଲିଙ୍ଗନ କଲା
ଆଶ୍ୱାସନା କରି ଭୀମ କୋଳରେ ଧଇଲା ।୨୬।
ଭୀମସେନ ହାକ ଦିଅଇ ରାୟେ ବାହୁଡ଼ିଣ ଆସ
ପ୍ରାଣର ଭାବିନୀ ତୁମ୍ଭର ହେଉଛି ବିନାଶ ।୨୭।
କିମ୍ପେ ଧର୍ମ ନୃପତି ବିମୁଖ କିମ୍ପେ ହେଉ
ଦ୍ରୋପତୀ ମରୁଛି ଉପେକ୍ଷ କିମ୍ପେ ଯାଉ ।୨୮।
ନୁହସି ବିମୁଖ ସ୍ୱାମୀ ଦେଖ ତୋର ବାମା
ତ୍ରଇଲୋକ୍ୟ ମୋହିନୀ ଯେହ୍ନୁ ରୂପେଣ ଅନୁପମା ।୨୯।
ଯେହାକୁ ଛାଡ଼ି ଯିବାକୁ କେମନ୍ତେ ମନ ହେଲା
ପାଷାଣ ଶରୀର ତୁମ୍ଭର ବିଧାତା ଗଢ଼ିଲା ।୩୦।
ଯୁଝେଷ୍ଟି ବୋଇଲେ ହୋ ଦ୍ରୋପତୀକି ଛାଡ଼ିଆସ ଭୀମ
ଯେ ଯାହାର ଗତିରେ ନିର୍ଜିତ କଲା କର୍ମ ।୩୧।
ଆସ ଆସ ଭୀମ ଛାଡ଼ ତାକୁ କୋଳ
ମାୟା ମୋହ ବନ୍ଧନ ଯେ ନୋହଇ ଯେତେବେଳ ।୩୨।
କେ କାହାର ସୋଦରେ କେ କାହାର ଭାରିଜା
କେ କାହାର ପୁତ୍ର ବନ୍ଧୁ କେ କାହାର ଆତ୍ମଜା ।୩୩।
ଶୁଣିଣ ଭୀମସେନ ବୋଲଇ ଦୁଃଖ ମନେ
ଯେଡ଼େକ ନିପ୍ରୋହି କିମ୍ପେ ହୋଇଲୁ ରାଜନେ ।୩୪।
ମହା ଭୃତ୍ୟପଣେ ଯେ କଲାକ ତୋତେ ସେବା
ନିକଳଂକ ନିର୍ଦ୍ଦୋଷୀ ଯେହାକୁ କେମନ୍ତେ ଛାଡ଼ିଯିବା ।୩୫।
କୋଟିୟେ ରକ୍ଷିନ୍ତ ଘେନି ବ୍ୟାସ ମୁନି
ମହା ଅନଳୁଂ ଜାତ କଲେ ଜିଘ୍ନସେନୀ ।୩୬।
ସ୍ୱାମୀ ଶ୍ରୀଖଣ୍ଡୀ ଧୃଷ୍ଟଦ୍ୟୁମ୍ନ ଅଟନ୍ତି ଯାର ଭ୍ରାଥ
ଅନେକ ସମ୍ଭରେ ଯେହାକୁ ଆମ୍ଭନ୍ତ ଦିଲେଟି ଦ୍ରୋପତ ।୩୭।

ଯେକା ସ୍ତିରୀୟେ ହୋଇ ସହିଲା ପାଞ୍ଚ କରି ଅର୍ଦ୍ଧୋଳି
ଯେହାକୁ ଛାଡ଼ିଯିବାକୁ ତୁମ୍ଭର ସତ କେହେନେକ ବଳି ।୩୮।
ସ୍ୱାମୀ ଚାମରୀକି ନିନ୍ଦଇଟି ଯାହାର ଯେ କେଶ
ଲୁବୁଧେ ମଧୁକରେ ଯେ ନ ଛାଡ଼ନ୍ତି ଯାର ପାଶ ।୩୯।
କୁସୁମ ନ ଗଛଇ ମଥାକୁ ହୋୟେ ଭାରି
ଅଳଂକାର ନ ବହଇ ଶରୀରକୁ ଭରା ପାଇବ ବୋଲି ।୪୦।
ଭ୍ରୂଲତା ଶୋଭାବନ ଜାଣି ମଦନର ଚାପ
ଦେଖିଲେ ମନ ତ୍ରାସ କରଇ କନ୍ଦର୍ପ ।୪୧।
ସ୍ୱାମୀ ନୀଳେନ୍ଦୀ ଜଳ ଜାଣି ଦିଶଇ ଯାର ଆକ୍ଷି
ମୁନିଗଣେ ଧ୍ୟାନ ଛାଡ଼ିବେ ଯାହାର ରୂପ ଦେଖି ।୪୨।
ତାମ୍ବୁଲ ବିହୁନେ ଯେ ଅଧର ପଂକୁବିମ୍ବୁ
ନସାଫଳ ତିଳ ଜାଣି ମାଣିକ୍ୟ ଦନ୍ତ ସବୁ ।୪୩।
କମ୍ବୁ ଜିଣି କରି ସ୍ୱାମୀ କଣ୍ଠ ଯାହାର ଶୋଭା
ବାହୁ ବେନି ମୃଣାଳ କି କଣୟର ପ୍ରଭା ।୪୪।
ସୁବର୍ଣ୍ଣ କୁମ୍ଭ ଜିଣି ଯାହାର କୁଚ ଯୁଗଳ
ସିଂହ ମଝା ଜାଣି ଯାର ହୃଦୟ ବୃଶାଳ ।୪୫।
ଉଲଟ କଦଳୀ ଜାଣି ଦିଶଇ ବେନିଜାନୁ
ଶରତ ଚନ୍ଦ୍ର ଜାଣି ଯାହାର ଦିଶେ ତନୁ ।୪୬।
ଚମ୍ପା କଢ଼ି ଜାଣିଣ ଯାହାର ଅଙ୍ଗୁଷ୍ଠି
କୁନ୍ଦ ପାଖୁଡ଼ା ଜାଣି ଦଶଲହ ଉକୁଟି ।୪୭।
ସ୍ୱାମୀ ଚାଲନ୍ତେଣ ଶୋଭା ଯେ ମତ୍ତଗଜ ଠାଣି
ବଚନ ସୁଲଳିତ ଯେ ଅଣ୍ଡିର କୋକିଳ ଜଣି ।୪୮।
ସ୍ୱାମୀ ଯେତେକ ଲକ୍ଷଣ ଜାଣି ଅଗ୍ନିରୁ ହେଲେ ଜାତ
କେମନ୍ତେ ଛାଡ଼ିବାକୁ ବଳଇ ତୁମ୍ଭର ସତ ।୪୯।
ସୋମବଂଶକୁ ଯେ ଶତେଗୁଣେ ଗରୁହଂସୀ
ଆବର ଭୋ ଦେବ ଯେ ତୁମ୍ଭର ପାଟବଂଶୀ ।୫୦।

ସ୍ୱାମୀ ପ୍ରିୟବନ୍ତୀ ପୁତ୍ରବନ୍ତୀ ରାଜାର ନନ୍ଦିନୀ
ଅନେକ ଯାଗ ଯଗ୍ୟଂ କଲ ଏହାକୁ ଘେନି ।୫୧।
ସ୍ୱାମୀ ପ୍ରିୟବତୀ ଭାର୍ଯ୍ୟାକୁ ଯେଡ଼େକ ନିର୍ଦ୍ଦୟା
ଧର୍ମରାଜାପଣ କେଣେ ଗଲା ପାଷାଣ କଲ ହିୟା ।୫୩।
ଆମ୍ଭନ୍ତ ତେଜ୍ୟାକରି ଯିବଟି କାହିଂକି
ପ୍ରିୟବତୀ ତେଜ୍ୟାକଲେ ଧର୍ମ ରହେ ଟିକି ? ।୫୩।
ଯୁଝେଷ୍ଟି ବୋଇଲେ କହିଲୁ ନିଜ ଗୁଣ
ଅବଶ୍ୟ ଯେହାର ଅଛଇ ଅବିଗୁଣ ।୫୪।
ଯେହାର ଛାର ପାଇଂ ଭାଇରେ ଯେତେ ତୋର ଶୋକ
ଯେହା ଛାର ପାପୀରେ ଅଟଇ ଘୋର ନର୍କ ।୫୫।
ପର ଉପୁଗାରୀ ହୋୟେ ସର୍ବଦା ଯାର ଚିତ୍ତ
ତାହାକୁ ଜାଣିମା ସିନା ପରମ ପଣ୍ଡିତ ।୫୬।
ଛାଡ଼ିଆସ ଭୀମରେ ଦ୍ରୋପତୀ ବଡ଼ ପାପୀ
ଯେହା ଛାର ପାପକର୍ମ ଶୁଣରେ ଅଦ୍ୟାପି ।୫୭।
ମଧ୍ୟ ଭୁବନରେ ଯେହୁ କରିନାହିଂ ଧର୍ମ
ଯେଥେ ସେ ଜାଣିମାନା କାହାର କେତେ ପୁଣ୍ୟ ।୫୮।
ଯେ ଯାହାର ପୁଣ୍ୟ ଘେନି ଯାଏ ସିନା ସ୍ୱର୍ଗ
ଆରେ ଭୀମସେନ ଛାଡ଼ ଦ୍ରୋପତୀକୁ ମାର୍ଗ ।୫୯।
ଶୋକ କଲେ କାୟା ତୁହି ହାରିବୁ ନ ଜାଣି
ଛାଡ଼ରେ ଭୀମସେନ ଧର୍ମ ନ କର ହାନି ।୬୦।
କେ ଯେଥେ ଅମର ହୋଇ ରହିବରେ ଭାଇ
ପୁଣ୍ୟ କରିଥିଲେ ଯେଥେ ଦୁଖନ୍ତ ନ ପାଇ ।୬୧।
ପାପରେ ନର୍କ ଯାଇ ପୁଣ୍ୟରେ ସ୍ୱର୍ଗପଥ
ଯେଥେ ଜାଣିମାନା ବନବାସ କେମନ୍ତ ।୬୨।
ଭୀମସେନ ବୋଇଲା ତୁମ୍ଭେତ ଧର୍ମ ଜାଣ
କିସ ପାତକ ଯେହାର କୁହ ହେ ଧର୍ମରାଣ ।୬୩।

ଯୁଝେଷ୍ଟି ବୋଇଲେ ହୋ ୟେହାର ପାପଭାର
ୟେ ମହାପାପୀ ପୁଣ ଶୁଣରେ ବ୍ରିକୋଦର ।୬୪।
ୟେତ ସହଜେ ପଞ୍ଚୁ ପାଣ୍ଡବଙ୍କ ନାରୀ
ଅଭୟଂକରୀ ହୋଇ ୟେହି ଅଟଇ ଦୁଷ୍ଟାଚାରୀ ।୬୫।
ସଦୟେ ସେନେହେ ୟେ ନ କରଇ ତୁମ୍ଭର
ଆବର ମଧମଟି ୟେ କରଇ ମୋହୋର ।୬୬।
ୟେ ଛାରକୁ ତୋର ୟେଡ଼େକ ମୁହାଂସ
ଆମ୍ଭର ବିଚାରେ ୟେହାକୁ ଧର୍ମ କିସ ।୬୭।
ୟେଣୁ ସେ ୟେହାକୁ ହୋୟେ ମୃତୁ ପରାପତ
ପୁଣ୍ୟ ଥିଲେ ଯାଆନ୍ତାନା ଆମ୍ଭର ସଙ୍ଗତ ।୬୮।
ୟେତେ ବୋଲି ଯୁଝେଷ୍ଟି ଯାଆନ୍ତି ଆଗସରି
ଦେଖୁଂ ଦେଖୁଂ ଦ୍ରୋପତୀ ସେଠାରେ ପ୍ରାଣହାରି ।୬୯।
ଯୁଝେଷ୍ଟି ବୋଇଲେ ସେ ଦ୍ରୋପତୀ ବଡ଼ ଦୋଷୀ
ସୋଦରପଣରେ କଉରବନ୍ତ ଅମରିଷି ।୭୦।
ପଞ୍ଚଦଶ ବରଷ କେଶ ବନ୍ଧନ ନ କଲା
ଅନେଶ୍ୱତ ଭାଇନ୍ତ ବଧକରି କେଶତ ବାନ୍ଧିଲା ।୭୧।
ୟେ ମହାପାପୀକି ତୁରେ ଛାଡ଼ ମୋର ଭାଇ
ୟେ ଦୋଷ ଘେନିଣ ସେ କେହ୍ନୁ ସ୍ୱର୍ଗ ଯାଇ ।୭୨।
ଭୀମ ବୋଇଲା ସ୍ୱମୀ ୟେଡେକ ନିର୍ଦ୍ଦୟେ
ଆମ୍ଭନ୍ତେ ଛାଡ଼ିଣ ୟେବେ ନ ଯାଅ ଧର୍ମ ରାୟେ ।୭୩।
ନିର୍ମୋହ ଶରୀର ୟେ ବିକୃତ ତୋର ମନ
ସହୋଦ୍ର ଛାଡ଼ିଣ ହେ ନ ଯାଅ ଧର୍ମ ନାନ ।୭୪।
ୟେମନ୍ତ କହି ଭୀମ ଛାଡ଼ିଲେକ ଦ୍ରୋପତୀ
ଦଇବର ବିୟୋଗେ ନିର୍ମୋହ ପଞ୍ଚୁପତି ।୭୫।
ଲେଉଟି ମୁଖକୁ ନ ଚାହିଂଲେ ଧର୍ମସୁତ
ତହୁଂଣ ଗବନ କରନ୍ତି ୟେ ପଞ୍ଚୁ ଭ୍ରାଥ ।୭୬।

ପବନହୁଂ ବେଗେଣ ଯୁଝେଷ୍ଟି ଦେବ ଯାଇ
ପଞ୍ଚ ଯୋଜନ ଯେକା ନିମିଷକେ ଗମଇ ।୭୭।
ଚାରି ଭାଇ ପଛେ ପଛେ କରନ୍ତି ଗବନ
ସହଦେବ ଚାଲି ନୁଆରି ବିକଳ ତାର ମନ ।୭୮।
ଭୋ ରାଜଦେବ ଯେଥେ ଆଜକ ରହିବା
କାୟା ସୁସ୍ଥ କରି ଆମ୍ଭେ କାଲି ପ୍ରଭାତରୁ ଯିବା ।୭୯।
ଯେତେ ବୋଲି କାକର ଝୁଣ୍ଟିଣ ପଡ଼ିଲା
ରଖ ରଖ ଧର୍ମ ବୋଲି ସହଦେବ ଡାକଦିଲା ।୮୦।
ବଜ୍ର ଉପରେ ଯେହ୍ନେ ପଡ଼ିଲା ନିରିଘାତ
ଯେସନେକେ ଶବଦକଲା ମାତ୍ରିଦେବୀ ସୁତ ।୮୧।
ସହଦେବ ପଡନ୍ତେ ଭୀମସେନ ଚାହିଂଲା
ହାହା ଭାଇ ବୋଲି କୋଳ କରିଣ ଧଇଲା ।୮୨।
ଭୀମସେନ କୋଳକରି ଧରନ୍ତେ ମନ୍ତ୍ରୀବର
କ୍ଷଣେ ବିଶ୍ରାମ କର ହେ ଯୁଝେଷ୍ଟି ନୃପବର ।୮୩।
ମନ୍ତ୍ରୀ ଚୂଡ଼ାମଣି ଯେଥେ ସହଦେବ ଅଚେତ
ଲେଉଟି ଚାହିଂକିନା ହୋ ପଣ୍ଡୁରାଜା ସୁତ ।୮୪।
ହେ ରାଜା ଯୁଝେଷ୍ଟି ତୁମ୍ଭେ କ୍ଷଣକେ ବିଶ୍ରାମ
ସହଦେବ ପ୍ରାଣ ଦେଖ ହରିନେଲା ଯମ ।୮୫।
ଯାହାର ବୁଦ୍ଧି ବଳେ ଜିଣିଲ ସର୍ବ ପୃଥୀ
ବିବେକ ସୁଗୁଣବନ୍ତ ମହାମନ୍ତ୍ରୀ ଆଗତ କହନ୍ତି ।୮୬।
ଯେହାକୁ ଛାଡ଼ିବାକୁ ସତ କେମନ୍ତ ବଳିଲା
ରହ ରହ ବୋଲି ଭୀମସେନ ହାକ ଦିଲା ।୮୭।
ଯେତେ ନିସ୍ନେହୀ କେହ୍ନେ ହୋଇଲା ଗୋସାଇଂନ୍ତ
ଚାହାଂ ଲେଉଟି ପଡ଼ିଛି ସହଦେବ ଭ୍ରାଥ ।୮୮।
ଯୁଝେଷ୍ଟି ବୋଇଲେ ହୋ ତୁ ଛାଡ଼ ସହଦେବକୁ
ତାହାର ପୁଣ୍ୟେ ସେ ଅଇଲା ସିନା ଯେତେ ଦୂରକୁ ।୮୯।

ଯେତେ ପୁଣ୍ୟ କରିଥିଲା ସେ ଯେହ୍ନୁ ପୃଥୀରେ
ପୁଣ୍ୟ ସରିଲେ ଯିବ ନାହିଁକି ଯମପୁରେ ।୯୦।
ତୋହୋର ଆକୁଳ ହେଲେ ସେ ନ ପାଇ ଜୀବନ
କିମ୍ପାଇ ମାୟା ମୋହେ ପଡୁରେ ଭୀମସେନ ।୯୧।
ଯେ ବଡ଼ ପାପିଷ୍ଟରେ ଛାଡ଼ ମୋର ଭାଇ
ଯେହାକୁ ସେନେହ ମୋହୋର ଶରୀରଣ ନାହିଁ ।୯୨।
ଯେହ୍ନୁ ବଡ଼ ପାତକୀ ଅଟେ କୃତଘ୍ନ ଚାଣ୍ଡାଳ
ଛାଡ଼ିଆସ ଭାଇରେ ଡାକ ଦିଅନ୍ତି ଧର୍ମବାଳ ।୯୩।
ଭୀମସେନ ବୋଇଲା ମୁଂ ଛାଡ଼ିବି କେମନ୍ତେ
ଛାଡ଼ିଯିବାକଇଂ ସତ ନ ବଳଇ ମୋର ଚିତ୍ତେ ।୯୪।
ଗୁଣବନ୍ତ ଶ୍ରୀବନ୍ତ ଯେ ସୋଦର ପଣ୍ଡିତ
କେମନ୍ତେ ଛାଡ଼ିବି ଯାକୁ ନ ବଳଇ ସତ ।୯୫।
ଲେଉଟି ଚାହାଂକିନା ସହଦେବର ମୁଖ
ଭୋ ପ୍ରାଣନାଥ ଯେବେ ହୋଇଲାଟି ନିରେଖ ।୯୬।
ଯେହା ପରା ଭାଇକୁ ତୁ ଯେଥେ ଛାଡ଼ିଯିବୁ
ହେମବନ୍ତ ଶିଖରେ ଯାଇ କିସ ତୁ କରିବୁ ।୯୭।
ଯେହାକଇଂ ନ ଦେଖିଲେ ନ ରହଇ ମୋର ପ୍ରାଣ
ଦଣ୍ଡକେ ବିଶ୍ରାମ ଆହେ କର ଦେବ ରାଣ ।୯୮।
ଯୁଝେଷ୍ଟି ବୋଇଲେ ହୋ ଯେହ୍ନୁ ବଡ଼ ଦୋଷୀ
ଯେହା ଛାରକୁ କିମ୍ପା କରୁଚୁ ସମ୍ଭାଷୀ ।୯୯।
ଭୀମସେନ ବୋଇଲା ଯେହୋର କିସ ଅବିଗୁଣ
ସରୂପ କରି କହ ଦେବ ଛାଡ଼ିବି ଯେବେ ପୁଣ ।୧୦୦।
ଯୁଝେଷ୍ଟି ଦେବ ବୋଇଲେ ଯେ ଭୂତ ଭବିଷ୍ୟଗ୍ୟାଂତା
କରକଇଂ ଚାହିଂଲେ ଜାଣଇ ତିନି ଭୁବନ ବାରତା ।୧୦୧।
ଜାଣିକରି ନ କହଇ ପଚାରିଲେ ଜଣାଇ
ପ୍ରାଣ ଅନ୍ତ କାଳେ ନ କହିଇ ସଂଦେଶଇ ।୧୦୨।

ଯେହୁ ଯେବେ କହିଥାନ୍ତା ପଶାଖେଳର ବେଳେ
ରାଜ୍ୟଭାର ଛାଡ଼ି କିମ୍ପେ ଯାନ୍ତୁ ବନସ୍ତରେ ।୧୦୩।
ଯେହାର ପ୍ରମାଦରେ ପାଇଲୁ ବଡ଼ ଦୁଖ
ଯେ ମହା ପାପୀକୁ ଛାଡ଼ ନୋହସି ବିମୁଖ ।୧୦୪।
ଯେହାର ମରଣକୁ ନାହିଁ ମୋର ବଥା
ଛାଡ଼ିଆସ ଭୀମସେନ ପୋଡୁ ଯେହାର କଥା ।୧୦୫।
ଭୀମସେନ ବୋଇଲା ଯେ ମାୟା ମୋହ ଛାଡ଼ି
ମନ୍ତ୍ରୀବର ଛାଡ଼ି କେହ୍ନେ ଯିବାକ ବାହୁଡ଼ି ।୧୦୬।
ସହଦେବ ଭୀମସେନ ଯେତେକ କ୍ରୋଧ କଲେ
କଦାଣ୍ଟିତେ ଯୁଝେଷ୍ଟି ଦେବ ନେଉଟି ନ ଚାହିଁଲେ ।୧୦୭।
ଭୀମସେନ ହାକ ଦିଅଇ ଦଣ୍ଡେହେଂ ବିଶ୍ରାମ କର
ଯୁଝେଷ୍ଟି ବୋଇଲେ ତାକୁ ଛାଡ ସେହିଠାର ।୧୦୮।
କଠୋର ବଚନେ ଭୀମସେନ ସହଦେବକଇଂ ଛାଡ଼ିଲା
ପୁଣିହିଂ ମୁଖ ଚାହିଂ ଅନେକ ଶୋକ କଲା ।୧୦୯।
ସହଦେବକଇଂ ହିମ ଭୂମିରେ ଛାଡ଼ିଣ ଆସନ୍ତେ
ଚଳନ୍ତି ଚାରି ଭାଇ ପବନଂୁ ଆପାତେ ।୧୧୦।
ଆଗରେ ଯୁଝେଷ୍ଟି ଦେବ ପଛରେ ଅରଜୁନ
ମଧ୍ୟେ ନକୁଳ ପଛେ ପବନ ନନ୍ଦନ ।୧୧୧।
ଚଳନ୍ତେ ବନସ୍ତ ହେମେ ଯାଉଛନ୍ତି ମାଡ଼ି
ହାବୋଡାଗାତେ ତାଂକ ତରୁବରନ୍ତ ଉପୁଡି ।୧୧୨।
ଶତେ ଯୋଜନ ଗମନ୍ତି ନିମିଷେକ ମଧ୍ୟେ
ହେମ ଗିରି ଉପରକୁ ଉଠୁଛନ୍ତି ସାଧେ ।୧୧୩।
ମହା ବଇକୁଲ୍ୟ ପୁଣ ନକୁଳହିଂ ହୋଇଲା
ଭୋଦେବ ଯୁଝେଷ୍ଟି ହେ ବୋଲିଣ ଡକେକ ପୁଣ ଦିଲା ।୧୧୪।
ପ୍ରାଣ ବଇକୁଲ୍ୟ ମୋର ନୁଆରଇ ଯାଇ
ଆଜକ ରହି ସମ୍ଭାଳି ନିଅ କିନା ଗୋସାଇଂ ।୧୧୫।

ଯେ ମୋର ଆତ୍ମାକୁ ଲାଗିଲା ବଡ଼ ମନ୍ଦ
ସମ୍ଭାଳି କରି ମୋତେ ନିଅ ଧର୍ମ ନରେନ୍ଦ୍ର ।୧୧୬।
ଯୁଦ୍ଧିଷ୍ଠି ବୋଇଲେ ବାବୁ ନୁହସି ରେ ବିକଳ
ଆସ ଆସ ବୋଲି ଉର୍ଦ୍ଧ୍ୱେ ଉଠିଲେ ଧର୍ମଙ୍କର ବାଳ ।୧୧୭।
ପ୍ରାଣର ବିକଳେ ସେ ନକୁଳ ଯାଉଥିଲା
ଚରଣ ଅଥୟ ହେଲା ଝୁଣ୍ଟିଣ ପଡ଼ିଲା ।୧୧୮।
ବଜ୍ରଘାତ ଜାଣି ପଡ଼ିଲା ଭୂମିର
ଅଚେବନ ଆତ୍ମା ହେଲା ମାଦ୍ରୀର କୁମର ।୧୧୯।
ନକୁଳ ପଡ଼ିଲା ଯହୁଁ ଭୀମସେନ ଦେଖିଲା
ଆରେ ମୋହର ନକୁଳ ବୋଲିଣ କୋଳ କଲା ।୧୨୦।
ଭୋଦେବ ଯୁଦ୍ଧିଷ୍ଠି କ୍ଷଣକେ ବିଶ୍ରାମ କର
ନକୁଳ ଅଚେତନ ହୋଇଲା ଶରୀର ।୨୨୧।
ଲେଉଟି ତୁମ୍ଭେ ଥରେ ଚାହଁଟି ଧର୍ମବାଳ
ଅତି ସୁନ୍ଦର ଯେହି ସୁକୁମାର ନକୁଳ ।୨୨୨।
ତାହା ଶୁଣି ଭୀମସେନ ଯୁଦ୍ଧିଷ୍ଠିଙ୍କି ବୋଇଲା
ଯେହାକୁ ଛାଡ଼ିଯିବ ସତ କେହ୍ନେ ବଳିଲା ।୧୨୩।
କୁନ୍ତର ମୁନେ ଯେଟି ଧରିଲା ବସୁନ୍ଧରି
ଛତ୍ର ପ୍ରାୟେ କରିଣ ତୋଳିଲା ମହାବଳୀ ।୧୨୪।
ଅତି ସୁକୁମାର ଅଟଇ ଏହା ଅଙ୍ଗ
ଲକ୍ଷ ରାଜାଙ୍କ ଉପରେ ଯେ ବୋଲାଇ ଭୁଜଙ୍ଗ ।୧୨୫।
ବଂଶରେ ଧାର୍ମିକ ହୋୟେ ପ୍ରାକର୍ମେ ବଳିଷ୍ଠ
କୁମାର ମୁଖେ ଯେହାକଇଂ ଆକାଶେ ଅଛି ପାଟ ।୧୨୬।
ବଇମାତ୍ରୀ ସୁତ ବୋଲି ଧଇଲେ ଅବା ଚିତ୍ତେ
ଆମ୍ଭ ତହୁଁ ସେନେହ କରିଥାଅ ଯେ ଯେହାନ୍ତେ ।୧୨୭।
ଧର୍ମେଣ ନିର୍ଜିତ ସ୍ୱାମୀ ଅଟଇ ଯାର ଦେହ
ଯେବେ ସୋଦର ଛାଡ଼ି ହୋଇଲ ତ ନିରିମୋହ ।୧୨୮।

ନକୁଳ ସହଦେବ ପଡ଼ିଲେ ଚକ୍ଷୁବେନି
ତାହାଂକ ନିଧନେ କେହ୍ନେ ଥିବା ଯେ ଦେହ ଘେନି ।୧୨୯।
କ୍ଷଣହେଂ ତାକୁ ନଛାଡ଼ ତୁମ୍ଭେ ଧର୍ମ ଯେ ଯୁଝେଷ୍ଟି
ବୋଲ ନକୁଳ ସହଦେବ ମୋହର ଗଳା କଣ୍ଠି ।୧୩୦।
କେବଣ ଭୂତ ଆସି ପଶିଲା ତୋ ହୃଦରେ
ଯେତେ ନିଷ୍ଠୁର କିନା ହୋଇଲ ଦଣ୍ଡଧରେ ।୧୩୧।
ମାଛିଗୋଟି ବସିଲେ ଯାହାର ହୃଦଗତେ
ଲେପନ କରେ ଅଙ୍ଗେ ଚନ୍ଦନ ପଲେ ଶତେ ।୧୩୨।
ପୁଣି ବୋଇଲେ ବ୍ରିକୋଦର ଶୁଣିମା ଦେବ ଯୁଝେଷ୍ଟି
ନକୁଳକୁ ଦେଖିଣ ମୂର୍ଚ୍ଛନା ମୋର ଫାଟି ।୧୩୩।
ଦେଖୁ ଦେଖୁ ସେ ନକୁଳ ପ୍ରାଣ ହିଂ ହାରିଲା
ପଥର କାକର ଯେ ଚାଲିତ ନୁଆରିଲା ।୧୩୪।
ପଦ୍ମଦଳ ଲୋଚନ ଯାର ଅତି ଅନ୍ତମାନ ଦେହି
କାମଦେବ ଯାହାକ୍ଳହିଂ ସରିସମ ନୋହି ।୧୩୫।
ଜଗ ଚନ୍ଦନ ଭାଇକି ଯାଉଅଛ ଛାଡ଼ି
ଲେଉଟି ଚାହାଂ ଦେବ ମୁଖ ବକ୍ର କରି ।୧୩୬।
ଯେତେ ବୋଲି ଭୀମସେନ ମହା ଶୋକଭରେ
ଉଚ୍ଚେ ରୋବଇ ସେ ପବନ କୁମରେ ।୧୩୭।
ଯୁଝେଷ୍ଟି ବୋଇଲେ ଭୀମ ନକର ରୋଦନ
କିସ ସୁନ୍ଦର ହୋୟେ ମରଣକୁ ଆଗମନ ।୧୩୮।
ଆପଣା ସୁନ୍ଦର ପଣ ଆପଣେ ଦେଖାଇ
ଯେତେକ ପାତକୀ କିମ୍ପେ ରହିଥିବେ ମହୀ ।୧୩୯।
ଆତ୍ମା ବଡ଼ାଇ ପଣେ ଆପଣେ ନାଶ ଯାଇ
ସେ ମହା ପାତକୀକି ରେ ଛାଡ଼ି ଆସ ଭାଇ ।୨୪୦।
ତାହାର ଦୋଷେ ସେହୁ ପ୍ରାଣେ ନାଶ ଗଲା
ଯେଢ଼େ ବଡ଼ ପାପୀ ଗୋଟା ଅଗ୍ୟାନେଣ ମଲା ।୧୪୧।

ଯୁଝେଷ୍ଟି ବୋଇଲେ ଭୀମସେନ ନ ଲଗାଇ ମୁହାସ
ନକୁଳକୁ ଛାଡି ତୁ ବହନ ହୋଇ ଆସ ।୧୪୨।
ମାୟା ମୋହେ ପଡ଼ିକରି ତୁ ନୋହସି ଅନ୍ଧକାର
ଜଳ ବିନ୍ଦୁ ପ୍ରାୟେକ ଯେ ଜୀବନହିଁ ଅଥିର ।୧୪୩।
ଯେଥକୁ ମୁହୂର୍ତ୍ତେ ଅହଂକାର ମୂଢ଼ ପ୍ରାଣୀ
ଅଗ୍ୟାନ ମୋହରେ ତୁ ପଡୁ କିମ୍ପେ ନ ଜାଣି ।୧୪୪।
ଯେତେ ପୁଣ୍ୟ ଅରଜିଲା ତେବେ ଦୂରହିଂ ଅଇଲା
ଆତ୍ମାକୁ ପ୍ରଶଂସା କଲେ ଆପଣେହେଂ ମଲା ।୧୪୫।
ଯେତେ ବଡ଼ ପାପୀରେ ଅଟଇ ମୋର ଭାଇ
ଯେହାର ମହିମାଂ ଶୂନ କହଣା ନଯାଇ ।୧୪୬।
ମୋତେ ବୋଇଲା ଗର୍ବେ ମୁହିଂତ ରାଜେଶ୍ୱର
ମତ୍ତଗର୍ବ ପଣ କରି କହିଲ ଅପାର ।୧୪୭।
ଯେ ପୃଥ୍ୱୀରେ ମତ୍ତଗର୍ବ ହିଂସା ଯେ କରଇ
ଯମରାଜା ପାଞ୍ଜିରେ ସେହୁ ଅପହାରଇ ।୧୪୮।
ନକୁଳ ଛାଡି ତୁ ଆସ ମୋର ଭାଇ
ଯେତେ କାନ୍ଦିବୁ ଆଉ ଜୀବନ ନ ପାଇ ।୧୪୯।
ହେମାଞ୍ଚଳେ ନକୁଳ ଶୁଆଇ ଭୀମସେନ
ତାଳପତ୍ର ଲୁଚିଯେ ଉପରେ ଆବରଣ ।୧୫୦।
ହେଠ ମୂଖ ହୋଇ କରି ପଡ଼ିଅଛି ବୀର
କେବଳ ପବନ ତାର ଅଛଇ ଶରୀର ।୧୫୧।
କ୍ଷଣକରେ ଆତ୍ମା ଚାହୁଂ ଚାହୁଂ ବିସର୍ଜନ
ନକୁଳେ ଶୁଆଇ କରି କରନ୍ତି ଗବନ ।୧୫୨।
ଆଗରେ ଯୁଝେଷ୍ଟି ହେଲେ ମଧରେ କିରିଟୀ
ପଛରେ ଭୀମସେନ ପବନ ନନ୍ଦନଟି ।୧୫୩।
ପବନହୁଂ ବେଗେ ଅନ୍ତରୀକ୍ଷେ କରଇ ଗବନ
ହେମାଞ୍ଚଳେ ଗବନ ହୋଇଲେ ଧର୍ମନାନ ।୧୫୪।

ଅଗମ୍ୟ ବିପୁଣ୍ୟ ସେ ଅଟଇ ଅନ୍ଧକାର
ପାଷାଣ ଝୁଣ୍ଟି ଭୂମି ହେମ ହୋୟେ ଅପହାର ।୧୫୫।
ଅଶକତେ ଅରଜୁନ ନୁଆରଇ ଯାଇ
ଯୁଧିଷ୍ଠିରଙ୍କିଂ ଚାହିଂ ରହି ବଚନ ବୋଲଇ ।୧୫୬।
ଭୋ ସ୍ୱାମୀ ଅଶକତ ହୋଇଲା ମୋର କାୟେ
କ୍ଷଣକ ବିଶ୍ରାମ କର ଆହୋ ଦେବରାୟେ ।୧୫୭।
ସମ୍ଭାଳି ନିଅ ହେ ପଥ ଅଛି ଅଳପ ଦୂର
କ୍ଷଣକେ ବିଶ୍ରାମ ତୁମ୍ଭେ କରହେ ଦଣ୍ଡଧର ।୧୫୮।
ଯୁଧିଷ୍ଠିର ବୋଇଲେ ତୁମ୍ଭେ ଆସୁଥାଅ ଭାଇ
ୟେତେ ବୋଲି ଯୁଧିଷ୍ଠିର ଯେ ବେଗ ବେଗ ହୋଇ ।୧୫୯।
ଗମନ୍ତି ଯୁଧିଷ୍ଠିର ଦେବ ପବନହୁଂ ଖର
ହେମଗିରି ମଧ୍ୟରେ ଗମନ୍ତି ସୁରେଶ୍ୱର ।୧୬୦।
ଯାନ୍ତେଣ ପାଦ ବିଭୋଳିତ ପଡ଼ିଲା ଅର୍ଜୁନ
ମୋତେ ରକ୍ଷା କର ଦେବ ଯୁଧିଷ୍ଠିର ରାଜନ ।୧୬୧।
ୟେତେ ବୋଲି ପଡ଼ିଲା ସେ ବାସେବ କୁମର
ଭୋଦେବ ଯୁଧିଷ୍ଠିର ବାରେ ପ୍ରତିକାର କର ।୧୬୨।
ଅର୍ଜୁନ ପଡ଼ିଲା ଯହୁଂ ଭୀମାସନ ତ ଦେଖିଲା
ଆରେ ମୋର ଭାଇ ବୋଲି କୋଳରେ ଧଇଲା ।୧୬୩।
ଆହାରେ ମୋର ପ୍ରାଣ ସଖା ତୁ ଭାଇ ବୋଲି
କାନ୍ଦନ୍ତି ଯୁଧିଷ୍ଠିର ଦେବ ଯାନ୍ତି ହେମ ପେଲି ।୧୬୪।
ଅର୍ଜୁନକୁ ଭୀମସେନ କୋଳେ ଅଛି ଧରି
କାନ୍ଦଇ ମାରୁତି ଅର୍ଜୁନ ଗୁଣ ସୁମରି ।୧୬୫।
ଦେଖ ଦେଖ ଯୁଧିଷ୍ଠିର ପଡ଼ିଲା ଫାଲଗୁନି
ଯାହାର ବାହୁବଳେ ୟେକଛତ୍ର ମେଦିନୀ ।୧୬୬।
ଜଗୁଜନ ସୁନ୍ଦର ଜଗତ ହିତକାରୀ
ଅଗ୍ନିକି ତୋଷ କଲା ଖାଣ୍ଡେବ ଦହନ କରି ।୧୬୭।

ନିର୍ବାତ କବଚ ଯେ ମାରିଲା କଉଣୋପ
ସ୍ୱର୍ଗରେ ସୁର ରାଜା କଲାକ ସୁରାଧିପ ।୧୬୮।
ଗୋସିଂହ ବଧ କରି ଦ୍ୱାରିକା କଲୁ ରକ୍ଷା
କୁମ୍ଭେକ ବଧ କଲୁ କପିଳାସକୁ ହେଲୁ ସାଖା ।୧୬୯।
ଲକ୍ଷେକ ନୃପତି ତୁ ଜିଣିଲୁ ବାହୁ ବଳେ
ସପତ ଦ୍ୱୀପ ପୃଥୀ ଧଇଲୁ ଧନୁ ହୁଳେ ।୧୭୦।
ଶର ସାଗର ମଧ୍ୟେ ସେତୁ ବନ୍ଧ ବାନ୍ଧି
ହନୁମନ୍ତ ପ୍ରଶଂସିଲା ଶିରେ ମୁକୁଟ ବାନ୍ଧି ।୧୭୧।
ଦେଖ ହେ ଅର୍ଜୁନ ତୋର ପଡ଼ିଲା ତୋର ଶାଖା
କ୍ଷଣହେଂ ବିଶ୍ରାମ କର ୟେହାଂକୁ ମୁଖ ଦେଖା ।୧୭୨।
ୟେହା ପରା ଭାଇକି କେହ୍ନେ ଛାଡି ଯିବା
ହେମାଞ୍ଚଳେ ଯାଇଂ ସ୍ୱାମୀ କିସ ଭୋଗ କରିବା ।୧୭୩।
ଦେଖ ତୋର ଭାଇ ୟେ ନିଧନ ଅର୍ଜୁନ
ୟେହାକୁ ଛାଡିବାକୁ କେସନେ ବଳିଲା ତୋର ମନ ।୧୭୪।
ୟେତେ ବୋଲି ଆଲିଙ୍ଗନ କରଇ ଭୀମସେନ
ଅର୍ଜୁନ ମୁଖ ଚାହିଂ କରଇ ସେ ରୋଦନ ।୧୭୫।
ଚନ୍ଦ୍ର ବଦନ ମୁଖ ପରିମୁଣ୍ଡା ଯାଇ
ବଦ୍ମତଳ ଲୋଚନ ବୁଜି ନିଚେଷ୍ଟ ହେଲୁ ଭାଇ ।୧୭୬।
ପ୍ରାଣର ବଲ୍ଲଭ ତୁ ଜଗତ ହିତକାରୀ
ବଜ୍ରେଣ ନିର୍ଜିତ ହୋୟେ ଶରୀର ତୋହରି ।୧୭୭।
ୟେଥିରେ ମୃତୁ ତୋତେ ବିଧାତା ଆଣି ଦିଲା
ୟେ ମୋହର ପ୍ରାଣ ନ ଯାଇ କିମ୍ପାହିଂ ରହିଲା ।୧୭୮।
ପ୍ରାଣର ବଲ୍ଲଭ ତୁହି ଯାଉଛୁ ନ କହି
ୟେକେ ୟେକେ ସମସ୍ତେ ଶୋଇଲ ନିଚେଷ୍ଟ ହୋଇ ।୧୭୯।
ନିର୍ଦ୍ଦୟା ନିରପେକ୍ଷ ଯୁଝେଷ୍ଟି ନୃପବର
ଶରୀରେ ଦୟା ତ ନ ବସଇ ତାହାଂକର ।୧୮୦।

ଅର୍ଜୁନକୁ ଭୀମସେନ ସ୍ନେହ ଶୋକ କଲା ଯେତେ
ମୁଂ କିସ କରିବଇଂ ଶାହାସ୍ର ସଂଗତେ ।୧୮୧।
ଯୁଝେଷ୍ଟି ବୋଇଲେ ଭୀମ ସରୂପ ଯେହି କଥା
ମରନ୍ତେ ଆତ୍ମାକୁ ସେ ନ ଦିଅଇ ବ୍ୟଥା ।୧୮୨।
ଯଦ୍ୟପି ରୋଦନ କରିବୁ ଶିର କୋଡ଼ି
ଚେତନା ପାଇଣ କି ସେ ଜୀଇଂବ ବାହୁଡ଼ି ।୧୮୩।
ବହୁତ ପୁଣ୍ୟମାନ ଅଛି ଯେହାର କଲା
ତେଣୁକରି ଅର୍ଜୁନ ଯେତେ ଦୂର ଅଇଲା ।୧୮୪।
ଯେ ଯେ ମହତ ଲୋକ ପରକୁ ଉପୁଗାରୀ
ତେଣୁକରି ଉଠିଣ ଅଇଲା ହିମଗିରି ।୧୮୫।
ଅର୍ଜ୍ଜୁନକୁ ଶୁଆଇରେ ଆସ ମୋର ଭାଇ
ଅପାର ଶୋକ କଲେ ଅର୍ଜୁନ ଜୀଇଂନାଇଂ । ୧୮୬।
ଯେ ବଡ଼ ଦୋଷୀ ଆରେ ଅଟଇ ମାରୁତି
ପାପୀ ଜନ ସିନା ଅଳପେ ନାଶ ଯାନ୍ତି ।୧୮୭।
ଆହୋ ଭୀମସେନ ଯେ ମତ୍ତ ଗର୍ବ ବହଇ
ଆପଣା ପହିଜ୍ୟପଣ ଆପଣେ କହୁଥାଇ । ୧୮୮।
ବୋଇଲା ଯେକଛତ୍ର କଲଇଂ ମୁଂ ମେଦିନୀ
ଆପଣାର ପ୍ରତଗ୍ୟାଂ କହଇ ଫାଲଗୁନି ।୧୮୯।
ଯେ ମୋର ବଳରେ ଯୁଝେଷ୍ଟି ଭାର
ଯେକାଙ୍ଗେ ମେଦିନୀ ସିନା ଅର୍ଜିଲା ମୋହର । ୧୯୦।
ଯେମନ୍ତ ବୋଲିଣ ସେ କରଇ ଗାରିମା
ଯେହି ସେ ପାପୀରେ ବଡ଼ ଅଟଇ ମୂଢ଼ ଆତ୍ମା ।୧୯୧।
ଶୋକ ନ କର ଆଉ ଆସ ତୁରେ ମାରୁତି
ଆପଣାର ମରଣ ସୋଦରେ କିସ ପ୍ରୀତି ।୧୯୨।
ଭୀମସେନ ବୋଇଲେ ତୁମ୍ଭେ ଯେତିକି ନିର୍ଦ୍ଦୟା
ଆମ୍ଭଂକୁ ଛାଡି ଯିବୁ ଧରିବୁ ତୋର କାୟା ।୧୯୩।

ଯୁଝେଷ୍ଟି ବୋଇଲେ ତୁ ନ କର ମୁହାଂସ
ଅର୍ଜୁନକୁ ଶୁଆଇ ବହନ ହୋଇ ଆସ ।୧୯୪।
ଜଗତ ତାରିଣ ସ୍ୱାମୀ ଯେ ସଂସାରୁ ଗଲେ
ଆମ୍ଭେ କିସ ମାନବ ସ୍ୱାମୀ ଧରିବା ଦେହ ଭଲେ ।୧୯୫।
ଶୁଣିକରି ଭୀମସେନ ଅର୍ଜୁନକଇଂ ଛାଡି
ଯୁଝେଷ୍ଟିଂକି ଗୋଡାଇ ଅମାର୍ଗ ପଥ ମାଡି ।୧୯୬।
ପୁଣି ବୋଲଇ ଭୀମ କିମ୍ପାଇଂ ଛାଡିଯିବ
ହେମଗିରି ପରେ ଯାଇ କି ସୁଖ ପାଇବ ।୧୯୭।
ହସିଣ ଯୁଝେଷ୍ଟି ଦେବ ବୋଲନ୍ତି ଧୀର ବାଣୀ
ଆସରେ ବିମୋହିତ ତୁ ନୋହସି ବୀରମଣି ।୧୯୮।
ମୃତୁ ମଣ୍ଡଳେ ଜାତ ହୋଇଲେ ଅବଶ୍ୟ ଯେ ମରି
ଦେହ ଘେନି ସ୍ୱର୍ଗକୁ ଯାଇତ ନୁଆରି ।୧୯୯।
କିମ୍ପାଇ ମିଛକୁ ତୁରେ କ୍ରୋଧ କରୁ ବାବୁ
ଆପଣେ ଭୀମ ତୁରେ ଯାଇତ ନୁଆରିବୁ ।୨୦୦।
ଯୁଝେଷ୍ଟିକ ବଚନେ ଭୀମ କ୍ରୋଧବାଣୀ
ଯେସନେକ ଦଇବ ଯେ ଅଛଇ ନିର୍ବାଣ ।୨୦୧।
ଅନେକ ପ୍ରକାରେ ସ୍ୱାମୀ କଲୁ ତୋର ସେବା
ଯେବେ ମୋତେ ଛାଡ଼ି ତୁମ୍ଭେ ଯେକା ହୋଇ ନ ଯିବା ।୨୦୨।
ଆମ୍ଭନ୍ତ ଛାଡ଼ିବାକୁ ତୋର କେହ୍ନେ ବଳିଲା ସତ
କେବଣ ଦୟିତ ହୋ ହରିଲା ତୋର ଚିତ୍ତ ।୨୦୩।
ଯୁଝେଷ୍ଟି ବୋଇଲେ ରେ ଶୋକ ନ କର ତୁ ଭୀମ
ତୁମ୍ଭେ ଚାରିହେଂ ମୋର ଆତ୍ମାରୁ ଅଭିନ୍ନ ।୨୦୪।
ଯେ ଯାହା ଅର୍ଜଇ ବାବୁ ସେ ତାହା ଭୁଞ୍ଜଇ
ଆପଣେ ପୁଣ୍ୟ କଲେ ପରନ୍ତ ନ ଦିଅଇ ।୨୦୫।
ଯଦ୍ୟପି ତୁମ୍ଭେ ମୋର ସୋଦର ପଞ୍ଚଭୂତ
ସବୁଂକୁହିଂ ହୋଇଛି ମରଣ ବିପରୀତ ।୨୦୬।

ଛାଡ଼ିକରି ଅର୍ଜୁନକୁ ଆସ ବାବୁ ଭଲେ
ଭୀମସେନ ବୋଇଲେ ମୋତେ ନିଅ ତୁମ୍ଭ ତୁଲେ ।୨୦୭।
ମୋହର ବିହୁନେ ତୁମ୍ଭେ ନ ଯାଅ ଯେକସର
ତୋହର ପାଦ ତଳେ ସେବା ହେଉତ ମୋହର ।୨୦୮।
ମୋତେ ଅନୁରାଗ ହେ କର ଧର୍ମସୁତ
ଯେକାଯେ ନ ଯାଅ ଧରି ନିଅ ମୋର ହାଥ ।୨୦୯।
ଯେକାଯେ ପ୍ରାଣ ତୁମ୍ଭେ ହାରିବ ନରେଶ୍ୱର
ମୁହିଁ ତୁମ୍ଭ ସଙ୍ଗତରେ ଥିବଇଂ ନୃପବର ।୨୧୦।
ଯେ ଗିରିବରେ ତୁମ୍ଭେ କେହେନେକେ ଯେକାକୀ ରହିବ
ମନକଇଂ ଶଂକା ହୋଇବ ଭଯେକରି ମରିବ ।୨୧୧।
ମୋହର ଥାନ୍ତେ ତୁମ୍ଭର କାହାକଇଂ ଡର
ଛାଡ଼ି ନ ଯାଅ ପ୍ରଭୁ ମୁଂ ତୁମ୍ଭ ସୋଦର ।୨୧୨।
ୟୁଝେଷ୍ଟି ବୋଇଲେ ତୋତେ କେହେନେକେ ନେବି ଭାଇ
ତୋହୋର ଆତ୍ମା ଅସମ୍ଭାଳ କେମନ୍ତେ ପାରିବୁ ତୁ ଯାଇ ।୨୧୩।
ତୋହର ଥିଲେ ମୋତେ ବହୁତହିଂ ଜଞ୍ଜାଳ
ତୁ ମୋତେ ଭୀମସେନରେ ନକର କଟାଳ ।୨୧୪।
ଯେ ତୋହର ଆତ୍ମା ତୋତହିଂ ଅଗୋଚର
କ୍ଷଣକେ ପ୍ରାଣ ଅଛି ତୋହର କଳେବର ।୨୧୫।
ବଇବସୁତ ମନୁ ବୋଇଲେ ଅଗସ୍ତିଂକ ଆଗ
କେମନ୍ତ ଭୀମକୁହିଂ ନକଲେ ଅନୁରାଗ ।୨୧୬।
ଆଗେଣ ୟୁଝେଷ୍ଟି ପଛରେ ଭୀମସେନ
ହେମାଞ୍ଚଳେ ଅର୍ଜୁନକଇଂ ଛାଡ଼ି କରନ୍ତି ଗବନ ।୨୧୭।
ୟୁଝେଷ୍ଟି ଅନୁସରି ଭୀମ ଯାଇଥିଲା
ପାଦ ଖସିଲା ହିମେ ଭୀମସେନ ହିଂ ପଡ଼ିଲା ।୨୧୮।
ଭୀମସେନ ପଡ଼ିଲା ବଜ୍ରଘାତ ହିଂ ଜାଣି
ଭଇରୋବ ନାଦ ପ୍ରାଯେ ଶୁଭିଲା ଘୋରବାଣୀ ।୨୧୯।

କି ଅବା ମନ୍ଦର ଗିରି ଭଞ୍ଜିଣ ପଡ଼ିଲା
ତେସନେକ ପ୍ରାୟେ ହୋଇ ଶବଦ ଶୁଭିଲା ।୨୨୦।
ଭୀମ ବୋଇଲା କ୍ଷଣେ ବିଶ୍ରାମି ମୋତେ ନିଅସି
ଯେତେ ବଡ଼ ଦୟାଳୁ ହୃଦରେ ନିର୍ଦ୍ଦୟା ନୁହସି ।୨୨୧।
ଭୋ ଧର୍ମରାୟେ ମୋତେ ପ୍ରତିକାର କର
ତୁମ୍ଭର ତୁଲେ ମୋତେ ନିଅ ହେ ନୃପବର ।୨୨୨।
ମୋହର ପରା ଭାଇକି ହେ ଯେଠାରେ ଛାଡ଼ିକରି ଯାଇ
କେସନେ ଛାଡ଼ି ତୁମ୍ଭେ ଯାଉଛ ଧର୍ମସାଇଂ ।୨୨୩।
ନିଶ୍ଚୟେ ଜାଣିଲି ତୁମ୍ଭେ ନିର୍ଦ୍ଦୟା ହୋଇଲ ତ
ଭୋ ଯୁଝେଷ୍ଟି ରାୟେ ମୁଂ ତୋହରେ ଶରଣାଗତ ।୨୨୪।
ଆକୁଳ ଦେଖିଣ ଧର୍ମେ ଚାହିଂଲେ ଲେଉଟି
ହସି ପ୍ରତି ବଚନ କରୁଛନ୍ତି ଯୁଝେଷ୍ଟି ।୨୨୫।
ଯେ ଯାହାର ପୁଣ୍ୟ ଘେନି ସ୍ୱର୍ଗପୁର ଯାଅ
ଆସି ଯିବେ ନୁଆରିଲୁ ତୁନିହୋଇ ଶୁଅ ।୨୨୬।
ଦେଖୁ ଦେଖୁ ଭୀମସେନ ହୋଇଲା ମୋହଗତ
ଭୋ ଦେବ ଯୁଝେଷ୍ଟି ମୁଂ ରହିଲଇଂ ଯେଥ ।୨୨୭।
ଦଶ ସହସ୍ର ମତ୍ତ ହାଥୀର ପ୍ରାକର୍ମ ଯାହାର
ଯେତେକ ପ୍ରାକର୍ମ କେଣେ ଗଲାକ ତୋହର ।୨୨୮।
ଶୁଣ ହୋ ମନୁ ରାୟେ ବଦନ୍ତି ଅଗସ୍ତି ବ୍ରହ୍ମବେତ୍ତା
ପୁଣିହିଂ ଉଠିଲା ସେହି ପବନର ପୁତା ।୨୨୯।
ଯୁଝେଷ୍ଟି ହାକ ଦିମନ୍ତି ଆସ ଆସ ହୋ ବହନ
ବାମଅଙ୍ଗ ଭରା ଦେଇ ଯାଉଛି ଭୀମସେନ ।୨୩୦।
ଯୁଝେଷ୍ଟି ବୋଇଲେ ତୁହି ପାରୁ ଯେବେ ଚାଲି
ଶେଷ କାଳ ହେଲାଣି ଆସୁଛି ହେମ ପେଲି ।୨୩୧।
ପବନ ଅପାତେଣ ଯୁଝେଷ୍ଟି ଦେବ ଆଗ
ଯୁଝେଷ୍ଟିଂକି ଗୋଡ଼ାଇ ଭୀମସେନ ବେଗ ବେଗ ।୨୩୨।

ହେମବନ୍ତ ଶିଖ ଆଉ ଅଛି ଅଳ୍ପ ଦୂର
ରଡ଼ି ଶବଦ ଦେଇ ପଡ଼ିଲା ବିକ୍ରୋଦର ।୨୩୩।
ଭୋ ଦେବ ଯୁଝେଷ୍ଠି ଆହେ ରକ୍ଷା ମୋତେ କର
ଯେ ମୋହର ଆତ୍ମା ହୋୟେ ମୋତେ ଅଗୋଚର ।୨୩୪।
ନିଅସି ସମ୍ଭାଳି ସ୍ୱାମୀ ଦୟିନୀ ଘେନ ମୋହର
ଭୋଦେବ ଯୁଝେଷ୍ଠି କ୍ଷଣକେ ବିଶ୍ରାମ କର ।୨୩୫।
ଅନେକ ବଇକୁଲ୍ୟ କେତେହେଂ ତୁ ହୋଉ
ଆର ଅଙ୍ଗରେ ଆସ କିମ୍ପାଇଂ ଦୁଖ ପାଉ ।୨୩୬।
ଯୁଝେଷ୍ଠିଂକ ବୋଲେ ଭୀମ ଦକ୍ଷିଣ ଅଙ୍ଗେପେଲିଲା
ବଜ୍ରଘାତ ଜାଣିକରି ବ୍ରିକୋଦର ପଡ଼ିଲା ।୨୩୭।
ମୋହ ହୋଇଣ ସେ ପଡ଼ିଲା ମହୀ ଲୋଟି
ହେମବନ୍ତ ଶିଖରେ ଯାଇଂଣ ଉଠିଲେ ଯୁଝେଷ୍ଠି ।୨୩୮।
ମହା ବଇକୁଲ୍ୟେ ସେ ରହିଲା ଭୀମସେନ
ଚାରି ସୋଦରେ ତହିଂ ହୋଇଲେକ ନିଧନ ।୨୩୯।
ହେମଗିରି ଶିଖରେ ଯୁଝେଷ୍ଠି ଦେବ ଉଠି
ମନେ ବଇକୁଲ୍ୟ ହୋଇଣ ମହାକଷ୍ଟି ।୨୪୦।
ପଞ୍ଚାଶ ସହସ୍ର ଯୋଜନ ତଳକୁ ଚାହିଂଲେ
ଭୀମସେନ ସହିତେ ଚାରିଭାଇ ରହିଲେ ।୨୪୧।
ତ୍ରିଦଶ ଦେବତାୟେ ଦେଖନ୍ତେ ଗଗନ ପଥେ
ସାଧୁ ସାଧୁ ସେହି ହୋ ହେମଗିରି ପରବତେ ।୨୪୨।
ଦେଖନ୍ତି ଯୁଝେଷ୍ଠି ଦେବ ଆକାଶ ସରୂପ
ଦେବ ଦୁନ୍ଦୁଭି ବାଦ୍ୟ ଶୁଭଇ ଅନୁରୂପ ।୨୪୩।

■

ଯୁଧିଷ୍ଠିରଙ୍କ ନର୍କ ଦର୍ଶନ ଓ ଛୟାଣୋଇ ସହସ୍ର ରାଜାଙ୍କ ମୁକ୍ତି

ବଇବସୁତ ମନୁ ଅଗସ୍ତିଂକି କଲେ ପୂଜା
ହେମବନ୍ତ ପର୍ବତ ଉପରେ ଉଠିଲେ ଯୁଝେଷ୍ଠି ମହରାଜା ।୧।
ଦେବତାମାନଂଙ୍କୁ ଦେଖିଲେ ସେ ଯେବେ
ଆକାଶକୁ ପୁଣି ସେ ଗଲେ କେବଣ ବାଗେ ।୨।
ଶୁଣ ବଇବସୁତ ମନୁ ବଦୟନ୍ତି ବ୍ରହ୍ମ ବେତ୍ତା
ତୁ ଯାହା ପୁଛାକଲୁ ହେମବନ୍ତର ବାରତା ।୩।
ପୂବେ ହେମଗିରି ଲକ୍ଷେକ ଯୋଜନ
ସେ ପର୍ବତ ଉପରେ ବସେ ପ୍ରଭାକର ରାଜନ । ।୪।
ତହୁଁ ଯେ ଉଦୟ ହୁଅଇ ଦିନକର
ତିମିରି ତୁଟଇ ସେ ଉଦୟ କରୁତାର ।୫।
ଅନନ୍ତ ଗିରି ସେ ବସଇ ଦକ୍ଷିଣ କୋଣେ
ସେହୀ ପର୍ବତ ଯେ ଯେହି ପରମାଣେ ।୬।
ତହିଂର ଉପରେ ବସନ୍ତି ଅନନ୍ତ ନାରାୟଣେ
ପଶ୍ଚିମେ ମେରୁଗିରି ଯେହି ଯେ ପ୍ରମାଣେ ।୭।
ସେ ପର୍ବତ ଉପରେ ବସଇ ସୁରପତି
ଉତ୍ତରେ କପିଳାସ କନ୍ଦରେ ଯେହି ମୃତ୍ତି ।୮।
ସେ ପର୍ବତ ଉପରେ ବସନ୍ତି ସଦାଶିବ
ଯେହି ଚାରି ପର୍ବତ ଯେ ଆକାଶ ଅଧା ସ୍ୱର୍ଗ ।୯।
ଯେ ଚାରି ପର୍ବତ ତଳେ ନବଦ୍ୱୀପ ସପତ ସାଗର ପୃଥ୍ୱୀ
ଯେ ପର୍ବତ ଚାରି ଦିଗ ଆବୋରି ଅଛନ୍ତି ।୧୦।
ସେ ହେମବନ୍ତ ପର୍ବତ ଉପରେ ଉଠିଣ ଯୁଝେଷ୍ଠ
ମଧ ଭୁବନକଇଂ କଲେକ ଦେବ ଦୃଷ୍ଟି ।୧୧।
ତହିଂର ଉପରେ ଅଛଇ ଜୀର୍ଣ୍ଣ କୂପ
ତହିଂ ପଡ଼ିଛନ୍ତି ଛୟାଣୋଇ ନୃପ ।୧୨।

ଯୁଝେଷ୍ଠି ଦେବ ଦ୍ରଶନେ ପାଇଲେ ସଦଗତି
ନରକରୁ ତରିଲେ ସେ ସକଳ ନୃପତି ।୧୩।
ଅଗସ୍ତିଂକି ପୁଚ୍ଛା କଲେ ବଇବସୁତ ମନୁ ରାଜା
କେବଣ ଯୋଗେ ନର୍କଗତି ପାଇଲେ ଛୟାଣୋଇ ରାଜା ।୧୪।
ଅଗସ୍ତି ବୋଲନ୍ତି ଦ୍ରିଯୋଧନ କତିରେ ଯେତେ ରାଜା ଥିଲେ
ପ୍ରଥମ ଦିନେ ପଡ଼ା ମାଗନ୍ତେ ସେ ଶରଣ ପଶିଲେ ।୧୫।
ନିସତ ହୋଇଣ ସେ ପଡ଼ିଲେ ସାଂଗ୍ରାମେ
ତେଣୁକରି ଆକାଶେ ପଶିତ ନ ଦିଲେ ଦେବ ଯମେ ।୧୬।
ଜୀର୍ଣ୍ଣକୂପ ଭିତରେ ଲାଇଲା ସବୁନ୍ତି
ସେ ଦିନ ଯୁଝେଷ୍ଠିଂକି ଦେଖି ପାଇଲା ନର୍କୁଂ ସଦଗତି ।୧୭।
ପ୍ରତକ୍ଷ ଧର୍ମଦେବ ତାଂକ ବନ୍ଧନ ଦେଖି
ପରମ ଗତି ପାଇଲେ ସେ ପାରନ୍ତ ଉପେଖି ।୧୮।
ଆକାଶେଣ ଥାଇ ସେ ଧର୍ମ ନୃପତି
ନର୍କ ଦ୍ରଶନ କିମ୍ପେ ପାଇଲେ ହୋ ଅଗସ୍ତି ।୧୯।
ଅଗସ୍ତି ବୋଇଲେ ହୋ ଶୁଣ ମନୁରାୟେ
ସତ୍ୟେଣ ସଂସାର ପାଳିଲେ ଧର୍ମରାୟେ ।୨୦।
ଧର୍ମହୁଂ ଆନ ନ କହନ୍ତି ଧର୍ମବାଣୀ
ତେଣୁ ସେ ଖଟିଲେ ଶଙ୍ଖ ଚକ୍ରପାଣି ।୨୧।
ମହାଭାରଥ ଯୁଦ୍ଧେ ନ ମରଇ ଦ୍ରୋଣ
କରେ ସହସ୍ର ଥିଲେ ତାଂକୁ କେହି ଜିଣି ନୋହେ ରଣ ।୨୨।
ଅଶସ୍ତମା ହତ ବୋଲି ଶୁଣଇ ଯେବେ କର୍ଣ୍ଣେ
ତେବେ ଅସ୍ତ୍ର ଛାଡଇ ଜିଣଇ ତାଂକୁ ରଣେ ।୨୩।
ପାଣ୍ଡବେ କୂଟ ଉପାୟେ ଯେ କଲେ ରାତି
ଭୀମସେନ ମାଇଲା ଯେ ଅଶସ୍ତମା ନାମେ ହାଥୀ ।୨୪।
ଅଶସ୍ତମା ରଥ ଧରି ଭୀମସେନ ଫିଙ୍ଗିଦିଲା
ସରସ୍ୱତୀ ନଦୀ ତୀରେ ଯାଇଂ ଅଶସ୍ତମା ପଡ଼ିଲା ।୨୫।

ଅଶସ୍ତମା ହତ ବୋଲି ଶୁଭିଲାକ ବାଣୀ
ଥାଠେ ଲୋଡ଼ି ଦ୍ରୋଣେ ଯେ ନ ପାଇଲେ ଦ୍ରୋଣି ।୨୬।
କୁରୁ ପାଣ୍ଡବେ ବେନି ଥାଠେ ପଚାରିଲେ ଗୁରୁ
ସମସ୍ତେ ବୋଇଲେ ଅଶସ୍ତମା କୁରୁପତି ଆଉ କାହିଂ ଲୋଡ଼ିପାରୁ ।୨୭।
ଯୁଝେଷ୍ଟି ଦେବକଇଂ ଚାହିଂ ପଚାରିଲେ ଦ୍ରୋଣ
ବାବୁ ଅଶସ୍ତମା ହତ ତୁମ୍ଭେ ସତକରି ଜାଣ ।୨୮।
ଅଶସ୍ତମା ହତ ବୋଲି ବୋଇଲେ ଯୁଝେଷ୍ଟି
ନର କିମ୍ବା ଗୁଞ୍ଜର ବୋଲି ନ ନ ଜାଣଇ ତଥି ।୨୯।
ଆନ ଆଉ ଯୁଝେଷ୍ଟିଂକର ପାତକ ନାହିଂ କିଛି
ଯେତେକ ମାତ୍ର ମିଥ୍ୟା ଧର୍ମସୁତ କହିଅଛି ।୩୦।
ତତଦୋଷ କରି ନରକ ଦରଶନ
ଯେଣୁ ଦେଖିଣ ମୁକତି ଗତି ପାଇଲେ ରାଜାମାନ ।୩୧।

ଶ୍ୱାନ ରୂପେ ଧର୍ମଙ୍କର ପ୍ରବେଶ, ଯୁଧିଷ୍ଠିରଙ୍କର ଇନ୍ଦ୍ରଙ୍କ ସ୍ତବ, ବ୍ୟାଘ୍ର ଦର୍ଶନ ଓ କଳିଯୁଗର ନିର୍ଯ୍ୟାତନା

ଶୁଣିଣ ସାନନ୍ଦ ହୋଇଲେ ବଇବସୁତ ମନୁ ରାଜା
ପାଦାର୍ଘ୍ୟ ଦିଲେ ସେ ଅଗସ୍ତି ବ୍ରହ୍ମଦୁଜା ।୧।
ଭ୍ରାଥ ସୋଦର ନାହିଂ ଯେକା ହୋଇଲେ ଯୁଝେଷ୍ଟି
କେବଣ କୃତ୍ୟ କଲେ ସେ ହେମବନ୍ତେ ଶିଖରେ ଉଠି ।୨।
ଶୁଣ ହୋ ମହାରାଜା ବଦୟନ୍ତି ବ୍ରହ୍ମପତି
ଚାହାନ୍ତି ଯୁଝେଷ୍ଟି ଦେବ ଦିଶଇ ଶୂନ୍ୟ ଚଉକତି ।୩।
ବଂଧୁ ସୋଦର ମରାଇ ହୋଇଲି ମୁଂ ଯେକା
ଅଣମନୁଷ୍ୟରେ ମୁଂ ହୋଇଲଇଂ ଲେଖା ।୪।
ଯୁଝେଷ୍ଟିଂକ ଦୋଷଶୂନ୍ୟ ଦେଖି ଧର୍ମ ଦଇବତେ
ଶ୍ୱାନେକ ହୋଇ ଯାଇଂ ଭେଟିଲେ ନିଜ ସୁତେ ।୫।
ଶୁଣ ହୋ ଚଇତନ ଶୁକ୍ଳାମ୍ବର ଶରୀର ଯେ ଶ୍ୱାନରୂପ କାୟେ
ଧବଳ କମଳ ଶୁଦ୍ଧ ସଷ୍ଟିକ ପରାୟେ ।୬।
ଅଦଭୂତ କାହୁଂ ଯୁଝେଷ୍ଟି ଛାମୁରେଣ ଭେଟି
ଦେଖିଣ ଆଶ୍ରିଜ ଯେ ଧର୍ମରାୟେ ଯୁଝେଷ୍ଟି ।୭।
ଯେ ମହା ହେମ ଲାଗି ଦେହ ମିଳାଇବାର ଭଳି
ଯେତେ ହେମ ଥାନରେ ଆସି ଶ୍ୱାନ କେମନ୍ତେ ମିଳି ।୮।
ଯୁଝେଷ୍ଟି ବୋଇଲେ ମୁଂ ହୋଇଲି ନିରେଖା
ଯେ ଶ୍ୱାନ ଗୋଟି ମୋତେ ହୋଇଲାକ ସାଖା ।୯।
ଯେତେକ ଭଳି ଦେବ ଆରୋହଣ ବଟ ତଳେ
ବସିଣ ଧର୍ମରାଜା ଯେ ବିଚାରନ୍ତି ବିକଳେ ।୧୦।
ଶ୍ୱାନ ଗୋଟି ବସିଲା ଯୁଝେଷ୍ଟିଂକ କତି
ଦେଖିଣ ସନ୍ତୋଷହେଲେ ଧର୍ମ ମହୀପତି ।୧୧।
ସେ ବନସ୍ତ ଭିତରୁ ଧାଂଇଲା ବ୍ରାଘବର

ଶ୍ୱାନକୁ ଭେଟିଲା ଯାଇଂ କରିବ ଆହାର ।୧୨।
ବ୍ରାଘକଇଂ ଦେଖିଣ ଶ୍ୱାନ ହୋଇଲା ବଇକୁଲ୍ୟ
ମୁଖ ଟେକି ରୋବଇ ସେ ହୋଇଣ ଆକୁଳ ।୧୩।
ତାହା ଦେଖି ଯୁଝେଷ୍ଟିଂକର ବଇକୁଲ୍ୟ ମନ
ଭୋ ଧର୍ମ ଦେବତା ମୋତେ ରଖ ନିରଞ୍ଜନ ।୧୪।
ସାଖା ସୋଦର ସସସ୍ତ ନାଶ ଗଲା
ତାହାଂକୁ ବିକଳ ମୋର ମନରେ ନୋହିଲା ।୧୫।
ଯେ ଶ୍ୱାନର ବଇକୁଲ୍ୟେ ମୁଂ ଜୀଇବଇଂ ଆଉ କାହିଂ
ଯେହାର ଆରତେ ଚିନ୍ତା ମୋର ଦେହୀ ।୧୬।
ଯେ ମୋହର ଆତ୍ମା କିମ୍ପା ଦହିଜ ନୋହିଲା
ଯେହାର କଷ୍ଟ ଦେଖି ମୋର ଆତ୍ମା ବିସର୍ଜିଲା ।୧୭।
ଯେତେକ ବୋଲିଣ ରାଜା ଧର୍ମର ନନ୍ଦନ
ଶୋକେଣ ଆକୁଳ ହୋଇଲେ ଆରତ ପଞ୍ଚୁମନ ।୧୮।
ଯୁଝେଷ୍ଟିକ ଆକୁଳ ବିକଳ ଦେଖିଣ ଯେ ଶ୍ୱାନ
ଡରଣେ ଥର ହର ସେ ରୋବଇ ଘନ ଘନ ।୧୯।
ଶ୍ୱାନର ଆକୁଳ ଦେଖି ଉଠିଲେ ଧର୍ମସାଇଂ
ବନସ୍ତର ଡାକ ଘେନି ଓଗାଳିଲେ ଯାଇ ।୨୦।
ଶ୍ୱାନର ଆରତ ଦେଖି ଚିନ୍ତା ଧର୍ମରାୟେ
ଶ୍ୱାନକୁ ଆବୋରି କରି ବସିଲେ ଯେକାୟେ ।୨୧।
ଯାହାର ପ୍ରାକର୍ମେ ମୁଂ ପାଇଲି ରାଜ୍ୟ ଭାର
ତାହାର ଚିନ୍ତା ମୋର ନ ବସିଲା ହୃଦର ।୨୨।
ପ୍ରିୟବତୀ ଭାରିଯା ମୋହୋର ନାଶ ଗଲା
ତାହାକଇଂ ହାଦେ ମୋର ଦୟାତ ନ ବସିଲା ।୨୩।
ଯେହାକଇଂ ଛାଡ଼ିଲେ ଯେତ ହୋଇବ ନିରେଖ
ଯେହିକ୍ଷଣି ଯେହାକୁ କରିବ ବ୍ରାଘ ଭକ୍ଷ ।୨୪।
ଯେହାକୁ ବିନାଶ କଲେ ମୋହର ଧର୍ମନାଶ
ଜୀଇଂବାରୁ ମରଣ ମୋର ହୋଇବ ପଉରୋଷ ।୨୫।

ଭୀମ ଅର୍ଜୁନ ଭାଇମାନେ ହୋଇଲେ ବଡ଼ ଛତ୍ରୀ
ତାହାଂକର ବାଣେ ଦୁଷ୍ଟମାନନ୍ତ ଗଞ୍ଜିଲେ ଯେ ପୃଥ୍ୱୀ ।୨୬।
ସେ ମୋର ସୋହଦରମାନେ ବିନାଶ ହୋଇଲେ
ତାହାଂଙ୍କୁ ହୃଦରେ ଦୟା ମୋର ନ ବସିଲା ଭଲେ ।୨୭।
ମୋହର ନାସ୍ତି କଲେ ଯେହାର ପ୍ରାଣ ନେବ
କେବଣ ଧର୍ମ ମୋର ହୋଇବାକ ତେବ ।୨୮।
ଯେଥୁ ଅନନ୍ତରେ ସେ ବିଲଂକ ଦେଶ ରାଜା
ଅଗସ୍ତିଂକ ପାଦପଦ୍ମେ କଲେ ଦିବ୍ୟ ପୂଜା ।୨୯।
ଭୋଦେବ ଚାରି ପାଣ୍ଡବ ଦ୍ରୋପଦୀ ହେମବନ୍ତେ
କେବଣ କୃତ୍ୟ କଲେ କହିବା ତପୋବନ୍ତେ ।୩୦।
କହନ୍ତି ଅଗସ୍ତି ଶୁଣ ହୋ ମହୀପତୀ
ଯେସନେକ ଶୁଣ ଚାରି ପାଣ୍ଡବଂକ ରୀତି ।୩୧।
ମୂର୍ତ୍ତିବନ୍ତ ହୋଇଣ ଛାଡ଼ିଲା କଳେବର
ପୁଷ୍ପେକ ବସିଗଲେ ଅମର ସ୍ୱର୍ଗପୁର ।୩୨।
ଦେଖିଣ ଇନ୍ଦ୍ର ଦେବ ତାଂକୁ ସନ୍ତୋଷ ହୋଇଲେ
ବସିବାକୁ ସ୍ଥାନ ଦିବ୍ୟ ସିଂହାସନ ଦିଲେ ।୩୩।
ରତ୍ନ ଅଳଂକାରମାନ ସେ ବିବିଧ ବର୍ଣ୍ଣେ ଦେଇ
ଦେଖିକରି ହରଷ ହୋଇଲେ ଶଚୀସାଇଂ ।୩୪।
ଯେଥୁ ଅନନ୍ତରେ ଶୁଣ ବିଲଂକ ଦେଶ ରାଜା
ଅଗସ୍ତିଂକ ଚରଣେ କଲାକ ଦିବ୍ୟ ପୂଜା ।୩୫।
ଭୋ ମୁନି ଯେତେବେଳେ ପାଣ୍ଡବ ତୀର୍ଥବାସୀ
ପରୀକ୍ଷକଇଂ ରାଜ୍ୟ ଦେଇଣ ଧର୍ମଶିଶି ।୩୬।
କେମନ୍ତ କରି ସେ ରାଜ୍ୟ କଲେକ ପାଳନ
କ୍ଷଣେହେଂ ରହୁ ଯୁଝେଷ୍ଟି ସ୍ୱର୍ଗ ଆରୋହଣ ।୩୭।
ଶୁଣ ହୋ ରାଜନ ତାହା ବଦନ୍ତି ଅଗସ୍ତି
ରାଜ୍ୟ ଛାଡ଼ି ଆସିଲେ ଯେ ଯୁଝେଷ୍ଟି ନୃପତି ।୩୮।
ମ୍ଳେକ୍ଷ ରାଜାହିଂ ଆସି ଆବୋରିଲା ପୁର
ଭ୍ରତ ଖଣ୍ଡ ରାଜ୍ୟେ ଯେ ପରୀକ୍ଷ ନୃପବର ।୩୯।

ପିତା ତାଂକୁ ଦିଲେ ପୂର୍ବ କମ୍ବୁଦୀପ ପୃଥୀ
ସମସ୍ତ ନୃପତି ପରୀକ୍ଷ ଚରଣେ ଖଟନ୍ତି ।୪୦।
କ୍ଷତ୍ରୀୟ ବୀରବର ସେ ଅଟଇ ମହାରାଜା
ଆଗ୍ୟାଂୟେ ପ୍ରଶୁରାମ କୃତାନ୍ତେକ ତରିଜା ।୪୧।
ରୂପେଣ ମନସିଜ ପ୍ରାକ୍ରମେ ସୁରପତି
କ୍ଷମାୟେ ପୃଥ୍ୱୀପତି ବଡ଼ିମାୟେ ମାରୁତି ।୪୨।
ଅଭିମନ୍ୟୁ ନନ୍ଦନ ଯେ ପ୍ରତାପୀ ସୋମବଂଶ
ଯାହାର ପିତା ମାତୁଳ ଅଟନ୍ତି ହୃଷୀକେଶ ।୪୩।
କୃଷ୍ଣ ପାଣ୍ଡବେ ଯହୁଂ ଗଲେକ ସ୍ୱର୍ଗପଥ
କଳିଯୁଗର ଦୋଷ ହୋଇଲା ଉପଗତ ।୪୪।
ସନ୍ଧ୍ୟା ତର୍ପଣ ଯେ ଛାଡ଼ିଲେ ଦେବପିତ୍ର
ବଣିଜ କର୍ମ କଲେ ଯେ ଯାହା ଅବିହିତ ।୪୫।
ଯେ ଯାହାର ନିତ୍ୟକର୍ମ ଛାଡ଼ିଲେ ସହଜ
ବଇଶ୍ୟ କ୍ଷତ୍ରିୟ ଶୂଦ୍ର ବିପ୍ରମାନେ ଅବୀଜ ।୪୬।
ବ୍ରାହ୍ମଣେ ବେଦମନ୍ତ୍ର ଯଗ୍ୟଂ ହୋମ ଛାଡ଼ି
ଅକର୍ମ କରନ୍ତି କେହୁ କୁପଥହିଂ ମାଡ଼ି ।୪୭।
ମଦ୍ୟ ମସ୍ତଳ ହିଂସା ନିନ୍ଦାରେ ମନ୍ଦ ବୁଦ୍ଧି
ସନ୍ଥ ବଚନେ କେହି ନୋହନ୍ତି ପ୍ରବୋଧି ।୪୮।
ପ୍ରସବ ସ୍ତିରୀୟେ ଯେ ଇଛନ୍ତି କାମ ଇଛା
ଅନୁବ୍ରତେ ଜିଭ୍ୱାରେ ସେ କହୁଥାନ୍ତି ମିଛା ।୪୯।
ପିତାକଇଂ ପୁତ୍ରେ ଯେ କରନ୍ତି ଉପବାସ
ନାରୀନ୍ତେ ପୁରୁଷମାନେ ନ ଗଲେ ବିଶ୍ୱାସ ।୫୦।
ମାତା ପିତା ତେଜି ପୁତ୍ରେ ଭାରିଯାର ବଶ
ନିଜ ପୁରୁଷକଇଂ ହୋୟେ ପତ୍ନୀ ଅମରିଷ ।୫୧।
ୟେସନେକ ଆଚାର ଯେ ଉପୁଜିଲା ମହୀ
ଅନାଚାର କଲେ ସର୍ବେ କଲି ଭୋଗ ହୋଇ ।୫୨।
ଡଗରେ ହକାରି ଦିନେ ପୁଛିଲାକ ରାଜା
ଦେଶ ଉଚିତରେ ସେ ଅଛନ୍ତିନା ପ୍ରଜା ।୫୩।

ବ୍ରାହ୍ମଣେ ବେଦମନ୍ତେ ହୋଅନ୍ତିନା ଧର୍ମଶୀଳ
ବେଉସା ବାଣିଜରେ ହୁଅଇନା କୃଷିଫଳ ।୫୪।
ଯେ ଯାହାର କର୍ମରେ ସେ ଅଛନ୍ତିନିନା ପ୍ରାଣୀ
ଆଉ କିଛି ଅଭାବ ଅଛୁ କିହୋ ତୁହି ଶୁଣି ।୫୫।
ବୋଲି ଚାରିଗଣେ ଶୁଣ ହୋ ନରହାନା
ସବୁହିଂ ଅନୀତି ଦେବ ପଚାରିଲୁଂ ଯାହା ।୫୬।
ଯୁଝେଷ୍ଟିଂକ ରାଜ୍ୟରେ ଯେତେକ ଗରୁହଂସୀ
ତୁମ୍ଭର ରାଜପଣେ ନାହିଂତ ୟେକଅଂଶୀ ।୫୭।
କଳି ପ୍ରବେଶରୁ ତ ହୋଇଲା ଛିଦ୍ରକାଳ
ଆମ୍ଭର କହିତେ ଶକ୍ୟ ନାହିଂ ମହୀପାଳ ।୫୮।
ଡଗର ବଚନେ ସେ ନୃପତି ଅସନ୍ତୋଷଇ
କଳିକାଳ ଦୁଷ୍ଟ ପଶିଲା ମୋହର ଦେଶଇ ।୫୯।
ରାଜାର ଉଦବେଗ ବଢ଼ାଇ କଲା ଚିତ୍ତ
ଗୁପତେ ଛିଦ୍ରକଇଂ ଖୋଜଇ ସେ ନୃପତ ।୬୦।
ଗୁପତେ ରାଜାହିଂତ ସେ ଦେଶେ ଦେଶେ ବୁଲି
ପରଜାଂକ ଚେଷ୍ଟାମାନ ସେ ମନେ ମନେ ଭାଳି ।୬୧।
ଗୁପତେ ରାଜା ଯେ ଦେଶେ ଦେଖିଲା କଳିଯୁଗ
ମନ୍ତ୍ରୀଂକି ଘେନି କଟଳେ କରଇ ପ୍ରୀତିଭୋଗ ।୬୨।
ତିନି ପାଦ ଛେଦଇ ୟେକା ଯେ ବଇଲ
ଗାଈ ଗୋଟିୟେ ଯୋଚିଲା ତାହାର ତୁଲ ।୬୩।
ଦୁହନ୍ତି ଧରିଣ ଧ୍ୱଂସୁଅଛି ରୋଳି
ଧରିଣ ଘେନିଣ ଯେ ଚଳଇ ମହୀଆଳୀ ।୬୪।
ମହା ଦଗଧେ ଯେ ବୃଷଭ ବିକଳ
ବେନି ନୟନୁଂ ତାର ବହଇ ଅଶ୍ରୁଜଳ ।୬୫।
ୟେସନେକ ସମୟେ ଯେ ପରୀକ୍ଷ ମିଳିଲା
କଳିକି ଚାହିଂଣ ସେହି କୋପେଣ ବୋଇଲା ।୬୬।
ତୋହର ଡହୁଂ ମହାପାପୀ ଯେ ନାହିଂ ୟେଥୁ ଆନ
କିଂକେ ଦୁଖ ଦେଉରେ ବୃଷଭ ପାଦହୀନ ।୬୭।

ଯେ ସେ ଅବଧ୍ୟ ଯେହା ବଧ୍ୟ କଲୁ କେସନମତେ
ଯେ ତୋହର ସତ ବଳିଲା କିମର୍ଥେ ।୬୮।
ତୁ ଅବା ବୋଲିବୁ ଯେହା କିମ୍ପେ କଲୁ ପୁଚ୍ଛା
ନିଜ କର୍ମେ ମୋହର ତ ନୋହଇ ସ୍ୱଇଚ୍ଛା ।୬୯।
ମୁହିଂ ପରୀକ୍ଷ ରାଜନ ନଜାଣୁ କି ମୋତେ
ମୋହର ରାଜ୍ୟେ ଅଧର୍ମ କରୁ ତୁହି କେମନ୍ତେ ।୭୦।
ମୁହିଂ ସୃଷ୍ଟି ପାଳଣ ତ ଦେଖିଲି ନୟନେ
ଯେତେ ବୋଲି ବୃଷଭ ସେ କହଇ ବଚନେ ।୭୧।
ବୋଲି ବୃଷଭ ତୁ ଶୁଣସି ନୃପବର
ଯାହା ଯେ ପୁଛାକଲୁ ମକୁଇ ଅଗୋଚର ।୭୨।
କେବଳ କହଇ ମୁଂ ତୁମ୍ଭର ଆଗର
ମୋହର ଚରିତ ତୁହି ଶୁଣ ନୃପବର ।୭୩।
ଶ୍ରୀକୃଷ୍ଣ ପାଣ୍ଡବେ ଯେଉଁଦିନୁ ନିଧନ ହୋଇ
କଳିଭୋଗ ରାଜା ହୋଇଲା ଦେଶଇ ।୭୪।
କଳି ଡରେଣ ହୋଇ ଯେ ଗାବ ରୂପ
ଗୋଡ଼ାଇ ଧଇଲା ଯାଇଂ କଳି ନୃପ ।୭୫।
ମୁହିଂ ଧର୍ମ ଯେ ବୃଷଭ ରୂପ ହୋଇ
ଯେ କଳି ମାୟା ମୋତେ ଧଇଲା ଗୋଡ଼ାଇ ।୭୬।
ମୋହର ଯେ ସତ୍ୟ ଶଉଚ ଦୟା କ୍ଷମା ଧଇଲା ଚଉପାଦ
ସତ୍ୟ ଛାଡ଼ିଣ ଯେ ତିନି ପାଦ କଲା ମୋର ଛେଦ ।୭୭।
ଶୁଣି ପରୀକ୍ଷ ବୋଇଲେ ମୁଂ ଯାଉଥିଲି ଲୋଡି
ଯୋଗେଣ ତୁହି ଯେବେ ମୋହର ଆଗେ ପଡ଼ି ।୭୮।
ଯେତେ ବୋଲି ଖଡ଼ଗ ଯେ ଝାଡ଼ିଦେଲାକ ବୀର
ତୋତେ ମୁଂ ମାରନ୍ତେ ରେ ଜଗତ ଉପୁଗାର ।୭୯।
ମୋହର ବଳବୀର୍ଯ୍ୟ ତୁ ଦେଖିଲୁରେ ଓଣା
ତେଣୁ ତୁ ମୋହୋର ଦେଶେ କରୁରେ ଗଞ୍ଜଣା ।୮୦।
ଡରେ କଳିଯୁଗର କମ୍ପଇ ଶରୀର
ମୁଂ ତୋତେ ଶରଣ ମୋତେ ରଖ ନୃପବର ।୮୧।

ମୋତେ ମାରନ୍ତେଣ ତୋହର ପିରୋଜନ ନାହିଁ
ଆଗ୍ୟାଂ ମୋତେ ଦିଅନି ମୁଂ ଥିବଇଟି କାହିଁ ।୮୨।
ମୋହୋର ଆୟିଷ୍ୟ ଘେନି ଯୁଝେଷ୍ଟି ରାଜନ
ରାଜ୍ୟ ତେଜି ବିନସ୍ତେ ସେ କଲେକ ଗବନ ।୮୩।
ତାହାଂକର ଦୟାରେ ମୁଂ ଦେଶେ ବିହରଇ
ତୋହର ରାଜ୍ୟରେ ନ ପଶି କିମ୍ପାଇ ବଞ୍ଚଇ ।୮୪।
ତୁ ମୋତେ ହୋ ଦୟା ରାଜା କରିବୁନା ଯେବେ
ବିଚାରି ଆଗ୍ୟାଂ ମୋତେ ଦେବାକୁ ନୃପଦେବେ ।୮୫।
ଶୁଣିଣ ବିଚାରନ୍ତି ଯେ ପରୀକ୍ଷ ରାଜନ
ପ୍ରାଣ ବିକଳରେ ଯେବେ ତୁରେ ପଶିଲୁ ଶରଣ ।୮୬।
ତୋତେ ଯେବେ ରକ୍ଷା ମୁଂ କରିବିଟି କଳି
ମୋହୋର ରାଜ୍ୟ ଛାଡ଼ି ଯାଅ ତୁ ଆନ ପନ୍ଥେ ଚଳି ।୮୭।
କଳି ବୋଇଲା ତୁମ୍ଭେ ସକଳ ଦେଶେ ଅଧିକାରୀ
ଦିଅ ମୋତେ ଠାବ ଯେବେ ମନରେ ବିଚାରି ।୮୮।
ଉତ୍ତରା ନନ୍ଦନ ଯେ ବୋଇଲେ ମନେ ଭାଳି
ଯେ ମୋର ବଚନେ ଯେବେ ଥିବୁ ପ୍ରତିପାଳି ।୮୯।
ଯାହାର ମାତ୍ରାହୀନ ଆଧାନ କରେ ମହୀ
ସେ ମୂର୍ଖର ଅଙ୍ଗେ ଆରୋହଣ କର ତୁହି ।୯୦।
କଳି ବୋଇଲା ହୋଇଣ କୃତାଞ୍ଜଳି
ଯେଠାରେ ରହିଲେ ସହି ପାରିବକି ସେ ମୋହର ଆର୍ଦ୍ଦୋଳି ।୯୧।
ଅନେକ କୁଟୁମ୍ବ ବନ୍ଧୁ ମୋହର ଅଛଇ
ସୁକୁଟୁମ୍ବେ ଯେଠାରେ ରହିତେ ନ ଗଛଇ ।୯୨।
ଅନୁରୂପ ଜାଣି ତୁମ୍ଭେ ବୋଲ ହୋ ନପତି
କାହିଁ ବିଶ୍ରାମ ହୋ କରିବଇଂ ନିତି ।୯୩।
ପରୀକ୍ଷ ବୋଇଲେ ମଦ ଗଞ୍ଜାଇ ଜୁଆ
ଯେତେ ଠାବେ ତୁ ବିଶ୍ରାମ କରିବୁ ଅବିରତ ।୯୪।
ଯେତେ ସ୍ଥାନେଣ ତୁନି ଦିବା ରାତ୍ରେ ଥିବୁ
ମମ ଆଗ୍ୟାଂ କେବେହେଂ ଭ୍ରଷ୍ଟ ଯେ ନ କରିବୁ ।୯୫।

ପରୀକ୍ଷର ଆଗ୍ୟାଂ ଘେନି କଳିଯୁଗ ଗଲା
ଧର୍ମ ଧରିଣି ଯେ ଦୁହିନ୍ତି ଛାଡ଼ିଦିଲା ।୯୬।
ବାହୁଡ଼ି ବିଜେ ରାଜା ଅନ୍ତପୁରେ ଆସି
ପ୍ରଜା ପାଳନ କଲେ ଅଭିମନ୍ୟୁ ଶିଶି ।୯୭।
ଆର ଦିନ ରାଜା ଯେ ଦଳବଳ ସାଜି
ଦିଗବିଜେ କଲେ ରାଜା ସାନନ୍ଦ ମନେ ହେଜି ।୯୮।
ପୃଥୀରେ ଭ୍ରମଣ ଯେ କରଇ ନୃପତି
ଭ୍ରଥ ଖଣ୍ଡ ନବ ସହସ୍ର ଆଦିପତି ।୯୯।
ସକଳ ସ୍ଥାନରେ ରାଜା କରଇ ଗବନ
କଳି ଶାପେ ଶାନ୍ତି ସକଳ ଜୀବମାନ ।୧୦୦।
ବିଷ୍ଣୁର ମହିମାଂ ଯେ ସକଳ ଦେଶେ କହି
ବ୍ରାହ୍ମଣ ପୁରାଣେ ଯେ ଶୂଦ୍ରେ ଗୀତ ଗାଇ ।୧୦୧।
ପୃଥିବୀ ଗୁହାରି କଲା ଯେବଣ ମତେ
କେସନେକେ ଦେବେ ଉପୁଜିବେ ମଞ୍ଚଗତେ ।୧୦୨।
ଦେବକୀ ଗର୍ଭେ କୃଷ୍ଣ କେବଣମତେ ସ୍ଥିତି
ସଂକ୍ରିଷେଣ ରୋହିଣୀ ଗର୍ଭେ ଉତପତି ।୧୦୩।
ବାଳ ଅବତାର କୁତୁହୋଳ ଦେବ ହରି
ବିବିଧ ପ୍ରକାରେ ଯେହା ଗୀତେଣ ବିଚାରୀ ।୧୦୪।
ଅଘା ସକଟା ବକା ଧେନୁକା ଯେ ବସ୍ତାସୁର
ପୁତନା ତ୍ରୋଣାବତ୍ତ କେଶୀ କୁବଳୟା କରିବର ।୧୦୫।
କଂସରାଜା ନାରକା ବାଣ ବଜ୍ରନାଭ କାଳ ଦମନ
କାହ୍ନା ଅବତାରେ ଯେ ନାଶିଲେ ଯେ ଅସୁରମାନ ।୧୦୬।
ପାଣ୍ଡବଂକ ବଳବୀର୍ଯ୍ୟ କହନ୍ତି ଶାହାସ୍ର ବିଧାନେ
ଯେମନ୍ତ ପ୍ରକାରେ ନାଶିଲେ ରାଜା ଦ୍ରିଯୋଧନେ ।୧୦୭।
ଶୁଣିଣ ପରୀକ୍ଷ ଯେ ହୋଇଲେ କୃତ କୃତ
କି ସେ ବଚନ ଯେ ଶୁଭଇ ଅଦଭୂତ ।୧୦୮।
ପିତା ବସ୍ଥଳ ଯେ ଅଜାଂକର କୀରତି
ଶୁଣିଣ ପରମ ସାନନ୍ଦ ସେ ହୋଇଲେ ନୃପତି ।୧୦୯।

ମନେ ବିଚାରନ୍ତି କଳିକାଳ ସାଧ୍ୟ କଲି ଯହୁଂ
ଯେ ଧର୍ମ ବାସନା ମାନଗୋବିନ୍ଦ ଶୁଣିଲଇଂ ତହୁଂ ।୧୧୦।
ବାହୁଡ଼ି ଆସି ରାଜା ନିଜ ଭୁବନେ ପରବେଶ
ସିଦ୍ଧଚଣ୍ଡୀ ଚରଣେ ଶରଣ ଶୂଦ୍ରମୁନି ସାରୋଳ ଦାସ ।୧୧୧।
ଯେଥୁ ଅନନ୍ତେ ଯେ ବିଳଂକ ଦେଶ ରାଜା
ଅଗସ୍ତିଂକ ଚରଣେ କଲେକ ଦିବ୍ୟ ପୂଜା ।୧୧୨।
ପରୀକ୍ଷ ରାଜା କଥା ଶୁଣିଲି ମହାମୁନି
ଯେବେ କହ ଯୁଝେଷ୍ଟିଂକ ସ୍ୱର୍ଗ ଆରୋହଣ ବାଣୀ ।୧୧୩।
ଯୁଝେଷ୍ଟିଂକ ଛାମୁରେ ଯେ ବିଜେ ଧର୍ମସାଇଂ
ନରୋପି ଚାହାଂଇ ଯେ ଯୁଝେଷ୍ଟିଂକ ବଦନଇ ।୧୧୪।
ସାଖା ସୋହଦ୍ର ପୁତ୍ର ବାନ୍ଧବ ମୋହୋର କେହୁ ନାହିଂ
ଦିଗ ନ ଦିଶଇ ଯିବି ଯେ ମୁହିଂ କାହିଂ ।୧୧୫।
ବଇବସୁତ ମନୁ ଶ୍ରୋତା ଯେ ବଦୟନ୍ତି ବ୍ରହ୍ମବେତ୍ତା
ଯୁଝେଷ୍ଟିଂକ ମନେ ନାହିଂ ଭାଇଂକର ଚିନ୍ତା ।୧୧୬।
ଯୁଝେଷ୍ଟି ବିସରନ୍ତେ ଜାଣିଲେ ଦେବ ପିତା
ଇନ୍ଦ୍ରକଇଂ ହକାରିଣ ଆଗ୍ୟାଂ ଦିଲେକ ବିଧାତା ।୧୧୭।
ପୁଷ୍ପେକ ବିମାନ ଘେନି ବେଗେ ଯାଆସି ସହସ୍ରାକ୍ଷ
ହେମବନ୍ତ ବଟତଳେ ଯୁଝେଷ୍ଟି ଅଛନ୍ତି ପ୍ରତକ୍ଷ ।୧୧୮।
ବିମାନେ ବସାଇଣ ବେଗେ ଆଣ ତାହା
ଅମର ଧର୍ମ ସମାନେ ପୂଜାକର ଧର୍ମନାହା ।୧୧୯।
ପିତାର ଆଗ୍ୟାଂୟେ ଯେ ଚଳଇ ସସ୍ରଯୋନି
ହେମବନ୍ତ ବିଜେ କଲେ ଅମରଗଣନ୍ତ ଘେନି ।୧୨୦।
ବାସବ ଦେବତାକଇଂ ଦେଖିଣ ଯୁଝେଷ୍ଟି
ବଟତଳୁ ଦେବ ଆସନ ଛାଡ଼ିଣ ବେଗେ ଉଠି ।୧୨୧।
ବାସବ ଦେବତାଂକୁ ଯେ ବିନୟେ ଭଗତି
ଜୟତୁ ସୁନାଶିର ବୃନ୍ଦାର୍କ ଚକ୍ରବ୍ରତୀ ।୧୨୨।
ଆବର୍ତ୍ତେକ ସମ୍ବର୍ତ୍ତେକ ଦ୍ରୋଣମୂଳ ପୁଷ୍କର
ଯେମାନେ ଭୃତପଣେ ଚରଣେ ସେବନ୍ତି ଯାହାର ।୧୨୩।

ଅଗ୍ନିବାଣ ନିର୍ଘାତବାଣ ବଜ୍ରସୂଚୀ ବଜ୍ରବାଣ
ଆଦ୍ରାବଳୀ ବାଣ ଅର୍ଦ୍ଧଚନ୍ଦ୍ର ବାଣ ପୁଣ ।୧୨୪।
ଯେ ସହସ୍ରମାନ ତୋର ହାଥରେ ଚଳଇ
ଅନନ୍ତ କୋଟି ବ୍ରହ୍ମାଣ୍ଡକୁ ରକ୍ଷା ପାଳ ତୁହି ।୧୨୫।
ସ୍ୱାମୀ ହେଳେଣ ବାନ୍ଧିଲୁ ତୁ ଶୂନ୍ୟ ଅଣଚାଷ
ତପନ ତାପନ ଧାପନ ନାହିଂନା ଅବକାଶ ।୧୨୬।
ପରମବ୍ରହ୍ମ ଧର୍ମ କର୍ମେଣ ହୋଯେକ କାମ
ଦେବଂକର ଉତ୍ତର ଇନ୍ଦ୍ର ତୋର ନାମ ।୧୨୭।
ପଞ୍ଚଦଶ କୋଟି ଅନନ୍ତ କୋଟି ରେଖା
ପଞ୍ଚବିଂଶ ପ୍ରକୃତିର ଅଟୁ ତୁ ଦେବ ସାଖା ।୧୨୮।
ତୋ ତହୁଂ ବିତ୍ରକେ ଆନ କେ କରିବ ଲେଖା
ତୁ ହି ଯେ ଜଗତ ଶୟଳ ପୂରାଅ ମନୋବାଞ୍ଛା ।୧୨୯।
ସ୍ୱାମୀ ମାତାର ଅବିକାରେ ସୋଦର ଶିର କାଟି
ଜଗୁଜନ ମୋହିନୀ ଅମର ବିଳାସୁଣୀ ଚଉଷଠି କୋଟି ।୧୩୦।
ମହାନାଗ ଆରୋହଣ କଳ୍ପ ପୁଷ୍ୟ ମାଳୀ
ବ୍ରହ୍ମାଣ୍ଡର ନାଥ ସ୍ୱାମୀ ଜୟତୁ ଆଖଣ୍ଡଳୀ ।୧୩୧।
ସ୍ୱାମୀ ଦିନକର ସଙ୍ଗେ ହରିଲୁ ଋଷିପତ୍ନୀ
ସେ ଅଣ୍ଡ ଛାଡିଣ ଶରୀରେ ହୋଇଲା ସସ୍ରଯୋନି ।୧୩୨।
ସ୍ୱାମୀ ଚଉଷଠୀ କୋଟି ନାୟେକା ଅମର ବିଳାସୁଣୀ
ଅନିର୍ଯ୍ୟାପ କ୍ରୀଡ଼ାୟେ ଅନିର୍ଯ୍ୟାପ ରମଣୀ ।୧୩୩।
ସ୍ୱାମୀ ଜମ୍ଭୁ ଦତ୍ୟକୁ ମାରି କଉଣୋପ ଦର୍ପଭଞ୍ଜା
ଗଜରାଜ ଆରୋହଣ ଆରମ୍ଭ ମହାତେଜା ।୧୩୪।
ସ୍ୱାମୀ ଦିବିଭୁବନ ନାୟେକ ଇନ୍ଦ୍ର ଯେ ଦେବତା
ତୁହି ସେ ଚରାଚର ପାଳନ୍ତା ଉଦ୍ଧାରନ୍ତା ।୧୩୫।
ଶରଣ ଜନ ସୁହୃଦ ଦୁର୍ଜନ ବଳ ଗଞ୍ଜା
ସୁର ସିଦ୍ଧ ନାଗଲୋକେ ତୁହି ସେ ଦେବାଧିଦେବ ରାଜା ।୧୩୬।
ଶ୍ରୀ ଇନ୍ଦ୍ର ଦେବତାର ଚରଣ ତଳେ ସେବି
ବଦୟନ୍ତି ଶୂଦ୍ରମୁନି ସାରୋଳ ଦାସ କବି ।୧୩୭।

■

ଯୁଧିଷ୍ଠିରଙ୍କର ଧର୍ମପରୀକ୍ଷା ଓ ସ୍ୱଶରୀରେ ସ୍ୱର୍ଗ ଗମନ

ଯେଥୁ ଅନନ୍ତରେ ଯେ ବିଳଂକ ଦେଶ ରାଜା
ଅଗସ୍ତିଂକ ପଦ୍ମପାଦେ କଲା ଦିବ୍ୟ ପୂଜା ।୧।
ବସନ କୁଣ୍ଡଳ ଚନ୍ଦନ ପୁଷ୍ପମାଳା ଦେଇ
ଶତ ସହସ୍ର ଦଣ୍ଡ ପ୍ରଳମ୍ବ ହୋଇ ଶୋଇ ।୨।
ଶୁଣିମା ମୁନି ହେ ଯୁଝେଷ୍ଠି ଦେବଂକର ସ୍ୱର୍ଗାରୋହଣ କଥା
କିସ ପ୍ରତିଉତ୍ତର ଦିଲେ ଇନ୍ଦ୍ର ଯେ ଦେବତା ।୩।
ଶୁଣୋ ହୋ ମହାରାଜା ବଦୟନ୍ତି ଅଗସ୍ତି
ଯୁଝେଷ୍ଠିଂକି କୋଳ କରି ଧଇଲେ ସୁରପତି ।୪।
ବାବୁରେ ପିତା ଆଗ୍ୟାଂ ଦିଲେ ତୁ ଯିବୁରେ ଆକାଶ
ପୁଷ୍ପେକ ବିମାନେ ବସି ବେଗେ ଯିବା ଆସ ।୫।
ତ୍ରିଦଶ ଦେବତାୟେ ଯେ ବସିଛନ୍ତି ସ୍ୱର୍ଗେ
ତୋତେ ବାଟ ଚାହିଂଛନ୍ତି ଚାଲ ଯିବା ବେଗେ ।୬।
ଯୁଝେଷ୍ଠି ବୋଇଲେ ନାଶକଲି ମୁଂ ସୋଦର
ଯେକା ହୋଇ କେମନ୍ତ ଯିବଇଂ ଅମର ।୭।
ଇନ୍ଦ୍ର ବୋଇଲେ ବାବୁ ତୋହୋର ସହୋଦର ଭ୍ରାଥେ
ଦେବସଭାୟେ ବସିଛନ୍ତି ସକୁଟୁମ୍ବେ ଶ୍ରୀକୃଷ୍ଣ ସହିତେ ।୮।
ପୁଷ୍ପେକ ବିବାନେ ବିଜେ କରିବା ବିଳମ୍ବ ନ କର ତୁହି
ତୋହୋର ଯିବାକୁ ସେ ଅଛନ୍ତି ବାଟ ଚାହିଂ ।୯।
ଇନ୍ଦ୍ର ଦେବତା ବଚନେ ଦେବତା ଇଠିଲେ ଧାତିକାରେ
ଶୁକ୍ଳାମ୍ବର ଶ୍ୱାନକୁ ଧଇଲେ କୋଳରେ ।୧୦।
ଇନ୍ଦ୍ର ଦେବତା ବୋଇଲେ ଯେ ଦେଖୁ ଦେଖୁଂ ଶ୍ୱାନ
ଯେତେକ ବସ୍ତ୍ରେ ଛୁଇଂ ତେତେ ବସ୍ତ୍ରେ ସ୍ନାହାନ ।୧୧।
ଯାତ୍ରା ଯୋଗେ ବୋଇଲେ ଅଯାତ୍ରା ହୋଅଇ
ପାଦରଜ ପଡନ୍ତେଣ ଅବେଳକେ ଆଷ୍ୟୁ ତୁଟଇ ।୧୨।

ଯୁଧିଷ୍ଠି ଦେବଂକ ମନ ବିଡ଼ିବା ନିମନ୍ତେ
ଜାଣିମାନା ଧର୍ମ ଅଛଇ ଯେହାଂକର କେତେ ।୧୩।
ଇନ୍ଦ୍ର ଜାଣଇ ସେ ଶ୍ୱାନ ଅଟଇ ଧର୍ମ ଦେବତା
ଧର୍ମର କକ୍ଷଣ ନିମନ୍ତେ ଯେସନେକ କଥା ।୧୪।
ଯୁଧିଷ୍ଠି ଦେବଂକ ମନ ବିଡ଼ିବା ନିମନ୍ତକୁ
ଅନେକ ଭ୍ରଛନାମାନ ଇନ୍ଦ୍ର ବୋଇଲେ ଶ୍ୱାନକୁ ।୧୫।
ଯେହି ସେ ଦେବ ବିବାନ ଦେଖ ହୋ ଯୁଧିଷ୍ଠି
ଶ୍ୱାନ ପାମର ଯିବ କେସନେକେ ଯିବ ଉଠି ।୧୬।
ଯୁଧିଷ୍ଠି ବୋଇଲେ ଦେବ ଶୁଣିମା ମଘବାନ
ବଡ଼ାଇ ମହତ୍ତ୍ୱ ଯେ ଅଟଇ ଦେବ ଶ୍ୱାନ ।୧୭।
ଅନେକ ସୋଦର ଥିଲେ ମୋହୋର ସେ ସାହା
ଶେଷକାଳେ କେହି ନୋହିଲେ ମୋର ବାହା ।୧୮।
ଯେ ଶ୍ୱାନଗୋଟି ମୋର ରକ୍ଷା କଲା ଧର୍ମ
ମୋହରେ ସଦୟା ଥିଲେ ବିବାନେ ଯେହାକଇଂ ନେମ ।୧୯।
ବିବାନେ ନ ବସାଇବ ହୋ ଯେବେ ଦେବ ତାତ
ମୋତେ କିମ୍ପା ସ୍ୱର୍ଗ ହୋଇବ ପରାପତ ।୨୦।
ଯେତେ ବୋଲି ଶ୍ୱାନକୁ ଧଇଲେ ବେନିଭୁଜେ
ଦେବ ବିବାନ ଉପରେ ଯୁଧିଷ୍ଠି ଦେବ ବିଜେ ।୨୧।
ଇନ୍ଦ୍ର ଦେବତା ଯୁଧିଷ୍ଠିଂକି କଲେ ଅନେକ ପ୍ରଶଂସା
ସଦା ସଦଯେ ତୋହୋର ବାବୁ ଯେସନକେ ମନୀଷା ।୨୨।
ସତ୍ୟ ପଣେ ସଂସାର ତୁ ଜିଣିଲୁ ସମସ୍ତ
ପାଷାଣେ ନ ଲାଗଇ ଯେହ୍ନେ ଜଳଂକର ଘାତ ।୨୩।
ଅଭେଦ ସ୍ନେହରେ ଯେହ୍ନେ ନ ଭେଦଇ ଶର
ଅନେକ ହତ୍ୟା ଦୋଷ ହୋଇଲା ଦୂରାନ୍ତର ।୨୪।
ଶ୍ରୀକୃଷ୍ଣ ଯେ ଭୂପତିତ ହୋଇଲେ ମେଦିନୀ
ସ୍ୱକାଯେ ସ୍ୱର୍ଗକୁ ଯାଇ ନୁଆରିଲେ ଦେହ ଘେନି ।୨୫।

ଇନ୍ଦ୍ରଦେବତା ବୋଇଲେ ଶୁଣ ହୋ ଯୁଧେଷ୍ଠି
ଚିହ୍ନିକି ନୂଆରିଲ ଯେହି ଶ୍ୱାନ ଗୋଟି ।୨୬।
ଯୁଧେଷ୍ଠି ବୋଇଲେ ଯେ ମୋହୋର ଚର୍ମଚକ୍ଷୁ
ଅନ୍ତର୍ଯ୍ୟାମୀ ନୋହଇ କେହ୍ନେ ଗ୍ୟାନ ଇଛୁ ।୨୭।
ଇନ୍ଦ୍ର ବୋଇଲେ ଯୁଧେଷ୍ଠି ଯାହାକଇଂ ସୁମରିଲେ ତୋହୋର ମାତ
ନିରାକାର ପୁରୁଷ ଯେ ସେ ଧର୍ମ ଦଇବତ ।୨୮।
ଶୂନ୍ୟମାର୍ଗେ ଶବଦ ଶୁଭଇ ଯାହାର
ଚିହ୍ନବର୍ଣ୍ଣ ନ ଦିଶଇ ଯେ ପ୍ରତକ୍ଷେ ନିରାକାର ।୨୯।
ଆଦିହୁଂ ଶୂନ୍ୟ ହୋଯେ ଶୂନ୍ୟରୁ ପବନ
ପବନହୁଂ ଜଳ ଜଳହୁଂ ତାପନ ।୩୦।
ତାପନହୁଂ ହେମ ହେମରୁ ବୁଦ ବୁଦ
ବୁଦ ବୁଦରୁ ଫେନ ହୋଇଲା ସମ୍ବାଦ ।୩୧।
ପବନ ମନ୍ଥନୁ ଫେଣ ଜାତ ଅଣ୍ଡ
ଡିମ୍ବ ଫୁଟିକରି ବିକାଶିଲା ପିଣ୍ଡ ।୩୨।
ଶୁଦ୍ଧ ସଷ୍ଟିକ ପ୍ରାୟେ ଯାହାର ରୂପ ଗୋଟି
ଯେ ସେ ଧର୍ମ ଦେବତା ଶୁଣ ଗୋ ଯୁଧେଷ୍ଠି ।୩୩।
ସଞ୍ଚପି କରି ଯହୁଂ କହିଲେ ଦେବରାୟେ
ଶ୍ୱାନ ରୂପ ତେଜି ସେ ହୋଇଲେ ଅନ୍ତର୍ଧ୍ୟାୟେ ।୩୪।
ଶୂନ୍ୟେ ଥାଇ ଶବଦେକ ପିକାଶିଲେ ବାଣୀ
ବିବାନ ଆରୋହୀ ତୁମ୍ଭେ ଚଳ ଯେହିକ୍ଷଣି ।୩୫।
ଶୂନ୍ୟେ ଥାଇ ଶବଦ ଦିଅନ୍ତି ଦେବଧର୍ମ
ସତ୍ୟବାଦୀ ଯୁଧେଷ୍ଠି ତୁ ପୁରୁଷଂକ ଉତ୍ତମ ।୩୬।
ତୁ ହେମବନ୍ତ ପର୍ବତେ ହୋଇଲୁ ଆସି ଯହୁଂ ଯେକା
ତୁ ଦିଗମ୍ବର ହୋଇଲୁ ବାବୁରେ ତୋତେ କେହି ନାହିଂ ଶାଖା ।୩୭।
ଆମ୍ଭେ ଶ୍ୱାନ ରୂପ ଧଇଲୁଂ ତୋର ଆଗେ
ବିବାନେ ବିଜେ କରି ବେଗେ ଯାଅ ଅମର ସ୍ୱର୍ଗେ ।୩୮।

ଭୀମସେନ ଅର୍ଜୁନ ନକୁଳ ସହଦେବ
ସେ ତୋତେ ନ ଦେଖିଣ ବିସ୍ମୟେ ମତିଭାବ ।୩୯।
ଯେ ଭବସାଗରେ ଉତପତି ପ୍ରଳୟେ ହୋଇ
ପୁଣିହିଂ ଜନମ ହୋଇବ ପଞ୍ଚୁ ଭାଇ ।୪୦।
ଯେତେକ ବୋଲିକରି ଚଳିଲେ ଗଗନେ ନିରାକାର
ତହୁଂ ବିବାନ ଘେନି ଚଳନ୍ତି ସୁନାଶିର ।୪୧।
ବାସବ ପୁତ୍ରମାନେ ଛନ୍ତି ଚଉଷଠି କୋଟି
ଉଦ୍ଦଣ୍ଡ ପାଟଛତ୍ର ଓଇଲେ ଛାମୁରେ ଯୁଝେଷ୍ଟି ।୪୨।
ଅମରଗଣମାନେ କରନ୍ତି ଶଙ୍ଖ ଧ୍ୱନି
ବେଦ ଆଧ୍ୟାୟନ ଯେ କରନ୍ତି ସର୍ବମୁନି ।୪୩।
ଅମର ବିଳାଶୁଣିମାନେ ଚଉଷଠି କୋଟି
ଦିବ୍ୟ ଅବତାରେ ସେ ଭରହରଷେ ଖଟି ।୪୪।
ତାଳଯନ୍ତ୍ର କଂସାଳ ସପତସ୍ୱର ବାଣୀ
ଖଟନ୍ତି ଛାମୁରେ ତହିଂ ଭରହର ଗାୟେଣୀ ।୪୫।
ମର୍ଦ୍ଦାଳ କଂସାଳମାନ ତାଳରବା ଅଧାଟି
ପିନାକୀ ସରଗୁଣା ଗଣପତି କୁଣ୍ଡଳପାଟି ।୪୬।
ଚଞ୍ଚପୁଟ ଛାଞ୍ଚପୁଟ ଘଟିତ ଉଦଘଟି
ଯେକବଂଶ ମୂର୍ଚ୍ଛନା ସପତସ୍ୱରେ ଖଟି ।୪୭।
ବିଜିଘୋଷ ବୀର ମୃଦଙ୍ଗ ଟମକ ଦୁନ୍ଦୁଭି
ଗମନ୍ତେ ଶୋଭାବନ ଦିଶିଲା ଦିବିଭୁବି ।୪୮।
ଧର୍ମର ନନ୍ଦନ ଗମନ୍ତେ ସ୍ୱର୍ଗପନ୍ଥେ
ଜୟ ଜୟ ଧ୍ୱନି କରନ୍ତି ସକଳ ଦଇବତେ ।୪୯।
ଶ୍ରୀକରେ ବିଦ୍ୟାଧାରୀ ଯେ ଘେନିଣ ଅର୍ଘ୍ୟଥାଳୀ
ସାନନ୍ଦେ ସୁନ୍ଦରୀୟେ ଦିଅନ୍ତି ହୁଳହୁଳି ।୫୦।
ଯାନ ବାହାନ ଆରୋହୀ ଦେବତା ତେତିଶକୋଟି
ଆକାଶବାସୀ ବିହନ୍ତା ପୁରୁଷମାନେ ଦିଗପାଳେ କଲେ ପୁଷ୍ୟବୃଷ୍ଟି ।୫୧।

ଧର୍ମର ନନ୍ଦନ ଯେ ଗମନ୍ତେ ଶୋହି
ପ୍ରସନ୍ନ ଅବତାରେ ଜଗୁଜନ ମୋହଇ ।୫୨।
ଇନ୍ଦ୍ର ଦେବତା କଲେ ଆକାଶ ଉଛବ
ଅମର ସଭାୟେ ବିଜୟେ ୟୁଝେଷ୍ଟି ରାଜଦେବ ।୫୩।
ସମୁଦ୍ର ମନ୍ଥନ ଯେ କରିବାର କାଳେ
ଅମୃତ ଆପ୍ୟାନ ଯେହ୍ନେ ହରି ଦିଗପାଳେ ।୫୪।
ବିହନ୍ତା ପୁରୁଷମାନେ ଆକାଶେ ଗଲେ ଛାଡି
ବସିଲେ ଧର୍ମ ନନ୍ଦନ ଅମର ସ୍ୱର୍ଗ ମାଡ଼ି ।୫୫।
ୟେମନ୍ତ ସମୟେ ଭୀମ ଅର୍ଜୁନ ନକୁଳ ସହଦେବ
ଆସ୍ଥାନ ତଳେ ବିଜୟେ ଚାରି ଯେ ପାଣ୍ଡବ ।୫୬।
ୟଦ୍ୟପି ଅମରେ ସେ ପାଇଲେ ଦିବ୍ୟ ପୂଜା
ୟେକାହୋଇ ବିସୋଇଲେ ୟୁଝେଷ୍ଟି ଦେବରାଜା ।୫୭।
ଭୀମ ଅର୍ଜୁନର ୟହୁଂ ଦେଖିଲେ ବଦନ
ନକୁଳ ସହଦେବଂକୁ ଦେଖି ହରଷିତ ମନ ।୫୮।
ଶୁଣ ବଇବସୁତ ମନୁ ଅଗସ୍ତି ବୋଇଲେ
ପୁଣ ୟୁଝେଷ୍ଟି ଦେବ ଦ୍ରିଯୋଧନକୁ ଦେଖିଲେ ।୫୯।
ଶତେ ଭ୍ରାଥାଂକ ସହ ମାନଗୋବିନ୍ଦବୀରେ
ପନ୍ନଗା ନାରାୟଣ ବସିଛି ସ୍ୱର୍ଗପୁରେ ।୬୦।
ଭୀଷ୍ମ ଦ୍ରୋଣ କର୍ଣ୍ଣ ଶଲେୟ ଯେ ଶଂକୁନି
ବସିଲେ ଅମରେ ଯେ ନକ୍ଷତ୍ରଗଣ ଘେନି ।୬୧।
ମହାଭାରଥ ୟୁଦ୍ଧେ ପଡ଼ିଲେ ଯେତେ ଜନ
ସତ ହେଉ କି ନିସତ ହେଉ ପାଇଲେ ବୃନ୍ଦାଅର୍କ ଭୁବନ ।୬୨।
କୃଷ୍ଣ ଯେ ସାରଥି ପଣେ ଥିଲେ ଅର୍ଜୁନର ରଥେ
ତାହାନ୍ତ ଦେଖି ସମସ୍ତେ ସର୍ଗ ପରାପତେ ।୬୩।
ରଣୟାଗ କଲେ ଯେ ଶ୍ରୀକୃଷ୍ଣର ପରସାଦେ
ବ୍ରାହ୍ମଣ ହେଉ କି ଚଣ୍ଡାଳ ହେଉ ନକ୍ଷତ୍ର ହୋଇ ଭବେ ।୬୪।

ସଞ୍ଜୟେ ବିଦୁର ଲକ୍ଷ୍ମଣକୁମାର ଅଭିମନ୍ୟୁ
ପଞ୍ଚାଳ କୁମର ଘଟୋତ୍କଚ ଅଳମ୍ବୁଷର ତନୁ ।୬୫।
ବିରାଟ ଦ୍ରୋପଦ ଶଙ୍ଖ ଶ୍ୱେତ ଉତ୍ତର
ଶ୍ରୀଖଣ୍ଡୀ ଧୃଷ୍ଟଦ୍ୟୁମନ ଅନେକ ନୃପବର ।୬୬।
ଲୋହସୁର ଅଞ୍ଜନ ପ୍ରଭାବ ହିଡିମ୍ବେକ
ଲକ୍ଷେ ରାଜା ତୁଲେ କଉଣୋପ ଅନେକ ।୬୭।
ଗୋସିଂହ ମୟେ ମୟେସିଂହ ବସୁବର ମୟେନିକ
କୁମ୍ଭ ନିକୁମ୍ଭ ତୁଲେ ରାକ୍ଷସ ବଳୟେକ ।୬୮।
ଦନ୍ତବକ୍ର ଶିଶୁପାଳ ମଦନ ପୁଣ୍ଡରୀକ
ବଜ୍ରଲାଭ ବାଣାସୁର ଦାସ ରାକ୍ଷକ ତାଠକ ।୬୯।
ମୋଢ଼ାସୁର ନାରକା ତ୍ରିକାଳ ବାସୁଦେବ
ଶତଧନୁକୁ ସେ ଦେଖିଲେ ଧର୍ମଦେବ ।୭୦।
ସମସ୍ତ ବଂଶ ଦେଖିଲେ ଧର୍ମବଛେ
ୟେକାମାତ୍ର ଧୃତରାଷ୍ଟ୍ରକଇଂ ନ ଦେଖିଲେ ପ୍ରତକ୍ଷେ ।୭୧।
କୁରୁ ପାଣ୍ଡବ ସମର କଲେ ଯେତେ ଓହୋବଳ ସନ୍ୟ ଘେନି
ଲକ୍ଷେ ରାଜା ତୁଲେ ପଡ଼ିଲେ ଯେତେକ ସଇନି ।୭୨।
ମୃତ୍ୟୁ ମଣ୍ଡଳେ ଯେହ୍ନେ ହେଉଥିଲେ ଆତୟାତ ।
ସେହି ସ୍ୱରୂପରେ ସ୍ୱର୍ଗେ ବସିଲେ ସମସ୍ତ ।୭୩।
ଶୁଣ ହେ ସୁଗ୍ୟଂଜନେ ମହାଭାରଥ ପୁଣ୍ୟରାଶି
ପଢ଼ନ୍ତେ ଶୁଣନ୍ତେ ୟେହି ସରୂପେ ସର୍ଗବାସୀ ।୭୪।
ଶ୍ରୀମହାଭାରଥ ଅମୃତ ରସ ବାଣୀ
ତୃଷାରେ ରୋଚନ୍ତି ଯେହ୍ନେ ସୁଶୀତଳ ପାଣି ।୭୫।
କର୍ଣ୍ଣରେ ପିବନ୍ତେ ଯେ ନିର୍ମଳ ହୋୟେ କାୟେ
ପାପ କଳୁଷ ତୁଲେ ଯମକୁ କିମ୍ପା ଭୟେ ।୭୬।
ୟେବଣ ମହାଭାରଥ ଚାରିବେଦର ଅର୍ଥ
ମୁଂ ତାହା ବଞ୍ଚାଇଲି ସୁଜନ ଜନ ହିତ ।୭୭।

ଯେବଣ ଜନେ ଶୁଣନ୍ତି ଶ୍ରୀମହାଭାରଥ ବାଣୀ
ପାପାଧ୍ଵ ମହାପାପ ଖଣ୍ଡନ୍ତି ଚକ୍ରପାଣି ।୭୮।
ଅପୁତ୍ରିକ ଜନେ ପାବନ୍ତି ପୁତ୍ରଗତି
ଅମୋକ୍ଷ ମୋକ୍ଷ ହୋନ୍ତି ପାବନ୍ତି ସଦଗତି ।୭୯।
ଧର୍ମ ଅର୍ଥ କାମ ମୋକ୍ଷ ଯାହାର ଯିସ ବାଞ୍ଛା
ଶ୍ରୀମହାଭାରଥ ଶୁଣି ପୁରାଅ ମନୀଷା ।୮୦।
ଆସ୍ୟଧନ ବର୍ଦ୍ଧିତ ହୋଅଇ ଶୁଣିଲେ ଶୁଦ୍ଧଚିତ୍ତେ
ବିଷ୍ଣୁ ଲୋକେ ବସନ୍ତି ପୁରାଣ ଉକତେ ।୮୧।
ଜୟତୁ ନାରାୟଣ ସୃଷ୍ଟିର କରତା
ଯେବଣ ଜନେ ଶୁଣନ୍ତି ବିଷ୍ଣୁରେ ଭଗତା ।୮୨।
ଜୟତୁ ଦାମୋଦର କେଶବ ତୋର ନାମ
ଗଳିତ ସୁଧାରସ ସଞ୍ଚିତ ଚଉଧର୍ମ ।୮୩।
କେଡ଼ କଉତୁକେ ନାଥ ଯମୁନାର ତଟେ
ସମସ୍ତ କଉତୁକ ବିଷ୍ଣୁ ରସ ଭେଟେ ।୮୪।
ଜୟତୁ ଦାମୋଦର କେଶବ ତୋର ନାମ
କେୟୂର କଂକଣ ଯେ ବିବିଧ ହାରମାନ ।୮୫।
କିଂଶୁକ ପୁଷ୍ପଚୂଳ ବିଚିତ୍ର କୁସୁମରେ ଜଡ଼ି
ଚୂଳର ଚାରିପାଖେ ମୟୂର ଚନ୍ଦ୍ରିକା ବେଢ଼ି ।୮୬।
ଯାମଳା ଅର୍ଜୁନ ବେନି ଭାଙ୍ଗିଲୁ ଅବହେଳେ
ଶକଟାସୁର ଯେ ଭାଞ୍ଜିଲୁ ପାଦରୋଳେ ।୮୭।
ଗୋଗୋଷ୍ଠରେ ପଶି ଷଣ୍ଢାସୁର ଦର୍ପ ଗଞ୍ଜି
ବକା ବିଦାରିଣ ମଷ୍ଟିକାସୁର ଭାଞ୍ଜି ।୮୮।
ଚାଣୁର ଅବା କଦମ୍ଵା ଅସୁର ଦର୍ପ ଧ୍ଵଂସି
ନୟନେ ଦେଖିଣ ନାଶଗଲା କଂସକେଶୀ ।୮୯।
କମଳ ତୋଳନ୍ତେ ଯେ କାଳୀୟ ନାଗ ଦଳି
ବଇନେତ୍ର ପ୍ରାସାଦେ ବିଷ ଅଙ୍ଗୁ ହରି ।୯୦।

ଅକ୍ରୂରକୁ ନିଜ ଦେହ ଦେଖାଇଲ ଭଗତି
ପ୍ରସନ୍ନ ରୂପ ଦେଖି ପାଇଲା ପରମ ଗତି ।୯୧।
ଧନୁ ଉଛବରେ ଦେଖିବାରେ ହୋଇଲା ତୋହୋର ଇଛା
ଜଗତିରୁ ପଡ଼ିଣ ଯେ କଂସାସୁର ଗଲା ମୃଛା ।୯୨।
ଗୋସିଂହ ମୟେସିଂହ ବଜ୍ରସିଂହ ସଉନିକି
କୁମ୍ଭ ନିକୁମ୍ଭ ସେ ମୟେସୁର ଦନ୍ତବକ୍ର ।୯୩।
ବଜ୍ରନାଭ କାଳଦମନ ପୁଣ୍ଡରୀକ
ବାଣାସୁର ସୁରନାଭ ଦାସ ରାଜା ତାରାଖ୍ୟ ।୯୪।
ମୁଢ଼ାସୁର ନାରକା ପ୍ରତ୍ୟକ୍ଷେ ଯେ ଜାରା
କୃତକେଶୀ ସହିତେ ଯେ ନାଶିଲ ଅସୁରା ।୯୫।
ଦୁର୍ଯ୍ୟୋଧନ ମୂଳେ ଲକ୍ଷେକ ରାଜା ନାଶି
ପୃଥ୍ୱୀର ଭାରାଭର ଆପଣେ ଉଶ୍ୱାସି ।୯୬।
ନିଜର ବଂଶ ସ୍ୱାମୀ ଆପଣେ ନାଶ କରି
ଖେଡ଼ଲୀଳା ଭାବିଣ ନୀଳଗିରି ବିଜେ କରି ।୯୭।
ପରମ ଆତ୍ମା ନିରଞ୍ଜନ ଆପଣେ ଦେବ ଗୋପ୍ୟ
ପିଣ୍ଡ ଆତ୍ମା ନୀଳଗିରି ବଉଦ ଶରୀର ସରୂପ ।୯୮।
ହେ ବୁଧ ଜନେ ଯାବତ ପୁଣ୍ୟ ଥିବ ତାବତ ଭଜ ହରି
ମହାଘୋର ନର୍କରୁ ସେହି ସେ କରିବ ପାରି ।୯୯।
ଶ୍ରୀନାରାୟଣ ଦେବଂକ ଚରଣେ ଲୟେ ଘେନି
ବଦୟନ୍ତି ସାରୋଳ ଦାସ ଗ୍ରନ୍ଥିକ ଶୂଦ୍ର ମୁନି ।୧୦୦।
କୃପାଜଳ ନନ୍ଦିନୀ ଯେ ନର୍ମଦା ସରସ୍ୱତୀ
ପଛିମ କୋଶଳେ ଗୋ ହୋଇଲ ଉତପତ୍ତି ।୧୦୧।
ସଂସାର ସାଗର ଯେ କଳିକାଳ ଫାସି
ଯାହାର ନାମ ଧରନ୍ତେ ହରଇ ପାପରାଶି ।୧୦୨।
ଯେବଣ ମହାଭାରଥ ମୁନିଂକର ପୁଣ୍ୟବାକ୍ୟେ
ତାହା ଲେଖନ କରିବାକୁ କିସ ମୋର ଶକ୍ୟେ ।୧୦୩।

ନୋହଇ ପଣ୍ଡିତ ମୁଁ ନ ଜାଣଇ ଶାସ୍ତ୍ରବିଦ୍ୟା
ଜନମେ ଜନମେ ମୂର୍ଖ ମୁହିଁ ନ ଜାଣଇ ପଦସିଦ୍ଧା ।୧୦୪
ଜପମନ୍ତ୍ର ଶାସ୍ତ୍ର ମୁଁ ନ ଜାଣଇ କିଛି
ଯେସନେକ ଆଗ୍ୟାଂ ମୋତେ ଦିଲେକ କାମାକ୍ଷୀ ।୧୦୫।
ହେ ବୁଧଜନେ ଜମ୍ବୋଦୀପ ଭ୍ରଥଖଣ୍ଡ ଓଡ୍ରରାଷ୍ଟ ମଣ୍ଡଳେ
ଠାବ କଣୟାବ୍ରତୀ ନଗ୍ର ଚନ୍ଦ୍ରଭାଗା ନଦୀକୂଳେ ।୧୦୬।
ମହୋଦଧି ଉତ୍ତର ତଟେ ପ୍ରଶୁରାମଂକ ପାଟଣା
ପ୍ରଶୁରାମ ପୂଜାକଲେ ଯେବଣ ପ୍ରତିମା ।୧୦୭
ପ୍ରତକ୍ଷେ ଭବାନୀ ସେହି ଶ୍ରୀଚଣ୍ଡୀ ସାରଳେ
ସେ ମୋର ତୁଳସୀମାଳା ହୋଇ ଲୁଲୁ ବକ୍ଷସ୍ଥଳେ ।୧୦୮।
ହେ ପଣ୍ଡିତ ଜନେ ପ୍ରସନ୍ନ ହୋଇଲେ ପିଙ୍ଗଳା
ସେ ସର୍ବମଙ୍ଗଳା ହୃଦେ ମୋର ହାରା ।୧୦୯।
ମୁଁ ତାହାର ପୁତ୍ର ହୋଇ ସେ ମୋହୋର ମାତ
କର ଅନଗୃହ ମୋତେ ତୁଳୁସାର କାନ୍ତ ।୧୧୦।
ସେହି ମାଳା ମୋହୋର ଗଳାରେ ଅଛି ଭରି
ଯେବଣ ନାମ ଧରି ସଂସାର ଜନେ ତରି ।୧୧୧।
ବାଳୁତ ରୂପ ମୁହିଁ ତାର ପ୍ରତକ୍ଷେ ଦେଖଇ
ସେ ଯାହା କହଇ ମୁଁ ତାହା ଲେଖଇ ।୧୧୨।
ସେ ସାରଳା ପ୍ରସନ୍ନେ ହୋଇଲା ମୋର ଗ୍ୟାନ
ଅଷ୍ଟାଦଶ ପର୍ବେ ଗ୍ରନ୍ଥ କରଇଂ ଲେଖନ ।୧୧୩।
ସାରଳା ଚଣ୍ଡୀ ଚରଣେ ମୋହୋର ହୋୟେ ସେବା
ସାରୋଳା ଦାସକୁ ଅନଗୃହ କରିବା ।୧୧୪।
ସିଦ୍ଧ ସାରଳା ଚଣ୍ଡୀ ଚରଣେ ଅଭ୍ୟାସ
ସେବଇ ଶୂଦ୍ରମୁନି ସାରୋଳ ନିଜ ଦାସ ।୧୧୫।
ଅଷ୍ଟାଦଶ ପୁରାଣ ଯେ ହୋଇଲା ସମ୍ପୂର୍ଣ୍ଣ
ପଢ଼ିଲେ ଶୁଣିଲେ ଯେ ହୋଅଇ ବହୁତ ପୁଣ୍ୟ ।୧୧୬। ।୧୧୩୧।

ରୁଦ୍ର ସୁଧାନିଧି

ନାରାୟଣା ନନ୍ଦ
ଅବଧୂତ ସ୍ୱାମୀ

ଶ୍ରୀ ହରିହରାଭ୍ୟାଂ ନମଃ (୧)- ଶ୍ରୀ ଏକାମ୍ରର (୨) ବନ ଆଶ୍ରିତ (୩) ଶ୍ରୀ ଭୁବନେଶ୍ୱରୀ (୪) ଦେବୀର ବରପୁତ୍ର। ନିର୍ଦ୍ଦୋଷ (୫) ବାଗ (୬) ବିଶେଷ ଆଗମ ଜନ୍ମ (୭) ପୁରୁଷ (୮) ବତାର ଶାରଦା। ଦିଗ୍‌ଗଜ (୯) ପଣ୍ଡିତଙ୍କୁ (୧୦) ବିକ୍ରମ-କେଶରୀ। ଶୁଦ୍ଧଧୀରେ ମତ୍ତଗର୍ବିତ। ପଣ୍ଡିତ ଜନସମୂହକୁ ଉନ୍ନତ ଯୁବା (୧୧)। କ୍ଷୁଦ୍ର (୧୨) ପଞ୍ଚାନନ। ନରାକୃତି କଣ୍ଠୀରବ। ପଞ୍ଚମ ଦେବ, ଷଟ୍ ଶାସ୍ତ୍ର (୧୩) ନବଧା (୧୪) ବ୍ୟାକରଣ, ଅଷ୍ଟାଦଶ ପୁରାଣ (୧୫) ଗୀତା (୧୬) ଛତ୍ରିଶ ସ୍ମୃତି, ନବ ନାଟକ, ସ୍ତମ୍ଭନ, ମୋହନ, ବଶ୍ୟ (୧୭) ଉଚ୍ଚାଟନ, ଗୋଟିକା, ଅଞ୍ଜନ ପାଦୁକା (୧୮) ଲେପନ, ରସ, ରସାୟନ (୧୯) ଉଲୁକ, କୁହୁକ, ମଣି, ମନ୍ତ୍ରମୌଷଧି (୨୦) ଇତ୍ୟାଦି କରି (୨୧) ବିଦ୍ୟାପଟଳ, ତପତ କନକ କଣିକା (୨୨) ଏବଂଭୂତ (୨୩) ନାରାୟଣନନ୍ଦ ଅବଧୂତର ବାକ୍ୟବାଣୀ (୨୪) ବ୍ରହ୍ମସୁଧାର ଗ୍ରନ୍ଥେ (୨୫) ନବରତ୍ନ। ଦୀପ (୨୬) ଜଡ଼ିତ ମଣି। ବ୍ରହ୍ମାଣ୍ଡ ରୋଧକର (୨୭) ପ୍ରଶସ୍ତ। ଜାଣିମେ ଥୋକେ। ନଜାଣି ପୁଚ୍ଛିବେ ନା ବହୁତ ଲୋକେ। ଏଣୁକରି କହିବା ନା ଆଦି ସମ୍ଭବ ଯାକେ। ସେ କଥା ହିଁ ଅବା କେଉଣ ? କପିଳାସ କନ୍ଦରେ ପାର୍ବତୀଙ୍କ ହର ପୁଚ୍ଛାକଲେ ଯେଉଣ (୨୮)

୧-(କ) ଶ୍ରୀ ଶିବାୟ ନମଃ, ୨-ବହି ଏକାମ୍ର, ୩-(କ) ଆଚାର୍ଯ୍ୟ, ୪-(କ) ଶ୍ରୀ ଭୁବନାଦି ଦେବ, ୫-(କ) ଅନିଦ୍ଦୋଷ, ୬-(ଖ) ବାକ୍, ୭-(କ) ନାହିଁ, ୮-(କ) ପୁଂସା, ୯-(କ) ବିଶାରଦ, ୧୦-(କ) ଶୁଦ୍ଧ ପଣ୍ଡିତ, ୧୧-(କ) ସର୍ବତ୍ର ସମ୍ମୋହକୁ ଉନ୍ନତ ଯୁବା, ୧୨-(କ) ଯୋଦ୍ଧା, ୧୩-(କ) ଛଡ଼ ସାହସ, ୧୪-(କ) ନ, ୧୫-(ଖ) ବିଦ୍ୟା, ୧୬-(ଖ) ଗୀତା ପୁରାଣ, ୧୭-(କ) ବଶ, ୧୮-(ଖ) ପାବକ, ୧୯-(କ) ଲେପନ, ରସ, ରସାୟନ ନାହିଁ, ୨୦-(କ) ନାହିଁ, ୨୧-(ଖ) ନାହିଁ, ୨୨-(ଖ) ପାହିକବେ କଣି, ୨୩-(ଖ) ନାହିଁ, ୨୪-(ଖ) ବାକ୍ୟ ବାଗ୍ମିଶେଷ, ୨୫-(କ) ନାହିଁ। ୨୬-(କ) ନାହିଁ, ୨୭-(ଖ) ବ୍ରାହ୍ମଣ ରୁଦ୍ଧକର, ୨୮-(ଖ) 'ଜାଣିମେ ଯେଉଣ' ନାହିଁ।

ଶିବ ଶିବ ନମଃ ଶିବାୟ (୧) ବ୍ରହ୍ମଣ୍ଡ ଭାଣ୍ଡେ, ଭୂତାଦି ଖଣ୍ଡେ (୩) ଭୂବିଖଣ୍ଡ, (୨) ଖଣ୍ଡେ, କନକାଚଳ ଦଣ୍ଡେ, ବ୍ରହ୍ମଶୁକ୍ଳ ଶୂଳଦଣ୍ଡେ, (୪) ତଇଲୋକ (୫) ବର୍ଗେ, କପିଳାସ ସ୍ୱର୍ଗେ, ମନୋରମ ମନ୍ଦିରେ, (୬) ଜତିତାଶ୍ରମ କନ୍ଦରେ, ସିଦ୍ଧ ରୁଦ୍ରଗଣମାନଙ୍କର ସଙ୍ଗେ, ଜ୍ଞାନ-ଉନ୍ମତ୍ତ ରଙ୍ଗେ, (୭) ମାନସ ସରୋବର କୂଳେ, ଚନ୍ଦ୍ର ଉଜ୍ଜ୍ୱଳ ଶଇଳେ, ସୂର୍ଯ୍ୟ ଅସ୍ତମିତେ, କ୍ରୀଡ଼ାରସ ମତେ, (୮) ସେ କାମାଙ୍ଗନାଶନ ବିହରୁ ଅଛନ୍ତି ଶଇଳେନ୍ଦ୍ର ପୁତ୍ରୀ ସହିତେ। ତ ସେ ପରମେଶ୍ୱରଙ୍କର (୯) ପରମ (୧୦) ଜ୍ୟୋତି ପରିପୂର୍ଣ୍ଣାନନ୍ଦ ପରମ ପାରଙ୍ଗତ (୧୧) ଖଣ୍ଡେନ୍ଦୁ ମଉଳି (୧୨) ଚାରି ପାରୁଶରେ (୧୩) ସମସ୍ତ ସିଦ୍ଧ ରୁଦ୍ରଗଣମାନେ ବେଢ଼ି ବସିଛନ୍ତି ଅତ୍ୟନ୍ତ ହରଷେ (୧୪)। ତ ସେ ଉପମା (୧୫) ନକ୍ଷତ୍ରସମୂହର ମଧ୍ୟେ ଶରଦ ଶୁକ୍ଳ (୧୬) ମେଘର ଉର୍ଦ୍ଧ୍ୱେ, ଅରିଷ୍ଟ ଗ୍ରହଙ୍କର ଭଙ୍ଗେ, ଉନ୍ମତ୍ତ ରୋହିଣୀର ସଙ୍ଗେ, ସମ୍ପୂର୍ଣ୍ଣ କଳାଯୁକ୍ତ (୧୭) ଚନ୍ଦ୍ରମାର ପ୍ରାଏ (୧୮) ଶୋଭା ପାଉଅଛନ୍ତି (୧୯) ବୋଲି ଜାଣିଲୁ (୨୦) ଧ୍ୟାନ କରନ୍ତେ (୨୧) ସୁସିଦ୍ଧେ (୨୨)। ତ ସେ ମହାତ୍ମା (୨୩) ସିଦ୍ଧ ରୁଦ୍ରଗଣମାନେ କେମନ୍ତ ଅଟନ୍ତି। ସେ ସମସ୍ତେହେଁ (୨୪) ଧନ୍ୟ ଶୁଦ୍ଧ ଚଇତନ୍ୟ, ବଦ୍ଧ (୨୫) ପଦ୍ମାସନ, ନିଶ୍ଚଳ ନୟନ, (୨୬) ନିର୍ମଳ ମନ, (୨୭) ଅନୁଭବ ସଚ୍ଚିଦାନନ୍ଦ ଘନ (୨୮) ବିଷୟରସରେ ବିଘନ (୨୯) ବିଷୟାତୀତ ଶ୍ରବଣ ମନ (୩୦) ଅକ୍ରିୟ ଅପ୍ରୀତି ବାଦିନ, ମନ ଇନ୍ଦ୍ରିୟ ପ୍ରତିପାଳନ(୩୧)।

୧-(କ) ହାଇ ହାଇ, ୨-(କ) 'ବ୍ରହ୍ମାଣ୍ଡ...ଖେଣ୍ଡ' ନାହିଁ, ୩-(କ) ଭୁଅ ତିଅଣ୍ଡେ ଭୁବି ଖଣ୍ଡେ, ୪-(କ) ନାହିଁ, ୫-(ଖ) 'ତ୍ରଇଲୋକ୍ୟ', ୬-(କ) ସୁନ୍ଦର, ୭-(କ) ମାନ-ଉନ୍ମତ୍ତ ରଙ୍ଗେ, (ଖ) ଜ୍ଞାନନୁତ ରଙ୍ଗେ, ୮-(ଖ) 'ସୂର୍ଯ୍ୟ ଅସ୍ତମିତେ' 'କ୍ରୀଡ଼ା ରସ ମତେ' ପରେ ଅଛି, ୯-(ଖ) ପରମେଶ୍ୱର, ୧୦-(ଖ) ସରସ, ୧୧-(କ) ପାରଂପାରଗତି, ୧୨-(ଖ) ମୌଳି, ୧୩-(ଖ) ଚାରୁପାରୁଶେ, ୧୪-(ଖ) ସମସ୍ତ ଦେବତାମାନେ ମେଖଳା ଆକାର ହୋଇ ରଡ଼ିଲେ ସିଦ୍ଧ ରୁଦ୍ରଗଣମାନେ ଅତି ହରଷେ, (ବହି) ସମସ୍ତ ଦେବତାମାନେ ବେଢ଼ିଅଛନ୍ତି। ୧୫-(ଖ) ତ ସେ ନାହିଁ, ୧୬-(କ) ଶୁକଳ, ୧୭-(କ) କଳାଯୁକ୍ତେଂ, ୧୮-(କ) ଚନ୍ଦ୍ରମା ଶୋଭା ପ୍ରାଏକ, ୧୯-(କ) ପାଉଅଛି, ୨୦-(କ) ନାହିଁ, ୨୧-(ବହି) ନାହିଁ, ୨୨-(କ) ଜାଣିଲ ଶୁଦ୍ଧ ବୁଦ୍ଧୟେ, ୨୩-(କ) ପୁଣ ସେ, ୨୪-(ଖ) ନାହିଁ, ୨୫-(ଖ) ବଦ୍ଧ ଧନ୍ୟ, ୨୬-(କ) ନିର୍ମଳ ମନ ପରେ, ୨୭-(କ) ନାହିଁ, ୨୮-(ଖ) ଅନୁଭବାନନ୍ଦ ଚିଦ୍‌ଘନ, ୨୯-(କ) ବିଷୟରେ ବିସର୍ଜନ, ୩୦-(କ) ବିଶ୍ରାନ୍ତ ଶ୍ରବଣା, ୩୧-(କ) ମନ ନୟନ ଆହିପତ୍ୟ ବାଦୀନ ପରର ଆତ୍ମାରେ ଯୋଗ କରିଅଛନ୍ତି ଗୁଣ କରଣ ଗଣ ଜୀବନ ମନ ପବନ ସେ ସମସ୍ତ ଚେଷ୍ଟା ସଙ୍ଗ।

ତ ସମସ୍ତେହେଂ ଚେଷ୍ଟାରେ ସ୍ୱଚ୍ଛ ନିର୍ବିକଳ୍ପ, ଅଶରୀର ବୁଦ୍ଧି, ଆଶ୍ଚର୍ଯ୍ୟ ସିଦ୍ଧି, (୧) ଜ୍ଞାନାନନ୍ଦେ ଯୁତ (୨) ସର୍ବଦା ମୁକ୍ତ (୩) ଜୀବ (୪) ଅନ୍ତଃକରଣ ଶୁଦ୍ଧ ହୋଅନ୍ତେ ବିବେକ, ଉତ୍ସୁକ; ଭୟ, ଅଭୟ ଉଦ୍‌ବେଗ ଅବସ୍ଥା ଛାଡ଼ି (୫) ସେମାନେ କେମନ୍ତ ଅଟନ୍ତି। ନାରାୟଣ ପଦାରବିନ୍ଦେ (୬) ଶରଣ। ତ (୭) ସେ ଆତ୍ମାପୁରୁଷ ପରମାତ୍ମାଏ (୮) ଲଏ, ନିରାଲମ୍ବ ଧ୍ୟାଏ, ବ୍ରହ୍ମତତ୍ତ୍ୱନିଷ୍ଠ (୯) ଅଂଶମୟେ, ସମସ୍ତେହେଂ (୧୦) ତ୍ରିଲୋଚନନର ଚାରିପାରୁଶରେ ମେଖଳାକାର ହୋଇ (୧୧) ରହିଲେ। ସେ ପୂର୍ଣ୍ଣ (୧୨) ସମାଧି ଲୟେ ମନ (୧୩) ବଶକୁ (୧୪) ନେଉ (୧୫) ଅଛନ୍ତି। ତାହାଙ୍କୁ (୧୬) ଇନ୍ଦ୍ରିୟମାନଙ୍କର (୧୭) ନାୟକ (୧୮) ଯେ ସେ ନାସ୍ତି କରିଅଛନ୍ତି। ଦେହକୁ ଯେହ୍ନେ (୧୯) ମଦିରାନ୍ଧ ଲୋକର ବସ୍ତ୍ର ପ୍ରାୟେକ (୨୦)। ତ ଏବଂଭୂତ (୨୧) ଦେଖି, ଅମୃତ ଲୋଚନେ (୨୨) ନିରେଖି, ଜ୍ଞାନ ବୁଦ୍ଧି ଜାଣି, ଦେବେନ୍ଦ୍ର (୨୩) ମୁକୁଟ ମଣି, ମନେ ବିଚାରି ବୋଇଲେ ଦେଖି ଜାଣିମାନା। ଏମାନଙ୍କର ଅନ୍ତର୍ଗତେ ଦୋଷ (୨୪) ପରୀକ୍ଷା କରି ମଣିମା। ଏବଂଭୂତ ବିଚାରି (୨୫) ଜଗତ ପ୍ରଭୁ ତ୍ରିପୁରାରି, ପାର୍ବତୀଙ୍କି ହକାରି କଉତୁକରସେ ପରିହାସ କରି ପଚାରି (୨୬) ଠେକମଳ କରି ଞ୍ଚ କର୍ଣ୍ଣମୂଳରେ ଆଜ୍ଞା ଦେଲେ (୨୭) ହେ ଭଦ୍ରେ, ହେ କଲ୍ୟାଣୀ, (୨୮) ହେ ଶୁଭ୍ର ସୁକୁମାରୀ, ହେ ଶାକମ୍ବରୀ, ଜଗତ ମାୟାସ୍ୱରୂପୀ ପରମ ମୋହିନୀରୂପୀ, ବ୍ରାହ୍ମାଦି ତିରଣ। ପରିଯନ୍ତେ (୨୯) ବାହିଯ୍ୟ ଅନ୍ତରେ (୩୦) ଅଛୁ ବ୍ୟାପି। ଏ ତୋହର ବିଭ୍ରମ ମାୟାର ପ୍ରଭାବ ଗୁଣ।

୧-(ଖ) ଆଚାର୍ଯ୍ୟ ସାଧି, ୨-(ଖ) ଯୁକ୍ତ, ୩-(କ) ସର୍ବଦା ୟେ ପୂଜ୍ୟ, ୪-(ବହି) ଯାବତ; (ଖ) ଜୀବ ନିରାକରଣ, ୫-(ଖ) 'ଶୁଦ୍ଧ ଛାଡ଼ି' ନାହିଁ, ଏବଂ ଭୂକ ହୋଇ, ୬-(ଖ) ନାରାୟଣର (କ) ପଦାରବିନ୍ଦରେ, ୭-(ବହି) ନାହିଁ, ୮-(ବହି) ପରାତ୍ମାରେ ୯-(ଖ) ବ୍ରହ୍ମତ୍ରୟ ନିଷ୍ଠେ (କ) ତ...ଅଂଶମୟେ, ନାହିଁ, ୧୦-(କ) ଏବଂଭୂତ ହୋଇ, ୧୧-(କ) 'ମେଖଳାକାର ହୋଇ ନାହିଁ', ୧୨-(କ) ସମ୍ପୂର୍ଣ୍ଣ, ୧୩-(କ) ୟେ ମନ, ୧୪-(ବହି) ବେଶକୁ, ୧୫-(କ) ନେଇ, ୧୬-(କ) ନାହିଁ, ୧୭-(ଖ) ର ନାହିଁ, ୧୮-(କ,ଖ) ନୟନ, ୧୯-(କ) ନାହିଁ, ୨୦-(କ) ପ୍ରାୟେକ ହୋଇ, ୨୧-(କ) ଏମନ୍ତ, ୨୨-(ଖ) ନୟନେ, ୨୩-(କ) ଦେବଇନ୍ଦ୍ର, ୨୪-(ଖ) ବହିର୍ବୁଦ୍ଧି ବିସ୍ମରି ମନେ ଏହାଙ୍କର ଅନ୍ତର୍ଗତ ବାଣୀ ବୁଝିବି, ୨୫-(କ) ତ ସେ ୟେତେ ବିଚାରି, ୨୬-(କ) କଉତୁକରସ ପ୍ରସଙ୍ଗ କରି, ୨୭-(କ) ମୂଳେ ଦିଲେ, ୨୮-(କ) ଦେବୀ, ୨୯-(ଖ) ପ୍ରକୃତି ସ୍ୱରୂପେ, ୩୦-(ଖ) ଅଭ୍ୟନ୍ତରେ।

ଏମାନଙ୍କର (୧) ବୋଧ ଉଦୟ ହୋଇଲାକି ବୁଦ୍ଧିରୁ ଅଚଳ ନିର୍ମଳ ଗୁଣ। ଏ ଦୁହିନ୍ତି ସୂକ୍ଷ୍ମ ବିଚାରି ନିକିତିଲେ ପକାଇ ତୁଳିରେ ଜାଣିମା ନା ଆଜି। ଲଘୁ ଗୁରୁ ପରିମାଣିମା (୨) ହେ ଦେବୀ ! ଏବେ (୩) ତୁମ୍ଭେ ଆମ୍ଭର ବଚନ (୪) ଅତ୍ୟନ୍ତ ପ୍ରସନ୍ନ ତ୍ରୈଲୋକ୍ୟ (୫) ମୋହିନୀକରି କନ୍ୟାୟେ (୬) ଜନ୍ମ କରିବ। (୭) ୟେ ସିଦ୍ଧ ରୁଦ୍ରଗଣମାନଙ୍କର ଜ୍ଞାନ ବୁଦ୍ଧି ମୋହିବାକୁ (୮) ଭାର୍ଜନେ। ହେ ସୁନ୍ଦରୀ ! ତୁ ତ ସ୍ୱଭାବେହେ ପରମମାୟା ଲାବଣ୍ୟମୟେ କାୟା। କନ୍ଦର୍ପ ନିତମ୍ବ ମଣ୍ଡଳଙ୍କୁ ଆଶ୍ରେକରି ଅନବରତେ ହୋଇଥାଇ ସାହା। (୯) ସେ ଶକ୍ତି କାମଦେବର (୧୦) ଅଛିଟିକି ଜାଣିମାନା ଏବେ। ୟେବେ ତୁମ୍ଭେ ଆମ୍ଭର ବଚନେ ଅତ୍ୟନ୍ତ ପ୍ରସନ୍ନେ (୧୧) ଆତ୍ମା କଉତୁକ ଲୀଳା କ୍ରୀଡ଼ା ପ୍ରସଙ୍ଗୁ (୧୨) କରି ଭୟ ଛାଡ଼ି ମାଭିଏ (୧୩) ହୋଇ ସଚରାଚର ମୋହିନୀ କରି କନ୍ୟାଏ ଜନ୍ମ କରିବୁ। (୧୪) ସେ କାମଦେବ ମୋହିନୀକନ୍ୟା ସଙ୍ଗତରେ ଥାଇ। ସହଚର ବସନ୍ତ ଥିବ ସଖାୟୁକ୍ତ ହୋଇ। ପୁଷ୍ପଧନୁ ଧରି ତୋହରେ ତାହାର ସିଦ୍ଧ ହେବ କାର୍ଯ୍ୟ। କାମ ବ୍ରହ୍ମର ପ୍ରତିଜ୍ଞା ଦେଖି ଜାଣିମାନା ଆଜ (୧୫)। ତ ସେ ଚଇତନସ୍ୱରୂପୀ ଈଶ୍ୱର (୧୬) ଆଜ୍ଞା ପାଇ ଆତ୍ମାଶକ୍ତି ହୋଇଲା (୧୭) ପାଶମୁକ୍ତ (୧୮) ପ୍ରାଣୀମାନଙ୍କ ମନକୁ (୧୯) ପୁନରପି (୨୦) ଅନଙ୍ଗ ପ୍ରାୟେ ଆକର୍ଷିବାକୁ (୨୧) ଅତ୍ୟନ୍ତ (୨୨) ହରଷ ହୋଇଁ (୨୩)। ତ ସେ (୨୪) ସଚରାଚର ମୋହିନୀ କରି (୨୫) କନ୍ୟାଏ (୨୬) ଜନ୍ମକଲା (୨୭) ଆପଣା ମନରୁ (୨୮) କେବଳ ମୁହୂର୍ତ୍ତ ମାତ୍ର (୨୯) ଧ୍ୟାନେ ରହି।

୧-(କ) ଏହାଙ୍କର, ୨-(କ) କାହାର କେତେ ଲଘୁ ଗୁରୁ, (ଖ) ସବୁରିଙ୍କର ଶୁଦ୍ଧ ବିଚାର କରି, ୩-(କ) ତୁ ଏବେ, ୪-(କ) ନିତ୍ୟାନିତ୍ୟ ଦର୍ଶନେ, ୫-(କ) ତଇଲୋକ, ୬-(ଖ) ଏକ, ୭-(କ) କରିବୁ, ୮-(କ) ଧ୍ୱଂସିବାକୁ, ୯-(କ) କାମଦେବ ତୋତେ, (ଖ) ସେ ଶକ୍ତି କାମ ଦେଲେ, ୧୦-(କ) ତାହାର ସେ ଶକ୍ତିବଳ, ୧୧-(କ) ତୁ ୟେବେଂ ଆମ୍ଭର ବଚନେଂ କଉତୁକ ରସ ପ୍ରସନ୍ନେ କରି, ୧୨-(ବହି) 'ପ୍ରସଙ୍ଗେ', ୧୩-'ବହି-ନାରାଏ', ୧୪-(ଖ) 'ନାରୀ କରିବୁ' ନାହିଁ, ୧୫-(କ) କେବଳ ମୁହୂର୍ତ୍ତ ମାତ୍ରକେ ଧ୍ୟାନେ ରହି ସେ ମାୟାର କନ୍ୟାର ସାଙ୍ଗେ ଥାଇ ସହଚର ସଖାୟୁକ୍ତେ ପୁଷ୍ପଧନୁ ଧରି ତାହାରେ ତୋହରେ ସିଦ୍ଧ ହୋଇବ କାର୍ଯ୍ୟ କାମ ବ୍ରହ୍ମା ପ୍ରଭାବ ଦେଖି ଜାଣିମାନା ଆଜ, ୧୬-(କ) ଦୁର୍ଗାଈଶ୍ୱରେ, ୧୭-(କ) ନାହିଁ, ୧୮-(ଖ) ନାହିଁ, ୧୯-(କ) ନାହିଁ, ୨୦-(ଖ) ନାହିଁ, ୨୧-(କ) "ଅନଙ୍ଗ ପାଶେ" ନାହିଁ, ୨୨-(କ) ନାହିଁ, ୨୩-(ବହି) ହୋଇଲା, ୨୪-(କ) ନାହିଁ, ୨୫-(ଖ) ନାହିଁ, ୨୬-(କ) କନ୍ୟାୟେକ, ୨୭-(ଖ) ଜାତ କଲା, ୨୮-(କ) ଆପଣାର ମନରୁଂ, ୨୯-(କ) ମାତ୍ରକେ।

ତ (୧) ଆହା ବାବୁ କନ୍ୟା ସେ (୨) ରସେ ଜଗତ ମୋହିଲା (୩) ପୃଥିବୀ ଶୋହିଲା। ପ୍ରାଣୀମାନଙ୍କର ଧଉର୍ଯ୍ୟ (୪) ଉଡ଼ିଲା। ଅନଙ୍ଗ ଅମ୍ବୁନିଧି କି ଆସି (୫) କପିଳାସ କନ୍ଦର ଯାକେ ବେଢ଼ିଲା। (୬) ତାହାର (୭) ଧନ୍ୟ ଧନ୍ୟ କି ଭୂମିଗତ ସ୍ଥିତି (୮) କି ମନ୍ମଥ ରାଜାର କୋଦଣ୍ଡ ଭ୍ରାନ୍ତି ? (୯) କି ବିଜୁଳିର କାନ୍ତି ? କି ବ୍ରହ୍ମାଦି ଦେବଙ୍କୁ ମୋହିନୀ ଫାଶୀ ? କି ବିହି ନିର୍ମାଣ କଲା (୧୦) ଲାବଣ୍ୟରାଶି ? କି ଅନଙ୍ଗ ଅମିୟପୂର୍ଣ୍ଣ କଳସୀ ? କି ଯୋଗୀଜନ ମନମୀନ ବଡ଼ଶୀ ? କି କାମିନୀକୁଳ କମଳ ବିଳାସୀ ? କି ମନସିଜ ମାନସ ବନଶଶୀ ? ବ୍ରହ୍ମଜ୍ୟୋତି ନିର୍ମାଣ ନିଶି ? (୧୧) କି ବିବେକ ପ୍ରଦୀପକୁ ଦୃଢ଼ ବତାସୀ ? କି ଈଶ୍ୱର ମୋହିବାକୁ ଈସତ ହାସୀ ? କି ଦେଖି କାମଦେବ ହିଁ ହେଉଛି ଧଡ଼ସି ? (୧୨) ଆହା ବାବୁ କନ୍ୟାର ସେ ବଦନ ପୂର୍ଣ୍ଣ ନିର୍ମଳ ଶରଦ ଚାନ୍ଦ (୧୩) ଦ୍ରହାସ ନୟନ କି (୧୪) ମୁନିଜନମାନଙ୍କର (୧୫) ମନନୟନକୁ ପାତିଅଛି ଫାନ୍ଦ ? ଜ୍ଞାନତରୁ ଉପାଡ଼ିବାକୁ (୧୬) ନୟନ ଗଙ୍ଗାନଦୀର ତରଙ୍ଗ। ସ୍ନିଗ୍‌ଧ ବିଦଗ୍‌ଧକୁ (୧୭) ମଧୁର ଚଞ୍ଚଳ କଟାକ୍ଷେ କରି (୧୮) କୋଟି କୋଟି କାମ ଆସି ହୋଇଅଛି ସଙ୍ଗ (୧୯)। ନିର୍ବାଣ ମୁକ୍ତି ଛାଡ଼ି ପାରଇ (୨୦) ତାହା ମୁଖକମଳ ପେଖିଲେ (୨୧) ତୁରୀୟ ଅବସ୍ଥା ହୋଇପାରଇ ତାହାର ସ୍ତନ ଶଙ୍କର (୨୨) ଦେଖିଲେ। ବିଧାତା ଦେଖିଲେ ଜଡ଼ ଭାବେ କରିବ ପ୍ରଳାପ। (୨୩) ମନ୍ମଥ ରତିସଙ୍ଗ ଛାଡ଼ିବାକୁ (୨୪) ନିଶ୍ଚେ କରୁଅଛି ସଂକଳ୍ପ। (୨୫) ଚନ୍ଦ୍ର ଦରଶନ ମାତ୍ରକେ କିରଣେ ଛୁଇଁଲା ଯହୁଁ, (୨୬) କଷ୍ଟେ କଷ୍ଟେ ପ୍ରାଣ ରଖିଅଛି ତହୁଁ (୨୭) ରୋହିଣୀର ଅଙ୍ଗ ସଙ୍ଗ ବିରଙ୍ଗ ପାଇଲା (୨୮) ସ୍ପର୍ଶ ନ କରିବା ମାତ୍ରକେ ନିମଗ୍ନ ହୋଇ ଜଡ଼ ଆତ୍ମା (୨୯) ଗଗନେ ଉଇଁଲା।

୧-ବହି ଓ (କ)ରେ ନାହିଁ, ୨-ଅତ୍ୟନ୍ତ କନ୍ୟାରେ, ୩-(କ) 'ରସେ' ନାହିଁ, ୪-(ଖ) ଧଇର୍ଯ୍ୟ, ୫-(କ) ଆମ୍ଭେ ନିଧି ଆଣିକି, ୬-(କ) ବୁଡ଼ାଇଲା, ୭-(କ) ଆ, ୮-(କ) ଥିତି, (ଖ) ଭୂମିସ୍ଥିତ କି ? ୯-(କ) ନାହିଁ, ୧୦-(କ) ନିରମିଲା, ୧୧-(କ) "କି ବ୍ରହ୍ମ ନିଶି" ନାହିଁ, ୧୨-(ଖ) ଧଡ଼ସୀ ଧ୍ୱଂସୀ (କ) ଏହି ପଂକ୍ତି ପୂର୍ବରୁ "କି ବ୍ରହ୍ମାଦି ଜ୍ୟୋତି କି ନିର୍ମାଣ ନିଶିଅଛି", ୧୩-(କ) ଆ ବାବୁ କନ୍ୟାରେ। ବଦନଶରଦ ପୌର୍ଣ୍ଣମୀର ଚାନ୍ଦ, ୧୪-(ଖ) ଦରହାସ ଭାବ କି ? ୧୫-(କ) ଯୋଗୀଜନମାନଙ୍କୁ, ୧୬-(କ) ଉପ୍ପାଟିବାକୁ, ୧୭-(କ) ବିଦଗ୍‌ଧମୁଗ୍‌ଧ, ୧୮-(ଖ) କଟାକ୍ଷରେ, ୧୯-(କ) କାମ ହେଉଛି ସଙ୍ଗ। ୨୦-(କ) ତେଜିପାରି, ୨୧-(କ) ଦେଖିଲେ 'ଖ' କମଳ ନାହିଁ, ୨୨-(ଖ) ସ୍ତନ ଯୁଗ୍ମ, ୨୩-(ଖ) କରିବ ହୋଇବ (କ) ବିଧାତା ଜଡ଼ଭାବେ ଦେଖିଲେ କରିବ ପ୍ରଣମ୍ୟ, ୨୪-(କ) ତେଜିବାକୁ, ୨୫-(କ) ନିଚୟେ ସଙ୍କଳ୍ପ କଲା ଯୋଗୁ, ୨୬-(କ) ନାହିଁ, ୨୭-(କ) କଷ୍ଟକଷ୍ଟ ହୋଇ ପ୍ରାଣ ପାଇଲାକ ତହୁଁ, ୨୮-(କ) ରୋହିଣୀ ଅଙ୍ଗସଙ୍ଗ ଚନ୍ଦ୍ର ବିରଙ୍ଗ ପାଇଲା, ୨୯-(କ) ସ୍ମରଣ କରିବା ମାତ୍ରକେ ଗଗନେ ନିର୍ମଳ ହୋଇ ଉଇଁଲା।

ଭୋଗ କରି ନ ପାରି ସେ ଟି ମୁଖ । (୧) କାଳି କି ? କଳଙ୍କ ବୋଲି ତାହା ବୋଲନ୍ତି ଅଦ୍ୟାପି (୨) ଅଲେଖ ଜ୍ଞାନ ବୁଦ୍ଧି ମୋହିବାକୁ ଯେ ହୋଇଅଛି ଜନ୍ମ, ବୃହସ୍ପତି ଦେଖିଲେ ହେବେ ମଦନେ ବିଭ୍ରମ । ସ୍ତନଯୁଗଳ କି (୩) କଳ୍ପଲତା ଫଳ ପ୍ରାୟେ ପ୍ରକାଶ । ଇନ୍ଦ୍ର ଦେଖିଲେ ସ୍ୱର୍ଗ ଭୋଗ ଛାଡ଼ି ସେଇକ୍ଷଣି ହୋଇବ ଦାସ । ସ୍ତ୍ରୀ ନିନ୍ଦେକ ବସ୍ତୁ କି ପଳାଇଲା ଭୂମଣ୍ଡଳ ତେଜି । ନାରାୟଣ ପଦ୍ମନେତ୍ର ଦୁଇ ଲକ୍ଷ୍ମୀ ଅଛନ୍ତି କଉତୁକେ ଦୁଇ ହାତେ ବୁଜି (୪) । ସକଳ ସ୍ତ୍ରୀ ରତ୍ନ କି ସୃଷ୍ଟିରେ ଗୁଣ୍ଡୀଭୂତ ହୋଇଲା । ଐଶ୍ୱର୍ଯ୍ୟମାନନ୍ତ ସେ ମୋହନିଦ୍ରାରେ ମୋହିଲା । ଜଗତେଶ୍ୱରୀ ଯାହା ଅତ୍ୟନ୍ତ ଯତ୍ନେ ଜାତ କଲା । ସ୍ଥିରୀ ବିଷୟନ୍ତ ତେଜି ଦାସ ପ୍ରାୟେକ ହୋଇ କନ୍ଦର୍ପ ନିତମ୍ୱ ମଣ୍ଡଳକୁ ଆଶ୍ରେ କରି ରହିଲା । କୁବେର ପଦ୍ମନିଧି ତେଜି ପାରଇ ଆଙ୍ଘ୍ରି ଯୁଗ (୫) ଦେଖିଲେ ଛାୟାକୁ ତେଜି ସୂର୍ଯ୍ୟ ଭୂମିଗତ ହୁଅନ୍ତେ (୬) ନିଶି ନୋହି ଦିବସ ହୋଇଥିଲେ । ତ (୭) ସେ କ୍ରୀଡ଼ାରସ ନଦୀ ଲାବଣ୍ୟ ବାରିରେ ପୂରାଇଲା (୮) । ତ୍ରିପୁର ସୁନ୍ଦରୀମାନଙ୍କର ହିଁ (୯) ଆଦର ସରିଲା । ଦିଗପାଳମାନେ ଦେଖି ହୋଇଲେ ଜଡ଼ । ଜୀବେ ଅଜୀବେ ଜରିଲେ ବଡ଼ (୧୦) । ତ (୧୧) ଏବଂଭୂତ ପ୍ରକାରେ (୧୨) ସେ ଜଗତ ପ୍ରକୃତି ଅମ୍ୱିକା, ଲାବଣ୍ୟ ସମୁଦ୍ରୁଂ ଲକ୍ଷ୍ମୀ ଉଦ୍ଧରି ଆଣିଲା କି ଅତ୍ୟନ୍ତ ଯତ୍ନେ ଅନୁପାମାମଦ ସଞ୍ଜୀବନୀ କନ୍ୟକା ? (୧୩) ତ ସେ କନ୍ୟ ଜଗତ ମାତାର ଆଜ୍ଞାପାଇ ସିଦ୍ଧଙ୍କର ଜ୍ଞାନ ସମୁଦ୍ରେ ମଜ୍ଜିଲା । ମନ୍ମଥ ହସ୍ତିକି ମନ୍ମଥ (୧୪) ପାଶେ ଆକର୍ଷି ଆଣିମାକୁ ଅତ୍ୟନ୍ତ ହରଷ ହୋଇ ସେ ସମାଧି ବୁଦ୍ଧି ମହାତ୍ମା ମଣ୍ଡଳର ମଧ୍ୟେ ମିଳିଲା । ରତ୍ନ ଅଳଙ୍କାର ଯୁକ୍ତ ହୋଇ ଯୋଗବିଘ୍ନ କରି । ସେ ମୁକ୍ତିପନ୍ଥୁ (୧୫) ନିରୋଧିବାକୁ କନ୍ୟାର ଅପାଙ୍ଗ (୧୬) ସଙ୍ଗରେ ମନସିଜ ସଜୀବ ହୋଇଅଛି । ପଞ୍ଚଶର ଯୁକ୍ତେ (୧୭) କାମଦେବ ସଙ୍ଗତେ ବସନ୍ତ (୧୮) ଅଇଲା ।

୧-(ବହି) ସେ ଟି କାଳି କି? ୨-(ଖ) କିନ୍ତୁ 'କ'ରେ ଲୁପ୍ତ କିରି ନପାରି ଯହୁଁ ମୁଖ କଳିକି କଳଙ୍କ ବୋଲି ତା ଏବେ ବୋଲି ଲେଖି, ୩-(କ) ନାହିଁ, ୪-(ବହି)-କଉତୁକେ ବେନି ହସ୍ତେ ଅଛନ୍ତି ବୁଜି, ୫-(ବହି) ଯୁଗଳ, ୬-(ବହି) ହୁଅନ୍ତା, ୭-(ବହି) ତ' ନାହିଁ, ୮-(କ) ବୁଡ଼ାଇଲା । ୯-(ଖ) ମାନଙ୍କୁ ଆଦର, ୧୦-(କ) ଅଜୀବ ଜୀବମାନଙ୍କରେ ଲାଗିଲା ଜଡ଼, ୧୧-(ବହି) 'ତ' ନାହିଁ 'ରୁଦ୍ର ତହୁଁ' ଏଠାରେ ଅନାବଶ୍ୟକ, ପରେ ଅଛି, ୧୨-(ବହି) ଜଗତ ମାତାର ଯତନେ ସୃଜିଲା ସେ ଅନୁପାମାମଦ ସନ୍ଦୀପନୀ କନ୍ୟା (ଏଠାରେ ଥିବା ଜଗତ ମାତାର ପାଠ ଅସ୍ପଷ୍ଟ), ୧୩-(ବହି) ନାହିଁ, ୧୪- ବହି ନାହିଁ, ୧୫-(କ) ମୁକ୍ତିପଥ, ୧୬-(ଖ) ଅପ୍ରାଙ୍ଗ, ୧୭-(କ) ପୁଷ୍ପଶର ଯୁଗତେ, ୧୮-(କ) ବସନ୍ତ ଋତୁ ।

ମିତ୍ରକୁ ସପକ୍ଷ (୧) ହୋଇବାକୁ କରି ଆକାଶେ ନିର୍ମଳ ହୋଇ ଚନ୍ଦ୍ରମ ଉଇଁଲା। ତ (୨) ମଧୁ ଯାମିନୀ ହୋଇଲା। ମଳୟ ପବନ ମନ୍ଦ ମନ୍ଦ ହୋଇ ବହିଲା। ଯୁବା ଜନମାନଙ୍କର ମନକୁ ପୁନଃ ପୁନଃ କରି ଦହିଲା। ତ (୩) ସେ ମନସିଜ ଦଶନେ ରମ୍ୟ ଅରଣ୍ୟେ ସମସ୍ତ ଜନ୍ତୁମାନଙ୍କୁ ବାଧା ଲାଗିଲା। ସେ ସଙ୍ଗେ ବିହରନ୍ତା ବିଦ୍ୟାଧରୀମାନଙ୍କର ଲୋଭନୀୟମନ ତାହାଙ୍କ (୪) ଇଚ୍ଛା ବଳିଲା। ଶୁଷ୍କ ପାଦପମାନେ କଅଁଳିଲେ। (୫) ପଲ୍ଲବ ହୋଇଲେ (୬)। ମହାଗଜମାନଙ୍କର ହସ୍ତ ଚାଳନ (୭) ଅଯୋଗ୍ୟ ହସ୍ତିନୀମାନେ ସହିଲେ (୮)। ଦିବ୍ୟାଙ୍ଗନାମାନଙ୍କର ସ୍ତନ ବସନରେ (୯) ମଳୟ ପବନମାନେ ଶରଣ ପଶିଲେ। ଲଜ୍ଜାଏଂ ଗଳିଲେ। କୋକିଳମାନଙ୍କର କୁହୁ କୁହୁ ଶବ୍ଦେ ବଳିଲେ। ଅଦିନେ ଶାରୀ (୧୦) ପକ୍ଷୀଏ ଭାଷିଲେ। ଭ୍ରସଳନ୍ତ ପଦ୍ମେ ଲେଉଟି (୧୧) ଚୁମ୍ବିବାକୁ ସଲଜ୍ଜେ ମନ୍ଦ ମନ୍ଦ ହୋଇ ହସିଲେ। ତ (୧୨) ସେ ଅରଣ୍ୟେ ସମସ୍ତ ଜନ୍ତୁମାନେହେଂ ଉନ୍ମତ୍ତ ଦିଶିଲେ। ପୁରୁଷେ ଅଙ୍ଗନାମାନଙ୍କର ଭୁଜ ପଞ୍ଜରେ ଶରଣ ପଶିଲେ।

ତ ଏବଂ ଭୂତ ପ୍ରକାରେ, ରୁଦ୍ର କ୍ରୀଡ଼ାବନରେ ଜୀବେ ଅଜୀବେ କାମାନ୍ଧକାରେ ମଜ୍ଜିଲେ ଯହୁଂ, ଅକର୍ଣ୍ଣ ପରିଯନ୍ତେ (୧୩) ପଞ୍ଚବାଣ (୧୪) ପୁରୋଇ ମନ୍ମଥ ବିଚାରିଲା ତହୁଂ (୧୫)। ସେ ପାଞ୍ଚ (୧୬) ଶରକୁ ଶିଖାଇ ବିଷାଇ (୧୭) ଅଧାନ, ସନ୍ଧାନ, ମୋକ୍ଷ ମଣ୍ଡଳକରି ପ୍ରତିଜ୍ଞାକଲା ତହୁଂ। ପ୍ରତିଜ୍ଞା କରଇ ହାଇ ହାଇ। ଆଜ ଜାଣିବା। (୧୮) ସିଦ୍ଧଙ୍କର ଗର୍ବ, ମୋତେ ପୂର୍ବେ ଜିଣିଲା ପରା ବିଚାରିଛନ୍ତି। (୧୯) ସର୍ବ। ବିଶ୍ୱ ଆଶ୍ଚର୍ଯ୍ୟ ଏ ସମାନ କର୍ମକଲେ। ସାତ୍ତ୍ୱିକ ଶ୍ରଦ୍ଧାକୁ ଘେନି ଶାନ୍ତ ହୋଇ ବିଷ୍ଣୁ ଭକ୍ତି କି ଆଶ୍ରେ କରିଗଲେ। ତାହାଙ୍କର ପ୍ରସନ୍ନେ ନିତ୍ୟାନିତ୍ୟ ଦର୍ଶନେ ଅନ୍ତଷ୍କରଣ ଚତୁଷ୍ଟୟ କଲେ ଶୁଦ୍ଧି। ପୁଣି ଯମ ନିୟମାଦି ବଳେ ମୋତେ ଜିଣି ନିର୍ମଳ କଲେ ମନ ବୁଦ୍ଧି (୨୦)।

୧-(କ) ମୈତ୍ରୁକ ସମକ୍ଷ, ୨-(କ) 'ତ' ନାହିଁ, ୩-(କ) 'ତ' ନାହିଁ, ୪-(କ) ବିଦ୍ୟାଧରୀ ମାନଙ୍କର ଭର୍ତ୍ତାକୁ ଲୋଭନୀୟଇଚ୍ଛାଏ ବଳିଲା, ୫-(କ) ଶୁଷ୍କ ପାଦପ କଅଁଳିଲା, ୬-(କ) ପଲ୍ଲବିତ ହୋଇଲା, ୭-(କ) ରମଣ, ୮- 'କ'ରେ ଅଧିକାଭ୍ରମରେ ପଦ୍ମରେ ରଦିଲେ, ୯-(କ) ସଂକଟେ, ୧୦-(କ) ସାରସିକା, ୧୧-(ଖ) ପୋଥିରେ ଏ ବାକ୍ୟଟି ନାହିଁ, ୧୨-(କ) ମନ୍ଦମନ୍ଦ ହୋଇ ଭ୍ରମରେ ପୁଷ୍ପ ଲେଣ୍ଡିରେ ଚୁମ୍ବିବାରେ, ୧୩-(ଖ) ପର୍ଯ୍ୟନ୍ତେ, ୧୪-(ଖ) ପଞ୍ଚମବାଣ, ୧୫-(ଖ) କି ରହୁଂ। ୧୬-(ଖ) ପଞ୍ଚମ, ୧୭-(ବହି) ବସାଇ, ୧୮-(କ) ଜାଣବାନା, ୧୯-(କ) କରିଅଛନ୍ତି, ୨୦-(କ) ଦମନିୟମ ବଳପର ଏମାନେ ନିର୍ମନ କରିଅଛନ୍ତି ମନବୁଦ୍ଧି।

ଶୁଦ୍ଧ ଅନ୍ତଷ୍କରଣେ ବିବେକ ଉତ୍ପନ୍ନ ହିଂ କଲେ (୧)। ହରିହରି ଅଣିମାଦି ଐଶ୍ୱର୍ଯ୍ୟଙ୍କୁ କୁହୁକ (୨) ବୋଲି ବୋଇଲେ। ତ ଏ ଯୋଗୀଆଏ ସୁଖ ସୁଧାନିଧି ସ୍ତ୍ରୀରତ୍ନମାନଙ୍କୁ ନରକ ବୋଲି ବାଛନ୍ତି (୩)। ପ୍ରତ୍ୟୟ ଦୃଷ୍ଟି ପ୍ରପାତକୁ ମିଥ୍ୟା ବୋଲି ଭାଷନ୍ତି। ଶାନ୍ତ ଦାନ୍ତ ଆଦି (୪) ସାଧନ ହୋଇଲେହେଂ ଏମାନଙ୍କର କୈବଲ୍ୟଜ୍ଞାନେ ଲୟେ, ଆମ୍ଭେ ଷଡ଼ (୫) ଭାଇ ରାଜ୍ୟ ଛାଡ଼ି ପଳାଇଲୁ ଏ ପାପିଷ୍ଠ ଦୁରାତ୍ମାମାନଙ୍କ ଭୟେ। ଏମାନେ ତ ମୋହର ଦୁଃସାଧ୍ୟ ବୈରି, ଆଜ ଜାଣିମାନା ଏମାନନ୍ତ କେ ପାରଇ ଉଦ୍ଧରି (୬)। ତ ଏତେ ବିଚାରି, ସେ ମକରଧ୍ୱଜ ନିଶରେ ହାତ ଭରି, ପୁଷ୍ପଧନୁ ଧରି ଗୁଣ ଟଙ୍କାର କରି ପାର୍ବତୀଙ୍କୁ ସୁମରି, ପୂର୍ବକଥା ବିଚାରି (୭) ମୋହ ଉତ୍କଟ ପ୍ରତିଜ୍ଞା କରି (୮) ବୋଇଲା ଚଞ୍ଚଳ ଦୃଷ୍ଟି ଅପାଙ୍ଗ କୋଣେ ଦହିବି ଆଜ ସିଦ୍ଧଙ୍କୁ ଖଣ୍ଡେ ଖଣ୍ଡ କରି (୯)। ତ ସେ ମକରଧ୍ୱଜ ଅତ୍ୟନ୍ତମଦେ, ମାୟାକନ୍ୟା ପ୍ରସାଦେ ଚିରବୃଦ୍ଧ ଶତ୍ରୁକୁ ଜିଣି ପାରିବି ବୋଲି ନିଶ୍ଚେ କଲା ଅପ୍ରମାଦେ (୧୦)। ଏମନ୍ତ ସମୟରେ ଚନ୍ଦ୍ର ଜ୍ୟୋସ୍ନା ବଳିଲା (୧୧)। ବସନ୍ତ ଋତୁ ଚଳିଲା। ସେ ତ୍ରୈଲୋକ୍ୟମୋହିନୀ କନ୍ୟା ସମାଦି ଲୟେ ସିଦ୍ଧ ମଣ୍ଡଳର ମଧ୍ୟେ ମିଳିଲା। ତ କେମନ୍ତ ପ୍ରାୟେ ହୋଇ? (ଉତ୍ପ୍ରେକ୍ଷା) କି ସ୍ଥିରମନ ବିହଙ୍ଗସମୂହର ମଧ୍ୟେ ମନ୍ମଥ ପତାକା ଉଡ଼ାଇଲା (୧୨) କି ଧୈର୍ଯ୍ୟ ପର୍ବତମାନଙ୍କୁ ଲାବଣ୍ୟ ବାରି (୧୩) ବୁଡ଼ାଇଲା! କି କୈବଲ୍ୟ ଜ୍ଞାନ ମୁକ୍ତିକି ଆସି (୧୪) ଆଣିମାଦି ଅବିଦ୍ୟା ଢାଙ୍କିଲା କି ବୋଧ ଉଦୟ ଚନ୍ଦ୍ର ଜ୍ୟୋସ୍ନାମାନଙ୍କୁ ମୋହି ମେଘପଟଳ ଢାଙ୍କିଲା। କି ଶାନ୍ତି ରସ କମଳ ପୁଷ୍ପେକୁ ତ ନୂତନ ବସନ୍ତ ବହିଲା (୧୫)! କି ପୁନରପି ବ୍ରହ୍ମ ପାଶ ବୁଦ୍ଧିକି ସ୍ତ୍ରୀ ସୁଖେ ବିଭାଡ଼ିଲା ଯୋଗାଭ୍ୟାସ ଅଗ୍ନିକି ଅଧରାମୃତ ବାରିକି ଲିଭାଇଲା! ତ ସେ ଅବିଦ୍ୟା ମୃତ୍ୟୁ ସଞ୍ଜୀବନୀକରଣୀ କନ୍ୟାର ନୂପୁର ବଳୟ କଙ୍କଣଙ୍କର କ୍ୱଣ, କଟି ମେଖଳାର ରଡ଼ି, ଝିଙ୍କାରି ଭୃଙ୍ଗ କୋକିଳଙ୍କ ତୂରୀ ପାଡ଼ି, ଏଥକୁ ସମ୍ପୂର୍ଣ୍ଣ ଯୁକ୍ତେ ଅଛି ବସନ୍ତ ଋତୁ ବେଢ଼ି। ମିତ୍ର ରିପୁ ନ୍ୟାୟରୁ କରି ଧରିଅଛି ଚନ୍ଦ୍ର କିରଣମାନଙ୍କରେ ଜଡ଼ି। ଏଥକୁ ଅଜାଗେ ପଡ଼ିଅଛି ସେ ଅନଙ୍ଗ ଘର ଧାଡ଼ି (୧୬)

୧-(କ) ଶୁଦ୍ଧ ଅନ୍ତଷ୍କରଣ ବିବେକ ଦୃଷ୍ଟି ହୋଇଲେ, ୨-(ଖ) ଐଶ୍ୱର୍ଯ୍ୟଙ୍କୁ ମୋଡ଼ାଏ କୁହୁକ, ୩-(କ) ଭାବନ୍ତି, ୪-(କ) ବୁଦ୍ଧି, ୫-(ଖ) ଛାଡ଼, ୬-(କ) ରକ୍ଷାକରି, ୭-(କ) ବିସୋରି, ୮-(ଖ) ମେରୁର ପୁଷ୍ପେ, ୯-(କ) ଚଞ୍ଚଳ ବୃଷାଳ ନୟନେ ଛେଦିବି ଆଜ ଖଣ୍ଡ ଖଣ୍ଡ କରି, ୧୦-(କ) ନିୟମ ପ୍ରମାଦେ, ୧୧-(ଖ) ମିଳିଲା, ୧୨-(କ) ସ୍ଥିରମନ ବିହଙ୍ଗରେ କମଳଙ୍କୁ ଭ୍ରୁଲତା ସର୍ପିଣୀ ଖାଇଲା, (ଖ) କ୍ଷେତ୍ରକୁ ସପକ୍ଷ ହୋଇବା। ୧୬-(କ) କ୍ଷେତ୍ରକୁ ସପକ୍ଷ ହୋଇବା ନିମନ୍ତେ ଚନ୍ଦ୍ର ଧରିଅଛି କରେ କିରଣ ଜଡ଼ି। ଏମନ୍ତ ସମୟେ ପଡ଼ିଲା ସିଦ୍ଧ ରୁଦ୍ରଗଣମାନଙ୍କୁ ଘୋର ଧାଡ଼ି।

ତ ସିଦ୍ଧମାନଙ୍କର ସମାଧି ଭାଙ୍ଗିଲା । ତୂରୀୟ ଅବସ୍ଥା ଆସି ଜାଗ୍ରତରେ ଲାଗିଲା । ମନ୍ମଥ ଚକ୍ଷୁ ଦ୍ୱାରେ ବାଇ (୧) ଲଗା ଲାଗିଲା । ବିଷୟ ରସେ ରସିବାକୁ ମନ ବୁଦ୍ଧି ଆଜ୍ଞା ମାଗିଲା ।

ଈଶ୍ୱର ହିଁ ବଡ଼ ଚମକ୍ରାର ପାଇଲେ । ପାର୍ବତୀଙ୍କି ଆଣି ଆଲିଙ୍ଗନ କରି ହରଷେ ବୋଇଲେ । ହେ ସଖେ ! ଦଗ୍ଧ (୨) ହୋଇଲା ଅନଙ୍ଗଙ୍କୁ (୩) କି ମୋହନ ପାଣିରେ ଜିଆଇଲୁ । ଆମ୍ବୁଜାକ୍ଷି ! କି ନବତନ (୪) କରି ଏବେ ଅନଙ୍ଗ ସୃଷ୍ଟିଏ ଭିଆଇଲୁ । ଆମ୍ଭର ମନ ଯହିଁ ନୋହିଲା ନିଶ୍ଚଳ, ଏହିକ୍ଷଣି ଜାଣିମା ଏ ସିଦ୍ଧଙ୍କର (୫) କାହାର କେତେ ଅଛି ବଳ । ତ ଏମନ୍ତ ବୋଲନ୍ତେ ଅଦୃଷ୍ଟପୂର୍ବ ଅଦ୍ଭୁତ ମୋହିନୀ କନ୍ୟାଙ୍କୁ ଦେଖି, ଆଶ୍ଚର୍ଯ୍ୟ ପାଇଲେ ସିଦ୍ଧ ରୁଦ୍ରଗଣମାନେ ସମାଧି ଉପେକ୍ଷି । ଇନ୍ଦ୍ରିୟ ପ୍ରବଳ ଦୁର୍ଣ୍ଣୟ (୬) ଦେଖି, ଅର୍ଦ୍ଧ-ଉନ୍ମୀଳିତ ଲୋଚନେ ନିରେଖି, ସମାଧି ବୁଦ୍ଧି ଉପେକ୍ଷି, ବିପରୀତ ସମୟ (୭) ଦେଖି, ଉଚ୍ଛନ୍ନ ହୋଇ, ମହାଭୟ ପାଇ, ପ୍ରଳାପ ଶକ୍ତି ଜ୍ଞାନେ (୮) ନିରାଲମ୍ବ ଧ୍ୟାନେ କେ ପଳାଇଲା କେ ଉପଳ ଅବସ୍ଥାରେ ରହିଲା । କେ ମୃତ୍ୟୁଶବ ପ୍ରାୟ ହୋଇ ରହିଲା । ଆହା ସେ ସିଦ୍ଧ ବୁଦ୍ଧି ସମୂହ ଗୋଟିର ବାବୁ ଉଦ୍‌ବେଗରେ (୯) କେ ଶବ୍ଦ ସ୍ୱରୂପେ ରହୁଅଛନ୍ତି । କେ ସମାଧି ରୂପେ ରହୁଅଛନ୍ତି । କେ ଗଗନେ ଗଗନ ହୋଇଅଛନ୍ତି । କେ ଅଭୟ ପଦ ଧ୍ୟାଉଅଛନ୍ତି । କେ ପରମ ଜ୍ୟୋତିରେ ମିଶୁଅଛନ୍ତି । କେ ଅବଧୂତ ହୋଇ ଧ୍ୟାଉଅଛନ୍ତି । କେ ଚିତ୍ତ ଆକାଶେ ସମ୍ଭାଉ ଅଛନ୍ତି । କେ ତରତର ହୋଇ ଆସୁଅଛନ୍ତି । କେ ନିର୍ଗୁଣ ହୋଇ ପ୍ରକାଶୁ ଅଛନ୍ତି । କେ ଅନ୍ତର୍ଦ୍ଧାନ ହୋଇ ଖସୁଅଛନ୍ତି । କେ ପରମାନନ୍ଦେ ରସୁଅଛନ୍ତି । କେ ନିର୍ବିକଳ୍ପ ଅଭ୍ୟାସୁ ଅଛନ୍ତି (୧୦) କେ ଅଜୀବ ଭାବେ ପ୍ରକାଶୁ ଅଛନ୍ତି । କେ ବିଷୟ ବୁଦ୍ଧି ବିନାଶୁ ଅଛନ୍ତି । କେ କନ୍ୟା ସ୍ୱରୂପେ ପଶୁ ଅଛନ୍ତି । କେ ମନ ଭାବକୁ ଆସୁଅଛନ୍ତି । (୧୧) କେ ଜ୍ଞାନ ହରଷେ ଉଲ୍ଲସୁ ଅଛନ୍ତି । କେ ସୀମନ୍ତିନୀ ବୋଲି ବିଲସୁ ଅଛନ୍ତି । କେ ତନୁମନ ବୁଦ୍ଧିକି ଯାଉଅଛନ୍ତି, କେ ଅଶରୀର ପ୍ରାୟ ଦିଶୁଅଛନ୍ତି । କେ ନଟ ବୋଲି ଉପହାସୁଅଛନ୍ତି । କେ ବୋହୁରୂପୀ ବୋଲି ଦରହାସୁଅଛନ୍ତି । କେ ରଜ୍ଜୁ ସର୍ପ ବୋଲି ଆଭାସୁଂ ଅଛନ୍ତି (୧୨) ।

୧-(କ) ଯାଇ, ୨-(କ) ଉସ (ବହି) ଦହନ, ୩-(କ) ଶରର, ୪-(କ) ନବ ତନୁ, ୫-(ଖ) ଏମାନଙ୍କର, ୬-(କ) ଦୁର୍ଣ୍ଣୟ, ୭-(କ) ଭାବ ପ୍ରବଳ ଦୁର୍ଣ୍ଣୟ, ୮-(ଖ) ପ୍ରକାମଶକ୍ତି ଜ୍ଞାନେ, ୯-(କ) ଅସିଦ୍ଧ ବୁଦ୍ଧି ସାଧକ ସମୂହଂ ଗୋଟାର ବାବୁ ଉଦ୍‌ବେଗ ଅବସ୍ଥାରେ, ୧୦-(କ) ଅଭ୍ୟାସୁ ଅଛି, ୧୧-(ଖ) ତନୁ ଅଭାବକୁ, ୧୨-(କ) ନାହିଁ ।

କେ ଶକ୍ତି ବୋଲି ଜାଣିଲେ, କେ ମୃଗତୃଷ୍ଣା ପ୍ରାୟ ମଣିଲେ, କେ ଆତ୍ମାର ରମିଲେ, କେ ନିତ୍ୟ ନିତ୍ୟ ଜାଣିଲେ, କେ ମନ ବୁଦ୍ଧି ଘେନି ଚୈତନ୍ୟର ତହିଁକି ବୋଲି ଗମିଲେ, କେ ଶବ୍ଦ ଭୂମି ତରିଲେ, କେ ବ୍ରହ୍ମାଣ୍ଡଯାକେ ପୂରିଲେ, କେ ତିନି ଅବସ୍ଥାକୁ ଜିଣିଲେ, (୧) କେ ଶଶ ବିଷାଣ ପ୍ରାୟେକ (୨) ମଣିଲେ। କେ ବିଚାରିଲେ ହେ, ମହା ପ୍ରଳୟ ନଜିଣେ (୩) ଯେବଣ ସ୍ଥାନ, ତହିଁ କି କରିପାରିବ ଏ ସ୍ତ୍ରୀ ଆଶ୍ରୟ କାମ। କେ ବିଚାରିଲା ହୋ, ମୋହର ତହୁଂ ବିନା ବସ୍ତୁ ନାହିଂ, ଏ ମାୟା କନ୍ୟା ହିଂ ତ (୪) ଅଟଇ ମୁହିଂ। କେ ବୋଇଲା ହୋ ମୋହିନୀ ରୂପେ ଆତ୍ମା ଭାସଇ, ଶୁକ୍ତି ଯେହ୍ନେ ଭ୍ରାନ୍ତିରେ ରଜତ ପ୍ରାୟେ ଦିଶଇ। କେବଣ ମହାତ୍ମା ପରମ ବୁଦ୍ଧିରେ ବୋଇଲା, ଇନ୍ଦ୍ର ବୋଲେ ଆସି ଇନ୍ଦ୍ରଜାଲ ହୋଇଲା। କେ ବୋଇଲା, ଗନ୍ଧର୍ବ ନବରେ ଅବା କେତେବେଳେ ଥାଇ। କେ ବୋଇଲା ହୋ, ମଦୁଆ କନ୍ଦର୍ପ ଆଜନ୍ମହୁଂ ବାଇ। କେ ବୋଇଲା ହୋ ବ୍ରହ୍ମାଦ ପଦହିଂ ଯହିଂ ଦିଶଇ ଭ୍ରମ ତୋହର କିମ୍ପାଇ ଏଥି ବିଅର୍ଥେ ଶ୍ରମ। ତ ସେ ତାପତ୍ରୟ ନାଶନ ମହା ପ୍ରଭାବ ବ୍ରହ୍ମଜ୍ଞାନ ପ୍ରସାଦେ, ସକଳ ସିଦ୍ଧ ରୁଦ୍ରଗଣମାନେ ରକ୍ଷାଗଲେ ଅପ୍ରମାଦେ। ତହିଂ ଅଭିନବ ଚୈତନ୍ୟ ନାମେ ରୁଦ୍ର ଗଣେକ ଥିଲା। କୋମଳ କଣ୍ଟେକ ଜ୍ଞାନରେ (୫) ଆରୁକ୍ଷୁ (୬) ଯୋଗରେ, ସେ ଚାହିଁ ଦେଇ ପଡ଼ିଲା ଏକା ଘୋର ଅନଙ୍ଗ ଧାଡ଼ିରେ। ସେ ମାୟା କନ୍ୟାକୁ ଦେଖିଲା। ସ୍ଥିର କରି ତାହାର ଲାବଣ୍ୟ ସୁଧାନିଧି ମୁଖ (୭) ନିରେଖି ଦେଖିଲା। ତା ଅଚଳ (୮) ଚିତ୍ତ ବଳିଲା। ସ୍ଥିର ଚକ୍ଷୁ ଚଳିଲା। ହୃଦୟ ସରିଲା। ଚେତନା (୯) ବୁଡ଼ିଲା। ଶରୀର ଚମକିଲା। ବୁଦ୍ଧି ଛମକିଲା। ରୋମଲତା (୧୦) ପୁଲକିଲା। କାମ ଝଳକିଲା। ସନ୍ୟାସ (୧୧) ଚଳିଲା। ସ୍ୱେଦବିନ୍ଦୁ ଗଳିଲା। ଶ୍ୱାସ ଚଳିଲା। ଗଣ୍ଡସ୍ଥଳ ଉଲସିଲା। ଭ୍ରୂଲତା ବିକାଶିଲା। ଶୃଙ୍ଗାରରସେ ରସିଲା। ସ୍ଥାନ (୧୨) ମୁଦ୍ରା ଖସିଲା। ସମାଦି ନସିଲା। ଉତ୍କଣ୍ଠ ଦିଶିଲା। ବିକାର ମିଶିଲା। ଖେଦ ଜଳେ ପଶିଲା। ପାଦ ପାଣି ବସିଲା। ମନ କମ୍ପିଲା। ଖେଦ ଜଳ ମାଡ଼ିଲା। ଯୋଗ ଅଭ୍ୟାସ ଛାଡ଼ିଲା। ଉର୍ଦ୍ଧ୍ୱବନ୍ଧ ତୁଟିଲା (୧୩)।

୧-(କ) ଜାଣିଲେ, ୨-(ଖ) କେ ଶଶ ବିଷା ପ୍ରାୟେ, ୩-(କ) ଜାଣେ, ୪-(କ) ଏ, ୫-(କ) କୋମଳ କଣ୍ଟେକ ଜ୍ଞାନେ, (ଖ) କଣ୍ଟକ, ୬-(କ) ଆରିଯ, (ଖ) ଆରୁକ୍ଷ, ୭-(ବହି) ମୁଖ ନାହିଁ, ୮-(ବହି) ତାହାର ଅଚଳ, ୯-(ବହି) ଚଇତନ, ୧୦-(ଖ) ରୋମଲତା ସୂତିକା, ୧୧-(ଖ) ସାବ୍ୟସ୍ତ, ୧୨-(ବହି) ଜ୍ଞାନ, ୧୩-(କ) ଓ (ବହି) ଅଧିକା, ରତି ରଙ୍ଗ ସୁମରିଲା, କନ୍ୟାରସେ ଭଜିଲା। ବନତା ଭୋଗ ବାଞ୍ଛିଲା, ଭାବ ସାଗରେ ଝାସିଲା।

ଖେଚରୀ ସ୍ଥାନ ଫିଟିଲା । ରୋମ ଲତିକା ଦିଶିଲା । ରସଜଳଧିରେ (୧) ମିଶିଲା (୨) ତ ଏମନ୍ତ ସେ । ମୋହିନୀ କନ୍ୟା ସଲ୍ଲଜେ ମନ୍ଦ ମନ୍ଦ ହୋଇ ହସିଲା । ତ ସେ ମାୟା କନ୍ୟାର ଜନ୍ମ ସାର୍ଥକ ହୋଇଲା । (୩) ପାର୍ବତୀଙ୍କର ଶର୍ମ ଘର୍ମ (୪) ହିଂ ବିଅର୍ଥ ନୋଇଲା । କାମଦେବର ତରିଜା ବଳିଲା । (୫) ପୁଷ୍ପବାଣ ଶକ୍ତି ନେଇ ସେ ରୁଦ୍ରଗଣ ହୃଦୟରେ ଦଳିଲା । ତ ସେ ମନ୍ମଥ ବିଜୟଲକ୍ଷ୍ମୀଙ୍କ ପାଇ, ଅତ୍ୟନ୍ତ ହରଷ ହୋଇ ଜ୍ଞାନସୃଷ୍ଟି ତୁଟାଇ, ନେତ୍ରପଦ୍ମ ଫୁଟାଇ, ମତ୍ତଗର୍ବ ପୁରୁଷକାରେ କୁସୁମଧନୁ ଟାଣିଲା ତ ହରି ହରି ପାର୍ବତୀର (୬) ପ୍ରସାଦେ ଅପରାଜୟ ଶତ୍ରୁକୁ ଅନାୟାସେ ଜିଣିଲା । ଆହାହନ୍ତ ସେ ଅଭିନବ ଚୈତନ୍ୟ ନାମେ ସିଦ୍ଧ ରୁଦ୍ରଗଣ ଗୋଟିର (୭) ବାବୁ ବିଡ଼ମ୍ବଣ ଅବସ୍ଥାରେ, ନିଶ୍ଚଳ କୁରଙ୍ଗ ନୟନ ତାହାର ମନମଥ ପାଶେ ପଡ଼ିଲା । ଶିବ ଶିବ ଊର୍ଦ୍ଧ୍ୱଗତି ସୁସୁମୁଣା ନାଡ଼ି ଅଧୋଗତିକି ଗଡ଼ିଲା । (୮) ତ ଅବନ୍ଧନ ମତ୍ତ (୯) ମାତଙ୍ଗ ମଦ ଲାବଣ୍ୟ ପଙ୍କେ ଲାଖିଲା । ହରି ହରି । ପରମ୍ପରା (୧୦) ଗଲା । ମନ ବୁଦ୍ଧି ଅନଙ୍ଗ ରଙ୍ଗେ ଭାଙ୍ଗିଲା । ନିତ୍ୟାନିତ୍ୟ ବସ୍ତୁ ବିଚାର ତନୁ ସଙ୍କଟେ ରହିଲା । ବ୍ରହ୍ମରନ୍ଧ୍ରେ ଭେଦିଲା । ପବନହିଂ ଇଡ଼ା ନାଳେ ବହିଲା । ଷଡ଼ ଗୁଣ (୧୧) ଶରଧାକୁ କି ମୋହିନୀ ବ୍ୟାଘ୍ରଣୀ ଖେଦିଲା । କି ଧୈର୍ଯ୍ୟ ନାମ ଗିରିବରକୁ ଅପାଙ୍ଗ ବଜ୍ର (୧୨) ସୂଚୀ ଭେଦିଲା । ମହାତ୍ମା ପ୍ରଭାବ ଲଜ୍ୟାକୁ ଦ୍ରହସିତ କୁନ୍ତ ମାଇଲା । ଶାନ୍ତିରସ କମଳ ପୁଷ୍ପକୁ କି ଭ୍ରୂଲତା ସର୍ପିଣୀ ଖାଇଲା । କୈବଲ୍ୟ ପରମାନନ୍ଦକୁ କି ରତିସୁଖେ ନିବାରିଲା (୧୩) । କି ଯୋଗ ଅଭ୍ୟାସ ଅଗ୍ନିକି ଅଧରାମୃତ ବାରି ଲିଭାଇଲା । ଆହା ସେ ସିଦ୍ଧ ରୁଦ୍ରଗଣ ଗୋଟା, ଶରୀର ହୋଇଅଛି ତାହାର ପଞ୍ଚବାଣେ ଫୁଟା । ସେ ଖେଦ (୧୪) ଜଳଧିରେ ବୁଡ଼ିଅଛି । ତାହାର ଜ୍ଞାନ ଉଦୟ ବୁଦ୍ଧି ବୁଡ଼ିଅଛି । ମନ୍ମଥ କୋପେ ପଡ଼ିଅଛି । ଚୈତନ୍ୟ ବୃକ୍ଷ ଛିଡ଼ିଅଛି । ହୃଦୟରେ ଅପାଙ୍ଗ ବାଣ ଗଡ଼ିଅଛି । ମୋହନ ପାଶୀ ଭିଡ଼ିଅଛି । ତା ଇନ୍ଦ୍ରିୟମାନେ ସଢ଼ିଅଛି । ଭେଦ ଖେଦ ଦ୍ୱନ୍ଦେ ବଢ଼ିଅଛି । ତ ପଦ୍ମ ଆସନ ଲେଉଟିଅଛି (୧୫) ।

୧-(ବହି) ଜଳଧି, ତ ୨-(କ) ମଜ୍ଜିଲା, (କ)ରେ ନୁହେଁ, (ଖ)ରେ ନାହିଁ, (କ)ର ଅଧିକା-ଜାନୁ କମ୍ପିଲା, ନାଭି ଟାଙ୍କୋରିଲା, ଅମୃତ ଧାର ଗଡ଼ିଲା, ଛେଦ ଖେଦ ବଢ଼ିଲା, ଯୋଗ ଅଭ୍ୟାସ ଛାଡ଼ିଲା, ଏମନ୍ତ ସ୍ୱରୂପ ରୁଦ୍ରଗଣର ଦେଖି ସେ ମାୟା କନ୍ୟା ଅଭିନବ ଚଇତନ ମୁଖ ଚାହିଂ (ଯୋଗ ଅଭ୍ୟାସ ଛାଡ଼ିଲା ପୁନରାବୃତ୍ତି), ୩-(କ) ନାହିଁ, ୪-(ବହି) ଶ୍ରମଧର, ୫-(ଖ)ରେ ଅଛି, (କ)ରେ ନାହିଁ, ୬-(କ) ମାହେଶ୍ୱରୀର, ୭-(ଖ) ପେଟାର, ୮-(ଖ) ପଡ଼ିଲା, ୯-(ବହି) ବନ୍ଧନମୁକ୍ତ, ୧୦-(ଖ) ପାରୁମ୍ପରା, ୧୧-(ଖ) ସତ୍ୟଗୁଣ (ବହି) ଷଡ଼ଗୁଣ ସଂଗୋଷ୍ଠୀ, ୧୨-(କ) ବାଣ, ୧୩-(ବହି) ନିଭାଇଲା, ୧୪-(ବହି) ଭାଇ, ୧୫-(ଖ)ରେ ନାହିଁ ।

ତ ସୁନ୍ଦର ମୁଖରୁ ସ୍ୱେଦ ଟୋପି ଟୋପି (୧) ହୋଇ ଗଳୁଅଛି। ମନ୍ଦ ମନ୍ଦ ପବନେ ଭ୍ରସଳ ଯେହ୍ନେ ତେହ୍ନେ ପ୍ରାୟେକ ହୋଇ ଅଧର ଥୁରୁ ଥୁରୁ ହୋଇ କମ୍ପୁଅଛି (୨)। ଜୃମ୍ଭଣେ ଅଙ୍ଗଭଙ୍ଗ ହୋଉଅଛି। ସାତ୍ତ୍ୱିକ ଭାବରେ ଦେହ ହୋଇଛି (୩) ଚମକିଲା ଚମକିଲା (୪) ଅତର୍କିତ (୫) ଜଡ଼େ ଚକ୍ଷୁ ହୋଇଅଛି ଢାଙ୍କିଲା ଢାଙ୍କିଲା। ଏମନ୍ତ ବ୍ୟବସ୍ଥା ଦେଖି ଈଶ୍ୱର ତାହାକୁ (୬) ବଚନ ବୋଲୁଅଛନ୍ତି ଅତ୍ୟନ୍ତ କୋମଳ ସୁସ୍ୱର କରି (୭)। ହେ ବତ୍ସ! ହେ ଅଭିନବ ଚୈତନ୍ୟ! ସିଦ୍ଧ ନୋହିଲା ତୋହର ଭୋଗ ଆସକ୍ତ ମନ। ସେ ଯେବଣ ମନ୍ମଥ ମୋତେ କଲା କାତର, ତୋତେ ଜିଣିମାର କେତେ ମାତର। ଏବେ ତୁ ଉତ୍ତମ ନରେନ୍ଦ୍ର କୋଳେ ଜନ୍ମ ହେବୁ ଯାଇଂ। ଆସମୁଦ୍ରାନ୍ତ ପୃଥ୍ୱୀଭୋଗ କରିବୁ ତହିଂ। ଯୋଗୀ ଯେହ୍ନେ ନିର୍ବିକଳ୍ପ ବୁଦ୍ଧି, ତୋହଇଂ କଳ୍ପଣା କଲେ ନିଶ୍ଚେ ହୋଅଇ ସାଧି। ତୁ ହାଦେ ବାଞ୍ଛା କଲୁ ଯେମନ୍ତ, ଯୋଗଭ୍ରଷ୍ଟର ଫଳଇ ତେମନ୍ତ। ଏହି କନ୍ୟାକୁ ପାଇବୁ ତହିଂ, ଶରୀର ଗ୍ରହଣ ବ୍ୟତିରେକେ ମୃତ୍ୟୁମଣ୍ଡଳେ ଆନେ ଭୋଗ୍ୟ ନାହିଂ। ଜାଣୁ ସାଧୁ ଯେବେ ପତନ ହୋଇଯାଏ, କେ ଶମ୍ଭୁଲିଙ୍ଗ କେ ନୃପତି ହୁଏ (୮)। ଏବେ ଯା ତୁ ସକଳ ବେଦନା ସହ, ଅନଙ୍ଗ ପଦ୍ମାକର ରାଜ୍ୟର ପାଟବଂଶୀ ଶଶୀପ୍ରଭା ନାମେ ରାଣୀ ତାହାର ଗର୍ଭେ ରହ। ସେ ଅଭିନବ ଚୈତନ୍ୟ ନାମେ ରୁଦ୍ରଗଣ ଏମନ୍ତ ଶୁଣିଲା ଯହୁଂ ଈଶ୍ୱରଙ୍କ ଅମୋଘ ବଚନ ଝାଟିକାରେ ବସିଲା ତାହାର ଦେହେ ତହୁଂ। ଜନ୍ମ ମରଣ କଥା ସୁମରିଲା। ବିଷୟା ବିଷମ ଘୋର ନରକ ବିସୋରିଲା। ମନ ବୁଦ୍ଧି ଶଙ୍କିଲା (୯)। ଶରୀର ବାତେ କଦଳୀପତର ପ୍ରାୟେକ ହୋଇ ମହାଭୟେ ପାଇ କମ୍ପିଲା। କାମାନ୍ଧକାର ଛାଡ଼ିଲା। ଜନ୍ମର ଦୁଃଖ ଚିତୋଇ ବୋଇଲା, ମୋତେ ନିଶ୍ଚେ ଅବିଦ୍ୟା ବ୍ୟାଘ୍ରିଣୀ ପୀଡ଼ିଲା। ଜନ୍ମ ହୋ ଓ ବୋଲିବା ମାତ୍ରକେ କି କାଳ ଦେବତା ଘୋଟିଲା। ମୁଖ ବିବର୍ଣ୍ଣ ଦିଶିଲା। ତୁଣ୍ଡ ଶୁଖିଲା। ସାହସ ଉଡ଼ିଲା। ଚିନ୍ତା ଜ୍ୱର ପୀଡ଼ିଲା। ଲୋତକ ପଡ଼ିଲା। ବାଣୀ ଭଳିଲା।

ସେ ଆକୁଳ ଚିତ୍ତେ (୧୦) ତରୁଣେନ୍ଦୁ ଶେଖର ଛାମୁରେ ଉଭା ହୋଇ ମହା ଉଚ୍ଛନ୍ନ (୧୧) ପାଇ, କରପତ୍ର ଯୋଡ଼ି, ବେଗ୍ର ଚିତ୍ତ ଛାଡ଼ି (୧୨) ଅବନୀରେ ପଡ଼ି (୧୩)।

୧-(କ) ବିନ୍ଦୁ ବିନ୍ଦୁ, ୨-(କ) ନୟନ କମ୍ପିଲା କମ୍ପିଲା ହୋଇ ଧର ଥୁରୁ ଥୁରୁ ହୋଇ ଚଳୁଅଛି, ୩-(ଖ) ନାହିଁ, ୪-(ଖ) ଚମକିଲା ଚମକିଲା ଶିତ୍କାର, ୫-ଅଙ୍କିତ, ୬-(ଖ)ରେ ନାହିଁ, ୭-(ଖ) ନାହିଁ, ୮-(ଖ) ଜାଣୁ... ହୁଏ ପର୍ଯ୍ୟନ୍ତ ନାହିଁ, ୯-(କ) ଝମକିଲା, ୧୦-(କ) ଜନ୍ମ ମରଣ ଭୀତେ, ୧୧-(କ) ଭୟ, ୧୨-(କ) ନାହିଁ, ୧୩-(କ) ଗଡ଼ି, ପରବର୍ତ୍ତୀ ବହିର କରପତ୍ର ଯୋଡ଼ି ପୁନରାବୃତ୍ତି।

କାକୁସ୍ଥ ହୋଇ ବୋଇଲା, ଭୋ ନାଥ ତୋହର ପାଦପଦ୍ମକୁ (୧) ଆଶ୍ରେ କରି ମୁଂ ଭ୍ରମି ହୋଇଲି ଯଦ୍ୟପି, ମାୟାମୋହ ପାପିଷ୍ଟକୁ ପରାକ୍ରମୀ (୨) କରି ମୋତେ ଘୋର ନରକକୁ ଦେଉଅଛ ସମର୍ପି। ଭୋ ଦେବ ଦେବେଶ! (୩) ଯେବଣ ସେ ଦାରୁଣ ବଚନ ମୋତେ ଦେଲ ଆଜ୍ଞା, ତାହା ତ୍ରୈଲୋକ୍ୟ ବ୍ରହ୍ମାଣ୍ଡେ (୪) କେ କରିପାରେ ଅବଜ୍ଞା। ତ ଜନ୍ମାଦି ଷୋଡ଼ଶ ବିକାର ତୁମ୍ଭ ଛାମୁରେ କହିଲି। ଅତ୍ୟନ୍ତ କାକୁସ୍ଥ ହୋଇ ବୋଇଲା ଭୋ ନାଥ ମୁଁ ତାହା କେମନ୍ତ କରି ସହିବି। ଭୋ ନାଥ ତୁ ତ ସର୍ବଜ୍ଞ ସର୍ବେଶ୍ୱର, ସର୍ବବ୍ୟାପ୍ତ (୫) ସର୍ବମୟ, ସର୍ବସ୍ୱରୂପ, ସର୍ବଦ୍ରଷ୍ଟା, ସର୍ବଆତ୍ମା ସର୍ବଦିତା (୬) ସର୍ବହର୍ତ୍ତା ସର୍ବକର୍ତ୍ତା (୭) ସର୍ବାନ୍ତର୍ଯ୍ୟାମୀ ତଥାପି ମୁହିଁ ଅପରାଧୀ ହୋଇ କହୁଅଛି ସ୍ୱାମୀ। ଭୋ ନାଥ! ତ ସେ ଜନନୀ ଜଠରେ ମଳଭାଣ୍ଡ ପୃଷ୍ଠରେ ମୂତ୍ରନଦୀର ତଟରେ ପିଳୋହିର ନିକଟରେ ନାଡ଼ି ଚର୍ମପୁଟରେ (୮) ତ୍ରିକୋଣାଗ୍ନି ପୁଟେ ଚର୍ମାଦି ମେଦ ପୁଟେ ତିନି ତିହୁଡ଼ିର ନିକଟେ (୯) ଜାଳ ପଟ ସେନ୍‌ହା କରି (୧୦) କମଠରେ ପ୍ରାୟେ ଅଙ୍ଗ ସଙ୍କୋଟଉ ଥିବି (୧୧) ତହିଂ ମହା ବିଷମ ସଙ୍କଟରେ। ଶିବ ଶିବ, ତହିଂ କୃମିମାନେ ଚଲୁଥିବେ, (୧୨) କର୍ଣ୍ଣ ନାସାଦ୍ୱାରେ ଗଡୁଥିବେ, ଅନନ୍ତ ନାଡ଼ିମାନେ ଛନ୍ଦିଥିବେ, (୧୩) କର ଚରଣାଦି ସହିତେ ଜଡ଼ି ବାନ୍ଧିଥିବେ, ଶରୀରଯାକେ ଘୂରୁଥିବେ, ପୁଣି ବଡ଼ା (୧୪) ମାନଙ୍କର ଜଡ଼ିବାରେ, ଜନନୀ ଉଠିବା ବସିବାରେ, ପ୍ରକଚ ବିକଚ ହାଡ଼ମାନଙ୍କର ତାପ ସହିବାରେ, ଜଠରାଗ୍ନି ଜଳିବାରେ ବାତ ପିତ ଶ୍ଳେଷ ବ୍ୟାଧି ପଡ଼ିବାରେ, ରୁଧିରମାନଙ୍କ ସଢ଼ିବାରେ, ଦୃଷ୍ଟ ଆହାରମାନଙ୍କ ଜଡ଼ିବାରେ ନର୍କର ତାପ ସହିବାରେ, (୧୫) ଲାଳମାନଙ୍କର ଖସିବାରେ କୁଟିଳ ଗ୍ରାସମାନଙ୍କର ଜଳିବାରେ, ସପ୍ତଧାତୁ ପଡ଼ିବାରେ ନାଡ଼ିମାନେ ବୁଲିବାରେ, ପ୍ରାଣାଦି ପବନ ବହିବାରେ, ତାପ ତ୍ରୟ ସହିବାରେ, ଜାଳାଙ୍କର ତପତରେ, ଚର୍ମ ପୁଟିକାରେ ରହିବାରେ, (୧୬)।

୧-(କ) ପଦାରବିନ୍ଦାକୁ, ୨-(କ) ପରା, ୩-(ଖ) ନାହିଁ, ୪-(କ) ଚତୁର୍ଦ୍ଦଶ ଭୁବନେ, ୫-(କ) ନାହିଁ, ୬-(କ) ନାହିଁ, ୭-(କ) ଏହାପରେ, (କ) ଅଧିକା ସର୍ବସ୍ଥାୟୀ, ସର୍ବସାକ୍ଷୀ ରୂପେ, ସର୍ବଜୀବ ଜୀବନ, ବ୍ୟାପକ, ୮-(ଖ) 'ଟ' ସ୍ଥାନରେ 'ଟେ' 'କ' ପୋଥିରେ ନାଡ଼ି ଚର୍ମଙ୍କର କ୍ରୋଟ, ୯-(କ) 'କ' ପୋଥିରେ ସଂକଟରେ, ୧୦-(କ) (ବହି) ନାହିଁ, ଶ୍ରେଷ୍ଟମାଳା, ୧୧-ସଙ୍କଟୁଥିବି, ୧୨-(କ) ଚରୁଥିବେ, ୧୩-ଛନ୍ଦିଥିବେ ପରେ, (କ) ଅଧିକା ଅଙ୍ଗ ଶ୍ରେଷ୍ଟମାଳ ୧୪-(ଖ) ଚିଜ, ୧୫-(ବହି) ତାପତ୍ରୟ, (କ) ଜ୍ୱରଙ୍କର ତାପ, ୧୬-(କ) ଜଡ଼ିବାରେ, ବସିବାରେ ପ୍ରଭୃତିର 'ରେ' ସ୍ଥାନରେ 'ଏ'।

କେମନ୍ତ କରି ସେ ତାପମାନ ଅଙ୍ଗ ସହୁଥିବ। ତହିଁରେ ମୁହୁଁ ମୁହୁଁ ହୋଇଯାଉଥିବ ମୂର୍ଚ୍ଛା। ଭୋ ନାଥ! ସେ ଭୟଙ୍କର ନରକକୁ ମୋତେ ଦେଉଅଛ ଠେଲି (୧) ଜନ୍ମ ବେଳର କଷ୍ଟ କହିଲେ ହେଁ ନ ସରଇ। ହରି ହରି କେବଳ ସୁମରିବା ମାତ୍ରରେ ହେଁ ଜୀବନ ଯାଇ ପାରଇଂ। ତ ମାତାର ପ୍ରସବ କୁମ୍ଭୀନରକର ନାଳେ, (୨) ପବନଙ୍କର ବଳେ, ପୂତି ଗନ୍ଧ ରୁଧିରଙ୍କର ପିଚ୍ଛିଳେ, ଜୀବନର ବିକଳେ, କୁତ୍ସିତ ଲାଳସ୍ରବ, ବାଟେ, ହାଡ଼ଙ୍କର ସଙ୍କଟେ, ଅତ୍ୟନ୍ତ ଆକୁଳେ, ପରମ ଆୟୁଷର ବଳେ, ମୁଣ୍ଡ ପବନେ ଖସୁଥିଲେ। ପୁଣି ମୋହ ହୋଇ କରି ପଡ଼ି ସ୍ଥାନେ ସ୍ଥାନେ ବସୁଥିଲେ। ମୃତ୍ୟୁ ଦେବତା। (୩) ଥିବ ନିରନ୍ତରେ ଆକର୍ଷି। କାଳ ଦେବତା (୪) ଟାଣୁଥିବ ଗଳାରେ ଲଗାଇ ଅଜ୍ଞାନ ମୋହ ଫାଶି, ଦଶ ପବନ ଉର୍ଦ୍ଧ୍ୱଗତି ହୋଇ ପଶୁଥିବେ। ବ୍ୟାଧ ସର୍ପିଣୀମାନେ ବିକଟ ଦ୍ରଂଷ୍ଟା ଦେଖାଇ (୫) ହସୁଥିବେ। କଣ୍ଠାଗ୍ରତ ପ୍ରଣେ ଧର୍ମ ଧର୍ମ ସୁମରଣେ ରୁଧିର ଗନ୍ଧ ସଂକୀର୍ଣ୍ଣ (୬) ବିଷମ ଦାଢ଼ ଶଙ୍ଖିନୀ ବିଷ୍ଟୋ କଷ୍ଟେ କଷ୍ଟେ ପ୍ରାଣ ପାଇ ଖସିବାର ବିକଳେ (୭) ମହାସର୍ପ ଯେମନ୍ତ ବାହାର ହୋଇ ଅତ୍ୟନ୍ତ ସଙ୍କଟ ବିଢ଼େ। ଭୋ ପରମେଶ୍ୱର! ଯେତେବେଳେ ପୃଥ୍ୱୀରେ ପଡ଼ିବି। କୋଽହଂ କୋଽହଂ କରି ଧ୍ୱନିଏ କରିବି। ଅଜ୍ଞାନ ସମୁଦ୍ରେ ମଜ୍ଜିବି ପୁଣ୍ୟମୟ ବୁଦ୍ଧି ତେଜିବି। ଆପଣାକୁ ଆପଣେ ହେବିନି(୮)। ବପୁ ହୋଇଥିବ ମଳେ ମଳିନ। ଜାଗ୍ରତ ସ୍ୱପ୍ନ ସୁସୁପ୍ତିରେ ହୋଇଥିବି ବିଲୀନ। ଭୋ ଜଗତ ଆତ୍ମା (୯) ସଦାଶିବ! ମତେ ଈଶ୍ୱର ଭାବ ଛଡ଼ାଇ କରୁଅଛ ଜୀବ। ଆଦ୍ୟନ୍ତ ମଧ୍ୟ ସର୍ବହିଂ କଠୋର, (୧୦) ହରିହରି, ପ୍ରଭୁମାନଙ୍କର ହୃଦୟ ହିଂ ସେ ଏଢ଼େ ନିଷ୍ଠୁର। ଭୋ ନାଥ! ତଦନ୍ତରେ କୁମାର ବୟସେ, ଅକାରଣ ଶିଶୁରଙ୍ଗ କ୍ରୀଡ଼ା ରସେ, ଶରୀର ଆବଶେ, ଅବିଦ୍ୟା, (୧୧) ଅଭ୍ୟାସ ପିତା ମାତା ସହିତେ, ଗୁରୁଜନମାନଙ୍କୁ ଭୟ ପାଉଥିବ ବିଶେଷେ। ଭୋ ନାଥ, ତଦନ୍ତରେ କିଶୋର ବୟସରେ (୧୨) ଅହଂମତ, (୧୩) ବୁଦ୍ଧି ହୋଇବ। ଆଧ୍ୟାତ୍ମିକ, ଆଧିଭୌତିକ, ଆଧିଦୈବିକ ତାପତ୍ରୟ ଅଗ୍ନିରେ ଶରୀର ଦହିବ। ମନର ଶୋକ, ମୋହ, ପ୍ରାଣର କ୍ଷୁଧା, ପିପାସା ଦେହର, ଜରା, ମୃତ୍ୟୁ ଏ ଷଡ଼ ଉର୍ମି ବେଢ଼ିବ। ସମସ୍ତ ସମସ୍ତ ଅବସ୍ଥାନମାନ (୧୪)।

୧-(ଖ) ସିଧ, ୨-(କ) କୁଣ୍ଡ ନର୍କାଦି ନୀଳେ, ୩-(ଖ) ମୃତ୍ୟୁ, ୪-(କ) କାଳକଣ୍ଠରେ, ୫-(ଖ) କଟ ବିକଟ ଦନ୍ତ ଦେଖାଇ, ୬-(ଖ) ରୁଧିରାନ୍ଧ, ୭-(କ) ଅଧିକା କଷ୍ଟେ କଷ୍ଟେ ପ୍ରାଣ ପାଇ ପାଇ ପଡ଼ିବି ତଳେ, ୮-(କ) ଭିଜିବ। ୯-ଜଗତ କର୍ତ୍ତା, ୧୦-(କ) ଆଦ୍ୟ ମଧ୍ୟ ପ୍ରାନ୍ତ ସମସ୍ତ ହିଁ କଠୋର, ୧୧-(କ) ଯୁବା ବୟସେ, ୧୩-ସହଂସିତି, ୧୪- ପାର୍ ପରଂ କରି।

ସ୍ଥାବର ପ୍ରାୟେକ ହୋଇ ଏ ଶରୀର ସହିବ, ବିଷୟାବିଷ ଘାରିବ, ଧଇର୍ଯ୍ୟ ସରିବ, କ୍ଷୋଭ ବଳିବ, ତୃଷ୍ଣା ଚଳିବ, ବ୍ୟାଧି ଆକର୍ଷିବ, ହିଂସା ବସିବ, ଆଶା ଦିଶିବ, ତ୍ରିଗୁଣ ଛନ୍ଦିବ, ଜନ୍ମମରଣ ରୁନ୍ଧିବ, କର୍ମ ବାନ୍ଧିବ, ଅବିଦ୍ୟା ରୁନ୍ଧିବ, ମୋହ ବଢ଼ିବ, ବିବେକ ଉଡ଼ିବ, ଚିନ୍ତାଜ୍ୱର ବୁଡ଼ିବ, ମାୟା ମୋହିବ, ଛିନ୍ନ ଦିଶିବ, ଅଜ୍ଞାନ ଘୋଟିବ, ଷଡ଼ଊର୍ମି ବେଢ଼ିବ, ବିଭ୍ରମ ବଳାତ୍କାର କରିବ, ନିଶ୍ଚୟ ଦେହ ମୁଂ ବୋଲି (୧), ମୁକ୍ତି ପଥକୁ ନ ନେବ, ଜ୍ଞାନ ଉଡ଼ିବ, ଶାନ୍ତି ଛାଡ଼ିବ, ସେନେହ ପୀଡ଼ିବ, ସମୟ ଫୁଲିବ, ଚିତ୍ତ ଭୁଲିବ, କନ୍ଦର୍ପ ମାରିବ, ଅଜ୍ଞାନ ଜଡ଼ିବ, ଶତଭ୍ରମ ବଢ଼ିବ, (୨) ସ୍ନେହ ବଢ଼ିବ, ଲୋଭ ପୀଡ଼ିବ, ମନ ଗଳିବ, ଚିତ୍ତ ଭଳିବ, (୩) ଅବିଦ୍ୟା ଭ୍ରମ ବଳାତ୍କାରେ ମୁଂ ପଦକୁ (୪) ନେବ, ଚିତ୍ତ ଚଞ୍ଚଳେ, ବୁଦ୍ଧିର କଳ୍ପନା, ନିଦ୍ରାର ସ୍ୱପନ, ଅବିଦ୍ୟାର ଅଭ୍ୟାସ ସେ ସତ ବୋଲି ମୋତେ ହୋଇଥିବ ପ୍ରକାଶ। ଏ ଦେହ ନିଶ୍ଚୟ ମୁଂ ବୋଲି ମନ ବୁଦ୍ଧି ଘେନିବ। ବ୍ୟାଧିର ପ୍ରତିକ୍ରିୟା ଔଷଧକୁ ସୁଖ ଭୋଗ ବୋଲି ମନ ବୁଦ୍ଧି ଘେନିବ। ତ କେବଣ କେବଣ ପ୍ରକାରେ ତୃଷ୍ଣା ବ୍ୟାଧିକୁ ଲୋଡ଼ିବ, ପଣା ପେୟାଦି ରସ, କ୍ଷୁଧା ବ୍ୟାଧି ଶାନ୍ତି କରଇ ଔଷଧ ପ୍ରକାରେ ଅନ୍ନବ୍ୟଞ୍ଜନାଦି ବିବିଧ ଗ୍ରାସ। କ୍ଷୁଧା ତୃଷା ନଥାଇଂ, (୫) ଯେବେ, ଅନ୍ନ ପାଣି କିଏ, (୬) ଲୋଡ଼ଇ, (୭) ତେବେ। ଗ୍ରୀଷ୍ମ ଋତୁରେ ଯେବେ ଶରୀର ପୋଡ଼ଇ, ସେ ତାପ ବ୍ୟାଧିକି ଔଷଧ (୮) ଚନ୍ଦନ ଲୋଡ଼ଇ। ହେମନ୍ତ ଋତୁରେ ଯେବେ ଶୀତ ବାଧା (୯) କରଇ ବେଭାରେ ଚନ୍ଦନରୁ (୧୦) ଆଦର ସରଇ। କାମ ବ୍ୟାଧି ଯେବେ ହୋଇ (୧୧) ପ୍ରବଳ, ସ୍ତ୍ରୀ ଭୋଗେ ଶାନ୍ତି (୧୨) ହୋଇ ସେ ମନ୍ମଥ ଅନଳ। ନିଦ୍ରା ବ୍ୟାଧିକିତ ଶଯ୍ୟା ପ୍ରତିକାର। ଇନ୍ଦ୍ରିୟସୁଖ (୧୩) କଣ୍ଡୁଅଗ୍ନିକି (୧୪) ଦେଖାଇବା ଆକାର। ଏ ଶରୀର ଅଟଇ ବ୍ରଣ ବ୍ୟାଧିର ଆକର (୧୫)। ଅନ୍ନ ଔଷଧ ଲେପ୍ୟ ଏହାକୁ ପ୍ରତିକାର। ଔଷଧି ନିମିତ ଜଳପାନ କରି। ଜୀର୍ଣ୍ଣ ପଟ ବନ୍ଧନ ନ୍ୟାୟେ ବସ୍ତ୍ର ପରିଧାନ କରି। ଜନ୍ମ ମରଣ ଜରା ଏ ଶରୀର ଆଦି ଧର୍ମ। ତୋହର ପାଦ ବ୍ୟତିରେକେ ନୋହିଲା କର୍ମ। ଅନାତ୍ମମତେ ଶରୀରରୁ ଆତ୍ମା ପ୍ରାୟେ (୧୬) ଯହଂ କରିଅଛି (୧୭) ମତ। ତହୁଂ ବ୍ୟାଧିମାନଙ୍କର ପ୍ରକ୍ରିୟା ଔଷଧିକୁ ଭୋଗ ପ୍ରାୟେ ମଣି ହେଉଥାଇ (୧୮) ଉଷତ।

୧-(ଖ) ନାହିଁ, ୨-ବହିରେ ବିବକେ ଉଡ଼ିବ ଦୁଇଥର ଅଛି, ୩-କନ୍ଦର୍ପ ମାରିବାଠାରୁ ଚିର ଭଳିବା ପର୍ଯ୍ୟନ୍ତ (ଖ) ରେ ନାହିଁ, ୪-(କ) ମୁକ୍ତି ପନ୍ଥାକୁ ନେବ, ୫-(କ), ନଥିବ ୬-(କ) କିମ୍ପା, କିମ୍ବା, ୭-ଲୋଡ଼ିବ, ୮-(କ) ଲୋକ ଚନ୍ଦନ ଅଉଷଧ, ୯-(ଖ) ବ୍ୟାଧି, ୧୦-(ଖ) ଚନ୍ଦ୍ରକୁ, ୧୧-(କ) ହୋଅଇ, ୧୨-(କ) ଶାନ୍ତ, ୧୩-(କ) ସୁଖଭୋଗ, ୧୪-ମଣ୍ଡୁ ସମୟରେ ଅଗ୍ନିକି, ୧୫-(ଖ) ସାକାର, ୧୬-(କ) ବୋଲି, ୧୭-(କ) ଥିବି, ୧୮-(କ) ହେଉଥିବି।

ଭୋ ନାଥ, ଯୁବାବୟସର ଅବସ୍ଥାଦୁଃଖ ତ କହିଲେ ହେଂ ନ ସରଇ। ଅସ୍ଥି ମାଂସ ନିର୍ମିତ ସ୍ତ୍ରୀ ରୂପକୁ ଦେଖିଲେ ତରଇ (୧)। ଲାଳପୂରିତ ଅଧର ଅମୃତ ପ୍ରାୟେ ମଣି ପିଅଇ, ଚର୍ମ ଫୁଟିକାରେ (୨) ରକ୍ତ ମେଦ ପୁରୋଇଲା ସ୍ତନ ପାଇଲେ ହେଂ ଜୀଅଇ। ଢଳ ଢଳ (୩) ପାଣି ଫୋଟକାର ଦୁଇ ଚକ୍ଷୁ (୪) ଅପାଙ୍ଗ ଦେଖିଲେ ହେଂ (୫) ଜରଇ। ଅମେଧ ରୁଧିର ପୂତି ଦୁର୍ଗନ୍ଧ ପନ୍ଥର (୬) କୃମିର ପ୍ରାୟେକ (୭) ହୋଇ ମାୟା ମୋହ (୮) ବଳରେ ଚୁମ୍ବନ ଦେଇ ନିସ୍ତରିଲା ପ୍ରାୟେ ହୋଇ ହରଷେ ରମଣ କରଇ (୯)। ଏମନ୍ତ ବସ୍ତୁ ଯେଉଁ ଅନାତ୍ମଅନୀତି ଶରୀରକୁ ଆବୋରି ଏ ବିବିଧ ଦୁଃଖମାନ ପାଉଥାଇ, ମୃଗତୃଷ୍ଣା ଜଳେ ପଡ଼ି। ଶିବ ଶିବ, ଏ ଦେହରେ ଯେବେ ଜଗତକର୍ତ୍ତା ବିଧାତା ଭ୍ରାନ୍ତିରେ ଚର୍ମ ମାତ୍ରକ ଢାଙ୍କିବାକୁ ବିବ୍ରତେ ପାସୋରନ୍ତି (୧୦); ରୁଧିରମାନେ ଗଳୁଥାନ୍ତେ, କୃମିମାନେ ଚଳୁଥାନ୍ତେ, ଅସ୍ଥିମାନେ ଦିଶୁଥାନ୍ତେ, ଜାଲିମାନେ ନ ଶୁଆନ୍ତେ, ମଜ୍ଜାମାନେ ବସୁଥାନ୍ତେ, ମାଂସମାନେ ଶୁଖୁଥାନ୍ତେ, ବସାମାନେ ତରଳିଯାନ୍ତେ, କାକମାନେ ବସୁଥାନ୍ତେ, (୧୧) ଶୃଗାଳମାନେ ଧାଉଁଥାନ୍ତେ, ଗୃଧ୍ରମାନେ ଖାଉଥାନ୍ତେ, ଶ୍ୱାନମାନେ ବେଢ଼ିଥାନ୍ତେ, ମାଛିମାନେ ଦଂଶୁଥାନ୍ତେ, (୧୨) ଏମନ୍ତ କରି ଯେ (୧୩) ଆମିଷ ସ୍ରୋହା (୧୪) ଜନ୍ତୁମାନେ ନିରନ୍ତରେ ଗୋଡ଼ାଇ ଧରୁଥାନ୍ତେ, କେ ଅବା କାହାକୁ ନିବାରି ପାରନ୍ତେ, (୧୫)। ତେଣୁ (୧୬) ଏ ଅନିତ୍ୟ ଶରୀର। ସମସ୍ତ ବିପତ୍ତିମାନଙ୍କର ଏ ଅଟଇ ଘର। ମେଦ ଅସ୍ଥି ନିର୍ବାଣ ଅତ୍ୟନ୍ତ ଜଡ଼। ଶରୀର ବହି କେବା ହୋଇବ ବଡ଼, ବ୍ୟାଧିମାନଙ୍କର ତ ଏ (୧୭) ବଢ଼ିବାସଦନ। ନିରନ୍ତରେ ଲାଖ କରି ମାରୁଥାଇ ମଦନ, (୧୮)। ଅନବରତେ (୧୯) ନବଦ୍ୱାରେ ସ୍ରବୁଥାଇ ନରକ। ବାହ୍ୟ, (୨୦) ଅଭ୍ୟନ୍ତରେ ବିଚାରିଲେ କେହି ନୁହଇ ସରକ, ଏ ଗୁଣ, (୨୧) ବନ୍ଧନ ଦଉଡ଼ି, ଜଡ଼, (୨୨) ଶରୀରକୁ ଦୁଃସହ ଦୁଃଖ ଯେତେକ, ଅହଙ୍କାର ପ୍ରାୟୋକ ହୋଇ, (୨୩) ଯୁବାବସ୍ଥା ମୁଁ ପାଇବି, (୨୪) କେତେକ।

୧-(କ) ଅତ୍ୟନ୍ତ ହରଷେ ରମଣ କରଇ, ୨-(କ) ପୁଟିକାରେ, ୩-(କ) ଢଳଢଳ ଚକ୍ଷୁ, ୪-(କ) ନାହିଁ, ୫-(କ) ଦେଖାଇଲେ, ୬-(କ) ପଥ, ୭-(କ) ପ୍ରାୟକ, ୮-(କ) ମହାମୋହ, ୯-(କ) ଦୁଇଥର ଅଛି, ୧୦-(କ) ଏ ମୂର୍ତ୍ତିମନ୍ତ ଜଡ଼ ଶରୀରକୁ ଆବୋରିତ ହୋଇ ଯେବେ ଏ ଚର୍ମମାତ୍ର ନ ଥାନ୍ତାଟି, ୧୧-ମାଂସମାନେ ଶୁଖୁଥାନ୍ତେଠାରୁ କାକମାନେ ବସୁଥାନ୍ତେ, (ଖ) ନାହିଁ, ୧୨-(ଖ) ଜଡୁଥାନ୍ତେ, ୧୩-(ଖ) ନାହିଁ, ୧୪-(କ) ସ୍ପୃହା, ୧୫-(କ) ପାରନ୍ତେଟି, ୧୬-(କ) ଏମନ୍ତ ହୋଇ, ୧୭-(କ) ଏତ, ୧୮-ମାରୁଥାଏ ମେଦ ଅସ୍ଥି ସମୂହର ମଧ୍ୟେ ଅନୁବ୍ରତେ ପ୍ରତାପ କରି ମାରଇ ମଦନ, ୧୯-(କ) ଅନୁବ୍ରତେ, ୨୦-(କ) ବାହିଯ୍ୟା, ୨୧-(କ) ତ୍ରିଗୁଣ, ୨୨-(କ) ଜଡ଼ି, ୨୩-(କ) ମଣି, ୨୪-(କ) ପାଇବିନା।

ଭୋ ନାଥ ! ଏବର ଅନ୍ତରେ ଯେ ହୋଇବ ଜରା, (୧) ଏ ଶରୀର ଦିଶିବ ନଟ ବିଦ୍ୟାର ତରଙ୍ଗ ପରା। ଭ୍ରମରକୁ ନିନ୍ଦଇ (୨) ଯେବଣ ସେ କେଶ (୩), ସେ ଯମ ରାଜ୍ୟର (୪) ଶ୍ୱେତ ଚାମର ପ୍ରାୟକ (୫) ହୋଇବ ପ୍ରକାଶ (୬)। ନୀଳୋତ୍ପଳ ପ୍ରାୟେକ ସେ (୪) ଯେବଣ ସେ ଚକ୍ଷୁ, ସେ ମର୍କଟ (୮) ବିକୃତି (୯) ନୟନ ପ୍ରାଏ ହୋଇବ ଦେଖୁଂ ଦେଖୁଂ। ଶୁଦ୍ଧ ସୁବର୍ଣ୍ଣ ପ୍ରାୟେକ ଯେବଣ ଶରୀର କାନ୍ତି, ସେ ସୂକ୍ଷ୍ମ ଶବର ପ୍ରାୟେ ଦିଶିବ ଦେହର ଭ୍ରାନ୍ତି (୧୦)। ସିଂହ ବିକ୍ରମ ପ୍ରାୟେକ ଯେବଣ ମଝା, ସେ ଲଙ୍ଗଳ କାଠର ପ୍ରାୟେ ଦିଶିବ (୧୧) କୁବୁଜା। ତୁଣ୍ଡରୁ ନିରନ୍ତରେ ଗଳୁଥିବ ଲାଳ। ବକ୍ଷସ୍ଥଳ ମାଡ଼ି ବସିଥିବ କାଳ (୧୨) ହାଡ଼ମାଳ କଙ୍କାଳ ସେ ଦେହ ଦିଶଇ। ସଂପୋଢ଼େ ଆସି ବଳି ପଳିତ (୧୩) ମିଶଇ। ନୟନ ଗଳଇ ତଳକୁ କରଇ ତୁଣ୍ଡ। ବାତେ ପାଦପ ପ୍ରାୟେ ହୋଇ ହଲୁଥାଇ ମୁଣ୍ଡ (୧୪) ଲାଭି ଲେଉଟାଇ, ବଳ ତୁଟଇ, ଉଠିଲେ ଫୁଟଇ, ଚରଣ ଲୋଟଇ (୧୫) ହସିଲେ କାଶଇ, ଭେଡ଼ାକେ ବସଇ, ଲଉଡ଼ି ଧରି ଥରଥର ହୋଇ ଉଠଇ। ଇନ୍ଦ୍ରିୟମାନେ ଭିତରକୁ ପଶନ୍ତି। ତରୁଣ ଲୋକମାନେ ଦେଖିଲେ ହେଂ ହସନ୍ତି।

ଭୋ ନାଥ ! ଭୋଗ ଇଚ୍ଛା ସରଇ। ସପ୍ତଧାତୁ ମରଇ। ସଦ୍‌ବୁଦ୍ଧି ହରଇ। ବିହ୍ୱଳ (୧୬) କରଇ। ପ୍ରପଞ୍ଚ ଦିଶଇ। କେଶ ଖସଇ। ସ୍ଥାନ (୧୭) ପଶଇ। ଧର୍ଯ୍ୟ ନାଶଇ (୧୮)। ଶିର ସାକୋଡ଼ଇ (୧୯)। ଲୋମ ଟାଙ୍କୋରଇ ହୃଦୟ ଚହଙ୍କଇ (୨୦)। ଜାନୁ କମ୍ପଇ (୨୧)। ନିଶ୍ୱାସ ଧକଇ। ନିଦ୍ରା ଯାଇଥିଲେ ସ୍ୱପ୍ନ ଅବସ୍ଥାରେ ପ୍ରଳାପ କହଇ (୨୨)। କୋମଳ ଆହାର ହିଂନ କରଇ (୨୩)। ଅଗ୍ନିକ୍ଷୀନ୍ନ (୨୪) ଦୂର ଶବ୍ଦ ନ ଶୁଭଇ, ଶ୍ରୁତିଲୀନ, ଯୁବାସ୍ତିରିମାନେ ଦେଖିଲେ ହେଂ ହସନ୍ତି (୨୫) କର୍ଣ୍ଣମୂଳ ପଶି ଯାମି (୨୬) ଦାନ୍ତ ପଡ଼ିଯାଇ (୨୭)।

୧-(କ) ଜରା, ୨-(କ) ଦୂଷଣ କରଇ, ୩-(କ) ସୁକେଶ, ୪-(ଖ) ନାହିଁ, ୫-(କ) ପ୍ରାୟେ, ୬-(କ) ଦିଶିବ ସଂକାଶ, ୭-(କ) ନୀଳୋତ୍ପଳକୁ ନିନ୍ଦଇ, ୮-(କ) ମର୍କଟର, ୯-(କ) ବିକୃତ, ୧୦-(କ) ଶୁଷ୍କ ଶୁଶୁମ୍ବର ପ୍ରାୟେକ ହୋଇବ କାନ୍ତି, ୧୧-(କ) ହୋଇବ, ୧୨-(କ) ମାଡ଼ିଥିବ କାଳ, ୧୩-(କ) ବଳିତ ଗଳିତ, ୧୪-(କ) ତୁଣ୍ଡ, ୧୫-(କ) ନାହିଁ, ୧୬-(କ) ବିଭଲ, ୧୭-(କ) ଥାନ, ୧୮-(କ) ଧଇର୍ଯ୍ୟ ସରଇ, ୧୯-(କ) ସଙ୍କୋଚଇ, ୨୦-(କ) ଚମକଇ, ୨୧-(କ) କମ୍ପାଇ, ୨୨-(କ) ପ୍ଲବକହିଁ ଚମକଇ, ପ୍ରଳାପ କରଇ, ୨୩-(କ) କରନ୍ତି, ୨୪-(କ) ଅଗ୍ନିକ୍ଷୀଣ, ୨୫-(କ) ରେ ନାହିଁ, ୨୬-(କ) ପଶିଯାଇ, ୨୭-(ଖ) ପଶିଯାଇ।

ଅମୃତ ସମାନ ଗ୍ରାସ ପାକୁଳିଆଇ ଖାଇ। ଅଶୁଚିମନ୍ତ (୧) ହୋଇ ମଳେ (୨) ମଳିନ। ଆଚାର ଧର୍ମ ଯାଇ ଶରୀର ଖିନ୍ନ। ଦୂର ଶବ୍ଦ ନ ଶୁଭଇ ଶ୍ରୁତି ଗଳଇ। ହା ଧିକ ଧିକ, କେଉଣସି ବିଡ଼ମ୍ବନ (୩) ଅବସ୍ଥାରେ ଯେ ମଣିରତ୍ନ ମୁକୁତା ଗୁନ୍ଥି (୪) ପାରଇ ନିଶାକାଳେ, ତାକୁ ଶ୍ୱେତ ବୃଷଭ ନ ଦିଶଇ ଦିବସ (୫) ଦୁଇ ପ୍ରହର ବେଳେ। ଲୋକ ନ ପୁଚ୍ଛଇ। ଯେବଣ ପତ୍ନୀକି ନିରନ୍ତରେ (୬) ଭାବ (୭) ଗ୍ରାସଇ (୮) ତାହାର ନାମ ଧଇଲେ ତାହାକୁ (୯) ଅମୃତ ବିଷ ପ୍ରାୟ ଲାଗଇ। ତ ବାବୁ କଷ୍ଟରେ (୧୦) ବୁଦ୍ଧି, ସୁଦ୍ଧି, ଦାନ, ଧ୍ୟାନ, ଧର୍ଯ୍ୟ (୧୧) ଶଉର୍ଯ୍ୟ (୧୨) ବିଚାର, ଆଚାର, ଶାନ୍ତି, କାନ୍ତି, ଶୂର ସୁନ୍ଦର, ଧୀରବୀର, ଲାଜ (୧୩) ଉପାୟେ (୧୪) ଉତ୍ସାହ, (୧୫) ଧର୍ମ କର୍ମ (୧୬) ମୁଖ୍ୟ (୧୭) କରି ସମସ୍ତ ହିଁ (୧୮) ପାଇ (୧୯)। ଏକା କେବଳ ତରୁଣ ହୋଇଥିବାକୁ ଦୃଷ୍ଟାହିଁ ସେ (୨୦) ଥାଇ। ଭୋ ସ୍ୱାମୀ ବାବୁ ଅନ୍ୟାୟରେ (୨୧) ଏ ଜନ୍ମ ଗୋଟାର ବାଳ (୨୨) ଭାବ ଯାଇ ଅଜ୍ଞାନ ମତେ। ତରୁଣଭାବ ଯାଇ ବନିତା ଭୋଗ (୨୩) ଆସକତେ (୨୪)। ବୃଦ୍ଧ ହୋଇଲେ ବ୍ୟାଧି ଘାରଇ। କୋଷକାରୀ (୨୫) କୃମିର ପ୍ରାୟେକ ଆପଣା ପାଶରେ ପଡ଼ି ଆପଣେ ହେଂ (୨୬) ମରଇ। ପ୍ରାତଃକାଳ ମଳମୂତ୍ର ମୋଚନାଦିରେ ଯାଇ, ମଧ୍ୟାହ୍ନ କାଳ (୨୭)। କ୍ଷୁଧା ପିପାସେ ଯାଇ, ସାୟଂ କାଳ ତ ମଦନେ ମତ୍ତ ରାତ୍ର କାଳ ତ (୨୮) ମୃତ୍ୟୁ ପିଣ୍ଡର ପ୍ରାୟେ (୨୯) ହୋଇ ତକ୍ରାଳ ନିଦ୍ରାରେ ଗତ। ଆର କାହିଁ ପରମାନନ୍ଦର ପଦ୍ମପାଦ (୩୦) ହୋଇବ ପ୍ରାପତ।

ଏମନ୍ତେ ସେ ଅଭିନବଚୈତନ୍ୟ ନାମେ (୩୧) ରୁଦ୍ରଗଣ ବୃଦ୍ଧା ଅବସ୍ଥା କହି ମରଣ ଦୁଃଖ ସୁମରିବା ମାତ୍ରକେ ଅବନୀରେ ପଡ଼ିଲା ମୂର୍ଚ୍ଛାଗତ ହୋଇ। ତ ସେହିକ୍ଷଣେ (୩୨) ଚେତନା ପାଇଲା। କି କାଳ ଝିମାଇଲା। ଗଦଗଦ ହୋଇ ଶୋକେ ବୋଇଲା। ଏ ଜନ୍ମ ମରଣ ନରକ ସମୁଦ୍ର ତ (୩୩) ବାସନା ବନ୍ଧର

୧-(କ) ଅଶୁଚିବନ୍ତ, (ଖ) ଅମୃତାଦି ଲେହ ପାଇ, ଲେହଇ ନାହିଁ, ୨-(କ) ମନ୍ନେ, ୩-(କ) ଏଭଳି ବିଡ଼ମ୍ବନୀ, ୪-(କ) ଗୁନ୍ଥଇ, ୫-(କ) ଦିନ, ୬-(କ) ନିରନ୍ତରେ ଅହର୍ନିଶ, ୭-(କ) ଭାବଇ, ୮-(କ) ନାହିଁ, ୯-(କ) ଏହାକୁ, ୧୦-(କ) ଏ କଷ୍ଟ ଦଶାରେ, ୧୧-(କ) ଧଇର୍ଯ୍ୟ, ୧୨-(ଖ) ଶଇର୍ଯ୍ୟ, ୧୩-(ଖ) କ୍ୱାଏ, ୧୪-(କ) ଉପାୟ, ୧୫-(କ) ଉଦ୍‌ବେଗ, ୧୬-(କ) ଧର୍ମକର୍ମାଦ, ୧୭-(କ) ନାହିଁ, ୧୮-(କ) ସମସ୍ତ, ୧୯-(କ) ଯାଇ, ୨୦-(କ) ଏକା କେବଳ ଦୃଷ୍ଟାମତ୍ରକ ତରୁଣ ହୋଇଥିବାକୁ ଥାଇ, ୨୧-(କ) ହରି ହରି ଅନିତ୍ୟରେ, ୨୨-(କ) ବାଲୁତ, ୨୩-(କ) ସଙ୍ଗତେ, ୨୪-(କ) ଆସକ୍ତ, ୨୫-(କ) କୁସିଆରି, ୨୬-(କ) ଆପଣା ହିଁ, ୨୭-(କ) କାଳତ, ୨୮-(କ) କାଳେତ, ୨୯-(କ) ପ୍ରାୟେକ, ୩୦-(କ) ପଦାରବିନ୍ଦ, ୩୧-(କ) ଚୈତନାମେ, ୩୨-(କ) ସେହିକ୍ଷଣି, ୩୩-(କ) ଜନ୍ମମରଣ ନାହିଁ।

ବଳେ ତରିବାକୁ ନ ହୋଇଲା । ଭୋ ପରମେଶ୍ୱର ଖଣ୍ଡେନ୍ଦୁ ମଉଳି । ମୃତ୍ୟୁ ଦଶଇ କଷ୍ଟ (୧) କହିବି ବୋଲି ପାଦପଦ୍ମେ ଦେଲା ତାହାର ନିଜ ମୌଳି (୨) । ସେ ଅଭିନବ ଚୈତନ୍ୟ ସୁମରଇ ହରି (୩) । ତାହାର ମୁଖ କମଳ ଅଛି ଲୁଳି । ଗଣ୍ଡମୂଳୁଂ ସ୍ୱେଦଗଳି ! ବଦନେ ପଡ଼ିଅଛି (୪) ଧୂଳି, ନୟନୁ ନୀର ଗଳି, ବେଦନା ହୃଦରେ (୫) ଜଳି । ଶରୀର ମଣୁଅଛି ସଳି । କାମଦେବକୁ ଦେଉଅଛି ଗାଳି । ଆରତେ ହେଉଅଛି ବିହ୍ୱଳି (୬) । ବିକଳେ ଅତ୍ୟନ୍ତ ଆକୁଳି, ଜୀବ ଯାଉଅଛି ଟଳି, କରପତ୍ର ଅଛି ଯୋଡ଼ି, ସାଷ୍ଟାଙ୍ଗେ (୭) ପ୍ରଣାମେ ପଡ଼ି । ମରଣ ଦୁଃଖ କହୁଅଛି କାକୁସ୍ଥ ହୋଇ ଅବନୀରେ (୮) ପଡ଼ି ।

ଭୋ ସ୍ୱାମୀ (୯) ଏ ଶରୀର (୧୦) ଜାଗ୍ରତ ମୋହତ୍ରୟ (୧୧) କିଛୁ ଦିବସ ଥାଉଁ, ବଚନ ଭ୍ରଷ୍ଟ ହୋଇଟି (୧୨) କଥା କହୁଁ କହୁଁ । ଚେତନା ବୁଡ଼ଇ, ପ୍ରକୃତି ଆନ ଜ୍ଞାନ ବୁଡ଼ି ବିବର୍ଣ୍ଣ ଦିଶଇ ଦୟନାଦି ସ୍ଥାନ । ଛନ୍ନଯାମ (୧୩) ତ୍ରାସ ପ୍ରାସ (୧୪), ଆଧିବ୍ୟାଧି, ଉର୍ମିଦାହ, ଜ୍ୱରଜଡ଼, ଶ୍ୱାସକାଶ, ପ୍ରଳାପତ୍ରାସ, ଭ୍ରମଝାମ, ମୋହଶ୍ରମ, ଭେଦଶ୍ରାନ୍ତ (୧୫) ତୃଷାତର୍ଷା (୧୬) ଅଙ୍ଗଭଙ୍ଗ, ଶୀତପୀତ, କମ୍ପଧର୍ମ, (୧୭) ଜୀର୍ଣ୍ଣଶୀର୍ଣ୍ଣ, ଜନ୍ମ କର୍ମ ଅବର୍ଣ୍ଣାଦି (୧୮) ଇତ୍ୟାଦି କରି ସମସ୍ତ ଦୋଷ ଆସି ଆଶ୍ରେ କରନ୍ତି । ଦୁଷ୍ଟମାନଙ୍କ (୧୯) ଆହାରଙ୍କର ସମ୍ବନ୍ଧରୁ ପ୍ରଥମେ (୨୦) ମହାବ୍ୟାଧି ମାନେ ନାଭିମଣ୍ଡଳରୁ (୨୧) ସଞ୍ଚାରନ୍ତି । ତେଣୁ ପବନମାନେ ହୁଅନ୍ତି ଅତ୍ୟନ୍ତ ସ୍ଥିର । ଶ୍ଳେଷା ବ୍ୟାଧି ସମ୍ପୂର୍ଣ୍ଣ ହୋଇ ବ୍ୟାପଇ ଶରୀର । ତେଣୁ ପାଣିର ଡରୁଁ ଅଗ୍ନି ପଳାଇ । ସୁଷୁମୁନା ନାଡ଼ିକି ବୋଲି ପବନ ପଳାଇ ।

ମନପବନ ଅଗ୍ନିୟେ ତିନିହେଁ ଏକ ମୁଖେ ପଦ୍ମସୂତ୍ର (୨୨) ସୁଷୁମୁନା ବାଟେ ପଶୁଥାନ୍ତି ଦୁଃଖେ ଦୁଃଖେ । ଅମୃତ କଳାମାନେ (୨୩) ପୋଡୁଥାନ୍ତି । ଷୋଡ଼ଶ ଡମ୍ବରୁ ଫେଡୁଥାନ୍ତି (୨୪) ।

୧-(କ) କଥା, ୨-(କ) ନେଇ ପଦାରବିନ୍ଦେ ସମର୍ପିଲା ମଉଳି, ୩-(କ) ହରି ହରି, ୪-(କ) ପଡ଼ିଛି, ୫-(କ) ହୃଦୟରେ, ୬-(କ) ବିଭଳି, ୭-(କ) ସାଷ୍ଟାଙ୍ଗ, ୮-(କ) ଅବନୀ ପରେ, ୯-(କ) ନାଥ, ୧୦-(କ) ଗଭୀର, ୧୧-(କ) ମୁହୂର୍ତ୍ତ, ୧୨-(କ) ହୋଇ, ୧୩-(କ) ଛନ୍ନଛାମ, ୧୪-(କ) ପାପତାପ ଅଧିକା ଅଛି, ୧୫-(କ) ଭେଦଖେଦ, ୧୬-(କ) ତୃଷାକୃଣା, ୧୭-(କ) କମ୍ପଧଙ୍ଗ, ୧୮-(କ) ଅବର୍ଣ୍ଣାଦି ନାହିଁ, ୧୯-(କ) ଦୁଷ୍ଟ, ୨୦-(କ) ପ୍ରଥମରେ, ୨୧-(କ) ନାଭିକମଳରେ, ୨୨-(କ) ପଦ୍ମସୂତ୍ରେ, ୨୩-(କ) କଳମାନ, ୨୪-(କ) ଫୁଟୁଥାନ୍ତି ।

ସେ ଡମ୍ବରୁ ଖଣ୍ଡିଏ ଖଣ୍ଡିଏ ଫିଟୁ ଫିଟୁ ବ୍ୟାକୁଳ ଯେତେ, ଶତେ ନାଗର ଜ୍ୱାଳା ନୋହିବଟି ତେତେ। ପ୍ରାଣ ପବନ କଣ୍ଠ ଦେଶକୁ ଧାଇଁ। ହାକୁଟିଆଇ ହୋଇ ଉଠଇ ଧାଇଁ। ଏକ ଏକ ଧଇଁ ହୃଦୟ ପଦ୍ମ ରୁନ୍ଧନ୍ତି। କି ତିକ୍ଷକୁନ୍ତ ଘେନି (୧) ଶରୀର ମନ୍ଥନ୍ତି। ବିଷମଶ୍ୱାସ ପ୍ରବଳେ (୨) କାଠିମାନେ ଭାଙ୍ଗନ୍ତି (୩)। ନାଡ଼ିମାନ ଗୁଡ଼ିଆଇ ହୋଇ ମୂର୍ଧନି ତରଳାନ୍ତି (୪)। ସେ ନାଡ଼ିମାନଙ୍କର ବୁଲନ୍ତେ ସପ୍ତଧାତୁ ମରଇ। (୫) ଭିତରେ ପଶି ଯେହ୍ନେ ସିଂହ ବିଦାରଇ। ଶ୍ଲେଷ୍ମା ବ୍ୟାଧି କଣ୍ଠ ଦେଶରେ ବସି, ପରମହଂସ (୬) ପର୍ଯ୍ୟନ୍ତେ ଥାଇ ଗ୍ରାସି (୭)। ପବନ ବାଟମାନଙ୍କରେ ଜଳ ପୂରନ୍ତେ, ବ୍ୟାନ (୮) ପବନ ଉର୍ଦ୍ଧ୍ୱକୁ ଉଠଇ ଦ୍ୱରିତେ। ବାଟ ନ ପାଇ ଯହୁଁ ପବନ ଆକୁଳ। ହରି ହରି, ମୁର୍ଦ୍ଧା (୯) ଫାଟିବା (୧୦) ପ୍ରାୟେ ତହିଁର (୧୧) ବ୍ୟାକୁଳ। ବାତପିତ୍ତ ଶ୍ଲେଷ୍ମା ଯେ ହୃଦୟରେ ଜଡ଼ଇ (୧୨), ସେ ଶରୀର ପ୍ରଳୟ ଜଳ ବ୍ୟାପୀ ପବନକୁ ଘଉଡ଼ଇ (୧୩)। ସେ ଜୀବନ ପଳାଇ ଥାଇ (୧୪) ଏକ ମେରୁଦଣ୍ଡକୁ (୧୫) ଆଶ୍ରେ କରି। ତାହା ବୈଦ୍ୟ ବୈତାଳିକ ଇଚ୍ଛାମତେ ବୋଲନ୍ତି, ଛାଡ଼ିଅଛି ନାଡ଼ୀ (୧୬)।

ତିଳେ ତିଳେ ପବନ ଛାଡ଼ିବାର ବେଳେ, ବ୍ରହ୍ମଅଗ୍ନିରେ ପଶିଲା ପ୍ରାୟେ ଜ୍ୱଳା ସେ କାଳେ। ପ୍ରଳୟ ଅଗ୍ନି (୧୭) ସଙ୍ଗତେ, ପ୍ରାଣାଦି ପବନ (୧୮) ସମେତେ, ମନ ବୁଦ୍ଧି ଅହଙ୍କାର ଚିତ୍ତେ, ବ୍ରହ୍ମରନ୍ଧ ବାଟେ, ଅତ୍ୟନ୍ତ ସଙ୍କଟେ, (୧୯) ଉର୍ଦ୍ଧ୍ୱଗତି ହୋଇ ପଶୁଥାନ୍ତି (୨୦)। ରକ୍ତଧାତୁମାନଙ୍କୁ ଶୋଷୁଥାନ୍ତି (୨୧)। ଡମ୍ବରୁମାନେ ଯେତେବେଳେ ଭେଦନ୍ତି (୨୨), ରସ ପଦ୍ମମାନେ (୨୩) ସେତେବେଳେ ତେଜନ୍ତି। ତଦନ୍ତରେ ଅଗ୍ନି ଯାଇ ଭ୍ରମର ଗୁମ୍ଫାରେ ପଶଇ ତୁଣ୍ଡ ବିସ୍ତାରି ଯେବେ, (୨୪) ଆଖି ଖୋସଇ (୨୫) ଘଟିକା ଦ୍ୱାରେ କବାଟ ପଡ଼ଇ। କଣ୍ଠ କପୋଳରୁ ଝାଳ ଗଳଇ। ସ୍ଥାନ ଆଦି ବନ୍ଧମାନ (୨୬) ଲେଉଟଇ।

୧-(କ) ଘେନିଣ, ୨-(କ) ପ୍ରବଳରେ, ୩-(କ) ଭଜୁଥାନ୍ତି, ୪-(କ) ମୁର୍ଦ୍ଧନିରେ ଲାଗୁଥାନ୍ତି, ୫-(କ) ହସ୍ତୀ। ୬-(କ) ବ୍ରହ୍ମ, ୭-(କ) ଆକ୍ରଷି, ୮-(କ) ପ୍ରାଣ, ୯-(କ) ମୂର୍ଦ୍ଧନା, ୧୦-(କ) ଫୁଟିଲା, ୧୧-(କ) ତହିଁର, ୧୨-(କ) ଜଡ଼, ୧୩-(କ) ପ୍ରଳୟ ପବନକୁ ଘେନି ଜୀବନକୁ ଘଉଡ଼ଇ, ୧୪-(କ) ଯାଇ, ୧୫-(କ) ମେରୁଦଣ୍ଡାକୁ, ୧୬-(କ) ଏଥିକି ବଇଦ ଚିକିତ୍ସା ଏ ବୋଲନ୍ତି ଛାଡୁଅଛି ନାଡ଼ୀ, ଚିକିତ୍ସା ଏ ବୋଲନ୍ତି ଛାଡୁଅଛି ନାଡ଼ୀ, ୧୭-(କ) ଅନଳ, ୧୮-(କ) ହବନି, ୧୯-(ଖ) ଅତ୍ୟନ୍ତ ସଙ୍କଟେ ନାହିଁ, ୨୦-(କ) ପଶୁଥିବେ, ୨୧-(ଖ) ପୋଷୁଥିବେ, ୨୨-(କ) ଭେଦୁଥାନ୍ତି, ୨୩-(କ) ବୈଦ୍ୟମାନେ, ୨୪-(କ) ବିସ୍ତାରକରି, ୨୫-(କ) ଖୋସାଇ, ୨୬-(ଖ) ବନ୍ଧମାନେ।

ହଂସ କ୍ରୋଟରୁ ପାଣି ସରଇ। ତ ଭ୍ରମର ଗୁଙ୍ଫାରୁ ଅଗ୍ନି ଚଳଇ। ତ୍ରିବେଣୀ ଘାଟରେ ପଶି ବିକରାଳି ଜଳଇ। ଅଗ୍ନିଡ଼ରେ (୧) ଜୀବନ ତ୍ରାସ। ଶ୍ରୀହଟ୍ଟ ପାଟଣାରେ ଜୀବନ ପଳାଇ ପଶଇ। କେବଳ ଅନ୍ତର୍ଲୀନ ପ୍ରାଣ ଥାଇ। କଣ୍ଠ ଦେଶର ସଙ୍ଗେ, ସାଡ଼ଙ୍ଗା। (୨) କରିଥାଇ ସକଳ ଅଙ୍ଗେ। ଅଗ୍ନିଶିଖା ଯେବେ ଲଗାଇ ଶ୍ରୀହଟେ। ଜୀବନ ପଳାଉଥାଇ ସିସୁମୁନାର (୩) ବାଟେ। ଇଅଂଳା ପିଙ୍ଗଳା ଦୁଇ ଦ୍ୱାର ପଡ଼ଇ। ମଲା ବୋଲି ଲୋକ ତେତେବେଳେ ଲୋକଙ୍କୁ ଛାଡଇ ଶିର ବୋଲାଇ କମ୍ପାଇ ନୟନ କାଉଁରି (୪) ମଣ୍ଡଳେ ଯାଇ ଲାଗଇ ଦହନ। ତେତେବେଳେ ଗ୍ରହଣ କଲା ଶରୀର (୫) ନାଶଇ (୬)। ଯାତନା ଶରୀର ଆସି ଶୂନ୍ୟରେ (୭) ମିଶଇ। କୃତାନ୍ତତ ଦୂତ ଧାତିକାରେ (୮) ମିଶଇ କାଳଦଣ୍ଡ ଫାଶୀ (୯) ଲଗାଇ ଗ୍ରାସଇ (୧୦)। ପୁନଃପୁନଃ କରି ଦୁଃଖ ଦେଇ ପୀଡ଼ନ୍ତି। ପିଶାଚଗଣମାନେ ଆସି ତ୍ୱରିତେ ବେଢ଼ନ୍ତି। ଧ୍ରୁବମଣ୍ଡଳେ ଯାଇ ଅଗ୍ନି ଲାଗଇ ଯେବେ, ପରମହଂସ ଉଡ଼ିବାକୁ ଲୋଡ଼ଇ ତେବେ। ନବଚକ୍ର ବୋଲି ପୋଡ଼ଇ ଅଗ୍ନି। ସଙ୍ଗତେ ଥାଇ ମନ ପବନ ବେନି (୧୧)। ସେ ଚକ୍ରେଚକ୍ରେ ଅଗ୍ନି ଲାଗିବାର ବେଳେ, ସେ ଦୁଃଖ ସହିବାକୁ ନାହିଁ ତେ (୧୨) ତ୍ରୈଲୋକ୍ୟ ମଣ୍ଡଳେ। ତହୁଂ ଉତ୍ତାରେ ସେ ଜୀବନ ବେଗେ ବେଗେ, ପଳାଇ ପଶଇ ସହସ୍ର ଦଳ କମଳ ଲାଗେ। ତହିଂ ତାପ ଲାଗଇ (୧୩) ଯେତେବେଳେ ପ୍ରଳୟ ପବନ (୧୪) ବଳେ। ସେଠାରୁ ଜୀବନ ପଳାଇ ଅତ୍ୟନ୍ତ ବିକଳେ।

ତ ସେ କେହୁଣସି (୧୫) ଠାବରେ ଯହିଂ ନ ପାରଇ ରହି, ପୁନରପି ଚନ୍ଦ୍ର ବିମ୍ବ ଭିତରେ ପଶଇ। ଅତ୍ୟନ୍ତ ଭୟ ପାଇ। ତହିଂ ଉପରେ ଆଉ ଯିବାକୁ ଠାବ ନାହିଂ। କାଳ ଗ୍ରାସିଲେ ଆଉ ଛାଡ଼ିଯିବ (୧୬) କାହିଂ। ସେଠାରୁ ଅଗ୍ନି ଉଠଇ (୧୭) ଯେବେ ଚମତ୍କାରେ, ପ୍ରାଣ ଚନ୍ଦ୍ରକୁ ଯାଇ ଛୁଅଇଂ ଧାତିକରେ (୧୮)। ଖସଇ ଇନ୍ଦୁ କ୍ଷରଇ ବିନ୍ଦୁ (୧୯) ମରଇ ଜୀବ (୨୦)। ସୂକ୍ଷ୍ମ, ଶୂନ୍ୟ ଲିଙ୍ଗ ଶରୀର। ଏ ତିନି ପଦାର୍ଥର (୨୧) ନାନା ଅବସ୍ଥା ସରିଯାଇ। ଶୁଭାଶୁଭ କର୍ମବଳୁଂ କରି ଯଥୋଚିତ ଯୋନି ପାଇ। ଏଥୁ ପୁନରପି ମରଣ (୨୨) ପୁନରପି ଜନନୀ ଜଠରେ ଶୟନ। ଜରା ମରଣ। ଏ ଚକ୍ର ପ୍ରାୟକ (୨୩) ହୋଇ କରୁଥିବ ଭ୍ରମଣ।

୧-(ଖ) ଅଗ୍ନି ଉପରେ, ୨-(କ) ସାରଙ୍ଗା, ୩-(କ) ର ନାହିଁ, ୪-(ଖ) କାମରୀ, ୫-(କ) ପାର୍ଥିବ, ୬-(କ) ନାଶଇ, ୭-(କ) ଶୂନ୍ୟରେ, ୮-(ଖ) ଝାତିକାରେ, ୯-(କ) ଫାଶି। ୧୦-(କ) ଆକ୍ରଷଇ, ୧୧-(ଖ) ଅଗ୍ନି, ୧୨-(ଖ) କେ ନାହିଁ, ୧୩-(କ) ପ୍ରକାଶଇ, ୧୪-(କ) ପବକର, ୧୫-(ଖ) କେବଣ, ୧୬-(ଖ) ଛତ୍ରେ ଯିବ, ୧୭-(କ) ଉଠଉ, ୧୮-(ଖ) ଝାତିକାରେ, ୧୯-(ଖ) ଅଧୋନିବ, ୨୦-(କ) ପଦାର୍ଥ, ୨୨-(ଖ) ଭ୍ରମ, ୨୩-(କ) ଚକ୍ରପାୟ।

ଭୋ ନାଥ ! ବୁଦ୍ଧି ରଧନ୍ଦେ (୧) ତ୍ରିଗୁଣର ବନ୍ଧେ, (୨) ମନ୍ମଥର ଅନ୍ଧେ, ଅରି ପଟଳଙ୍କର ବଳେ ଜୀବାଦିକର୍ମେ, ଜନମ ମରଣ ଶ୍ରମେ, ମମତା ପାଶେ, ଐଶ୍ୱର୍ଯ୍ୟ ଆଶେ, କ୍ରୀଡ଼ା ରସେ, ବନିତାର ବଶେ, ସଂକଳ୍ପ (୩) ଜଳେ, ଦୁଷ୍ଟଚିତ୍ତର ବଳେ, ଅନ୍ତର୍ଗତର ଅଶୁଦ୍ଧେ, ଅନାୟତ ବନ୍ଧେ (୪) ବ୍ୟାପାର ଗୃହେ (୫) ତୃଷ୍ଣାର ସ୍ପୃହେ, ଇନ୍ଦ୍ରିୟର (୬) ଲାଳନେ, ମନ ବୁଦ୍ଧିର (୭) ପାଳନେ, ପୁତ୍ର କଳତ୍ର ଧନଧାନ୍ୟେ, ଭ୍ରାନ୍ତିର ଅଜ୍ଞାନେ ମାନାଭିମାନେ (୮), ଅବିଦ୍ୟା ମଳିନେ (୯), ମନ ବୁଦ୍ଧିର ଚଳନେ, ବାସନାର ମାର୍ଗେ, ଷଡ଼ଉର୍ମିର (୧୦) ସଙ୍ଗେ, ଅବସ୍ଥା ତ୍ରୟେ (୧୧), ବିଷୟ ଜଡ଼ (୧୨) ଆଶ୍ରୟେ (୧୩) ପୁତ୍ର କଳତ୍ରାଦି ରଞ୍ଜନେ, ଅହଙ୍କାର ଛନ୍ଦେ (୧୪) ପୁତ୍ର କଳତ୍ରାଦି ଧନ୍ଦେ, ପୁରୁଷକାର ଅରଜନେ, ଅହଙ୍କାର ଶରଣ (୧୫) ବିପତ୍ତି କାରଣ (୧୬) କରୀ ବରେକ ସମୁଦ୍ରେ ହେଠ ବୁଡ଼ (୧୭) ହେଉଥିବା ସମସ୍ତ ଦୁଃଖମାନ ନ ପାଉଥିବ (୧୮)। ସମସ୍ତ ଦୋଷମାନ (୧୯) ଅଦୋଷ ବୋଲି ସହୁଥିବ। ଯେମନ୍ତ ଆକାଶର (୨୦) ଅନ୍ତ ନାହିଁ, ଏ ଜନ୍ମ ମରଣ ଦୁଃଖ ଭୋଗ ପରମେଶ୍ୱର ସରିବ କାହିଁ ?

ଭୋ ନାଥ ! ତୋତେ (୨୧) ଆଶ୍ରେକରି ନୋହିବି କିମ୍ପା ମୁକ୍ତି। ଏ କଥା ମହାପ୍ରଭୁଙ୍କର ହୋଇବ ଅଯୁକ୍ତି (୨୨)। ସେ ଅଭିନବ ଚୈତନ୍ୟ ନାମେ ରୁଦ୍ରଗଣ ଏବଂଭୂତ ବଚନମାନ କହିଲା। ଅନେକ କାକୁସ୍ଥ ହୋଇଲା। କରପତ୍ର ଯୋଡ଼ି ଜଗତ ଈଶ୍ୱର ଶ୍ରୀମୁଖକୁ ଚାହିଁଲା। ପଞ୍ଚାଶ ବର୍ଣ୍ଣରେ ସ୍ତୁତି କରୁଅଛି। ଶିବାୟ ନମଃ (୨୩) ଶିବ ଶିବ ଶିବ। ଜୟ ଜୟ କୁନ୍ଦ କୁମୁଦ ସୁରଙ୍ଗଧର, (୨୪) କର୍ପୂର (୨୫) ଧବଳ (୨୬) କମ୍ବୁସମକଣ୍ଠ।

୧-(କ) ରନ୍ଦ୍ରେ, ୨-(କ) ରେ ନାହିଁ, ୩-(ଖ) ସକଳ, ୪-(କ) ବୁଦ୍ଧିଏ, ୫-(ଖ) ରେ ନାହିଁ, ୬-(କ) ଇନ୍ଦ୍ରିୟମାନଙ୍କର, ୭-(କ) ମନବୁଦ୍ଧିଙ୍କର, ୮-(ଖ) ମନାକମାନେ, ୯-(କ) ଅବିଦ୍ୟାଧନେ, ୧୦-(କ) ଷଡ଼ମାନଙ୍କର, ୧୧-(ଖ) ତୁରୀୟେ, ୧୨-(ଖ) ଜଳ, ୧୩-(ଖ) ଆମୟେ, ୧୪-(କ) ଶରଣେ। ୧୫-(କ) ରେ ପୁତ୍ର କଳତ୍ରାଦିଠାରୁ ଅହଙ୍କାର ଶରଣେ ପର୍ଯ୍ୟନ୍ତ ନାହିଁ, ୧୬-(ଖ) ମରଣ, ୧୭-(ଖ) ହେଠ ମୁଣ୍ଡି, ୧୮-(ଖ) ସମସ୍ତ ଦୁଃଖ ପାଉଥିବ ନାହିଁ, ୧୯-(ଖ) ଦୋଷମାନ ନାହିଁ, ୨୦-(କ) ରେ ଆକାଶର ଯେମନ୍ତ, ୨୧-(କ) ତୋରେ। ୨୨-(କ) ତୋହର ପାଦପଦ୍ମକୁ ଆଶ୍ରେ କରି ମୁଁ ହୋଇବି ମୁକତି ଏକଥା କି ମହାପ୍ରଭୁଙ୍କୁ ହୋଇବ ଯୁଗତି ୨୩-(ଖ) ଶିବାୟ ନମଃ ନାହିଁ, ୨୪-(କ) ଅଙ୍କିତ, ୨୫-(ଖ) ତ୍ରିଶୁର, ୨୬-(ଖ) ଜଗଇ କର ସମ ନାହିଁ।

କୋକନଦ ମାଳା ଆଭରଣ । କର କଳିତ ବ୍ରହ୍ମ କପୋଳ । କରପତ୍ର ଯୋଡ଼ି (୧) କାକୋଦର କଙ୍କଣ (୨) । କୁରଙ୍ଗ ଚର୍ମ କଟି (୩) ଶୋଭନ । କାଳାନଳ ନୟନ । କର୍ଣ୍ଣେ କୁଣ୍ଡଳ ମଣ୍ଡିତ । କୃଷ୍ଣବର୍ଣ୍ଣ ଭୁଜଙ୍ଗ ମକର (୪) କଣରେ (୫) କଳନିଧିଧର । କଳାପ୍ରବୀଣ (୬) । କଳିକା ସେବିତ ଚରଣ ତଳ, କପିଳ କପିଳାନନ (୭) କପିଳାସ କନ୍ଦର ନିର୍ବାସନ, କାମାଙ୍ଗ ନାଶନ, କୈବଲ୍ୟ ବରପଦ, କୈବଲ୍ୟ ସ୍ୱରୂପ, କୁଧର ନନ୍ଦିନୀ କୁଚ କୁମ୍ କୁଙ୍କୁମ ଲେପନ (୮) । କର କମଳ କଳିତ (୯) କାମିନୀ କଦମ୍ବେ ବନ୍ଦିତ, କୁଟ୍‌ମଳା କୁଳ କଣ୍ଟକ । କାମାଙ୍ଗନା (୧୦) ହରଷ ଖଣ୍ଡନ (୧୧) । କାଳିନ୍ଦୀ କୁମୁଦ ବନ୍ଧୁ ମୁଖଚୁମ୍ବନ କାର୍ତ୍ତିକେଶ୍ୱର ସେବିତ ଚରଣ ପଙ୍କଜ । କୁଶଧର କମଳା ପତି ବନ୍ଦିତ ଚରଣ । କଶ୍ୟପ କୁଳ କୁମୁଦ । କମଳ କଳାଧର । କିରୀଟ କୁଣ୍ଡଳ କୁଣ୍ଡଳି ଶୋଭିତ ଶିର । କୁରଙ୍ଗ କୁଠାର ଶୋଭିତ କର । କାମରୂପ ଧର । କାମପ୍ରଦ । କାମ କଳ୍ପଦ୍ରୁମ । କାମ ରୂପିଣୀ ପୀନ କଠିନ କୁଚ କଳଶ (୧୨) କଠୋର । କମଳକର ମର୍ଦ୍ଦିତ କଠୋର ହୃଦୟ । କରୁଣା କୂପାର କୁଣ୍ଡଳିନୀ ଶକ୍ତି ଭେଦିତ । କାଳୀ ମୁଖ କକାରନ୍ତେକ କଳ୍ପା କକରାଜିତ ପନ୍ତା (୧୩) କଳିତ କମଳ କୋଷକର । କଳାନିଧି । କମଳ ନୟନ ଦିବ୍ୟ ସ୍ୱରୂପ । କୁଟିଳ ବର୍ଜିତ । କୁଟିଳ ଜଟାଜୁଟ ମଣ୍ଡିତ ଶିର । କାଞ୍ଚନ ଶୈଳ (୧୪) ବିଳସିତ । କାମାଦି ରିପୁଗଣ (୧୫) ବିବର୍ଜିତ । କାୟା (୧୬) କାୟିକ ବିବର୍ଜିତ । କାମଧେନୁ କରୁଣ (୧୭) । କଳ୍ପା କଳ୍ପ କଳେବର । କର୍ମଠ ପୃଷ୍ଠ କଠୋର ଶୂଳଧର । କୁମାରୀ (୧୮) ବରପ୍ରଦ । କୁମାରୀ ଗଣ (୧୯) ପୂଜିତ । କାଳାନ୍ତକ । କାଳମୁଖ । କମଳାପତି ସେବିତ । କଳା (୨୦) ବିବର୍ଜିତ । କୃଷ୍ଣାତ୍ମିକ ଦେବ (୨୧) ଜୟ ଜୟ ଶିବ ଶମ୍ଭୋ !

ଜୟ ଜୟ ଖଣ୍ଡ ଇନ୍ଦୁ ମୁକୁଟ (୨୨) । ଖମଣ୍ଡଳ ଗତି (୨୩) । ଖଟ୍ୱାଙ୍ଗଧର (୨୪) ଖଣ୍ଡ ପରଶୁଧର । ଖାଦି ଖାତୀତ ସୁହୃଦାକୃତ । ଖଗପତି ଆସନ ସୁହୃଦ । ଖଚରାଧାରୀ । ଖୟାନ୍ତକ । ଖଳିତ ନୟନ । ଖପର ଧାରିଣୀ ରମଣ (୨୫) ।

୧-(କ) ରେ ନାହିଁ, ୨-(ଖ) କକିନୀ, ୩-(କ) କରି, ୪-(କ) ମକର କର, ୫-(କ) ରେ ନାହିଁ, ୬-(କ) କଳା ଖର୍ବିତ, ୭-(କ) କପିଳାସ ନ, ୮-(କ) କୁଚ କୁମ୍ଭ ମର୍ଦ୍ଦିତ କର, ୯-(କ) କଳିତବର, ୧୦-(କ) କୋକାଙ୍ଗନା, ୧୧-(ଖ) ମଣ୍ଡଳ, ୧୨-(କ) କରେଶ, ୧୩-(ଖ) ବରଣ, ୧୬-(ଖ) ନାୟେ, ୧୭-(ଖ) ଜଳ କଳିତ କଳେବର ନାହିଁ, (କ) କାରୁଣ୍ୟ, ୧୮-(କ) କୁମାର, ୧୯-(କ) କ୍ଷଣ, ୨୦-୨୧-(କ) ଦେବନାହିଁ, ୨୨-(ଖ) ନ୍ଧ, ୨୩-(କ) ଖଣ୍ଡ ମଣ୍ଡଳଗତି, ୨୪-(ଖ) କର, ୨୫-(ଖ) ଧାରଣ ।

ଖାନ୍ତକ ମୁଖ। ଖଗପତି ଆସନ ସୁହୃଦ (୧)। ଜୟ ଜୟ ଶିବ ଶମ୍ଭୋ। ଜୟ ଜୟ ଗଗନ ପତି (୨)। ଗଗନାନ୍ତକ। ଗଗନ ଶରୀର। ଗଗନ ତନୁ (୩) ସମ୍ଭୂତ। ଗଗନ ସମାନ (୪) ରୂପଧର। ଗଙ୍ଗା ଶେଖର। ଗିରି ଜାର୍ଦ୍ଧ ଶରୀର। ଗିରି ନିବାସନ (୫)। ଗୋବର ପ୍ରଦ। ଗୋଲାହାଟ ମଣ୍ଡଳଗତ। ଗୋକର୍ଣ୍ଣ ଗଣ ଅଳକ (୬) ମଣ୍ଡନ। ଗୁଣାତୀତ ଗଣପତି ପିତର। ଗୁହାଶୟ ଗରଳ କଣ୍ଠ। ଗୋଧର। ଗୋମୟ ଭସ୍ମଗୁଣ୍ଡି ଲେପିତ ଗାତ୍ର (୭)। ଗୋତ୍ରୀୟ। ଗୋପାଳକ (୮)। ଗାୟତ୍ରୀ ଗାୟନ ଗ୍ୟାନ (୯) ଚକ୍ଷୁ। ଗୋଆସନ। ଗୋ ଗଣ୍ଡସ୍ଥଳ କରମଣ୍ଡିତ (୧୦)। ଗୋପ୍ୟ ରୋପତି (୧୧)। ଗଙ୍ଗାପତି ଗମନ। ଗମ୍ଭୀର ଗମନ। ଜ୍ଞାନ ପରାୟଣ ଜୟ ଜୟ ଘଣ୍ଟାରବ ଶବ୍ଦାନ୍ତକ ସୂକ୍ଷ୍ମ। ଘୋରାନନ। ଘନ ଘୋଷଣ ପିନାକୀ (୧୨) ଗୁଣକର୍ଷଣା ଘୂର୍ମିତ ନୟନ। ଘଞ୍ଚଦଳ ସହସ୍ରାଦିନେଶ (୧୩) ସଦନ। ଜୟ ଜୟ ନିର୍ମଳ ନିତ୍ୟ (୧୪) ନିବିଡ଼ ନିର୍ବିଶେଷ। ନିରାମୟ। ନିର୍ଗୁଣ ନିଶ୍ଚଳ ଇନ୍ଦ୍ରିୟ (୧୫)। ନଳିନ ନୟନ (୧୬)। ନାନ୍ତ ନିର୍ମଳ, ନିଷ୍ପ୍ରପଞ୍ଚ ଶରୀର। ନଗ ନଳିନନାଭ ବନ୍ଦିତ (୧୭) ନୀରକ ଚରଣ। ନାଗ (୧୮) କନ୍ୟାସ୍ତନ ମର୍ଦ୍ଦନ କର ପଙ୍କଜ। ନୀଳୋତ୍ପଳ ଦ୍ୟୁତି, ନୀଳକଣ୍ଠ, ନୀଳାଚଳ ପତି ଆତ୍ମନ। ଜୟ ଜୟ ଚନ୍ଦ୍ର ଚୂଡ଼ ଲଳିତ। ଚଞ୍ଚଳା ପତି ଚରଣ ପୂଜିତ। ଚାମୀକର ସମ। ଚାରୁ ଗାତ୍ର। ଚଇତନ୍ୟ ସ୍ୱରୂପ। ଚେତସାଗମ୍ୟ (୧୯)। ଚିତ୍ତ ସାନନ୍ଦ ଲକ୍ଷଣ। ଚିନ୍ତାତୀତ ସତ୍ୟ। ସ୍ୱରୂପ। ଚଳାଞ୍ଚଳ (୨୦) ବିହୀନ। ଚକ୍ରଧର ଚିହ୍ନିତ (୨୧) ଚରଣ। ଚନ୍ଦ୍ରବଦନୀ ଚୁମ୍ବନାଧର। ଚୂର୍ଣ୍ଣକୁନ୍ତଳ ଲେଖନୀ କର। ଚିତ୍ର ପତ୍ର ଲେଖା ବଳିଗତ କୁଚ କୁମ୍ଭୀ କୁମ୍ଭ ସମାଗମ। ଚୂତ ଶାୟକ ନାଶକର। ଚାପ-ଚାଳିତ (୨୨) ଭ୍ରୂଲତା। ଚାମରୀ ଚକ୍ଷୁ ବାବାଲିଙ୍ଗିତା। ଚତୁରୀ ଚନ୍ଦ୍ରଶେଖରୀ ନିତମ୍ବାଶ୍ରିତା। ଚତୁର୍ଦ୍ଦଶ ଲୋକ ପିତା। ଚନ୍ଦ୍ର ଚଣ୍ଡକାରାଗ୍ନି ଅବଲୋକିତା। ଚତୁଷଷ୍ଠି ଯୋଗ୍ନୀ ମୁଖ ଚୁମ୍ବିତା। ଚଣ୍ଡିକା ମୁଖଚନ୍ଦ୍ର ଚକ୍ରବାକ। ଜୟ ଜୟ କ୍ଷିତିଧର (୨୩) ଅନନ୍ତ ଫଣି ଚନ୍ଦ୍ର ସମ ଧବଳ। ଛଳିତ ସକଳ ଚରାଚର। ଛଦ୍ମ ମାୟାମନ ବିଶ୍ୱ ବିଭାଜନ (୨୪) ଛାୟାସମ ମାୟାଭ୍ରମ କ୍ଷରଣ (୨୫) ଜଗତ।

୧-(ଖ) ନାହିଁ, ୨-(ଖ) ଗତ, ୩-(ଖ) ତଲୁ, ୪-(ଖ) ମନ୍ତତ, ୫-(ଖ) ନିବାସକ, ୬-(ଖ) ଗଳକ, ୭-(ଖ) ନାହିଁ, ୮-(ଖ) ଗୋପାଳନ, ୯-(କ) ଗ୍ୟାନ, ୧୦-(କ) ମଣ୍ଡିତ କର, ୧୧-(କ) ଗୋପା ଗୋପ, ୧୨-(କ) ଘନ ଘୋଷଣ ପିନାକ, ୧୩-(କ) ସହସ୍ରାର ବିନ୍ଦ, ୧୪-(କ) ନିତ୍ୟାନନ୍ଦ, ୧୫-(କ) ନିରିନ୍ଦ୍ରିୟ, ୧୬-(କ) ନୀଳ ନଳିନ ନୟନ, ୧୭-(କ) ବନ୍ଦିତ, ୧୮-(କ) ନାଗ, ୧୯-(କ) ଚେତନାସାମ୍ୟ। ୨୦-(କ) ଚଳାଚଳ, ୨୧-(ଖ) ଚିନ୍ତା, ୨୨-(କ) ଗଳିତ, ୨୪-(କ) ଛତିଧର ହିମ, ୨୪-(ଖ) ସୁଭାଜନ ୨୫-(କ) ଛରଣ।

ଜୟ ଜୟ ଜଗତନାଥ ! ଜଗତ ଶରଣ। ଜନନୀ ଜଠର ନିବାରଣ। ଯମଭଗ୍ନୀ ଯମୁନା ସମାନ। ଜଟାଜୁଟ ମଣ୍ଡନ। ଯଜ୍ଞ କନ୍ୟା ଶୋଭନ। ଜାଗ୍ରତ, ସ୍ୱପ୍ନ, ସୁଷୁପ୍ତି ଅବସ୍ଥାତ୍ରୟ ମୋକ୍ଷଣ। ଜଗତ ପରିପାଳନ। ଜଗତ ଜନ୍ତୁ ଯମ। ଜଗତ ଜନରକ୍ଷଣ। ପ୍ରଳୟ କାରଣ। ଜଗତ ପଞ୍ଚନବ ଚେତନ। ଜାଜ୍ୱଲ୍ୟମାନ। ଜ୍ୱଳନଶନ ପ୍ରଖର ତେଜ। ଜଙ୍ଗମ ଗଣେଶ୍ୱର। ଜନ୍ତୁପତି ଭୟ ନିବାରଣ। ଜମ୍ଭଭେଦୀ ଜଗତ ପରିପାଳନ। ଜଳଧିନନ୍ଦିନୀପତି ଜୀବନ। ଯଶଃ (୧) ଶାସନ। ଜଗତ ହର୍ତ୍ତା। ଜଗତ କର୍ତ୍ତା (୨) ଜଗତଜନ ପ୍ରଳୟ କାରଣ। ଜଡ଼ ତିମିର ନାଶନ (୩) ଜୟ ଜୟ ଝଗଡ଼ ଭବ ନାଶନ। ଝସ କେତନ ଦହନ। ଝମଷ୍ଟକ ଭକ୍ତିଯୋଗ ଜନ ଝାଡିକାରେ ନିସ୍ତାରଣ। ଝରିତ ତ୍ରିପଥଗା ଶିର ଧାରଣ (୪)। ଜୟ ଜୟ ନରକ ଉଧାରଣ। ନିତ୍ୟ ସେବନ। ନିଶାକର ବଦନ। ନାମ ସୁମରଣ ପାପ ବିମୋଚନ। ନିରାମୟ ଗୁଣ ଜ୍ଞାନ। ନନ୍ଦ ନନ୍ଦନ ପୂଜା ଗ୍ରହଣ। ନିଶ୍ଚିତ ସହଜାନନ୍ଦ। ନବ ପଞ୍ଚମନ ଆତ୍ମନ ଜୀବନ। ନାଶକର ତାପ ବିମୋଚନ। ନିର୍ମଳ ଗୁଣ ଗାୟନ ପରାଣ। ନୃତ୍ୟରୋପଣ (୫)। ନାଗାଭରଣ (୬)। ଜୟ ଜୟ ଟଳ ଟଳ ମହାବଳ। ମହାରସ ସ୍ତମ୍ଭନ କରଣ। ଟଳ ଟଳ ତ୍ରିଜଗତ ପାଣ୍ଡବ ଆରୋପଣ। ଟୋପ ରଚନ। ଟିକି (୭) ପାଣ୍ଡବ ରକ୍ଷଣ। ଜୟ ଜୟ ଠିକ୍ ଅମରାଧି ଅମର। ଠଣପାର୍ବତୀ ପ୍ରାଣେଶ୍ୱର। ଠାବା ଠାବ ବିବର୍ଜିତ। ଠୁଳଶୂନ୍ୟ ରହିତ। ଠକ ଧୃତି ଠାବ ଦେଶ ବ୍ରହ୍ମାଣ୍ଡ (୮) ଉଦର ସ୍ଥିତ। ଠିକ ଜଳଧିପତି ରୁମ୍ କୂପେ ଠାବ। ଠୁଣିକା କାମ ପ୍ରସିଦ୍ଧ (୯)।

ଜୟ ଜୟ ଡମ୍ବରୁ ଆଡ଼ମ୍ବର। ଡରିତ ଚତୁର୍ଦ୍ଦଶ ଭୁବନ। ଡିମ୍ବାକାର ବ୍ରହ୍ମାଣ୍ଡ କରଣ। ଡାଦିପାଂନ୍ତ କମଳ ନିବାସ। ଡାଡିମ୍ବ ଜଗତ ଭୂତ। ଡାକିନୀ ଗଣ ସେବିତ। ଜୟ ଜୟ ଢମପଣ ଦର୍ପ ଗଞ୍ଜନ। ଢାଳେ ଦନୁଜଗଣ ନିସୂଦନ। ଢଳହଳ (୧୦) ପଞ୍ଚବଦନ (୧୧) ଶୋଭନ। ଢଳହଳିତ ନିର୍ମଳ ଗଙ୍ଗାକଲ୍ଲୋଳ ଭାର ଗ୍ରହଣ। ଜୟ ଜୟ ଅଣଅକ୍ଷର ଅରହିତ। ଅଣ ଅପ୍ରାଧି ଭୂତ ରକ୍ଷଣ। ଅଣିମାଦି ଐଶ୍ୱର୍ଯ୍ୟ ଦାୟକ। ଅଣଚାଶ କୋଟି ମେଦିନୀ ନାୟକ। ଅଣକ୍ଷୋଭିତ ସୁରଭି ସୁତ ବାହନ (୧୨)। ଅଣୁ ଅଗ୍ନିକୃତ (୧୩) ଅଣଖପଞ୍ଚ କୁସୁମ ଶାୟକ। ଅଣଖେ ଅନ୍ଧକା ସୁର ନାଶକ। ଅଣଜାତି ସ୍ୱରୂପ। ଅଣାକୃତ ସ୍ୱରୂପ (୧୪)।

୧-(କ) ଯଶଃ ଜନ, ୨-(କ) ରେ ନାହିଁ, ୩-(ଖ) ରେ ନାହିଁ, ୪-(କ) କରଣ, ୫-(କ) ନୃତ୍ୟରୋପଣ, ୬-(ଖ) ଅଧିକା ନିଶ୍ଚିତ ସହଜାନନ୍ଦ, ୭-(ଖ) ଟାକି, ୮-(କ) ବ୍ରହ୍ମାଣ୍ଡ, ୯-(କ) କାମ ପ୍ରସିଦ୍ଧ। ୧୦-(କ) ଢଳିତ, ୧୧-(କ) ପଞ୍ଚବଦନ, ୧୨-(କ) ସୁବାହକ, ୧୩-(କ) ନାହିଁ, ୧୪-(ଖ)ରେ ନାହିଁ।

ଅଣଚାଶ ପବନ କର୍ମ ଆହାର। ଅନଙ୍ଗ ଜୟଶର ଅନିର୍ବାରଣ ମୋକ୍ଷ କରଣ। ଜୟ ଜୟ ତ୍ରିଭୁବନ ନାୟକ। ତ୍ରିଲୋଚନ। ତ୍ରିବିଧ ତାପ ବିମୋଚନ। ତ୍ରୈଲୋକ୍ୟଶ୍ୱର। ତ୍ରିଶୁଳଧର। ତିଳ ପ୍ରମାଣେ ପଞ୍ଚାଶ କୋଟି ମେଦିନୀ ବିସ୍ତାର ମୁକୁଟ ଶେଖର ସ୍ଥିତ ବାସୁକୀ ନାଗ କଙ୍କଣ ଗରଣଭୁଜ (୧)। ତ୍ରିସନ୍ଧ୍ୟାତୀତ। ତ୍ରିକାଳଜ୍ଞ। ତ୍ରିକାଳକୃତ (୨)। ତ୍ରିକାଳକୃତ ସାୟିକ। ତ୍ରିଲସା ଶୋଭିତ। ତ୍ରିକାଳଜିତ। ତ୍ରିକାଳଧୃତ। ତୃତୀୟ କମଳିନୀ ରୁନ୍ଧକ (୩)। ସ୍ତ୍ରୀ ଅର୍ଦ୍ଧାଙ୍ଗିକ। ତ୍ରିଭୁବନୈକବୀର। ତ୍ରୈଲୋକ୍ୟ ନାୟକ (୪)। ତ୍ରିକୋରାଗ୍ନି ସନ୍ଦୀପନ। ତ୍ରୈଲୋକ୍ୟ ଆତ୍ମନ। ତ୍ରିଗୁଣମୟ। ତ୍ରିଗୁଣାତୀତ (୫) ତ୍ରିଗୁଣ ଧର। ତ୍ରୈଲୋକ୍ୟ ତ୍ରିକାଳାନ୍ତକ (୬)। ତ୍ରିଲିଙ୍ଗାଶ୍ରୟ। ତ୍ରିଶିର ଭୁଜଙ୍ଗ ଧର। ତ୍ରିଲୋକ ଜନ ପୂଜିତ। ତ୍ରୈଲୋକ୍ୟ ସାଗରାଦି ତୃଣ ପର୍ଯ୍ୟନ୍ତେ ବ୍ୟାପକ। ତ୍ରିପୁରାନ୍ତକ। ତ୍ରିପୁରରିପୁ (୭) ସୀମନ୍ତିନୀ ବୃନ୍ଦ ସିନ୍ଦୂର ସୀମନ୍ତମଣି ସନ୍ଧାୟଣ ମାନାଦି (୮) ନାଶନ ଉଦ୍ଦାମଧମାଧିପ। ତ୍ରିମନ୍ଥନ (୯) ବିଧଂସନା। ତ୍ରିଲକ୍ଷ (୧୦) ତରୁଣ ସୁଧାକର ଶେଖର। ଜୟ ଜୟ ସ୍ଥୁଳ ଶୂନ୍ୟ ବିବର୍ଜିତ। ଥାବର ଜଙ୍ଗମ କୀଟପତଙ୍ଗାଦି ସମ୍ଭୂତ। ସ୍ଥୁଳକମଳ ସମ କୋମଳ ଶରୀର। ସ୍ଥାବରେନ୍ଦ୍ର ନନ୍ଦିନୀ ସ୍ତନ ଯୁଗ୍ମ ଆଲିଙ୍ଗନେ ଘୃମିତ (୧୧) ନେତ୍ର ପଦ୍ମ। ସ୍ଥବିର ଯୋଗାଶ୍ରୟ। ସ୍ଥଳ ଜଳ, ଅନଳ, ଗଗନ, ପବନମୟ। ସ୍ଥନ, ମୋହକ, ଗୁଟିକ (୧୨), ଅଞ୍ଜନ, ପାଦୁକ, ଲେପନ, ଅଷ୍ଟଧାତୁ କରଣ।

ଜୟ ଜୟ ଦଣ୍ଡପତି ଦଣ୍ଡ ଉତ୍ପାଟକ (୧୩)। ଦୃଷ୍ଟି କରାଳ (୧୪) କାଳଗଣେ ବେଷ୍ଟିତ। ଦାରୁଣ ତିମିର ବନ ପଟଳ (୧୫) ଦାବାନଳ। ଦନ୍ତୀମୁଖ ସେବନ ଦଶ ପବନ ବ୍ରହ୍ମାରନ୍ଧ୍ର ରୋପଣ। ଦଶଦିଗାମ୍ବର। ଦଶମ (୧୬) ସମ୍ପୂର୍ଣ୍ଣ। ଦେବଗଣ ଦଳନ। ଦକ୍ଷାଧ୍ୱଂର ଧ୍ୱଂସନ। ଦଇତ ନିସୂଦନ। ଦେବ ଦେବେଶ୍ୱର। ଦେବକୀ ସତ ବନ୍ଦିତ। ଦରସନେ (୧୭) ନିର୍ବାଣ ଦାୟକ। ଦଇତା ଦଇତ ବିବର୍ଜିତ। ଦୀର୍ଗ ସ୍ୱପାପହାରକ (୧୮)। ଦକ୍ଷ ଯଜ୍ଞାନ୍ତକ। ଦୃଶ୍ୟାଦୃଶ୍ୟ ବିବର୍ଜିତ ଦୁର୍ଦ୍ଦଣ୍ଡ ଭୂଜଦଣ୍ଡ।

ଦୁର୍ଜୟ ଦୈତ୍ୟଗଣ ନାଶନ। ଦୈତ୍ୟ ବଳ ଦର୍ପହରଣ (୧୯)। ଦିବାକରଣ (୨୦) ଦହନ ଦିବାକର ଶଶିନେତ୍ରା ଦକ୍ଷାଧ୍ୱର ବିଧ୍ୱଂସନ (୨୧)। ଦାସଜନ (୨୨)

୧-(କ) ରେ ବାସୁକୀଠାରୁ ଭୂଜ ପର୍ଯ୍ୟନ୍ତ ନାହିଁ, ୨-(ଖ) ରେ କୃତ ନାହିଁ, ୩-(କ) ରେ ଧକ, ୪-(କ) ନାଥ, ୫-(କ) ନାହିଁ, ୬-(କ) ନାହିଁ, ୭-(ଖ) ଉସ୍ତ, ୮-(କ) ନାହିଁ, ୯-(କ) ତ୍ରିମଥନ, ୧୦-(କ) ନାହିଁ, ୧୧-(କ) ଘୂର୍ଣ୍ଣିତ, ୧୨-(କ) ଗୋଟିଏ, ୧୩-(କ) ଉତ୍ପାଦଟନ, ୧୪-ଦଂଷ୍ଟ କରାଳ; ୧୫-(କ) ତିମିର ଘନ ପଟଳ, ୧୬-(କ) ଦଶସମ, ୧୭-(ଖ) ଦର୍ଶନ, ୧୮-(କ) ସ୍ୱପ୍ନାପହାକର। ୧୯-(କ) ନିରାକରଣ, ୨୦-(କ) ରେ ନାହିଁ, ୨୧-(ଖ) ରେ ନାହିଁ, ୨୨-(କ) ରେ ଦାସ ପଣ।

ଦୁଃଖ ହାରଣ। ଦୁର୍ଲ୍ଲଭ ପୁରୁଷ ଦାମୋଦର ପ୍ରିୟ। ଦୁଷ୍ଟ ଦୁର୍ବାସନା ଦାମ ଛେଦନ। ଦଶଦଳ କମଳ (୧) କୋଷଗତ। ଦ୍ୱାଦଶାଦିତ୍ୟ ତେଜ। ଦୟାର୍ଦ୍ରଚିତ୍ତ। ଦୈତ୍ୟେନ୍ଦ୍ର ବରପ୍ରଦ। ଦାରୁଣ ଶତ୍ରୁ ନିସୂଦନ। ଦ୍ୱିଦଳ କମଳ ନିବାସ। ଦ୍ୱାଦଶ ପଦ୍ମ ଦାମ ଶରୀର। ଦରସ୍ଫୁଟ କମଳାସନ। ଦୁର୍ଗାମୁଖ ମଣ୍ଡଳ ମଣ୍ଡିତ ଗଣ୍ଡସ୍ଥଳ କୁଣ୍ଡଳୀ କୁଣ୍ଡଳ। ଦଣ୍ଡକର ଖଣ୍ଡିତ କରଦଣ୍ଡ। ଦଣ୍ଡିତ ଦୈତ୍ୟ ହୃଦୟାଦ୍ରିମଘବାନ (୨)। ଦାସବତ୍ସଳ। ଦନୁଜ କୁଳ ବିଦାରଣ। ଦୁର୍ଗମ ତିମିର କୁଳ ଦିବସେଶ୍ୱର। (୩) ଦିଶେଶ୍ୱର। ଦାରିଦ୍ର୍ୟ ତିମିର ପଟଳ ମୋଚନେ ଚଣ୍ଡାଂଶୁ କିରଣ। ଦୟାନିବାସନ। ଦୁର୍ନୟ ବୀର ବାକ୍ୟ ବାରଣ। ଦୀନ ନିବାସନ। ଦୁର୍ଣ୍ଣିବାରଣ ଦାରଣ।

ଜୟ ଜୟ ଧ୍ୟାନ ପୂର୍ଣ୍ଣ। ଧ୍ୟାନ ଧାରଣ। ଧ୍ୟାନ କାରଣ। ଧ୍ୟାନ ପରାୟଣ। ଧ୍ୟାନ ପାରଂଗତ। ଧ୍ୟାନାଦିଗମ୍ୟ। ଧ୍ୟାନ ପିଧାନ। ଧ୍ୟାନ ନିଧାନ। ଧ୍ୟାନ ଭୂତ। ଧ୍ୟାନାତୀତ। ଧ୍ୟାନ କୃତ। ଧ୍ୟାନ ଧୃତ (୪) ଧ୍ୟାନ ସ୍ୱରୂପ। ଧ୍ୟାନ ବିଲକ୍ଷଣ (୫) ଧ୍ୟାନ ମୟ। ଧ୍ୟାନ ଶରୀର। ଧ୍ୟାନ ବ୍ୟାପକ। ଧ୍ୟାନାନ୍ତକ। (୬) ଧରଣୀଧର। ଧରିତ୍ରୀ ଧର ବତ୍ସଳ (୭) ଧରିତ୍ରୀ ଧୃତ ପରିପାଳକ (୮)। ଧରିତ୍ରୀ ବର। ଧରିତ୍ରୀ ଶରୀର। ଧରିତ୍ରୀଧର ନନ୍ଦିନୀ ଅଧର ମଧୁ ଆସ୍ୱାଦନେ ଷଟପଦ (୯)। ଧୃତ୍ୟାତ୍ମକ (୧୦)। ଧୃତ୍ୟାଦି ମହୀଭୃତ ବ୍ୟାପକ। ଧୃତି ସ୍ୱରୂପ। ଧରିତ୍ରୀ ଧର ଧାରଣ। ଧୈର୍ଯ୍ୟମାନ। ଧୂମ ସଂକାଶ ପାଣ୍ଡୁର। ଧୂଳି ଧୂସର। ଧରାଧର (୧୧) ପତି ଶତ୍ରୁ ସୂଦନ। ଧୂମକେତୁ। ଧୀରଜନ ପାଳନ। ଧୈର୍ଯ୍ୟ ଧୀର। (୧୨) ଧରିତ୍ରୀ ଅଶେଷ ଜନପାଳନ। ଧୀର ଧୀପ୍ରତିବନ୍ଦିତ। ଧୀରଧୀରସଦନ। ଧୀରଧୀଗମଗ୍ୟଂ (୧୩)। ଧୀରଧୀଶ୍ୱର (୧୪) ଧୀରଧୀ ବୋଧ ସ୍ୱରୂପ। ଧୀରଧୀ ନିର୍ମଳ କରଣ। ଧୀରଧୀ ପ୍ରଦୀପ। ଧୀରଧୀ ଚଳନ କୃତ। ଧୀରଧୀମୟ। ଧୀରଧୀ ନିବାସ। ଧୀରଧୀ ସଚେତନ (୧୫) କରଣ। ଧୀରଧୀ ଧ୍ୟାନ ଗମ୍ୟ। ଧବଳ ସ୍ୱରୂପ। ଧବଳ ବୃକ୍ଷ (୧୬) ବାହନ। ଧବଳ ଗଙ୍ଗା ଶେଖର। ଧବଳ ଆକାଶ। (୧୭) ଧବଳ (୧୮) ନିଧାନ। ଧବଳ ପରମହଂସ। ଧ୍ୟାନ ଧାରଣ ସମାଗମ୍ୟ। ଧ୍ୟାନଧୀଶ (୧୯) ଧ୍ୟାନାଧୀମଣ୍ଡଳ ମଣ୍ଡନ (୨୦)।

୧-(କ) ପବନ, ୨-(କ) ରେ ଦୟାର୍ଦ୍ରହୃଦୟ, ୩-(ଖ) ବିଜୟେଶ୍ୱର, ୪-(ଖ) ଧୃକ୍, ୫-(କ) ଧ୍ୟାନ ଲକ୍ଷଣ, ୬-(କ) ଧ୍ୟାନତ୍ମକ, ୭-(କ) ବସନ, ୮-(ଖ) ପରିପାଳନ, ୯-(କ) ଅଷ୍ଟାପଦ, ୧୦-(ଖ) ରେ ଧରିତ୍ରୀ ଆତ୍ମିକ। ଧରିତ୍ରୀ ଆଦି ମହା ଭୂବ୍ୟୋପକ। ଧରିତ୍ରୀ ଧର ଧାରଣ ନାହିଁ, ୧୧-(ଖ) ଧରାଧର, ୧୨-ଧଇର୍ଯ୍ୟ ଧୀର, ୧୩-(କ) ନାଥ, ୧୪-(ଖ) ଶରୀର, ୧୫-(କ) ସଙ୍କେତ, ୧୬-(କ) ବୃଷ, ୧୭-(କ) ପ୍ରକାଶ, ୧୮-(ଖ) କମଳ, ୧୯-(ଖ) ଧ୍ୟାନ ପଇପ, ୨୦-(କ) ରେ ନାହିଁ।

ଧୀର ଧୌର୍ଯ୍ୟ ଶୁଦ୍ଧ ଚଇତନ୍ୟ। ଧୃତାନ୍ଧକାର (୧) ବିଖଣ୍ଡନ। ଧଇର୍ଯ୍ୟ ସ୍ୱରୂପ। ଧୃତ ଧବଳଚନ୍ଦ୍ର ଲଲାଟ। ଧଇର୍ଯ୍ୟ ଶରୀର। ଧର୍ମ ସଂସ୍ଥାପନ (୨)। ଧର୍ମମୟ। ଧର୍ମଙ୍କ (୩) ଧର୍ମ ମୂର୍ତ୍ତି। ଧର୍ମ ସଞ୍ଜୀବନ (୪)। ଧର୍ମ ପରାୟଣ। ଧ୍ରୁବ ମଣ୍ଡଳ ଧାରଣ ଧର୍ମାଧର୍ମ ବିବର୍ଜିତ।

ଜୟ ଜୟ ନବ ନୀଳଦ ଦଳ ନୟନ। ନାନ୍ତନ ଦିନ ମଧ୍ୟ ନୟନ ମନବୁଦ୍ଧି ଅଗୋଚର (୫)। ନରପତି, ନାଗପତି, ନାକପତି, ନଳିନୀପତି, ନଦ୍ୟାଦିପତି (୬) ନକ୍ଷତ୍ର ପତି, ନନ୍ଦନନ୍ଦନ ପତି (୭) ନିଧିପତି, ନିଶାଚରପତି, ନିର୍ବାଣପତି, ନୀଳାଚଳ ପତି ଚିନ୍ତିତ ପଦଦ୍ୱୟ। ନାଡ଼ିଚକ୍ର, ନିଶୋଧନ (୮)। ନବଧା ପ୍ରକାର ଜଗତକୃତ। ଜୟ ଜୟ ପରମ ପୁରୁଷ। ପରମ ପାରଙ୍ଗତ। ପ୍ରଳୟ ପର (୯) ପୁରୁଷ। ପରାପର ପୂରିତ। ପ୍ରକାଶ ପରମାତ୍ମକ। ପରାପର (୧୦) ବିବର୍ଜିତ। ପରମ ଧାର୍ମିକ। ପରମ ଧାମ। ପରମ ଜ୍ୟୋତିପର (୧୧) ପରମେଶ୍ୱର। ପଞ୍ଚ ବ୍ୟାପାରକ। ପଞ୍ଚଶବ୍ଦେପରମ୍ (୧୨) ପୂର୍ଣ୍ଣାନନ୍ଦ ପରମ ପବିତ୍ର। ପୁରୁଷେଶ୍ୱର। ପରମ ନିର୍ବାଣ ଦାୟକ। ପ୍ରକୃତି ଈଶ୍ୱର। ପରମ ଆତ୍ମା ସ୍ୱରୂପ। ପରାପର। ପୁଣ୍ଡରୀକାକ୍ଷ ହୃଦୟ ପଙ୍କଜ ଚିନ୍ତିତ। ପାତାଳ ଆକାଶ ବ୍ୟାପକ। ପାତାଳ ତଳ ନିବାସକ (୧୩) ପଞ୍ଚବକ୍ର। ପଞ୍ଚବାଣ ବିଧ୍ୱଂସକ। ପଞ୍ଚଭୂତାତ୍ମକ। ପରଂ (୧୪) ବ୍ରହ୍ମ। ପଞ୍ଚାନନ ପରମାଲିଙ୍ଗନ। ପରସୋଦର (୧୫) ପଦ୍ମାକର। ପଦ୍ମିନୀ ପଦ୍ମମୁଖ ପାନକୃତ (୧୬) ପାର୍ବତୀ ପଦ୍ମମୁଖ ପୁଲକ ପୟୋଧର। ପରମ ଶ୍ୟାନ୍ତି (୧୭)। ପରମ ତେଜ ସ୍ୱରୂପ। ପୟୋନିଧି ମନ୍ଥନ ପୀତ ବିଷ। ପାବନୀ (୧୮) ଗଙ୍ଗାଧର ପୁରୁଷ ପ୍ରକୃତି ବିବର୍ଜିତ। ପୁରୁଷ ପ୍ରକୃତି ଶରୀର। ପ୍ରଣବାତ୍ମକ। ପ୍ରଣବେଶ୍ୱର। ପ୍ରଣମ୍ୟା ପ୍ରଣମ୍ୟ (୧୯) ବିବର୍ଜିତ। ପୁଣ୍ଡରିକ ଚର୍ମ ଆସନ। ପାର୍ବତୀ ପ୍ରାଣ। ପିଙ୍ଗଳାଞ୍ଜୀତ (୨୦) ପାନକୃତ। ପଞ୍ଚବିଂଶତି ତତ୍ତ୍ୱ ବିବର୍ଜିତ (୨୧)। ପୁଣ୍ୟଗିରି (୨୨) ପବନାରୋପଣ। ପରମହଂସ। ପଞ୍ଚୁଇନ୍ଦ୍ରିର ନିବାରଣ (୨୩) ପୁଷ୍ପିତ ପଦ୍ମମାଳା ଭରଣ। ପନ୍ନଗ ବସନ। ପିଙ୍ଗଳ ନୟନ। ପଣ୍ଡୁସୁତ ପ୍ରିୟ ନିତ୍ୟ ଦରଶନ। ପ୍ରଣତ ପ୍ରସନ୍ନ (୨୪)। ପ୍ରକୃତିଶ୍ୱର ଚଇତନ୍ୟ (୨୫) ପଞ୍ଚାଶ ବର୍ଣ୍ଣଭେଦ ପଦ୍ମାଣ୍ଡ ଧାନ। ପଞ୍ଚଜନ୍ୟ ଶଙ୍ଖ ସାମଗ୍ରୀବ। ପଣ୍ଡିତଗଣ ପୂଜିତ।

୧-(ଖ) ଧୋତନ୍ଧକାର, ୨-(କ) ସଂରାପନ, ୩-(କ) ଧାର୍ମିକ, ୪-(ଖ) ସଂଜୀବ, ୫-(ଖ) ନଗୋଚର, ୬-(କ) ନନ୍ଦପତି, ୭-(କ) ନନ୍ଦନ ବନୀତି, ୮-(କ) ନିସ୍ୱଦନ, ୯-(କ) ଅଗ୍ର, ୧୦-(କ) ପାରମ୍ପର, ୧୧-(ଖ) ରେ ପରମଧାମଠାରୁ ପର ପର୍ଯ୍ୟନ୍ତ ନାହିଁ, ୧୨-(ଖ) ରେ ନାହିଁ, ୧୩-(କ) ନିବାସ, ୧୪-(କ) ପଞ୍ଚ, ୧୫-(କ) ପରଶୁଦର, ୧୬-(ଖ) ରେ ପାନକୃତ ନାହିଁ, ୧୭-(କ) ପରମଶାନ୍ତି, ୧୮-(ଖ) ରେ ନାହିଁ, ୧୯-(ଖ) ପଣାପଣ, ୨୦-(ଖ) ପିଙ୍ଗଳାନ୍ତିକ, ୨୧-(କ) ବିବର୍ଜିତ, ୨୨-(ଖ) ପୁଷ୍ପଗିରି, ୨୩-(ଖ) ରେ ନାହିଁ, ୨୪-(ଖ) ରେ ନାହିଁ, ୨୫-(କ) ପରମ ଚଇତନ, (ଖ) ଉତ୍ପନ୍ନ ପବନ।

ଜୟ ଜୟ ଫଣିପତି ବଳୟ। ଫଣିପତି କୁଣ୍ଡଳ। ଫଣିପତି ଉପବୀତ। ଫଣିପତି କଟିବସନ। ଫଣିପତି କମଳାସନ। ଫଣିପତି କରଧୃତ, ଶୋଭନ। ଫଣିପତି ଶେଷମୁଖ ଅଶେଷ ଆଳୟ (୧)। ଫଣିପତି ନାଦ ପୂରିତ। ଫଳିତ ମୁନିଜନ ସହଜ (୨)। ଚଇତନ୍ୟ। ଫଳିତ ଯୋଗୀ (୩) ଜନ ଧ୍ୟାନ ତରୁଫଳ। ଜୟ ଜୟ ବିବସ୍ୱତ। ବିଶ୍ୱ ବିଡ଼ମ୍ବିତ। ବିଶୁଦ୍ଧ ବୁଦ୍ଧି ବୁଧ ବନ୍ଦିତ (୪) ଚରଣ। ବିଶ୍ୱ ପ୍ରପଞ୍ଚ ବ୍ରହ୍ମାଣ୍ଡ କାରଣ। ବିଷଧର ବଳୟ। ବଳିବରବାହୁ (୫) ବିଶାଳ। ବିବସ୍ୱତ ମଣ୍ଡଳ ସଂସ୍ଥିତ। ବିବସ୍ୱତ ସମ ଦୁର୍ନିରୀକ୍ଷ। ବ୍ରହ୍ମମୟ। ବାରଣାନନ ପୂଜିତ। ବିବୁଧ (୬) ବନ୍ଦିତ ଚରଣ। ବିଶ୍ୱ ପ୍ରଚଣ୍ଡ ବ୍ରାହ୍ମଣ୍ଡ କାରଣ (୭) ବ୍ରହ୍ମ ବ୍ରହ୍ମଜ୍ଞାନ (୮) ରୋପଣ। ବ୍ରହ୍ମାବିଷ୍ଣୁ ଚରଣେ ବନ୍ଦିତ। ବ୍ରାହ୍ମାଣ୍ଡ ମଣ୍ଡିତ। ବ୍ରହ୍ମାଣ୍ଡ ମୂର୍ତ୍ତି। ବ୍ରହ୍ମାଣ୍ଡ କାରଣ (୯)। ବ୍ରହ୍ମ ସ୍ୱରୂପ। ବ୍ରହ୍ମ ମାତୃକାଦୀଶ୍ୱର। ବ୍ରହ୍ମ ମୂର୍ତ୍ତି। ବଶିଷ୍ଠାଦି ଋଷିଗଣ ପୂଜିତ। ବନମାଳାଭରଣ। ବିଜିତେନ୍ଦ୍ରିୟ। ବିଶେଶ୍ୱର ବିଶ୍ୱ ସମ୍ଭୂତ ବାସ (୧୦)। ବଡ଼ବାନଳ (୧୧) ନାୟକ। ବିଷମଶର ବିନାଶନ (୧୨) ବଳବୀର୍ଯ୍ୟ ଜନ ବନ୍ଦିତ (୧୩)। ବିଳାସିନୀଗଣ ବିପ୍ରାଣ (୧୪)। ବାସୁଦେବ ବୈରୀ ବିନାଶନ (୧୫)। ବୟୋବୃଦ୍ଧ ବନ୍ଦିତ। ବାତାଶନ ବାତ ବେଗ। ବୃଷଭାସନ। ବିଷୟ (୧୬) ଗଦ ବିମୋଚନ। ବିଭ୍ରବି (୧୭) ମାୟାଛେଦନ। ବାମଦେବ ଗଣାଧିପ। ବରୁଣ ବଲ୍ଲଭ ଜଟା ବିଳାସ (୧୮) ବୁଧ ବୁଦ୍ଧି ପ୍ରକାଶ। ବିମଳ ବୁଦ୍ଧି ଗମ୍ୟ। ବାସନା ଜାଳ ବିଶଘନ ବାତ (୧୯)। ବାଳ ବୃଦ୍ଧ ତରୁଣ ବିବର୍ଜିତ। ବଳି ପଳିତ (୨୦) ବିନାଶନ। ବଳବନ୍ତେଶ୍ୱର। ବହି ପ୍ରତି ଛେଦନ (୨୧) ବସୁମତି ବଶିତ ରୂପ କୁଚ (୨୨)। ବ୍ରହ୍ମ (୨୩) ଗଣ ସୁହୃଦ। ବରହୀ ମଣ୍ଡିତ। ବ୍ରହ୍ମାମଣ୍ଡଳ ମଣ୍ଡିତ। ବକ୍ରଗତି। ବ୍ରହ୍ମଇନ୍ଦ୍ର ଭେଦିତ। ବ୍ରହ୍ମ ପ୍ରଳୟ। ବ୍ରହ୍ମ ସ୍ୱରୂପ। ବୃତ୍ର ବୈରିଗଣ ବିଘ୍ନନାଶନ। ବିନାୟକ ବରଦାୟକ। ବୀଣା ଧ୍ୱନି ବାଦନ ପ୍ରିୟ ବିଜୟୀ ତ୍ରିଭୁବନ ଶତ୍ରୁଗଣ ବିନାଶକ (୨୪) ବିଷମ ରୂପ ସୁହୃଦୟ (୨୫)। ବସୁମତୀ ସୁତ ବୁଧ ବୃହସ୍ପତି ବାସବ ରିପୁ ଗୁରୁ ବିଧୁ ବିବସ୍ୱତ ସୁତ ସହିତ ଗ୍ରହଗଣ ସେବିତ ଚରଣ ତଳ।

୧-(କ) ଗାୟନ, ୨-(କ) ରେ ନାହିଁ, ୩-(ଖ) ମୁନି, ୪-(କ) ବସୁଧାଦି ବୃର୍ତ୍ତ ପୂଜିତ, ୫-(କ) ବଳିବାହୁ, ୬-(କ) ବିବୁଧ ବୃନ୍ଦ, ୭-(କ) ରେ ନାହିଁ, ୮-(ଖ) ବ୍ରହ୍ମଗ୍ନି, ୯-(କ) କରତା, ୧୦-(କ) ଦାସ, ୧୧-(ଖ) ବଡ଼ବାଗ୍ନି, ୧୨-(ଖ) ଦିଗାମଶର ନୀବାଶନ, ୧୩-(ଖ) ଜଳ ଦୃଦିତ, ୧୪-(କ) ପ୍ରାଶ, ୧୫-(କ) ନିବାସନ, ୧୬-(ଖ) ବିତର୍କ ପଦ, ୧୭-(ଖ) ଭୁବି, ୧୮-(କ) ଜଟାଭିଳାଷ, ୧୯-(କ) ବାସବାବଶ ଘନ ବିଷମ ବାତ, ୨୦-(ଖ) ପତିତ, ୨୧-(କ) ବ୍ରହ୍ମଗଣ୍ଡୀତ୍ରୟ ଭେଦନ, ୨୨-(କ) ରୁମ କୂପ, ୨୩-(କ) ବ୍ରାହ୍ମଣ, ୨୪-(କ) ରେ ନାହିଁ, ୨୫-(କ) ବିଷମ ଶର ହୃର୍ଦ୍ଦଦ।

ଜୟ ଜୟ ଭୂଧର ଶରଣ (୧)। ଭୂଧର ଭୂଷଣ। ଭୂଧର ନନ୍ଦିନୀ ପତିଗ୍ରହ (୨)। ଭୂମଣ୍ଡଳ ମଣ୍ଡିତ। ଭ୍ରମମତ ମାୟାଖଣ୍ଡିତ। ଭ୍ରମାତୀତ (୩) ଭାର୍ଗବ ଋଷିଗଣ (୪) ବନ୍ଦିତ। ଭାଲଲୋଚନ ବନ୍ଦିତ (୫)। ଭାଗୀରଥି ଶିର ଶୋଭିତ। ଭୂମି ମଣ୍ଡଳ ବିନାଶନ (୬)। ଭଗବତୀ ମୁଖାମ୍ବୁଜ ଚୁମ୍ବିତ ଭ୍ରମର (୭)। ଭାନୁ ମଣ୍ଡଳ ନୟନ। ଭାସ୍କର ସ୍ୱରୂପ। ଭୟଙ୍କର ଅସୁର ନିବାରଣ। ଭୀଷ୍ମରୂପ (୮)। ଭୂତଗଣ ବେଷ୍ଟିତ। ଭଦ୍ରେଶ୍ୱର ଭଦ୍ରେଭ କୁମ୍ଭସମ। ଭବାନୀ କୁଚ କୁମ୍ଭ ବିଭୁଷଣ। ଭଇରବ। ଭଇରବଗଣ ଈଶ୍ୱର। ଭାବଭାବ ବିବର୍ଜିତ। ଭୁଜଙ୍ଗ ଶୋଭିତ (୯) ଶରୀର। ଭବ ଭବାନ୍ତକ। ଭବଭୟ (୧୦) ସ୍ଥିତି କାରଣ। ଭବଭାରାଭର ବିନାଶନ। ଭଇରବ ଗଣେଶ୍ୱର। ଭରତି ଶରୀର (୧୧)। ଭାଗ୍ୟବନ୍ତଗଣ ସେବନ। ଭାଗ୍ୟାଭାଗ୍ୟ ବିବର୍ଜିତ। ଭୂତଗଣ ବିନାଶନ (୧୨)। ଭୁବି ମଣ୍ଡଳେ ଭୋକ୍ତା କର୍ମ। ଭକ୍ତ (୧୩) ସେବିତ (୧୪) ଭ୍ରମର କୁହର ନିବାସ। ଭୁବି ଅନ୍ତରୀକ୍ଷ ପୂରିତ। ଭଗବତଗଣ ସେବିତ। ଭବଲୋକେଶ୍ୱର। ଭୂମ୍ୟାଦି ପଞ୍ଚଭୂତାତ୍ମକ। ଭଗବତୀ ମୁଖାମ୍ବୁଜ ଭାସ୍ୱତ (୧୫) ଭୃଙ୍ଗପଂକ୍ତିସମ (୧୬)। ଭୂଲତା ଚୁମ୍ବନେ ଶୀତ୍କାରକୁଞ୍ଚିତ (୧୭)। ଭୋଗବତୀ ପୁର ଖ୍ୟାତ (୧୮)। ଭିକ୍ଷାନ୍ନ ଭୋଜନ। ଭ୍ରାନ୍ତି ବିବର୍ଜିତ। ଭୁବନେଶ୍ୱର। ଭୁବନ ତ୍ରୟ ପୂଜିତ। ଭୁବନ ତ୍ରୟ ସର୍ଜିତ। ଭୁବନ ତ୍ରୟ ଧାରଣ। ଭୁବନ ତ୍ରୟ କାରଣ। ଭୁବନ ତ୍ରୟାତ୍ମକ। ଭୁବନ ତ୍ରୟତ୍ରାଣ (୧୯)। ଭୁବନ ତ୍ରୟ ଅଣ୍ଡକୁଶଳ (୨୦)। ଭାବ ଗ୍ରହଣ। ଭାବଗମ୍ୟ। ଭାବାଭାବ ବିହୀନ (୨୧)। ଭୂତାଧିପ। ଭୂତାବାସ। ଭୂତମୟ। ଭୂଧାରଣ (୨୨)। ଭୂତଗଣ ଜୀବନ। ଭୂତାନ୍ତ କୃତ। ଭୂତାଭତ ବିବର୍ଜିତ। ଭୂତାନ୍ତ ଚରଣ (୨୩)। ଭବିତବ୍ୟ (୨୪) ଭୂତଗଣ ତାରଣ। ଭୂତାତ୍ମା। ଭସ୍ମ ବିଲେପନ। ଭ୍ରମକ ମଣିମତ ଜଡ଼ ଚେତନା କାରଣ। ଭୂମଣ୍ଡଳ ଧର ମେଖଳ। ଭବ (୨୫) ଚରଣ ଶରଣ କୃଷ୍ଣ ଦାସ (୨୬)।

୧-(କ) ସଦନ, ୨-(କ) ପ୍ରତିଗ୍ରହୀ, ୩-(ଖ) ଭୂମ୍ୟାତୀତ, ୪-(କ) ଗଣନାହିଁ, ୫-(କ) ଉଦ୍ଦୀପିତ, ୬-(କ) ଉଦମଣ୍ଡଳ ନିବାସ, ୭-(କ) ମୁଖାମ୍ଭୋଜ କୃତ ଭ୍ରମ, ୮-(କ) ଭୀମରୂପ, ୯-(ଖ) ଶୋଭା, ୧୦-(କ) ଭବଭୟ ଲୟ, ୧୧-(ଖ) ରେ ଭବରବ ଠାରୁ ଶରୀର ନାହିଁ, ୧୨-(କ) ଭୂତ୍ୟଗଣ ଦୁଃଖ, ୧୩-(କ) ରେ ଭୋକ୍ତା କର୍ମ ଭକ୍ତ ନାହିଁ, ୧୪-(ଖ) ସେବିତ ନାହିଁ, ୧୫-(କ) ରେ ମୁଖାଭୂଜ ଉଭାସିତ, ୧୬-(ଖ) ଭୃଗୁପତି ସମ, ୧୭-(କ) ଲାଳାୟିତ, ୧୮-(କ) ରକ୍ଷିତ, ୧୯-(କ) ତାରଣ, ୨୦-(କ) ଭାଣ୍ଡବାରଣ, ୨୧-(କ) ଭାବଗମ୍ୟା ଭାବାଭାବ ହୀନ, ୨୨-(କ) ଭୂତ ଧାରଣ, ୨୩-(କ) ଭୂତାନ୍ତର, ୨୪-(କ) ଭବିତବ୍ୟହର, ୨୫-(ଖ) ଭୁବନ, ୨୬-(କ) ରେ ନାହିଁ।

ଜୟ ଜୟ ମାଧବ (୧)। ମାୟାଧର। ମାୟାକର। ମାୟା ଶରୀର। ମାୟାତୀତ। ମାୟାମୟ। ମାୟାସୃଜ। ମାୟାକୃତ। ମାୟାନାଶନ। ମାୟାମୟ ପ୍ରକୃତି ବିବର୍ଜିତ। ମମେତି ମମତାୟା ମମତାୟା ପାପ (୨) ବିବର୍ଜିତ। ମୁନିମନମାନସ ହଂସ। ମୌଳି ମନ୍ଦାକିନୀ।

ମାଲତୀ ମାଳବତ ଶୋଭନ। ମହେଶ୍ୱର। ମହେନ୍ଦ୍ର (୩) ବନ୍ଦିତ ଚରଣ। ମହିସାସୁର ମର୍ଦ୍ଦିନୀ ମଧୁରାଧର ଚୁମ୍ବିତ। ମନନୟନ ଅଗୋଚର। ମନ ନୟନ ସଞ୍ଚିତ। ମନ ନୟନ ମଧ ନିବାସ। ମନ ନୟନାଦି ବିଲକ୍ଷଣ। ମନ ନୟନାଦି ପ୍ରକାଶ। ମନ ନୟନାତ୍ମକ। ମନନୟନାଦି ବିଲକ୍ଷଣ। ମନ ନୟନାଦି ବିବର୍ଜିତ ମାତଙ୍ଗ ତନୟା ସ୍ତନ (୪)। ଆଲିଙ୍ଗନ (୫) ମାତଙ୍ଗ ଚର୍ମ ପରିଧାନ। ମହାଭୂତ ସ୍ୱରୂପ (୬)। ମହାକାୟ। ମହାକାୟ ବେଷ୍ଟିତ। ମଳୟାଚଳ ବିହାର। ମଦନ ସଦନ ବିବର୍ଜିତ। ମହାମୂର୍ତ୍ତି। ମହାଶ୍ରୁତି (୭) ମହାଧୃତି (୮)। ମହାମତି। ମହାବାହୁ। ମହେନ୍ଦ୍ର ବନ୍ଦିତ ମନୋଭାବ ମନ୍ଥନ (୯)। ମୃଡ଼ାନୀ ମୁଖ ମାଲତୀ ମଧୁକର ମଧୁରସ ପାନ। ମଙ୍ଗଳା ଗଣନାଥ। ମଙ୍ଗଳାଳୟ। ମଙ୍ଗଳ ମୁଖମଣ୍ଡଳ ଚୁମ୍ବିତ। ମାଣିକ୍ୟାଦିଦିବ୍ୟହାର। ମୂଳସ୍ତମ୍ଭ। ମୁଗ୍ଧ ମନୋହାରି ଜନମନନୟନାରବିନ୍ଦ ପୂଜିତ। ମୁଣ୍ଡମାଳାଭରଣ (୧୦)। ମୁଣ୍ଡନାଶିନୀ ଘନ ମଣ୍ଡଳ (୧୧) ମଣ୍ଡିତ। ମହାଦେବ। ମନ୍ତ୍ରାତ୍ମକ। ମନ୍ତ୍ର ସ୍ୱରୂପ। ମନ୍ତ୍ରଜ୍ଞ। ମନ୍ତ୍ରମୟା (୧୨)। ମନ୍ତ୍ରାମନ୍ତ୍ର ବିବର୍ଜିତ। ମନ୍ତ୍ରାଶୟ। ମନ୍ତ୍ରଗମ୍ୟମହତ୍ତ୍ୱ (୧୩) ମନ୍ତ୍ରଶରୀର। ମନ୍ତ୍ରେଶ୍ୱର। ମିତାଦିମିତ୍ର (୧୪) ବିବର୍ଜିତ। ମୃତ୍ୟୁଞ୍ଜୟ। ମୃତ୍ୟୁସ୍ୱରୂପ। ମୃତ୍ୟୁବିନାଶନ (୧୫) ମୃତ୍ୟୁନିର୍ଜିତ। ମୃତ୍ୟୁ ବିବର୍ଜିତ। ମୁକ୍ତ ବନ୍ଧାଦି ବିବର୍ଜିତ। ମୁକ୍ତେଶ୍ୱର। ମଧୁସୂଦନ ବନ୍ଦିତ। ମଧୁପାନାସକ୍ତ। ମଧୁ ସହଚର ବିନାଶକ। ମହାଶୂନ୍ୟ। ମେଘସ୍ୱନ। ମହାଶ୍ରୁତି। ମହାମୁକ୍ତି। ମିତ୍ରାମିତ୍ର ବିବର୍ଜିତ (୧୬) ମହାନିଶାଧିପ। ମହାଧିପ। ମହିମା ସାଗର। ମହାବୀର ମର୍ଦ୍ଦନ (୧୭) ମାତା ପିତା ବିବର୍ଜିତ। ମୂଳାଧାରାଦି ଚକ୍ର ବିଭେଦନ (୧୮)। ମହାରବ (୧୯) ସ୍ୱରୂପ। ମହାମୁଦ୍ରା ନିର୍ବନ୍ଧ

୧-(ଖ) ରେ ମାୟାଧବ ନାହିଁ, ୨-(କ) ରେ ମମତା ପାଶ। ୩-(କ) ମହିନ୍ଦ୍ର, ୪-(କ) ରେ ସ୍ତନ ନାହିଁ, ୫-(କ) ରେ ଆଲିଙ୍ଗନ, ୬-(ଖ) ରେ ନାହିଁ, ୭-(କ) ରେ ନାହିଁ, ୮-(ଖ) ରେ ନାହିଁ, ୯-(କ) ରେ ବନ୍ଦନ, ୧୦-(କ) ଉହାଶ, ୧୧-(କ) ଜଘନ ମଣ୍ଡଳ, ୧୨-(ଖ) ରେ ମନ୍ତ୍ର ସ୍ୱରୂପ ଅଧିକା, ୧୩-(କ) ରେ ନାହିଁ, ୧୪-(କ) ମିତ୍ରାମିତ୍ର, ୧୫-(ଖ) ନିବାସ, ୧୬-(କ) ରେ ଅଧିକା ଥର ଲେଖାଯାଇଛି, ୧୭-(କ) ରେ ବିମର୍ଦ୍ଦନ, ୧୮-(ଖ) ରେ ବିଭେଦନ, ୧୯-(କ) ମକାର।

(୧) ମଧୁମତି ମାୟାନିଧାନ। ମଣିପୁର କମଳ ବିନାଶ। ମୁନୀନ୍ଦ୍ର ବନ୍ଦିତ ମାୟା ସଂହାରକ। ମୋହୋପକାର ମୃଗଲକ୍ଷଣ। ମୃଗତୃଷ୍ଣାବତ ଜଗତ ମାୟା ବିଧାନ। ମୃଗ ଧାରଣ ମୃଗପତିଚର୍ମ କଟି ମଣ୍ଡନ (୨) ମୃଗନୟନୀ ତାଣ୍ଡବ ସହୃଦୟ। ମୀନ (୩) କେତନ ମନୋରମା (୪) କର। ମଣ୍ଡଳ ସତ୍ର ବିନାଶକ। ମହାମାୟା ମନନୟନ (୫) ମରାଳ ମାନସରୋବର (୬) ମାତୃକେଶ୍ୱର। ମଣିଭଦ୍ରସେବିତ ନିରନ୍ତର। ମରାଳ ବାହନ ଅଧିଦୈବତ। ମାନନୀ ନୟନ ମନୋହର। ମେରୁ ମନ୍ଦର ଜ୍ୱଳ ଅନଳ ସମ ଶରୀର। ମୁନିମନ ନଇରବଚନ୍ଦ୍ର।

ଜୟ ଜୟ ଜଗତନାଥ ଜୀବନ ସମ। ଯମ ନିୟମ ଆସନ ପ୍ରାଣାୟାମ ପ୍ରତ୍ୟାହାର ଧ୍ୟାନଧାରଣ ସମାଧିପୂର୍ଣ୍ଣ। ଯୋଗୀଜନମନ କୁମୁଦ। ଯାମିନୀନାଥ। ଯଜନ ଯଜନାଦି କର୍ମ ରହିତ। ଯଜ୍ଞ ଭୃତ୍ ଯଜ୍ଞେଶ୍ୱର। ଯଜ୍ଞ ପରାୟଣ। ଯଜ୍ଞ ନାଶନ। ଯଜ୍ଞ ବିବର୍ଜିତ। ଜନ୍ମାଦିଦୁଃଖ ନାଶନ। ଜଗତପରାୟଣ। ଜଗଦିଶ୍ୱର। ଜଗତା ଜଗତ ବିବର୍ଜିତ(୭) ଯମପାଶ ବିମୋଚନ। ଯୋଗାପରୋପଣ ଯୋଗପରାୟଣ। ଯୋଗେଶ୍ୱର। ଯୋଗଗମ୍ୟ। ଯୋଗପ୍ରିୟ। ଯୋଗାତୀତା ଯୋଗାତ୍ମା। ଯୋଗମୟ। ଯୋଗଗର୍ଭ ଯୋଗରୂଢ଼ ଯୋଗ ସ୍ୱରୂପ। ଯୋଗାନ୍ତ କୃତ (୯)। ଯୋଗଯୋଗ ବିବର୍ଜିତ। ଯୋଗପୁରୁଷ। ଯୋଗେଶ୍ୱର (୧୦)। ଯତନା ଶରୀର ଅନନ୍ତକୃତ୍ (୧୧)। ଯାଜ୍ଞବଲ୍କ୍ୟାଦି ଋଷି ପୂଜିତ। ଯଜ୍ଞ ବ୍ରହ୍ମ ଶତ୍ରାଦି ବନ୍ଦିତପ୍ରିୟ।

ଜୟ ଜୟ ରାମଚନ୍ଦ୍ର ବନ୍ଦିତ। ରାମାରାମଧ୍ୟାୟ (୧୨) ରମ୍ୟାନନ୍ଦ (୧୩) ରମ୍ୟ କନ୍ଦର ନିବାସ। ରାଜୀବନୟନ (୧୪) ରକ୍ତ ପଦ୍ମାଭରଣ ମହୋଦର (୧୫) ବଦନ ଚୁମ୍ବନ। ରମାରମଣ (୧୬) ରଙ୍ଗନାଥ। ରଣମଣ୍ଡିତ (୧୭) ରଜନୀକର ଶେଖର (୧୮) ରଜନୀକରସମ ଶୁକ୍ଳଶରୀର। ରଜନୀକର ସୁହୃଦ ବିନାଶନ ରଜନୀକର ନୟନ। ରଜନୀକର ମୁର୍ଦ୍ଧାମଧ୍ୟ (୧୯) ସଂସ୍ଥିତ। ରଜନୀକର ମୂର୍ଦ୍ଧା (୨୦)

୧-(କ) ନିବନ୍ଧୀ, ୨-(କ) ରେ ବନ୍ଧନ, ୩-(କ) ଗ, ୪-ରେ ମନୋରମା ଦୁଃଖାନ୍ତ କର, ୫-(କ) ମନୋୟମ, ୬-(କ) ରେ ମାନସ ସରୋବର। ୭-(ଖ) ରେ ଜଗତ ପରାୟଣଠାରୁ ଦୁଃଖ ବିନାଶନ ପର୍ଯ୍ୟନ୍ତ ନାହିଁ ଏବଂ, (କ)ରେ ଜନ୍ମାଦି ଦୁଃଖ ବିନାଶନ ଅଧିକା ଲେଖାହୋଇଛି, ୮-(କ) ରେ ଯୋଗିଜନ, ୯-(କ) ରେ ଯୋଗାନ୍ତକ କୃତ୍, ୧୦-(କ) ରେ ଯାଚକେଶ୍ୱର, ୧୧-(କ) ରେ ଜାତଶରୀର ଅନ୍ତକୃତ୍, ୧୨-(କ) ରେ ରାମାଧ୍ୟାନ, ୧୩-(କ) ରାମାନନ୍ଦ. ୧୪-(ଖ) ରେ ନାହିଁ। ୧୫-(କ) ମାହେଶ୍ୱରୀ। ୧୬-(କ) ରେ ନାହିଁ, ୧୭-(କ) ରେ ପଣ୍ଡିତ, ୧୮-(କ) ବଦନ, ୧୯-(କ) ରେ ମଧ୍ୟ ନାହିଁ, ୨୦-(କ) ରେ ମୁଖ୍ୟ।

ବଲ୍ଲଭ। ରଜନୀକର ରିପୁ ନିସୂଦନ। ରଜନୀ ଦିବସ ସନ୍ଧ୍ୟା ତ୍ରିନୟନ। ରଜତ ପର୍ବତ ବିଳସିତ। ରୁଦ୍ର ସ୍ୱରୂପ (୧) ରସଦଳ କମଳ ନିଧାନ। ରମଣୀଗଣ ସେବନ। ରକ୍ତପଦ୍ମ ପତ୍ରେକ୍ଷଣ। ରାଜ୍ୟାଧିରାଜ ରାଜେଶ୍ୱର। (୨) ରାଜଗଣ ବନ୍ଦିତ ମୁଖ କମଳ। ରଜନୀକର। ରତିରଙ୍ଗ ବିବର୍ଜିତ (୩) ରତିପରାୟଣ। ରତି ରସ ବିଶେଷଣ। ରତିନାଥ ନିସୂଦନ। ରତ୍ନାକର ବନ୍ଦିତ ଚରଣ। ରତ୍ନାକର ପତି ଶିର ଧର ରତ୍ନାକର ନିବାସ (୪) ରତ୍ନାକର ଜିତ (୫) ରତ୍ନାକର ଶୋଭନ। ରତ୍ନାକର ଛାୟା (୬) ରତ୍ନାକର ସାକ୍ଷିକ (୭) ପ୍ରିୟ। ରତ୍ନାକର (୮) ଫେନ ସମ ଧବଳ (୯) ରତ୍ନାକର ସମ୍ପୂର୍ଣ୍ଣ। ରତ୍ନାକର ବର୍ଜନ (୧୦)। ବିଷଧର ମେଖଳ। ରଜନୀଚର ବର। ରମଣୀ (୧୧)। ଗଣ ରତ୍ନ ତାଟଙ୍କ (୧୨) ଲକ୍ଷ୍ମୀ ବିନାଶକ। ରସନାଦି ଇନ୍ଦ୍ରିୟ ଦମିତ। ରୂପାରୂପ ବିବର୍ଜିତ। ରଜନୀପ୍ରିୟ। ରଜନୀ ବିହାର। ରଜନୀଜିତ। ରଜନୀନାଥ। ରଜନୀ ଦିବସ ବିବର୍ଜିତ। ରସଜ୍ଞ। ରସଭଞ୍ଜନ (୧୩) ରସାତ୍ମକ। ରସ ସମ୍ଭୂତ। ରସାଦି ଆଶ୍ରମ। ରସମୟ। ରସଶରୀର। ରସନାଥ। ରସାନ୍ତ ସ୍ତମ୍ଭିତ କର (୧୪) ରସାରସ। ବିବର୍ଜିତ। ରର୍ଜୁସର୍ପ ମତ (୧୫) ମାୟାଦିନାଥ। ରଙ୍ଗ କୁସୁମ ପ୍ରିୟ। ରୋମ କୂପେ ବ୍ରହ୍ମାଣ୍ଡଧର। ରୂପଦୃକ୍। ରୂପାତୀତ (୧୬)। ରଣିତ କଙ୍କଣ ଭୁଜ ଶୋଭିତ। ରବି ସହସ୍ର ସମ ପ୍ରକାଶ। ରାଗାଦି ଦୋଷ ବିବର୍ଜିତ। ରାଜିବ ରାଜିତ ଶରୀର। ରସାତ୍ମକ। ରାତ୍ରି ଦିବସ ସଂଘାରଣ (୧୭) ରତିପତି ବିଧ୍ୱଂସନ। ରତିପତି ଶତ ନିନ୍ଦିତ (୧୮) ବଦନ। ରୁକ୍ମିଣୀରମଣୀ ରମ୍ୟ।

ଜୟ ଜୟ ଲଙ୍ଗଳଧର। ଲଜ୍ଜାଽଲଜ୍ଜା ବିବର୍ଜିତ (୧୯)। ଲାଭ୍ୟାଲଭ୍ୟ ବିବର୍ଜିତ (୨୦)। ଲାଭାଲାଭ ବିହୀନ। ଲଳିତ ଲଳନା ଦ୍ରବ ଶିର (୨୧) ଲିଙ୍ଗାତ୍ମକ। ଲାଙ୍ଗଳଧର। ଲିଙ୍ଗ ଶରୀର ବିବ୍ରତ। ଲିଙ୍ଗଧର (୨୨) ଲିଙ୍ଗରାଜ। ଲମ୍ପଟାଦି ଦୋଷ ରହିତ। ଲୋଷ୍ଟ କାଞ୍ଚନ (୨୩) ସମ। ଲେପରସାଦି ବିଦ୍ୟାପ୍ରଦ।

୧-(କ) ରେ ରୌଦ୍ର ସ୍ୱରୂପ, ୨-(ଖ) ରେ ରାଜରାଜେଶ୍ୱର ନାହିଁ, ୩-(ଖ) ବିନିବର୍ଜିତ, ୪-(କ) ରତ୍ନାକରରାପୃତ୍ତି ଶ୍ରୀଧର, ୫-(କ) ରେ ରଞ୍ଜିତ, ୬-(ଖ) କ୍ଷୟ ପୂଜିତ, ୭-(କ) ରେ ସାଇଁ, ୮-(କ) ରେ ରତ୍ନାକର ବନ୍ଦିତ ଚରଣ ଅଧିକା ଅଛି, ୯-(ଖ) ରେ ସମ ନାହିଁ, ୧୦-(କ) ଜଗତଜନ ପ୍ରଜନ, ୧୧-(କ) ବୀଭମଣୀ, ୧୨-(କ) ହାଟକ କଙ୍କଣ, ୧୩-(କ) ରସରଞ୍ଜନ, ୧୪-(କ) ରସ ସ୍ତମ୍ଭିତ, ୧୫-(କ) ଗତ, ୧୬-(କ) ରୂପାଜିତ, ୧୭-(କ) ସଂଚାରଣ, ୧୮-(କ) ବିନିନ୍ଦିତ, ୧୯-(କ) ରେ ନାହିଁ, ୨୦-(ଖ) ରେ ନାହିଁ, ୨୧-(କ) ଅର୍ଥ ଶରୀର, ୨୨-(ଖ) ରେ ନାହିଁ, ୨୩-(କ) କାଞ୍ଚନାଦି।

ଲୟ ନେତ୍ର ପରାୟଣ (୧)। ଲୟ ଲୋଭାଜିତ। (୨) ଲୟାତ୍ମକ (୩) ଲୟାଲୟ ବିବର୍ଜିତ। ଲୟ ନିଧାନ। ଲୟ ସ୍ୱରୂପ। ଲୋକାଲୋକ ପର୍ବତାଶ୍ରୟ। ଲୋକିନାଥ। ଲୋକାତୀତ। ଲୋକ ଚତୁର୍ଦ୍ଦଶ ଈଶ୍ୱର। ଲୋକାଲୋକ୍ୟ ପୁର୍ଣ୍ୟ। ଲୋଚନ ମନଧାନ (୪)। ଲୋକାୟିତ ମାୟା ବିବର୍ଜିତ। ଲୟଙ୍କ। ଲଭ୍ୟାଚାର। ଲମ୍ବୋଦର ଲୟଗମ୍ୟ। ଲବ୍ଧବୋଧ ସ୍ୱରୂପ। ଲୋମକୂପସ୍ଥିତ ସ୍ୱେଦକାରୁଣ୍ୟ ଜଳ (୫)। ଲୋମଶାଦି ଋଷି ବନ୍ଦିତ।

ଜୟ ଜୟ ବନ୍ଧୁକାଧର। ବନ୍ଧ ମୁକ୍ତ ବିବର୍ଜିତ। ବଙ୍କାନାଳ କୋବିଦ। ବ୍ରହ୍ମ ରନ୍ଧ୍ର ନିବାସନ। ବାଲେନ୍ଦୁ ମୁକୁଟ ମଣ୍ଡିତ (୬) ଶିର। ବାକ୍‌ପାଣି ପାଦ ପାୟୂପସ୍ଥ ଇନ୍ଦ୍ରିୟ ବିବର୍ଜିତ। ବାରିରାଶି ଉଦର। ବାସବ ଭୁଜ। ବସୁମତି ନିତମ୍ୱ। ବସୁଧା (୭) ଚରଣ। ବ୍ରହ୍ମବଦନ। ବିବସ୍ୱତ ନୟନ। ବାଗୀଶ୍ୱରୀ ବଚନ। ବିଶ୍ୱଶରୀର। ବିଶ୍ୱେଶ୍ୱର ବଦନ। ବାରିଜ ବନ ବିବସ୍ୱାନ (୮) ବିଷମ ଦୁଃଖ (୯) ନାଶନ। ବେଦତ୍ରୟୀ ସ୍ତୁତି ବନ୍ଦିତ। ବ୍ରହ୍ମା ବନ୍ଦିତ ଚରଣ (୧୦)।

ଜୟ ଜୟ ଶଶଧର ଶେଖର (୧୧) ସାରଙ୍ଗକର-। ଶମ ଦମାଦି ନିରତ। ଶରଦଚନ୍ଦ୍ର ସହସ୍ର କାନ୍ତି। ଶରଦଚନ୍ଦ୍ର ସମ ବଦନ। ଶାରଙ୍ଗ ଚର୍ମ ବସନ। ଶାରଙ୍ଗ ନୟନୀ ବଦନ ଚୁମ୍ବନ। ଶାଶ୍ୱତ ଶାନ୍ତି ସ୍ୱରୂପ। ଶଙ୍ଖ ପଦ୍ମ ନିଧିଦାୟକ (୧୨)। ଶଙ୍ଖ ଚକ୍ରଧର ହୃଦୟ ନିବାସ।

ଜୟ ଜୟ ଶିବ ଶମ୍ଭୋ। ଜୟ ଜୟ ଶ୍ରୀହଟ୍ଟ ପାଟଣା (୧୩) ବିହାର। ଶଶାଙ୍କ ଶେଖର। ଶୁଦ୍ଧ ଚଇତନ ସ୍ୱରୂପ। ଶୁଦ୍ଧାନ୍ତକରଣ। ଶୂଳଧର। ସରୀସୃପ ମଣ୍ଡଳ (୧୪) ଶଶୀମଣ୍ଡଳ ମଣ୍ଡିତ କୁଣ୍ଡଳ। ଶାତ କୁମ୍ଭକଟି ମେଖଳ। ଶାକମ୍ବରୀ ଶ୍ୟାମଳ ସମ (୧୫) ଶରୀର ଆଲିଙ୍ଗିତ। ଶଙ୍କର ଶିବ ଶଶୀ ବନ୍ଦିତ (୧୬)। ଶ୍ରୀୟାଲିଙ୍ଗନ। ଶ୍ରୀବନ୍ଦିତ। ଶ୍ରୀକରଣ। ଶ୍ରୀପଦ। ଶ୍ରୀକଣ୍ଠ (୧୭) ଶ୍ରୀଶ୍ୱର। ଶ୍ରୀରଙ୍ଗ ନିଧାନ ସଂସ୍ଥିତ। ଶ୍ରୀକାଳଗଣ ବେଷ୍ଟିତ। ଶ୍ରୀପତି (୧୮) ପାରଗ ସହସ୍ର କାନ୍ତିଶକ୍ତିଧର। ଶକ୍ତି ମଧଗତ।

୧-ଲକ୍ଷ ଲୋକ ପରାୟଣ, ୨-(କ) ନେତ୍ରାତୀତ, ୩-(ଖ) ଲକ୍ଷ୍ମ୍ୟାତ୍ମକ, ୪-(କ) ନିଧାନ, ୫-(ଖ) ଲୋକାଲୋକ ପର୍ବତାଶ୍ରୟଠାରୁ କାରୁଣ୍ୟ ଦଳ ପର୍ଯ୍ୟନ୍ତ, (ଖ)ରେ ନାହିଁ, ୬-(କ) ବାଳଇନ୍ଦୁ ମୁକୁଟ ଶିର, ୭-(କ) ବସୁନ୍ଧରା, ୮-(ଖ) ରେ ନାହିଁ, ୯-(କ) ବୁଦ୍ଧି, ୧୦-(ଖ) ରେ ବେଦ ତ୍ରୟୀଠାରୁ ଚରଣ ପର୍ଯ୍ୟନ୍ତ ନାହିଁ। ୧୧-(ଖ) ସୋଦର ମଧରା ଶେଷଶେଖର, ୧୨-(କ) ସେବିତ, ୧୩-(ଖ) ପାହାଟ, ୧୪-(କ) ରେ ନାହିଁ, ୧୫-(କ) ରେ ସମ ନାହିଁ, ୧୬-(କ) ଶଙ୍କର ଶିବ ହର ନାମିତ, ୧୭-(ଖ) ରେ ନାହିଁ, ୧୮-(କ) ଶ୍ରୀଧୃତ।

ଶକ୍ତିକର (୧)। ଶକ୍ତି ଆତ୍ମକ। ଶ୍ରୀପର୍ବତ (୨) ଶୃଙ୍ଗ ନିବାସ। ଶବ୍ଦାତୀତ। ଶୀଳ ସମ୍ପନ୍ନ ଶାରଦାଶ୍ରୟ। ଶକ୍ତାଶ୍ରୟ, ଶତ୍ରୁ ଲକ୍ଷଣ। ସୁଖାସ୍ରକ ଚନ୍ଦନ (୩)। ଶୀତପୀତ ହରିତ ଲୋହିତ ବିବର୍ଜିତ। ଶ୍ରୀରାମଚନ୍ଦ୍ର ସେବିତ। ଶଙ୍ଖ କୁଣ୍ଡଳ ମଣ୍ଡିତ ଗଣ୍ଡସ୍ଥଳ। ସମଦରଶନ। ସମସ୍ୱରୂପ। ଶୀତଳାଶ୍ରୟ (୪)। ଶଙ୍ଖ ନାଳ ନିଧାନ। ସାମଗାୟନ ନିରତ। ଶାକିନୀଗଣ ପୂଜିତ। ଶଶା ବିଷାଶ ବତ ମାୟାକର। ଶୁକ୍ର ବନ୍ଦିତ। ଶୁକ୍ରେଶ୍ୱର। ଶୁକ୍ରସ୍ତମ୍ଭନ କରଣ। ଶୁକ୍ଳ ଶରୀର। ଶୁକ୍ଳାମ୍ବରଧର ଶେଷଅନ୍ତକର କାରଣ। ସର୍ବମୟ। (୫)

ଜୟ ଜୟ ସତ୍ୟଯୁଗ ବିଧାନ। ଷଟ୍ କର୍ମ ନିରତ (୬)। ଷଟ୍ ଶାସ୍ତ୍ର ବନ୍ଦିତ। ଷଟ୍ କମଳ ଦଳ ନିବାସ। ଶତଷଷ୍ଟି କୋଟି ଅପସରାଗଣ ପୂଜିତ। ଷୋଡ଼ଶ ଦଳ କମଳ ନିଧାନ। ଶଷଟ୍‌ବର୍ଗ ବିବର୍ଜିତ। ଷୋଡ଼ଶକଳାଧର। ଷଟ୍ ଶାହାସ୍ର ବନ୍ଦିତ। ଶତ ଶାହାସ୍ରଜ୍ଞ। ଷଟ୍ ଶାହାସ୍ରକୃତ ଷଟ୍ ଶାହାସ୍ରତ୍ମିକ। ଷଟ୍ ଚକ୍ର ନିବାସ। ଷଟ୍ ଚକ୍ରାଶ୍ରେୟ। ଷଟ୍ ଚକ୍ର ମଧ୍ୟେକ ଷଟ୍ ଚକ୍ର ଭୌତିକ। ଷଟ୍ ଚକ୍ର କୋଷ ନିବାସା ଷଡ଼ରସା ସ୍ୱାଦନଷଡ଼ାନନ ପିତର। ଷଡ଼ଙ୍ଗ ଅଧାୟନ (୭) ଷଡ଼ର୍ଘ୍ୟ ପୂଜା ଗ୍ରହଣ।

ଜୟ ଜୟ ସର୍ବକରଣ (୮)। ସର୍ବହତ (୯) ସର୍ବଲକ୍ଷଣ ସମ୍ପନ୍ନ। ସର୍ବାସର୍ବ ବିବର୍ଜିତ। ସୁଖ ସ୍ୱରୂପ। ସୁଖାପ୍ରଦ। ସୁଖାତୀତ। ସୁଖମୟ। ସୁଖଶରୀର। ସୁଖଆତ୍ମକ (୧୦)। ସୁଖ ନିଧାନ। ସୂକ୍ଷ୍ମ ସୂକ୍ଷ୍ମାତୀତ। ସୂକ୍ଷ୍ମାସୂକ୍ଷ୍ମ ଶରୀରମୟ। ସୂକ୍ଷ୍ମାନନ୍ଦ ସାମତ।

ସତ୍ (୧୧) ସ୍ୱରୂପ। ସନାତନ ସୁପ୍ରକାଶ। ସହଜାନନ୍ଦ। ସତ୍ୟାନନ୍ଦ। ସ୍ୱପ୍ନାତ୍ମକ। ସ୍ୱପ୍ନାତୀତ (୧୨) ସୂକ୍ଷ୍ମାତ୍ମକ (୧୩)। ସ୍ୱପ୍ନଭବ ଜଗତାଧିଷ୍ଠିତ (୧୪) ସୁଲକ୍ଷଣ। ସ୍ୱପ୍ନାସ୍ୱପ୍ନ ବିବର୍ଜିତ। ସଦବୃତ୍ତ। ସର୍ବଥା ଭାବ ସ୍ୱରୂପ। ସକଳ ଭୁବନାଧିପ। ସକଳ ଭୁତାଧିପ (୧୫) ସରସ୍ୱତୀ ବନ୍ଦିତ। ଶାକୀନୀ ଗଣନାଥ। ସହସ୍ର ଯୁଗ ଧାରଣ। ସହସ୍ର ନାମ। ସହସ୍ର ମୂର୍ତ୍ତି ଧାରଣ (୧୬) ସହସ୍ର ସହସ୍ର କର ସମକାନ୍ତି। ସହସ୍ର ଭୁଜଧାରଣ। ସହସ୍ର ପାଦଉଦର କଟି ଜଘନ ଶ୍ରବଣ। ସହସ୍ର ନାସିକା।

୧-(କ) ଶକ୍ତିଗର, ୨-(ଖ) ଶ୍ରୀପଦ, ୩-(କ) ରେ ନାହିଁ, ୪-(କ) ରେ ନାହିଁ, ୫-(ଖ) ରେ ଶାକିନୀଗଣ ଠାରୁ ସର୍ବମୟ ପର୍ଯ୍ୟନ୍ତ ନାହିଁ, ୬-(ଖ) ରେ ଜୟ ଜୟ ଠାରୁ ନିରତ ପର୍ଯ୍ୟନ୍ତ ନାହିଁ। ୭-(କ) ଆଧାନ, ୮-(ଖ) ରେ ନାହିଁ, ୯-(କ) ରେ ନାହିଁ, ୧୦-(ଖ) ବନ୍ତକ। ୧୧-(କ) ରେ ସୁଖ ସ୍ୱରୂପ, ୧୨-(ଖ) ରେ ସତ୍ୟାନନ୍ଦଠାରୁ ସ୍ୱପ୍ନାତୀତ ପର୍ଯ୍ୟନ୍ତ ନାହିଁ। ୧୩-୧୪-(କ) ରେ ନାହିଁ, ୧୫-(ଖ) ରେ ଧରିତ, ୧୬-(ଖ) ରେ ନାହିଁ।

ସହସ୍ର କଳ୍ପ ପାରଗ। ସହସ୍ରାରବିନ୍ଦ ନିବାସ। ଶାଳଗ୍ରାମ ଆଦି ଅର୍ଚ୍ଚିତ (୧)। ସଲିଳ ଅନିଳ (୨) ଅନଳ ନିବାସ। ସରିତା ପତି ନନ୍ଦିନୀ ଅର୍ଚ୍ଚିତ। ସରିତାଂ ପତି ବଲ୍ଲଭ ପ୍ରିୟ। ସରିତାଂ ନନ୍ଦିନୀ (୩) ଶେଖର। ସରିତାଂ ପତି ସେବିତ ପାଦପଦ୍ମ (୪)। ସଂସାର ତାପ ନିବାରଣ। ସାକ୍ଷୀସ୍ୱରୂପ। ସୁକେଶୀ (୫) ପ୍ରିୟ। ସୁଲୋଚନାଗଣ ସେବିତ। ସପ୍ତଦୀପେଶ୍ୱର (୬) ସପ୍ତ ପାତାଳଧର। ସପ୍ତପୁରୀ ବିହାରୀ (୭) ସପ୍ତନଦୀ ତାରଣ। ସପ୍ତବ୍ରହ୍ମାଣ୍ଡ ମଣ୍ଡିତ। ସପ୍ତଧାତୁ ବିଦାରଣ। ସପ୍ତଋଷି ବନ୍ଦିତ। ସପ୍ତଶ୍ୱରଥ ମଣ୍ଡିତ। ସପ୍ତଫଣି (୮) ଶେଖର ଧର ସପ୍ତାବରଣ ବିମୋଚନ। ସପ୍ତଲୋକ ବରପ୍ରଦ। ସପ୍ତଶୈଳ ନିବାସ। ସପ୍ତପୁର ଭେଦକ। ସଙ୍ଗ ବିବର୍ଜିତ। ସଙ୍ଗମୟ। ସଂସାର ସାଗର ବିଚ୍ଛେଦନ। ସାରସ୍ୱତ ସାଙ୍ଗେ। ପାଙ୍ଗ ପଦ କ୍ରମଣ। ସରସ୍ୱତୀ ଶ୍ରୁତି ପଠନ (୯) ଶାକମ୍ଭରୀ ସୁରତ ପରାୟଣ। ସାକ୍ଷାଚ୍ଛିଦ ଘନ ସାକ୍ଷାଦ ବ୍ରହ୍ମ ସ୍ୱରୂପ। ସହସ୍ର ନଢ଼ ଚକ୍ରଶୋଧନ (୧୦)। ସୋଭାବତ ବୋଧ ସ୍ୱରୂପ। ଶୁକାଦି ଋଷି ବନ୍ଦିତ। ଶୁକ୍ର ତେଜ। ଶିଶୁବେଦ। ସ୍ମିତ ବକ୍ର ସନ୍ତତ। ସ୍ମର ସ୍ୱରୂପ ନିନ୍ଦିତ। ସ୍ମର ବିଧ୍ୱଂସନା ସୁରେଶ୍ୱର (୧୧)। ସୁରାସୁର ଆତ୍ମନ। ସୁରଗଣ ଶତ୍ରୁ ନିସୂଦନ। ସୁଦରଶନ ଧାରଣ ପ୍ରାଣ। ସୁନ୍ଦରୀଗଣ ସେବିତ।

ଜୟ ଜୟ ଶିବ ଶମ୍ଭୋ! ହଳ ହଳଧର। ହୁଙ୍କାର ଚିତ୍ତ। ହାଙ୍କିନୀଗଣ ଈଶ୍ୱର। ହିମାଦ୍ରି ନିବାସ। ହିମାଳୟନନ୍ଦିନୀ ହୃଦୟ ଚନ୍ଦ୍ରିତ। ହିମାଳୟ ସଦନ। ହିମଚୟ ସମ ଶୁକ୍ଳ। ହରଷ ସ୍ୱରୂପ। ହାର କଙ୍କଣ ଭୂଷଣ। ହିତକର। ହିତାହିତ ବିବର୍ଜିତ। ହରି ହୃଦୟପଦ୍ମ ବିଳସିତ। ହୁତାଶନ ସମ ନୟନ। ହୁତାଶନ ପ୍ରଦୀପ୍ତ (୧୨)। ହୁତାଶନ ସମ ଶରୀର। ହୁତାଶନ ଆତ୍ମନ। ହୁତାଶନ ମଧ୍ୟ ସଂସ୍ଥିତ।

ହୁତାଶନ ଚକ୍ର। ହୁତାଶନ ବିବର୍ଜିତ। ହୁତାଶନମୟ। ହୁତଭୁକ୍। ହୁତାଶନ ଦର୍ବି ଭାଗେଶ୍ୱର। ହବିଭାବ ଭୋଗକୃତ। ହବି ନିଧାନ। ହଂସ ସ୍ୱରୂପ। ହଂସମୟ ହରହର ହରିଣର ହରିଣ କୁଠାର କର। ହରିଣ ଚର୍ମ ପରିହରଣ। ହରିଣନୟନୀଗଣ

୧-ସହସ୍ର ଯୁଗ ଧାରଣଠାରୁ ମୂର୍ତ୍ତି ଧାରଣ ପର୍ଯ୍ୟନ୍ତ, (ଖ) ରେ ନାହିଁ, ୨-(ଖ)ରେ କେବଳ ଶାଳଗ୍ରାମଦିତ୍ୟ ଅଛି, ଅର୍ଚ୍ଚିତ ନାହିଁ, ୩-(କ) ରେ ଅନିଳ, ୪-(କ) ନନ୍ଦନ, ୫-(କ) କେଶପ୍ରିୟ, ୬-(କ) ସପ୍ତଦିଗେଶ୍ୱର, ୭-ସପ୍ତସମୁଦ୍ର ବିହାର, ୮-(ଖ) ସପ୍ତଫେନ, ୯-(ଖ) ପଠକ, ୧୦-(କ) ବିଶୋଧନ, ୧୧-(ଖ) ରେ ନାହିଁ, ୧୨-(ଖ) ନାହିଁ।

ବରପ୍ରଦ। ହଂସଯୁତ କମଳ ନିଧାନ। ହଠଯୋଗେଶ୍ୱର। ହଠ ଯୋଗାତୀତ। ହଠ ଯୋଗଗମ୍ୟ। ହଠ ଯୋଗ ବିହାର। ହୀରା ସମ ଶରୀର କାନ୍ତି। ହୟମେଧ ହବୀଶ୍ୱର। ହରଣ ହାରଣ ବିବର୍ଜିତ ହାଡ଼ମାଳ ମଣ୍ଡନ ଶରୀର। ହର୍ଷାହର୍ଷ ବିହୀନ। ହିମାଳୟ ଈଶ୍ୱର (୧)। ହାନିଲାଭ ବିବର୍ଜିତ। ହେମ ସମ କାନ୍ତି କଳେବର। ହେମାଙ୍ଗ ବିଭୂଷଣ। ହରି ହରି ଶବ୍ଦ ଉଚ୍ଚାରଣ। ହସ୍ତୀ ମୁଖ ହସ୍ତ ବେନି ଯୋଜିତ ସମ୍ମୁଖ୍ୟ। ହସ୍ତୀ ହସ୍ତ ସମଭୁଜ। ହସ୍ତୀ ଚର୍ମ ପରିଧାନ। ହରିହର ଏକାତ୍ମିକ (୨)। ହରଷ ହରନାଥ। ହିରଣ୍ୟଗର୍ଭ ବନ୍ଦିତ ଚରଣ। ହିରଣ୍ୟଗର୍ଭେଶ୍ୱର। ହିରଣ୍ମୟ। ହିମାଦ୍ରିଜେଶ୍ୱର। ହସିତ ବଦନ ବିକଶିତ। ହତୁବହ ସେବିତ ଚରଣ ତଳ।

ଜୟ ଜୟ କ୍ଷରାକ୍ଷର ବିବର୍ଜିତ। କ୍ଷମାପତି ଗଣ ବନ୍ଦିତ। କ୍ଷମାସାଗର। କ୍ଷମାଧର ଧାରଣ। କ୍ଷତ୍ରିବର। କ୍ଷେତ୍ରାଧିପ। କ୍ଷମାଧୀଶ। କ୍ଷତ୍ରିଙ୍କ ସ୍ୱରୂପ। କ୍ଷେତ୍ରାକ୍ଷେତ୍ର ବିବର୍ଜିତ। କ୍ଷରାକ୍ଷର ପରିପୂର୍ଣ୍ଣ। କ୍ଷରିତ ତ୍ରିଭୁବନକାରଣ। କ୍ଷୁଧାପିପାସାଦି ବିବର୍ଜିତା କ୍ଷତ୍ରିୟଧର୍ମ ସମ୍ପୂର୍ଣ୍ଣ। କ୍ଷେତ୍ରେଶ୍ୱର। କ୍ଷେତ୍ରପାଳ ଗଣସେବନ। କ୍ଷୀରସମୁଦ୍ର ବିହରଣ। କ୍ଷୀରସମ ଶୁକ୍ଳ ଶରୀର। କ୍ଷୀର ବାରାନିଧି ପ୍ରିୟ। କ୍ଷିରୋଦଶାୟୀ ପ୍ରିୟ। କ୍ଷଣିକ ବିଷୟ ରସ ବିବର୍ଜିତ। କ୍ଷୋଭ ନାଶନ। କ୍ଷିତିତଳ ସୟତ। କ୍ଷିତ୍ରିୟାଶ୍ରୟ। କ୍ଷମାସାଗର। କ୍ଷମାନାଥ। କ୍ଷେତ୍ର ଅଷ୍ଟ ଲୋକନାଥ। ଛଡ଼ନିଃଶ୍ୱାସ ଗତଚିର। କ୍ଷମାକର ଶିବ ଶିବ। (ଖ’ ପୋଥିରେ ‘ହ’ ‘କ୍ଷ’ ବର୍ଣ୍ଣ ବନ୍ଦନା ନଷ୍ଟ ହୋଇଯାଇଛି)।

ଜୟଜୟ ଅନାଦିନାଥ ସ୍ୱରୂପ। ଅପରାଜିତ। ଅପ୍ରମେୟ ପ୍ରଭାବ। ଅକ୍ଷର ସ୍ୱରୂପ। ଅକ୍ଷର ଶରୀର। ଅକ୍ଷର ଗୋଚର। ଅଗୋଚର ମହିମା। ଅନନ୍ତ ଜୀବଆତ୍ମା ସ୍ୱରୂପ ଅନନ୍ତ ନାଗଭରଣ। ଅଷ୍ଟକୁଳା ନାଗେଶ୍ୱର। ଅନଳ କକ୍ଷ (୩) ଅର୍ଦ୍ଧଶରୀର। ଅଯୋନିଜାତକ ଅନ୍ତକ ଭୟ ନିବାରଣ (୪) ଅଷ୍ଟ ଅଇଶ୍ୱର୍ଯ୍ୟଦାୟକ (୫) ଅନଙ୍ଗ ଅଙ୍ଗ ନିଧନ (୬)। ଅବ୍ୟୟ ଅପ୍ରପଞ୍ଚ। ଅବ୍ୟକ୍ତ। ଅଣ୍ଡାକାର ବ୍ରହ୍ମାଣ୍ଡଧର। ଅଷ୍ଟାଦଶ ବିଦ୍ୟା ନିଧାନ। ଅମଳ। ଅଘହର ସ୍ୱରୂପ। ଅମ୍ବିକା ଅଧରପଲ୍ଲବ ରସାମୃତ ପାନକ। ଅହୀନ୍ଦ୍ର ପରିଧାନ (୭)। ଅଚଳବର ଶିଖରେ ନିବାସ। ଅମ୍ବୁଜ ନୟନ। ଅମ୍ବୁଜ ନୟନାତ୍ମକର ଅମୃତ। ସରିତା ଧାର (୮) ଅମର ଶରୀର। ଅମର ଶରୀରାଧର (୯) ଅମରଗଣ ବନ୍ଦିତ।

୧-(କ) ହିର (୨) ‘କ’ ଲୋନାତ୍ମକ (୩) (୩) ‘ଖ’ରେ ଅନଙ୍ଗ ପଙ୍ଗେ ୪-(ଖ) ରେ ଅନ୍ତକ ବିଦାରଣ ୫-‘ଖ’ରେ ଧର (୬) ‘ଖ’ରେ ନାହିଁ, (୭) ‘କ’ରେ ପରିଧାପନ, ୮- ‘ଖ’ରେ ସ୍ଫୁରିତାଧାର, ୯-‘କ’ ସରିତ ଧର।

ଆଦ୍ୟ ଅକ୍ଷର (୧) ଅଜର ସ୍ୱରୂପ (୨)। ଅପ୍ରକାଶ। ଅବ୍ୟୟ ଅଭବ, ଭବ, ଅଷ୍ଟବ୍ରକାଦି ଋଷି ବନ୍ଦିତ। ଅଶେଷ ବେଦ ଫଳପ୍ରଦ। ଅନସ୍ତସିଦ। ଅସ୍ଥିମାଳା ବିଭୂଷିତ। ଅସ୍ତାଚଳ ନିବାସ।

ଜୟ ଜୟ ଆଶ୍ଚର୍ଯ୍ୟ ସ୍ୱରୂପ। ଆବ୍ରହ୍ମସ୍ତମ୍ଭ ପରିଯନ୍ତେ (୩) ବ୍ୟାପକ। ଆସମୁଦ୍ରାନ୍ତ ପୃଥିବୀ ଈଶ୍ୱର। ଆରକ୍ତ କମଳ ଲକ୍ଷଣ (୪) ଆସନ। ଆଦିମଧ୍ୟାନ୍ତ ରହିତ। ଆଧି ଭଉତିକ, ଆଧଦୈବିକ, ଆଧ୍ୟାତ୍ମିକ ତାପନାଶନ। ଆତ୍ୟନ୍ତିକ ପ୍ରଳୟ ବିବର୍ଜିତ। ଆୟୁଷପଦ। ଆୟୁଷସ୍ୱରୂପ। ଆକାଶସମକାନ୍ତି। ଆଦିକନ୍ଦ। ଆଦିମୂଳ। ଆଦି ଅନ୍ତ ମଧ୍ୟ ବିବର୍ଜିତ। ଆଦି ଅନ୍ତ ମଧ୍ୟ ଚିରପୁରୁଷ। ଆନନ୍ଦ ଘନ। ଆକାଶ ରତ (୫)। ଜୟ ଜୟ ଇନ୍ଦିରାପତି ବନ୍ଦିତ ଚରଣ। ଇତିହାସ ପୁରାଣ ସ୍ତୁତି ଗାୟନ। ଇନ୍ଦ୍ରଜିତ ପଦକମଳ। ଇଅଁଳା ପିଅଁଳା ନାଡ଼ୀ ନିସ୍ୱଦନ। ଇନ୍ଦ୍ରାଦି ଇନ୍ଦ୍ରପଦ ବରଦାୟକ ଜୟ ଜୟ ଈଶ୍ୱର ଗଣନାଥ। ଇତ୍ୟାଦି ଦୋଷ ଗୋଚରା ଗୋଚର। କ୍ରିୟାଦି ସୁଖଦାୟକ-ଗଣ ସ୍ତୁତି ଗାୟନ। ଇନ୍ଦ୍ରିୟ ଈଶ୍ୱର। ଈଶ୍ୱରାଦି ଈଶ୍ୱର ବରପ୍ରଦ। ଇନ୍ଦ୍ର ଅଙ୍କିତ ଅନଳ ଶେଖର।

ଜୟ ଜୟ ଉମାପତି। ଉମା ଉତ୍ତୁଙ୍ଗ ପୀବର କୁଚଦ୍ୱୟ ପୀଡ଼ିତାଲିଙ୍ଗନ। ଉକାର ସ୍ୱରୂପ। ଉର୍ମ ଧମ୍ର ଜ୍ୟୋତି ଜ୍ୱାଳାଦିର ନିବାରଣ। ଉଜ୍ୱଳ ଚନ୍ଦ୍ର ସ୍ୱରୂପ। ଉତ୍ତୁଙ୍ଗ ମାଳାଭରଣ। ଉନ୍ମଉଜ୍ଞାନ ନିରତ। ଉତ୍କଟ ଫଳପ୍ରଦ। ଉପତାପ ନାଶନ (୬)। ଜୟ ଜୟ ଉତ୍ତମ ପୁରୁଷ ବନ୍ଦିତ ଉତ୍ତୁଙ୍ଗ ବରପ୍ରଦ। ଉଲଗ୍ନନାଥ। ଉଦୟାଚଳ ନିବାସ। ଉଦୟାଦିତ୍ୟ ସମକାନ୍ତି। ଉଦୟ ଅସ୍ତ ବିବର୍ଜିତ। ଉଚିତ ପୂଜା ଗ୍ରହଣ। ଉଲ୍ଲସିତ ବଦନ ସରୋଜ / ଉରେ ମଣ୍ଡିତ ଉତ୍ତମ ପନ୍ନଗ / ଉର୍ମିକୁଳ ନାଶନ। ଉର୍ମିମାଳା ସମ। ଉତ୍ତର ଦିଗ ନିବାସ।

ଜୟ ଜୟ ଋଷିଗଣ ବନ୍ଦିତ ଚରଣ ଯୁଗ। ରୂପାତୀତ। ରୂପାରୂପ ବିବର୍ଜିତ। ଋଗ୍‌ବେଦାନୁ ଗାୟନ। ରୂପ ଶୈଳ ବିଧାନ। ଋଷିଗଣ ଧ୍ୟାନ ପରାୟଣ। ଋଷି ଆତ୍ମନେ ନିର୍ବିକାରାତ୍ମ (୭) ପୂଜିତ। ରୂପନନ୍ତକ ଅନନ୍ତ ମୂର୍ତ୍ତିୟ। ଜୟ ଜୟ ରୂପଧୃକ୍। ରୂପେଶ୍ୱର ରୁଚିର କୁଣ୍ଡଳ ଧର। ରୁଚିରାନନ (୮) ଋଷିଗଣ ନାଥ ଋଷିଗଣ ଧ୍ୟାନ ଆତ୍ମନ ପରାୟନ। ରୂପାରୂପଦ୍ୱୟ ଶୁଦ୍ଧାତୀତ ସୁପ୍ରକାଶ। ରୂପାରୂପ ମଧ୍ୟ ବିବର୍ଜିତ। ରୂପାରୂପ ଅଶେଷ ବ୍ୟାପକ। ଜୟ ଜୟ ଲୁକ୍ କୁହୁକ ଗୋଟିଏ ଅଞ୍ଜନ ଲେପନାଦି ବିଦ୍ୟାପ୍ରଦ।

---

(୧) 'କ' ଅଣ ଅକ୍ଷର, (୨) 'କ' ଅକ୍ଷର ସ୍ୱରୂପ, (୩) 'ଖ'ରେ ନାହିଁ, (୪) କମଲେକ୍ଷଣ (୫) 'କ'ରେ ନାହିଁ, (୬) 'ଖ'ରେ ନାହିଁ, (୭) 'କ'ରେ ଋଷି ନିର୍ବିକାରାତ୍ମ, (୮) 'କ'ରେ ନାହିଁ।

ଜୟ ଜୟ ଲୁକ୍ ବସ୍ତାୟ ବ୍ୟୟ ବିବର୍ଜିତ। ଲୁକ୍ ମଧ୍ୟ ଅଗୋଚର ପୂରିତ। ଜୟ ଜୟ ଏ ବିଶେଶ୍ୱର ଭୁବନେଶ୍ୱର ଏ ସର୍ବନାମ ରୂପେଶ୍ୱର। ଏକାମ୍ର ବନବିହାର। ଏକାଦଶ ରୁଦ୍ର ସ୍ୱରୂପ। ଏକ ଅଶେଷ ପୂରିତ। ଏକ ଶେଷ ନାଗାବୃତ୍ତ। ଜୟ ଜୟ ଐକ୍ୟନୈକ୍ୟ ବିବର୍ଜିତ। ଐଶ୍ୱର୍ଯ୍ୟ ବରପ୍ରଦ। ଐରାବତ ପତି ବନ୍ଦିତ। ଐଶ୍ୱର୍ଯ୍ୟ ଲକ୍ଷ୍ମୀ ସେବିତ ପଦ କମଳ। (୧) ଐନ୍ଦ୍ରଜାଲିକ ବିଦ୍ୟୋପ କୃତ ଜଗତ (୨)।

ଜୟ ଜୟ ଓଷ୍ଠ ପୁଟାଶ୍ରୟ ଚତୁର୍ବେଦ। ଓଷ୍ଠପୁଟ ଆଶ୍ରିତ ଅନନ୍ତ ଦେବ। ଓତପ୍ରୋତ ଜଗତ ନିଧାନ। ଜୟ ଜୟ ଔଷଧିଶ୍ୱର ଶେଖର। ଔଷଧାତ୍ମିକା। ଔଷଧମୟ। ଔଷଧି ସ୍ୱରୂପା। ଔଷଧିଷ। ଔଷଧ ଭକ୍ଷଣ। ଔଷଧ କରଣ। ଔଷଧ ସ୍ଥାପନ (୩)।

ଜୟ ଜୟ ଅଂ ସ୍ୱରୂପା ଅଂ ବ୍ରହ୍ମପୁତ୍ର୍ୟ ମାନ। ଅଂକାର ଉଂକାର ମକାର ସ୍ୱରୂପା। ଅଂକାର ଜୀବେଶ୍ୱର। ଅଂକାର ଆତ୍ମନ (୪)। ଅଂକାର ଅଶେଷ ପୂରିତ। ଅଂକାର ଅନାହତ ନାଦ (୫) ଅଂକାର ଚରିତ (୬)।

ଜୟ ଜୟ ଅକ୍ଷରାକ୍ଷର ପୂରିତ। ଅବାକ ମାନସ (୭) ଗୋଚର। ଅରୂପା ଅମଳ। ଅମନ। ଅନନ୍ତ ଐଶ୍ୱର୍ଯ୍ୟ ସୁଖପ୍ରଦ। ଅଚ୍ୟୁତ। ଅନନ୍ତ। ଅମ୍ବିକା ଅର୍ଦ୍ଧାଙ୍ଗ ଶରୀର। ଅର୍ଦ୍ଧମାତ୍ରାରେ ରହିତ। ଅର୍ଦ୍ଧମାତ୍ରା ପୂରିତ।

ତ ସେ ଅଭିନବ ଚୈତନ୍ୟ ରୁଦ୍ରଗଣ ପଞ୍ଚାଶତ ବର୍ଣ୍ଣ ଭେଦରେ ଅନେକ ସ୍ତୁତି କରି ପାୟେ ପଡ଼ି ଶୋଇଲା। ଏମନ୍ତ ଦେଖି ସେ ସଦାନନ୍ଦ ସଦ୍ୟାର୍ଦ୍ରଚିତ୍ତ ପ୍ରସନ୍ନାତ୍ମା ସଦାଶିବ ଅତ୍ୟନ୍ତ ପ୍ରସନ୍ନ ହୋଇ ଭୃତ୍ୟର ଶୁଦ୍ଧ ବୁଦ୍ଧି ଦେଖି, କାକୁସ୍ଥ ବଚନ ଶୁଣି କୋମଳ କରି ବୋଲୁଅଛନ୍ତି ଅମୋଘ ଅମୃତ ବାଣୀ। ହେ ବତ୍ସ ! ହେ ଅଭିନବ ଚୈତନ୍ୟ ! ତୁ କିମ୍ପା ହେଉଅଛୁ ଏଡ଼େ ଛନ୍ନ। ଯାହା ବୁଦ୍ଧିରେ ଏତେ କଥା ଥାଇ ସେ କାହିଁ ଆଉ ଦୁର୍ଗତି କି ଯାଇ। ଏବଂଭୂତ ଯଦ୍ୟପି ହୋଇଲା ଜ୍ଞାନ ତୋହର ପୂର୍ବ କଳ୍ପନା କର୍ମ କେ କରିବ ଆନ। ଜୀବର ସେ ଅଛିନ୍ନା ଜନ୍ମ ମରଣ ଚିହ୍ନ। ଜୀବ ଶରୀରୁ ତୁ ନୋହୁ ଅଭିନ୍ନ। ତୋହର ବାଞ୍ଛାଏ ହୋଇ ହୋଇଲା କର୍ମ। କର୍ମ କରନ୍ତେ ହୋଇଲା ଧର୍ମ, ଧର୍ମ ହୁଅନ୍ତେ ହୋଇଲା ଶ୍ରମ। ଶ୍ରମ ହୁଅନ୍ତେ ହୋଇଲା ଭ୍ରମ। ଭ୍ରମ ହୁଅନ୍ତେ ହୋଇଲା ତାପ। ତାପ ହୁଅନ୍ତେ ହୋଇଲା ପାପ। ପାପ ହୁଅନ୍ତେ ହୋଇଲା ବନ୍ଧ (୮)।

୧-(କ) ପଦଦ୍ୱୟ, (ଖ) ପଦତଳ, ୨-(ଖ) ଅଧିକା-ଐରାବତ ପତି ସମୂହ ନିତମ୍ବ ବନ୍ଦିତ, ୩-(ଖ) ରେ ନାହିଁ, ୪-(ଖ) ଓଁକାର ଗମ୍ୟ, ୫-ଅଙ୍କାର ଅନ୍ତର ବାହ୍ୟ, (ଖ), ୬-(କ) ଅଧିକା-ଓଁକାର ଶରୀର ମତ, ୭-(ଖ) ଅବାକ୍ ମନ, ୮-(କ) ରେ ନାହିଁ।

ହେ ବତ୍ସ ! ଏହାକୁଟି ବୋଲି ପ୍ରାରବ୍ଧ ଏ ପ୍ରାରବ୍ଧ କନ ଭୋଗରେ ହେଁ ଶେଷ ହୋଇ। ଏହା ବୈଦିକମତେ ଆମ୍ଭେ ଅଛୁ କହି। ତୁ ଏବେ ମୃତ୍ୟୁ ଲୋକେ ଜନ୍ମ ହୋଇବୁ। ଇନ୍ଦ୍ରସମ ଐଶ୍ୱର୍ଯ୍ୟ ଭୋଗ କରିବୁ। ପ୍ରାନ୍ତେ କୈବଲ୍ୟ ପାଇବୁ। ପଶ୍ଚିମ ସମୁଦ୍ର ତୀରେ ମଧ ନଗରେ, ଉତ୍ତର ଭାଗେ, ହିମାଳୟ ଲାଗେ, ବଧମନ୍ଥର ନଗର ଶେଷେ କାଞ୍ଚନକର ଦେଶେ, ପୃଥ୍ୱୀ ଦେବୀ ରସାରେ ଅମୃତ ତରଙ୍ଗିଣୀ ନଦୀତୀରେ, ରତ୍ନ ଶୃଙ୍ଗାଦି ଶିଖରେ ଚନ୍ଦ୍ର ଉଦୟ ଶଇଳ ଉପରେ ଏକ କଟକ ଅଛି। ସେ କଟକ ନାମ ବସୁଧା ମଣ୍ଡଳ। ଦୁଃଖ ଦରିଦ୍ର ଜରା ଅପମୃତ୍ୟୁ ଖଣ୍ଡନ। ତହିଁର ରାଜାର ନାମ ଅନଙ୍ଗ ପଦ୍ମାକର। ମନ୍ତ୍ରୀର ନାମ ବିବେକ ରତ୍ନାକର। ସେ ରାଜାର ପାଟ ମହିଷୀର ନାମ ଶଶୀପ୍ରଭା। ସେ ସମସ୍ତ ଗୁଣେ କରି ମହେନ୍ଦ୍ର ପ୍ରାୟେ ଦିଶଇ ଶୋଭା। ଯୁବା ଅବସ୍ଥା ତାହାର ହୋଇଅଛି ଶେଷ। ପୁତ୍ର ନଥିବାରୁ କରି ମୋତେ ଭକ୍ତିକଲା ନିର୍ବିଶେଷ। ସେ ରାଜା ନ୍ୟାୟନିଷ୍ଠାଦିଗୁଣେ ଗରିଷ୍ଠ। କୁଳେ ବିଶିଷ୍ଟ। ଧର୍ମବନ୍ତ ହୋଇ ପାଳଇ ସୃଷ୍ଟି। ନାହିଁ ବିଘ୍ନ ଅନ୍ୟାୟ ଅରିଷ୍ଟି। ବାଞ୍ଛା କଲେ ଇନ୍ଦ୍ର କରଇ ବୃଷ୍ଟି। ପୂର୍ବେ ଥିଲେ ଯେମନ୍ତ ରାଜା ଯୁଝେଷ୍ଟି ସେ ରାଜା ବୈଶ୍ରବଣର ପ୍ରାୟେ ସକଳ ମତେ ପୂର୍ଣ୍ଣ। ପୁତ୍ର ନଥିବାରୁ କରି ନୟନ ଅନବରତ କରୁଥାଇ ଘୂର୍ଣ୍ଣ। ତ ସେ ଅତ୍ୟନ୍ତ ଶୁଦ୍ଧ ଚିତ୍ତେ, ଶାନ୍ତ ଚିତ୍ତନିମିତ୍ତେ ଅନେକ ଧର୍ମମାନ କଲାଣି ବିଧିପୂର୍ବକ ମତେ। ତ ସେ କେବଣ କେବଣ ଧର୍ମ। ସେ ଉପଚାର ମଣ୍ଡନ। କୃଚ୍ଛିତ ଚାନ୍ଦ୍ରାୟଣ। ଅର୍ଦ୍ଧଉର୍ଦ୍ଧ ନିରୋଧ ଶୀତ ବାତ ତାପ ତ୍ରିକାଳ ସହନ ଫଳମୂଳାସନ। ମନ୍ମଥ ଦହନା ପବନ ପାନ। ଜିତ ଇନ୍ଦ୍ରିୟ। ସପତ୍ନୀ ଦୀକ୍ଷା ତୁଳା ମକର ଶେଷେ ବିଧିଧର୍ଯ୍ୟ ଊର୍ଦ୍ଧ୍ୱବାହୁ ଏକ ପଦସ୍ଥିତ। ପଞ୍ଚାଗ୍ନି ପୋଷଣ। ଦୂର୍ବାରସ ବିଲ୍ୱ ଭକ୍ଷଣ। ନିଦାଘ ଶୀତ ଦହନ। ଅହନିଶି ହସ୍ତ କୁଶୋଦକେ ଆର୍ଦ୍ର। ଦେବ ପିତୃ ପରିତୋଷଣ ତୃପ୍ତ। କୋଟି ଶାଳଗ୍ରାମ (୧) ଚିହ୍ନ। କୋଟି ଦ୍ୱିଜବର ଭୋଜନେ ପାଦ ସମାର୍ଜନ। ତୁଳସୀ ଭକ୍ଷଣ କରପତ୍ରେ ଦୁର୍ବାରସ ଆହାର।

ଯମ, ନିୟମ, ଆସନ, ପ୍ରାଣାୟମ, ଆହାର, ପ୍ରତ୍ୟାହାର, ଧ୍ୟାନ, (୨) ଧାରଣା, ସମାଧି, ତୀର୍ଥ, ତୀର୍ଥାଟନ, ମହାବୃକ୍ଷ ରୋପଣ, ପୁଷ୍କରିଣୀ, ପ୍ରସାଦ, ମଠ, ମଣ୍ଡପ, ଉଦ୍ୟାନ ବାମ୍ପୀ, କୂପ, ଦେବାଳୟ, ବିବିଧ ଦ୍ରବ୍ୟେ ଅତିଥି ଅଭ୍ୟାଗତ ଦୃଢ଼ ନିରତ ଗୋରସ, ହବିର୍ଭାଗ ନିରତ, ସମ୍ବତ୍ସର ଦୀକ୍ଷା, ଜଳସତ୍ରା, ଅନ୍ନାଦି କରି ସକଳ ଧର୍ମ କଲା। ତ ସେ ସାତ୍ତ୍ୱିକ ଚିତ୍ତେ, ସନ୍ତତି (୩) ନିମିତ୍ତେ ସଙ୍କଳ୍ପ (୪) କରି ବିବିଧ ଦାନ (୫) ଦେଲା। ତ ସେ କେବଣ କେବଣ ଦାନ ମାନନ୍ତ ଦେଲା।

୧- ପ୍ରାଏ ଶିଳା, ୨-(ଖ) ଧ୍ୟାୟେ, ୩-(ଖ) ପ୍ରାଣପଥେ, ୪-(ଖ) କଳ୍ପନା, ୫-(କ) ଦାନ।

ଭୂମି, ଜଳ, ଅନ୍ନ, ବସ୍ତ୍ର, ଅଳଙ୍କାର, ହୟ, କୁଞ୍ଜର କଳ୍ପତରୁ ତୁଳା, ପୁରୁଷ, ଯମଘଣ୍ଟା, ହେମଗିରି ମଣ୍ଡଳ, ଅମୃତ ବିପୁଳ ତାର, ତିଳପାତ୍ର, ତିଳାକାଞ୍ଚନ ଦଧିଶଙ୍ଖ, କନକ ଗାବ, ସହସ୍ର କନ୍ୟା ରତ୍ନ ଯୁକ୍ତ ପରିଣାହ, ପଲଙ୍କ, ପାଦାସନ, କ୍ଷେତ୍ର ପୁର, ଶାସନ, ନଗର, ପାଟଣା, ଗିରି, ନଦୀ, ବନ, ଘୃତକୁମ୍ଭ, ଗୁପ୍ତହିରଣ୍ୟ, ରତ୍ନରାଶି, ଶାଳଗ୍ରାମ, ସୁବର୍ଣ୍ଣ ।

ଗୋ ଦାହନ, କୃଷ୍ଣାଜିନ, ଗୋଷ୍ଠାଦି କରି ସମସ୍ତ ଦାନ ମାନନ୍ତ ଦେଲା ଦକ୍ଷିଣା ଯୁକତେ । ଏବେ ପୁତ୍ର କାମାର୍ଥ ଯାଗ କରୁଅଛି ତନୟ ନିମିତ୍ତେ । ସେ ଯାଗ ଅବିଘ୍ନେ ସମ୍ପୂର୍ଣ୍ଣ ପ୍ରାପତ ହୋଇବା ନିମିତ୍ତେ ରାତ୍ରେ ପୂର୍ଣ୍ଣାହୁତି ଦେବ ଆଜ । ମତେ ଭଜିବା ବେଲୁଁ କରି ତାହାର ସିଦ୍ଧ ହୋଇଲା ସକଳ କାର୍ଯ୍ୟ । ତୋହର ପରାଏ (୧) ଜଣେ ଯହୁଁ ପାଇନଥିଲୁ, ତେଣୁ କରି ଆଜିଯାଏ ତାକୁ ପିଠିଆଇଥିଲୁ । ତାହାର ପୁତ୍ର ହୋଇ କରି ତୁ ଆଖିଳ ବସୁନ୍ଧରାର (୨) କରିବୁ ଭୋଗ । ତୋହର ପିତା ପଣକୁ ସେହି ସେ ଭାର୍ଜନ (୩) । ତ ସେ ରାଜା, ଧୀରେ ଧୈର୍ଯ୍ୟ, ଧାର୍ମିକ । ବ୍ୟବହାର ମାର୍ମିକ । ନିତ୍ୟାନିତ୍ୟ ଜ୍ଞାତା । ସୁନ୍ଦର ମର୍ଯ୍ୟାଦା (୪) ମହତ ଗୁଣେ ଗମ୍ଭୀର । ସତ୍ୟପରାକ୍ରମ ଧୀର । କ୍ଷମାଶାନ୍ତି କାରଣ । ଅକ୍ରୂର ଅକ୍ରୋଧୀ ତରୁଣ ଅକ୍ରୋଧୀ ଦାତା ଶକତା ବକତା । ଶାସକ ନାଶକ କରତା । କଲ୍ୟାଣ ଗ୍ରାମିକ ସତ୍ୟ । ବିଶିଷ୍ଟ ବୈଷ୍ଣବ ନିତ୍ୟ । ସୁବୁଦ୍ଧି ସୁଚରିତ ସୁଜ୍ଞ । ବେଦ ବେଦାଙ୍ଗ ତତ୍ତ୍ୱଜ୍ଞ । ଯମ ନିୟମ ବ୍ରତ । ଆସନ ପ୍ରାଣାୟାମ ନିୟତ (୫) । ପବିତ୍ର ନିର୍ମଳ ବୁଦ୍ଧି । ଚେତନା ଆତ୍ମାଦି ଶୁଦ୍ଧି । ବିବେକ ରଶ୍ମି ପ୍ରଚଣ୍ଡ । ଦୋଷ ଥନରୂପେ ଦଣ୍ଡ । ରସିକବର କ୍ଷତ୍ରିୟ ଧର୍ମ । ସକଳ ଜଗତରେ ଦୁସ୍ତର କର୍ମ । ନିରନ୍ତେରେ ମୋତେ କରିଥାଇ ବଜ୍ରସେହ୍ନା । ବିଷମ-ଶୀଳ ମେଦିନୀ ମଣ୍ଡଳେ ଶୁଣି ଧର୍ମଧ୍ୱଜ ବାନା ।

ଇତ୍ୟାଦି କରି ସକଳ ଧର୍ମ କର୍ମ କହିଲୁ ଯେମନ୍ତ, ସେ ରାଜାହାଦେ ଅଟଇ ଏମନ୍ତ । ହେ ଅଭିନବ ଚୈତନ୍ୟ । ତୁ ଏବେ ଏଠାରୁ ଯା' । ଦଣ୍ଡେ ହେ ନ ରହ । ସେ ରାଜା ପାଟମହିଷୀ ଶଶିପ୍ରଭା ନାମ ରାଣୀ ଗର୍ଭରେ ଯାଇ ରହ । କିଛି ଦିନ ଦୁଃଖ ସହ । ସେ ମାୟା କନ୍ୟାକୁ ହିଁ ଆଜ୍ଞା ହୋଇଲା । ସେ ଧର୍ମଧ୍ୱଜ ରାଜାର ଦୁହିତା ହୋଇବାକୁ ଗଲା । ତଦନ୍ତରେ (୬) ସେ ପୁରୁଷ ଈଶ୍ୱର (୭) ଆଜ୍ଞା ପାଇ, ପାର୍ବତୀଙ୍କି ନମସ୍କାର ହୋଇ ପଦ୍ମ ଆସନେ ବସିଲା । ଚତୁଃଷଷ୍ଟି ପ୍ରକାରେ ଯୋଗର ମଧ୍ୟେ ତାରକ ଧାତୁ ନାମ ଯୋଗ କହିଲା । ତହିଁ ଇଅଁଳା, ପିଙ୍ଗଳା, ଶୁଷୁମ୍ନା,

---

୧- ପ୍ରାଏ-(ଖ), (୨) ବସୁନ୍ଧରା-(ଖ), (୩) ଯୋଗ୍ୟ-(ଖ), (୪) ମର୍ଯ୍ୟତ-(ଖ), (୫) ଯଯ-(ଖ), (୬) ତଦଅନ୍ତରେ-(ଖ), (୭) ଉତ୍ତମ (କ) ।

ଅଳମ୍ବୂଷା, କୌକ୍ଷଣୀ, ଗାନ୍ଧାରୀ, ହସ୍ତୀଜିହ୍ୱ, ଶଙ୍ଖିନୀ ସହିତ ନବ ନାଡ଼ୀରେ ନାଗ, କୂର୍ମ, କୃକଳକ, ଦେବଦତ୍ତ, ଧନଞ୍ଜୟ, ଅପାନ, ବ୍ୟାନ, ସମାନ, ଉଦାନ, ଏ ନବ ନାଡ଼ୀ ସ୍ଥିତ କଲା। କୁଣ୍ଡଳିନୀ ନାମ ଶକ୍ତିକି ଓଁକାର ବର୍ଣ୍ଣେ ହୃଦୟ ପଦ୍ମେ ସ୍ଥିତ କଲା। ପ୍ରାଣ ପବନ ସମ କରି ଭିତରେ ଭରିଲା। ତ୍ରିକୋଣାଗ୍ନିମଣ୍ଡଳରୁ ଦୀପଶିଖା ପ୍ରାୟେକ ହୋଇ ପୂରିଲା। ସେ ସ୍ଥାନର ମଧ୍ୟେ ଏକ ଶିଖା ଏକ ଉଠିଲା। ସେ ଶିଖା ଆସି କୁଣ୍ଡଳିନୀ ନାମ ନାଡ଼ିକୀ ଛୁଇଁଲା। ଛୁଇଁବା ମାତ୍ରକେ କୁମ୍ଭାର ଯେମନ୍ତ ଚକ୍ରେ ମୂର୍ତ୍ତିକା ବସାଇ, "ସେ ଯାହା କଳ୍ପଇ ତେମନ୍ତ ହୋଇ" ସେହିମତି ହୋଇ, ସେହି ଶକ୍ତି ନାଭିପଦ୍ମେ ବୁଲଇ। ଦକ୍ଷିଣା ବର୍ତ୍ତକେ ହୋଇ ସେ ଶକ୍ତି ବୁଲନ୍ତେ, ତହୁଁ ଅନଳ ଶିଖା ଭ୍ରମର କୁହର, ଗୋଲା ହାଟ, ତ୍ରିବେଣୀ ଭୂମି ଶଙ୍ଖିନୀ ଫଟି ପୂର୍ଣ୍ଣଚନ୍ଦ୍ର ବିମ୍ବରେ ଲାଗିଲା ତାହା ଘୃତ ଭାଣ୍ଡରେ ଅଗ୍ନି ଲାଗି ଯେମନ୍ତ ତରଳ ହୋଇ, ସେହିମତି ହୋଇ ସେ ଚନ୍ଦ୍ରମଣ୍ଡଳ ଶରୀରଯାକେ ବ୍ୟାପିଲା। ଶକ୍ତି ବୁଲନ୍ତେ ପବନର ବଳେ ଦେହ କର ଚରଣ ନାସିକାଦି ସହିତ ହୋଇ ଉଦେ ହୋଇ, ଦେହ ପିଣ୍ଡାକାର ପରା ସରି ପ୍ରାୟେକ ହୋଇ ଧାତୁ ପିଣ୍ଡେକ ହୋଇଲା। ଏବଂଭୂତ ଯୋଗକୁ ତାରକଧାତୁ ଯୋଗ ବୋଲି। ସେ ଧାତୁ ପିଣ୍ଡରେ ଥାଆନ୍ତା ଯେ ସକଳ ଇନ୍ଦ୍ରିୟମାନନ୍ତ ଜୀବପ୍ରାଣ ସହିତ କରି ଘେନନ୍ତା। ଯେ ସେ ମନ ପବନ, ଧାତୁ ପିଣ୍ଡକୁ ଘେନି ବିକ୍ରମିଲା। ଯେମନ୍ତ ପବନର ସଙ୍ଗତେ ଗନ୍ଧ ଥାଇ, ସେହିମତି ଧାତୁ ପିଣ୍ଡର ମଧ୍ୟେ ସମସ୍ତେ ହେଁ ଥାନ୍ତି।

ତ ଏବଂଭୂତ ପ୍ରକାରେ ସେ ଶଶୀପ୍ରଭା ନାମ ରାଣୀର ଗର୍ଭରେ ପୁରୁଷ ସଙ୍ଗ କରି ଅମୋଘଧାତୁ ପଶିଲା ଯାଇ। ରତ୍ନପଲଙ୍କେ ମନ୍ମଥ ରାଜାର କମହଂସୀ ବନ୍ଦିହେଲା ପ୍ରାୟେକ ହୋଇ। ସେ ରାଜା ଭୁଜପଞ୍ଜରେ ରାଣୀ ଥିଲା ଶୋଇ। ତ ସେହିକ୍ଷଣି ଚମକି ଉଠିଲା ଅତ୍ୟନ୍ତ ଭୟ ପାଇ। ସେ ରାଣୀ ଚମକନ୍ତେ ରାଜା ହୋଇଲା ଦୁଃଖୀ। କର ପଲ୍ଲବେ ଆଶ୍ୱାସି ପଚାରିଲା କି ଭୟ ପାଇଲୁ ଗୋ ଶରଦ ଚନ୍ଦ୍ରମୁଖୀ। ରାଣୀ ବୋଇଲେ ମୁଁ ଦେଖିଲି ସ୍ୱପ୍ନ। କେଶବାସ ମୋହର ହୋଇଛି ଯତ୍ନ। ବାତ ପିତ୍ତ ଶ୍ଳେଷ୍ମାଙ୍କର ଭୟ ପ୍ରବଳ ହିଁ ନାହିଁ। ଚିନ୍ତା ଛନ୍ନ ଭ୍ରମ (୧) ମୋର ତୁମ୍ଭ ପ୍ରସାଦେ (୨) ଥିବ କାହିଁ। ରାଜା ବୋଇଲେ ଗୋ ଶରଦ ଚନ୍ଦ୍ରମୁଖି! ରାତ୍ର ପାହିବାକୁ ଆଉ ଘଡ଼ିଏକ ଅଛି। ରାତ୍ରି ପାହିଲେ ଏହା ବିଚାରିବା ଗୋ ମୃଗାକ୍ଷି! ସେ ରାଜା ରାଣୀ ଶୁଚିମନ୍ତ ହୋଇ ଆନ (୩) ସୁପାତିରେ ବସିଲେ। କୃଷ୍ଣଚରିତ କଥାରେ ସେ ଅବଶେଷ ରାତ୍ର ବଞ୍ଚିଲେ (୪)।

---

(୧) 'କ' ରେ ଭ୍ରମ ଦାହ ଚିନ୍ତା, (୨) 'କ' ରେ ନାହିଁ, (୩) 'କ' ଆସନ, (୪) 'କ' ରେ କୃଷ୍ଣଚରିତେ ଉଜାଗର ହୋଇଲେ।

ଏଥି ଉତ୍ତାରେ ରଜନୀ ପ୍ରଭାତ ହୋଇଲା । ପ୍ରାଚୀ ଦିଗାଙ୍ଗନା ଅନୁରାଗବତୀ (୧) ହୋଇଲା । ମୁକ୍ତାହାର କାକର ଲାଗିଲା । ଦୀପାବଳି (୨) ମାନେ ପାଣ୍ଡୁର ଦିଶିଲେ । କୁହର ବିମ୍ବର (୩) ମାନଙ୍କରେ ଅନ୍ଧକାର ପଶିଲା । ନିଜ ଦୁହିତାଙ୍କୁ କୁଟ୍ଟିନୀ ଉଠ ଉଠ ବୋଲି ବୋଇଲା । ତାମ୍ବୁଳରସ ପିତା ଲାଗିଲା । ନାୟିକାସ୍ଥିରୀସ୍ତନ ମଣ୍ଡଳ ଉଷ୍ଣମ ଭାଙ୍ଗିଲା (୪) । ଗଗନରୁ ତାରା ଖସିଲା । ଚକ୍ରବାକ ହସିଲା (୫) । ବହୁତ (୬) ଯୋଗୀ ଶରୀର ସାଧନେ ଲାଗିଲେ । ଉଦୟ ଆହାରୀ ଯୋଗୀମାନେ ପବନ ଅଭ୍ୟାସ ମଧ କରି ନଗ୍ରେ ଅନ୍ନଦେ ବୋଲି ଭିକ୍ଷା ମାଗିଲେ । ପ୍ରାଣାୟାମ ଅଭ୍ୟାସି ସନ୍ନ୍ୟାସୀ ପ୍ରାଣାୟାମ ସାଧନେ ଲାଗିଲେ । କୈରବନ୍ତ ରମଣ କରନ୍ତା (୭) ଭ୍ରମରମାନେ ପଦ୍ମ ବନକୁ ଗମିଲେ । କୁମୁଦ ପରାଗେ ଧୂସର ହୁଅନ୍ତ ଭ୍ରମରନ୍ତ ଦେଖି ପ୍ରାତ (୮) ବାତେ କମ୍ପନ୍ତା ପଦ୍ମମାନେ ସଲ୍ଲଜେ ନାହିଁ ନାହିଁ କଲା ପ୍ରାୟେକ ଦିଶିଲେ । ଉଲୁକ ପକ୍ଷୀଏ ଅନ୍ଧକାର ସ୍ଥାନାନ୍ତରେ ପଶିଲେ । ଶଙ୍ଖଧ୍ୱନିମାନେ ଚତୁର୍ଦ୍ଦିଗେ ପୂରିଲେ । କାମୁକୀ ସ୍ତ୍ରୀମାନେ ଭର୍ତ୍ତାଙ୍କୁ ନିବିଡ଼ ଆଲିଙ୍ଗନେ ଛାଡ଼ିଲେ (୯) । ଚୌର୍ଯ୍ୟେ ବିଷାଦ ହୋଇଲେ (୧୦) ଦଣ୍ଡପାଣୀଏ ଶୋଇଲେ । ଚନ୍ଦ୍ରମା ଧୂସର ହୋଇଲେ । ରତି ଶାର୍ଦ୍ଦୁଳ ବନ୍ଧରେ ଉତ୍କର୍ଷ ଶୃଙ୍ଗାର ଭୋଗକଲା (୧୧) ସ୍ତିରୀ ବଦନ ପ୍ରାୟେକ ସୋହିଲେ । କୁକୁଟେ ରଡ଼ିଲେ । ଗୋପାଳେ ଗୋଷ୍ଠକୁ ଗମିଲେ । ଶିଶୁ ପୋଏ ପାଠ ପଠନକୁ ଚାଟଶାଳୀକୁ ଗମିଲେ । ଅଭିସାରିକା ସ୍ତ୍ରୀମାନେ ନିଜ ମନ୍ଦିରେ ମିଳିଲେ । ଧାରଣାବନ୍ଧ ଯୋଗୀ ସୂର୍ଯ୍ୟ ଧାରଣା ଛାଡ଼ି ଚନ୍ଦ୍ର ଧାରଣାରେ ଲାଗିଲେ । ଅନ୍ଧକାର ସ୍ଥାନକୁ ପିଶାଚମାନେ (୧୨) ଗମିଲେ । ପର୍ବତ ମସ୍ତକମାନେ ପ୍ରସର ଦିଶିଲେ । ମେରୁ ଶିଖରେ ଦେବତାମାନେ ଆସ୍ଥାନେ ବସିଲେ । ଅପସରାମାନଙ୍କର ସ୍ତନକମଳ ମୃଗମଦ ପତ୍ରାବଳିରେ ଅଙ୍କିତ ହୋଇଲା । ହୃଦୟକୁ ଚାହିଁ ଗନ୍ଧର୍ବମାନେ ଲଜ୍ଜା ପାଇ ଆକାଶ ଗଙ୍ଗାପାଣି ଘେନି ଧୋଇଲେ । ନାଉକା ପଥେ କଣ୍ଡେଆର ଗମିଲେ (୧୩) । ଗୋପାଳେ ଗୋଗଷ୍ଠକୁ ଚଳିଲେ । ସାଧନୀମାନେ ଆଖଡ଼ାରେ ମିଳିଲେ (୧୪) ଅବଧୀକୃତ ପାନ୍ଥ କାନ୍ତାମାନେ ଦିନ ଗଣି ତା ଗାର କାନ୍ଥରେ କାଟିଲେ । (୧୫)

---

(୧) 'କ' ରାଗବତୀ, (୨) 'ଖ' ରେ ଦିଆଗଲା, (୩) ରେ ବିବର, (୪) 'ଖ' ରେ ନାୟକ ନାୟିକାର ସ୍ତନଉଷ୍ମ ଲାଗିଲା, (୫) 'କ' ରେ ନାହିଁ, (୬) 'କ' ରେ ବୌଦ୍ଧତାତ, (୭) 'କ' ରେ କରତା, (୮) 'ଖ' ରେ ଶୀତ, (୯) (କ)-ଭାଙ୍ଗିଲେ, (୧୦)-(କ) ରେ ନାହିଁ, (୧୪)-(ଖ) ରେ ନାହିଁ ଗୋଳେଠାରୁ ମିଳିଲେ ପର୍ଯ୍ୟନ୍ତ, (୧୫)-(କ) ରେ କାୟରେ ଗାରମାନେ କାଟିଲେ ।

ତ ଏମନ୍ତ ପ୍ରକାରେ ରଜନୀ ପ୍ରଭାତ ହୋଇବାରୁ ରାଣୀ ଉଠି, ଶୁଚିବନ୍ତ ହୋଇ ସୂର୍ଯ୍ୟଙ୍କୁ ଅର୍ଘ୍ୟ ଦେଇ, ରାଜା ସଙ୍ଗତେ ଥାଇ (୧), ପଣ୍ଡିତମାନଙ୍କୁ ବସାଇ (୨) ରାଣୀ, ଅନ୍ତରବାଡ଼ ଉହାଡ଼ ଦେଇ, ସ୍ୱପ୍ନ କଥା କହୁଅଛନ୍ତି। ତ ସେ ପଣ୍ଡିତମାନେ କେମନ୍ତ ଅଟନ୍ତି। ସେ ସମସ୍ତେ ହେଁ (୩) କେତେ ପ୍ରକାର ବୃଦ୍ଧ। ଷୋଡ଼ଶ ବୃଦ୍ଧ ଅଟନ୍ତି। ଷୋଡ଼ଶ ବୃଦ୍ଧ କିସ କିସ (୪) ଶରୀର ବୃଦ୍ଧ (୫) ଜ୍ଞାନ ବୃଦ୍ଧ। ବୟ ବୃଦ୍ଧ। ପ୍ରଭାବ ବୃଦ୍ଧ। ଆଚାର ବୃଦ୍ଧ। ଧ୍ୟାନ ବୃଦ୍ଧ। ବିଦ୍ୟା ବୃଦ୍ଧ। ଶାନ୍ତି ବୃଦ୍ଧ। ଶ୍ରୀ (୬) ବୃଦ୍ଧ। ବିନୟ ବୃଦ୍ଧ। ତ୍ୟାଗ ବୃଦ୍ଧ। ନୀତି ବୃଦ୍ଧ। କଲ୍ୟାଣ ବୃଦ୍ଧ। ସତ୍ୟ (୭) ବୃଦ୍ଧ। ତପ ବୃଦ୍ଧ। ଲୟ ବୃଦ୍ଧ। ବିଚାର ବୃଦ୍ଧ ଇତ୍ୟାଦି କରି ଷୋଡ଼ଶ ବୃଦ୍ଧେ ଯୁକ୍ତ। ସଂଯମ ଭୁକ୍ତ (୮) ଜୀବନ ମୁକ୍ତ। ବଚନ ଯୁକ୍ତ। ସ୍ୱକର୍ମଭୁକ୍ତ। ବିଷୟ ତ୍ୟକ୍ତ। ପ୍ରତିଗ୍ରହତ୍ୟକ୍ତ। ସାହସ ଭକ୍ତ (୯) ଧର୍ମାସକ୍ତ। ବାସୁଦେବ ଭକ୍ତ। ଅମୋହେ ଲିପ୍ତ (୧୦) ସଭାଦୀକ୍ଷିତ। ମଣ୍ଡଳ ଦୀକ୍ଷିତ (୧୧)। ଜ୍ଞାନେ ବ୍ୟାପୃତ (୧୨) ସର୍ବଶାସ୍ତ୍ରଦର୍ଶୀ। ସର୍ବଦା ହର୍ଷୀ। ଶିବ ବିଷ୍ଣୁ (୧୩) ଦର୍ଶୀ ପରମହଂସରସୀ। ବିଚାର କର୍ଷୀ। ସାତ୍ତ୍ୱିକ ସରସୀ ସୁଧାବାକ୍ୟ ବରଷିବାରେ କରି ସେ ପଣ୍ଡିତମାନେ ଦେବତାମାନଙ୍କର ପ୍ରାୟେକ। ଦିଶୁଥାନ୍ତି। ପୁନରପି ସେ ପଣ୍ଡିତମାନେ କେମନ୍ତ ଅଟନ୍ତି। ଆକୃତି ଶୁଦ୍ଧି, ବିଚିତ୍ର ବୁଦ୍ଧି, ପୀତବସ୍ତ୍ର ପିନ୍ଧି (୧୪) ତ୍ରିଶାଖା ଭସ୍ମ ଧୂଳି କପୋଳେ କାଟନ୍ତେ କେମନ୍ତ ପ୍ରାୟେକ ମଣି। ତ୍ରିଗୁଣ ଜ୍ଞାନାଗ୍ନିରେ ପୋଡ଼ି ଭସ୍ମକଲୁ ବୋଲି ସେ କପୋଳେ ଉଦେକରି ସେ କହୁଅଛନ୍ତି କି? ସେ ପଣ୍ଡିତମାନଙ୍କ ହସ୍ତରେ କୁଶ ମୁଦ୍ରିକାମାନେ କେମନ୍ତ ଶୋଭା ପାଉଅଛନ୍ତି ଟିକି। ସେ ହସ୍ତକୁ ବିଷୟ ଗ୍ରହଣ ନିବୃତ୍ୟାର୍ଥେ (୧୫) ବନ୍ଧନ କରିଅଛନ୍ତି କି? ସେ ନବଗୁଣ ପଇତାମାନେ (୧୬) କେମନ୍ତ ଶୋଭା ପାଉଅଛନ୍ତି କି ନବଧା ପ୍ରକାରେ। ଅବିଦ୍ୟା, ସୁରତି। ସୁଷୁପ୍ତି, ଅନ୍ତ ପରିଯନ୍ତେ ଗୁଣମୟୀ, ଅବିଦ୍ୟା ଶୀର୍ଣ୍ଣ (୧୭) ହୋଇ, କଷ୍ଟ କଷ୍ଟେ ଦାସ ପ୍ରାୟେ ହୋଇ, ସେ ଲାଗିଅଛନ୍ତି କି? ପଣ୍ଡିତମାନେ ଅବିଦ୍ୟା ବଳକୁ ବର୍ଣ୍ଣଭେଦ

୧-(ଖ) ସହିତ କରି, ୨-(କ) ରେ ବୃଦ୍ଧମାନଙ୍କୁ ବସାଇ ଅଧିକା, ୩-(ଖ) ରେ ନାହିଁ, ୪-(କ) କେବଣ ବୃଦ୍ଧ, ୫-(କ) ରେ ନାହିଁ, ୬-(ଖ) ରେ ସିଦ୍ଧି, ୭-(ଖ) ରେ ଶ୍ରୀ, ୮-(କ) ଜୀବ ଧିକ୍ତ, ୯-(ଖ) ଶୁଦ୍ଧ ସୁକ୍ତ, ୧୦-(ଖ) ଅମୋଘେଲେପିତ, ୧୧-(ଖ) ରେ ବିକ୍ଷିତ, ୧୨-(ଖ) ବ୍ୟୋପିତ, ୧୩-(କ) ମନ୍ମଥ, ୧୪- 'ଖ'ରେ ପୀତବସ୍ତ୍ରମାନ ଅଛନ୍ତି, ୧୫- 'କ'ରେ ନିବର୍ତ୍ତିବା ଅର୍ଥେ, ୧୬- 'କ'ରେ ପବିତ୍ର, ୧୭- 'କ' ରେ କ୍ଷୀଣ।

ସେ ରଖିଅଛନ୍ତି କି ? ପଣ୍ଡିତମାନେ ପୁଣି କେମନ୍ତ ଅଟନ୍ତି। ହସ୍ତମାନଙ୍କରେ ଶୁଦ୍ଧ ସ୍ଫଟିକର ଜପାମାଳିମାନେ ଚଳନ୍ତେ (୧) ଏମନ୍ତେ ମଣିଲୁ (୨) ମନ୍ମୋନୀ (୩) ହୋଇ ଜନ୍ମମରଣ ସଂସାରକୁ ସ୍ମରଣା କରି ଭ୍ରମାଉ ଅଛନ୍ତି କି ?

ଏମନ୍ତ ଭାବ ଦର୍ଶାଉଅଛନ୍ତି କି ? ଆହୁରି ହିଁ ପ୍ରଭାବ। ଏତେ ଜନ୍ମ ଆମ୍ଭେ ସର୍ବ ପରିତ୍ୟାଗ କରି ତପ ଆଶ୍ରେ କଲେ ହେଁ ପୁନଃ ପୁନଃ କରି ଅବିଦ୍ୟାର ବଳେ ଜନ୍ମ ମରଣ ଦିଅଇଟି (୪)। ଏମନ୍ତ ବିଚାରି ସେ ଜନ୍ତୁ ଜନ୍ମମରଣ ଗଣନା କରୁଅଛନ୍ତି କି ? ତ ସେ ଜାତସ୍ମର ଭାବୁ କରି ଅମଳ ରୁଦ୍ରାକ୍ଷ ତୁଳସୀ ପୁଇ ଚାନ୍ଦିଆ (୫) ଶୁଦ୍ଧ ସ୍ଫଟିକ ପ୍ରବାଳାଦି କରି ମାଳାମାନେ ବକ୍ଷସ୍ଥଳ ପର୍ଯ୍ୟନ୍ତେ ଲମ୍ବନ୍ତେ କେମନ୍ତ ଶୋଭା ପାଉଅଛନ୍ତି କି ? ସ୍ତମ୍ଭନ, ମୋହନ, ବଶ୍ୟ, ଉଚ୍ଚାଟନ, ଉଲୁକା, କୁହୁକ ଗୋଟିକା, ଅଞ୍ଜନ, ପାଦୁକା, ଲେପନ, ରସାୟନ, ଇନ୍ଦ୍ରଜାଲ, ନବ ନାଟକ, ଜାଳାନ୍ଧ୍ର ମତ, ମନ୍ମଥ, ଖଡ୍‌ଗ, ପାତି, ନବାଦ୍ଧ୍ୟ, ପରପୁର ପ୍ରବେଶ, ସର୍ବାଙ୍ଗ ଯୋଗ୍ମୀ ସାଧନ, ସର୍ବାକର୍ଷଣ, ଡାକିନ୍ୟାଦି କରି ଷଡ୍‌ଷକ୍ତି (୬) ସାଧନ, ମଣି ମନ୍ତ୍ରୌଷଧ୍ଯି, ଯକ୍ଷକରଣ। ସଙ୍ଗୀତ ସାହିତ୍ୟ କଳ୍ପ ଲେପ ରସାୟାନାଦି କରି, ସମସ୍ତ ବିଦ୍ୟାମାନନ୍ତ ମାଳି ମାଳି କରି ଗୁନ୍ଥି ହୃଦୟରେ ଲମ୍ବାଇଲା ପ୍ରାୟେକ କରି ଶୋଭା ପାଉଅଛନ୍ତି କି ? ତ ସେ ପଣ୍ଡିତମାନେ ସମସ୍ତେହେଂ ଜିତେନ୍ଦ୍ରିୟ, ଯଥାଭୁକ୍ତ, ସୁସୁହୃଦ, ଶୁଦ୍ଧାନ୍ତଃକରଣ, ଧ୍ୟାନ ପରାୟଣ, ସତ୍ୟବାକ୍, ମଧୁରଭାଷୀ। ସର୍ବାନନ୍ଦ, ଶର୍ମ ଦମାଦି (୭) ଗୁଣେ ନିରତ। ସମସ୍ତ ସମସ୍ୟା ସାଧନେ ସମର୍ଥ (୮) ମଧୁର (୯) ଭାଷୀ। ସର୍ବଦାଧୈର୍ଯ୍ୟ। ସଦା ସଦୟ। ଶୁଭ୍ର ସ୍ୱରୂପ। ସମସ୍ତ ଶାସ୍ତ୍ରମାନଙ୍କର ପାରକୁ ଯାଇଅଛନ୍ତି। ତପ କର୍ମା। ତପ ଅଭ୍ୟାସ। (୧୦) ବୈରାଗ୍ୟ ସମ୍ପନ୍ନ। ତତ୍‌ଫଳାର୍ଥ ତାତ୍ପର୍ଯ୍ୟ ତତ୍ତ୍ୱଜ୍ଞାନ ନିର୍ଣ୍ଣୟ କରି ସମସ୍ତ ଜ୍ଞାତା ଅଟନ୍ତି। ତ ଏବଂଭୂତ ପ୍ରକାରେ ଯେଉଁ ପଣ୍ଡିତମାନେ ତାହାଙ୍କ ଛାମୁରେ ସେ ଶରତ ଚନ୍ଦ୍ରବଦନୀ, ନୀଳୋତ୍ପଳନୟନୀ, ମତ୍ତ ଗଜେନ୍ଦ୍ରଗାମିନୀ, ତୁଙ୍ଗ ପୀନସ୍ତନୀ, ମଧ୍ୟ ସଂକୀର୍ଣ୍ଣୀ, ଲାବଣ୍ୟବର୍ଣ୍ଣିନୀ, ମନ୍ମଥାନନ୍ଦ ବର୍ଦ୍ଧିନୀ, ସର୍ବସୁଲକ୍ଷଣୀ,

(୧) 'କ' ରେ ପ୍ରଚଳ ହୁଅନ୍ତେ (୨) 'କ' ରେ କେମନ୍ତ ପ୍ରାୟେକ ମଣିଲୁ (୩) 'ଖ' ମଜ୍ଜୋମଜ୍ଜ ମନ୍ମୋନୀ (୪) 'ଖ' ରେ ବିଷଇଟି (୫) 'କ' ରେ ପୁଷ୍କର (୬) 'ଖ' ରେ ଷଟ୍‌ଦଳ (୭) 'କ' ରେ ଯମନିୟମାଦି (୮) 'ଖ' ରେ ସଶବ୍ଦ ସମାଧି ସଧନେ ପୂର୍ଣ୍ଣ, (୯) 'ଘ'ରେ ଶତୀଳ (୧୦) 'ଖ'ରେ ଉପସଂଚାର।

ନିତମ୍ବିନୀ, ସୁରାସୁରମୋହିନୀ, ପୀତ କୌଷେୟ ବାସିନୀ, କ୍ରୀଡ଼ାରସ ଜନନୀ କାମାଗ୍ନି ସନ୍ଦୀପନୀ, ଖେଦାର୍ଣ୍ଣବ ତରଣୀ, ଈଶଦ୍‌ହାସିନୀ, ସର୍ବମନୋହାରିଣୀ, ସୁବାସ ଲପନୀ, କୋକିଳା ବଚନୀ, କଳହଂସଗାମୀନୀ, ପାଟ ମହିଷୀ ଶଶିପ୍ରଭା ନାମେ ରାଣୀ ଅନ୍ତପାଟ ଉହାଡ଼େ ଥାଇ ନବରତ୍ନେ ନିର୍ମାଣ ସୂର୍ଯ୍ୟର ପ୍ରାୟେକ ଦୀପ୍ତମୟ ମନ୍ଦିରେ ଥାଇ ସ୍ୱପ୍ନର କଥା କହୁଅଛନ୍ତି ।

ଭୋ (୧) ପଣ୍ଡିତମାନେ ତୁମ୍ଭଙ୍କୁ କରୁଅଛି ନମସ୍କାର । ସାବଧାନ ହୋଇ ଶୁଣିମା ମୋହର ସ୍ୱପ୍ନରେ ବେଭାର । ଅରୁଣ ଉଦୟକାଳେ, ମନ୍ଦ ମନ୍ଦ ନିଦ୍ରାର ସୁଖ ବେଳେ, ସହଜଜ୍ଞାନରେ ମୁହିଁ ଦେଖିଲି ସ୍ୱପ୍ନ । କେଶବାସ ମୋହର ହୋଇଥିଲା ଯତ୍ନ । ବାତପିତ୍ତ ଶ୍ଳେଷ୍ମାଙ୍କର ପ୍ରବଳ ନାହିଁ । ଭ୍ରମ (୨) ଚିନ୍ତା, ଛନ୍ନ ଭ୍ରମ ଥିବା ମୋହର ଥିବ କାହିଁ । ଏମନ୍ତ ସମୟରେ ଅଦ୍ଭୁତ ହୋଇ ତେଜୋମୟ (୩) ପୁରୁଷେକ ଆସି ମୋହର ଗର୍ଭେ ପଶିଲା (୪) । ତ ସେ ପୁରୁଷ କେମନ୍ତ ଅଟଇ । ଈଶ୍ୱର ଶରୀର ବର୍ଣ୍ଣ ଶୁଦ୍ଧ ସ୍ଫଟିକର ପ୍ରାୟେ କାନ୍ତି । ରକ୍ତକୁମୁଦ ପ୍ରାୟେକ ଦୁଇ ନୟନର ଭ୍ରାନ୍ତି । ଭ୍ରୂଲତା ଭ୍ରମର ପଂକ୍ତି (୫) ପ୍ରାୟେକ କୁଟିଳ । କାଳନ୍ଦୀର ତରଙ୍ଗ ପ୍ରାୟେକ ଜଟିଳ । ସମ୍ପୂର୍ଣ୍ଣ ଚନ୍ଦ୍ରମା ପ୍ରାୟେକ ବଦନ (୬) ମଣ୍ଡଳ । ଗୁରୁ ଶୁକ୍ରଙ୍କର ପ୍ରାୟେ ବିରାଜୁ ଅଛି କର୍ଣ୍ଣେ ବେନି କୁଣ୍ଡଳ । ପ୍ରଲମ୍ବ ନୀଳ କୁଟିଳ (୭) ଜଟାସମୂହ ହୋଇଅଛି ମୁକୁଳ । ଫଣୀମଣି ଦୀପ୍ତ ତେଜ ଏକ ମହା ସର୍ପେକ ଧରିଅଛୁ (୮) ତହିଁ ଅତ୍ୟନ୍ତ ଶୁକଳ । ସର୍ବାଙ୍ଗେ ଭସ୍ମ ବିଭୂଷଣ । ଧୂମ ମେଘୁଁ ଫୁଟି ଦିଶିଲା ସୂର୍ଯ୍ୟ ଚନ୍ଦ୍ର ଜ୍ୟୋସ୍ନାକୁ ହିଁ କରୁଅଛି ଦୂଷଣ । ପୁଣ୍ଡରୀକ ଚର୍ମ ପରିଧାନ କରିଅଛି କଟିତଟେ । ସିଂହସ୍କନ୍ଧ ମଣ୍ଡଳ (୯) କରିଅଛି ଯୋଗପଟେ । ବୃହତ୍ ସ୍କନ୍ଧ, ମହାବାହୁ, ବିଶାଳାକ୍ଷ, ଦୀର୍ଘକର୍ଣ୍ଣ (୧୦) ସମ ନାସିକା ଅଗ୍ରକୁ ଦୀର୍ଘ (୧୧) ସଞ୍ଚ ଗମ୍ଭୀର (୧୨) ସପ୍ତରକ୍ତାଦି କରି ସମସ୍ତ ଲକ୍ଷଣେ ସମ୍ପୂର୍ଣ୍ଣ । ତାହାର ନେତ୍ର ପଦ୍ମ ଦୁଇଗୋଟି ହୋଉଅଛି ଜ୍ଞାନାନନ୍ଦେ ପୂର୍ଣ୍ଣ (୧୩) ।

ତ ଏବଂଭୂତ ପ୍ରକାରେ ସେ ମହାତ୍ମା (୧୪) ମୋହର ଉଦରେ ପଶନ୍ତେ ଅଦଭୁତ ହୋଇ ଚମକି (୧୫) ଉଠିଲି ଅତ୍ୟନ୍ତ ଭୀତେ । ଏବଂଭୂତ ପ୍ରକାରେ ଶଶୀପ୍ରଭା ନାମ ରାଣୀ ସ୍ୱପ୍ନକଥା କହି ତୁନି ହୋଇଲା । କି ସେ ମନମଥ ରାଜାର ପରିବାଦିନୀରୁ ଗୁଣ ତୁଟିଲା ପ୍ରାୟେକ ହୋଇ ସ୍ଥିର ହୋଇଲା । ସେ ପଣ୍ଡିତମାନେ ରାଣୀର ବଦନ ଚନ୍ଦ୍ରୁ (୧୬) ଝରିଲା ଅମୃତଧାରା ପ୍ରାୟେକ କରି (୧୭) ସ୍ୱପ୍ନ କଥା ଶ୍ରବଣ ପଥେ

---

(୧) 'କ' ରେ ଭୋତତ୍ୱସେବିତ (୨) 'ଖ'ରେ ଊର୍ମି (୩) 'କ' ରେ ଯୋଗମାୟ (୪) 'କ' ରହିଲା (୫) 'କ' ଶ୍ରେଣୀର (୬) 'କ' ଶୋଭିତ ଶ୍ରୀମୁଖ ମଣ୍ଡଳ (୭) 'କ' ପ୍ରଲମ୍ବ ନୀଳ ସ୍ଫଟିକ ପ୍ରାୟେ ଜଟା ସମୂହ ହୋଇଅଛ ସରଳ (୮) 'କ' ଧରୁଅଛ (୯) 'ଖ' ଦଣ୍ଡମନ (୧୦) 'ଖ' ତନୁ (୧୧) 'ଖ' ରେ ନାହିଁ (୧୨) 'ଖ' ରେ ପଟ ଗମ୍ଭୀର (୧୩) 'ଖ' ଘୂର୍ମା । (୧୪) 'କ' ରେ ମହାବାହୁ ମହାତ୍ମା (୧୫) 'ଖ' ଅଦ୍‌ଭୁତେ ଚହକି ଚିଆଇଁ (୧୬) 'ଖ' ବଚନ ରନ୍ଧ୍ର (୧୭) 'ଖ' ରେ ହୋଇ ।

ପାନକଲେ। କରି ସେ ବିଦ୍ୟାଶକ୍ତି (୧) ଶାସ୍ତ୍ରବିଶାରଦ ପଣ୍ଡିତମାନେ ଆଗତ ଭବିଷ୍ୟ (୨) ପୁରାଣ ସ୍ୱପ୍ନାଧ୍ୟାୟ ଶକୁନ୍ୟ ଜଉତିଷ ସିଦ୍ଧାନ୍ତ ଦୀକ୍ଷା ଗ୍ରହଣ କରି (୩) ସମସ୍ତ ଶାସ୍ତ୍ର ଦେଖି କହିଲେ, ବୋଇଲେ ଭୋ ରାଜନ! ତୋହର ଧନ୍ୟ ଧନ୍ୟ। ପୂର୍ବର ତପସ୍ୟାବଳ କେ କରିବ ଆନ। ତୋହର ପୁଣ୍ୟ ବଳେ ଦୁସହ କର୍ମମାନ ତ କଲୁ (୪)। ବୁଦ୍ଧି କ୍ଷେତ୍ରେ କର୍ମ (୫) ଭୂମିରେ ଧର୍ମତରୁ ଏକ ରୋପିଲୁ। ସେ ବୃକ୍ଷର ମୂଳ ବିଷ୍ଣୁ ସେବା। ଶିଖର ରୁଦ୍ର ସେବା (୬)। ସ୍କନ୍ଧ ଅନ୍ତଃକରଣ ଶୁଦ୍ଧି। ଶାଖା ସମ ଭାବ (୭) ବୁଦ୍ଧି। ପଲ୍ଲବ ବିବେକ ବିସ୍ତାର। ପତ୍ର ଯଜ୍ଞାଦି ପ୍ରକାର। ବକଳ କ୍ଷମାଦି ଗୁଣ। ରସ ଦୟାର୍ଦ୍ରେ ନିପୁଣ (୮)। ଓହୋର ସ୍ୱାଦାରାରେ ତୃଷ୍ଟ (୯)। କ୍ରୋଡ଼ ଗୃହସ୍ଥ ଶ୍ରେଷ୍ଠ (୧୦)। ସ୍ୱାଦରା ଯେ ପୁଷ୍ପ ହୃଦେ ବାସୁଦେବ ମୁଦ୍ରିତ (୧୧)। ଏବଂଭୂତ ପ୍ରକାରେ ଧର୍ମତରୁ ଫଳ ଆସି ହୋଇଲା ଉଦତ। ଏ ମହାଦେବୀର ଗର୍ଭେ ରୁଦ୍ର ଅଂଶେ (୧୨) ମହାଯୋଗେନ୍ଦ୍ର ପୁରୁଷେକ ଆସି ରହିଁଲା। ଜଠର ନରକ ସହିଲା। ତୋହର ତପରେ ଭକ୍ତି ରହିଲା (୧୩) ଧର୍ମଶାସ୍ତ୍ର କହିଲା। ଯଜ୍ଞର ଫଳ ହୋଇଲା (୧୪)। ଯୋଗ ଭ୍ରଷ୍ଟେ ରହିଲା। ଜ୍ୟୋତିଷ ମତ ହିଁ ବୋଇଲା। ଏ ରାଣୀର ଗର୍ଭ ହିଁ ଶୋହିଲା (୧୫)। ଶୋଭନ ଗୁଣେ ମୋହିଲା। କଲୁଷ ମାନନ୍ତ ଧୋଇଲା। ଅଶୁଭ ସ୍ୱପ୍ନ ନୋହିଲା (୧୬) ଏମନ୍ତ ବୋଲି ସେ ପଣ୍ଡିତମାନେ ବୋଇଲେ।

ଭୋ ଦେବ! ସେ ସକଳ କଳାରେ ନିପୁଣ। କାମଦେବକୁ ସମ। ସମସ୍ତ ଶତ୍ରୁମାନଙ୍କୁ ଜିଣିଲେ ହେଁ ନ ପାଇବ ଶ୍ରମ। ଆସମୁଦ୍ରାନ୍ତ ପୃଥୀ ପାଳିବାକୁ ହୋଇବ କ୍ଷମ। ସାକ୍ଷାତ ମୂର୍ତ୍ତିବନ୍ତ ହୋଇ ହୋଇବ ଧର୍ମ। ନିରନ୍ତରେ କରିବ ଆନନ୍ଦିତ କର୍ମ। ଯୋଗବଳେ କରି ଈଶ୍ୱରଙ୍କୁ ସମ। ଏବଂଭୂତ ପୁତ୍ରେକ ତୋହର ହୋଇବାକୁ ଜନ୍ମ। ସେ ପଣ୍ଡିତମାନେ ଏମନ୍ତ ବୋଲି ସ୍ୱପ୍ନର କଥା କହି ମହାପୂଜା ପାଇଲେ। ରାଜାରାଣୀଙ୍କି ପାଦ ଉଦକ (୧୭) ଦେଇ ସେ ପଣ୍ଡିତମାନେ ଯେ ଯାହାର ମନ୍ଦିରକୁ ଗଲେ। ଏଥି ଉତ୍ତାରେ ରାଜା (୧୮) ଏମନ୍ତ ବିଚାରିଲେ। ଏକଥା ହିଁ ହେଉ, ଆନ ନୋହୁ।

(୧) ବହି ବିଦ୍ୟାଶକ୍ତି ସମ୍ପୂର୍ଣ୍ଣ (୨) 'ଖ' ଆଗମ (୩) 'କ' ରେ ନାହିଁ (୪) 'ଖ' ତୁଯେ ମହତ କର୍ମ କଲୁ (୫) 'କ' ରେ ନାହିଁ (୬) 'ଖ' ସିଅ ଦରିଦ୍ରେ ହେବା (୭) 'କ' ରେ ସମାପ୍ତ (୮) 'ଖ' ଶିଖ ଦୟାରେ ତ୍ରିଗୁଣ (୯) 'ଖ' ରେ ନାହିଁ (୧୦) 'ଖ' ରେ ଗୃହସ୍ଥ ଦୃଷ୍ଟ (୧୧) 'କ' ତୃପିତ ପୁଷ୍ପ ବାସୁଦେବ ହୃଦୟ ପଦ୍ମେ ମୁଦ୍ରିତ (୧୨) 'ଖ' ବ୍ରାହ୍ମାଂଶେ (୧୩) 'କ'ରେ ତୋହର ତ ପର ଭକ୍ତି ବଢ଼ିଲା (୧୪) 'ଖ' ରେ ନାହିଁ (୧୫) 'କ' ସହିଲା (୧୬) ଅତ୍ୟନ୍ତ ଶୁଭ ସ୍ୱପନ ହୋଇଲା (୧୭) 'କ' ପାଦରବ (୧୮) 'କ' ଆନନ୍ଦ ହୋଇ।

ଏଥିରେ ବିଘ୍ନ ଶାନ୍ତି ନିମିତ୍ତ ଅନେକ ଦାନ ଦେଲେ। ଏମନ୍ତେ ସେ ରାଣୀ ଦିନେ ଦିନେ ପାଇଲା ଗର୍ଭବାସର ଦୁଃଖ। ପାଣିରୁ ବହୁତ ବେଳ ଉଦ୍ଧରି (୧) ଆଣିଲା ନଳିନୀର ପ୍ରାୟେକ ଦିଶିଲା ମୁଖ। ତାହାର କାନ୍ତି ହୋଇଲା ବିବର୍ଣ୍ଣ। ହୃଦୟ ହୋଇଲା କ୍ଷୀଣ। ଉଦର ହୋଇଲା ପୂର୍ଣ୍ଣ (୨)। କଳା ପଡ଼ିଲା ପୀନସ୍ତନ। କିସେ ଭୃଙ୍ଗେ ବେଷ୍ଟିତ ଦର ବିଦଳିତ ପଦ୍ମ। ତାହାର ନୀଳୋତ୍ପଳ ପରା (୩) ଅତି ସ୍ନିଗ୍ଧ ଚକ୍ଷୁର କଳା ଅତି ସିଠୁଆ ଦିଶିଲା। ହୁଗୁଳି ପଡ଼ିଲାକ କଙ୍କଣ ବଳା। ଏକା ଛୋଟିଆ ହୋଇଲା କଟି ମେଖଳା। ଖୋସି ନ ପାରିଲା ଏ ପୁଷ୍ପମାଳା। ତାହାର ଅଧର ରଙ୍ଗ ତୁଟିଲା। ଯେହ୍ନେ ବଧୁଲୀ ପୁଷ୍ପ ପାଉଁଶେ ଲୋଟିଲା (୪)। ତାକୁ ଗର୍ଭବାସ ମତ ବଡ଼ ଜ୍ୱର ଘୋଟିଲା। (୫) ସେ ପ୍ରାୟେ ଚାଲନ୍ତେ ଫୁଟିଲା। ଶୀତଳ ଠାଆକୁ ମନ ଇଚ୍ଛିଲା (୬) ତା'ର କଇଁଥ ବେଷ୍ଟ ଲାଭି ଲେଉଟିଲା।

ଏମନ୍ତେ ସେ ପରମ ଧାତୁ ସ୍ୱରୂପ ରୁଦ୍ରଗଣ ଗର୍ଭର ଭିତରେ ଭୂମି ଘେନି ରହିଲା। ଯେହ୍ନେ ଲାବଣ୍ୟ ସରୋବର ଭିତରେ ପଦ୍ମବୀଜ ସଞ୍ଚରିଲା। ଜଠରାଗ୍ନିରେ ଯେହ୍ନେ ଜୀର୍ଣ୍ଣ ନହୋଇ ଚର୍ମ ପୁଟିକା ମଧରେ ହୋଇ। ଜାଲି ପଟଳ ଶଯ୍ୟା (୭) କରି, ବାସୁଦେବଙ୍କୁ ହୃଦପଦ୍ମେ ଧରି, ଆହାର ପୁଟିକାକୁ ଆଶ୍ରେକରି, କୁଣ୍ଡଳିନୀ ମୁଖ ଆଶ୍ରେକରି, ପରମଜ୍ଞାନ ସୁମରି, ନବମାକାଶ ଧାରଣ କରି (୮), ପରମ ଜ୍ୟୋତି ଯେ ବ୍ରହ୍ମ ତାକୁ ଚିନ୍ତା କରି ନରାକୃତ ଶରୀର କଳ୍ପିଲା। ଅପାନ୍ୟ (୯) ପବନକୁ ଆହାର କଲା। ବାହ୍ୟାଭ୍ୟନ୍ତରରେ ନିରନ୍ତର ପରମ ଜ୍ୟୋତିର୍ମୟ (୧୦) କରି, ଶବ୍ଦ ସ୍ୱରୂପାତୀତକୁ ପୂର୍ଣ୍ଣକରି (୧୧) ଏକ ଜୀବାତୀତ ସମଭାଗ କରି, (୧୨) ଜୀବନକୁ ପୃଥୁକରି, ଈଶ୍ୱର ଆଜ୍ଞାରେ କଳ୍ପିଲା। ଏମନ୍ତେ ସେ ଅମୋଘ ବୀଜକୁ ରାଣୀ ସହି ନ ପାରି ଆକୁଳ ହୋଇଲା। ବ୍ରହ୍ମତେଜ ବହିଲା ଦୁଃଖ ସହିଲା। ଭୟେ ପଶିଲା। ଶ୍ୱେତବର୍ଣ୍ଣ ଦିଶିଲା। ଶିର ବୁଲିଲା (୧୩) ଲୋମ ଲତିକା (୧୪) ଫୁଲିଲା। ଆହାର ତୁଟିଲା ଚାଲନ୍ତେ ଫୁଟିଲା। ଛର୍ଦ୍ଦି ମିଶିଲା। ଶ୍ୱାସ ବଳିଲା। କେଶବାସ ଖସିଲା (୧୫) ଭେଡ଼ାକେ ବସିଲା। ଔଷଧ ଗୁଣ୍ଡକଲା। ଉଦର କଣ୍ଡୁକଲା। ନିରନ୍ତର ଉଁତ୍ତାନହୋଇ (୧୬) ଶୋଇଲା। ଉତ୍ତାନ ହୋଇଲା। ଦେହ ପାନପତ୍ର ମର୍ଦ୍ଦିଲା ପ୍ରାୟେକ ଦିଶିଲା। କୋକିଳ ବଚନ ଘର୍ଘର ଶୁଭିଲା।

---

(୧) 'କ' ତୋଳି (୨) 'ଖ' ରେ ନାହିଁ (୩) 'ଖ' ରେ ନାହିଁ (୪) 'ଖ' କି ସ ପାଂଶେବଧୁଲୀ ଫୁଟିଲା। (୫) 'କ' ତାହାକୁ ଗର୍ଭଗତ ଜ୍ୱର ଘୋଟିଲା। (୬) 'କ' ରେ ଖଟିଲା (୭) 'ଖ' ସେହ୍ନା (୮) 'କ' ଧାରଣାକୁ କୀଳା କରି (୯) 'କ' ଅପାନ (୧୦) 'ଖ' ଜ୍ୟୋତିକରି (୧୧) 'କ' ଶବଦ ଶରୀର ଚିତ୍ତକୁ ପୁର୍ଣ୍ଣ କରି (୧୨) 'କ' ଏକ ଜୀବଆତ୍ମା ସମଭାବ (୧୩) 'ଖ' ଦୋଳିଲା (୧୪) 'ଖ' ଲଳିତା (୧୫) 'ଖ'ରେ ନାହିଁ (୧୬) 'ଖ'ରେ ନାହିଁ।

ରାଣୀର ଏମନ୍ତ ଆକୁଳ ଦେଖି ରାଜା ଅତ୍ୟନ୍ତ ଆକୁଳ (୧) ପାଇ, ପରମ ଶୁଚିବନ୍ତ ହୋଇ, ଏକାନ୍ତ ସ୍ଥାନରେ, ସ୍ଫଟିକ ମଣ୍ଡପରେ ଦେବତା ସ୍ଥାନରେ ବସି, ରାଜା ମାନସିକ ପୂଜା କରୁଅଛି। କେମନ୍ତ କେମନ୍ତ ପ୍ରକାରେ କରୁଅଛି। ପ୍ରଥମେ ସାତଲୋକର ତଳେ (୨) ଅତ୍ୟନ୍ତ ରସାନ୍ତଳେ (୩) ନିର୍ମଳ ଚିଦାକାଶେକ କଳ୍ପିଲା। ସେ ଆକାଶ ବିଷ୍ଣୁ ସମେତ କରି କୋଟି ସୂର୍ଯ୍ୟ ସଂକାଶ ଜ୍ୟୋତିଏ କଳ୍ପିଲା। କଳ୍ପିକରି ତାଳତଳ ଆକାଶ ଶୁଦ୍ଧ କଲା। ତହିଁ ଉପରେ (୪) କାରୁଣ୍ୟ ଜଳେକ କଳ୍ପିଲା। ସେ ଜଳ ଅମୃତ ନିର୍ମିତ କରି କଳ୍ପିଲା (୫)। ବାସୁଦେବର ରୋଗମୂଳେ ଅମୃତ ସମ (୬) ସ୍ୱେଦକରିକା ପ୍ରାୟେ କରି କଳ୍ପିଲା (୭) ଜଳ ସ୍ନାନ କରି ସନ୍ଧ୍ୟା କଲା (୮) ତଦନ୍ତରେ ସ୍ୱେଦ (୯) ଜଳରେ ଅନେକ ବ୍ରହ୍ମାଣ୍ଡମାନ ବସନ୍ତି। ବିଷ୍ଣୁରୁ ସର୍ବ ରୋମକୂପରୁ ସର୍ବଦା ସ୍ୱେଦମାନ ଝରେ (୧୦) ତହିଁ ନାଭିପଦ୍ମେକ କଳ୍ପିଲା। ସେ ବାସୁଦେବର ନାଭିପଦ୍ମ ମଧ୍ୟରୁ କଣିକା ପ୍ରାଏକ କରି କାରୁଣ୍ୟ ଜଳରେ ବ୍ରହ୍ମାଣ୍ଡ ଧୋଇଲା (୧୧)। ଏ ବ୍ରହ୍ମାଣ୍ଡର ନାମ ପଦ୍ମଭବ। ଏ ବ୍ରହ୍ମାଣ୍ଡ ତଳରେ ମହାଜଳ ଉପରେ କମଠେକ କଳ୍ପିଲା (୧୨)। ସେ କମଠକୁ (୧୩) ପରମେଶ୍ୱର କରି କଳ୍ପି ଧ୍ୟାୟିଲା ସେ କମଠକୁ କେମନ୍ତ କଲା। ବଜ୍ରପ୍ରାୟେକ ତାହାର ପୃଷ୍ଠକଠିନ। ସ୍ନିଗ୍ଧ ବୈଦୁର୍ଯ୍ୟ ମଣିଷର ପ୍ରାୟେକ ଶରୀର ଅଟଇ। ପ୍ରଥମ ଉଦିତ ଆଦିତ୍ୟ ପ୍ରାୟେକ ଚକ୍ଷୁ ଦୁଇ। ଜିହ୍ୱା ବିଜୁଳିର ପ୍ରାୟେକ ଦିଶଇ। ନଖମାନ ଅର୍ଦ୍ଧଚନ୍ଦ୍ର ପ୍ରାୟେକ। ପେଟ ହରିତ ବର୍ଣ୍ଣ (୧୪) ମେଘର ପ୍ରାୟେକ। ଅଚଳ କମଳରୁ (୧୫) କମଠାକୃତି ଛନ୍ଦେ ନିଯୋଜି ପୂଜା କଲା। ସେ କମଠ ନିଶ୍ୱାସେ କରି ସାତ (୧୬) ଲୋକ ରହିଅଛି। ଏମନ୍ତ ସେ ମହାପୀଠ (୧୭) କମଠର ଆଠ ପାରୁଶରେ ଆଠଗୋଟି କୁଞ୍ଜର କଳପିଲା। ସେହି (୧୮) କୁଞ୍ଜରମାନେ କେମନ୍ତ ଅଟନ୍ତି। କେ (୧୯) ହିମାଳୟ (୨୦) ପର୍ବତର ପ୍ରାୟୋକ। କେ କାଞ୍ଚନ ପର୍ବତର ପ୍ରାୟେକ। କେ ନିର୍ଧୁମ ବହ୍ନି (୨୧) ପ୍ରାୟେକ। କେ ଶୁଦ୍ଧ ସ୍ଫଟିକ ପ୍ରାୟେକ। କେ ସନ୍ଧ୍ୟା ମେଘର ପ୍ରାୟେକ। କେ ମାଣିକ୍ୟ ମଣିଣ ପ୍ରାୟେକ। କେ ଧୂମ୍ରବର୍ଣ୍ଣ ସମସ୍ତେ ହେଁ ଚତୁର୍ଦ୍ଦନ୍ତ। ତ କେ ମେରୁ ପର୍ବତ ପ୍ରାୟେକ। ସମସ୍ତେ ଏପରି ଗରୁଦ୍ରଂଷ୍ଟା (୨୨) ହିମାଳୟ ପର୍ବତରୁ ଗଙ୍ଗା ଝରିଲା ପ୍ରାୟେକ ମଦଧାରା (୨୩) ଝରୁଅଛନ୍ତି।

ଏବଂଭୂତ କରି ଆଠଗଜ କଳ୍ପିଲା। ଗଜବନ୍ଧ ଧାରଣାରେ କରି, ରକ୍ଷିଛନ୍ଦ୍ର

---

(୧) 'କ' ବିଷାଦ (୨) 'ଖ' ପ୍ରଥମେ ସାତ ଲୋକ ସାତ ତଳେ (୩) 'ଖ'ରେ ନାହିଁ (୪) 'ଖ' ତଦୁପରି (୫) 'ଖ'ରେ କଳ୍ପିଲା ନାହିଁ (୬) 'ଖ'ରେ ନାହିଁ (୭) 'ଖ'ରେ ନାହିଁ (୮) 'ଖ' ଜଳ ସ୍ନାନେ କର କଳ୍ପିଶୁଦ୍ଧ କଲା (୯) 'ଖ' ରେ ସେଦ। (୧୦) 'ଖ' ସର୍ବାଙ୍ଗେ ମୁଁ...ମରି (୧୧) 'କ' ରେ ଥୋଇଲା (୧୨) 'କ' ଏକ କମଠେ (୧୩) 'ଖ'ରେ କୁ ନାହିଁ (୧୪) 'ଖ' ରେ ବର୍ଣ୍ଣର (୧୫) 'କ' ସେ କମଠକୁ (୧୬) 'ଖ' ସତ୍ୟ (୧୭) 'କ' ମହାପୃଷ୍ଠ (୧୮) 'ଖ' ମେରୁ (୧୯) 'ଖ' ରେ ନାହିଁ (୨୦) 'କ' ମଳୟ (୨୧) 'ଖ' ରେ ନାହିଁ (୨୨) 'ଖ'ରେ ନାହିଁ (୨୩) 'ଖ' ମଦଧାରା।

ଅଧିଷ୍ଠାତ୍ରୀ ସହିତେ ଗନ୍ଧପୁଷ୍ପ ସହିତେ ଧୂପ ଦୀପ ନୈବେଦ୍ୟ ଦେଇ ପୂଜା କଲା। ବସ୍ତ୍ର (୧) ଅଳଙ୍କାର ଦେଇ ସେ କମଠ ଉପରେ ଆଠ ହସ୍ତୀମାନଙ୍କର (୨) ହସ୍ତମାନେ ଶୁଣ୍ଡକରି ମଣ୍ଡୁକକୁ ଧରିଅଛନ୍ତି। ସେ ମଣ୍ଡୁକ କେମନ୍ତେ ଅଟନ୍ତି। ମହାକଳ୍ପି ଅଟଇ। ନୀଳପାଷାଣ ପ୍ରାଏ ଦେହ କର୍କଶ ଅଟଇ। ଇନ୍ଦ୍ରଧନୁ ପ୍ରାୟେକ ପଇତା ଅଙ୍କିତ ହୋଇଅଛି। ଦୁଇଚକ୍ଷୁ ମଙ୍ଗଳ ଗ୍ରହ ପ୍ରାୟେକ ଦୀପ୍ତ ହୋଇଅଛି। ଏବଂଭୂତ ମଣ୍ଡୁକେକ କଳ୍ପିଲା। ସେ ମଣ୍ଡୁକକୁ ମଣ୍ଡୁକ ଧାରଣାରେ କରି ବିଧିମତେ ପୂଜାକଲା। କରି ସେ ମଣ୍ଡୁକର ଶରେ ଏକ ପଦ୍ମ ପୁଷ୍ପେକ କଳ୍ପିଲା। ସେ ପଦ୍ମର ନାଡ଼ ଷାଠିଏ ସହସ୍ର ହାତ ଉତ୍ସର୍ଗ ଅଟଇ। ସେ ପଦ୍ମ ଅତ୍ୟନ୍ତ ସ୍ଫୁଟ ହୋଇଅଛି। ସର୍ବଦା ମଳିନ ନୁହଇ। ସେ ସୁବର୍ଣ୍ଣ ପଦ୍ମ ଅଟଇ। ପୁଣି ସୁଗନ୍ଧ ଅଟଇ ଅନେକ ଦୂର ବ୍ୟାପିଅଛି। ସେ ସହସ୍ର ଦଳ ଅଟଇ। ଏହାକୁ ପାତାଳ ପଦ୍ମ ବୋଲି। ଏ ପଦ୍ମକୁ ଶ୍ରୀପଦ୍ମେ (୩) ପୂଜାକରି। ଆଧାର ପୃଷ୍ଠ (୪) ଏହାର କୋଷ ଅଟଇ। ଏଥି ଅନନ୍ତ ସ୍ୱରୂପ ସେ ପରମେଶ୍ୱର ସେ ବିଜେ କରିଅଛନ୍ତି। ସେ ଅନନ୍ତନାଗକୁ ରାଜା ଯୋଗଧାନେ ଏକଲୟେ କଲା। ସେ ସର୍ପର ବର୍ଣ୍ଣ ତପ୍ତ କାଞ୍ଚନ (୫) ଅଟଇ। ସେ ପଦ୍ମରେ କୃତ (୬) ହୋଇ ବସିଅଛି ଯୋଗଧାନେ।

ଚକ୍ଷୁମାନ ସୂର୍ଯ୍ୟର ପ୍ରାୟେକ ଦିଶୁଅଛନ୍ତି। ସହସ୍ରେ ଶିର ଅଟଇ। ସେ ଶିରମାନଙ୍କରେ ଫଣାମଣିମାନେ ଦୀପ୍ତ ହୋଇଅଛନ୍ତି। ସେ ଫଣା ମଣିମାନଙ୍କର ଶିଖା ଅତ୍ୟନ୍ତ ଜ୍ୟୋତିର୍ମୟ ଅଟଇ। ନୀଳବସ୍ତ୍ର ପରିଧାନ କରି କନକ ସରୋଜ ଉପରେ (୭) ଶ୍ରୀ ଶକ୍ତିରେ ଅନନ୍ତ ବୀଜ ସ୍ୱରୂପେ ବିଜେ କରିଅଛନ୍ତି। ସେ ବାସୁକିକି କଳ୍ପିଲା। କଳ୍ପି ପୁରୁଷସୂକ୍ତ ଉପଚାରେ ଆକାଶଗଙ୍ଗାରୁ ଜଳ ଅଭିସେଚନ କରି ମାନସିକ ପୂଜା କଲା। ଅନନ୍ତ ମନ୍ତ୍ରେକରି ଜପକଲା। ତହିଁ ଉତ୍ତାରେ ସେ ସର୍ପର ସହସ୍ର ଫଣାର ମଧ୍ୟେ ମଧ୍ୟ ଫଣା ସବୁହୁଁ ଉଚ୍ଚ ଅଟଇ। ସେ ଫଣାରେ ଅନନ୍ତ କୋଟି ସୂର୍ଯ୍ୟ ସଙ୍କାଶ ମୁକୁଟର ଉପରେ ମଣି ଏକ ଅଛଇ ସେ ମଣିର ମଧ୍ୟେ ପୃଥ୍ୱୀ ତିଳ ପ୍ରାୟେକ ହୋଇ ବସିଅଛି। ଏମନ୍ତ କଳ୍ପିଲା କଳ୍ପ। ସାତ ଲୋକ ସ୍ୱରୂପେ ଯେଉଁ ପୃଥ୍ୱୀ, ଏହା କଳ୍ପିଲା ପୀତବର୍ଣ୍ଣ କରି, ବଜ୍ରାଙ୍କିତ କରି, ଧରିତ୍ରୀ ମନ୍ତ୍ରେ ଅନ୍ତଃକରଣ ଶୁଦ୍ଧକରି ପୂଜାକଲା (୮) ସୁଗନ୍ଧ ପୁଷ୍ପ ଧୂପଦୀପ ନୈବେଦ୍ୟ ଦିଗବନ୍ଧନ ତାଳତ୍ରୟକରି କଲା। କରି ଆସନ-ମନ୍ତ୍ରେ ଆସନେ ବସିଲା।

---

(୧) 'ଖ' ରେ ନାହିଁ (୨) 'ଖ' ରେ ମାନଙ୍କର ନାହିଁ (୩) 'କ' ଶ୍ରୀମନ୍ତ୍ରେ (୪) 'କ' ପିଠି (୫) 'କ' ତପ୍ତ କାଞ୍ଚନ ପ୍ରାୟେକ ବର୍ଣ୍ଣ (୬) 'କ' ମଣ୍ଡଳାକୃତି (୭) 'ଖ' ରେ ସରୋଜରେ (୮) 'ଖ'ରେ ଅନନ୍ତ ମନ୍ତ୍ରେଠାରୁ ପୂଜା କଲା ପର୍ଯ୍ୟନ୍ତ ନାହିଁ।

ଦକ୍ଷିଣେ ଗଣେଶ୍ୱରଙ୍କୁ ଅର୍ଚ୍ଚିଲା। ବାମେ ଗୁରୁମାନଙ୍କୁ (୧) ନମସ୍କାର କଲା। ଉପରେ ଗରୁଡ଼ଧ୍ୱଜ ଯେ ଶ୍ରୀକୃଷ୍ଣ, ତାଙ୍କୁ ନମସ୍କାର କରି ରକ୍ଷା ଦେଲା। ମହାଭୈରବ, ଯମ, ଇନ୍ଦ୍ର, ମରୁତ, କୁବେର (୨) ଏମାନଙ୍କୁ ନମସ୍କାର କଲା। କରି କରି ପାରୁଶରେ ରକ୍ଷାଦେଲା। ଏ ରକ୍ଷାକରି କୋମଳ କରି ଶରୀର ମୁଦ୍ରାକରି ପରି ସୁରକ୍ଷା କରି ଭୂତଶୁଦ୍ଧି କଳ୍ପିଲା। ପାଦୁଁ (୩) ଜାନୁ ପର୍ଯ୍ୟନ୍ତେ ପୃଥୀ ଶୁଦ୍ଧ କଲା। ଜାନୁରୁ ଗୁହିଯ ପରିଯନ୍ତେ ଜଳତତ୍ତ୍ୱ କଲା। ଗୁହିୟୁଁରୁ ନାଭି ପରିଯନ୍ତେ ଅଗ୍ନିତତ୍ତ୍ୱ କଲା। ନାଭିରୁ ହୃଦୟ ପରିଯନ୍ତେ ବାୟୁ ତତ୍ତ୍ୱ କଲା। ହୃଦୟରୁ କଣ୍ଠ ପରିଯନ୍ତେ ଆକାଶ ତତ୍ତ୍ୱକଲା। କଣ୍ଠରୁ ମୂର୍ଦ୍ଧନି ପରିଯନ୍ତେ ବ୍ରହ୍ମଜ୍ୟୋତି କଲା। କରି ଶରୀର ଶୁଦ୍ଧ କଲା (୪) ଲଘୁମାତୃକା ନ୍ୟାସକରି ମୂଳ କମଳଙ୍କୁ ଚିନ୍ତାକଲା ବାଦିଶାନ୍ତ (୫) ପର୍ଯ୍ୟନ୍ତେ ରୋପି ପୃଥ୍ୱୀକୁ ସମକରି ଜ୍ୟୋତି ଅରୁଣ ବର୍ଣ୍ଣ କରି ବାଦିଶାନ୍ତ ପର୍ଯ୍ୟନ୍ତ ବର୍ଣ୍ଣକୁ ବସାଇ କୋଷଗତେ ରତ୍ନପୀଠେ ବିଘ୍ନେଶ୍ୱରଙ୍କୁ ଅର୍ଚ୍ଚିଲା। ହାକିନ୍ୟାଦି ଅଧିଷ୍ଠାତ୍ରୀ କରି (୬) ତଦୁପରି ଜ୍ୟୋତିସ୍ଥାନେ ପ୍ରବାଳେ ଅଙ୍କୁର (୭) କରି, ଈଶ୍ୱରଙ୍କୁ ପଶ୍ଚିମ ମୁଖକରି କଳ୍ପିଲା। ରୁଦ୍ରମନ୍ତ୍ରେ ଜପକଲା। ସ୍ୱାଧିଷ୍ଠାନ ଚକ୍ରରେ ଯଥୋଚିତ କରି ପୂଜାକଲା ତ୍ରିପୁରାରୀଙ୍କୁ। ତଦୁପରି ଡାଦିପ୍ରାନ୍ତ ବର୍ଣ୍ଣରେ ନୀଳଉତ୍ପଳ ସଂକାଶ କମଳରେ ବ୍ରହ୍ମାଙ୍କୁ ପୂଜିଲା। ହୃଦୟ ପଦ୍ମେ ନାରାୟଣଙ୍କୁ ଜପକରି ପୂଜିଲା। ଆରୋପି ଚନ୍ଦ୍ର ସୂର୍ଯ୍ୟ ଅଗ୍ନିମଣ୍ଡଳର ମଧରେ ନିର୍ଦ୍ଧୂମ ଅଗ୍ନିର ସଂକାଶ ଚକ୍ରାୟୁଧ କରି ପୂଜିଲା। ତଦୁପରି କଣ୍ଠ କମଳରେ ଷୋଡ଼ଶ ଦଳ ସ୍ୱରନ୍ତା ସରସ୍ୱତୀଙ୍କି ପୂଜାକଲା। ନବବସ୍ତ୍ର ଶିଖି ନାଡ଼ିରେ ନିଦ୍ରାକୁ (୮) ପୂଜିଲା। ପ୍ରାଣଚକ୍ରରେ ଈଶ୍ୱରଙ୍କୁ ସହସ୍ର ଦଳ ଉପରେ ଶୁଦ୍ଧ ସ୍ଫଟିକ ସଂକାଶ କରି କଳ୍ପି ପୂଜା କରନ୍ତେ ଅଦ୍ଭୁତ ହୋଇ ଧ୍ୱନିଏ ରାଜାର କର୍ଣ୍ଣରେ ପଶିଲା।

ଆହୋ ରାଜା ଯେଉଁ ଅବଧୂତ ଆସିବ ତାହାଙ୍କୁ ରାଣୀଙ୍କି ଦେଖାଇଲେ ଶାନ୍ତି ପାଇ ସିନା। ଗର୍ଭର ପୁତ୍ରଙ୍କୁ ସେ ବୋଧଇ ସିନା। ଆମ୍ଭେ ତୋହର ପୁତ୍ର ହୋଇ ଜନ୍ମ ହେଉଅଛୁନା। ଏମନ୍ତ ସେ ଈଶ୍ୱରଙ୍କ ଅର୍ଚ୍ଚନାଠାରେ ମାନସିକ ପୂଜା କରିବାରେ ଏ ଧ୍ୱନି ଶୁଣି ରାଜା ସମାଧି ଛାଡ଼ିଲେ। ଅବଧୂତଙ୍କୁ ନିରେଖି ଚାହିଁ (୯) ଏମନ୍ତରେ ସେ ଏକ ଦିନେକ ନଗ୍ରରେ ପୁରୁଷେକ ଆସି ପ୍ରବେଶ ହୋଇଲା। ସେ ପୁରୁଷର

---

(୧) 'ଖ' ରେ ନାହିଁ (୨) 'ଖ' ରେ ନାହିଁ। (୩) 'ଖ' ରେ ନାହିଁ (୪) 'ଖ' ରେ ଜାନୁରୁ ଠାରୁ ଶୁଦ୍ଧ କଲା ପର୍ଯ୍ୟନ୍ତ ନାହିଁ (୫) 'ଖ'ରେ ବାସାଦି (୬) 'ଖ' ଅକିନୀ ଅଧିପା କରି (୭) 'ଖ' ପ୍ରବାଳ ଅଙ୍କୁର (୮) 'ଖ'ରେ ନିଜକୁ (୯) 'ଖ'ଥାଇ।

ଦେହ କେମନ୍ତ ଅଟଇ। କୃଷ୍ଣ ଧୂସର ଦେହକାନ୍ତି। କେଶ କୁଟିଳ ଜଟିଲ ଖେଚର (୧) କନକର ଭ୍ରାନ୍ତି। ଚକ୍ଷୁ ପିଙ୍ଗଳ ଚକ୍ରାକୃତି (୨), ଶରୀର ଦୀର୍ଘ ପୃଥୁଳ (୩) ଆକୃତି। କଟିରେ ଅଛି ବଜ୍ର କାଛେଟି। ଚାହୁଁଅଛି ଚକ୍ଷୁ ତରାଟି। ପୁଷ୍ପରସ ମଦିରାରେ (୪) ହୋଇଅଛି ମତ୍ତ। କୁଳିଶ ଯୋଗରେ ଇନ୍ଦ୍ରିୟମାନଙ୍କୁ କରିଅଛି ଯତ (୫)। ଆକାଶର ପରାଏ ପୂରିଅଛି। ପବନର ମାର୍ଗ ଶୋଧିଅଛି (୬)। ଇଳା ପିଙ୍ଗଳା ସାଧିଅଛି। ମୂଳ କମଳ ମୁଦିଅଛି (୭)। ସପତ ଧାତୁ ମାରିଅଛି। ଇନ୍ଦ୍ରିୟମାନଙ୍କୁ ଜାରିଅଛି। ତ୍ରିବେଣୀ ଛନ୍ଦ ଛନ୍ଦିଅଛି (୮) ଓଡ଼ିଆଣୀ ମୁଦ୍ରା ଖାଞ୍ଚି ଅଛି। ଖେଚରୀ ମୁଦ୍ରା ଯନ୍ତ୍ରୀଅଛି। ଶରୀରଯାକ ମନ୍ତ୍ରୀ ଅଛି। ଅଗ୍ନିମଣ୍ଡଳ ଜାଳିଅଛି। କୁଣ୍ଡଳିନୀ ମୁଖ ଚାଳିଅଛି। ଷଟ୍‌କମଳ ଫୁଟାଇଅଛି (୯)। ଆହାର ନିଦ୍ରା ତୁଟି (୧୦) ଅଛି। ପବନଦ୍ୱାର ଶୋଧିଅଛି। ମନକୁ ମନେ ବୋଧିଅଛି। କାଉଁରୀ ମଣ୍ଡଳ ଚାଲିଅଛି। ଅନାହତ ଧ୍ୱନି ଧ୍ୟାୟିଅଛି। ଠୂଳଶୂନ୍ୟ ଭେଦିଅଛି। କାଳ ଖଡ଼ଗ ଛେଦିଅଛି। ଚନ୍ଦ୍ରେ ସୂର୍ଯ୍ୟ ମିଶାଇ ଅଛି। ଶୂନ୍ୟମଣ୍ଡଳକୁ ଗ୍ରାସୁଅଛି। ଭସ୍ମ ବିଲେପନ ହୋଇଅଛି। ଜଗତଯାକ ମୋହୁଅଛି।

ଏମନ୍ତ ସେ ପରମ ଅବଧୂତ ଆସନ୍ତେ, (୧୧) ସପ୍ତସମୁଦ୍ରକୁ ପୁଷ୍ପ କଣିକା ପ୍ରାୟେ ମଣୁଅଛି। ଅଣଚାଶ ପବନକୁ ଫୁଙ୍କି ପ୍ରାୟେ ବୋଲି ଜାଣୁଅଛି। ପୃଥ୍ୱୀକି ଅଣୁ ପ୍ରାୟେକ ମଣୁଅଛି (୧୨)। ମଣିଧର ପ୍ରାୟେକ ଆକାଶକୁ ପାଞ୍ଚୁଅଛି (୧୩)। ମନେ ମନେ ସେ ଜଗତଯାକ ଧରିଅଛି। ଦେବତାମାନଙ୍କୁ କୀଟ ପ୍ରାୟେକ କରି ଆକଳୁ ଅଛି। ବ୍ରହ୍ମା, ବିଷ୍ଣୁ, ମହେଶ୍ୱରାଦି ଦେବତାକୁ ଦୁଃଖୀ ବୋଲି ଭାଳୁଅଛି। ଏମନ୍ତ ସେ ଅବଧୂତର କେଶ ମୁକୁଳା ଭସ୍ମେ ମୁକୁଳ। ଅନ୍ତ ନିର୍ମଳ। ଦନ୍ତ ଉଜ୍ଜ୍ୱଳ। ହାତରେ ଅଛି ଦଣ୍ଡେ। କଟିରେ ଅଛ ଦରପୋଡ଼ା ଖଣ୍ଡେ। ମୃତ ସର୍ପେକ ପଇତା କରି ଲାଇଅଛି। ସିଦ୍ଧ ମୂଳିକା ଖାଉଅଛି। କଣ୍ଠେ ଲମ୍ବାଇଅଛି କୁମ୍ଭ ମୁଖ ଖଣ୍ଡେ। ମଥାରେ ଦେଇ ଅଛି ଅନ୍ନ ସମେତ ଭାଣ୍ଡେ। ବକ୍ର ବକ୍ର (୧୪) ହୋଇ ଆସୁଅଛି। ଶଙ୍ଖିନୀ ନାଳେ ଝାସୁଅଛି (୧୫)। ଦିବ୍ୟାନ୍ନମାନ ଯାଚିଲେ (୧୬) ନିନ୍ଦୁଅଛି।

---

(୧) 'କ' ଖଚର (୨) 'କ' ଚକ୍ରାଙ୍କିତ (୩) 'କ' ଦୀର୍ଘହୋଇ ସ୍ଥୂଳାକୃତି (୪) 'ଖ' ମଦିରାଏ (୫) 'କ' କୁଳିଶ୍ର ବୃତ ଯୋଗେ ନିରତା ନିରନ୍ତରତ କରିଅଛି ଇନ୍ଦ୍ରିୟମାନଙ୍କୁ ଯତ 'ଖ' କ୍ଷତ (୬) 'କ' ସାରିଅଛି (୭) 'ଖ' ରେ କଳକମଳ ଶୋଧିଅଛି (୮) 'ଖ' ରେ ସପତଠାରୁ ଛନ୍ଦିଅଛି ପର୍ଯ୍ୟନ୍ତ ନାହିଁ (୯) 'ଖ' ରେ ନାହିଁ (୧୦) 'କ' ରେ ଫୁଟଇ (୧୧) 'କ' ରେ ପୁରୁଷ ଆସିବାର ସମୟେ (୧୨) 'କ' ପୃଥ୍ୱୀକୁ ରେଣୁ ପ୍ରାୟେକ ଆକାଳୁ ଅଛି (୧୩) ଏ ମହାଆକାଶ ଗୋଟାକୁ ମଣିରନ୍ଧ୍ର ପ୍ରାୟେ ମଣୁଅଛି (୧୪) 'ଖ' ରେ ବୃତ୍ତ ବୃତ୍ତ (୧୫) 'ଖ' ରେ ନାହିଁ (୧୬) 'ଖ' ବାଢ଼ିଲେ।

ପଡ଼ିଲା ଅନ୍ନ ଋଣ୍ଡିଆଇ ଭୁଞ୍ଜୁଅଛି। ଆସନେ ବସିଲେ ବାରବର୍ଷ ବସାଇ। ଅହଙ୍କାର ଲୟରେ ପୁଣି ବ୍ରହ୍ମରେ ମିଶଇ। ଦେହାଭିମାନେ (୧) ହୋଇଅଛି ସିଦ୍ଧ। ଏ ସେ ଅଟଇ ଆସୁରିକ ମତବୁଦ୍ଧି (୨)।

ଏମନ୍ତ ସେ ଅବଧୂତ ଆସନ୍ତେ ନଗ୍ରେ ପଶନ୍ତେ; ସିଂହ ମତେ ଗମନ୍ତେ, ଅନୁଭବ କରନ୍ତେ, ମନଶାନ୍ତି (୩) ମତେ ଇନ୍ଦ୍ରିୟନ୍ତ ପୂଜନ୍ତେ, ପଞ୍ଚଜ୍ୟୋତି ଚିନ୍ତତେ, କୋଟି ବ୍ରହ୍ମାଣ୍ଡ ପୂରନ୍ତେ, ସୂକ୍ଷ୍ମାନୁସୂକ୍ଷ୍ମଣେ ଧ୍ୱନିର ଅନ୍ତେ ମନ ଯାନ୍ତେ (୪) ଚିତ୍ତ ଆଭାସନ୍ତେ, ବୁଦ୍ଧ ଶୁଦ୍ଧ କରନ୍ତେ, ଶାନ୍ତି ସମାଚରନ୍ତେ (୫) ପରମାତ୍ମା ଉଲ୍ଲସନ୍ତେ କରି ଜ୍ଞାନାନନ୍ଦ ପର ହୋଇନାହିଁ ଯାବତ୍ ଅହଙ୍କାର ଦେହାଭିମାନାଦି କରି ଛାଡ଼ି ନାହିଁ ତାବତ୍। ତାବତ ଦୁଃଖ ସୁଖ ହିଂ ସେ ପାଉଥାଇ। ଉନିଦ୍ର ହୋଇ ଧାଉଥାଇ। ଆହାରହିଂ ଡରି ଖାଉଥାଇ, ଅତିଭୟ ପାଉଥାଇ। ପୁଣ ପୁଣ ଦେହକୁ ଟାଙ୍କୁଥାଇ। ରେତ ସ୍ଖଳିତକୁ ଟାଳୁଥାଇ। ପର୍ବତ ଗୁହାରେ ପଶିଥାଇ। ପରାକୃତି ଭାଷା ହିଂସୁଥାଇ। ଅଭୟ ଭାବ ପ୍ରକାଶୁ ଥାଇ (୬) ଭୟେ ହୋଇ ବଡ଼ରେ ନ ଚାଲଇ। ପନ୍ଥା ବାତ ଲାଗିବା ଡରେ ଦେହରେ କନ୍ଥା ଅମୃତ କ୍ଷୟ ହେବା ଡରେ ନ କହଇ କଥା। ଏମନ୍ତ ସେ ଅହଂକାର ଯୋଗ ଅବଧୂତ ପଦ୍ମକୁ କୁଳିଶ ପନବ ଖେଚର, ଅଜଟ ଆରମ୍ଭ ଧାରଣା, ଆସନ ଉଜାଣି, ତ୍ରାଟକ, ରେଚକ, ପୂରକ, କୁମ୍ଭକ, ଶୋଷଣ ଆଦି କରି ସମସ୍ତ ଜ୍ଞାନ ଜାଣଇ। ବିଷ୍ଣୁ ଭକ୍ତି ନୋହିବାରୁ କରି ପରମାନନ୍ଦର ପରମ ଜ୍ଞାନ ସେ ନ ଜାଣଇ। ଏମନ୍ତ ସେ ଅବଧୂତ ସିଂହଦ୍ୱାରେ, ହୁଅନ୍ତେ ଜଗତୀ ଉପରେ ଥାଇ ରାଜା ଦେଖିଲା। ହର୍ଷହୋଇ ସେ ରାଜା ଯାଇ ଅବଧୂତ ଛାମୁରେ ମିଳିଲା। ଏମନ୍ତେ ସେ ଅବଧୂତ ରାଜାଙ୍କୁ ଦେଖି, ମନ୍ଦ ମନ୍ଦ ହୋଇ ହସି, ଜନ୍ତୁ ଗୋଟିଏକ ପ୍ରାୟେ ମଣିଲା। ରାଜା ଅବଧୂତକୁ ନମସ୍କାର ହୋଇଲା। ଯହୁଂ ସେ ସମାଧିରେ ଆଜ୍ଞା ପାଇଥିଲା, ଅବଧୂତ ବୋଇଲା ରାଜା ହୋଇଲୁକି ବାଇ ବାଳୁତ ଲୋକଙ୍କୁ ତୋହର ନମସ୍କାର କାହିଂପାଇଂ। ରାଜା ବୋଇଲା ତୁମ୍ଭେ ସର୍ବେଶ୍ୱର, ସର୍ବଭୂତେ ଅନ୍ତର୍ଯ୍ୟାମୀ। ଅନେକ ବିନୋୟୀ ହୋଇ ବୋଇଲା ଶୁଣିମା ଦେବ ସ୍ୱାମୀ ଈଶ୍ୱର ଯେ ଶ୍ମଶାନ ଭୂମିରେ ଥାଇ। ତାହାର ପ୍ରସନ୍ନରେ କୈବଲ୍ୟ ପାଇ (୭) ତୁମ୍ଭେ ଈଶ୍ୱର ସିନା। ପୂର୍ବର ଭାଗ୍ୟେ ମୁଁ ଭେଟିଲି କିନା (୮)।

---

(୧) 'କ' ଦେହାରୀମାନେ (୨) 'କ' ଅସୁରୀ ଜ୍ଞାନର ବିଧି (୩) 'କ' ମନଃଶକ୍ତି ମତେ (୪) 'ଖ' ସୂର୍ଯ୍ୟାଂଶୁ ତପ୍ତ ତପ୍ତାନ୍ତେ ବିଧିଶ୍ରିୟଧେ କରନ୍ତେ (୫) ସମଦମାଚରନ୍ତେ। (୬) 'ଖ' ରେ ନାହିଁ (୭) 'ଖ' ରେ ନାହିଁ (୮) 'ଖ' ରେ ନାହିଁ।

ଏମନ୍ତ ଶୁଣି (୧) ସେ ଅବଧୂତ ବୋଇଲା। ଭୋ! ରାଜନ ତୁ କେବଣ (୨) ଅର୍ଥୀ ହୋଇଛ ତାହା କହ। ରାଜା ବୋଇଲା ଭୋ ସ୍ୱାମୀ! ପାଟମହିଷୀ ମୋହର ହୋଇଛି ଗର୍ଭବାସ। ମହାଭାରା (୩) ପାଇଲାନି ସେ ନପୁଣ ହୁଅଇ ବିନାଶ (୪)। ଦେହର ତେଜକୁ ଚାହିଁ ନ ହୋଇ। ସେ ଗର୍ଭବାସ ରକ୍ଷି ତାହାର ବେଳେ ସହି ନୁହଇ। ଅବଧୂତ ରାଣୀକି ଦେଖିବା (୫) ବୋଇଲା। ରାଜା ସେହିକ୍ଷଣି ଅବଧୂତକୁ ଘେନି ଅନ୍ତଃପୁରେ ମିଳିଲା। ନାନା ରତ୍ନେ ଯୁକ୍ତ ସ୍ୱର୍ଣ୍ଣ (୬) ପଲଙ୍କେକ ଆସନ ଦେଲା। ସେ ପଲଙ୍କ କେମନ୍ତେ ଅଟଇ। ସୂର୍ଯ୍ୟର ପ୍ରାୟେକ କାନ୍ତି ଅଟଇ। ଶରଦ ଚନ୍ଦ୍ରମଣ୍ଡଳ ପ୍ରାୟେକ ଚାରିଖୁରା (୭) ତାରାମଣ୍ଡଳ ପ୍ରାୟେକ ଲମ୍ବିଅଛି ମୁକୁତା କେରା ଝରା। ତହିଁ ଦିବ୍ୟ ସୁପାତିଏ ଅଛି ସଜାଇ (୮)। ଅମୃତ ଫେନ ଶୁକ୍ଳ ବସ୍ତ୍ର ତହିଁ ଅଛି ଆଚ୍ଛାଦିଲା। ତହିଂ ସେବତୀ ପାଖୁଡ଼ା ସିଞ୍ଚି, କର୍ପୂର ଗୁଣ୍ଡି ବିଭୂତି ପ୍ରାୟେ କରିଅଛି ବିଞ୍ଚିଲା। ଏମନ୍ତ ପଲଙ୍କେ ଦିବ୍ୟପୁର ଭିତରେ ସେ ଅବଧୂତକୁ ବସାଇଲା। ଅଗରୁ ଚନ୍ଦନ ଘଷାଇଲା। ଦିବ୍ୟ ପଦାର୍ଥମାନ ଭିକ୍ଷା କରାଇଲା। ଦିବ୍ୟହାରମାନଙ୍କରେ ଶରୀର ମଣ୍ଡିଲା। ବ୍ୟଜନ ପବନରେ ପରିଶ୍ରମ ଖଣ୍ଡିଲା। (୯) କ୍ଷୀର ଅନ୍ନ ଶାକର ପଇଡ଼ ସମକରି ନାନା ପଦାର୍ଥମାନ ବାଢ଼ିଲା। ସେ ପୁରୁଷ ଭିକ୍ଷା ସାରି, ପ୍ରସନ୍ନ ଚିତ୍ତ କରି, ପଲଙ୍କ ଉପରେ ବସିଲା ରାଜାର ଭୁଜ ଧରି। ରାଜା ଅବଧୂତ ଦୁହେଁ ପଲଙ୍କେ ବସିଲେ। ଶଶୀପ୍ରଭା ନାମ ରାଣୀକି ନିଆଲ ଏକ ପଲଙ୍କେ ସ୍ଥାପିଲେ (୧୦)।

ସେ ରାଣୀ ଦୃଷ୍ଟ ପୁରୁଷେ ପୀଡ଼ା ପାଇଲା ପୃଥ୍ୱୀ ଦେବୀର ପ୍ରାଏ ହୋଇ, ଥିର ଥିର ହୋଇ ଯାଇ, ନାରାୟଣଙ୍କୁ ଧ୍ୟାୟୀ, ରାଜା ଆଜ୍ଞା ପାଇ, ପରିଚାରୀ ସହିତ ହୋଇ, ହରିତ ବସ୍ତ୍ରେ କରି ନିଜ ଅଙ୍ଗ ଲୁଚାନ୍ତେ କେମନ୍ତେ ଶୋଭା ପାଉଅଛି କି? ପୂର୍ଣ୍ଣଚନ୍ଦ୍ର ମଣ୍ଡଳ ସନ୍ଧ୍ୟା ମେଘରେ ପଶିଅଛି। ଏମନ୍ତେ ସେ ହଂସ ସାରସ (୧୧) ଗମନୀ ପାଟ ମହିଷୀ ଶଶୀପ୍ରଭା। ସେ ଦିବ୍ୟ ପଲଙ୍କେ ବସି ପାଇଲା ଶୋଭା। ରାଣୀକି ଦେଖି ଅବଧୂତ ବୋଇଲା। ଏହାର ଗର୍ଭରେ ହୋ ଯୋଗେନ୍ଦ୍ର (୧୨) ପୁରୁଷେକ ରହିଲା। ବ୍ରହ୍ମଜ୍ୟୋତି (୧୩) ପାଇଲା କେବଣ ସିଦ୍ଧ ଅବା ଯୋଗଭ୍ରଷ୍ଟେ ଅଇଲା। ଦେଖି ଜାଣିବା ଏହିକ୍ଷଣି। ଏମନ୍ତ ବୋଲି (୧୪) ପଦ୍ମାସନେ ବସିଲା। ଅନ୍ତ ନାଡ଼ିରେ ପଶିଲା।

---

(୧) 'କ' ଏମନ୍ତ ବୋଲନ୍ତେ (୨) 'କ' କଥାରେ (୩) 'ଖ' ମହାଭୟେ (୪) 'କ' ରେ ହୋଇବ ନାଶ (୫) 'କ' ରେ ରାଣୀ ଦେଖାବୋଲି (୬) 'କ' ରେ ଏମନ୍ତ (୭) 'ଖ' ରେ ମଣ୍ଡଳ ନାହିଁ (୮) 'କ' ସେଜାଇଲା (୯) 'କ' ଶ୍ରମହାରିଲା (୧୦) 'କ' ବସାଇଲେ (୧୧) 'ଖ' ନାହିଁ (୧୨) 'କ' ଅବଧୂତ (୧୩) 'ଖ' ଯୋନି (୧୪) 'ଖ' ବିଚାରି।

କଳ୍ପନା ସ୍ୱରୂପ ଆତ୍ମା ଯେ ଜୀବ ତାହାକୁ ହୃଦୟପଦ୍ମେ ନିରୋପି, ଆକର୍ଷ ମୁଦ୍ରାରେ କ୍ଷେପି, ପରମାଣୁ (୧) ଧାରଣାଏ କରି, ପରପୂର (୨) ପ୍ରବେଶ ବିଦ୍ୟା ସୁମରି, ପ୍ରଣବ ମନ୍ତ୍ର ଉଚ୍ଚାରି, ପ୍ରାଣରନ୍ଧ୍ର (୩) ବିଚାରି, ସୂକ୍ଷ୍ମଭାବ ବିଚାରି, ଶରୀରକୁ ବାହାର କଲା । ସେ ଶରୀର ପଞ୍ଚପ୍ରାଣ ମନବୁଦ୍ଧି ଦଶ ଇନ୍ଦ୍ରିୟ ସମ୍ମଳିତ (୪) ପଞ୍ଚଭୂତ ଦେହ (୫) ସୂକ୍ଷ୍ମଅଙ୍ଗ ଗୋଟିଏ ହୋଇ ନାସିକା ବାଟେ ବାହାର ହୋଇଲା । ହୋଇ ସେ ଶଶୀପ୍ରଭା ରାଣୀର ଚନ୍ଦ୍ର ନାଡ଼ିର ସମ୍ବନ୍ଧ ବାମ ନାସିକା ବାଟେ ପଶିବାକୁ ବିଚାରିଲା । ଏମନ୍ତ ବିଚାରିଲା (୬) ଏହାର ଗର୍ଭରେ ପଶିବା । କେବଣ ମହାତ୍ମା ଅଛି ଏହାକୁ ଲକ୍ଷିବା ।

ଏମନ୍ତ ବିଚାରି ଦେହରୁ ବାହାର ହୋଇଲା । ଆପଣା ଦେହ ସମାଧି ସ୍ୱରୂପ ହୋଇ ସେ ପଲଙ୍କରେ ରହିଲା । ସୂକ୍ଷ୍ମାଙ୍ଗ ହୋଇ ବାମ ନାସିକା ବାଟେ ପଶିବାକୁ ଲୋଡ଼ନ୍ତେ (୭) ସେ ଦୀପଶିଖାକୁ ଭ୍ରମର ପୁଷ୍ପ ପ୍ରାୟେ ମଣି ଚୁମ୍ବିବାକୁ ଗଲେ (୮) ଯେମନ୍ତ ତପତି ଲାଗି (୯) ପଳାଇ ସେହିମତି ହୋଇ ପଶି ନପାରି ପଳାଇଲା । ନ ପାରି ରାଣୀକି ମନେ ମନେ ନମସ୍କାର କଲା (୧୦) । ବିଚାରିଲା ଏଡ଼େ ତେଜ ଏ କେମନ୍ତ ସହିଲା । ଏମନ୍ତ ବିଚାରି ମହାଦେବଙ୍କର ଦକ୍ଷିଣ କର୍ଣ୍ଣରେ ଆପଣାର ଅପାନ ଭରିଲା । ସୂକ୍ଷ୍ମ ଭାବରେ କରି ରାଣୀ ତାହା ନ ଜାଣଇ । କାହାକୁ ହିଁ ସେ ଦେହ ନ ଦିଶଇ । ଏମନ୍ତେ ସେ ଅପାନ ପବନ ଯେ ସେ ଚନ୍ଦ୍ର ସ୍ୱରୂପ, ସେ ପବନ ପଶନ୍ତେ ରାଣୀ ଶୀତଳ ପାଇଲା । ନିଦ୍ରା ଅଇଲା । ସେହି ପଲଙ୍କେ ସେ ଶୋଇଲା । ତ ସେ ପବନ ପଶନ୍ତେ ସାତମାସ ହୋଇଲାଣି । ଏବଂଭୂତ ପରିକ୍ଷୀତ ଯୋଗେଶ୍ୱର (୧୧) ପୁରୁଷ ଯେ ସେ ଜାଣିଲା । ଜାଣି ସାବଧାନ ହୋଇଲା । ଶବଦକୁ ଜଗିଲା । ଅବୁଦ୍ଧି ଭାଙ୍ଗିଲା, (୧୨) ମନ ପ୍ରାୟେ ଲାଗିଲା । ଅନ୍ତସ୍କରଣେ ହୋଇଲା ସତ୍ତା ଭାବ ଉନ୍ନତ ଭାବ ହୋଇଲା ଜନ୍ତୁର ସ୍ୱଭାବ । ଯୋଗବଳେ କରି ଅଜ୍ଞାନ ନୋହଇ । ଗର୍ଭଦୁଃଖେ କରି କ୍ଷଣେ କ୍ଷଣେ ମୋହ ହୋଇ । ଭୟକରି ଖଣ୍ଡେନ୍ଦୁ ମୌଳିକି ସୁମରଇ । ସୁମରିବା ନ ବିସ୍ମରଇ ମାତା ଗର୍ଭର ହେତୁ ସ୍ମରଣ ବିସ୍ମରଣ (୧୩) ଏହା କହ ନୁହଇଂ । ସେ ଅବିକୃତ (୧୪) ରୂପ ମାତୃଗର୍ଭେ ପୁରୁଷ ଉନ୍ନତ ମୁଖ (୧୫) ହୋଇବାରୁ କରି ବାହାରେ କର୍ଣ୍ଣମୂଳେ ଥାଇ ସେ ଅବଧୂତ ସୁସ୍ୱର କରି କଥା

(୧) 'ଖ' ପରମାଣୁ (୨) 'ଖ' ପରମପୁର (୩) 'ଖ' ପ୍ରାଣ ଚନ୍ଦ୍ର (୪) 'ଖ' ଶମନୀୟ (୫) 'କ' ରେ 'ଦେହସ୍ତୀ' (୬) 'ଖ' ନାହିଁ (୭) 'ଖ' ରେ ସୂକ୍ଷ୍ମାଙ୍ଗଠାରୁ ଲୋଡ଼ନ୍ତେ ପର୍ଯ୍ୟନ୍ତ ନାହିଁ (୮) 'କ' ରେ ମନେ ମନେ ଅଧିକା (୯) 'କ' ରେ ତୃପ୍ତି (୧୦) 'ଖ' ରେ ନାହିଁ । (୧୧) 'ଖ' ଜାଗେଶ୍ୱର (୧୨) 'ଖ' ରେ ନାହିଁ (୧୩) 'ଖ' ରେ ନାହିଁ (୧୪) 'କ' ଅବ୍ୟକ୍ତ (୧୫) 'କ' ଉନ୍ମୁଖ ।

କହିଲା। ଭୋ ମହାତ୍ମା! ଭୋ ମହାତ୍ମା! ଭୋ ମହାତ୍ମା! ବୋଲି ତିନି ବେଳ ଡାକିଲା। ଯହୁଁ ଇନ୍ଦ୍ରିୟମାନେ ତାହାର ଅଙ୍କୁରିଲେନି। ତହୁଁ ଶବ୍ଦ ରୂପେ ଚିତ୍ତ ହୋଇଅଛି ଜନ୍ମ। ଏବେ ଅନାହତ ଧ୍ୱନି ପାଇଲେ ହୋଇବ ଲୀନ। ସେ ଶବ୍ଦ କର୍ଣ୍ଣେ ପଶିଲା ଯହୁଂ, ପୂର୍ବ ଜନ୍ମର ବଳେ ଇନ୍ଦ୍ରିୟମାନଙ୍କୁ ଚିତୋଇଲା ତହୁଁ। ଅନ୍ତଷ୍କରଣ ଭାବ କର୍ମ ହୋଇଲା। ଶରୀର ପ୍ରକୃତ (୧) ମାୟାବଳେ ମୋହିଲା। ଗର୍ଭେ ଥାଇ ବିଚାରିଲା ଅହୋ ମନୁଷ୍ୟର ଶବ୍ଦ ତ ମୋହର କର୍ଣ୍ଣେ ଶୁଭିଲା (୨)। ସଂସାର ମାୟା ମୋହିଲା। ବିଷ୍ଣୁ ମାୟା ମୋହିବା ଜନ୍ମ ହୋଇବା ଉତ୍ତାରେ (୩)। ଏଥିକି ତ ଜାଣି ନ ପାରିଲି ଅନ୍ତରେ (୪) ଏବେ ଅବା ମୋହର ପ୍ରଭୁ ଶଙ୍କର, ଚିତୋଆଇବେ ବୋଲି ଅବା କର୍ଣ୍ଣରେ ତହୁଁ ଡାକୁଅଛନ୍ତି ସୁସ୍ୱରେ। ଏହାଙ୍କୁ କଥା କହିବି। ପୁଣି ବିଚାରିଲା (୫) ହୋ ଶବ୍ଦ ଶ୍ରୁତିରେ ବଡ଼ ସୂକ୍ଷ୍ମ ଅତ୍ୟନ୍ତ ସ୍ୱର ହୋଇଲେ ହେଁ ପଶଇ। ଏବେ ଦେବତାମାନେ କଥା କହୁଅଛନ୍ତି। ସକଳ ଜନ୍ତୁମାନେ ପିମ୍ପୁଡ଼ି ସହିତ ହୋଇ କଥା କହୁଅଛନ୍ତି। ଶୁଭି ନ ଶୁଭଇ କଥା। ପୂର୍ବ ଶ୍ରୁତିଏ କରି କେ ମୋତେ ଡାକିଲା। ଏହାର ସୂକ୍ଷ୍ମ ଶ୍ରୁତି। ସୂକ୍ଷ୍ମ ଶରୀର। ସୂକ୍ଷ୍ମ ମନ। ସୁପ୍ରସନ୍ନ ଅଟଇ (୬) ନୋହିଲେ ଆନ ଶବ୍ଦ ମୋତେ କିମ୍ପା ନ ଶୁଭଇ।

ତ ଏମନ୍ତ ବିଚାରି ମାତୃଗର୍ଭ ପୁରୁଷ ଶବ୍ଦ କଲା (୭)। ତ କେମନ୍ତ ପ୍ରାୟେ କରି। ନାସିକା ପବନେ କୋମଳ କରି ବଇଂଶୀ ବୋଇଲେ ଯେମନ୍ତ ସୂକ୍ଷ୍ମ, ବାଳ ଝିଙ୍କାରୀ ଶବ୍ଦ ଯେମନ୍ତ ସୂକ୍ଷ୍ମ, ଶାରୀର ବଚନ ସହସ୍ରଧା କଲେ ଯେମନ୍ତ ଶୁଭଇ, ସହମତି କରି କହୁଅଛି। ଯହୁଁ ଏ ଯୋଗେନ୍ଦ୍ର ପୁରୁଷ ମନୋମୟ ସକ୍ଷ୍ମ ଶ୍ରୁତିରେ କରି ଶୁଣୁଅଛି, ଗର୍ଭରେ ଥାଇ କୁମର ବୋଇଲା। ଆହୋ ମହାତ୍ମା ମହାତ୍ମା କରି ମୋତେ କେ ଡାକିଲା। ସେ ମୂର୍ଖମତି (୮) ସେଟି। ମହାତ୍ମାମାନେ ତ ଏତାଦୃଶ ନରକ ପାନ୍ତି କି। ତୁ ଅବା ବୋଲିବୁ ଆତ୍ମା ତ ନପାଇ (୯) ତୁ ଜୀବ ଭାବ ଶରୀର ଆବୋରି ପାଉ (୧୦) ଅଛୁ ନା ବୋଲି। ହାଦେ ଆତ୍ମା ନ ପାଇଲେ (୧୧) ମୋହର କି ହୋଇଲା। ମୁହିଁତ ଜୀବ ବହି। ଯେବେ ମୁଁ ମହାତ୍ମା ହୁଅନ୍ତି, ତେବେ ମୁଁ ଶବ୍ଦ କାହୁଂ ହୁଅନ୍ତି। ଗର୍ଭଗୁହା (୧୨) ବାସ, ଜନ୍ମ, ମରଣ, ଭୟ, ବିଭ୍ରମ,

---

୧) 'ଖ' ଶରୀରାକୃତି (୨) 'କ' ପଶିଲା (୩) 'କ' ହୁତାରେ, 'ଖ' ଉଲ୍ଲାସେ (୪) 'ଖ' ଏଥକୁ ତ ଜାଣି ନପାରିଲୁ ନିରନ୍ତରେ (୫) 'ଖ' ବିଶୋରିଲା (୬) 'ଖ' ସୁହାସନ ଅଟଇ (୭) 'ଖ' ତ ଏମନ୍ତ ବିଚାର ମାତୃଗର୍ଭେ ହେତୁ ପୁରୁଷ (୮) 'ଖ' ରେ ପତିତ (୯) 'ଖ' ଆତ୍ମା ଚୈତନ୍ୟ ପାଇ (୧୦) 'ଖ' ପୀଡୁ (୧୧) 'ଖ' ଆତ୍ମା ହାଦେ ଆନ ନ ପାଇ (୧୨) 'ଖ' ଗୃହ।

ତନ୍ଦ୍ରା, ଶୋକ, ମୋହ, ଜ୍ୱର, ଜଡ଼ କେ ଭୋଗ କରିବ। ମୁଁ କାହିଁର ମହାତ୍ମା। ମୁଁ ତ ମହାତ୍ମା ନୁହଇ। ପଦଚ୍ୟୁତ (୧) ଅଧମ ଯେ ସେ ମୁଁ। ମୋତେ ତୁ ଅନୁଗ୍ରହ କର। ଏମନ୍ତ ବୋଲି ସେ ଗର୍ଭପୁରୁଷ ସୂକ୍ଷ୍ମ ବଚନ ବୋଇଲା।

ଏମନ୍ତ ଶୁଣି ସେ ଅବଧୂତ ମହା ଆଶ୍ଚର୍ଯ୍ୟ ପାଇଲା। ବିଚାରିଲା ହୋ ମୋହର ଧନ୍ୟ ଧନ୍ୟ ଆଜ ପୁଣ୍ୟ ସମୟ ହୋଇଲା ଅନେକ ଜ୍ଞାନ ପାଇବି। ଏଡ଼େ ଅଦ୍ଭୁତ (୨) କଥା କାହିଁ ପାଇଲା ନାହିଁ। ଏମନ୍ତ ବିଚାରି ଅବଧୂତ ବୋଲୁଅଛି। ବାବୁ ତୁ ନିସ୍ତରିଲା ଜୀବ କି ଅବା ଶିବ। ମୋହର ବଚନ କରି ଅମୃତ ପିଇବୁ। ହେ ବତ୍ସ! ମୁଂ ହାଦେ ପ୍ରଥମୁଂ ଅବଧୂତ ପୁରୁଷ। ତୋହର ମନବୁଦ୍ଧି ଆଜ କରିବି ହର୍ଷ। ଜନନୀକି ତାପେ କରି ନକର ବିରସ। ତୋହର ତପତ ତେଜ ଛାଡ଼ି ହୁଅ ସୁରସ (୩)। ତୋହର ମନରେ କି ମାଗିଅଛୁ ବର। ଯେମନ୍ତ ବାଞ୍ଛ ତାହା ମନେଧର। ଯାହାର ହୃଦରେ ଏଡ଼େ ବୁଦ୍ଧି, ସେହିଟିକି ତୋହର ଘେନିଲାନି ସିଦ୍ଧି (୪)। ସ୍ଥୁଳ ଦେହ ଯିବାକୁ ଭୟେ ପାଉଥାଇ (୫)। ଏମନ୍ତ ଶବ୍ଦ ଶୁଣୁଥାଇ ଦକ ଦକ ହୋଇ, ଉଦ୍‌ବେଗ ପାଉଥାଇ। ତୁ ତହିଂ କେମନ୍ତ ସ୍ୱରୂପେ ଅଛୁ। ତୋତେ ତହିଂ କି ପରକାଶ ହେଉଅଛି। ଏହା କହିବୁ ମୋତେ। ଜନ୍ମ ହୋଇଲା ଉତ୍ତାରୁ ଶିଷ୍ୟ କରିନେବି ତୋତେ (୬)। ଏମନ୍ତରେ ସେ ଅବଧୂତ ଅହଂକାର। (୭) କଥା କଲା ଯହୁଂ। ଅନ୍ତର୍ଗତେ ଥାଇ ସେ ଗର୍ଭପୁରୁଷ ବିଚାରିଲା ତହୁଂ। ଏ (୮) ପୁରୁଷ ତ ଈଶ୍ୱର ନୁହଂଇ। ଏହାର ଅଳ୍ପବୁଦ୍ଧି। ଅଭ୍ୟାସ ଯୋଗେ କେବଳ ଶରୀର କରିଅଛି ସିଦ୍ଧି। ଜାଣଇ ରିଧି। କାପାଳିକ ବିଧି (୯)। ସର୍ବଥା ଆନନ୍ଦାଶ୍ଚ। ଏ ଜ୍ଞାନାନନ୍ଦ ଶୁଦ୍ଧ। ଦେହାଭିମାନ ବହିଅଛି। ଅହଂକାର ଭାବ ସାଧିଅଛି (୧୦)। ଏହାର ଗତି ସ୍ଥିତି ମତି ଆଦିକରି କର୍ମଚେଷ୍ଟା ପଚାରିବା। ଅଭ୍ୟନ୍ତର ବିଚାରିବା (୧୧)। ଦୟା କି ମାୟା ଶୁଣିବା। ବାହ୍ୟ ଭୂମି ଜାଣିବା (୧୨)। ଏମନ୍ତ ବିଚାରି ସେ ଅଭିନବ ଚୈତନ୍ୟ ନାମେ ରୁଦ୍ରଗଣ ବୋଲୁଅଛି। ଭୋ ପୁରୁଷ ତୁ କାହିଁ ଅଛୁ। ତୋତେ କି କି ଦିଶଇ। ତୁ କି ବିଚାରୁଥାଉ। କି ବାରୁଥାଉ। (୧୩) ତୋହର ନିଶ୍ରାନ୍ତ କେବଣ। ଏହା ମୋତେ କହ। ଏମନ୍ତ ବୋଲନ୍ତେ ସେ ଅବଧୂତ ବୋଇଲା। ଭୋ ମହାତ୍ମା ମୁଂ ଜଗତେ ଅଛି। ଜଗତ ମୋତେ ବସ୍ତୁ ପ୍ରାୟେକ ଦିଶଇ। ବିଚିତ୍ର ଭ୍ରାନ୍ତି ହୋଇ ପ୍ରକାଶୁ ଅଛି। ଜଗତ ମୋହିତ ହୋଇଅଛି (୧୪) ଏମନ୍ତ ବିଚାରକ। ଆକାଶର ପ୍ରାୟେକ ହୋଇ, ସମସ୍ତଙ୍କଠାରେ ପୂରିଅଛି। ମହାଜାଗ୍ରତରେ ବିଶ୍ରାନ୍ତ ହୋଇଥାଇ।

(୧) 'ଖ' ଶ୍ରୁତ (୨) 'କ' ଅପୂର୍ବ (୩) ଶୀତଳ (୪) 'କ' ରେ ନିଶ୍ଚେ ତୋହର ହୋଇଲାନି ସିଦ୍ଧି (୫) 'କ' ରେ ନାହିଁ (୬) 'ଖ' ରେ ଏମନ୍ତ ଶବ୍ଦଠାରୁ କରିନେବ ତୋତେ ପର୍ଯ୍ୟନ୍ତ ନାହିଁ (୭) 'ଖ' ଅଧିକାର (୮) 'ଖ' ରେ ଏ ବିଶ୍ବ (୯) 'କ' କପୋଳେକ ବୁଦ୍ଧି (୧୦) 'କ' ରେ ଭାବ ଭାର ସହିଅଛି (୧୧) 'ଖ' ରେ ନାହିଁ (୧୨) 'କ' ରେ ନାହିଁ (୧୩) 'ଖ' ରେ ନାହିଁ (୧୪) 'କ' ଜଗତ ମୋହର ତହିଂ ଅଛି।

ମୋହ ତହୁଂ ଆଉ ବଡ଼ ନାହିଁ। ଏମନ୍ତ ବୋଲି ସେ ଅବଧୂତ ବୋଇଲା। ଏହା ଶୁଣି ସେ ରୁଦ୍ରଗଣ ବୋଇଲା।

ଜଗତ ବୋଲି କି ବସ୍ତୁ। କେମନ୍ତ ଦିଶଇ ତାହା କହ। ଯୋଗୀ ବୋଇଲା ହେ ବତ୍ସ ! ତଳେ ପୃଥିବୀ ପ୍ରାୟେକ ହୋଇ ନାନାକାର ସ୍ଥୁଳ, କଠିନ ହୋଇ ବଡ଼ ବିସ୍ତାର ସ୍ଥଳେ ନ ଦିଶଇ। (୧) କୁମର ବୋଇଲା ତଳ କିସ। ଯୋଗୀ ବୋଇଲା ଉପର ଜାଣିଲେ ସେ ତଳ ଜାଣିମାନା। ତୋତେ ଏତେକେ ତଳ ଉପର ନାହିଂ। ହାଦେ ପ୍ରାଣ ପବନକୁ ଶଙ୍ଖିନୀ ମାର୍ଗେ ଲାଇଂ ଆକୁଞ୍ଚନ କଲେ ସେ ଯେଉଁ ଆଡ଼କୁ ଚାଲଇ ତାହାକୁ ଊର୍ଦ୍ଧ୍ୱ ବୋଲି। ଏବେ ତୋର ବଚନ ଜାତ ହେଉଅଛି ଯେଉଁ ବିଭାବୁଂ ସେ ମଧ୍ୟ ଅଟଇ। ଅପ୍ୟାନ ପବନ ଯେଉଁ ଆଡ଼କୁ ପେଲିଅଛି ସେ ହାଦେ ମଧ ଅଟଇ। ଏମନ୍ତ ହୋଇ ପୃଥ୍ୱୀସ୍ଥଳୀ ଅଛି। ଏ ପୃଥ୍ୱୀକି ମେଖଳାକାର ସମ୍ପୂର୍ଣ୍ଣ ହୋଇ ସମୁଦ୍ର ବେଢ଼ି ଅଛି। ଏ ବଡ଼ ଚିତ୍ର ଅଟଇ। ଫେନ ବୁଦ୍‌ବୁଦ ବୀଚି ଆବର୍ତ୍ତ ଜଡ଼ ଗମ୍ଭୀର ଅନେକ ବିସ୍ତାରି। ଏମନ୍ତ ହୋଇ ନୀଳ ଉତ୍ପଳଜଳର ପ୍ରାୟେକ ସାଗରେକ (୨) ଆଚ୍ଛାଦି ଥାଇ। ଉପରେ ସୂର୍ଯ୍ୟ ହୋଇ ବୋଲି ବସ୍ତୁ ଏକ ପ୍ରକାଶ କରୁଥାଇ। ତାରାମାନ ଗଜମୁକ୍ତା ପଟଳ (୩) ପ୍ରାୟେକ ହୋଇ ଦିଶୁଥାଇ। ରାତ୍ର ଦିବସ ମାସ କାଳ ଋତୁ ଗଣନା ହେଉଥାଇ। ଏଥିମଧ୍ୟେ ପବନ ଅନେକ ସଞ୍ଚାରୁ ଥାଇ। ଅନ୍ତରୀକ୍ଷ ମଣ୍ଡଳ ବଡ଼ ବିସ୍ତାର। ଏମନ୍ତ ଅଧିସ୍ୱାତ୍ରୀ (୪) ଜଗତରେ ଅନେକ ମୂର୍ତ୍ତି ହୋଇ। ଏକ ପଦ। ଦ୍ୱିପଦ। ଚତୁଷ୍ପଦ। ଅଷ୍ଟପଦ। ବହୁପଦ ହୋଇ କୀଟ ପତଙ୍ଗ ସ୍ଥାବର ଜଙ୍ଗମ ମନୁଷ୍ୟ ରାକ୍ଷସ ଗନ୍ଧର୍ବ କିନ୍ନର ପକ୍ଷୀ ମଧ କରି ଅନେକ ଜନ୍ତୁମାନେ ଉଦେ ହୋଇଥାନ୍ତି। ବୃଷ୍ଟି ହୋଇ ଋତୁକେ। ଜଳଧାରାମାନେ କେଉଁ ସମୟରେଟି ବରଷୁଥାଇ। ଆହୁରି ବିଚିତ୍ରେକ। ବିଜୁଳି ଜ୍ୟୋତି ଏକ। ସେ କାହିଂ ଥାଇ ନ ଜାଣି। ପରମଶୂନ୍ୟରୁ (୫) ଝଟଝଟ (୬) ମାରୁଥାଇ। ଗର୍ଜନ ମାନ ଆକାଶରେ (୭) ଶୁଭୁଥାଇ। ପଥର ସ୍ୱରୂପେ ପବନ ଶୂନ୍ୟରୁ ପଡ଼ୁଥାଇ। ଏ ଗଗନ ମଣ୍ଡଳ ଗୋଟି (୮) ବଡ଼ ବିଚିତ୍ରେକ। ହାଦେ ଶୀତ ପୀତ ହରିତ ଲୋହିତ ଧୂମ୍ର ସତ୍ତ୍ୱ ରଜ ତମ (୯) ପାଣ୍ଡୁର ହୋଇ ନାନାବର୍ଣ୍ଣ ଧରୁଥାଇ। ସେ ଏମନ୍ତ ଜଗତ ଧାରଣରେ ଆମ୍ଭେ ଜୀବମାନେ ଅଛୁ। ଆମ୍ଭଙ୍କୁ କେବଳ ଥୋକାଏ ବେଳ (୧୦) ଜାଗ୍ରତ ହୋଇ (୧୧) ଅବସ୍ଥା ଏକ ହୋଇ।

(୧) 'କ' ରେ ପୃଥିବୀ ବୋଲି ସ୍ଥୁଳ, କଠିଣ ଗନ୍ଧ ପୀତବର୍ଣ୍ଣ ହୋଇ ବଡ଼ ବଡ଼ ବିସ୍ତାରେକ ହୋଇ ସ୍ଥଳରେ ଦିଶଇ (୨) 'ଖ' ରେ ନାହିଁ (୩) 'ଖ' ରେ ନାହିଁ (୪) 'ଖ' ରେ ଅଧିକଗତି (୫) 'ଖ' ରେ ସୁମରି (୬) 'କ' ଝଟକରି (୭) 'କ' ଆକାଶରୁ (୮) 'ଖ' ଗୋଟାର (୯) 'କ' ରେ ନାହିଁ (୧୦) 'ଖ' ରେ ବେଳ ନାହିଁ। (୧୧) 'କ' ରେ ବୋଲି।

ଥୋକାଏକ ବେଳ ସ୍ୱପ୍ନ ହୋଇ (୧) ପ୍ରକାଶ ହୋଇ। ଏଥି ସୂକ୍ଷ୍ମ ଶରୀର ଘେନି ଏହି କଥାମାନ ବିଚିତ୍ର କରି ଦେଖୁଥାଇ। ତହିଁ ସୁଷୁପ୍ତି (୨) ବୋଲି ଅବସ୍ଥାଏ ହୋଇ। ସେହି ଅଜ୍ଞାନ ଅବସ୍ଥା ତହିଂ କିଛି ହିଂ ଦିନ ନଜାଣି। ଏମନ୍ତ ହୋଇ ଶରୀରକୁ ଗ୍ରହଣ କରୁଥାଇ। ଏକଥା ଶୁଣି ଗର୍ଭ ପୁରୁଷ ବୋଇଲା। ଶରୀର କେମନ୍ତ।

ଯୋଗୀ ବୋଇଲା ଏ ବଡ଼ ବିଚିତ୍ର। ହାଦେ ଚତୁର୍ବିଂଶତି ତତ୍ତ୍ୱ ରୁଣ୍ଡ ହୋଇ ଶରୀରେକ ହୋଇ (୩) ସ୍ଥୁଳ ଗୋଟିଏ ଉଦେ ହୋଇ। ସେ ସ୍ଥୁଳହିଂ ଆପଣ ହୋଇଥାଇ। ସେ ଶରୀର କଥା ହାଦେ ଶୁଣ। ନବ ଗୋଟି କିଳା (୪) ହୋଇଥାଇ। ଏଥ ଉପର ଖଣ୍ଡ କଠିନ ହୋଇ ଶିର ବୋଲି (୫) ତହିଂ କୃଷ୍ଣ ବର୍ଣ୍ଣ ହୋଇ ଲୋମ ଲୋଚାଏ ଥାଇ। ତହୁଂ ତଳକୁ ହୋଇ ଦ୍ୱାର ଦୁଇ ଗୋଟା ଦିଶଇ। ତାହା ବଡ଼ ଆୟତନ କରି ନିର୍ମାଣ କରାଅଛି (୬)। ସେ ଢଳ ହଳ ପାଣିଫୋଟକା ପ୍ରାୟେକ ଦୁଇଗୋଟି ଅଛି। ତେଣେ କରି (୭) ଏ ବସ୍ତୁମୟ ପ୍ରପଞ୍ଚ ଜଗତ ଦିଶଇ। ତାହାକୁ ଚକ୍ଷୁ ବୋଲି। ସେ ଚକ୍ଷୁ ଦ୍ୱାରର ବେନି ପାରୁଶେ କର୍ଣ୍ଣ ବୋଲି ଦୁଇ ରନ୍ଧ୍ର (୮) ଗୋଟା ଅଛି। ସେ ରନ୍ଧ୍ର ଫେଡ଼ିଲେ ସକଳ ବର୍ଣ୍ଣ ଉଚ୍ଚାରଣ ଶବ୍ଦମାନ ଶୁଭଇ। ହସ୍ତେ କରି ବୁଜିଲେ କିଛି ହିଂ ନ ଶୁଭଇ। ଏକା ଘୁଂ ଘୁଂ ହୋଇ ଧ୍ୱନିଏ ବାଜଇ। ତହିଂ ମଧରେ ଚଢ଼େଇ ଅଣ୍ଟ ପରା (୯) ହୋଇ ନାସିକା ବୋଲି। ଖଣ୍ଡେ ସେ ପୁଟ ଦ୍ୱୟ ହୋଇ (୧୦) ସେ ପୁଟରେ ପବନ ସଞ୍ଚାରୁଥାଇ (୧୧)। ସେ ପବନ ରହିଲେ ମନୁଷ୍ୟ ମରଇ (୧୨)।

କୁମର ବୋଇଲା ମରିବାର କେମନ୍ତ। ଅବଧୂତ ବୋଇଲା ସକଳ ଚେଷ୍ଟା ନ ଜାଣଇ। ସେ ଶରୀର ପୂତିଗନ୍ଧ ହୋଇ। ସେ ଯେଉଁ ପୃଥ୍ୱୀ ତଳେ କହିଲି ତହିଂ ଲୀନ ହୋଇ। ଆର ବେଳେ ତହିଂ ରହିଲାରୁ ନ ଦେଖି। ଶାସ୍ତ୍ରେ ବୋଲଇ ଲେଉଟି ଦେହ ପାଇ କର୍ମବଶେ। ତୁମର ବୋଇଲା ଶାସ୍ତ୍ର କିସ। ଯୋଗୀ ବୋଇଲା... ସର୍ବ ସ୍ୱରୂପ କଥାମାନ କହୁଥାଇ ତାହା କର୍ଣ୍ଣ ଦ୍ୱାରେ ଶୁଣୁଥାଇ। ତାହା ଅନ୍ତଷ୍କରଣେ ବିଚାରୁଥାଇ। ଏଥି ଉତ୍ତାରେ ସେ ନାସିକା ତଳେ ବକ୍ତ୍ର ବୋଲି ଦ୍ୱାରେକ ଅଛି। ସେ ଦ୍ୱାରେ କହୁଥାଇ। ସେଦ୍ୱାର ସବୁ ଦ୍ୱାର ହୁଂ ବଡ଼ ଅଟଇ। ଏହା କଥା ବଡ଼ ଆଶ୍ଚର୍ଯ୍ୟ (୧୩) ତାହାର ଚାରି ପାରୁଶରେ କେଶମାନ ବେଢ଼ାଇ ଅଛି।

---

(୧) 'କ' ବୋଲି (୨) ସମ୍ପତି (୩) 'ଖ' ଚତୁର୍ବିଷୟାତୀତ ବ୍ରହ୍ମ ହୋଇ ପିଣ୍ଡପ୍ରାୟେକ ହୋଇ (୪) 'କ' ଦଳ (୫) 'ଖ' ରେ ଶିର ବୋଲି ନାହିଁ (୬) 'କ' ତାହା ବଡ଼ାୟତ ନ କରି ନିର୍ମଳ କଲା (୭) 'କ' ଯେଣୁ କରି (୮) 'କ' ରେ ଜଳା ଦୁଇଗୋଟି (୯) 'କ' ପ୍ରାଏ (୧୦) 'ଖ' ସେ ରନ୍ଧ୍ର ଫେଡ଼ିଲା ଠାରୁ ଦ୍ୱୟ ହୋଇ ପର୍ଯ୍ୟନ୍ତ ନାହିଁ (୧୧) 'କ' ପ୍ରସରୁଥାଇ (୧୨) 'କ' ସୁକୁଟୁମ୍ବ ମରଇ (୧୩) 'ଖ' ରେ ସେ ଦ୍ୱାର କଥା ସବୁହୁଂ ବିଚିତ୍ର ବଡ଼ ଆଶ୍ଚର୍ଯ୍ୟ।

ଜୀର୍ଣ୍ଣ କୂପ ଚାରି ପାରୁଶରେ ଯେମନ୍ତ ଚାରମାନେ ଲାଗିଥାନ୍ତି ସେହି ପ୍ରକାର। ତହିଂ ଭିତରେ ଅମଙ୍ଗଳ ଅଛି ଯେ ଅଟଇ ହାଡ଼(୧)। ଏଣେ କରି ଅର୍ଗଳି ଦେଲା ଅଛି। ତାହାକୁ ଦାନ୍ତ ବୋଲି। ତହିଁ ଭିତରେ ଜିହ୍ୱା ବୋଲି ବସ୍ତୁ ଏକ ମର୍କଟୀ ଖଟାଇଲା ଅଛି। ସେ ମର୍କଟୀର ଶରୀର ସର୍ପର ପ୍ରାୟେକ ଅଛି। ନିରନ୍ତରେ ସ୍ୱାଦୁ ପଦାର୍ଥ ହିଂ ସେ ଲୋଡ଼ଇ। ଜଳେ କରି ନ ଧୋଇଲେ ପୂତି ଗନ୍ଧ ଗନ୍ଧାଇ। ଏଥିତଳେ କଣ୍ଠ ବୋଲି ଶରୀର (୨) ଅଙ୍ଗ ଗୋଟିଏକ ଅଛି। ତହିଂ ତଳେ ମର୍ଦ୍ଦଳାକୃତି (୩) ହୋଇ ଗୋଟିଏ କର ଚରଣ ବିକାର ହୋଇଅଛି (୪)। ଏମନ୍ତ ସ୍ୱରୂପ ହୋଇ ଦେହ ଅଟଇ। ଏଥିରୁ ପଞ୍ଚଭୂତଙ୍କର ସମ୍ବନ୍ଧୁଂ ଆହାର ପଦାର୍ଥମାନ ସେ ବକ୍ତ୍ର ବିମ୍ବର ଭିତରେ ଭରି ଦେଉଥାଇ। ଘଣ୍ଟିକା (୫) ବୋଲି ଯେ ତାଳୁକା ଦ୍ୱାରେ ଲମ୍ବିଅଛି, ସେ ପବନର ବଳେ ଆହାର ଭିତରକୁ ନେଉଥାଇ। ନେଇ ନାଭିଚକ୍ରେ ରୁଣ୍ଡ କରୁଥାଇ। ଏଥି ଏମନ୍ତେ ବିଚିତ୍ରେକ ଅଛି। ଜଠରାଗ୍ନି ବୋଲି ପଦାର୍ଥେ ସେ ନ ଦିଶଇ। ପାଣି ପଡ଼ିଲେ ଆନ ଅଗ୍ନି ଲିଭଇ। ସେ ଅଗ୍ନି ଅଧିକ ଜଳଇ। ସେ ଆହାରମାନଙ୍କୁ ପାକ କରୁଥାଇ। ମଳ ମୂତ୍ର ଦ୍ୱାରେ ଶେଷ ବାହାର ହେଉଥାଇ। ଏମନ୍ତ ପ୍ରକାରେ। ଦେହ ହୋଇ। ଏ ଦେହ ଇନ୍ଦ୍ରିୟ ସୁଖ ଆବୋରି (୬) ଦୁଃଖ ସୁଖ ପାଉଥାଇ।

ଏକଥା ଶୁଣି ସେ କୁମର ବୋଇଲା। ଆହୋ ତୋତେ ଏମନ୍ତେ ବିକାର ହୋଇ। ଅବିଦ୍ୟା ପ୍ରପଞ୍ଚ (୭) ସେ ଭୂମିରେ ପ୍ରକାଶ ହେଉଅଛି। ଏ ତୁମ୍ଭର ସ୍ୱପ୍ନ ସେଟି। ଏ ହାଦେ କିଛି ନୋହଇ। ଏକା ଶୁଦ୍ଧ ଚୈତନ୍ୟ ମାତ୍ରକ ସେ ଜଗତରେ ଅଛି। ଭ୍ରମ ବୁଦ୍ଧିରେ (୮) ତୋତେ ଅବସ୍ଥା ସ୍ୱପ୍ନରେ ଏମନ୍ତ ଦିଶଇ। ହାଦେ ଯେତେ ଲୋଚାକ (୯) କହିଲୁ ଏସବୁ ଅନ୍ତଃକରଣ ଭିତରେ ଅଛି। ପୁଣି ବାହ୍ୟ ପ୍ରକାର (୧୦) ଦିଶଇ। ଏବଂଭୂତ ସରସ (୧୧) ସଂଯୋଗ ଘେନନ୍ତେ ଇନ୍ଦ୍ରିୟମାନନ୍ତ ରୁଣ୍ଡ କରଇ। କଳ୍ପନା ନିଦ୍ରାରୁ ବୀଜ ସ୍ୱପ୍ନ ପ୍ରକାଶ ହେଉଅଛି। ଏସବୁ ମନୋମୟ ବିକାର ସେଟି। ମାୟାକୁ ମାୟା ଦିଶିଲା (୧୨) ପ୍ରାୟେକ ହେଉଅଛି (୧୩) ସ୍ୱପ୍ନେ ଇନ୍ଦ୍ରଜାଲ ପରି ପ୍ରକାଶ ପ୍ରାୟେକ ସେଟି। ଏହା ଶୁଣି ମନେମନେ

---

(୧) 'ଖ' ରେ ହାଟ (୨) 'କ' ରେ ସରୁ (୩) 'କ' ସ୍ଥୁଳାକୃତି (୪) ଏକ ସ୍ଥଳେକୁଁ ବିକାର ହୋଇଅଛି (୫) 'କ' ଘଟିକା (୬) 'କ' ସୁଖ ଘେନି (୭) 'ଖ' ରେ ନାହିଁ (୮) 'କ' ଆଣିମା ଚେଷ୍ଟାରେ (୯) 'କ' ଲୋକ (୧୦) 'କ' ପୁଣି ବାହାର ପ୍ରକାର ପ୍ରାୟେକ (୧୧) 'କ' ପଞ୍ଚଭୂତଙ୍କର (୧୨) 'କ' କସିଲା (୧୩) 'ଖ' ରେ ଏସବୁ ଠାରୁ ହେଉଅଛି ପର୍ଯ୍ୟନ୍ତ ନାହିଁ।

ଗୁଣୀ ଆଶ୍ଚର୍ଯ୍ୟ ପାଇଲା। ଆତ୍ମାକୁ ଧ୍ୟାୟି ବୁଦ୍ଧିରେ ଭାଳିଲା। ଗର୍ବ ଗଳିଲା। ବଣା ପାଇଲା। ସ୍ତମ୍ଭୀଭୂତ ହୋଇଲା।

କୁମରକୁ ବୋଇଲା ବାବୁ ତୋତେ ତହିଁକି ପ୍ରକାଶ ହେଉଅଛି। ମୋତେ କହ। ତୁ କି ଜାଣ, କି ଦିଶଇ ରାତ୍ର ଦିବସ ତୋତେ କି ପ୍ରକାଶଇ ମାତାର ଜାଗ୍ରତ ସ୍ୱପ୍ନ ସୁଷୁପ୍ତି ତୋତେ କି ଦିଶଇ କହ। ଏବଂଭୂତ ବଚନ ଶୁଣି ସେ ଗର୍ଭ ପୁରୁଷ ବୋଲୁଅଛି ଆହୋ! ତୁ ଯାହା ପଚାରିଲୁ (୧), ହାଦେ କିଛୁ ଦିବସ ପରିଯନ୍ତେ (୨) କିଛି ହିଂ ନ ଦିଶଇ, ନ ଜାଣଇ। ଜଗତ ଅଜଗତ ମୁହିଂ ମୋହର ଏମନ୍ତ ଭାବ ନ ଜାଣଇ। ପରମ ଅବ୍ୟକ୍ତ (୩) ସେଟି ଜାଣଇ ନୁହଇ। ମୁହିଂ କି ଭାବରେ ଥିଲି ପୁଣି କି ହୋଇଲି ଏହା ନ ଜାଣଇ। ସୁ କ୍ରମେ (୪) ଭ୍ରମର କାଷ୍ଠ ଗୃହାରେ ପଶିଲେ ଯେମନ୍ତ ଧ୍ୱନି ଏକ ଶୁଭଇ, ତେମନ୍ତ ଶବ୍ଦେକ ଏ ରୂପେକ ଜାତ ହୋଇଲା। ହୋଇ ନାନା ପ୍ରକାରେ ରହି ଶବ୍ଦ ଶୁଭିଲା। ଏମନ୍ତ ଭାବ ଶବ୍ଦକୁ ଏବେ ହିଂ ମୋହର ଆୟତ୍ତ ନୁହଇ (୫)। ଏ ମାୟାକୁ ମୂଳ ହୋଇ ଯେ ବିଶ୍ୱକର୍ତ୍ତା ଈଶ୍ୱର ଅଛି, ସେ ଏହା କେମନ୍ତ କରି କି କରଇ କହି ନୋହଇ। କର୍ମେ ହାଦେ ପୂର୍ବ ଯୋଗୁଂ ବିୟୋଗ ସ୍ମରଣ କରି (୬) ମୁଂ ଏତେ ଦୂର ଚିତୋଇଲି। ହାଦେ ଏଥିରେ ଯେଉଂ ପବନ ପ୍ରକାଶ ହେଉଅଛି, ସେ ମାତୃ୍ୟ ଗର୍ଭ ପବନ ବେଗ ହୋଇ କହିଲେ ମାତାର ସ୍ୱପ୍ନ ବୋଲି ଜାଣଇ। ନାଡ଼ୀଚକ୍ର ଚଳିଲେ ତାହାର ବଚନ ବୋଲି ଜାଣଇ। କଡ଼ ଲେଉଟାଇଲେ ବଡ଼ ଦୁଃଖ ପାଇ। କ୍ରମେ ଶୀତଳ ଉଷ୍ଣ ହିଂ ସହି ନୋହିଲା (୭) ଏ ଉଦରେ କେଉଂ ସମୟରେଟି ଶୀତଳ ହୋଇ ତା ଭାବେ କହଇ। କେଉଂ ସମୟରେ ଉଷ୍ଣହୋଇ। ଏଥକୁ (୮) ଅଧିକ ପବନମାନେ କର୍ଣ୍ଣ ନାସିକା ଦ୍ୱାରେ ପଶୁଥାନ୍ତି। ହାଦେ କଉଣସି ବେଳେ ଅନ୍ଧକାର ଯେ ତେଜୋମୟ ହୋଇ ଜ୍ୟୋତି ପ୍ରାୟେକ ପ୍ରକାଶଇ। ସେ ଦିବସ ହୋଇବଟି ତୁମ୍ଭର ମତେ। ଆହୋ ଏଥକୁ ସ୍ମରଜାତ ହୋଇଲାଉଁ ମୁଂ ଦୁଃଖୀବୋଲି ଜାଣଇଂ। ଶିର ତଳକୁ ହୋଇଲେ ଜନନୀ ଚାଲିବାର ଜାଣଇ। କଉଂଣିସିବେଳେ ପୂର୍ବ ଦକ୍ଷିଣକୁ ଯାଇ। କାହିଂ ନ ଲାଗଇ। ସମସ୍ତ ଭାବ ବିଲକ୍ଷଣକୁ ଯାଇ ସେ। ଅବୀଜ ବିଜ୍ଞାନ ସୁଖ ଅଟଇ। ତହୁଂ ବୁଦ୍ଧି ଜ୍ଞାନ ହୋଇବା ମାତ୍ରକେ ଜଗତ ଭାରା ଆବୋରଇଟି। ହାଦେ ଅହଙ୍କାର ଜାତ ହେବା ମାତ୍ରକେ ସକଳ ଦୁଃଖ ହୋଇଟି।

---

(୧) 'କ' ରେ 'ଆହେ' ନାହିଁ, ତୁ ଯେତେକ କହିଲୁ (୨) 'ଖ' କି କହିବୁ ଯେ ପର୍ଯ୍ୟନ୍ତ (୩) ଆଦିକୃତ (୪) 'ଖ' ସୁକ୍ରମେ (୫) 'କ' ରେ ତଦନ୍ତରେ ଶ୍ରବଣ ଦୂରୁଂ ମୂର୍ତ୍ତିବିବେକ ଜାତ ହୋଇଲା। ସେ ଅନ୍ଧକାର ଭିତରୁ ଶୀତ, ପୀତ, ଲୋହିତ, ପାଣ୍ଡୁର ହୋଇ, ହରିତ ହୋଇ ଜ୍ୟୋତି କଣାମାନେ ନାନା ପ୍ରପଞ୍ଚମାନେ ହୋଇ ସ୍ଫୁରୁଥାଇ। ମୁଂ ପୁଣି ତାହା ଦେଖୁଥାଇ। ଏମନ୍ତ ବୁଦ୍ଧି ହୋଇବାର କରି। ଅନ୍ତଃକରଣ ଭାବେ ହୋଇଲା (୬) 'କ' ସ୍ମରଣ କରି (୭) 'କ' ସହି ନ ହୋଇ (୮) 'କ' ଏଥିହୁ।

ଏମନ୍ତ ବୋଲି ରୁଦ୍ରଗଣ ବୋଇଲା। ଏ ଜଗତ ସ୍ୱପ୍ନ ସିଦ୍ଧି ସେଟି। ଭ୍ରମିକା ମାତ୍ର। ଏଥୁ ବାହାର ହୋଇଲେ ଦ୍ୱିବିଧା ଭାବେ ମୋହ ପାଇ। ଭ୍ରମ ସ୍ୱରୂପେ ପ୍ରକୃତିମୟୀ ମାୟା ବଳେ ଆବୋରଇ। ମୁହିଁ ହାଦେ ତାହାକୁ ଭୟ ପାଇଅଛି। ହାଦେ ଦର୍ପଣ ଭିତରେ ଯେମନ୍ତ ପର୍ବତ ଦିଶଇ, ବଟ ବୃକ୍ଷରୁ ବୀଜ ପରି ଯେସନେ ପ୍ରକାଶଇ (୧), ସେହି ମତି ପ୍ରଚଣ୍ଡ (୨) ମାତ୍ରକେ ଏ ଜଗତ ଆଭାସଇ। ପ୍ରତିଭାପ୍ରାୟ ପ୍ରତିବିମ୍ବ ଅଛି (୩)। ବୁଦ୍ଧିରୁ ବାହ୍ୟ ଶୂନ୍ଧ ଭାବୁଂ କରି କଳ୍ପିଅଛି। ବିଷ୍ଣୁମୟେ କରି ଏ କଳ୍ପନାରୁ କରି ନାନା ପ୍ରପଞ୍ଚ ଜଗତ ଉଦେ ହେଉଅଛି। ଜଳରୁ ବିଚିତ୍ର ତରଙ୍ଗ ଭ୍ରାନ୍ତି ଯେମନ୍ତ ସେହିମତି କଳ୍ପିତ ସେଟି। ଆପଣ ଭାବୁଂ ସ୍ଫୁରିଲା ମାୟା। ଆପଣାକୁ ଅଜ୍ଞାନ ଭାବ କଲା। ଜୀବ କଲା। ଜନ୍ମ ମରଣ ଦେଲା। ଭୋ ମହାତ୍ମା ମୁଁ ଏଥୁ ବାହାର ହୋଇବା ସମୟେ କେଉଁ ଉପାୟେ ଅଜ୍ଞାନ ନୋହିବି। ଏହି ସୁମରଣା ଥିବ। ଏହା ଜାଣିଥିଲେ (୪) କହ। ଏହା ଶୁଣି ଅବଧୂତ ବୋଇଲା। ହେ ବତ୍ସ! ନାଭିପଦ୍ମ ଆବୋରି କୁଣ୍ଡଳିନୀ ନାମ ଶକ୍ତିଏ ଅଛି। ସେ ଶକ୍ତି ଚିଆଁ ସ୍ୱରୂପ ଅଟଇ। ଚୈତନ୍ୟ ଏହା ସକାଶୁ ହୁଅଇ। ଏ ନିଦ୍ରା ଯାଇଥିଲେ (୫) ଅଜ୍ଞାନ ପୁରୁଷ ଆବୋରଇ। ଏ ଫେରୁ (୬) ଧରି ଉନ୍ନିଦ୍ର ହୋଇଲେ ଅଟକି ରହିଲେ ବାହାରେ ବାସୁରି ସହସ୍ର ନାଡ଼ିରେ ପବନ ସଞ୍ଚାରଇ। ମନର ଚଞ୍ଚଳ ଭାବୁଁ କରି ନିଦ୍ରାଯାଇ ଏହାର ନିଦ୍ରା ଭଗ୍ନ କରି ସାବଧାନ (୭) ଥିଲେ ଅଜ୍ଞାନ ନୁହଇଟି। ଏହା ଶୁଣି ସେ କୁମର ବୋଇଲା। ଯାହା କହିଲୁ ଦେଖିବା (୮) ଏହି ସମାନ (୯) ମତ ସେଟି। ହାଦେ ମୋହ ମତ ଏମନ୍ତ। ଅଜ୍ଞାନ ଯେ ସେ କାଳ ସ୍ୱରୂପ ମାୟା। ଏ ମାୟା ଜଗତକୁ ଆକର୍ଷି ସଂହରଇ ଜାତ କରଇ। ଏକାଳ ଲୟ ପ୍ରକୃତି ଯେ ଚୈତନ୍ୟ। ପରମେଶ୍ୱରଙ୍କୁ ଆଶ୍ରେ କରି ଏହାର ଏଡ଼େ ଶକ୍ତି। ଏ ମାୟା ପରମେଶ୍ୱରଙ୍କ ଦାସୀ (୧୦) ଅଟଇ।

ତ ପରମେଶ୍ୱରଙ୍କୁ ଆଶ୍ରେକରି ଅନବରତ ଚିନ୍ତା କରୁଥିଲେ କୁଣ୍ଡଳିନୀ ତାହାର ଛାଏଁ ଚିଆଁଇ (୧୧) ଅଜ୍ଞାନ ଆକ୍ରଷଇ ନାହିଁ। ଯେମନ୍ତ ସୂର୍ଯ୍ୟ ଥିଲେ ଅନ୍ଧକାର (୧୨) ନଥାଇ ତେମନ୍ତ ପ୍ରାୟେକ ଅଟଇ (୧୩)। ହାଦେ ସେ ପରମେଶ୍ୱରଙ୍କୁ ଶାସ୍ତ୍ରମାନେ କହିଅଛନ୍ତି। ନୀଳୋତ୍ପଳ ଦଳ ସ୍ୱରୂପ କମଳ ପତ୍ରାକ୍ଷ ବୋଲି (୧୪) ଏହାଙ୍କୁ ଯତ୍ନ କଲେ କୁଣ୍ଡଳିନୀ ଚିଅଂଇଟି। ଅଜ୍ଞାନ ଆକ୍ରଷଇ ନାହିଁ (୧୫)। ଏମନ୍ତ ବୋଲି ସେ କୁମର ବୋଇଲା। ଏହା ଶୁଣି ସେ ଅବଧୂତ ଚମତ୍କାର ପାଇଲା। ମନେ ମନେ ବୋଇଲା। ଏମନ୍ତ ଗର୍ଭ ତ କାହିଁ ଦେଖିଲା ନାହିଁ।

(୧) 'କ' ବଟ ବୀଜ କଣିକାରୁ ଯେମନ୍ତ ବୃକ୍ଷ ପ୍ରକାଶଇ (୨) 'କ' ପ୍ରମାଣୁ (୩) 'କ' ପ୍ରତିବିମ୍ବ ହୋଇଅଛି (୪) 'କ' ଏମନ୍ତ ଉପାୟେ ଜାଣିଥିଲେ (୫) 'କ' ପାଇଲେ (୬) 'ଖ' ଫେର (୭) 'ଖ' ଅପଧାରି (୮) 'ଖ' ରେ ନାହିଁ (୯) 'କ' ମାଇନ୍ୟମତ (୧୦)'କ' ଦାସ୍ୟ (୧୧) 'ଖ' ରେ ନାହିଁ (୧୨) 'ଖ' ରେ ସ୍ତବକାରକ (୧୩) 'କ' ସେହିମତି ଅଟଇ (୧୪) 'ଖ' ନୀଳୋତ୍ପଳ ଦଳ କମଳ ପ୍ରତୀକ୍ଷ ବୋଲି (୧୫) 'ଖ' ରେ ନାହିଁ।

ତ ଅବା କେଉଂଣସି ଦିଗପାଳ ଗୋଟିଏ ଏଥେ ରହିଲା । କି ପ୍ରତକ୍ଷେ (୧) ଈଶ୍ୱର ଅବା ଅଇଲା । ଦେଖି ଧର୍ମ ସ୍ଥାପନ ନିମିତ୍ତେ ଏହାକୁ ପରମ ଗୁପତ କଥାଏ ପଚାରିବା । ଏମନ୍ତ ବୋଲି ସେ ଗର୍ଭପୁରୁଷକୁ ଡାକିଲା । ଆହୋ ପୁରୁଷ । ମୋହମତେ କାହିଁ ସୁଖ ନୋହିଲା ପ୍ରାୟେକ ଲାଗିଲା । ହାଦେ ମନାଦି (୨) ଧର୍ମଶାସ୍ତ୍ରମାନ ବୋଲନ୍ତି ପୁଣ୍ୟ କର୍ମମାନ କରି ପରଲୋକକୁ ଶ୍ରେୟ କରି ପାଇ । ଏଥି ଅହଙ୍କାର ସେଟି । ପ୍ରଥମୁଂ ଧର୍ମ କରିବାର ତ ଦୁଃଖ । ତଦୁପରି ପରଲୋକ ଶ୍ରେୟ ବୋଲି କଛି ଦୁଃଖ ପାଇ । ସାଂଖ୍ୟମତ କହଇ । ଦେହ ଇନ୍ଦ୍ରିୟ ଦିହୁଂ ବିରକ୍ତ ହୋଇ ଆତ୍ମା ମୁକ୍ତ ସ୍ୱରୂପେ ସର୍ବଦା ଅଛି ବୋଲି ବିଚାରିଲେ । ଏ ପଦହିଂ ନିରାଶ ଦୁଃଖ ସେଟି । କେବଳ ଭାବେ ଅନେକ କାଳ ନ ଥାଇ । ଅନେକ କାଳ ଏଥି ମତି ଥିଲେହେଁ ଏଥି ତ ଦୁଃଖ ସିନା । ପାତଞ୍ଜଳି ମତ ବୋଲଇ କିଛି ହିଂ ନାହିଁ ଜ୍ଞାନ ହିଂ ନୁହଇ । ଚୈତନ୍ୟ ହିଂ ମାୟା ସେଟି ବୋଲି ଏମନ୍ତ ବିଚାରିବା । କିଛି ହିଂ ନ ଜାଣିଲେ ତ ଜନ୍ତୁ (୩) ପ୍ରାୟେକ ହୋଇ ଅଜ୍ଞାନ ଲୟ (୪) ହୋଇଲେ ହେଂ ଏଥି ତ ଭଲ ନୋହିଲା (୫) ଶ୍ରେୟ ତ ନୋହିଲା । ମୀମାଂସାମତ ବୋଲଇ । କର୍ମ କରେ ଈଶ୍ୱର ଆପଣ ହୋଇ ବୋଇଲେ (୬) କର୍ମେ ଦୁଃଖ ମହାଶ୍ରମ । ଏ ଦୁଃଖ କି ସହି ହୁଅଇ ନାହିଂ ଈଶ୍ୱର ହୋଇ । ଈଶ୍ୱର ଚିହ୍ନିତ ବୃଷଭ ଗୋଟିଏ ଚଢ଼ି ଡମ୍ବରୁ ଗୋଟାଏ ବଜାଉ ଥାଇ (୭) । ଘରକରି କୈଳାସ କନ୍ଦରେ ରହିଥାଇ । କାମ କ୍ରୋଧେ ତ ଥାନ୍ତି । ସେବା କଲା ଲୋକଙ୍କୁ ତ ସଂସାର ସୁଖ ଦେଇ (୮) । ପୁତ୍ର, ଦାରା ମମତା ଥାଇ । ପ୍ରଳୟମାନଙ୍କରେ ଦୁଃଖ ସହି । ଦେହ ଗୋଟିଏ ଘେନି ଅଚଳ ସମାଧିରେ ବସିଥାଇ । ଏଥି ତ ଦୁଃଖ ହିଂ ସେଟି । ଏଥି କି ଫଳ ହୋଇଲା । ବୈଶେଷିକ ମତ ବୋଲଇ । ଜଗତଯାକ କେମନ୍ତ ଗୋଟାଏ ଜନ୍ତୁ ପରା ଏକ ହୋଇଅଛି । ପରମେଶ୍ୱର ତ ଏ । ଏଥିରେ କି ସୁଖ ପାଇ ହୋଇଲା । କୌମାରୀ ମତ ବୋଇଲା । ଏ ବ୍ରହ୍ମାଣ୍ଡ ସ୍ୱରୂପ ପୁରୁଷ ଯେ ବିଷ୍ଣୁ । ଏହାର ପାତାଳମାନେ ଚରଣ । ସମୁଦ୍ରମାନେ ପେଟ । ବଡ଼ବାନଳ ଜଠରାଗ୍ନି । ଅନ୍ତରୀକ୍ଷ ଶରୀର । ଉପର ସାତଲୋକ ମୁକୁଟ (୯) । ବ୍ରହ୍ମ ସୂର୍ଯ୍ୟ ଚକ୍ଷୁ । ପାତାଳ ବିବର ନାସିକା ।

---

(୧) 'କ' ପ୍ରତ୍ୟେକ୍ଷ (୨) 'ଖ' ସ୍ୱର୍ଗାଦି । (୩) 'କ' ଜଡ଼ (୪) 'ଖ' ଲକ୍ଷ (୫) (ଖ) ଏହି ତ ଭସ୍ମ ହୋଇଲା (୬) 'କ' ଈବରର ପଦ ପାଇ (୭) 'କ' ବାଉଥାଇ (୮) 'ଖ' ରେ ନାହିଁ (୯) 'କ' ଶିର ।

ଅଣଚାଶ ପବନ ନିଶ୍ୱାସ। ଧର୍ମ ଶ୍ରୋତ୍ର। ଯମ ଜିହ୍ୱା। ସରସ୍ୱତୀ ବଚନ। ବ୍ରହ୍ମା ଇନ୍ଦ୍ର ଦୁଇଭୁଜ। ପରମାତ୍ମା ବିଷ୍ଣୁ। ମନ ଈଶ୍ୱର। ଚେଷ୍ଟା ମହାମାୟା। ଏମନ୍ତେ ଆତ୍ମା ପରମେଶ୍ୱର ବୋଲି କଳ୍ପି ଏହାକୁ ଭାବିବା। ଏହାକୁ ଭାବନା ସିଦ୍ଧ କରି ବ୍ରହ୍ମାଣ୍ଡ ମତେ ଦେହ ଗୋଟିଏ ପାଇଲାଟି। ପାଇଲେ କି ଫଳ ହୋଇଲା ତଦନ୍ତରେ ପାଶୁପତମାନେ ବୋଲନ୍ତି। ଜଗତ ଶିବ ଶକ୍ତି ହୋଇ। ତ କେମନ୍ତ ପ୍ରାୟେ ହୋଇ। ଚନ୍ଦ୍ର ଶକ୍ତି, ସୂର୍ଯ୍ୟ ଶିବ। ଆତ୍ମା ଶକ୍ତି, ପରମ ଶିବ। ପୃଥ୍ୱୀ ଶକ୍ତି, ମେରୁ ଶିବ। ସମୁଦ୍ର ଶକ୍ତି, ବଡ଼ବାନଳ ଶିବ। ଶରୀର ଶକ୍ତି, ପବନ ଶିବ। ପବନ ଶକ୍ତି, ମନ ଶିବ। ମନ ଶକ୍ତି, ଚୈତନ୍ୟ ଶିବ। ଚୈତନ୍ୟ ଶକ୍ତି, ମନ ଶିବ। ଏବଂଭୂତ ପ୍ରକାରେ ଶକ୍ତି ଶିବ କରି ଜଗତ ଚିନ୍ତନ୍ତି। ଏମନ୍ତ କରି କଳ୍ପି ମରୁଥିଲେ କି କାର୍ଯ୍ୟ ହୋଇବଟି। ନ୍ୟାୟଶାସ୍ତ୍ରମତେ ବୋଲଇ। ପରମେଶ୍ୱରହିଁ ସେ ଅଛି। ଆନ ବସ୍ତୁ ନାହିଁ। ଏହି କି ହୋଇଲାଟି ? ଯେବେ ପରମେଶ୍ୱର ଅଛି ଆନ ବସ୍ତୁ ନାହିଁ, ଏହାର ଦୁଃଖ ଭାବ କିମ୍ପାଇ। ପରମେଶ୍ୱର ଥିଲେ ନ ଥିଲେ ହେଁ ଏହାର ହାନି ବୃଦ୍ଧିନାହିଁ। ପରମେଶ୍ୱରଙ୍କୁ ଜାଣି ଏହା ଜୀବଭାବ ତ ନ ପାସୋରିଲା। ତର୍କଶାସ୍ତ୍ରମତେ ବୋଲଇ। ଆକାଶର ପ୍ରାୟେ ଆତ୍ମା ସର୍ବବ୍ୟାପ୍ତ ସଦାନନ୍ଦ ସର୍ବ ସମ୍ପୂର୍ଣ୍ଣ ହୋଇ ପୂରିଅଛି। ଏମନ୍ତ ବୋଲି ଆତ୍ମକୁ ଆକାଶ ମତ କରି। ଆକାଶକୁ ଧ୍ୟାନ କରି ଆକାଶ ଖଣ୍ଡେ ହୋଇବଟି। ଏହି କି ଭାବ ହୋଇଲା ? ତହୁଁ ଅନ୍ତରେ ବୌଦ୍ଧ ମତ ବୋଲନ୍ତି ଦେହ ଥିଲେ ସେ କାର୍ଯ୍ୟ। ଏ ଦେହ ସୁଖମାନଙ୍କର ସଦନ। ଏ ଥିଲେ ହେଁ ଅବା କି କାର୍ଯ୍ୟ। ପୁଣି ଆତ୍ମ ବ୍ୟକ୍ତି ଏ ତ କିଛି ହିଁ ନୁହଇ। ତ ଆତ୍ମା ମିଛ ହୋଇଲା ଭୋଗ ତ ବିଚାରିଲେ ନରକ। ଏତେକେ ଏଣେ କି କାର୍ଯ୍ୟ ? ତ ଆରହତ ମତ ବୋଲଇ ଆତ୍ମାଟି ସତ୍ୟ ସ୍ୱରୂପ। ଚୈତନ୍ୟ ହୋଇ ଶକ୍ତି ଗୋଟାଏ ହୋଇଲେ ହେ ଅବା କି କାର୍ଯ୍ୟ। ଚୈତନ୍ୟ ଜାଣିମା ପଦାର୍ଥ। ଏମନ୍ତେ ହୋଇଲେ ହେ ଜାଣି ଜାଣି ମଲା ଅନେକ କାଳଯାଏ। ତ ଏହି କି ସୁଖ ? କାପାଳିକ ମତ ବୋଲଇ। ଦେହ ସିଦ୍ଧହୋଇ। ଆସନ ଯୋଗ ଅଭ୍ୟାସେ ଉଡ଼ିବା ଆକାଶେ ପବନ ହୋଇ (୧)। ଏଥିତ ଧର୍ମକଥା ନାହିଁ। ଚଢ଼ଇ ପ୍ରାୟ ହୋଇ ଆକାଶ ମଣ୍ଡଳେ ବୁଲୁଥିଲେ ହେଁ କି କାର୍ଯ୍ୟ ହୋଇଲାଟି। ଶାଗୁଣା ଉଡୁ ନ ଥାଇ କି (୨)। ଏ ଈଶ୍ୱର ସ୍ୱରୂପ ଭ୍ରମ ସିନା। ତଦନ୍ତରେ ଲୌକିକ ମତ (୩) ବୋଲଇ। ପ୍ରାଣ ପବନ ସଙ୍ଗତେ (୪) ସେ ଚୈତନ୍ୟ ଅଛି। ନୋହିଲେ ଜଡ଼ (୫) ପ୍ରାୟେକ ଲୟେ ହୁଅଇ। ଘ୍ରାଣ ପବନକୁ ନିରନ୍ତରେ ଜାଗିଥାଇ।

---

(୧) 'ଖ' ଆସନକୁ ଯୋଗ ଉଠଇ (୨) 'ଖ' ରେ ଶାଗୁଣା ଉଡୁ ନ ଥାଇ କି ନାହିଁ
(୩) 'କ' ମତରେ (୪) 'କ' ସଙ୍ଗମେ (୫) 'ଖ' ଯଉ।

ଏ ଛାର ହୋଇଲାଟି (୧)। ଜଗି ଜଗି ମହାଶ୍ରମ ପାଇ ମରିବ। ତଦୁପରି (୨) ବୃନ୍ଦାନୁ ପାସକ ମତ ବୋଲଇ। ଜୀବ ବ୍ରହ୍ମ ହୋଇ କରି ଜୀବ ବ୍ରହ୍ମ ବୋଇଲେ ହେଁ ଜୀବ ଗୋଟାକୁ ବ୍ରହ୍ମ ବୋଲି ଭାବୁଥାଇ। କି ସୁଖ ହିଁ ହୋଇଲାଟି (୩) ? ପାଷଣ୍ଡ ମତେ ବୋଲନ୍ତି। ଦେହ ଆତ୍ମା ଏ ଛାର ରହି କିସ ଅବା। ସ୍ୱପନକୁ ସତ ବୋଲଇ। ନବଦ୍ୱାର ଘରର ମେରଦା ମଝିରେ ଆତ୍ମାଦୀପ (୪) ପ୍ରାୟେକ ହୋଇ ପୂରିଅଛି। ଏମନ୍ତ ବୋଲି ଆତ୍ମାକୁ ଦୀପର ପ୍ରାୟେ କରି ଜଗୁଥିଲେ ହେଁ କି କାର୍ଯ୍ୟ ? ଶାକ୍ତିକ (୫) ତ ବୋଲଇ ସମସ୍ତ ପାସୋରିଲେ ଯେ ରହଇ ସେ ଆତ୍ମା। ଏମନ୍ତ ବୋଇଲେ କି ଭାବ ହୋଇଲା। ଉଲଗ୍ନ ସିଦ୍ଧି ବୋଲଇ (୬)। ଉପନିଷଦମତେ ବୋଲଇ ଚୈତନ୍ୟ ମାତ୍ର ହିଁ ସେ ଏ ଜଗତରେ ଅଛି। ଆତ୍ମା ପ୍ରଭାବ ଏ ଜଗତ ଏମନ୍ତ ହୋଇଲେ। ଆତ୍ମାର ପ୍ରତିଭାସ କଥା ଜଗତ ବୋଲି କହି ମରୁଥିଲେ ହେଁ କି ସୁଖଟି ? ବେଦାନ୍ତ ଶାସ୍ତ୍ର ବୋଲଇ। ଆନନ୍ଦ, ଅନନ୍ତ, ଅମୃତ, ଅଭୟ, ସତ୍ତ୍ୱ ବ୍ରହ୍ମମୟ ଜ୍ଞାନ। ଏମନ୍ତ ବ୍ରହ୍ମ ହୋଇଲେ ହେଁ ସୁଖ। ଏହା ଜଗତରେ ତ ଜାଣଇ। ସ୍ୱପ୍ନ ହୋଇଲେ ହେଁ ନୁହଇ। ସୁଷୁପ୍ତିରେ ତ ଜ୍ଞାନ ବୋଇଲେ ଶିଷ୍ୟ ମିଥ୍ୟା ଗୁରୁ ପାଇଲା। ନାଏକ କାଣ, ଶିଷ୍ୟ ଜଡ଼, ପଢ଼ାଇବା ଚାଡ଼ କାଲ। ଏହାଙ୍କର ତାହାଙ୍କର ଯେମନ୍ତ ସବୁ ଏମନ୍ତ ପରା ଲୋଚାଏ ସେଟି। ଗଧ (୭) ମାନଙ୍କୁ ଦାଉଣୀ ପଛେ ବାନ୍ଧି ବୁଲାଇବା ପରାଏ ସେଟି। ନିବିଡ଼ାନ୍ଧକାରେ କେହି ତ ସୂକ୍ଷ୍ମ ନ ଜାଣିଲେ। ଦେବତା ପଦ ହିଁ କିସ ପଦ। ଯେବେ ସମ୍ବନ୍ଧ କରି ବାଞ୍ଛା କରିବା। ସେମାନେ ହେଁ ଗୁରୁଦତ୍ତ ବାଞ୍ଛିତ ଧର୍ମ ସିନା। ସ୍ୱର୍ଗରୁ ତ ଚ୍ୟୁତ ହେଉଥା'ନ୍ତି। ଚିନ୍ତାମଣି ମତ ବୋଲଇ ଏମନ୍ତ। ଯହିଁକି (୮) ଧ୍ୟାନ କରିବ ସେହି ଭାବ ହୋଇ। ହୋଇଲେ କୃତକାର୍ଯ୍ୟ କର୍ତ୍ତା ବ୍ରହ୍ମା ଏହାହୁଁ ତ ବଡ଼ପଦ ନାହିଁ। ବ୍ରହ୍ମପଦକୁ ବିଚାରି ମନଧ୍ୟାନ ଦେବା। ମନ ଦେଇକରି ବ୍ରହ୍ମ ହୋଇବା ତେଣେ କରି କି କାର୍ଯ୍ୟଟି ମୁଣ୍ଡ ଚାରିଗୋଟା ହୋଇ। ହଂସ ଗୋଟିଏ ଚଢ଼ି ସୃଷ୍ଟି ନିରନ୍ତରେ କରିବାରେ ଅବସର ନ ଥାଇ। ପ୍ରାନ୍ତେ ଗୁଣୀସନ୍ନିପାତ ବ୍ୟାଧି କରି କାଳର ବଶକୁ ଯିବ। ଏହା କି କଥାଟି। ଏତେକେହେ କୌଣସି ମତରେ ହେଁ କେହି ଧର୍ମ ସୂକ୍ଷ୍ମ ନ ଜାଣି ବୁଲି ମରୁଥାନ୍ତି। ଅହଙ୍କାରୁ ଋଷିମାନେ ଯେ ଯାହାର ମତ ବଦଳାଇ ପରୀକ୍ଷା କରି ଗ୍ରନ୍ଥ ଲୋଚାଏ କଲେ। ଏତେକ କହି ସେ ଅବଧୂତ କୁମରକୁ ବୋଇଲା, ବାବୁ! ଏବେ ପରମ ଶ୍ରେୟ ପରମ ଶାନ୍ତି (୯) ପରମାନନ୍ଦ, ପରମ ସୂକ୍ଷ୍ମ ସ୍ୱରୂପ ହୋଇ କେଉଁ ପଦେ ଅଛିଟି ତାହା ମୋତେ କୁହ। ତୁହି ମୋହର ଗୁରୁ ଏହା ମୋତେ ଅନୁଗ୍ରହ କର।

ସେ ଅବଧୂତ ତୁମର ତହୁଁ ପୂର୍ବ ସମ୍ବାଦ ଶୁଣିଲା ଯହୁଁ। ତାହାର ଏତେ ବୁଦ୍ଧି

---

(୧) 'କ' ହୋଇଲାଟି ସିଟି (୨) 'କ' ତଦନନ୍ତର (୩) 'କ' ହୋଇବ (୪) 'କ' ଦୀପ୍ତ (୫) 'କ' ସାତ୍ତ୍ୱିକ (୬) 'ଖ' ରେ ନାହିଁ (୭) 'କ' ଅନ୍ଧମାନଙ୍କୁ (୮) 'ଖ' ରେ ଯାହାକୁ (୯) 'କ' ରେ ପରମ ବିଶ୍ରାନ୍ତ କହ।

ହୋଇଲା ତହୁଁ। ଏମନ୍ତେ ସେ ଅବଧୂତ ପୁରୁଷ ବିରକ୍ତ ପାଇ, ଜ୍ଞାନାନନ୍ଦ ପାଇ ଅମୃତ ଖାଇଲା ରାକ୍ଷସ ପରା ହୋଇ (୧) କୌଣସି ମତରେ ବିଶ୍ରାନ୍ତ ଜ୍ଞାନାନନ୍ଦ ସୁଖ ପାଇଲା ନାହିଁ। ଏହା ଶୁଣି ସେ କୁମର ବିଚାରିଲା। ଏହାର ବୈରାଗ୍ୟ ଜାତ ହୋଇଲା। ଏ ବଡ଼ ଦୁଃଖୀ ଅଟଇ। ପରମାନନ୍ଦ ପଦ ଏ ପାଇ ନାହିଁ। ଏମନ୍ତ ବୋଲି ସେ କୁମର ଅବଧୂତକୁ ବୋଲୁଅଛି। ଆହୋ ମହାତ୍ମା ତୁ ମୋତେ ଯେତେ ମତ (୨) ମାନ ଭିନ୍ନ ଭିନ୍ନ କରି କହିଲୁ, ଏ ହାଦେ ସବୁ ଏକାମତ। ଏହା ସୂକ୍ଷ୍ମ ମତି ପଣ୍ଡିତମାନେ ଜାଣନ୍ତି। ଏସବୁ ମତମାନଙ୍କରେ ଆତ୍ମଜ୍ଞାନ ରସ ଅଛି। ତୁ ଯହୁଁ ପରାପର ପାଇ ନାହୁଁ ଏ ମତମାନଙ୍କୁ ଆଦର(୩) କଲୁ। ହାଦେ ଜ୍ଞାନ କହିଲେ ହେଁ ନ ଜାଣିଲୁ ଅଧିକାରୀ ନ୍ୟାୟେ, ପିପିଲିକା ମତେ, ଯୋଗ ଯୁକ୍ତେ, ବାସୁଦେବ ଭକ୍ତେ, ବିଷୟା-ତ୍ୟକ୍ତେ (୪) ପାଇ। ତୋହର ଅନ୍ତଃକରଣ ଅଶୁଦ୍ଧ ଭାବୁ କରି ରଜ, ତମ ଯହୁଁ ନାଶ ହୋଇ ନାହିଁ ତେଣୁ ଆତ୍ମଜ୍ଞାନ ଆନନ୍ଦ ରସ ପାଇ ନାହୁଁ (୫)। ହାଦେ ଜ୍ଞାନାନନ୍ଦ ରସ ଶୁଣ। ଇନ୍ଦ୍ର, ଚନ୍ଦ୍ର, ସୂର୍ଯ୍ୟ, ରୁଦ୍ର, ବ୍ରହ୍ମା, ବିଷ୍ଣୁ, ସାର୍ବଭୌମ ଚକ୍ରବର୍ତ୍ତୀମାନଙ୍କୁ, ଦକ୍ଷ, କିନ୍ନର, ଗନ୍ଧର୍ବ, ଦଶଦିଗପାଳ, ଏମାନଙ୍କର ହିଁ ସୁଖମାନ ରୁଣ୍ଡ କରି କଲେ ହେଂ ସେ ପରମାନନ୍ଦ ପଦକୁ (୬) ନ ଅଣ୍ଟଇ। ତିରଣକୁ (୭) ମେରୁ ଯେତେ ଅନ୍ତର, ପୃଥ୍ୱୀକୁ ଅଣୁ ଯେତେ ଅନ୍ତର (୮)। ଯେଉଁ ଜ୍ଞାନର କ୍ଷମାଶକ୍ତିରୁ କୋଉଣସି ହିଁ କଣା (୯) ମାତ୍ରକେ ଏ ଚନ୍ଦ୍ରାଦିତ୍ରଦଶାଦି (୧୦) ଭୂତମାନେ ବିହରୁ ଅଛନ୍ତି, ସେ ଆତ୍ମାର ଦାହକ ଶକ୍ତିରୁଟି ପରମାଣୁ କଣାକେ ସକଳ ତେଜ ହେଉଅଛନ୍ତି।

ସେ ଆତ୍ମାର ହାଦେ ବଡ଼ପଣ ଶୁଣୁ। ଅଶେଷ କୋଟି ବ୍ରହ୍ମାଣ୍ଡମାନେ ହେ ଭ୍ରାନ୍ତିରୁ ଏମନ୍ତ ଭାବେ (୧୧) ଦିଶନ୍ତି। ହାଦେ ବ୍ରହ୍ମାଣ୍ଡେ ଦ୍ରଷ୍ଟା। ସର୍ବ ଶ୍ରୋତା। ସର୍ବଜ୍ଞାତା। ସର୍ବହନ୍ତା ସର୍ବସଂହିତା ସମସ୍ତ ହିଁ ସେ। ତହୁଁ ବ୍ୟତିରେକ ବସ୍ତୁ ନାହିଁ। କୋଟି କୋଟି ବ୍ରହ୍ମାଣ୍ଡମାନେହେଁ ଭ୍ରାନ୍ତିରେ ପୁଣି ପୂରିଅଛି ପୁଣି ତ ଭକ୍ତି ଯେ ନୋହନ୍ତି, ସେ ଶୀର୍ଣ୍ଣ ପଣେ ସହସ୍ରଧା ପରମାଣୁ ଅଟନ୍ତି (୧୨)। ଚିଦାନନ୍ଦ ସୂକ୍ଷ୍ମ

---

(୧) 'ଖ' ଜ୍ଞାନାନନ୍ଦଠାରୁ ହୋଇ ପର୍ଯ୍ୟନ୍ତ ନାହିଁ (୨) 'କ' କଥା (୩) 'ଖ' ଅଣାଦର (୪) 'କ' ବିଷୟାନୁମତେ (୫) 'ଖ' ପାଇ ନାହାନ୍ତି (୬) 'କ' ରେ କଣିକାକୁ (୭) 'କ' ତଣକୁ (୮) 'ଖ' ପୃଥ୍ୱୀକୁ ଅଣୁ ଯେତେ ଅନ୍ତର ନାହିଁ (୯) 'ଖ' କଳ୍ପନା (୧୦) 'ଖ' ସକଳ ଜଳ (୧୧) 'ଖ' ରେ ଅତିଶୟ ମନୋଭାବେ ନ ଦିଶନ୍ତି (୧୨) 'କ' ସେ ସାନପଣେ ସହସ୍ରଧା ପରମାଣୁ ହିଁ ପରମାଣୁ ଅଟନ୍ତି।

ସ୍ୱରୂପ, ଆନନ୍ଦ କୈବଲ୍ୟ ପରମ ଅବ୍ୟକ୍ତ ଏକାନ୍ତକ ବୋଧମୟ ସାକ୍ଷ୍ୟ ସ୍ୱରୂପ ଅଟଇ। ଏହା ତୁ କହିଲେ ହେଁ କାହୁଁ ଜାଣିବୁ ? ଯେମନ୍ତ ସେ ପଥର ଉପରେ ବୀଜ ବୁଣିଲେ ନ ଉଠଇ, ସଂସ୍କାର ଭୂମିରେ ବୁଣିଲେ ସେ ଉଠଇ। ତୁ ମାତ୍ର ନିହାଇ ହେଉ। ତୋତେ ବୋଧ କାହୁଁ ହୋଇବ। ଯେଉଁ ଭୂମି ଉତ୍ତାରେ ଯେଉଁ ଭୂମି ହୁଅଇ ତାହା କହି ନୁହଇ। ସମସ୍ତ ଜାଣି ଶିଷ୍ୟକୁ ଏହା ଇଚ୍ଛାଏ ପ୍ରକାଶ ହୁଅଇ। ଯହୁଁ ମନ ବୁଦ୍ଧିକି ଅଗୋଚର କହି ନୁହଇ(୧)।

ଏହା ଶୁଣି ସେ ଅବଧୂତ ବୋଇଲା। ହାଦେ ମୁଁ ସାତ ସହସ୍ର ବର୍ଷ ଯୋଗୀ। ତୁ ପେଟର ପୁଅ। ମୁଁ ତୋତେ ଗୁରୁ କରି ତୋହର ପାଦପଦ୍ମକୁ ବନ୍ଦୁଅଛି। ମୋତେ ଅନୁଗ୍ରହ କର। କେମନ୍ତେ ଆତ୍ମାକୁ ଲଭିବି ତାହା କହ। ଏହା ଶୁଣି ସେ ଗର୍ଭପୁରୁଷ ବୋଇଲା। ଯେମନ୍ତ ଓଝା ଏକାବେଳକେ ଚାଟକୁ ପଢ଼ାଇ ନପାରଇ ସେହିମତି ଏକାବେଳକେ ବୋଧେ ଉଦ କରାଇ ନୁହଇ। ଗଡ଼ମାନ ଯେମନ୍ତ ରାଜାମାନେ ଅଙ୍କେ ଅଙ୍କେ କରି ସାଧନ୍ତି ତେମନ୍ତ କରି ସେ ସାଧନା କରି ହୋଇ। ଏବେ ତୁ ନିଷ୍କାମ କରି ପୁଣ୍ୟ କର। ବାସୁଦେବଙ୍କୁ ପରମ ଭକ୍ତି କର। ଭକ୍ତି କରୁଁ କରୁଁ ତୋହର ରଜ ତମ ନିବର୍ତ୍ତି ହୋଇବ। ଅନ୍ତସ୍କରଣ ଶୁଦ୍ଧ ହେବ। ସତ୍ତ୍ୱାଂଶ ରହିବ (୨)। ଏବଂଭୂତ ସାତ୍ତ୍ୱିକ ଶରଧାକୁ ଘେନି ନିରନ୍ତରେ ଯତ୍ନ କର। କରି ଗୁଣମାନ ଆଚର। କେମନ୍ତ ଗୁଣମାନ। ହାଦେ ମାନ ଛାଡ଼ି, ଦମ୍ଭ ଛାଡ଼ି, ହିଂସା ଛାଡ଼ି, ଶାନ୍ତି ହୋଇ ଆଜୀବ ହୋଇ ଆଚାର୍ଯ୍ୟ ଉପାସନା କର। ଶଉଚ ହୋ। ମନକୁ (୩) ନିଗ୍ରହି ଥା। ସ୍ଥିର ହୋ। ଧଇର୍ଯ୍ୟ ହୋ। ଇନ୍ଦ୍ରିୟମାନଙ୍କୁ ବୈରାଗ୍ୟ ପାଆ। ଅନହଂକାରୀ ହୋ। ଜନ୍ମ ମରଣ ଜରା ବ୍ୟାଧି ବୃଦ୍ଧାଦି ତାପତ୍ରୟ ଦୁଃଖ ନିରନ୍ତର ସୁମରୁଥା ଅନବରତେ ଈଶ୍ୱରଙ୍କୁ ଶରଣଯା। ସମସ୍ତ ଭାବରେ ଆସକ୍ତି ନ ହୋ। ଆତ୍ମାଶକ୍ତ ହୋ। ଅନଭିଷଙ୍ଗ ଏକା ହୋଇଥା। ସମଚିତ୍ତ ହୋ। ସତ୍ୟାଚରଣ କର (୪)। ମୁଁ ଯାହା କହିଲି ସେହିମତି ଆଚର। ଅବ୍ୟକ୍ତ ଆଚରି ଭକ୍ତି କର। କଉଣସି ମନୁଷ୍ୟ ସଙ୍ଗରେ ପ୍ରୀତି ନକର। କଉଣସି ବସ୍ତୁରେ ସ୍ନେହ ନକର। ଏମନ୍ତ ଗୁଣମାନ ଆଚରୁ ଆଚରୁ ହାଦେ ଅଦ୍ଭୁତ ହୋଇ ବିକାରେକ ଜାତ ହୋଇ। ସେ ବିକାରକୁ ବିବେକ ବୋଲି। ସେ ବିବେକ କେମନ୍ତ ଅଟଇ। ନିତ୍ୟାନିତ୍ୟ ବସ୍ତୁ ବିଚାରଇ କିସ। ଏ ଜଗତ ପ୍ରପଞ୍ଚ ଗୋଟା।

---

(୧) 'କ' ଯହୁଁ ସେ ମନ ବଚନକୁ ଅଗୋଚର କହି ନୁହଇ (୨) 'ଖ' ରେ ନାହିଁ (୩) 'କ' ଆତ୍ମାକୁ (୪) 'ଖ' ରେ ଆତ୍ମଶକ୍ତି ହୋ ଠାରୁ ସତ୍ୟାଚରଣ କର ପର୍ଯ୍ୟନ୍ତ ନାହିଁ।

ଦେହ ସହିତ ହୋଇ ଏ ନିତ୍ୟ କି ଅନିତ୍ୟ ଏହା ବିଚାରି (୧) ଜାଣଇ। ବିଚାରୁଁ ବିଚାରୁଁ ଯୁକ୍ତି ପ୍ରକାଶ କରଇ। ଯୁକ୍ତି କିସ। ଏ ରୋଗ, ଭୋଗ, ସମ୍ପତ୍ତି, ବିପତ୍ତି ଏ ଶରୀର ବୁଝ। ଏମନ୍ତମାନ ଯହୁଁ ପ୍ରକାଶ ହୋଇ ହୋଇଲେ ସତ୍ୟ ବୋଲି ସେ ଆଉ ଅଛି କି (୨)। ଏହା ମିଥ୍ୟା ପଣ ନ ଜାଣଇ। ଏ ଯେଢ଼େ ଦୋଷ, ମୋହ, ଭ୍ରମ, ଅଶୁଭ, ପ୍ରପଞ୍ଚ ନରକ କୁତ୍ସିତ ଏମନ୍ତ ଜାଣଇ। ଜାଣିଲେ ହାଦେ ବୈରାଗ୍ୟ ଜାତ ହୋଇ। ସେ ବଇରାଗ୍ୟ ଚାରି ପ୍ରକାର। ଶ୍ରୁତି ବଇରାଗ୍ୟ, କୋମଳ ବୈରାଗ୍ୟ, ଭୋଗ ବଇରାଗ୍ୟ, ପ୍ରୌଢ଼ ବୈରାଗ୍ୟ। ହାଦେ ଚାରି ବୈରାଗ୍ୟର ମଧ୍ୟେ ପ୍ରୌଢ଼ (୩) ବଇରାଗୀ ହୋଇ। ସେ ପ୍ରୌଢ଼ ବୈରାଗୀ କେମନ୍ତ। ବ୍ରହ୍ମାଦି ତୃଣ ପର୍ଯ୍ୟନ୍ତ ଜଗତକୁ ଦେହ ସହିତ କରି ବାନ୍ତି କଲା ଅନ୍ନପ୍ରାୟ ପ୍ରକାଶଇ। ଏବଂଭୂତ ବୈରାଗ୍ୟରେ ଗୋତ୍ର (୪) ଗୃହ ବ୍ୟକ୍ତି ଆଶ୍ରମ ତ୍ୟାଗ ହିଁ କରଇ। ଶାନ୍ତ, ଦାନ୍ତ, ଉପରତି, ତିତିକ୍ଷା ଚାରିପ୍ରକାର ସାଧନ କରଇ। ଏ ଚାରି ପ୍ରକାର ଶୁଣ। ହସ୍ତ ପ୍ରାୟ ବସ୍ତୁକୁ ବାଞ୍ଛା ନ କରଇ। ଯୁକ୍ତ ନ୍ୟାୟ ଯେ ସତ୍ୟାସତ୍ୟ ହୋଇ, ତାହା ଯଥାକ୍ରମ କରି ଗ୍ରହଣ କରଇ। ଏହାକୁ ଶାନ୍ତ ବୋଲି। ବହିଦ୍ୱାର ଅନ୍ତଃକରଣ ଦୁଇଠାରେ ବିଷୟ ଗ୍ରହଣକୁ ଅତିଶୟ ନିବୃତ୍ତି ହୋଇ। ଏହାକୁ ଦାନ୍ତ ବୋଲି। ବିଷୟ ଭିନ୍ନ (୫) ନୁହଇ। ଯାହାର ଶ୍ରଦ୍ଧା ପ୍ରୀତି ହୋଇ ତାହାକୁ ଉପରତି ବୋଲି। ସୁଖ ଦୁଃଖ, ଭୟ ଅଭୟ, ବିପତ୍ତି ଲାଭ, ଶୁଭ ଅଶୁଭ, ପାପ ପୁଣି, ସିଦ୍ଧ ଅସିଦ୍ଧ, ଶୀତଳ ଉଷ୍ଣ, ସ୍ତୁତି ନିନ୍ଦା, ଜୟ ଅଜୟ ଇତ୍ୟାଦିମାନଙ୍କରେ ଯେବେ ଅନପେକ୍ଷ ବୁଦ୍ଧି ପାଇଲା (୬) ଏହାକୁ ତିତିକ୍ଷା ବୋଲି। ଏ ଚାରି ସମ୍ପତ୍ତି ହୋଇଲେ। ସେ ଆତ୍ମଜ୍ଞାନ ଜାଣିବାକୁ ପ୍ରଥମ ଅଧିକାରୀ ହୋଇ। ତାହାକୁ ସଦଗୋଷ୍ଠୀ ସେବା କରି ଆଚାର୍ଯ୍ୟମାନଙ୍କ ତହୁଁ ସ୍ମୃତି ଅର୍ଥମାନ ଶୁଣିମାରୁ (୭) କରି ଅସଦ୍‌ଭାବନା (୮) ବିପରୀତ ଭାବନା ନିବୃତ୍ତି ହୋଇ। ତୁ ଅବା ବୋଲୁ ଅସମ୍ଭବନା ନିବୃତ୍ତି କେମନ୍ତ, ହାଦେ ଇନ୍ଦ୍ରିୟ ଭିନ୍ନ ପ୍ରାୟେ। ଏମନ୍ତ ଭାବ ଜାଣି ନୁହଇ। ଏହାକୁ ସେ ଅସମ୍ଭବନା ବୋଲି। ଯେତେବେଳେ ଦେହୁଁ ଭିନ୍ନଭାବ ଆପଣାର ଜାଣଇ, ଯେତେବେଳେ ପର ଦେହକୁ ତ ଯେମନ୍ତ ଦେଖଇ, ଆପଣ ଦେହକୁ ହିଁ ତେଢ଼େ କରି ଅସ୍ନେହ କରଇ, ଦେହକୁ ଉଦାସୀ ହୋଇ, ଏହାକୁ ଯେ ଅସମ୍ଭବନା ନିବୃତ୍ତି ବୋଲି। ବିପରୀତ ଭାବନା ନିବୃତ୍ତି ଶୁଣ।

---

(୧) 'ଖ' ରେ ଗୋଟାଠାରୁ ବିଚାରି ପର୍ଯ୍ୟନ୍ତ କୀଟଦ୍ରଂଷ୍ଟ (୨) 'ଖ' ଆଚରି ଅଛିନ୍ନା (୩) 'ଖ' ରେ ଶ୍ରୋତ୍ର (୪) 'ଖ' ରେ ସୋତ୍ର (୫) 'କ' ରେ ବିଷୟରେ ଭିନ୍ନ ହୋଇ (୬) 'କ' ଜନ୍ମ ହୋଇଲା (୭) 'କ' ଶୁଣିମା କରି (୮) 'ଖ' ଅସମ୍ଭବନା।

ହାଦେ ଈଶ୍ୱର ଜୀବଜଗତ ହୋଇ ପ୍ରକାଶୁଅଛି ଆତ୍ମା (୧)। ଏହାକୁ ନ ଜାଣିମାରୁ କରି ଏମନ୍ତ ବସ୍ତୁଯେ (୨) ହୋଇ ଜଗତ ଦିଶଇ। ଆତ୍ମା ଜଗତକୁ ବସ୍ତୁମୟ କରି ଜାଣୁଅଛି। ଅନାତ୍ମା ଯେ ଶରୀର। ଏହାକୁ ମୁଁ ଅପରତେ ହେଉଅଛି। ପୁତ୍ର ଦାରା କଳତ୍ରକୁ ମୋହର ବୋଲି ପରତେ ହେଉଅଛି। ଏଥୁ ଏହା ଭାବକୁ ଛାଡ଼ିଗଲେ। ବିପରୀତ ଭାବନା ନିବୃତ୍ତି ବୋଲି। ଏଥି ଉତ୍ତାରେ ଶ୍ରବଣ ମନ ନିଦିଧ୍ୟାସନ କରିବ। ସହସ୍ରଧା ପ୍ରକାରେ ସାଙ୍ଗୋପାଙ୍ଗ ଶାସ୍ତ୍ରମାନ ଶୁଣିବ। ଯେଉଁ ଶାସ୍ତ୍ରାର୍ଥ ଜାଣିଲେ ସେ ଗୁରୁବଚନକୁ ସାକ୍ଷ ଅଟଇ। କରି ପୁନଃ ପୁନଃ କରି ସକଳ ଏ ଦୁହିଁଙ୍କର ଭାବ ଏକ କରି ଜାଣିଲେ ଭୂମି ଏକ ହୋଇ। ମନ ନ କଳ୍ପିବ (୩)। ଏହା ଦୃଢ଼ କରି ନିରନ୍ତରେ ମଣିଲେ ଦ୍ୱିତୀୟ ଭୂମି ହୋଇ। କିସ ଅର୍ଥ ବିଚାରିବ। ମୁହିଁ କେ, ଏହା ଅର୍ଥୀ ହୋଇ ଜାଣିବ (୪)। ପୃଥ୍ୱୀ ଅବା ମୁଁ (୫) ଜଗତ ଅବା ମୁଁ, ଗଗନ ଅବା ମୁଁ, ଇନ୍ଦ୍ରିୟମାନେ ଅବା ମୁଁ, ପ୍ରାଣ ଅବା ମୁଁ, ବୁଦ୍ଧି ଅବା ମୁଁ, (୬) ଚୈତନ୍ୟ ଅବା ମୁଁ, ଅବସ୍ଥା ତ୍ରୟ ଅବା ମୁଁ, ଯେ ଜଳ ଅବା ମୁଁ, ଅଗ୍ନି ଅବା ମୁଁ, (୭) ଏମାନେ ଜାଣୁଅଛ ସେ ଅବା ମୁଁ, ଏମନ୍ତ ଭାବକୁ ତୃତୀୟ ଭୂମି ବୋଲି। ଏ ଭୂମିରେ ଯମନିୟମ, ଆସନ, ପ୍ରାଣାୟାମ, ଧ୍ୟାନ ଧାରଣା ସମାଧି ଆଚରିଥିବ। ଏହା ଅନବରତ ଅଭ୍ୟାସକୁ ନିଦିଧ୍ୟାସନ (୮) ବୋଲି। ଚତୁର୍ଥ ଭୂମି ଯେ ସେ ଏମନ୍ତ ବିଚାରି ବିଭୁର ମନୋକ୍ତ ଉଦ୍ୟାସକ୍ତ (୯) ଭୂମିରୁ ବିଜୟିନୀ ବୋଲି ଭୂମି ଏ (୧୦) ଜାତ ହୋଇ। ସେ ଭୂମି କେମନ୍ତ ହାଦେ। ବାସନାଦି ନ (୧୧) ହୋଇ। ତୁ ବାସନା ଥିବାରୁ ବୋଲୁଅଛୁନା କେଉଣସି ମତେ ସୁଖ ନାହିଁ (୧୨) ବୋଲି ତ କେମନ୍ତେ ହେଁ ନ ବୋଲିବୁଟି। ମେରୁ ପର୍ବତର ପ୍ରାଏକ ଯେବଣ ଅବିଦ୍ୟାର ମୂଳ। ଏହା ଜଗତ କଥା ବୋଲି (୧୩)। ଜଗତବ୍ୟାପୀ ଉଦେ ହେଉଅଛି। ସେ ଶାନ୍ତିକି (୧୪)। ନଗଲେ ସୁଖ କାହିଁ ଅଛି। ଏ ନ୍ୟାୟରୁ ଏ ଶରୀରକୁ ଅସତ୍ୟ (୧୫) ବସ୍ତୁ ବୋଲି। ଏ ନିଃସଙ୍ଗ ଶବ୍ଦେ କରି କୂଟ (୧୬)। ହାଦେ ଇନ୍ଦ୍ରିୟମାନଙ୍କର ସଙ୍ଗ ଛାଡ଼ିଲେ ନିସଙ୍ଗ ବୋଲି। ଏମନ୍ତ ସେ ଚତୁର୍ଥ ଭୂମି ନାମର ବିଳାୟିନୀ (୧୭)। ସେ ଭୂମିରୁଟି ସକଳ ଭୂମି ଜାତ ହୋଇ। ଯେମନ୍ତ କ୍ଷୀର ସମୁଦ୍ରୁଁ ସମସ୍ତ ଜାତ ହୋଇଲା। ବାସନା ମନ ଅଜ୍ଞାନ ସପ୍ତଭୂମି ଆଦି କରି ଯହିଁ ଆତ୍ମାରେ ଲୀନକୁ ଯାଇଥାନ୍ତି ସ୍ୱଭାବେ ଅଯତ୍ନେ।

(୧) 'ଖ' ରେ ଏ ଜଗତେ ଜୀବ ଆତ୍ମା ଈଶ୍ୱର ହୋଇ ପ୍ରକାଶୁଅଛି (୨) 'କ' ରେ ବସ୍ତୁମୟ (୩) 'କ' ରେ କରିବ (୪) 'କ' ଅର୍ଥ କରି ଜାଣିବ (୫) 'କ' ମୁହିଁ (୬) 'କ' ରେ ନାହିଁ (୭) 'ଖ' ରେ ଜଳ ଅବା ମୁଁ ଅଗ୍ନି ଅବା ମୁଁ ନାହିଁ (୮) 'ଖ' ନିତ୍ୟଧ୍ୟାନ (୯) 'କ' ଅବ୍ୟକ୍ତ ବିଦ୍ୟା ସଙ୍ଗତ (୧୦) 'କ' ବିଦ୍ୟା (୧୧) 'କ' ବିଳୟ ବହି ବିଲଗ (୧୨) 'କ' ନୋହିଲା (୧୩) 'କ' ଜଗତକୁ ଆବୋରି (୧୪) 'କ' ଶାନ୍ତି ନଗଲେ (୧୫) 'କ' ଅଶ୍ୱଥ (୧୬) 'କ' ନିଗମ ଶାସ୍ତ୍ରେ (୧୭) 'ଖ' ବିଷୟନା।

ଏହାକୁ ତେଣୁ କରି ବିଳୟିନୀ ବୋଲି। ସେ ଭୂମିରେ ଚିତ୍ତଥାଇ ଉତ୍ତମତେ ଶୁଦ୍ଧ ସମାଧି ଆନନ୍ଦ (୧) ହୋଇ ରୂପେକ ହୋଇ ଏହାକୁ ପଞ୍ଚମ ଭୂମି ବୋଲି। ଏ ଭୂମିରେ ଅନେକ ମାୟାମାନେ ଉପଦ୍ରବମାନେ ଅଛନ୍ତି। ସେ ଉପଦ୍ରବ କେମନ୍ତ। ଅବିଦ୍ୟା ଯେ ପ୍ରକୃତି ଏ ଯେତେବେଳେ ମରି ନଥାଇ। ଏହାର ଯେତେ ବଳ ତେତେକଯାକ ଦରଶାଇ କରି ଏ ଭୟ ମୋହ ତନ୍ଦ୍ରାଏ (୨) କରି ଆକୁଳ କରାଇ। ପାଣି ଆବର୍ତ୍ତ ପାୟେ କରି ଚିତ୍ତ ଭ୍ରମୁଥାଇ (୩)। ଏଠାରୁ ଭାବିଲେ (୪) ହାଦେ ଦେବତା ହୋଇ। ବାସୁଦେବର ଭକ୍ତି ନିଶ୍ଚଳ କରି କଲେ ବିଷ୍ଣୁର ଅଷ୍ଟାଦଶ ମାୟା ଆବୋରଇ। ସେ ମାୟାମାନେ କେମନ୍ତ। ପ୍ରଥମେ ୧। ଜାଗ୍ରତ। ୨। ସ୍ୱପ୍ନ। ୩। ସୁଷୁପ୍ତି, ଏ ନରକ ଏ ତିନିମାୟା ଜିଣିଲେ ଦିବ୍ୟମାୟାମାନେ ଆବୋରନ୍ତି। ବିଘ୍ନ ନିମନ୍ତେ ଦିବ୍ୟମାୟା ଆବୋରି ସମାଧିରେ ପ୍ରକାଶ କରନ୍ତି। ୪। ମୋହିନୀ (୫)। ୫। ମଧୁମତୀ ମାୟା (୬) ବିଷୟଦର୍ଶିନୀ। ୬। ମାୟା। ୭। ଶବ୍ଦମୟୀ ମାୟା, ୮। ସରସ୍ୱତୀ ମାୟା। ୯। ଦେବଯୋନି (୭) ମାୟା। ୧୦। ଆଣିମାଦି ଐଶ୍ୱର୍ଯ୍ୟ ମାୟା। ୧୧। ଜଳନ୍ଧରୀ ମାୟା।୧୨। ଲୌକିକ ମାୟା। ୧୩। କାମମୟୀ ମାୟା। ୧୪। ସିଦ୍ଧମୟୀ ମାୟା, ୧୫। କଲ୍ଲୋଳିନୀ ମାୟା। ୧୬। ରୁଦ୍ର ଅହଂକାର ମାୟା। ୧୭। ପାର୍ବତୀ ମାୟା। ୧୮। ସର୍ବମନୋହାରୀ ମାୟା।

ତ ଏବଂଭୂତ ଅଷ୍ଟାଦଶ ମାୟା ଆବୋରଇ। ଐଶ୍ୱର୍ଯ୍ୟ ସମାଧିରେ ସ୍ୱପ୍ନ ପ୍ରାୟେ ହୋଇ। ହାଦେ ଚିତ୍ତ ନାହିଁ। ସକଳ କାମନାମାନ ଛାଡ଼ି ପ୍ରକୃତି ସହିତ ହୋଇ। ଇନ୍ଦ୍ରିୟମାନଙ୍କୁ ଘେନି ଯେତେବେଳେ ଅନ୍ତର୍ମୁଖ ହୋଇ ଦିବ୍ୟସୁଖ ପାଉଥାଇ, ଯେଉଁ ଚତୁଃପଥରେ ହୋଇ ନିର୍ବାତ ଦୀପଶିଖା ପ୍ରାୟେ ସେଠାରୁ ଅବସ୍ଥାନ୍ତେ ଲୀନ ହୋଇ, ସେ ତ୍ରିକୂଟ ପଥ କେମନ୍ତ ଅଟଇ। ପଥକରି ଏ ମାୟାମୟୀ ସ୍ୱପ୍ନ ସ୍ଫୁରଇ (୮)। ପଥକର ଉପସର୍ଗ ଭୟରୁ ବହିର୍ମୁଖ ହୋଇ। ପଥକରି ଅନ୍ଧକାର ସ୍ୱରୂପେକ ହୋଇ। କାଳ ସେଠାରେ ଥାଇଁ। ସେ ଆବୋରି ଅଜ୍ଞାନ କରି ସୁଷୁପ୍ତିକି ନିଅଇ। ଏ ତିନି ପଟ ଟାକି ଜାଣିଲେ ଅଜୀବ ପଥରେ ପଶଇ। ଯେଉଁ ପଥରେ ମନମୂର୍ଚ୍ଛା (୯) ଯାଇ, ଏମନ୍ତ ଏକ ଜାଳାନ୍ଧର ଜଗତ ଈଶ୍ୱର। ଏହି ମରିବା ପଥରେ ଦିବ୍ୟ ମାୟାମାନେ ମନବିକାରେ ଉଦେହୋନ୍ତି। ହାଦେ ଏ ମାୟାମାନେ କେମନ୍ତ ଅଟନ୍ତି ଶୁଣ। ଏ ହାଦେ ଋଷିମାନେ, ଦେବତାମାନେ, ସିଦ୍ଧଯୋଗୀମାନେ କଷ୍ଟେ କଷ୍ଟେ କୋଟି କୋଟି ଲୋକ ସେ ଜଣେ ଜାଣଇ। ନୋହିଲେ ଏଥି ଭିତରେ ଏହି ମାୟାମାନଙ୍କୁ ରସିଥାନ୍ତି। କେ ଚାରିମାୟା କେ ପାଞ୍ଚ ମାୟା। କେ ସପ୍ତମାୟା। କେ

(୧) 'କ' ଶୁଦ୍ଧ ସଚିଦାନନ୍ଦ (୨) 'ଖ' ଏ ମୋହ ଚିନ୍ତାଏ (୩) 'ଖ' ଦ୍ରବଇ (୪) 'କ' ଭାଗିଲେ ହେଁ (୫) 'କ' ମୋହ (୬) 'କ' ବିଶ୍ୱଦରଶିନୀ (୭) 'ଖ' ଦେବଜ୍ୟୋତି ମାୟା (୮) 'ଖ' ସର୍ପ ଫୁଂରଇ (୯) 'କ' ମୁଗ୍ଧ।

ଅଷ୍ଟମାୟା। ଏତେ ଦୂର ସେ ଜୟ କରିଅଛନ୍ତି। ସମସ୍ତେ ହେଂ ବ୍ରହ୍ମାଦି ଈଶ୍ୱର ସହିତେ ବିଷ୍ଣୁ ମାୟାରେ ପଡ଼ିଅଛନ୍ତି। ତୁ ଅବା ବୋଲୁ ଏମାନେ ସେ ଯହିଁ ଯାଇ ନ ପାରିଅଛନ୍ତି ମୁହିଁ ଆଉ କାହିଁକି ଯିବି ବୋଲି। ଏଥକୁ ଭ୍ରାନ୍ତି ନ କର। ହାଦେ ମୁଁ ତୋତେ ପରମବୀଜ କହୁଅଛି ଶୁଣୁ। ଏ ମାୟା ଈଶ୍ୱର ଆହେ ଜଗନ୍ନାଥ। ଏହାଙ୍କ ଅନୁଗ୍ରହ ହେଲେ ବ୍ରହ୍ମାଦ ଯାଇ ନଥା ଯହିଁ କୀଟ ହିଁ (୧) ଅକଷ୍ଟେହେଂ (୨) ଯାଇ। ଏ ହାଦେ ଭାବଗ୍ରାହୀ ଅଟନ୍ତି। ସମସ୍ତ କଥାର ମୂଳ ଏ। ଏହା ଶୁଣି ସେ ଅବଧୂତ ବୋଇଲା। ଭୋ ମହାତ୍ମା ! ଧନ୍ୟ ତୁ। ଏ ମାୟାମାନେ କି କି କରନ୍ତି ଏହା ମୋତେ କହ।

ସେ କୁମର ବୋଇଲା। ମୁଁ ଆଉ ବହୁତ ବେଳ କଥା କହି ନପାରଇ। ଗର୍ଭନିଦ୍ରା ମୋତେ ପୁନଃ ପୁନଃ (୩) ଆକର୍ଷୁ ଅଛି। ତୁ ଅଳ୍ପକେ ଶୁଣୁ। ତୋତେ ଅନୁକଳ୍ପିତ (୪) କରି ଲୋକାନୁଗ୍ରହ ନିମିତ୍ତେ କହୁଅଛି। ଯହୁଁ ତୁ ବଡ଼ ଦୁଃଖୀ ଅଟୁ ହାଦେ କଉଣସି ମାୟାରେ ଇନ୍ଦ୍ରପଦ ପାଇ। ବ୍ରହ୍ମାପଦ ପାଇ। କଉଣସି ମାୟାରେ ସକଳ ଜଗତି ଦେଖୁଥାଇ (୫)। କଉଣସି ମାୟାରେ ସହସ୍ର ସହସ୍ର ସ୍ତ୍ରୀମାନେ ବେଢ଼ିଥାନ୍ତି। କଉଣସି ମାୟାରେ ଶୂନ୍ୟରେ ଯାଉଥାଇ। କଉଣସି ମାୟାରେ ଦିବ୍ୟ ବିମାନମାନଙ୍କରେ ଉଡ଼ିଥାଇ (୬) ଇନ୍ଦ୍ରପ୍ରାୟେ ହୋଇ ଐଶ୍ୱର୍ଯ୍ୟମାନନ୍ତ ଭୋଗ କରୁଥାଇ। କଉଣସି ମାୟାରେ ସହସ୍ରେ ଜୁଣ ବାରତା ଜାଣଇ। କୌଣସି ମାୟାରେ ଦେବତାମାନଙ୍କୁ କଥା କହୁଥାଇ। କେତେ କହିବା ଅନ୍ତେ (୭) ପ୍ରପଞ୍ଚମାୟା। ଦେବତାମାନଙ୍କୁ ଅଗୋଚର ଅଟଇ। ଈଶ୍ୱର ଅତିରେକ କରି ଯେଉଁ ଜୀବକୁ ଅନୁଗହ କରିବ, ସେ ଜାଣି ତାହାର ପରମ ଭାବ ପାଇ। ହାଦେ ଯେତେବେଳେ ଅଷ୍ଟାଦଶ ଜୟ ହୋଇ ତେତେବେଳେ ଷଷ୍ଠ ଭୂମି ହୋଇ। ସେ ଭୂମି କେମନ୍ତ ଅଟଇ ଆନନ୍ଦ ଘନାକାର ସୁଷୁପ୍ତି। ଏହାକୁ ଅଚଳ ତୁରୀୟ (୮) ବୋଲି। ଏ ଅବସ୍ଥା ହୋଉ ହୋଉ ପ୍ରଥମେ ଅତ୍ୟନ୍ତରେ ଶବ୍ଦମାନ ଶୁଭଇ। ସେ ଶବ୍ଦ କେମନ୍ତ। ଜଗତ ଚରାଚର ଯାକେ ସେ ଶବ୍ଦକୁ ଲୟେ ହୋଇଥାନ୍ତି। ଏ ଶବ୍ଦ ଅନ୍ତେ ପରମ କୋଟିସୂର୍ଯ୍ୟ, କୋଟିଚନ୍ଦ୍ର, କୋଟି ହୋତୋ (୯), କୋଟି ତଡ଼ିକ, କୋଟି କୋଟି ନକ୍ଷତ୍ର ଭରି ରୂଣ୍ଡିଭୂତ କରିଲେ ଯେମନ୍ତ ଜ୍ୟୋତିଏ ପ୍ରକାଶ ହୋଇ, ସେ ଜ୍ୟୋତିରୁ କ୍ରମେ ଅନ୍ତର୍ଲୟ ହୋଇଲେ ନିର୍ମଳ ଆକାଶେକ ପ୍ରକାଶ ହୋଇ।

(୧) 'ଖ' ରେ କେଟି (୨) 'କ' ରେ ନାହିଁ (୩) 'କ' କରି (୪) 'କ' ଅନୁପ୍ଳୁତ କରି (୫) 'କ' ରେ ଜଗତ ନାହିଁ (୬) 'କ' ରେ ବିମାନରେ ଚଢ଼ିଥାଇ (୭) 'କ' ଅତିଅନ୍ତ (୮) 'ଖ' ତରୁ (୯) 'କ' ରେ ନାହିଁ।

ସେ ଆକାଶର ଅନ୍ତର୍ଗତେ ଚିଦ୍ (୧) ବୋଲି ଆକାଶେକ ଅଛି। ସେ ଆକାଶ ସତ୍ତା ମାତ୍ର। ସଦା ସମ୍ପୂର୍ଣ୍ଣ। ସେଠାରେ ସପ୍ତମ ଭୂମି ହୋଇ। ଆନନ୍ଦ କୈନ୍ଦ୍ରିକ ରସ ଚନ୍ଦ୍ର ନିବିଡ଼ ବୋଧ ଉଦୟ ଚୈତନ୍ୟ ସୁଷୁପ୍ତିର ପ୍ରାୟେକ ହୋଇ ଯେଉଁ ଅବସ୍ଥା ସେଠାରେ ଗୁରୁବଚନ ଅଛି। ଏ ଅବସ୍ଥା ପରମ ନିର୍ବାଣ ପରାଟି (୨)। ଏ ସପ୍ତଭୂମି ପ୍ରକାଶ କରି ନହୋଇ। ନିବିଡ଼ ବହଳ ପରମ ଆନନ୍ଦରୁ ହିଁ ଆନନ୍ଦ। ପରମ ସୁଖ ହିଁ ସୁଖ। ସମୁଦ୍ର ଜଳର ଯେମନ୍ତ ଅନ୍ତ ନାହିଁ, ସୁଖର ହିଁ ତେମନ୍ତ ଅନ୍ତ ନାହିଁ। ଅତ୍ୟନ୍ତ ସୁଖ। ଯହିଁକି ବ୍ରହ୍ମଈଶ୍ୱରାଦି ହିଁ ରଙ୍କପ୍ରାୟେକ ହୋଇ ଉପାସନା କରନ୍ତେ ହେ ନ ପାନ୍ତି।

ଏବଂଭୂତ ଯେବଣ ବିଷ୍ଣୁର ପରମ ପଦ କେ ପାଇବ। ଯହିଁ ପାଇଁ ଯଜ୍ଞ ପୂଜାଦାନ ତୀର୍ଥ ତପଯୋଗ ଭକ୍ତି ଏମାନ କରି। ବେଦମାନେ ଯାହାକୁ ସ୍ତୁତି କରୁଅଛନ୍ତି। ଯେଉଁ ପଦରେ ଥିଲେ କୋଟି କୋଟି ବ୍ରହ୍ମାଣ୍ଡମାନେ ପ୍ରଳୟ ହେଉଥିଲେ ନିଃଶ୍ୱାସ ପ୍ରାୟେକ ମଣି। କାଳର ଅନ୍ତଭୂମି ଯେ କାଳକୁ ସଂହରଇ। ଯେଉଁ ଭୂମି ତାହା କହିବାକୁ ମନ ବୁଦ୍ଧିରେ ଶକ୍ତି ନାହିଁ ଏବଂଭୂତ ହୋଇ ଯେଉଁ ପଦ ତହିଁକି ଶରଣ ଯା। ତ ଏବଂଭୂତ ଉପଦେଶ ପାଇ ସେ ଅବଧୂତ ନିସ୍ତାରିଲା ପ୍ରାୟେକ ହୋଇ, ଗର୍ଭ ପୁରୁଷକୁ ଗୁରୁ ମାନନା କରି ପୟେ ପଡ଼ି ଶୋଇ ଆଜ୍ଞା ମାଗିଲା। ବୋଇଲା ମୁହିଁ ତୋହର ଆଜ୍ଞା ପ୍ରତିପାଳନ କରିବାକୁ ଅନୁକୂଳ କରୁଅଛି। କୁମର ବୋଇଲା ମୁଁ ଆଉ ଅଳ୍ପଦିନେ ଜନ୍ମ ହୋଇବି (୩) କ୍ଷିତି। ମୁହିଁ ମୌନୀ (୪) ନିଶ୍ଚଳ ଧାରଣାରେ (୫) କରି ଆଜହୁଁ ମାତାକୁ ଶୀତଳ ହୋଇବ। ଏବେ ମୁଁ ନିଦ୍ରା ଯାଉଅଛି। ତୋହର ମୋହର (୬) କାଳିଞ୍ଜନ ପର୍ବତେ ଭେଟ ହୋଇ ସିନା। ଏମନ୍ତ ଆଜ୍ଞା ପାଇ ସେ ଅବଧୂତ ପୁରୁଷ ଆସି ଆପଣାର ସ୍ଥୂଳ ଦେହରେ ପଶିଲା। ରାଜାଙ୍କୁ ଚାହିଁଲା। ରାଜା ଦେଖି ମଥାରେ ହାତ ଦେଲା। ଏତେବେଳ ପର୍ଯ୍ୟନ୍ତ କଲା ଧ୍ୟାନ। ମୃତ୍ୟୁପିଣ୍ଡର ପ୍ରାୟେ ଶରୀର କରିଥିଲା ଆଦୀପ୍ତମାନ। ରାଜା ଏମନ୍ତ ବୋଲନ୍ତେ ସେ ପୁରୁଷ ପଲଙ୍କୁ ତଳକୁ ଓହ୍ଲାଇଲା। ରାଜାର କର ଧଇଲା କର୍ଣ୍ଣ ମୂଳେ କହିଲା। ଆଜହୁଁ ତୋର ରାଣୀ ଶୀତଳ ହୋଇଲା। ବଡ଼ ବିଚକ୍ଷଣ ପୁରୁଷେ ଜନ୍ମ ହୋଇବ ବୋଲି ବୋଇଲା।

---

(୧) 'ଖ' ପଦ (୨) 'କ' ରୂପଟି (୩) 'ଖ' ହୋଉଅଛି (୪) 'ଖ' ରେ କ୍ଷିତି। ମୁହି ମୌନୀ ନାହିଁ (୫) 'ଖ' ରେ ଏହି ନିଶ୍ଚଳ ଧରଣୀରେ (୬) 'କ' ରେ ତୋହୋ ମୋହୋ।

ଗୁରୁର ପିତା ବୋଲି ରାଜାଙ୍କୁ ମନେ ମନେ ନମସ୍କାର କଲା । ମହାପୂଜ୍ୟ ପାଇଲା (୧) । ପରମ ଆନନ୍ଦ ହୋଇଲା । କୁମର କହିଲା କଥାମାନଙ୍କରେ କରି ଅମୃତ ପାନ (୨) କଲା ପ୍ରାୟେ ହୋଇଲା । ଅରଣ୍ୟକୁ ଗମିଲା । ଏଥି ଉତ୍ତାରେ ରାଣୀର ନିଦ୍ରା ଭାଙ୍ଗିଲା । ସେହିକ୍ଷଣି ଉଶ୍ୱାସ ଲାଗିଲା । ହରଷ ହୋଇଲା । ମୁଖମଣ୍ଡଳ ରାହୁର ବକ୍ତ୍ରରୁ ଚନ୍ଦ୍ରମା ମୁକ୍ତ ହୋଇଲା ପ୍ରାଏକ ଶୋଭା ପାଇଲା । ମହା-ଦେବୀର ହର୍ଷ ଦେଖି, ରାଜା ହୋଇଲା ଅତ୍ୟନ୍ତ ସୁଖୀ । ସେ ରାଣୀକି ଚାହିଁ, ପରମ ହର୍ଷ ହୋଇ, ରିଷ୍ଟ ଖଣ୍ଡନ ନିମନ୍ତେ ବିବିଧ ଧନ (୩) ମାନନ୍ତ ଦେଲା ।

ତ ଏଥି ଉତ୍ତାରେ । କେତେ ହେଁ ଦିନେ ଦିବସ ଅନ୍ତରରେ ସେ କୁମର ଜନ୍ମ ହୋଇଲା । ସେ ବୈଶାଖ ଶୁକ୍ଳତ୍ରୟୋଦଶୀ ଦିବସରେ କକଡ଼ା ଲଗ୍ନେ ଅଛନ୍ତି ବୃହସ୍ପତି ଚନ୍ଦ୍ରେ, ମକର ପରମ ଉଚ୍ଚ ମଙ୍ଗଳ ପାଇଅଛି । ବୃହସ୍ପତି କେନ୍ଦ୍ର ମଙ୍ଗଳ ସପ୍ତମ କେନ୍ଦ୍ରେ, ମିଥୁନ ରାଶିରେ, ଉନ୍ନତ ଅଯୁଦ୍ଧ, ଅକଳୁଷ, ଅଣଅସ୍ତ ହୋଇଅଛି ଶଶିପୁତ୍ର ବୁଧ । ଉଦୟ ନିର୍ମଳ, ତୁଙ୍ଗ ସଞ୍ଚାର ମୀନ ରାଶିରେ, ଶୁକ୍ର ହୋଇଅଛି ଷଡ୍‌ବର୍ଗ ଶୁଦ୍ଧ । ତୁଳ ରାଶିରେ ଶନିଶ୍ଚର କଳାଯୁକ୍ତ ହୋଇଅଛି । ଶୁଦ୍ଧ ସଂଯୋଗ ପାଇଅଛି ଚତୁଃସାରର ନାମ । ଚନ୍ଦ୍ରପୂର୍ଣ୍ଣ ମଉଗର୍ବେ, ଉଚ୍ଚାଧିପତିର ସଙ୍ଗେ, ଆପଣାର ଭୁବନେ, ଅତ୍ୟନ୍ତ ଶୋଭନେ, ଚତୁଷଷ୍ଟ କାଳଯୁକ୍ତେ, ପାପଗ୍ରହ ମୁକ୍ତେ, ପଦ୍ମପୁଷ୍ପ ଅଛି । ପୁଷ୍ଟଯୁକ୍ତେ ବଗୋତ୍ତମ ପାଇଅଛି । ଗୁରୁଚାନ୍ଦ୍ରି ଯୋଗ ହୋଇ ବୃହସ୍ପତି ସୁତୁଙ୍ଗ ଯୋଗ ହୋଇ ରହିଅଛି । ମେଷରାଶିରେ ପରମ ଉଚ୍ଚ ଅଂଶେ, ଦୈବର ବଶେ, ସଂଗ୍ରାମ ଜିତେ ଅତ୍ୟନ୍ତ ମତ୍ତେ, ମିତ୍ର ଦର୍ଶନେ, ଆପଣାର ମାର୍ଗେ, କୁମାର ବୟସେ, ଅପସରାର ଅଂଶେ, ମାଣବର୍ଣ୍ଣେ ସାତିସବିୟନା କିରଣଙ୍କର ସମ୍ପୂର୍ଣ୍ଣେ, ପ୍ରାଚୀ ଭାଗେ, ଆକାଶ ଗଙ୍ଗାର ଲାଗେ, ଗ୍ରହରାଜା ହୋଇଅଛି ତୁଙ୍ଗ ।

ତ ସେ ପାପଗ୍ରହମାନଙ୍କୁ କରିଅଛି ଭଙ୍ଗ । ଏମନ୍ତ ସେ ଜାତକ ଗୁରୁଚାନ୍ଦୀ ଚତୁଃସଗର, କେନ୍ଦ୍ରେ ପୂର୍ଣ୍ଣତୁଙ୍ଗ, ଚତୁଗ୍ରହା (୪) କନକ ଦଣ୍ଡା ମକର ମଙ୍ଗଳୀ, ରତ୍ନ ଅଞ୍ଜଳି ଐଶ୍ୱର୍ଯ୍ୟ (୫) ସମ୍ଭବା ଚକ୍ରବର୍ତ୍ତୀ ସହିତ ଯୋଗମାନ ପାଇଅଛି । ଯେ ଯାହା ସ୍ଥାନେ ବିଶୁଦ୍ଧ ଭାବେ (୬) ରହିଅଛି । ଏମନ୍ତ ଭାବେ କୁମର ଜନ୍ମ ହୋଇଲା । ସେ ପୃଥ୍ୱୀରେ ପଡ଼ିବାର ସମୟେ ଅଜ୍ଞାନ ନୋହିଲା । ତ ତେଣୁ କରି ନୋହିଲା ।

---

(୧) 'ଖ' ରେ ପଲଙ୍କ ତଳକୁ ଓହ୍ଲାଇଲାଠାରୁ ମହାପୂଜ୍ୟ ପାଇଲା ପର୍ଯ୍ୟନ୍ତ ନାହିଁ (୨) 'ଖ' ଦାନ (୩) 'କ' ଦାନ । (୪) 'କ' ରେ ଚତୁଃଗ୍ରହାନେକ ଦଣ୍ଡ (୫) 'କ' ରେ ଅଇଶ୍ୱର୍ଯ୍ୟ (୬) 'କ' ରେ ବିଶୁଦ୍ଧ ହୋଇ ।

ଯହୁଁ ବାସୁଦେବଙ୍କୁ ଅନବରତେ ସେବନ୍ତେ (୧) ପ୍ରସବକାଳ ହୋଇଲା। ଆପ୍ୟାନ (୨) ପବନ ତଳକୁ ହୋଇଲା। ନାଡ଼ୀଚକ୍ର ବାମାବର୍ତ୍ତେକ (୩) ହୋଇ ବୁଲିଲା। ସପ୍ତଧାତୁ ଚଳିଲା। ମଳଭାଣ୍ଡ ଗଳିଲା। ମୂତ୍ର ପୁଟିକା ଭଲିଲା। ତ ଏମନ୍ତ ଦେଖି କୁମର ବ୍ରହ୍ମ ରନ୍ଧ୍ରର ମଧ୍ୟେ ଅର୍ଦ୍ଧମାତ୍ରା ସ୍ଥାନ ନାସିକା ଅନ୍ତର୍ଗତେ, ପ୍ରାଣଚନ୍ଦ୍ର ସଙ୍ଗତେ, ଚତୁର୍ବିଂଶତି ତତ୍ତ୍ୱାନ୍ତେ, ଶୁଦ୍ଧ ଚୈତନ୍ୟ ପଦ ଚିନ୍ତାକଲା ଯହୁଁ ତ ବିଷ୍ଣୁଭକ୍ତିର ବଳେ କଷ୍ଟେ କଷ୍ଟେ ଅଜ୍ଞାନ ନୋହିଲା ତହୁଁ। ତ ଏମନ୍ତ ପ୍ରକାରେ ପୃଥ୍ୱୀରେ ପଡ଼ିଲା। ମନେ ମନେ ବିଚାରି ବୋଇଲା। ଭୋ ତରୁଣେନ୍ଦୁ ଶେଖର ବିଶ୍ୱନାଥ। ତୋହର ପାଦପଦ୍ମେ ଦେଉଅଛି ମାଥ। ଏମନ୍ତ ବୋଲି ସେ କୁମର ନରକମୟ ଜଠରୁ ବାହାର ହୋଇଲା। ମନେ ମନେ ଧ୍ୟାୟି ଆତ୍ମା ଶୁଦ୍ଧି ନିମିତ୍ତେ ଅନୁଲୋମ ପ୍ରତିଲୋମ ପ୍ରକାର ମାନସିକ ଶୁଦ୍ଧ ଧାରଣା କରିଅଛି। ତ କେବଣ କେବଣ ପ୍ରକାରେ। ପ୍ରଥମେ ଚରାଚର ଅଂଶେ (୪) ଜଗତ ବିଷ୍ଣୁସ୍ୱରୂପ କଳ୍ପିଲା। ତଥି ଅନନ୍ତରେ ବକ୍ତ୍ର (୫) ଏକ ଚକ୍ଷୁ ଅଗ୍ନିମୟ କରି ଜାତ କଲା। କରି ସତ ଲୋକଯାକ ମନେ ମନେ ପୋଡ଼ିଲା। ଉପର ଆକାଶରେ ଦ୍ୱାଦଶ (୬) ଆଦିତ୍ୟ ଉଦେ କରାଇଲା। କରି ସେ ବନ, ପର୍ବତ, ନଦୀ, ସାଗର ଲତା, ଗୃହ, ବର୍ଣ୍ଣାଦି କରି ସମସ୍ତ ଭୂତନ୍ତ (୭) ପୋଡ଼ିଲା। ତଦନ୍ତେ ସେ ଅଗ୍ନିରେ କରି ଜଗତଯାକ ଭସ୍ମକଲା। ବୁଦ୍ଧିରେ କରି ଷୋଳ ଚନ୍ଦ୍ରମାଙ୍କୁ ଉଦେ କରାଇଲା। କରି ପ୍ରଳୟ ମେଘମାନ (୮) କଳ୍ପି ବୃଷ୍ଟି ମୂଷଳଧାରା ପ୍ରମାଣେ କରାଇଲା। ସେ ଜଳ ଫେନ ବୁଦ୍‌ବୁଦ୍ କରି ଆବର୍ତ୍ତ କରି କଳ୍ପିଲା। ଚତୁର୍ଦ୍ଦଶ ଲୋକଯାକେ ପୂରିଲା। ଆଦିଅନ୍ତ ସବୁ ଜଳ କରି ଦେଖିଲା। (୯) ଜଳ ବ୍ୟତିରେକେ ଆନ ନାହିଁ ଜଗତେ ଏମନ୍ତ କରି ଜଳଧ୍ୟାନ କଲା, ଦଣ୍ଡେ ପରିଯନ୍ତେ। ଦଣ୍ଡକ ଭିତରେ ଅନେକ କାଳ ଗଲା ପ୍ରାୟ କରି କଳ୍ପିଲା। ତହିଁ ଉତ୍ତାରେ ଜଳ, ବ୍ରହ୍ମ, ଅଗ୍ନି ବଡ଼ବାନଳ ଧାରଣ କରି ସେ ସମସ୍ତ ଅଗ୍ନି (୧୦) କରି ଦେଖିଲା। ସେ ଅଗ୍ନି ସଂଯୋଗେ ଆପଣ ହିଁ ଅଗ୍ନି ହୋଇଲା। ଏଥି ଉତ୍ତାରେ ଜଗତକୁ ପବନ ଧ୍ୟାନ କଲା। ପବନ ହିଁ ସମସ୍ତଙ୍କଠାରେ ପୂରିଅଛି। ଆନ ନାହିଁ (୧୧)। ସେ ପବନ ସଙ୍ଗେ ଆପଣ ହିଁ ପବନ ହୋଇଲା। ସେ ପବନର ଅଶେଷ (୧୨) ନୀଳବର୍ଣ୍ଣ କରି ଧ୍ୟାନ କଲା। କରି ତହିଁ ଉତ୍ତାରେ ସେ ପବନକୁ ପବନେ ସଂହରି (୧୩) କେବଳ ନିର୍ମଳ ଆକାଶେକ କରି ଜଗତକୁ ଦେଖିଲା। ଏମନ୍ତ ଦେଖିଲା। ଆଉ

---

(୧) ହୃଦୟରେ ଭାବନ୍ତେ (୨) 'କ'ରେ ଅଜ୍ଞାନ (୩) 'ଖ' ରେ ସାବର୍ତ୍ତକ (୪) 'ଖ' ଅଙ୍ଗେ (୫) 'କ' ରେ ଅନନ୍ତ ବ୍ରହ୍ମରୁ 'ଖ' ଅନନ୍ତର ଭକ୍ତ, 'କ' ଅନ୍ତରର ବକ୍‌ପ୍ରଶ (୬) 'ଖ' ଏକାଦଶ (୭) 'କ' ଦୂତମାନନ୍ତ (୮) 'କ' ମାଳ (୯) 'ଖ' ରେ ନାହିଁ (୧୦) 'କ' ଅଗ୍ନିମୟ (୧୧) 'ଖ' ରେ ପବନ ହିଁ ଠାରୁ ଆନ ନାହିଁ ପର୍ଯ୍ୟନ୍ତ ନାହିଁ। (୧୨) 'କ' ଅଶେଷ କରି (୧୩) 'ଖ' ପବନ ଘେନି।

କିଛି ନାହିଁ। ଏକା ଆକାଶ ହିଁ ସମସ୍ତଠାରେ ପୂରିଅଛି। ଏ ଆକାଶ ସଙ୍ଗେ ଆପଣ ହିଁ ଆକାଶ ହୋଇଲା। ଏଥି ଉତ୍ତାରେ ଦଣ୍ଡେ ରହିଲା। ଦଣ୍ଡକ ଭିତରେ ଅନେକ କାଳ ଗଲା ପ୍ରାୟେ କଳ୍ପିଲା।

ସେ ଆକାଶକୁ ସତ୍ତାମାତ୍ର କରି ଅନ୍ତେ ସ୍ୱରୂପ କରି (୧) ଅବୟନ ବ୍ୟାପୀ (୨) ନିର୍ମଳ ପରମ ସୂକ୍ଷ୍ମ (୩) ହୋଇ ଈଶ ଭାବେଟି (୪) ତାହାକୁ କଉଣସିମାନେ ଶିବ ବୋଲନ୍ତି। କେ ବ୍ରହ୍ମ ବୋଲି ବୋଲନ୍ତି। କେ ପରମେଶ୍ୱର ବୋଲନ୍ତି। କେ ଭାବେ କହିଲା। ତହୁଁ କଳ୍ପି କଳ୍ପି ଚେତନା ଜାତ କଲା। ଏହାକୁ ବିଶ୍ୱଚିନ୍ତା (୫) ବୋଲି। ସେ ବିଶ୍ୱ ନିର୍ଯ୍ୟାତ ସମୟରୁ ଯେ ଜଗତ ଧାରଣା ହୋଇ। ପୂର୍ଣ୍ଣ ସମୁଦ୍ର ପବନ କହିଲେ, ଯେମନ୍ତ ଚଳନ ହୋଇ, ତେମନ୍ତ ଭାବକୁ ସ୍ଥୁଳ (୬) ପ୍ରକୃତି କରି କଲା। ସେ ପ୍ରକୃତି ସତ୍ତ୍ୱ, ରଜ, ତମ ସମବସ୍ଥାନ (୭) କଲା। ତହିଁର ମଧ୍ୟେ ସତ୍ତ୍ୱଗଣ ଯେ ସେ ନିର୍ମଳ, ତହିଁ ଚିଦ୍‌ଭାବ ପ୍ରତି ବିମ୍ବାଇ ମହତ୍ ଭାବ (୮) କଲା। ମହତ ଅହଙ୍କାର କଲା। ହେତୁ (୯) ଈଶ୍ୱର ଭାବ କଲା। ଜୀବରେ ପ୍ରତିବିମ୍ବ ଜୀବ ହୋଇଲା। ହୋଇ ଆପଣାର ପୂର୍ଣ୍ଣ (୧୦) ଭାବ ଛାଡ଼ି ମନ ଭାବକୁ ଗଲା। ସେ ମନର ତହୁଁ ଆକାଶେକ କଳ୍ପିଲା। ଆକାଶୁ ପବନ କଳ୍ପିଲା। ପବନରୁ ଅଗ୍ନି କଳ୍ପଲା। ଅଗ୍ନିରୁ ଜଳ କଳ୍ପିଲା। ଜଳରୁ ପୃଥ୍ୱୀ କଳ୍ପିଲା। କଳ୍ପି ଚତୁର୍ଦ୍ଦିଗ ଲୋକଯାକେ ଯେ ଯେଉଁଠାରେ ଅଛି ତାହା ମନେ ମନେ ବ୍ରହ୍ମ ସ୍ୱରୂପ କରି ଥାପିଲା। ସମସ୍ତ ଜଗତ ଯାକ ନୂଆକରି (୧୧) ଭିଆଇଲା। ଭିଆଇ ଆପଣା ବିଷ୍ଟୁର ପଦାର ବିନ୍ଦରୁ ଚ୍ୟୁତ ହୋଇଲା ପ୍ରକାରେ ଗର୍ଭରୂପେ ରହିଲା। ରହି ତହୁଁ ଜନ୍ମ ହୋଇଲା ହୋଇ ଈଶ୍ୱରର ଲୋଚନାଗ୍ନିରେ (୧୨) କରି ପାପ ପୁରୁଷକୁ ପୋଡ଼ିଲା। ପୋଡ଼ି ନିର୍ମଳ ହୋଇଲା। ମନେ ମନେ ଏମନ୍ତ ହୋଇ ଶୁଦ୍ଧ ହୋଇଲା। ଜଗତକୁ ନୂଆ କରି ଶୁଦ୍ଧ କଲା।

ଏମନ୍ତ (୧୩) ଉତ୍ତାରେ ଏବଂଭୂତ ସମୟରେ ବିଧାତା କଳ୍ପନାରେ, ମାହେଶ୍ୱରୀର ଅଂଶେ, ଯୋଗ୍ନୀର ବଂଶେ, ଲୀଳାମତେ, ପୁରାଣ ସନମତେ (୧୪) ଆପଣାର କୃତ୍ୟେ, କୌତୁକ ମତେ, ଅମରୀ ନିଶ୍ଚୟେ ଖେଚରୀ ବିଷୟେ, କାମରୂପା ସଙ୍ଗେ, କ୍ରୀଡ଼ାରସ ରଙ୍ଗେ, ସୂତକ ହରିଣୀ ବୋଲି ଯୋଗ୍ନୀ ଏକ ଥାଇ। ସେ ଜଗତରେ ବାଳପୁଅମାନଙ୍କୁ (୧୫) ପାଳଟାଉ ଥାଇ।

---

(୧) 'କ' କାରୁଣ୍ୟ ସ୍ୱରୂପ (୨) 'କ' ଅବ୍ୟୟ ରୂପ (୩) 'କ' ସୁଖ (୪) 'ଖ' କିସ ଭାବେ କଟି (୫) 'କ' ସୂକ୍ଷ୍ମ ଚିନ୍ତା (୬) 'କ' ମୂଳ (୭) ସମ୍ଭାବ ଅବସ୍ଥା (୮) 'କ' ମହତ୍ ତତ୍ତ୍ୱ (୯) 'କ' ଚେତକ୍ (୧୦) 'କ' ପୁଣ୍ୟ (୧୧) 'ଖ' ରେ ନୂଆ କରି ନାହିଁ (୧୨) 'କ' ଅଗ୍ନିଲୋଚନେ କରି (୧୩) 'କ' ଏଥି (୧୪) 'ଖ' ଶତମତେ (୧୫) 'କ' ନୈତନ ବାଳକମାନଙ୍କୁ।

ଏ ନ୍ୟାୟରୁଟି ଷଷ୍ଠୀ ରାତ୍ର ଦିନରେ ପୁଅମାନଙ୍କୁ ଜଗିଥାଇ (୧) ତଥାପି ସେ ପାଲଟ କରି ନିଅଇ। (୨) ଏଣୁ କରିଟି ଜଗତଯାକେ କେହି କାହାରି ଜନ୍ମ କଲାର ପୁଅ ନୁହନ୍ତି (୩) ଏମତେ (୪) କରି ବନ୍ଧନ ହୋଇଥାଇ। ଏମନ୍ତ କୌତୁକ ଦେଖିବାକୁ ଯାହା ଇଚ୍ଛାଏ କରି ଖେଳୁଥାଇ। ସେ କୁମର ଜନ୍ମ ଦେଖି, ବିକୃତ ନୟନେ ନିରେଖି, ସୁବର୍ଣ୍ଣ ଦ୍ରୋଣା ସ୍ତମ୍ଭେ ବସି, ଶିଶୁରୂପକୁ ରସି, ନବତନ ଚନ୍ଦ୍ରକାଳକୁ (୫) ଯେମନ୍ତ ନୀଳ ମେଘ ଆକର୍ଷଇ ସେହିମତ କରି କୁମରକୁ ପାଲଟାଇବାକୁ ଆକର୍ଷି ଅଇଲା। ସମସ୍ତ ଗୁରୁଜନମାନଙ୍କର ଜୀବନ ହରିଆଣି ଆପଣାର ପଣନ୍ତେ ମନ୍ତ୍ରି ଗଣ୍ଠି ପାଡ଼ିଲା। ସମସ୍ତ ମୃତ ଶବ (୬) ପ୍ରାୟେକ ହୋଇଲେ। ଏମନ୍ତ ସମୟେ ସେ ସୁତକ ହରିଣୀ ସମ୍ପୂର୍ଣ୍ଣ ଭୟଙ୍କର ମୁଖୀ, କୁମରକୁ ନେବାକୁ ବିଚାରୁଅଛି। ସେ ସୁତକ ହରିଣୀ କେମନ୍ତ ଅଟଇ।

ଦେହକୁ ଅନ୍ଧକାର ସଦୃଶ କଳା। ଚକ୍ଷୁ ଦୁଇ ପିଙ୍ଗଳା। ଚକ୍ରାକୃତି ବିଶାଳ (୭) ଆୟତ ସରଳ ବିରଳ ଅପାଙ୍ଗ ତରଳ ତରଳା (୮) ବିଜୁଳି ପ୍ରାୟେକ ଜିହ୍ୱା ଦିଶଇ। ବାଳଚନ୍ଦ୍ର (୯) ପ୍ରାୟେକ ଦନ୍ତପନ୍ତି ପ୍ରକାଶଇ। ଭ୍ରୂଲତା ଦୁଇ ସ୍ତମ୍ଭିଅଛି। ସ୍ତନ ଦୁଇ ଲମ୍ବ ହୋଇ ଆଣ୍ଠୁ ପରିଯନ୍ତେ ଲମ୍ବିଅଛି। କୃଷ୍ଣ ବସ୍ତ୍ରେକ ପିନ୍ଧିଅଛି। ଲଣ୍ଡା ବଗୁଲି ଫୁଲେ କବେରୀଭାର ବାନ୍ଧିଅଛି। ଜଘନ ବଳାକା ପ୍ରାୟେକ ଶୋଭା। ମଧ୍ୟଦେଶ ମୃଦଙ୍ଗ ପ୍ରାୟେକ ଆଭା। ଅଧର ଜମ୍ବୁ କୋଳିର ପ୍ରାୟେକ କଳା। ଭ୍ରୂଲତା କୃଷ୍ଣ ସର୍ପିଣୀ ପ୍ରାୟେକ ଲୀଳା। ଚକ୍ଷୁ ଗମ୍ଭୀର ଚକ୍ରାକୃତିର ତ୍ରୋଟକ। ରୋମାବଳୀମାନେ ପ୍ରକାଶ ତପ୍ତ ହାଟକ। ଗଭୀର ଉଦରୀ। ସୁସ୍ୱର ଶବ୍ଦ କରଇ (୧୦) ଯେହ୍ନେ ଅର୍ଦ୍ଧଭଗ୍ନ ଭେରୀ। ଏମନ୍ତ ବେଶ ହୋଇ କୁମରକୁ ନେବାକୁ ଅଇଲା। ଆସି ଅଧୋମୁଖ ହୋଇ ଭୂମିକି ଲଇଁଲା। ତ କେମନ୍ତ ଦିଶିଲା। ଯେମନ୍ତ ମୃତ୍ୟୁ ଦେବତା କଳାଫାଶି ମୃତ୍ୟୁ ପିଣ୍ଡକୁ (୧୧) ଆକର୍ଷିଲା।

ତ ଏମନ୍ତ ଦେଖି କୁମର ହୃଦଗତେ ବିଚାରିଲା। ଆହୋ ଏ ପିଶାଚୀ କେ, ମୁଁ ତ କୈଳାସ (୧୨) କନ୍ଦରେ, ପାର୍ବତୀଙ୍କ କତିରେ, ଅନେକ ଯୋଗ୍ନୀମାନନ୍ତ ଦେଖିଅଛି। ଏମନ୍ତ ରୂପ ତହିଁ ତ ଦେଖି ନାହିଁ। ଏ ମତେ ନେବାକୁ ବିକ୍ରମୁ ଅଛି।

---

(୧) 'କ' ଜଗାଇ ଥାଇ (୨) 'କ' ରେ ଏ ନ୍ୟାୟ, 'ଖ' କିମ୍ପନା (୩) 'କ' ରେ ନୁହଇ (୪) 'କ' ରେ ମମତା (୫) 'ଖ' ରେ ନାହିଁ (୬) 'ଖ' ମୃତ୍ୟୁଜୀବ (୭) 'ଖ' ରେ ନାହିଁ (୮) 'ଖ' ରେ ନାହିଁ (୯) 'କ' ଚକ୍ର (୧୦) 'କ' ସୁସାର ବଚନେକ କହଇ (୧୧) 'ଖ' ରେ ମର୍ତ୍ତ୍ୟଲୋକଙ୍କୁ (୧୨) 'କ' କପିଳାସେ।

ତ ସେ କୁମର ଏମନ୍ତ ବିଚାରି, ପାର୍ବତୀଙ୍କି ସୁମରି, ପର୍ବତ ଧାରଣାରେ କରି, ମେରୁ ମୁଦ୍ରା ଆଚରି, ଅଚଳ ଭାବେ ରହିଲା। ଏମନ୍ତ ସେ ପିଶାଚୀ କୁମରକୁ ଧରି ତୋଳିଲା। କୁମର ଭୂମିରୁ ତିଳାର୍ଦ୍ଧେ ନ ଚଳିଲା। ପୁଣ ପୁଣ ଆକର୍ଷି ହୁଁ-କାର ନାଦେ ତୋଳନ୍ତେ ହେଁ ନ ଉଠିଲା।

ମୁଖନେତ୍ର କର୍ଣ୍ଣ (୧) ନାସିକାଦରେ ରୁଧିର ଶ୍ରବିଲା। ଏତେ ବିକ୍ରମେ ନ ଉଠିଲା ଯହୁଁ, କୁମରକୁ ବଳେକରି ହତ (୨) କରିବାକୁ ବିଚାରିଲା ତହୁଁ। ସେ ସୁତକ ହରିଣୀର ଏମନ୍ତ ବିଚାର ଜାଣି ସେ କୁମର ଟହଟହ ହୋଇ ହସିଉଠିଲା। ସେ କୁମରର ସୁସ୍ୱର ବାଣୀ ଶୁଣି, ମନେ ମନେ ଗୁଣି, ସେ କୃତାନ୍ତ ଯୋଗ୍ନୀ ସୁତକ ହରିଣୀ ମହାଆଶ୍ଚର୍ଯ୍ୟ ପାଇଲା। ସେ ସ୍ତମ୍ଭୀଭୂତ ହୋଇ କୁମରକୁ ଚାହିଁଲା। ଭୟ ମାଡ଼ିଲା। ଶ୍ୱାସ ଛାଡ଼ିଲା ବୁଦ୍ଧି ସ୍ଥିର କରି ତାହାର ଅନ୍ତର୍ଗତେ ବିଚାରିଲା। ଆହୋ ! ଏ ତ ବଡ଼ ବିଚିତ୍ର। ସୁର, ନର, ଗନ୍ଧର୍ବ, ଯକ୍ଷ, ରାକ୍ଷସ, କିନ୍ନର ସହିତ କରି ମୋହର ବିଘ୍ନଶକ୍ତିରେ କରି ସମସ୍ତ ବାଳପୁଅମାନଙ୍କୁ ପାଲଟାଉ ଥାଇ। ଏମନ୍ତ ପୁତ୍ର ତ କାହିଁ ଦେଖିଲା ନାହିଁ। ଜନ୍ମ ହୋଇଲା ପୁଅ ହସଇ କାହିଁ। ପୂର୍ବେ ମୋତେ ଦେବତାମାନେ କହି ନାହାନ୍ତି କି, ବାସୁଦେବଭକ୍ତ ଲୋକମାନଙ୍କୁ ପାଲଟାଇ ନପାରିବୁ ବୋଲି। ନିଶ୍ଚୟ ବୈଷ୍ଣବ ଅଟଇ। ମୋହର ମନକୁ ଘଟଇ। ନୋହିଲେ ପର୍ବତ ଉଠଇ ମୋହର ଚହଳେ ଏ କିମ୍ପା, ନ ଉଠିଲା ଅତ୍ୟନ୍ତ ବଳେ। ଏହାକୁ ମୁଁ ସମ୍ଭାଷଣ (୩) କରିବି। ତଦନ୍ତ କଥା ପଚାରିବି। ଏମନ୍ତ ବିଚାରି ସେ ଯୋଗୀ ନ ପଚାରୁହୁଁ ଏଥକୁ କୁମର ବୋଲୁଅଛି। ଆଗେ କେତୁ ମାୟା। ନ ଦିଶଇ ଛାୟା ନୀଳବର୍ଣ୍ଣ କାୟା (୪)। ମୋତେ ନେବାକୁ କିମ୍ପାଇ ହେଉଅଛୁ ଏଡ଼େ ଉତ୍ସାହା। ଏ ପ୍ରପଞ୍ଚ ଦେହ ଗୋଟାକୁ ଆବୋରି। ପ୍ରକୃତି ଭାବେ (୫) କରି କାଳର ବଳକୁ ଯାଉଅଛୁ। ଅବ୍ୟପାରୀ ହୋଇଲୁ। ବିଶ୍ରାନ୍ତିକି ନଗଲୁ। ପିଶାଚୀ ରୂପ ବହି, ସକଳ ଦୁଃଖ ସହି, ମନେ ମନେ ହର୍ଷ ପାଉଅଛୁ। ବିରୋଧ କଥାରେ ଧାଉଁଅଛୁ। ନିରନ୍ତରେ ଚଞ୍ଚଳ ହୋଉଅଛୁ। ରାଣୀମାନଙ୍କୁ ମୋହୁଅଛୁ (୬)। ଅଜ୍ଞାନ ହିଂସା ବହୁଅଛୁ। ଏଥୁଁ ଅବା କି ସୁଖ ପାଉଅଛୁ। ଶ୍ରେୟର ତ ଲେଶ ହିଁ ନ ଜାଣୁ, ଜୀବ ଜରା ଚରାଚର ନ ମଣୁ (୭)। ତୋ ତହୁଁ ଦୁଃଖୀ ଜନ୍ତୁ (୮) ନାହିଁ। ସୁଖର ଲେଶ ଅବା ପାଇବୁ ନାହିଁ। ଅରଣ୍ୟେ ମାଳତୀ ପୁଷ୍ପ ଯେମନ୍ତ ସେହିମତି ଏ ନବ ଯୌବନ ଅବସ୍ଥା ତୋହର ବ୍ୟର୍ଥ ହୋଇ (୯) ହୋଇଲା ଜରତୀ।

---

(୧) 'କ' ଶ୍ରବଣ (୨) 'କ' ନାଶ (୩) 'କ' ସମ୍ଭାବନା (୪) 'କ' ନ ଦିଶଇ ଭୟଙ୍କର କାୟା। ନୀଳବର୍ଣ୍ଣ ଛାୟା (୫) 'ଉ' ବଶେ (୬)ଅବ୍ୟପାରେ ମହୁଅଛୁ ପର୍ଯ୍ୟନ୍ତ 'ଖ'ରେ ନାହିଁ (୭) 'କ' ଜୀବଭାବେ ଆବୋରି ପରାପର ମଣୁ (୮) 'କ' ଦୁଃଖୀର ଜନ୍ମ ନାହିଁ (୯) 'ଖ' ରେ ବ୍ୟର୍ଥ ହୋଇ ନାହିଁ।

ଉତ୍ତମ ବୁଦ୍ଧି ଯେବେ ପାନ୍ତୁ। କୈଳାସ କନ୍ଦରେ ପରିଚାରିକା ହୋଇ ପାର୍ବତୀଙ୍କର ଅସଙ୍ଗସଙ୍ଗ ପାନ୍ତୁ (୧) କ୍ରୂର ଭାବୁଁ (୨) କରି ଯହୁଁ ହୋଇଲୁ ଅସୁରୀମତ (୩) ତହୁଁ ହିଡ଼ିମ୍ବୀ ବୋଲି ତୋତେ ବୋଲନ୍ତି ସମସ୍ତ। ତୋହର ଦୁଃଖ ଦେଖି କଲି ମୁଁ ଦୟା। ଏବେହେଁ ଛାଡ଼ ଏ ଦୁର୍ବୁଦ୍ଧି (୪) ମାୟା। ଏହା ଶୁଣି ସେ ସୁତକ ହରିଣୀ ବୋଲୁଅଛି। ହେ ବତ୍ସ ! ମୁଁ ଆଜହୁଁ ହୋଇଲି ଧନ୍ୟ। ଆଜର ଦିବସ ହିଁ ମୋହର ଅତିଅନ୍ତ ପୁଣ୍ୟ। ଏ ମୋହର ମନରୁ ତୁ ଏମନ୍ତ ଘଟୁ। ତୁ ନିଶ୍ଚେ ପ୍ରତ୍ୟେକ୍ଷେ ଈଶ୍ୱର ଅଟୁ। ଏବେ ତୁ ପୂର୍ବବତ୍ ହୋଇ ହସୁ କିନା ? ତୋହର ବଦନ ଶଶୀ ଏବେ ପ୍ରକାଶୁ କିନା। ମୋହାର ଅଜ୍ଞାନ ତିମିର ନାଶୁ କିନା (୫) ମୋତେ ଆତ୍ମା ଉପଦେଶ କହୁକିନା। ମୋହର ପ୍ରକୃତି ବନ୍ଧ ଫେଡୁ କିନା। ମୁଁ ସବୁ ତୃଣ ପ୍ରାୟେକ ମଣଇ କିନା। (୬) ତୋହର ବଦନକମଳୁଁ ଉପଦେଶ ପୀୟୂଷ (୭) ଦେଉ କିନା ? ମୋହର ଅକ୍ଷିପଟଳ ଛଡ଼ାଇ କିନା। ତୋହର ପରିଚାରୀ ହୋଇଥାଇ କିନା। ମୁଁ ଅଭୟ ପଦ ହିଁ ପାଇ କିନା ? ମୁଁ ଅବିଲୋମ ହିଁ (୮) ଜାଣଇ କିନା। ତୋତେ ଗୁରୁକରି ଗଣଇ କିନା ? କାଳଚକ୍ର ଦୁଷ୍ଟ ଦୁର୍ବାସନା କାମଶତ୍ରୁକୁ ସ୍ତମ୍ଭଇ କିନା। ଜଳ, ଅଗ୍ନି, ବାତ, ପୀତ, ଶୀତ, ହରିତ, ଗତ, ଦୁର୍ମ୍ମୟ ଦୁଃଖରୁ ସୁଖ ଲଭଇ କିନା। ଅତି ଅପ୍ରମେୟ ଶିବ ସାନ୍ଦ୍ର ଶାନ୍ତି ସୁଖ ଲଭଇ କିନା (୯)।

ତ ସେ ସୁତକ ହରିଣୀ କୁମରକୁ ଚାହିଁ ଏବଂଭୂତ ସାତ୍ତ୍ୱିକ ଶରଧାରେ ବୋଇଲା ଯହୁଁ, କୁମର ପ୍ରସନ୍ନ ହୋଇ ଅନୁଗ୍ରହ କଲା ତହୁଁ। ଦରହାସ ହୋଇ କୁମର ବଚନ ବୋଇଲା। ଧନ୍ୟ ଧନ୍ୟ ଏ ତୋ ବୁଦ୍ଧି କାହୁଁ ହୋଇଲା। ଏ ବଚନ ଶୁଣି ସୁତକ ହରିଣୀ ବୋଇଲା। ସକଳ ଜଗତରେ ସମସ୍ତ ଋଷି ଦେବତାମାନଙ୍କର ଗୋଷ୍ଠୀରେ ପାରୁଷ୍ୟବର୍ତ୍ତୀ ହୋଇ ଶୁଣୁଥାଇ। ଇନ୍ଦ୍ରାଦି ଦେବତାମାନେ ବ୍ରହ୍ମା ସହିତେ ଯାହା ଜାଣିବାକୁ ରଙ୍କ ପ୍ରାୟକ (୧୦) ହୋଇ ପ୍ରାର୍ଥନା କରୁଥାନ୍ତି, ତାହା ଶୁଣି ମୋହର ଶ୍ରଦ୍ଧା ହେଉଥାଇ। ପୁଣି ସଦ୍‌ଗୁରୁ ନପାଇ (୧୧) ଆଦରି ନପାରଇ। ତୁ ଏବେ ମୋତେ ଅନୁଗ୍ରହ କର। ଏ ଜଡ଼ମତ ବୁଦ୍ଧିରୁ ମୋତେ ଉଦ୍ଧାର। ଏହା ଶୁଣି କୁମର ବୋଇଲା, ପ୍ରାଣୀମାନଙ୍କର ବାସନା କର୍ମବଳେ ସେ ସିଦ୍ଧ ହୋଇ। ଯେହ୍ନେ କ୍ଷୁଧାର୍ତ୍ତୀ

---

(୧) 'କ' ସଙ୍ଗେ ଥାନ୍ତୁ (୨) 'ଖ' ଭାବେ (୩) 'କ' ଆସିମତ୍ୟ (୪) 'କ' ବିଶ୍ୱବୁଦ୍ଧି ମାୟା (୫) 'କ' ରେ ନାହିଁ (୬) 'କ' ରେ ନାହିଁ (୭) 'କ' କମଳ (୮) 'କ' ଅନୁଲୋମ ପ୍ରତିଲେଶମ (୯) 'କ' ରେ ଜଡ଼ ଭାବ ସମୁଦ୍ର ଶୁଖାଉ କିନା ? ପାପ ପଟଳ ବିନାଶୁ କିନା ମୋତେ ପରମ ପଦରେ ମିଶାଉ କିନା। ମୁହିଁ ପରମ ମାହେଶ୍ୱରୀ ପଦ ବହଇ କିନା। (୧୦) ଅଧିକ (୧୧) 'ଖ' ରେ ନାହିଁ।

ଲୋକ ଦୁଇହାତେ ନ ଭୁଞ୍ଜଇ, ତୋହର ଏ ପ୍ରାର୍ଥନା ସିଦ୍ଧ ହୋଇ ପୁଣି ଏ ସମୟେ ନୁହଇ। ତୁ ମୋହର ଧାଈ ହୋଇ ମୋତେ ପ୍ରତିପାଳନା କରୁଥା। ମୋହର ଯୁବା ସମୟରେ ତୋତେ ଉପଦେଶ ଦେବି। ଏବେ ତୁ ବାସୁଦେବର ନାମ କୀର୍ତ୍ତନ କରୁଥା। ପ୍ରଥମ ଉପଦେଶ ହିଁ ଏହିଟି। ଉପଦେଶମାନଙ୍କର ଜ୍ଞାନମାନଙ୍କର ଜନନୀ ଏ। ରାଜାଟିଏ। ଏଥୁଁଟି ସମସ୍ତ ଜ୍ଞାନମାନ ଜାତ ହୁଅଇ ଯେମନ୍ତ ସେ କ୍ଷୀର ସମୁଦ୍ରୁଁ ସମସ୍ତ ଦ୍ରବ୍ୟମାନ ଜାତ ହୋଇଲେ। ଏତକ ବୋଲି ସେ କୁମର ତୁନି ହୋଇଲା।

ସୁତକ ହରିଣୀ ଧାତ୍ରୀ ହୋଇ ରହିଲା (୧) ସେହିକ୍ଷଣି ସେ ପିଶାଚୀ ଭୟଙ୍କର ମୂର୍ତ୍ତି (୨) ତେଜି ଦିବ୍ୟ ମନୁଷ୍ୟର ରୂପ ଧଇଲା। କନକ ସମାନ ପିଙ୍ଗଳ କୁଟିଳ ଖେଚର ଯେଉଁ ଖାଙ୍କର କେଶ ଦିଶୁଥିଲା, ତାହା କାଳିନ୍ଦୀ ତରଙ୍ଗ ପ୍ରାୟେକ କଳା ଦିଶିଲା। ଅତ୍ୟନ୍ତ ଜଡ଼ ତିମିର ଅନ୍ଧକାର ସଦୃଶ କଳା ଯେବଣ ସେ ଶରୀର ହୋଇଥିଲା, ତାହା ଚମ୍ପକ କେତକୀର ମଧଦଳ ପ୍ରାୟେକ ସ୍ନିଗ୍ଧ ଚିକ୍‌କଣ ଗଉରବର୍ଣ୍ଣ କଲା। ବିକୃତି ବିକାର ଯେବଣ ସେ ମୁଖମଣ୍ଡଳ, ତାହା ଶରଦ ଚନ୍ଦ୍ର ପ୍ରାୟେକ କଲା ଉଜ୍ଜ୍ୱଳ। ତରଳ ଅପାଙ୍ଗେ ପୁରଜନ ମୋହିଲା। କୃଷ୍ଣ ସର୍ପିଣୀର ପ୍ରାୟେ ଯେବଣ ସେ ଭୂଲତା ଦ୍ୱୟ ଦିଶୁଥିଲା, ସେ ଅତନୁକରେ ଥାନ୍ତା ଚାପକୁ ନିନ୍ଦା କଲା। ବିକୃତ ନୟନ ତାହାର ନିଳୋତ୍ପଳ ପ୍ରାୟେକ କଲା। ନାସା ତିଳକୁସୁମକୁ ମୋହିଲା। ଯେବଣ ଅଧର ଜମ୍ବୁଫଳ ପ୍ରାୟେକ କଲା ସେ ବନ୍ଧୁଲୀପୁଷ୍ପ ପ୍ରାୟେକ ଶୋହିଲା। ବାଳଚନ୍ଦ୍ରମା ଯେ ଦନ୍ତପନ୍ତି ଦିଶୁଥିଲା ତାହା କୁନ୍ଦକଢ଼ିର କାନ୍ତିପ୍ରାୟେକ ହୋଇଲା। ବିଜୁଳିର ପ୍ରାୟେ ଯେବଣ ସେ ରସନା ଦିଶୁଥିଲା ଆରକ୍ତ କୁମୁଦ କୁସୁମ ପାଖୁଡ଼ା ପ୍ରାୟେକ କଲା। କର୍ଣ୍ଣ ବେନି କିବା କି ପଟାନ୍ତର ଦେବା। ସେ ତାଟଙ୍କ ଚକ୍ରେ ଜଡ଼ି ପାଇଲା ଶୋଭା। ଅର୍ଦ୍ଧଭଗ୍ନ ଭେରୀ ପ୍ରାୟେ ଯେବଣ ବଚନ ଶୁଭୁଥିଲା, ସେ ବସନ୍ତ ଋତୁରେ ଅଣ୍ଡିର କୋକିଳକୁ ଗଞ୍ଜିଲା (୩) ଲଣ୍ଡାବଗୁଲୀ ପୁଷ୍ପ ଯେଉଁ କବରୀରେ ବାନ୍ଧିଥିଲା, ତାହା ସୁବାସ କୁସୁମେ ରଚିଲା। ସ୍ତନ ଦୁଇ ଯେ ଆଣ୍ଠୁ ପର୍ଯ୍ୟନ୍ତ ଲମ୍ବିଥିଲା, ତାହା ଶିଶୁ ଗଜକୁମ୍ଭର ପ୍ରାୟେକ ହୋଇଲା। ଜଘନ ବକଚରଣ ତାହାର ଉଲଟରମ୍ଭା ପ୍ରାୟ କଲା। ଗମନ ରାଜହଂସୀର ପ୍ରାୟେ କଲା। କୃଷ୍ଣ ବସ୍ତ୍ରେକ ଯେ ପିନ୍ଧିଥିଲା ତାହା ସ୍ନିଗ୍ଧ ଚିକ୍କଣ ଝୀନ ଶୁକ୍ଳ କଲା।

ତ ଏବଂଭୂତ ପ୍ରକାରେ ସୁତକ ହରିଣୀ ରୂପକୁ ଧରି ଧାତ୍ରୀ ହୋଇ ରହିଲା। ସମସ୍ତ ପୁରଜନମାନଙ୍କର (୪) ଜୀବ ଆତ୍ମା କରି ଆଣି ଆପଣା ଅଞ୍ଚଳେ ମନ୍ତ୍ରି ଗଣ୍ଠି ପାଡ଼ିଥିଲା ତାହା ଫେଡ଼ିଦେଲା।

---

(୧) 'କ' ରେ ସୁତକ ହରିଣୀକି ପରିବାରୀ କରି ମୋହିଲା (୨) 'ଖ' ରୂପ (୩) 'କ' ଅଣ୍ଡିରା କୋକିଳ ପ୍ରାୟେତ ସୁସ୍ୱର ଶୁଭିଲା। (୪) 'କ' ପ୍ରାଣୀମାନଙ୍କର।

ସକଳ ଜୀବମାନେ ଜୀବନ ପାଇ ଉତ୍ସୁକ ହୋଇ ରାଣୀର ପୁତ୍ରଜନ୍ମ ଦେଖିଲେ (୧) ସମୁଦ୍ରଘୋଷ (୨) ପ୍ରାଏ କରି ଆନନ୍ଦ ଶବ୍ଦମାନନ୍ତ କଲେ। ନାନାତୀର୍ଥଜଳମାନନ୍ତ ଘେନି କୁମରକୁ ସ୍ନାନ କରାଇଲେ। ଭୂମି, ଗୋ (୩) ଦକ୍ଷିଣା କରି ଦାନମାନନ୍ତ ଦେଲେ।

ତ ସେ ସୁତକ ହରିଣୀକି ଦେଖି ସମସ୍ତେ ଆନନ୍ଦ ହୋଇଲେ। ଧାଇ କରି ରଖିଲେ। ବୋଇଲେ-କୁମରକୁ ପ୍ରତିପାଳନ (୪) ନିମିତ୍ତେ ଅବା ଷଷ୍ଠୀଦେବୀ ଅଇଲେ (୫)। ଏମନ୍ତେ ସେ ରାଜାର କୁଳହିଁ ହୋଇଲା କ୍ଷୀର ସମୁଦ୍ର (୬) ଜାଣି। ତହିଁକି ପୌର୍ଣ୍ଣମୀ ଚନ୍ଦ୍ର ପାୟେକ ଜନ୍ମ ଲଭିଲା କୁମରମଣି। ଶଶୀପ୍ରଭା ରାଣୀର ମନକୁମୁଦ ଫୁଟିଲା। ଅନଙ୍ଗ ପଦ୍ମାକର ରାଜାର ଚିନ୍ତାମେଘ ତୁଟିଲା। ରାଜାର ହିଁ ସେ ଗଗନ ହୋଇଲା। ଅଇରୀ ରାଜାମାନଙ୍କର ଗର୍ବ ହିଁ ସେ ଚକ୍ରବାକ ପ୍ରାୟେକ ହୋଇ ଶୋହିଲା। ଖଳ ଅମନାତ୍ୟମାନେ କମଳ ବନ ପ୍ରାୟେକ ହୋଇଲେ। ସାବତ ଜନନୀମାନେ (୭) ନୀଳୋତ୍ପଳ ପ୍ରାୟେକ ଶୋହିଲେ।

ତ ଏମନ୍ତ ଦେଖି ସେ ରାଜା ଆନନ୍ଦସମୁଦ୍ରେ ମନବୋହିତ ବୁଡ଼ିଲା। ଚିନ୍ତାମେଘ ଉଡ଼ିଲା। ଦରିଦ୍ର ଲୋକ କି ପାଇଲା ନିଧି। ଜନ୍ମ ଅନ୍ଧ ପାଇଲା କି ଦିବ୍ୟାଞ୍ଜନ ମହୌଷଧି। କାମୁକ ଲୋକ ପାଇଲା କି ବଶ୍ୟକରଣ ବିଧି (୮) ମହାବୃଦ୍ଧ ପାଇଲା କି କଳ୍ପ ଔଷଧି ସ୍ଥାବର ପାଇଲା କି ଚରଣ ଶକ୍ତି (୯) ମୋକ୍ଷାର୍ଥୀ ପାଇଲା କି ଜୀବନ ମୁକ୍ତି।

ତ ଏମନ୍ତ ପ୍ରକାରେ ରାଜା ଆନନ୍ଦ ସମୁଦ୍ରେ ଥାଇ ଭଣ୍ଡାରିମାନନ୍ତ ଦାନ ଦେଇ, ଯାଗମାନନ୍ତ କରାଇ, ହାଟ ପେଣ୍ଟମାନନ୍ତ ଜୂର ହେଉ ବୋଲି ଆଜ୍ଞାଦେଲେ। ଏମନ୍ତ ବୋଲି ହୁରିଆଏ ମାତିଲେ। ବଣିଜାରେ ତାତିଲେ। ତ ସେ ବସୁଧାମଣ୍ଡଳ କଟକରେ ହୁରିଆ, ତରିଆ (୧୦), ଥେଣ୍ଟ (୧୧) ଗଣ୍ଠିଆ, ଚୋର, ଜୁଆର, ପୋଖଡ଼ (୧୨) ପେଣ୍ଠିଆ, ଲିହା, ଲୁଲୁମ୍ପା, ଚାଟୁଆ, ଘଟୁଆ, ଲେଖୁଆ ଲେଙ୍କା, ଲମ୍ବହତା, ନାଟୁଆ, ମଙ୍ଗଳ ବତିଆ ହାଟୁଆ, ବାଟୁଆ, ଥାଟୁଆ, କାଠୁଆ, ମାଠିଆ, ଷଠି ଦଉଡ଼ିଆ, ରଗଡ଼ା, ଧାଣ୍ଡୁଆ, ବୋଲା, ପେଲା, ପାହାନ୍ତିଆ, ଧଙ୍କା (୧୩)

---

(୧) ତାହା ଫେଡ଼ନ୍ତେ ହେଁ ସମସ୍ତେ ହେଁ ଉଠିଲେ। ଉତ୍ସବ ହୋଇଲା, ରାଣୀର ପୁତ୍ରଜନ୍ମ ଦେଖିଲେ (୨) 'ଖ' ଘୋର ଗର୍ଜନ (୩) 'ଖ' ଭୂ (୪) 'କ' ପ୍ରତିପାଳିବା (୫) 'କ' ଷଷ୍ଠୀ ଦେବୀ ଅବା ମୂର୍ତ୍ତିମନ୍ତ ହୋଇ ଅଇଲେ ବୋଲି (୬) 'ଖ' ରେ ନଭମଣ୍ଡଳ (୭) 'କ' ମାଆମାନେ (୮) 'ଖ' ରେ କାମୁକ ଲୋକ-ବିଧିପର୍ଯ୍ୟନ୍ତ ନାହିଁ (୯) 'କ' ସ୍ଥାବରକୁ ଜାତ ହୋଇଲେ କି ଚନ୍ଦନ ଶକ୍ତି (୧୦) 'କ' ଜୂରିଆ (୧୧) 'କ' ପେଣ୍ଠଗଣ୍ଠିକା (୧୨) 'କ' ଗୋଖଡ଼ (୧୩) 'ଖ' ଧଂସା।

ମାତୁଆ, ବାଦୁଆ, ଖେଚଡ଼ା, ଖରଡ଼ା, ପୁରୁଣା, ମାତୁଆ ଝମାଳିଆ, ଟାହିମେଲା, ଟାକେରିଆ, ରାଣ୍ଡୁଆ ହୁଗୁଳିଆ, ହାଥିଓରା,

ମେଳିଆ ମଣ୍ଡୋବସା (୧), ବିଭା ଶୋଲିଆ, ଫାସିଓରା, ଫଟିଆବନ୍ଧ। ଖରଡ଼ଙ୍ଗା, ଖରଡ଼ିଆ, ଖାଙ୍ଗେରିଆ ଭାରିଆ ଧଡ଼, ଧରିଡ଼ା, ଧୋବାତୁଠୁଆ, ଉଟଉଠା (୨) ପେଗଡ଼ିଆ, ମୁହଁପୋଡ଼ା, ଧୁଡ଼ା ଧୂଳିଧମ୍ପା, ଧୋଆରା, ପଖିଆ, ପଖାଳଖିଆ, ଭେଟା, ପେଲାପେଲି ପଶା, ଆଗତବୋଲା, ଗିଲୁଆ, ଡାହାଣା, ଡାମରକୋଆ ଡଙ୍ଗରା, ଗୋଳିଆ, ରୋଗ ରୋଗାକୁହା, ବର୍ଣ୍ଣହୀନା ଟାକରଖିଆ ଛଇଳା, ଛାଞ୍ଚୁଣିଆ, ନାସିକାବିହୀନା, ପେମ୍ପଲା, କାଉଁରିଆ, ଛରିଆ, ଥୋନ୍ଥଡ଼ା ପିଣ୍ଡାବସା, ଟକା, ମେଳିଆ ଇତ୍ୟାଦି କରି ସକଳ ନରାଧମମାନେ ଜୂର ଶବ୍ଦ ଶୁଣି ଧାଇଁଲେ ଗହଳେ।

ସେ କଟକେ ଗୋଳେ ପଶି ଗୋଳେ ମିଶି ଧାଇଁଛନ୍ତି କି କ୍ଷୁଧା ଆକୁଳେ। ଅତି ବିକଳେ କେ ସୁସ୍ୱାଦୁ ପଦାର୍ଥମାନ ଖାଉଅଛନ୍ତି। କେ ଚିଲ୍ଲପରାଏ ଧାନ ପସରାଏ, ଧାଇଁପଡ଼ି ମୁଣ୍ଡିଆଇ ନେଉଛନ୍ତି। କେହୁ ଆଗତ ହେଉଅଛନ୍ତି। କେ ବାଳ ତରୁଣୀଙ୍କର କଙ୍କଣମଣି କଟିମେଖଳା ଫେଇ ନେଉଅଛନ୍ତି (୩)। ହସ୍ତୀ ଅପଗତ ହସ୍ତୀ ଆଗପଛ ନେଉଛନ୍ତି (୪)। କେ ସୁନ୍ଦରୀ ସ୍ତ୍ରୀ ମୂରୁଛି ନ ପାରି ଗହଳେ ପଶି କୋଳ କରୁଅଛନ୍ତି। କେ ବିଜୟାବଳେ ଅତି ଗହଳେ ଗୁଡ଼ଖାଇ ଥୋଡ଼ ଧୋଉଅଛନ୍ତି। କେ ଜନଗହଳେ ଧନ ବହଳେ ହାତ ଆଞ୍ଜୁଳାଏ ବାଣ୍ଟୁଅଛନ୍ତି। କେ କତୁରୀ ଘେନି ଗଣ୍ଠିବଳିତା ଏକେ ଆରକେ କାଟୁଅଛନ୍ତି। କେ ଛେନା ତାଡ଼ପା ସରଫେଣା ଉସତ ପାଇ ଝିଣ୍ଟୁଅଛନ୍ତି। କେ ବାଜିଶାଳେ ପଶି ବଡ଼ ବଡ଼ ଘୋଡ଼ା ବାଛି ଚଢୁଅଛନ୍ତି। କେ ନେଇ ନପାରି ଉଗାଳି ହୋଇ ଅବଶରେ ପଡ଼ି ଗଡୁଅଛନ୍ତି। କେ ବାଡ଼ିବାଟେ ପଶି ପଛବାଟେ ବାହାର ହୋଇ ଯାଉଅଛନ୍ତି। କେ ବଳବନ୍ତ ଲୋକଙ୍କର ହାତେ ପଡ଼ି ଟାକର କହୁଣି ଖୁନ୍ଦା ଖାଉଅଛନ୍ତି। ଏମନ୍ତେ ସେ ବସୁଧା ମଣ୍ଡଳ କଟକରେ, ବାବୁ, ଗୋଳରେ କେବଣ କେବଣ ପଦାର୍ଥମାନ ଜୂର ଯାଉଅଛନ୍ତି। ଅପୂର୍ବ ସେ କ୍ଷୀରୋଦ୍ର ପାଟ। ଦାସୀନେତ। ଗଉରୀ ବେତ। ଶ୍ୱେତ ଚାମର। ଚିନ୍ତାମଣିରତ୍ନ ସ୍ନିଗ୍ଧ ବୈଦୁର୍ଯ୍ୟ। ପଦ୍ମରାଗ ମାଣିକ୍ୟ। ବ୍ରହ୍ମଜାତି ହୀରାଜାଣ। ହାର ପାରୋଆ। ଶ୍ୱେତଧ୍ୱଜ (୫) ଖଡ୍‌ଗ, ବନ୍ଦୀ ପାରାରସ।

---

(୧) 'କ' ମାଣ୍ଡୋଆବସା (୨) 'କ' ଉଠା ବଇଠା (୩) 'ଖ' ରେ ନେଉଅଛନ୍ତି ନାହିଁ
(୪) 'ଖ' ରେ ହସ୍ତୀ ଅପଗତ ହସ୍ତୀ ଅପଗତ ହସ୍ତୀ ଆଗପଛ ନେଉଛନ୍ତି ନାହିଁ।
(୫) 'କ' ରେ ଶୁଦ୍ଧ।

ସ୍ତମ୍ଭକ କଙ୍କଣ। ଦୀପ ପ୍ରବାଳ। ଗଜମୋତି ହୀରା। ମେଷ ଲୋଚନ ନୀଳା। କୁହୁକୁଣ୍ଡଳ ପକ୍ଷୀ। କୁଶ ମୃଦଙ୍ଗ। କାଶ୍ମୀର ସ୍ଫଟିକ। ରାଜହଂସ। ମାଣିକ୍ୟ ଦୀପ। ବହ୍ନିଜାତି ହୀରା। ରୁଦ୍ରଜାତି ପୋହଳା ? ଉଗଲ ମର୍କତ। ଇନ୍ଦ୍ରନୀଳମଣି। ସ୍ଫଟିକ ସୈନ୍ଧବା ଜାର ମହୁରା। ସୁବର୍ଣ୍ଣ କଳଶ। ଅଭେଦ କବଚ। ରତ୍ନ କାଞ୍ଚନ।

ହିରଣ୍ୟଗର୍ଭ ଶାମୁକା, ଡାହାଣ ବର୍ତ୍ତକ ଶଙ୍ଖ ଲକ୍ଷ୍ମୀନାରାୟଣ ଶୀଳା (୧)। ନାଗେଶ୍ୱର ବାଣ। ତାରାମଣ୍ଡଳ ପତନୀ। ଅମୃତ କୁଣ୍ଡଳ। ମୃଗନାଭି କସ୍ତୁରୀ। ଚନ୍ଦ୍ରକାନ୍ତି ମଣି। ଶଶିଖଣ୍ଡ କର୍ପୂର। ଶ୍ରୀଖଣ୍ଡ ଚନ୍ଦନ। ତରଳ ତଇଳ। ପନୀର ନୀର। ପାଟବାଲି ଶୁଆ। ବଜ୍ରତାଳ ମେଣ୍ଢା। କପିଳା ଗାଇ। ନାଟୁଆ ମର୍କଟ। ରାତିମୁତା ଉଟ। ଶ୍ୱେତ କୋକିଳ। ବେଣ୍ଟକାର ଶାମଳ। ଏକ ମୁଖୀ ରୁଦ୍ରାକ୍ଷ। ପାଂସିଓରା ମୃଗ। ସିନ୍ଧୁଜାତ ଅଶ୍ୱ। ଚନ୍ଦ୍ରଜ୍ୟୋତି ଶ୍ୱେତ ହସ୍ତୀ। ତବରି ତରଙ୍ଗ। ସୂର୍ଯ୍ୟପ୍ରଭା ମଣି। ରୁଦ୍ରଜାତ ପୋହଳା। ଚନ୍ଦ୍ର ମଣ୍ଡଳ ମର୍କତ। ପାରାଭେଦ ମୁକୁତା। ରସଥୋପା ମୋତି। ନିର୍ମଳ ବିଜାତି। ଚଉଷଠି ବାନି ସୁନା। ବୈକ୍ରାନ୍ତ ମୁହାଁ (୨)। ଅବଧୋଟିନା ନେପାଳି ତମ୍ବା। ବେଙ୍ଗି ପିତ୍ତଳ। ଚୁମ୍ବକ ଶିଳା। ପରଶୁ ପଥର। ସୁଖୀସୁନିଆ ବାଖର। ଅଗ୍ରସର ଗନ୍ଧ। ସଂଟିକା ଦାରୁମୂଷୀ ଇତ୍ୟାଦି ଦ୍ରବ୍ୟମାନ କେ କେଣେ ନେଉଅଛନ୍ତି। ସଂଖ୍ୟା (୩) ନ ଜାଣି। ଏ ଉତ୍ତାରେ ସେ ରାଜା ଆସ୍ଥାନେ ବିଜେକଲା। ଯେ ଯାହାର ଯେତେ ପଦାର୍ଥ ଗଲା ସେମାନେ ଯଥୋଚିତ କରି (୪) ରାଜା ଭଣ୍ଡାରରୁ ଦେଲା। ଏମନ୍ତେ ସେ କୁମରକୁ ଅନେକ ନିତମ୍ବବତୀ ସୁଲକ୍ଷଣୀ ସ୍ତ୍ରୀମାନେ ମିଳି ସମସ୍ତ ମଙ୍ଗଳ ମାନନ୍ତ କଲେ। କୁମର ନିମିତ୍ତେ ଷଷ୍ଠୀଦେବୀଙ୍କି ଅନେକ ଉତ୍ସବ ରଚିଲେ। 'ରୁଦ୍ର ସୁଧାନିଧି' ବୋଲି ନାମ ଥୋଇଲେ। ଏମନ୍ତ ସେ କୁମରକୁ ଦେହଭାବୁ କ୍ଷୁଧା ଆକର୍ଷିଲା ଯହୁଁ ବକ୍ତ୍ର ପଦ୍ମ ପ୍ରକାଶି (୫) କୋକିଳର ସ୍ୱନେ ରୋଦନ କଲା ତହୁଁ। ଆନ ପୋଏ ଅଜ୍ଞାନରେ କରି କୁହୁକୁହୁ ବୋଲି ରୋଦନ କରନ୍ତି। ଏ କୁମର (୬) କେମନ୍ତ କେମନ୍ତ କରି ରୋଦନ କରୁଅଛି। ଶିବୋହମ୍‌ଽହମ୍ ଶିବୋଽହମ୍ ଶିବୋଽହମ୍। ସର୍ବଗତୋଽହମ୍। ଶାନ୍ତୋଽହମ୍।(୭)। ଶୁଦ୍ଧୋଽହଂ। ନିର୍ବିରୋହଽହଂ ପୂର୍ଣୋଽହଁ। କେବଳୋଽହମ୍। ସୂକ୍ଷ୍ମୋଽମ୍। ନିତ୍ୟୋଽହଂ। ନିବିଡୋଽହଂ। ଚିଦାନନ୍ଦୋଽହଂ।(୮) ପୁରୁଷୋଽହଂ। ପୁରାତନୋଽହଂ। ଚିନ୍ମୟୋଽହଂ। ଆତ୍ମାଽହଂ। ଏବଂଭୂତ ପ୍ରକାରେଣ ରୋଦନ କଲା ଯହୁଁ। ଜାଗ୍ରତ ସ୍ୱପ୍ନ ସୁଷୁପ୍ତିମୟୀ (୯) ଅବସ୍ଥାତ୍ରୟ ଆବୋରିଲା ତହୁଁ। ଆପଣାର ଜ୍ଞାନ ନ ପୁଣୁ

(୧) 'କ' ଶାଳଗ୍ରାମଶିଳା (୨) 'ଖ' ନାହିଁ (୩) ଅନ୍ତ (୪) 'କ' 'ଉ' ଉଚିତ ପ୍ରକାରେ। (୫) 'ଖ' ବ୍ରହ୍ମପଦେକରି ବିକାଶ (୬) 'ଖ' ରେ ଆନ ପୋଏ ଠାରୁ ଏ କୁମର ପର୍ଯ୍ୟନ୍ତ ନାହିଁ (୭) 'ଖ' ଶାନ୍ତୋଽହଂ (୮) 'ଖ' ଶାଶ୍ୱାନନ୍ଦୋଽହଂ (୯) 'କ' ମାୟା।

ହୋଇବ ନାଶ। ବିଷ୍ଣୁ ମାୟା ବହନ ହେଉଅଛି ପ୍ରକାଶ। ମନ ବଚନ ଜ୍ଞାନ ଉଦେ ହେଉଥାଏ। ଦଣ୍ଡେ ହେଁ ଏ ବୁଦ୍ଧି ବିସ୍ମରଣ ନୋହୁ। ଏମନ୍ତ ବିଚାରି ସେ ରୋଦନ ସମୟେ ଆତ୍ମା ଚନ୍ତାକଲା ତହୁଁ। ଆନ ବାଳକ ପୁଏ ଅଜ୍ଞାନରେ ବୋଲନ୍ତି କୋଽହଂ, କୋଽହଂ କୋଽହଂ। ଏ ଶିବଭାବ ଆବୋରି କାନ୍ଦିଲା ଶିବୋଽହଂ, ଶିବୋଽହଂ, ଶିବୋଽହଂ। ଏମନ୍ତ ରୋଦନ ସମସ୍ତେ ହେଁ ଶୁଣିଲେ। ଯହୁଁ ଆଶ୍ଚର୍ଯ୍ୟ ପାଇ ଅରିଷ୍ଟକ ବୋଲି ଆକଳିଲେ ତହୁଁ। ଅରିଷ୍ଟ ଶାନ୍ତିମାନ ଅନେକ କରାଇଲେ।

ଏଥି ଉତ୍ତାରେ କୁମରକୁ କ୍ଷୀପାନ ଦେଲେ (୧)। କ୍ଷୀରପାନ କରାଇବାବେଳେ ଜନନୀ ସ୍ତନକଳସେ ମୁଖ ଦେଲା ଯହୁଁ। ଭଗବତୀ ଶକ୍ତି ମହାମାୟା ବିଚାରିଲା ତହୁଁ। ଜନ୍ମ ହୋଇବାବେଳେ ଏ ଅଜ୍ଞାନ ନୋହିଲା। ରୋଦନ କରନ୍ତେ ହେଁ ଉପନିଷଦ (୨) ବୋଇଲା। ଏହିଠାରେ ତ ବିଷ୍ଣୁମାୟା ନୋହିଲା। ଏହାର ଯେବେ ଜ୍ଞାନ ହୋଇବ (୩)। ଆଉ କାହିଁ ସଂସାର (୪) ଚେଷ୍ଟା କରିବ। ପରାଲବ୍ଧ (୫) ଏବେ କରିବନା ଭୋଗ। ପ୍ରାନ୍ତେ ସିନା ଯାଇଁ ପାଇବ ଯୋଗ। ଅହଙ୍କାର ବହି ରୋଦନ କଲା ଯହୁଁ। ଗର୍ବ ନସହନ୍ତା ବୈଷ୍ଣବୀ ମାୟା ବଳାତ୍କାରେ ଆବୋରିଲା ତହୁଁ (୬)। କ୍ଷୀର ସଙ୍ଗତେ ମାୟା ପଶିଲା। କୁମର ଜିହ୍ୱାରେ ଲାଳସା ମିଶିଲା। ପୁଣି ପୁଣି ସ୍ୱାଦୁ ପାଇ ସ୍ତନ ପାନ କଲାକ ଯହୁଁ। ଅଜ୍ଞାନ ଜଡ଼ମାୟା (୭) ନିଦ୍ରାରେ ପଶିଲା ତହୁଁ। ତ୍ୱରୀୟା ଅବସ୍ଥାମାନଙ୍କୁ ସ୍ୱପ୍ନେ ଲାଇଲା। ଯୋଗନିଦ୍ରା ଛଡ଼ା ପ୍ରପଞ୍ଚେ ଭରିଲା। ଚନ୍ଦ୍ର ଜ୍ୟୋସ୍ନାକୁ ଯେମନ୍ତ ନୀଳମେଘ ଆବୋରଇ ସେହି ମତି କରି ତାହାର ପୂର୍ବଜ୍ଞାନ ହାରିଲା। ଅସ୍ୱପ୍ନ, ଅନନ୍ତ, ଅଜଡ଼, ମହାସୁଖ ହୋଇଲା ଯେଉଁ ମତ। ତାହା ମଳିନ, ବିଭ୍ରମ, ମାୟାଭୟ, ତନ୍ଦ୍ରାକଲା ଅଜ୍ଞାନ ବାଳକର ସଞ୍ଜାତ। ଅତଏବ ଆହାର ଦ୍ୱାରେ ମାୟା ଅଛି (୮)। ଏବଂଭୂତ ପ୍ରକାରେ କୁମର ଅଜ୍ଞାନ ଭାବ ପାଇଲା। ଚନ୍ଦ୍ରକଳା ପ୍ରାୟେ ଦିନେ ଦିନେ ବର୍ଦ୍ଧମାନ ହୋଇ ଶୋହିଲା। ଦିବସକୁ ଦିବସ ଗୁରୁତର (୯) ମାନଙ୍କୁ ମୋହିଲା ପଦ୍ମବନରେ ଯେମନ୍ତ ରାଜହଂସ ଶୋହିଲା। ପରମ ଅଭ୍ୟାସରେ କରି ପାଞ୍ଚବର୍ଷ ହୋଇଲା (୧୦)। ଦେହ ଜାମ୍ବୁନଦ ଯେମନ୍ତ ପଞ୍ଚୁଦାହ କରି ରସାଣିଲା ପ୍ରାୟେକ ଦିଶିଲା। ପୂର୍ଣ୍ଣ ଅକଳଙ୍କ ଚନ୍ଦ୍ରମଣ୍ଡଳ ପ୍ରାୟେକ

---

(୧) 'କ' କରାଇଲେ (୨) 'କ' ଉପଦେଶ (୩) 'କ' ଏହାର ଏବେ ହିଁ ଜ୍ଞାନ ଥିବ (୪) 'ଖ' ସଂସାରରେ (୫) 'କ' ପ୍ରାଲବ୍ଧ (୬) 'କ' ରେ ବଳତକରେ ଆକର୍ଷିଲା ତହୁଁ (୭) 'ଖ' ରେ ଅଜ୍ଞାନମୟ। (୮) 'ଖ' ରେ ଅତଏବ ଠାରୁ ଅଛି ପର୍ଯ୍ୟନ୍ତ ନାହିଁ। (୯) 'କ' ଗୁରୁଜନମାନଙ୍କୁ (୧୦) 'ଖ' ପରମ ଅଭ୍ୟାସ ଠାରୁ ହୋଇଲା ପର୍ଯ୍ୟନ୍ତ ନାହିଁ।

ମୁଖପଦ୍ମ ବିକାଶିଲା । ତିଳକୁସୁମ ପ୍ରାୟେକ ଦୀର୍ଘ ହୋଇ ନାସିକା ପ୍ରକାଶ ହୋଇଲା । ତରୁଣେନ୍ଦୁର ପ୍ରାୟେ କପୋଳ ଶୋହିଲା (୧) । କମଳ ଉପରେ କି ଭ୍ରମର ପ୍ରାୟେକ ଭ୍ରୂଲତା (୨) ଶୋଭା ପାଇଲା । କୁଣ୍ଡଳ ଦୁଇ ଗୁରୁଶୁକ୍ର ପ୍ରାୟେକ ଗଣ୍ଡସ୍ଥଳେ ମିଶିଲା । ବନ୍ଧୁକ କୁସୁମ ପ୍ରାୟେକ ଅଧର କାନ୍ତି । ନୀଳ ଅଞ୍ଜନକୁ ଦୂଷଣ କରୁଅଛି କେଶର ଭ୍ରାନ୍ତି । ହେଳାଲୀଳା ଚକିତ ଦୃଷ୍ଟି ଦିଶୁଅଛି । ଶୋଭନ (୩) । ତରୁଣୀମାନଙ୍କୁ କି ସେ ପ୍ରତ୍ୟେକ୍ଷ ମଦନ । ଶିଶୁ ପଦ୍ମ ପ୍ରାୟେକ ଚକ୍ଷୁ ଦୁଇର ଶୋଭା । ଶିରୀଷ ପୁଷ୍ପ ପ୍ରାୟେକ କୋମଳକାନ୍ତି ଆଭା । ଜମ୍ବୁର ପ୍ରାୟେକ କଣ୍ଠରେ ଶୋଭନ । ଦୁନ୍ଦୁଭିର ପ୍ରାୟେକ ବଚନ ଗମ୍ଭୀର ସୁସମ (୪) । ବଳିତ ବକ୍ଷସ୍ଥଳୁ ସମ୍ଭୂତ (୫) ଆଜାନୁଭୁଜଦଣ୍ଡ । ଲୀଳାଗତି (୬) ଜାଣିକି ଉନ୍ନତ ବାଳ ଷଣ୍ଢ । ଶିଶୁସିଂହର ପ୍ରାୟେକ ବିକ୍ରମ ଦିଶଇ । ସୂର୍ଯ୍ୟକିରଣର କାନ୍ତି ଶରୀରେ ମିଶାଇ । ଜାତି ପାଖୁଡ଼ାକୁ ପ୍ରାୟେକ ନଖର କାନ୍ତି । ମତ୍ତ ଗଜେନ୍ଦ୍ର ପ୍ରାୟେକ ଚାଲିବାଏ ଭ୍ରାନ୍ତି (୭) । ଆରକ୍ତ ପଦ୍ମ (୮) ପ୍ରାୟେକ ଚରଣର ତଳୀ । ଲକ୍ଷଣବନ୍ତ ହୋଇଅଛି ମୀନପଦ୍ମ ଅଙ୍କୁଶ ମଣ୍ଡଳି । ଯୋଗଭ୍ରଷ୍ଟେ ଜନ୍ମ ରୁଦ୍ରଅଂଶ ମୂର୍ତ୍ତି । ଭିନ୍ନେ ଅଛି ଏହାର ବୈଷ୍ଣବୀ ଶକ୍ତି । ତେଣୁ କରି ସମସ୍ତ ଲକ୍ଷଣ ମାନନ୍ତରେ ହୋଇବ ଆସମୁଦ୍ରାନ୍ତ ପୃଥ୍ୱୀରେ ଚକ୍ରବର୍ତ୍ତୀ । ସେ କୁମର ଲକ୍ଷଣନ୍ତ ବିଚାରି ଅନଙ୍ଗ ପଦ୍ମାକର ରାଜା ଉତ୍ସବ କରି କରାଇଲା ବିନାୟକ ସରସ୍ୱତୀଙ୍କ ପୂଜା । ଉଦୟନ ଆଚାର୍ଯ୍ୟ ବୋଲି ପଣ୍ଡିତେକ ଅଛି । ବ୍ରହ୍ମାଙ୍କୁ ପ୍ରସନ୍ନ କରାଇ ସେ ଅନେକ ବିଦ୍ୟା ପାଇଅଛି । ତାହା ଗୋଚରେ କୁମରକୁ ସମର୍ପିଲା । ବିଦ୍ୟା ପଢ଼ାଅ ବୋଲି ଆଜ୍ଞା ଦେଲା । ସେ କୁମର ଅକ୍ଷର ପାଠନ୍ତ ପଢ଼ି ଅଙ୍କ ଖଡ଼ିସାରି ସମସ୍ତ ବ୍ୟାକରଣ ଅଷ୍ଟାଦଶାଙ୍ଗେ ପଢ଼ିଲା । କେବଣ କେବଣ ବ୍ୟାକରଣ ମହାଭାଷ୍ୟ ବୋଲି ଯେଉଁ ବ୍ୟାକରଣ ଥିଲା ପୂର୍ବେ ସେ ଶେଷନାଗର ବକତ୍ରରୁ (୯) ବାହାର ହୋଇଲା । ପାଣିନି ବୋଲି ଯେଉଁ ବ୍ୟାକରଣ ନାମ ଈଶ୍ୱର ଡମ୍ବରରୁଁ ସେ ହୋଇଅଛି ବାହାର । ଶ୍ରୁତିସାଗର ବୋଲି ଯେବଣ ସେ ବ୍ୟାକରଣ, ଇନ୍ଦ୍ର ଦେବତା ନିମିତ୍ତେ ବୃହସ୍ପତି କଲେ ନିର୍ମାଣ (୧୦) । ସାରସ୍ୱତ ବୋଲି ଯେଉଁ ବ୍ୟାକରଣ ହେଲା, ତହିଁର ସୂତ୍ର ପୂର୍ବେ ସରସ୍ୱତୀ କହିଲା । ଅଇନ୍ଦ ବୋଲି ଯେବଣ ବ୍ୟାକରଣ, ଇନ୍ଦ୍ର ଦେବତା ନିମିତ୍ତେ ବୃହସ୍ପତି କଲା ନିର୍ମାଣ (୧୧) । ଚନ୍ଦ୍ରମସ

(୧) 'କ' ରେ ତିଳଠାରୁ ଶୋହିଲା ପର୍ଯ୍ୟନ୍ତ ନାହିଁ (୨) 'କ' ବଧକ (୩) 'କ' ଶୋଭାବନ (୪) 'କ' ସୁସ୍ୱର ବଚନ (୫) 'କ' ସୁବଳିତ ବକ୍ଷସ୍ଥଳ (୬) 'କ' କାନ୍ତିଜ୍ୟୋତି (୭) 'କ' ରେ ମନ୍ଦଗତି (୮) 'କ' ରେ ପୁଷ୍ପ (୯) 'କ' ବକ୍ର । (୧୦) 'କ' ବାସୁଦେବର ବିଶ୍ୱାସ ସେ ହୋଇଅଛି ନିର୍ମାଣ (୧୧) ସାରସ୍ୱତ ଠାରୁ ନିର୍ମାଣ ପର୍ଯ୍ୟନ୍ତ 'ଖ'ରେ ନାହିଁ ।

ନାମେ ଯେବଣ ବ୍ୟାକରଣ ହୋଇଲା, ଚନ୍ଦ୍ର ଦେବତା ତାହା ପୂର୍ବେ ଗଢ଼ିଥିଲା। ମହେଶ୍ୱର ସମ୍ବନ୍ଧେ ମାହେଶ୍ୱର ହୋଇଲା, ପୂର୍ବେ ବିଧାତା ଅଛି ନିର୍ଭାଇଲା। ଶକଟାୟନ, ଔଣାଦିକ ସମ୍ପଦାସିକ, କଳାପ ବର୍ଦ୍ଧମାନ ଆଦିକରି ବ୍ୟାକରଣମାନଙ୍କର ନାମ। ଉପବ୍ୟାକରଣମାନେ ଅଛନ୍ତି ଅନୁପାମ।

ରସବତ, ଜୁମର (୧) କୌମୁଦୀ ଅଖ୍ୟାତ ଚନ୍ଦ୍ରିକାଦି (୨) ସମସ୍ତ ବ୍ୟାକରଣ ପଢ଼ିଲା। ତ କେବଣ କେବଣ ବ୍ୟାକରଣ କେବଣ ପ୍ରକାରେ ପଢ଼ିଲା। ପ୍ରଥମେ ବର୍ଣ୍ଣ ସଂସ୍ଥାନ କରି (୩) ସଂଜ୍ଞାବିସ୍ମରି (୪) ହ୍ରସ୍ୱ ଦୀର୍ଘ ଜାଣି ପଦଦ୍ୱୟ ସନ୍ଧି (୫) ପରିମାଣି, ଆଗମ ଆଦେଶ ଉପଧା ବିଚାରି। ଲିଙ୍ଗ, ବିଭକ୍ତି, ନିପାତ ପ୍ରକୃତି, ଶବ୍ଦଲିଙ୍ଗତ୍ରୟ, ଷଟ୍‌କାରକ ପଦ, ସମାସ, ଧାତୁରୂପାଦି କରି ଅଷ୍ଟାଦଶାଂଶେ ବ୍ୟାକରଣ ପଢ଼ିଲା। ତଦନନ୍ତରେ ଶାସ୍ତ୍ରମାନନ୍ତ ପଢ଼ିଲା। କେବଣ କେବଣ ଶାସ୍ତ୍ରନ୍ତ ପଢ଼ିଲା। ଧର୍ମଶାସ୍ତ୍ର (୬) ମୀମାଂସା, ପାତଞ୍ଜଳ, ବୈଶେଷିକ, କୌମାରକ (୭) ପଞ୍ଚରାତ୍ର, ତର୍କ, ଆଗମାଦିକରି ସମସ୍ତ ଶାସ୍ତ୍ର ପଢ଼ିଲା। ଚାରିବେଦ ଉପନିଷଦ ଆଦିକରି ସାଙ୍ଗୋପାଙ୍ଗ ପଢ଼ିଲା। ମନୁ ଯାଜ୍ଞବଲକ୍ୟ (୮) ଶଙ୍ଖ ବୃହସ୍ପତି ଲିଖିତ ଇତ୍ୟାଦି କରି ସ୍ମୃତିମାନନ୍ତ ପଢ଼ିଲା। ଉପଶାସ୍ତ୍ରମାନଙ୍କେ ପୂର୍ବେ ଦେବତାମାନଙ୍କୁ ଅସୁରମାନେ (୯) ବେଦବାଦେ ଜିଣିଲେ। ଏମନ୍ତ ଜାଣି ସେ ବିଶ୍ୱବ୍ୟାପୀ ନାରାୟଣ ବୃହସ୍ପତି ହସ୍ତେ ଅସୁରମାନଙ୍କର ନିମିତ୍ତେ ପ୍ରତ୍ୟେକ୍ଷେ ଗ୍ରନ୍ଥମାନ ଫଳାଫଳି କରାଇଲେ। ବୃହସ୍ପତି ସୁବାଦେ ଜିଣିଲେ (୧୦) ଶୁକ୍ର ରୂପ ଧରି ଅସୁରମାନନ୍ତ ପଢ଼ାଇଲେ। ବୌଦ୍ଧ ଶାସ୍ତ୍ରମାନ ହିଁ ବୌଦ୍ଧାନୁଶାସନେ (୧୧)। ବୌଦ୍ଧ, କାପାଳିକ, କ୍ଷପଣକ, ଚାର୍ବାକାଦି ମତ ଏମାନ ହିଁ ଜାଣିଲା। ତଦନନ୍ତରେ ଅଷ୍ଟାଦଶ ପୁରାଣ ପଢ଼ିଲା। କେବଣ କେବଣ ପୁରାଣ। ମତ୍ସ୍ୟପୁରାଣ, କୂର୍ମପୁରାଣ, ବରାହପୁରାଣ, ବାମନ ପୁରାଣ, ଭବିଷ୍ୟ ପୁରାଣ, ମାର୍କଣ୍ଡେୟ ପୁରାଣ, ବିଷ୍ଣୁ ପୁରାଣ, ନୃସିଂହ ପୁରାଣ, ଅଗ୍ନି ପୁରାଣ, ପଦ୍ମ ପୁରାଣ, ଇତିହାସ ପୁରାଣ, ବ୍ରହ୍ମାଣ୍ଡ ପୁରାଣ, ଦେବୀ ପୁରାଣ, ଶିବ ପୁରାଣ ଭାଗବତାଦି କରି ସମସ୍ତ ପୁରାଣ ଉପପୁରାଣମାନନ୍ତ ପଢ଼ିଲା। ତଦନନ୍ତରେ ଜ୍ୟୋତିଷ (୧୨) ଶାସ୍ତ୍ର ପଢ଼ିଲା। କେବଣ କେବଣ ପ୍ରକାର। ବାର ତିଥି, ନକ୍ଷତ୍ର, ଚନ୍ଦ୍ରଯୋଗ, କାରଣ ଗ୍ରହଯୋଗ ଲଘୁଜାତକ, ଯାତ୍ରା ପ୍ରଶ୍ନ, ଖଡ଼ିଚକ୍ର ଆୟୁଷ ନିର୍ଣ୍ଣୟ, ବୈକକ୍ଷା ଧାରଣ ସମୁଚ୍ଚୟ ସହିତ କରି ସମସ୍ତ ଜ୍ୟୋତିଷଶାସ୍ତ୍ର ପଢ଼ିଲା।

---

(୧) 'ଖ' କୁମର (୨) 'ଖ' ଆପ୍ୟାୟାକ (୩) 'କ' ସ୍ଥାପନ (୪) 'ଖ' ବିମରି (୫) ପଦପଦାନ୍ତ ସନ୍ଧିଯ (୬) 'ଖ' ରେ ଧର୍ମଶାସ୍ତ୍ର (୭) 'ଖ' ରେ କୌମାରୁଣୀ (୮) ଯାଜ୍ଞବଲ୍‌କ୍ୟ ଆଙ୍କି ତାତ୍‌ପ (୯) 'ଖ' ରେ ଅସୁରେ (୧୦) 'କ' ରେ ନାହିଁ (୧୧) 'ଖ' ବୋଧନୁଶାସନେ (୧୨) 'ଖ' ରେ ଜଉତିଷ।

ତଦନନ୍ତରେ କାବ୍ୟ, ମହାକାବ୍ୟ, ଉପକାବ୍ୟ (୧) କାଦମ୍ବରୀ, ନୈଷଧ, ରାମଚରିତ, ଭାରତ, ଯୋଗାର୍ଣ୍ଣବ ଗୀତା, ବଶିଷ୍ଠ ରାମାୟଣାଦି ସମସ୍ତ ପଢ଼ିଲା।

ତ କେବଣ କେବଣ ଗୀତା ପଢ଼ିଲା। ଭଗବତ୍‌ଗୀତା, ଭାରତଗୀତା, ପାଣ୍ଡବ ଗୀତା, ଉତ୍ତର ଗୀତା, ଯମଗୀତା, ଉଦ୍ଧବଗୀତା, ଅବଧୂତ ଗୀତା, ଗଙ୍ଗାଗୀତା, ଯାଜ୍ଞବଲକ୍ୟ ଗୀତା, ପାର୍ବତୀ ଗୀତା, ମୈତ୍ରେୟୀ ଗୀତା, ମଦାଳସା ଗୀତା (୨) କପୋତ ଗୀତା, କନକ ଗୀତା, ଭବିଷ୍ୟ ଗୀତା, ଶିବ ଗୀତା, ଜଡ଼ ଗୀତା, ଆନନ୍ଦ ଗୀତା, ଶୁକ ଗୀତା, ପଙ୍କଜ ଗୀତା, ଭିକ୍ଷୁ ଗୀତା, ଭୀଷ୍ମ ଗୀତା, ବ୍ରହ୍ମଗୀତା ଇତ୍ୟାଦି କରି ସମସ୍ତ ଗୀତାମାନନ୍ତ ପଢ଼ିଲା। ତଦନନ୍ତରେ ଆଗମ ପଟଳ, ଯାମଳ ଯନ୍ତ୍ର ରସବିଷ କଳ୍ପ ସାଧନ, ମୂଳି, ମଣିମନ୍ତ୍ର ମହୌଷଧି ଆଦିକରି ସମସ୍ତ ଆଗମ ଶାସ୍ତ୍ରମାନନ୍ତ ପଢ଼ିଲା। ତଦନନ୍ତରେ ସମସ୍ତ ବିଷୟାନ୍ତରେ ଅଳଙ୍କାରମାନ ପଢ଼ିଲା (୩)। ତଦନନ୍ତରେ ନାଟକ ଉପନାଟକ ଅଭିନୟାଦି କରି ଭରତ, ପିଙ୍ଗଳଛନ୍ଦ, ଦେଶାଚାର, ସୂତାଚାର ଭାଷା, ଅଶ୍ୱଲକ୍ଷଣ ଦୀକ୍ଷା, ଗଜଲକ୍ଷଣ, ନର ଚିକିତ୍ସା (୪) ସାମୁଦ୍ରିକ, ରଥ କଉଶଳ ହସ୍ତ (୫) ଶିଳ୍ପ ଚିତ୍ରାଦି କରି ଉପବିଦ୍ୟାମାନନ୍ତ ଶିଖିଲା। ଏମନ୍ତ ସେ କୁମର ଶାସ୍ତ୍ର ବକତା ବିଦ୍ୟାରେ ଶକ୍ତା (୬), ଗୁଣାନୁରକ୍ତା, ବାସୁଦେବେ ଭକ୍ତା, ସତ୍ୟେସକ୍ତା, ଦରିଦ୍ରେ (୭) ଦାତା, ଆହାରେ ଭୋକ୍ତା, ଏମନ୍ତ ହୁଅନ୍ତେ ଦଶବର୍ଷ ସମ୍ପୂର୍ଣ୍ଣ ହୋଇଲା। ରାଜା ଗୁଣାକାର ଆଚାର୍ଯ୍ୟଙ୍କୁ ହକାରି ସମସ୍ତ ବିଦ୍ୟା ଧନୁର୍ବେଦ ସହିତେ ଆରମ୍ଭ କରାଇଲା। ସେ ଆଚାର୍ଯ୍ୟଙ୍କୁ ଈଶ୍ୱର ପ୍ରସନ୍ନ ହୋଇ ସମସ୍ତ ବିଦ୍ୟାମାନ୍ତ ଦେଇଅଛନ୍ତି। ସେ (୮) ଜଗନ୍ନାଥଙ୍କର ବୈଷ୍ଣବମାନଙ୍କର ପଦାରବିନ୍ଦ ପ୍ରସାଦୁଁ କରି ତାହା ନାରାୟଣ ଦାସ ପାଇଲା ବିସରି (୯)। ସେ ଚତୁଷଷ୍ଟୀ ଅଂଶେ ଅଶେଷ ବିଦ୍ୟା ପଢ଼ାଇଲା।

ତ କେବଣ କେବଣ ଅଂଶେ। ଆଦାନ, ସନ୍ଧାନ, ଆକର୍ଷଣ ଆମଞ୍ଜନ, ଗତିଖର, ମତିସ୍ଥିର, ଦୃଷ୍ଟିସ୍ଥିର, ମୁଷ୍ଟି ଦୃଢ଼, ରୋପଣ, ଦୃମ୍ଭଣ, ସ୍ତମ୍ଭନ, ବ୍ୟଗ୍ର, ଆୟତନ, ଆଚ୍ଛାଦନ ରୋପଣ, ଆରମ୍ଭଣ, ଔଷଧ କରଣ, ଅସ୍ତ୍ର ସ୍ଫରଣ, ମନ୍ତ୍ର ଉପାସନ, ଯଜ୍ଞ ଲକ୍ଷଣ, ତ୍ରେଣ (୧୦) ବୀକ୍ଷଣ, ବାମ ଦକ୍ଷିଣ, ଆରୋପଣ, ମୋକ୍ଷଣ, ଗ୍ରହଣ, ଚନ୍ଦନ (୧୧) ଭ୍ରମଣ, ଧରଣ, ଆକାଶ କ୍ଷେପଣ, ଖଡ଼୍‌ଗଫଳା

---

(୧) ଉପକାବ୍ୟ କ୍ଷେଟତ୍ରୟା ମନୁ (୨) 'ଖ' ରେ ମଦଳସ୍ୟ ଗୀତା 'କ'ରେ ଆନନ୍ଦ ଗୀତା (୩) 'କ' ରେ ନାହିଁ (୪) 'ଖ' ତିତିକ୍ଷା (୫) 'ଖ' ରେ ନାହିଁ (୬) 'ଖ' ରେ ନାହିଁ (୭) 'ଖ' ରେ ଦାରିଦ୍ରେ (୮) 'କ' ରେ ଶ୍ରୀ (୯) 'କ' ରେ ବିମରି (୧୦) 'ଖ' ରେ ତୋପ (୧୧) 'ଖ'ରେ ଗ୍ରହତିଳଣ।

ଗଦାଶକ୍ତି ଅସ୍ତ୍ରଶସ୍ତ୍ରପ୍ଲୁତ ଗୋଚର କରଣ, ମଲ୍ଲାଦି କରି ସମସ୍ତ ବିଦ୍ୟା ପାଇଲା। ଗୁରୁ ପ୍ରସନ୍ନ ହୋଇ ଅସ୍ତ୍ର ବିଦ୍ୟା କହିଲା। କେବଣ କେବଣ ବିଦ୍ୟା ପାଇଲା। ନାରାୟଣାସ୍ତ୍ର, ବଜ୍ରାସ୍ତ୍ର, ପାଶୁପତାସ୍ତ୍ର, ଆଶ୍ଚର୍ଯ୍ୟାସ୍ତ୍ର, ବ୍ରହ୍ମାସ୍ତ୍ର, ଚନ୍ଦ୍ରାସ୍ତ୍ର, ବାରୁଣାସ୍ତ୍ର, ମହାକାଳାସ୍ତ୍ର, ରୁଦ୍ରାସ୍ତ୍ର, ଅଗ୍ନିଅସ୍ତ୍ର, ମେଘାସ୍ତ୍ର, ପନୋସ୍ତ୍ର, ସୂର୍ଯ୍ୟାସ୍ତ୍ର, ମୋହନାସ୍ତ୍ର, ଇନ୍ଦ୍ରାସ୍ତ୍ର, ଗନ୍ଧର୍ବାସ୍ତ୍ର, କିନ୍ନରାସ୍ତ୍ର, ପର୍ବତାସ୍ତ୍ର, ଜଳଶୋଷକ ଅସ୍ତ୍ର, ବାୟବ୍ୟାସ୍ତ୍ର, କୁବେରାସ୍ତ୍ର, ଯମାସ୍ତ୍ର, ଅମୋଘ ଶକତି, ନାଗପାଶ, ଜଳପାଶ ଇତ୍ୟାଦି କରି ସମସ୍ତ ଅସ୍ତ୍ର ପାଇଲା। ପୂର୍ବଭାଗ୍ୟ କରି ଅପରାଜିତ ହୋଇଲା। ଏବଂଭୂତ ପ୍ରକାରେ ଦ୍ୱାଦଶ ବର୍ଷ ହୋଇଲା ଯହୁଁ। କିଶୋର ବୟସ ଆସି ପ୍ରବେଶ ହୋଇଲା ତହୁଁ। ରୋମାବଳୀମାନେ କୃଷ୍ଣବର୍ଣ୍ଣ ଦିଶିଲେ। ବିକାର ଦଶାମାନ ମୁଖରେ ମିଶିଲେ। ସାଧନା ମୁଦ୍ରା ଆସି ଦେହରେ ରହିଲା (୧)। କାମଦେବର ଦେହ କି କାଛେଣିରେ ଶୋହିଲେ (୨)। ଦନ୍ତାବଳୀମାନେ ନୂତନ ହୋଇଲେ। ଚନ୍ଦ୍ରଜ୍ୟୋତ୍ସ୍ନା ପ୍ରାୟେକ ଶୋଭା ପାଇଲେ। ଚକ୍ଷୁର (୩) ସ୍ନିଗ୍ଧ ଅଧିକ ଦିଶିଲା। ହେମନ୍ତ ପଦ୍ମପତ୍ର ଦୁଇରେ କି ମତ୍ତ ଭ୍ରମରଦ୍ୱୟ (୪) ବସିଲା। ତ ଏବଂଭୂତ ପ୍ରକାରେ ତୁମ୍ଭର ଶୋଭା ପାଇଲା ଯହୁଁ, ରାଜା ମନେ ମନେ ବିଚାରିଲେ ତହୁଁ। ବିବେକ ରତ୍ନାକର ମନ୍ତ୍ରୀକି ହକାରି, ଭଲ ବେଳ ବିଚାରି, ମଙ୍ଗଳ ପଚାରି ଆଜ୍ଞାଦେଲା। କୁମର ସଦୃଶେ (୫) କନ୍ୟା ଖୋଜ ବୋଇଲା। ସେ ମନ୍ତ୍ରୀ ଏମନ୍ତ (୬) ଆଜ୍ଞା ପାଇ ତିନି ପ୍ରଦକ୍ଷିଣ କରି ପ୍ରାୟେ ପଡ଼ି ଶୋଇ ଉଠିକରି କରପତ୍ର ଯୋଡ଼ି ଜଣାଇଲା। ଭୋ ରାଜନ! ଯେଉଁ କାର୍ଯ୍ୟ କଲେ ସେ ଯାଇ। ତହିଁକି ତତ୍କାଳ ସମୟକୁ ଯେ ବାଟ ଚାହିଁଥାଇ। ସେ ଗୃହରେ ଅଗ୍ନି ଲାଗିଲା ଉତ୍ତାରେ କୂପ ଖୋଳି ବସିଲା ପ୍ରାୟେ ଶୋଭା ପାଇ। ଭୋ ଦେବ ତ୍ରିରାବର୍ତ୍ତନ କରି ଏ ପୃଥ୍ୱୀରେ କନ୍ୟା ଖୋଜିଲିଣି। ତୁମ୍ଭର ସଦୃଶେ ଗୁଣବତୀ ହୋଇ କନ୍ୟା କାହିଁ ନ ପାଇଲି। ଜମ୍ବୁଦ୍ୱୀପ ଭିତରେ କନ୍ୟା ନାହିଁ। ଏହିକ୍ଷଣି ଦୂତମାନେ ମୋହର ହୋଇଲେ ପ୍ରବେଶ। ସାବଧାନ ହୋଇ ଶୁଣିମା ଭୋ ଦେବ। ତାହାଙ୍କର ଉପଦେଶ। ଏମନ୍ତ ସମୟେ ରାଜା ଶରଦ ମେଘର ସମୁଦ୍ର ପ୍ରାୟେକ ଦିବ୍ୟ ଜଗତିରେ ଚନ୍ଦ୍ର ପ୍ରାୟେକ ହୋଇ ବିଜେ କରିଅଛି। ଦିବ୍ୟ ପଲଙ୍କ ଉପରେ ଅମୃତଫେନ ସମ (୭) ଶଯ୍ୟାଏ ନିର୍ମାଣ କଲା ଅଛି। ତହିଁରେ ବିଜେ କରିଅଛି (୮)। ଚାରି ପାରୁଶରେ ସମସ୍ତ

(୧) 'କ' ସାଧାନ ମୁଦ୍ରାମାନେ ଫୁଟି ବିଳସିଲେ (୨) 'କ'ରେ ମୋହିଲେ। (୩) 'ଖ' ଚକ୍ଷୁରୁ (୪) 'କ'ରେ ଦୁଇ (୫) 'କ'ରେ ସେମାନେ (୬) 'ଖ'ରେ ଏମନ୍ତ ଅମୃତଶୀଳାରେ (୮) 'ଖ'ରେ ସର୍ବାଳଙ୍କାର ହୋଇ।

ଅମନାତ୍ୟମାନେ ନକ୍ଷତ୍ରସମୂହର ପ୍ରାୟେକ ହୋଇଅଛନ୍ତି। ସର୍ବାଳଙ୍କାରେ ମଣ୍ଡିତ ହୋଇ (୧) ସହସ୍ର ନିତମ୍ବିନୀ ବିଳାସିନୀଗଣ ଚନ୍ଦ୍ର ଜ୍ୟୋସ୍ନା ପ୍ରାୟେକ ଉଜ୍ଜ୍ୱଳ ଚାମରମାନନ୍ତ ଧରନ୍ତେ କଙ୍କଣ ବଳୟମାନଙ୍କର ଟାଙ୍କାର (୨) ଶବ୍ଦ ଶୁଭୁଅଛି। ଏମନ୍ତ ହୋଇ ରାଜା ଅବଧାନେ କରି ବିଜେକରି ଅଛନ୍ତି। ଏମନ୍ତ ସମୟରେ ମନ୍ତ୍ରୀ ଚାରିଦିଗରେ ଚାରି ଦୂତଙ୍କୁ ନେଇ ଦର୍ଶନ କରାଇଲା। ପ୍ରଥମେ ପୂର୍ବ ଦିଗରେ ଦୂତର ନାମ ସର୍ବଜାଣ ହୋଇ। ସମସ୍ତ ବିଦ୍ୟା ଜାଣଇ। ଅଗମ୍ୟ ଗମ୍ୟକୁ ଯାଇପାରଇ (୩) ଅଦୃଶ୍ୟ ଦୃଶ୍ୟ ହୋଇପାରଇ। ମନ୍ତ୍ରୀରାଜା ଗଣପତିଙ୍କି ଉପାସନା କରିଅଛି। ଲେପ ରସାୟନ ପାଦୁକା ପାଇଅଛି। ଜ୍ୟୋତିଷ ଭବିଷ୍ୟ ଶାସ୍ତ୍ରେକରି ନିପୁଣ ଅଟଇ। ଏବଂଭୂତ ସର୍ବ ଜାଣଇ ଯେ ଦୂତ କହୁଁଅଛି, ନିଉଛାଳି କରି ପାଏ ପଡ଼ିଶୋଇ, ମଥାରେ ହାତ ଦେଇ, ରାଜା ଶ୍ରୀମୁଖକୁ ଚାହିଁ, ନଥିର (୪) ହୋଇ, ସରସ୍ୱତୀଙ୍କୁ ସୁମରି, ପୂଜା କଥା ବିଚାରି (୫) କହୁଅଛି। ଭୋ ଦେବ! ଏ ବିବେକ ରତ୍ନାକର ମନ୍ତ୍ରୀର ଆଜ୍ଞା ପାଇଗଲି। ସମସ୍ତ ରାଜାମାନଙ୍କର ନଗରରେ ପ୍ରବେଶ ହୋଇଲି। ତୁମର ସଦୃଶେ କନ୍ୟା କାହିଁ ନ ପାଇଲି। ଭାଟ, ଭୋଟ, ମାଳବ, ସଉରାଷ୍ଟ୍ର, ମହାରାଷ୍ଟ୍ର, ମଧଦେଶ ମଇଲାଣ(୬) ମଣ୍ଡଳ, ଶ୍ୱେତ ପର୍ବତ, ଝାଡ଼ମଣ୍ଡଳ, ଇନ୍ଦ୍ରପ୍ରସ୍ଥ, ହସ୍ତିନା, ବାରୁଣା, ଜୟନ୍ତୀ ଅବନ୍ତୀ, ଅଯୋଧ୍ୟା ମଥୁରା, ଗୟା, କାଶୀ, କାଞ୍ଚୀ, ମେଖଳା (୭) ମରୁମାରୁତ, ଉଷ୍ଟଦେଶ (୮) ଅନ୍ତର୍ବେଦୀ ପାଦୁକୀ, ଶୈବ ମଣ୍ଡଳ ଏତେଦୂର ପର୍ଯ୍ୟନ୍ତେ ବିକ୍ରମିଗଲି (୯)। ପୂର୍ବ ସମୁଦ୍ର କୂଳେ ହୋଇଲି (୧୦) ଏତେ ଦେଶର ମଧ୍ୟେ ତିନିକନ୍ୟା ଦେଖିଲି। କାଶୀ ରାଜାନଗ୍ରେ, ମଣିବନ୍ତ ପର୍ବତ ଅଗ୍ରେ, ଜମ୍ବୁବତୀନଦୀତୀରେ, ଅତୁଳ ମଣ୍ଡଳ କଟକରେ, କାଶୀରାଜା ଦୁହିତା ଅନଙ୍ଗବଳୀ ନାମେ ଏକ କନ୍ୟାଏ ଦେଖିଲି। ସେ କନ୍ୟା ସର୍ବଗୁଣ ସୁଲକ୍ଷଣୀ। ଶୁଦ୍ଧ ସୁବର୍ଣ୍ଣବର୍ଣ୍ଣିନୀ। ତରଳ, ତରଙ୍ଗ, ଚକିତ, କୁରଙ୍ଗ ନୟନୀ। ଉନ୍ମତ୍ତ କ୍ରୀଡ଼ାବନ୍ତ ହର୍ଷ ଚକ୍ରବାକସ୍ତନୀ। ଉନ୍ମତ୍ତ ଗର୍ବବନ୍ତ ପୀୟୂଷ ଉତ୍କଣ୍ଠିତ ତରୁଣ ମତ୍ତ ଗଜେନ୍ଦ୍ର ଗାମିନୀ। ଅତି ଗର୍ବିତ ପୁରୁଷ ଅଜଟ କୋକିଳବଚନୀ। ବିଶ୍ୱକର୍ମା କୁନ୍ଦ ନିର୍ମିତ ଡମ୍ବରୁ ସମ ମଧ୍ୟସଂକୀର୍ଣ୍ଣନୀ। ସରସ (୧୧) ବିପୁଳ ଚନ୍ଦ୍ରମଣିଦାସ କୋମଳ ବଳିତ ଜଘନୀ। ପୃଥୁଳ ପୀୟୂଷ କୁମ୍ଭସମ କନ୍ଦର୍ପ ସିଂହାସନ ସମ ନିତମ୍ବିନୀ। ଅମୃତ ଘନ ଉତ୍ପନ୍ନ ଘନ ଲାବଣ୍ୟ ଚନ୍ଦ୍ର ଜ୍ୟୋସ୍ନାସମ କାନ୍ତି ଦଶନୀ। ନବଘନ ଉତ୍ପନ୍ନ ଘନ କନକ କାନ୍ତି କମମୟ ତଡ଼ିତ ବର୍ଣ୍ଣ କାନ୍ତିନୀ।

---

(୧) 'ଖ'ରେ ନାହିଁ (୨) 'ଖ'ରେ ରୁଣକାର (୩) 'ଖ'ରେ ଜାଣଇ (୪) 'ଖ'ରେ ନିସ୍ଥିର (୫) 'କ'ରେ ବିମରି (୬) 'କ'ରେ ମଲାଳ (୭) 'କ'ରେ ମେଖଳାମଣ୍ଡଳ (୮) 'କ'ରେ ଅଷ୍ଟଦେଶ (୯) 'ଖ'ରେ ଉତ୍କ୍ରମି ଗଲେ (୧୦) 'କ'ରେ ଶୋଇଲି 'ଖ'ରେ ହୋଇଲେ (୧୧) 'ଖ' ସର୍ବ।

ସର୍ବ ସୁଲକ୍ଷଣୀ ସର୍ବଗୁଣେ ସମ୍ପନ୍ନ। କେଶର ଅଗ୍ରଭାଗ ପିଙ୍ଗଳ ଭାବୁଁ କରି ହୋଇଲା ଅବିଗୁଣ (୧)। ଭୋ ଦେବ! ଆଉ କନ୍ୟାଏ ଦେଖିଲି। ପୁଣ ପୁଣ କରି ନିରେଖି ପେକ୍ଷିଲି (୨)। ମନ୍ଦାକିନୀ କୂଳେ, ଭଦ୍ରାସନ ଦେଶେ, ବୀରଭଦ୍ର ବୋଲି ଏକ ରାଜାଏ ଅଛଇ (୩) ତାହାର ଦୁହିତାଏ ହୋଇ। ତାହାର ନାମ ଲୀଳାବତୀ। ସେ କନ୍ୟାର ମୁଖ ଶରଦ ଚନ୍ଦ୍ରମା ମଣ୍ଡଳକୁ ଗଞ୍ଜୁଅଛି। କବରୀ ଭାର କି ଦନ୍ତ ଦ୍ୟୁତିର ଉପରେ ଅନ୍ଧକାରକୁ ଗଞ୍ଜୁ ଅଛି। ଚକ୍ଷୁ ତରଳ ତରଙ୍ଗ ମନ୍ମଥ ମଣି (୪) ଭ୍ରୂଲତା ଶୋଭା ପାଉଅଛି କି ବିକଚ ପଦ୍ମେ ମଧୁକର ଶ୍ରେଣୀ। ବାହୁ (୫) ମୃଣାଳାକୃତି। ପଦ୍ମିନୀ ଜାତି। ମନ୍ମଥ ବୀଣା ବାଦିନୀ। ଚିତ୍ର ଲେଖନୀ ପୃଥନିତମ୍ବିନୀ। ସମସ୍ତ ଗୁଣେ ଆଇଲା। କେବଳ ସ ଦନ୍ତୁର (୬) ଭାବୁକରି ସେ କନ୍ୟା କୁମରେ ଅଯୋଗ୍ୟ ହୋଇଲା। ଆର କନ୍ୟାଏ ଦେଖିଲି ପୂର୍ବ ସମୁଦ୍ର କୂଳେ, ନଟିକାଳ ବନରେ (୭) ମଦନ ବ୍ରହ୍ମରାଜାର ଦେଶରେ, ଚିତ୍ର ତରଙ୍ଗିଣୀ ନଦୀ ପାରୁଶରେ (୮) ହରିଣ୍ୟଗର୍ଭ କଟକରେ ଭୂଷଣ୍ଡେଶ୍ୱର (୯) ଲିଙ୍ଗ ନିକଟରେ ଚନ୍ଦ୍ରକେତୁ ରାଜାର ଦୁହିତା ଅବଳା। ତାହା ନାମ ଅଟଇ ମନ୍ମଥ କଳା। ସେ କନ୍ୟାର ମୁଖ ଶୋଭା କି ବିକଚ କମଳ ପୁଷ୍ପର ଆଭା। ଜମ୍ବୁନଦ ସୁବର୍ଣ୍ଣ ରସାଣିଲାର ପ୍ରାୟେକ ଶରୀର କାନ୍ତି ଶୋଭା। ଭୂଲତା ଦିଶଇକି (୧୦) ମନ୍ମଥ ଧନୁ। ବ୍ରହ୍ମା ବସି ଗଢ଼ିଲା ତାକୁ କେତେ ମନୁ (୧୧) ସେ କନ୍ୟା ସକଳ ଗୁଣେ ଶୋହିଲା। ମୁଖରେ ତିଳ ଲକ୍ଷଣ ନ ଥିବାରୁ କରି କୁମରକୁ ଅଯୋଗ୍ୟା ହୋଇଲା।

ଏ ଉତ୍ତାରେ ଉତ୍ତର ଦିଗରେ ଦୂତ ଆସି ରାଜାକୁ ଦର୍ଶନ କଲା। ସେ କହୁଅଛି। ଭୋ ଦେବ! (୧୨) ମୁଁ ଉତ୍ତର ପ୍ରଦେଶ ଅନେକ ଦୂର ଗଲି। କୁମର ସଦୃଶେ କନ୍ୟା ନ ପାଇଲି। ସମସ୍ତ ଦେଶ ବୁଲିଲି। ଜଳ ସ୍ତମ୍ଭନ ମଣି କର୍ଣ୍ଣରେ ଲାଇ, ସୂକ୍ଷ୍ମ ଆହାରମାନ ଅଣ୍ଟିରେ ପୂରେଇ, ସମୁଦ୍ରେ ଚାଲିଗଲି। ସେ ଜଳ ସ୍ତମ୍ଭନ ମଣିର ପ୍ରସାଦେ ସମୁଦ୍ର ମୋତେ କାଚ ପୀଠର (୧୩) ପ୍ରାୟେକ ହୋଇଲା। ତହିଁର ଉତ୍ତାରେ ମୁଁ ପାଦୁକା ବିଦ୍ୟାର ବଳେ ଅନେକ ଦୂର ଗଲି। ଅନେକ ଦ୍ୱୀପ ଦେଖିଲି। କେବଣ ଦ୍ୱୀପ ସୁବର୍ଣ୍ଣ ବାଲୁକା ଅଟଇ। ମଣିରତ୍ନମାନ ନିରନ୍ତରେ ପଡ଼ିଅଛି। କାହିଁ ପର୍ବତମାନ ନୀଳମଣି ଅଟଇ। କାହିଁ ମର୍କତ ମଣ୍ଡପମାନଙ୍କରେ ସିଦ୍ଧମାନେ ସମାଧିରେ ଅଛନ୍ତି। କାହିଁ ବୃକ୍ଷମାନଙ୍କରେ ଖଟ ଶେଯ ଧନରତ୍ନ ଅଳଙ୍କାର ଭକ୍ଷ ଭୋଜନ ଏମାନ ଫଳିଅଛନ୍ତି। କାହିଁ ମହାମହାସର୍ପମାନେ ଅଛନ୍ତି। କାହିଁ ଅଶ୍ୱମୁଖ

(୧) 'ଖ'ରେ ନିର୍ଗୁଣ (୨) 'ଖ'ରେ ନିରେଖିଲି (୩) 'ଖ'ରେ ଅଛି (୪) 'ଖ'ରେ ବାଣଜାଣି (୫) 'କ' ବହୁ ଆକଣ୍ଠକ (୬) 'ଖ'ରେ ଷଡ଼ଜନ୍ତୁର (୭) 'କ' ନଟିକେଳ ଗ୍ରାମରେ (୮) 'କ'ରେ ପାର୍ଶ୍ୱରେ (୯) 'କ' ଭୂଗଣେଶ୍ୱର (୧୦) 'ଖ'ରେ ନାହିଁ (୧୧) 'ଖ'ରେ ଗଢ଼ିଲା କି କେତେକ ମନୁ (୧୨) 'ଖ'ରେ ଦେଉ (୧୩) 'କ' ବରପତ୍ରର।

ସ୍ତିରୀମାନେ ଅଛନ୍ତି ।

ଏମନ୍ତେ କେତେ ଦୂର (୧) ଗଲି । ତୁମର ସଦୃଶେ କନ୍ୟା କାହିଁ ନ ପାଇଲି ।

ତଦନନ୍ତରେ ପଶ୍ଚିମ ଦେଶର ଦୂତ ଆସି ପ୍ରବେଶ ହୋଇ ଦର୍ଶନ କଲା । ସେ ଦୂତର ନାମ ଗୁଣନିଧାନ । ବୁଦ୍ଧିରେ କରି ବୃହସ୍ପତିର ସମାନ । ଜାତିରେ ବ୍ରାହ୍ମଣ । ପ୍ରଣବ ମନ୍ତ୍ରବାଦୀ । ଯଜ୍ଞ ବିଧିରେ କରିପାରଇ ସକଳ ବିଦ୍ୟା ସାଧି । ସେ ଦୂତ କହୁଅଛି ଭୋ ଦେବ ପଶ୍ଚିମ ଦିଗରେ ଅନେକ ଦୂର ଗଲି । ରୁଦ୍ର ସୁଧାନିଧି ସମାନେ (୨) କାହିଁ ନ ପାଇଲି ସିନ୍ଧୁ, ମଗଧ, ମାଗଧ, ଗିରି, ଲତା, ଗୁଳ୍ମ, ଦେଶ, ନଗର, ସିନ୍ଧୁ, ମହାସିନ୍ଧୁ, ମୁଗଲ, ସୈନ୍ଧବ ପାଟଣା, ଭୀମ ପାଟଣା, ଚିତ୍ର ପାଟଣା, ଚିତ୍ରମଣ୍ଡଳ, ଚିତ୍ରକୂଟାଚଳ, ବିନ୍ଧ୍ୟମନ୍ଦରାଦି କରି ଗିରି (୩) ନଦୀ ସାଗର ପାଟଣାଦି କରି ସମସ୍ତ ରାଜାମାନଙ୍କର ଦେଶରେ ପ୍ରବେଶ ହୋଇଲି । ତହିଁର ମଧ୍ୟରେ ରତ୍ନ କଞ୍ଚୁକ ଦେଶରେ, ଅସ୍ତାଚଳ ପୂର୍ବ ଦେଶରେ, ଅମୃତ କଳାନଦୀତୀରେ ମଧୁବତୀ (୪) କଟକ ଭିତରେ ରାଜା ଏକ ଅଛି । ତାହାର ନାମ ବୈରିପନ୍ନଗ (୫) । ସେ ରାଜା ବଇଶ୍ରବଣର ପ୍ରାୟେକ ସକଳ ଗୁଣେ ସମ୍ପୂର୍ଣ୍ଣ । ସେ ରାଜାର ମୁକୁତାବତୀ ବୋଲି ପାଟମହିଷୀ । ତାହାର ଦୁହିତା ନାମ ମଦନବଲ୍ଲଭା (୬) । ସେ ସକଳ ଗୁଣେ ସୁଲ୍ଲଭା । ମୁଖ ମଦନ ଦର୍ପଣରେ ପ୍ରାୟେକ (୭) ଶୋଭା । ସଜୀବ ମନମଥ ନିଧି ପ୍ରାୟେକ ସ୍ମିତହାସ (୮) ପ୍ରଭା । ତରଳ ତରଙ୍ଗ ନୟନୀ ନୀଳୋତ୍ପଳ ମାଳା କର୍ଣ୍ଣ ପର୍ଯ୍ୟନ୍ତେ ଆନ୍ଦୋଳନ ଶୋଭା (୯) । ସତ ସତ କ୍ଷୀର ସମୁଦ୍ର (୧୦) ସହସ୍ର ଶରଦ ଚନ୍ଦ୍ର କୁମୁଦ କୁନ୍ଦ ପୁଣ୍ଡରୀକ କମ୍ବୁ ମୁକୁତା ତରବାରୀ ମନ୍ଦାକିନୀ କଲ୍ଲୋଳ ତୁହିନ କନ୍ଦର ସୁଧାଫେନ ଲକ୍ଷ୍ମୀ ନିନ୍ଦିତ ଚକ୍ଷୁଶୁକ୍ଳ ଆଭା । ନୀଳଞ୍ଜନ ଭ୍ରମର ମର୍କତ ଜୀମୂତନୀଳୋତ୍ପଳ ମୟୂର ଦୀର୍ଣ୍ଣୋପାନ୍ତ ଅଶିତ କୁସୁମ ଗର୍ବ ନିବାରିତ ନୟନାଞ୍ଜନ ଚକ୍ଷୁ ମଧ ପ୍ରଭା । ଦାଡ଼ିମ ପୁଷ୍ପ ଦଳ (୧୧) ମାଣିକ୍ୟ ବନ୍ଧୁକ ପକ୍ୱ ବିମ୍ବଫଳ କୋକନନ୍ଦ ରକ୍ତୋତ୍ପଳ ନବଅରୁଣ (୧୨) ମନ୍ଦାର ଗଞ୍ଜିତ (୧୩) ଅଧର ଅମୃତ କଲ୍ଲୋଳିନୀ ଶୋଭା ସମସ୍ତ ଲକ୍ଷଣେ ସମ୍ପୂର୍ଣ୍ଣ ।

---

(୧) 'ଖ'ରେ ଅନେକ ଦୂର (୨) 'କ'ରେ ସଦୃଶେ (୩) 'ଖ'ରେ ନାହିଁ । (୪) 'କ' ମଧୁବନ (୫) 'କ'ରେ ଐରିପଞ୍ଚାନନ (୬) 'ଖ'ରେ ମଦନ ବଲ୍ଲରୀ (୭) 'ଖ'ରେ ଶରଦ ଚନ୍ଦ୍ର ପ୍ରାୟେକ (୮) 'ଖ'ରେ ଈଷତ୍ ହାସ (୯) 'ଖ'ରେ ମାଳା ଲକ୍ଷ୍ମୀମୁଖ ହାସିତ କର୍ଣ୍ଣ ପର୍ଯ୍ୟନ୍ତେ ଆନ୍ଦୋଳିତ ଶୋଭା (୧୦) 'ଖ' ରେ ଗିରି (୧୧) 'କ' କୁସୁମ (୧୨) 'ଖ'ରେ ନାହିଁ (୧୩) 'କ'ରେ ଛିତ ।

ଶଙ୍ଖ ପଦ୍ମଧ୍ୱଜାଙ୍କୁଶ ଚକ୍ରାଙ୍କିତ ରେଖା ନଥିବାରୁ କରି ସେ ହୋଇଲା ଖୁଣ (୧)। ଏଥିରେ ପଶ୍ଚିମ ପ୍ରଦେଶରେ ମାଣିକ୍ୟର ପର୍ବତେକ ଅଛି। ସେ ପର୍ବତ ତେଜରେ କରି ସୂର୍ଯ୍ୟ ଦେବତା ଜୁଳୁଜୁଳା ପୋକ ପ୍ରାୟେକ ଦିଶୁଅଛି (୨)। ତହିଁ କଳ୍ପତରୁ ଏକ ଅଛି। ସେ କଳ୍ପତରୁ ଡାଳତରୁଙ୍କୁ ଶୁଦ୍ଧ ସୁବର୍ଣ୍ଣ ଅଟଇ। ତ୍ରିଶାଖା ହୋଇଅଛି। ସେ ଡାଳ ତରୁଙ୍କୁ ଚାହିଁ ନୁହଇ। ସେ ବୃକ୍ଷର ତଳେ ସୂର୍ଯ୍ୟର ପ୍ରାୟେ ମଣି ପୀଠେକ ଅଛି। ତହିଁ ତଳେ ପୁରୁଷେକ ବସିଅଛି। ସେ ପୁରୁଷ ଧବଳ ବର୍ଣ୍ଣ ଅଟଇ। ସହସ୍ର ସହସ୍ର ଚନ୍ଦ୍ରମାନେ ଉଦେ ହୋଇଲା ପ୍ରାୟେକ ଶୋଭା ପାଉ ଅଛଇ। ମୂର୍ଦ୍ଧନୀର ଉପରେ ଫଣା (୩) ସାତ ଗୋଟା ଶୋଭା ପାଉଅଛି। ଷୋଳ ଚନ୍ଦ୍ରମା ଉଦେ ହୋଇଲା ପ୍ରାୟେ ଲୋଚନ ଚନ୍ଦ୍ର ଦିଶୁଅଛି (୪)। ଇନ୍ଦ୍ରଧନୁର ପ୍ରାୟେକ ବନମାଳା (୫) ଗୋଟାଏକ କଣ୍ଠୁ ଲମ୍ୱାଇଅଛି (୬)। ଅତ୍ୟନ୍ତ ଅନ୍ଧକାରକୁ ସମ ନୀଳ ବସ୍ତ୍ରେକ କମର ଭାଗେ ପିନ୍ଧିଅଛି। ସେ ସାତଫଣାରେ ମଣି ସାତ ଗୋଟା ଦୀପ୍ତ ହେଉଅଛି ମଣିମାନଙ୍କର ଶିଖା ମଣ୍ଡଳ ପ୍ରାୟେକ ଉଠୁଅଛି (୭)। ଚିନ୍ତାମଣି ମାଳେକ ସବ୍ୟକରି କଣ୍ଠରେ ଲମ୍ୱାଇଅଛି। ସେ ଚିନ୍ତାମଣି ସକାଶରୁ ପାଶ୍ୱବର୍ତ୍ତୀ (୮) ସିଦ୍ଧମାନଙ୍କର ଭ୍ରମକାମ ନାନା ଅବିଦ୍ୟା ନାଶ ହେଉଅଛି। ସକଳ ତ୍ରୈଲୋକ୍ୟ ଲକ୍ଷ୍ମୀ ମୂର୍ତ୍ତିବନ୍ତ ହୋଇ ରହିଅଛି। ଆକାଶର ଗଙ୍ଗା (୯) ଫଣା ବିଷକାଳରେ ସୂକ୍ଷ୍ମଭାବ ହେଉଅଛି। ଏମନ୍ତେ ମୁହିଁ ଯେ ମହାବିଦ୍ୟାର ବଳେ ସେ ପର୍ବତର ତଳେ ଯାଇ ହୋଇଲି। ତହିଁ ଦେଖିଲି, ଦିବ୍ୟ ସ୍ତ୍ରୀମାନେ ପ୍ରଛଳନ ହେଉଅଛନ୍ତି। ତହିଁ ଅମୃତମୟ ସରୋବରେ ଚନ୍ଦ୍ରମା ପ୍ରାୟେକ କାନ୍ତିରୂପା ପଦ୍ମମାନେ ଅଛନ୍ତି। ସେ ପଦ୍ମକେଶର ଶୁଦ୍ଧ ସୁବର୍ଣ୍ଣର। ପୃଷ୍ଟର ପଦ୍ମରାଗ ମାଣିକ୍ୟର। ସେ ପଦ୍ମମାନଙ୍କର ଗନ୍ଧ ଶଏ କ୍ରୂଶ ପର୍ଯ୍ୟନ୍ତେ ଯାଇ। ତହିଁ ଆରକତ (୧୦) ବର୍ଣ୍ଣ ପରାଗେ କରି ସେ ପଦ୍ମମାନେ ଚନ୍ଦ୍ରମଣ୍ଡଳଙ୍କୁ ମଧ୍ୟ ସନ୍ଧ୍ୟାକାଳରେ ରକ୍ତବର୍ଣ୍ଣ (୧୧) ମେଘ ଆଚ୍ଛାଦିଲା ପ୍ରାୟେକ ଦିଶୁଅଛନ୍ତି। ଅମୃତ ମକରନ୍ଦେ ପୁଷ୍ପଯୁକ୍ତ ହେଉଅଛନ୍ତି। ସେ କମଳବନ ଆଶ୍ରେ କରି ଲକ୍ଷ୍ମୀ କ୍ରୀଡ଼ା କରୁଅଛନ୍ତି। ହଂସ ଭ୍ରମର (୧୨) ନାନାଜଳଚର ଜୀବଜନ୍ତୁମାନେ ସମସ୍ତେ ରତ୍ନଜଡ଼ିତ ସୁବର୍ଣ୍ଣ ନିର୍ମାଣ ଅଟନ୍ତି। ସେ କମଳଙ୍କୁ ସୂର୍ଯ୍ୟର

---

(୧) 'ଖ'ରେ ସେ କନ୍ୟା ହୋଇଲା ଖୁଣ (୨) 'କ'ରେ ଦିଶଇ (୩) 'ଖ'ରେ ଫେଣା ଦିଶୁଅଛି (୪) 'ଖ' ପ୍ରାୟେକ କପାଳଚନ୍ଦ୍ର ଚକ୍ଷୁ ଦିଶଇ (୫) 'ଖ' ପ୍ରାୟେ ବଡ଼ମାଳା (୬) 'ଖ'ରେ ଗୋଟାଏକ ଧରିଅଛି (୭) 'ଖ' ସେ ମାଣିକ୍ୟ ଶିକ୍ଷା ଚନ୍ଦ୍ରମଣ୍ଡଳ ପର୍ଯ୍ୟନ୍ତ ଉଠୁଅଛି (୮) 'ଖ'ରେ ପାରୁଶ୍ୟବର୍ତ୍ତି। (୯) 'ଖ'ରେ ନାହିଁ (୧୦) 'ଖ'ରେ ରତ୍ନ (୧୧) 'କ'ରେ ହରିତବର୍ଣ୍ଣ (୧୨) ବହିରେ ଓ।

ଊର୍ଦ୍ଧ୍ୱରଶ୍ମି ସେ ଲାଗଇ। ସେ ପଦ୍ମରାତ୍ରେ ମୁଦ୍ରିତ ହୋଇ। ଦିବସେ ପ୍ରକାଶ ହୋଇ। ସେ ପଦ୍ମମାନଙ୍କରୁ କନ୍ୟା ଗୋଟିଏ ଗୋଟିଏ ଜନ୍ମ ହୋଇ। ସେ କନ୍ୟାମାନେ ପଦ୍ମିନୀ ଅଟନ୍ତି।

ପଦ୍ମବଦନୀ, ପଦ୍ମନୟନୀ, ପଦ୍ମଗନ୍ଧ, ପଦ୍ମବତ୍ କର ଚରଣ, ସେ କନ୍ୟାମାନେ ପ୍ରାତଃକାଳେ କୁମାରୀ ହୁଅନ୍ତି, ମଧ୍ୟାହ୍ନ କାଳରେ ଯୁବତୀ ହୁଅନ୍ତି (୧) ସନ୍ଧ୍ୟାକାଳେ ବୃଦ୍ଧା ହୁଅନ୍ତି। ରାତ୍ରକାଳେ ଲୟେ (୨) ହୁଅନ୍ତି। ପୁନରପି ସେ ପଦ୍ମବନରୁ ପଦ୍ମିନୀ କନ୍ୟାମାନେ ଦିନରେ ଜନ୍ମ ହୁଅନ୍ତି। ସେ କନ୍ୟାମାନଙ୍କର ଯୁବାବୟସ ଯେବେ ସର୍ବଦା (୩) ଥାଆନ୍ତା, ନିଶ୍ଚୟ କୁମରକୁ (୪) ଭାର୍ଜନ ହୁଅନ୍ତା।

ତଦନନ୍ତରେ ତହୁଁ ଅନେକ ଦୂର ପରିଯନ୍ତେ ଗଲି। ଭୂବାସ, ଦେବବାସ, କିଂ ପୁରୁଷବାସ ଆଦିକରି ସମସ୍ତ ପର୍ବତମାନନ୍ତ ବୁଲିଲି (୫)। କୁମାର ସଦୃଶେ କନ୍ୟା କାହିଁ (୬) ନ ପାଇଲି। ଏତକ ଜଣାଇ ସେ ମଥାରେ ହାତ ଦେଇ (୭) ଆଡ଼ ହୋଇ ରହିଲା। ତଦନନ୍ତରେ ଦକ୍ଷିଣ ଦିଗ ଦୂତ ବୈଚିତ୍ର୍ୟ (୮) ବୋଲି। ସେ ବିଚକ୍ଷଣ ହୋଇ। କଜ୍ଜ ଚିନ୍ତାମଣି ବିଦ୍ୟା ଜାଣଇ (୯)। ଅଦୃଷ୍ଟ ଅଶ୍ରୁତ (୧୦) ପଦାର୍ଥ ହିଁ ଆଣିପାରଇ। ନନ୍ଦନବନ ପରିଯନ୍ତେ ଗମି ପାରଇ। ସମସ୍ତ ବିଘ୍ନମାନନ୍ତ ବଳେ ନିବାରିପାରଇ। ସେ ରାଜାଙ୍କୁ ନମସ୍କାର କଲା। କରପତ୍ର ଯୋଡ଼ି ଜଣାଇଲା (୧୧) ଭୋ ଦେବ। ଦକ୍ଷିଣ ଦିଗକୁ ଗଲି। ବଙ୍ଗ, କଳିଙ୍ଗ, ତେଲଙ୍ଗ, ସଉରାଷ୍ଟ୍ର, ମହାରାଷ୍ଟ୍ର, ବିଚିନ୍ନ, ମହାଚିନ୍ନ ଖମଣ୍ଡଳ, ଚଉର୍ଯ୍ୟ ମଣ୍ଡଳ, ଜଳ ମଣ୍ଡଳ, ଚେଦି ମଣ୍ଡଳ, କାଞ୍ଚି, ମାରୁଆ, ପୟା, ପଞ୍ଚଭର୍ତ୍ତାର, ଦ୍ୱୀପ ଦ୍ୱୀପାନ୍ତର ମହୀନ୍ଦ୍ର, ମାହେନ୍ଦ୍ର, ମଳୟ, ମହେନ୍ଦ୍ର ତନୟା, ଗୋଦାବରୀ, କୃଷ୍ଣବେଣୀ, କାବେରୀ ସହିତ ଦେଶ, ନଗ୍ର, ଘୋଷା, ପାଟଣା ବୁଲି ବୁଲି କୁମାର ସଦୃଶେ କନ୍ୟା କାହିଁ ନ ପାଇଲି। ତଦନନ୍ତରେ ଉତ୍ତର ଦିଗକୁ ଦୂତ ଶଶଧ ହୋଇ। ଆଗମ ବିଦ୍ୟାମନ୍ତ୍ରେ କହିଲା। ଭୋ ଦେବ ! ବ୍ରହ୍ମମାତୃକାଙ୍କୁ ସାଧି ଅଛି। ଦେବତା ଶରୀର ଭାବ ଅଟଇ। ଉତ୍ତର ଦେଶରେ ଅନେକ ଦୂର ଗଲି (୧୨)। ସମସ୍ତ ରାଜାମାନଙ୍କର ପୁର ଖୋଜିଲା ଉତ୍ତାରେ ପ୍ରବେଶ ହୋଇଲି ଯାଇଁ ହରଦ୍ୱାର (୧୩) ଠାରେ। ସେଠାରେ ଐରାବତ ଗଜର ଦନ୍ତରନ୍ଧ୍ରରୁ (୧୪) ବହୁଅଛି ମନ୍ଦାକିନୀ ତ୍ରିଧାରା ହୋଇ। ତହୁଁ ସର୍ବ ଲକ୍ଷଣ

(୧) ବହିରେ ଏବଂ (୨) 'ଖ'ରେ ଲୀନ (୩) 'ଖ'ରେ ସବୁଦିନେ (୪) 'ଖ'ରେ ଜ୍ଞାନରୁଦ୍ରଙ୍କୁ (୫) 'ଖ'ରେ ଘୂରିଲି (୬) 'ଖ'ରେ ତହିଁ (୭) 'ଖ'ରେ ହାତଦେଇ (୮) 'ଖ'ରେ ଦ୍ୟୈତିକ (୯) 'ଖ'ରେ ପାଇ (୧୦) 'ଖ'ରେ ଅଦୃଷ୍ଟି ଆଶ୍ରୁତି (୧୧) 'ଖ'ରେ ବୋଇଲା। (୧୨) 'ଖ'ରେ ତଦନନ୍ତରେ ଠାରୁ ଦୂର ଗଲି ପର୍ଯ୍ୟନ୍ତ ନାହିଁ (୧୩) 'ଖ' ଇନ୍ଦୁର ଦ୍ୱାର ଠାରେ (୧୪) 'କ'ରେ ଦଂଶନରୁ।

ଶଇଳମାନନ୍ତ ଦେଖିଲି। ତଦନନ୍ତନରେ ପାଣ୍ଡବ ମାର୍ଗେ ଅନେକ ଦୂର ଗଲି। ବ୍ରହ୍ମମାତୃକା ମୋତେ କାନ୍ଧରେ ବସାଇ ହୁଂକାରି ନେଲା।

ହିମାଞ୍ଚଳ (୧) ପର୍ବତେ ଦେଇ ଅତ୍ୟନ୍ତ ଶୁକଳ ପର୍ବତେକ ଦେଖାଇଲା। ସେ ପର୍ବତ ଅତ୍ୟନ୍ତ ଶୁକଳ ଅଟଇ, କହି ନୁହଇଁ କୁଶଳ (୨) ଭାବୁ କରି ସମସ୍ତ ଜଗତର ଛାୟା ସେ ପର୍ବତେ ପ୍ରତିବିମ୍ବୁ ଅଛି। ଚନ୍ଦ୍ରକାନ୍ତ ମଣି ଯେମନ୍ତ ଚନ୍ଦ୍ର ଦରଶନେ ଯେମନ୍ତ ହୋଇ ସେହିମତି ତହୁଁ ଅମୃତ ଶୀକାରମାନେ ଜାତ ହେଉଅଛନ୍ତି। ସେ ପର୍ବତ ତେଜର ଶିଖା ବ୍ରହ୍ମଲୋକଯାଏ ଉଠୁଅଛି। ଆକାଶଗଙ୍ଗା ମେଖଳା ଆକାରରେ ଅମୃତ କଳାରେ ଯୁକ୍ତ ହୋଇ ବହୁଅଛି। ଚାରି ପାରୁଶରେ କ୍ଷୀର ସମୁଦ୍ର ଲହରୀ (୩) ମାରୁଅଛି। ଅମୃତ ସମୁଦ୍ର ଭିତରେ ଶ୍ୱେତ ହସ୍ତୀ ଗୋଟାଏ ପଶିଲା ପରାଏ ଶୋଭା ପାଉଅଛି। ଚନ୍ଦ୍ର ସୂର୍ଯ୍ୟ ସେ ଦୁଇ ପାଶେ ଘଣ୍ଟା ପ୍ରାୟେ ହୋଇଅଛନ୍ତି। ନକ୍ଷତ୍ରମାନେ ସେ ହସ୍ତୀର ଉପରେ ପୁଷ୍ପବୃଷ୍ଟି କଲା ପରାଏ ଦିଶୁଅଛନ୍ତି। ସେ ମେଖଳା ପର୍ଯ୍ୟନ୍ତେ ସନ୍ଧ୍ୟା ମେଘମାନେ ନାନା ବର୍ଣ୍ଣ ଧରି ବିଚରନ୍ତେ ବିବିଧ ପ୍ରକାରେ ହସ୍ତୀକି ମଣ୍ଡିଲା ପରାଏ ଶୋଭା ଦିଶୁଅଛି। ପଶ୍ଚିମଦିଗ ସନ୍ଧ୍ୟାରେ ରକ୍ତ ହୋଅନ୍ତେ ଗଜକୁମ୍ଭରେ ସିନ୍ଦୂର ମଣ୍ଡିଲା ପରାଏ ଶୋଭା ପାଉଅଛି (୪)। ଆକାଶଗଙ୍ଗା ଝରଝର ହୋଇ ମର୍କତ (୫) ଶୃଙ୍ଗରୁ ପଡ଼ନ୍ତେ ମଦଜଳ ଝରିଲା ପରାଏ ଦିଶୁଅଛି। ଯେ ଶୁକ୍ଳ ମେଘମାନ ଗର୍ଜିବାରେ କରି ହସ୍ତୀ ସ୍ୱନ କଲା ପରାଏ ଶୋଭା ପାଉଅଛି। ବୁଧ, ଶୁକ୍ର ଗ୍ରହଦ୍ୱୟ ପ୍ରତିବିମ୍ବ ଦୁଇ ଚକ୍ଷୁ ପ୍ରାୟେକ ଦିଶୁଅଛି। ଏମନ୍ତେ ସେ ପର୍ବତରେ ମାନସରୋବର ବୋଲି ସରୋବରେକ ଅଛି। ତହିଁ ଚନ୍ଦ୍ର ଦେବତା ଜନ୍ମ ହୋଇ ସେହିବାଟେ ପାତାଳକୁ ଯାଆନ୍ତି।

ସେ ସରୋବର ଚନ୍ଦ୍ରମା ପ୍ରାୟେକ ଉଜ୍ଜ୍ୱଳ ଅଟଇ। ଆଦି ଗଙ୍ଗା ସଙ୍ଗମ ଅଟଇ। ସେ ସରୋବରେ ସ୍ନାନ କରନ୍ତେ ଦେବତା ହୋଇ। ସେ ପର୍ବତ ଉପରେ, ସରୋବର କୂଳେ ବୃଷଭ ଗୋଟାଏ ଅଛି। ସେ ବୃଷଭ ସୁବର୍ଣ୍ଣ ଅଟଇ। ସେ ସୁବର୍ଣ୍ଣ ବୃଷଭର ସିଂହ ଦୁଇ ମାଣିକ୍ୟର। ସେ ସିଂହର ତେଜ ବାଳ ଆଦିତ୍ୟର ପ୍ରାୟେ। ପର୍ବତେ ପ୍ରତିବିମ୍ବୁ ଦିଶନ୍ତେ ହସ୍ତୀର ଦୁଇ ପାରୁଶରେ ଦୁଇ ପାତାଙ୍ଗର ପ୍ରାୟେ ଦିଶୁଅଛି। ସେ ବୃଷଭର ଚକ୍ଷୁ ଦୁଇ ମରକତ ଅଟଇ। ମୁକ୍ତାପନ୍ତିର ପ୍ରାୟେକ ଦନ୍ତ ଶୋଭା

(୧) 'ଖ'ରେ ହେମନ୍ତି (୨) 'ଖ'ରେ ସୂକ୍ଷ୍ମ (୩) 'କ'ରେ ଲହଡ଼ା (୪) 'ଖ'ରେ ସେ ମେଟଳଠାରୁ ଶୋଭା ପାଉଅଛି ପର୍ଯ୍ୟନ୍ତ ନାହିଁ, (୫) 'କ'ରେ ମଧ ଶୃଙ୍ଗରୁ।

ପାଉଅଛି। ବିଜୁଳି କାନ୍ତି ପ୍ରାୟେକ ଜିହ୍ୱା ଅଟଇ। ରୋମାବଳୀମାନେ ମର୍କତ କଣିକା ପ୍ରାୟେକ ହୋଇ ଅଛଇ। ସେ ବୃଷଭ ମୁଖ ପିଠି ଉପରେ ଦେଇ ଶୋଇଅଛି। ସେ ବୃଷଭକୁ ଅପସର କରି ଏକ ପୁରୁଷେକ ବସିଅଛି। ସେ ପୁରୁଷ ତେଜୋମୟ ଅଟଇ। ଧମଳ ଅଟଇ। ତାହାର ଧବଳୁଁ (୧) କରି ଜଗତ ଧବଳମୟ ପରାଏ ଦିଶୁଅଛି। ସେ ପୁରୁଷର ମୂର୍ଦ୍ଧନୀ ଉପରେ ଜଟାଜୂଟମାନେ ଅଛନ୍ତି। କାଳନ୍ଦୀ ତରଙ୍ଗ ପ୍ରାୟେକ ହୋଇ ସେ ଜଟାମାନେ ପର୍ବତେ ଲମ୍ବି ପଡ଼ିଥାନ୍ତେ କୃଷ୍ଣବର୍ଣ୍ଣ ସର୍ପମାନେ ଲମ୍ବିଲା ପ୍ରାୟେକ ଦିଶୁଅଛନ୍ତି। ହସ୍ତୀକି କଳାପାଟ ଦଉଡ଼ିରେ ବନ୍ଧନ କଲା ପ୍ରାୟେକ ଶୋଭା ପାଉଅଛି। ତହିଁ ଉପରେ ଚନ୍ଦ୍ର ଜ୍ୟୋସ୍ନା ପ୍ରାୟେକ ଧବଳ ଆହ୍ଲାଦ ହୋଇ ଜଳଧାରା ଗୋଟିଏ ପଡୁଅଛି। ମହାଶବ୍ଦ କରି ସେ ପୁରୁଷର ଜଟାରେ ପ୍ରବେଶ ହୋଇ ଝରଝର ହୋଇ ବହିଯାଉଅଛି ପର୍ବତ ଉପରେ। ସେ ମସ୍ତକରେ ଅର୍ଦ୍ଧଚନ୍ଦ୍ର ଗୋଟିଏ ଅଛି। ସେ ଚନ୍ଦ୍ର ନିଷ୍କଳଙ୍କ ଅଟଇ। ସେ ଚନ୍ଦ୍ର ଜ୍ୟୋତିରେ କରି ପର୍ବତଯାକ ଆଲୋକ ହେଉଅଛି। ତହିଁ ବିହରନ୍ତ। ଦିବ୍ୟ ଭୂତମାନେ ଶୂନ୍ୟରେ ଥିଲା ପ୍ରାୟେକ ହୋଇ (୨) ଦିଶୁଅଛନ୍ତି। ସେ ଚନ୍ଦ୍ରର ଅମୃତ ଧାରାମାନ ଶୂନ୍ୟରେ ଥିଲା ପ୍ରାୟେ ଦିଶୁଅଛନ୍ତି। ସେ ଚନ୍ଦ୍ରର ଅମୃତ ଧାରାମାନ ଆଶ୍ରେକରି ଅନେକ (୩) ମହାସର୍ପମାନେ ଅଛନ୍ତି। କେ ତପ୍ତ କାଞ୍ଚନର ପ୍ରାୟେକ। କେ ନିର୍ଦ୍ଧୂମ ଅଗ୍ନିର ପ୍ରାୟେକ। କେ ସୂର୍ଯ୍ୟର ପ୍ରାୟେକ କେ ମାଣିକ୍ୟର ପ୍ରାୟେକ। କେ ଇନ୍ଦ୍ରଧନୁର ପ୍ରାୟେକ (୪)। ସେ ପଦ୍ମକେଶର ପ୍ରାୟେକ। ଏମନ୍ତେ ସେ ସର୍ପମାନେ ଜଟାରେ କ୍ରୀଡ଼ନ୍ତେ ଫଣାମଣିମାନଙ୍କର ଶିଖା ସହସ୍ର ସହସ୍ର ହୋଇଉଠନ୍ତେ ଆକାଶରୁ ଅଗ୍ନିଧାରାମାନ ଉଠି ବୃଷ୍ଟି କଲା ପ୍ରାୟେକ ଦିଶୁଅଛି। ସେ ପୁରୁଷର ନୀଳବର୍ଣ୍ଣ ଭ୍ରୂଲତା ଦୁଇ କାମଧେନୁର ପ୍ରାୟେକ ଅଟଇ। କି ଶରଦଚନ୍ଦ୍ର ମଣ୍ଡଳରୁ କଳଙ୍କ ପୋଛି ମୋଦମାଳି କରି ଗୁନ୍ଥିଲା ପ୍ରାୟେକ (୫) ଦିଶୁଅଛି। ସେ ପୁରୁଷର ତିନିଗୋଟି ଚକ୍ଷୁ। ଦକ୍ଷିଣ (୬) ଚକ୍ଷୁ ସୂର୍ଯ୍ୟଦେବର ପ୍ରାୟେକ ଦିଶଇ। ବାମ (୭) ଚକ୍ଷୁ ଚନ୍ଦ୍ରମଣ୍ଡଳର ପ୍ରାୟେକ ଦିଶଇ। ଲଲାଟ ଚକ୍ଷୁ ବଡ଼ବାନଳର ପ୍ରାୟେକ ଦିଶଇ। ନିରେଖି ଚାହିଁଲେ ତହିଁ ତ୍ରୈଲୋକ୍ୟ ପ୍ରତିବିମ୍ବିଲା ପ୍ରାୟେକ ଦିଶଇ। ପୁଣି ଚାହିଁ ନୋହଇ। ସେ ପୁରୁଷ ସନ୍ଧ୍ୟା ମେଘ ପଟଳ ପ୍ରାୟେକ ପୁଣ୍ଡରୀକ ପରିଧାନ କରିଅଛି। କଣ୍ଠ ନୀଳବର୍ଣ୍ଣ, ମୟୂରକଣ୍ଠ ପ୍ରାୟେକ, ଜୀମୂତର ପ୍ରାୟେକ, ଜମ୍ବୁ ନଦର ପ୍ରାୟେକ, ଏମନ୍ତ ହୋଇ

(୧) 'କ'ରେ ଧବଳବର୍ଣ୍ଣ (୨) 'ଖ'ରେ ନାହିଁ (୩) 'କ'ରେ ନାହିଁ (୪) 'କ'ରେ ନାହିଁ (୫) 'କ'ରେ କଳଙ୍କ ଆଣି ରୂହାଇଲା ପ୍ରାୟେକ (୬) 'କ'ରେ ଦକ୍ଷିଣଆଡ଼ ଚକ୍ଷୁ (୭) 'କ'ରେ ବାମଆଡ଼ ଚକ୍ଷୁ।

ନୀଳକଣ୍ଠ ଅଟଇ। ସାହସ କନ୍ଦ, ମହାଦୀର୍ଘ ପଦ ମୃଣାଳ ପ୍ରାୟେକ ବାହୁବିପୁଳ ଚାରିହସ୍ତ ଅଟଇ। ସେ ହସ୍ତମାନଙ୍କର ଶୋଭା ପଞ୍ଚଶର ସର୍ପର ପ୍ରାୟେକ। ନଖମାନେ ଫଣିମଣି ପ୍ରାୟେକ ଦୀପ୍ତ ହୋଇ ଦିଶୁଅଛି। ସୂର୍ଯ୍ୟ ଜ୍ୟୋସ୍ନା ପ୍ରାୟେକ କର୍ଣ୍ଣର କୁଣ୍ଡଳ ଅଟଇ। ସେ କୁଣ୍ଡଳର ଦୁଇଶିଖା ଧ୍ରୁବମଣ୍ଡଳ ପରିଯନ୍ତେ ଉଠୁଅଛି। ନିର୍ଧୂର୍ମ ଅଗ୍ନିର ପ୍ରାୟେକ ସର୍ପ ଗୋଟିଏ ପଇତା କରି ଲାଇଅଛି। ଉପରେ ଦୁଇ ହସ୍ତରେ ଶୂଳ ଡମ୍ବରୁ ଧରିଅଛି। ତଳ ଦୁଇହସ୍ତେ ମୃଗ ଅଭୟ ଅଛି।

ପର୍ବତର ପ୍ରାୟେକ ନିଶ୍ଚଳ (୧) ସମାଧିରେ ବସିଅଛି। ସେ କନକ ବୃଷଭକୁ ଆଉଜିଅଛି। ତ୍ରୈଲୋକ୍ୟଯାକ ଦଗ୍ଧ କରିବାକୁ କାଳ ଦେବତା ପ୍ରାୟ ହୋଇ ମୂର୍ତ୍ତିବନ୍ତ ପୁରୁଷେକ ଅଛି। ସେ ପିଙ୍ଗଳବର୍ଣ୍ଣ। ଆଦିତ୍ୟର ପ୍ରାୟେ ତେଜ। ମୁଖ ମର୍କଟର ଆକୃତି। ହସ୍ତରେ ଶୂଳ ଗୋଟିଏ ଘେନିଅଛି। ସେ ପର୍ବତକୁ ସେ ରକ୍ଷା କରିଅଛି। ସେ ପୁରୁଷର ଦକ୍ଷିଣ ପାରୁଶରେ ଗଜବଦନ ପ୍ରକୃତି ହୋଇ ବାଳକ ଗୋଟିଏ ଖେଳୁଅଛି। ବାସୁକି ନାଗକୁ ଧରିଅଛି। ଖଣ୍ଡେ ଦୂରେ ସୁବର୍ଣ୍ଣର ଇନ୍ଦୁର ଗୋଟିଏ ପଡ଼ିଅଛି (୨)। ସେ ପୁରୁଷର ଆଗରେ ଏକ ସ୍ତିରୀ ଏ (୩) ଠିଆ ହୋଇଅଛି। କୋଟି କୋଟି କନ୍ଦର୍ପ ଲାବଣ୍ୟ ଜଳଧିମାନ ତାହାର କୌଣସି ଅଙ୍ଗମାନଙ୍କରୁ ଜାତ ହେଉଅଛି। କାମଦେବ, ଶେଷନାଗ, ସରସ୍ୱତୀ ଏମାନେ ତାହାର ରୂପ କହିବାକୁ ହୋଇବେ ଜଡ଼ମତି (୪)। ସେ କନ୍ୟାର ପାଦପଦ୍ମରୁ କୋଟି କୋଟି ଲକ୍ଷ୍ମୀ ଜନ୍ମ (୫) ହେଉଅଛନ୍ତି। ଅମୃତ ପଦ୍ମର ପ୍ରାୟେକ ଆୟତନ ହୋଇ (୬) ତିନି ଚକ୍ଷୁ ଅଟଇ। ତିନି ଲୋକକୁ ତିନି ଦର୍ପଣର ପ୍ରାୟେକ ଦିଶୁଅଛି। ଜଗତ ତହିଁ ସେ ଅଛି (୭) ଈଷାଦ୍ଧାସ ମତେ ମୁଖ ଯେମନ୍ତ ଶୋଭା ପାଉଅଛି। ସକଳ ଜଗତର ଚକ୍ଷୁ ସେ ଆନନ୍ଦ-କଣିକା ମାତ୍ର ହେଉଅଛି। ତାହାର ଅପାଙ୍ଗ ଲୋଚନେ ଯେଉଁ ସୁଖ ପାଇ, ମନ ବୁଦ୍ଧି ଗୋଚରେ ତାହାକୁ ନୁହଇଁ କହି। କୋଟିଏ ଯୁଗ ପ୍ରଳୟ ହୋଇଲେ ଘଡ଼ିଏ ପ୍ରାୟେକ ମଣି। ତାହାର ମୁଖକୁ ଚାହିଁ ଚାହିଁ ସେ ସମାଧିମୟେ ପୁରୁଷଚନ୍ଦ୍ର ଚକ୍ଷୁ ଦେଇଅଛି। ସେ କନ୍ୟା (୮) ତହିଁ ସୂର୍ଯ୍ୟ ଚକ୍ଷୁ ଅଛି ଯୋଗ (୯) ଲୟେ ହୋଇ। ଅଗ୍ନି ଚକ୍ଷୁରେ (୧୦) କରି ଜଗତ ଯାକ ବ୍ୟାପିଅଛି ଅଛିଦ୍ର ହୋଇ। ସେ କନ୍ୟାର ଯେବେ ତିନି ଚକ୍ଷୁ ନୋହନ୍ତା, ପାର୍ବତୀ ଛାଡ଼ି ଯେବେ ଅନ୍ୟ ସ୍ତ୍ରୀ ହୋଅନ୍ତା; ସେ କନ୍ୟା ଯେବେ ମହୀ (୧୧) ତଳେ ଥାଆନ୍ତା, ତେବେ ସେ କନ୍ୟା ଜ୍ଞାନରୁଦ୍ରକୁ ଭାର୍ଜନ ହୁଅନ୍ତା। ସେ ସ୍ଥାନ ସୂର୍ଯ୍ୟହୁଁ (୧୨) ଉପର ଅଟଇ।

(୧) 'କ'ରେ ଅଚଳ ହୋଇ (୨) 'କ'ରେ ଛପିଅଛି (୩) 'ଖ'ରେ ଗୋଟାଏ ସ୍ତିରୀ (୪) 'କ'ରେ ଅସୁଗୁତ (୫) 'ଖ'ରେ ଜାତ (୬) 'ଖ'ରେ ହୋଇ ନାହିଁ (୭) 'ଖ'ରେ ଏହାପରେ ରଜନୀ ଦିବସ ସନ୍ଧ୍ୟା ଏ ତିନ କାଳ ତାହାର ତିନି ଚକ୍ଷୁ ଅଂଶକରେ ଅଛି, ଅଜ୍ଞାନଚକ୍ର ଅଧିଷ୍ଠାତ୍ରୀ ଯେ କାମଦେବ ସେ ଭୂମିଗତ (୮) 'କ'ରେ କନ୍ୟାର (୯) 'କ'ରେ ଯୁଗ (୧୦) 'କ'ରେ ଚକ୍ଷୁଏ (୧୧) 'ଖ'ରେ ରବି, (୧୨) 'କ'ରେ ସୂର୍ଯ୍ୟ ସ୍ଥାନ ହୁଁ।

ତହୁଁ ସେ ପୁରୁଷକୁ ନମସ୍କାର କରି ବ୍ରହ୍ମ ମାତୃକା ମତେ ଛାଡ଼ିଲା ତୋହର ପୁରୀ। ଏମନ୍ତ ବଚନ ଦୂତ କହିଲା ଯହୁଁ। ଶୁଣି ରାଜାର ହର୍ଷ ନୋହିଲା ତହୁଁ (୧)। ଏ ଉତ୍ତାରେ ରାଜା ଚିନ୍ତା ପାଇଲା। କୁମାର ସଦୃଶେ ତ କନ୍ୟା ନୋହିଲା। ଏବଂଭୂତ ବିଚାର କରନ୍ତେ, କିଛି ଦିବସର ଅନ୍ତେ, କାମାନନ୍ଦ ବୋଲି ଯୋଗୁ ଏକ ପ୍ରବେଶ ହୋଇଲା। ସେ ଅତ୍ୟନ୍ତ ଅଦ୍ଭୁତେ। ସେ ଯୋଗୀ ଅଭିନବ ଯୁବା। କନ୍ଦର୍ପର ଆଭା। କି ଚାଲିବାର ଶୋଭା। ତରୁଣ ସିଂହର ପ୍ରଭା। କି ମତ୍ତଗଜର ଲୀଳାଗତିକି ନିନ୍ଦୁଅଛି। କି ନାୟିକାମାନଙ୍କୁ କାମବାଣ ସାନ୍ଧୁଅଛି। (୨) ସମ୍ପୂର୍ଣ୍ଣ ଚନ୍ଦ୍ରମଣ୍ଡଳ ପ୍ରାୟେକ ମୁଖମଣ୍ଡଳ। କର୍ଣ୍ଣରେ ମୁଦ୍ରା ଦୁଇଗୋଟି ଶୋଭା ପାଉଛି। କି ଅମୃତମୟ ବେନି କୁଣ୍ଡଳ। ସେ ଯୋଗୀର ସଙ୍ଗତେ ଅଦୃଶ୍ୟ ହୋଇକରି ଭୂତପ୍ରେତ ପିଶାଚିକ ବେତାଳ ଯକ୍ଷିଣୀ ମାତୃକାଚଣ୍ଡୀ ଆଦି କରି ସହିତେ ସମସ୍ତେ ବେଢ଼ିଅଛନ୍ତି, ରାଜାକୁ ଅମାନତ୍ୟଗଣମାନେ ଯେମନ୍ତ। ସେ ଯୋଗୀ ସକଳ ବିଦ୍ୟା ଅଛି ସାଧି। ତିନି ଭୁବନକୁ ଜାଣିବାକୁ (୩) ଜାଣଇ ବୁଦ୍ଧି। ବହୁତ ଜାଣଇ କଳ୍ପ ମଉଷଧି (୪)।

ତ ସେ କେବଣ କେବଣ କଳ୍ପମାନ କରିଅଛି। ନିମକଳ୍ପ, ଗନ୍ଧକଳ୍ପ, ନାଗକଳ୍ପ, ରସକଳ୍ପ, ଅଭ୍ରକଳ୍ପ (୫) କର୍ପୂରକଳ୍ପ, ନିର୍ଗୁଣ୍ଡୀକଳ୍ପ, ମଣିକଳ୍ପ, ରୋଦନ୍ତୀକଳ୍ପ, କ୍ଷୀରକଳ୍ପ, ଧାତ୍ରୀକଳ୍ପ, ଇତ୍ୟାଦି କରି ସକଳ କଳ୍ପ ସାଧିଅଛି। କଳ୍ପଚିନ୍ତାମଣି ଗରୁଡ଼ପୁରାଣ, କଉତୁକ ଚିନ୍ତାମଣି, ବୌଦ୍ଧ ଆଗମାଦି କରି ଗ୍ରନ୍ଥପରିମାଣି।

ତ ଏବଂଭୂତ କଳ୍ପମାନନ୍ତ କରି, ବଳି ପଳିତ ନିବାରି, କାମଦେବର ପ୍ରାୟେକ (୬) ଶରୀର ଗୋଟିକ ଅଛି ଅତ୍ୟନ୍ତ ଯତ୍ନେ ଧରି। ତଦନନ୍ତରେ ମଣିସାଧନ ସାଧିଅଛି। କେବଣ କେବଣ ମଣି ସାଧନ। ଜଳ ସ୍ତମ୍ଭନ ମଣି। ଅଗ୍ନି ସ୍ତମ୍ଭନ ମଣି। ରସ ସ୍ତମ୍ଭନ ମଣି। ସୁବର୍ଣ୍ଣକରଣ ମଣି। ମୋହନ କରଣ ମଣି। ଉଲୁକ ମଣି। କୁହୁକ ମଣି (୭) ଖେଚର ମଣି। କାମ ଗ୍ରହଣ ମଣି। ଅମୃତ ମଣି। ଅକାଟ ମଣି। ଊର୍ଦ୍ଧ୍ୱଗତି ମଣି। ସର୍ବଦର୍ଶି ମଣି। ପାତାଳ ମଣି। ନିଧି ପ୍ରବେଶ ମଣି। ଦୃଷ୍ଟାଦୃଷ୍ଟ ମଣି। ଦୀପ ମଣି। ମଣ୍ଡୁକ (୮) ମଣି। ନାଗମଣି। ଶୋଷଣ ମଣି। ମୋହନ ମଣି। ଦିବ୍ୟ (୯) ମଣି। ଇତ୍ୟାଦି କରି ସକଳ ମଣିମାନନ୍ତ ଅଛି ସାଧନ କରି। ମନ୍ତ୍ର (୧୦)

(୧) 'କ'ରେ ରାଜା ଅତିଅନ୍ତ ସନ୍ତୋଷ ହୋଇଲାକ ତହୁଁ, (୨) 'ଖ'ରେ ନାୟିକାମାନଙ୍କୁ କି ପ୍ରତ୍ୟେକ୍ଷେ କାମବାଣ ବାନ୍ଧୁଅଛି (୩) 'ଖ'ରେ ଜିଣିମାକୁ (୪) 'ଖ'ରେ ମହୌଷଧି (୫) 'ଖ'ରେ ଗାନ୍ଧର୍ବକଳ୍ପ (୬) 'ଖ'ରେ ପରାକରି (୭) 'କ'ରେ ନାହିଁ (୮) 'କ'ରେ ମାଣ୍ଡୁକ (୯) 'କ'ରେ ଦ୍ରାବମଣି (୧୦) 'କ'ରେ ତନ୍ତ୍ର।

ଚୂଡ଼ାମଣି ବୋଲି ଆଗମ ଶାସ୍ତ୍ରେ କରି (୧) ଅସାଧମାନନ୍ତ ଅଛି ସାଧନ କରି। କେବଣ ସାଧନ। କଳ୍ପତରୁ ସାଧନ, ଚିନ୍ତାମଣି ସାଧନ, ପଞ୍ଚୁ ବକ୍‌ତ୍ର ସାଧନ, ଗରୁଡ଼ ରୁଦ୍ର ସାଧନ, ଚତୁର୍ଭୁଜ (୨) ସାଧନ, କାମଧେନୁ ସାଧନ ଆଦି କରି ସାଧନମାନନ୍ତ ଅଛି ସବୁ ସାଧକରି। ତଦନ୍ତରେ ମଣିମୁଣ୍ଡ ମୁଦ୍ରାରେ ଶ୍ମଶାନଭୂମିରେ ମୁଣ୍ଡମାଳା ସ୍ଥାପି, ପୂଜାବିଧି କରି, ରକ୍ତମାଳାମ୍ବର ଧରି ଅଷ୍ଟବେତାଳଙ୍କୁ ସାଧିଅଛି (୩) ସମସ୍ତ ବିଦ୍ୟାକୁ (୪) ବାନ୍ଧିଅଛି। ତଦନନ୍ତରେ ମୃତ ଶବ ଭସ୍ମ ଅଗ୍ନିରେ, କଳାମେଣ୍ଢା ରୁଧିରେ ହୋମ କରି, ଭୂତଚକ୍ର ମଣ୍ଡଳ ବିମରି, ସରସ ବସ୍ତୁ ଯନ୍ତି କିଳ ପାଶ ଭୂଇଁ ଗଣ୍ଡି ଅଞ୍ଜଳି ମନ୍ତ୍ରୀ ଭୂତମାନଙ୍କୁ ଭୃତ୍ୟ ପରାଏ କରି ବଶ କରିଅଛି। ତଦନନ୍ତରେ ମୃତ ପିଣ୍ଡ ଉପରେ ପୂର୍ବାଭିମୁଖ ହୋଇ, ନଦୀକୂଳେ ବଟ ବୃକ୍ଷର ମୂଳେ ମହାନିଶା କାଳେ ମନୁଷ୍ୟର ମୁଣ୍ଡ ମଣିମାଳ ଧରି, ବଳିମଣ୍ଡଳ ପୂଜା କରି, ବାମଚକ୍ର ଆଚରି, ମହାଭୈରବ ଚଣ୍ଡୀକି ଅଛି ମନ୍ତ୍ରବଳେ ବଶ କରି (୫)। ତଦନନ୍ତରେ ଚତୁଷଷ୍ଟୀ ଯୋଗ୍ନୀକି ସାଧିଲା। କେବଣ କେବଣ ପ୍ରକାରେ। ପ୍ରଥମେ ମାତୃକା ଶିବନାମ ସୁର (୬) ସୁନ୍ଦରୀ ଯକ୍ଷିଣୀକି (୭) କ୍ଷଣମାସେ (୮) ସାଧିଲା। ପାଶରେ ଅନ୍ୟପ୍ରାସାଦ ନ ଥିବ। ଏବଂଭୂତ ବସି, ସ୍ଫଟିକ ମାଳାରେ ଦ୍ୱାଦଶାକ୍ଷର ମନ୍ତ୍ର ପ୍ରକାଶି, ମହା ହବିଷ କରି, ମନବୁଦ୍ଧି ସଂଯମି, ଇନ୍ଦ୍ରିୟନ୍ତ ନିୟମି, ପରମ କାଷ୍ଠାମତେ ଗୁଗୁଳ ଧୂପାଦି କରି, ପୂଜାହୋମ ଯୁକ୍ତେ, ମାତୃକା ଶିବାକୁ ଅଛି ମନ୍ତ୍ରର ବଳେ ବଶ କରି। ତଦନନ୍ତରେ ଭାରିଯା ନାମ ଯକ୍ଷିଣୀକି (୯) ଅଷ୍ଟାକ୍ଷର ମନ୍ତ୍ରେ, ଜାଳନ୍ଧରୀ ତନ୍ତ୍ରେ ଚନ୍ଦନ ଲେପନ ପଟେ, ବେଲବନ ନିକଟେ, ଶ୍ରୀଖଣ୍ଡନ ଲେପନ ଗାତ୍ରେ, ଶ୍ରୀଖଣ୍ଡ ଶୈଳ ଜାତି କୁସୁମମାଳେ, ସେ ନୀଳୋତ୍ପଳାକ୍ଷୀ (୧୦) ରତି ପ୍ରିୟାନାମ ଯକ୍ଷିଣୀକି (୧୧) ତ୍ରି ସନ୍ଧ୍ୟାପଟେ ପୂଜାବିଧାନେ ସାତଦିନେ ବଶକଲା। ସେ ଦ୍ରାକ୍ଷିଣୀ ସହସ୍ରେ ପରିବାରୀ ଘେନି ଦିବ୍ୟାଙ୍ଗନା ହୋଇ (୧୨) ମନ ହରଇ। ଦିବ୍ୟପୁରମାନ କଳ୍ପିଲେ କରଇ। ଦିବ୍ୟ ପଦାର୍ଥମାନ ମାଗିଲେ ଶୂନ୍ୟେ ଥାଇ ଦିଅଇ। ଉତ୍କଟ ଶୃଙ୍ଗାର ରସରେ ବଡ଼ ସଖ ପାଇ। ଦିନରେ ପଚିଶ (୧୩) ସୁବର୍ଣ୍ଣ ବହିବାକୁ ଦିଅଇ। କୁଳାଙ୍ଗନା ପ୍ରାୟେ ହୋଇ ପାଖରେ ଶୁଅଇ। ତଦନନ୍ତରେ ଶୁକପକ୍ଷୀର ପ୍ରାୟେକ ବର୍ଣ୍ଣ, କର୍ଣ୍ଣ ପିଶାଚୀ ନାମ ଯକ୍ଷିଣୀକି (୧୪) ନୀଳମଣି ମାଳାରେ

---

(୧) 'କ'ରେ ସାହସେ ପ୍ରମାଣେ କରି (୨) 'କ'ରେ ଚନ୍ଦ୍ର ସୂର୍ଯ୍ୟ (୩) 'କ'ରେ ସାଇଧ (୪) 'କ'ରେ ସକଳ ବିଘ୍ନମାନ, (୫) 'ଖ'ରେ ତଦନନ୍ତର ମୃତପିଣ୍ଡଠାରୁ ବଶ କରି ପର୍ଯ୍ୟନ୍ତ ନାହିଁ (୬) 'ଖ' ଶୁଭ (୭) 'ଖ'ରେ ଦ୍ରାକ୍ଷିଣୀକି (୮) 'କ'ରେ କିଷ୍ଟମାସେ (୯) 'ଖ'ରେ ଦ୍ରାକ୍ଷିଣୀକି (୧୦) 'ଖ'ରେ ନୀଳୋତ୍ପଳଧାରିଣୀ (୧୧) 'ଖ'ରେ ଭାର୍ଯ୍ୟା ଦ୍ରାକ୍ଷିଣୀକି (୧୨) 'ଖ'ରେ ଦିବ୍ୟାଙ୍ଗନ ହୋଇ ନାହିଁ (୧୩) 'ଖ' ରେ ପଞ୍ଚଶି (୧୪) 'ଖ'ରେ ଦ୍ରାକ୍ଷିଣୀକି।

ସନ୍ଧ୍ୟାକାଳରେ, ଦୁଦୁରା ବନରେ, କଞ୍ଚନ ପୁଷ୍ପରେ, ଏକପାଦସ୍ଥିତେ, ସର୍ବାଙ୍ଗଯାକ ଘୃତ ବ୍ୟାପୃତ (୧) କରି ମଣିଷ ମୁଣ୍ଡ ପାତ୍ରେ ଅପାମାର୍ଗ ଚାଉଳରେ ଏକବର୍ଣ୍ଣୀ ଗାଈ କ୍ଷୀରରେ ପାୟସ ଭକ୍ଷଣ କରି ସେ କର୍ଣ୍ଣ ପିଶାଚୀକି ଏବଂଭୂତ ପ୍ରକାରେ ବଶ କରିଅଛି ସାଧି। ଶଏ ଯୂଣର ବାରତା ଜାଣଇ ସୁଧୀ। ତଦନନ୍ତରେ ସର୍ବମନୋହାରିଣୀ ଦ୍ରାକ୍ଷିଣୀକୁ ଧୂମ୍ର ବର୍ଣ୍ଣ ମନ୍ଦାକିନୀ ତଟରେ ମନ୍ଦାର ବନ ନିକଟରେ ମଧ୍ୟାହ୍ନ କୂଳରେ ଏକାଦଶାକ୍ଷର ମନ୍ତ୍ରେ ନନ୍ଦନଗିରିର, ମନ୍ଦାର ପୁରୀ, ସାଧନ ତନ୍ତ୍ରେ ହୁଙ୍କାର ବୀଜେ, ଶାର୍ଦ୍ଦୁଳ ଧ୍ୱଜେ, ପୀଠ ଶକ୍ତିଏ ଏକାଗ୍ର ଭକ୍ତିଏ ଚତୁର୍ଦ୍ଦଳ କମଳେ ଲିଙ୍ଗ ନ୍ୟାସ ମନ୍ତ୍ରେ କରି ଏହାକୁ ସାଧିଲା। ଏ ସମସ୍ତ ଜଗତରେ ଦେବ, ଗନ୍ଧର୍ବ, ଯକ୍ଷ, କିନ୍ନର, ମନୁଷ୍ୟ ମହୋରଗାଦି (୨) କରି ସମସ୍ତ ଭୂତମାନଙ୍କର ଚିତ୍ତ! ମୋହ ବଶକରି ପାରଇ। ତଦନନ୍ତରେ କମଳିନୀ ନାମ ଦ୍ରାକ୍ଷିଣୀକି ପଦ୍ମ ପୁଷ୍ପର ମାଳେ କମଳ ବନ ଥାନ୍ତା ସରୋବରରେ କୂଳେ ନାଭିକମଳ ସ୍ଥିତ (୩) ପାଣିରେ କମଳମାଳାଭରଣରେ ଅଷ୍ଟାକ୍ଷର ମନ୍ତ୍ରେ ଆଗମତନ୍ତ୍ରେ ପଦ୍ମିନୀ ଶକ୍ତିରେ ତ୍ରିକୋଣପୀଠ ଯୁକ୍ତେ ଅନୁସ୍ୱାର ଯୁକ୍ତ ଯୋନିରେ ଭବବୀଜେ କରି କମଳ ମୃଣାଳ ଆହାର ଆଚରି ଅଷ୍ଟଦଳ କମଳେ କରି ପୂଜିଲା। କମଳିନୀ ନାମ ଯକ୍ଷିଣୀକି (୪) ସେ ଅଷ୍ଟ ଦିନରେ ଭଜିଲା। ସେ ଅନେକ ଧନରତ୍ନମାନନ୍ତ ଦେଇପାରଇ। ଏମନ୍ତେ ସେ ଉପସର୍ପାନାମ ଯକ୍ଷିଣୀକି (୫) ନୀଳଗନ୍ଧଲେପି ନୀଳବସ୍ତ୍ର ପିନ୍ଧି ନୀଳମଣି ଲାଇ (୬) ଅଞ୍ଜନର ପ୍ରତିମା କର ନୀଳତିଳେକ (୭) ବାହାଡ଼ା ସମିଧରେ ହୋମକରି, ନୀଳ ଜମ୍ବୁଫଳ ନୀଳ ଉତ୍ପଳ ନୈବେଦ୍ୟ ଦେଇ ଦ୍ୱାଦଶକ୍ଷର ମନ୍ତ୍ରେ, ଆଗମତନ୍ତ୍ରେ ବ୍ରତେକ ଯନ୍ତ୍ରେ କରି ସାଧନ କରିବାର ବେଳେ ରଥ, ଗଜ, ଅଶ୍ୱ, ପାଦାତି, ସିଂହାସନ ଦୋଳାଦିକରି ବିବିଧ ଚମତ୍କାର ପଦାର୍ଥ (୮) ମାନ ଦେଖା ପାରଇ ଅତ୍ୟନ୍ତ କୁତୂହଳେ। ଏମନ୍ତେ ଭାର୍ଯ୍ୟା, ମାତୃକା, କର୍ଣ୍ଣ ପିଶାଚୀ, ସର୍ବମନୋହାରୀ, କମଳିନୀ, ଉପସର୍ପା, ଦର୍ଶନୀ, ବେତାଳ ମୋହିନୀ ଜାଳନ୍ଧରୀ, ବିରୁପାକ୍ଷୀ, ସିଦ୍ଧମାତା, ଭଗ୍ନୀ, ସୁରସୁନ୍ଦରୀ ସହିତକରି ଚତୁଷଷ୍ଠୀକି ଯୋଗ୍ନୀ ଅଛି ସାଧି। ସମସ୍ତ ଚମତ୍କାରମାନଙ୍କୁ ଜଣାଇ ବୁଦ୍ଧି।

ଏବେ ବ୍ରହ୍ମକୁମାର ଚଣ୍ଡ, ମାଗୁଣି ଚଣ୍ଡ, ଉତ୍ସିଷ୍ଟା ଚଣ୍ଡ, ଚରଣ ଗିରିଚଣ୍ଡ, (୯) ଏମାନେ ଧରିଥାନ୍ତି; ଷାଠିଏ ଷାଠିଏ ଗୋଟା ଦଣ୍ଡ (୧୦) ଏହାକୁ ପ୍ରତିମତେ ବିବିଧ ଯନ୍ତ୍ରେ ପୂଜାକରି ବଶକରି ସମସ୍ତ କଉତୁକମାନ କରିପାରଇ। ଯାହା ମନେ

(୧) 'ଖ' ରେ ବ୍ୟାପିତ (୨) 'ଖ'ରେ ମନୋରମାଦି (୩) 'ଖ'ରେ ପର୍ଯ୍ୟନ୍ତେ ସ୍ଥିତ। (୪) 'ଖ'ରେ ଦ୍ରାକ୍ଷିଣୀକି (୫) 'ଖ'ରେ ଦ୍ରାକ୍ଷିଣୀକି (୬) 'କ'ରେ ନୀଳମଣିମାଳା (୭) 'ଖ'ରେ ନଦୀନୀଳେ (୮) 'ଖ'ରେ ପଦାର୍ଥ ନାହିଁ (୯) 'ଖ'ରେ ଗିଳାଚଣ୍ଡି (୧୦) 'ଖ'ରେ କନକ ଦନ୍ତା।

ଧରି ତାହା ଜାଣିପାରଇ। ଏମନ୍ତେ ଅବଳା, ତ୍ରିପୁରା, ତ୍ରିପୁରସୁନ୍ଦରୀ, ଭୁବନେଶ୍ୱରୀ ସହିତ କରି ସମସ୍ତ ଦେବୀମାନନ୍ତ କରିଅଛି ଯତ୍ନେ। ହୋମ ମନ୍ତ୍ର ଯନ୍ତ୍ର ତନ୍ତ୍ରର ବଳେ କରିଅଛୁ ପ୍ରସନ୍ନ। ଉଦ୍ଦ୍ୟଦ୍ଦ୍ୟୁମଣି ଦ୍ୟୁତିମିନ୍ଦୁ କିରୀଟିଂତୁଙ୍ଗ କୁଚଂନୟନ ତ୍ରୟଯୁକ୍ତାଂ। ସ୍ମେରମୁଖୀଂ ବରଦାଙ୍କୁଶ ପାଶ ଶୋଭିତଂ କରାଂ ପ୍ରଭବେଭ୍ରୁ ବନେଶ୍ୱରୀଂ। ଏବଂଭୂତ ଧ୍ୟାନେ, ଏକାକ୍ଷର ମନ୍ତ୍ର ପ୍ରସନ୍ନେ ସୁରା ମାଂସ ବଳିଯୁକ୍ତେ ଦେଲା ଯହୁଁ, ଲାକେନୀ, କାକେନୀ, ହାକିନୀ, ଡାକିନୀ, ବାକୀନୀଏ ସହିତେ ଷଟ୍‌ଚକ୍ର ଅଧିଷ୍ଠାତ୍ରୀ ଷଟ୍‌ଶକ୍ତି ଭୁବନେଶ୍ୱରୀ ସହିତେ କରି ପ୍ରସନ୍ନ ହୋଇଲେ ତହୁଁ। ଭୁବନେଶ୍ୱରୀ ଅତିଅନ୍ତ ପ୍ରସନ୍ନ ହୋଇ। ଖଣ୍ଡଇନ୍ଦୁଯୁକ୍ତ ମୁକୁଟେକ ଲାଇ, ଇନ୍ଦ୍ରାଧିବାସେ ଯୁକ୍ତ ହୋଇ ପ୍ରସନ୍ନ ବଦନେ ହୋଇଲା। ହେ କାମାନନ୍ଦ ତୋହର ବାଞ୍ଛା ସିଦ୍ଧି ହୋଇଲା। ଯୋଗୀ ସାଷ୍ଟାଙ୍ଗେ ପାଦରେ ପ୍ରଣାମ କରି କରପତ୍ର ଯୋଡ଼ି ଜଣାଇଲା। ଭୋ ମାତା ତୁ ଯେବେ ମୋତେ ହୋଇଲୁ ପ୍ରସନ୍ନ, ନିଶ୍ଚୟେ ଅମୃତ ଆଦି କରି କରିବ ଆପ୍ୟାନ। ଏହାଶୁଣି ସେ ଗୋସାମଣି ବୋଇଲେ ବର ମାଗ। ଯୋଗୀ ବୋଇଲା ପରମଶ୍ରେୟ ଦେ। ଭୁବନେଶ୍ୱରୀ ବୋଇଲା ପରମଶ୍ରେୟ ମୋକ୍ଷ ସିନା। ସେ ମୋହର ଅଧିକାର ନୁହଇ। ତାହା ଶ୍ରୀକୃଷ୍ଣ ବ୍ୟତିରେକ ଆନ ଦେଇ ନ ପାରଇ। ମୁଁ ତୋତେ ଉପଦେଶ ଦେବି ତୁ ମୋକ୍ଷ ହୋ। ଯୋଗୀ ବୋଇଲା ମୋକ୍ଷ କେମନ୍ତ। ଭୁବନେଶ୍ୱରୀ ବୋଇଲେ ସଂସର୍ଗ ହିଁ ନାହିଁ। କ୍ରିୟା ହିଁ ନାହିଁ। ମନବୁଦ୍ଧି ନାହିଁ। ମୁହିଁ ମୋହର ନାହିଁ। ଅହଂକାର ନାହିଁ। ଜ୍ଞାନାଜ୍ଞାନ ନାହିଁ। ଜାଗ୍ରତ ସ୍ୱପ୍ନ ନାହିଁ। କେବଳ ସତ୍ତାମାତ୍ର। ଆନନ୍ଦ ଘନ ନିବିଡ଼ ବୋଧ ସ୍ୱରୂପ ତୂରୀୟାତୀତ, ଚୈତନ୍ୟ ମାତ୍ର ବ୍ୟାପୀ। ସତ୍ୟ, ନିତ୍ୟ, ଅନନ୍ତ। ତ୍ରୟକାଳ ସ୍ଥାୟୀ ପୂର୍ଣ୍ଣବ୍ରହ୍ମ (୧) ସନାତନ। ଏବଂଭୂତ ଦଶାକୁ ହାଦେ ମୋକ୍ଷ ବୋଲି। ଯୋଗୀ ବୋଇଲା ଏ ମୋକ୍ଷରେ ବିଷୟ ରସ ଅଛିଟିକି ? ଦିବ୍ୟ ପଦାର୍ଥମାନ ଖାଇବାକୁ ମିଳଇଟିକି ? ଦିବ୍ୟ ସ୍ତ୍ରୀମାନ ଭୋଗ କରିବାକୁ ମିଳଇଟି କି ? ଦିବ୍ୟ ପୁରୁଷମାନଙ୍କର କ୍ରୀଡ଼ାକରିଟି କି ? ଦିବ୍ୟ ବସ୍ତୁମାନ ମିଳଇଟି କି ? ଏହା ଶୁଣି ଗୋସାମଣି ବୋଇଲେ କିନ୍ତୁ ଅଜ୍ଞାନ ନରକଏ। ଶ୍ରୋତୃ, ଶ୍ରବଣ, ଶ୍ରୋତା, ଦ୍ରଷ୍ଟା, ଦର୍ଶନ, କିଛି ହିଁ ନାହିଁ। ଏଥେ ଅବିଦ୍ୟା ପ୍ରପଞ୍ଚ ଭ୍ରମ ଥିବ କାହିଁ। ଏହାଶୁଣି ଯୋଗୀ ବୋଲଇ ମୋହର ମୋକ୍ଷରେ କାର୍ଯ୍ୟ ନାହିଁ। ବିଷୟ ରସ ବ୍ୟତ୍ରକେ (୨) ଆନନ୍ଦ ଅବା ଅଛି କାହିଁ। ବିଷୟ ଆନନ୍ଦ ହିଁ ସେ ସୁଖ। ସୁଖ ହିଁ ସେ ଜ୍ଞାନ। ନୋହିଲେ କେମନ୍ତେ ଖଣ୍ଡେନ୍ଦୁ ଚୂଡ଼ାମଣି। ଅର୍ଦ୍ଧାଙ୍ଗେ ଅଛନ୍ତି ହିମାଳୟ ନନ୍ଦିନୀ। ଆପଣେ ସୁଖ ପାଉଅଛି। ଜଗତକୁ ବିଡ଼ମ୍ବି (୩) ଭଣ୍ଡାଇବା ନିମିତ୍ତ ସ୍ତ୍ରୀ ବସ୍ତୁ

(୧) 'ଖ' ତ୍ରୟକାଳ ସ୍ଥିତ ଶବଦ ସ୍ୱରୂପ ଅପୂର୍ଣ୍ଣ ବ୍ରହ୍ମ (୨) 'ଖ'ରେ ବ୍ୟତିରେକ (୩) 'ଖ'ରେ ନାହିଁ।

ଅଜ୍ଞାନ ବୋଲି କହୁଅଛି । ଉପବାସେ ଥାଇ । ଖରା କାକର ଖାଇ । ସଙ୍ଗୀ ନ ଦେଖି । ଅରଣ୍ୟ ଭୂମିରେ ଥାଇ । ଏକା ଅବା କାହିଁଅଛି ଆନନ୍ଦ ସୁଖ ପାଇଁ । ଦିବ୍ୟ ହେମ ଘରେ, ସୁଲୋଚନା ମଣ୍ଡଳରେ, ଚନ୍ଦ୍ରଜ୍ୟୋସ୍ନାରେ, ଉଜ୍ଜ୍ୱଳ ରାତ୍ରରେ, ଚନ୍ଦନ ଲେପନ ଗାତ୍ରରେ, ମନ୍ଦମନ୍ଦ ପବନରେ, ବୀଣା ଶ୍ରବଣରେ, କୁସୁମୋଦିତ ଉପବନରେ ମଳୟ ମନ୍ଦ ପବନରେ, ନିବିଡ଼ ଆଲିଙ୍ଗନରେ, ମୃଗଦୃଶାର ପ୍ରେମ ପ୍ରସନ୍ନ ମୁଖ ଦର୍ଶନେ । କେ ଅବା ନ ପାଇବଟି ପରମ ସୁଖ ଏସନେ । ମୋହ ମତେ । ବିଷୟ ହିତେ । ବୋଧଜ୍ଞାନ । ଏଥି ଉତ୍ତାରେ କେ ନୋହଇ ଜ୍ଞାନ । ତୁମ୍ଭେ ଯେ ମୋତେ ମାତା ଦେବ ବର । ପ୍ରସନ୍ନ ହୋଇ ଅନୁଗ୍ରହ କର । ଯାହା ମାଗିବି ତାହା ସାବଧାନ କର । ହାଦେ ଏହି ଦେହ ମୋହର ସର୍ବଦା ଯୁବା ହୋଇ ଆରୋଗ୍ୟରେ ଥିବ । ସକଳ ଭୋଗମାନ କଲେ ବାଧକ ନୋହିବ । ସହସ୍ର ସ୍ତ୍ରୀ ଭୋଗକଲେ ହେଁ ସହିବ । ସମସ୍ତ ପଦାର୍ଥମାନ ଖାଇଲେ ହେଁ ଦହିବ । ଯହିଁକି ଇଚ୍ଛା ମୋହର ତହିଁକି ଯିବ । ମନେ କଳ୍ପିଲେ ଭୋଗମାନ ପାଇବ । ପ୍ରଳୟ ଅଗ୍ନିରେ ଦହି ନୋହିବ । ଦିବ୍ୟ ସ୍ତ୍ରୀମାନଙ୍କୁ ମଦନ ରସେ ଭୋଗ କରିବାକୁ ପାଇବ । ସୁନ୍ଦର ପଣେ ସମସ୍ତଙ୍କୁ ମୋହିବ । ତୋ ଅନୁଗ୍ରହ ହେଲେ ଭୋ ମାତଃ ! ଏ ବର ପାଇବି । ଏମନ୍ତ ବର ମାଗିଲା ଯହୁଁ । ମହାମାୟା ଟହଟହ ହୋଇ ହସିଲା ତହୁଁ । ବୋଇଲେ ଭୋ ପୁତ୍ର ! ଅବିଦ୍ୟାର ବଳେ କାମବଶକୁ ଯାଉଅଛୁ ଯହୁଁ । ଇନ୍ଦ୍ରିୟ ଲାଳସ ବର ମାଗିଲୁ ତହୁଁ । ହାଦେ ଏମନ୍ତ ଯୋଗ ସାଧନରେ ସେ ହୋଇ ତୁ ଏବେ ଯୋଗ ସାଧନ କର । ଏମନ୍ତ ବୋଲି ମହାମାୟା ଯୋଗୀକି ଯୋଗ ସାଧନା କହୁଅଛି । ପୂର୍ବେ ଶୁଦ୍ଧସ୍ଫଟିକ ମଣ୍ଡପେ ବସି, ଈଶ୍ୱର କୋଳେ ପଶି ଶୁଣିଲି ଯାହା । ପ୍ରସନ୍ନ ହୋଇଲି ତୋତେ କହିବି ତାହା । ଏହି ସାଧନ ଆଶ୍ରେକଲେ ତୁ ଯେତେ କହିଲୁ ତହିଁରୁ ବଡ଼ କଥାମାନ ହେବ ଅବହେଳେ । ହାଦେ ପ୍ରଥମେ ମହାବ୍ରାହ୍ମ ମୁହୂର୍ତ୍ତ ଜାଣି ନିଦ୍ରାରୁ ଉଠିବୁ । ଉଠିଅନ୍ତେ ପଖାଳନ ସାରିବୁ ।

କେବଣ କେବଣ ପଖାଳ, ଚନ୍ଦ୍ର ସୂର୍ଯ୍ୟ ପଖାଳ, ନାଗାର୍ଜୁନ ପଖାଳ, ଜଳପୂରକ ପଖାଳ, ଘଟିକା ଶ୍ରବଣ ପଖାଳ, ତ୍ରିଗୁଣ୍ଠି ପଖାଳ, ମଳଭାଣ୍ଡ ପଖାଳ, ନାଭିଚକ୍ର ପଖାଳ (୧) ଏବଂଭୂତ ପ୍ରକାରେ ପଖାଳମାନନ୍ତ ସାରି, ଶୀତଭସ୍ମ ଲୋପନ ହୋଇ, କଳ୍ପ ଔଷଧ ଖାଇବୁ । ସୂର୍ଯ୍ୟକୁ ଧ୍ୟାୟି ଦିବ୍ୟ କୋମଳ ଆସନରେ ବସିବୁ ।

ଆସନ ଯୋଗ ଚଉରାଶି ଖଣ୍ଡ (୨) ହୋଇ । କେବଣ କେବଣ ଆସନ ।

---

(୧) 'କ'ରେ ନାହିଁ (୨) 'କ'ରେ ଚଉଷଠି ଖଣ୍ଡ ।

ପ୍ରଥମେ ସିଦ୍ଧାସନ, କୁମୁଦାସନ, କୋମଳାସନ, ବଜ୍ରାସନ, ବୀରାସନ, ସୁଖାସନ, ଚିବୁକାସନ, ଚକ୍ରାସନ, ଶୀର୍ଷାସନ, ପର୍ବାସନ, ଧନୁରାସନ, କୁଳାସନ, ଭେକାସନ, କମଠାସନ, ଭଦ୍ରାସନ, ସ୍ୱସ୍ତିକାସନ ଇତ୍ୟାଦି ଚୌରାଶୀ ଆସନର ମଧ୍ୟେ ଯାହା ଘେନିପାରୁ, ଏଥି ଚାରି ଆସନ ଶ୍ରେଷ୍ଠ ହୋଇ। ସେ କେବଣ କେବଣ ଆସନ-ପଦ୍ମାସନ, ଭଦ୍ରାସନ, ସ୍ୱସ୍ତିକାସନ, ସିଦ୍ଧାସନ (୧)। ଏମନ୍ତ ପ୍ରକାରେ ସିଦ୍ଧାସନେ ବସିବୁ। ଏ ସିଦ୍ଧାସନ କେମନ୍ତ। ବାମପାଦ ଅଗ୍ର ଜାନୁରେ ଦୃଢ଼କରି ନିବେଶିବୁ। ଦକ୍ଷିଣପାଦ ବୃଷଣ ଉପରେ ସ୍ଥାପିବୁ। ସ୍ଥାପି ସ୍ଥିରହୋଇ ରହିବୁ। କଣ୍ଠ ହୃଦୟ ନାଭି ସବୁ ଦଣ୍ଡବତ କରି ଧରିବୁ। ଅତି ଉଚ୍ଚ ଅତି ନୀଚ ନୋହିବୁ। ମୂଳକମଳ ରୁନ୍ଧିବୁ। କର କମଳ (୨) ବାନ୍ଧିବୁ। ଚିବୁକ ହୃଦୟରେ ସନ୍ଧିବୁ। ବଙ୍କାନାଳ ଆକୋଂଚିବୁ। କୁକ୍ଷି ଦୁଇ ଅନ୍ୟୋନ୍ୟ ହସ୍ତରେ ସଂକୋଚିବୁ। ଦୃଷ୍ଟି ନାସାଗ୍ରେ ଦେବୁ। ଅପାନ ପବନ ଘରକୁ ଧାୟିବୁ। କାମରି ଅଳିରି ମଧନାଦ କାତ କରିବୁ। ପ୍ରାଣ ପବନକୁ ସ୍ଥିର କରି ହୃଦୟରେ ଧରିବୁ। ଏମନ୍ତ ଭାବକୁ ସାଧନା ଯୋଗ ବୋଲି। ଏଥି ଉତ୍ତାରେ ଅଷ୍ଟାଦଶ ବନ୍ଧ ଅଛି। କେବଣ କେବଣ ବନ୍ଧ। ମତ୍ତ ମାତ୍ତଙ୍ଗ କେଶଗ ବନ୍ଧ, ଓଡ଼ିଆଣୀ ବନ୍ଧ, ଜାଳନ୍ଧରୀ ବନ୍ଧ, ଭୀମ ବନ୍ଧ, ଭୈରବ ବନ୍ଧ, ତ୍ରିକୂଟ ବନ୍ଧ, ବିଷମ ବନ୍ଧ, ଖେଚରୀ ମୁଦ୍ରା ବନ୍ଧ, ବିପରୀତ ବନ୍ଧ ଇତ୍ୟାଦି ଅଷ୍ଟାଦଶ ବନ୍ଧ ମଧରେ ମତ୍ତ ମାତ୍ତଙ୍ଗ କେଶରୀ ବନ୍ଧ, ଓଡ଼ିଆଣୀ ବନ୍ଧ, ଜାଳନ୍ଧରୀ ବନ୍ଧ ଏ ତିନି ବନ୍ଧ ଆଚରିବୁ। ପୁଣି ଚତୁଃଷଷ୍ଠୀ ମୁଦ୍ରା ଅଛି। ସେ ମୁଦ୍ରାମାନେ କେ କେ। ଉଦୟା ମୁଦ୍ରା, ଉଲ୍ଲାସ ମୁଦ୍ରା, ଖେଚରୀ ମୁଦ୍ରା, ଗଗନ ମୁଦ୍ରା, ପରମ ମୁଦ୍ରା, ଶଙ୍ଖିନୀ ମୁଦ୍ରା, ସମ୍ଭବ ମୁଦ୍ରା, ଭୈରବୀ ମୁଦ୍ରା, ଅମୃତ ମୁଦ୍ରା, କାପାଳୀ ମୁଦ୍ରା, ମୂଳମୁଖ ମୁଦ୍ରା, ଓଲଟ ମୁଦ୍ରା, ବିକଟ ମୁଦ୍ରା, ମହାଦ୍ରଷ୍ଟା ମୁଦ୍ରା, ତନୟ ମୁଦ୍ରା, ତଳୟ ମୁଦ୍ରା, ଭୁବି ମୁଦ୍ରା, ଅର୍ଦ୍ଧଃ ମୁଦ୍ରା, ଊର୍ଦ୍ଧ୍ୱ ମୁଦ୍ରା ଇତ୍ୟାଦି କରି ଚତୁଃଷଷ୍ଠୀ ମୁଦ୍ରାରୁ ଖେଚ୍‌ରୀ, ସମ୍ଭବୀ, ଅମୃତ, ଭୁବି, ଏ ଚାରି ମୁଦ୍ରା ଘେନିବୁ। ଘେନି ଖେଚରୀ ସ୍ଥାନେ ଜିହ୍ୱା କ୍ଷେପିବୁ। ଊର୍ମି, ଧୂର୍ମି, ଜ୍ୟୋତି, ଜ୍ୱାଳା ନିବାରିବୁ। ଚନ୍ଦ୍ରକଳା ନ ସାରିବୁ। ଅମୃତ ପାନ କରିବୁ। ସାମ୍ଭବି କଳାରେ କରି ଶରୀରଯାକେ ପୂରିବୁ। ଏ ଚାରି ମୁଦ୍ରା ଘେନିବୁ। ଏ ଚାରି ମୁଦ୍ରା କଳା ଉତ୍ତାରେ ଏ ଶରୀର ଯେଉଁଠାରେ ଅଛି ଘାନ୍ତିଏ ରୋପଣ କରିବୁ।

---

(୧) 'କ'ରେ ଏଥୁ ଯାହା ଘେନିପାରୁ ଅଧିକା। (୨) 'କ' ତ୍ରିକମଳ।

କେବଣ କେବଣ ପ୍ରକାରେ-ପ୍ରଥମେ ପାଦ ତଳିକି ରସାତଳ ବୋଲି। ପାଦର ବୁଢ଼ା ଆଙ୍ଗୁଳିକି ଧୂମ୍ରବର୍ଣ୍ଣ ଆକାଶ ବୋଲି କହିବୁ। ତଦୁପରି ମହାତଳ ବୋଲି। ପାଦ ତଳିକି ନୀଳାକାଶ ବୋଲି କହିବୁ। ନୀଳବର୍ଣ୍ଣରୂପେ ଦେବତା ଅଧିଷ୍ଠାତ୍ରୀ ତଦୁପରି ଅଙ୍ଘ୍ରିକି ତଳାତଳ ବୋଲି। ତାହା ପବନ ସ୍ୱରୂପ କରି କହିବୁ ପୀତ ସ୍ୱରୂପ କରି। ତହୁଁ ଖଡୁଗଣ୍ଠିକି (୧) ସୁତଳ ବୋଲି। ଏହା ଜଳମୟ କରି ଦେଖିବୁ। ଏ ଜଳମୟ ଜଡ଼ ଆବର୍ତ୍ତ ଅଟଇ। ତଦୁପରି ଆଣ୍ଠୁ ଖୋଲକୁ ବିତଳ ବୋଲି। ବିତଳେ ବିଶ୍ୱନାଥ ଆକାଶେ ବସଇ। ଏ ବିପରୀତ ଲୋକ। ଏ ସମସ୍ତେ ହେଁ ପାଦ ଊର୍ଦ୍ଧ୍ୱଶିର ତଳକୁ ଅଟଇ। ତଦୁପରି ଆଣ୍ଠୁକୁ ଅତଳ ବୋଲି। ଏ ସମସ୍ତେ ହିଁ ପାଦ ଊର୍ଦ୍ଧ୍ୱ ଶିର ତଳକୁ ଅଟଇ। ତଦୁପରି ଆଣ୍ଠୁକୁ ଅତଳ ବୋଲି। ଏଥେ ଚକ୍ରପୀଠ ସେଇ। ତଦୁପରି ଜାନୁକୁ ପାତାଳ ବୋଲି। ଏଥେ ନାଗ ଲୋକ (୨) ବସଇ। ତଦୁପରି ପାତାଳ ଦ୍ୱାର ବସଇ। ତଦୁପରି ମୂଳକମଳ ବସଇ, ମୂଳକମଳ ଉପରେ କନ୍ଦସ୍ଥାନ ରସଇ। କନ୍ଦସ୍ଥାନ ଉପରେ ଜ୍ୟୋତିଚକ୍ର ବସଇ। ଜ୍ୟୋତିଚକ୍ର ଉପରେ ସ୍ୱାଧିଷ୍ଠାନ ବସଇ। ସ୍ୱାଧିଷ୍ଠାନ ଉପରେ ଊର୍ଦ୍ଧ୍ୱ (୩) କାଳରାତ୍ରି ବସଇ। ଊର୍ଦ୍ଧ୍ୱ କାଳରାତ୍ର ଉପରେ ତିନି ତିହୁଡ଼ି (୪) ବସଇ। ତିନି ତିହୁଡ଼ି ଉପରେ ବଙ୍କାନାଳ ବସଇ। ବଙ୍କାନାଳ ଉପରେ ମଳଭାଣ୍ଡ ବସଇ। ମଳଭାଣ୍ଡ ଉପରେ ନାଡ଼ୀଚକ୍ର ବସଇ। ନାଡ଼ୀଚକ୍ର ଉପରେ କୁଣ୍ଡଳିନୀ ବସଇ। କୁଣ୍ଡଳିନୀ ଉପରେ ତ୍ରିକୁଟ ଯନ୍ତ୍ର ବସଇ। ତ୍ରିକୁଟ ଯନ୍ତ୍ର ଉପରେ ନାଭିକମଳ ବସଇ। ନାଭିକମଳ ଉପରେ ଅଗ୍ନିମଣ୍ଡଳ ବସଇ। ଅଗ୍ନିମଣ୍ଡଳ ଅନ୍ତର୍ଗତେ ବଡ଼ବାଗ୍ନି ବସଇ। ସେ ବଡ଼ବାଗ୍ନିକି ବେଢ଼ି ସାତସମୁଦ୍ର ବସଇ। ତହିଁ ଉପରେ ଆନ୍ତରୀକ୍ଷ ଲୋକ ବସଇ। ପଶ୍ଚିମଭାଗେ ମେରୁ ବସଇ। ସେ ମେରୁର ପାରୁଶରେ ସର୍ଗଲକ୍ଷ (୫) ବସଇ। ସର୍ଗଲକ୍ଷ ଉପରେ ବାୟୁଲୋକ ବସଇ। ବାୟୁଲୋକ ଉପରେ ଅଷ୍ଟାଦଳ ବସଇ। ଅଷ୍ଟାଦଳ ଉପରେ ସୋମ ସୂର୍ଯ୍ୟାଗ୍ନି ମଣ୍ଡଳ ବସଇ। ଏଥେ ଆଦିତ୍ୟ ଲୋକ ବସଇ। ତଦୁପରି ଗନ୍ଧର୍ବ ଲୋକ ବସଇ। ଗନ୍ଧର୍ବ ଲୋକ ଉପରେ ନକ୍ଷତ୍ର ଲୋକ ବସଇ। ନକ୍ଷତ୍ର ଲୋକ ଉପରେ ଚନ୍ଦ୍ରଲୋକ ବସଇ। ଚନ୍ଦ୍ରଲୋକ ଉପରେ ଦେବଲୋକ ବସଇ। ଦ୍ୱାଦଶ ଦଳ ଉପରେ ବିଷ୍ଣୁ ବସଇ। ତଦୁପରି ଜନଲୋକ ବସଇ। ଜନଲୋକ କଣ୍ଠ ଦେଶକୁ ବୋଲି। ଏ ଷୋଡ଼ଶରେ ନାଦ ଗ୍ରହିଣୀ ସରସ୍ୱତୀ ବସଇ। ତଦୁପରି ତଳପାଟି ତପଲୋକ ବସଇ। ତଦୁପରି ଘଟିକା ବସଇ। ଘଟିକା ଉପରେ ଲମ୍ବିକା ବସଇ। ଲମ୍ବିକା ଉପରେ ତାଳୁଚକ୍ର ବସଇ। ତାଳୁଚକ୍ର ଉପରେ ଊର୍ଦ୍ଧ୍ୱକାଳ ରାତ୍ରି ବସଇ। ଊର୍ଦ୍ଧ୍ୱକାଳ ରାତ୍ରି ଉପରେ ତ୍ରିବେଣୀ ସଙ୍ଗମ ବସଇ। ତ୍ରିବେଣୀ ସଙ୍ଗମ ଉପରେ କାଉଁରୀ ମଣ୍ଡଳ (୬) ବସଇ। କାଉଁରୀ (୭) ମଣ୍ଡଳ ଉପରେ ଶ୍ରୀହଟ୍ଟ (୮) ପାଟଣା ବସଇ। ଶ୍ରୀହଟ୍ଟ (୯) ପାଟଣା ଉପରେ ଭବଦେଶ (୧୦) ବସଇ। ଭବଦେଶ (୧୧) ଉପରେ ପରମହଂସ

---

(୧) 'କ'ରେ ଖଡ୍‌ଗଗଣ୍ଠି (୨) 'ଖ'ରେ ନାଦଚକ୍ର (୩) 'କ'ରେ ଅର୍ଦ୍ଧ (୪) 'କ'ରେ ତିନି ତିହୁଡ଼ି ବସଇ ନାହିଁ (୫) 'ଖ'ରେ ସର୍ବାଲକ୍ଷ। (୬) 'ଖ' କାମରୀମଣ୍ଡଳ (୭) 'ଖ' ରେ କାମରୀ (୮) 'କ'ରେ ଶ୍ରୀହାଟ (୯) 'କ'ରେ ଶ୍ରୀହାଟ (୧୦) 'କ' ଭୁବନେଶ୍ୱର (୧୧) 'କ' ଭୁବନେଶ୍ୱର।

ବସଇ। ପରମହଂସ ଉପରେ ଶ୍ୱେତମଣ୍ଡଳ ବସଇ। ଶ୍ୱେତମଣ୍ଡଳ ଉପରେ ଜ୍ୟୋତିର୍ଲୋକ ବସଇ। ଜ୍ୟୋତିର୍ଲୋକ ଉପରେ ମହଲୋକ ବସଇ। ମହଲୋକ ଉପରେ ଚକ୍ରନାଡ଼ୀ ବସଇ। ତଦୁପରି ଊର୍ଦ୍ଧ୍ୱମୁଖ ସହସ୍ରଦଳ ବସଇ। ତଦୁପରି ଶିବଲୋକ ବସଇ। ତଦୁପରି ବ୍ରହ୍ମଲୋକ ବସଇ। ତଦୁପରି କାଳଲୋକ ବସଇ। ତଦୁପରି ଧ୍ରୁବଲୋକ ବସି। ତଦୁପରି ସହସ୍ରଦଳ କମଳ ବସଇ। ତଦୁପରି ପରମେଶ୍ୱର ବସଇ। ଏଠାରୁ ତେଣିକି ଅଜ୍ଞାନ ନିରଞ୍ଜନ ଭୂମି ମାତ୍ରାମାତ୍ର ସତ୍ତାପୂର୍ଣ୍ଣ ନିରନ୍ତର ପୂରିଅଛି (୧)। ଏଥିରେ ଯେ ପଶ୍ଚିମଭାଗେ ମେରୁ ଦଣ୍ଡ କହିଲି, ସେ ମେରୁ ଷୋଡ଼ଶ ଡମ୍ବରୁ ହୋଇ। ସେ ଡମ୍ବରୁମାନଙ୍କର ନାମ ବାୟୁ ଡମ୍ବରୁ। ଅଗ୍ନି ଡମ୍ବରୁ। ସୂର୍ଯ୍ୟ ଡମ୍ବରୁ। ବ୍ରହ୍ମ ଡମ୍ବରୁ। ଦେବ ଡମ୍ବରୁ। ରୁଦ୍ର ଡମ୍ବରୁ। ଭୈରବ ଡମ୍ବରୁ। ଗ୍ରନ୍ଥ ଡମ୍ବରୁ। କାଳ ଡମ୍ବରୁ। ଭ୍ରମରଗୁହା ଡମ୍ବରୁ। ଊର୍ଦ୍ଧ୍ୱ ଡମ୍ବରୁ। ମଧ ଡମ୍ବରୁ। ଅଧ ଡମ୍ବରୁ। ଏହାକୁ ଭେଦିଲେ ଯିସ ହୋଇ ତାହା ଶୁଣ (୨)।

ହାଦେ ବ୍ରହ୍ମଡମ୍ବରୁ ଭେଦିଲେ ବ୍ରହ୍ମଲୋକ ଯାଇ। ରୁଦ୍ରଡମ୍ବରୁ ଭେଦିଲେ ରୁଦ୍ରଲୋକ ଯାଇ। ଭୈରବ ଡମ୍ବରୁ ଭେଦିଲେ ତ୍ରିକାଳ ଥାଇ ଅମର ହୋଇ। କାଳଡମ୍ବରୁ ଭେଦିଲେ କାଳକୁ ଜିଣଇ, କାମ ଡମ୍ବରୁ ଭେଦିଲେ କାମ ସିଦ୍ଧି ହୋଇ। ଊର୍ଦ୍ଧ୍ୱ ଡମ୍ବରୁ ଭେଦିଲେ ଆକାଶଗାମୀ ହୋଇ। ଏ ଡମ୍ବରୁମାନଙ୍କ ଅଧିଷ୍ଠାତ୍ରୀ ଦେବତାମାନଙ୍କୁ ମନେ ମନେ ପୂଜିବୁ। ବ୍ରହ୍ମ ଡମ୍ବରୁରେ ବ୍ରହ୍ମା, ରୁଦ୍ର ଡମ୍ବରୁରେ ରୁଦ୍ର, ଭୈରବ କାଳ ଅଧିଷ୍ଠାତ୍ରୀ ହୁଅନ୍ତି। ଏ ଷୋଡ଼ଶ ଡମ୍ବରୁକୁ ଆଶ୍ରେ କରି ଏ ଶରୀର ଧାରଣା ଅଛି। ଏ ଷୋଡ଼ଶ ଡମ୍ବରୁରେ ଚନ୍ଦ୍ର ଷୋଡ଼ଶ କଳା ବସନ୍ତି। ଷୋଡ଼ଶ କଳା କେ କେ ଆଲୋଳା, କଲ୍ଲୋଳିନୀ, ଉଜ୍ଜଳନ୍ତୀ, ଉନ୍ମାଦିନୀ, କରଙ୍ଗିଣୀ, ସୋମୟନ୍ତୀ, ଲମ୍ବଟା, ଲହରୀ, ଲୋଳା, ଲାଳତୀ, ପ୍ରକୃତି, ଶ୍ରବନ୍ତୀ, ପ୍ରବାହୀ, ସନ୍ଧ୍ୟା, ପ୍ରସନ୍ନୀ, ପ୍ରସାଦୁଶୀଳା। ଏବଂଭୂତ ପ୍ରକାରେ ଚନ୍ଦ୍ରର ଷୋଡ଼ଶ କଳା। ଏ ଡମ୍ବରୁମାନଙ୍କୁ ମେରୁ ବୋଲି। ଏ ମେରୁ ଦ୍ୱାଦଶ ଶୃଙ୍ଗ (୩) ହୋଇ। ସେ ଶୃଙ୍ଗମାନେ ଦ୍ୱାଦଶ ନାଡ଼ୀ ହୋନ୍ତି। ଏ ଦ୍ୱାଦଶ ନାଡ଼ୀରେ ଦ୍ୱାଦଶ ଆଦିତ୍ୟ ବସନ୍ତି। ଦ୍ୱାଦଶ ଆଦିତ୍ୟର ଦ୍ୱାଦଶ କଳା। କେ କେ ସେ। ତପନୀକଳା ଖରାଏ ଖରାଏ ତାପ କରାଇ। ଗ୍ରାସନୀକଳା ଜଗତ ଶରୀରକୁ ଗ୍ରାସଇ। ଉଷ୍ଣନୀକଳା ଉଷ୍ଣ କରଇ। ଆଂକୋଚନୀକଳା ଆଂକୋଚନ କରଇ। ଶୋଷନୀକଳା ସମସ୍ତ ଶୋଷଇ। ପ୍ରବୋଧିନୀକଳା ସମସ୍ତ ପ୍ରବୋଧ କରଇ। ଅକ୍ଷିଣୀକଳା ଚକ୍ଷୁ ପ୍ରକାଶଇ। ତୁଷ୍ଟିକଳା

---

(୧) 'ଖ'ରେ ଏଠାରୁ ତେଣିକିଠାରୁ ପୂରିଅଛି ପର୍ଯ୍ୟନ୍ତ ନାହିଁ। (୨) 'ଖ'ରେ ଏ ଡମ୍ବରୁମାନ ଭେଦିଲେ ଯଶ ହୋଇ (୩) 'କ'ରେ ଶଙ୍ଖ।

ସନ୍ତୋଷ କରଇ। ଊର୍ଦ୍ଧ୍ୱନୀକଳା ଊର୍ଦ୍ଧରେତା କରାଇ। କୃଷ୍ଣରେଖାକଳା ମୁଖ କୃଷ୍ଣ କରାଇ। କିରଣାବତୀକଳା କିରଣମାନ ଜାତ କରାଇ। ପ୍ରଭାନାମାକଳା ଜ୍ୟୋତିର୍ମୟ କରାଇ। ଏମନ୍ତେ କାପିନୀ, ଗ୍ରାସିନୀ, ଉଷ୍ଣିନୀ, ଆକୋଚନୀ, ଶୋଷଣୀ, ପ୍ରବୋଧନୀ, ଅକ୍ଷିଣୀ, ତୁଷ୍ଟନୀ, ଊର୍ଦ୍ଧ୍ୱନୀ, କୃଷ୍ଣରେଖା, କିରଣାବତୀ, ପ୍ରଭାବା, ଏ ସୂର୍ଯ୍ୟର ଦ୍ୱାଦଶ କଳା। ଏମନ୍ତେ ଏ ଦ୍ୱାଦଶ କଳାକୁ ଦ୍ୱାଦଶ ଆଦିତ୍ୟ ବୋଲି। ଏ ଦ୍ୱାଦଶ ନାଡ଼ୀରେ ବସନ୍ତି। ଦଶ ପବନେ ଅଗ୍ନିର ଦଶକଳା ବସନ୍ତି। ସେ ଦଶ ପବନ କେ କେ। ପ୍ରାଣପବନ, ସମାନ, ବ୍ୟାନ, ଉଦାନ, ଅପାନ, ନାଗ, କୂର୍ମ, କିଞ୍ଜଲ୍କ, ଦେବଦତ୍ତ, ଧନଞ୍ଜୟ, ଇତି ଦଶ ପବନ। ପ୍ରାଣାଦି ବ୍ୟକ୍ତି ପଞ୍ଚ ପବନ। ନାଗାଦି ଅବ୍ୟକ୍ତି ପଞ୍ଚ ପବନ। ହୃଦୟ, ରୁଦ୍ର୍ୟ, ନାଭି, କଣ୍ଠ, ସର୍ବ ଦେହାଦିରେ ପ୍ରାଣାଦି ପଞ୍ଚପବନମାନେ ବସନ୍ତି। ବାକ୍‌ପାଦ, ପାଣିଗୁହ୍ୟ ଉପସ୍ଥିତିରେ ନାଗାଦି କରି ସେ ପଞ୍ଚପବନମାନେ ବସନ୍ତି। ଏମନ୍ତେ ଏ ଦଶ ପବନଙ୍କରେ (୧) ଅଗ୍ନିରୁ ଦଶକଳା ବସଇ। କଳାମାନ କେ କେ। ଦାକ୍ଷିଣିକା, ନାଗରିକା, ଜ୍ୱାଳା, ସ୍ଫୁଲିଙ୍ଗା, ପ୍ରଚଣ୍ଡା, ପାବକା, ରୌଦ୍ରୀ, ଦାହା, ପ୍ରାଣା, ସଞ୍ଚାବଳୀ, ଇତି ଅଗ୍ନି ଦଶକଳା। ଏକାଦଶୀ ନିଜ କଳା। ସେ ଜ୍ୟୋତି ବ୍ରହ୍ମଦ୍ୱାରେ ବସଇ। ଏ ଦଶ ପବନେ ଦଶ ନାଡ଼ୀରେ ବସନ୍ତି। ଏ ଦଶ ନାଡ଼ୀ କେ କେ। ଇଡ଼ା, ପିଙ୍ଗଳା, ସୁଷୁମ୍ନା, ଗାନ୍ଧାରୀ, ହସ୍ତଜିହ୍ୱା, ପୂଷା, ଅଳମ୍ବୂଷା, କୌକ୍ଷୀ, ଶଙ୍ଖିନୀ, ସ୍ୱସ୍ତତ। ଇଡ଼ା, ପିଙ୍ଗଳା ନାସାଦ୍ୱାରେ ବହଇ। (୨) ସୁଷୁମ୍ନା ତାଳୁ ସମ ବ୍ରହ୍ମରନ୍ଧ୍ର ପରିଯନ୍ତେ ବହଇ। ଅଧରୁ ହସ୍ତୀଜିହ୍ୱା ବହଇ। କର୍ଣ୍ଣଦ୍ୱାରେ ଗାନ୍ଧାରୀ ବହଇ। ପୁଷା ଅଳମ୍ବୂଷା ଚକ୍ଷୁଦ୍ୱାରେ ବହଇ। କୌକ୍ଷୀ ଗୁହ୍ୟ ଦ୍ୱାରେ ବହଇ। ଶଙ୍ଖିନୀ ଲିଙ୍ଗଦ୍ୱାରେ ବହଇ। ସ୍ୱସ୍ତତ ବ୍ରହ୍ମରନ୍ଧ୍ର ପରିଯନ୍ତେ ବହଇ। ଏମନ୍ତେ ଇଡ଼ାନାଡ଼ୀ ଶ୍ୱେତବର୍ଣ୍ଣ, ପିଙ୍ଗଳା ପୀତବର୍ଣ୍ଣ, ସୁଷୁମ୍ନା ଜ୍ୟୋତିର୍ମୟ ହୋଇ। ଗାନ୍ଧାରୀ ନୀଳବର୍ଣ୍ଣ, ପୁଷା ଲୋହିତ ବର୍ଣ୍ଣ, ଅଳମ୍ବୂଷା ଧୂମ୍ରବର୍ଣ୍ଣ, କୌକ୍ଷୀ ପାଣ୍ଡୁର ବର୍ଣ୍ଣ ହୋଇ। ହସ୍ତୀଜିହ୍ୱା ହରିତ ବର୍ଣ୍ଣ ହୋଇ ଶଙ୍ଖିନୀ ଶ୍ୱେତବର୍ଣ୍ଣ ହୋଇ। ଏ ନାଡ଼ୀମାନଙ୍କୁ ଆଶ୍ରେ କରି ଅନେକ ନାଡ଼ୀମାନେ ଅଛନ୍ତି। କେ ଅତ୍ୟନ୍ତ ସୂକ୍ଷ୍ମ, କେ ଅତ୍ୟନ୍ତ ବକ୍ର, କେ କୁଣ୍ଡଳା ଭାବ, କେ ଯନ୍ତ୍ରଗୁରା (୩) ପ୍ରାୟେକ। କେ ମୃଣାଳ ତନ୍ତୁଭାବ। କେ କୁରୁବଲ୍ଲୀ କୁସୁମଭାବ, କେ କୁରୁପଭାବ, କେ ଗ୍ରନ୍ଥିମୟ, କେ ପଂକ୍ତିମୟ। କେ ସୌଖ୍ୟ ଭାବ। କେ ଶ୍ୱାସଭାବ। ଏମନ୍ତେ ବାସ୍ତୋରି ସହସ୍ର ନାଡ଼ୀମାନ କର୍ମ ଧର୍ମ କରି ଅଧ

(୧) 'କ' ଦଶକଳାରେ (୨) 'ଖ'ରେ ବସନ୍ତି (୩) 'ଖ'ରେ ଯନ୍ତ୍ରଗୁଣା।

ଊର୍ଦ୍ଧ୍ୱ ହୋଇଅଛନ୍ତି । ଏ ଅଦୃଶ୍ୟ । ଏହା ଜାଣି ନୁହଇ । ଅନେକ ଅଭ୍ୟାସେ ସେ ଦୃଶ୍ୟ ହୁଅଇ । ଏମନ୍ତେ ସେ ନାଡ଼ୀମାନଙ୍କରୁ ଦିନକୁ ଦୁଇନାଡ଼ୀ ଲେଖାଏଁ ପବନ ଛିଡ଼ାଉଥାଇ । ଏମନ୍ତେ ଶଏ ବର୍ଷେ ପ୍ରାଣୀକି ମଲା ବୋଲି ବୋଲନ୍ତି । ହାଦେ ପବନ ଯାହା ନାଡ଼ୀରୁ ନ ଛାଡ଼ି କୁମ୍ଭକ ପ୍ରକାରେ ପୂରକ ହୋଇ ପୂର୍ଣ୍ଣ ହୋଇ । ସ୍ଥିର ହୋଇ ପ୍ରାଣ ପବନ ଏକ ଦ୍ୱାରେ ଏକା ଗ୍ରାସିଲେ ଦେହରୁ ଜୀବନ ନ ଯାଇ ସର୍ବଦା । ଏମନ୍ତେ ସେ ତମ୍ବରୁମାନଙ୍କ ମଧ୍ୟରେ ଘୃତ ବୋଲି ନାଡ଼ୀ ଏକ ହୋଇ । ସେ ଘୃତ ନାଡ଼ୀ ଅନ୍ତର୍ଗତେ ଶୁକ୍ରବୋଲି ନାଡ଼ୀ ଏକ (୧) ହୋଇ । ସେ ଶୁକ୍ର ନାଡ଼ୀ ଅନ୍ତର୍ଗତେ ସୂକ୍ଷ୍ମବାଳ ବୋଲି ଖଣ୍ଡିଏକ ହୋଇ । ସୂକ୍ଷ୍ମବାଳ ଅନ୍ତର୍ଗତ ଜ୍ୟୋତି ବୋଲି ନାଡ଼ୀ ଏକ ହୋଇ । ସେ ଜ୍ୟୋତି ନାଡ଼ୀ ଅନ୍ତର୍ଗତେ ବ୍ରହ୍ମବୋଲି ନାଡ଼ୀ ଏକ ହୋଇ । ସେ ବ୍ରହ୍ମନାଡ଼ୀରେ ଚନ୍ଦ୍ରସୂର୍ଯ୍ୟଙ୍କ ସମକରି ଭରିଲେ ସମସ୍ତ ନାଡ଼ୀମାନଙ୍କରୁ ପବନ ଛାଡ଼ଇ । ସେ ନାଡ଼ୀ ମୃଣାଳ ସୂତ୍ରେ ସହସ୍ରେ ଭାଗକଲେ ଯେମନ୍ତ ସୂକ୍ଷ୍ମ ତହୁଁ ଅତିଅନ୍ତ ସୂକ୍ଷ୍ମ ଅଟଇ । ଏମନ୍ତେ ଉପର ଦନ୍ତ ପାଟିଠାରୁ ତେଣିକି ଦ୍ୱାଦଶ (୨) ଆଙ୍ଗୁଳି ଉତ୍ସର୍ଗ ଅଟଇ, ତାହାକୁ ଅଚଳ ବ୍ରହ୍ମାଣ୍ଡ ବୋଲି । ସେ ନ ଚଳଇ । ତାହା ଚାଳି ନୋହଇ । ତହୁଁ ଆଙ୍ଗୁଳକେ ବ୍ରହ୍ମାଣ୍ଡ ଲେଖାଏଁ ଦ୍ୱାଦଶ ବ୍ରହ୍ମାଣ୍ଡ ବସଇ । ଏକବିଂଶତି ବ୍ରହ୍ମାଣ୍ଡ ଯାଏ (୩) ତହିଁ ଊର୍ଦ୍ଧ୍ୱ ଶଙ୍ଖିନୀ (୪) ବୋଲି ବଡ଼ ଗୁପ୍ତ ହୋଇ ନାଳେକ ବସଇ । ସେ ନାଳ କର୍ମ ଯୋଗକୁ ଗୁରୁବଚନ ଅଟଇ । ଚନ୍ଦ୍ର ସୂକ୍ଷ୍ମ କଳା (୫) ବୋଲି ତାକୁ । ସେ ବାଟେ ଚନ୍ଦ୍ର ସୂକ୍ଷ୍ମକଳା ଅମୃତ ସ୍ୱରୂପେ ସବୁ ଅଛି । ସେ ବାଟକୁ ପବନ ଊର୍ଦ୍ଧ୍ୱ କରି ସୁତୁଳି (୬) ପ୍ରାୟେକ କରି ସୁତୁଳି କ୍ରମେ ଛନ୍ଦେ (୭) କଇଁ ନାଡ଼ରେ ପାଣି ତୋଳିଲା ପ୍ରାୟ କରି ତୋଳୁଥିଲେ ଆକାଶ ସକ୍ଷଣ (୮) ଭେଦଇ । ତହିଁ ଉପରେ ଗୋଲାହାଟ ମଣ୍ଡଳ ବୋଲି ଏକ ମଣ୍ଡଳ ବସଇ । ସେ ମଣ୍ଡଳ ବାମାବର୍ତ୍ତ ହୋଇ । ସେଠାରେ ପ୍ରାଣରନ୍ଧ୍ର ସମ୍ବନ୍ଧ (୯) ଅମୃତ ରୁଣ୍ଡ ହେଉଅଛଇ । ଗମ୍ଭୀରାବର୍ତ୍ତଠାରେ ଯେମନ୍ତ ପାଣି ରହଇ ତେମନ୍ତ ପ୍ରାୟେକ ହୋଇ । ତହିଁ ଅମୃତ ଥାଇ । ତାହାକୁ ମହାରସ କୂପ ବୋଲି । ସେ ରସ କୂପ ଅତିଅନ୍ତ ଅମୂଲ୍ୟ । ଏକ କଣିକାକୁ ଗୋଟିଏ ମାଣିକ ନୁହଇ ତୁଲ୍ୟ । ସେ କୂପ ଆବୋରି କାଳ କାଞ୍ଚ ଥାଇ (୧୦) ସେ କାଳ କାଞ୍ଚ କେମନ୍ତ (୧୧) । ଜନ୍ମ ହୋଇଲା ବେଳହୁଁ ଯେ ପୂର୍ବର ପବନ ମାର୍ଗ ଛାଡ଼ି ବାହାରକୁ ବହଇ । ଇଅଁଳା ପିଅଁଳା (୧୨) ମାର୍ଗ ପାଇ ସେ ସୂକ୍ଷ୍ମ ମାର୍ଗ ଛାଡ଼ଇ । ଛାଡ଼ନ୍ତେ ତହିଁ ଖଣ୍ଡିଏ ମାଂସ ବଢ଼ଇ ! ବଢ଼ି ସେ ଦ୍ୱାର ଗୋଟି ଆବୋରି ଥାଇ । ଊର୍ଦ୍ଧ୍ୱଶୀତଳି (୧୩) କର୍ମ କରନ୍ତେ ହେଁ ସେ ମାର୍ଗକୁ ପବନ ଯାଇ ।

---

(୧) 'କ'ରେ ବ୍ରହ୍ମନାଡ଼ୀ ଏକହୋଇ (୨) 'କ'ରେ ଦଶ (୩) 'କ'ରେ ନାୟରେ (୪) 'କ'ରେ ସଇନୀ (୫) 'କ' ଚନ୍ଦ୍ର ସୂକ୍ଷଣା (୬) 'କ'ରେ ମୁରଲୀ 'ଖ' ସୁତୁଳୀ (୭) 'କ' ଦେ ସିତୁଳି କର୍ମେ ଛନ୍ଦେ (୮) 'କ'ରେ ସୂକ୍ଷ୍ମ ଗଙ୍ଗା (୯) 'ଖ'ରେ ପ୍ରାଣଚକ୍ର ଶଶଧର (୧୦) 'କ'ରେ ଟାକିଥାଇ (୧୧) 'କ'ରେ ସେ କେମନ୍ତ (୧୨) 'କ' ଇଡ଼ା ପିଙ୍ଗଳା (୧୩) 'ଖ' ରେ ସିତୁଳ ।

ପବନ ନ ଗଲେ ଅବା ସେ ମାଂସ ବିଭେଦ ହୋଇବ। ଅବା ବିଭେଦ ନୋହିଲେ ମୁଣ୍ଡରେ ଯେ ଧାତୁମାନେ ମହାତରଳ ହୋଇଅଛନ୍ତି। ଏ ଜନ୍ମ ମରଣ ଦିଅନ୍ତି। ଦେହକୁ ଜରାବସ୍ଥା କରାନ୍ତି। ସେ ଧାତୁମାନେ ନ ଶୁଖନ୍ତି। ପବନ ଲାଗିଲେ ଶୁଖି ସିନା। ଏମନ୍ତ ସେ ମାର୍ଗକୁ ପବନ ନଯାଇ। ସେ ପବନ ମାର୍ଗ ରୁନ୍ଧନୀକି କାଳ କାଞ୍ଚି ବୋଲି। କାଳ ଶଦ୍ଧ ହେଲା କିମ୍ପା (୧)। ଯହୁଁ ସେ ସକାଶୁ ପ୍ରାଣୀକି ମୃତ୍ୟୁ ହୁଅଇ। ତହିଁକି କପାଳ ହସ୍ତ କର୍ମ ଯୋଗ ଏ ଚାରି କର୍ମ ଜାଣିଲେ ସେ ଦିନକୁ ଦିନ ପୀଡ଼ଇ। ପୀଡ଼ି ସେ ରସକୂପ ଉଚ୍ଛୁଳି ପବନ ସଙ୍ଗେ ଧାଇଁ। ପବନ ମାର୍ଗ ପାଇଲେ ବାହାର ନୁହଇ। ସେ ସହସ୍ର ଦଳ କୋଷକୁ ଧାୟି ଧାୟିଲେ ରୋଗ ଶୋକ ଜରା ଜଡ଼ ତୁଟଇ। ଏହା ଚତୁଷଷ୍ଠୀ ଯୋଗ ମଧ୍ୟ ଏହାକୁ ନିରୂପ ଯୋଗ ବୋଲି। ତଦନନ୍ତରେ ମୂଳ କମଳ ଚତୁର୍ଦ୍ଦିଗ ନିରୋଧି ତହିଁ ଥାଆନ୍ତା। ଅଧୋଗତି ଅପାନ ପବନକୁ ଊର୍ଦ୍ଧ୍ୱଗତି କରି ଚାପି କରି ହୁଁକାର ନାଦ ଆଚରିବ। ସାକମୁଦ୍ରା କରି ଅଗ୍ନି ପବନ ସଙ୍ଗେ ଉଠି ମଳଭାଣ୍ଡ ପୋଡ଼ି ଅମୃତ କଳାମାନନ୍ତ ଊର୍ଦ୍ଧ୍ୱଗତି କରାଇ ଶରୀର ଆଗ ଗଳ କମଳ ଯନ୍ତରୋଗ (୨) ଏମାନଙ୍କୁ ପୋଡ଼ଇ। ଏମନ୍ତ ପ୍ରକାରେ କରି ପ୍ରାଣାୟାମ କରିବୁ। ସେ ପ୍ରାଣାୟାମ କେମନ୍ତ। ଏକ ପ୍ରଣବ ଯୋଗ ଶଦ୍ଦରେ। ପ୍ରଣବ ଲକ୍ଷଣ ହାଦେ ଶୁଣୁ। ଏକା ହୋଇ ପ୍ରାଣ ପବନ ସେ ଅଛି ହୃଦୟ ଗୁହାରେ ସେ ନାରାୟଣ ସ୍ୱରୂପ ଅଟଇ। ସେ ପ୍ରାଣ ପବନ ଚଳିଲା ଯହୁଁ। ତାହାର ଗତି ଅତ୍ୟନ୍ତ। ଭବ-ଜ୍ଞାନ ବୋଲି ଭାବେକ (୩) ଜାତ ହେଲା ତହୁଁ। ସେ ପ୍ରାଣ ପବନକୁ ଅଜ୍ଞାନ ଶକ୍ତି ହୋଇଲା ଶିବ ଶକ୍ତି ସଂଯୋଗ। ପ୍ରାଣପବନ ଦଶଧା ହୋଇଲା। ଏହାକୁ ପ୍ରାଣ ପବନ ବୋଲି। ଏ ଦଶ ପବନ ଅଣଚାଶ କଳା ହୋଇ। ଏ ପବନ ମନ ଆୟତ୍ତ ମନକୁ ନିର୍ମଳ କରି। ନିର୍ମୋହିନୀ, ଶଙ୍ଖିନୀ, ସଞ୍ଚଳା, ଲୀଳା, ଲମ୍ବିନୀ, ଏ ପାଞ୍ଚଶକ୍ତି ବିମ୍ବର ମୁହଁରୁ ରୁହାଇବ ଯାବତ। ଚକ୍ର ଦକ୍ଷିଣାବର୍ତ୍ତ କରି ବଡ଼ବାନଳ ଧାରଣା ଆଚରି କୁମ୍ଭାର (୪) ଯନ୍ତ୍ର ପ୍ରାୟେକ କରି ଅଗ୍ନି ଜାଳିବାକୁ ହୁଂକାର ଦୀପ୍ତି (୫) ଜାଳି ପ୍ରଜ୍ୱଳ କରିବ। ସେ ଅଗ୍ନିଶିଖା କୁଣ୍ଡଳିନୀକୁ ଲାଗିବ। ସର୍ପଦଣ୍ଡ ବାଜିଲେ ଯେମନ୍ତ ଫେର (୬) ଧରି ରହଇ (୭) ସେହି ମତ ହୋଇ ସେ ନାଭି ସଳଖ ହୋଇ ଉଭା ହୁଅନ୍ତେ, ଶଙ୍ଖିନୀ ବିମ୍ବରକୁ ମନ ପବନ ବଳାଇବ ବିଯୋଗିନୀ (୮) କର୍ମରେ କରି। ସେହିମତ ସେ ମନ ପବନରେ, ଆଧାରେ,, ଯୋନିରେ, ନାଭିରେ, ହୃଦୟରେ, କଣ୍ଠରେ, କପାଳରେ, ଭ୍ରମର କୁହରରେ, ଭୃଙ୍ଗରେ, ଶ୍ରୀହଟ୍ଟରେ, କାଉଁରୀରେ, ତ୍ରିବେଣୀରେ, ସଙ୍ଖିନୀରେ ପଶି ଏମାନନ୍ତ ଭେଦି ସହସ୍ରଦଳ ଶେଖରକୁ

(୧) 'କ'ରେ କାଳଭାବ ବହିଲା କିମ୍ପା (୨) 'କ'ରେ ଆଗମନ ଜଡ଼ (୩) 'ଖ'ରେ ବିବେକ (୪) 'କ' କମାର (୫) 'କ'ରେ ଦୀପ (୬) 'କ'ରେ ଫେରୁ (୭) 'କ'ରେ ଉଠଇ (୮) 'କ'ରେ ବଜ୍ରଆଳୀ।

ବୋଲି ଗଲେ। ଚନ୍ଦ୍ର ସୂର୍ଯ୍ୟ ସମ ବୋଲି। ଏ ଯେଗାକୁ ଉଜାଣି ବୋଲି (୧)। ଏ ଯୋଗରେ ବୃଦ୍ଧମାନେ କାମଦେବର ପ୍ରାୟେ (୨) ହୁଅନ୍ତି। ତଦନନ୍ତରେ ମୂଳକମଳ ଚତୁର୍ଦ୍ଦଳ ନିରୋଧି ତହିଁଥାନ୍ତା ଅପାନ ପବନକୁ ଊର୍ଦ୍ଧଗତି କରି ଚାପି, ଦୀର୍ଘକରି ହୁଙ୍କାର ନାଦ କରି ଉଚ୍ଚାରିବ। ଲୋକ ମୁଦ୍ରା କରି ତହୁଁ ଅଗ୍ନିପବନ ସଙ୍ଗେ ଉଠି ମଳଭାଣ୍ଡ ପୋଡ଼ି ଅମୃତ କଳାମାନ ଊର୍ଦ୍ଧ୍ୱଗତ କରି। ଶରୀରେ ମଳ (୩) ଯେଉଁ ରେଖା ଏମାନଙ୍କୁ ପୋଡ଼ଇ ନାଡ଼ୀମାନଙ୍କର ସନ୍ନିଧରେ। ଲାଳମାନେ ଚାରି ପବନ ସଞ୍ଚାରଇ ନ ଦେଉଥାନ୍ତି। ସେ ଲାଳ ପୋଡ଼ଇ। ଏମନ୍ତ ଅଚଳ ବ୍ରହ୍ମାଣ୍ଡ ଉପରେ ଯେଉଁ ଊର୍ଦ୍ଧ୍ୱଶଙ୍ଖିନୀ ବୋଲି ସେ ବାଟେ ବଙ୍କାନାଳ ଭେଦି ଡମ୍ବରୁ ମଧ୍ୟେ ବାଟେ ନାଡ଼ୀ ଚକ୍ର ଦେଇ ହୃଦୟ ଆକାଶ ବାଟେ ଧ୍ୟାନ ଯୋଗ ବାଟେ କରି ସୂକ୍ଷ୍ମ ଯୋଗ ବାଟେ ଏ ଚାରି ବାଟେ ପବନ ଊର୍ଦ୍ଧ୍ୱକୁ ଉଠଇ (୪)। ସମସ୍ତ ଦଳ ଭେଦି ସହସ୍ର ଦଳକୁ ଗମନ୍ତି। ସେ ଚିତ୍ରକୂଟ ପଛରେ ଚାରି ପବନେ ରୁଣ୍ଡୀଭୂତ ହୁଅନ୍ତି। ହୋଇ ଲୟେ ହୁଅନ୍ତି। ଯୋଗସିଦ୍ଧି ହୋଇଲେ ଏ ଦେହ ଆକାଶରେ ଯାଇ।

ଏଥିଉତ୍ତାରେ ପ୍ରଣବ କରିବୁ। ସେ ପ୍ରଣବ କେମନ୍ତ। ଦ୍ୱାଦଶ ମାତ୍ରା ହୋଇ। ଉତ୍ତମ, ମଧ୍ୟମ, କନିଷ୍ଠ ହୋଇ। ବାମ ନାସାରେ ଚନ୍ଦ୍ରମଣ୍ଡଳ ଧାରଣାରେ କରି ପବନକୁ ସେ ଷୋଳ ଅଂଶେ ପୂରେଇବ। ନାଭି (୫) ପଦ୍ମେ କ୍ରମେ କ୍ରମେ କରି ଷୋଡ଼ଶ ଅଂଶେ ରୁହାଇବ। ସେ ଷୋଡ଼ଶ ଅଂଶକୁ କୁମ୍ଭକ କରିବ। ହୃଦୟରେ ନାରାୟଣଙ୍କୁ ଧ୍ୟାନ ସଙ୍ଗତେ ଦକ୍ଷିଣ ନାସାରେ ତହୁଁ ଷୋଡ଼ଶ ଅଂଶକୁ ରେଚକ କରିବ। ଚକ୍ରଖିନା ନାଳବାଟେ ଊର୍ଦ୍ଧ୍ୱଗତି ସହସ୍ରଦଳ ବାଟକୁ ଯିବ। ସମସ୍ତ ପବନ ସହସ୍ର ଦଳରେ ରୁଣ୍ଡିଭୂତ ହୋଇଲେ। ଜର, ଜଡ଼, ରୋଗ, ନିଦ୍ରା, ଘୋର କାଳରାତ୍ର ଏହାକୁ ଗ୍ରାସି ଚନ୍ଦ୍ରରେ ମିଶିଲେ। ଚତୁଷଷ୍ଠୀ କଳା ଚନ୍ଦ୍ର ହୋଇ ବୋଲି ଜାଣି। ଚାରି ଷୋଳ ଅଂଶେ ଚତୁଃଷଷ୍ଠୀ ହୋଇଲା। ଅଙ୍କ ସଂଖ୍ୟା ମାତ୍ରକେ ପ୍ରଣବ ଶୁଣୁ। ଇଡ଼ାଦ୍ୱାରେ ପୂରେଇ ପିଙ୍ଗଳା ଦ୍ୱାରେ ରେଚିବୁ। ପିଙ୍ଗଳା ଦ୍ୱାରେ ପୂରେଇ ଇଡ଼ାଦ୍ୱାରେ ରେଚିବୁ। ମଧ୍ୟ ସୁଷୁମ୍ନାରେ କୁମ୍ଭକ କରିଥିବୁ। ସୋମ ସୂର୍ଯ୍ୟ ଧାରଣାରେ କରି। ଏହାକୁ ଲଘୁ ପ୍ରାଣାୟାମ ବୋଲି। ଏ ଉକ୍ତ ରସ କର୍ମ ଅଟଇ। ଅରୁନ୍ଧତୀ ମାର୍ଗ କପାଟ ଫେଡ଼ିବାକୁ କୁକର୍ମ ଏ। ତଦନନ୍ତରେ ପ୍ରତ୍ୟାହାର କରିବ। ପବନକୁ ଚନ୍ଦ୍ରକଳା ସହିତ କରି ଅନଳକୁ

(୧) 'ଖ'ରେ ନାହିଁ (୨) 'କ'ରେ ଉପାୟେକ (୩) 'କ' ଅମଳ (୪) 'ଖ'ରେ ଊର୍ଦ୍ଧ୍ୱହୋଇ (୫) 'ଖ'ରେ ଗର୍ଭ।

ଗ୍ରାସୁଥିବ। ଗ୍ରାସ କର୍ମ କରି ଆକାଶକୁ ଗ୍ରାସୁଥିବ। ପ୍ରାଣାୟାମ ଅନ୍ତେ ପ୍ରତ୍ୟାହାର। ଆହାର ହିଁ ସଂଯମ କରିବ। ଅଗ୍ନି, ମହେନ୍ଦ୍ର, ବାରୁଣୀ, ବାୟୁ ଏ ଚାରି ବେଳରୁ ଅଗ୍ନି ବେଳ ଘେନି ପିଙ୍ଗଳା ସେ ସୂର୍ଯ୍ୟ ନାଡ଼ି ତହିଁ ପବନ ଥିବ। ସ୍ଥିର ହୃଦୟ ଶାନ୍ତି ହୋଇବ। କଟୁ, ଲବଣ, ତିକ୍ତ, ଅମ୍ଳ, କଷା, ମଧୁର ବିବର୍ଜିତ। ଏଥି ରାଜସ ତାମସ ବିବର୍ଜିତ। ରସ ସ୍ନିଗ୍ଧ ଉଷ୍ଣ ସ୍ୱାଦୁ ଅଳ୍ପ କରି ଯୁକ୍ତ ଆହାର କରିବ। ଦୁଇଭାଗ ଅନ୍ନ ପୂରୋଇବ। ଭାଗେ ଜଳ ପୂରୋଇବ। ଭାଗକ ପବନକୁ ଥିବ। ଏମନ୍ତ ଆହାର କରିବ। ତିକ୍ତର ମଧ୍ୟେ ବିମ୍ବ, କଷାର ମଧ୍ୟେ ହରିଡ଼ା, ଆମ୍ଳିଳର ମଧ୍ୟେ ଅଁଳା, ମଧୁରର ମଧ୍ୟେ ମହୁ, କଟୁର ମଧ୍ୟେ ଅଦା, ଲବଣର ମଧ୍ୟେ ସୈନ୍ଧବ, ରସର ମଧ୍ୟେ ଇକ୍ଷୁ, କ୍ଷୀରର ମଧ୍ୟେ ଗବ୍ୟ, ଧାନର ମଧ୍ୟେ ଯବ, ଅନ୍ନର ମଧ୍ୟେ ଶାଳିଅନ୍ନ, ଗୁଡ଼ର ମଧ୍ୟେ ସାକର, ବୀଜର ମଧ୍ୟେ ମରିଚ, ଲତାର ମଧ୍ୟେ ପଟୋଳ, ବୃକ୍ଷର ଫଳ ମଧ୍ୟେ ଶ୍ରୀଫଳ, ଲେପର ମଧ୍ୟେ କୃଷ୍ଣ ତୈଳ ଇତ୍ୟାଦି ଶୁଭ ପଦାର୍ଥମାନ ଯଥୋଚିତ ସମୟରେ ଭୋଗ କରିବ। ବାତଶୂଳ ଶାନ୍ତି। ପୂର୍ଣ୍ଣାପୂର୍ଣ୍ଣ ସଦା ଆବର୍ତ୍ତକ ଆସ୍ୱାଦନାର୍ଥ ବାଧ ଏହାକୁ ପ୍ରତ୍ୟାହାର ବୋଲି।

ତଦନନ୍ତରେ ଧ୍ୟାନ କରିବ। ସେ ଧ୍ୟାନ କେମନ୍ତ। ଶୂନ୍ୟ ଠୁଳ (୧) ଧ୍ୟାନ, ପାତାଳାକାଶ ଧ୍ୟାନ, ଅଧ ଊର୍ଦ୍ଧ୍ୱ ମଧ୍ୟ ଧ୍ୟାନ, ନାଡ଼ିଚକ୍ର ଧ୍ୟାନ, ପ୍ରାଣ ପବନ ଧ୍ୟାନ, ଜ୍ୟୋତିଃପ୍ରକାଶ ଧ୍ୟାନ, ଗଗନ ଶତଦଳ ଧ୍ୟାନ, କୁଣ୍ଡଳିନୀ ଧ୍ୟାନ, ପ୍ରତିଭା ଧ୍ୟାନ, ନିବିଡ଼ ଅନ୍ଧକାର ଧ୍ୟାନ, ଅବ୍ୟାକୁଳ ଧ୍ୟାନ, ବାସନା ଅବୟବ ଧ୍ୟାନ, ପଞ୍ଚଭୂତ ଧ୍ୟାନ ଇତ୍ୟାଦି କରି ଅନେକ ଧ୍ୟାନ କରିବୁ। ଅଧିଷ୍ଠାତ୍ରୀ କରିବ। କେବଣ କେବଣ ଅଧିଷ୍ଠାତ୍ରୀ। ହସ୍ତରେ ଇନ୍ଦ୍ର ଦେବତା, ପାଦରେ ବିଷ୍ଣୁ ଦେବତା, ଗମନରେ ପବନ, ଶକ୍ତି ଅଧିଷ୍ଠାତ୍ରୀ ଦେବତା, ନାଭିରେ ଅଗ୍ନିଦେବତା, ଆହାର ଜଠରେ ଯମ ଦେବତା, ଚକ୍ଷୁରେ ଅଗ୍ନିଦେବତା (୨), ମନରେ ଚନ୍ଦ୍ର ଦେବତା, ଜିହ୍ୱାରେ କାଳଦେବତା, ନିଦ୍ରାରେ କାଳରାତ୍ରୀ ଦେବତା, ପ୍ରତୀକରେ ନାରାୟଣ ଦେବତା, ଶ୍ରୋତାରେ ଆକାଶ ଦେବତା ଇତ୍ୟାଦିକୁ ଅଧିଷ୍ଠାତ୍ରୀ ଦେବତାମାନଙ୍କୁ ମାନସିକେ ପୂଜାକରି ଧ୍ୟାନ କରିବୁ।

ଚତୁଷଷ୍ଟୀ ଧାରଣାମାନ ଅଛି। ଯୋଗ ରତ୍ନାକର ପ୍ରମାଣେ। କେବଣ କେବଣ ଧାରଣା। ବିରାମ ଧାରଣା, ସହସ୍ର ଚକ୍ର ଧାରଣା (୩), ବଡ଼ବାନଳ ଧାରଣା, ପାର୍ବତୀ ଧାରଣା, ପଞ୍ଚଭୂତ ଧାରଣା, ପରମହଂସ ଧାରଣା, ହିମବନ୍ତ ଧାରଣା, ଦିଗ୍‌ଗଜ ଧାରଣା, ସରସ୍ୱତୀ ଧାରଣା, ମହେଶ୍ୱର ଧାରଣା ଇତ୍ୟାଦି କରି ଚତୁଃଷଷ୍ଟୀ ଧାରଣା କରିବ (୪)। ଏ ଧାରଣାରେ କରି ଯେଉଁ ଧାରଣା ଯେଉଁ ଯୋଗୀ ବଂଶ କରିଅଛି ସେ ପ୍ରଳୟକାଳକୁ ଜିଣଇ। ବଜ୍ରକିଳା ଧାରଣ କରିଲେ, ବ୍ରହ୍ମାଣ୍ଡ ଉତ୍ପତ୍ତି ପ୍ରଳୟ ହେଉଥିଲେ ହେଁ ମୁହୂର୍ତ୍ତେ ପ୍ରାୟେ ମଣଇ। ଯେଉଁ ସ୍ଥାନରେ ଯେମନ୍ତ ପ୍ରକାର ଧାରଣା କରିବ ତାହା

(୧) 'ଖ'ରେ ସ୍ଥଳୀ (୨) 'କ'ରେ ଆଦିତ୍ୟ ଦେବତା (୩) 'କ'ରେ ନାହିଁ (୪) 'ଖ' ପୋଥିରେ ଯେଉଁ ସମୟରେ ଯେଉଁ ଧାରଣା କରିବା ଅଧିକା।

ଜଗନ୍ନାଥଙ୍କ ଅନୁଗ୍ରହ ଥିଲେ ତାହା ବିସରି (୧) ପାରଇ। ଭୂଷଣ୍ଡକାକ ବାରଣ (୨) ପାର୍ବତୀ, ଏ ଦୁଇ ଧାରଣା ଜାଣି ପ୍ରଳୟ କାଳମାନନ୍ତ ବଞ୍ଚଇ। ଏ ଚତୁଃଷଷ୍ଟୀ ଧାରଣା ସମ୍ପୂର୍ଣ୍ଣ କରି ବଳଭଦ୍ର ହିଁ ସେ ଜାଣଇ। ହନୁମନ୍ତ (୩) ଆନ ଜାଣଇ। ନନ୍ଦିକେଶ୍ୱର ଦଶଧାରଣା ଜାଣଇ। କାର୍ତ୍ତିକେଶ୍ୱର ଦଶଧାରଣା ଜାଣନ୍ତି। ବୃଷଭ ଦ୍ୱାଦଶ ଧାରଣା ଜାଣଇ। ଈଶ୍ୱର ଭୈରବରୂପେ ଚତୁଃଷଷ୍ଟୀ ଧାରଣା ଜାଣଇ। ମହାକାଳ ଦ୍ୱାବିଂଶତି ଧାରଣା ଜାଣଇ। ବିଶ୍ୱକସେନ ଏକବିଂଶତି ଧାରଣା ଜାଣଇ। ଜୟ ବିଜୟ ସପ୍ତବିଂଶତି ଧାରଣା ଜାଣନ୍ତି। ଚତୁଃଷଷ୍ଟୀକି ଚାରି ଗୁଣିଲେ ଯେତେ, ଶ୍ରୀଜଗନ୍ନାଥଙ୍କ ଅନୁଗ୍ରହରୁ ଯୋଗୀ ଜାଣଇ ତେତେ। ଏହାକୁ ଧାରଣା ଯୋଗ ବୋଲି।

ତଦନନ୍ତରେ ଲୟବ୍ୟୋମ ପଞ୍ଚମ ସୋମଧାରଣା କରିବ। ତଦନନ୍ତରେ ସମବିଦ୍ୟାରେ ସମାଧି କରିବ। ଏମନ୍ତ ଯୋଗ ସ୍ୱୟଂ ଇନ୍ଦ୍ରଜାଲ ଅଗ୍ନି ସମ୍ବରଣୀୟ ହୋଇ (୪)। ଜ୍ୟୋତିର୍ମୟ ହୋଇ ହାଦେ ପରମ ମହାତ୍ମାମାନେ ସେ ଏହା ଜାଣିପାରନ୍ତି ସେ କେମନ୍ତ ମହାତ୍ମାମାନେ କୋଟି କୋଟି ପର୍ବତର ପ୍ରାୟେକ ଯାହାର ଧଇର୍ଯ୍ୟ। କୋଟି କୋଟି ସିଂହର ପ୍ରାୟେକ ଯାହାର ଶୌର୍ଯ୍ୟ। କୋଟି କୋଟି ଯମର ପ୍ରାୟେକ ଯାହାର ନିଷ୍ଠୁର। କୋଟି କୋଟି ବଜ୍ର ପ୍ରାୟେକ ଯାହାର ହୃଦୟ କଠୋର। କୋଟି କୋଟି ଆକାଶର ପ୍ରାୟ ଯାହାର ଶୁଦ୍ଧି। କୋଟି କୋଟି ବୃହସ୍ପତିର ପ୍ରାୟ ଯାହାର ବୁଦ୍ଧି। କୋଟି କୋଟି ମୁନିର ପ୍ରାୟ ଯାହାର ଯତି। (୫)। କୋଟି କୋଟି ସୂର୍ଯ୍ୟର ପ୍ରାୟ ଯାହାର ଜ୍ୟୋତି। କୋଟି କୋଟି ସମୁଦ୍ରର ପ୍ରାୟ ଯାହାର ପୂର୍ଣ୍ଣ। କୋଟିକୋଟି ଚନ୍ଦ୍ରର ପ୍ରାୟେ ସେ ସୌମ୍ୟ। କୋଟି କୋଟି ଇନ୍ଦ୍ରର ପ୍ରାୟେ ଯୋଗ। କୋଟି କୋଟି ଧନ୍ୱନ୍ତରୀ ପ୍ରାୟେ ଯେ ଅଭୋଗ୍ୟ। କୋଟି କୋଟି ରଙ୍କର ପ୍ରାୟେ ଯେ ଇନ୍ଦ୍ରିୟ ଐଶ୍ୱର୍ଯ୍ୟ ସମ୍ପୂର୍ଣ୍ଣ। ସେ ମହାତ୍ମା ଜାଣିପାରଇ। ଈଶ୍ୱର ବଳଭଦ୍ରଙ୍କ ଯୋଗ ପୂର୍ଣ୍ଣ। ହାଦେ ଅଶ୍ୱର ପ୍ରାୟେକ ଯେ କାମୁକ ହୋଇବ, ନିରନ୍ତର ଯେ ମିଥ୍ୟା କହିବ, ଅହୋରାତ୍ରେ ଯେ ମାଦେକ (୬) ହୋଇବ, ସର୍ବଥା ଇନ୍ଦ୍ରିୟ ଜିଣି ନ ପାରିବ। ପିଶାଚର ପ୍ରାୟେକ ପ୍ରକୃତି ହୋଇବ। ରୋଗାଦି ଦୋଷ ନିରନ୍ତରେ ଥିବ। ଏବଂଭୂତ ନରାଧମମାନଙ୍କୁ ଜଗନ୍ନାଥ ଅନୁଗ୍ରହ କଲେ, ଯୋଗ ସାଧନ କରିପାରଇ ଅବହେଳେ।

---

(୧) 'କ'ରେ ଜାଣି (୨) 'ଖ'ରେ ଭୂଷଣ୍ଡମାରଣୀ (୩) 'ଖ'ରେ ହନୁମାନ (୪) 'କ'ରେ ଅନିତ୍ୟ ଶରୀର ନିତ୍ୟ ହୋଇ (୫) 'କ'ରେ କୋଟିଠାରୁ ଯତି ପର୍ଯ୍ୟନ୍ତ ନାହିଁ। ତାହା ବଦଳରେ- "କୋଟି କୋଟି ଚନ୍ଦ୍ରର ପ୍ରାୟେ ଯାହାର ଆହାଲାଦ କର ଭ୍ରାନ୍ତି" ଅଛି (୬) 'ଖ' ରେ ମଦ।

ଶ୍ରୀଜଗନ୍ନାଥଙ୍କର ସେବକମାନଙ୍କର ପାଦରଜ ଘେନିମାରୁଁ କରି, ନାରାୟଣ ଦାସ ଏହା ପାଇଲା ବିସରି। ଏମନ୍ତ ବୋଲି ଭୁବନେଶ୍ୱରୀ ଆଜ୍ଞା ଦେଲା ଯହୁଁ କାମାନନ୍ଦ ଯୋଗୀ ଯୋଗ ଥୋକାଏ ସାଧିଲା ତହୁଁ।

ସେହି ଯୋଗ ସାଧନା କରି ଦେହ କନ୍ଦର୍ପର ପ୍ରାୟେ (୧) କରିଅଛି। କାମାକ୍ଷୀମନ୍ତ୍ର ଉପାସନା କଲାରୁ କରି ବଶୀକରଣ ବିଦ୍ୟା ପାଇଅଛି। ସମସ୍ତ ଶକ୍ତି ସିଦ୍ଧ ହୋଇଅଛି। କେବଣ ଶକ୍ତି। ପର୍ବତ ଚାଳନ ଶକ୍ତି, ଅପରାଜିତ ଶକ୍ତି (୨), ସୂକ୍ଷ୍ମ ଶକ୍ତି, ଚଳନ ଶକ୍ତି, ବୁଦ୍ଧି ଶକ୍ତି, ଖେଚରୀ ଶକ୍ତି। ଏ ଶକ୍ତିମାନେ କ୍ରମେ ସିଦ୍ଧ ହୋଇଅଛନ୍ତି। ଯହୁଁ ଦେଇଅଛି ଯୋଗରେ ମତି। ବୁଦ୍ଧିଯୋଗ ଶକ୍ତି ସେ ହୋଇଅଛି। ଯହୁଁ ବାସୁଦେବର ଭକ୍ତି ନୋହିଅଛି। ଏ ଯୋଗ ପୂର୍ବେ ସରସ୍ୱତୀଙ୍କୁ ପରମେଶ୍ୱର କହିଲେ। ସରସ୍ୱତୀ ଅନୁଗ୍ରହ କରି ଭୁବନେଶ୍ୱରୀଙ୍କି କହିଲେ। ଭୁବନେଶ୍ୱରୀ ଅନୁଗ୍ରହପୂର୍ବକ କାମାନନ୍ଦଙ୍କୁ କହିଲେ। ତାହା ନାରାୟଣ ଦାସ ଶ୍ରୀକୃଷ୍ଣ ପଦାରବିନ୍ଦରୁ କରି (୩) ପାଇଲା। ଏ ଅଂଶର ନାମ ତ୍ରୈଲୋକ୍ୟ ବିଜୟୋତ୍ରିକରଣଙ୍କ ମତେ କଥାରେ ଚତୁର୍ଥ ଅଂଶ ହୋଇଲା ସମ୍ପୂର୍ଣ୍ଣ। ଏବେ ପଞ୍ଚମ ଅଂଶ। ପ୍ରଥମ ବର୍ଷ ରସ ଜଳର ସୁଧାନିଧି ବୋଲି ପଞ୍ଚମ ଅଂଶର ନାମ। ରସରତ୍ନ ଅଧିକାରେ ଶୁଣିଲେ ସକଳ କାମ। ଏମନ୍ତେ ସେ କାମାନନ୍ଦ ଯୋଗୀ ଯୋଗ ସିଦ୍ଧ ପାଇ, ବିଷୟ ରସକୁ ଧାୟି ଭୂମଣ୍ଡଳକୁ ବଡ଼ ବଡ଼ ବୋଲି ଆରମ୍ଭେ ଶାସ୍ତ୍ର କହଇ। ଈଶ୍ୱର ମାୟାରେ କରି କେ କେଉଁଆଡ଼େ ଅଛି, ଏହା ଜାଣି ନୋହଇ। ଯେ ଯେତେ ଜାଣଇ ସେହି ତେତେ ହେଁ କହିପାରଇ।

ଏମନ୍ତେ ଯେ ଅନିଳ ଖେଚର ଅନଳ ଯେ ପବନ, ତାହାର ପରା ବ୍ୟଗ୍ର ଅଟଇ, ଖେଚର ଆକାଶର ଚର ଅଟଇ। ଧୂମ୍ର ନୀଳ ଅଟଇ। ମଙ୍ଗଳ ଗ୍ରହ ପରା ଦୁଇ ଚକ୍ଷୁ ଅଟଇ। ଇଚ୍ଛାକଲେ ଆଦିତ୍ୟ ମଣ୍ଡଳେ ପଶଇ। ମନ କଲେ ଧ୍ରୁବଲୋକ ଯାଏ ଶିର ଲାଗଇ। ସ୍ୱଭାବେ ତାଳଗଛ ଗୋଟା ପ୍ରାୟେ ହୋଇଥାଇ। ଭୂତ ଭବିଷ୍ୟ ସକଳ ଶାସ୍ତ୍ର ଜାଣଇ। ଗୁରୁ କରି ଈଶ୍ୱରକୁ ମଣଇ। ଅଚରାଚରକୁ ଯାଇ ପାରଇ। ମହାବାତେ ରହିପାରଇ। ତୁଣ୍ଡେ ଭେରୀ ବାଇ ପାରଇ। ସ୍ଥୂଳ ପଦାର୍ଥ ଖାଇ ପାରଇ। ଅଗ୍ନି, ଜଳ, ପବନେ ଥାଇ ପାରଇ। ଦୂର ଲୋକକୁ ରାଇ ପାରଇ। ବଜ୍ର ପଡ଼ିଲେ ସହି ପାରଇ। ଗଗନ ମାର୍ଗେ ଉଡ଼ି ପାରଇ। ନିମିଷକେ ତିନି ଭୁବନ ଭ୍ରମି ପାରଇ।

---

(୧) 'କ'ରେ ବଜ୍ରପ୍ରାୟେକ କରିଅଛି (୨) 'ଖ'ରେ ଅପରାଜିତା (୩) 'କ'ରେ ପାଦସେବାରୁ।

ଶୂନ୍ୟେ ଲୟ ହୋଇପାରଇ। ଦୃଶ୍ୟେ ଅଦୃଶ୍ୟେ ମିଶି ପାରଇ। ବିଜୁଳି ମାର୍ଗେ ପଶି ପାରଇ। କାମ କଉତୁକେ ରସି ପାରଇ। ବୀରମାନଙ୍କୁ ଗ୍ରାସି ପାରଇ। ଧନରତ୍ନମାନ ହରି ପାରଇ। ନାନାବର୍ଣ୍ଣ ଧରି ପାରଇ। ନଦୀ ପହଁରି ପାରଇ।

ହସ୍ତେ ଖଟ୍ୱାଙ୍ଗ (୧) ଧରି ପାରଇ। ପବନେ ଗମି ପାରଇ। ଜଳ ଭିତରେ ବୁଡ଼ି ପାରଇ। ପକ୍ଷୀର ପ୍ରାୟେକ ଉଡ଼ି ପାରଇ। ମନୁଷ୍ୟ ପ୍ରାୟେକ କଥା କହୁଥାଇ। ପୂର୍ବେ ବାସୁଦେବଙ୍କୁ ଅଧମ ଭକ୍ତି କଲା ଯହୁଁ ପାପର ବଳେ ଭୂତ ଶକ୍ତି ପାଇଲା ତହୁଁ। ସେ ଭୂତ ପାର୍ବତୀଙ୍କ ଛାମୁରେ ନୃତ୍ୟ କଲା ଯହୁଁ, ମାହେଶ୍ୱରୀ ଅନୁଗ୍ରହ କଲେ ତହୁଁ। ପ୍ରଳୟ କାଳରେ (୨) ରକ୍ଷା କରଇ। ପୁତ୍ର ପ୍ରାୟେ କରି ମନେ ଧରଇ। ଏବଂଭୂତ ଅନୀଳ ଖେଚର ନାମେ ଭୂତ କାମାନନ୍ଦର ସଙ୍ଗେ ସଖା ହୋଇ। ମହାବିଦ୍ୟାର ବଳେ ପ୍ରସନ୍ନ କରାଇ ଆୟତ୍ତେ ବଶ କରିଅଛି। ଅନ୍ୟ ଭୂତମାନେ ପଞ୍ଚମ ତତ୍ତ୍ୱ, ଷଷ୍ଠ, ତତ୍ତ୍ୱ, ସପ୍ତମ ତତ୍ତ୍ୱ ହୋନ୍ତି। ଅଷ୍ଟମ ତତ୍ତ୍ୱ ହୋଇଲେ ତାହାକୁ ଚଣ୍ଡ ବୋଲି। ଚଣ୍ଡ ଦ୍ୱାଦଶ ତତ୍ତ୍ୱଯାଏ ହୋଇ (୩)। ତ୍ରୟୋଦଶ ତତ୍ତ୍ୱକୁ ବେତାଳ ବୋଲି। ବେତାଳ ପଞ୍ଚଦଶ ତତ୍ତ୍ୱଯାଏ ହୋଇ (୪)। ଷୋଡ଼ଶ ତତ୍ତ୍ୱକୁ ବିଦ୍ୟାଧର ବୋଲି। ଏ ଅଷ୍ଟାଦଶ ଯାଏ ହୁଅନ୍ତି। ଊନବିଂଶ ତତ୍ତ୍ୱଠାରୁ ଏକବିଂଶ ତତ୍ତ୍ୱଯାଏ କ୍ଷୁଦ୍ରଲିଙ୍ଗ ହୋଇ। ଚତୁର୍ବିଂଶତି ତତ୍ତ୍ୱକୁ ସିଦ୍ଧ ବୋଲି ଏ ଶରୀର ପବନ ସ୍ୱରୂପ ହୋଇ। ଏବଂଭୂତ ପୃଥ୍ୱୀର ସ୍ଥୂଳ ନାନାକାର କଠିନ ଗନ୍ଧ, ଏ ଚାରି ତତ୍ତ୍ୱକୁ ଛାଡ଼ି, ଏକବିଂଶତି ତତ୍ତ୍ୱ ପାଇଅଛି ଯହୁଁ। ବାସୁଦେବର ଭକ୍ତି ରହିଅଛି ତହୁଁ। ପାପର ବଳେ ଭୂତ ହୋଇ (୫) ଦେବତା ପ୍ରଭାବ ହୋଇଅଛି। ଏମନ୍ତେ ଭୂତ, ଅଧିଭୂତ, ମହାଭୂତ, ଦିବ୍ୟଭୂତ ଇତ୍ୟାଦି କରି ପରମ ଭୂତମାନେ ହୁଅନ୍ତି। ଗୁରୁଅଧୀତ ଜ୍ଞାନ ଜାଣିବାର କରି ମହାଭୂତ ପରମେଶ୍ୱରଙ୍କୁ (୬) ବୋଲି। ଅଧିଭୂତ ଈଶ୍ୱରଙ୍କୁ ବୋଲି ସିଦ୍ଧମାନଙ୍କୁ ଦିବ୍ୟଭୂତ ବୋଲି। ଏ ଦିବ୍ୟ ଭୂତରେ ଗଣନାଥ, ଅନିଳ ଖେଚର ହୋଇ।

କାମାନନ୍ଦର ଭୂତ, ପ୍ରେତ, ପିଶାଚ, ଯୋଗୀ, ଦ୍ରାକ୍ଷିଣୀ (୭) ଚଣ୍ଡ, ବେତାଳଗଣ ସହିତ ସୈନ୍ୟରେ ଏବଂଭୂତ ସେନାପତି ହୋଇ। ସେ କାମାନନ୍ଦର ନାମେକ ଇନ୍ଦ୍ର ଅମାତ୍ୟ ହୋଇ। ପାର୍ବତୀ ଏହାକୁ ଭୂତ ଚୂଡ଼ାମଣି ପଦ ଦେଇଅଛନ୍ତି। ଏମନ୍ତେ ସେ ଭୂତ ଚୂଡ଼ାମଣିକି ରାଇ, ହସ୍ତ (୮) ପୈଠ ଦେଇ ପଚାରିଲା ଭୋ ଭୂତ ପୁଙ୍ଗବ! ପୂର୍ବେ ଯାହା ପଚାରିଲ ସେ ଅଭିନବ ଚୈତନ୍ୟ ନାମେ ରୁଦ୍ରଗଣ ପରାଏ କଟକରେ ଜନ୍ମ ହୋଇଅଛି। ଜ୍ଞାନସୁଧାନିଧି ନାମ ବହିଅଛି। ସମସ୍ତ ଶାସ୍ତ୍ରେ

(୧) 'କ'ରେ ଖଡ୍‌ଗ (୨) 'କ'ରେ ପ୍ରଳୟ କଳାମାନଙ୍କରୁ (୩) 'ଖ'ରେ ହୁଅନ୍ତି (୪) 'ଖ'ରେ ହୁଅନ୍ତି (୫) 'କ'ରେ ଭୂତତତ୍ତ୍ୱ ପାଇଲେ ହେଁ (୬) 'କ'ରେ କୃଷ୍ଣଙ୍କୁ (୭) 'କ'ରେ ଯକ୍ଷିଣୀ (୮) 'କ'ରେ ହାତ।

ନିପୁଣ ହୋଇଅଛି । ରୂପ ଗୁଣ ସମସ୍ତଙ୍କୁ ମୋହିଅଛି । ରାଜ୍ୟ ହିଁ ଶୋଭା ପାଉଅଛି । ପୂର୍ବ ଜ୍ଞାନ ହିଁ ତାହାର ପାସୋର ଯାଉଅଛି । ଏହାକୁ ପାଇ ଅବିଦ୍ୟା ମୃତ୍ୟୁସଞ୍ଜୀବନୀ କରଣୀ ଜନ୍ମ ହୋଇଅଛି ।

ଏବେ ସେ କନ୍ୟା କେଉଁ ରାଜା କଟକରେ କେମନ୍ତ ପ୍ରକାରେ ଅଛି (୧) ଏହା କହ । ସେ କଥା କର୍ଣ୍ଣକୁ ଭୂଷଣ ଅଟଇ । ମୋତେ ଆଉ ନ ଘଟଇ ଶ୍ରବଣେ ଅମୃତ ପାନକଲା ପ୍ରାୟେକ ଶୁଣିମି । ମହାବିଦ୍ୟାର (୨) ବଳେ ହରି ଆଣିମି । ଆଲିଙ୍ଗନ କରିବି । ତାହାର ସ୍ତନକଳସ (୩) ଆଶ୍ରେକରି କାମ ଜଳଧି ତରିବି । ତ୍ରୈଲୋକ୍ୟ ସୁନ୍ଦର ଅଛି ତାହାର ତହିଁ । ତାହାକୁ ଭୋଗକଲେ ସେ ସକଳ ସୁଖ ପାଇ । ସେ କି ବିଦ୍ୟାଧର, ସୁରାଙ୍ଗନା ବା, ନାଗାଙ୍ଗନା ବା, କି ଦକ୍ଷ କନ୍ୟା, ଶିବଙ୍ଗନା, ଦିବ୍ୟ ସୀମନ୍ତିନୀ ବା, ବଳିନ ଦେହା, ମୃଗା ଦର୍ଶିନୀ । ହେ ମିତ୍ର ତ୍ରୈଲୋକ୍ୟର ମଧ୍ୟେ ସୁନ୍ଦରୀମାନଙ୍କୁ ମୁଁ ବଳେ ଅପହରି ଆଣିପାରଇ । ସେ ଅବା କେତେ ମାତ୍ରଟି । ତାହାର ଜନ୍ମର ବୃତ୍ତାନ୍ତ ଯେ ପୂର୍ବେ କହିଲୁ ଏବେ ସେ କାହିଁଅଛି କହ । ଏହା ଶୁଣି ସେ ଭୂତ ବୋଇଲା । ଭୋ ଇନ୍ଦ୍ରଜାଲିକ ଯୋଗେନ୍ଦ୍ର ପୁରୁଷ ! ପୂର୍ବେ ଯେମନ୍ତ କହିଲି ସେ ପ୍ରକାର ସେ କନ୍ୟା ଜନ୍ମ ନୋହିଲା (୪) ଈଶ୍ୱର ଆଜ୍ଞାଉଁ ସର୍ବଦା ତାହାର ନବଯୌବନ ସିଦ୍ଧ ହୋଇଲା । ମାନସରୋବର କୂଳେ ତପ କରୁଥା ବୋଲି ପାର୍ବତୀ କହିଲେ (୫) ଥୋକାଏ ଦିନ ଥିବୁ ଯେ ତୋତେ ନେଇ ଆସଇ ତାହାର ସଙ୍ଗତେ ମୃତ୍ୟୁଲୋକକୁ ଯିବୁ । ଧର୍ମଧ୍ୱଜ ରାଜାର ଦୁହିତା ହୋଇବୁ । ତଦନନ୍ତରେ ତୋହର ଭର୍ତ୍ତାକୁ ପାଇବୁ । ତୁ ମୋହର ଦେହରୁ ଜନ୍ମ । ତୋହର ଭର୍ତ୍ତା ଈଶ୍ୱରଙ୍କୁ ସମ । ଏମନ୍ତ ଆଜ୍ଞା ପାଇ ସେ କନ୍ୟା ମାନସରୋବର (୬) କୂଳେ ରହିଲା । ଜଗତ ମୋହିଲା । ଦ୍ୱିତୀୟଚନ୍ଦ୍ର ଉଦୟ ପରା (୭) ମୁଖ ଶୋହିଲା । ମାନସରୋବରେ ପଦ୍ମବନେ ଅଛି । ସେ ସୁବର୍ଣ୍ଣ ପଦ୍ମ ଅଟଇ । କେଶର ପଦ୍ମରାଗ ମାଣିକ୍ୟ, ପୁଷ୍କର ବ୍ରହ୍ମ ଜାତିର ହୀରା, ନାଡ଼ ମର୍କତ ମୃଣାଳ ଶୁଦ୍ଧ ସ୍ଫଟିକ । ପରାଗ ସିନ୍ଦୂର । ମକରନ୍ଦ ଅମୃତ । ପଙ୍କମୃଗନାଭି କସ୍ତୁରୀ । ସେ ପଦ୍ମଜ୍ୟୋତି ଶିଖାମାନେ ଉଠୁଅଛନ୍ତି । ସେ ପଦ୍ମ ଶିଶିରେ ନାଶ ନ ଯାଇ । ଚନ୍ଦ୍ର ଉଦୟରେ ଫୁଟଇ । ସର୍ବଦା ମଳିନ ନ ହୋଇ । ପୁଷ୍ପିତ ହୋଇଥାଇ । ସେ ପଦ୍ମବନକୁ ପବନ ଦେବତା ପଶି ନ ପାରଇ । ଭ୍ରମର ଚୁମ୍ବି ନପାରଇ ।

---

(୧) 'ଖ'ରେ ହୋଇଅଛି (୨) 'କ'ରେ ମହୀନ୍ଦ୍ର ବିଦ୍ୟାର (୩) 'କ' ପର୍ବତ (୪) 'ଖ' ରେ ହୋଇଲା (୫) 'ଖ'ରେ ବୋଇଲେ (୬) 'ଖ'ରେ ଖାଲି ସରୋବର ଅଛି (୭) 'କ'ରେ ଦୁଇ ଚନ୍ଦ୍ର ପରା ।

ଲକ୍ଷ୍ମୀଦେବୀ ଆମର ସ୍ତ୍ରୀମାନଙ୍କୁ ସଙ୍ଗରେ ଘେନି ସେହି ପଦ୍ମବନରେ ବିହରୁଥାନ୍ତି (୧) ଏମନ୍ତ ସେ ପଦ୍ମବନରେ, କ୍ରୀଡ଼ା କରନ୍ତେ ଏକ ଦିନେ ସେ କନ୍ୟାକୁ ଦେଖିଲେ। ଅମୃତ ନୟନେ ନିରେଖିଲେ। ତାହାର ମୁଖ ଚାହିଁ ପୁଣ ପୁଣ ନିରେଖି ଆଶ୍ଚର୍ଯ୍ୟ ପାଇଲେ। ଆଶ୍ଚର୍ଯ୍ୟ ପାଇ (୨) ଆପଣା ଦେହକୁ ଚାହିଁଲେ। ପୁଣି ତାହାର ଦେହକୁ ଚାହିଁଲେ। କାହିଁ ବିଚାରିଲେ ବିଧାତା ସବୁରି ଗର୍ବ ହରଇ। ସେ ନିମିତ୍ତେ ତ୍ରିପୁର ସୁନ୍ଦରୀମାନଙ୍କ ଗର୍ବ ହରିବାକୁଟି (୩) ଏହାକୁ ଜନ୍ମ କରିଅଛି। ସଙ୍ଗତେ ବିହରନ୍ତା ପରିବାରୀ ଅମର ସ୍ତିରୀମାନେ ଲକ୍ଷ୍ମୀଙ୍କି ଚାହିଁ ତା ଦେହକୁ ଚାହାନ୍ତି। ଅନ୍ୟୋନ୍ୟ ଦୁହିଁଙ୍କର ତହିଁ ଚକ୍ଷୁ ହରଇ। ଏମନ୍ତେ ସେ ଲକ୍ଷ୍ମୀଦେବୀ ଆପଣାକୁ ଆପଣେ ଅପରତେ ପାଇ ପରିବାରୀମାନଙ୍କୁ ପଚାରିଲେ। ଆଗୋ ମୁଁ ଏ କନ୍ୟାର ପ୍ରାୟେ (୪) ଦିଶଇ କି। ଏହା ଶୁଣି ବୋଇଲେ ସେମାନେ, ଭୋ ଦେବୀ ତୁ ଜଗତର ଲକ୍ଷ୍ମୀ, ନାରାୟଣର ପାଟମହିଷୀ। ତୁମ୍ଭଙ୍କୁ (୫) ତୁଲାଇବାର ନାହିଁ। ପୁଣି ଏହି ତୋହର ଦୁହିତା ପ୍ରାୟ ଦିଶଇ। ଅବଶ୍ୟ ମାତାର ତହୁଂ ଯୁବାଝିଅ ଶୋଭା ପାଇ। ଏହା ଶୁଣି କମଳା ବିଚାରିଲେ ଏହା ଦେଖିଲେ ନ ପୁଣି ମୋତେ ନାରାୟଣ ଛାଡ଼ନ୍ତି। ପୁରୁଷମାନେ ଭ୍ରମର ପ୍ରାୟେ ସିନା। ନବୀନ ଭଲ ପାଇଲେ ଶରଧା କରନ୍ତି। ଏମନ୍ତ ବିଚାରି (୬) ସେ କନ୍ୟାକୁ ଦୁହିତା କରି କହିଲେ। ବିଚାରିଲେ ମୁଁ ଏହାକୁ ପୁତ୍ରୀ କଲେ ପରମେଶ୍ୱରଙ୍କର ଝିଅ ହୋଇବ। ଆଉ ସେ ଭାରିଯା ନ କରିବେ। ଏମନ୍ତ ବିଚାରି, ସେ କନ୍ୟାକୁ ହକାରି, ଦୁହିତା କରି, ଦିବ୍ୟ ବସ୍ତ୍ର ଅଳଙ୍କାର ଭରି, ଦେବ ସ୍ତ୍ରୀମାନଙ୍କର ପ୍ରାୟେ କରି ସଙ୍ଗେ ଘେନି ବିହରୁଥାନ୍ତି।

ଏମନ୍ତେ ସେ ମେରୁ ପର୍ବତର ଲାଗେ, କାଞ୍ଚନସ୍ଥଳୀ ପୂର୍ବଭାଗେ, ସିନ୍ଧୁଭାବେ ତୀରେ, ମଧୁବେଳା ବନ ନିକଟରେ, ଅନ୍ଧକାର ଭୂମି ପାଶରେ, ପୃଥ୍ୱୀ ତିଳକ ବୋଲି ନାମ କଟକ ବସଇ। ସେ କଟକରେ, ଧର୍ମଧ୍ୱଜ ବୋଲି ରାଜା ଏକ ହୋଇ। ତାହାର କୋକିଳାବତୀ ବୋଲି ପାଟମହିଷୀ। ସେ ରାଜା ଅତ୍ୟନ୍ତ ବୈଷ୍ଣବ ଅଟଇ। ଧର୍ମବନ୍ତ ଅଟଇ। ବାସୁଦେବର ତହିଁ ମନ ବୁଦ୍ଧି ଦେଇ ବାହ୍ୟଜ୍ଞାନ ପାସୋରି ଥାଇ। ଜଡ଼ ଗୋଟିଏ ପ୍ରାୟ ହୋଇଥାଇ ! ସ୍ତ୍ରୀମାନେ ଧରି ସକଳ କର୍ମ କରାନ୍ତି। ଦେଖୁଥିଲେ

---

(୧) 'ଖ'ରେ ବିହାର କରୁଥାଆନ୍ତି (୨) 'ଖ'ରେ ହୋଇ (୩) 'ଖ'ରେ ଗାଳିବାକୁଟି (୪) 'କ'ରେ ପରା (୫) 'କ'ରେ ତୋତେ (୬) 'କ'ରେ ଏବଂଭୂତ।

ହେଁ ନ ଦେଖଇ। ଶୁଣୁଥିଲେ ହେଁ ନ ଶୁଣଇ। ଶୀତ ଉଷ୍ଣ ନ ଜାଣଇ। ଅମାନତ୍ୟମାନେ ରାଜ୍ୟ ଚିନ୍ତା କରୁଥାନ୍ତି। ତିକ୍ତ, ଅମ୍ଳ (୧) କଟୁ, କଷା, ମଧୁର, ଲବଣାଦି ସ୍ୱାଦୁମାନନ୍ତ ନ ଜାଣଇ। ସ୍ତ୍ରୀମାନେ ଯଥୋଚିତ ବେଳେ (୨) ମଣୋହି କରାନ୍ତି। ତୁଣ୍ଡରେ ଗୁଣ୍ଡିଗୁଣ୍ଡି କରି ଭୁଞ୍ଜାଇ ଦିଅନ୍ତି। ସେ ମହାତ୍ମା ବାସୁଦେବର ତହିଁ ମନ ବୁଦ୍ଧି ଦେଇ ଦେହ ଜ୍ଞାନ ଛାଡ଼ି ରାଜା ହୋଇଥାଇ। ଏମନ୍ତେ ସେ ରାଜା ଦିନକର ଏକାଦଶୀ ନିଶିରେ ଉଜାଗର ହୋଇ ବିଷ୍ଣୁଙ୍କୁ ଧାୟୀ ମଥାରେ ମହାଦୀପ ଦେଇ ବସିଅଛି। ଏମନ୍ତର ସମୟେ ଶତ୍ରୁ ସୈନ୍ୟ ଘେନି ବାହିଲା। ରାଜାଙ୍କୁ ଡଗର ଜଣାନ୍ତେ ସେ ରାଜା ସମାଧିରେ କରି ସମାହିତ ହୋଇ ବସିଅଛି। ମୀନ, ଧ୍ୱଜ, ଅଙ୍କୁଶ, ଶଙ୍ଖ, ପଦ୍ମ, ଚକ୍ର, ମତ୍ସ୍ୟରେଖା ଅଙ୍କିତ ଲକ୍ଷ୍ମୀ ଆଶ୍ରୟ ପାଦପଦ୍ମକୁ ଯହୁଁ ଚିନ୍ତା କରୁଅଛନ୍ତି, ତହୁଁକରି କାହାରି ବଚନ ନ ଶୁଣିଲା। ଏମନ୍ତେ ଅମାନାତ୍ୟମାନଙ୍କରେ ଶତ୍ରୁ (୩) ନିବାରଣ ନଗଲା। ନ ଯାନ୍ତେ ରାଜାର ନବରେ ଶତ୍ରୁ ରାଜା ସୈନ୍ୟମାନେ ବେଢ଼ିଲେ। କଟକ ଜୂର କଲେ। ମହାଦେଈମାନେ ପୁନଃପୁନଃ କରି କଳହଂସୀ ସୁସ୍ୱର ପ୍ରାୟେ ଧ୍ୱନି (୪) କ୍ରୀଡ଼ା କରନ୍ତେ ହେଁ ସେ ରାଜାର ସମାଧି ନ ଭାଙ୍ଗିଲା ଯହୁଁ ଶତ୍ରୁ ସୈନ୍ୟମାନେ ଭିତରକୁ ପଶିବାକୁ ଲୋଡ଼ିଲେକ ତହୁଁ। ନଗ୍ରେ ଅଗ୍ନିକି ଲଗାଇବାକୁ ବିଚାର କରନ୍ତେ, ସେ ମହାପ୍ରଭୁ ବାସୁଦେବ ବୈଷ୍ଣବମାନଙ୍କର ମାନନ୍ତ (୫) ରକ୍ଷା କରିବା ନିମନ୍ତେ ସୁଦର୍ଶନ ଚକ୍ରକୁ ଆଗହୁଁ (୬) ଆଜ୍ଞା ହୋଇଅଛି। ଏମନ୍ତେ ସେ ପୁରକୁ ସେହିଦିନୁ ସୁଦର୍ଶନ ରକ୍ଷା କରିଥାଇ। ତିଳାର୍ଦ୍ଧେ ଅବକାଶ ନ ଥାଇ। ଏମନ୍ତେ ସେ ରାଜାର ସ୍ତିରୀ କାମ୍ୟ ନାହିଁ, ମୈଥୁନ ନାହିଁ। ବାସୁଦେବର ତହିଁ ଇନ୍ଦ୍ରିୟମାନଙ୍କୁ ସମର୍ପିଥାଇ। ସ୍ତିରୀଙ୍କୁ ବାସୁଦେବ ବୋଲି ଜାଣଇ। ଦେହ ବୁଦ୍ଧି ଥିଲେ ସେ ମଦନ ବଶକୁ ଯିବ ସିନା। ଏମନ୍ତେ ସେ ରାଜା ଲୟରେ ଥାଆନ୍ତେ ହେଁ ଚକ୍ରର କଉଣସି କଣିକା ମାତ୍ରକ ତେଜରେ ଶତ୍ରୁ ସୈନ୍ୟ ନାଶ ଗଲା।

ଏମନ୍ତ ସେ ରାଜାର ପାଟମହିଷୀ କୋକିଳାବତୀ। ଲକ୍ଷ୍ମୀ ଦେବୀଙ୍କି ଅନେକ ପ୍ରକାରେ ସେବା କରୁଥାଇ। ଅନେକ କାଷ୍ଠାରେ (୭) ସେବା କରନ୍ତେ ଲକ୍ଷ୍ମୀଦେବୀ ପ୍ରସନ୍ନ, ହୋଇଲେ। ଅର୍ଦ୍ଧରାତ୍ରେ ନିବିଡ଼ ଅନ୍ଧକାର ମନ୍ଦିରେ ବସି ମହାଲକ୍ଷ୍ମୀଙ୍କୁ ଧ୍ୟାନ

(୧) 'ଖ'ରେ ଆମ୍ବିଳ (୨) 'ଖ'ରେ କରି (୩) 'କ'ରେ ସୈନ୍ୟ (୪) 'କ' ଖୋଳି (ଗୋଳ?) କରି ଆକର୍ଷି କରି (୫) 'ଖ'ରେ ନାହିଁ (୬) 'କ'ରେ ଅନେକ ପୂର୍ବହୁଁ (୭) 'ଖ'ରେ ସେଠାରେ।

କରନ୍ତେ, ଲକ୍ଷ୍ମୀଦେବୀ ମୂର୍ତ୍ତିମନ୍ତ ହୋଇ ଭୂମିକି ଅଙ୍କ ଛାଡ଼ି ଆସି ପ୍ରବେଶ ହୋଇଲେ। କେମନ୍ତ ପ୍ରକାରେ ହୋଇ (୧) ସହସ୍ର ସହସ୍ର ଚନ୍ଦ୍ର, ସହସ୍ର ସହସ୍ର ସୂର୍ଯ୍ୟ, ସହସ୍ର ସହସ୍ର ବିଜୁଳି, ସହସ୍ର ସହସ୍ର ଅଗ୍ନି, ସହସ୍ର ସହସ୍ର ମାଣିକ୍ୟର ଜ୍ୟୋତି ସମସ୍ତ ରୁଣ୍ଡିଭୂତ କଲେ ହେଁ ସେ ଲକ୍ଷ୍ମୀଦେବୀର କାନ୍ତିକି ସରି ନୋହଇ। ବ୍ରହ୍ମାଣ୍ଡପୁର ଜିଣି ମାଣିକ୍ୟଙ୍କର ଶିଖାମାନେ ଉଠୁଅଛନ୍ତି। ମୁଖପଦ୍ମର ବାସ ଚତୁର୍ଦ୍ଦିଗ ଲୋକଙ୍କୁ ଯାଉଅଛି। ଦେବତାମାନେ କ୍ଷୀର ସମୁଦ୍ର ମନ୍ଥି ଯେଉଁ ଅମୃତ ଜାତ କଲେ, ତେମନ୍ତେ ସହସ୍ର ସହସ୍ର ଅମୃତ ସମୁଦ୍ରମାନ ମନ୍ଥିଲେ ଯେଉଁ ଅମୃତ କଳା ରହିବ ତହୁଁ ବିଶେଷ ଅମୃତ ନିଧି ଅଟଇ। ଏମନ୍ତେ ସେ ଅମୃତ ସମୁଦ୍ରମାନ କୋଟି କୋଟି ହୋଇ ଅଧରାମୃତରୁ ଉଚ୍ଛୁଳିଲା ପରାଏ ହୋଇ ଦିଶୁଅଛନ୍ତି। ଚକ୍ଷୁଅପାଙ୍ଗେ ଚାହାନ୍ତେ ସଚରାଚର ଜଗତଯାକ ସବୁ ଜଉ (୨) ପ୍ରାୟ ହୋଇ ଲବଣୀ ପ୍ରାୟ ହୋଇ ତରଳି ଅନ୍ଧକାରେ ଲୟ ହୋଇ ସୁଷୁପ୍ତିର ପ୍ରାୟେ ଅଜ୍ଞାନ ହୋଇ। ସେ ଅପାଙ୍ଗ କାଉଁରୀ ଦେବୀର କାମଦେବ ଅଟଇ। ନାରାୟଣଙ୍କୁ ହିଁ ସେ ଜନ୍ମ ଦୁଃଖ ଦିଅନ୍ତା ଅଟଇ। ଅନନ୍ତରୂପୀ ପୃଥ୍ୱୀଭରା ସହନ୍ତା ଅଟଇ (୩) ମହୀ କର୍ମଠଙ୍କୁ ଏ ଜଗତଭରା ବହନ୍ତା ଅଟଇ। ନିର୍ଗୁଣ ବ୍ରହ୍ମଙ୍କୁ ହିଁ (୪) ଗୁଣମାନ କରନ୍ତା ଅଟଇ। ସେ ଅପାଙ୍ଗ ଖେଦରେ ତରଳ ତରଙ୍ଗେ ଗତାଗତ ହୁଅନ୍ତେ, ଏ ଚରାଚର ଜଗତ ସେ ଅପାଙ୍ଗ ସଙ୍ଗତେ ଉଦେ ଅସ୍ତ ହୋଇଛନ୍ତି କି ? ସେ ଚକ୍ଷୁର (୫) ଅପାନ୍ତ ଲୀଳାରୁ ବ୍ରହ୍ମା, ଇନ୍ଦ୍ର, ରୁଦ୍ର, ପଦମାନଙ୍କର ଲକ୍ଷ୍ମୀମାନେ ସହସ୍ର ସହିସ୍ର ହୋଇ ସ୍ଫୁରୁଅଛନ୍ତି କି ? ଅମୃତ ଶିକାରମାନେ ପଡୁଛନ୍ତି (୬) କି ? ସେ ଚକ୍ଷୁର କୌଣସି କୋଣ ଭାଗ କରୁଣାର ଚନ୍ଦ୍ର ସୂର୍ଯ୍ୟ ହେଉଛନ୍ତି କି ? ସେ ଚକ୍ଷୁ ଅପାଙ୍ଗ ଲୀଳାରେ ଯେତେ ଚନ୍ଦ୍ର ଅନାଦି ସୃଷ୍ଟି ଠାରୁ ହୋଇଲାଣି ଏବେ ଯେତେ ଚନ୍ଦ୍ର ହୋଇବେ, ଏସବୁ ଚନ୍ଦ୍ରମାନଙ୍କୁ ଏକ କରି (୭) ସବୁଙ୍କର କଳଙ୍କମାନ କାଢ଼ିପକାଇ, ଅମୃତ ସମୁଦ୍ରେ ମିଶାଇ, ବିଶ୍ୱକର୍ମାଙ୍କୁ ଯେ ବସାଇ, ଏକ ଚନ୍ଦ୍ର କରି କହିଲେ ହେଁ ସେ ଲକ୍ଷ୍ମୀଦେବୀର ବଦନଚନ୍ଦ୍ରକୁ ସରି ନୋହି ନିଉଛଣା ପ୍ରାୟେକ ହୋଇବ। ସେ ମୁଖଚନ୍ଦ୍ର ଲାବଣ୍ୟ କହି ଲୋଡ଼ିଲେ ହେଁ ମନ ବୁଦ୍ଧି ଅସ୍ତକୁ (୮) ଯାଇ। ଯେଉଁ ମୁଖପଦ୍ମ ଆଶ୍ରେକରି କାମଦେବ ଜଗତେ ଦେବଦଳନ ପଦ ପାଇଲା। ନାରାୟଣଙ୍କୁ ବନ୍ଦୀ କରିବାକୁ ଦୁଇ କର୍ଣ୍ଣେ ଚକ୍ର ତାଟଙ୍କ ଦୁଇ ଭରିଅଛି। ସେ ତାଟଙ୍କ ଦୁଇ କେମନ୍ତ ଅଟଇ। ଏକ ସଂସାର ଚକ୍ର, ଆରେକ

(୧) 'କ'ରେ ପ୍ରାୟେକ ହୋଇ (୨) 'କ'ରେ ଜଡ଼ (୩) 'କ'ରେ ଅନନ୍ତ ରୂପେ ପୃଥ୍ୱୀଭାରା ନିୟନ୍ତ ଅଟଇ (୪) 'ଖ'ରେ ନାହିଁ (୫) 'ଖ'ରେ ଲକ୍ଷ୍ମୀର (୬) 'କ'ରେ ଉଠୁଅଛନ୍ତି (୭) 'ଖ'ରେ ଗୋଟିଆଇ (୮) 'କ'ରେ ଗ୍ରସ୍ତକୁ।

ଜ୍ଞାନଚକ୍ର। ଏ ଦୁହିଁଙ୍କି ସମପ୍ରକାରେ ଧରିଅଛି। ପୁଣି ସେ ତାଟଙ୍କ ଦୁଇ କେମନ୍ତ ଅଟଇ। ସକଳ ବ୍ରହ୍ମାଣ୍ଡମାନଙ୍କର ଦେବ ଗନ୍ଧର୍ବ ଯକ୍ଷ କିନ୍ନରାଦି କରି ସକଳ କାମଦେବଙ୍କୁ ବନ୍ଦୀକଲୁ ବୋଲି କର୍ଣ୍ଣରେ କହୁଅଛନ୍ତି କି ? ତହିଁ ଥାନ୍ତ ମଣିମାନେ ଦୀପ୍ତିମାନ (୧) ହୁଅନ୍ତେ ତହୁଁ ସକଳ ବ୍ରହ୍ମାଣ୍ଡମାନଙ୍କରେ ଆଦିତ୍ୟ କଣାମାନ ସ୍ଫୁରୁଅଛନ୍ତି କି ? (୨) ଜୀବନ ନିଧିର ପ୍ରାୟେକ ହୋଇ କଣ୍ଠର ଶଙ୍ଖିନୀ (୩) ବର୍ତ୍ତୁଳ ଶରଦଚନ୍ଦ୍ର ପ୍ରାୟେକ ହୋଇ ଧବଳ ମୁକ୍ତାମାଳମାନ (୪) ଶୋଭା ପାଆନ୍ତେ ଦେବତାମାନେ ଅମୃତ ସ୍ନାନ କରାନ୍ତେ ଟୋପି ଟୋପି ହୋଇ ସେ ରହିଅଛନ୍ତି କି ? ସ୍ତନମଣ୍ଡଳ ଦୁଇ ସକଳ ଜଗତ ଜୀବନ ନିଧି ଯେ ଅମୃତ ରତ୍ନ ତହିଁ, ପୂରୋଇଲା ଅଛି କି ? ରୋମ କଣିକାରେ (୫) ଥାନ୍ତା ସ୍ୱେଦ କଣିକାମାନେ କାମ ବ୍ରହ୍ମାଣ୍ଡକୁ କାରୁଣ୍ୟ ଜଳଟି କି ? ସେ ସ୍ତନ ସଂକଟେ (୬) ପଡ଼ି କାମଦେବ ନିମଗ୍ନ ହୋଇଲା କି ? ଗଭୀର ନାଭି ସକଳ ଜଗତର ସକଳ ସୁଖ ଥିବାର ବିବର କି ? ମଧ୍ୟଦେଶ ହିଁ ସେ ନାରାୟଣ, କମାଣିବାର ଅଙ୍ଗୁଳି ସଙ୍ଗତି ବଳୀ କି ? ଚରଣ ଦୁଇ ସମସ୍ତ ବିଦ୍ୟମାନଙ୍କର, ସମସ୍ତ ନିଧିମାନଙ୍କର, ସମସ୍ତ ଐଶ୍ୱର୍ଯ୍ୟମାନଙ୍କର, ସମସ୍ତ ଜନ୍ମ ତପ ଫଳମାନଙ୍କର ଆଶ୍ରିତ ଧାମ କି ? ଚରଣେ ପ୍ରମାଣ କରିବାରୁ କରି ରଙ୍ଗ ଲାଗି ସେ ସୂର୍ଯ୍ୟର ଅରୁଣ କାନ୍ତି କି ? ସମସ୍ତ ଗ୍ରହମାନେ, ସମସ୍ତ ଦେବତାମାନେ, ସମସ୍ତ ଭୂତମାନେ, ସମସ୍ତଙ୍କର (୭) ଧ୍ୟାନ ଚିନ୍ତାମଣି ରତ୍ନ କି ସେ ? ସେ ପାଦପଦ୍ମ ଚାରିପାରୁଶରେ ଅମର ସ୍ୱାମୀନେ ପ୍ରଣିପତ୍ୟ ହୁଅନ୍ତେ (୮) ତାହାଙ୍କର ଚୂଡ଼ାମଣିଙ୍କର ଧବଳଶିଖା ଉଠନ୍ତେ ସେ ପାଦପଦ୍ମ ଧୋଇଲା ପରାଏ ହୋଇଅଛି କି ? ସନ୍ଧ୍ୟାବୋଳିମାନେ ସେ ଚରଣ ହୃଦୟରେ ଧରି କୁଙ୍କୁମ ବୋଳିବାରୁ ସେ ଆରକ୍ତ ପୂରିଅଛି କି ? ସେ ନଖପଂକ୍ତି ପ୍ରକାଶ ହୁଅନ୍ତେ ଅନ୍ଧକାର ଭୂମିରୁ ଅନ୍ଧକାର ଜଡ଼ାଇ ଅଛି କି (୯) ? ପାତାଳ ତଳ ଅନ୍ଧାର ନଖ ଜ୍ୟୋତି ପ୍ରକାଶ କରାଉଅଛନ୍ତି କି ? ଏମନ୍ତେ ସେ ଲକ୍ଷ୍ମୀଦେବୀ। ସେ ଶ୍ୱେତ ପଦ୍ମାସନା ହୋଇ, ଶ୍ୱେତ ମଣି ଲାଇ, ଶ୍ୱେତ ପଙ୍କଜମାଳା ଧରି ଶ୍ୱେତ ପଦ୍ମ ଧରି, ଶ୍ୱେତ ବସ୍ତ୍ର ପିନ୍ଧି, ଶ୍ୱେତ ପୁଷ୍ପ କବରୀରେ ବାନ୍ଧି, ଶ୍ୱେତ ଚନ୍ଦନ ଲିପିହୋଇ (୧୦) ଶ୍ୱେତ ଚାମର ମଣ୍ଡିଲା ରଥରେ ଶ୍ୱେତ ଅଶ୍ୱ ଚାରିଗୋଟା ଯୋଚି, ଶ୍ୱେତ ଗଜ ଚାରିଗୋଟା, ଚାରିପାରୁଶରେ ଶ୍ୱେତ କୁମ୍ଭ

---

(୧) 'କ'ରେ ଜାପ୍ୟମାନ (୨) 'କ'ରେ ପୂରିଅଛନ୍ତି କି ? (୩) 'ଖ'ରେ ଶଙ୍ଖନିଧିରି (୪) 'ଖ'ରେ ମୁକ୍ତା ମାଳେକେ (୫) 'କ'ରେ ସେ ସ୍ତନ ମକରୀରେ (୬) 'ଖ'ରେ ନିକଟେ (୭) 'ଖ'ରେ ସମସ୍ତଙ୍କର (୮) 'କ'ରେ ପ୍ରମାଣ କରି ଶୁଅନ୍ତେ, ବହିରେ କରନ୍ତେ (୯) 'କ'ରେ ଛାଡୁଅଛି କି ? (୧୦) 'ଖ'ରେ ନାହିଁ।

ଚାରିଗୋଟା ଧରି ଉଭା ହୋଇଅଛି। ସେ ଘଟ ଚାରିଗୋଟା ଶ୍ୱେତ ଗଙ୍ଗାଜଳ ଅମୃତ ସହିତ କରି ତ୍ରୈଲୋକ୍ୟ ଚୂଡ଼ାମଣିରେ ଅଭିଷେକ କରାଉଅଛନ୍ତି। ଏମନ୍ତ ହୋଇ ସେ ଲକ୍ଷ୍ମୀଦେବୀ ପ୍ରସନ୍ନ ହୋଇ। ସେ କୋକିଳାବତୀ କତିରେ ଉଭା ହୋଇଲେ। ବର ମାଗ ବୋଇଲେ। ସେ ମହାଦେବୀ ମହାଲକ୍ଷ୍ମୀର ମୁଖକୁ ଚାହିଁ ସେହିକ୍ଷଣେ ଅଜ୍ଞାନ ହୋଇଲା। ମନକୁ ମୋହିଲା। ତ୍ରୈଲୋକ୍ୟ ଶୋହିଲା। ଆନନ୍ଦେ ବୁଡ଼ିଲା। ସ୍ତ୍ରୀ ପୁରୁଷ ବୋଲି ବାରି ନୋହିଲା। ଆଶ୍ଚର୍ଯ୍ୟ ହୋଇଲା। ମୋହ ଯାଇ ଶୋଇଲା (୧) ଚାହିଁ ନୋହିଲା। ଅଦୃଶ୍ୟ ଅପୂର୍ବ (୨) ଦେଖିଲା। ସ୍ତିରୀ ରୂପକୁ ସ୍ତିରୀ ଦେଖି ଢଳିଲା। ଦଣ୍ଡକେ ସଚେତ ହୋଇଲା (୩) କରପତ୍ର ଯୋଡ଼ିଲା। ବୋଇଲା ଭୋ ମାତଃ ! ମୋତେ ଯେବେ ଦେବ ବର। ତୋହର ପ୍ରାୟେକ କରି ସନ୍ତତିଏ କର। ଏହା ଶୁଣି ଗୋସାମଣିଏ (୪) ବୋଇଲେ ହସି। ମୋହର ପରାଏ ହୋଇ ମୁହିଁ ସେ ଅଛି। ଆରେକ ଅବତାର ପାର୍ବତୀ ଦେହରୁ ଜାତ କରିଅଛି। ସେ ମନୁଷ୍ୟ ରୂପ ହୋଇଅଛି (୫) ତୋହର ଭକ୍ତିବଳେ ତାହାକୁ ଦେବି ଗୋ ମୃଗାକ୍ଷି। ଏମନ୍ତ ବୋଲି ସେ ଅବିଦ୍ୟା ମୃତସଞ୍ଜିବନୀ (୬) କନ୍ୟାର ହସ୍ତ (୭) ଧରି ପୂର୍ବ କଥା ସୁମରି ବୋଇଲେ ମୁଁ ଏହାକୁ ଅଛି ଦୁହିତା କରି। ଏ ମୋହର ପ୍ରାଣସରି (୮)। ଅନେକ ଜନ୍ମ କଲା ଗଉରୀ। ଏହାକୁ ବର ପଣେ ଭାଜନ ଶଉରୀ। ମୁଁ ତୋତେ ଏହାକୁ ଦେଲି ଦୁହିତା (୯) କରି। ଏହାକୁ ଅନେକ ଯତ୍ନେ ପ୍ରତିପାଳି ଥିବୁ। ମୋତେ ଯେମନ୍ତ ଦେଖୁ ତେମନ୍ତ ଦେଖିବୁ। ଏହାର ସକାଶଁରୁ ଅନେକ ଶ୍ରେୟ ପାଇବୁ। ଅଯୋନି ଜାତ ଅଟଇ। ଏହାର ଅଙ୍ଗସଙ୍ଗ ପାଇବ ଯେ, ଏ ପୃଥିବୀରେ ଦ୍ୱିତୀୟ ଈଶ୍ୱର ସେ। ଏହାକୁ ତୁ ବଳେ ନ କରିବୁ ବେହା (୧୦) ଏହା ଇଚ୍ଛାଏ ଏ ବରିବ ଯାହା। ଅନେକ ରାଜପୁତ୍ର ଆଣି ସ୍ୱୟମ୍ବର କରିବୁ। ଏହା ମନକୁ ନ ଯୋଗାଇଲେ ବାହୁଡ଼ାଇ ଦେବୁ। ଏମନ୍ତ ବୋଲି ସେ କନ୍ୟାକୁ ସମର୍ପି ଦେଲେ, ଆଲିଙ୍ଗନ କରି କର୍ଣ୍ଣରେ କହିଲେ। ଭୋ ମାତ ! ହାଦେ ଚୈତ୍ର (୧୧) ଶୁକ୍ଳ ତ୍ରୟୋଦଶୀ (୧୨) ଦିନରେ ଶ୍ୱେତ ସରୋବର କୂଳରେ ଯେଉଁ କୁମର ତୋତେ ବିଭ୍ରାନ୍ତ (୧୩) ହୋଇ ଦେଖିବ (୧୪) ଈଶ୍ୱର କରି ସ୍ତନକୁ ବର୍ଣ୍ଣିବ, ତୋହର ଗଳାରେ ଅମୃତମଣି ଲମ୍ବାଇବ, ସେ ତୋହର ଚକ୍ଷୁକୁ ଖଣ୍ଡେନ୍ଦୁ ଚୂଡ଼ାମଣି ପ୍ରାୟେକ ଦିଶିବ। ସେ ତୋହର ଭର୍ତ୍ତାଟି। ଏହି ନିକଟେ ତାହାକୁ ସ୍ୱପନେ ଦେଖୁ ସିନା।

---

(୧) 'ଖ'ରେ ମୋହ ଜାଳେ ମୋହିଲା (୨) 'କ'ରେ ଅଦୃଷ୍ଟପୂର୍ବ ରୂପ (୩) 'ଖ'ରେ ନାହିଁ (୪) 'କ'ରେ ଯୋସାମଣି (୫) 'କ'ରେ ଧରିଅଛି (୬) 'ଖ'ରେ ମୃତସଞ୍ଜିବନୀ କରଣୀ (୭) 'କ'ରେ ହାତ (୮) 'ଖ'ରେ ନାହିଁ (୯) 'କ'ରେ ଝିଅ (୧୦) 'ଖ'ରେ ବିଭା (୧୧) 'ଖ'ରେ ଚଇତ (୧୨) 'କ'ରେ ଚତୁର୍ଦ୍ଦଶୀ (୧୩) 'ଖ' ରେ ସମର୍ପି (୧୪) 'କ'ରେ ନିରେଖିବ।

ଏବଂଭୂତ ଆଜ୍ଞା ଦେଇ ସେ କନ୍ୟାକୁ ରାଜାର ଦୁହିତା ପଣେ (୧) ଥୋଇ, ପରମେଶ୍ୱରଙ୍କ ପାଦପଦ୍ମ (୨) ସେବା କରିବାକୁ ଗଲେ ବେଗ (୩) ହୋଇ। ଆକାଶମାର୍ଗେ ବୈକୁଣ୍ଠକୁ ଗଲେ। ଭୋ ଯୋଗେନ୍ଦ୍ର (୪) ପୁରୁଷ ହାଦେ ଏମନ୍ତ ହୋଇ ସେ କଥା ଅଛି ଅବନୀ ତିଳକ (୫) କଟକରେ। ସେ ଧର୍ମଧ୍ୱଜ ରାଜାର ନଗରେ କୋକିଳାବତୀ ପାଟମହିଷୀ ପୁରେ ବ୍ରହ୍ମ, ଇନ୍ଦ୍ର, ରୁଦ୍ର ଯାହାକୁ ନ ପାରିବେ ମୂର୍ଚ୍ଛି, ଆଉ ଇତର ଲୋକେ ଛାର କି କଥା ଅଛି। ତ୍ରୈଲୋକ୍ୟ ଯାହାକୁ ସୁନ୍ଦର ପଣେ ନ ଘଟଇ ସେ (୬) ପ୍ରାପ୍ତ ଦେବାକୁ ଦୁର୍ଲ୍ଲଭ ଅଟଇ। ସେ ପୁରକୁ ଚକ୍ର ରକ୍ଷା କରିଅଛି। ତୁ ଯେ ପଚାରିଲୁ ଜଗତ ସୁନ୍ଦରୀ ବିଷୟରେ ସର୍ବହୁଁ ଶ୍ରେଷ୍ଠ କେ ଅଛି ବୋଲି (୭) ସେ କଥା ବିସ୍ତାର କରି ମୁଁ କହିଲି ଯାହା ଉପାଏ (୮) କରି ଆଣିପାରିଲେ ଆଣି ତାହା। ଏହା ଶୁଣି ସେ ଇନ୍ଦ୍ରଜାଲିକ ଯୋଗୀ ଅଷ୍ଟ ଐଶ୍ୱର୍ଯ୍ୟ ଭୋଗୀ, ହର ହୋଇଲା। ମିତ୍ରକୁ (୯) ଆଲିଙ୍ଗନ କରି ବୋଇଲା। ମୁଁ ବିନୟ ହୋଇ ବୋଲୁଅଛି (୧୦) ତୋତେ। ସେ ମନ୍ମଥ ସରିତ (୧୧) ନିଧିକି ପ୍ରପାତ କର ମୋତେ। ଏମନ୍ତ ବିଚାରି ସେ ଯୋଗୀ ବୋଇଲା। କାମଦେବର ବଶକୁ ଅଇଲା। ଶୀତଳ ନିଃଶ୍ୱାସ ତପ୍ତ (୧୨) ହୋଇ ବହିଲା। ଭିକ୍ଷା ନ ରୁଚିଲା। ବାଟ ନ ଦିଶିଲା। ଚନ୍ଦ୍ର ରଶ୍ମି ତପତ ଲାଗିଲା। ସକଳ ଶରଧା ଭାଙ୍ଗିଲା। ମଳୟ ପବନ ଦହିଲା। କାମବାଣ ସହିଲା। ଶ୍ରବଣ ମାତ୍ରକେ ମୋହିଲା। ସ୍ୱେଦଧାର ବହିଲା। ମନ କନ୍ୟା ତହିଁ ରହିଲା। ଅପ୍ରାପତ କରି ପ୍ରାପତ କରି କହ୍ଲିଲା।

ଜଗତଯାକକୁ କନ୍ୟାରୂପ କରି ଦେଖିଲା। ମନ୍ମଥ ଅଗ୍ନି ଲାଗିଲା। ହେଠ ଯୋଗ ଭାଙ୍ଗିଲା। ବନ୍ଧ (୧୩) ବିନ୍ଦୁ ତରଳିଲା। (୧୪) ଅନୁବ୍ରତେ ଚନ୍ଦ୍ର ଗଳିଲା (୧୫) କାମପାଶେ ପଡ଼ିଲା। ଷୋଳ ଉମ୍ବରୁ ସଡ଼ିଲା (୧୬)। ଚକ୍ଷୁ ଓଲଟିଲା (୧୭)। ହୃଦୟ ଫୁଟିଲା। ଦର୍ପ ତୁଟିଲା। କାଳ ଭେଟିଲା। ଖଗ ଚନ୍ଦ୍ର ଲାଗିଲା। ନିରନ୍ତରେ ମନ୍ମଥ ଜାଗିଲା। ରସପଙ୍କେ ଲାଖି ତା ଦେହ ହୋଇଲା କ୍ଷିନ୍ନ। ଅଙ୍ଗମାନ କି କାମଦେବ କରୁଅଛି ଭିନ୍ନ। ଏବଂଭୂତ ବିରହ ଅବସ୍ଥା ପାଇ ସେ ଅନିଳ ଖେଚର ଭୂତକୁ ବୋଇଲା। ଭୋ ସଖା ! ସେ କନ୍ୟା ଯେବେ ତହିଁ, ଆମ୍ଭର ଏଥିକି କାର୍ଯ୍ୟ

---

(୧) 'କ'ରେ କରି (୨) 'ଖ'ରେ ନାହିଁ (୩) 'କ'ରେ ବ୍ୟଗ୍ର ବ୍ୟଗ୍ର (୪) 'କ'ରେ ଯୋଗୀନ୍ଦ୍ର (୫) 'କ'ରେ ତିଳେକ (୬) 'କ'ରେ ଏ (୭) 'କ'ରେ ତୁ ଯେ ପଚାରିଲୁ ସେ କନ୍ୟାର କଥା (୮) 'କ'ରେ ଉପାୟ ବଳେ (୯) 'କ'ରେ ମିତକୁ (୧୦) 'ଖ'ରେ ହୋଇଅଛି (୧୧) 'ଖ'ରେ ଶରୀର, 'କ'ରେ ସଜୀବ (୧୨) 'କ'ରେ ଉଷ୍ଣ (୧୩) 'କ'ରେ ବନ୍ଧ (୧୪) 'ଖ'ରେ କୁତୁରିଲା (୧୫) 'ଖ'ରେ ଊର୍ଦ୍ଧ୍ୱ ଶନିଚକ୍ରେ ଚଳିଲା (୧୬) 'ଖ'ରେ ନାହିଁ (୧୭) 'ଖ'ରେ ଲେଉଟିଲା।

ହେବ ରହି। ସେ କଟକକୁ ବୋଲି ବେଗ ଯିବା। ଚନ୍ଦ୍ରକୁ ଅବଜ୍ଞା କରି କନ୍ୟାକୁ ହରି ଆଣିବା। ଏ ଗନ୍ଧର୍ବ; କିନ୍ନର କନ୍ୟାହୁଁ ବଡ଼ ନୋହଇ। ଏମନ୍ତ ବିଚାରି ସେ ଯୋଗୀ ନିଶ୍ୱାସ ବାରି, ଯିବାର ଲଗ୍ନ ବିଚାରି, କାକଚରିତ ଆଚରି, ଜାଳନ୍ଧରୀ ଖଡ଼ି ସୁମରି, ବେତାଳମାନନ୍ତ ହକାରି ଆଜ୍ଞା ଦେଲା। ଅବନୀତିଳକ କଟକକୁ (୧) କଢ଼ାଅ ବୋଲି ବୋଇଲା। ଶଙ୍ଖନାଦ (୨) ବାଇଲା। ଜାଳନ୍ଧରୀ ବିଦ୍ୟାରେ କରି ରଥ ଗୋଟିଏ କରି ସାଜିଲା (୩) ସେ ରଥ ଶୁଦ୍ଧସ୍ଫଟିକର ପ୍ରାୟେ ଦିଶଇ। ରଥଧ୍ୱଜ ପତାକାରେ ବିଜୁଳି ତେଜ ମିଶଇ। ଚାରିଚକ ଧୂମ୍ର ବର୍ଣ୍ଣ (୪) ଦିଶଇ। ରଥ ଭିତରେ (୫) କି ନିର୍ଦ୍ଧୂମ ଅଗ୍ନି ପ୍ରକାଶଇ। କୁହୁଡ଼ି ମେଘଖଣ୍ଡ ପ୍ରାୟେକ ସେ ରଥ ଦିଶଇ ଧ୍ୱନି ମେଘର ଗର୍ଜ୍ଜଇ ପ୍ରାୟେକ ଶୁଭଇ। ସେ ରଥେ ସହସ୍ରେ ପିଶାଚୀ (୬) ଯୋଚିଲା ଅଛି।

ସେମାନେ କେ ହେଠ ମୁଖ, କେ ବ୍ୟାଘ୍ର ମୁଖ, କେ ଶୃଗାଳ, ମୁଖ, କେ ଶକୁନ ମୁଖ, କେ ବିଡ଼ାଳ ମୁଖ, କେ କାକ ମୁଖ, କେ ଅଶ୍ୱ ମୁଖ, କେ ଗୋ ମୁଖ, ଏମନ୍ତ ହୋଇ ସେ ପିଶାଚୀମାନେ (୭) ରଥ ବହିଅଛନ୍ତି। ଏମନ୍ତେ ସେ ଯୋଗୀ ବାୟୁ, ମାହେନ୍ଦ୍ର, ଅଗ୍ନି, ବାରୁଣି ଚାରିବେଳ ବିଚାରି, ବାରୁଣି ବେଳେ ଭୈରବ ସୁମରି ରଥରେ ବସିଲା। ମନେ ମନେ ହସିଲା। ଭୂତଗଣେ ବେଷ୍ଟିତ ହୋଇ ରୁଦ୍ର ପ୍ରାୟେକ ଦିଶିଲା। ଏମନ୍ତେ ସେ କଟକକୁ ଗମନ କରି ଯାଆନ୍ତେ, ଆଗେ ହୋଇଛନ୍ତି ଭୂତମାନେ ମେଘ ମଣ୍ଡଳର ପ୍ରାୟେ ଖଣ୍ଡ ଖଣ୍ଡ ହୋଇ ଧୂମ୍ରବର୍ଣ୍ଣ ହୋଇ ହାତରେ ଗୋରୁହାଡ଼ମାନନ୍ତ ଘେନି ଅଛନ୍ତି। ଘୋର ଧ୍ୱନିରେ ରଡୁଅଛନ୍ତି। ଗଗନ ମାର୍ଗେ ଉଡୁ ଅଛନ୍ତି। ପଥୁକୀମାନଙ୍କୁ ଲାଗୁ ଅଛନ୍ତି। ପଣା ପଏଡ଼ ମାଗୁ ଅଛନ୍ତି। କାହାକୁ ଜଳେ ବୁଡ଼ାଇ ଅଛନ୍ତି। ଧୋବାତୁଠମାନନ୍ତ ଉଡ଼ାଉ ଅଛନ୍ତି। ବାଳକ ପୁଅମାନଙ୍କୁ ଲାଗୁଅଛନ୍ତି। ତାହାଙ୍କ ପଛେ ପଛେ ଅମୋଘ ପ୍ରେତମାନେ ଗୋଡ଼ାଉ ଅଛନ୍ତି। ଏମାନେ ତେର ହାତ ଉଚ୍ଚ ଅଟନ୍ତି। ସୂଚୀ ମୁଖ ଅଟନ୍ତି। ରୁଦ୍ର ପ୍ରମାଣେ ପେଟ ଅଟନ୍ତି। ସେମାନେ ନିରନ୍ତର ତୃଷାର୍ତ୍ତ ହେଉଛନ୍ତି। ଏମାନଙ୍କୁ ଯୋଗୀ ଆଜ୍ଞା ପ୍ରମାଣେ ସମାନାମେ ଚଣ୍ଡ (୮) ପାଣିମାନ ବହି ନିରନ୍ତରେ ଦେଉଛନ୍ତି। ସେ ସୈନ୍ୟଯାକକୁ

(୧) 'କ'ରେ ପୃଥ୍ୱୀ ମୁଖ ତିଳକୁ (୨) 'କ'ରେ ସିଂହନାଦ (୩) 'କ' କଛିଲା (୪) 'ଖ'ରେ ଧୂମ୍ରମୟ (୫) 'ଖ'ରେ ରଥ ଦଣ୍ଡରେ (୬) 'କ'ରେ ପିଶାଚ (୭) 'କ'ରେ ପିଶାଚ (୮) 'ଖ'ରେ ଦଣ୍ଡ।

ସେ ପାଣି ଦେଇ ତାହାରେ ସେ ଏକା ପାଣିମାନନ୍ତ ଦେଇ ହୋଇ। ତଦନନ୍ତରେ ପିଶାଚମାନେ ଚାଲୁଅଛନ୍ତି। ଏକେ ଆରକେ ବୁଲୁଅଛନ୍ତି। ହସ୍ତାର ପ୍ରାୟେ ଝୁଲୁଅଛନ୍ତି। ମର୍କଟର ପ୍ରାୟ ଲୀଳା କରୁଅଛନ୍ତି। ଖାଦ୍ୟ ପଦାର୍ଥ ତ୍ୱରିତ ହରୁଅଛନ୍ତି। ତଦନ୍ତନରେ ବେତାଳମାନେ ହାତରେ ଲୁହାବାଡ଼ି ଗୋଟାଏ ଗୋଟାଏ ଘେନି ପର୍ବତ ପ୍ରାୟେକ ହୋଇ ଚାଲିଅଛନ୍ତି।

ଏକୁ ଆରେକ ବଲୁ (୧) ଅଛନ୍ତି। ତଦନନ୍ତରେ ଚଣ୍ଡମାନ ଚାଲିଅଛନ୍ତି। ସବୁରି ପଛରେ ଚତୁଃଷଷ୍ଟୀ ଯୋଗ୍ନୀମାନେ ପରିବାହୀ ବାହନ ସହିତ ହୋଇଅଛନ୍ତି। ଦୁଇ ପାରୁଶରେ ଚାମର ଧରିଅଛନ୍ତି। ଭୂତ ସେନାପତି ସେ ଅନିଳ ଖେଚର ଗୋଟିଏ ବଡ଼ ଅଶ୍ୱ ସଜକରି ତାହାର ଉପରେ ବସିଅଛି। କେଉଁ ବେତାଳମାନେ ବନରୁ ଧରିଆଣି ତା ଉପରେ ବସିଅଛନ୍ତି। ଏମାନେ, ଭାରିଯା ନାମ ଦ୍ରାକ୍ଷିଣୀ (୨) କୋଳରେ ଧରି ସିଂହନାଦ କରି ପାର୍ବତୀ ସହିତ ରୁଦ୍ରପ୍ରାୟ ହୋଇଯାଉଅଛି। ମହାଭୈରବୀ ଚଣ୍ଡୀମାତୃକାସହିତ ହୋଇ ସାଙ୍ଗେ ସାଙ୍ଗେ ଆସୁଅଛନ୍ତି ! ଭାଟ ପ୍ରେତମାନେ ଡାକୁଅଛନ୍ତି। ଏମନ୍ତେ ସେ ଐନ୍ଦ୍ରଜାଲିକ ଯୋଗେଶ୍ୱର ପୁରୁଷ ଗମନ କରିଯାନ୍ତେ, ପିଶାଚ ଗଣମାନ ଖେଁ ଖେଁ ଧ୍ୱନି କରନ୍ତେ, ଭୂତମାନେ ଫେଁ ଫେଁ କରନ୍ତେ, ବେତାଳମାନେ ସିଂହନାଦ ବଜାନ୍ତେ, ଚଣ୍ଡମାନେ ରେରେକାର ଗର୍ଜନ୍ତେ, ଯୋଗ୍ନୀମାନେ ହୁଁକାରେ ରଡ଼ି ଛାଡ଼ନ୍ତେ, ଡାକିନୀମାନେ ଡାକନ୍ତେ ସମୁଦ୍ର ମନ୍ଥନର ପ୍ରାୟ ଶୁଭୁଅଛି। କି ଗଗନେ ଗନ୍ଧର୍ବ ନଗରେ ମିଶୁଅଛନ୍ତି। କି ନାନାବର୍ଣ୍ଣ ମେଘପଟଳ ପବନେ କରି ଚଳୁଅଛନ୍ତି। ହତଶ୍ରୀ ସମୁଦ୍ର ମନ୍ଥନ କରନ୍ତେ ପ୍ରପଞ୍ଚ ଲକ୍ଷ୍ମୀ ଉପୁଜୁଅଛି। ଏବଂଭୂତ ପ୍ରକାରେ ଗମନ କରନ୍ତେ ଭୂତସେନାପତି, ଅନିଳଖେଚର, ପ୍ରେତ ସେନାପତି, ଅମୁଖ୍ୟ କାପାଳିକ, ମଲ୍ଲ ସେନାପତି ଜାଡୁ ମଲ୍ଲ, ଚଣ୍ଡ ସେନାପତି ଭୈରୀମୁଣ୍ଡ, ବେତାଳ ସେନାପତି କାଳକଣ୍ଠ, ପିଶାଚ ସେନାପତି କପଳ ପୈଶୁନ, ବୀର ସେନାପତି ଧୂମ୍ରଶିଖା, ଯକ୍ଷ ସେନାପତି ମଣିଭଦ୍ର, ବ୍ରହ୍ମଦୈତ୍ୟ ସେନାପତି ରକ୍ତାକ୍ଷ, ଗୁହ୍ୟକ ସେନାପତି କାନ୍ତି ମୁଖ, ଦ୍ରାକ୍ଷିଣୀ ସେନାପତି ଶିବା ମୁଖ, ମାତୃକ ସେନାପତି ମାୟାସମ୍ଭବୀ ଇତ୍ୟାଦି କରି ସମସ୍ତେ ମୁଖରବ ଧ୍ୱନି କରି ବୀର ବେତାଳମାନେ ବାହନ ପରିବାରୀ ସହିତାଦି କରି ବେନି ପାରୁଶେ ଗମନ କରୁଅଛନ୍ତି। ଗଗନମାର୍ଗେ ଭ୍ରମୁଅଛନ୍ତି। ଆକାଶରେ ଡେଇଁ ବ୍ରିକମୁ ଅଛନ୍ତି। ଡାକିନୀମାନଙ୍କୁ

(୧) 'କ'ରେ ବୁଲୁ (୨) 'କ'ରେ ଯକ୍ଷିଣୀ।

ଧରିଅଛନ୍ତି। କଲ ପୋଷାଏ ଭରିଅଛନ୍ତି। ଏମନ୍ତେ ସେ ଐନ୍ଦ୍ରଜାଲିକ ସେନା ଘେନି ଯାଆନ୍ତେ, ଅବନୀ ମୁଖ ତିଳକ କଟକରେ ପ୍ରବେଶ ହୋଇଲା ସପତ ଦିବସ ଅନ୍ତେ, ସେ କଟକ କୋଣେ ଥାଇ ରମ୍ୟସ୍ଥାନ ଦେଖି ରହିଲେ।

ଉତ୍ତମ ନଦୀ ତଟେ ଆମ୍ର ବନେକ ଅଛି। ସେ ବନ ଭିତରେ ହୋଇ ରତିପ୍ରିୟା ଦ୍ରାକ୍ଷିଣୀକି ଆଜ୍ଞା ଦେଇ, ପୁର ଗୋଟିଏ ଭିଆଇ, ଅନ୍ନପୂର୍ଣ୍ଣା ମନ୍ତ୍ର ସୁମରି, କଳ୍ପ ଚିନ୍ତାମଣି ବିଦ୍ୟାରେ ଭରି, ଭୋଗାଦି ପଦାର୍ଥମାନ ଉପୈକ ହୋଇଲା। ସେ ଭୂତମାନନ୍ତ ବଳୀ, ପ୍ରେତମାନନ୍ତ ପୟାଞ୍ଜଳି, ଚଣ୍ଡମାନନ୍ତ କୁଢ଼ କୁଢ଼ କରି, ବେତାଳମାନନ୍ତ ଖଣ୍ଡକ୍ଷୀର ଭରି, ପିଶାଚ ବ୍ରହ୍ମରାକ୍ଷସମାନନ୍ତ ମାଂସମାନ ପୋଡ଼ି, ମଲ୍ଲବୀରମାନନ୍ତ ମଦିରାରେ ଭରି, ଯୋଗୀମାନନ୍ତ ମଣ୍ଡଳବଳୀ କରି, ଅନ୍ନ ବ୍ୟଞ୍ଜନ ସମସ୍ତେ ହେଁ ଖାଇଲେ। ସେଦିନ ତହିଁ ସୁସ୍ଥ ହୋଇ ରହିଲେ। କଙ୍କାଳମୁଖା ବେତାଳକୁ ହକାରି ଗୁପ୍ତକରି ପଠିଆଇଲେ। ସେ ବେତାଳକୁ ଆଜ୍ଞା ହୋଇଲା। ତୁ ଧାତିକାରେ ଯିବୁ। ସୂକ୍ଷ୍ମ ଭାବେ ଯାଇ ପ୍ରବେଶ ହୋଇବୁ। ବଳାବଳ ଦୃଶ୍ୟାଦୃଶ୍ୟ ହାନିଲାଭ ପନ୍ଥା ପନ୍ଥି କନ୍ୟାଥିବା ଭୂମି ମଣି ଆସିବୁ। ସେ ଯୋଗେନ୍ଦ୍ରର ଆଜ୍ଞା ପାଇ, ସେ ବେତାଳ ହରଷ ହୋଇ ବିଡ଼ାଳ ବେଶ ଧରି, ଉଲ୍ଲୁକ ବିଦ୍ୟାରେ କରି, ସେ କଟକେ ପ୍ରବେଶ ହୋଇଲା। ସମସ୍ତ କଥାମାନ ଜାଣି ଅନ୍ତେଶ୍ୱରେ ମିଳିଲା। ଦ୍ୱାରମାନ ଜିଣି କନ୍ୟାରୂପ ଦେଖିଲା ଯହୁଁ, ସେହିକ୍ଷଣି ମୋହ ଯାଇ ପଡ଼ିଲା ତହୁଁ। ଦଣ୍ଡକେ ଚେତା ପାଇଁ ଧୈର୍ଯ୍ୟ ହୋଇ ବୋଇଲା ଆହୋ ଦୁତୀ ପାର୍ବତୀ ତ ଏ। କନ୍ୟା ପୃଥ୍ୱୀକି ଧନ୍ୟ ଧନ୍ୟ। ସମସ୍ତ ଭୋଗ ଭୋଗୀ। ଏହା ପାଇଁ କିମ୍ପା ନ ମରିବ ଯୋଗୀ। ଏମନ୍ତ ବିଚାରି ସେ ନବର ଭିତରେ ରହିଲା ଦୀନାଚାରି। ଭଲ ପଦାର୍ଥମାନ ମଞ୍ଜାରିରୂପେ ଖାଇଲା। କନ୍ୟାର ସକଳ ଚେଷ୍ଟାମାନ ମଣିଲା। ଏମନ୍ତେ ସକଳ କଥାମାନନ୍ତ ବୁଝିଲା।

ପଞ୍ଚ ଦିବସ ଭିତରେ ଯୋଗୀ ଛାମୁରେ ମିଳିଲା। କରପତ୍ର ଯୋଡ଼ି ବୋଇଲା। ଭୋ ନାଥ! ତୋହର ଆଜ୍ଞା ପ୍ରମାଣେ ଗଲି। ଗୁପ୍ତ ରୂପ ଧରି ନଗରେ ପ୍ରବେଶ ହୋଇଲି। ନିରନ୍ତରେ ରଥ ଗଜ ଅଶ୍ୱରେ ପୂର୍ଣ୍ଣ, ପଦାତି ରଥୀ ମହାରଥୀରେ ପୂର୍ଣ୍ଣ ସମୁଦ୍ର ପ୍ରାୟେ କଟକ ଶୋଭା ପାଉଅଛି। ପଟହ ଭେରୀ ବାଜୁଅଛି। ହାଟ ପେଣ୍ଠମାନ ପରିମଳ ଅଟଇ। ରାଜମାର୍ଗେ ନିତମ୍ବିନୀ ସ୍ତ୍ରୀମାନେ ରାଜହଂସୀ ପ୍ରାୟେକ ଗମନେ

ଶୋଭାପାଉଅଛନ୍ତି । ନଗର ଭିତରେ ପାଇବାକୁ ବହୁତ ଲୋକମାନେ ରକ୍ଷୀ ଅଛନ୍ତି । ପ୍ରଥମ ସିଂହଦ୍ୱାରେ ଚତୁର୍ଦ୍ଦଂଷ୍ଟ୍ରା । କେବଣ ଦ୍ୱାରେ ଯକ୍ଷମାନ ହେଉଅଛି । ଶ୍ୱେତବର୍ଣ୍ଣ ପର୍ବତ ଶୃଙ୍ଗପ୍ରାୟେକ ଦଶସହସ୍ର ମତ୍ତଗଜ ସେ ଦ୍ୱାରେ ଅଛନ୍ତି । ତାହାଙ୍କର ମଦଧାରାମାନ ପଡ଼ିବାରୁ କରି ପଥ ପିଚ୍ଛିଳ ହୋଇଅଛି । ପୁଣି ସେ ଦ୍ୱାରେ ବାୟୁ ବେଗ ଅଶ୍ୱେଛନ୍ତି । ଆର ଦ୍ୱାରେ ଅମାନାତ୍ୟେ ଅଛନ୍ତି । କାହିଁ ରଥ ଘର ଛତ୍ର ଆକାର, କାହିଁ ଦିବ୍ୟ ଘର, ସହସ୍ର ଘର, ହେମ ଘର । ଏଣେ କରି ପୁରୁଷ ବୃତ ହେଉଅଛି । ଉତ୍ତମ ବଳ ଗୋଟାଏ ନଗର ରକ୍ଷା କରିଛନ୍ତି । ମୁହିଁ କଷ୍ଟେ କଷ୍ଟେ ଭିତରେ ପଶିଲି । ଅନ୍ତଃପୁରେ ପ୍ରବେଶ ହୋଇଲ । ତହିଁ ସେ କନ୍ୟା ଅଛି । ତାହାକୁ ଦେଖିଲେ ଇନ୍ଦ୍ର, ବ୍ରହ୍ମା, ରୁଦ୍ର, ନପାରିବେ ମୂର୍ଚ୍ଛି । ମୁହିଁ ତା ମୁଖ ଦେଖିବା ମାତ୍ରକେ କାମଶର ଅଜ୍ଞାନ କଲା । କନ୍ୟାର ଅପାଙ୍ଗ ଅଗ୍ନିରେ ଘୃତ ଭାଣ୍ଡ ପ୍ରାୟେକ ହୋଇ ତରଳି ମରୁଥିଲି । କଷ୍ଟେ କଷ୍ଟେ ପ୍ରାଣ ପାଇ ଜିଇ ଅଇଲି । ସେ କନ୍ୟା ସ୍ୱପ୍ନେ ଏକ ଦିନକେ ଦିବ୍ୟ ପୁରୁଷେକ ଦେଖିଲା । ଦେଖି ଅତ୍ୟନ୍ତ ବିରହ ହୋଇଲା । ତାହାର ସଖୀ ଯେ ଚିତ୍ରବତୀ ସେ ମନ୍ତ୍ରୀ ଦୁହିତା । ସେ ତାହାକୁ ସକଳ ଭୁବନ ଯୁବାମାନଙ୍କୁ କହିଲା । ଚିତ୍ରପଟ ଲିହି ଦେଖାଇଲା । କାହାର ରୂପକୁ ନ ଭଜିଲା ଯହୁଁ । ରୁଦ୍ର ସୁଧାନିଧି କୁମରକୁ ଚିତ୍ରପଟେ ଲିହି ଦେଖାଇଲା ତହୁଁ ।

ସେ କୁମରକୁ ଦେଖି ଲଜ୍ଜା ପାଇ କନ୍ୟା ମଥା ପୋତିଲା । ହରଷ ହୋଇଲା ଏହି ସେ ପ୍ରାଣେଶ୍ୱର ମୋହର ବୋଲି ବୋଇଲା । ଶୁଦ୍ଧସ୍ଫଟିକ କାନ୍ଥରେ ମୃଗନାଭି କସ୍ତୁରୀ ଘେନି କୁମରକୁ ଲିହି ନିରନ୍ତରେ ଭାବୁଥାଇ । ଆନ କଥାରେ ରସ ନପାଇ । ସ୍ତନ ମଣ୍ଡଳର ମଧ୍ୟେ ତାହାକୁ ଆରୋପି ଉପଭୋଗ କରୁଥାଇ । ମନେମନେ ଆଲିଙ୍ଗନ କରୁଥାଇ । ସଖୀମାନେ ନିବର୍ତ୍ତ କରାଇ ବୋଧୁଥାନ୍ତି । ତାହାର ମନଜ୍ଞାନ ସ୍ୱପ୍ନ ବୃଦ୍ଧି ରୁଦ୍ର ସୁଧାନିଧି ତହିଁ ସେ ଥାଇ । ଏତେବେଳେ ସରିକି କଥା ଏମନ୍ତ । ଏବେ ଉପରକୁ କାର୍ଯ୍ୟ ବିଚାର କରିବା ଯେମନ୍ତ । ଏ ବଚନ କରିବା ମାତ୍ରକେ କାମାନନ୍ଦ ଯୋଗରେ ବିରହ ବାଧା ଦୁଗୁଣ ହୋଇଲା । ଅଗ୍ନିରାଶି ଯେମନ୍ତ ଘୃତଧାରା ପାଇଲା । ଅତି ଆକୁଳ ହୋଇ କାମ ପୀଡ଼ା ପାଇ ସେନାପତିମାନଙ୍କୁ ଘେନି ବିଚାରୁଅଛି । କିସ ଉପାୟେ କରିବା । ଏମନ୍ତ ଶୁଣି ଜଣେ ବୋଇଲା ବଳେ ଆଣିବା । ଆରେକ ବୋଇଲା ଧନ ଦେଇ କିଣି ଆଣିବା । କେ ବୋଇଲା ଭେଳିକି ଲଗାଇବା ।

କେ ବୋଇଲା ରାଜାକୁ ଲାଗିବା । କନ୍ୟାଦାନ ମାଗିବା । କେ ବୋଇଲା ନଗ୍ର ପୋଡ଼ିବା । କେ ବୋଇଲା ବାଳକଙ୍କୁ ଲାଗିବା । କେ ବୋଇଲା ମୋହନ କରିବା । ଉଲୁକ ବିଦ୍ୟାରେ କରି ଖଟ ସହିତେ ମୁଣ୍ଡିଆଇ ଆଣିବା । କେ ବୋଲଇ କୁହୁକ କରିବା । କେ ବୋଇଲା ଇନ୍ଦ୍ରଜାଲ ଦେଖାଇବା । କେ ବୋଇଲା ମହାଦେବୀକି ଲାଗିବା । ସମସ୍ତ ଲୋକଙ୍କୁ ଘଉଡ଼ାଇ ଦେଇ ସେ କନ୍ୟା ଆଣିବା । କେ ବୋଲଇ ଅନ୍ଧକାର କରିବା । କରିଖଟ ମୁଣ୍ଡିଆଇ ଆଣିବା । କେ ବୋଇଲା ମହାଦେବୀକି ଅବତାର କରିବି । ସେ ସୁକେଶୀ କି ତୋ ସାଙ୍ଗେ ସମ କରାଇବି । ଦ୍ରାକ୍ଷିଣୀମାନେ ବୋଇଲେ ଆଣିମୁଁ ମୋହି । ତାହାର ଇଚ୍ଛାଏ ଆସିବ ଏକା ହୋଇ । ଅନିଳଖେଚର ବୋଇଲା ମୁଁ ପବନ ସ୍ୱରୂପ ହୋଇ କଟକଯାକ ଦେବି ଉଡ଼ାଇ । କଙ୍କାଳମୁଖ ଏକା ମୋହର ସଙ୍ଗତେ ଥିବ । ଉଡୁ ଉଡୁ କନ୍ୟାକୁ ଧରି ଆଣିବ । ଏବଂଭୂତ ବିଚାର କରନ୍ତେ ଭୂତମାନେ ବୋଇଲେ କିମ୍ପା ତୁ ଆନ ଧରୁ । କଟକଯାକ ଆମେ ମୁଣ୍ଡିଆଇ ଆଣିପାରୁଁ । ଚଣ୍ଡମାନେ ବୋଇଲେ ଆମ୍ଭେ ଯୁଦ୍ଧ କରିବୁଁ । ଶର ସନ୍ଧାନ କରି କନ୍ୟାକୁ ଆଣିମୁଁ । ଯୋଗୀ ବୋଇଲା ବ୍ରହ୍ମଦୈତ୍ୟ ଜଣେ ପଠିଆଇବା । ସେ କନ୍ୟାକୁ ଲାଗୁ । କାହାରି ବୋଲେ ନଛାଡୁ । ଆମ୍ଭେ ରାଉଳ ପଣେ ଯିବୁଁ । ସତ୍ୟ କରାଇ ସେ କନ୍ୟାକୁ ଆଣିମୁଁ । ସୁନ୍ଦରୀ କି ସେ ସମର୍ପି ଦେଲେ । ଏ ବ୍ରହ୍ମରାକ୍ଷସ ଆସିବ ଆମ୍ଭର ତୁଲେ । ନୋହିଲେ ବୋଲିବୁ ଘେନିମି ପ୍ରାଣ । ଏହି ବିଚାର ସେ ଅଟଇ ପ୍ରମାଣ । ଏମନ୍ତ ବିଚାରି ସେ ଭୂତ ସୈନ୍ୟକୁ ପେଷିଦେଲା । ବାର ସହସ୍ର ଆଠଶ ଭୂତ ଗଣିତା ହୋଇଲା । ସେ ଭୂତମାନଙ୍କୁ ଆଜ୍ଞା ଦେଲା । ତୁମ୍ଭେ ଅନ୍ତଃପୁରମାନଙ୍କୁ ଗଣିତା ଲାଗି ବୋଇଲା । ଥୋକାଏ ଲାଗିବ ଅମାତ୍ୟମାନଙ୍କୁ । ଥୋକାଏ ଲାଗିବ ଜନ ପ୍ରଜାଙ୍କୁ । ବେତାଳମାନଙ୍କୁ ବୋଇଲା ହସି । ତୁମ୍ଭେ ହସ୍ତୀ ଘୋଡ଼ା ଫେଡ଼ିଦିଅ ପଶି । ଚଣ୍ଡମାନଙ୍କୁ ବୋଇଲା ତୁମ୍ଭେ ଯିବ । ନଗ୍ର ଆକ୍ରାନ୍ତେ ଅଗ୍ନି ଜାଳିବ । ପିଶାଚମାନଙ୍କୁ ଡିଆରି କହିଲା । ବାଳ ପୁଅମାନଙ୍କୁ ଡରାଅ ବୋଇଲା । ଯୋଗ୍ନୀମାନଙ୍କୁ ଆଜ୍ଞା ଦେଲା ରାଇ । ଅନ୍ତରୀକ୍ଷେ ଧ୍ୱନି କରିବ ଚମତ୍କାର ହୋଇ । ଉପସର୍ପ ନାମ ଦ୍ରାକ୍ଷିଣୀକି ବୋଇଲା । ତୁ ଯିବୁ ହାତୀ ଘୋଡ଼ା ସୈନ୍ୟ ହରି ଆଣିବୁ । ବେତାଳମାନଙ୍କୁ ବୋଇଲା ତୁମ୍ଭେ ଅଦୃଶ୍ୟ ହୋଇବ । ଅନ୍ତେଶ୍ୱର ପୁରଯାକ ବୁଲୁଥିବ । ସହସ୍ର ସହସ୍ର ହୋଇ ଭୟ କରାଇବ । ଖାଇବ ନାହିଁ । ଅନିଳଖେଚର ଭୂତକୁ ବୋଇଲା । ତୁ ବେଗେ ପବନ

ରୂପ ହୋଇବୁ। ତୁଳା ପରାଏ କରି କନ୍ୟାକୁ ଉଡ଼ାଇ ଆଣିବୁ। ଉଗ୍ରଚଣ୍ଡୀ ମୁଖକୁ ବୋଇଲା ତୁ ଥିବୁ ଲୁଚି। ଏ ଗୋଳମାଳ ହୋଇଲେ ମୋତେ ନେବୁ ଡାକି। ବ୍ରହ୍ମକୁମାର ଚଣ୍ଡକୁ ବୋଇଲା ତୁ ଏହିକ୍ଷଣି ଯିବୁ। କାହାରି ଘରେ ଚୁଲି ଜାଳି ନଦେବୁ। ଶକୁନିକି ବୋଇଲା ଧାତିକାରେ ଯିବୁ ଧାଇଁ। ପାଣି କୁମ୍ଭମାନଙ୍କୁ ଦେବୁ ଜଳରେ ବୁଡ଼ାଇ। ସୂଚୀ ମୁଖକୁ ବୋଇଲା ସୂଚୀ ମୁଖେ ହାଣ୍ଡି କଣା କରିବୁ। ବେଳ ପଡ଼ିଲେ ସେ କନ୍ୟାକୁ ଆଣିବୁ। ମାଗୁଣି ଚଣ୍ଡୀକୁ ବୋଇଲା ସହସ୍ର ସହସ୍ର ଶାଗୁଣା ଘେନି କଟକରେ ଉଡୁଥିବୁ। ଚିଲ ଯେମନ୍ତ ମାଂସ ଘେନି ଯାଇ ଝାମ୍ପି। ତୁହି ବେଳ ପଡ଼ିଲେ କନ୍ୟାକୁ ଆଣିବୁ ରାମ୍ପି। ଭାରିଯା ନାମ ଦ୍ରାକ୍ଷିଣୀକି ବୋଇଲା। ତୁ ଯିବୁ। କନ୍ଧରୁ ତାହାର ଲକ୍ଷ୍ମୀ ହରି ଆଣିବୁ। ଜାଡୁ ମଲ୍ଲକୁ ହକାରି ଦେଲା ଉପଦେଶ। ରାଜାର ହୃଦୟରେ ଯାଇ ହୋଇବୁ ତୁ ପ୍ରବେଶ। ପ୍ରେତମାନଙ୍କୁ ବୋଇଲା ତୁମ୍ଭେମାନେଯିବ। କନ୍ୟା ପ୍ରାପତ ହୋଇବା ଯାଏ ଭୟ ଦେଖାଉଥିବ। ସୁଷୁପ୍ତି ଭ୍ରାନ୍ତିମାନେ ହେଉଥିବେ ଚିତ୍ତେ। ଗୋରୁହାଡ଼ମାନ ମାରୁଥିବ ନିତ୍ୟେ। ଶୃଗାଳମୁଖୀ ଚଣ୍ଡକୁ ବୋଇଲା, ତୁ ହାଦେ ଭାଲୁ ସ୍ୱରୂପ ହୋଇବୁ। ନଗର ଚାରିପାରୁଶରେ ଭୟ ଦେଖାଇବୁ। ଇଷ୍ଟପଦ ମାତୃକାମାନଙ୍କୁ ଆଜ୍ଞାଦେଲା। କନ୍ୟା କ୍ରୀଡ଼ା ନଦୀରେ ରତ୍ନ ଜଡ଼ିତ ହୋଇ ନାବ ସ୍ୱରୂପେ ଥିବୁ। କନ୍ୟା ବସିଲେ ବୁଡ଼ାଇ ଆଣିବୁ। ଚତୁଷଷ୍ଠୀ ଯୋଗ୍ନୀକି ବୋଇଲା ହର୍ଷେ। କନ୍ୟାର ତୋଟାପୁରେ ତୁମ୍ଭେ ମଣ୍ଡପ ହୋଇଥିବ। ମଣ୍ଡପେ ବସିଲେ କନ୍ୟା ଉଡ଼ାଇ ଆଣିବ ଆକାଶେ। ଏମନ୍ତ ପ୍ରକାରେ ଉପାୟମାନ ସମସ୍ତଙ୍କୁ ଦେଇ। ତୁନି ହୋଇ ରହିଲା ସେ କନ୍ୟାକୁ ଚିତ୍ତେ ଧ୍ୟାୟି। ସେ ଯୋଗ୍ନୀର ଆଜ୍ଞା ପ୍ରମାଣେ ସମସ୍ତେ ହେଁ ଗଲେ। କଟକ ଗୋଟାରେ ପଶି ଅରିଷ୍ଟି ଉତ୍ପାତ ଭୟ ଗୋଳମାଳମାନ ଜାତ କଲେ। ଅନ୍ତପୁର ଗୋଳ ସବୁହୁଁ ବଳିଲା। ବାହାରେ ଏକ ଘର ଛାଡ଼ି ଆରକ ପକାଇଲା। ହାତୀମାନେ ଫିଟି ବୁଲିଲେ ଦାଣ୍ଡେ। ଉଲଗ୍ନ ହୋଇଲେ ସ୍ତିରୀମାନେ ବସନ ବାନ୍ଧିଲେ ମୁଣ୍ଡେ। ବାଳପୁଅମାନେ ନିରନ୍ତରେ ରଡ଼ିଲେ। ଧ୍ୱଜ ପତାକାମାନ ଛିଡ଼ିପଡ଼ିଲେ। କେବଣ ଲୋକମାନେ ଭୂମିରେ ଗଡ଼ିଲେ। କାକ ଶୃଗାଳମାନ ନିରନ୍ତରେ ଉଡ଼ିଲେ। କେଉଁଆଡ଼େ ସୈନ୍ୟବଳ ଦିଶଇ। କେଉଁଆଡ଼େ ଅନ୍ଧକାର ମିଶଇ। କେଉଁଆଡ଼େ ସର୍ପେ ପୂରିଲେ। ଚାରିକତିରେ ବୋବାଳି ଛାଡ଼ିଲେ। ସ୍ତ୍ରୀମାନେ ଅବତାର ହୋଇଗଲେ। ନଗର ଭିତରେ ଅଗି ଲାଗିବ ବୋଇଲେ। ଯେବଣ

ଅମାନତ୍ୟମାନେ ଭଲକରି ଲୋଡ଼ନ୍ତି। ତାହାର ବାଳ ଧରି ବେତାଳମାନେ ପାଡ଼ନ୍ତି। କେଉଁ ଭୂତମାନେ ଗୋରୁ ପ୍ରାୟେ ହୋଇ ରଡ଼ି ଛାଡ଼ନ୍ତି। ସୁନ୍ଦରୀମାନଙ୍କୁ ବିବସ୍ତ୍ରେ ଉପଭୋଗ କରନ୍ତି। ହୁଙ୍କାର ମୁଖୀ ନାଦ ଛାଡ଼ିବାର ଶବଦେ, ଯେବଣ ଅମାନତ୍ୟମାନେ ଆକାଶ ହିଁ ପୂରିଅଛି ଗୋଳନାଦେ। ଘୋଡ଼ା ହାତୀ ମନୁଷ୍ୟରେ ହୋଇଲା ଗହଳ। ହୁରିଆ ଜୂରିଆଏ କଲେକ ଗୋଳ। ସକଳ ଉତ୍ପାତ ଅରିଷ୍ଟର ଉତ୍ପାତମାନ ଦେଖି। ଲୋକେ ପଳାଉଅଛନ୍ତି ହୋଇଣ ମନେ ଦୁଃଖୀ। କେ ବୃକ୍ଷମାନଙ୍କେ ଉଠୁଅଛନ୍ତି। କେ କପାଟ କିଳି ପଶୁଅଛନ୍ତି। କେ ଜଳ ଭିତରେ ରହୁଅଛନ୍ତି। କେ ଆଟୁଗମ୍ଭିରୀରେ ବସୁଅଛନ୍ତି। କେ ଆଳି, ମାଳିମାନ ଲୁଚାଉଅଛନ୍ତି, କେ ପର୍ବତ ଗୁହାକୁ ପଳାଉ ଅଛନ୍ତି। କେ ଅରିଷ୍ଟ ବୋଲି ଡାକୁଅଛନ୍ତି। କେ ନରସିଂହ ନରସିଂହ ଭାଷୁଅଛନ୍ତି। ଏମନ୍ତରେ ନଗର ଭିତରେ ପଶି ରଜାକୁ ହିଁ ବ୍ରହ୍ମ ଦୈତ୍ୟ ଆକର୍ଷି ଅଛନ୍ତି। ବିଷ୍ଣୁ ତେଜେ ଆହାବି ନପାରନ୍ତି। ଯୋଗୀ ଆଜ୍ଞାରୁ କରିଅଛନ୍ତି ଆବୋରି। ଏବଂଭୂତ ପ୍ରକାରେ ବାହାରେ ଭିତରେ ଗୋଳ ବାଜିଲା ଯହୁଁ। ରାଜା ଚିନ୍ତା ପାଇ ବାସୁଦେବଙ୍କୁ ସୁମରଣା କଲା ତହୁଁ। ସୁଦର୍ଶନ ଚକ୍ର ସେହିକ୍ଷଣି ଜାଣିଲେ। କୋଟି ସୂର୍ଯ୍ୟ ତେଜ ହୋଇ ସେହିକ୍ଷଣି ଅଇଲେ। ସେ ଚକ୍ର କେମନ୍ତ ଅଟଇ। ମହାଶକ୍ତି ଅଟଇ। ଦିବ୍ୟ ଜ୍ୟୋତିହିଂ ଅଟଇ। ଅନନ୍ତ ବୀର୍ଯ୍ୟ ଅଟଇ। ସମସ୍ତଠାରେ ଉଦେ ହୁଅନ୍ତା ଅଟଇ। ଅମୋଘ ଅଟଇ। ସେ ଚକ୍ର ବାସୁଦେବର ଆଜ୍ଞା ପ୍ରମାଣେ ବୈଷ୍ଣବମାନଙ୍କୁ ରକ୍ଷା କରିବା ନିମିତ୍ତେ ଗୁପ୍ତ ହୋଇ ବୈଷ୍ଣବମାନଙ୍କ ସନ୍ନିଧରେ ଥାଇ। ଏମନ୍ତେ ସେ ରାଜା ସୁମରିଲାକ ଯହୁଁ। ସେ ଚକ୍ର କେହ୍ଣସି ତେଜ କଣିକାମାତ୍ର ଉଦେ ହୋଇଲାକ ତହୁଁ। ପ୍ରଳୟ କାଳରେ ଅଗ୍ନି ରଶ୍ମିକି ତେଜ ପ୍ରକାଶିଲେ। ଭୂତମାନେ ଯେ ଯହିଁ ରହୁଥିଲେ ଦରପୋଡ଼ା ହୋଇ ଫେ ଫେ ନାଦକରି ପଳାଇଲେ। ଚକ୍ରତେଜକୁ ଚାହିଁ, ମୂର୍ଚ୍ଛାଗତ ହୋଇ, ଗତପ୍ରାଣ ପାଇ, ଚଢ଼େଇ ପ୍ରାୟ ହୋଇ ଉଡ଼ି ବିକଳେ ପଳାଇଲେ। ବ୍ରାହ୍ମରାକ୍ଷସମାନେ ପୋଡ଼ିମଲେ। ଯୋଗ୍ନୀ ବେତାଳମାନେ ତ୍ରାହି ତ୍ରାହି ବୋଲି କଷ୍ଟ କଷ୍ଟ ହୋଇଗଲେ। ମୂର୍ଚ୍ଛଗତ ପୁଣି ପ୍ରାଣ ପାଇଲେ। ଅମୋକ୍ଷ ପ୍ରେତମାନେ ପ୍ରେତ ଦେହ ଛାଡ଼ି। ଚକ୍ରରେ ପୋଡ଼ନ୍ତେ ବସିଲେ ସ୍ୱର୍ଗପୁର ମାଡ଼ି। ଏମନ୍ତେ ସେ ସବୁ ବରଗଣିଆମାନେ ଯାଇ। ଯୋଗୀ କତିରେ ପଡ଼ିଲେ କଚାଡ଼ି ହୋଇ। କେ ଇଶି ଇଶି ଶୋଷେ ବୋଲୁଅଛି। କେ ପାଣି ପିଉଅଛି। କେ ନାନା ରଡ଼ି

ଛାଡୁଅଛି। କେ ପୋଡ଼ା ଦାଢ଼ି ଘଷୁଅଛି। କେ ଯୋଗୀ କି ଛାଡ଼ି ବନ ମାର୍ଗରେ ପଳାଉଅଛି। କେ ଅଚେତନ ହୋଇ ପଡୁଅଛି। କାହା ଦେହରୁ ପ୍ରାଣ ଛାଡୁଅଛି। କେ ମାଙ୍କଡ଼ ଦାନ୍ତି ଦେଉଅଛି। କାହା ଦେହରୁ ସବୁ କାନ୍ତି ତୁଟିଅଛି। କେ ମୁହଁ ମାଡ଼ି ଶୋଇଅଛି। କାହା ଦେହର ଆକୃତି ସରିଅଛି। କାହାର ଆଖି ଦୁଇ ଫୁଟିଅଛି। କାହାର ରୋମମାନ ପୋଡ଼ିଯାଉଅଛି। ଏମନ୍ତ ସେ ସୈନ୍ୟର ଆକୁଳ ଦେଖି। ଯୋଗୀ କୋପ ମୁଖେ ଚାହିଁଲା ବେନି ଆଖି। ରକ୍ତ କୁମୁଦର ପ୍ରାୟ ବୁଲାଇଲା ବେନି ନୟନ। କାହାର ଗର୍ବ ହୋଇଲା ଭାଙ୍ଗିଲା। ଏ ମୋହର ସୈନ୍ୟ। ଯୋଗ୍ନୀମାନଙ୍କୁ ପଚାରିଲା ଯୋଗୀ। ଏ କିମ୍ପା ହୋଇଲେ ଏଡ଼େ ବି ଦୁଃଖ ଭାଗୀ। ଯୋଗୀର ବଚନ ଶୁଣି। କରପତ୍ର ଯୋଡ଼ି ବୋଲୁଅଛି ଦାଢ଼ି ପୋଡ଼ା ଭୂତ ଚୂଡ଼ାମଣି। ହାଦେ ଭୋ ନାଥ ! ତୋହାର ଆଜ୍ଞା ପ୍ରମାଣେ ଗଲୁ। ଅନେକେ ପ୍ରକାରେ ବିଘ୍ନ ମାନନ୍ତ କଲୁ। କନ୍ୟାକୁ ହରି ଆଣିବାର ବେଳେ। ଅଦ୍ଭୁତ ଚକ୍ରାକୃତି ହୋଇ ଏକ ବସ୍ତୁଏ ଦିଶିଲା ଆକାଶ ମଣ୍ଡଳେ। ସେ କଲାନ୍ତକ କାଳଚକ୍ର। ଯାହା ଦେଖିଲେ ଡରଇ ଶତ୍ରୁ। ମୁଁ ତୋତେ ଆଦ୍ୟହୁଁ କହୁ ନାହିଁ-ଚାଲ ବେଗେ ଯିବା, କଷ୍ଟ କଷ୍ଟ ହୋଇ ପ୍ରାଣ ପାଇବା। ଏହା ଶୁଣି ସେ ଯୋଗୀ। ପ୍ରତିଜ୍ଞା କରି ବୋଲୁଅଛି ଶିରଝୁଣି। ରହ ରହ ବୋଲି ଚକ୍ରକୋଟି ଏହି କ୍ଷଣି ଜାଣିମା। କନ୍ୟାକୁ ହୋଇଲେ ଆଣିମା। ଯଦି ସେ ତୁମ୍ଭେମାନଙ୍କର ଦୁଃ...

ଏମନ୍ତ ସେ ବିଚାରି ଭୈରବୀ ଚଣ୍ଡୀକି ହକାରି। ସ୍ୱୟେମ୍ଭ କରି ସ୍ମରଣା କରନ୍ତେ। ମହାଭୈରବୀ ଚଣ୍ଡୀ ଆସି ମିଳିଲା ଅଦ୍ଭୁତେ। ସେ ଚଣ୍ଡୀର ଶିର ଆକାଶେ ଲାଗୁଅଛି। ଜିଭ ଲହଲହ ନିରନ୍ତରେ ଆହାର ମାଗୁଅଛି। କାଳଚକ୍ର ପ୍ରାୟେ ଦୁଇ ଚକ୍ଷୁ ଦିଶୁଅଛି। ପ୍ରଳୟ କାଳର ବିଜୁଳି ପ୍ରାୟେ ଜିହ୍ୱାରେ ଅଗ୍ନିକଣିକାମାନ ଦିଶୁଅଛନ୍ତି। ମୂଷଳ ପ୍ରମାଣେ ଦନ୍ତ ପାଟି ଦିଶୁଅଛି। ବଜ୍ରେ ବଜ୍ରେ ଯୁଝିଲା ପ୍ରାୟେ ହୋଇ ପାଟି ଦୁଇ ଘଷୁଅଛି। ତହୁଁ ଅଗ୍ନି କଣିକାମାନ ଦିଶୁଅଛି। ନିଶ୍ୱାସ ତେଜେ କରି ବୃକ୍ଷମାନ ଜଳିଯାଉଅଛନ୍ତି। ଧୂମଶିଖା ଧରିଅଛି। ମୁଣ୍ଡମାଳ ଗୋଟାଏ ଭରିଅଛି। ରକ୍ତ ବସ୍ତ୍ରେକ ପିନ୍ଧିଅଛି। ଆକାଶଯାକ ରୁନ୍ଧିଅଛି। ଫେଫେକାର ରଡ଼ି ଛାଡୁଅଚି। ଭୂମି ଛାଡ଼ି ଉଡୁଅଛି। ଦାନ୍ତରୁ ମହା ଉଲ୍ଲୁକମାନେ ହେଉଅଛନ୍ତି ଜାତ। ବ୍ୟାଘ୍ର ଶବ୍ଦ କରୁଅଛି ଯେହ୍ନେ ମହାବଜ୍ରପାତ। ବ୍ରହ୍ମାଣ୍ଡ ଖପର କି ଯାଉଅଛି ଫାଟି। ଏକ ଉପରେ ଆରେକ ପଡ଼ନ୍ତେ ଫାଟି ଏକ ଖଡ଼ଗେକ ଧରି। ଯୋଗୀ ଛାମୁରେ ମିଳିଲା ହୁଙ୍କାର ନାଦ କରି। ସେ ମହାଭୈରବୀ

ଚଣ୍ଡୀକି ଦେଖି। ଯୋଗ୍ନୀ ଆସନ ଉପେକ୍ଷ ପାଏ ପଡ଼ି ଶୋଇଲା। ଏ କଟକ ପୁର ଜନମାନଙ୍କୁ ଭକ୍ଷ ଅବିଦ୍ୟା ମୃତସଞ୍ଜୀବନୀ କନ୍ୟାକୁ ଆଣ ବୋଲି ବୋଇଲା। ସେ ଯୋଷାମଣି ଯୋଗ୍ନୀର ଆଜ୍ଞା ପାଇଲା ଯହୁଁ। ବିଜୁଳି ସହିତ ଚଡ଼କ ପ୍ରାୟେ ନାଦ କରି ଧାଇଲା ତହୁଁ। କନ୍ୟାପୁରେ ପ୍ରବେଶ ହୋଇବାର ବେଳେ। ଚକ୍ର ତେଜ ଅଗ୍ନିକଣିକାମାନ ଲାଗିଲା ଅବହେଳେ। କେଶେ ବସ୍ତ୍ରେ ଅଗ୍ନି ଲାଗିଲା ଯାଇଁ। ରୋମାବଳୀମାନେ ହେଉଛନ୍ତି ଦହି। ସେ କନ୍ୟାକୁ ଆଣିବାକୁ ଯେ ମନ କରିଥିଲା। ଅନ୍ତରାଳ ହୋଇ ଧର୍ମ ଧର୍ମେ ପଳାଇ ଅଇଲା। ମୁହଁ ବୁଲାଇ ଭୂମିରେ ପଡ଼ିଲା। ପର୍ବତ ପକ୍ଷକି ଇନ୍ଦ୍ର ଛେଦିଲା। ଚିହିଁକିବା ମାତ୍ରକେ ଘୋଟାଇ ଅଗ୍ନିଶିଖା। ସମୁଦ୍ରେ ପଡ଼ିଲା ଯାଇ କେହି ନାହିଁ ସଖା। ଅଧାଙ୍ଗ ପୋଡ଼ିଲା। ଧର୍ମ ଧର୍ମ ହୋଇ ଯାଇ ଯୋଗୀ ଛାମୁରେ ପଡ଼ିଲା। ଅଙ୍ଗାର ଜ୍ୟୋତି ପ୍ରାୟେକ ହୋଇ। ସେ ଭୈରବୀ ଚଣ୍ଡୀ ବିଅର୍ଥ ହୋଇଲା ଯହୁଁ। ଯୋଗୀର ସମସ୍ତ ଶସ୍ତ୍ରମାନ ସରିଲା ତହୁଁ। ଅନିଳଖେଚରକୁ ରାଇ ଆଜ୍ଞ ଦେଲା। କି ବୁଦ୍ଧି କରିବା କହସି ବୋଇଲା। ସେ ଭୂତ ବୋଇଲା ଆମ୍ଭମାନଙ୍କ ଠାକୁର ତୁ। ତୋହର ଠାକୁର ପାର୍ବତୀ। ମାୟାରେ କରି ଏ ଜଗତକୁ ମୋହିଲା ଅଛି। ପାର୍ବତୀ ଠାକୁର ଈଶ୍ୱର। ସେ ଭଏ ହିଁ ଏହି ଚକ୍ରକୁ ହାରି ଯୋଡ଼ିଲେକ କର। ଫୁଙ୍କ ପବନେ କି ଉଡ଼ଇ ମେରୁ। ମାଟି ବିରାଡ଼ିକି ସର୍ପ ଧରଇ ଫେରୁ। ଏ ଚକ୍ରକୁ ଆମ୍ଭେ ନପାରି। ଏବେ ପ୍ରାଣ ଘେନି ଚାଲିଯିବା ଅପସରି। ସେ କନ୍ୟା ରୁଦ୍ର ସୁଧାନିଧିକି ବରିବ। ସେ କୁମର କନ୍ୟା ଘେନି ନିଜ ପୁରେ ପ୍ରବେଶ ହୋଇବ। ସେ କଟକେ ପ୍ରବେଶ ହୋଇବା ଉତ୍ତାରେ। ଏ ଚକ୍ର ଆଉ ନଥିବ ସେଠାରେ। ନିମିଷ ମାତ୍ରକେ କନ୍ୟା ନେବା ବେଭାରେ। ଏମନ୍ତ ବିଚାରି ନିଶ୍ଚୟ କଲେ। ରୁଦ୍ର ସୁଧାନିଧି ସଙ୍ଗେ ପ୍ରୀତି କରିବା ବୋଲି ବୋଇଲେ କାଣ ପିଶାଚମାନଙ୍କର ଚକ୍ଷୁ ମନ୍ତ୍ରବଳେ ଭଲ କଲେ।

ସେଠାରୁ ପ୍ରାଙ୍‌ମୁଖ ହୋଇ ବାହୁଡ଼ି ଅଇଲେ। ବସୁଧା ମଣ୍ଡଳ କଟକରେ ପ୍ରବେଶ ହୋଇଲେ। ଶାକମ୍ଭରୀ ମଣ୍ଡପରେ ଆସନ କରି ବସିବାର ବେଳେ ଅମୃତ ତରଙ୍ଗିଣୀ ନଦୀର କୂଳେ। ସମସ୍ତେ ମିଳିଲେ ଅତ୍ୟନ୍ତ କୁତୂହଳେ। ସେ ନଦୀ ପାରି ହୋଇଲେ କଟକେ ପଶି। ତହିଁ ନିରନ୍ତରେ ରାଜପୁରୁଷମାନେ ପାରି ହେଉଛନ୍ତି ନାବେ ବସି। ସେ ନାବମାନେ ପର୍ବତ ପ୍ରାୟେକ ଅଟନ୍ତି। କେ ମଗର ମୁଖ। କେ ଅଷ୍ଟମଙ୍ଗ। କେ ତ୍ରିପୁର। କେ ହିମାଳୟ ସଦୃଶ। କେ ରଥ ଆକାର। କାହିଁ ସହସ୍ରେ ଆହୁଲା

ପଡୁଅଛି। କେ ବହନ୍ତା ଶ୍ରୋତେ ଟଳୁଅଛି। କାହିଁ ପତାକାବଳୀ ଉଡୁଅଛି। କେ କେବଳ ମଙ୍ଗ ଡାଳୁଅଛନ୍ତି। ମଙ୍ଗୁଆଳମାନେ ଦୋହଡ଼ି ଗୀତ ଗାଉଅଛନ୍ତି। କେ ପୋଡ଼ପିଠା ଖାଉଅଛନ୍ତି। କେ କଟକକୁ ବୋଲି ମଙ୍ଗ ଟେକି ଦେଉଅଛନ୍ତି। କେ ଆହୁଳାରେ କରି ବାହୁଅଛନ୍ତି। ଏବଂଭୂତ ନାବରେ। କାମାନନ୍ଦ ଯୋଗୀନ୍ଦ୍ର ଯାଇ ମିଳିଲା ସନ୍ନିଧରେ। କାପାଳିକ ବୋଲି କୈବର୍ତ୍ତମାନ ବସାଇ ନ ଦେଲେ ଯହୁଁ। ଲଜ୍ଜା ପାଇ କାମାନନ୍ଦ ବାହୁଡ଼ିଲା ତହୁଁ। ତାମସାରେ କରି କୃଷ୍ଣ ଜିନ ଛାଲ ଖଣ୍ଡିଏ କାଢ଼ିଲା। ତାହା ନେଇ ପାଣିରେ ପାଡ଼ିଲା। ଉପରେ ଚଢ଼ିଲା। ବାହାନ୍ତେ ନାବରୁ ସେ ବେଗେ ଚଳିଲା। ସୋହେ ନ ପଡ଼ିଲା। ଜଳେ ନ ବୁଡ଼ିଲା। ଏହା ଦେଖି ସମସ୍ତଙ୍କୁ ଚମତ୍କାର ଲାଗିଲା।

କେବଣ କେବଣ ପ୍ରକାରେ ଗଲା। ସୋଳ ମଦାଙ୍ଗ କର୍ଣ୍ଣରେ ବାନ୍ଧିଲା। ଉଜାଣୀ କରି ପବନ ରୁନ୍ଧିଲା। ଜାଳନ୍ଧରୀ ମୁଦ୍ରା ଦୃଢ଼ କରି ବାନ୍ଧିଲା। ଖେଚର ଯନ୍ତ୍ର ଆକାଶେ ଛନ୍ଦି, ଆପଣା କଣ୍ଠ ଚିନ୍ତାମଣି ବିଦ୍ୟାର ବଳେ, କର୍ଣ୍ଣାଟି ଯୋଗୀର କୁତୂହଳେ, ଦିବ୍ୟ ପଦାର୍ଥମାନଙ୍କରୁ କରି ଜାତ, ଦେଖିଲା ଲୋକେ ତାହାର ପାଦେ ଦେଉଅଛନ୍ତି ମାଥ। ତ ସେ କେବଣ କେବଣ ପଦାର୍ଥମାନ ଜାତ କରୁଅଛନ୍ତି। ଧାତୁ, ରତ୍ନ, ଫଳ, ବଳ, ଔଷଧ, ବସନ, ଅଳଙ୍କାର, ଦର୍ପଣ, ପଇବସ୍ତ୍ର, ଭକ୍ଷଭୋଜନ ପିଷ୍ଟକ ସହିତ ପଦାର୍ଥମାନ ବାଳୁତ ପୁଅମାନଙ୍କୁ ଦେଉଅଛି। ଯାହା ଯେ ବୋଲୁଅଛି (୧) ତାହା ସେହିକ୍ଷଣି ଉପୁଜାଉଅଛି। ନଗ୍ରଯାକ ମୋହୁଅଛି। ସାକ୍ଷୀ (୨) ଶଢ କହୁଅଛି। କୋମଳ କରି ରାଉଅଛି। ଅନେକ ଗୁରୁବାଟାଏ ଭୈରବଙ୍କୁ ବନ୍ଦିଲା। ସୂର୍ଯ୍ୟଙ୍କୁ ସମକରି ସନ୍ଧିଲା। ବାହୁଡିକି ଯା ବୋଲି ବୋଇଲା। ନିମିଷାର୍ଦ୍ଧେ ଚର୍ମ କେଣିକି ଗଲା। ଯୋଗୀକୂଳକୁ ଡେଇଁପଡ଼ିଲା। ମହାମୁଦ୍ରା ଫେଇଲା। ବାହାସ୍ଫଟ ମାଇଲା। ବେତାଳ ସୈନ୍ୟ ଅଛି ଆକାଶେ (୩) ଅଦୃଶ୍ୟ ହୋଇ। ଆକାଶେ ଲୁଚିବାରୁ କରି ତାଙ୍କୁ ନ ଜାଣନ୍ତି କେହି। ଶାକମ୍ଭେରୀ ମଣ୍ଡପରେ ଯାଇ ପ୍ରବେଶ ହୋଇଲା। ତାହା ଦେଖି ସମସ୍ତଙ୍କୁ ଅତ୍ୟନ୍ତ ଚମତ୍କାର ଲାଗିଲା। ଲୋକେ ସହସ୍ର ସହସ୍ର ହୋଇ ଦେଖି ଅଇଲେ। ଅନେକ ପଦାର୍ଥମାନ ଛାମୁରେ ଥୋଇଲେ। ଯୋଗୀ ଆଜ୍ଞା ଦେଇ ତାହା ବାଟେ ଥୋଆଇଲା। ଭୂତ ବେତାଳମାନଙ୍କୁ ବାଣ୍ଟି ଦିଆଗଲା। ସେ ଯୋଗୀ ଅନେକ କଥା କହୁଅଛି। ଏହା ଦେଖି ଲୋକେ ରାତ୍ର ଦିବସ ଧାଉଁଅଛନ୍ତି। ନିରନ୍ତରେ ଯୋଗୀକୁ ଦେଖୁଥାନ୍ତି। ମନ୍ତ୍ରମୂଳିକା

(୧) 'ଖ'ରେ ବୋଲିବ (୨) ବହି ସଖି (୩) 'ଖ'ରେ ଆକାଶ ଗତେ।

ଶିଖୁଥାନ୍ତି। ଅଙ୍ଗେ ବିଭୂତି ମାଖୁଥାନ୍ତି। ଏ ସିଦ୍ଧ ବୋଲି ତାକୁ ଲେଖୁଥାନ୍ତି। ଏମନ୍ତରେ ସେ ଯୋଗୀ ମାସେ ପର୍ଯ୍ୟନ୍ତ ସେ ମଣ୍ଡପରେ ରହିଲା। ଅନେକ ଚମତ୍କାରମାନନ୍ତ ହିଁ କଲା। କଲେ ହେଁ ବାବୁ ସେ କଟକର ଗହଲେ କୁମାରକୁ ବାରତା ନୋହିଲା। ତ ସେ ରାଜାର ମନ୍ଦିରେ ବାରତା ନୋହିଲା ଯହୁଁ, ସର୍ବ ମନୋହାରିଣୀ ଦ୍ରାକ୍ଷିଣୀକି ଯୋଗୀ ବୋଇଲା ତହୁଁ। ଏହିକ୍ଷଣି ଯିବୁ। କୁମର ମନେ ପଶି କୁମରକୁ ମୋହି ଆଣିବୁ। ଆଜ୍ଞା ପ୍ରମାଣେ ଦ୍ରାକ୍ଷିଣୀ ଚଳିଗଲା। ପରିବାରମାନଙ୍କର ହୃଦୟରେ ପଶି କୁମରକୁ କହିଲା ଅପୂର୍ବ ଚମତ୍କାର ଯୋଗୀନ୍ଦ୍ର ପୁରୁଷ ଏକ ଆସିଅଛି। ଆମ୍ଭ ନଗ୍ରେ ରହିଅଛି। ଅନେକ ଅନେକ ବୁଲିଅଛି ନଗ୍ର ଦେଶ! କେଶ ତାହାର ଦରବେଶ। ସୁନ୍ଦର ପଣେ ଅତି ବିଶେଷ। ସମସ୍ତ ବିଦ୍ୟାରେ ନିପୁଣ ବିଶେଷ। ଏହାଶୁଣି କୁମର ଶରଧାକଲା। ପୂର୍ବ ଅଭ୍ୟାସର ବଳେ... ବାସନାରେ କରି ବିବେକ ରତ୍ନାକର ମନ୍ତ୍ରୀପୁତ୍ର ଗୁଣଶୀଳକୁ ରାଇ ଆଜ୍ଞା ଦେଲା। ଭୋ ମିତ୍ର! ମୁଁ ସେ ଯୋଗୀକୁ ଦେଖିବି। ସେ ମନ୍ତ୍ରୀପୁତ୍ର ଗଣଶୀଳର ବୁଦ୍ଧି ବୃହସ୍ପତିଙ୍କର ସମାନ। ମୁଖଚନ୍ଦ୍ରମାକୁ ସମାନ। ବିବେକ ବରୁଣକୁ ସମାନ। ସୁସ୍ୱର ସରସ୍ୱତୀଙ୍କର ସମାନ। ଗତି ପବନକୁ ସମାନ। ଗୁଣେ ବିଘ୍ନେଶ୍ୱରଙ୍କୁ ସମାନ। ତେଜେ ଅଗ୍ନିଙ୍କ ସମାନ। ଗ୍ରନ୍ଥ ଅଭ୍ୟାସେ ବ୍ୟାସଙ୍କ ସମାନ। ଶିଳ୍ପୀ କଳାକୁ (୧) ବିଶ୍ୱକର୍ମା ସମାନ। ସମସ୍ତେ ଗୁଣେ ହୋଇଅଛି ଜାଜ୍ୱଲ୍ୟମାନ। ବାସୁଦେବଙ୍କ ଭକ୍ତି ହୋଇଅଛି ଯହୁଁ, ଦିବ୍ୟ ଗୁଣମାନ ପାଇଅଛି ତହୁଁ। ଏବଂଭୂତ ଗୁଣଶୀଳ ମନ୍ତ୍ରୀ ବୋଲୁଅଛି (୨) ଭୋ ମହାବାହୋ (୩) ତୁ ସକଳ ଗୁଣମାନଙ୍କରେ ଇନ୍ଦ୍ରକୁ ସମ। ଗୁଣ ସୂକ୍ଷ୍ମ ବିଚାରିଲେ କାପାଳିକ ଦର୍ଶନ ଉଚିତ ନୁହଇ। କେହୁଣସିକାଳେ (୪) ପୂର୍ବେ ଗୋରେଖାଦି ସିଦ୍ଧମାନେ ଦେହ ଧ୍ୟାନେ ସେ ମୋକ୍ଷ ହୋଇଲେ। ପାଷାଣ୍ଡମାନଙ୍କୁ ଭଣ୍ଡିବା ନିମନ୍ତେ କାପାଳିକ ଶାସ୍ତ୍ର ଭିଆଇଲେ। ଏମାନେ ଯହୁଁ ବହୁତ ସେବା କଲେ, ଦେହ ବର୍ଜି ମତ ନ ଛାଡ଼ନ୍ତି। ନିରନ୍ତରେ ବିଷୟ ଐଶ୍ୱର୍ଯ୍ୟ ସେ ଲୋଡ଼ନ୍ତି। ଏ ପାପିଷ୍ଠମାନଙ୍କୁ ଆପଣାର ଉତ୍ତମ ପଦ ନ ଦେଖାଇ ଦେହରକ୍ଷା ଯୋଗ ଭିଆଇଲେ। ଭୋଗ ଲୋଭ ଦେଖାଇ ଇନ୍ଦ୍ରିୟମାନଙ୍କ ବଶକୁ ଗଲେ। ସେ ଡରେ କରି ଦେହକୁ ଧଇଲେ।

---

(୧) ବହି ଶିଳ୍ପକର୍ମେ ବିଶ୍ୱକର୍ମାଙ୍କୁ (୨) ବହି ବୋଇଲା (୩) ବହି ମହାବାହୁ (୪) ବହି କୌଣସି କାଳେ।

ଏବଂଭୂତ ମାୟାବି ଦର୍ଶନମାନଙ୍କରେ (୧) ଅନେକ ପାପ କହିଅଛି। ଧର୍ମଶାସ୍ତ୍ର ପ୍ରମାଣେ ଯୋଗୀକି ମୋହ ବିଚାରେ ଭେଟ ହୋଇବା ନ ଯୋଗାଇ। ଏହା ଶୁଣି କୁମର ବୋଇଲା। ଭଲ ସିନା ଜାଣି ଅଇଲେ କି ଦୋଷ ହୋଇଲା (୨)। କେଉଁ ସିଦ୍ଧ କେଉଁ ରୂପରେ ଥାନ୍ତି। ଈଶ୍ୱର ମାୟା ତ ଜାଣି ନୁହଇ। ହାଦେ ଶ୍ରୀପୁରୁଷୋତ୍ତମ କ୍ଷେତ୍ରରେ ସିଦ୍ଧମାନେ ପୁତ୍ର ଦାରା ଘେନି କରିଥାନ୍ତି ବାସ। ନିରନ୍ତରେ ବିଷୟ ରସେ, ନିର୍ମାଲ୍ୟ ଖାନ୍ତି। କେହୁଣସିମାନେ (୩) ସ୍ୱଇଚ୍ଛାଏ ଦେହ ଛାଡ଼ି ତୂରୀୟାତୀତ ପରମ ଜ୍ୟୋତି ନିର୍ବାଣ ବ୍ରହ୍ମମୟ ସୁଖକୁ ଯାନ୍ତି। ହାଦେ କେହୁଣସିମାନେ ନୀଳ ଜଳଧର ନିବିଡ଼ ଆନନ୍ଦବୋଧ ସ୍ୱରୂପ ଚତୁର୍ଭୁଜ ଶରୀର ପାନ୍ତି।

ହେ ମିତ ହାଦେ ଏ ମାୟା ଅନ୍ତ କରି ନୁହଇ। ଏମନ୍ତ ବୋଲି ହାଦେ ବିଷ୍ଣୁ ପୁରାଣ କହଇ। ତୁ ହାଦେ କିଛି ହିଁ ନ ବିଚାର। ସୈନ୍ୟ ସଜକର। ରଥ ଆରୋହିବା। ଯୋଗୀ ତହିଁକି ଚାଲ ବେଗେ ଯିବା (୪)। ତାହାକୁ ରୁଆଇ ପଠିଆଇବାର (୫) ଉଚିତ ନୁହଇ। ଅଦୃଷ୍ଟପୂର୍ବ ତ ଦେକିବାର ବଡ଼ ପୁଣ୍ୟ ଅଟଇ। ମନ୍ତ୍ରୀପୁତ୍ର ଏଥିକୁ ସନମତ କଲା। ପ୍ରମାଣେ ଅଇଲା। ଏମନ୍ତ ବିଚାରନ୍ତେ (୬) ଗୋଧୂଳି ହୋଇଲା। ମନ୍ତ୍ରୀପୁତ୍ର ବୋଇଲା ରାତ୍ର ବହୁତ ନିଦ୍ରାଇ ହୋଇ (୭) ସକାଳ ଅଟଇ। ଧବଳ ଚନ୍ଦ୍ରକିରଣେ ପୃଥ୍ୱୀ ଶୁଦ୍ଧସ୍ଫଟିକ ପ୍ରାୟେ ଆଭାସୁଅଛି। ତ ସେ କୁମର ମିତ୍ରକୁ ଘେନି ରଥରେ ବିଜେ କଲା। ସେ ରଥ କେମନ୍ତ ଅଟଇ। ନାନା ପୁଷ୍ପେ ନିର୍ମିତ ହୋଇଅଛି। ଶିଖାଉଠା ମଣିର ପ୍ରାୟେକ କେବଳ ଉପରେ ଜାଲି କରି ଦେଇଅଛି। ସେ ମଣି କେମନ୍ତ ଅଟଇ। ଚନ୍ଦ୍ର ଦେଖନ୍ତେ ଆର୍ଦ୍ର ହୋଇ ଅମୃତ ଶୀକରମାନେ ବୃଷ୍ଟି କଲା ପ୍ରାୟେ ଝରୁଅଛି। ତୀକ୍ଷ୍ଣ ଖରାଏ ତପ୍ତ ହୋଇଲା। ବ୍ରହ୍ମାଣ୍ଡକୁ ଦେଖି ଆର୍ଦ୍ରତାର (୮) ହେଉଅଛି। ସେ ହସ୍ତରେ ଧରିଥାନ୍ତା। ଦିବ୍ୟ ପଦ୍ମରୁ ଶୁଦ୍ଧ ମକରନ୍ଦ କଣିକା ସିଞ୍ଚିଲା ପ୍ରାୟକ ଶୋଭା ପାଉଅଛି। ସେ ରଥ ଗଗନ ମଣ୍ଡଳକୁ ଧାଉଁ ଅଛି। ଦୂତୀ ଶରଜନ୍ଦ୍ରେ ମଣ୍ଡଳର ପ୍ରାୟେ ଶୋଭା ପାଉଅଛି। ଏ ରଥ ତଳରେ ଚତୁରଙ୍ଗ ବଳ ଗୋଟିଏ ରଥକୁ ବେଢ଼ି ଚାଲିଅଛି। ସେ ଚତୁରଙ୍ଗ ବଳ ରଥ ସମୁଦ୍ର ବସନ୍ତ ଲକ୍ଷ୍ମୀ ଯୁକ୍ତ ହୋଇଲା ପର୍ବତ ଶୃଙ୍ଗ ପ୍ରାୟେକ ଦିଶୁଅଛି। ପାଦନ୍ତିବଳ ଗୋଟାଏ ସବୁହୁଁ (୯) ଆଗେ ଶାର୍ଦ୍ଦୂଳଯୂଥ ପ୍ରାୟେକ ହୋଇ ଶୋଭା ପାଉଅଛି। ସେ ବଳମାନେ

---

(୧) ବହିବାନଙ୍କ ତହିଁ (୨) ବହିରେ ଦୁଇଥର ଅଛି (୩) ବହି ସିଦ୍ଧମାନେ (୪) 'ଖ'ରେ ଯୋଗୀ ତହିଁ ବିଚାରିଲେ ବେଗେ ଯିବା (୫) ବହି ପଠାଇବାର (୬) 'ଖ'ରେ ବିଚାର କରନ୍ତେ (୭) ବହି ରାତ୍ର ବହୁତ ହୋଇ (୮) ବହି ସସ୍କାଳ (୯) ବହି ପଦାତିବଳ।

ସମସ୍ତେ ହେଁ ସୁନ୍ଦର। ତରୁଣ ସାମର୍ଥ ଅଟନ୍ତି। ବଳଣ, ଚଳଣ, ମୋଟ, ଅଗଣ, ଆମଞ୍ଚନ, ମୋଟ ଅଲଆସ (୧) ଚୂଡ଼ା, ବଜ୍ରକପାଟ ଫେଡ଼, ରଣେ ଯେ କୁକୁଡ଼ା, ସେ ପାଇକମାନେ ସମର କଲେ ଭୂମିକି ଛାଡ଼ି ରହନ୍ତି। ପାଞ୍ଚମନ କଲେ ଦୁଆଡ଼ ମୁନେ ବୁଡ଼ନ୍ତି (୨) ପୁନରପି ସେ ପାଇକମାନେ କେମନ୍ତ ଅଟନ୍ତି। ଆଣ୍ଠୁଖିନ୍ନ, ସିଂହ ବ୍ରିକମ ଚିହ୍ନ। ଚରମ ଆଜ ସୂଚୀନ ଗର୍ଜଇ। ଘସ ମର୍ଦ୍ଦନରେ ଦେହ ଶିଖର ପ୍ରାୟେ ଦିଶଇ। ବୟସ ବର୍ଷ ପଞ୍ଚିଶି। ହାତରେ ଲୁହା ଶିକଳା ଛପଳ ଦୁଇ କର୍ଷ। ହସାହସିରେ ଧାଇଁଲେ ପାଞ୍ଚଯୁଣ ଧାଆନ୍ତି (୩) ଜଣକେ ଦଶ ଦଶ ମଇଁଷିର ଦୁଧ ଖାନ୍ତି। ଗୁଣ ଦେଇ ଟାଣିଲେ ଜୁଆଳି ଭାଜଇ। ବିନ୍ଧିଲେ ସୋରିଷ ଗୋଟାକୁ ବାଜଇ। ମତ୍ତହସ୍ତୀ ସମୂହରେ ଗୋଡ଼ ଦେଇ ଟାଣନ୍ତି। ଧାଇଁଲେ ଗୋଡ଼ାଇ ନ ପାରଇ ଲକ୍ଷେ ଟଙ୍କାର ଘୋଡ଼ା ସମରକୁ ଧାଆଁନ୍ତି ଅଗ୍ନିକି ପତଙ୍ଗର ପରା। ଏଥର ଉତ୍ତାରେ ସେ ପଦାନ୍ତିବଳ ପଛରେ ଜଳ ସହିତ ମେଘର ପ୍ରାୟେ ହୋଇ ଗଜବୃନ୍ଦ ଗୋଟିଏ ଅଛି। ସେ ଗଜମାନେ ମହୋତ୍କଟ ବାରଣ। ଚକ୍ଷୁ ଦୁଇ ଅରୁଣ। ବାରମାସି ମତ୍ତା। ବଜ୍ର ହିଁ ସହନ୍ତା। ଅଖଣ୍ଡିତ କର୍ଣ୍ଣ। କୋଡ଼ିଏ ଗୋଟା ନଖରେ ସମ୍ପୂର୍ଣ୍ଣ ଦକ୍ଷିଣାବର୍ତ୍ତ ଦନ୍ତ। ଆତ୍ମାବଳେ ସନ୍ତୁ। ବଇରି ସମଦଣ୍ଡେ କି ସେ ପ୍ରତ୍ୟକ୍ଷେ କୃତାନ୍ତ ଲାଞ୍ଜ ଶ୍ୱେତ। ବଳିନା ତୁଙ୍ଗ। ସଂଗ୍ରାମେ ନିଃଶଙ୍କ। ଚାରିଦନ୍ତ ସଞ୍ଚ। ଦାନ୍ତ ଘେନି ମାଇଲେ ପର୍ବତ ଫୁଟଇ। ପାଞ୍ଚ ଦେଖି ଅଚଳ ପାଷାଣ ତୁଟଇ। ଚଉସମ ଓସାର। କନ୍ଧ ପୃଥୁଳ କୁମ୍ଭ ବିସ୍ତାର। ସେ ଗଜମାନେ କୋପ କଲେ ଅଗ୍ନିରେ ପଶନ୍ତି। ପର୍ବତ ସମୂହର ପ୍ରାୟେ ଶୋଭା ଦିଶନ୍ତି (୪) ମଦଧାରାମାନେ ସେ ପର୍ବତରୁ ଜଳଧାରା ପରାଏ ବହୁଅଛନ୍ତି। ରଜତ ଶିକଳାମାନେ ଶ୍ୱେତ ସର୍ପଆ ଗୁଡ଼ିଇଲା ପ୍ରାୟ (୫) ଶୋଭା ପାଉଅଛନ୍ତି। ଚାମରମାନନ୍ତ ମଣ୍ଡନ୍ତେ କି ପର୍ବତେ ଚାମରୀମାନେ ଲାଞ୍ଜ ବାହାରକୁ ଦେଖାଉଅଛନ୍ତି। କି ଘାଗୁଡ଼ି କୁହରେ ଶରୀର ଲୁଚାଉଅଛନ୍ତି। ପତାକାମାନେ ସେ ପଲ୍ଲବିଲା ପ୍ରାୟ ଶୋଭା ପାଉଅଛନ୍ତି। କୁମ୍ଭମାନଙ୍କରେ ଚିତ୍ରମାନେ କାଟନ୍ତେ ଧାତୁ ରଙ୍ଗ ପ୍ରାୟ ଦିଶୁଅଛନ୍ତି। ହସ୍ତୀମାନଙ୍କର ଘଣ୍ଟିବାଦନ କରନ୍ତେ ପର୍ବତ ଗୁହାରେ ପବନ ପଶି ଧ୍ୱନିକଲା ପ୍ରାୟେ ଶୁଭୁଅଛି। ଏମନ୍ତ ଚଳନ୍ତା ପବନ ସମୁଦ୍ର ପ୍ରାୟେ ଶୋଭା ଦିଶୁଅଛନ୍ତି।

(୧) 'ଖ'ରେ ଅଳ୍ପଆସ (୨) 'ଖ'ରେ କୁଡ଼ନ୍ତି (୩) ବହିଯାଆନ୍ତି (୪) ବହି ପାଆନ୍ତି (୫) ବହି ପରା।

ହସ୍ତୀମାନଙ୍କର ମାହୁନ୍ତମାନେ ଦିବ୍ୟ ବେଶ ହୋଇ କାନ୍ଧରେ ବସି କର୍ଣ୍ଣ ମୂଳରେ ଆରଣନ୍ତ ଲଗାଇ କୁମ୍ଭରେ ହାମ୍ପୋଳ ଦେଇ ଲୀଳାଗତ କରି ଚଳାଉଅଛନ୍ତି ବଡ଼ବେଗୀ ଅଶ୍ୱମାନେ ଧାଇଁଅଛନ୍ତି। ସବିହେଁ (୧) ନିର୍ବାଣ ଅଶ୍ୱଜାତି ଅଟନ୍ତି। ବ୍ୟଗ୍ରେ ପବନ ଦେବତାଙ୍କୁ ଖଟାନ୍ତି। ଚତୁର ସ୍ତିରୀ କଟାକ୍ଷବାଣର ପ୍ରାୟେ (୨) ଯାଉଅଛନ୍ତି। କେ ବକ୍ର ବକ୍ର ହୋଇ କୁଦି କୁଦି କରି ଯାଉଅଛନ୍ତି। ତାରାଯୂଥ ପ୍ରାୟେ ଶୋଭା ପାଉଅଛନ୍ତି। ଅସୁଆରମାନେ ଖୁରୀଖରାଇ ପାଞ୍ଚୁଅଛନ୍ତି। ସେ ନୃତ୍ୟକାର ପରାୟେ ନାଚୁଅଛନ୍ତି। ଭ୍ରମର ପୃଷ୍ଠକୁ ଚୁମ୍ବିଲା ପ୍ରାୟେ (୩) କରି ପୃଥ୍ୱୀକି କୁଦୁଅଛନ୍ତି। ବହୁତ ଆକାଶମାର୍ଗେ ଅନାଉଅଛନ୍ତି। କେ ପବନ ସଙ୍ଗେ ମିଶୁଅଛନ୍ତି। କେ ବିଜୁଳି ପ୍ରାୟେ ଦିଶୁଅଛନ୍ତି। ଏମନ୍ତ ଚତୁରଙ୍ଗବଳ ଯୁକ୍ତେ କୁମର ରଥ ଚଢ଼ି ବିଜେକଲା ଧନୁଶର ଧରି। ବସନ୍ତ-ପତିନୀ ପିନ୍ଧି, ପାଖୁଡ଼ା ସେବତୀ ଗଭାରେ ବାନ୍ଧି, କସ୍ତୁରୀ ଚିତା, ଗଳାରେ ଅଛି ତାହାର ଗଜମୋତି। କଣ୍ଠମାଳ ଗୋଟାଏ ବାନ୍ଧିଅଛି। ପଞ୍ଚୁରତ୍ନ ଓଡ଼ିଆଣୀ ଭିଡ଼ିଅଛି। ମାଣିକ୍ୟର ତାଡ଼ି ଭରି ଗମନ କରିଯାଆନ୍ତେ, ପୁଷ୍ପବୃଷ୍ଟି ହୋଅନ୍ତେ, ଧୂପାବଳୀ ଆମୋଦନ୍ତେ, ତୂରୀ ବାଦ୍ୟ ବାଜନ୍ତେ, କାମଦେବ ପୃଥ୍ୱୀକି ବିଜେକଲା ପ୍ରାୟେ ଦିଶୁଅଛି। ଏମନ୍ତ ପ୍ରକାରେ ଧାତିକାରେ ଗଲେ। କଟକର ପ୍ରାନ୍ତେ ବିନାୟକ ମଣ୍ଡପର ସନ୍ନିଧେ ମିଳିଲେ। ସେ ମଣ୍ଡପର ଚାରି ପାରୁଶରେ ଦିବ୍ୟଭୂମି ଗୋଟାଏକ ଅଛି। ସେ ସ୍ଥଳୀର ନାମ କାଞ୍ଚନସ୍ଥଳୀ ଅଟଇ (୪)। ତାହା ଦର୍ପଣ ଶିଳାରେ କରି ବନ୍ଧାଇଲ ହୋଇଅଛି। ଆଡ଼େ ଦୀର୍ଘେ ଦୁଇ କୋଶ ବିସ୍ତାର ଅଟଇ। ଅମୃତ ତରଙ୍ଗିଣୀ ନଦୀ ପାରୁଶରେ ରହିଅଛି। ପୃଥ୍ୱୀ ଦେବୀର ଶିରରେ ପୁଷ୍ପମାଳାର ପ୍ରାୟେ ଶୋଭାପାନ୍ତା ହୋଇଅଛି। ସେ ପଦାରେ କୋମଳ ତୃଣମାନେ ଅଙ୍କୁରନ୍ତେ ମଣିଷମାନଙ୍କର ଶିଖା ପ୍ରାୟେ ଦିଶୁଅଛନ୍ତି। କୁମର ଆସିବାର ସୈନ୍ୟ ଗହନ ଶୁଣି, ଯୋଗୀ କି ଜଣାଇଲେ ସେ ଭୂତ ଶ୍ରେଷ୍ଠ ଚୂଡ଼ାମଣି। ଭୋ ନାଥ! ସର୍ବମନୋହାରିଣୀ ଦ୍ରାକ୍ଷିଣୀ ଯେ ଯାଇଥିଲା, ସେ ଉପାୟ ବଳେ କରି କୁମରଙ୍କୁ ଆଣିଲା।

ଏବଂଭୂତ ବାର୍ତ୍ତା ପାଇଲା ଯହୁଁ, ଯୋଗୀ ମୋହନ ବିଦ୍ୟା ଧଇଲା ତହୁଁ। କାଳୀ ମୋହିନୀ ଘେନି ଲଗାଇଲା ମାୟା। ଚକ୍ଷୁକୁ ଧ୍ୟାୟି, ମେରୁ ଟେକି, ନାଭି

(୧) ବହି ସଭିଏଁ (୨) 'ଖ'ରେ ପ୍ରାୟେ ହୋଇ (୩) ବହି ପରାଏ (୪) 'ଖ'ରେ ସେ ପରିବାର କାମ କାଞ୍ଚନ ସ୍ଥଳୀ ଅଟଇ।

ଆକୋଚି, ପଦ୍ମାସନେ ବସିଅଛି ଆରମ୍ଭେ। ସିଦ୍ଧ ପୁରୁଷ ପ୍ରାୟ ଦିଶୁଅଛି ଦମ୍ଭେ। କୁମର ଆସିବା ଜାଣି, ଉପସର୍ପା ଦ୍ରାକ୍ଷିଣୀକି ସୁମରି, ଜଳନ୍ଧର ବିଦ୍ୟାସୁମରି, ଆପଣା ସେହିକ୍ଷଣି ସୈନ୍ୟ ଗୋଟାଏ ଦେଖାଇଲା କୁମରଙ୍କୁ ସମାନ କରି। ଯୋଗିନୀ ପଟୋଆରି ସୈନ୍ୟ ହୋଇଛନ୍ତି ଉଭା। ସେ ଗନ୍ଧର୍ବ ନଗର ମଧ୍ୟେ ଧୂମ୍ର ମେଘଖଣ୍ଡ ପ୍ରାୟେ ଯୋଗୀର ଦିଶୁଅଛି ପ୍ରଭା। ସେ କାଞ୍ଚନସ୍ଥଳୀ ନଦୀ ପାଉଅଛି ଶୋଭା। ଗନ୍ଧର୍ବ ନଗର ପ୍ରାୟେ ଅଶ୍ୱ ଗଜ ପଦାତିବଳ ଗୋଟାଏ ଦେଖି ଆଶ୍ଚର୍ଯ୍ୟ ପାଇ-କେ ବୋଇଲା ଏହିକ୍ଷଣି ଏ ନଥିଲା, କାହୁଁ ଅଇଲା ବୋଲଇ। ଅନ୍ୟ ରାଜାର ଥାଟ କିବା ଏ କଟକକୁ ବହିଲା। ବୀର ପୁରୁଷମାନେ ଆଗଭର ହୋଇଲେ। କରଯୁଗଳେ ଧନୁର୍ବାଣ ଧଇଲେ। ପଦାତିମାନେ ଯୁଦ୍ଧ କରିବାକୁ ସଞ୍ଚରିଲେ। ରାଜାପୁଅ ମନ୍ତ୍ରୀପୁଅ ଚମତ୍କାର ପାଇଲେ। ଏମନ୍ତେ ଯୋଗୀ କତିରେ ହୋଇ, ଦିବ୍ୟ ପଦାର୍ଥମାନନ୍ତ ଦେଇ, ପାଏ ପଡ଼ି ଶୋଇ, ଯୋଗୀ ଦୁଇ କୁମରଙ୍କୁ ହାତ ଧରି ତୋଳି ବସାଇଲା। କାଳନ୍ଦୀ ତନ୍ତେ ମିଶାଇଲା। ମନ୍ତ୍ରୀ ପୁଅ ଗୁଣାବଳୀର ବୁଦ୍ଧି ସ୍ତମ୍ଭିଲା। ବିଚାରିଲା ମୁଦ୍ରା ଚୁମ୍ବିଲା। ରାଜପୁତ୍ରର ସୌନ୍ଦର୍ଯ୍ୟପଣ ଦେଖି ଆଶ୍ଚର୍ଯ୍ୟ ହୋଇଲା। ଧନ୍ୟ ଧନ୍ୟ ଏ ପୃଥ୍ୱୀ ବୋଲି ମନେ ମନେ ବୋଇଲା। ଯୋଗୀ ସଙ୍ଗତେ ଚତୁଃଷଷ୍ଟୀ ଯକ୍ଷିଣୀ ମାତୃକା ସହିତ ହୋଇଥିଲେ। ସକଳେ କୁମର ରୂପ ଦେଖି ମୋହର ପଡ଼ିଲେ। ଅନିଳ ଖେଚରା ସୂକ୍ଷ୍ମ ଭାବେ କହିଲା। ଏ କୁମର ତ୍ରିଜଗତକୁ ମୋହିଲା। ଏହାର ପାଇଁଟି ପାର୍ବତୀ ସେ କନ୍ୟାକୁ ଦେହରୁ ଜନ୍ମ (୧) କଲେ। ଉପାୟ କରି ଏହାକୁ ବଶ କରିଥିବୁ। ଏହା ସନ୍ନିଧିକୁ ଅଇଲେ କନ୍ୟାଘେନି ଯିବୁ। ଏ କଟକରେ ଚକ୍ର ଭୟ ନାହିଁ।

ଭୂତ ଯହୁଁ କହିଲା ଏ ବାଣୀ। ଯୋଗୀ ପ୍ରୀତି କରିବ ବୋଲି ଚକ୍ଷୁ ବୁଜି ବସିଲା ଟାଣି। କୁମର ବୋଇଲା ଥିଲ କାହିଁ। ଯୋଗୀ ବୋଇଲା ବାବା ପୁଷ୍ପଗିରିରେ ଥିଲୁ। ତ୍ରିବେଣୀରେ ସ୍ନାନ କରି ଅମୃତ ପାରଣା କଲୁ। କୁମର ବୋଇଲା ଗୋସାଇଁ ବୟସ କେତେ। ଯୋଗୀ ବୋଇଲା ନକ୍ଷତ୍ର ଗଣିଲେ ହୋଇବ ଯେତେ। ମନ୍ତ୍ରୀ ପୁଅ ବୋଇଲା ଗୋସାଇଁ, ପୂର୍ବ ଆଶ୍ରମ କାହିଁ। ଯୋଗୀ ବୋଇଲା ବାବା ଦେଖିଲ ଯହିଁ। ଜଗତଯାକ ଯାହା ତହୁଁ ଜନ୍ମ। ତାହାକୁ ପୂର୍ବ ଆଶ୍ରମ ପଚାରିବାର କେବଣ ଭ୍ରମ। କୁମର ବୋଇଲା ମିତ୍ର ଏ ପରମ ଯୋଗେନ୍ଦ୍ର ପୁରୁଷ। ଧନ୍ୟ ଧନ୍ୟ ଆମ୍ଭର ଆଜର

(୧) ବହି ଜାତ।

ଦିବସ। ଧନ୍ୟ ଧନ୍ୟ ଏହାକୁ ଦେଖିଲେ ହେ ପୁଣ୍ୟ। ଯୋଗୀ ବୋଇଲା ତୁମ୍ଭ ଦୁଇ ମିତ୍ରଙ୍କୁ କିଛି ଦେଖାଇବା। ଏମନ୍ତ ବିଚାରି କୁମ୍ଭର ମଇତ୍ର ବେନି। ଯୋଗୀ ମଧ୍ୟରେ କରି ହୋଇଲେ ଜଣ ତିନି। ସମସ୍ତ ସୈନ୍ୟ ରୁହାଇ ଖଣ୍ଡିଏ ଦୂର ଗଲେ। ଅଦ୍ଭୁତ କରି ନଗର ଗୋଟିଏ ଦେଖିଲେ। ସେ ନଗର ଦ୍ୱାର ବୈଦୂର୍ଯ୍ୟ ମଣିରେ ନିର୍ମାଣ କଲା ଅଛି। ଦୁଇ କାଳୁଆ ହାତୀ ଉପରେ ଉଠିଲେ ହସ୍ତ ନ ପାଇ। ଦୁଇ ପାରୁଶରେ ସ୍ଫଟିକରେ ଦୁଇ ପୁର ଲାଗିଅଛି। ସେଠାରେ ସହସ୍ରେ ପରିବାରୀ ଠିଆ ହୋଇଅଛନ୍ତି। ସେ ପରିବାରୀମାନେ ଯୋଗୀକି ଦେଖି ନିଉଛଳି କରି ବାଟ ଛାଡ଼ିଦେଲେ। ବେନି କୁମ୍ଭର ଦେଖି ଆଶ୍ଚର୍ଯ୍ୟ ପାଇଲେ। ବୋଇଲେ ଏ ମଣ୍ଡପଠାରେ ନଗର କାହିଁ। କେହୁଣସି କାଳେ ତ ଦେଖିଲା ନାହିଁ। କାଲି ମୃଗୟା ଯିବାବେଳେ ତ ନଥିଲା। ଏ ତ ଅପୂର୍ବ କାହୁଁ ଅଇଲା। ଏମନ୍ତ ବିଚାରୁ ଅଛନ୍ତି ଅନ୍ତର୍ଗତେ। କିଛି କହି ନ ପାରୁଅଛନ୍ତି ଯୋଗୀର ପ୍ରୀତି ନିମିତ୍ତେ। ଏମନ୍ତେଛନ୍ତି ସବୁ ଦ୍ୱାରଯାକ ରତ୍ନେ ଜଡ଼ିତ ହୋଇଅଛି। ଉଲଗ୍ନ ସ୍ତିରୀ ପ୍ରାୟେ ଦିଶୁଅଛି। ସେ ସ୍ତିରୀ ବୃନ୍ଦ ଗୋଟାକୁ ଘେନି ବେଷ୍ଟିତ ହୋଇ କୁମ୍ଭରକୁ ଘେନି ଭିତରକୁ ପଶିଲା। ସେହିମତେ ଅନେକ ସ୍ତିରୀ ଅନେକ ଧନରତ୍ନ ଅନେକ ଘରମାନ ଦେଖାଇଲା। ତଦନନ୍ତରେ ସରୋବର ଗୋଟିଏ ଦେଖାଇଲା ତହିଁର ମଧ୍ୟେ ଏକ ମଣ୍ଡପେକ ଅଛି। ତହିଁରେ ନେଇ କୁମ୍ଭରକୁ ବସାଇଲା। ସେ ସ୍ତ୍ରୀମାନଙ୍କୁ ଆଜ୍ଞା ଦେଲା। ଦୁଇ ମିତ୍ରଙ୍କୁ ମାଜଣା କର ବୋଇଲା। ଯୋଗୀ ଆଜ୍ଞା ପ୍ରମାଣେ ସହସ୍ରେ କନ୍ୟା ନିତମ୍ବବତୀ ପଦ୍ମମୁଖୀ (୧) ଅଟନ୍ତି। ସୁନ୍ଦରୀ ସମସ୍ତେ ହେଁ ଯାଇଁ ଦିବ୍ୟ ବେଶ କରାଇଲେ। ମର୍ଦ୍ଦନ ସ୍ନାନ ସାରି ତ୍ରିମୁଣ୍ଡି ଗଭା ବାନ୍ଧିଲେ। ଦିବ୍ୟ ମଣି ଆଭରଣ କରାଇଲେ। ଦେବାଙ୍ଗ ବସ୍ତ୍ର ପିନ୍ଧାଇଲେ। ଭିତରକୁ ନିଅନ୍ତେ ଦ୍ୱାର ପର୍ଯ୍ୟନ୍ତେ ଘେନିଗଲେ।

କଉଁଦ୍ୱାରେ ଦିବ୍ୟ ଯାନମାନ ଅଛନ୍ତି। କଉଁଦ୍ୱାରେ ମତ୍ତହସ୍ତୀମାନ ଅଛନ୍ତି। କଉଁଦ୍ୱାରେ ରଥମାନ ଅଛନ୍ତି। କାହିଁ ଦିବ୍ୟ ତୁରଙ୍ଗମାନଙ୍କୁ ପନ୍ତି ପନ୍ତି କରି ବାନ୍ଧି ଅଛନ୍ତି। କଉଁଠାରେ (୨) ଅମାନାତ୍ୟମାନେ ଅଛନ୍ତି। କାହିଁ ମୁକୁଟବନ୍ଧା ଯୋଦ୍ଧାମାନେ ଅଛନ୍ତି। କଉଁଦ୍ୱାରେ ପରିବାରୀମାନେ ଯୋଗୀକି ଦେଖି ବିବିଧମତେ ସେବା କରୁଛନ୍ତି। କାହିଁ ଗୀତ ଗାୟନ ହେଉଅଛି। ଏବଂଭୂତ ଦ୍ୱାରମାନଙ୍କରେ ଯୋଗୀକି ଦେଖି ଆସନ ଉପେକ୍ଷି ପାଏପଡ଼ି ଶୋଇ ବାଟଛାଡ଼ି ଦେଉଅଛନ୍ତି। ପୁଷ୍ପବୃଷ୍ଟି କରୁଅଛନ୍ତି। ଏମନ୍ତ କାହିଁ ମାଲଯୁଦ୍ଧ, କାହିଁ ପାରୁଆହଟ, କାହିଁ ମେଣ୍ଢାଯୁଦ୍ଧ, କାହିଁ ବିଦ୍ୟାବାଦ, କାହିଁ ଦିବ୍ୟଗୀତ ଗାନ ହୋଇଅଛନ୍ତି। ଏମନ୍ତ ସେ (୩) ଦେଖିଲା ଉତ୍ତାରେ ଦ୍ୱାରମାନନ୍ତ

(୧) ବହି ଚନ୍ଦ୍ରମୁଖୀ (୨) ବହି ଦ୍ୱାରେ (୩) ବହି ଏ ସର୍ବ।

ଜିଣି ସେଠାରେ ପୁର ଗୋଟିଏକ ଅଛି। ଅଳକା ପୁରକୁ ସମାନ ଜାଣି। ସେ ପୁରେ ଅଳଙ୍କାର ଯୁକ୍ତ ହୋଇ କନ୍ୟାମାନେ ଦୀପ ଘେନି ଅଛନ୍ତି। ଚନ୍ଦ୍ରଜ୍ୟୋସ୍ନା ପଡ଼ିବାରେ ପିନ୍ଧିଲା ବସ୍ତ୍ରମାନେ ତିନ୍ତିଲା ପ୍ରାୟେ ଦିଶୁଅଛନ୍ତି।

ତକ୍ଷଣେ ସୂପକାରମାନେ ଠାକରାଇ ଚଉରାଶି ପ୍ରକାରେ ମଣୋହି କରାଇଲେ। ତଦନନ୍ତରେ ସ୍ତ୍ରୀମାନେ ଚାମର ଆଲଟ ଧରି ନୃତ୍ୟ କରିବାରେ ଲାଗିଲେ। ପଲଙ୍କରେ ଯୋଗୀବିଜେ କରିଅଛି। ଦୁଇ ମିତ୍ର ତ ଅନ୍ୟ ପଲଙ୍କ ଗୋଟିକେ ବସିଅଛନ୍ତି। ପୁଣ ପୁଣ କରି ବିଚାରୁଅଛନ୍ତି ମନେମନେ। ରାଜ୍ୟ ନ ପୁଣ ଘେନଇ ମାୟା ପ୍ରକାରେ। ଏହାର ତଥ୍ୟ ଜାଣି ନୁହଇ। ପୁଣି ବିଚାରିଲେ ଏ ଯୋଗେନ୍ଦ୍ରମାନଙ୍କୁ ରାଜପଦ ସରି ନୁହଇ। ଏ ସମ୍ପଦକୁ ଚାହିଁଲେ ରାଜପଦ ଦରିଦ୍ର ସିନା। ଏମନ୍ତେ ଦୁଇ ମିତ୍ର କଥାହୁଅନ୍ତେ ଯୋଗୀ ବୋଇଲା ବାବା ଆମ୍ଭ ଆଶ୍ରମ ଏହିଠାରେ। ଏଠାକୁ ତୁମ୍ଭେ ଆସୁଥିବ। ସିଦ୍ଧଗଣ ପରାଏ ଦିଶୁଥିବ। ଉଲ୍ଲାସ ପାଇ ହସୁଥିବ। ପୂର୍ବ କର୍ମାଦି ଦୋଷ ନାଶୁଥିବ। ଏବେ ତୁମ୍ଭେ ବିଜେକରି ଯାଅ। ନଗରେ ପ୍ରବେଶ ହୋଅ। ଶୀତଳ ମଣୋହି କରି ପଲଙ୍କେ ଶୁଅ। ତୁମ୍ଭର ଯେବେ ଶ୍ରଦ୍ଧାଥିବ ଏହିଠାରେ ଆମ୍ଭଙ୍କୁ ଦର୍ଶନ ପାଇବ। ଏମନ୍ତ ବୋଲି ବସ୍ତ୍ର ଅଳଙ୍କାର ଦେଇ ରଜାପୁଅ ମନ୍ତ୍ରୀପୁଅକୁ ଦେଲା ପଠିଆଇ। ସେ ପାଦେ ପ୍ରଣମ୍ୟ କରି ଧାତିକାରେ ଅଇଲେ। ଧନ୍ୟ ହୋଇଲୁ ଧନ୍ୟ ହୋଇଲୁ ବୋଲି ବୋଇଲେ। ଏଥି ଉତ୍ତାରେ ତୁରିତେ ଗଲେ। ସୈନ୍ୟବଳ ଘେନି ନଗରେ ମିଳିଲେ। ରାଜା ଛାମୁରେ ପ୍ରଣମ୍ୟ କଲେ। ଯୋଗୀର ଚମତ୍କାର କଥାମାନ କହିଲେ। ରାଜା ବୋଇଲେ ପ୍ରାତଃ ସମୟରେ ଯାଅ। ସେ ମହାତ୍ମା ପୁରୁଷକୁ ଆମ୍ଭ ଛାମୁକୁ ଅଣାଅ। ନଗରେ ରୁହାଇବା। ଦିବ୍ୟ ପଦାର୍ଥମାନ ଦେବା। ଯେତେମୋନେ ପାରି ସେବା କରୁଥିବା। ମାୟା ନିର୍ମାୟା ଜାଣିମା। କପଟ ବୁଦ୍ଧିଥିଲେ ହାଣିମା। ଏମନ୍ତ ଆଜ୍ଞା ଦେଲା ଯହୁଁ। ରାତ୍ର ପାହୁଁ ପାହୁଁ ଦିବ୍ୟ ତୁରଙ୍ଗ ଚଢ଼ି ପ୍ରଭାତ କାଳେ ବିଜେ କଲେ ତହୁଁ। ଉଷା ବେଳେ ଦେଖିଲେ ଯହୁଁ ସେ ନଗର ଘର କିଛି ନାହିଁ। ଯୋଗୀ ପାଉଁଶ ଗଦାରେ ଶୋଇଅଛି। ସ୍ତ୍ରୀ ଭୋଗ କଳାର ସମ୍ବନ୍ଧର ବିନ୍ଦୁଧାରା ଗୋଟାଏ ବହୁଅଛି। ହଠଯୋଗ ସାଧନ ସାରିଅଛି। ନିଦ୍ରାରସ ସରିଅଛି। ମର୍କଟ ବେଶ ଧରିଅଛି। ଚକ୍ଷୁ ମନ୍ଦ ମନ୍ଦ କରି ମିଟିମିଟି କରି ଚାହୁଁଅଛି। ଏମନ୍ତେ ସେ କୁମର ସନ୍ନିଧେ ମିଳିଲା। ଭୂତ ଚୂଡ଼ାମଣିର ନିଦ୍ରା ଭାଙ୍ଗିଲା ଯହୁଁ। ସେ ଟେକି ହୋଇ

ବସିଲା । ବିଭୂତି ଘଷିଲା । ମୋହନ ମୁଦ୍ରା କଲା । ବଶୀକରଣରେ କୁମରକୁ ମୋହିଲା । କୁମର କରପତ୍ର ଯୋଡ଼ି ପ୍ରଦକ୍ଷିଣ କରି କହିଲା ଗୋସାଇଁ ଆଶ୍ରମ ନଗରେ ତ କେହି ନାହିଁ । ଯୋଗୀ ବୋଇଲା ଅଛି ଅଦୃଶ୍ୟ ହୋଇ । ତୋତେ ମୁଁ ଦେଖାଇଲେ ଦିଶିବନି । ସେ ଘଟେ ଦିବ୍ୟସ୍ଥିତି ଅଘଟଇ । ଏହା ଶୁଣି କୁମର ବୋଇଲା ଗୋସାଇଁ । ଏବେ ମୁହିଁ ଯାହା ମାଗିବି ବର । ପ୍ରସନ୍ନ ହୋଇ ମୋତେ ଅନୁଗ୍ରହ କର । ଯୋଗୀ ବୋଇଲା ବାବା ମାଗୁ କିନା ? ଆମ୍ଭର ତୁମ୍ଭର ନୋହି ଭିନ୍ନା-ଭିନ୍ନ (୧) । ସକଳ ଘଟେ ପୂରିଅଛି ମୁଁ ଜାଣି । ବାଞ୍ଛା ସିଦ୍ଧ ନ କଲେ ତୋହର ଆମ୍ଭଙ୍କୁ ଭଗତି କିମ୍ପା ପୁଣି । ଏହା ଶୁଣି କୁମର ବୋଇଲା । ନବର ଭିତରେ ଦିନ ଚାରି ଏସନ କରି ରହିବ । ଯୋଗୀ ବୋଇଲେ ବାବା ନଗର ଆମ୍ଭଙ୍କୁ ଶ୍ମଶାନ ସିନା । ବନ ଗୃହ ଆମ୍ଭଙ୍କୁ ଭେଦ ନାହିଁ କିନା । ଯହିଁ ଥିଲେ ଆମ୍ଭଙ୍କୁ ସମସ୍ତ ଠାରେ (୨) ଶୋଭା । ତୋହର ଭକ୍ତିବଳରୁ ଯିବା । ତୁମ୍ଭ ନଗ୍ରେ ଦିନାକେତେ ରହିବା । ଏମନ୍ତ ବୋଲି ଯୋଗୀ ବୋଇଲା ! ତୁମ୍ଭେ ଆଗହୋଇଥିଲ । ଏମନ୍ତେ ଯୋଗୀ କୁମରକୁ ଆଗେ ଚଳାଇଲା । ବେତାଳମାନଙ୍କୁ ହକାରି ବୋଇଲା । ତୋଳିଧରି ଥିବ ମୋତେ ଅଦୃଶ୍ୟ ହୋଇ । ଆସନ ଚାରିପାରୁଶରେ ଥିବ ଚାରି ବୀରେ ଉଭା ହୋଇ । ଥିରେ ଥିରେ ଗଲେ ତୁମ୍ଭଙ୍କୁ କେହି ନଦେଖିବେ । ଏମନ୍ତ ଆଜ୍ଞା ଦେଇ ପଦ୍ମାସନେ ବସିଲା । ବେତାଳ ତୋଳି ଧରି ଆଣୁଅଛନ୍ତି । ଆକାଶରେ ସିଦ୍ଧର ଗମନ ହୋଇଲା ବୋଲି ଲୋକେ ଜାଣୁଅଛନ୍ତି । ଯେ ଯୋଗୀ ଆକାଶେ ଗମନ୍ତେ, ବେତାଳମାନେ ତାକୁ ତୋଳି ଧରନ୍ତେ, ଶୂନ୍ୟରେ ଆକାଶରେ ଗଲା ପ୍ରାୟେକ ହୋଇ, ଜାଳନ୍ଧର ମୁଦ୍ରା ଫେଇ, କଳ୍ପ ଔଷଧି ଖାଇ, ଶୀତଭସ୍ମ ଘଷି, ଅଳ୍ପ ହସି । ଯୋଗୀକି ମଣ୍ଡଳାକାର କରି ପଛେ ଥାଟ ବେଢ଼ି ଅଛନ୍ତି । କୁମର ବଡ଼ ଘୋଡ଼ାଟାଏ ଚଢ଼ି ଚଳାଉଅଛି । ନିରନ୍ତରେ ପୁଷ୍ପବୃଷ୍ଟି ହେଉଅଛି । ଯୋଗୀ ମଧୁର ବାଣୀ କହୁଅଛି । ଚକ୍ର ଚକ୍ର ଲୀଳା ନେତ୍ରେ ଚାହୁଁଅଛି । ପୋଅମାନେ ଆନନ୍ଦେ ଗହଳେ ବିଡପାଇଁ ଧାଇଁଅଛନ୍ତି । ପୂର୍ବେ ଅନେକ ପିଷ୍ଟକ ଖାଇଅଛନ୍ତି । ଧାପେ ସେଁ ସେଁ ହେଉଅଛନ୍ତି । ମଧୁର ବାଣୀ କହୁଅଛନ୍ତି । ସ୍ତ୍ରୀମାନେ ଜଳାକପାଟି ଫେଡ଼ି ମୃଗଲୋଚନେ ଚାହଁନ୍ତେ ନୀଳ ଉତ୍ପଳ ପୁଷ୍ପ ସମୁଦ୍ରରେ ଯୋଗୀକି ପୂଜାକଲା ପ୍ରାୟେକ ଶୋଭା ପାଉଅଛି । ସେ ଯୋଗୀ ଜଗତଯାକ ମୋହୁଅଛି । ଭୂତଚୂଡ଼ାମଣି

(୧) ବହି ଆମ୍ଭ ତୁମ୍ଭର ନୋହିଛି ଭିନ୍ନା (୨) ବହି ଠାବ ।

ଅଦୃଶ୍ୟ ପାଟଛତ୍ର ଗୋଟାଏ ଧରିଅଛି ସେ ଛତ୍ର ଶୂନ୍ୟରେ ରହିଲା ପ୍ରାୟେ ଦିଶୁଅଛି। ନିରନ୍ତରେ ଲୋକ ପ୍ରାୟେ ପଡ଼ି ଶୋଇଅଛି। ରାଜମାର୍ଗ ମୋହୁଅଛି (୧)। ଏମନ୍ତେ ସେ କାମାନନ୍ଦ ଐନ୍ଦ୍ରଜାଳିକ ଯୋଗୀନ୍ଦ୍ର ନଗର ଦ୍ୱାରେ ପାଇଲା। ପାଞ୍ଚଦ୍ୱାର ଜିଣିଯାଇ ରାଜାର ଆସ୍ଥାନ ଚାହିଁ ଆଶ୍ଚର୍ଯ୍ୟ ପାଇଲା। ଭୂମିକି ଛାଡ଼ି ଆସିବା ଦେଖି କୃତ୍ୟ କୃତ୍ୟ ହୋଇ ମହାଗୌରବ କଲା। ସିଂହାସନୁ ଉଠି ଯୋଗୀକି ଭେଡ଼ା କେତେ ପାଛୋଟି ଗଲା। ଦିବ୍ୟ ପଲଙ୍କ ଗୋଟାଏ ଆସନ ଦେଇ ମହା ପୂଜାକରି ବୁଦ୍ଧିରେ ବିସରି ବିସରୁଁ ଅଛନ୍ତି। ଏ ସିଦ୍ଧ ପୁରୁଷ ଅଟଇ। ନୋହିଲେ ଆକାଶରେ ଆସିବ କି। ଏମନ୍ତ ଯୋଗ ଲକ୍ଷଣ ତ କାହିଁ ଦେଖିଲା ନାହିଁ। ପୁଣି ବିଚାରିଲା ସିଦ୍ଧମାନଙ୍କର ମନୁଷ୍ୟ ସଙ୍ଗତେ କି କାର୍ଯ୍ୟ। ଏହା ତ ଜାଣି ନୋହଇ। ଆହୁରି ଏହାର ଉତ୍ତମ ଗୁଣମାନଙ୍କର ଦ୍ରଶନେ ଜାଣିମା। ରାଜା ମଉନ ହୋଇ ମନେ ମନେ ବିଚାରନ୍ତେ, ଯୋଗୀକର୍ଣ୍ଣ ପିଶାଚୀ ଯକ୍ଷିଣୀକି ବୋଇଲା। ରାଜା ମନେ କି ବିଚାରୁଅଛି। ଏହା ମୋତେ କହ। ଯକ୍ଷିଣୀମାନେ ପଶି ରାଜାର ହୃଦୟ ବିଚାରି କାମାନନ୍ଦ ଯୋଗୀର କର୍ଣ୍ଣରେ କହିଲା ଅଦୃଶ୍ୟ ହୋଇ। ରାଜାକୁ ଯୋଗୀ ବୋଲୁଅଛି। ଭୋ ରାଜେନ୍ଦ୍ର! ଆମ୍ଭ ବିଚାରରେ ଭ୍ରାନ୍ତିକଲୁ। ତୁ ଯେ ବିଚାରିଲୁ ସିଦ୍ଧମାନେ କିମ୍ପା ମନୁଷ୍ୟ ଦର୍ଶନ କରିବେ ବୋଲି। ପୂର୍ବେ ମହା ଋଷିମାନେ ଲୋମଶ, ପରାଶର, ବଶିଷ୍ଠ, ବିଶ୍ୱାମିତ୍ର ଆଦି କରି ଏମାନେ ପରମସିଦ୍ଧ ସିନା। ଏ ପୁଣି ରାଜାମାନଙ୍କୁ ଭେଟ ନୁହନ୍ତି କି? ଗୋରେଖ ମସ୍ୟେନ୍ଦ୍ର ଆଦି ସିଦ୍ଧମାନେ ହେ ରାଜାମାନଙ୍କୁ ଭେଟ ଦେଇ ନିସ୍ତାର କରନ୍ତି। ଏମନ୍ତ ମନକଥା ଯୋଗୀ ଜାଣିଲା ଯହୁଁ ରାଜା ମହାଭୟ ପାଇ ପୂଜାକଲା ତହୁଁ। ଯୋଗୀକି ବନମାଳା ଗୋଟିଏ ହୃଦୟରେ ଲମ୍ବାଇ, ଚତୁସମ ଘଷାଇ ହସ୍ତରେ ଦିବ୍ୟ ପଦାର୍ଥମାନ ଦେଉଅଛି। ଯୋଗୀ ସେହିକ୍ଷଣି ଉଲୁକ ବିଭୂତି କପାଳେ ଘଷିଲା। ଅଦୃଶ୍ୟ ହୋଇଲା। ମନରେ ସନ୍ଦେହ ପାଞ୍ଚିଲାକୁ ଅନ୍ତର୍ଦ୍ଧାନ ହୋଇଲା ବୋଲି ବୋଇଲେ କୁମର ସହିତେ ସମସ୍ତେ ହେଁ ଆକୁଳ ହୋଇଲେ। ବସ୍ତୁ ପ୍ରାପତ ନିଧି ଗଲା ବୋଇଲେ। କାକୁସ୍ଥ ବଚନମାନ ଉଚ୍ଚାରିଲେ ଯହୁଁ, ବିଭୂତି ପୋଛି ରତ୍ନ ପଲଙ୍କେ ବିଜେକଲା ତହୁଁ। ରାଜା ସହିତ ହୋଇ ସମସ୍ତ ହେଁ ପାଦପୂଜା କଲେ। ସ୍ୱୟଂ ଈଶ୍ୱର ବୋଲି ବୋଇଲେ। ଅନେକ ଧନରତ୍ନମାନ ଛାମୁରେ ଥୋଇଲେ। ମୁଖକୁ ଚାହିଁ ତୃଷ୍ଟିଭୂତ ହୋଇଲେ।

---

(୧) 'ଖ' ରେ ନାହିଁ।

କୁମର ସହିତେ ସମସ୍ତେ ହେଁ ସଭାରେ ଅଛନ୍ତି। ଏମନ୍ତ ସମୟରେ ଅଭୁତ ହୋଇ ମଧୁମାଳତୀ ବୋଲି ଗାୟଣୀ ପ୍ରବେଶ ହୋଇଲେ। ସେ ମଧୁ ନାମେ ଗାୟଣ ମାଳତୀ ସହିତ ହୋଇ ପ୍ରବେଶ ହୋଅନ୍ତେ, କି ଚନ୍ଦ୍ରଦେବତା ରୋହିଣୀ ସହିତ ହୋଇ ଅଇଲେ। କି କାମଦେବ ରତି ସହିତ ହୋଇ ଶୋହିଲେ।

ସେ ଗାୟଣଙ୍କ ଅନେକ ବର୍ଣ୍ଣ। ଦୀର୍ଘ ବାହୁ ବିଶାଳ ବକ୍ଷ। ଦୀର୍ଘମାଳା ଗୋଟିଏ ଭରିଅଛି। ଅନେକ ଅଳଙ୍କାର ଭରିଅଛି। ସେ ମଧୁ କେମନ୍ତ ଅଟଇ। ହରିତ ବସ୍ତ୍ର ଗୋଟାଏ ପିନ୍ଧିଅଛି। ନାନା ପୁଷ୍ପେ ଚୂଳ ଗୋଟିଏ ଛନ୍ଦିଅଛି। କର୍ପୂର ତାମ୍ବୁଳ ଖାଉଅଛି। ଏକ ଗୋଡ଼ରେ ତ୍ରିଭଙ୍ଗି ପ୍ରାୟ ଉଭା ହୋଇଅଛି। ବୀଣାରେ ହାଥ ଦେଇଅଛି। ସେ ମାଳତୀ କେମନ୍ତ ଅଟଇ। ସରୁ ସହଳା କୁଞ୍ଚକରି ପିନ୍ଧିଅଛି। ବାମ ଭାଗକୁ ଓହଳାଇଲାକରି କବରୀଭାର ବାନ୍ଧିଅଛି। ଉତ୍ତୁଙ୍ଗ କୁଚ ଭର୍ତ୍ତାର ତହିଁ ଲାଗିଅଛି। ରୋମପୁଲକ ଭଙ୍ଗିମା ହୁଅନ୍ତେ ବେପଥୁ ସ୍ୱେଦ ଲାଗିଅଛି। ଅଳ୍ପ ଅଳ୍ପ ହସିଲା ପ୍ରାୟେ ହେଉଅଛି। ଜଗତଯାକ ମୋହୁଅଛି। କର୍ପୂର ତାମ୍ବୁଳ ଖାଉଅଛି। ଅପାଙ୍ଗ କୋଣେ ଚାହୁଁଅଛି। କଜ୍ଜଳପାତି ତେଢଉ ଲାଞ୍ଜି ପ୍ରାୟେ ଶୋଭା ପାଉଅଛି। ସୁଖ ପନୀର ଜଳେ ଧୋଉଅଛି। ପୌର୍ଣ୍ଣମୀ ଚନ୍ଦ୍ରମା କି ଭୂମିଗତ ହୋଇ ରହିଅଛି। ଈଷଦ୍ଧାସେ କହୁଅଛି। ଅମୃତଧାରା ବହୁଅଛି। ଏବଂଭୂତ ସେ ଅଭୁତ ଗନ୍ଧର୍ବ ଅପ୍‌ସରା ବେଶଧରନ୍ତାକୁ ଦେଖି ରାଜା ମନେ ମନେ ବିଚାରିଲା। ଆହୋ ଏହାକୁ କି ବୋଲି ଲକ୍ଷିବା। ବିଦ୍ୟାଧର ବୋଲିବା ତ ଭୂମି ଛୁଉଁଅଛନ୍ତି। ଚକ୍ଷୁ ଚଳୁଅଛି। ପୁଷ୍ପମାଳାମାନେ ମଳିନତ୍ୱକୁ ଗଲେଣି। ଲେପ ଚନ୍ଦନମାନେ ଶୁଖିଅଛନ୍ତି। ଏଣୁକରି ସ୍ୱର୍ଗ ପୁରୁଷମାନେ ନୋହନ୍ତି। ନାଗଲୋକ ବୋଲିବା। ଏହାର ଊର୍ଦ୍ଧ୍ୱଫଣି, ମଣିଦୀପ୍ତ ହେଉନାହିଁ। ଏ ଘେନିକରି ଜାଣିଲୁ ମର୍ତ୍ତ୍ୟଲୋକ ଅଟଇ। ଏମନ୍ତ ବିଚାରି ରାଜା ଆଜ୍ଞା ଦେଲା। ଆହୋ ତୁ କାହାର କୀର୍ତ୍ତି ପତାକା କରୁଅଛି। କି ଅବା ବିଦ୍ୟା ଜାଣୁ। କାହାର ପରିଚାର ଅଟୁ। ଅପୂର୍ବ ବିଦ୍ୟା ଥିଲେ ପ୍ରକାଶ କର।

ତ ସେ ଏମନ୍ତ ଆଜ୍ଞାପାଇ, ଗାୟେଣ ବୋଲୁଅଛି ଭୋ ରାଜେନ୍ଦ୍ର ! ହାଦେ ସମସ୍ତ ତ୍ରିଭୂବନମଣ୍ଡଳ ନୟନ ହରିଣା ପାଶସ୍ୱରୂପା। ଚରାଚର ନେତ୍ର ଚକୋର ଚନ୍ଦ୍ରିକା। ରତ୍ନନୃପ ଚତୁର୍ଦ୍ଦଶ ଭୁବନ ବିଜୟ ରଥଧ୍ୱଜ ପତାକା, ସକଳ ସୀମନ୍ତିନୀ ଘନ ବିଦ୍ୟୁଲ୍ଲେଖା। ସ୍ମରାନ୍ଧାକାର ପଟଳ ନିର୍ଜିତ ପ୍ରଦୀପିକା, ରସ ଜଳାଧିନଗ୍ନି ମତ

ବେଦିକା। ବଳତ ଲତିକା ପୃଥୁଳ ଘନ ପୀବର କୁମ୍ଭ ଅନଙ୍ଗାର୍ଣ୍ଣବ ତରଣେ ନୌକା। ନବ ପଞ୍ଚପୁରେ ଦୁର୍ଲଭ ନାୟିକା ଜଗତ ନିଧେ ନିଧି ଲକ୍ଷ୍ମୀର ଲକ୍ଷମୃତ ସା ମୃତା। ସର୍ବ ସୁଖ। ସର୍ବ ପଦ। ସର୍ବ ରସ ସର୍ବ ନିଧି ଅପାଙ୍ଗଲୀଳୟା ଦାତା। ଭକ୍ତ ଯୋଗେନ୍ଦ୍ର ନୃପତଃସୁତା। ପ୍ରୀତି ଦାତା। ପ୍ରିୟମ୍ବଦା। ସାମ୍ପ୍ରତ କନ୍ୟକାୟା ଲାବଣ୍ୟ ବର୍ଣ୍ଣନା ଗାଥାରସେକ ଆଦୌ କଥୟାମି। ଏମନ୍ତ ବୋଲି ସେ ମଧୁନାମେ ଗାୟାଣ ବିନାୟକ ସରସ୍ୱତୀଙ୍କୁ ବନ୍ଦି, ହୁଁକାର ନାଦ ଛନ୍ଦି, ନାକି କାଶିକିର କଣ୍ଠାସ୍ୱର ହୀନ ଅମୁଦ୍ରାଦି ଦୋଷାନ୍ତ ନାଶି, ସୁରସ ପ୍ରକାଶି, ବ୍ରହ୍ମମଣ୍ଡି, ବଚ, ଶୁଣ୍ଠି, ଶର୍କରା, ପିପ୍‌ପଳୀ, ମହୁ, ମହାଭୈରବୀ, ନୀଳକଣ୍ଠ ମୂଳାଦି ଔଷଧନ୍ତ ଖାଇ, ମାଳତୀ ସହିତ ହୋଇ, ରାଜଦନ୍ତ ମୂଳ ବିମ୍ବରେ ଜିହ୍ୱା ଦେଇ, ଅମୃତମୟୀ ନାଦ ପ୍ରଣୟିକି ଧ୍ୟାୟି, ମାଳାଧର ମାଳବ ରାଗକୁ ଅଳସ ଛନ୍ଦି, ମୃଚ୍ଛନା ମାଳତୀ ଆଚ୍ଛାଦାନ ମଞ୍ଜର, ଅପସର ତାର ଖୋର ଟମକ ହୁଁକାର କରି ଆଳାପ କଲା କରି ଗୀତ ଗାୟନ କରୁଅଛି। ସେ ଗୀତର ଅର୍ଥରେ ଏ କନ୍ୟାର ଗୁଣ ବର୍ଣ୍ଣନା କରୁଅଛି।

ସେ କେବଣ କେବଣ ପ୍ରକାରେ! ସେ ତରୁଣୀମଣି ରାୟେ ଦୁଲଣୀ ମଧ୍ୟସଂକୀର୍ଣ୍ଣୀ ସେ ଶଶୀବଦନୀ। ସେ ପିକବଚନୀ। ସେ ମୃଗନୟନୀ। ସେ ଲୀଳାମତ୍ତ କରିବର ଗମନୀ ସେ ଅମୀୟରସ ଅପୂର୍ବ ବଚନୀ। ସେ ତ୍ରିଭୁବନ ଜନମନହାରିଣୀ। ସେ ମନ୍ମଥ ଉତ୍ସବ କଳାବର୍ଦ୍ଧିନୀ। ସେ ବିକଚାରବିନ୍ଦ- ବାସଲପନୀ। ସେ ପୀତ କୌଷେୟ ସୂକ୍ଷ୍ମବାସିନୀ। ସେ କନକ ସୌଦାମିନୀ କାମିନୀ। ସେ କନ୍ଦର୍ପ ସଂଦୀପ୍ତ ଈକ୍ଷଦ୍ଧାସିନୀ। ସେ ମୁନିଜନ ମନ ନାଶିନୀ। ସେ କ୍ରୀଡ଼ାବନ ତରଙ୍ଗ ଝାସିନୀ। ସେ ଦ୍ୱିତୀୟ କମଳିନୀ। ସେ ଅମୃତ ସଞ୍ଜୀବନୀ(୧) କନ୍ୟାର ସୁନ୍ଦରପଣ କହିବାକୁ ସମସ୍ତେ ବକ୍‌ତ୍ରେ ଶେଷନାଗ ଅବା କରିପାରନ୍ତା। ସେ ଯେବେ ସର୍ପବତ୍ ନିଦ୍ରା ଦିବସ ଚେତନ ଥାନ୍ତା, ଚନ୍ଦ୍ରଦେବତା ଅବା କହିପାରନ୍ତା, ସେ ଯେବେ କ୍ଷୀଣ ବୃଦ୍ଧି ନଥାନ୍ତା କାମଦେବ ଅବା କହିପାରନ୍ତା, ସେ ଯେବେ ଦେଖିଲେ ଜଡ଼ ପ୍ରାୟେକ ହୋଇ ଲାବଣ୍ୟ ପଙ୍କେ ନ ଲାଗନ୍ତା ପବନ ଦେବତା ଅବା କହିପାରନ୍ତା, ସେ ଯେବେ ସ୍ତନ ବସନ ଭିତରେ ଭୋଳାୟିତ ନ ହୋଅନ୍ତା ସରସ୍ୱତୀ ଅବା କହିପାରନ୍ତେ, ସେ ଯେବେ ନାରାୟଣଙ୍କ ଛାମୁରେ ବୀଣା ବାଉନଥାନ୍ତେ ବୃହସ୍ପତି ଅବା କହିପାରନ୍ତା,

(୧) 'ଖ' ସଂଜୀବନୀ କରଣୀ।

ସେ ଯେବେ ଜାତକ ବେଳେ ତାହାର ଶୁକ୍ର ଅଷ୍ଟବର୍ଗ ଶୁଦ୍ଧ ହୋଇଥାନ୍ତା ସନତ୍‌କୁମାର ଅବା କହିପାରନ୍ତା, ସେ ଯେବେ ବାଳକ ନୁହନ୍ତା ବାସୁକି ଅବା କହିପାରନ୍ତା, ତାହାର ଯେବେ ପୃଥ୍ୱୀଭାରା ନଥାନ୍ତା ହିମାଳୟ ଅବା କହିପାରନ୍ତା, ସେ ଯେବେ ନିରନ୍ତର ଶୀତଳତା ନ ଲାଗନ୍ତା କ୍ଷୀର ସମୁଦ୍ର ଅବା କହିପାରନ୍ତା, ସେ ଯେବେ ମନ୍ଥି ହୋଇ ନଥାନ୍ତା...

ଏମନ୍ତେ ସେ କନ୍ୟାକୁ କେହି ବର୍ଣ୍ଣି ନ ପାରିଲେ ଯହୁଁ, ବ୍ରହ୍ମାର ତହିଁକି ସକଳ ଦେବତାଏ ଗମନ କଲେକ ତହୁଁ। ଅବିଦ୍ୟା ମୃତ୍ୟୁ ସଞ୍ଜୀବନୀ କରଣୀ କନ୍ୟାର ଗୁଣ ବର୍ଣ୍ଣ ପଚାରିଲେ। ବ୍ରହ୍ମା ବୋଇଲେ ସେ କନ୍ୟାକୁ ଅବା କ୍ଷୀରସମୁଦ୍ର ସମାନ ହୁଅନ୍ତା। ତାହା ତହୁଁ ଜନ୍ମ ପଦାର୍ଥମାନଙ୍କରେ ଯେବେ ଦୋଷ ନଥାନ୍ତା। ସେ କନ୍ୟାର ବଦନଚନ୍ଦ୍ରକୁ ପଟାନ୍ତର କରିବ କେ। କ୍ଷୀଣ କଳଙ୍କେ ଜଡ଼ ସେ। ଦିବସେ ଦୂଷିତ ଧୂସର ଦିଶଇ। ପ୍ରେମ ଈଷଦ୍ଧାସ ପ୍ରସନ୍ନ ନ ଦିଶଇ। ପଦ୍ମକୁ ପଟାନ୍ତର ହୁଅନ୍ତା, ସଙ୍କୋଚ ବ୍ୟକୋଚ ଶିଶିରେ କ୍ଷୀଣ ପୁଷ୍ପଳ ଯେବେ ନୁହନ୍ତା। ମଦନ ଦର୍ପଣ ଅବା ବୋଲିବା, ସେ ନିରସ ଧାତୁ କଠିନ। ମାଜନେ ନ ଦିଶଇ। ଅମୃତ ସରୋବର ବୋଲିବା କଟାକ୍ଷେ ପ୍ରେକ୍ଷଣ ଚଳ ନଥିବାରୁ କରି ନୋହିଲା। ମନ୍ମଥ ସଦନ ଅବା ବୋଲିବା, ଅପାଙ୍ଗ ବାଣର ଭୟେ କରି କାମଦେବ ନାଭିବିମ୍ବରେ ଥାଇ। ରତି କଳାନିଧି ବୋଲିବା, ସନ୍ନିଧେ ହୁଅନ୍ତେ ଭୃତ୍ୟ ପ୍ରାୟେକ ହୋଇ। ଲାବଣ୍ୟ ପାଶ ବୋଲିବା, ସ୍ତନ ଆକର୍ଷ କରନ୍ତେ ହେଁ ନ ଲାଗଇ। କେଚିତ୍ ବଦନ୍ତି କାମଦେବର ବନ୍ଧାପନା, ଖଣ୍ଡେନ୍ଦୁଖଣ୍ଡ ପରାଏକ ହୋଇଅଛି କପୋଳାକୃତି। ପଦ୍ମଦଳ ଦୁଇ ଅଛି ମଧରେ। ଭ୍ରମର ଦୁଇ ଅଛି ଶୂନ୍ୟରେ। କୋଦଣ୍ଡ ସାଇତିଲା ପ୍ରାୟେକ ଭ୍ରୂଲତା ଦିଶଇ। ତିଳପୁଷ୍ପ ଗୋଟିଏ ମଧରେ ଥୋଇବା ପ୍ରାୟେକ ନାସିକା ପ୍ରକାଶଇ। ବନ୍ଧୁକ କାନ୍ତି ଅଧର ବହ୍ନିର ଭ୍ରାନ୍ତି। ଅମୃତ ରସମାନେ ଦୀପର ଘୃତ ପ୍ରାୟେକ ଉଛୁଳୁ ଅଛନ୍ତି। ଏମନ୍ତ ବୋଲି ପଟାନ୍ତ ଦେଇ ହୁଅନ୍ତା। ଅହୋରାତ୍ର ଯେବେ ସେ ବନ୍ଦାପନା ହେଉଥାନ୍ତି। କ୍ଷୀରସମୁଦ୍ରୁଁ ଶଙ୍ଖ ଜନ୍ମିଲା। ସେ କ୍ରୂର କଠିନ ଆବର୍ତ୍ତକ ଯେଉଁ ଭାବୁଁ କରି କଣ୍ଠକୁ ସମାନ ନୋହିଲା। ପାରିଜାତକୁ ପୁଷ୍ପ ଫୁଟିଲେ ସେ ବାସଇ। ସେ କୁମାରୀ ନାଗ କୁଟୁଳ ଅଫୁଟେ ବସଇ। କଉସ୍ତୁଭ ମଣି ଦନ୍ତକୁ ପଟାନ୍ତର କରି ହୁଅନ୍ତା, ତହିଁର ମଧରେ ଯେବେ ଭେଦ ନଥାନ୍ତା। କାଉସ୍ତଭୁଁ ସୁନ୍ଦର

ହୋଇଲା ଯହୁଁ । କର୍ଣ୍ଣ ପାଶ ପାତିଅଛି ହରି ହରଷ ଭୟୁଁ । ଐରାବତ ଗଜ ଚାଲି ସମାନ ହୁଅନ୍ତା । ରାକ୍ଷସଙ୍କର ଭୟ ବାଣ ଭୟ ଯେବେ ପାଇ ନଥାନ୍ତା । ଗଙ୍ଗାର ସକାଶୁଁ ନର୍ମଦା ହୋଇଲା । ତେଣୁ କରି ଗମନକୁ ସମର୍ଥ ନୋହିଲା । ସ୍ତନକୁ ଗଜକୁମ୍ଭ ପଟାନ୍ତର କରିବ କେ । କର୍କଶ ଲୋମଶ ନ୍ୟାୟର କଠିନ ସେ ସମୁଦ୍ରରୁ ଅମୃତ ଖାଇଲେ ସେ ମୋକ୍ଷ ହୋଇ ବାଳା ଅଧରାମୃତ ଦେଖିଲେ ପରମ ସୁଖ ପାଇ । ଗୁଣକୁ ଅସମ ହୋଇଲା କ୍ଷୀରନିଧି । ତେଣୁ କରି ବିଧାତାର ସରିଲା ବୁଦ୍ଧି । ଉପମା ଯେବେ ନୋହିଲା ତ୍ରୈଲୋକ୍ୟେ । ତହୁଁ ଜଗତ ଚିନ୍ତାଛାଡ଼ି ବସିଲା ସମାଧିମତେ । ସମାଧିରେ ଦିବ୍ୟ ଶକ୍ତି ହୋଇଲା ଯହୁଁ । ଏବଂଭୂତ ଉପମା ଦିଶିଲା ତହୁଁ ।

ଭ୍ରାନ୍ତି କାଳିନ୍ଦୀ ତରଙ୍ଗେ । ନୀଳମେଘ ପ୍ରତିବିମ୍ବିତ ଅମୃତ ସମୁଦ୍ର ତରଙ୍ଗେ । ଅପସରା କୁଚ କସ୍ତୁରୀ ପତ୍ରାବଳୀ ଭଙ୍ଗେ । ଜମ୍ବୁନନ୍ଦ ଜଳତୁରଙ୍ଗ ତୁଙ୍ଗେ । ତୀରେ ନୃତ୍ୟନ୍ତ ମୟୂରାଣାଂ କେଶଛାୟା ପ୍ରତିବିମ୍ବେ । ଇନ୍ଦ୍ରନୀଳମଣି କୂଟ ଦ୍ୱନ୍ଦ୍ୱେ । ନୀଳ ଉତ୍ପଳ ନଳିନୀ ପୂଜିତାନୁ ବନ୍ଧେ । ଯେବେ ଯମୁନା ସତରଙ୍ଗେ ଥିବ । ତେବେ ସେ କନ୍ୟାର କେଶକୁ ଉପମା ହୋଇବ । ସେ କେଶ କନ୍ଦର୍ପର ତ୍ରୈଲୋକ୍ୟ ବିଜୟ ରଥଦ୍ୱଜ ଚାମର ପରାଏ ଅଟଇ । କି କାମଦେବର କୋଦଣ୍ଡ ମଣ୍ଡଳମଣ୍ଡନ ଥାନ୍ତା । ସେ କନ୍ୟାର ଉଲଟ ପାଟିରେ । କି ଈଶ୍ୱରଙ୍କୁ ହାରିଥିଲା କାମଦେବର ଲେଉଟି ପଡ଼ିଲା ବାଳୀରେ । କି ଅର୍ଦ୍ଧଚନ୍ଦ୍ରଖଣ୍ଡ ମାଳିରେ । କି ଭ୍ରୂଲତା ଭୃଙ୍ଗମାଳିରେ । କି ବିଶ୍ୱକର୍ମା ମୟଦୈତ୍ୟ ବୃହସ୍ପତି ଆଦିକରି, ସବୁରି ମୁଖରେ ପଡ଼ିଲା କାଳିରେ । ସୋଲରାଟପାଟିକି ବୋଲି କି ବୋଲିବା । ଅମୃତ ଶିଳା ବୋଲି ଯେବେ ବୋଲିବା, ତହିଁ ମନ୍ମଥ ବିକାର ନାହିଁ । ପରଶ ପଥର ବୋଲି ଯେବେ ବୋଲିବ, ସେ ଲାବଣ୍ୟ ଜଳଧିର ସ୍ୱେଦକଣିକା ଅବା ପାଇବ କାହିଁ । ତରୁଣ ଇନ୍ଦୁ ଅବା ବୋଲିବା ସେ ଦିବସେ ନ ମିଳଇ । କ୍ରୀଡ଼ାରସ ମୁକ୍ତ ଶକ୍ତି ଅବା ବୋଲିବା, ସେ ଦେଖିଲେ ନ ଚଳଇ । କନ୍ଦର୍ପର କୁଙ୍କୁମ ଲେଖପତ୍ରିକା ଅବା ବୋଲିବା ଏଥି ଅକ୍ଷର ପଂକ୍ତି ନାହିଁ । ଏମନ୍ତ ପ୍ରାୟେ ମଣି । ଈଶ୍ୱର ଅର୍ଦ୍ଧଚନ୍ଦ୍ର ଖଣ୍ଡେ ବହିଅଛନ୍ତି । ସେ ଲଲାଟ ପଟକୁ ଭାବିବା ପାଇଁ ମଦନାର୍ଣ୍ଣବ ତରିବାକୁ କି ବିଧାତା ସୁବର୍ଣ୍ଣ ନୌକାଏ ଥୋଇଅଛି ଲେଉଟାଇ । ତହିଁ ଗୋଟିଏ ସିନ୍ଦୂର ତିଳକ ବିନ୍ଦୁଏ ଥିବାର କେମନ୍ତ ପ୍ରାୟେ ଦିଶୁଅଛି । କି ତରଙ୍ଗ ଗତିକୁ ଦହ୍ୟ କଲୁ ବୋଲି ମୋହିନୀ ଲକ୍ଷ୍ମୀ ହସୁଅଛି । କାମ ବ୍ରହ୍ମାଣ୍ଡରେ

ଲାବଣ୍ୟ ଶଶୀଉଦୟ ହେବାର ପ୍ରାୟେ ଦିଶୁଅଛି। କି ମନ୍ମଥ ଅନ୍ଧକାର ଛଡ଼ାଇ କି ଅମୃତ ସମୁଦ୍ର ଭିତରେ ରକ୍ତପଦ୍ମ ଗୋଟାଏ ଶୋହିଅଛି। କି ମହାଦେବର ନୟନାଗ୍ନିରେ ଦଗ୍ଧ ହୋଇ କନ୍ଦର୍ପ ଅଙ୍କୁରିଳ ପ୍ରାୟେକ ଉଇଁଅଛି। ସେ ଗୋରଚନା ସିନ୍ଦୂର ତିଳକ ବିନ୍ଦୁ ଅର୍ଦ୍ଧରେ ଚୂର୍ଣ୍ଣ କୁନ୍ତଳମାଳୀ। କି ମନ୍ମଥ ଲତା ଜାଲି। କି ଅତ୍ୟନ୍ତ ରସାଳି। କି ପବନେ ପ୍ରଚଳି ହୁଅନ୍ତେ। ମନୋଭାବ ନୃପତିର ପଡ଼ିଲା ଅଛି ନୀଳ ପତାକାବଳୀ। ତ୍ରିଭୁବନ ଯୁବା ଜନମାନଙ୍କର ନୟନ ସଫରୀ ବନ୍ଦୀ କରିବାକୁ ବେଢ଼ାଇଛି କି ଜାଲ ପଟଳି। କୃଷ୍ଣମେଘରୁ ବାହାର ହୋଇଲା ଅଛି କି ଶରତ ଚନ୍ଦ୍ରର ଝଳି। କି ହିରଣ୍ୟ ବର୍ଣ୍ଣ ମେଘରେ ଜଗତଜନ ଉତ୍ପାତେ କରି ମାରୁଅଛି ମର୍କତ ବିଜୁଳି।

ଏମନ୍ତେ ସେ କୁଟିଳ, ବହଳ, ନୀଳ, ସ୍ନିଗ୍ଧ, ପରିମଳ, ସୁରେଖ, ମନୋହର, ଭୂଲତାର ମଣିମୟ, କି କନ୍ଦର୍ପପୁଷ୍ପ ଚାମର ପ୍ରାୟେକ କମନୀୟ। କି କୃଷ୍ଣ ସର୍ପିଣୀର ପ୍ରାୟେକ ଶୋଭନୀୟ। କି ମର୍କତ ଲତାର ପ୍ରାୟେକ ଲୋଭନୀ। କି ଇନ୍ଦ୍ରନୀଳମଣି ମାଳା। କି ମୁଖପନ୍ତି ରହିଲା। ବଦନଚନ୍ଦ୍ରେ ପ୍ରକାଶୁ ଅଛି ଅବା। କଳଙ୍କର କଳା। ସେ ବଦନ ସୁଧାନିଧିସ୍ମରାନ୍ଧକାର ପଟଳମାନ କଲା ଯହୁଁ ଉଦର ଫୁଟି ଅନ୍ଧକାର ଦିଶୁଅଛି ତହୁଁ। କି ରାହୁ ଭ୍ରମରଙ୍କର କଳି ଛଡ଼ାଇବାର ପାଇଁ ମଧ୍ୟରେ ନୀଳରେଖା କାଟିଅଛି ବିଧବା ଚନ୍ଦ୍ରପଦ୍ମ ଦର୍ଶାଇ। ତ ବାବୁ ସେ ଭୂଲତା ରସଜଳଧିରେ ପଲ୍ଲବି ଅଛି କି ମନ୍ମଥ ମଞ୍ଜରୀଲତା। କି ଚତୁଷଷ୍ଟୀ କଳାର କାଳି। କି କ୍ରୀଡ଼ାରସ ଫଳିବାର ଅମୃତ ତରୁମାଳି। କି ସୁହୃଦ ଭାବୁଁ କରି କାମଦେବ ପୂର୍ଣ୍ଣଚନ୍ଦ୍ର ବିମ୍ବରେ ଲିହିଅଛି ମୃଗମଦ ଅକ୍ଷରମାଳି। ନୟନ ଦୁଇକି ବର୍ଣ୍ଣିବ କେ। ସ୍ମରଣା ମାତ୍ରକେ ଜଡ଼ ହୋଇବ ସେ। ଚଟୁଳ, ବିରଳ, ସରଳ ତରଳରେ ସ୍ନିଗ୍ଧ, ବିଦ୍‌ଗଧ, ମନ୍ଥର, ମନୋହର, ଅଳସ ଅବଶ ପ୍ରେମ ସମ୍ପୂଳିତ ଭାବାଦି ସୁଖଦ ସୂକ୍ଷ୍ମ ବୀଜପ୍ରାୟ। ଅଞ୍ଜନ ରଞ୍ଜିତ। ଖଞ୍ଜରୀଟ ଖଞ୍ଜିତ। ମଧୁର ମନୋହର ହାସ। ମଦୋଦ୍ଧାମ। ହେଳାଳି ପଟଳ। ନୀଳୋତ୍ପଳ ଉପହସିତ। କୁରଙ୍ଗ ତରଙ୍ଗ ନିରାଶ। ତୀକ୍ଷ୍ଣ ଚକିତ ରତି ନାୟକ। ସାୟକ ଶରାସନ ମୋଚନ। ପଙ୍କଜ ପରିହାସ ଲୋଚନ। ପଙ୍କଜକୁ କି ବୋଲି ବୋଲି ବାରେ। ନୀଳଜଳ ବୋଲିବା ତ ଉଷ୍ଣତା ଦୋଷୁ ନୋହିଲା। ନୀଳ ଉତ୍ପଳ ବୋଲିବା ତ ମଳିନତାକୁ ସେ ଯାଇ। ଶିଶୁ କୁରଙ୍ଗ

ବୋଲିବା ତ ସେ ପ୍ରେମ ପ୍ରସନ୍ନ ନଥାଇ। ମନ୍ମଥ ଜଳନିଧି ବୋଲିବା ତ ସେ ଅଛ ବେଳେ ଯାଇ। କାଳନ୍ଦୀ ତରଙ୍ଗ ବୋଲିବା ତ ସେ ଗତାଗତ ନୁହଇ। ପୂର୍ଣ୍ଣଚନ୍ଦ୍ର ଦର୍ଶନ ସମୁଦ୍ର ଉଲ୍ଲୋଳ ବୋଲିବା ସେ ଗର୍ଜନୁ ନ ଶୋହିଲା (୧)। କାମଶର ବୋଲିବା ସେ ଗୁଣରୁ ଚ୍ୟୁତ ହୋଇ। ସଫରୀଯୁଗ୍ମ ବୋଲିବା ତ ସେ ସୁବାସ ନୁହଇ। ଖଞ୍ଜରୀଟ ବୋଲିବା ସେ ନିରନ୍ତରେ ଚଞ୍ଚଳ ହୋଇ। ଅମୃତବିମ୍ବ ବୋଲିବା ସେ ବେଗେ ଭାଜଇ। ସରସିଜ ଜଳ ବୋଲିବା ସେ ନୀଳ ଚଞ୍ଚଳ ନୁହଇ। କି କାମ କଜ୍ଜଳ ବୋଲିବା ସେ... ନୀଳଇନ୍ଦ୍ର ମଣି ବୋଲିବାରୁ ସେ କରି ନ ଶୋହଇ। ଲାବଣ୍ୟ ଶାମୁକା ବୋଲିବା ସେ ଗମ୍ଭୀର ନୋହଇ। ଚକୋରଯୁଗ୍ମ ବୋଲିବା ସେ ବିଛେଦୁଁ ନ ମୋହଇ। ପଦ୍ମଦଳ ବୋଲିବା ସେ ଦଳ ନୁହଇ। ଅନଙ୍ଗିତ... ବୃଦ୍ଧି ହୁଅଇ। ଗଙ୍ଗାତରଙ୍ଗ ବୋଲିବାରୁ ସେ ନିରସ ପୁଳିନ। ରତି ଦର୍ପଣ ବୋଲିବା ସେ କଳଙ୍କେଂନ ମଳିନ। ନୀଳ ଉତ୍ପଳ ବୋଲିବା ସେ...ଛକୁ ନୋହିବ। ଅମୃତ ବୋଲିବା ସେଦିଶଇ। କ୍ରୀଡ଼ା ଜଳ ବୁଦ୍‌ବୁଦ୍ ବୋଲିବା ତହିଁ ମନ୍ମଥ ବିକାର ଦିଅଇ। ସ୍ମରଶାରୀକା ବୋଲିବା ସେ ଧ୍ୱନି କରୁଥାଇ। ରତି ପ୍ରଦୀପ ବୋଲିବା ତହିଁ ତୈଳ ଥାଇ। ନାବ କେ ପାରିବ ଲକ୍ଷ୍ୟ। ଶତ ସହସ୍ର ସମୁଦ୍ର ମାନକରି ସ୍ୱପ୍ନ କରିଅଛି (୨)। ଶଶୀକର କାକର। ହିମମନ୍ଦାକିନୀ, ପତନ, କୁନ୍ଦ, କୁମୁଦ, ପୁଣ୍ଡରୀକ (୩), ଗୋକ୍ଷୀର ବାରୀ, କମ୍ବୁ, ମୁକ୍ତା, ତୁହିନ କନ୍ଦର ସଘଟଣ ପଟଳାଦି କରି ଯେତେ ଶୁକ୍ଳକୁ ଦେଖି ବିଧାତା ଜନ୍ମ କଲା ଏତେ। ଏମନ୍ତେ ସମସ୍ତ ରୁଣ୍ଡୀଭୂତ କରନ୍ତେ ଯହୁଁ, ନୋହିଲା ସମ। ନିଶ୍ଚୟେ କାମଦେବକୁ ହୋଇଲା ଯମ। ସେ ନୟନକୁ ଏମନ୍ତ ପ୍ରାୟେ ମଣି! ବିଧାତା ଅମୃତ ଭାଣ୍ଡରେ କସ୍ତୁରୀପଙ୍କେ ଜମ୍ବୁନଦୀ ଜଳେ କାଳିନ୍ଦୀ ତରଙ୍ଗ ଗୋଳେ କୃଷ୍ଣ ପକ୍ଷ ନିଶାରେ ଇନ୍ଦୀବର ଲତା ଏକ ରୂପିଲା। ନୀଳକଣ୍ଠ ଚଢ଼େଇର କଣ୍ଠର ନୀଳ ସ୍ନିଗ୍ଧ କ୍ଷେପିଲା। ଇନ୍ଦ୍ରନୀଳମଣି ମର୍କତାଞ୍ଜନ କାଳି ନଳିନୀ ଜୀମୂତ ମୟୂର ଅଶିତ କୁସୁମ ଚନ୍ଦ୍ର ମଧ୍ୟରୁ ପିୟଙ୍ଗୁ କଳଙ୍କାଦି କରି ସମସ୍ତ ଶ୍ୟାମପଦାର୍ଥମାନଙ୍କରେ ଦଗ୍ଧ ହୋଇଲା। କାମଦେବର ନୀଳ ଭସ୍ମାଙ୍ଗ ଭରି। ମୋହନ ଲକ୍ଷ୍ମୀ କି ରୁଣ୍ଡୀଭୂତ କରି। ସମସ୍ତ ରସମାସ ସଂହାରି। କୁରଙ୍ଗ ତରଙ୍ଗ ମନ୍ମଥସାୟକ ଭରି। ଭ୍ରମରକଳା

---

(୧) ବହି ସେ ତ ବେଗେ ଭାଜଇ (୨) ବହି କି ଉଦ୍ଦୀପ୍ତ କରିଅଛି (୩) 'ଖ'ରେ ନାହିଁ।

ପୂର୍ଣ୍ଣଚନ୍ଦ୍ର ବିମ୍ବିତ ଉତ୍ପଳ ମାଳା – ରତିରସ ଲୀଳା । ପ୍ରେମାଦି ଗୁଣମାନଙ୍କର ଅଳା । ଉପିଲା ମର୍କତ କଳା । ଅନଙ୍ଗ ଜଗଦଧ୍ୱଜ କଜ୍ଜ୍ୱଳ ଲୀଳା ସହିତ ପଦାର୍ଥମାନ ସମକରି ସେ ଫୁଟିଲା ନୀଳୋତ୍ପଳ ବେନିରେ ଉପିଲେ ଅମୃତ ସହିତ ଲେପି, କ୍ରୀଡ଼ାରସ ତରଙ୍ଗେ କ୍ଷେପି କାମଦେବର ମୁଖପଦ୍ମର ମର୍କତ ଭ୍ରମର ଦୁଇଗୋଟି ବସାଇ, ମନ୍ମଥରସ ମିଶାଇ, ମହାମତ୍ତ ବାରୁଣୀ ଲାଇ, କନ୍ଦର୍ପର ନୀଳାସୂକ୍ଷ୍ମ ବାଣମାନନ୍ତ ଏହାର ଚାରିପାରୁଶରେ ରୋଇ, ଚନ୍ଦ୍ର ତହୁଁ ଅମୃତ ଅଞ୍ଜନ ଆଣି, ମଦନ ସମୁଦ୍ର ଛାଣି ତହିଁରୁ ନିଧିଲାଇ, ମୃଗ ଯମୁନାର, ତରଳ ତରଙ୍ଗ ମିଶାଇ, ଆକର୍ଷି ଲକ୍ଷ୍ମୀକି ବସାଇ ସେ ନୀଳୋତ୍ପଳ ଚକ୍ଷୁକଲା । ଏମନ୍ତ ଦେଖି କାମଦେବ ସେବକ ଭାବକୁ ଗଲା । ଏମନ୍ତେ ସେ କନ୍ୟାର ଉନ୍ନତ ନାସିକାକୁ କି ବା ବୋଲି ବୋଲିବା । ବଳିତ ଲଳିତ ଉଚ୍ଚ ସଞ୍ଚ ସମସରସ ସୁଲକ୍ଷଣ ପୁଟ ଦ୍ୱୟ ପରିଣାହ ଶ୍ୱାସ । ପ୍ରସର ପବନ କନକ କମନୀୟ କେତକୀ । ରସାଣିତ ପଞ୍ଚୁଦାହ ସୁବର୍ଣ୍ଣ । ହରରିପୁ ହେମଦଣ୍ଡ ଖଣ୍ଡ କୀର୍ତ୍ତିମଣ୍ଡନ । ଯୁବା ଜନମନ ଭେଦନ ଛେଦନ କି ମଦନ ଖଡ଼ଗ ସୁଲକ୍ଷିବ । ରତ୍ନତିଳ କୁସୁମ କି ଅଧୋମୁଖ ତିଷ୍ଟନ । ମୟଦୈତ୍ୟ ନିର୍ମିତ ଅଧରାମୃତ କଳଶ ମନ୍ଥନ କନକ ଖୋଆଦଣ୍ଡ ସମ । ଅସ୍ଫୁଟ ଦେବ କୁଟୁମ କି ବିଶ୍ୱକର୍ମା ନିର୍ମିତ ପାରିଜାତ କଳିକା ସମ । କି ମଧୁ ପବନ ମିତ୍ରେଣ... ବିମ୍ବର । କନ୍ଦର୍ପ ରଙ୍ଗର ପ୍ରସାଦ କି ଦିଶଇ ଅତି ସୁନ୍ଦର । ଶୃଙ୍ଗାର ରସ ଜନ୍ମର ରନ୍ଧ୍ର କି ପ୍ରସରିତ ଅମୀୟ ପବନ । ଅପାଙ୍ଗ ବାଣର ଭୟେ କି କାମଦେବର ଶରଣ ସଦନ । ଶିରୀଷପୁଷ୍ପ ସୁକୁମାର... । ...ବାଟେ...ପ୍ରାୟେ ଶୋଭା ପାଉଅଛି । କି ପୂର୍ଣ୍ଣଚନ୍ଦ୍ର ମଣ୍ଡଳରୁ ଶୁକ୍ରଦେବତା ଅମୃତ ରସମାନ ଚୌର୍ଯ୍ୟରୂପେ ପିଉଅଛି । କି ଗୁଣମାନଙ୍କୁ ସମସ୍ତଙ୍କୁ ଦେଲା । ବିଶ୍ୱକର୍ମା କୁନ୍ଦେ କୁନ୍ଦି ହୋଇ ରହିଅଛି । କି ଶୃଙ୍ଗାରରସ ଲତାରେ ରତିକ୍ରୀଡ଼ା ଫଳ ଫଳିଅଛି କି ଲାବଣ୍ୟ ଜଳ ପୂରନ୍ତେ ଟୋପି ଟୋପି ହୋଇ ତା ସେସବୁ ସ୍ରବପାଇଁ ବସନ୍ତପୂର୍ଣ୍ଣମୀ ଦିନର ଦୋଳିରେ । କି ତ୍ରିଭୁବନ ବିଜୟ ଫଳିକା ବଳିରେ । କି ମକରଧ୍ୱଜର ଆଲଟ । ତାହା ଦେଖି କାମଦେବ ରତିକି ହୋଇ ଅଭେଟ । କି ଯୁବା କଷଣ ଦାତା ।

ଏମନ୍ତେ ସେ କନ୍ୟାର ଅଧର ପଲ୍ଲବକୁ କି ବୋଲି ବୋଲିବା । ଅରୁଣପଲ୍ଲବ ଅତିଶୟ ରସ । ବିପୁଳ ପୁଲକିତ ଅମୃତ ସରିତ ବୁଦ୍‌ବୁଦ୍ ଲାବଣ୍ୟ । ପଙ୍କୋରୁହରେ ରେଖାବଳି କି ଲକ୍ଷ୍ମୀ ବିକଶିତ ସୁରତରୁ ମଧୁର କୋମଳ କମନୀୟ କାନ୍ତିକି ବଧୁକ

ଦ୍ୟୁତିକି ପ୍ରେମଜନିତ ସୁଧାରସ। ଏଥୁ ଅଧରକୁ କି ବୋଲି ବୋଲିବାରେ। କି ଡାଳିମ୍ବ କୁସୁମକୁ ଭେଳା କରି ଖେଦଜଳଧି ତରିବାରେ। କି ମନନୟନକୁ ବନ୍ଦିକରି ଅନୁରାଗ ରତ୍ନ ଥୋଇବାରେ। କି ଉଦୟ ମଦନ ମାର୍ତ୍ତଣ୍ଡ ମଣ୍ଡଳାର୍ଦ୍ଧ କଳା ପ୍ରାଏ ଶୋହୁଥିବାରେ। କି ସ୍ମରାନ୍ଧକାର ଧାତୁ ନିବିଡ଼କୁ ଧୋଉଥିବାରେ। କି ରତୁ ନୃପବର ବକ୍ଷସ୍ଥଳେ ଅରୁଣ କୁସୁମମାଳା ପରାଏ ଦିଶୁଥିବାରେ। ମାଣିକ୍ୟ ନୌକାରେ କନ୍ଦର୍ପାର୍ଣ୍ଣବ ତରୁଁ ଅମୀୟ ଅପାଙ୍ଗେ ପଶୁଥିବାରେ। କି ସୁବର୍ଣ୍ଣ ମେଘର ରତ୍ନବିଦ୍ୟୁଚ୍ଛଟା ପ୍ରକାଶୁଥିବାରେ। କି କି ବଧୁକ ପୁଷ୍ପମାଳାରେ ମନଲିଙ୍ଗଙ୍କୁ ପୂଜିବାରେ। ଅନୁରାଗ ଅମୃତ ଚିନ୍ତାମଣିରେ ଅରୁଣ ରତ୍ନ ବୋଲି ପାଞ୍ଚୁଥିବାରେ। କି ଯୁବା ଜନମାନ ବନ୍ଧନରେ ରତ୍ନ ତରଙ୍ଗିଣୀ ବୋଲି ଭାବୁଥିବାରେ। ପ୍ରେମାଞ୍ଜନ ଈଷଦ୍ଧାସ ସୁଧା ତରଙ୍ଗିଣୀ ଦଶନ ବସନକୁ କି ବୋଲି ବୋଲିବାରେ। ପକ୍ୱବିମ୍ବ ଯେବେ ବୋଲିବା, ସେ ବର୍ଣ୍ଣ ପାଣ୍ଡୁର ନ୍ୟାୟରୁ ନୋହିଲା। ବଧୁକପୁଷ୍ପ ଯେବେ ବୋଲିବା, ସେ ସାତ ଘଡ଼ିରେ ଫୁଟଇ। କିଂଶୁକ ଯେବେ ବୋଲିବା, ସେ ଅଂଶଭାବେ ନ ଘଟଇ। ଡାଳିମ୍ବ ପୁଷ୍ପ ଯେବେ ବୋଲିବା, ସେ କାଳିକି ରଙ୍ଗ। ପ୍ରବାଳଖଣ୍ଡ ଯେବେ ବୋଲିବା, ସେ କଠିନ ଅଂଶ। ଶୁକଚଞ୍ଚୁ ଯେବେ ବୋଲିବା, ସେ ନୀରସେ ଦୂଷିତ। ତରୁଣାରୁଣ ଯେବେ ବୋଲିବା, ସେ ଉଷ୍ଣ ଦୋଷେ ମିଶ୍ରିତ। ମାଣିକ୍ୟ ମଣି ଯେବେ ବୋଲିବା, ସେ ମୃଦୁଳେ ଫୁଟଇ। ପଦ୍ମକେଶର ଯେବେ ବୋଲିବା, ସେ ପରାଗେ ନ ଘଟଇ। ନିଧୂମ ଅଗ୍ନି ଯେବେ ବୋଲିବା, ସେ ଜଳ ସଙ୍ଗତେ କଳିକି। କିତପାରେ କସ୍ତୁରୀ ଛେଦ ଯେବେ ବୋଲିବା, ସେ ସୂତ୍ରାନୁବନ୍ଧ ମାଳିକି। ସନ୍ଧ୍ୟାଘନ ଯେବେ ବୋଲିବା, ସେ ଅତି ବ୍ୟଗ୍ରେ ଯାଇ। ରକ୍ତ ଉତ୍ପଳ ଯେବେ ବୋଲିବା ସେ ଜଳରେ ଥାଇ। ପ୍ରଥମ ବାଳଇନ୍ଦୁ କଳା ଯେବେ ବୋଲିବା, ସେ ଅତି ଶୀତଳ ଜଡ଼ି। ପାରିଜାତ ପୁଷ୍ପ ଯେବେ ବୋଲିବା, ସେ ଅତିରମ୍ୟେ ଜଡ଼ି। କୋକନଦ ଯେ ବୋଲିବା, ତହିଁ ଲୀଳାରସ ନାହିଁ। ସିନ୍ଦୂରକାନ୍ତି ଯେ ବୋଲିବା, ସେ ଲାବଣ୍ୟ ଜଳଧିର ସ୍ୱେଦକଣିକା ଅବା ପାଇବ କାହିଁ...ସୁଧାରୁଣ ଘନେ ଘଷି ଇନ୍ଦ୍ରଗୋପ ବଧୂରାଗାଙ୍ଗେ ପରଶଂସି। ବନ୍ଧୁମାରି ଭଦ୍ର କୋକନଦ ଡାଳିମ୍ବ ପାରିଜାତ କାନ୍ତି ପୁଷ୍ପ...ଫଳର କୋମଳ ଆରକ୍ତ ସ୍ନିଗ୍ଧ ଲାଇ, ପ୍ରବାଳ ଖଣ୍ଡରୁ ମସୃଣ ଚିକ୍କଣ ଥୋଇ, ପଟ୍ଟଶୁକ ପକ୍ଷୀରୁ ପୃଷ୍ଟାଗୁଣ ଲାଇ, ନିର୍ଦ୍ଧୂମ ଅଗ୍ନିରୁ ରକ୍ତିମା ଲାଇ-ଔଷଧମାନଙ୍କର ସ୍ୱଭାବେ...ସମସ୍ତ ସ୍ୱାଦୁ

ପଦାର୍ଥମାନଙ୍କର ଆଦର ସ୍ନିଗ୍ଧ ଲାଇ, ଲୀଳାୟିତ ଲକ୍ଷ୍ମୀକି ବସାଇ, କଳ୍ପଲତାରୁ ପ୍ରସନ୍ନ ପଲ୍ଲବ ଗୁଣ ମିଶାଇ ଚନ୍ଦ୍ର ଇନ୍ଦ୍ରମଣିରେ ମିଶାଇ, ଅଭିନବ ବସନ୍ତ... ବିଶ୍ୱକର୍ମା ଯୋଗ୍ୟତା ପଣ ଦେଖାଇ, ସେ ଅଧର ପଲ୍ଲବ କଲା। ଏହା ଦେଖି ସମସ୍ତ ରକ୍ତମାନଙ୍କର ଆଦର ସରିଲା। ଏମନ୍ତ ସେ କନ୍ୟାର କୋକିଳ ବଚନକୁ କି ବୋଲି ବୋଲିବା। ସୁରସ (୧) ସୁସ୍ୱର ସରଳ ମୃଦୁଳ ସ୍ନିଗ୍ଧ କୋମଳ କମନୀୟ ଗମ୍ଭୀର ଲଳିତ ମୃଦୁଳ ସୂକ୍ଷ୍ମ ଉଦାତ୍ତ ପ୍ରସନ୍ନ ନିର୍ଦ୍ଦୋଷ ମନ୍ମଥ ବେଣୁ ସମସ୍ୱନ। ମୁନିମନ ଉଚ୍ଚାଟନ କରନ୍ତୁ କି ବୋଲି ବୋଲିବାରେ। କନ୍ଦର୍ପର ବୀର ଗର୍ବ ଦଳନ ମନ୍ତ୍ର ବୋଲି ଭାଷୁଥିବାରେ। କି ଯୋଗେନ୍ଦ୍ରମାନଙ୍କର ଯୋଗଯୁକ୍ତ ଚିତ୍ତକୁ ଶୁଭୁଥିବାରେ। କି ଆନନ୍ଦ ରଙ୍ଗସାଗରେ କ୍ରୀଡ଼ା ନଦୀ ସଙ୍ଗମର ପ୍ରାୟେ ଶୁଭୁଥିବାରେ। କି ପୁଷ୍ପଧନୁରୁ ମୋହିନୀ ବୀଣା ଧ୍ୱନି ବାଜୁଥିବାରେ। କି ଲାବଣ୍ୟଜଳଧି ମନ୍ଦମନ୍ଦ ହୋଇ ଗର୍ଜୁଥିବାରେ। କି ନୂତନ କରି ମଦନ ସୃଷ୍ଟି ସର୍ଜୁଥିବାରେ କି ମଦନ ଅନ୍ଧକାର ପଟଳକୁ ଛେଦୁଥିବାରେ (୨) କି ରତି...ପ୍ରଦୀପକୁ ସେ ତେଜୁଥିବାରେ।

କି ପୋଡ଼ିଲା ମନ୍ମଥ ତରୁକୁ ଅମୃତରେ ଭେଦୁଥିବାରେ। କି ସକଳ ଜଗତର ଜୀବନ ବେଣୁକୁ ସୁମରୁଥିବାରେ। କି ତ୍ରିଭୁବନବାଦୀ ମନ୍ମଥର ଜୟଶଙ୍ଖ ବାଜୁଥିବାରେ ! କି ସୁରତ ରତି କଳାରେ ରସନା ଧ୍ୱନି ପ୍ରାୟେକ ଶୁଭୁଥିବାରେ। କି ମୁଖପଦ୍ମ ଲୋଭେ କରି ମଦନ ମତ୍ତଭ୍ରମର ଗଞ୍ଜୁଥିବାରେ। କି ଉନ୍ମତ୍ତ କାମ-ଦୁନ୍ଦୁଭି ବାଜୁଥିବାରେ।

ଏମନ୍ତେ ସେ ବଚନ ସୁସ୍ୱରକୁ କି ବୋଲିବାରେ। କନ୍ଦର୍ପର କମ୍ବୁସ୍ୱନ ଯେବେ ବୋଲିବା ସେ ଅତିଶୟ ଧ୍ୱନି। ମନ୍ମଥ ଅଳାବେଣି ଯେବେ ବୋଲିବା ସେ ନଅକ୍ଷତେ ଭିନ୍ନ। ସ୍ମରଷଟ ଶାରୀକା ଯେବେ ବୋଲିବା ସେ ଅନୁଦାର ସ୍ୱର। ବାଳ ଷଟ୍‌ପଦ ଯେବେ ବୋଲିବା ସେ ରଙ୍କ ଚତୁର। ବସନ୍ତ ଝିଙ୍କାରୀ ଯେବେ ବୋଲିବା ସେ ଝଙ୍କୃତ ନାଦ। ଅଜଟ କୋକିଳ ଯେବେ ବୋଲିବା ସେ ମଧୁମାସେ ଭବ। ସୁସ୍ୱର ବଂଶୀ ଯେବେ ବୋଲିବା ସେ ଗମ୍ଭୀରେ ଊଣା। କମ୍ବୁଧ୍ୱନି ଯେବେ ବୋଲିବା ସେ ଉଚ୍ଚ ଶବ୍ଦେ ଊଣା। ଏମନ୍ତ ପ୍ରାୟେକ ମଣି, ବିଧାତା ସରସ୍ୱତୀର ତହୁଁ ସୂକ୍ଷ୍ମସ୍ୱର ଘେନି। ବୀଣା ତାଳର ପ୍ରାନ୍ତ ଧ୍ୱନି। ଭ୍ରମର ନାଦର ମଧ୍ୟମ ସ୍ୱର। ଝିଙ୍କାରୀର

(୧) ବହି ସ୍ୱର। (୨) ବହିରେ ନାହିଁ !

ମଧୁର। ବେଣୁ ସ୍ପର୍ଶ। ଶଙ୍ଖର ଗମ୍ଭୀର ରସ। ସାରିରିଷ୍ଟ। ଦୁନ୍ଦୁଭିର କୋମଳ ଉଦ୍‌ଘଟ। ଶରଦ...କଳ ମେଘ। ମନ୍ମଥର ହର୍ଷନାଦ ଭେରୀ। ଅମୃତର ତୁଲ୍ୟେ ସମରସ ଭରି। ମୃତସଞ୍ଜୀବନୀ ମନ୍ତ୍ର ବିଚାରି। ଅଣ୍ଡିରା କୋକିଳର ସ୍ୱର ଭରି। ବ୍ୟାକରଣ ଅଭ୍ୟାସ ଉଚ୍ଚାରଣ ଲାଇ। ଏମନ୍ତ ପଦାର୍ଥମାନ...ନ ଭିଆଇଲା। କାକଘାଘର, ଭେକବିସ୍ୱର, ଶୋକ କ୍ଷୀଣାଦି ଦୋଷାନ୍ତ ନାଶି। ସେ ବଚନ କରିଅଛି କି ମୁନିଜନମାନଙ୍କର-ବର୍ତ୍ତୁଳ। ବିରଳ। ସରଳ। ସରସ। ଘଞ୍ଚ। ସଞ୍ଚ। ଜ୍ୟୋତିବନ୍ତ। ବିମ୍ବକ। ଆର୍ଦ୍ର। ସ୍ନିଗ୍‌ଧ। କାନ୍ତ। ସମ ସୁରସ। ସୁରକ୍ତ। ଶୁକ୍ଳ। ସୂକ୍ଷ୍ମ। ମନୋରମ ବୋଲିବାରେ। ମଦନ ଅନ୍ଧକାର-ଇନ୍ଦୁ ଉଇଁଲା ରେ। ସକଳ ଦୀପ୍ତ କରି କ୍ଷୁଦ୍ର କ୍ଷୀରସମୁଦ୍ର ହୋଇଲା ରେ। ଲାବଣ୍ୟମୃଦୁ ଜ୍ୟୋତ୍ସ୍ନା ଏକ କରି ଭିଆଇଲା ରେ। କି ମନ୍ମଥହସ୍ତୀର ଗଜମୁକ୍ତା ପ୍ରାୟେ ଜଗତ ମୋହିଲା ରେ। କାମାଗ୍ନି ଶିଖା କି ଯୁବାଜନମାନଙ୍କୁ ଦହିଲାରେ। ଈଷିତ ହାସେ କରି ରତି ଇନ୍ଦ୍ରରୁଦ୍ର ରାତି ପାହିଲା ରେ। ଅକଳଙ୍କ ଜ୍ୟୋତି ଦେଖି ମୃତ୍ୟୁଶର କାମଦେବ ଲେଉଟି ଈଶ୍ୱରଙ୍କୁ ମାଇଲା ରେ। ସକଳ ଜନ୍ତୁମାନଙ୍କର ଜୀବ ଗ୍ରହଣ କରି ରହିଲା ରେ। ବାରିଦର ପର୍ବତମାଳାରେ କରି କି ମନ୍ମଥ ସୃଷ୍ଟି ଶୋହିଲାରେ।

ଏମନ୍ତେ ସେ ଦନ୍ତପଂତି କି କି ବୋଲି ବର୍ଣ୍ଣିମାରେ। କନ୍ଦର୍ପର କରାରୁଣ ପ୍ରତିବିମ୍ବ ସ୍ଫଟିକ ଜପାମାଳା ଅବା ବୋଲିବା ସେ ଚଳୁ ନାହିଁ। ଡାଳିମ୍ବବୀଜ ଅବା ବୋଲିବା ସେ ଆର୍ଦ୍ରସ୍ନିଗ୍‌ଧ ବର୍ତ୍ତୁଳ ଅବା ପାଇବ କାହିଁ। ବାରିତର ହୀରା ବୋଲିବା ସେ ରଙ୍ଗେ ନୀରସ। ପଦ୍ମରାଗ ମାଣିକ୍ୟ ଅବା ବୋଲିବା ସେ ପଥରେ –। କ୍ଷୁଦ୍ର ଚନ୍ଦ୍ରମଣିରେ କୁସୁମ ଅବା ବୋଲିବା ତହିଁ ମଦନ ପ୍ରତିଭା ନାହିଁ। ବାଳଇନ୍ଦୁରେ ସନ୍ଧ୍ୟାଘନ ଘଷିଲା ଅବା ବୋଲିବା...

ପରିଶିଷ୍ଟ

ଅବିଦ୍ୟା ମୃତ୍ୟୁସଞ୍ଜିବନୀକରଣୀ- ଗ୍ରନ୍ଥର ବିଷୟବସ୍ତୁକୁ ଅନୁସରଣ କରି ନାୟିକାକୁ ଏ ପ୍ରକାର ବିଚିତ୍ର ନାମ ଦିଆଯାଇଛି। ଅବିଦ୍ୟ ଓ ମୃତ୍ୟୁ ମନୁଷ୍ୟ ଜୀବନକୁ ନଷ୍ଟ କରେ। ଏହି ଦୁଇଟି ଗୁଣକୁ ନାଶ କରୁଥିବାରୁ ଏ କନ୍ୟା ନାମ ଅବିଦ୍ୟା ମୃତ୍ୟୁସଞ୍ଜୀବନୀକରଣୀ। ତୁଳସୀଦାସଙ୍କ ପ୍ରଯୁକ୍ତ 'ମୃତକ ସଞ୍ଜୀବନ' ଶବ୍ଦ ସହ ଏହାର ସାଦୃଶ୍ୟ ଦେଖିବାକୁ ମିଳିଥାଏ।

ଆସନ- ନିଶ୍ଚଳ ସୁଖପୂର୍ବକ ବସିବାକୁ ଆସନ କୁହାଯାଏ। ଏହା ହେଉଛି ହଠଯୋଗର ପ୍ରଥମାଙ୍ଗ। ହଠଯୋଗ ପ୍ରଦୀପିକାରେ ସ୍ୱସ୍ତିକାସନ, ଗୋମୁଖାସନ, ବୀରାସନ, କୂର୍ମାସନ, କୁକ୍‌କୁଟାସନ, ଉତ୍ତାନକୂର୍ମିକାସନ, ଧନୁରାସନ, ମତ୍ସ୍ୟେନ୍ଦ୍ରାସନ, ପ୍ରଭୃତିର ପ୍ରସିଦ୍ଧି ରହିଛି।

ଇନ୍ଦ୍ରଜାଲ- ଜଗତର ମିଥ୍ୟାତ୍ୱକୁ ଶଙ୍କରାଚାର୍ଯ୍ୟ ଇନ୍ଦ୍ରଜାଲ ସହିତ ତୁଳନା କରିଛନ୍ତି। ସେ ତାଙ୍କର 'ଅଜ୍ଞାନ ବୋଧିନୀ' ଗ୍ରନ୍ଥର ଅଷ୍ଟମ ବାକ୍ୟରେ ଲେଖିଚନ୍ତି-

"ଭୋ ଭଗବାନ! ଯଦ୍‌ଭ୍ରମମାତ୍ର ସିଦ୍ଧଂ ତତ୍ କିଂ ସତ୍ୟମ୍? ଅରେ ଯଥା ଇନ୍ଦ୍ରଜାଲଂ ପଶ୍ୟତି ଜନଃ, ବ୍ୟାଘ୍ର ଜଳତଡ଼ାଦି ଅସତ୍ୟତୟା ପ୍ରତିଭାତି କିମ୍? ଇନ୍ଦ୍ରଜାଲ ଭ୍ରମେ ନିର୍ବୃତେ ସତି ସର୍ବଂ ମିଥ୍ୟେତି ଜାନାତି। ଇଦନ୍ତୁ ସର୍ବେଷାମନୁଭବସିଦ୍ଧମ୍।" ଏହି ବାକ୍ୟରେ ସେ ଜଗତକୁ ଭ୍ରମମାତ୍ର ଏବଂ ଇନ୍ଦ୍ରଜାଲ ସଦୃଶ ମିଥ୍ୟାଭାବେ ଜ୍ଞାପନ କରିଛନ୍ତି।

ଖେଚରୀ- ଜିହ୍ୱା ଊର୍ଦ୍ଧ୍ୱମୁଖୀ ହୋଇ କପାଳକୁହରରେ ପ୍ରବିଷ୍ଟ ହୁଏ ଏବଂ ଦୃଷ୍ଟି ଭ୍ରୂମଧ୍ୟରେ ସ୍ଥିର ହୁଏ।

ଗୁଟିକା- ମହମ୍ମଦ ଜାୟସି କୃତ 'ପଦ୍ମାବତ୍'ରେ ସିଦ୍ଧି ଗୁଟିକାର ଉଲ୍ଲେଖ ମିଳେ। ଡକ୍ଟର ବାସୁଦେବ ଶରଣ ଅଗ୍ରୱାଲାଙ୍କ ମତରେ ଏହା ହେଉଛି ପାରଦ ବଟିକା। ଏହାକୁ ମୁହଁରେ ରଖିଲେ ମଣିଷ ଉଡ଼ିବା ଶକ୍ତି ଲାଭ କରେ। ଗୋବିନ୍ଦତ୍ରିଗୁଣାୟତଙ୍କ ମତରେ ଏହା ହେଉଛି ଏକ ପ୍ରକାର ଦୈବୀ ବିଭୂତି। ଏହା ସାହାଯ୍ୟରେ ସାଧକକୁ ସବୁ ପ୍ରକାର ସିଦ୍ଧି ମିଳିଥାଏ।

ଚନ୍ଦ୍ରରେ ଷୋଳକଳା- (୧) ଅମୃତା (୨) ମାନଦା (୩) ପୁଷ୍ପା (୪) ତୁଷ୍ଟି (୫) ପୁଷ୍ଟି (୬) ରତି (୭) ଟତି (୮) ଶଶୀନୀ (୯) ଚନ୍ଦ୍ରିକା (୧୦) କାନ୍ତି

(୧୧) ଜ୍ୟୋତ୍ସ୍ନା (୧୨) ଶ୍ରୀ (୧୩) ପ୍ରୀତି (୧୪) ଆନନ୍ଦ (୧୫) ପୂର୍ଣ୍ଣା (୧୬) ପୂର୍ଣ୍ଣାମୃତ।

ରୁଦ୍ର ସୁଧାନିଧିରେ ଚନ୍ଦ୍ରର ଷୋଡ଼ଶ କଳା ହେଉଛି - (୧) ଆଲୋଳା (୨) କଲ୍ଲୋଳିନୀ (୩) ଉଜ୍ଜ୍ୱଳନ୍ତୀ (୪) ଉନ୍ମାଦିନୀ (୫) ତରଙ୍ଗିଣୀ (୬) ସୋମୟନ୍ତୀ (୭) ଲମ୍ବଟା (୮) ଲହରୀ (୯) ଲୋଳା (୧୦) ଲାଳତୀ (୧୧) ପ୍ରକୃତି (୧୨) ଶ୍ରବନ୍ତା (୧୩) ପ୍ରର୍ବାହୀ (୧୪) ସନ୍ନଧା (୧୫) ପ୍ରସନ୍ନୀ (୧୬) ପ୍ରସାଦୁଶୀଳା।

ଏଠାରେ ନାରାୟଣ ଦାସ ଚନ୍ଦ୍ରର ଷୋଳକଳାକୁ ନ ବୁଝାଇ ଶରୀର ଧାରଣା ଯୋଗ ଅନ୍ତର୍ଗତ ଷୋଡ଼ଶ ଡମ୍ବରୁରେ ସ୍ଥିତ ଚନ୍ଦ୍ରର ଷୋଳକଳା କଥା କହିଛନ୍ତି।

ଚିତ୍ରପଟ- ଭାରତର ପ୍ରାଚୀନ କଥାସବୁରେ ପ୍ରେମିକ ଓ ପ୍ରେମିକାର ମିଳନ ଚିତ୍ରପଟ ଦ୍ୱାରା ସମ୍ଭବ ହୋଇଥାଏ। ରୁଦ୍ର ସୁଧାନିଧିରେ ଏ ପରମ୍ପରା ମଧ୍ୟ ପାଳିତ ହୋଇଛି।

ଛାଲ ଉପରେ ବସି ନଦୀ ପାରହେବା- କାପାଳିକ କାମାନନ୍ଦ ଯୋଗୀଙ୍କୁ କାପାଳିକ ଭାବି କୈବର୍ତ୍ତମାନେ ନୌକାରେ ବସାଇବା ପାଇଁ ମନାକଲେ। ତେଣୁ କାମାନନ୍ଦ ଖଣ୍ଡିଏ କୃଷ୍ଣାଜିନ ଛାଲ ଉପରେ ବସି ନଦୀ ପାର ହୋଇଥିଲେ। ସିଦ୍ଧସନ୍ଥମାନଙ୍କ ବିଷୟରେ ଏପରି ବିଶ୍ୱାସ ସମସ୍ତ ଭାରତବର୍ଷରେ ଶୁଣିବାକୁ ମିଳିଥାଏ। ମହମ୍ମଦ ଜାୟସି 'ପଦ୍ମାବତ୍'ରେ 'ଉଡ଼ନ୍ତା ଛାଲ'ର ଉଲ୍ଲେଖ କରିଛନ୍ତି ! ଅର୍ଥାତ୍ ଏହି ଛାଲ ଉପରେ ବସି ଯୋଗୀ ଶୂନ୍ୟରେ ଗମନ କରିପାରିଥାଏ।

ଦଣ୍ଡ- ଯୋଗଗ୍ରନ୍ଥରେ ଯୋଗୀମାନଙ୍କର ତିନି ପ୍ରକାର ଦଣ୍ଡର ଉଲ୍ଲେଖ ମିଳିଥାଏ-କାଳଦଣ୍ଡ, ବାୟୁଦଣ୍ଡ ଓ ମନୁଦଣ୍ଡ। ଯୋଗୀମାନେ ଧାରଣ କରୁଥିବା ଦଣ୍ଡ ହେଉଛି ଏହାର ପ୍ରତୀକ।

ଦ୍ରାକ୍ଷିଣୀ- ପ୍ରାଚୀନ କାଳରେ ତାନ୍ତ୍ରିକମାନଙ୍କ ମଧ୍ୟରେ ଦ୍ରାକ୍ଷିଣୀ ବା ଯକ୍ଷିଣୀ ପୂଜାର ବହୁତ ପ୍ରସାର ଥିଲା। ଏମାନଙ୍କୁ ସନ୍ତୁଷ୍ଟ କରି ସାଧକମାନେ ଉଚିତ ଅନୁଚିତ ବହୁ କାର୍ଯ୍ୟ କରୁଥିଲେ। ମହମ୍ମଦ ଜାୟସି 'ପଦ୍ମାବତ୍'ରେ ଯୋଗିନୀ ପୂଜାର ଉଲ୍ଲେଖ କରିଛନ୍ତି।

ଧାରଣା- ଶରୀର ଭିତରେ କୌଣସି ସ୍ଥଳରେ ଚିତ୍ତକୁ ସ୍ଥିର କରିବାର ମନା ହେଉଛି ଧାରଣା।

ଧ୍ୟାନ- ଧ୍ୟେୟ ବସ୍ତୁ ସହ ଚିତ୍ତକୁ ସଂଲଗ୍ନ କରିବା ବା ଚିତ୍ତର ଏକାଗ୍ରତା ଭାବକୁ ଧ୍ୟାନ କୁହାଯାଏ।

ନିୟମ- ତପସ୍ୟା, ସନ୍ତୋଷ, ଆସ୍ତିକ୍ୟ, ଦାନ, ଈଶ୍ୱରଉପାସନା, ଶାସ୍ତ୍ର କଥା ଶ୍ରବଣ, ଲଜ୍ଜା, ସାଧୁବୁଦ୍ଧି, ଜପ ଓ ହୋମ ଏହି ଦଶଟିକୁ ଯୋଗଶାସ୍ତ୍ର ବିଶାରଦଗଣ ନିୟମ କହିଛନ୍ତି।

ପରପୁରପ୍ରବେଶ- ମଧ୍ୟଯୁଗରେ ଯୋଗୀମାନେ ପରପୁରପ୍ରବେଶ ବିଦ୍ୟାରେ ଅତ୍ୟନ୍ତ ନିପୁଣ ଥିଲେ। ଏ ବିଷୟରେ ବହୁ ଲୋକକଥା ପ୍ରଚଳିତ। ଶଙ୍କରାଚାର୍ଯ୍ୟ ମଣ୍ଡନ ମିଶ୍ରଙ୍କ ପତ୍ନୀର କାମଶାସ୍ତ୍ରୀୟ ପ୍ରଶ୍ନର ଉତ୍ତର ଦେବା ପାଇଁ ନିଜ ଶରୀର ତ୍ୟାଗ କରି ଏକ ମୃତ ରାଜା ଶରୀରରେ ପ୍ରବେଶ କରିଥିଲେ।

ପ୍ରତ୍ୟାହାର- ପ୍ରାଣାୟାମ ଅଭ୍ୟାସଦ୍ୱାରା ଇନ୍ଦ୍ରିୟକୁ ଶୁଦ୍ଧ କରିବା ପରେ ଇନ୍ଦ୍ରିୟସବୁର ବାହ୍ୟ ବୃତ୍ତିକୁ ସଙ୍କୁଚିତ କରି ମନ ମଧରେ ବିଲୀନ କରିବାର ଅଭ୍ୟାସକୁ ପ୍ରତ୍ୟାହାର କୁହାଯାଏ।

ପ୍ରାଣାୟାମ- ଶ୍ୱାସ ଓ ପ୍ରଶ୍ୱାସର ଗତିକୁ ରୁଦ୍ଧ କରିବା ପ୍ରକ୍ରିୟା ପ୍ରାଣାୟାମ। ପ୍ରାଣ ଚଞ୍ଚଳ ହେବା ଫଳର ଚିତ୍ତ ଚଞ୍ଚଳ ହୁଏ। ତେଣୁ ପ୍ରାଣକୁ ସ୍ଥିର କରିବା ହିଁ ପ୍ରତ୍ୟେକ ସାଧକର କର୍ତ୍ତବ୍ୟ। ପ୍ରାଣବାୟୁକୁ ରୁଦ୍ଧ କରାଯାଉଥିବାରୁ ଏହାକୁ ପ୍ରାଣାୟାମ କୁହାଯାଏ।

ଭାରତଖଣ୍ଡେ- ବିଷ୍ଣୁପୁରାଣ (୨।୨)ରେ ନବଖଣ୍ଡର ବର୍ଣ୍ଣନା ଅଛି। ସେସବୁର ନାମ ନିମ୍ନରୂପେ ଗଣନା କରାଯାଏ।

ଭାରତବର୍ଷ, କିନ୍ନରବର୍ଷ, ହରିବର୍ଷ, କୁରୁବର୍ଷ, ହିରଣ୍ୟମୟ ବର୍ଷ, ରମ୍ୟକ ବର୍ଷ, ଭଦ୍ରାଶ୍ୱ ବର୍ଷ, କେତୁମାଲକ ବର୍ଷ, ଇଳାବର୍ଷ।

ମଧୁମାଲତୀ- ରୁଦ୍ର ସୁଧାନିଧିରେ ମଧୁ ହେଉଛି ଗାୟକ, ମାଳତୀ ହେଉଛି ଗାୟିକା। ହିନ୍ଦୀ ସାହିତ୍ୟରେ ମଧୁମାଲତୀ ନାମରେ ବହୁ ପ୍ରେମକଥା ମିଳିଥାଏ। ସେଥିମଧ୍ୟରୁ ମଂଝମକୃତ ମଧୁମାଲତୀ ବିଶେଷ ପ୍ରସିଦ୍ଧ। ମଝମ ଏହି କଥା ବିଷୟରେ ଲେଖିଛନ୍ତି-

"ଆଦିକଥା ଦ୍ୱାପରମୋଂ ଭଇକଲଜୁଗ
ମୋଂ ଭାଷା ସୋ ଲାଇ।"

ଏହି କଥାଟାକୁ ନିମ୍ନରୂପେ ବର୍ଣ୍ଣନା କରାଯାଇପାରେ। କନେସର ନଗରର ରାଜା

ସୁରଜଭାନଙ୍କ ପୁତ୍ର ମନୋହରକୁ ସୁପ୍ତାବସ୍ଥାରେ ଅପସରାମାନେ ରାତିରେ ନେଇଯାଇ ମହୋରସ ନଗରର ରାଜକୁମାରୀ ମଧୁମାଳତୀର ଚିତ୍ରଶାଳାରେ ରଖିଆସିଲେ। ସେଠି ଦୁଇଜଣଙ୍କ ମଧ୍ୟରେ ପ୍ରେମ ହେଲା। କଥାବାର୍ତ୍ତା କରୁ କରୁ ସେମାନେ ଶୋଇଗଲେ। ଅପ୍ସରୀମାନେ ପୁଣି ରାଜକୁମାରକୁ ନେଇଗଲେ। ନିଦଭାଙ୍ଗିବା ପରେ ଦୁଇଜଣଯାକ ଅତି ବ୍ୟାକୁଳ ହୋଇ କ୍ରନ୍ଦନ କଲେ। ବିୟୋଗବ୍ୟଥିତ ରାଜକୁମାର ରାଜକୁମାରୀକୁ ପାଇବା ପାଇଁ ରାଜ୍ୟ ପରିତ୍ୟାଗ କରିଦେଲା ଏବଂ ଖୋଜି ଖୋଜି ଏକ ଜଙ୍ଗଲରେ ପହଞ୍ଚିଲା ! ସେଠାରେ ଗୋଟିଏ ରାକ୍ଷସର କବଳରୁ 'ପ୍ରେମା' ନାମକ ସୁନ୍ଦରୀକୁ ମୁକ୍ତ କଲା। ପ୍ରେମା ମଧୁମାଳତୀ ସହ ରାଜକୁମାରଙ୍କୁ ମିଳିତ କଲା। କିନ୍ତୁ ମଧୁମାଳତୀର ମାତା ଏହି ପ୍ରଣୟକୁ ପସନ୍ଦ କରୁ ନ ଥିଲା। ମଧୁମାଳତୀ ମା'ଙ୍କ କଥାକୁ ନ ମାନିବାରୁ ମାତା ତାଙ୍କୁ ପକ୍ଷୀହେବାର ଅଭିଶାପ ଦେଲେ। ପରେ ସେ ମଧ୍ୟ ଦୁଃଖ କଲେ। ମନୋହର ଯୋଗୀ ହୋଇଗଲା। ବହୁଦିନ ପରେ ପ୍ରେମା ଓ ତା'ର ପ୍ରେମିକ ତାରାଚାନ୍ଦଙ୍କ ଚେଷ୍ଟାରେ ଉଭୟଙ୍କ ମିଳନ ହୋଇଥିଲା।

ଏଥିରେ କନ୍ୟାର ନାଁ ମଧୁମାଳତୀ। ଅଥଚ ନୁରମହମ୍ମଦଙ୍କ ଇନ୍ଦ୍ରାବତୀ କାବ୍ୟର ମଧୁକର ଖଣ୍ଡରେ ଏହା ମଧୁକର ଓ ମାଳତୀ। ତାଙ୍କ ଅନୁଯାୟୀ ମୋହନପୁରରେ ମଧୁକର ବୋଲି ଗୋଟିଏ ରାଜା ଥିଲେ। ଦିନେ ସେ ଗୋଟିଏ ମୃଗର ଅନୁଧାବନ କରୁ କରୁ କ୍ଳାନ୍ତ ହୋଇପଡ଼ିଲେ। ମୃଗ ମଧ୍ୟ ବହୁ ଦୂରକୁ ଚାଲିଗଲା। ରାଜା ଥକିଯାଇ ଗୋଟିଏ ଗଛତଳେ ବସିପଡ଼ିଲେ। ସେହି ଗଛଉପରେ ଦୁଇଟି ପକ୍ଷୀ କଥାବାର୍ତ୍ତା ହେଉଥିଲେ। ସେଥିମଧ୍ୟରୁ ଗୋଟିଏ ପକ୍ଷୀ ମାଳତୀର ରୂପ ବର୍ଣ୍ଣନା କଲା। ତାକୁ ଶୁଣି ରାଜା ପ୍ରେମବିହ୍ୱଳ ହୋଇଗଲେ। ରାଜା ପ୍ରାର୍ଥନା କରିବା ଫଳରେ ସେହି ଶୁଆ ମଧୁକରକୁ ମାଳତୀ ପାଖରେ ପହଞ୍ଚାଇଦେଲା। ଉଭୟ ପ୍ରେମ କଲେ ଓ ମିଳନ ସମ୍ଭବ ହୋଇଥିଲା।

ପରମ୍ପରାରେ ପ୍ରସିଦ୍ଧ ଏହି କଥା ପ୍ରତି କୌଣସି ସଙ୍କେତ ରୁଦ୍ର ସୁଧାନିଧିରେ ମିଳୁ ନଥିଲେ ମଧ୍ୟ ଏହା ଯେ ମଧୁମାଳତୀ କଥାର ପ୍ରଭାବ, ଏହା ଅନୁମାନ କରାଯାଇପାରେ।

ମାଟିବିରାଡ଼ି- ରୁଦ୍ର ସୁଧାନିଧିରେ ଲେଖାଅଛି, "ମାଟିବିରାଡ଼ି ସର୍ପ କି ଧରଇ ଫେରୁ।" (ପୃ-୧୧୫) 'ରସକଲ୍ଲୋଳ'ରେ କବି ଦୀନକୃଷ୍ଣ କୃଷ୍ଣକଥାନିନ୍ଦୁକମାନଙ୍କୁ 'ମାଟିମାର୍ଜାର' ସହ ତୁଳନା କରିଛନ୍ତି।

ମୋହିନୀ କନ୍ୟା- ସିଦ୍ଧସନ୍ଥ ଋଷିମାନଙ୍କୁ ତାଙ୍କ ସାଧନାପଥରୁ ବିଚଳିତ କରିବା ପାଇଁ ମୋହିନୀକନ୍ୟାର ସୃଷ୍ଟି ହୋଇଥାଏ। ପୁରାଣର ଏହା ଏକ ପ୍ରତିଷ୍ଠିତ ପରମ୍ପରା। ରମ୍ଭା, ଉର୍ବଶୀ, ମେନକା ଆଦି ଅପ୍‌ସରାଙ୍କୁ ଏହି କାର୍ଯ୍ୟ ପାଇଁ ବାରମ୍ବାର ପ୍ରୟୋଗ କରାଯାଇଛି। ଜରତା ମଧ୍ୟ ସେହି ରୂପର ଯାଦୁରେ ଋଷ୍ୟଶୃଙ୍ଗ ମୁନିକୁ ଭୁଲାଇପାରିଛି। ସେହି ମୋହିନୀ ରୂପରେ ମୁଗ୍‌ଧ ହୋଇ ଶିବ ମଧ୍ୟ ପଥଚ୍ୟୁତ ହୋଇଛନ୍ତି। ପୁରାଣର ଏହି ପରମ୍ପରାକୁ ବହୁ କାବ୍ୟରେ ଗ୍ରହଣ କରାଯାଇଛି। ରୁଦ୍ରସୁଧାନିଧିର ମୋହିନୀ କନ୍ୟା ପରି ଉପେନ୍ଦ୍ରଙ୍କ ଲାବଣ୍ୟବତୀ ପୂର୍ବଜନ୍ମରେ ପାର୍ବତୀଙ୍କ ମାନସଜାତ କନ୍ୟା। ଏସବୁ କଥାର ଗୂଢ଼ାର୍ଥ ହେଉଛି ପୁରୁଷ ଅଗ୍ନି ଓ ନାରୀ ହେଉଛି ଜଳ। ପୁରୁଷ ଭୟଙ୍କର ତପସ୍ୟା କଲାବେଳେ ଅଗ୍ନି ଉତ୍ତପ୍ତ ହୋଇ ବିଶ୍ୱକୁ ଧ୍ୱଂସ କରିବାକୁ ଉପକ୍ରମ କରେ। ସେତେବେଳେ ଆବଶ୍ୟକ ହୁଏ ଜଳରୂପୀ ନାରୀ। ଶିବ ପାର୍ବତୀ ବିବାହ ଓ ଶିବଶକ୍ତିର ମିଳନରେ ଏହି ରହସ୍ୟ ଲୁକ୍‌କାୟିତ।

ଯମ- ଅହିଂସା, ସତ୍ୟ, ଅସ୍ତେୟ, ବ୍ରହ୍ମଚର୍ଯ୍ୟ, କ୍ଷମା, ଧୃତି, ଦୟା, ଋଜୁତା, ମିତାହାର ଓ ଶୌଚ - ଏହି ଦଶଟି ଗୁଣକୁ ଯମ କୁହାଯାଏ।

ଯୋଗିନୀ- ଚଉଷଠୀ ଯୋଗିନୀ ପୂଜା ସମସ୍ତ ଭାରତବର୍ଷର ପ୍ରସିଦ୍ଧ କଥା। ଏମାନଙ୍କୁ ରଣ ପିଶାଚିନୀ କୁହାଯାଇଛି। ଏମାନେ ହେଉଛନ୍ତି ଭୂତମାନଙ୍କର ମାତା। ମହମ୍ମଦ ଜାୟସି କୃତ 'ପଦ୍ମାବତ୍'ରେ କୁହାଯାଇଛି-

"ଚଉଷଠୀ ଯୋଗିନୀ ଖପ୍ପରପୁର
ଦିଗ ଜମ୍ବୁକ ପର ବାଜ ହିଁ ତୁର।"

ସମାଧି- ମନ ଓ ଆତ୍ମାର ଏକୀଭାବପ୍ରାପ୍ତିର ନାମ ସମାଧି। ଯେତେବେଳେ ପ୍ରାଣ କ୍ଷୟପ୍ରାପ୍ତି ହୁଏ ଏବଂ ବାସନାରାଶି ଲୟପ୍ରାପ୍ତ ହୁଏ, ସେତେବେଳେ ଯେଉଁ ଏକୀଭାବ ଜନ୍ମେ, ତାହାକୁ ସମାଧି କୁହାଯାଏ।

ସାକ୍ଷୀ, ଶବ୍ଦ- ଏହା ଦୁଇ ପ୍ରକାର କବିତା। ଗୁରୁବଚନକୁ ପ୍ରକାଶ କରୁଥିବା କବିତାକୁ ସାକ୍ଷୀ କୁହାଯାଏ। ଶବ୍ଦ ହେଉଛି, ଶାସ୍ତ୍ରବଚନ। ଗୋରଖନାଥ ସାକ୍ଷୀ ଓ ଶବ୍ଦ ରଚନା କରିବାରେ ପ୍ରସିଦ୍ଧି ଥିଲେ। ସେହି ସମୟରୁ ସମସ୍ତ ଭାରତ ବର୍ଷରେ ଏହି ଦୁଇ ପ୍ରକାର କବିତା ପ୍ରସିଦ୍ଧ ଲାଭ କରିଥିଲା। ଅଚ୍ୟୁତଙ୍କ ଚାରିଖାନି, ବଳରାମଙ୍କ ବ୍ରହ୍ମାଣ୍ଡ ଭୂଗୋଳ, ଅମରକୋଷ ପ୍ରଭୃତି ଗ୍ରନ୍ଥରେ ଏହାର ଉଲ୍ଲେଖ ଦେଖିବାକୁ ମିଳିଥାଏ।

ସର୍ପଜ୍ଞାନରେ ରଜ୍ଜୁ- ଏହା ମଧ୍ୟ ଶଙ୍କରାଚାର୍ଯ୍ୟଙ୍କର ଏକ ପ୍ରସିଦ୍ଧ ଉକ୍ତିର ରୂପାନ୍ତର। ସେ 'ଅପରୋକ୍ଷାନୁଭୂତି'ର ଚଉରାଳିଶି ଶ୍ଳୋକରେ କହିଛନ୍ତି- "ରଜ୍ଜୁଜ୍ଞାନାତ୍ କ୍ଷଣେ ନୈବ ଯଦ୍ ବଦ୍ ରର୍ଜ୍ଜୁର୍ହିସର୍ପିନୀ।" ଅର୍ଥାତ୍ ରଜ୍ଜୁ ଦେଖି ସର୍ପ ଭ୍ରମ ହେବାଦ୍ୱାରା ଯେଉଁ ଅନୁଭୂତି ହୁଏ ତାହା ଭ୍ରାନ୍ତିମୟ, କ୍ଷଣିକ।

ସ୍ୱପ୍ନ-(୧)- ପ୍ରାଚୀନ କଥାସବୁରେ ପ୍ରେମିକ ଓ ପ୍ରେମିକାର ପ୍ରଥମ ମଳିନ ସ୍ୱପ୍ନରେ ସମ୍ଭବ ହୋଇଥାଏ। ଏଥିପାଇଁ ଉଷା-ଅନିରୁଦ୍ଧ କାହାଣୀ ଅତି ପ୍ରସିଦ୍ଧ। ମହମ୍ମଦ ଜାୟସିଙ୍କ ନାୟିକା ପଦ୍ମାବତୀ ମଧ୍ୟ ସ୍ୱପ୍ନରେ ନିଜ ପ୍ରେମିକକୁ ଦେଖିପାରିଲା। ଉପେନ୍ଦ୍ରଙ୍କ ଲାବଣ୍ୟବତୀରେ ମଧ୍ୟ ପ୍ରେମିକ ପ୍ରେମିକାଙ୍କ ମିଳନ ସ୍ୱପ୍ନରେ ସମ୍ଭବ ହୋଇଛି। 'ରୁଦ୍ର ସୁଧାନିଧି'ର ଲେଖକ ଏହି ପରମ୍ପରାକୁ ନିଜ ଗ୍ରନ୍ଥରେ ନିର୍ବାହ କରିଥିବା ଜଣାଯାଏ।

ସ୍ୱପ୍ନ-(୨)- ଶଙ୍କରାଚାର୍ଯ୍ୟ ଜଗତକୁ ସ୍ୱପ୍ନ ସଦୃଶ ଜ୍ଞାନ କରୁଥିଲେ। ଶଙ୍କରକୃତ ଆତ୍ମପଞ୍ଚକର ତୃତୀୟ ଶ୍ଳୋକରେ କୁହାଯାଇଛି-

"ଆଭାତୀଦଂ ବିଶ୍ୱମାତ୍ମନ୍ୟା ସତଂ
ସତ୍ୟଜ୍ଞାନାନନ୍ଦ ରୂପେଣ ବିମୋହାତ୍
ନିଦ୍ରାମହାତ୍ ସପ୍ନବତ୍ ତନ୍ନ ସତ୍ୟଂ
ଶୁଦ୍ଧଃ ପୂର୍ଣ୍ଣୋ ନିତ୍ୟ ଏକଃ ଶିବୋଽହସା।"
(ଶଙ୍କରକୃତ ଆତ୍ମପ୍ରଞ୍ଚକ ତୃତୀୟ ଶ୍ଳୋକ)

ଅର୍ଥାତ୍ ବିଶ୍ୱ ସତ୍ୟ ନୁହେଁ, ଅସତ୍ ଏବଂ ସ୍ୱପ୍ନ ତୁଲ୍ୟ ଅଳୀକ। ବିଶ୍ୱର ଅସ୍ତିତ୍ୱ ସ୍ୱପ୍ନ ସଦୃଶ କେବଳ ପ୍ରତୀତ ହୋଇଥାଏ।

ଷଟ୍ ବା ଷଡ଼ଶାସ୍ତ୍ର- ହିନ୍ଦୁ ଦର୍ଶନକୁ ନ୍ୟାୟ, ବୈଶେଷିକା ଯୋଗ, ସାଂଖ୍ୟ, ବେଦାନ୍ତ ଓ ମୀମାଂସା ଆଦି ଛଅ ଭାଗରେ ବିଭକ୍ତ କରାଯାଇଛି।

ଷଟ୍‌କମଳ ଦଳ- ଲିଙ୍ଗଚକ୍ର, ଷୋଡ଼ଶ ଦଳ ଯୁକ୍ତ କମଳ-କଣ୍ଠଚକ୍ର।

ଦଶମହାବିଦ୍ୟା- କାଳୀ ତାରା ମହାବିଦ୍ୟା ଷୋଡ଼ଶୀ ଭୁବନେଶ୍ୱରୀ ଭୈରବୀ ଛିନ୍ନ ମସ୍ତାଚ ବିଦ୍ୟା ଧୂମାବତୀ ତଥା ବଗଳା ସିଦ୍ଧବିଦ୍ୟାଚ ମାତଙ୍ଗୀ କମଳାତ୍ମିକା ଏତା ଦଶ ମହାବିଦ୍ୟାଃ ସିଦ୍ଧବିଦ୍ୟା। ପ୍ରକୀର୍ତ୍ତିତା-ଚାମଣ୍ଡା ତନ୍ତ୍ର।

କଳସା ଚଉତିଶା

ବଚ୍ଛା ଦାସ

କହନ୍ତି କାମିନୀ ଶୁଣ ହେମନ୍ତ ଦୁଲଣୀ
କାହୁଁ ବରେ ବରିଲେ ତୁମ୍ଭର ପିତାମଣି।
କୁଳ ମୂଳ ଗୋତ୍ର ଆଦି ନାହିଁ ଜାଣ ତା'ର
କନକ ବେଦୀରେ ବୁଢ଼ା ବସିଛି ମଧ୍ୟର ॥୧॥
ଖୁଁ ଖୁଁ ଖାସ ସାହାସେଣ ପେଲୁଅଛି ଧଇଁ
ଖର ନିଶ୍ୱାସ ବୁଢ଼ାର ମାଥ ଲାଗେ ଭୂଇଁ।
ଖଣ୍ଡିଆ ଯୋଗୀର ସଙ୍ଗେ ନାହିଁ ଯାନ ତା'ର
ଖଣ୍ଡିଆ ବଳଦ ବୁଢ଼ା ବାନ୍ଧିଛି ପାଖର ॥୨॥
ଗୋଡ଼ ହାତ ଷଣଫୁଲ ଗଳୁଛି ନୟନ
ଗଣ୍ଡ ସ୍ଥଳେ ଲମ୍ବଇ ମୁଦୁରା ଦରଶନ।
ଗ୍ୟାନଭ୍ରଷ୍ଟ ହୋଇଲାଣି ଭେବଳ ତା' ମତି
ଗୁଣ ଲକ୍ଷଣ ବୁଢ଼ାର ନାହିଁ ତଥି ଗତି ॥୩॥
ଘର ତା'ର କେବଣ ଦେଶରେ ତଥ୍ୟ ନାହିଁ
ଘଟାଇଲା ବିହି ଆଣି ଏମନ୍ତ କରାଇ
ଘଟ ଘଟ ହୋଇ ନାଳ ବହଇ ତୁଣ୍ଡର
ଘନ ଜଟା ଲୋଚା ଏକ ବାନ୍ଧିଛି ମୁଣ୍ଡର ॥୪॥
ନ ଚିହ୍ନଇ ମନୁଷ୍ୟ ସେ ନ ଦେଖେ ନୟନ
ନିକଟେ ଦେଖିଲେ ନ ଶୁଣେ ତା' ବେନି କର୍ଣ୍ଣ।
ନଖ ମୁଖ ଚକ୍ଷୁ ସ୍ଥାନ ପଶିଲା ଭିତର
ନୂଆ ଖଣି ଖଣା ପ୍ରାୟେ ଦିଶୁଛି ଉଦର ॥୫॥

ଚର୍ମେକ ମାଡ଼ିଣ ବୁଢ଼ା ବସିଛି ମଧ୍ୟେଣ
ଚଉପାଶ ବେଢ଼ିଛନ୍ତି ଦେବତା ବ୍ରାହ୍ମଣ ।
ଚକେରା ବୁଢ଼ାକୁ ଦେଖି ଚକିତ ହୋଇଲୁ
ଚିନ୍ତାସାଗରରେ ସଖି ନିଶ୍ଚୟେ ବୁଡ଼ିଲୁ ॥ ୬ ॥
ଛିନ୍ନ ଅଙ୍ଗେ ଛିଣ୍ଡାକନ୍ଥା ଲାଗିଛି ତାହାର
ଛାର ପାଉଁଶ ଲୋଟାଏ ଲେପିଛି ଶରୀର ।
ଛନ୍ଦିଅଛି ସର୍ପମାଳି ମୁଣ୍ଡେ ଆଭରଣ
ଛଟକେ ଭେଳକି ବୁଢ଼ା ଲଗାଇଲା ଜାଣ ॥ ୭ ॥
ଜଙ୍ଗମକୁ ପ୍ରାପତ ହୋଇଲୁ ଚନ୍ଦ୍ରମୁଖୀ
ଯାହା ତୋର କପାଳରେ ବିହି ଅଛି ଲେଖି
ଯୁବାକାଳେ ଯଉଁ ଯୋଗ ଭୁଞ୍ଜିବୁ ନା ଯାହା
ଜାଣୁ ଜାଣୁ ଜଙ୍ଗମ ଗୋଟାକୁ ହେଲୁଁ ବାହା ॥ ୮ ॥
ଝୁମୁଝୁମୁ ବାଜି ଘଣ୍ଟି ଘାଗୁଡ଼ି ଲୋଟାଏ
ଝମକୁଣ ଅଛି କରେ ତ୍ରିଶୂଳ ଗୋଟାଏ
ଝୁଲି ହୋଇ ଝିଙ୍କି ହୋଇ ପଡୁଛି ଢୁଳାଇ
ଝିଅ କି ନାତୁଣୀ ପ୍ରାୟେ ଦିଶିବୁ ଗୋ ତୁହି ॥ ୯ ॥
ନିସତେଣ କହେ କଥା ନିକୁଟିଣ ଦାନ୍ତ
ନ ଆସଇ ବାଣୀ ତାର ଦୁହିଁ ହୋଏ ଅନ୍ତ ।
ନିଶ ଦାଢ଼ି ରୁଚି ତାକୁ ନ ମିଳେ ଭଣ୍ଡାରି
ନିଶାକାଳେ ଯେ ଦେଖିଲେ ଭୟେ ଡରିପାରି ॥ ୧୦ ॥
ଟଳଟଳ ହୋଇ ଟେକି ବସି ନ ପାରଇ
ଟାକୁଆ ଗାଲ ପାକୁଆ ଦାନ୍ତ ଆଦି ନାହିଁ ।
ଟକ ଟକ୍ ହୋଇ ତା' ଲାଗି ବେନି କର୍ଣ୍ଣ
ଟାକର ନିର୍ମାଖି ସେ ଅର୍ଛିତ ଅପାବନ ॥ ୧୧ ॥

ଠୁଳ କରିଥିବା ଭିକ୍ଷା ମାଗିବାର ଧନ
ଠକିଥିଲା ଦେବି ବୋଲି ହେମନ୍ତ ରାଜନ।
ଠକର ସ୍ୱଭାବ ସେ ଗୋ ଲଗାଇଲା ଆଣି
ଠାବେ ହେତୁ ନାଶଗଲୁ ହେମନ୍ତଦୁଲଣି ॥ ୧୨ ॥
ଡାକି ଏ ବଜାଉଅଛି ତାଳେକ ଝୋଲିର
ଡିଙ୍ଗର ଡାଙ୍ଗୁଆ ଘେନି କରିବୁ ଗୋ ଘୋର।
ଡମ୍ବରୁଧରକୁ ସେବା କଲୁ ପରିମାଣି
ଡିଙ୍ଗର ବର ପାଇଲୁ ଦେଲେ ଶୂଳପାଣି ॥ ୧୩ ॥
ଢୋର ତପୁସିକି ମା ଗୋ ବଳାଇଲୁ ଚିତ୍ତ
ଢୋକରା ଯୋଗିକି ମା ଗୋ ହୋଇଲୁ ପ୍ରାପତ।
ଢମାଳି ନ କରି ମୁଁ ଯେ କହୁଅଛି ସତ
ଢାଳେ ହେତୁ ନାଶଗଲା ହେମନ୍ତ ଦୁହିତ ॥ ୧୪ ॥
ଅଣାଇଲେ ରାୟେ କାହୁଁ ଦରେକ ବରିଣ
ଅଣମନୁଷ୍ୟ ଯେ ସେ ଅର୍ଛିତ ଅପାବନ।
ଅଣଖ ସାରିଲେ ମାଏ ଝିଏ ଦୁଂହେ ହୋଇ ॥୧୫ ॥
ଅଣଉହାଡ଼ରେ ଶୀଘ୍ରେ ଦେଖାଇଲେ ନେଇ।
ତୀକ୍ଷ ଶରବର ବାଳୀ ବାଜିଲା ହୃଦର
ତଡ଼ିତେ ପଡ଼ିଲା ଢଳି ନିଜେ ତା' ମନ୍ଦିର।
ତକ୍ଷଣେ ତୋଳି ଧଇଲେ ତାହାଙ୍କର ଦାସୀ
ତୁରିତେ ମିଳିଲେ ମାଏ କତିରେ ତା' ଆସି ॥ ୧୫ ॥
ଥରହର କରି ମାଏ ବୋଲନ୍ତି ବଚନ
ଥିର କର ମନ ମା ଗୋ ନୋହ ଅଚେତନ।
ଥିଲା ଏତେ କାଳେ ମୋର ଦୁଲଣା ହୋଇଣ
ଥନ ଯଉବନ କାଳେ ଦେଉଛି ଜୀବନ ॥ ୧୭ ॥

ଦଇନି କରି କହୁଛି ଶୁଣ ମୋର ମାୟେ
ଦନ୍ତେ ତିରଣ ଧରିଣ ଓଳଗଇ ପାୟେ।
ଦରିଦ୍ର ହୀନ ବୁଢ଼ାକୁ ଯେବେ ମୋତେ ଦେବୁ
ଦୁଇ ନୟନରେ ମୋର ମରଣ ଦେଖିବୁ ॥ ୧୮ ॥
ଧରାଧରି ହୋଇ ମାଏ ଝିଅ ବୋବାଇଲେ
ଧାଇ ମୁଦୁସୁଲୀମାନେ ଚହଲ ପାଇଲେ।
ଧାଇଂ ଆସି ତତକ୍ଷଣେ ମିଳିଲେ ରାଜନ
ଧର୍ମ ପୁଣ୍ୟକାଳେ କିପାଂ କରୁଛ ରୋଦନ ॥ ୧୯ ॥
ନାହିଂକି ସଂସାର ମଧ୍ୟେ ରାଜାର କୁମର
ନିର୍ଲଜ୍ଜ ବୁଢ଼ାକୁ ସୁନ୍ଦରୀକି କଲ ବର।
ନୋହିଲେ ବୁଡ଼ିବୁ ମାଏ ଝିଅ ଦୁହେଂ ହୋଇ
ନୋହିଲେ ମରିବୁ ସ୍ୱହସ୍ତରେ ବିଷ ଖାଇ ॥ ୨୦ ॥
ପଟ ଘେନି ମାଣିକ୍ୟ ମୁକୁତା ଗୁନ୍ଥା ନାହିଁ
ପୋଡୁ ପୋଡୁ ଜୀବନ ପବିତ୍ର ରାଜା ହୋଇ।
ପିଅର ଜନନୀ ତୁମ୍ଭ ଜୀବନ ଧିକ ତ
ପାକୁଆ ବୁଢ଼ାକୁ ଦେଇ ଘେନି ଲୋଡ଼ ବିତ୍ତ ॥୨୧॥
ଫରମାଣ ଦେଇଛନ୍ତି ହେମନ୍ତ ରାଜନ
ଫାଇ କେତେ କହିବା ଗୋ ସେହୁ ବଡ଼ଜଣ।
ଫଳେଣ ଜାଣିବା ପଛେ ତାହାଙ୍କର ଗୁଣ
ଫରସେ ସେବିଲେ ଗୌରା ପାଇବ କାରଣ ॥ ୨୨॥
ବିଚାର ନକର ମାଏ ଝିଅ ଦୁହେଁ ତୁମ୍ଭେ
ବିକଳ ମନରୁ ଛାଡ଼ କହୁଅଛୁଂ ଆମ୍ଭେ।
ବ୍ରହ୍ମା ବିଷ୍ଣୁ ଦେବତାଏ ଛନ୍ତି ତାଙ୍କୁ ବେଢ଼ି
ବଡ଼ ଭାଗ୍ୟବନ୍ତ ଗୌରା ପୁଣ୍ୟେ ଅଛି ବଢ଼ି ॥ ୨୩ ॥

ଭାଲପଟେ ଲେଖନ ଯା କରିଛି ବିଧାତା
ଭଲା ଭାଗ୍ୟବନ୍ତ ଗୌରୀ ଆମ୍ଭର ଦୁହିତା ।
ଭୋଜନର ବେଳ ରାଣୀ ମିଳିଲାକ ଆସି
ଭିତରେ ମଣୋହି ସଞ୍ଜା ଭିଆଣ କରସି ॥ ୨୪ ॥
ମହାଦେଈ ମନବ୍ୟଥା ଛଡ଼ାଇ ରାଜନ
ମିଳିଲେ ଯେ ସର୍ବଜନ ବିଭାର ଆସ୍ଥାନ ।
ମଙ୍ଗଳଣ କଲେ ତହିଁ ହଳଦୀ ଚନ୍ଦନ
ମଙ୍ଗଳ ମହୁରି ଶଙ୍ଖ ବାଜେ ଘନଘନ ॥ ୨୫ ॥
ଯୁବତୀ ସକଳ ମିଳି ହୁଳହୁଳି ଦେଲେ
ଜଗମୋହିନୀକି ଦିବ୍ୟ ବେଶ କରାଇଲେ ।
ଯାଈ ଫୁଲ କନିଅର ଖୋସାରେ ଖୋସିଲେ
ଯତନେ କସ୍ତୁରୀ ଚିତା କପାଳରେ ଦେଲେ ॥ ୨୬ ॥
ରତ୍ନ ଓଡ଼ିଆଣୀ ଚୂଡ଼ି ମଥାରେ ସୀମନ୍ତି
ରାମ ଅଭିଷେକ ଚୁଡ଼ି ନାସେ ଗଜମୋତି ।
ରୁଣଝୁଣ ବାଜୁଅଛି ପୟରେ ନୂପୁର
ରାଜୀବଦଳ ଲୋଚନେ ରଞ୍ଜିଲେ କଜ୍ଜ୍ୱଳ ॥୨୭ ॥
ଲତାବଳି ପାଟେ ପିନ୍ଧି ନେତେ ଉପୁରାଣ
ଲାବଣ୍ୟ ଚନ୍ଦ୍ରବଦନୀ ଲକ୍ଷେ ଲକ୍ଷ୍ମୀ ଗୁଣ ।
ଲବଣ ଚଉଁରୀ ପୂଜା ଆଣି ବଢ଼ାଇଲେ
ଲଳିତେ ମଙ୍ଗଳ ଗୀତ କାମିନୀ ଗାଇଲେ ॥ ୨୮ ॥
ବ୍ରହ୍ମା ଆଚାର୍ଯ୍ୟ ହୋଇଣ ବେଦିରେ ବସିଲେ
ବରକୁ ସେ ଦଶଜଣ ତୋଳି ବସାଇଲେ ।
ବାସବର୍ଗ ବନ୍ଧୁ ବାକ୍ୟ ଅସରଳା ସୂତା
ବସିଲେ କଟମ୍ଭାମାଡ଼ି ବାଲୀ ଘେନି ପିତା ॥ ୨୯ ॥

ଶିରରେଣ ବାନ୍ଧିଲେ ମୁକୁଟ ପଞ୍ଚଶାଖା
ଶୋଇପଡ଼ି ବୁଢ଼ା ଖାସୁ ଖାସୁ ଗଲା ମୂର୍ଚ୍ଛା ।
ଶାଶୂ ଆଦି ସମସ୍ତେ ଯେ ବୋବାଳି ଛାଡ଼ିଲେ
ସଚେତ ପାଇଲା ବୁଢ଼ା ଟେକି ବସାଇଲେ ॥ ୩୦ ॥
ସନ୍ତୋଷେ ହସ୍ତ ଯୋଡ଼ିଣ କଲେଣ ସେ ନାରୀ
ସତ୍ୱରେ ଦେବତାଏ ଗଲେ ଯେଝା ପୁରୀ ।
ସନ୍ତୋଷେଣ ନାରୀ ମିଳି ଜୁଆ ଖେଳାଇଲେ
ସତ୍ୱରେଣ ବର କନ୍ୟା ବେଦିରୁ ଉଠିଲେ ॥ ୩୧॥
ସମସ୍ତେ ବସିଣ ପଞ୍ଚୁଗ୍ରାସାଦି ସାରିଲେ
ସହୀ ସଙ୍ଗାତୁଣୀମାନେ ମହୁଶଯ୍ୟା କଲେ ।
ସୁରଗଣେ ବର କନ୍ୟା କରୁଛନ୍ତି ଭାବ
ଶୋଭା ପାଉଛନ୍ତି ଦୁହେଂ ରତି କାମଦେବ ॥ ୩୨ ॥
ହେମନ୍ତର ରାଣୀ ଦେଖି ସନ୍ତୋଷ ହୋଇଲେ
ହୀନ ପରପଞ୍ଚ ବେଶ ଯହୁଁ ପକାଇଲେ ।
ହୋଇଲେ ସନ୍ତୋଷ ଯେ ସକଳ ଲୋକ ଦେଖି
ହାସ୍ୟ କରୁଛନ୍ତି ସହୀ ସଙ୍ଗାତୁଣୀ ଦେଖି ॥ ୩୩ ॥
ଛଛନ୍ଦେ ଚଉଠି ସାରି କାଦଖେଳି ଗଲେ
ଛ ସାତ ଅଷ୍ଟମଙ୍ଗଳା ଉଛବ ସାରିଲେ ।
କ୍ଷିତିପତି ଠାକୁର ସେ କପିଳାସେ ସ୍ଥିତି
କ୍ଷୁଦ୍ରବୁଦ୍ଧି ବଛାଦାସ କଳସା ପଢ଼ନ୍ତି ॥ ୩୪ ॥

କେଶବ କୋଇଲି

ମାର୍କଣ୍ଡ ଦାସ

କୋଇଲି, କେଶବ ଯେ ମଥୁରାକୁ ଗଲା,
କାହା ବୋଲେ ଗଲା ପୁତ୍ର ବାହୁଡ଼ି ନଇଲା ଲୋ, କୋଇଲି ।୧।
କୋଇଲି, ଖଣ୍ଡକ୍ଷୀର ଦେବି ମୁଁ କାହାକୁ,
ଖାଇବାର ପୁତ୍ର ଗଲା ମଥୁରାପୁରକୁ ଲୋ, କୋଇଲି ।୨।
କୋଇଲି, ଗଲା ପୁତ୍ର ବାହୁଡ଼ି ନଇଲା,
ଗହନ ତ ବୃନ୍ଦାବନ ଶୋଭା ନ ପାଇଲା ଲୋ, କୋଇଲି ।୩।
କୋଇଲି, ଘର ମୋର ନ ମଣନ୍ତି ନନ୍ଦ,
ଘଟଣ ନ ଦିଶେ ପୁର ନ ଥିଲେ ଗୋବିନ୍ଦ ଲୋ, କୋଇଲି ।୪।
କୋଇଲି, ନନ୍ଦ ଦେହ ପାଷାଣେ ଗଢ଼ିଲା,
ନୟନେ କଜ୍ଜଳ ଦେଇ ରଥେ ବସାଇଲା ଲୋ, କୋଇଲି ।୫।
କୋଇଲି, ଚଳୁଥାଇ କଟିସ୍ଥ ମେଖଳୀ,
ଚକିତ ହୋଇଲେ ଶୁଣି ଗୋପପୁର ବାଳୀ ଲୋ, କୋଇଲି ।୬।
କୋଇଲି, ଛାଟେକ ମୁଁ ମାଇଲି ପୁରୁବେ,
ଛାଡ଼ି ଅବା ଗଲେ କୃଷ୍ଣ ସେହି ପରାଭବେ ଲୋ, କୋଇଲି ।୭।
କୋଇଲି, ଦୂତପଣେ ଅଇଲା ଅକ୍ରୁର,
ଯାତ୍ରା ବୋଲି ଭଣ୍ଡି ନେଲା ବସାଇ ରଥର ଲୋ, କୋଇଲି ।୮।
କୋଇଲି, ଝୁରୁ ଝୁରୁ ଲୁହ ନ ରହିଲା,
ଝଗଡ଼ା ସାରିଣ କୃଷ୍ଣ ମଥୁରା ରହିଲା ଲୋ, କୋଇଲି ।୯।
କୋଇଲି, ନିଶାକାଳେ ହରି ମାଗେ ଚାନ୍ଦ,
ନୟନ ଟେକିଣ ତାକୁ ରାଉଥାନ୍ତି ନନ୍ଦ ଲୋ, କୋଇଲି ।୧୦।
କୋଇଲି, ଟହ ଟହ ହସୁଥାନ୍ତି କୋଳେ,
ଟଳଟଳ ହେଉଥାନ୍ତି ଝୁଲିବାର ବେଳେ ଲୋ, କୋଇଲି ।୧୧।

କୋଇଲି, ଠଣ ଯେ ସୁନ୍ଦର ବେନି ପୋଏ,
ଠକି ଭଣ୍ଡି ଗଲେ କୃଷ୍ଣ ନଇଲେ ବେଡ଼ାଏ ଲୋ, କୋଇଲି ।୧୨।
କୋଇଲି, ଡାକିଲେ ଭାଷଇ ଯେହ୍ନେ ଶାରୀ,
ଡାଳରତ୍ନ ଶୁଆ ପ୍ରାୟେ ଭାଷୁଥାନ୍ତି ହରି ଲୋ, କୋଇଲି ।୧୩।
କୋଇଲି, ଢାଳୁଥାନ୍ତି ମାଏ ଯଶୋବନ୍ତୀ,
ଢାଳେ ହରାଇଲି ମୋର ପୁତ୍ର ଶିରୀପତି ଲୋ, କୋଇଲି ।୧୪।
କୋଇଲି, ଅନେକ ହିଂସିଲା ରାୟ କଂସ,
ଅଣହେଳା କରିଣ ଆପଣେ ଗଲା ନାଶ ଲୋ, କୋଇଲି ।୧୫।
କୋଇଲି, ତନୁରେ ତା'ଲେପଇ କୁଙ୍କୁମ,
ତନୟ ଖେଳାଉଥାନ୍ତି ଭାଇ ବଳରାମ ଲୋ, କୋଇଲି ।୧୬।
କୋଇଲି, ଥନ ଭାଙ୍ଗି କ୍ଷୀରପାନ ଦେଲି,
ଥବିର କାଳକୁ ପୁତ୍ର ଦେଖି ନ ପାରିଲି ଲୋ, କୋଇଲି ।୧୭।
କୋଇଲି, ଦଉଡ଼ିରେ ବାନ୍ଧିଲି ପୁତ୍ରକୁ,
ଦାମୋଦର ରାଗେ ଗଲେ ମଥୁରାପୁରକୁ ଲୋ, କୋଇଲି ।୧୮।
କୋଇଲି, ଧନ୍ୟ ସେହୁ ଦଇବକି ନାରୀ,
ଧର୍ମ ଥିଲା ପୁତ୍ରଗୋଟି ହୋଇଲା ତାହାରି ଲୋ, କୋଇଲି ।୧୯।
କୋଇଲି, ନ ଶୋଭଇ ଗୋପପୁର ମୋର,
ନାରାୟଣ ଗଲାଦିନୁ ମଥୁରା ନଗର ଲୋ, କୋଇଲି ।୨୦।
କୋଇଲି, ପବିତ୍ର ପୁରୁଷ ମୋ ମାଧୋଇ,
ପବିତ୍ର ମୁଁ ହେଉଥିଲି କୃଷ୍ଣ ମୁଖ ଚାହିଁ ଲୋ, କୋଇଲି ।୨୧।
କୋଇଲି, ଫଳିବାକୁ ନାହିଁ ମୋର ଆଶ,
ଫଳିବାର ଫଳ ଗଲା ବସୁଦେବ ପାଶ ଲୋ, କୋଇଲି ।୨୨।
କୋଇଲି, ବହୁତ ସହିଲି ତାଙ୍କ ଅଳି,
ବଡ଼ଇ ଶରଧା ଭାଙ୍ଗି ଗଲେ ବନମାଳୀ ଲୋ, କୋଇଲି ।୨୩।
କୋଇଲି, ଭଣ୍ଡି ମୋତେ ଗଲେ ବେନି ପୋଏ,
ଭାଇ ତାଙ୍କ ବଳରାମ ନଇଲେ ବେଡ଼ାଏ ଲୋ, କୋଇଲି ।୨୪।

କୋଇଲି, ମଥୁରାକୁ ଯିବି ମୁଁ କି ଧାଇଁ,
ମାଧବ ମଧୁସୂଦନ ଆଣିବି କଢ଼ାଇ ଲୋ, କୋଇଲି । ୨୫ ।
କୋଇଲି, ଯିବେ ଯେ ଆସିବେ ବୋଲି ଗଲେ,
ଜଗତଜୀବନ ପ୍ରଭୁ ବାହୁଡ଼ି ନଇଲେ ଲୋ, କୋଇଲି । ୨୬ ।
କୋଇଲି, ରତ୍ନ ବସ୍ତ୍ର ଅଳଙ୍କାରମାନ,
ରାମ କୃଷ୍ଣ ଶ୍ରୀଅଙ୍ଗଙ୍କୁ ଦିଶେ ଶୋଭାବନ ଲୋ, କୋଇଲି । ୨୭ ।
କୋଇଲି, ଲକ୍ଷ୍ମୀବନ୍ତ ଅଟେ ନାରାୟଣ,
ଲଳିତରେ ନାମ ଦେଲେ ଗାର୍ଗବ ବ୍ରାହ୍ମଣ ଲୋ, କୋଇଲି । ୨୮ ।
କୋଇଲି, ବୃନ୍ଦାବନ ନ ଶୋଭଇ ମୋର,
ବତ୍ସା କିଏ ଚରାଇବ ଯମୁନାର ତୀର ଲୋ, କୋଇଲି । ୨୯ ।
କୋଇଲି, ଶ୍ରୀମନ୍ତ ପୁରୁଷ ମୋ ମାଧୋଇ,
ଶିରିରଙ୍ଗ ଗଲାଦିନୁ ନନ୍ଦ ହେଲେ ବାଇ ଲୋ, କୋଇଲି ।୩୦।
କୋଇଲି, ଶଶୀ ଯେହ୍ନେ ଦିନୁ ଦିନୁ କ୍ଷୀଣ,
ସେହିପରି କ୍ଷୀଣ ହେଲେ ମୋ ନନ୍ଦ ରାଜନ ଲୋ, କୋଇଲି ।୩୧।
କୋଇଲି, ସାତ ଦିନ ଇନ୍ଦ୍ର ବୃଷ୍ଟି କଲା,
ସପତ ବରଷ ପୁତ୍ର ମନ୍ଦର ଧଇଲା ଲୋ, କୋଇଲି ।୩୨।
କୋଇଲି, ହାଇ ଯେ ମାରଇ ପୁତ୍ର ତୁଣ୍ଡ,
ହୃଦରେ ଦିଶିଲା ତା'ର ସପତ ବ୍ରହ୍ମାଣ୍ଡ ଲୋ, କୋଇଲି ।୩୩।
କୋଇଲି, କ୍ଷନ୍ଦଣି ବନ୍ଦଣି ଭୁଜଦଣ୍ଡ,
କ୍ଷମା କର ଦୋଷ ମୋର ଭଣେ ମାରକଣ୍ଡ ଲୋ, କୋଇଲି ।୩୪।

■

ଭାବସମୁଦ୍ର

ବଳରାମ ଦାସ

ହରି ହୋ - ଜୟ ଜଗନ୍ନାଥ କଜଳ ନେତ୍ର
ଜଳଦ ବିମ୍ବା ଅଧର ପବିତ୍ର ॥
ନାଥତୁ ଜମ୍ବୁନଦୀତୀରେ ଠିଆ।
ଦର ଦର ତୋ ତଥି ନିଜହିଆ ॥
ହରି ହୋ - ଯଶୋଦାସୁତ ଜାନକୀ ବିଳାସ।
ଭାବେ ଭଣିଲେ ବଳରାମ ଦାସ ॥୧॥
ହରି ହୋ - ଏତେ ରୂପରେ ବଞ୍ଚୁଥାଇ ଦିନ।
ଜଳ ଭିତରେ ରୂପଧରି ମୀନ ॥
ନାଥ ତ ଶଙ୍ଖାକୁ ମାଇଲୁ ତୁହି।
ବେଦ ପୋଥି ଉଦ୍ଧାରିବାର ପାଇଁ ॥
ହରି ହୋ - ଶଙ୍ଖାକୁ ମାରି ବେଦ ପୋଥି ଆଣୁ।
ଦାସ ବଳିଆ ଗୁହାରି ନ ଶୁଣୁ ॥୨॥
ହରି ହୋ - କୂର୍ମ ରୂପରେ ପୃଥିବୀ ବହିଲୁ।
ରାଧିକା ସ୍ତନ ଅଗ୍ରତେ ଲୁଚିଲୁ ॥
ନାଥ ତୋ ମାୟା ଅରି ଅଗୋଚର।
ଜାଣି ନ ପାରିଲେ ବ୍ରହ୍ମା ଶଙ୍କର।
ହରି ହୋ - ତିଳମଞ୍ଜି ପ୍ରାୟେ ପୃଥିବୀ ବହୁ।
ବଳିଆ ଦାସକୁ କଥା ନ କହୁ ॥ ୩ ॥
ହରି ହୋ - ବରାହ ରୂପେ ଦନ୍ତେ ଧଇଲୁ ମହୀ।
କେଡ଼େ ମହାଭାଗା କେମନ୍ତେ ସହି ॥
ନାଥ ତୋ ଦନ୍ତ କେମନ୍ତେ ରହିଲା।
ବ୍ରହ୍ମାଶଙ୍କର ମାୟା ନ ଜାଣିଲା।
ହରି ହୋ - ତୋ ଏଡ଼େ ମାୟା କେ ଯିବ ପରତେ।
ଦାସ ବଳିଆ ତୋ ଭୃତ୍ୟର ଭୃତ୍ୟେ ॥ ୪ ॥

ହରି ହୋ – ନରସିଂହ ରୂପେ ହିରଣ୍ୟ ନାଶୁ ।
ପିତାକୁ ମାରି ପୁତ୍ରକୁ ଆଶ୍ୱାସୁ ॥
ନାଥ ତୋ ମହିମା ଶରଣ ମେରୁ ।
ଆଣ୍ଠ ଭାଙ୍ଗି ତା ଗର୍ବମାନ ଚୁରୁ ॥
ହରି ହୋ – ବାମନ ରୂପେ ବଳିକୁ ଚାପିଲୁ ।
ବଳିଆ ଦାସର ଖଳ ଜାଣିଲୁ ॥ ୫ ॥
ହରି ହୋ – ପର୍ଶୁରାମ ରୂପେ କ୍ଷିତି ନିଃକ୍ଷତ୍ର ।
ଗଙ୍ଗା ତୋ ପାଦୁ ବାହାର ପବିତ୍ର ॥
ନାଥତୁ ଆପଣା ରୂପକୁ ଖଞ୍ଜୁ ।
କୁଞ୍ଜବନେ – ଗୋପୀଙ୍କ ମନରଞ୍ଜୁ ॥
ହରି ହୋ – ବଡ଼ ପ୍ରଭୁ ବୋଲି ଆଶ୍ରେ କରୁଛି ।
ଦାସ ବଳିଆକୁ ପକାଉ ଲେଛି ॥ ୬ ॥
ହରି ହୋ – ରାଘବ ରୂପେ ରାବଣ ମାଇଲୁ ।
ବ୍ରାହ୍ମଣ ବୋଲି ଦୟା ନ ବହିଲୁ ।
ନାଥ ତୁ ପାପ କଲେ କରୁ ଏଡ଼େ ।
ମହୋଦଧି କି ବାନ୍ଧିବାକୁ କେଡ଼େ ॥
ହରି ହୋ – ହନୁମାନକୁ ମୋର ବୋଲି କହୁ ।
ଦାସ ବଳିଆକୁ ମଉନ ହେଉ ॥ ୭ ॥
ହରି ହୋ – ବଳରାମ ରୂପେ ବଳ ତୋ ଜିତା ।
ଯମୁନା ନଦୀ କାରଣ କରତା ॥
ନାଥ ତୁ ହଳମୂଷଳରେ ଶୋଭା ।
ଯେହ୍ନେକ ମୁଖ ପୂର୍ଣ୍ଣଇନ୍ଦୁ ଆଭା ॥
ହରି ହୋ – ମେଳିକ୍ଷାନ୍ତେ ବୌଦ୍ଧ ରୂପେ ନିସ୍ତାରୁ ।
ବଳିଆ ଦାସର ମାନ ଉଦ୍ଧରୁ ॥ ୮ ॥
ହରି ହୋ – କୃଷ୍ଣହୃଦୟ ପରେ ରାଉତ ପଣ ।
ସନ୍ଥ ଉଦ୍ଧାରଣ ଦୁଷ୍ଟ ମାରଣ ॥
ନାଥ ତୁ ପରମ ଗତି ସୁଗତି ।

ଯେଣୁ ତୋ ପରାପର ନାହିଁ ମତି ॥
ହରି ହୋ - ପରାପର ଯେବେ ତୋହର ଥାନ୍ତା ।
ବଳିଆ ଦାସ କି ତୋତେ କହନ୍ତା ॥ ୯ ॥
ହରି ହୋ - ଗଉଡୁଣୀ ତୋତେ ଯେ ନ ପୁରେଇ ।
ଗୋଇଠା ମାରି ଫୋପାଡ଼ଇ ଦେଇ ॥
ନାଥ ତୁ ତେଡ଼େ ଗୋଇଠାହିଁ ସହୁ ।
ମାଇଁ ମାଇଁ ବୋଲିଣ ବୋଲୁ ଥାଉ ॥
ହରି ହୋ - ଏ ଯେବେ ମିଛ ତୁ କହ କି ନାଇଁ ।
ଦାସ ବଳରାମ ଥିଲା ଅନାଇଁ ॥୧୦ ॥
ହରି ହୋ - ମୁହିଁ ଯେଣେ ଯିବି ତୁ ତେଣେ ଥାଉଁ
ଭାତ ବରତନ ବଜୁଳା ବହୁ ॥
ନାଥ ତୁହି ଭଲ ମହତା ଅଟୁ ।
ମୋହର ମନ ପ୍ରକୃତିକି ଖଟୁ ॥
ହରି ହୋ - ଭୃତ୍ୟ ମୋକ୍ଷକୁ ତୁ ଦୟା ସାଗର
ଦାସ ବଳରାମ ତୋହ କିଙ୍କର ॥୧୧॥
ହରି ହୋ - ନନ୍ଦିଘୋଷ ରଥୁଁ ଦେଲୁ ଘଉଡ଼ି ।
କେ ଓଟାରିବ ତୋ ରଥ ଦଉଡ଼ି ॥
ନାଥ ତୁ ମୋତେ ନେଲେ ସିନା ଯିବୁ ।
ନୋହିଲେ ସେହିଠାରେ ରହିଥିବୁ ॥
ହରି ହୋ - ଧରିଛି ଚିତ୍ତେ ତୁ ଯିବୁ କେମନ୍ତେ ।
ଦାସ ବଳରାମ ଭରସି ତୋତେ ॥୧୨।
ହରି ହୋ - ତୋହ ଛଡ଼ା ମାଳେ ହୁଅନ୍ତି ରାଜା
ତୋ ଭୃତ୍ୟକୁ ତାର ଏଡ଼େ ତରିଜା ॥
ନାଥ ତୋ ଦୃଷ୍ଟି ଗୋଚରେ ଯେ ମୋତେ ।
ରାଜା ନ କଲା ସେ ଯେ କେତେ କେତେ ॥
ହରି ହୋ - ହାବଡ଼ା ମାରି ଯେ ଦେଲା ଘଉଡ଼ି ।
ବଳରାମର ଯେ ଭାଙ୍ଗିଲା ଥୋଡ଼ି ॥୧୩।

ହରି ହୋ - ବାଲିରେ ତ୍ରିରଥ କରିଛି ମୁହିଁ ।
ସନ୍ତୋଷେ ବିଜୟ କର ଗୋସାଇଁ ॥
ନାଥ ତୁ ସାରଥୀ ପଣେ ସେ ଥାଉ ।
ରଥୀ ବୋଲାଇ ଯେଣେ ସେଣେ ବାଉ ॥
ହରି ହୋ - ହାତ କେ ବାଗ ଆରହାତେ ଛାଟ ।
ଦାସ ବଳରାମର ତୁହି ଯେ ଆଣ୍ଟ ॥୧୪॥
ହରି ହୋ - ପାଣ୍ଡବେ ତୋହର ବଡ଼ ସୋଦର ।
ତୋତେ ବୁଡ଼ାଇ ମାଇଲେ ହ୍ରଦର ॥
ନାଥ ତୁ ସେ ଜଳେ ବୁଡ଼ି ନ ମଲୁ ।
ନୀଳକନ୍ଦରରେ ଦାରୁ ହୋଇଲୁ ॥
ହରି ହୋ - ସେ ଜଳେ ଯେବେ ବୁଡ଼ି ମରିଥାନ୍ତୁ ।
ବଳିଆର ଦୁଃଖ କିମ୍ପା ଦେଖନ୍ତୁ ॥୧୫॥
ହରି ହୋ - ଅବିବେକ ଭୋଜି ଦନା ସାଉଁଟି ।
ନାରଦ ନେଉ ଦେଖିଲେ ଧୂର୍ଜଟି ॥
ହରି ତୋ ନିର୍ମାଲ୍ୟ ବୋଲି ଭକ୍ଷିଲେ ।
ଏକାଦଶୀରେ ଯେ ଉମା ବୋଇଲେ ॥
ହରି ହୋ - ହର ବୋଇଲେ ଏହି ପାଇଁ ବ୍ରତ ।
ବଳରାମ ଦାସ ଏଣୁ ପବିତ୍ର ॥୧୬॥
ହରି ହୋ - ଗରୁଡ଼ ପିଠିରେ ବିଜେ ଲଙ୍କାକୁ ।
ସଙ୍ଗେ ଥାଇ ଗର୍ବ କଲି ମନକୁ ॥
ନାଥ ମୁଁ ଖସି ପଡ଼ିଲି ସିନ୍ଧୁର ।
ହରି ଯେ ଆସ ବୋଇଲ ସଧୀର ॥
ହରି ହୋ - ତୋହ ବୋଇଲେ ନ ବୁଡ଼େ ପଥର ।
ଦାସ ବଳିଆକୁ ରଖ ଏଠାର ॥୧୭॥
ହରି ହୋ - ମହାଭାଗ୍ୟବନ୍ତ ଜ୍ଞାନୀ ବୋଲାଉ ।
ନିଜ ମଉଳାଣୀ ସଙ୍ଗତେ ଯାଉ ॥
ନାଥ ତୁ ଶଇଳ ଠାକୁର ହୋଇ ।

ଏଡ଼େ ପ୍ରଘଟ ଅଟଇ ତୋ ଦେହୀ ॥

ହରି ହୋ - ନାରାୟଣ ନାମ ବହୁ ଅନନ୍ତ ।
ବଳରାମ ଦାସ ନୁହେଁ ତେମନ୍ତ ॥୧୮॥

ହରି ହୋ - ଗୀତା ଭାଗବତ ଶାସ୍ତ୍ର ପୁରାଣ ।
ତୋହ ନାମ ସବୁଠାରେ ବଖାଣ ॥
ନାଥ ତୁ ବ୍ରହ୍ମଜ୍ଞାନ ପଣେ ଥାଉ ।
ଜ୍ଞାନ ଉପଦେଷ୍ଟା ତୁ ମହାବାହୁ ॥

ହରି ହୋ - ଜ୍ଞାନ ଗୁରୁ ହୋଇନାହିଁ ଧାରଣ ।
ଦାସ ବଳରାମ ତୋ ଭୃତ୍ୟ ପୁଣ ॥୧୯॥

ହରି ହୋ - ପତିବ୍ରତା ନାରୀ ରଖିଲୁ ତୁହିଁ ।
ନିମଜ୍ଜି ବସି ଠାବକଲି ମୁହିଁ ॥
ହରି ତୋ ପୌଢ଼ିମା ପଣ ଯେ ଯେତେ ।
ତାହା ଲୁଚାଇ ଥୋଇଅଛୁ ମୋତେ ॥

ହରି ହୋ - ବଡ଼ିମାପଣ ତୋ ଛାଡ଼ ଏଥର ।
ଗଡ଼ିଲୁ ଦାସ ବଳିଆ ଆଗର ॥୨୦॥

ହରି ହୋ - ଅନ୍ତର୍ଯ୍ୟାମୀ ନାଥ ଅଛୁ ବୋଲାଇ ।
ଆପଣା କଥା ନ ଜାଣୁ କିମ୍ପାଇଁ ॥
ତୁହି ପଶିଲୁ ଚନ୍ଦ୍ରସେଣା ଘର ।
ଯାଇଁ ରହିଲୁ ମାଇଁ ନିକଟର ॥

ହରି ହୋ - ରାଧିକା ପ୍ରବୋଧୁ ରଜନୀ ଶେଷ ।
ଠାବ କଲା ତାହା ବଳିଆ ଦାସ ॥୨୧॥

ହରି ହୋ - ଚନ୍ଦ୍ରସେଣା ଘରେ ପଶିଲୁ ଯାଇଁ ।
ଗୋଗୋଷ୍ଟେ ଗୁହାଳ ଥିଲା ଯେ ରହି ॥
ନାଥ ତୁ ତହିଁ କେତେ କଲୁ କେଳି ।
ଗୋଗୋଷ୍ଟୁଁ ଗୁହାଳେ ଆସିଣ ମିଳି ॥

ହରି ହୋ - ଜଳାମୁହଁ ଦେଇ ଗଲୁ ପଳାଇ ।
ଦାସ ବଳରାମ ଥିଲା ସେଠାଇଁ ॥୨୨॥

ହରି ହୋ - ଅଷ୍ଟାଙ୍ଗ ଯୋଗେ ମୁନି ତୋତେ ଲୟେ ।
ତୁ ବ୍ରହ୍ମା ଶିବଙ୍କୁ କରୁ ସଦୟେ ॥
ନାଥ ତୁ ଘଟେ ଘଟେ ପରିପୂର୍ଣ୍ଣ
ତୋର ଭୃତ୍ୟଙ୍କ ଠାବରେ ଅଭିନ୍ନ ॥
ହରି ହୋ - ଭକ୍ତ ଭାବିଲେ ହେଉ ସାହାପକ୍ଷ ।
ଦାସ ବଳିଆକୁ କଲୁ ନିରେଖ ॥୨୩॥
ହରି ହୋ - କେତେ ଲଘୁ ତୁ ନୋହିଲୁ ଗୋପରେ ।
ଘୃତ ଲବଣୀ ଚୋରି କରିବାରେ ॥
ନାଥ ତୁ ବୃନ୍ଦାବତୀ ଘରେ ଯାଇଁ ।
ବନ୍ଧା ପଡ଼ିଲୁ ଦଉଡ଼ିରେ ତୁହି ॥
ହରି ହୋ - ଯଶୋଦା କୋଳେ ଅଛି ତୋତେ ନେଇ ।
ତା ବଳିଆକୁ ଲୁଚାଉ କିମ୍ପାଇଁ ॥୨୪॥
ହରି ହୋ - ବ୍ରହ୍ମଜ୍ଞାନୀ ପଣେ ଜଗତେ ଜାଣି ।
ବେଦ ଶାସ୍ତ୍ର ତ ସବୁଠାରେ ଶୁଣି ॥
ନାଥ ତୁ ଅନ୍ତର୍ଯ୍ୟାମୀ ନାରାୟଣ ।
ଭୃତ୍ୟ ଆତଙ୍କରେ ଡାକିଲେ ଶୁଣ ॥
ହରି ହୋ - ଘୋର ଆତଙ୍କ ଫେଡ଼ ଗୋସାଇଁ ।
ଦାସ ବଳିଆ ଦୋଷ କରିନାହିଁ ॥୨୫॥
ହରି ହୋ - ଜାତି କୁଳ ଦୁଇ ତୋହର ନାଇଁ ।
ଦ୍ୱିଜ ଚାଣ୍ଡାଳ ଏକ ତରୁ ତୁହି ॥
ନାଥ ତୁ ଶବର ଉଚ୍ଛିଷ୍ଟ ଖାଉ ।
ବ୍ରହ୍ମ ନିରିମାଲ୍ୟ ତୋର ନ ଖାଉ ॥
ହରି ହୋ - ସାଆନ୍ତ ଯାହାର ଏଡ଼େ ଅଗତି ।
ଦାସ ବଳିଆ ଅଟେ ବଡ଼ ଜାତି ॥୨୬॥
ହରି ହୋ - ହୃଦୟ କଥା ତ ଆପଣେ ଜାଣୁ ।
ମୋହର ଦୁର୍ଗତି ଫେଡ଼ିବୁ ତେଣୁ ॥
ହରି ତୁ ଦୁଃଖ ନାଶନ ମୁରାରୀ ।

ତେଣୁ ମୁଁ ଅଛି ତୋତେ ଆଶ୍ରେ କରି ॥
ହରି ହୋ - ମୋହର ଚିନ୍ତା ଫେଡ଼ ଜଗଦୀଶ ।
ଶରଣ ତୋତେ ବଳରାମ ଦାସ ॥୨୭॥
ହରି ହୋ - ଦୁସ୍ତରୁ ମୋତେ ବାରେ ପାରିକର ।
ଅଜ୍ଞାନ ମୂଢ଼ ପାମର ମୁଁ ଛାର ॥
ନାଥ ମୁଁ ତୋହ ଘେନି ସିନା ବଳ ।
ଏହା ଜାଣନ୍ତି ଯେ ପ୍ରାଣୀ ସକଳ ॥
ହରି ହୋ - ଦରିଦ୍ର ପଣ ତୁ ଫେଡୁ ଗୋସାଇଁ ।
ଦାସ ବଳିଆ ତୋତେ ଅଛି ଧ୍ୟାୟୀ ॥୨୮॥
ହରି ହୋ - ଲଘୁ ହୋଇଲେ ନ ଅଣ୍ଟିଲା ତୋତେ ।
ତୁ ଗଉଡ଼ ଘରେ ପଶୁ ନିରତେ ॥
ନାଥ ତୁ ବନ୍ଧା ହୋଇ ଖୁନ୍ଦା ଖାଉ ।
ଆନ ମୂରତି ନେଇଣ ଦେଖାଉ ॥
ହରି ହୋ - ଯାହାର ସାମନ୍ତ ଏଡ଼େ ଅଗତି ।
ଦାସ ବଳିଆକୁ ପଡ଼େ ଦୁର୍ଗତି ॥୨୯॥
ହରି ହୋ - ମହାପାପରେ ପଶିଲୁ ଗୋସାଇଁ ।
ବଳିଘରେ ଦାସ ମାଗିଲୁ ଯାଇଁ ॥
ହରି ତୁ କେଉଁ ବେଦମନ୍ତ୍ର ଜାଣୁ ।
ନାମବ୍ରହ୍ମ ଚାଣ୍ଡାଳ ତୋର ତେଣୁ ॥
ହରି ହୋ - ଏଡ଼େ କର୍ମ କରୁ ଜଗୁ ସୋଦର ।
ଦାସ ବଳିଆର କାହିଁକି ଡର ॥୩୦॥
ହରି ହୋ - ଭୃଗୁଋଷିଙ୍କ ଯାଗେ କୃତ୍ୟ ଯୁଗେ ।
ଭୁଞ୍ଜିବାକୁ ତୋତେ ଲୋଡ଼ିଲେ ବେଗେ ॥
ନାଥ ତୁ ସେ ଋଷିକି ମାୟା କଲୁ ।
ଯାଗ ପ୍ରତିଷ୍ଠା ନୁହଇ ବୋଇଲୁ ॥
ହରି ହୋ - ମାୟାରେ ଝାଙ୍କି ଲୋଡୁଛକି ମୋତେ
ଦାସ ବଳିଆ କି ଡରଇ ତୋତେ ॥୩୧॥

ହରି ହୋ - ଶାସ୍ତ୍ର ପୁରାଣ ଲୋଡ଼ିଲେ ନ ଯାଉ ।
ଗଉଡ଼ ଉଚ୍ଛିଷ୍ଟ ଛଡ଼ାଇ ଖାଉ ।
ନାଥ ତୁ କୁଞ୍ଜବନେ ଘଟୁଆଳ ।
ମିତ୍ର ଲୋକେ ପୂଜା ଯେ ତୋହର ॥
ହରି ହୋ - କର୍ଣ୍ଣେ ପ୍ରତିଷ୍ଠା ବୋଲାଉ ଗୋସାଇଁ ।
ବଳରାମ ତୋର ମର୍ମ ଜାଣଇଁ ॥୩୨॥
ହରି ହୋ - କୀଟୁଁ ବ୍ରହ୍ମଯାଏ ସବୁରି ଅଙ୍ଗ ।
ଭିନ୍ନା ଭିନ୍ନ ନାହିଁ ଦେବ ଶ୍ରୀରଙ୍ଗ ॥
ନାଥ ତୁ ବ୍ରହ୍ମାଙ୍କୁ ଭେଟ ନ ଦେଉ ।
ଭୃତ୍ୟଙ୍କ ସଙ୍ଗତେ ଗୋଡ଼ାଇ ଥାଉ ॥
ହରି ହୋ - ଭୃତ୍ୟ ହିଁ ତୋର ସଙ୍ଗେ ସରିସମ !
ତୋ ଭୃତ୍ୟ ଭୃତ୍ୟ ଦାସ ବଳରାମ ॥୩୩॥
ହରି ହୋ - ଦେବକୀ ଗର୍ଭୁ ଜାତ ମହାବାହୁ ।
କୋଟିଏ ବ୍ରହ୍ମାଣ୍ଡ ହୃଦେ ଦେଖାଉ ॥
ନାଥ ସେ ଧନ୍ୟ ତପୀ ମାରକଣ୍ଡ ।
ତୋହରେ ରହିଲା ହୃଦୟ ଖଣ୍ଡ ॥
ହରି ହୋ - ମାରକଣ୍ଡକୁ ଡାକି ଠାବ ଦେଉ ।
ଦାସ ବଳିଆକୁ ମାୟା ଦେଖାଉ ॥୩୪॥
ହରି ହୋ - ନାଥ ତୁ କାହିଁ ନୋହୁ ମଧ ପାତ୍ର ।
ପଣ୍ଡୁ ପୁତ୍ରଙ୍କର ହୋଇଲୁ ଦୂତ ॥
ନାଥ ତୁ ଉଦେ କରୁ ଅସ୍ତ କରୁ ।
ଶାସ୍ତ୍ରରେ ପାପ ପୁଣ୍ୟ ଅନୁସରୁ ॥
ହରି ହୋ - କହିଲା କଥା ତ ନୋହିଲା ସତ ।
(ତୁ) ଦାସ ବଳିଆର କେଉଁ ସାମନ୍ତ ॥୩୫॥
ହରି ହୋ - ବ୍ରହ୍ମା ରୁଦ୍ର ଇନ୍ଦ୍ର ତୋ ପାଦତଳେ ।
ତୁ ଉଭା କଉରବ ସଭାତଳେ ॥
ତୋ କାଖରେ ବେନି ହାତ ଚଳାଇ ।

ଯେହ୍ନେକ ଭୂତ ପରି ପରା ହୋଇ ॥
ହରି ହୋ - ତେଡ଼େ ବଡ଼ପଣ କ୍ଷଣକେ ସାରୁ ।
ଦାସ ବଳିଆକୁ ଉଦ୍ଧାରି ନ ପାରୁ ॥୩୬॥
ହରି ହୋ - କି ଦୋଷ ତୋତେ କରିଥିଲି ମୁହିଁ ।
ତୁ ଏଡ଼େ ନିରାଶ କରୁ କିମ୍ପାଇଁ ॥
ନାଥ ତୋ ନାମରୁ ଆନ ନ ଜାଣି ।
ତୋତେ ଯେ ଘେନି ବୁଲୁଥାଇ ପୁଣି ॥
ହରି ହୋ - ଏଡ଼େ ମାୟା ତୁ ଯେ କଲୁ ଗୋସାଇଁ ।
ଦାସ ବଳିଆକୁ ନ କଲୁ ତ୍ରାହି ॥୩୭॥
ହରି ହୋ - ରାଧା ସଙ୍ଗେ କଲୁ ନିଘନ ପ୍ରୀତି ।
ଗୋପରେ ରଖିଲୁ ଉଜ୍ଜ୍ୱଳ କୀର୍ତ୍ତି ॥
ନାଥ ତୋ ରସ କଉତୁକ ଲୀଳା ।
ଚନ୍ଦ୍ରସେଣା ଯେ ଗୋଗୋଷ୍ଠୁ ମିଳିଲା ॥
ହରି ହୋ - ଗଉଡ଼ ଧରି ତୋ ଛେଚନ୍ତା ଶିର ।
ବଳରାମ ଦାସ ହସେ କର୍କର ॥୩୮॥
ହରି ହୋ - ଅଷ୍ଟାଙ୍ଗ ଯୋଗେ ବ୍ରହ୍ମ ଭେଟ ନାହିଁ ।
ମୋହ ଛାର ହୀନ ପାଇବି କାହିଁ ॥
ନାଥ ତୁ କୋଟି କଷ୍ଟେ ନୋହୁ ଦୃଶ୍ୟ ।
ଜ୍ଞାନ ଉଦ୍ଦେଶ୍ୟରେ କୋଟିଏ ଶାସ୍ତ୍ର ॥
ହରି ହୋ - ଏମନ୍ତ ପ୍ରଭୁ ଭୃତ୍ୟ ଭାବେ ବାଇ ।
ବଳରାମ ଦାସ ତୋତେ ଯେ ଧ୍ୟାୟି ॥୩୯॥
ହରି ହୋ - ଆତଙ୍କକାଳେ ହେଉ ବଜ୍ରସେନା ।
ଆତଙ୍କ ନାଶନ ଅଟେ ତୋ ବାନା ॥
ହରି ତୁ କେମନ୍ତେ ଆତଙ୍କ ଜାଣୁ ।
ମୁହିଁ ତୋ ପାଦରେ ସେବଇଁ ତେଣୁ ॥
ହରି ହୋ - ତୋତେ ସେବା କରି ନଗଲା ଦୁଃଖ ।
ବଳି ଦାସକୁ ତୁ ନଦେଲୁ ସୁଖ ॥୪୦॥

ହରି ହୋ - ପାର୍ଥ ବୋଇଲେ ଶୁଣ ନାରାୟଣ ।
ମୋତେ ଦିଅନ୍ତୁ ଦୀନବନ୍ଧୁ ନାମ ॥
ହରି ତୁ ଶୁଣି ସନ୍ତୋଷ ହୋଇଲୁ ।
ହେଉ ଦେବା ଯେ ବୋଲିଣ ବୋଇଲୁ ॥
ହରି ହୋ - ପାର୍ଥେ ବୋଇଲ ବୁଲିଯିବା ଆସ ।
ତା ବସି ଶୁଣୁଥିଲା ବଳିଦାସ ॥୪୧॥
ହରି ହୋ - ଅର୍ଜ୍ଜୁନକୁ ଘେନି ଗରୁଡ଼ ପିଠି ।
ପଛେ ବୃକୋଦର ଗୋଡ଼ାଇ ଅଛି ॥
ପାର୍ଥ ଯେ ମନରେ ଗର୍ବ ବହିଲା ।
ମୁଁ ଯେ ଦୀନବନ୍ଧୁ, ହେବି ବୋଇଲା ॥
ହରି ହୋ - ମିତ୍ର ବୋଇଲେ ଏହା ନାହିଁ କର ।
ବଳରାମ ଦାସ ଥିଲା ସେଠାର ॥୪୨॥
ହରି ହୋ - ଅର୍ଜ୍ଜୁନର ଗର୍ବ ଗଞ୍ଜିବାର ପାଇଁ ।
ଭୀମକୁ ଜଳେ ବୁଡ଼ାଇଲୁ ନେଇ ॥
ହରି ସେ ମହା ମୁଗୁନି ପଥର ।
ଆଣିଣ କଚାଡ଼ିଲା ବୃକୋଦର ॥
ହରି ହୋ - ପିମ୍ପୁଡ଼ି ମୁଖେ ଶାଳିଅନ୍ନ ଭାତ ।
ବଳରାମ ଦାସ ଦେଖି କୃତାର୍ଥ ॥୪୩॥
ହରି ହୋ - ପାଣ୍ଡବେ ବୋଇଲୁ ମୋର ସୋଦର ।
ପାର୍ଥ ହିଁ ହରି ଅଟେ ଏକାକାର ॥
ନାଥ ତୋ ଆପଣା ଦେହକୁ ମାୟା ।
ତୁ କାହୁଁ ଭୂତକୁ କରିବୁ ଦୟା ॥
ହରି ହୋ - ଲାଜେ ଅର୍ଜ୍ଜୁନ ପାଏ ପଡ଼ି ଶୋଇ ।
ବଳରାମ ଦାସ ତେମନ୍ତ ମୋହି ॥୪୪॥
ହରି ହୋ - ଅର୍ଜ୍ଜୁନ ବୋଇଲେ ଶୁଣ ଗୋସାଇଁ ।
ଦ୍ରୋହ ଅର୍ଜିଲି କ୍ଷମାକର ତୁହି ॥
ନାଥ ତାହାକୁ ସନ୍ତୋଷ ହୋଇଲୁ ।

କୋଳେ ଧରି ମୁଖେ ଚୁମ୍ବନ ଦେଲୁ ॥
ହରି ହୋ - ଅର୍ଜ୍ଜୁନ ଦୋଷ କ୍ଷମା କଲୁ ତୁହି ।
ଦାସ ବଳିକୁ ତୁ ଦୟା ନ ବହି ॥୪୫॥
ହରି ହୋ - ଗଙ୍ଗାଧର ନାମେ ଏକଇ ଦ୍ୱିଜ ।
ଅନୁଗ୍ରହେ ଦେଲୁ ତୁ ମହାଭୁଜ ॥
ନାଥ ତୁ ଭୃତ୍ୟଙ୍କୁ କରୁ ଏମନ୍ତ ।
ଦେଖିଣ ଲକ୍ଷ୍ମୀ କଲେ ଦଣ୍ଡବତ ॥
ହରି ହୋ - ଗଙ୍ଗାଧର ଦ୍ୱିଜ ତୋ ରୂପ ହେଲା ।
ଶୁଣି ବଳରାମ ଗଞ୍ଜି ହୋଇଲା ॥୪୬॥
ହରି ହୋ - ଦଶରଥ ଘରେ ହୋଇଲୁ ଜାତ ।
ବାନର ରାଜା ସୁଗ୍ରୀବ ମଇତ୍ର ।
ନାଥ ସେ ହର ବ୍ରହ୍ମା ଯାର ଦାସ ।
ତାର ଭକ୍ତଙ୍କଠାରେ ବିଶୁଆସ ॥
ହରି ହୋ - କୈବଲ୍ୟ ଦାସଙ୍କ ମୁକ୍ତି ବିଶ୍ୱାସ ।
ଭାବେ ଭଣିଲେ ବଳରାମ ଦାସ ॥୪୭॥
ହରି ହୋ - ସୋମବଂଶେ ରାଜା ସେ ଦୁର୍ଯ୍ୟୋଧନ ।
ତାହାର ସ୍ୱାମୀ ନ ଭୁଞ୍ଜିଲୁ ଅନ୍ନ ॥
ନାଥ ତୁ ବିଦୁର ଘରକୁ ଯାଉ ।
କେଉଁ ଲାଜେ ସେ ଭୁଞ୍ଜୁ ମହାବାହୁ ॥
ହରି ହୋ - ତୋହର ଜାତି ଅଟଇ ଏମନ୍ତ ।
ବଳରାମ ଦାସ ନୁହେଁ ତେମନ୍ତ ॥୪୮॥
ହରି ହୋ - ତପତ ଦୁଗ୍ଧ ଦେଖିଲେ ପଳାଉ ।
ନୟନ ବୁଜି ଅଗ୍ନି ଗିଳି ଦେଉ ॥
ନାଥ ତୁ ଗୋପ ଉଦ୍ଧାରିବା ପାଇଁ ।
ନାମେ ଯଶୋଦାର ଅଟୁ ତନୟୀ ॥
ହରି ହୋ - ଧାଈ ରୂପରେ ଯଶୋଦା ତରିଲା ।
ବଳରାମ ଦାସ କି ଦୋଷ କଲା ॥୪୯॥

ହରି ହୋ - ତ୍ରୈଲୋଚନର ଯେ ହେଲୁ ଘରଣୀ ।
ସଂସାର ହିତେ ତରୁ ରୂପ ପୁଣି ॥
ନାଥ ତୁ ଦୈତ୍ୟକୁ ମାରିବା ପାଇଁ ।
ପ୍ରେମର ଲୀଳା ଯେ କଲୁ ଗୋସାଇଁ ॥
ହରି ହୋ - ବିଷାଦ ପଣେ ତାକୁ କଲୁ ନାଶ ।
ପରତେ ଗଲା ବଳରାମ ଦାସ ॥୫୦॥
ହରି ହୋ -ଲାଜ ସଂକୋଚ ଦ୍ୱୟ ତୋର ନାହିଁ ।
ସୀତାକୁ ରାବଣ ନେଲା ଚୋରାଇ ॥
ନାଥ ସେ ପୁରୁ କେମନ୍ତେ ଆଣିଲୁ ।
ତାକୁ ଘେନି ପୁଣି ଘରକୁ ଗଲୁ ॥
ହରି ହୋ -ସେ କଥାକୁ ଲାଜ ନୋହିଲା ତୋର ।
ବଳିଆ ଦାସକୁ କରିବୁ ପାର ॥୫୧॥
ହରି ହୋ -ତୋହର ମହିମା କହି ନ ଯାଇ ।
ସିନ୍ଧୁ ବାନ୍ଧି ଗଡ଼ ଘେରିଲୁ ଯାଇ ॥
ନାଥ ତୁ ଶତ୍ରୁର ଭାଇ ରଖିଲୁ ।
ତାହାର ଘରଣୀ ତାହାକୁ ଦେଲୁ ॥
ହରି ହୋ -ତୁ ଦୟା କଲେ ଏଡ଼େ ବଡ଼ କରୁ ।
ବଳରାମ ଦାସ ମାନ ଉଦ୍ଧାରୁ ॥୫୨॥
ହରି ହୋ -ପୂର୍ବେ ବିଭୀଷଣ କି ତପ କଲା ।
ରତ୍ନମୟ ପୁରେ ରାଜା ହୋଇଲା ॥
ତାହାକୁ ତେଡ଼େ ଦୟା ଥିଲା ତୋର ।
ଆରତୁଁ ଦେଲୁ ତୁ ଅମର ବର ॥
ହରି ହୋ -ଚନ୍ଦ୍ରବଦନୀ ଘରଣୀ ପାଇଲା ।
ବଳିଆ ଦାସ ନିରେଖ ହୋଇଲା ॥୫୩॥
ହରି ହୋ -କେତେ ଲୋକ ଥିଲେ ରଥରେ ବସି ।
ମୋତେ ଘଉଡ଼ି ଦେଲା ରାଜା ଆସି ॥
ନାଥ ତୁ ତାହା କେମନ୍ତେ ସହିଲୁ ।

କେମନ୍ତେ ସ୍ତମ୍ଭୀଭୂତରେ ରହିଲୁ ॥
ହରି ହୋ -ସମସ୍ତ ଲୋକେ କଲେ ଉପହାସ।
ଦାସ ବାଳିଆ ତୋ ନୁହଇ ଦାସ ॥୫୪॥
ହରି ହୋ -ମୋ ମନ ବେଦନା ଲାଗଇ ତୋତେ।
ତୁ ମୋର ସାମନ୍ତ ମୁଁ ତୋର ଭୃତ୍ୟେ ॥
ନାଥ ତୋ ଭୃତ୍ୟକୁ ରଖ ଗୋସାଇଁ।
ମୋହର ତୋ ବିନୁ ଆନ କେ ନାହିଁ ॥
ହରି ହୋ -ସନ୍ଥ ଗୋଷ୍ଠୀରୁ ଛଡ଼ାଇଲୁ ମୋତେ।
ଦାସ ବଳରାମ ଭାବଇ ତୋତେ ॥୫୫॥
ହରି ହୋ -ଆରମ୍ଭ ହୋଇ ବସିଅଛୁଁ ରଥେ।
କାହାକୁ କି କରୁ ଶ୍ରୀଜଗନ୍ନାଥେ ॥
ନାଥ ତୋ ଫୁଲାପଣ ସିନା ତହିଁ।
ଫାନ୍ଦ କପଟ ସେ ପଶାରୁ ତୁହି ॥
ହରି ହୋ -କପଟ କଲେ କି ପାଇବୁ ତୋତେ।
ଦାସ ବଳିଆ କି ଡରଇ ମୋତେ ॥୫୬॥
ହରି ହୋ -ଆରତେ ଡାକିଲେ ତୁରିତେ ଶୁଣୁ।
ହୃଦର ବେଦନା ତୁହି ଯେ ଜାଣୁ ॥
ନାଥ ତୁ ଭକ୍ତଜନ ନିସ୍ତାରଣ।
ତେଣୁ ତୋ ନାମ ଆରତ ଭଞ୍ଜନ ॥
ହରି ହୋ -ମୋହ ବେଦନା ନ ଶୁଣୁ କିମ୍ପାଇ।
ବଳି ଦାସକୁ ବାରେ କର ତ୍ରାହି ॥୫୭॥
ହରି ହୋ -ଇନ୍ଦ୍ରଜାଲ ମାୟା କରୁ କି ମୋତେ।
ଏ ମାୟା କଲେ କି ଡରଇ ତୋତେ ॥
ନାଥ ମୁଁ ତୋ ତହୁଁ ନିର୍ଭୟେ ଜାଣ।
ମୋତେ ଦେଖାଇଣ ଲୋଡ଼ୁ କି ଟାଣ ॥
ହରି ହୋ -ତୋହ ମାୟାକୁ ନ ଡରଇ ମୁହିଁ।
ଦାସ ବଳିଆ ତୋ ବୋଲେ ନଥାଇ ॥୫୮॥

ହରି ହୋ -ମହାପାପରୁ ବାରେ ପାରିକର ।
ନିରକ୍ଷ ବନ୍ଧୁ ଯେ ଦୟାସାଗର ॥
ନାଥ ମୁଁ ତୋ ନାମ ଧରି ଏତେ ।
ତୋହର ନାମତ୍ରୟ ଲୋକେ ଗାନ୍ତେ ॥
ହରି ହୋ -ମୁଁ କୋଟି ଗୁଣେ ତୁମ୍ଭକୁ ଅନ୍ତର ।
ବଳରାମକୁ ବାରେ କି ଉଦ୍ଧର ॥୫୯॥
ହରି ହୋ -ପଣ୍ଡୁ ପୁଅଙ୍କର ଯାଗକୁ ଗଲୁ ।
ଭୃତ୍ୟ ହୋଇ ସଭା ତଳେ ରହିଲୁ ॥
ନାଥ ତୁ ଅନନ୍ତ ଯେ ପଡ଼ିଆରୀ ।
ହସ୍ତରେ ବେତ ଯୋଡ଼ା ତୁମ୍ଭେ ଧରି ॥
ହରି ହୋ -ତୋତେ କହିଲେ କି ମୋ ଦୁଃଖ ଯିବ ।
ବଳି ଦାସ ତୋ ମୁଖ ନ ଚାହିଁବ ॥୬୦॥
ହରି ହୋ -ମୋହ ଛାର ହୀନ ପାମର ବାଇ ।
ତୋ ଲୀଳା ଭାବ ମୁଁ ଜାଣିବି କାହିଁ ॥
ନାଥ ମୁଁ ଅପ୍ରସ୍ତୁତ ପଣେ ଥାଇ ।
କେବଳ ତୋହର ଗୁଣକୁ ଧ୍ୟାୟି ।
ହରି ହୋ -ମୋହ ବଳେ ଭାବି ନୁହଇ ତୋତେ ।
ବଳରାମ ଦାସ ନ ଛାଡ଼ି ଚିତ୍ତେ ॥୬୧॥
ହରି ହୋ -ଭୃତ୍ୟ ପଣେ ଯାଇଁ ଅର୍ଘ୍ୟ ଘେନିଲୁ ।
ମାଉସୀ ପୁଅକୁ ଚକ୍ରେ ମାଇଲୁ ॥
ନାଥ ତୁ ଏଡ଼େ ଅଜ୍ଞାନୀ ଯେ ଜାଣ ।
ତୋର ବଦନ ନ ଚାହିଁବ ପୁଣ ॥
ହରି ହୋ -ତୋ ତହିଁ ପାପୀକେ ସଂସାରେ ନାହିଁ ।
ଦାସ ବଳିଆ ତୋ ମୁଖ ନ ଚାହିଁ ॥୬୨॥
ହରି ହୋ -ଅପ୍ରାଧ କଲି ବାରେ ପାରିକର ।
ତୋର ଚରଣେ ମୁଁ ଅଟେ କିଙ୍କର ॥
ନାଥ ତୁ ଦୁଃଖ ଫେଡ଼ି ସୁଖ ଦାତା ।

ଭାବରେ ଅଜ୍ଞାନୀ ଜ୍ଞାନ କରତା ॥

ହରି ହୋ -ମୋହ ଛାର ଜ୍ଞାନ ଅଟଇ କେତେ ।

ବଳରାମ ଦାସ ତୋ ଭୃତ୍ୟ ଭୃତ୍ୟେ ॥୬୩॥

ହରି ହୋ -ସୋଦର ବର୍ଦ୍ଧିଣ ପରକୁ କୋଡୁ ।

ଦାରୁ ହୋଇ ସାତ ସମୁଦ୍ର ବଢୁ ॥

ନାଥ ତୁ ଦାରୁ ହୋଇ ପୂଜା ପାଉ ।

ଶୋଷିଣ ପୁତନା ଜୀବନ ପିଉ ॥

ହରି ହୋ -ପର ଯୁବତୀକି କରୁ ରମଣୀ ।

ବଳିଆ ଦାସକୁ ନ ପାରୁ ଜିଣି ॥୬୪॥

ହରି ହୋ -ରଖିଲେ ଭରସା କାମ ଆବୋରୁ ।

ଦୁଃଶା କଷଣୁ ଯୁଧିଷ୍ଠି କି ତାରୁ ॥

ନାଥ ତୁ ତାରୁ ଦ୍ରୁପଦ କୁମାରୀ ।

ଘୋର ସଙ୍କଟରୁ ନେଲୁ ଉଦ୍ଧରି ॥

ହରି ହୋ -ତେଡ଼େ ଦୁସ୍ତରୁ ଯେ ଇନ୍ଦ୍ରକୁ ତାରୁ ।

ଦାସ ବଳିଆକୁ ନିର୍ଦ୍ଦୟା କରୁ ॥୬୫॥

ହରି ହୋ -ପରସ୍ତିରୀ ହରି ପାଷାଣ ହେଲୁ ।

ଶିଳା ଶାଳଗ୍ରାମ ନାମ ବହିଲୁ ।

ନାଥ ତୁ ଗୋପରେ କଲୁ ଅନୀତି ।

ବ୍ରଜ ସ୍ତିରୀ ସଙ୍ଗେ ରଙ୍ଗ ପୀରତି ॥

ହରି ହୋ -ସେହି ଶାପରୁ ହେଲୁ ଦାରୁରୂପ ।

ବଳରାମ ଦାସକୁ କରୁ ଗୋପ୍ୟ ॥୬୬॥

ହରି ହୋ -ଆଶା ବିଶ୍ରାମ ବାନା ଅଟେ ତୋର ।

ମୋର ଆଶାରେ ତୁ ବିଶ୍ରାମ କର ॥

ନାଥ ମୁଁ ଗୁହାରି କରୁଛି ତୋତେ ।

ବାରେ ସେନେହ ହେଉକିନା ମୋତେ ॥

ହରି ହୋ -ସାହାନୋହିଲେ ଥିବି ମୁହିଁ କାହିଁ ।

ଦାସ ବଳିଆକୁ ରଖ ଗୋସାଇଁ ॥୬୭॥

ହରି ହୋ -ନିଜ ଭଗିନୀ ପର ଘରେ ଗଲା।
ବିଭା ନୋହୁଣୁ ସ୍ତିରୀ ବୋଲାଇଲା ॥
ନାଥ ତୁ ଏଡ଼େ ପରପଞ୍ଚ ଜାଣୁ।
ଗତି ଅଗତି ନାହିଁ ତୋର ତେଣୁ ॥
ହରି ହୋ -ଏମନ୍ତ ଲୋକକୁ କରେ ଗୁହାରୀ।
ବଳରାମ ଦାସ ନୋହୁ ଯେ ସରି ॥୬୮॥
ହରି ହୋ -ନନ୍ଦିଘୋଷରେ ବାଲିଖଣ୍ଡ ବିଜେ।
ମୋତେ ଏ ଶାସ୍ତି ଦେଲୁ ଦେବରାଜେ ॥
ନାଥ ତୁ ଛାଡ଼ି ଯାଇଁ ଲୋଡୁ ମୋତେ।
ମୁହିଁ ଯେ ହୃଦେ ଧରିଅଛି ତୋତେ ॥
ହରି ହୋ -କାହିଁ ଛାଡ଼ିଯିବୁ ଜଗୁ ନିବାସ।
ଆଷ୍ଟେ ଧରିଛି ବଳରାମ ଦାସ ॥୬୯॥
ହରି ହୋ -ବାଲି ନବର ତୋ କେମନ୍ତେ ଶୋଭା।
ନବଦିନ ଯାତ୍ରା ତହିଁ କରିବା ॥
ନାଥ ତୁ ମୋତେ ନେଲେ ସିନା ଯାନ୍ତୁ।
ଯାଇଣ ଯାତ୍ରା ବିଚାର କରନ୍ତୁ ॥
ହରି ହୋ -ନ ନେଇ ତୁ ଯାତ କରୁ କେମନ୍ତେ
ବଳରାମ ଦାସ ଝୁରଇ ତୋତେ ॥୭୦॥
ହରି ହୋ -କେତେ ଲୋକ କେତେ ଦୂରରୁ ଆସି
ତୋତେ ବାଟେ ଚାହାନ୍ତି ବାଟେ ବସି ॥
ନାଥ ତୋ ରଥ ଚଳିବ ଦେଖିବେ।
ବାଲି ନଅରେ ଦର୍ଶନ କରିବେ ॥
ହରି ହୋ -ସେ ସୁଖ ଛାଡ଼ିଣ ରହିଲୁ ଏଥେ
ବଳରାମ ଦାସ ଭାବୁଛି ତୋତେ ॥୭୧॥
ହରି ହୋ -ଘଣ୍ଟ କାହାଳୀ ଶୁଭୁଛି ତୋହର।
ଦର୍ଶନ କରନ୍ତି ସୁର କିନ୍ନର ॥
ନାଥ ତୋ ଭକ୍ତ ଜନମାନେ ଆସି।

ଦର୍ଶନ କରୁଛନ୍ତି ପେଲି ପଶି ॥
ହରି ହୋ -ମୃଦଙ୍ଗ କଂସାଳ ଯେତେକ ରସ ।
ଦେଖି ନ ପାରିଲା ବଳିଆ ଦାସ ॥୭୨॥
ହରି ହୋ -ମୁହିଁ ଯେବେ ସତ୍ୟ ଭୃତ୍ୟ ତୁମ୍ଭର ।
ଆଜ ନ ଚଳିବ ରଥ ସେଠାର ॥
ନାଥ ତୋ ଦାସର ମହିମା ରହୁ ।
କଳିଯୁଗରେ କହିବାକୁ ହେଉ ॥
ହରି ହୋ -ଏତେକ ମାଗୁଛି କର ଗୋସାଇଁ ।
ବଳିଆ ଦାସ ଅଛି ତୋତେ ଧ୍ୟାୟି ॥୭୩॥
ହରି ହୋ -କି ଦୋଷେ ନୃପତି ଗଞ୍ଜିଲା ମୋତେ ।
ମୁଁ ଯେ ଅପ୍ରାଧ କରିନାହିଁ ତୋତେ ॥
ନାଥ ତୁ ଅପ୍ରାଧ ଥିଲାକୁ କଲୁ ।
ରାଜା ହାତରେ ନେଇ ଦଣ୍ଡ ଦେଲୁ ॥
ହରି ହୋ -ଆଜ ଜାଣିବା ତୋର ବଡ଼ପଣ ।
ପଡ଼ିଲୁ ବଳିଆ ଦାସ ହାତେଣ ॥୭୪॥
ହରି ହୋ -କୋଟି ବ୍ରହ୍ମାଣ୍ଡ ଲୋକ ଲାଗେ ଯେବେ ।
ଠାବରୁ ରଥ ନ ଚଳିବ ତେବେ ॥
ନାଥ ମୁଁ ତୋହ ଘେନି ଏଡ଼େ ଆଣ୍ଟ ।
ତୁ ଯହୁଁ ଭୃତ୍ୟର ଭାବେ ନିକଟେ ॥
ହରି ହୋ -ମୁଁ କି କହିବି ନ ଜାଣୁ କି ତୁହି ।
ଦାସ ବଳିକୁ ବାରେ କର ତ୍ରାହି ॥୭୫॥
ହରି ହୋ -ଭୃତ୍ୟର ଡାକକୁ ଟେକୁ ଶ୍ରବଣ ।
କେମନ୍ତେ ନାମ ଆତଙ୍କ ଭଞ୍ଜନ ॥
ନାଥ ମୁଁ ଆତଙ୍କେ ଲୋଡୁଛି ତୋତେ ।
ବିଜେ କର ଆସି ବାଳିର ରଥେ ॥
ହରି ହୋ -ତୁମ୍ଭେ ନେଲେ ମନ ଆଣିବ ବଳେ ।
ବଳିଆ ଦାସ ନ ପାଶୋରେ ଢାଳେ ॥୭୬॥

ହରି ହୋ -ତୋହର ମାୟା ଗୋଚର ନୁହଇ ।
ମୁଁ ହୀନ ପାମର ଜାଣିବି କାହିଁ ॥
ଜାଣି ନ ପାରିଲେ ବ ବ୍ରହ୍ମା ହର ।
ମୁନିମାନଙ୍କୁ ଅଟେ ଅଗୋଚର ॥
ହରି ହୋ -କୋଟି ବ୍ରହ୍ମାଣ୍ଡରେ ପୁରିଛି ମାୟା ।
ଦାସ ବଳରାମଙ୍କୁ କର ଦୟା ॥୭୭॥
ହରି ହୋ -ବ୍ରହ୍ମା ହରଙ୍କୁ ନିର୍ମାଲ୍ୟ ନ ଦେଉ ।
ଗୋପାଳଙ୍କ ସଙ୍ଗେ ମିଶିଣ ଖାଉ ॥
ହରି ତୋ ଏମନ୍ତ ମହିମା ଅଛି ।
ତୋତେ ଯେ ଆଶ୍ରା କରିଛି ତରିଛି ॥
ହରି ହୋ -ତୋତେ ଯେ ଆଶ୍ରେ କରିଅଛି ମୁହିଁ ।
ବଳରାମ ଦାସ ଆଉ କେ ନାହିଁ ॥୭୮॥
ହରି ହୋ -କି ସୁଖ ପାଇଲୁ ନନ୍ଦର ଘରେ ।
ଜାତି ଗଉଡ଼ ଗାଈ ରଖିବାରେ ॥
ନାଥ ତୁ ଗୋପୀଙ୍କୁ ହରିବା ପାଇଁ ।
ଗୋଷ୍ଠୁ କ୍ଷୀରଭାର ଆଣୁ ଯେ ବହି ।
ହରି ହୋ -ଏଡ଼େ କଥାକୁ ଲାଜ ନ ପାଇଲୁ ।
ବଳରାମଙ୍କୁ ହିଁ ତଡ଼ାଇ ଦେଲୁ ॥୭୯॥
ହରି ହୋ -ପାରିଲେ ତ୍ରାଣ କର ଗୋସାଇଁ ।
ତୋର ଅଧରୁ ସୁଧା ରସ ଦେଇ ॥
ହରି ତୋ ଅଧରୁ ଅମୀୟ ବାଣୀ ।
ଶୁଣିଣ ତାରଣ ଲଭିବି ପୁଣି ॥
ହରି ହୋ -ବୋହି ପଡୁଅଛି ଅମୃତ ରସ ।
ତା ପାଇଲେ ଜୀଇବ ବଳିଦାସ ॥୮୦॥
ହରି ହୋ -ଯଦୁ ବଂଶରେ ଯେ ଜାତ ହୋଇଲୁ ।
ଯାଦବଙ୍କ ସଙ୍ଗେ ନିପୁଣ ଗଲୁ ॥
ହରଷେ ତୋହର ଗନ୍ଧଇ ବାସେ ।

ଗଉଡୁଣୀଙ୍କର ସଙ୍ଗତେ ରସେ ॥
ହରି ହୋ –ଗୋପରେ ମହାଖୁଡ଼ ହେଲୁ ଯାଇଁ ।
ବଳିଆ ତୁଣ୍ଡେ ସେମାନ କୁହାଇ ॥୮୧॥
ହରି ହୋ –ବ୍ରହ୍ମାରୁଦ୍ର ଯାର ଅଟେ କୁମର ।
ସେ ପୁଣି ଜାତ ମାନବୀ ଉଦର ॥
ନାଥ ତୁ ଜଗତଠାକୁର ହୋଇ ।
ମଞ୍ଚରେ ଅବତାର ଲୀଳାପାଇଁ ॥
ହରି ହୋ –ମଞ୍ଚମାନବ ସଙ୍ଗେ ବନ୍ଧୁପଣ ।
ବଳରାମଙ୍କୁ ରଖ ନାରାୟଣ ॥୮୨॥
ହରି ହୋ –ଦଶ ଅବତାର ରୂପ ଧଇଲୁ ।
ସୃଷ୍ଟି ଭାରାଭାର ହୃଦେ ବହିଲୁ ॥
ହରି ତୁରିତେ ଭର୍ଷୁ କାହାପାଇଁ ।
ଦାସଜନଙ୍କର ହିତେ ଗୋସାଇଁ ॥
ହରି ହୋ –ଦାସଙ୍କ ପାଇଁ ଯେ କଷ୍ଟ ପାଇଲୁ ।
ଦାସ ବଳିଙ୍କୁ ରଖି ନ ପାରିଲୁ ॥୮୩॥
ହରି ହୋ –ପରଶୁରାମ ଅବତାର ହୋଇ ।
ଜନନୀର ଶିର ଛିଣ୍ଡାଇ ପକାଇ ॥
ହରି ତୁ କଲେ ଏଡ଼େ ପାପ କରୁ ।
କୋଟିଏ ଜନ୍ମ ପାପରୁ ନିସ୍ତାରୁ ॥
ହରି ହୋ –ପୁରାଣ ଶାସ୍ତ୍ର ଧର୍ମ ପ୍ରବର୍ତ୍ତାଉ ।
ଦାସ ବଳିଆଙ୍କୁ ତାହ ଚେତାଉ ॥୮୪॥
ହରି ହୋ –ନାମ ତୋହର ତିନି ପୁରେ ସାର ।
ତୋ ନାମ ଆଶ୍ରେ କରିଛି ଶଙ୍କର ॥
ଭଜି ତୋ ନାମ ନିସ୍ତାରଇ ପ୍ରାଣୀ ।
ନାମ ଯେ ଭାବସିନ୍ଧୁ ତରଙ୍ଗିଣୀ ॥
ହରି ହୋ –ତୋ ନାମ ଭାବିଲେ କଟଇ ମାୟା ।
ଏକା ବଳିଆଙ୍କୁ କଲୁ ନିର୍ଦ୍ଦୟା ॥୮୫॥

ହରି ହୋ -ଭକତ ତୋର ଭେଟା ଭେଟି ନାହିଁ।
କିମ୍ବା ମରୁଥାଇ ତୋ ନାମ ଗାଇ ॥
ହରି ତୁହି କି କରିପାରୁ କହ।
କାଳରେ ଲଗାଉ ଯେ ମାୟାମୋହ ॥
ହରି ହୋ -ମାୟାରୁ ପ୍ରାଣୀକି ତାରି ନ ପାରୁ।
ଦାସ ବଳିଆକୁ ଏମନ୍ତ କରୁ ॥ ୮୬ ॥
ହରି ହୋ -ନରସିଂହ ରୂପେ ତ୍ରୈଲୋକ୍ୟେ ଭୟେ।
ତିନିପୁର ଯାକେ ଘୋଟିଲୁ କାୟେ ॥
ହରି ତୁ ଭୂତକୁ ଦେଖିବା ପାଇଁ।
ଦଇତ ଯାନୁରେ ପଡ଼ିଲୁ ଯାଇ ॥
ହରି ହୋ -ଭକତ ବୋଲି ଜାନୁରେ କହିଲୁ।
ବଳରାମକୁ ଏଡ଼େ କର୍ମ କଲୁ ॥ ୮୭ ॥
ହରି ହୋ -ସାତ ତାଳ ଜଗତିର ଉପରୁ।
ମୂଢ଼ ପୁତ୍ରକୁ ପକାଇ କୋଳରୁ ॥
ହରି ସେ ତୋ ନାମ ସୁମରୁ ଥିଲା।
ପଡୁ ସେ ପବନ ତୋଳି ଧଇଲା ॥
ହରି ହୋ -ତୋହ ରଖିଲେ ଯେ କରୁ ଏମନ୍ତ।
ବଳରାମ ଦାସ ଜାଣେ ତଦନ୍ତ ॥ ୮୮ ॥
ହରି ହୋ -ମହାପ୍ରଭୁ ହୋଇ ଏଡ଼େ ଭୋଟିଆ।
ବେତଖଣ୍ଡି ଘେନି ହୁଏ ଖୁଣ୍ଟିଆ ॥
ହରି ତୁ ଏଡ଼େ ଭୋଟ ପଣେ ଆଉ।
ଭୃତ୍ୟର ପାଇଁ ଏଡ଼େ ଭୋଟ କହୁଁ ॥
ହରି ହୋ -ଏଡ଼େ ଭୋଟକୁ ଯେ ଯିବ ବିଶ୍ୱାସ।
ଭୃତ୍ୟର ଭୃତ୍ୟ ବଳରାମ ଦାସ ॥ ୮୯ ॥
ହରି ହୋ -କାମନା କଲେ ସିଦ୍ଧ ହୋଇ ଫଳ।
ତୋ କରୁଣା ହେଲେ ନ ଘୋଟେ କାଳ ॥
ହରି ତୁ କରୁଣା ବାରିଧି ହେଉ।

ମୋତେ ବାରେ ତ୍ରାହି କର ଶ୍ରୀବାହୁ ॥
ହରି ହୋ -ଘୋର ସଂକଟ ପାରିକର ମୋତେ ।
ବଳରାମର ଗୁହାରି ଯେ ଏତେ ॥ ୯୦ ॥
ହରି ହୋ -ଦଶରଥ ଘରେ ଜନ୍ମ ହୋଇଲୁ ।
ପିଅର ବଚନ ଆନ ନ କଲୁ ॥
ହରି ଶବର ସଙ୍ଗେ ହେଲୁ ମିତ୍ର ।
ଯାଗ ରଖିଣ ବଧିଲୁ ଦଇତ ॥
ହରି ହୋ -ସତ ନିର୍ମଳ ତୋର ଅବତାର ।
ବଳିଆ ଦାସକୁ ନାହିଁ ଉବାର ॥ ୯୧ ॥
ହରି ହୋ -ଶ୍ରୀରାମ ନାମେ ଯେ ବ୍ରହ୍ମାଗ୍ନି ଆନ ।
ତାରକ ମନ୍ତ୍ର ସୁଧାରସ ସମ ॥
ହରି ମୁଁ ଏହା ଯେ ଆଶ୍ରେ କରିଛି ।
କାଳ କରମ ମୋତେ ମାରୁଅଛି ॥
ହରି ହୋ -ତୋହର ଆଶ୍ରେ କାଳ ହେଲା ନାଶ ।
ଏଣୁ ଭରସା ବଳରାମ ଦାସ ॥ ୯୨ ॥
ହରି ହୋ -ତୁ ମାୟା କଲେ ମୋର କିସ ହୋଇ ।
ତୋର କଥାକୁ ମୁଁ ଡରଇ ନାହିଁ ।
ହରି ମୁଁ ତୋ ତହୁଁ ତୁ ତେଣୁ ଭଲା ।
ତୋହର କାଳ ମୋତେ ନ ଲାଗିଲା ॥
ହରି ହୋ -ହରି ତୋ ନାମେ ତୋ ଗୁଣେ ବିଶ୍ୱାସ ।
ତେଣୁ ଭାବଇ ବଳରାମ ଦାସ ॥ ୯୩ ॥
ହରି ହୋ -ତୋତେ ଆଶ୍ରେ କରି କ୍ଷେତ୍ରେ ରହିଲି ।
ତୋତେ ଆଶ୍ରେକରି ଫଳ ପାଇଲି ॥
ହରି ତୁ ବିଶ୍ୱାସ ଘାତକ ହେଲୁ ।
ମୋତେ ତୁ କ୍ଷେତ୍ରରୁ ଛାଡ଼ିଣ ଦେଲୁ ॥
ହରି ହୋ -ନୃପତି ହାତେ ବନ୍ଧାଇଲୁ ମୋତେ ।
ବଳିଆ ଦାସ ନ ଯାଇ ପରତେ ॥ ୯୪ ॥

ହରି ହୋ -ତୋତେ ଆଶ୍ରେ କରି ଧରିଣ ଥିଲି ।
ଏତେ ଦିନେ ଏବେ ଶାସ୍ତି ପାଇଲି ॥
ହରି ତୁ ଏଡ଼େ କର୍ମ ଚିନ୍ତା କଲୁ ।
ଦୋଷ ମୋ ଥିଲେ ବାରେ ନ ସହିଲୁ ॥
ହରି ହୋ -କ୍ଷମା ନ କରିଣ ଗଞ୍ଜିଲୁ ମୋତେ ।
ବଳରାମ ଦାସ କି କଲା ତୋତେ ॥ ୯୫ ॥
ହରି ହୋ -ଜଳଧି ତଟେ ନୀଳଗିରି ଥାନ ।
କୋଟି କଳପରେ ସେ ନୁହେଁ ଆନ ॥
ନାଥ ତୁ ଦାରୁବ୍ରହ୍ମ ରୂପ ହୋଇ ।
କ୍ଷେତ୍ର ଆଶ୍ରେ କରିଅଛୁ ଗୋସାଇଁ ॥
ହରି ହୋ -ଏକ୍ଷେତ୍ରୁ ମୋତେ ଦେଲୁ ଘଉଡ଼ାଇ ।
ଦାସ ବଳିଆ କ୍ଷେତ୍ର ଛାଡ଼ି ନାହିଁ ॥ ୯୬ ॥
ହରି ହୋ -ଶରଣ ପଞ୍ଜର ତୋର ମହିମା ।
ନୀଳଚକ୍ରରେ ବାନ୍ଧିଅଛୁ ବାନା ॥
ହରି ତୁ ଏକା ଥାନ କର ଆନ ।
ଦୋଷ ଯେ କ୍ଷମା କର ଭଗବାନ ॥
ହରି ହୋ -ମୁହିଁ ଯେ ଶରଣ ପଶିଛି ତୋତେ ।
ବଳିଆ ଦାସର ଗୁହାରି ଏତେ ॥ ୯୭॥
ହରି ହୋ -ମୁହିଁ ତ ତୋତେ କଥା କହି ନାହିଁ ।
ମୋତେ ଅନାଇ ତୁ ହସୁ କିମ୍ପାଇଁ ।
ହରି ତୁ କି ମନ୍ତ୍ର ଜାଣୁ ବା କହ ।
ତୁହି ତ ହସୁଥାଉ ଟହଟହ ॥
ହରି ହୋ -ହସିଲା ଖଣ୍ଡିକି ରସିଲା ମନ ।
ପୁଣି ବୋଲଇଁ ଭାବି ବଳରାମ ॥ ୯୮ ॥
ହରି ହୋ -ଶଙ୍ଖ ଚକ୍ର ବହୁ ଭୃତ୍ୟ ନିମନ୍ତେ ।
ତ୍ରାସ ପାଇବେ ଦୁରୁଜନ ଯେତେ ॥
ହରି ତୋ ଦାସକୁ ତାରିବା ପାଇଁ ।

ଏ କାଳେ ଅବତାର ହେଉ ମହୀ ॥
ହରି ହୋ -ସବୁରି ଗୁରୁ ସବୁରି ସାମନ୍ତ ।
ବଳିଆ ଦାସ ନ ତା ଅନ୍ତ ॥ ୯୯ ॥
ହରି ହୋ -କେତେ ଲୋକର ତୁ ଗୁହାରି ଶୁଣୁ ।
କେମନ୍ତ କରି ତା ବିସର୍ଜି ଜାଣୁ ॥
ହରି ତୁ ଏହା କହୁ କିନା ମୋତେ ।
ମୁହିଁ ଯେ ପ୍ରତେ ଯିବଇଁ କେମନ୍ତେ ॥
ହରି ହୋ -ଏ କଥା ମୋର ମନେ ଅବିଶ୍ୱାସ ।
ଏଣୁ ଜଣାଏ ବଳରାମ ଦାସ ॥ ୧୦୦ ॥
ହରି ହୋ -ମାୟା ମୋହରେ ପକାଇଲୁ ମୋତେ ।
ତୋର ମାୟାରୁ ତରିବି କେମନ୍ତେ ॥
ହରି ତୋ କାଳଦଣ୍ଡ ଯମ ଧାଡ଼ି ।
ମାୟା ବନ୍ଧନେ ମୋହପାଇଁ ବେଢ଼ି ॥
ହରି ହୋ -ଏ କଷ୍ଟୁ କେମନ୍ତେ କରିବୁ ପାର ।
ବଳରାମକୁ ଉଦ୍ଧରିଣ ଧର ॥ ୧୦୧ ॥
ହରି ହୋ -ମୋହ କହିଲେ ଟାହି ପ୍ରାୟେ ମଣୁ ।
ମୁହିଁ ଆଉ ତୋତେ ନ କହି ତେଣୁ ॥
ହରି ତୁ ମୋହରି ଭିତରେ ଥାଇଁ ।
ତୋତେ ଯେ ଭାବୁଥାଉ ଦେବ ତୁହି ॥
ହରି ହୋ -ନାମରେ ମୁଁ ନ ଥିବି ମଧ୍ୟ ଜାଣ ।
ଦାସ ବଳରାମ ନିରାଟ ଟାଣ ॥ ୧୦୨ ॥
ହରି ହୋ -ମୋ କଥା ଯେବେ ନ ଲାଗେ ତୋତେ ।
ମୋତେ କଥା ନ କହ ଜଗନ୍ନାଥେ ॥
ନାଥ ତୁ ଏକଥା କର ପ୍ରମାଣ ।
ମୁହିଁ ତ ଦଉ କରିଅଛି ପୁଣ ॥
ହରି ହୋ -ବଳେ ହୃଦେ ପଶି କହ ଡାକୁଛି ।
ବଳରାମ ଦାସ ଏଣୁ ଭାବୁଛି ॥ ୧୦୩ ॥

ହରି ହୋ -ମୋର ଛାର କଥା ନ କର ଗଣି।
ଭୃତ୍ୟ ପଣେ ଅନ୍ତର କୋଟି କୋଟି ॥
ହରି ତୁ ଅନାଥ ଲୋକର ନାଥ।
ଯେ ତ୍ରାହି କାଳେ ହେଉ ପକ୍ଷପାତ୍ର ॥
ହରି ହୋ -କରୁଣାକର କରୁଣା ବିଳାସ।
ଭାବେ ଭଣିଲେ ବଳରାମ ଦାସ ॥ ୧୦୪ ॥
ହରି ହୋ -ମୋହ ତହୁଁ କେଡ଼େ ଅଛଇଁ ଟାଣ।
ପ୍ରୋଢ଼ି କରି କହଥାଉ ଯେ ପୁଣ ॥
ହରି ତୋ ମିଛ କପଟ ଯେ ଦେହୀ।
ଗୋପୀକାମାନଙ୍କୁ ହିଁ ଗଲୁ କହି ॥
ହରି ହୋ -ଏଡ଼େ ମିଛ କେ ଯିବଇଁ ବିଶ୍ୱାସ।
ଆଉ ନ ପଡ଼େ ବଳରାମ ଦାସ ॥ ୧୦୫ ॥
ହରି ହୋ -ଆତଙ୍କେ ଡାକିଲେ କିମ୍ପା ନ ଶୁଣୁ।
ଉଭୟୋ ତାପ ତୁ ଫେଡ଼ିବୁ କେଣୁ ॥
ହରି ହୋ ମୋହ ସେବା ନିରନ୍ତରେ।
ଲାଗି ଅଛଇଁ ଯେ ଏ ତତ୍‌ପରେ ॥
ହରି ହୋ -ତୋତେ ନ ସେବିଲେ ନ ଥିବି କାହିଁ।
ବଳିଆ ଦାସକୁ ରଖ ଗୋସାଇଁ ॥ ୧୦୬ ॥
ହରି ହୋ -ହେଳା ପଣ କଲେ ମୁଁ କିସ ପାଇ।
ତୋ ମାୟା ଝାଙ୍କିଲେ ମୋ କିସ ଯାଇଁ ॥
ହରି ମୁଁ ଆଜ ନ ଛାଡ଼ିବି ତୋତେ।
ତୁମେ ଯେ ବୁଝାଇଣ ଲୋଡ଼ ମୋତେ।
ହରି ହୋ -ମୋତେ ଛାଡ଼ି ତୋ ବଳେ ଯାଇ ନୋହି।
ଦାସ ବଳିଆ ଯେ ଅଛି ରୁହାଇ ॥ ୧୦୭ ॥
ହରି ହୋ -ଆରତ ଭଞ୍ଜନ କେହ୍ନେ ବୋଲାଉ।
ଆରତେ ଡାକିଲେ କଥା ନ କହୁ ॥
ହରି ତୁ ଅଙ୍ଗେ ଅଙ୍ଗେ ଥାଉ ଜଡ଼ି।

ତେଣୁ ଯେ କାଳମାୟା ଯାଇ ଛାଡ଼ି ॥
ହରି ହୋ –କାଳକୁ କାଟେ ଯେ ତୋତେ ସେ ପାଇ ।
ବଳରାମ ଦାସ ଏହା ଜାଣଇଁ ॥ ୧୦୯ ॥
ହରି ହୋ –ଫୁଲାପଣ ଛାଡ଼ି ପଡ଼ିଲୁ ଛନ୍ଦେ ।
ଆଜ ରଥେ କେହ୍ନେ ଯିବୁ ଗୋବିନ୍ଦେ ॥
ହରି ତା ବୁଝିବଇଁ ଆଣ୍ଟପଣ ।
ଥିବୁ ତୁ ବାନ୍ଧିବା ପ୍ରାୟେ ହୋଇଣ ॥
ହରି ହୋ –ମୋତେ ବଳିଆଇ ଯିବୁ କିମ୍ପାଇଁ ।
ଦାସ ବଳରାମ ତୋତେ ଡରଇ ॥ ୧୦୯ ॥
ହରି ହୋ –ତୋତେ ସେବାକଲେ ତ୍ରୈଲୋକ୍ୟ ପାତ୍ର ।
ତୁ ସେ ଭୃତ୍ୟକୁ ବଡ଼ପଣ ସତ ॥
ହରି ତୋ ଏହି ଭାବ ପାଇଁ ମୁହିଁ ।
ରାତ୍ର ଦିବସରେ ତୋତେ ସେବଇଁ ॥
ହରି ହୋ –ଏକଥା ଯେବେ ସବୁଦିନ ଥାଇଁ ।
ଦାସ ବଳିଆ ଗୁହାରି କରଇ ॥ ୧୧୦ ॥
ହରି ହୋ –ଆପଦେ କହିଲେ ବାହାରେ ଫେଡ଼ ।
ଗୁପତ କଥା ପ୍ରଘଟ କରାଉ ॥
ହରି ତୋ କଥାରେ ନାହିଁ ବିଶ୍ୱାସ ।
ତୋତେ ଲାଗେ ସର୍ବ ଦୁଃଖ ପରାସ ॥
ହରି ହୋ –ଏମନ୍ତ ଲୋକ କି ବିଶ୍ୱାସ କହି ।
ବଳରାମକୁ ପକାଇଲୁ ଫେଇ ॥ ୧୧୧ ॥
ହରି ହୋ –ମୋତେ ଯେ ଏଡ଼େ ଶାସ୍ତି ଦେଲୁ ଆଣି ।
କେହି ତ ନାହିଁ କତି ପାଶେ ପୁଣି ॥
ହରି ତୁ କ୍ଷେତ୍ରକୁ ଅଶୁଦ୍ଧ କଲୁ ।
କି ବିଚାରିଣ ଏହା ଭିଆଇଲୁ ॥
ହରି ହୋ –ତୋତେ ଭଲଟିକି ବୁଝ ଏ କଥା ।
ଦାସ ବଳିଆକୁ ଅଣ୍ଟିଲା କଥା ॥ ୧୧୨ ॥

ହରି ହୋ -କୀଟୁ ବ୍ରହ୍ମଯାଏ ସବୁରି ସରି ।
ବିଜେ କରିଛୁ ଶଙ୍ଖ ଚକ୍ର ଧରି ॥
ହରି ତୁ ଏହା ବିଚାର ଗୋସାଇଁ ।
ମୋର ବେଦନା କି ତୋର ନୁହଇଁ ॥
ହରି ହୋ -ତୋହ ଲାଜ ପାଇଁ ଭାଳୁଛି ମୁହିଁ ।
ଦାସ ବଳିକୁ ନ ରଖୁ କିମ୍ପାଇଁ ॥ ୧୧୩ ॥
ହରି ହୋ -କୃଷ୍ଣ ପାଣ୍ଡବେ ଏକାକାର ଦେହୀ ।
ଅର୍ଜୁନ ସୁଭଦ୍ରା ହରିଲେ ଯାଇଁ ॥
ହରି ତୁ ତହିଁକି ଲାଜ ନ ପାଉ ।
ଅନ୍ତଃପୁରରେ ତାକୁ ଠାବ ଦେଉ ॥
ହରି ହୋ -ପାର୍ଥକୁ ରଖି ରାମ ସଙ୍ଗେ କଳି ।
ଏକା ବଳିଆ ତୋ ହୋଇଲା ସରି ॥ ୧୧୪ ॥
ହରି ହୋ -କୁଟୁମ୍ବ ମରାଇ ପରକୁ ସଞ୍ଚୁ ।
ନିରାପକ୍ଷ ବୁଦ୍ଧି କାହିଁକି ପାଞ୍ଚୁ ॥
ହରି ତୋ ଦେହେ ଦୟା ନାହିଁ ଆଉ ।
ତୁହି ଯେ ଆମ୍ଭଙ୍କୁ ରଖିବୁ କାହୁଁ ॥
ହରି ହୋ -ଦୟାନିଧି ନାମ କିମ୍ପା ବହିଲୁ ।
ଦାସ ବଳିଆକୁ ଦୟା ଛାଡ଼ିଲୁ ॥୧୧୫॥
ହରି ହୋ -ଦାସ ବାରାନିଧି ପୁରିତ ନାମ ।
ସମୁଦ୍ର କଳି କେ ପାରିବ କ୍ଷମ ॥
ନାଥ ତୋ ଗୁଣ କେ ଅନ୍ତ କରିବ ।
ତୋହର ମହିମା କେହୁ କଳିବ ॥
ହରି ହୋ -ମାୟା ଗୁଣ ଦୁଇ ଅନ୍ତର କାହିଁ ।
ବଳରାମ ଦାସ ଏହା ଜାଣଇଁ ॥ ୧୧୬ ॥
ହରି ହୋ -ତୁ ବୋଇଲୁ ମୁଁ ଶ୍ରେଷ୍ଠ ତିନିପୁରେ ।
ଘରଣୀ ତୋର ନେଲା ଦଶଶିରେ ॥
ହରି ତୁ ସେହି ମତି ସିନା ସୁଦ୍ଧା ।

ବିଶ୍ରବା ସୁତକୁ ତୁ କଲୁ ବନ୍ଧ ॥
ହରି ହୋ -ମୋର ସଙ୍ଗତେ ତୁ ନୋହିବୁ ସରି ।
ଦାସ ବଳିଆ ଅଛି ତୋତେ ଧରି ॥ ୧୧୭ ॥
ହରି ହୋ -ସବୁ ଗୁଣରେ ତୁହି ଜଗଜ୍ଜିତା ।
ନିର୍ମଳ ସୁନ୍ଦର ସୁରଙ୍ଗ ଚିତା ॥
ହରି ତୋ କେଉଁ ଗୁଣ ବାଉନିବି ।
ଗୁଣକୁ ପରିମୁଣ୍ଡା ହୋଇଯିବି ॥
ହରି ହୋ -ଗୁଣ ବୁଦ୍ଧି ରସ ମାୟା ଅପାର ।
ବଳରାମ ଦାସ ହୋଇଲା ପାର ॥ ୧୧୮ ॥
ହରି ହୋ -ମୋର ଗୁହାରି ନ ପାରିଲୁ ତାରି ।
ତୁ ଏବେ ମୋତେ କରନି ଗୁହାରି ॥
ହରି ତୁ ଯାହା ଇଚ୍ଛା କର ବାଞ୍ଛା ।
ମୁହିଁ ଯେ ରଖିବି ତୋର ସେ ଇଚ୍ଛା ॥
ହରି ହୋ -ତୋହର ବାଞ୍ଛା ତୁ କର ନିପୁଣ ।
ବଳିଆକୁ ରଖ ଜଗଜ୍ଜୀବନ ॥ ୧୧୯ ॥
ହରି ହୋ -ମୋ ଦେହେ ପଶି ସବୁ ଦେବୁ କହି ।
ମୋହ ମନେ ଏହା କହି ନୁହଇ ॥
ହରି ତୁ ସର୍ବଘଟେ ଅନ୍ତର୍ଯାମୀ ।
ତୋତେ କେ ଅନ୍ତର ନାହିଁ ଯେ ସ୍ୱାମୀ ॥
ହରି ହୋ -ତୋହ କହିଲାକୁ ବୋଲଇ ମୁହିଁ ।
ଦାସ ବଳିଆକୁ ରଖ ଗୋସାଇଁ ॥ ୧୨୦ ॥
ହରି ହୋ -ମୋହ କଥା ଯେହ୍ନେ ଲାଗଇ ତୋତେ ।
ରକ୍ଷାକର ମୋତେ ଶ୍ରୀଜଗନ୍ନାଥେ ॥
ହରି ତୋ ଚରଣେ କିଙ୍କର ମୁହିଁ ।
ମାରିଣ ତାରିବା ଲୋକ ଯେ ତୁହି ॥
ହରି ହୋ -ଶରଣ ତାରଣ ନାମ ମୁରାରୀ ।
ଦାସ ବଳିଆକୁ ନେବ ଉଦ୍ଧାରି ॥ ୧୨୧ ॥

ହରି ହୋ -ଜରାସନ୍ଧ ରଡ଼ି ନ ପାରି ସହି ।
ଛାଡ଼ିଲୁ ମଥୁରା ରହିଲୁ କାହିଁ ॥
ହରି ତୁ ତାହାକୁ ମାରି ନ ପାରୁ ।
ମାରିଲେ ବଇଲୋଚନ ସଂହାରୁ ॥
ହରି ହୋ -ବଇରୀ ଭୟେ ଦେଶ ଛାଡ଼ିଗଲୁ ।
ପୁଣି ଦାସ ବଳିଆକୁ ନିରେଖିଲୁ ॥ ୧୨୨ ॥
ହରି ହୋ -ଜାରା ମରାଇ ବୃକୋଦର କରେ ।
ଯଶ ଦେଉଁ ନେଇ ଭକ୍ତଙ୍କଠାରେ
ହରି ତୁ କଲେହେଁ ଏମନ୍ତ କରୁ ।
ଚହଟ ନାଗର ଗଣ୍ଡିଆ ଗୁରୁ ॥
ହରି ହୋ -ମୋହଠାରେ ଏକା କରୁ ନିର୍ଦ୍ଦୟା ।
ଦାସ ବଳିଆକୁ ନାହିଁ କେ ସାହା ॥ ୧୨୩ ॥
ହରି ହୋ -ପାଣ୍ଡବେ ତୋ ମାଉସୀ ପୁଅ ଭାଇ ।
ମୃତ୍ୟୁ ବେଳେ ତୋତେ ଛୁଇଁଲେ ନାହିଁ ॥
ହରି ତୁ ତାହାଙ୍କୁ ଆସ୍ପଦ କରୁ ।
ତାଙ୍କର ନିଜ ଅଇରି ସଂହାରୁ ॥
ହରି ହୋ -ତୋହ ଗଲେ ସେତ ସଙ୍ଗେ ନ ଗଲେ ।
ବଳିଆ ଦାସ ତା ଜାଣଇଁ ଭଲେ ॥ ୧୨୪ ॥
ହରି ହୋ -ଜାରା ଶବର ବଧିଲାକ ତୋତେ ।
ତାକୁ ମାରି ନ ପାରିଲୁ ଜଗନ୍ନାଥେ ॥
ହରି ତୁ ନୀଳମାଧବ ହୋଇଲୁ ।
ସେହି ଶବରର ପୂଜା ଘେନିଲୁ ॥
ହରି ହୋ -ଏମନ୍ତ ମହିମା ଅଟଇ ତୋର ।
ଦାସ ବଳିଆକୁ ଉଦ୍ଧରି ଧର ॥ ୧୨୫ ॥
ହରି ହୋ -ତହୁଁ ଆସି ନୀଳକନ୍ଦରେ ପୂଜା ।
ଯେ ଆଣିଲା ଇନ୍ଦ୍ରଦ୍ୟୁମନ ରାଜା ॥
ହରି ହୋ ସେହି ଶଙ୍କରଙ୍କ ଅଂଶ ।

ଦଇତାପତି ବୋଲାଇଲେ ଅଂଶ ॥
ହରି ହୋ -ଶବର ମାଇଲା ଶିବକୁ ପୂଜି।
ଦାସ ବଳିଆ ଯେ କହିଲା ହେଜି ॥ ୧୨୬ ॥
ହରି ହୋ -ବ୍ରହ୍ମାରୁଦ୍ର ଇନ୍ଦ୍ର ହୋଇଲେ ବାଇ
ତୋତେ ଯେ ସ୍ତୁତି କରନ୍ତି କିମ୍ପାଇଁ ॥
ନାଥ ତୁ ଜାତିରେ ହେଁ ଶ୍ରେଷ୍ଠ ନୋହୁଁ।
ଶବର ଚୁମ୍ବିଲା ପଦାର୍ଥ ଖାଉ ॥
ହରି ହୋ -ଏଣେ ବ୍ରଜପୁରେ କଲୁ ଅନୀତି।
ବଳିଆ ଦାସ ଜାଣଇଁ ତୋ ଜାତି ॥୧୨୭॥
ହରି ହୋ -ଏବେ ଘରପଣ କହିବି ମୁହିଁ।
ବୋଲିବି ଏହା ବଦନ ନ ଚାହିଁ ॥
ନାଥ ତୋ କେତେକ ଅଗତିମାନ।
ସବୁ କହିକି ସ୍ମର ଗୁଣମାନ ॥
ହରି ହୋ -ବିକ୍ରି ନୋହିବୁ ନ ଛୁଇଁବେ କେହି।
ବଳିଆ ସଙ୍ଗେ ତୁ ଲାଗୁ କିମ୍ପାଇଁ ॥୧୨୮॥
ହରି ହୋ -ତୁ ନୁହ ଆରତ ରଖିବି ତୋତେ।
ତୋ ପରା ନୁହଇ ଶ୍ରୀଜଗନ୍ନାଥେ ॥
ନାଥ ମୋ ସାମନ୍ତ ଅଛି ଗୋସାଇଁ।
ତାହାକୁ ଜଣାଇବି ତୋର ପାଇଁ ॥
ହରି ହୋ -କି ଲାଞ୍ଚ ଦେବୁ କହିଥାଅ ସତ।
ଦାସ ବଳିଆର ଫେଡ଼ ଆରତ ॥୧୨୯॥
ହରି ହୋ -ମୋହର ଠାକୁର ଅଛଇ ଏ ଯେ।
ନୀଳକନ୍ଦରେ ଦାରୁବ୍ରହ୍ମ ସେ ଯେ ॥
ନାଥ ତୋ ପାଇଁ ତାହାଙ୍କୁ କହିବି।
ତୋର ଦୁଃଖ ବେଦନା ଫେଡ଼ାଇବି ॥
ହରି ହୋ -ମୋହ ପ୍ରଭୁର ଶଙ୍ଖଚକ୍ର କର।
ବଳରାମ ଦାସ ଭୃତ୍ୟ ତୋହର ॥୧୩୦॥

ହରି ହୋ -ସେ ମୋର ଠାକୁର ମୁଁ ତୋର ଦାସ ।
ସେ କ୍ଷମା କରେ ମୋ ଅନେକ ଦୋଷ ॥
ନାଥ ମୁଁ ତେଡ଼େ ପ୍ରଭୁଙ୍କୁ ଛାଡ଼ିଲି ।
ତୋତେ ମହତ ବୋଲିଣ ରସିଲି ॥
ହରି ହୋ -କି ମନ୍ତ୍ର କରି ଭୁଲାଇଲୁ ମୋତେ ।
ତୋତେ ବଳିକାସ ନ ଯାଇଁ ପ୍ରତେ ॥ ୧୩୧ ॥
ହରି ହୋ -ସୁନ୍ଦର ପଣେ ତ୍ରୈଲୋକ୍ୟ ମୋହିଲୁ ।
ମୋର ମନକୁ ହିଁ ଚୋରାଇ ନେଲୁ ॥
ନାଥ ତୋ ମୋହନ ମୁରଲୀ ଗୁଣ ।
ଗୋପୀଙ୍କି ବାଇ କରାଇଲୁ ପୁଣ ॥
ହରି ହୋ -ତ୍ରିରଙ୍ଗୀ ରୂପକୁ ଦିବ୍ୟ କାଛେଣି ।
ବଳିଆ ଦାସର ହୃଦୟ ହାଣି ॥ ୧୩୨ ॥
ହରି ହୋ -ଗୁଞ୍ଜ ମୁଣ୍ଡମାଳି କପୋଳେ ଶୋଭା ।
ବରହୀ ପୁଚ୍ଛ ବକୁଳର ପ୍ରଭା ॥
ହରି ତୋ ନାସେ ଲୁଳେ ଗଜମୋତି ।
ରୂପରେ ଅରୁଣ ବିଜୟେ ଜ୍ୟୋତି ॥
ହରି ହୋ -ବାହେ ବାହୁଟି ବଳୟ କଙ୍କଣ ।
ବଳିଆ ଦାସ ନିସ୍ତରିଲା ପୁଣ ॥ ୧୩୩ ॥
ହରି ହୋ -ଧନ୍ୟ ଗୋପପୁର ଧନ୍ୟ ସେ ଗୋଈ ।
ଧନ୍ୟ ସେ ତପ କରିଥିଲେ କାହିଁ ॥
ନାଥ ସେ ତୋତେ ଘେନିଣ ଖେଳିଲେ ।
ସର ଅଧାମ ଗୋଟିକା ଯେ ଦେଲେ ॥
ହରି ହୋ -ତୋ ଲାଗି ତେଜିଲେ ଯେ କୁଳଘର ।
ବଳରାମ ଦାସକୁ ଇଚ୍ଛାକର ॥ ୧୩୪ ॥
ହରି ହୋ -ତୋର ସେନେହେ ଗୋପୀ ଗଲେ ନାଶ ।
ତେଜିଣ ଗଲୁ ଯେ କଲୁ ନିରାଶ ॥
ନାଥ ତୁ ପାଷାଣୁ ଅଧିକ ହେଉ ।

ଦୟା ଛାଡ଼ିଲେ କି ଦୟା ନ ଦେଉ ॥
ହରି ହୋ –ସେହିମତି କରି ତେଜିଲୁ ମୋତେ ।
ଦାସ ବଳିଆକୁ କଲୁ ଅନାସ୍ତେ ॥ ୧୩୫ ॥
ହରି ହୋ –ଦୟାରେ କୋଟି ଜନ୍ମାନ୍ଧ ଫିଟିଲା ।
ନିର୍ଦ୍ଦୟେ ତ୍ରିଜୀବୀ ରାବଣ ମଲା ॥
ନାଥ ତୁ ତେଡ଼େ ବହୁରୂପ ଜାଣୁ ।
ତୋତେ ଯେ ଭୟ କରଇ ମୁଁ ତେଣୁ ॥
ହରି ହୋ –ଦୁଷ୍ଟ ଗଞ୍ଜିଣ ସନ୍ଥ ପ୍ରତିପାଳୁ ।
ଦାସ ବଳିଆକୁ ନୋହୁ ଦୟାଳୁ ॥ ୧୩୬ ॥
ହରି ହୋ –ଏକା ଜଣେ ହୋଇ ଅନନ୍ତ ରୂପ ।
କାହୁଁ କେତେକ ଜାଣୁ ବହୁରୂପ ॥
ନାଥ ତୁ ସବୁଠାରେ ପରିପୂର୍ଣ୍ଣ ।
ବ୍ରହ୍ମ ଚାଣ୍ଡାଳ ସବୁ ଅଭିମାନ ॥
ହରି ହୋ –ଏହି କଥାରେ ମୋତେ ବନ୍ଦିକଲୁ ।
ବଳରାମର ସ୍ନେହ ପାଶୋରିଲୁ ॥ ୧୩୭ ॥
ହରି ହୋ –ପ୍ରଳୟ ସମୁଦ୍ରେ ଭାସିଲି ମୁହିଁ ।
ପାରିଲେ କୁଳେ ଲଗାଅ ଗୋସାଇଁ ॥
ନାଥ ମୋ ପିଣ୍ଡ ନାବ ସନମତ ।
କେରୁଆଳ ଯେ ଚଇତନ ହସ୍ତ ॥
ହରି ହୋ –ନୀଳକନ୍ଦେ ଜଗମୋହନ ଠାଇଁ ।
ଦାସ ବଳିଆକୁ ଲଗାଅ ନେଇ ॥ ୧୩୮ ॥
ହରି ହୋ –ମୋହର ବେଦନା ଘେନ ଗୋସାଇଁ ।
ମୋହା ଦୁଃଖ କି ତୋତେ ନ ଲାଗଇ ॥
ନାଥ ମୁଁ ତୋହର ବଣିଜେ ଥାଇ ।
ଲାଭ ମୂଳ ସବୁ ଦ୍ୱିଗୁଣ ହୋଇ ॥
ହରି ହୋ –ଏ ବଣିଜ ଛାଡ଼ି ନ କରେ ଆନ ।
ଏ ଲାଭ ଲୋଭେ ଦାସ ବଳରାମ ॥ ୧୩୯ ॥

ହରି ହୋ -ମୁଁ ବଡ଼ ଉଦାର ନ ଜାଣେ କିଛି ।
ତୁହିଁ ତ ଉଦାର ଦେବ ଶ୍ରୀବସ୍ତୀ ॥
ନାଥ ହୋ ଉଦାର ହୋଇଛି ଭେଟ ।
କେହୁ କାହାର ଯେ ଫେଡ଼ିବ କଷ୍ଟ ॥
ହରି ହୋ -ଯେହି ସେ ଚତୁର ପାରିଲେ ରଖୁ ।
ବଳରାମ ଦାସ ଦୁଃଖ ଉପେଖୁ ॥ ୧୪୦ ॥
ହରି ହୋ -ଭ୍ରାନ୍ତି କରି ନାହିଁ କହୁଛି ତୋତେ ।
ପଛେ ନ କହି ବୋଲିବୁ ମୋତେ ॥
ନାଥ ମୁଁ ଜଣାଇଁ ଅଛି ଛାମୁରେ ।
ଦୋଷ ବିଚାରିଣ ଉଦ୍ଧାର ବାରେ ॥
ହରି ହୋ -ଯାତ୍ରାହିଁ ଦେଇ ମୋହ କଥା ରହୁ ।
ଦାସ ବଳିଆ ଏତେ ମାତ୍ର କହୁ ॥ ୧୪୧ ॥
ହରି ହୋ -ଯାଅ ବୋଇଲେ ନ ଯାଅ କିମ୍ପାଇଁ ।
ବଳିଆ ହୋଇ ରଥେ ଅଛୁ ରହି ॥
ନାଥ ତୋହରି ଯେତେ ଯେତେ କଲୁ ।
ବରିଆର ହୋଇ କିମ୍ପା ରହିଲୁ ॥
ହରି ହୋ -ଗୁଣ୍ଡିଚା ଘରକୁ କିମ୍ପା ନ ଯାଉ ।
ବଳିଆ ଦାସ ତୋ ମୁଖ ନ ଚାହୁଁ ॥ ୧୪୨ ॥
ହରି ହୋ -ମୋତେ ଛାଡ଼ି ତୋର ଯାତ୍ରାକୁ ମନ ।
ମୁହିଁ ଯେ ତୋତେ କରିଛି ଧିଆନ ॥
ନାଥ ମୁଁ ହୃଦେ ଧରିଅଛି ତୋତେ ।
ଆଜି ବଞ୍ଚିବି ତୋହର ସଙ୍ଗତେ ॥
ହରି ହୋ -ମନ ଚଇତନେ ଧରିଛି ତୋତେ ।
ଦାସ ବଳିଆର ତୁହି ସାମନ୍ତେ ॥ ୧୪୩ ॥
ହରି ହୋ -ମୋର ମନ ଦୃଢ଼ ତୁହି ତ ଗାଢ଼ ।
ପୁଣି ମନ ପୁଣି ପ୍ରକୃତି ଗାଢ଼ ॥
ନାଥ ହୋ ମୁଁ ମନ ତୁ ଚଇତନ ।

ତୋତେ କହି କରି ରହିଛି ଧ୍ୟାନ ॥

ହରି ହୋ -ମୋ ଧ୍ୟାନ ଭାଜିଲେ ତେବେ ସେ ଯିବୁ।
ବଳିଆ ଦାସର ଛାମୁରେ ଥିବୁ ॥ ୧୪୪ ॥

ହରି ହୋ -ସୁନ୍ଦର ମୁଖ ଦେଖି ଗଲା ଦୁଃଖ।
ତୁବା ମୋତେ ପାଉଅଛୁ ଅସୁଖ ॥
ନାଥ ତୋ ଅଧରକୁ ଚାହୁଁଥିବି।
ଚକ୍ଷୁ ପିଛୁଳାକେଣ ମରିଯିବି ॥

ହରି ହୋ -ଅଧରୁ ବହି ତୋ ପଡୁଛି ସୁଧା।
ଦାସ ବଳିଆକୁ କରିଛି କ୍ଷୁଧା ॥ ୧୪୫ ॥

ହରି ହୋ -ଶତେ ଚନ୍ଦ୍ର ଜିଣି ମୁଖ ପ୍ରକାଶ।
କୋଟି ଲାବଣ୍ୟ ଅଧର ପରଶ ॥
ନାଥ ତୋ ବଳିଣ ନାଶାର ମୋତି।
କଳା ଶୁକଳ ସେ ଯେ ବିରାଜନ୍ତି ॥

ହରି ହୋ -ସାତ ତାଳେଣ ଯେ ବିମ୍ବା ଅଧର।
ବଳରାମର ଦୁଃଖ କାହିଁ ଆର ॥ ୧୪୬ ॥

ହରି ହୋ -ତ୍ରିମୁଣ୍ଡୀ ତାଳୁରେ ଦୟଣା ଗଭା।
କଣ୍ଠେ ପରିମଳ ତୁଳସୀ ଶୋଭା ॥
ହରି ତୋ କ୍ଷୁଦ୍ର ଯାଇ ଜୁଇ ଆର।
ମଲ୍ଲୀ ସେବତୀ ଯେ ବକୁଳ ତାର ॥

ହରି ହୋ -ଧଣ୍ଡା ଚାରି ତୋ ଝୁମ୍ପା କେରି କେରି।
ବଳରାମ ଦାସ ଦେଖି ନିସ୍ତରି ॥ ୧୪୭ ॥

ହରି ହୋ -ତୋହ ମୁଖେ ଲାଜ ସଂକୋଚ ନାହିଁ।
ମଧ୍ୟରେ ଭଗ୍ନୀ ପାଶେ ବେନିଭାଇ ॥
କେତେ ଲୋକ ଯେ ଦେଖି ନ ଆସନ୍ତି।
ଦିଗପାଳମାନେ ଛାମୁରେ ଥାନ୍ତି ॥

ହରି ହୋ -ଏତେ ଅଲାଜୁକ ହୋଇଲୁ ପୁଣି।
ବଳରାମ ଦାସ କହିଲା ଗୁଣି ॥ ୧୪୮ ॥

ହରି ହୋ -ସୁଭଦ୍ରାକୁ ଯେ କାହିଁ ଦେବୁ କହ ।
ଅର୍ଜ୍ଜୁନର ତୋର ଏକଇ ଦେହ ॥
ହରି ହୋ ବେଳେ ଅଛୁ ତାକୁ ଦେଇ ।
ଏବେ ହେଁ ବାଛି ହୋଇ ବସିଥାଇଁ ॥
ହରି ହୋ -ସୁଭଦ୍ରାକୁ କଲୁ ଦେଖା ଦର୍ଶନୀ ।
ବଳରାମ ଦାସ କହିଲା ଜାଣି ॥ ୧୪୯ ॥
ହରି ହୋ -ନିରନ୍ତରେ ତୋର ଘର ଗହଳ ।
ଶୁଭୁଣ ଥାଇ ମୃଦଙ୍ଗ କଂସାଳ ॥
ନାଥ ତୋ ନିରନ୍ତରେ ହରି ଧ୍ୱନି ।
ବ୍ରହ୍ମାଙ୍କ ସଙ୍ଗତରେ ସୁରମୁନି ॥
ହରି ହୋ -କେହୁ ପଶିଣ ପାଏ ପଡ଼ି ଶୋଇ ।
ଦାସ ବଳିଆ ଦେଖୁଥିଲା ରହି ॥ ୧୫୦॥
ହରି ହୋ -ନାଟ ଖଟଣୀ ନିରନ୍ତରେ ରଙ୍ଗ ।
ହରି କୀର୍ତ୍ତନ ଯେ ସୁଜନ ସଙ୍ଗ ॥
ନାଥ ଏ ପୁରେ ତୋର ନିରନ୍ତର ।
ତିନିପୁର ଲୋକ ସେ ଏକଠାର ॥
ହରି ହୋ -ସେ ସୁଖ ମୋତେ ଛଡ଼ାଅ କିମ୍ପାଇଁ ।
ଦାସ ବଳିଆ ଦୋଷ କରି ନାହିଁ ॥ ୧୫୧ ॥
ହରି ହୋ -ଭୁଜ ତୋଳିଣ ଯାଚୁଛ ଶରଣ ।
ଅଭୟ ପଞ୍ଜର ଯାହାର ନାମ ॥
ନାଥ ମୁଁ ଭ୍ରାନ୍ତି ଯେତେ ଦୂର କଲି ।
ସୁଖ ପାଇଣ ଦୁଃଖ ଏଡ଼ାଇଲି ॥
ହରି ହୋ -ଭ୍ରାନ୍ତି ଯେମନ୍ତେ ନ ଲାଗଇ ମୋତେ ।
ବଳିଆ ଦାସର ଗୁହାରି ଏତେ ॥ ୧୫୨ ॥
ହରି ହୋ -ମୁହିଁ ଯେ କଲି ତୋତେ ବଡ଼ପଣ ।
ତୁ କେଉଁ ଲୋକ ମୋତେ କହ ପୁଣ ॥
ନାଥ ତୁ ମୋହ ଘେନି ସିନା ଏଡ଼େ ।

ମୁଁ ଯେ ଧରି ଅଛଇଁ ତୋତେ ଗାଢ଼େ ॥
ହରି ହୋ -ମୋହ ନ ଥିଲେ ତୁହି ଥିବୁ କାହିଁ ।
ବଳରାମ ଦାସ ଡରଇ ନାହିଁ ॥ ୧୫୩ ॥
ହରି ହୋ -କଳି ଯୁଗରେ ଦାରୁ ରୂପେ ଉଭା ।
ଭୋଗରାଗ ଫୁଲ ବାସନା ଶୋଭା ॥
ନାଥ ତୁ ଦୟାଳୁ ଅଟୁ ଗୋସାଇଁ
ଫୁଲ ପାଖୁଡ଼ାକ ଯେ ବିକା ହୋଇ ॥
ହରି ହୋ -ମଣୋହିଁ ଭିତରେ ଆଉର ବିକା ।
ଦାସ ବଳିଆ ଦେଖି ତା ତାଟକା ॥ ୧୫୪ ॥
ହରି ହୋ -ଏଢ଼େ ମନ୍ଦପଣ ସାଆନ୍ତଠାରେ ।
ଅନେକ ଭୃତ୍ୟ ସେବା ନିରନ୍ତରେ ॥
ହରି ତୁ କାହାକୁ କିଛି ନ ଦେଉ ।
ଭିକ୍ଷାବାସୀକରିଣ ତୁ ବୁଲାଉ ॥
ହରି ହୋ -କେଉଁ ସୁଖକୁ ତୋତେ ସେବାକରୁ ।
ବଳିଆ ଦାସ ଏଣୁ ତୋତେ ଡରୁ ॥ ୧୫୫ ॥
ହରି ହୋ -ତିନିପୁର ମଧ୍ୟେ ତୁହି ଯେ ବ୍ରହ୍ମ ।
ଅକର୍ମ କର୍ମ ତୋ ସବୁରି କର୍ମ ॥
ନାଥ ଅନନ୍ତ ବ୍ରହ୍ମାଣ୍ଡ ନାୟକ ।
ଯାହାର ଭୃତ୍ୟ ସୁରଗଣେ ହାକ ॥
ହରି ହୋ -ତୋର ପଦରଜ ମୋ ଶିରେ ଦେବା ।
ଦାସ ବଳିଆର ଘେନ ତୁ ସେବା ॥ ୧୫୬ ॥
ହରି ହୋ -ଆପଣେ କଷଣୁ ତୁହି ଯେ ତାରୁ ।
ଯେତେ ପାପ ପୁଣ୍ୟ ତୁହି ନିସ୍ତାରୁ ॥
ନାଥ ତୁ ଅମୋକ୍ଷକୁ ମୋକ୍ଷ ଦାତା ।
ପାପ ପୁଣ୍ୟ ଯେ ଗୋଚର କରତା ॥
ହରି ହୋ -ତୋ ନାମ ଧଇଲେ ବିସ୍ମରେ ପାପ ।
ଦାସ ବଳିଆର ତୁହି ଯେ ନୃପ ।

ହରି ହୋ -ନବଦିନ ଯାଏଁ କଲୁ ଗୋସାଇଁ।
ରାଜା ଅଛି ତୋତେ ସେବା ଲଗାଇ ॥
ନାଥ ତୁ ତା ଛାଡ଼ି କେମନ୍ତେ ଆସୁ।
ତୁଚ୍ଛା ବାଲିରଥେ କିମ୍ପାଇଁ ବସୁ ॥
ହରି ହୋ -ମୁହିଁ ଯେ ତୋତେ ଲୋଡ଼ା କରି ନାହିଁ।
ବଳିଆ ଦାସ ତୋ କିଛି ନୁହଁଇ ॥ ୧୫୮ ॥
ହରି ହୋ -ମୋତେ ଛାଡ଼ିବାକୁ କରୁ ବିମନ।
ତୁହି ଯେ ମୋହର ଗଣ୍ଠିର ଧନ ॥
ନାଥ ମୁଁ ଭଙ୍ଗାଇବି କାହିଁ ତୋତେ।
ତୋତେ ମୁଁ ବାନ୍ଧିଛି ଗଣ୍ଠି ପଣତେ ॥
ହରି ହୋ -ଚିହ୍ନରା ବୋଲି ଠାବକଲି ତୋତେ।
ଦାସ ବଳରାମ ଧରିଛି ଚିତ୍ତେ ॥ ୧୫୯ ॥
ହରି ହୋ -ଝୋଲା ଗନ୍ଥା ଶାଢ଼ୀ ତୋତେ ଶୋଭଇ।
ତ୍ରୈଲୋକ୍ୟ ଯାକ ତୋ ରୂପ ମୋହଇ ॥
ନାଥ ତୁ ରାଉତଙ୍କ ଶିରୋମଣି।
ଭୃତ୍ୟଙ୍କ ପାପ ଛେଦୁ ଚକ୍ରଘେନି ॥
ହରି ହୋ -ଭଲା ସେ ଅଟଇ ବିନତା ସୁତ।
ବଳରାମ ଦାସ ଦେଖି ଉସତ ॥ ୧୬୦ ॥
ହରି ହୋ -ରାଉତ ପଣେ ସେ କାଳରେ ତୁହି।
ଲେଖିଣ ବର୍ତ୍ତନ ଦେବଇଁ ମୁହିଁ ॥
ନାଥ ତୁ ମୋହ ସାଙ୍ଗେ ସାଙ୍ଗେ ଥିବୁ।
ଦଣ୍ଡେ ଛାଡ଼ିଲେ ବୋଲଣା ପାଇବୁ।
ହରି ହୋ -ସେବାରେ ନ ଥିଲେ ବ୍ରତୀ ନ ପାରି।
ସାଆନ୍ତେ ବଳିଆ ଅଟେ ତୋହରି ॥ ୧୬୧ ॥
ହରି ହୋ -ମୋହ ଛାର କଥା ଘେନିବୁ ନାହିଁ।
ତୋ ଭୃତ୍ୟ ପଣକୁ ମୁଁ ସରି ନୋହି।
ନାଥ ତୁ ଯହିଁଥିଲେ ସେ ଠାକୁର।

ଯେତେକ ଦୋଷ ମୋର କ୍ଷମାକର ॥
ହରି ହୋ -ଭୃତ୍ୟ ଛାରକୁ ଏତେ ଦଣ୍ଡ ଦେଉ ।
ଦାସ ବଳିଆ ତୋ ଛାମୁରେ କହୁ ॥ ୧୬୨ ॥
ହରି ହୋ -ମଣୋହି ଉଚ୍ଛୁର ହୋଇଲା ତୋର ।
ବହନ ଚଳ ତୁ ବାଲି ନବର ॥
ନାଥକୁ ଦିବ୍ୟପୁର ଛାଡ଼ି ଏଥେ ।
କେଉଁ ସୁଖକୁ ତୁ ରହିଲୁ ପଥେ ।
ହରି ହୋ -ସମସ୍ତ ଭକ୍ତ ଛନ୍ତି ବାଟ ଚାହିଁ ।
ଦାସ ବଳିଆକୁ ଭଲ ନୁହଁଇ ॥ ୧୬୩ ॥
ହରି ହୋ -ତୋହ ଗଲେ ମୁଁ ନଯିବି ସଙ୍ଗତେ ।
ନୃପତି ଅସୁଖ ବୁଝିବ ମୋତେ ॥
ନାଥ ତୁ ରାଜାକୁ ଛାଡୁ କିମ୍ପାଇଁ ।
ତୋତେ ଯେ ଅନେକ ଭୋଗ ଦିଅଇ ॥
ହରି ହୋ -ଥିଲେ ଥିଲେ କରିବୁ ଉପବାସ ।
ଆତଙ୍କେ ଡାକେ ବଳରାମ ଦାସ ॥ ୧୬୪ ॥
ହରି ହୋ -ବାରବ୍ରତ କଲେ ତୋତେ ନ ପାଇ ।
ମୋତେ ତୁ ଦେଖା ଦେଉ କାହିଁପାଇଁ ॥
ନାଥ ମୁଁ ଲୋଡ଼ିନାହିଁ ତୋତେ ଜାଣ ।
ମୋତେ ଆଗବଳି ବହୁଛୁ ପୁଣ ।
ହରି ହୋ- ମୋହ ମନରୁ ତ ଦଣ୍ଡେ ନଯାଉ ।
ବଳିଆ ଦାସ ତୋହ ନାମ ଗାଉ ॥ ୧୬୫ ॥
ହରି ହୋ -ତୋହର ମନ ଯେଣେ ଯିବ ଯାଉ ।
ମୋହର ମନ ତୋହ ତହିଁ ଥାଉ ॥
ନାଥ ମୁଁ ଦଣ୍ଡେ ନ ଛାଡ଼ିବି ତୋତେ ।
ତୁହି ପାଶୋରିବୁ ଯେ ନାହିଁ ମୋତେ ॥
ହରି ହୋ -ତୋତେ ଘେନିଣ ବଞ୍ଚୁଥିବି ଦିନ ।
ବଳରାମ ଦାସ ତୋର ଅଭିନ୍ନ ॥ ୧୬୬ ॥

ହରି ହୋ -ମୁହିଁ ଯେ ହୀନ ତୁମ୍ଭେ ଦୀନବନ୍ଧୁ।
ମୋ ନାମ କୁମୁଦ ତୋ ନାମ ଇନ୍ଦୁ ॥
ନାଥ ତୁ ଦୁଃଖ ତାପ ଯେ ନାଶନ।
ଦୟା ସାଗର ଯେ ବୋଲାଉ ବାନ ॥
ହରି ହୋ -ମହାପାତକୁଁ ବାରେକ ଉଦ୍ଧାର।
ବଳରାମ ଦାସ ଭୃତ୍ୟ ତୋହର ॥ ୧୬୭ ॥
ହରି ହୋ -ଏମନ୍ତ ଠାରେ ଆରମ୍ଭିଲୁ ବାସ।
ମୁକତ ଭୂମି ଦୀର୍ଘ ପଞ୍ଚୁ କ୍ରୋଶ ॥
ନାଥ ତୁ ସେ ସ୍ଥାନ ଛାଡ଼ି ନ ଯାଉ।
ବ୍ରହ୍ମପ୍ରଳୟ କାଳରେ ତୁ ଥାଉ ॥
ହରି ହୋ -ଜମ୍ବୁ ଦ୍ୱୀପକୁ ସେ ଭୂମିଏଁକଣା।
ବଳରାମ ଦାସ କଲା ଠିକଣା ॥ ୧୬୮॥
ହରି ହୋ -ମନେ ଚିନ୍ତା କଲେ ଚଞ୍ଚଳେ ଜାଣୁ।
ଶ୍ରବଣେ କହିଲା ପ୍ରାୟୋକ ମଣୁ ॥
ନାଥ ତୋ ଏହି କଥା ଅଗୋଚର।
କେତେ କହିବି ମହିଁମା ତୋହର ॥
ହରି ହୋ -ମାୟା ବନ୍ଧ ଛେଦି ଉଦ୍ଧର ମୋତେ।
ଦାସ ବଳିଆର ଗୁହାରୀ ଏତେ ॥ ୧୬୯ ॥
ହରି ହୋ -କାମନା କରି ବାଞ୍ଛା କରି ନାହିଁ।
ତୋହ ସଙ୍ଗେ ମନ ଅଛଇଁ ଦେଇଁ ॥
ନାଥ ତୁ ମନ ମୋହନିଆଁ ନାମ।
ଚଉବର୍ଗ ତୁ ମୋକ୍ଷ ଦାତା କାମ ॥
ହରି ହୋ -ମୋହ ମନ କଥା ତୁ କେମ୍ଭେ ଜାଣୁ।
ବଳରାମ ଦାସ ଉସତ ତେଣୁ ॥ ୧୭୦ ॥
ହରି ହୋ -ଏବେ ମୁଁ ତୋତେ ନ କରିବି ସେବା।
କେ କେଡ଼େ ଆଣ୍ଠ ତା ଏବେ ଜାଣିବା ॥
ନାଥ ତୁ ଯାଉ କିମ୍ବା ବଳିଆଇ।

ତେବେ ଜାଣିବା ଅଖିଳ ଗୋସାଇଁ ॥
ହରି ହୋ -ମୋ ମନ ସୂତ୍ରେ ବାନ୍ଧିଅଛି ତୋତେ ।
ବଳିଆ ଦାସ ନ ଡରଇ ତୋତେ ॥ ୧୭୧ ॥
ହରି ହୋ -ମୁଁ ହୀନ ମୂର୍ଖ ତୁହି ଯେ ମହତ ।
ତୋର ତହୁଁ ବଡ଼ ତୋର ଭକତ ॥
ନାଥ ତୁ ଭକ୍ତବନ୍ଧୁ ନାମ ବହୁ ।
ଭକ୍ତର ମନ ସଙ୍ଗେସଙ୍ଗେ ଥାଉ ॥
ହରି ହୋ -ଭକ୍ତ ପଣକୁ ମୁଁ ନୁହଇ ସରି ।
ବଳିଆ ଦାସ ମନ କଲୁ ଚୋରି ॥ ୧୭୨ ॥
ହରି ହୋ -ଆପତ କଥାଏ କହଇ ତୋତେ ।
ତୋ ବଳେ କିଛି କରି ନୁହେଁ ମୋତେ ॥
ନାଥ ତୁ ଆକର୍ଷି ବାନ୍ଧିଛୁ ଯେଣୁ ।
ମୁହିଁ ଭୟ ପାଉ ଅଛଇଁ ତେଣୁ ॥
ହରି ହୋ -ତୋହ ବାନ୍ଧିବାକୁ ମୁଁ ଡରି ନାହିଁ ।
ବଳିଆ ଦାସ ଥିବ ବାଟ ଚାହିଁ ॥ ୧୭୩ ॥
ହରି ହୋ -କେଣେ ପଳାଇ ଲୁଚିବି ମୁଁ କାହିଁ ।
ମୁଁ ତହିଁ ଲୁଚିବି ତୁ ଥାଉଁ ତହିଁ ॥
ନାଥ ମୁଁ ତୋହ ଘେନି ପଳାଇଲି ।
ଆସିଣ ସମୁଦ୍ର କୂଳେ ହୋଇଲି ॥
ହରି ହୋ -ଏଡ଼େ ଜଞ୍ଜାଳ କଲୁ ଆସି ମୋତେ ।
ବଳିଆ ଦାସର ଭରସା ତୋତେ ॥ ୧୭୪ ॥
ହରି ହୋ -ତୋତେ ସେବା କଲା ଫଳ ପାଇଲି ।
ନୃପତି ହାତରେ ବନ୍ଧା ହୋଇଲି ॥
ନାଥ ତୁ ଏଡ଼େ ବଡ଼ ଅବିଶ୍ୱାସୀ ।
ମୋତେ ତୁ ବନ୍ଧାଇ ହସୁଛୁ ବସି ॥
ହରି ହୋ -ଆଉ ତୋ ବିଶ୍ୱାସେ ନ ପଡ଼େ ମୁହିଁ ।
ବଳିଆ ଦାସ ଚେତିଲା ଗୋସାଇଁ ॥ ୧୭୫ ॥

ହରି ହୋ -ସାଆନ୍ତର ଭୃତ୍ୟେ ଏ ଅହଂକାର।
ରଥେ ମୁଁ ଉଠନ୍ତେ ଅସହ୍ୟ ତୋର ॥
ନାଥ ତୁ ଏତେ ହିଂସ୍ରକ ହୋଇଲୁ।
ଗଲଥା ପରେ ଗଲାଥା ଦ୍ୟାଇଲୁ ॥
ହରି ହୋ -ମୋତେ ଗଡ଼ାଇ ହୋଇଲୁ ସନ୍ତୋଷ।
ବଳିଆ ଦାସକୁ କଲୁ ନିରାଶ ॥ ୧୭୬ ॥
ହରି ହୋ -ମୋହ ବେଦନାକୁ ଫେଡ଼ି ଗୋସାଇଁ।
ମୁହିଁ ନିରେଖ ମୋର କେହି ନାହିଁ ॥
ନାଥ ମୁଁ ମହାପାପୀ ମୁଢ଼ ପ୍ରାଣୀ।
ତୋତେ ଦ୍ରୋହ ଅରଜିଲି ନ ଜାଣି ॥
ହରି ହୋ -ତୋହ ନ ରଖିଲେ ନାହିଁ ନିସ୍ତାର।
ଦାସ ବଳିଆ ବର୍ତ୍ତଇକି ଆର ॥ ୧୭୭ ॥
ହରି ହୋ -କାହିଁକି ମୋତେ ଡାକୁଅଛୁ କହ।
ତୋତେ ଦେଖି ମୋର କମ୍ପୁଛି ଦେହ ॥
ନାଥ ମୁଁ ଲୁଚିଅଛି ତୋର ଡରେ।
କେ ପୁଣି କହିଲା ତୋର ଆଗରେ ॥
ହରି ହୋ -ମୋହ ନ ଗଲେ ତୋର କିସ ହୋଇ।
ବଳିଆକୁ କିମ୍ପା ଆସିଛୁ ନେଇ ॥ ୧୭୮ ॥
ହରି ହୋ -ମୋତେ ଯେବେ ନ ଛାଡ଼ିବୁ ତୁ ନାଥେ।
ବିଜେ କରିଥାଅ ମୋ ବାଲିରଥେ।
ନାଥ ତୁ ଭୃତ୍ୟର ବାନ୍ଧବ ଯେବେ।
ଭୃତ୍ୟର ସଙ୍ଗ ନ ଛାଡ଼ିବୁ ତେବେ।
ହରି ହୋ -ମୋହ ସଙ୍ଗେ ଥାଅ ଜଗନ୍ନିବାସ।
ଏତେ ଜଣାଏଁ ବଳରାମ ଦାସ ॥ ୧୭୯ ॥
ହରି ହୋ -କାହିଁକି ଡାକୁ ମୋତେ ଯିବା ଆସ।
ତୋହ ପଛକୁ ମୁଁ ହେଲି ନିରାଶ ॥
ନାଥ ସେ ତୋହରେ ମୋ କାର୍ଯ୍ୟ ନାହିଁ।

ମୋହର ମନକୁ ଅଛି ଯେ ଦେଇ ॥
ହରି ହୋ –ତୋ ଦେହେ ମୋ ମନ ରହିଛି ବୁଡ଼ି ।
ବଳିଆ ଦାସକୁ ନ ପାରୁ ଛାଡ଼ି ॥ ୧୮୦ ॥
ହରି ହୋ –ଆନ ଦେବତାଙ୍କୁ ସେବା କରିବି ।
ତୋତେ ଯେ ମୁହିଁ ଦଣ୍ଡ ଦିଆଇବି ॥
ନାଥ ତୁ ହେଉ ନ ଥିବୁ ବିକଳ ।
ମୁହିଁ ଯେ ହସୁଥିବି କର କର ॥
ହରି ହୋ –ଗୁହାରୀ କଲେ ନ ଶୁଣିବି ମୁହିଁ ।
ବଳି ଦାସ ସେବେ ଏତେ କରଇ ॥ ୧୮୧ ॥
ହରି ହୋ –ତୁ ମୋତେ ବନ୍ଧାଇଲୁ ରାଜା ହାତେ ।
ମୁଁ ତୋତେ ବାନ୍ଧିଲି ମୋ ମନ ଗୁନ୍ତେ ॥
ନାଥ ତୁ ବନ୍ଧା ହେଲୁଟି କି କହ ।
ଏବେ ସନ୍ତୋଷ ହୋଇଲା ମୋ ଦେହ ॥
ହରି ହୋ –ଏହି ଦେବତାଙ୍କୁ ମୁଁ ସେବା କଲି ।
ବଳିଆ ଦାସ ତୋତେ ବନ୍ଧାଇଲି ॥ ୧୮୨ ॥
ହରି ହୋ –ମୋହ ଛାର କଥା ଘେନିବୁ ନାହିଁ ।
ତୋ ରସ ପିଇ ମୁଁ ହୋଇଲି ବାଇ ॥
ନାଥ ମୁଁ ନ ଜାଣଇଁ ଆଉ ତୋତେ ।
ତୋହର ନାମ ବଶ କଲା ମୋତେ ॥
ହରି ହୋ –ତୋ ନାମେ ମୋ ମନ ଜଡ଼ିଲା ହାକ ।
ବଳିଆ ନୁହେଁ ତୋର ଭିନ୍ନଲୋକ ॥ ୧୮୩ ॥
ହରି ହୋ –ତୁ ମୋତେ ବନ୍ଧାଇଲୁ ଦଣ୍ଡେ ପୁଣ ।
ମୁଁ ତୋତେ ବାନ୍ଧିଲି ସବୁ ଦିନେଣ ॥
ନାଥ ତୁ ଯାଉକିନା ଲକ୍ଷ୍ମୀ ସାଇଁ ।
ତୋତେ କେହି ଯେ ପାରୁ ଆଜ ନେଇ ॥
ହରି ହୋ – ଛାଡ଼ି ତ ତୋତେ ନ ପାରଇ ମୁହିଁ ।
ବଳି ଦାସ ତୋତେ ଧରି ଜିଣଇ ॥ ୧୮୪ ॥

ହରି ହୋ -ତୋହର ସାଆନ୍ତ ନିର୍ବଳ ଲୋକ।
ମୋହ ସାମନ୍ତ ବଳବନ୍ତ ଦେଖ ॥
ନାଥ ସେ ମୋହ ଗୁହାରୀ ଶୁଣିଲା।
ମୋହର ବଚନ ତୋତେ ଧଇଲା ॥
ହରି ହୋ -ମୋହ ସାଆନ୍ତ ଯେ ଜଗତେ ସାର।
ବଳିଆ ଦାସ ତୋ ଚରଣ ତଳ ॥ ୧୮୫ ॥
ହରି ହୋ -ତୋହ ସାଆନ୍ତ କାହିଁ କହ ମୋତେ।
ମୋହ ସାଆନ୍ତ ମୋ ଥାଇଁ ସଙ୍ଗତେ ॥
ନାଥ ସେ କ୍ଷଣେହେଁ ଛାଡ଼ି ନ ଯାଇ।
ଆନରେ ସେବା କରୁ କାହିଁ ପାଇଁ ॥
ହରି ହୋ -ମୋର ସାଆନ୍ତକୁ ତୁ ସେବା କର।
ବଳି ଦାସର ଥାଅ ସଙ୍ଗତର ॥ ୧୮୬ ॥
ହରି ହୋ -ଯେ ମୋର ସାମନ୍ତ କହଇଁ ତୋତେ।
ବିଜେ କରିଛ ନନ୍ଦିଘୋଷ ରଥେ ॥
ନାଥ ତୁ ଦେଉକିନା ବାରେ ଚାହିଁ।
ଶଙ୍ଖ ଚକ୍ର ଗଦା ପଦ୍ମାଦି ଶୋହି ॥
ହରି ହୋ -ମୋ ସାଆନ୍ତେ ଜଗତେ ଗୁଣବନ୍ତ।
ବଳିଆଦାସ ତୋ ଭୃତ୍ୟରଭୃତ୍ୟ ॥ ୧୮୭ ॥
ହରି ହୋ -ତୁ ବା ବୋଲୁ ମୋ ତହୁଁ ନାହିଁ ବଡ଼।
ମୋର ସାଆନ୍ତ ତୋର ତହିଁ ଗାଢ଼।
ନାଥ ସେ ତୋତେ ପକାଇଛି ବାନ୍ଧି।
ଫିଟି ଯିବାକୁ ନାହିଁ ତୋର ବୁଦ୍ଧି ॥
ହରି ହୋ -ତୁ ଗୁହାରି କର ମୁଁ ଦେବି ଫେଇ।
ବଳିଆ ଦାସ ଯେ ଛାଡ଼ିବ ନାହିଁ ॥ ୧୮୮ ॥
ହରି ହୋ -କେ ତୋତେ ଆଣିଲା ମୋହର କତି।
ମୋ ମନ ଚୋରାଇ ନେଲୁ ଶ୍ରୀପତି ॥
ନାଥ ମୁଁ ଖୋଜୁଛି ମନକୁ ମୋର।

ଯାଇଁଣ ରହିଛି କେଉଁ ଠାବର ॥
ହରି ହୋ –ଖୋଜି ଜାଣିଲି ତୁହି ଅଛୁ ନେଇ ।
ବାଳି ଦାସ ଠାବକଲା ତୋ ତହିଁ ॥ ୧୮୯ ॥
ହରି ହୋ –ଜଗତେ ଜାଣିଲେ ତୁ ବଡ଼ ଚୋର ।
ଚୋରାଇ ନେଇଛୁ ମନକୁ ମୋର ॥
ନାଥ ତୁ ଚୋରଙ୍କ ଶାସ୍ତି ପାଇବୁ ।
ମନ ଦେବାଯାଏଁ ବନ୍ଧନେ ଥିବୁ ॥
ହରି ହୋ –ହୃଦୟ ଭିତରେ ଅଛୁ ଯେ ଲାଇ
ବଳି ଦାସକୁ କିମ୍ପା କରୁ ନାହିଁ ॥ ୧୯୦ ॥
ହରି ହୋ –ତୁ ତ ଶତ୍ରୁ ପ୍ରାୟେ ମୋତେ ହୋଇଲୁ ।
ଗୃହର କର୍ମ କରି ନ ପାରିଲୁ ॥
ନାଥ ମୋ ମନକୁ ରଖିଲୁ ନେଇ ।
ମୋହର ଡାକିଲେ ଶୁଣଇ ନାହିଁ ॥
ହରି ହୋ –ମନ ଗଲା ଯେବେ ମୁଁ କି କରିବି ।
ବଳି ଦାସ ତୋତେ ଗୁଣି ମରିବି ॥ ୧୯୧॥
ହରି ହୋ –କାହାକୁ ବୋଲିବି କେ ମୋତେ ରଖୁ ।
ନୃପତି ଦଣ୍ଡିଲା ତୋ ଦେଖୁ ଦେଖୁ ॥
ନାଥ ମୁଁ ଆଉକି ତୋତେ କହଇ ।
ମୋ ପ୍ରଭୁ ବାନା ଦୟାକୁ ବୋଲାଇ ॥
ହରି ହୋ –କହିଲେ ଶ୍ରବଣ ପାତିବେ ଆଣି ।
ବଳି ଦାସକୁ ରଖ ଚକ୍ରପାଣି ॥ ୧୯୨॥
ହରି ହୋ –ତୋତେ ସେବା ମୁଁ ଯେ କରିବି ଆସ ।
ମୋହ ବୋଲେ ଯେବେ ଯିବୁ ବିଶ୍ୱାସ ॥
ନାଥ ମୁଁ ଉତ୍ତମ ସାମନ୍ତ ଠାଇଁ ।
ତୋତେ ଯେ ସେବା କରାଇବି ନେଇ ।
ହରି ହୋ –ସେବା ନାହିଁ କିଛି ଚୈତନ୍ୟ ଗାଢ଼ ।
ବଳରାମ ଦାସ ତେଣୁଟି ବଡ଼ ॥ ୧୯୩ ॥

ହରି ହୋ -ତୋହ ମୋହ ସେବା କରିବା ତୁଲ।
ଜାଣିବା କା ସେବା ଅଟେ ଅମୂଲ୍ୟ ॥
ନାଥ ହୋ ପରୀକ୍ଷା କରିବା ଆସ।
ପାରୁ ଯେବେ ବାଦ କରିଣ ବସ ॥
ହରି ହୋ -ମୋଠାରୁ ତୋ ମନ ନୋହିବ ଆଣ୍ଟ।
ତୋ ତହୁଁ ବଳିଆ ଦାସ ନିରାଟ ॥ ୧୯୪ ॥
ହରି ହୋ -ତୋ ମନ ଚଞ୍ଚଳ ମୋ ମନ ସ୍ଥିର।
ଏକ ଠାବେ ମନ ନ ରହେ ତୋର ॥
ନାଥ ତୁ ବସିଅଛୁ ମୋର କତି।
ତେଣେ ଯେ ଆନକୁ ଶ୍ରାବଣ ପାତି ॥
ହରି ହୋ -ପାରିଲେ ମୋ ମନ କର ନିଟଳ।
ବଳି ଦାସ ପୂରାଇଛି ଅଟଳ ॥ ୧୯୫ ॥
ହରି ହୋ -ତୁହି ଭେଣ୍ଡୀ ସୁନା ମୁଁ ବାରବାନି।
ଯହୁଁ ତୋ ନାମ ଆଶ୍ରେ କଲି ଚିହ୍ନି ॥
ନାଥ ତୋ ଗୁଣ ସେଇ ମୁଁ ଗୁଣିକ।
ତୋତେ ଯେ ଭେଣ୍ଡୀ କଲି ଏବେ ଦେଖ ॥
ହରି ହୋ -ମୋଠାରୁ ଏହା ନ ପାରିଲୁ ନେଇ।
ବଳିଆ ଦାସ ତା ପାଇବ କାହିଁ ॥ ୧୯୬ ॥
ହରି ହୋ -କେଉଁ ଦୋଷକୁ ମୋତେ ଦେଲୁ ଶାସ୍ତି।
ଏତେ ଲୋକରେ ବାନ୍ଧିଲା ନୃପତି ॥
ନାଥ ମୁଁ ତୋ ସଙ୍ଗେ ଆଉ ନ ଥିବି।
ତୋ ମୁଖ ଚାହିଁଲେ ନିଶ୍ଚେ ମରିବି॥
ହରି ହୋ -ମୁହିଁ ଯହିଁ ଥିବି ନିଶ୍ଚଳ କର।
ଦାସ ବଳିଆର ଦୋଷ ନ ଧର ॥ ୧୯୭ ॥
ହରି ହୋ -ଶଙ୍ଖ ଚକ୍ର ଧରି ମୋତେ ଯେ ଚନ୍ଦୁଁ।
ରାବଣ ଦୁର୍ଯ୍ୟୋଧନ କଂସ ଯୁଝୁ ॥

ନାଥ ତୁ ସେମାନଙ୍କୁ ଡରାଇଲୁ ।
କାଳର ପରାଣେ ତାଙ୍କୁ ମାଇଲୁ ॥
ହରି ହୋ -ତୋହ ଡରାଇଲେ ମୁଁ ଡରେ ନାହିଁ ।
ବଳି ଦାସକୁ ୟା କହୁ କିମ୍ପାଇଁ ॥ ୧୯୮ ॥
ହରି ହୋ -ମାନ କଲେ ତୋତେ ନୁହଇ ଜିଣି ।
ମୁହିଁ ମାନ ତୋତେ କଲି ନ ଜାଣି ॥
ନାତ ତୁ ମାତ୍ରକ ମହିମା ରଖ ।
ମୋତେ ସେ ସତେ ନ କର ନିରେଖ ॥
ହରି ହୋ -ତୋହ ନିଜଗୁଣ ଧରିଛି ଟାଣି ।
ବଳି ଦାସକୁ ରଖ ଚକ୍ରପାଣି ॥ ୧୯୯ ॥
ହରି ହୋ -ହରି ପ୍ରାୟେ ତୋ ନ ଦିଶଇ ମୁଖ ।
କଳା ବଦନ ଯେ ବିଜୁଳି ରେଖ ॥
ନାଥ ତୁ କ୍ଷୁଧା ଲାଗିଲା କି କହ ।
ଶୀତେ କମ୍ପୁଅଛି ତୋହର ଦେହ ॥
ହରି ହୋ -ଦେହ ତୋ ଥରିଲା ଦେଖିଲି ମୁହିଁ ।
ଦାସ ବଳିଆ ଶରଣ ମାଗଇଁ ॥ ୨୦୦ ॥
ହରି ହୋ -ମୋହଠାରେ ଥିଲେ ନିର୍ଗୁଣ ହେବୁ ।
ସକଳ ମାୟା ମୋହ ବିନାଶିବୁ ॥
ନାଥ ମୁଁ ତୋହ ହିତ ପାଇଁ ପୁଣ ।
ତୋତେ ମୁଁ କହୁଅଛି ନାରାୟଣ ॥
ହରି ହୋ -ତୋ ଦେହେଁ ମୋ ମନ ପଶଛି ଯାଇଁ ।
ଦାସ ବଳରାମ ତୋତେ ଜାଣଇଁ ॥ ୨୦୧ ॥
ହରି ହୋ -ମୋ ଥିଲେ ରଥ ତୋ ଚଳିବ ନାହିଁ ।
ଏବେ ତ ରଥ ନ ଗଲା ଗୋସାଇଁ ॥
ନାଥ ରାଜା ମୋତେ ଦେଲା ଘଉଡ଼ି ।
କିମ୍ପାଇଁ ନ ଦେଲେ ତୋତେ ଉଜୁଡ଼ି ॥
ହରି ହୋ -ରାଜା ବଡ଼ପଣ ଜାଣିବି ମୁହିଁ ।

ଦାସ ବଳିଆ ତୋତେ ଏକା କହି ॥ ୨୦୨ ॥
ହରି ହୋ -ଜାଣିବା ରାଜା କେଡ଼େ ଭକ୍ତ ଭାବ।
ଯେବେ ତୋର ଠାରେ ବିଶ୍ୱାସ ଥିବ ॥
ତୋତେ ଯେ ବିଜେ କରାଇବ ସୁଖେ।
ତୋତେ ରଖି ନୁହେଁ ଡରଇଁ ଲୋକେ ॥
ହରି ହୋ -ରାଜା ବୋଲେ ଯାଅ ବାଲି ନବର।
ବଳିଆ ବୋଲେ ନ ରହ ଏଠାର ॥ ୨୦୩ ॥
ହରି ହୋ -କାହୁଁ ଭିଆଇଲୁ କ୍ଷେତ୍ର ତୋହର।
ଚଉଦ ଭୁବନ ମଧ୍ୟୁଁ ବାହାର ॥
ନାଥ ତୋ କ୍ଷେତ୍ରେ ସାନ ବଡ଼ ନାହିଁ।
ବ୍ରାହ୍ମଣ ଚାଣ୍ଡାଳ ଯେ ସରି ଦୁଇ ॥
ହରି ହୋ -ଏ କ୍ଷେତ୍ରେ ତୋତେ ଯେ କରେ ଦର୍ଶନ।
ବଳି ବୋଲେ ନାହିଁ ଜନ୍ମ ମରଣ ॥ ୨୦୪ ॥
ହରି ହୋ -ତୋ ତହୁଁ କ୍ଷେତ୍ର ଶଏ ଗୁଣେ ବଡ଼।
ତିନି ତ୍ରଇଲୋକେ ଅଟଇ ଗାଢ଼ ॥
ନାଥ ତୁମ୍ଭେ ଯେ କ୍ଷେତ୍ର ଦୁହେଁ ସରି।
ସାନ ବଡ଼ ଯେ ବୋଲିଣ ନ ପାରି।
ହରି ହୋ -ତେଣୁ କରି କ୍ଷେତ୍ରେ ରହିଲି ମୁହିଁ।
ବଳି ଦାସକୁ ଘଉଡ଼ିଣ ଦେଇ ॥ ୨୦୫ ॥
ହରି ହୋ -ଏହି କ୍ଷେତ୍ରେ ମୋତେ କର ମରଣ।
ତେବେ ମୁହିଁ ଯେ ପାଇବି କାରଣ ॥
ନାଥ ମୁଁ ଏ କଥା ମାଗୁଛି ତୋତେ।
ଏହା ଯେ ପ୍ରାପତ କରାଅ ମୋତେ ॥
ହରି ହୋ -କ୍ଷେତ୍ରେ ଥିବି ତୋର ଦର୍ଶନ ପାଇଁ।
ବଳିଆ ଦାସ ଆନ ନ ମାଗଇଁ ॥ ୨୦୬ ॥
ହରି ହୋ -ମୋହର କିମ୍ପାଇଁ ଏତେ ବିନତି।
ସତେହେଁ ମୁହିଁ ନିରେଖ ନୋହିଟି ॥

ନାଥ ମୋ ବଡ଼ ପ୍ରଭୁ ଜଣେ ଥାଇଁ ।
ତାହାକୁ ଚିନ୍ତିଲେ ଦୂରିତ ଯାଇଁ ॥
ହରି ହୋ -ତୋର ପ୍ରସାଦେ ତାର ସଙ୍ଗେ ବାଦ ।
ବଳି ଦାସ ମନେ ନାହିଁ ବିଷାଦ ॥ ୨୦୭ ॥
ହରି ହୋ -ତୋହ ସଙ୍ଗେ ଜଣେ ଅଛି କି କହ ।
ତାର ସଙ୍ଗତେ ବଳାଇବି ସ୍ନେହ ॥
ନାଥ ମୁଁ ତିନି ଭୁବନେ ଖୋଜୁଛି ।
ତେବେ ବଡ଼ ଜଣେ ମୁଁ ନ ଦେଖୁଛି ॥
ହରି ହୋ -ଜଣେ ଠାବ କଲି ନୀଳକନ୍ଦରେ ।
ବଳି ଦାସ ଖଟଇ ନିରନ୍ତରେ ॥ ୨୦୮ ॥
ହରି ହୋ -ତୋହର ନାମ କରିଛି ପସରା ।
ଛେଦ କରିଛି ମହାପାପ ଭାରା ॥
ନାଥ ମୁଁ ଆନ କଥାକୁ ନ ଯାଇଁ ।
ତୋହର ପସରା ଫେଇଣ ଥାଇ ॥
ହରି ହୋ -ଯେତେକ ଲାଭ ସେ ମୋର କାରଣ ।
ବଳିଆ ଦାସ ମାଗୁଛି ଶରଣ ॥ ୨୦୯ ॥
ହରି ହୋ -ତୋହର ଚରିତ୍ର କେ କରୁ ଅନ୍ତ ।
ବ୍ରହ୍ମା ନ ଜାଣଇଁ ତୋର ତଦନ୍ତ ॥
ନାଥ ମୋହ ଛାର ଜାଣିବି କାହିଁ ।
କେବଳ ତୋର ନାମକୁ ରସଇ ॥
ହରି ହୋ -ତୋର କରୁଣା ଥାଇ ଯେବେ ମୋତେ ।
ବଳରାମ ଦାସ ତୋହର ଭୃତ୍ୟେ ॥ ୨୧୦ ॥
ହରି ହୋ -ଅପରାଧ ଦୋଷ କର ମୋ କ୍ଷମା ।
ଭୃତ୍ୟକୁ କିମ୍ପା ତୋ ଏଡ଼େ ଗାରିମା ॥
ନାଥ ତୁ ଦାସ ବତ୍ସଳ ଗୋସାଇଁ ।
ଦୟା ନ କରୁ ତୁହିଁ କାହିଁପାଇଁ ॥
ହରି ହୋ -ଭକ୍ତଙ୍କୁ ସୋଦର କ୍ଷମା ସାଗର ।
ବଳିଆ ଦାସର ଦୋଷ ନ ଧର ॥ ୨୧୧ ॥

ହରି ହୋ -ମୋହର କିମ୍ପାଇଁ ଏଡ଼େ ଗୁହାରି।
ଦୋଷଥିଲେ ସେ ସେ ସାମନ୍ତଙ୍କୁ ଡରି ॥
ନାଥ ମୁଁ ଦୁର୍ଲ୍ଲଭ କଥାରେ ଥାଇ।
ଦୋଷ ଯାକ ତୋର ନାମ ଧରଇ ॥
ହରି ହୋ -ମୁଁ ତୋତେ ସେବଇ ମୋହର ଦୋଷ।
ବଳିଆ ଦାସ ତୋହରେ ବିଶ୍ୱାସ ॥ ୨୧୨ ॥
ହରି ହୋ -ତୋହର ନାମ ଯେ ନର୍କରୁ ତାରୁ।
ତୋହର ନାମ ଯେ ଭଜିଲେ ମାରୁ ॥
ନାଥ ମୁଁ କି କରିବି ଏବେ କହ।
ତୋତେ ନ ଦେଖି ନ ରହେ ମୋ ଦେହ ॥
ହରି ହୋ -ତୋତେ ନ ସେବିଲେ କାରଣ ନାହିଁ
ଦାସ ବଳିଆକୁ ରଖ ଗୋସାଇଁ ॥ ୨୧୩ ॥
ହରି ହୋ -ମୁହିଁ ଭଜୁଅଛି ତୋର ନାମକୁ।
ତୁ ଧ୍ୟାନ କରୁଛୁ ମୋର ମନକୁ ॥
ନାଥ ହୋ ତୁହି କିଏ ମୁହିଁ କିଏ।
ଏହା ନିରୋପି କହି ମୋତେ ଦେଏ ॥
ହରି ହୋ -ତୁ ଯେବେ ନ ପାରୁ ମୁଁ ଦେବି କହି।
ବଳରାମ ଦାସ ତୋତେ ଜାଣଇଁ ॥ ୨୧୪ ॥
ହରି ହୋ -ନନ୍ଦିଘୋଷ ରଥ ଅଟଇ ତୋର।
ମୋହର ଅଟଇ ନୀଳକନ୍ଦର ॥
ନାଥ ତୁ ମୋହ ଦେଶରେ ନ ଥିବୁ।
ଆଉ ବଡ଼ ଦେଉଳକୁ ନ ଯିବୁ ॥
ହରି ହୋ -ମୋତେ ଯେବେ ରଥୁଁ ଦେଲୁ ଘୋଡ଼ାଇ।
ଦାସ ବଳିଆର ଉପ୍ରୋଧ ନାହିଁ ॥ ୨୧୫ ॥
ହରି ହୋ -ଜାଣିମା ଜାଣିମା ତୋର ଗାରିମା।
ଲେଉଟି ମୋର ନ ମାଡ଼ିବୁ ସୀମା ॥
ନାଥ ତୋ ଆଗେ ଉଗାଳିବି ଯାଇଁ।

ଘର ତୋ କର ଆନଠାରେ ନେଇ ॥

ହରି ହୋ –କାହିଁ ରହିବୁ ତୁ ଜଗନ୍ନିବାସ ।
ଓପ୍ରୋଧ ଛାଡ଼ି କହେ ବଳି ଦାସ ॥ ୨୧୬ ॥

ହରି ହୋ –ତୁ ଯେଉଁ ଦଣ୍ଡ ଦେଉଅଛୁ ମୋତେ ।
ମୋହର କିମ୍ପାଇଁ ଉପ୍ରୋଧ ତୋତେ ॥
ନାଥ ତୁ ପରବାସୀ ଯେ ହୋଇବୁ ।
ଆଉ ତୁ କ୍ଷେତ୍ରେ ରହି ନ ପାରିବୁ ॥

ହରି ହୋ –କ୍ଷେତ୍ରେ ଥିଲେ ସିନା ତୋ ବଡ଼ ପଣ ।
ବଳିଆ ତୋତେ ଦେଲା ଘଉଡ଼ିଣ ॥ ୨୧୭ ॥

ହରି ହୋ –ତୁ ମୋତେ ଦୟାକର ଚକ୍ରଧର ।
ମୁହିଁ ଯେ ତୋହର ଜନ୍ମ କୁଅଁର ॥
ନାଥ ହୋ କିଛି ନ ଜାଣଇଁ ମୁହିଁ ।
ତୋହର ନାମ ସୁଧାରସ ପିଇ ॥

ହରି ହୋ –ତୋହର ଚରଣେ ସେବା ମୋହର ।
ଦାସ ବଳିଆକୁ ମାୟା ନ କର ॥ ୨୧୮ ॥

ହରି ହୋ –ମୁଁ ତୋର ଦେଖିଛି କେତେକ ରୂପ ।
ଆଉନିକି ମୋର ଅଛଇ ପାପ ॥
ନାଥ ମୁଁ ତୋହର ସଙ୍ଗତେ ଥାଇ ।
ତୋହର ବିନୁ ଆନ ନ ଜାଣଇଁ ॥

ହରି ହୋ –ତୋ ସେବାରେ ଥାଇ କଲୁ ଏମନ୍ତ ।
ବଳି ଦାସ ତୋର କେମନ୍ତ ଭୃତ୍ୟ ॥ ୨୧୯ ॥

ହରି ହୋ –ମୋହ ଜାଣନ୍ତି ଦୋଷ କରିନାହିଁ ।
ମୋତେ ଯେ ଦଣ୍ଡ ବିହିଲୁ କିମ୍ପାଇଁ ॥
ନାଥ ମୋ ଉପ୍ରୋଧ ନାହିଁ ଯେ ଦେହେ ।
ସ୍ନେହକୁ କରିଥାଉ ଯେ ମିଛେ ହେଁ ॥

ହରି ହୋ –ଏବେ ଯେ ଜାଣିଲି ତୋହର ଗୁଣ ।
ବଳି ଦାସକୁ କଲୁ ଅକାରଣ ॥ ୨୨୦ ॥

ହରି ହୋ -ଗୁହାରି କଲେଣ ଫୁଲୁଣ ଥାଉ ।
ବେଦନା କହିଲେ ମାୟା ଲଗାଉ ॥
ନାଥ ତୋତେ ମୁଁ ଆଉ ନ କହିବି ।
କେଉଁ ସୁଖକୁ ସଙ୍ଗତରେ ଥିବି ॥
ହରି ହୋ -ସେବକ ପଣକୁ ପାଇଲି ଦଣ୍ଡ ।
ବଳି ଦାସକୁ କଲୁ ଲଣ୍ଡ ଭଣ୍ଡ ॥ ୨୨୧ ॥
ହରି ହୋ -ତୋହର ଲାଗି ମୁଁ କାହିଁ ପଶିବି ।
ମୋହ ମନେ ମନେ କାହିଁ ଲୁଚିବି ॥
ନାଥ ତୁ ସେହିଠାରେ ଯାଇଁ ଥାଉଁ ।
ମୋତେ ଜଞ୍ଜାଳ କିମ୍ପାଇଁ କରାଉ ॥
ହରି ହୋ -ଚତୁର୍ଭୁଜ ହୋଇ ଦେଖାଉ ମୋତେ ।
ବଳି ଦାସ ପାଶୋରିବ କେମନ୍ତେ ॥ ୨୨୨ ॥
ହରି ହୋ -ଏବେ ଯେଉଁଠାରେ ଲୁଚିବି ଯାଇ ।
ତୋ ବଳେ ଆନ ତା ଦେଖି ନୁହିଁଇ ॥
ନାଥ ସେ ତିନି ଭୁବନୁ ବାହାର ।
ନାମ ଅଟଇ ଯେ ନୀଳକନ୍ଦର ॥
ହରି ହୋ -ସେ ସ୍ଥାନ କିଏ ତୁ ଜାଣିବି କହ ।
ବଳିଆ ଦାସର ଫେଡ଼ ସନ୍ଦେହ ॥ ୨୨୩ ॥
ହରି ହୋ -ତେବେ ସିନା ତୋତେ ଜିଣିବି ମୁହିଁ ।
ତୋ ବଳେ ମୋତେ ନୁହେଁ କଥା କହି ॥
ନାଥ ମୁଁ ଭାଙ୍ଗିବି ତୋର ଗାରିମା ।
ତୁହି ତ ଜାଣି ନ ପାରିବୁ ସୀମା ॥
ହରି ହୋ -ତାହା କଲେ ତୋତେ ନୁହଇ ଜିଣି ।
ବଳରାମ ଦାସ କହୁଛି ଜାଣି ॥ ୨୨୪ ॥
ହରି ହୋ -ମୁହିଁ ଯେ ରହିବି ନୀଳକନ୍ଦରେ ।
ମୋ ମନ ରହିବ ତୋ ହିଆ ପରେ ॥
ନାଥ ମୁଁ ଏମନ୍ତ ହୋଇ ଲୁଚିବି ।

ତୋତେ କେବେହେଁ ମୁଁ ଦେଖା ନ ଦେବି ॥
ହରି ହୋ -ତେବେ ଯେ ଜାଣି ମୁଁ କଲି ନିରାଶ ।
ଦାସ ବଳିଆ ତୋ ଦାସର ଦାସ ॥ ୨୨୫ ॥
ହରି ହୋ -ରାଜା ହାତରେ ଦଣ୍ଡ ମଣ୍ଡ ଦେଉ ।
ଏଣେ ମୋ ମନକୁ ଉଟାରି ନେଉ ॥
ନାଥ ମୁଁ ଯିବିଟି ତୋହ ଠାବରୁ ।
ଦଣ୍ଡ ଦେଇଣ ସେନେହ ତୁ କରୁ ॥
ହରି ହୋ -ନୋହିଲି ତୋର ନୋହିଲି ନିରାଶ ।
ବଳିଆ ଦାସକୁ ଲଗାଉ ଫାଶ ॥ ୨୨୬ ॥
ହରି ହୋ -ତୁ ଯେବେ ମୋର ହୋଇବୁ ସାମନ୍ତ ।
କ୍ଷମା କରିବୁ ମୋ ଦୋଷ ସମସ୍ତ ॥
ନାଥ ତୁ ଏହି କଥା ଦୃଢ଼କର ।
ଦେଖିଣ ମାଗଇ ହାତ ପତର ॥
ହରି ହୋ -ତୋର କଥାରେ ମୋ ନାହିଁ ପରତେ ।
ବଳିଆ ଦାସ କି ଡରଇ ତୋତେ ॥ ୨୨୭ ॥
ହରି ହୋ -ମୁହିଁ ଯେବେ ସେବା କରିବି ତୋତେ ।
ଛାଡ଼ି ଯିବେ ତୋର ସକଳ ଭୃତ୍ୟେ ॥
ନାଥ ତୁ ଏକା ହୋଇ କି କରିବୁ ।
ଆଉ ନିକି ତୋର ପଣ ପାଇବୁ ॥
ହରି ହୋ -ଅବଶ୍ୟ ଏ କଥା କରିବି ମୁହିଁ ।
ବଳିଆ ଦାସ ତୋତେ ନ ଡରଇ ॥ ୨୨୮ ॥
ହରି ହୋ -ତୁ ମୋତେ ଲାଞ୍ଚ ପାରିବୁ କି ଦେଇ ।
ଏହା କାହାଗେ ନ କହିବି ମୁହିଁ ॥
ନାଥ ତୁ ଏତେକ ମାତ୍ରକ କର ।
ସବୁ ଦୋଷ କ୍ଷମା କର ମୋହର ॥
ହରି ହୋ -ଏହା ନ କଲେ ତୋ ସାରିବି ପଣ ।
ବଳିଆ ଦାସ ନ ଡରଇଁ ପୁଣ ॥ ୨୨୯ ॥

ହରି ହୋ -ସବୁରି ମନ ତୁ ନେଉ ଚୋରାଇ।
ତୋର ଭକ୍ତଙ୍କୁ ମୁଁ କହିବି ଯାଇଁ ॥
ନାଥ ସେ ଛୁଇଁ କେହି ନ ଛୁଇଁବେ।
ମନ ଚୋରି କରଇଁ ଯେ ବୋଲିବେ ॥
ହରି ହୋ -ଏହି କଥାରେ ତୁ ହୋଇବୁ ଏକା।
ବଳିଦାସର ହୋଇବୁ ତୁ ଶଖା ॥ ୨୩୦ ॥
ହରି ହୋ -ମୋତେ ପାରିକର ଗହନ ଦୁଃଖ।
କେମନ୍ତେ ସହିଅଛୁ ପଦ୍ମମୁଖ ॥
ନାଥ ତୋ ଏଡ଼େ ଦୋରେହା ହୋଇଲି।
ତୋତେ ସେବିଲା ଫଳ ମୁଁ ପାଇଲି ॥
ହରି ହୋ -ଦୋରେହା ଲୋକକୁ କଥା ନ କହୁ।
ବଳିଆ ଦାସକୁ ଦୁଃଖ ଦେଖାଉ ॥ ୨୩୧ ॥
ହରି ହୋ -ମୋହ ମନେ ଧରି ଅଛଇ ତୋତେ।
ତୁ କିମ୍ପା ପକାଇ ଦେଉଛୁ ମୋତେ ॥
ନାଥତୁ ଫିଙ୍ଗି ଦେଲେଣ ନ ଯିବି।
ତୋହର ତହିଁ ମୋ ମନ ମଜ୍ଜିବି ॥
ହରି ହୋ -ଦେଖୁଥିବି ତୋର ରଙ୍ଗ ଅଧର।
ବଳିଆ ଦାସକୁ ଏତେକ କର ॥ ୨୩୨ ॥
ହରି ହୋ -ତୋ କଥା ଉବାର ନାହିଁ ଯେ ମୋତେ।
କେଉଁଠାରେ କରିଛୁ କେତେ କେତେ ॥
ନାଥ ତୋ ତାହା କହିବି କି କହ।
ଆଉ ନ ସହଇ ମୋହର ଦେହ ॥
ହରି ହୋ -ଭାଇ ମଉଳା ସ୍ତିରୀ ହତ୍ୟା କରୁ।
ଦାସ ବଳିଆକୁ ଲୁଚାଇ ଲୋଡୁ ॥ ୨୩୩ ॥
ହରି ହୋ -ଷଣ୍ଢାକୁ ମାରି ହରି ମଉଳାଣୀ।
ସ୍ତ୍ରୀ ହୋଇ ପୁଂସ ହତ୍ୟା କରୁ ପୁଣି ॥
ନାଥ ତୁ ନଦୀରେ ତରାଇ ହେଉ।

ଘାଟ ସାଧିଣ ଦାନ ମାଗୁଥାଉ ।
ହରି ହୋ -ସବୁ ବିଡ଼ମ୍ବଣ ତୁହି ଯେ ଜାଣୁ ।
ବଳିଦାସକୁ ଲୁଚାଇବୁ କେଣୁ ॥ ୨୩୪ ॥
ହରି ହୋ -ଜ୍ଞାନୋପଦେଶ ପାପପୁଣ୍ୟମାନ ।
କର୍ମ ଅକର୍ମ ଗୁଣ ଅବିଗଣ ॥
ନାଥ ସେ ସବୁ ତୋହର ଭିଆଣ ।
ତୋର ନ ଜାଣିମା ନାହିଁ ଯେ ପୁଣ ॥
ହରି ହୋ -ତୋର ଭିଆଣ ତୋତେ ଅଗୋଚର ।
ଦାସବଳିଆକୁ ମାୟା ନ କର ॥ ୨୩୫ ॥
ହରି ହୋ -ତୋର ମୋହର ସରୁଛି ସମସ୍ତ ।
ତୁ ଯେବେ ମୋତେ ନ କଲୁ ଆପତ ॥
ନାଥ ମୁଁ କେତେ ତୋତେ କହୁଥିବି ।
ରାତ୍ର ଦିବସରେ ମୁଁ ଜଣାଇବି ॥
ହରି ହୋ -ନୂଆ ପୁରୁଣା ତୋହ ତହିଁ ନାହିଁ ।
ବଳରାମ ଦାସ ସବୁ ଦେଖଇଁ ॥ ୨୩୬ ॥
ହରି ହୋ -ଦ୍ୱିଜ ଅଜାମିଳ ଅଟଇ ପାପୀ ।
କେବେହେଁ କୃଷ୍ଣ ନ ବୋଲେ ଅଦ୍ୟାପି ॥
ନାଥ ସେ ମହାପାପୀ ହୋଇଥିଲା ।
ମୃତ୍ୟୁ କାଳେ ତୋର ନାମ ରଟିଲା ॥
ହରି ହୋ -ଏତେକେ ଗଲା ସେ ବୈକୁଣ୍ଠ ପୁର ।
ବଳିଆ ଦାସ ଶରଣ ତୋହର ॥ ୨୩୭ ॥
ହରି ହୋ -କଲେ ଏମନ୍ତ କରୁ ହୋ ଗୋସାଇଁ ।
ଏ ସୁଖ ଛାଡ଼ି ପ୍ରାଣୀ ହୋନ୍ତି ବାଇ ॥
ନାଥ ମୁଁ ଏହି କଥାକୁ ରୁଷିଛି ।
ତୋତେ ମୁଁ ଆନନ୍ଦ ମାଗଇଁ କିଛି ॥
ହରି ହୋ -ମୋହ ବଳେ ତୋତେ ନୁହଇଁ ଛାଡ଼ି ।
ଦାସ ବଳିଆ କହେ ପାଏ ପଡ଼ି ॥ ୨୩୮ ॥

ହରି ହୋ -ତୋ ମନ ମୋ ମନ କରିବା ଏକ।
କାହା ମନରେ ଯେ କି ଥାଇ ଦେଖ ॥
ନାଥ ହୋ ମୋ ମନ ତୋତେ ଜିଣିବ।
ତୋର ମନକୁ ଧରିଣ ଆଣିମ ॥
ହରି ହୋ -ଭାବିଲାକୁ ବଶ ହେଉ ଗୋସାଇଁ।
ବଳରାମ ଦାସ ତୋତେ ଜାଣଇଁ ॥ ୨୩୯ ॥
ହରି ହୋ -ତୋ ପରି ଅନ୍ୟାଚାରୀ ମୁଁ ନୁହଇଁ।
ମୋ ଘରଣୀ କି କେହି ନେଇ ନାହିଁ ॥
ନାଥ ତୋ ଘରଣୀ ନେଲେ ଚୋରାଇ।
ତାହାର ଶରଣ ରଖିଲୁ ଭାଇ ॥
ହରି ହୋ -ଦାରା ବଇରୀକି ମୁକତ କଲୁ।
ବଳିଦାସକୁ କଥା ନ କହିଲୁ ॥ ୨୪୦ ॥
ହରି ହୋ -ଶତ୍ରୁ ମୈତ୍ର ନାହିଁ ତୋହରିଠାରେ।
ସବୁହିଁ ମଣୁ ତୁ ଏକ ଆକାରେ ॥
ନାଥ ତୋ ଠାରେ ଭିନ୍ନା ଭିନ୍ନ ନାହିଁ।
ଏହି ଗୁଣତୁ ଜାଣୁ ଯେ ଗୋସାଇଁ ॥
ହରି ହୋ -ଏହି ଗୁଣକୁ ରସିଅଛି ମୁହିଁ।
ବଳିଆ ଦାସକୁ ରଖ ଗୋସାଇଁ ॥ ୨୪୧ ॥
ହରି ହୋ -କେଉଁ ଗୁଣରେ ବୋଲାଉ ମହତ।
ଏକା ଭାରିଜାକୁ ଛାଡୁ ବନସ୍ତ ॥
ହରି ତୁ ଏଡ଼େ ନିରାପକ୍ଷ ହେବୁ।
ତାଙ୍କର କି ଦୋଷ ଥିଲାଟି ପ୍ରଭୁ ॥
ହରି ହୋ -ଏହି କଥାକୁ ଭୟ କରେ ତୋତେ।
ବଳି ଦାସକୁ ରଖ ଜଗନ୍ନାଥେ ॥ ୨୪୨ ॥
ହରି ହୋ -ଛାଡ଼ିଲା ଘରଣୀ ଲେଉଟି ଆଣୁ।
ଯଶପଉରକ୍ଷ ଦୁଇ ନ ଜାଣୁ ॥
ସେ ଧନ୍ୟ ଅଟେ ଜନକ ଦୁହିତୀ।

ତୋହର ମୁଖ ନ ଚାହିଁଲେ ସତୀ ॥
ହରି ହୋ -ତେବେହେଁ ତୋର ମୁଖେ ଲାଜ ନାହିଁ ।
ଦାସ ବଳି ତୋତେ କରଇ ଟାହି ॥ ୨୪୩ ॥
ହରି ହୋ -ଏଡ଼େ କର୍ମ କରି ନିର୍ମଳ ହେଉ ।
ପୃଥ୍ୱୀ ଠାକୁର କେମନ୍ତେ ବୋଲାଉ ॥
ହରି ତୋ ଅନୀତି ଅଟେ ଅପାର ।
ସବୁ ଛନ୍ଦ ମାୟା ପାପ ତୋହର ॥
ହରି ହୋ -ସେହି ଛନ୍ଦରେ ତୁ ଛନ୍ଦିଛୁ ମୋତେ ।
ଦାସ ବଳିଆ ନ ପାଶୋରେ ତୋତେ ॥ ୨୪୪ ॥
ହରି ହୋ -ଶିଶୁପାଳ ମାଉସୀ ପୁଅ ଭାଇ ।
ତୁ ତାର ଜ୍ୟେଷ୍ଠ ସେ ସାନ ଅଟଇ ॥
ନାଥ ତା କୁରୁରାଣ ବରିଥିଲା ।
ଛନ୍ଦେ ନୃପତି ଖଣ୍ଡ ଖଣ୍ଡ କଲା ॥
ହରି ହୋ -ବିଭା ହୋଇବାକୁ ବର ବସିଛି ।
ଦାସ ବଳରାମ ସତ କହୁଛି ॥ ୨୪୫ ॥
ହରି ହୋ -ସେ କନ୍ୟା ଯାଇ ଆଣିଲୁ ଚୋରାଇ ।
କେହି ତ ବରଣ ନ ଥିଲେ ଦେଇ ॥
ନାଥ ସେ ଭାଇବୋହୂ ଯେ ତୋହର ।
ଆଣିଣ ବିଭା ହେଲୁ ଚକ୍ରଧର ॥
ହରି ହୋ -ସେ କନ୍ୟା ତୋର ଜ୍ୟେଷ୍ଠ ପାଟବଂଶୀ ।
ବଳିଆ ଦାସ ତୋତେ ସତ୍ୟ ଭାଷି ॥ ୨୪୬ ॥
ହରି ହୋ -ତୋହ ବଦନ ଚାହିଁ ନ ଯୋଗାଇ ।
ତୋତେ ଦେଖିଲେ ବିପତ୍ତି ପଡ଼ଇ ॥
ନାଥ ତୋ ଏକଥା କେମନ୍ତ କହ ।
ବିଚାରି ଛୁଇଁ ନ ଯୋଗାଏ ଦେହ ॥
ହରି ହୋ -ତୋତେ ନ ସେବି ଗତିମୁକ୍ତି ନାହିଁ ।
ଦାସ ବଳିଆ ଏ ଭାବେ ମଜଇ ॥ ୨୪୭ ॥

ହରି ହୋ -କାହୁଁ କେତେ କଥା ତୋତେ ପୁଚ୍ଛଇ।
କାହାକୁ କେତେ ବୁଦ୍ଧି ଦେଉ ନେଇ ॥
ନାଥ ତୁ ଆଗତ କରି ଯେ ସଞ୍ଚୁ।
କାହା ହୃଦରେ କଥା କେତେ ଆଞ୍ଚୁ ॥
ହରି ହୋ -ଜଗତ ଯାକ ମାୟାରେ ମୋହିଲୁ।
ବଳିଆ ଦାସେ ରଖି ନ ପାରିଲୁ ॥ ୨୪୮ ॥
ହରି ହୋ -ଏକ କଥାଏ କହୁଅଛି ମୁହିଁ।
ତୁ ମୋତେ କେବେହେଁ ଛାଡ଼ିବୁ ନାହିଁ ॥
ନାଥ ମୁଁ ଏତେ ମାଗୁଅଛି ତୋତେ।
ତୁହିଁ ଯେ ଦୟା କରିଥିବୁ ମୋତେ ॥
ହରି ହୋ -ମୋହ ଗୁହାରି ଯେ ଅଟଇ ତୋତେ।
ଦାସ ବଳିଆ ନିସ୍ତରେ କେମନ୍ତେ ॥ ୨୪୯ ॥
ହରି ହୋ -ସତେହେଁ ମୁହିଁ ଭାସି ଯାଉ ନାହିଁ।
ମୋହ କଥାରେ ନ ଥିବୁ ଗୋସାଇଁ ॥
ନାଥ ତୁ ଥିଲେ ମହତ ସାରିବି।
ଆଉ ତୋତେ ଉପ୍ରୋଧ ନ କରିବି ॥
ହରି ହୋ -ଯେବେ ତୁ ମୋତେ ନ କଲୁ ସଦୟେ।
ବଳିଦାସର କିମ୍ପା ଥିବ ଭୟେ ॥ ୨୫୦ ॥
ହରି ହୋ -ତୋହର ମହିଁମା କେ କହିପାରୁ।
ମହା ପ୍ରଳୟରେ ଅନ୍ତ ବିଚାରୁ ॥
ନାଥ ତୋ ମହିମା ଅତି ଉତ୍ତମ।
ସୁପୁଣ୍ୟ ରସ ଆଦି ବ୍ରହ୍ମଜ୍ଞାନ ॥
ହରି ହୋ -(ତୋ) ମହିମା ଦୁର୍ଲ୍ଲଭ ନାମ ସୁଲଭ।
ଦାସ ବଳରାମ କେତେ କହିବ ॥ ୨୫୧ ॥
ହରି ହୋ -ଲଙ୍ଗଳଧରା ଅଟଇ ତୋ ଭାଇ।
ଗଉଡୁଣୀ ତୋର କାଟିଲା ଲାହି ॥

ନାଥ ତୋ ଲୁଣିଆ ଝିଅ ଘରଣୀ ।
ଜାତି ତୋ ଏହିମତି ସିନା ପୁଣି ॥
ହରି ହୋ -ତୋହର ଜାତିରେ ବୁଡ଼ିଲି ମୁହିଁ ।
ଦାସ ବଳିଆ ସମସ୍ତ ଜାଣଇଁ ॥ ୨୫୨ ॥
ହରି ହୋ -କେଉଁ ରାଜାପୁଅ ଅଟୁଁ ଗୋସାଇଁ ।
ତୋ ଶିରେ କିମ୍ପା ଦଣ୍ଡଛତ୍ର ଥାଇଁ ॥
ନାଥ ତୁ କିସପାଇଁ ଲାଜ ପାଉ ।
ରାଜ ସଭା ମଧ୍ୟକୁ ତୁହି ଯାଉ ॥
ହରି ହୋ -ଅତି ଅଲାଜୁକ ମିଛୁଆ ଯେତେ ।
ବଳିଦାସ ତୋ ଜାଣଇଁ ସମସ୍ତେ ॥ ୨୫୩ ॥
ହରି ହୋ -ସଂସାର ମଧ୍ୟରେ ଅଟଇ ସାର ।
ତୋତେ ଭଜୁଛନ୍ତି ବ୍ରହ୍ମା ଶଙ୍କର ॥
ନାଥ ତୁ ଅଖିଳ ବ୍ରହ୍ମାଣ୍ଡ ସାଇଁ ।
ମୋହର ବେଦନା ଫେଡୁ ତ ନାହିଁ ।
ହରି ହୋ -ଭୃତ୍ୟପଣେ ନିକି ମୁଁ ତୋତେ ସରି ।
ଦାସ ବଳିଆର ଶୁଣ ଗୁହାରି ॥ ୨୫୪ ॥
ହରି ହୋ -ଲୁଣିଆ ଝିଅ ବିଭା ହୋଇଯାଉ ।
ଲଙ୍ଗଳଧରା ସଙ୍ଗେ ଘେନିଯାଉ ॥
ନାଥ ତ ଶଙ୍ଖ ଖଣ୍ଡେ ଘେନି ବାଉ ।
ଗଉଡ଼ଙ୍କ ସଙ୍ଗତରେ ତୁ ଖାଉ ॥
ହରି ହୋ -ଏ କଥାମାନ କି ଗଲା ପାଶୋର ।
ବଳିଆ ଦାସ ଚିତୋଏ ଏଠାର ॥ ୨୫୫ ॥
ହରି ହୋ -ଶ୍ୟାମସୁନ୍ଦର ତନୁ କଳେବର ।
ଶ୍ୟାନ୍ତ ସୁଠାଣ ମୂର୍ତ୍ତି ଯେ ତୋହର ॥
ନାଥ ତୋ ମୁଖ ପରିମୁଣ୍ଡା ଯାଇଁ ।
ହସି ରଙ୍ଗିମା ଚାହାଣି ଗୋସାଇଁ ॥
ହରି ହୋ -ପବିତ୍ର ଅଧର ପବିତ୍ର ନେତ୍ରେ ।
ବଳିଆ ଦାସ ଚାହୁଁ ଥିଲା ତୋତେ ॥ ୨୫୬ ॥

ହରି ହୋ -ଧନ୍ୟ ସେ ଶ୍ରବଣ ଶୁଣୁ ଗୁହାରି ।
କେତେ ଭାଷା ତୁ ଥାଅ ହେତୁ କରି ॥
ନାଥ ଅସମ୍ଭବ ଲାଗିଲା ମୋତେ ।
କାହାକୁ ବୋଧ ତୁ ଦେଉ କେମନ୍ତେ ॥
ହରି ହୋ -ଶ୍ରବଣ ଗମ୍ଭିରୀ ଅଟଇ କେତେ ।
ବଳିଆ ଦାସ କହେ ଜଗନ୍ନାଥେ ॥ ୨୫୭ ॥
ହରି ହୋ -ଧନ୍ୟ ତୋ ତ୍ରିମୁଣ୍ଡୀ ସୁନ୍ଦର ଶୋଭା ।
ଚୂଳକୁ ଆବୋରି ବସଇ ଗଭା ॥
ନାଥ ସେ ଯେତେ ଶୋଭା ପାଉଥାଇ ।
କାହା ବେଳେ କେଶ ହୋଇବ କହି ॥
ହରି ହୋ -ଜଗତଯାକ ଯେ କିଣିଲା ତୁଲ ।
ବଳରାମ ଦାସ କାଟିଲା ବାଳ ॥ ୨୫୮ ॥
ହରି ହୋ -ଧନ୍ୟ ଯେ କପୋଳ ଅଳକାପନ୍ତି ।
କୋଟି ଚନ୍ଦ୍ର ସୂର୍ଯ୍ୟ କି ଝଟକନ୍ତି ॥
ନାଥ ସେ ନିର୍ବାଣ ଜ୍ୟୋତିର ତ୍ରାସ ।
ସବୁରି ଦୂରିତ କରିଛି ଧ୍ୱଂସ ॥
ହରି ହୋ -ତୋର ଜ୍ୟୋତିରେ ପାପ ଗଲା ନାଶ ।
ଦେଖି ନିସ୍ତରିଲା ବଳିଆ ଦାସ ॥ ୨୫୯ ॥
ହରି ହୋ -କପୋଳେ ସୁନ୍ଦର କସ୍ତୁରୀ ଚିତା ।
ସାଧୁଜନଙ୍କୁ ନିସ୍ତାରଣ ହିତା ॥
ନାଥ ସେ ତିନିପୁରକୁ ମୋହୁଛି ।
ଭକ୍ତମନ ତହିଁ ଲାଗି ରହିଛି ।
ହରି ହୋ -ଶେଷ ଚିତା ବୋଲି କାହାକୁ କହି ।
ବଳରାମ ଦାସ ଚିତାକୁ ଧାୟି ॥ ୨୬୦ ॥
ହରି ହୋ -ଧନ୍ୟ ଧନ୍ୟ ସେହୁ ସୁରଙ୍ଗ ଜ୍ୟୋତି ।
ନିର୍ଗୁଣ ଗୁଣ ଜ୍ୟୋତି ବିରାଜନ୍ତି ॥
ନାଥ ସେ ବଳି ତ୍ରିଗୁଣ ଆକାର ।

ନାହିଁ ତୁଲାଇବାକୁ ସେ ସଂସାର ॥
ହରି ହୋ -ସେହି ରଙ୍ଗେ ମନ ବୁଡ଼ିଲା ଯାଇଁ ।
ବଳିଆ ଦାସର ଆୟତ ନୋହିଁ ॥ ୨୬୧ ॥
ହରି ହୋ -ଧନ୍ୟ ନାଶିକା ସମତୁଲ ନାହିଁ ।
ବର୍ତ୍ତୂଳ ବଳୀ ଘଟଣ ଦିଶଇ ॥
ନାଥ ତୋ-ନାଶା ପୁଡ଼ା ତୋଳି ଠାଣି ।
ଭକ୍ତଭାବ ବହୁ ହୃଦୟ ଜାଣି ॥
ହରି ହୋ -ନାଶାଗ୍ରେ ମୋ ରହିଲା ଚଇତନ ।
ବଳିଆ ଦାସର ତୋତେ ଧିଆନ ॥ ୨୬୨ ॥
ହରି ହୋ -ଧନ୍ୟ ନୟନ ପଛୋଡ଼ା ପତନ ।
ପରଶ ଲାଗି ଦିଶଇ ଚଳନ ॥
ନାଥ ତୋଳି ରହିବାର ସୁଠାଣି ।
ସେ ତପ ଘେନିଣ ଭ୍ରମର ପୁଣି ॥
ହରି ହୋ -ତୋ ଦୃଷ୍ଟି ଦେଖି ନିସ୍ତରିଲି ମୁହିଁ ।
ବଳିଦାସର ଆଉ ଆନ ନାହିଁ ॥ ୨୬୩ ॥
ହରି ହୋ -ଧନ୍ୟହୃଦରେ ଶୋହେ ନାନା ମଣି ।
କଣ୍ଠେ ରତ୍ନମାଳା ଝଟକେ ପୁଣି ॥
ନାଥ ତୋ ହୃଦେ କନକ ଭୂଷଣ ।
ନାନା ରତନ ସୂର୍ଯ୍ୟର କିରଣ ॥
ହରି ହୋ -ଚନ୍ଦନ ଲାଗି ଯେ ଦିଶୁଛି ଶୋଭା ।
ବଳିଆ ଦାସ ତହିଁ ମନ ଲୋଭା ॥ ୨୬୪ ॥
ହରି ହୋ -କଣ୍ଠେ କଣ୍ଠମାଳ ସେବତୀ ଶୋଭା ।
ତୁଳସୀ ଦୟଣା ବିଭିନ୍ନ ଗଭା ।
ନାଥ ତୋ ଶ୍ରୀଅଙ୍ଗ ଯେ ନ ଦିଶଇ ।
ଫୁଲ ମାଳ ଯେ ତୋତେ ଶୋଭାପାଇ ॥
ହରି ହୋ -ଫୁଲରେ ବହଳ ଅଟୁଁ ଗୋବିନ୍ଦ ।
ବଳରାମ ଦାସ ଦେଖି ସାନନ୍ଦ ॥ ୨୬୫ ॥

ହରି ହୋ -ତୋତେ ଶୋଭାବନ ତୋହର ବେଶ ।
କଟୀ ଓଡ଼ିଆଣୀ ରତ୍ନ ଆଙ୍କୋଶ ॥
ନାଥ ସେ ଖଞ୍ଜାମୂଳେ ରହିଥାଇ ।
ଘଟ ପରିଘ ଯେ ଘଟଣ ହୋଇ ॥
ହରି ହୋ -ଭଲା ଶୋଭିଅଛି ଦେଖ ସେ ଧାମ ।
ବଳିଆ ଦାସର ତହିଁ ଉପାମ ॥ ୨୬୬ ॥
ହରି ହୋ -ପାଦ ବଇଠି ବଳାରତ୍ନ ଶୋହେ ।
ବିଜେ କରିଅଛୁ ଦୋବାଧିରାୟେ ॥
ନାଥ ତୋ ଅଟଇ ଚକାଆସନ ।
ପାଦ ତୋ ଦେଖି ନାହିଁ କେହି ପୁଣ ॥
ହରି ହୋ -ତୋହ ପାଦ ଯହିଁ ମୋ ମନ ତହିଁ ।
ବଳରାମ ଦାସ ଦେଖୁ ଅଛଇଁ ॥ ୨୬୭ ॥
ହରି ହୋ -ତୋ ପାଦ ଯୌଠୁ ହୋଇଛି ବାହାର ।
କେ ତାହା କହି ପାରୁ ତିନିପୁର ॥
ନାଥ ତୁ ମୋହ ଆଗେ ଅଛୁ କହି ।
ହସ୍ତ ଧରିଣ ଦେଖାଇଲୁ ନେଇ ॥
ହରି ହୋ -ମୋତେ ତାଙ୍କ ପାଇଁ ଲୁଚାଇ ଥାଉ ।
ବଳରାମକୁ ମାୟାରେ ପକାଉ ॥ ୨୬୮ ॥
ହରି ହୋ -ଅଶେଷ ପୃଥ୍ୱୀ ତୋ ଲୋମ ମୂଳରେ ।
ତୁ ପୁଣି ଥାଉ ଭକ୍ତଙ୍କ ସଙ୍ଗରେ ॥
ନାଥ ତୁ ବଡ଼ ମାୟାବୀ ଗୋସାଇଁ ।
ମାୟା ମୋହନ ନାମ ତୋର ହୋଇ ॥
ହରି ହୋ -ତୋ ମାୟା ଯେଣୁ ନ ଲାଗିଲା ମୋତେ ।
ବଳରାମ ଦାସ ଧରିଛି ତୋତେ ॥ ୨୬୯ ॥
ହରି ହୋ -ତୁ ମୋତେ କି ପାରିବୁ ବଡ଼ ହୋଇ ।
ତୋତେ ମୋହର ବଡ଼ ଭୟେ ନାହିଁ ॥
ନାଥ ତୁ କି କରି ପାରିବୁ କହ ।

ତୋତେ ଦେଖି କମ୍ପାଇବି ମୋ ଦେହ ॥
ହରି ହୋ –ତୋହ ଆରମ୍ଭକୁ ମୁଁ ନ ଡରଇ ।
ଦାସ ବଳି ତୋ ସେବକ ନୁହଇ ॥ ୨୭୦ ॥
ହରି ହୋ –ଯେ ତୋ ସେବକ ତାକୁ ଡରାଇବୁ ।
ମୋ ସଙ୍ଗେ ଲାଗିଲେ ଲଜ୍ଜା ପାଇବୁ ॥
ନାଥ ମୁଁ ଉପ୍ରୋଧ ଛାଡ଼ିଲି ତୋତେ ।
ତୋହର ମାୟାକୁ ଗଲେ ପରତେ ॥
ହରି ହୋ –ତୋହଲାଗି ମୋର ଏଡ଼େ କଷଣ ।
ବଳି ବୋଲଇ ଯାହାକଲୁ ପୁଣ ॥ ୨୭୧ ॥
ହରି ହୋ –ତୋତେ ମୁଁ କେତେ ସେବା କରିନାହିଁ ।
ସେବାର ବର୍ତ୍ତନ ମୁଁ ପାଇଲଇଁ ॥
ନାଥ ମୁଁ ଏହି ବେଳକେ ଜାଣିଲି ।
ତୋର ସେବାକୁ ମୁହିଁ ଭୟେ କଲି ॥
ହରି ହୋ –ତୋ ସେବା ଛାଡ଼ିଲେ ଦୁଃଖ ପାଇବି ।
ବଳିଦାସ କି ମୁଁ ଦୁଃଖେ ମରିବି ॥ ୨୭୨ ॥
ହରି ହୋ –ଛାଡ଼ ବାଡ଼ ପଡ଼ିଲା ତୋର ମୋର ।
ତୁ ଲେଖି ଦେଇ ଯା ବର୍ତ୍ତନ ମୋର ॥
ନାଥ ମୁଁ ତେଣୁ ତୋତେ ଧରିଅଛି ।
ଦେଖା ଦିନରୁ ମୁଁ ନ ମାଗେ କିଛି ॥
ହରି ହୋ –ନ ଦେଇ ମୋ ବର୍ତ୍ତନ ଯିବୁ କାହିଁ ।
ବଳରାମ ଦାସ ଛାଡ଼ିବ ନାହିଁ ॥ ୨୭୩ ॥
ହରି ହୋ –ବର୍ତ୍ତନ ମାଗିଲେ ଭୁରୁଟୁ କରୁ ।
ରାଜା ହାତେ ନେଇ ବନ୍ଧାଇ ମାରୁ ॥
ନାଥ ତୋ ନାମେ ଗୁହାରି କରିବି ।
ତୋତେ ଧରାଇଣ ଘେନିଣ ଯିବି ॥
ହରି ହୋ –ଅନେକ ଅକୀର୍ତ୍ତି ହୋଇବ ତୋତେ ।
ଦାସ ବଳିଆ କହେ ଭାବି ଚିତ୍ତେ ॥ ୨୭୪ ॥

ହରି ହୋ -ତୁ ଯେବେ ମୋତେ ମାଇଲୁ ଧରାଇ ।
ମୁହିଁ ଥିବି ତୋତେ ବାନ୍ଧି ପକାଇ ॥
ନାଥ ହୋ ଏ କଥା ନିଆୟ ହେଉ ।
ବର୍ତ୍ତନ ଦେଇ ମୁକୁଳାଇ ନେଉ ॥
ହରି ହୋ -ମୋହର ପାଇଲେ ଛାଡ଼ିବି ତୋତେ ।
ବଳିଆ ଦାସର ନାହିଁ ପରତେ ॥ ୨୭୫ ॥
ହରି ହୋ -ମୋ ମନ ଦଉଡ଼ି ବାନ୍ଧିବ ତୋତେ ।
ମୋ କର ଦେଇ ଯାଅ ଜଗନ୍ନାଥେ ॥
ନାଥ ମୁଁ ହୁଡ଼ି ବୋଲି ନାହିଁ ତୋତେ ।
ତୋହ ଆଗରେ ବନ୍ଧାଇଲୁ ମୋତେ ॥
ହରି ହୋ -ଏହି ମତି କରି ରାଇଜ କରୁ ।
ମାଗିଲେ ବଳିଆ ଦାସକୁ ମାରୁ ॥ ୨୭୬ ॥
ହରି ହୋ -ଆଉ କି ବିଚାରୁ ଜଗୁ ସୋଦର ।
ଲେଖା ସରିଲା ତୋହରମୋହର ॥
ନାଥ ହୋ ଛାଡ଼ିଲେ ବର୍ତ୍ତନ ରୋକ ।
ଆଉ ଯେ ସେବା କଲେ ସିନା ଥୋକ ॥
ହରି ହୋ -ଛାଡ଼ିଲା ଲୋକ ସାଆନ୍ତି ବଇରୀ ।
ବଳିଆକୁ ଦିଅ ପରିଛା କରି ॥ ୨୭୭ ॥
ହରି ହୋ -ମୋତେ ନ ଦେଇ ଲୁଚୁଥାଉ କାହିଁ ।
ପଥ ଜଗି ତୋତେ ଭେଟିଲି ମୁହିଁ ॥
ନାଥ ତୁ ଏଡ଼େ ବଡ଼ ଲୋକ ହେଉ ।
ଲାଗି ଲୁଚିଣ କେଉଁବାଟେ ଯାଉ ॥
ହରି ହୋ -ମହତ ନ ସରୁ ଭଲରେ ଦିଅ ।
ବଳରାମ ଠାରେ ପରିଛା ହୁଅ ॥ ୨୭୮ ॥
ହରି ହୋ -ପୋଷିଲା ଲୋକକୁ ଏ କଷ୍ଟ ଦେଉ ।
ପରମେଶ୍ୱର କେମନ୍ତେ ବୋଲାଉ ॥
ନାଥ ତୁ ସର୍ବଘଟେ ମୋକ୍ଷ ଦାତା ।

ତୋତେ ଯେ ଲାଗଇ ସକଳ ଚିନ୍ତା ॥
ହରି ହୋ -ଭୃତ୍ୟ ହୋଇଲେ ନିରନ୍ତରେ ଦୋଷୀ ।
ଦାସ ବଳିକୁ ନ ପାରିଲୁ ପୋଷି ॥ ୨୭୯ ॥
ହରି ହୋ -ଭାତ ବରତନ ନ ଦେଉ କିଛି ।
ଭୋଟିଆପଣେ ବସିଥାଉ ବାଛି ॥
ନାଥ ହୋ କେ ତୋତେ ସେବା କରିବ ।
ତୋହର ଦଣ୍ଡମଣ୍ଡକୁ ଡରିବ ॥
ହରି ହୋ -ଦେଲେ ଘେନିଲେ ସେ ସାମନ୍ତ ପଣ ।
ବଳିଆର ସେବା ନିରାଟ ଟାଣ ॥ ୨୮୦ ॥
ହରି ହୋ -ତ୍ରିଇଲୋକଯାକ କରିଲୁ ଭୂତ ।
ଦେବା ଦୟା ନାହିଁ ତୁଚ୍ଛା ସାମନ୍ତ ॥
ତୁହି ସେବକ ପୋଷି ଯେ ନ ପାରୁ ।
ବୋଲଣା ନାହିଁ ଦଣ୍ଡ ମଣ୍ଡ କରୁ ॥
ହରି ହୋ -ମେଲାଣି ନ ଦେଇ ଆବୋରି ଆଉ ।
ଦାସ ବଳି ବୋଲେ ଭୋଟିଆ ହେଉ ॥ ୨୮୧ ॥
ହରି ହୋ -ତୋତେ ସେବା କଲେ ନୋହି ଯେ ସୁଖୀ ।
ଦରିଦ୍ର ହୀନସ୍ତା ଉଦର ଦୁଃଖୀ ॥
ନାଥ ତୋ ଏ ସେବା କିମ୍ପା କରିବା ।
ଏହି ମତି ପଛେ ଘରରେ ଥିବା ॥
ହରି ହୋ -ତୋ ସେବା ବୋଇଲେ ଡରଇ ମୁହିଁ ।
ବଳିଆକୁ ନ ଯୋଗାଉ ଗୋସାଇଁ ॥ ୨୮୨ ॥
ହରି ହୋ -ମୁଁ ଯାହା କହଇ ତୁ ତାହା କହୁ ।
ଫେରାଫେରି କରି ଭୁଲାଉ ଥାଉ ॥
ନାଥ ତୁହି ଏବେ କାହୁଁ ଭଣ୍ଡିବୁ ।
ଭାବ ଦେଇ ସୁଖ ଘେନିଣ ଯିବୁ ॥
ହରି ହୋ -ସୁଖ ସିନ୍ଧୁ ଭାବ ସୁଧା ପରଶ ।
ତୋ ରସେ ବୁଡ଼େ ବଳରାମ ଦାସ ॥ ୨୮୩ ॥

ହରି ହୋ -ତୋତେ ଜଣାଉଛି ମୋ ଦୁଃଖ ଚିନ୍ତା ।
ତୋତେ ଯେ ଲାଗଇ ସବୁରି କଥା ॥
ନାଥ ତୁ ମୋନର ଗୁହାରି ନ ଶୁଣୁ ।
ଗୁଣ ଗମ୍ଭିର ନାମ ତୋର ତେଣୁ ॥
ହରି ହୋ -ମୁହି ନିରେଖ ରକ୍ଷାକର ମୋତେ ।
ବଳରାମକୁ ରଖ ଜଗନ୍ନାଥେ ॥ ୨୮୪ ॥
ହରି ହୋ -ତୋର ଇଚ୍ଛା ଯାହା ତାହା ତୁ କର ।
ଆୟତ୍ତ ଆଉ ନୁହଇ ମୋହର ॥
ନାଥ ମୁଁ ତେଣୁ ଆତଙ୍କେ ଡାକିଲି ।
ବାରେକ ରକ୍ଷା କରିବୁ ବୋଇଲି ॥
ହରି ହୋ -ଆରତ ରଖିବୁ ଆତଙ୍କ ନାଶ ।
ବିନୋଇ କହେ ବଳରାମ ଦାସ ॥ ୨୮୫ ॥
ହରି ହୋ -ମିଛୁଆ ହୋଇଲେ ଭଲ ନୋହିବୁ ।
ମିଛପରେ ଅପଯଶ ପାଇବୁ ॥
ନାଥ ମୁଁ ତୋ ଆଗେ କହୁଛି ସତ ।
ତୋହର ହୃଦରେ ଏକଥା ଘେତ ॥
ହରି ହୋ -ତୋହରି ହିତରେ ଥାଇ ଗୋସାଇଁ ।
ଦାସ ବଳିର କି ଯୋଗାଇ ନାହିଁ ॥ ୨୮୬ ॥
ହରି ହୋ -ନାଗରବର ଛଇଳଙ୍କ ଗୁରୁ ।
ଆରତ ଭଞ୍ଜନ ମହିମା ମେରୁ ॥
ନାଥ ତୁ ତାହା କି ନଜାଣୁ ଅବା ।
ତୋହର ଛାମୁରେ କେତେ କହିବା ॥
ହରି ହୋ -ଏତେବେଳେ କିଛି କହିବି ନାହିଁ ।
ଦାସ ବଳି ତୋତେ ରସିଲା ନାହିଁ ॥ ୨୮୭ ॥
ହରି ହୋ -ଅର୍ଜ୍ଜୁନ ତୋ ମାଉସୀ ପୁଅ ଭାଇ ।
ସୁଭଦ୍ରାଙ୍କୁ ବିଭା କରାଉ ନେଇ ॥
ନାଥ ତୁ ସେ କଥା କିମ୍ପାଇଁ କରୁଁ ।

ଲାଜ ସଂକୋଚ ତୁହି ଦୂର କରୁଁ ॥
ହରି ହୋ –ଭାଇକି ନେଇ ତୁ ଭିଣୋଇଁ କରୁ ।
ବଳି ଦାସ ବୋଲେ ଲାଜେ ନ ମରୁ ॥ ୨୮୮ ॥
ହରି ହୋ –କହିଲେ ଚଳିବୁ ଜଗୁ ସୋଦର ।
କହିବି ତୋତେ ନାହିଁ ମୋର ଡର ॥
ନାଥ ତୁ ସ୍ତିରୀଙ୍କ ଶରଣ ପଶୁ ।
ଜ୍ଞାନ ଗୋଚର ଦୁଇ ତୋର ନାଶୁ ॥
ହରି ହୋ –ଗଉଡୁଣୀଙ୍କର ଚରଣ ଧରୁ ।
ବଳି ବୋଲେ କେହ୍ନେ ବ୍ରହ୍ମ ଆଚରୁ ॥ ୨୮୯ ॥
ହରି ହୋ –କେତେହେଁ କହିବି ତୋହର ନୀତି ।
ଠାକୁର ହୋଇ ତୋ ଅଜ୍ଞାନ ମତି ॥
ନାଥ ତୁ ଦେବତାଙ୍କ ଦେବରାଜ ।
ଶଙ୍ଖ ଚକ୍ର ଗଦା ପଦ୍ମ ଯେ ବୁଝ ॥
ହରି ହୋ –ଏଡ଼େ ଲୋକ ହୋଇ ଅନେକ ମାୟା ।
ବଳରାମ ଦାସକୁ କର ଦୟା ॥ ୨୯୦ ॥
ହରି ହୋ –ଯେମନ୍ତେ ମୋର ପାପ ଯାଇ ନାଶ ।
ଆଜୁଁ ତୋ ଚରଣେ ହୋଇବି ଦାସ ॥
ନାଥ ମୁଁ ପରିବାରେକ ତୁମ୍ଭର ।
ମୋତେ ଯେ କରିବ କର୍ଣ୍ଣ କୋୟର ॥
ହରି ହୋ –ତୋହ ପାଶେ ଥାଇ ନିର୍ମାଲ୍ୟ ଖାଇ ।
ଦାସ ବଳିଆ ତୋର ପାଦ ଧ୍ୟାୟି ॥ ୨୯୧ ॥
ହରି ହୋ –ପୂର୍ବକଥା ମାନ ଛାଡ଼ଇ ତୋତେ ।
ମୋତେ ଉପ୍ରୋଧ ହୁଡ଼ିଲୁ କେମନ୍ତେ ॥
ନାଥ ମୁଁ କେଉଁ ଦୋଷ କରିଥିଲି ।
ନାମ ରସକୁ ଯେ ସେନେହ କଲି ॥
ହରି ହୋ –ଦଣ୍ଡଦେଇ ଯେବେ ମଣ୍ଡୁ ତୁ ମୋତେ ।
ବଳିଆ ଦାସ ନ ଛାଡ଼ନ୍ତା ତୋତେ ॥ ୨୯୨ ॥

ହରି ହୋ -ମୋହର ସୁଖେ ମୁଁ ରଥରେ ଥିଲି ।
ରାଜା ମୋତେ କିମ୍ପା ପକାଇ ପେଲି ॥
ନାଥ ତୁ କହିଥିଲୁ ଯହୁଁ ତାକୁ ।
ଘଉଡ଼ି ଦେଲା ସେ ରଥ ତଳକୁ ॥
ହରି ହୋ -ହାବୁକା ମାରି କୁରାଳି ଯେ ଦେଲେ ।
ଦାସ ବଳରାମ ଏହା ସହିଲେ ॥ ୨୯୩ ॥
ହରି ହୋ -ମୋତେ ଯାହା କଲା କେ ସହୁ ତାହା ।
ତୁ ଦେଖି ବନ୍ଧା ହୁଅ ଚଉବାହା ॥
ନାଥ ତୁ ଦିଶିବୁ କେଡ଼େ ସୁନ୍ଦର ।
ଦେଖିଣ ହସିବେ ସକଳ ନର ॥
ହରି ହୋ -ନବଦିନ ଯାତ୍ରା ତୋର ସରିଲା ।
ବଳିଆ ଦାସ ବନ୍ଦି ରୁହାଇଲା ॥ ୨୯୪ ॥
ହରି ହୋ -କେତେ ବାଛୁଥାଉ ବେଶ ତୋହର ।
ମୋହ୍ନ ସଙ୍ଗେ ତୁ ନୋହିବୁ ସୁନ୍ଦର ॥
ନାଥ ମୁଁ ତୋହ ରୂପକୁ ଜିଣିଲି ।
ତୋତେ ବାନ୍ଧିଣ ମୁଁ କଥା ରହିଲି ॥
ହରି ହୋ -ତୋ ଦେହ ମୋ ଦେହ ହୋଇଲା ସରି ।
ବଳରାମ ଦାସ ତୋତେ ନ ଡରି ॥ ୨୯୫ ॥
ହରି ହୋ -ପ୍ରଳୟ କାଳରେ ବଟପୁଟରେ ।
ଅତି ହିଁ କ୍ଷୀନ୍ନ କଲୁ କଳେବରେ ॥
ନାଥ ତୁ ଏବେ ଏ ରୂପ ଦେଖାଉ ।
ନାମ ବୋଲାଉ ଯେ ଅଜାନୁ ବାହୁ ॥
ହରି ହୋ -ନୃସିଂହ ରୂପ ଅତି ଅଗୋଚର ।
ବଳିଆ ଦାସ ଦୁଃଖ ଗଲା ପାର ॥ ୨୯୬ ॥
ହରି ହୋ -କାହିଁ ଗୋପ କାହିଁ ମଥୁରା ଗଲୁ ।
ତହୁଁ ପଳାଇ ପର୍ବତେ ପଶିଲୁ ॥
ନାଥ ସେ ପର୍ବତେ ଲାଗିଲା ଜୋଇ ।

ତହିଁରେ ଆଉ ନ ପାରିଲୁ ରହି ॥
ହରି ହୋ -ଯେତେ ଅବସ୍ଥା ନେଲୁ ସେହି ଘାନ୍ତି ।
ବଳରାମ ଦେଖି ହରଷ ମତି ॥ ୨୯୭ ॥
ହରି ହୋ -ସମୁଦ୍ର ଭିତରେ ଲୁଚିଲୁ ଯାଇଁ ।
ବରୁଣ ରାଜା ଗୁହାରି ଲଗାଇଁ ॥
ନାଥ ତୋ କଷ୍ଟ ଦେଖି ଦୟା କଲା ।
ବାର ଯୋଜନ ଛାଡ଼ିଦେଇ ଗଲା ।
ହରି ହୋ -ନିରକ୍ଷ ହୋଇ ତୁ ତହିଁ ଲୁଚିଲୁ ।
ଦାସ ବଳିକୁ ଏହା କୁହାଇଲୁ ॥ ୨୯୮ ॥
ହରି ହୋ -ଘର କଲୁ ନେଇ ସମୁଦ୍ର ତୀରେ ।
ବାହାର ନୋହୁ ତୁ ଶତ୍ରୁର ଡରେ ॥
ନାଥ ସେ ବେଳେ ଏମନ୍ତ ନୋହିଲୁ ।
ଏବେ ଯେ ଏଡ଼େ ଗାରିମା ବହିଲୁ ॥
ହରି ହୋ -ମୋତେ ସେ ସେମାନ ଲୁଚାଇବୁ କାହିଁ ।
ବଳରାମ ଦାସ ଜାଣଇଁ ନାହିଁ ॥ ୨୯୯ ॥
ହରି ହୋ -ମୁହିଁ ଯେ ନିରେଖ ତୁ ମୋତେ ରଖ ।
ଯେତେ ଦୋଷ କଲା ସବୁ ଉପେଖ ॥
ନାଥ ତୋ ନାମ ଧରି ନ ଯୋଗାଇ ।
ମୋତେ ଯେ ସାହା ସାଖା କେହି ନାହିଁ ॥
ହରି ହୋ -ମୋହ ଛାର ହୀନ ପାମର ମୂର୍ଖ ।
ଦାସ ବଳିଆର ଫେଡ଼ ତୁ ଦୁଃଖ ॥ ୩୦୦ ॥
ହରି ହୋ -ମୋହ କହିଲେ ନ ଯୋଗାଇ ତୋତେ ।
କଟୁ ପ୍ରାୟେ ବୁଝୁ ଶ୍ରୀଜଗନ୍ନାଥେ ॥
ନାଥ ମୁଁ ଆଉ ତୋତେ ନ କହିବି ।
ତୋହର ଦେଶ ସୀମାରେ ନ ଥିବି ॥
ହରି ହୋ -ମୋତେ ଛାଡ଼ିଲେ ବିକାଇବୁ କାହିଁ ।
ଦାସ ବଳିକୁ ଲୋଡ଼ିଲେ ନ ପାଇ ॥ ୩୦୧ ॥

ହରି ହୋ –ରାମ ଅବତାରେ ରଷି ହୋଇଲୁ ।
ଦୈବ ମେଷ୍ଟଣ ଜାଣି ନ ପାରିଲୁ ॥
ନାଥ ତୁ ରାଜ୍ୟ ଛାଡ଼ି ବନବାସ ।
ଯତି ହୋଇଣ ବୁଲୁ ସୂର୍ଯ୍ୟବଂଶ ॥
ହରି ହୋ –ନିର୍ଝର ପାଣି କନ୍ଦମୂଳ ଖାଉ ।
ଦାସ ବଳିଆକୁ ସାଙ୍ଗେ ବୁଲାଉ ॥ ୩୦୨ ॥
ହରି ହୋ –ନିରେଖ ହୋଇଣ ବନସ୍ତେ ବୁଲୁ ।
କନ୍ଦମୂଳ ଖାଇ ଦିନ ତୁ ନେଲୁ ॥
ନାଥ ତୁ ରହୁ ଗୋଦାବରୀ କୂଳେ ।
ସୀତାଙ୍କୁ ନେଲା ବିଶର୍ବାର ବାଳେ ।
ହରି ହୋ –ଅଭାଜନ ପଣ ଅଟଇ ତୋର ।
ଦାସ ବଳି ତୋ ତହୁଁ ବଳିଆର ॥ ୩୦୩ ॥
ହରି ହୋ –ସତେ କି ସୁଗ୍ରୀଙ୍କି କରି ଗୁହାରି ।
ବାନର ରାଜା କୋଳାଗ୍ରତ କରି ॥
ନାଥ ତୁ ତେଡ଼େ ଲାଗି ପୁଣି ଜାଣୁ ।
ଗାଳି ଦେଇ ତାକୁ କହୁ ତୁ ତେଣୁ ॥
ହରି ହୋ –ଅଗ୍ନି ଛୁଇଁଣ ଯେ ନିୟମ କଲୁ ।
ଦାସ ବଳିକୁ ସଙ୍ଗେ ଘେନିଥିଲୁ ॥ ୩୦୪ ॥
ହରି ହୋ –ବାଳି ମାରି ସୁଗ୍ରୀଙ୍କି ରାଜ୍ୟ ଦେଲୁ ।
ତା ଘରଣୀ ସହିତେ ବିଳୋହିଲୁ ॥
ନାଥକୁ ଏ କର୍ମ କିମ୍ପାଇଁ କରୁ ।
ତୋହର ପରାୟେ ସବୁ ବିଚାରୁ ॥
ହରି ହୋ –ତୋହ ଘରଣୀ ରାବଣକୁ ଦେଲୁ ।
ଦାସ ବଳି ବୋଲେ ତୋ ପ୍ରାୟେ କଲୁ ॥ ୩୦୫ ॥
ହରି ହୋ –ଅତି ହିଁ ଅନୀତି କଲୁ ଗୋସାଇଁ ।
ଯେତେ ଅକର୍ମ ସବୁ ତୋର ତହିଁ ॥
ନାଥ ତୁ ବିଶର୍ବା ସୁତକୁ ମାରୁ ।

ବ୍ରହ୍ମ ହତ୍ୟା ତୁ ଯେ କେମନ୍ତେ କରୁ ॥
ହରି ହୋ -ତୋହ ଘରଣୀ ରସିଲା ତାହାକୁ ।
ସେ ସାକ୍ଷୀ କରେ ବଳିଆ ଦାସକୁ ॥ ୩୦୬ ॥
ହରି ହୋ -ଆପଣା ଘରଣୀ ପୋଷୀ ନ ପାରୁ ।
ଦୋଷ ଲଗାଇ ତା ପରକୁ ମାରୁ ॥
ନାଥ ସେ ତୋ ତହୁଁ କଷ୍ଟ ପାଇଲେ ।
ଯହିଁରେ ସୁଖ ତାହାଠାକୁ ଗଲେ ॥
ହରି ହୋ -ତାହାଙ୍କ ମନକୁ ଯେହ୍ନୁ ବଳିଲା ।
ବଳିଆ ବୋଲେ ସେ ତହିଁ ରହିଲା ॥ ୩୦୭ ॥
ହରି ହୋ -ତୁ ନିକି ତାକୁ ବରପଣେ ସରି ।
ଯେତେ ସୁନ୍ଦର ଜନକ କୁମାରୀ ॥
ନାଥ ତୁ ସେବକ ପ୍ରାୟେ ତା ଦିଶୁ ।
ସେହି ଯେ କେଉଁ ଗୁଣେ ତୋତେ ରସୁ ॥
ହରି ହୋ -ସେ ଘେନି ତୋତେ ତେଜିଲେ ଜାନକୀ ।
ବଳିଆ ବୋଲେ ଲାଜ ନ ପାଉ କି ॥ ୩୦୮ ॥
ହରି ହୋ -ହୋଇଲେ ହେଉ ଜଗତ ଗୋସାଇଁ ।
ତୋହର ପୁଣ କେତେ କଥା ଥାଇ ॥
ନାଥ ତୁ ଲାଜ ନ ପାଉ କେମନ୍ତେ ।
ତୋର ରାଣୀ ନେଲା ଦଶ ମସ୍ତକେ ॥
ହରି ହୋ -ତୋହ ପଣଯାକ ସୁଗ୍ରୀ ରଖିଲା ।
ବଳରାମ ଦାସ ଦେଖୁଣ ଥିଲା ॥ ୩୦୯ ॥
ହରି ହୋ -ରାବଣ ମାରି ସୀତାକୁ ଆଣିଲୁ ।
ଋକ୍ଷ ମର୍କଟକୁ ବିନୋହୁ ଥିଲୁ ॥
ନାଥ ତୁ ନିର୍ଦ୍ଦୟ ଅଟୁ ଗୋସାଇଁ ।
ତାହାକୁ ବନେ ନିବାସିଲୁ ନେଇ ॥
ହରି ହୋ -ଘରଣୀ ତହିଁ ତୁ ନିର୍ଦ୍ଦୟା କରୁ ।
ବଳିଆ ଦାସର ମାନ ଉଦ୍ଧାରୁ ॥ ୩୧୦ ॥

ହରି ହୋ -ଦରିଦ୍ରଙ୍କ ଧନ ଅନ୍ଧର ଚକ୍ଷୁ ।
କୋଟି ବ୍ରହ୍ମାଣ୍ଡଯାକେ ପୂରିଅଛୁଁ ॥
ନାଥ ମୁଁ କୀଟ ମାତ୍ର ଛାର ହୋଇ ।
ତୋହର ଭାବ ଜାଣିମି ମୁଁ କାହିଁ ॥
ହରି ହୋ -ମୋହ ଛାରକୁ ତୁ ଲେଖିବୁ ନାହିଁ ।
ଦାସ ବଳିଆ କିଛି ନ ଜାଣଇଁ ॥ ୩୧୧ ॥
ହରି ହୋ -ଜମ୍ବୁ ଦ୍ୱୀପରେ କିଛି ନୋହୁଁ ଜାଣ ।
ତୁ କିମ୍ପା ଥାଉ ନୀଳକନ୍ଦରେଣ ॥
ନାଥ ତୋ ଜମ୍ବୁଦ୍ୱୀପରେ ଯେ ଶତ୍ରୁ ।
ଜାରାର କଥା ଯେ ନ କରୁ ହେତୁ ॥
ହରି ହୋ -ଏଡ଼େ ବଡ଼ ପଣ ଅର୍ଜିଲୁ କାହିଁ ।
ବଳି ଦାସକୁ ଘଉଡ଼ିବା ପାଇଁ ॥ ୩୧୨ ॥
ହରି ହୋ -ଜମ୍ବୁ ଦ୍ୱୀପରୁ ତୋ ଘର ବାହାର ।
ସମୁଦ୍ର ଭିତରେ ଦ୍ୱାରକ ପୁର ॥
ନାଥ ତୁ ତହିଁ ବିହରିବୁ ଯାଇଁ ।
ଆମ୍ଭର ରାଜ୍ୟେ ଥାଉ କାହିଁପାଇଁ ॥
ହରି ହୋ -କାହୁଁ ଆସି ଦେଶ ମାଡ଼ି ବସିଲୁ ।
ଦାସ ବଳିରେ ଅକୀର୍ତ୍ତି ଅର୍ଜିଲୁ ॥ ୩୧୩ ॥
ହରି ହୋ -ମୁଁ ଯାହା କହଇ ଏକଥା ସତ ।
ତୁ ତ ମିଛ କହୁ ଶ୍ରୀଜଗନ୍ନାଥ ॥
ନାଥ ମୁଁ ତୋ ପରା ମିଛୁଆ ନୋହି ।
ତୋହର ଛାମୁରେ କରି କହଇ ॥
ହରି ହୋ -ତୁ ତ ମୋତେ ତ୍ୟାଗ କଲୁ ଗୋସାଇଁ ।
ଦାସ ବଳି ତୋତେ ଯୋଗାଇ ନାହିଁ ॥ ୩୧୪ ॥
ହରି ହୋ -ଭିକ୍ଷୁକ ବ୍ରାହ୍ମଣର ସଙ୍ଗେ ମୈତ୍ର ।
ଭୃତ୍ୟ ପାଦ ବୁହା ନୋହୁ ପବିତ୍ର ॥
ନାଥ ତୋ କେତେ ନାହିଁ ଅବିଗୁଣ ।

କାହିଁ ଯେ ଶବର ମଇତ୍ର ପୁଣ ॥
ହରି ହୋ -କାହିଁ ନ ବଞ୍ଚୁ ତୁ ରୂପେକ ଧରି ।
ଦାସ ବଳିକୁ ଶତ୍ରୁ ପ୍ରାୟ କରି ॥ ୩୧୫ ॥
ହରି ହୋ -ତୋତେ ମୋହ ଦୁଃଖ ଲାଗଇ ନାହିଁ ।
ମୋ ଦୁଃଖ କହିଲେ ତୁ କରୁ ଟାହି ॥
ନାଥ ମୁଁ ତୋତେ ହେଁ ଟାହି କରିବି ।
ତୋହର ଯେତେ ମରମ କହିବି ॥
ହରି ହୋ -ଏମନ୍ତ କହି ତୋତେ ନୁହେ ଜିଣି ।
ଦାସ ବଳିଆକୁ ତୁ ଅଛୁଁ ଜାଣି ॥ ୩୧୬ ॥
ହରି ହୋ -ଅନେକ ଦୁସ୍ତରୁ ତାରିଲି ତୋତେ ।
ତୁ ଏବେ କଥା ନ କହିଲୁ ମୋତେ ॥
ନାଥ ତୁ ଯାହା କଲୁ ଧର୍ମ ସାକ୍ଷୀ ।
ମୁହିଁ ଯେ ସତେ ନୋହେ ନିରିମାଖି ॥
ହରି ହୋ -ମୋହ ଆଗରେ ନ କହିବୁ ଟାଣ ।
ଦାସ ବଳିଆ ଯେ ନିରାଟ ପଣ ॥ ୩୧୭ ॥
ହରି ହୋ -ଏ ଥାଉ ଏଣିକି ଏବେ ଜାଣିମା ।
ମୁହିଁ ଯେବେ ତୋର ଭାଙ୍ଗେ ଗାରିମା ॥
ନାଥ ତେବେ ସେ ବୋଲାଇବ ଦାସ ।
ତୋତେ ଲଗାଇବି ମନର ଫାଶ ॥
ହରି ହୋ -ତୁ ବଡ଼ ନିରେଖ ମୁଁ ବଡ଼ ସୁଖୀ ।
ଦାସ ବଳିଆ ଯେ ନୋହଇଁ ଦୁଃଖୀ ॥ ୩୧୮॥
ହରି ହୋ -କାହାକୁ ଏଥି ଯେ କରିବି ସାକ୍ଷୀ ।
ତୋହ ମୋହ କଳି କରିବା ଦେଖି ॥
ନାଥ ତୁ ମୋତେ ଜିଣି ନ ପାରିବୁ ।
ମୋର ମନରୁ ଦଣ୍ଡେହେଁ ନ ଯିବୁ ॥
ହରି ହୋ -ତୁ ଦେଖି ମୋ ମନକୁ କରୁ ଆନ ।
ବଳି ଦାସ ଯେବେ ଭାବିବ ଧ୍ୟାନ ॥ ୩୧୯॥

ହରି ହୋ -ବିରାଟ କରି ଯେ ଧରିଛି ତୋତେ ।
ତୁ ମୋ ବେଦନା ଫେଡ଼ିବୁ କେମନ୍ତେ ॥
ନାଥ ତୁ ଭକ୍ତବନ୍ଧୁ କୃପାସାଇଁ ।
ମୋତେ ଯେ ନିଗ୍ରହ କରୁ ଗୋସାଇଁ ॥
ହରି ହୋ -ଏବେ ହେଁ ଦୟା କର ତୁହି ମୋତେ ।
ଦାସ ବଳିଆର ଭରସା ତୋତେ ॥ ୩୨୦ ॥
ହରି ହୋ -ଦୀନବନ୍ଧୁ ନାମ ନିନ୍ଦା ହେଉଛି ।
କେମନ୍ତେ ମଣୁଛୁ ଦେବ ଶ୍ରୀବତ୍ସି ।
ନାଥ ତୋ ଭକ୍ତଭାବ ପଣ ରହୁ ।
ବାରେ ତୁ ରକ୍ଷାକର ମହାବାହୁ ॥
ହରି ହୋ -ଦୀନଜନଙ୍କ ପାପ ଦୂର କରୁ ।
ନିରେଖ ବଳିଆକୁ ନ ଉଦ୍ଧାରୁ ॥ ୩୨୧ ॥
ହରି ହୋ -ଶବର ବିଟାଳ ଶବରେ ମରୁ ।
ଦୋଚାରୁଣୀକି ଘେନି ଘର କରୁ ॥
ନାଥ ତୁ ଚାଣ୍ଡାଳ ଦେଲେ ହୋ ଖାଉ ।
ସବୁ ଜାତିରେ ତୁ ଶ୍ରେଷ୍ଠ ବୋଲାଉ ॥
ହରି ହୋ -ଏଡ଼େ ଅଗତି ଯେ ଅଟଇ ତୋର ।
ଦାସ ବଳିଆକୁ ବିଟାଳ କର ॥ ୩୨୨ ॥
ହରି ହୋ -ତୋହର ଘରେ ମୁଁ ଖାଇବି ନାହିଁ ।
ଏବେ ବିଟାଳ ତୋତେ କରିବଇଁ ॥
ହରି ତୁ ଏକା ହୋଇ ଏବେ ଥିବୁ ।
ଆଉ କାହାର ସଙ୍ଗେ ନ ମିଶିବୁ ॥
ହରି ହୋ -ମୋହ ସଙ୍ଗେ ଲାଗି ଏମନ୍ତ ହେଲୁ ।
ବଳି ଦାସକୁ କିମ୍ପାଇ ଚାହିଁଲୁ ॥ ୩୨୩ ॥
ହରି ହୋ -ଯେତେକ ଲୋକ ତୋ ଦର୍ଶନେ ଆସି ।
ତାଙ୍କୁ ମୁଁ କହି ଦେଉଥିବି ବସି ॥
ନାଥ ସେ ଜାଣିମେ ଜଗତଯାକ ।

ବୋଲିବେ ଏକଥା ପ୍ରମାଣହାକ ॥
ହରି ହୋ -ତୋର ଉଚ୍ଛିଷ୍ଟ କେହି ନ ଛୁଇଁବେ।
ଦାସ ବଳିକୁ ଆସି ବିଚାରିବେ ॥ ୩୨୪ ॥
ହରି ହୋ -ତୋହ ବାସନା ନ ଛୁଇଁବେ କେହି।
ନୀଳକନ୍ଦରେ ଯେତେ ରନ୍ଧା ହୋଇ ॥
ନାଥ ସେ ମୁକତି ମହାପ୍ରସାଦ।
ଖାଇଣ ସର୍ବେ ହୋଇବେ ଆନନ୍ଦ ॥
ହରି ହୋ -ତାହା ଖାଇ ତୋତେ ବାଧା କରିବେ।
ବଳରାମ ଦାସ ଏବେ କହିବେ ॥ ୩୨୫ ॥
ହରି ହୋ -ଭାରିଜା ଛାଡ଼ି ଭଗିନୀ ଆଣିଲୁ।
ଲକ୍ଷ୍ମୀଦେବୀଙ୍କି ଅପମାନ ଦେଲୁ ॥
ନାଥ ତୁ ଏ କଥା କେମନ୍ତେ କଲୁ।
ଗୁଣ୍ଡିଚା ଘରକୁ ବିଜେ ତୁ ହେଲୁ ॥
ହରି ହୋ -ତେଣୁ ସୁଭଦ୍ରାକୁ ନ ପାରୁ ଛାଡ଼ି।
ଦାସ ବଳରାମ କହୁଛି ବଡ଼ି ॥ ୩୨୬ ॥
ହରି ହୋ -ରଖିବା ଲୋକ ଯେ ଅଟୁ ଗୋସାଇଁ।
ନିରେଖ ଜନେ ଦୟା କରୁନାହିଁ ॥
ନାଥ ମୁଁ ତୋର ଦୋଷରେ ନ ଥିଲି।
ଏଡ଼େକ ଶାସ୍ତି କିମ୍ପାଇଁ ପାଇଲି ॥
ହରି ହୋ -ନ ଜାଣେ ଏହା ତୁ କରିବୁ ବୋଲି।
ବଳିଆ ଦାସ ଜୀଉ ଜୀଉ ମଲି ॥ ୩୨୭ ॥
ହରି ହୋ -କେମନ୍ତେ ମନ୍ତ୍ର ସୁଭଦ୍ରା ଜାଣଇଁ।
ଉଚ୍ଚାଟେ ବାଲି ନବରେ ଆଣଇଁ ॥
ନାଥ ତୁ ଭଗ୍ନ ସଂଗତେ ଆସିଲୁ।
ନିଜ ଠାକୁରାଣୀକି ଛାଡ଼ିଗଲୁ ॥
ହରି ହୋ -ଏ କଥା ମୁହିଁ କହିବି ଜଗତେ।
ବଳରାମ ଦାସ ଭଜଇ ତୋତେ ॥ ୩୨୮ ॥

ହରି ହୋ -ମୁହିଁ ଦୀନ ଦୁଃଖୀ ହୀନ ପାମର।
ନ ବସିଲି ସାଧୁ ଗୋଷ୍ଠୀ ସଙ୍ଗର ॥
ନାଥ ମୁଁ କିଛି ହିଁ ଜାଣଇଁ ନାହିଁ।
ତୋହର ସେବା କରଇ ଗୋସାଇଁ ॥
ହରି ହୋ -ନ ଜାଣିଲା ଲୋକେ କହି ନ ଦେଉ।
ବଳିଆ ଦାସକୁ ଦଣ୍ଡ ଦିଆଉ ॥ ୩୨୯ ॥
ହରି ହୋ -ସୁଭଦ୍ରାକୁ ସଙ୍ଗେ ଆଣିମୁ ନାହିଁ।
ଜଗତେ ବାଧା ପାଇବୁ ଗୋସାଇଁ ॥
ନାଥ ତୁ ହୀନସ୍ତା କଥାରେ ଥାଉ।
ତୋତେ ଯେ ଭଲ ନୁହେଁ ମହାବାହୁ।
ହରି ହୋ -ଏ କଥାରେ ଲଘୁ କରିବେ ତୋତେ।
ବଳିଆ ଦାସକୁ କରୁଛୁ ଯେତେ ॥ ୩୩୦ ॥
ହରି ହୋ -ଲୁଚାଉ କିନା କହୁଅଛି ମୁହିଁ।
ତୁ ମୋତେ କହ ନେବା ଘୋଷରାଇ ॥
ନାଥ ମୁଁ ସବୁହିଁ କହି ପାରଇ।
ତୋତେ ମୁଁ ଜାଣି ତାରିଣ କହଇ ॥
ହରି ହୋ -ମୋହଠାରେଣ ମିଛ ନ କହିବୁ।
ଦାସ ବଳିଆକୁ ପରୀଛା ଦେବୁ ॥ ୩୩୧ ॥
ହରି ହୋ -ନିତି ତ୍ରଇଲୋକ ଖୋଜୁଛି ମୁହିଁ।
ତୋସରି ସମାନ ଦେଖାଇ ନାହିଁ ॥
ନାଥ ତୁ ନିଧନ ଲୋକର ଧନ।
ଭଜନ ଲୋକେ ମନ ଚଇତନ ॥
ହରି ହୋ -ବୋଇଲେ ନ ସରେ ହୁଏ ଅଧିକ।
ବଳିଆ ଦାସକୁ କଲୁ ନିରେଖ ॥ ୩୩୨ ॥
ହରି ହୋ -ଦୟାକରୁ ମାୟା ଅନେକ କରୁ।
କେଉଁଠାରେ ଥାଇ ଏହା ବିଚାରୁ ॥
ନାଥ ତୁ କପଟୀ ଯେବେ ନୁହନ୍ତୁ।

ତେବେ ତୁ ଧର୍ମରେ ପ୍ରଭୁ ବୋଲାନ୍ତୁ ॥
ହରି ହୋ -ଧର୍ମ ତୋହଠାରୁ ହେଲା ବାହାର ।
ବଳିଆ ବୋଲେ ଯେ ମାୟା ତୋହର॥ ୩୩୩ ॥
ହରି ହୋ -ଏବେ ଯେ କଥାଏଁ କହଇ ତୋତେ ।
ମାୟା ଛାଡ଼ ଧର୍ମେ ଜିଣ ଜଗତେ ॥
ନାଥ ତୋ କପଟ କୂଟ ଅପାର ।
ଜାଣି ନ ପାରନ୍ତି ବ୍ରହ୍ମା ଶଙ୍କର ॥
ହରି ହୋ -କପଟେ ସିନା ଜଗତେ ଜିଣିଲୁ ।
ବଳରାମ ଦାସ ନିଶ୍ଚେଁ ହାରିଲୁ ॥ ୩୩୪ ॥
ହରି ହୋ -ଭଗ୍ନିକି ଘେନି ବିଜେ ଯାତ୍ରା ତୋର ।
ଏ କଥା ତୋ ଅଟେ କେଉଁ ବିଚାର ॥
ନାଥ ତୁ ଭଲପଣେ ଏକାଥିବୁ ।
ଲାଜ ସଂକୋଚ ଚିତ୍ତେ ବିଚାରିବୁ ॥
ହରି ହୋ -ତୋହ ଅସାର ଯେ ଲାଗିଲା ମୋତେ ।
ବଳିଆ ଦାସ ଉଦ୍ଧାରିବ ତୋତେ ॥ ୩୩୫ ॥
ହରି ହୋ -ସନ୍ଥ ସୁଜନ ଯେ ସାଧୁ ସୁବୁଦ୍ଧି ।
ଯେସନେ ଅଟେ ଗଗନ ବାରିଧି ॥
ନାଥ ତୋ ଗୁଣ ଅଟେ ସେହି ମତି ।
ସିନ୍ଧୁ ନକ୍ଷତ୍ରାଦି ଯେ ପୁଣ୍ୟବତୀ ॥
ହରି ହୋ -ଗୁଣ ଗମ୍ଭୀର ଯେ ତୋହରି ନାମ ।
ବଳିଆ ଦାସର ମନ ସଦନ ॥ ୩୩୬ ॥
ହରି ହୋ -କଞ୍ଚନା କାମନା ତୁ ମୋକ୍ଷ ଦାତା ।
ଚଉଦ ଭୁବନେ ତୁହି କରତା ॥
ନାଥ ସେ ସବିହେଁ ତୋହର ଭୃତ୍ୟ ।
ତୁ ଯେ ଯାବତ ଲୋକର ସାଆନ୍ତ ॥
ହରି ହୋ -କହିଲେ ନ ସରଇ ତୋ ମହିମା ।
ବଳରାମର ଭାଙ୍ଗୁ ତୁ ଗାରିମା ॥ ୩୩୭ ॥

ହରି ହୋ -ଏବେ ହେଁ ଦୟା କରି ଥାଅ ମୋତେ ।
ଏହି ନିବେଦନ କହୁଛି ତୋତେ ॥
ନାଥ ତୁ ନିର୍ଦ୍ଦୟା ମୋତେ ନ କର ।
ଦୟାନିଧି ନାମ ଅଟଇ ତୋର ॥
ହରି ହୋ -ତୋର ଚରଣେ ଯେ ମୋ ମନ ରହୁ ।
ବଳିଆ ଦାସେ ରଖ ମହାବାହୁ ॥ ୩୩୮ ॥
ହରି ହୋ -ମୁହିଁ କି କରିବି କହନି ମୋତେ ।
ମୋ ମନ ଯେମନ୍ତେ ମଜ୍ଜଇଁ ତୋତେ ॥
ହରି ହୋ -ମୋହ ମନରୁ ଯେ କାଳକୁ ଖେଦ ।
କହ ତୁ ବ୍ରହ୍ମ ଜ୍ଞାନ ଦୀକ୍ଷାପଦ ॥
ହରି ହୋ -ଯେମନ୍ତେ ପାପରୁ ତରଇ ମୁହିଁ ।
ବଳରାମ ଦାସ ତାହା ଜାଣଇଁ ॥ ୩୩୯ ॥
ହରି ହୋ -ସଂସାର ମାୟା ଯେ ତୋର ରଚନା ।
କାଳମାୟାରୁ ପାରିକରୁ କିନା ॥
ନାଥ ସେ ବଜ୍ର ସେହ୍ନା ନାମ ତୋର ।
ମାୟା ବିପତ୍ତିରୁ ମୋତେ ଉଦ୍ଧର ॥
ହରି ହୋ -ମୁହିଁ ନ ଜାଣଇଁ ତୋ ଭାବ କେତେ ।
ଦାସ ବଳିଆ ତରିବ କେମନ୍ତେ ॥ ୩୪୦ ॥
ହରି ହୋ -ତ୍ରୈଲୋକ୍ୟ ଠାକୁର ବୋଲାଉ ଯେଣୁ ।
କିଞ୍ଚିତ ପ୍ରୟୋଗ ନ ମଣେ ତେଣୁ ॥
ନାଥ ତୁ ମୋତେ ଦିଶୁ ମୀନ ପ୍ରାୟେ ।
କେତେ ବୋଲାଉ ତୁ ଦେବାଧିରାୟେ ॥
ହରି ହୋ -ତୁ ବୋଲୁ ବ୍ରହ୍ମାଣ୍ଡ ସର୍ଜିଲି ମୁହିଁ ।
ଦାସ ବଳିଆ ତୋତେ ନ ଲେଖଇଁ ॥ ୩୪୧ ॥
ହରି ହୋ -ମେରୁହୁଁ ବିସ୍ତାର ତୋ କଳେବର ।
ଘଟେ ଘଟେ ଅଛୁଁ ସର୍ବ ଅଙ୍ଗର ॥
ନାଥ ତୁ ଦଶୀପୋକ ହୃଦେ ଥାଉ ।

ବଡ଼ ଅସମ୍ଭବ ତୁ ମହାବାହୁ ॥
ହରି ହୋ -ଛିଦ୍ର ଅଛିଦ୍ର ତୋହଠାରେ ନାହିଁ।
ବଳିକୁ ଅନ୍ତର କଲୁ କିମ୍ପାଇଁ ॥ ୩୪୨ ॥
ହରି ହୋ -ନୀଳକନ୍ଦରେ ତୁ ଦେବତା ନୋହୁଁ।
ମୋହର ବେଦନା କିମ୍ପା ନ ଫେଡ଼ ॥
ନାଥ ମୁଁ ଆନ ଦେବତା ଆଣିବି।
ମୋହର ଅଙ୍ଗ କରି ବସାଇବି ॥
ହରି ହୋ -କରୁଥିବି ମୋର ଗୁହାରି ଯେତେ।
ବଳିଦାସ ତୋତେ କଲା ଅପ୍ରତେ ॥ ୩୪୩ ॥
ହରି ହୋ -ଏଡ଼େ ପୂଜା ଆଉ କାହିଁ ପାଇବୁ।
ତେବେ ତୁ ନୀଳକନ୍ଦର ଛାଡ଼ିବୁ ॥
ନାଥ ତୋପରି କ୍ରିୟା କର୍ମ ଯିବ।
ଆଉ ଏଡ଼େ ଯଶ କିମ୍ପାଇଁ ଥିବ ॥
ହରି ହୋ -କାହୁଁ କେତେ ଭୋଗ ତୋତେ କେ ଦେବ।
ଦାସ ବଳିଆ ଟାହି କରୁଥିବ ॥ ୩୪୪ ॥
ହରି ହୋ -ଏତେ କାଳେ ତୁ ନିରେଖ ହୋଇଲୁ।
ଠାକୁର ହୋଇ କାହିଁରେ ନୋହିଲୁ ॥
ନାଥ ତୁ ଏକାହୋଇ ଏବେ ଆସି।
ଏବେ ତୁ ଲୁଚିଥିବୁ ସିନା ବସି ॥
ହରି ହୋ -ସବୁ ହେଁ ଯାଉଥିବେ ପିଠି ଦେଇ।
ଦାସ ବଳିଆ କରୁଥିବ ଟାହି ॥ ୩୪୫ ॥
ହରି ହୋ -ମୁଁ ଯେଉଁ ଦିଅଁ ବସାଇବି ଆଣି।
ଚକାନୟନ କଳା ମୁଖ ପୁଣି ॥
ନାଥ ସେ ଶଙ୍ଖ ଚକ୍ର ଧରିଥାଇ।
ତୋହର ପରା ସେ ମାୟାବୀ ନୋହି ॥
ହରି ହୋ -ଭକ୍ତମାନଙ୍କର ଫେଡ଼ଇ ଦୁଃଖ।
ବଳିଦାସେ ଦିଏ ପରମ ସୁଖ ॥ ୩୪୬ ॥

ହରି ହୋ -ଆମ୍ଭ ଦିଅଁଠାରେ ଧୂପ ଚହଲ ।
ତୁହି ଶୁଣି ହେଉଥିବୁ ବିକଳ ॥
ତୋତେ ଯେ ନ ମିଳିବ ଦିବ୍ୟ ପୁଷ୍ପ ।
ଆମ୍ଭ ଦିଅଁଙ୍କୁ କରିବୁ ଯେ ବେଶ ॥
ହରି ହୋ -ଏମନ୍ତ ନ କଲେ ଜିଣି ନୁହଇ ।
ବଳିଦାସ ଏହା ମନେ ଭାବଇ ॥ ୩୪୭ ॥
ହରି ହୋ -ତୋତେ ରହିବାକୁ ଠାବ ତ ନାହିଁ ।
ମୋ ଆଗେ କହିଲେ କାହୁଁ ଦେବଇଁ ॥
ନାଥ ମୋ ପ୍ରଭୁଙ୍କୁ ଦେଖି ଜଣାଇଁ ।
ତୋହ ପରା ମୁଁ ନିରେଖ ନୁହଇ ॥
ହରି ହୋ -ମୋହର ବେଦନା ମୁହିଁ ଜାଣଇଁ ।
ବଳିଆ ଦାସ ଯେ ଭାବ ଜାଣଇଁ ॥ ୩୪୮ ॥
ହରି ହୋ -ତୋହରି ପଣକୁ ତୁହି ଫେଇଲୁ ।
ଆମ୍ଭମାନଙ୍କର ବୋଲ ନ କଲୁ ॥
ନାଥ ମୁଁ ବେଳୁଁ ଶିଖାଉଛି ତୋତେ ।
ବୋଲ ତୁ ନ କଲୁ ଯେ କଦାଚିତେ ॥
ହରି ହୋ -ଏବେ ହେଁ ମୋ ବୋଲ କର ଗୋସାଇଁ ।
ବଳିଆ ପାରେ ଦେଉଳେ ବସାଇ ॥ ୩୪୯ ॥
ହରି ହୋ -ଆନଠାବରେ ଭଲ ଥାନ ଦେବା ।
ଭୋଗ ରାଗ ଦେଇ ସେବା ଖଞ୍ଜିବା ॥
ନାଥ ତୁ ଏ ଆଶା ଛାଡ଼ ଗୋସାଇଁ ।
ନୀଳକନ୍ଦରରେ ନ ପାରୁ ରହି ॥
ହରି ହୋ -ଏବେ ଯେ ସରିଲା ତୋହରି ଟାଣ ।
ବଳିଆ ବୋଲଇଁ ଏବେ ହେଁ ଜାଣ ॥ ୩୫୦ ॥
ହରି ହୋ -ଚଉଦ ଭୁବନେ ତୁହି ଠାକୁର ।
ସକୁରି ବେଦନା ତୋହରି ଠାର ॥
ନାଥ ତୁ ଅନ୍ତର୍ଯ୍ୟାମୀ ନାରାୟଣ ।

ତୋତେ କି ବୋଲି କହିବାକ ପୁଣ ॥
ହରି ହୋ -ତୋତେ ଆଶ୍ରେ କରି ଅଛଇଁ ମୁହିଁ ।
ବଳିଆ ଦାସକୁ ରଖ ଗୋସାଇଁ ॥ ୩୫୧ ॥
ହରି ହୋ -ନିରେଖରେ ସିନା ଡରନ୍ତି ତୋତେ ।
ମୋହର ଅଛି ଉତ୍ତମ ସାଆନ୍ତେ ॥
ନାଥ ସେ ତିନି ପୁରକୁ କରତା ।
ତାଙ୍କୁ ଲଗାଇ ଭଲ ମନ୍ଦ କଥା ॥
ହରି ହୋ -ତୁ କି ତା ସଙ୍ଗେ ହୋଇବୁ ସରି ।
ବଳରାମ ଦାସ କହେ ବିଚାରି ॥ ୩୫୨ ॥
ହରି ହୋ -ତିନିପୁର ମଧ୍ୟେ ତୁହି ବିତାଉ ।
ସବୁରି ଦୁଃଖ ବେଦନାହିଁ ଫେଉ ॥
ନାଥ ତୁ ସବୁରି ଅମୂଲ୍ୟ ଗଣ୍ଠି ।
କୋଟି ଯୁଗରେ ତୁ ନ ପଡୁ ଫିଟି ॥
ହରି ହୋ -ଭକ୍ତଜନଙ୍କର କଣ୍ଠର ହାର ।
ବଳିଆ ଦାସ ଚିନ୍ତେ ନିରନ୍ତର ॥ ୩୫୩ ॥
ହରି ହୋ -ନୀଳକନ୍ଦରେ ତୋ ପ୍ରସନ୍ନ ମୁଖ ।
ଦର୍ଶନେ ଖଣ୍ଡଇଁ ସକଳ ଦୁଃଖ ॥
ନାଥ ମୁଁ ଆନ ନ ମାଗଇ ତୋତେ ।
ତୁ ଏକା ଦୟା କରିଥିବୁ ମୋତେ ॥
ହରି ହୋ -ତୋହ ପାଦ ପଦ୍ମେ ନିତ୍ୟେ ମୋ ଆଶ ।
ଏତେ ମାଗୁଛି ବଳରାମ ଦାସ ॥ ୩୫୪ ॥
ହରି ହୋ -ମୋହର ପାପ ସବୁ ଦୂର ଯାଉ ।
ତୋହର ମନ ଯେ ମୋ ତହିଁ ଥାଉ ॥
ନାଥ ତୁ ଏ କଥା ଆନ ନ କର ।
ତୋହର ବାନା ଶରଣପଞ୍ଜର ॥
ହରି ହୋ -ବୌଦ୍ଧ କଳକୀ ନାନା ରୂପ ହେଉ ।
ବଳରାମକୁ ପାଦରେ ଖଟାଉ ॥ ୩୫୫ ॥

ହରି ହୋ -ଏକା ପେଟରେ ସାତସିନ୍ଧୁ ଯାକ।
ସାତତାଳ ଅଟେ ଏକା କାଣ୍ଡକୁ ॥
ନାଥ ତୁ ସାମର୍ଥ୍ୟ ସବୁ ଠାବକୁ।
କିସ କହିବି ମୁଁ ପ୍ରଭୁ ପଣକୁ ॥
ହରି ହୋ -ଏକା କାଣ୍ଡକେ ଯେ ବାଳିକି ମାରୁ।
ଦାସ ବଳିଆକୁ ରଖି ନ ପାରୁ ॥ ୩୫୬ ॥
ହରି ହୋ -ତୋହ କଥାକୁ ନ ଡରଇ ମୁହିଁ।
ମୋତେ ତୁ ଡରାଉ ଆଖି ଦେଖାଇ ॥
ନାଥ ମୁଁ ନୁହଇ ତୋର ସେବକ।
ମୁହିଁ ଯେ ତିନିପୁରେ ଆଣ୍ଟହାକ ॥
ହରି ହୋ -ମୁହିଁ ଯେ ଏବେ ଡରାଇବି ତୋତେ।
ଦାସ ବଳିଆର ଅଛି ସାଆନ୍ତେ ॥ ୩୫୭ ॥
ହରି ହୋ -ଚକାବଇଠିକି ତାହା ଚରଣ।
ନାନା ପଦକ ଶରୀରେ ଭୂଷଣ ॥
ନାଥ ତୋ ଧନ୍ୟ ତ୍ରିମୁଣ୍ଡୀର ଚୂଳ।
ତୁମ୍ଭେ ଯେ ସ୍ୱୟଂ ଅଟ ଆଦିମୂଳ ॥
ହରି ହୋ -ପୀତବାସ ଅଙ୍ଗେ ଚନ୍ଦନ ଘଷି।
ବଳରାମ ଦାସ ଦେଖି ପ୍ରଶଂସି ॥ ୩୫୮ ॥
ହରି ହୋ -ଯେହ୍ନୁ ନିରେଖି ତାକୁ ଡରାଇବୁ।
ମୋ ସଙ୍ଗେ ଲାଗି ମହତ ସାରିବୁ ॥
ହରି ତୁ ଅନାଇଲୁ କିମ୍ପା ମୋତେ।
ମୁହିଁ ଯେ ଭଲ ନ କହିବି ତୋତେ ॥
ହରି ହୋ -କିମ୍ପାଇଁ ମୋତେ ଯାଚି କହୁ କଥା।
ବଳିଆ ବୋଲେ ମୋ କତିରେ ନଥା ॥ ୩୫୮ ॥
ହରି ହୋ -କଟି ଓଡ଼ିଆଣୀ ନୂପୁର ସାଜେ।
ବଳୟ କଙ୍କଣ ନୂପୁର ବାଜେ ॥
ନାଥ ତୋ ଝୋଲା ପତନୀ ଯେ ଶୋହେ।

ରୂପ ଯେ ଅଶେଷ ବ୍ରହ୍ମାଣ୍ଡ ମୋହେ ॥
ହରି ହୋ -ରାଉତ କଛେ ବାଂଯମଦାଢ଼।
ବଳରାମ ଦାସ ଦେଖିଲା ଗାଢ଼ ॥ ୩୬୦ ॥
ହରି ହୋ -କେତେ ସୁନ୍ଦର ତୁ ହେଉ ଫୁଲାଇ।
ମୁଖ କଳା ଆଖି ଚକା ଅଟଇ।
ନାଥ ତୋ ଅଧର ସୁରଙ୍ଗ ବନ।
ନାହିଁ ତୋହର ହାତ ଗୋଡ଼ କାନ ॥
ହରି ହୋ -ତୋହ ମନେ ମନେ ସୁନ୍ଦର ହେଉ।
ବଳି ଦାସକୁ ଯେ କିଛି ନ କହୁ ॥ ୩୬୧ ॥
ହରି ହୋ -ଇନ୍ଦ୍ର ଗର୍ବ କଳା ଗଞ୍ଜିଲୁ ତାକୁ।
କି କି ତୁ ନ କଲୁ ବ୍ରହ୍ମା ରୁଦ୍ରଙ୍କୁ ॥
ନାଥ ତୁ କାହାକୁ କି କରିନାହୁଁ।
ଚନ୍ଦ୍ର ସୂର୍ଯ୍ୟଙ୍କୁ ଯେ ଗ୍ରାସଇ ରାହୁ ॥
ହରି ହୋ -ବାସୁକୀ ରାଜାର ଗର୍ବ ଗଞ୍ଜିଲୁ।
ବଳରାମ ଦାସ ମନେ ମଜ୍ଜିଲୁ ॥ ୩୬୨ ॥
ହରି ହୋ -ମହତ ଲୋକେ ନୁହନ୍ତି ଏମନ୍ତ।
ତୁ ଯେ ମହତ ବୋଲାଉ ଅନନ୍ତ ॥
ନାଥ ତୁ ତୋହରି ଇଚ୍ଛାରେ ଗାଢ଼।
ତୋତେ ଯେ କେହି ନ ବୋଲଇ ବଡ଼ ॥
ହରି ହୋ -ମୋହ ଥାପିଲେ ଯେ ବଡ଼ ହୋଇବୁ।
ବଳିଆ ଦାସର କିସ କରିବୁ ॥ ୩୬୩ ॥
ହରି ହୋ -ରଘୁ କୁଳରେ ତ୍ରିଲୋକ ବୋଲାଉ।
କେଉଁ ଲାଜେ ଯାଇ ବନସ୍ତେ ରହୁ ॥
ନାଥତୁ ସୂର୍ଯ୍ୟ ବଂଶେ ଅଧିକାରୀ।
ବଡ଼ କହୁଥାଉ ତୁ ଧନୁ ଧରି ॥
ହରି ହୋ -ଧନୁ ଧରିଣ ତୁ କରିବୁ କିସ।
ଘରଣୀ ତୋର ନେଲା ଲଙ୍କାଈଶ ॥ ୩୬୪ ॥

ହରି ହୋ -ମାୟା ହୋଇଣ ମୃଗ ବେନି ଶିର ।
ଦେଖିଲା ଜାନକୀ କହିଲା ଛାମୁର ॥
ନାଥ ତୁ ଶୁଣ ରଘୁକୁଳମଣି ।
ମୃଗ ତୁ ମୋତେ ମାରି ଦିଅ ଆଣି ॥
ହରି ହୋ -କରେ କୋଦଣ୍ଡ ଧରି ତୀକ୍ଷ୍ଣ ଶର ।
ବଳିଆ ଦେଖି ହସେ କର କର ॥ ୩୬୫ ॥
ହରି ହୋ -ମୃଗ ମାରିଣ ଘୋର ବନେ ଗଲୁ ।
ପଞ୍ଚୁବଟୀ ବନେ ସୀତା ଛାଡ଼ିଲୁ ॥
ନାଥ ତୁ ସୀତା ନିମନ୍ତେ ବୈରାଗ ।
ତେଣେ ବନେଣ ପଳାଇଲା ମୃଗ ॥
ହରି ହୋ -ଅଦୃଶ୍ୟେ ଶର ବିନ୍ଧିଲୁ ଗୋସାଇଁ ।
ଦାସ ବଳିଆ ଦେଖୁଥିଲା ରହି ॥ ୩୬୬ ॥
ହରି ହୋ -କୁରଙ୍ଗୀ ଡାକିଲା ରଖ ଲକ୍ଷ୍ମଣ ।
ସଉମିତ୍ରୀ ଗଲେ ସୀତା ଛାଡ଼ିଣ ॥
ନାଥ ସେ ରାବଣ ଆସି ହୋଇଲା ।
ଏଣେ ଜାନକୀ କି ଘେନିଣ ଗଲା ॥
ହରି ହୋ -ଜାଣିଲି ତୋର ବଡ଼ କ୍ଷତ୍ରିପଣ ।
ବଳିଆ ଦେଖିଣ ଆଶ୍ଚର୍ଯ୍ୟ ପୁଣ ॥ ୩୬୭ ॥
ହରି ହୋ -ସବୁରି ବେଦନା ଆତଙ୍ଗ ଫେଡ ।
ମୋର କଥାକୁ ସାବଧାନ ନୋହୁ ॥
ନାଥ ତୋ ଘରଣୀ କି ନେଇ ଆନ ।
ସବୁରି ରୂପରେ ମାନାଭିମାନ ॥
ହରି ହୋ -ଏଡ଼େ ଲାଜ କଥା କେମନ୍ତେ ସହୁ ।
ବିଲ ବୋଲେ ବୈରୀ କି ମୁକ୍ତି ଦେଉ ॥ ୩୬୮ ॥
ହରି ହୋ -ଭୃତ୍ୟ ଅଭିମାନୁ ସ୍ତମ୍ଭୁ ବାହାର ।
ଧରି ଦନୁଜ ମାରିଲୁ ଜାନୁର ॥

ନାଥ ତୋ ରେରେକାର ସିଂହ ରଡ଼ି ।
ତୋହର ଦନୁଜ ଦର୍ପକୁ ଦାଢ଼ି ॥
ହରି ହୋ -ପ୍ରହ୍ଲାଦକୁ କତିରେ ଥୋଇଲୁ ।
ବଳିଆ ଦାସ ମନ ନ ଜାଣିଲୁ ॥ ୩୬୯ ॥
ହରି ହୋ -ବାଳକାଳେ ବିଶ୍ୱାମିତ୍ର ତୁଲରେ ।
ଯୋଗ ରଖିଲୁ ଧନୁ ଶସ୍ତ୍ର କରେ ॥
ନାଥ ତୁ ତାଡ଼କୀ କି ବଧ କଲୁ ।
ବନରେ ଅନେକ ଦୈତ୍ୟ ଗଞ୍ଜିଲୁ ॥
ହରି ହୋ -ତୋଷେ ମୁନି ଦେଲେ ଅଗ୍ନିରେ ହୋମ ।
ବଳରାମ ଦାସ ଦେଖି ଉତ୍ତମ ॥ ୩୭୦ ॥
ହରି ହୋ -ସୀତା ସ୍ୱୟମ୍ୱରେ ଜନକ ଘରେ ।
ଲକ୍ଷେ ନୃପତି ମିଳିଲେ ସେଠାରେ ॥
ନାଥ ତୁ ବିଶ୍ୱାମିତ୍ର ସଙ୍ଗେ ଗଲୁ ।
ହର ଅଜେୟ ଧନୁକୁ ଭାଙ୍ଗିଲୁ ॥
ହରି ହୋ -ଦେଖି ନୃପତି ନ ଟେକିଲେ ଶିର ।
ବଳିଆ ଦାସ ସେବେ ରଘୁବୀର ॥ ୩୭୧ ॥
ହରି ହୋ -ସୀତା ବିଭା ହୋଇ ଘେନି ଆସନ୍ତେ ।
ପର୍ଶୁରାମ ଯେ ଓଗାଳିଲା ପଥେ ॥
ନାଥ ତୁ ଆଗସରି ହୋଇଗଲୁ ।
ଯାଇଣ ପର୍ଶୁରାମକୁ ଭେଟିଲୁ ॥
ହରି ହୋ -ତୋତେ ଦେଖି ସେ ଭୟେ କଲା ସ୍ତୁତି ।
ଦାସ ବଳିଆ ଭାବେ ଜଗଜ୍ୟୋତି ॥ ୩୭୨ ॥
ହରି ହୋ -ରାବଣ ଛଳେ ରାମ ଅବତାର ।
ପିତା ବଚନେ ଗଲୁ ବନ ଘୋର ॥
ନାଥ ତୁ ବନସ୍ତେ ଯାଇଁ ରହିଲୁ ।
କନ୍ଦମୂଳକୁ ଭକ୍ଷି ଦିନ ନେଲୁ ।

ହରି ହୋ -କଷା ବସନ ଶିରେ ଜଟାବାନ୍ଧି ।
ବଳରାମ ଦାସ ଦେଖିଣ କାନ୍ଦି ॥ ୩୭୩ ॥
ହରି ହୋ -ତୋର କଷ୍ଟ ଯେତେ ନୋହଇ କହି ।
ମୋ ସଙ୍ଗେ କେହ୍ନେ ସରିହେଉ ତୁହି ॥
ନାଥ ମୁଁ ନିରେଖ ନୋହଇ ଜାଣ ।
ଦେଶ ଛାଡ଼ିଣ ବୁଲୁ ନାହିଁ ବନ ॥
ହରି ହୋ -ସବୁଦିନେ ମୋର ସାଆନ୍ତପଣ ।
ବଳରାମ ଦାସ ତୋରେ ଶରଣ ॥ ୩୭୪ ॥
ହରି ହୋ -ଶ୍ରୀବସ୍ତ ନାମେ ଏକଇ ବ୍ରାହ୍ମଣ ।
ହୃଦରେ ତୋର ମାଇଲା ଚରଣ ॥
ନାଥ ତୁ ତାକୁ କୋଳାଗ୍ରତ କଲୁ ।
ଆସ ତୁ ହୃଦରେ ବସ ବୋଇଲୁ ॥
ହରି ହୋ -ଶ୍ରୀବସ୍ତ ପାଦ ବହିଲୁ ଅଚ୍ୟୁତ ।
ବଳରାମ ଦାସ ଦେଖି ଉଷତ ॥ ୩୭୫ ॥
ହରି ହୋ -ଗୁଣ ଅବିଗୁଣ ତୋ ତହିଁ ନାହିଁ ।
ମୁଁ ତୋତେ ପୁଣ କେତେ ନ କହଇଁ ॥
ନାଥ ହୋ ତାହା ପାଶୋରିଲୁ ତୁ ଯେ ।
ମୋତେ ତୁ ବନ୍ଧାଇଲୁ ଦେବରାଜେ ॥
ହରି ହୋ -ଧର୍ମ ଜାଣଇଁ ମୁଁ ଯେମନ୍ତ ତୋତେ ।
ବଳରାମ ଦାସ କହିବ କେତେ ॥ ୩୭୬ ॥
ହରି ହୋ -କେହି ନ ଜାଣେ ଗଜ ସ୍ତୁତିକଲା ।
ରଖ ଆଦିମୂଳ ବୋଲି ବୋଇଲା ॥
ନାଥ ତୁ ଚକ୍ରେ ଛେଦିଲୁ କୁମ୍ଭୀର ।
ତେଣୁ ନାମ ତୋର ଗୁଣ-ଗମ୍ଭୀର ॥
ହରି ହୋ -ଭୃତ୍ୟ ଅଭିମାନ ନ ସହୁ ତୁତ ।
ବଳରାମ ଦାସ ଏଣୁ ପବିତ୍ର ॥ ୩୭୭ ॥
ହରି ହୋ -ଦ୍ରୌପଦୀ ଆତଙ୍ଗ ହେଲେ ଖଣ୍ଡିଲୁ ।

ପ୍ରହଲ୍ଲାଦକୁ ଇନ୍ଦ୍ର ପଦବୀ ଦେଲୁ ॥
ନାଥ ତୁ ଗଜକୁ ହୋଇଲୁ ସେହ୍ନା ।
ତେଣୁ ତୋ ଆତଙ୍ଗନାଶନ ବାନା ॥
ହରି ହୋ -ମୋର ଗୁହାରି ଏକା ନ ଶୁଣିଲୁ ।
ବଳିଆ ଦାସକୁ ଏ କଷ୍ଟ ଦେଲୁ ॥ ୩୭୮ ॥
ହରି ହୋ -ମୁହିଁ ନୁହଇ ବଇରୀ ତୋହର ।
କିମ୍ପାଇଁ ମୋତେ ଏତେ ଦଣ୍ଡ କର ॥
ନାଥ ତୁ ମୋହର ନୋହୁ ଯେ କିଛି ।
ତୋହର ମନେ ଯେତେ କୃତ୍ୟ ଅଛି ॥
ହରି ହୋ -ମୁହିଁ ତୋହର ନାମକୁ ଡରଇ ।
ତୋ ପାଶେ ବଳିଆ ଦାସ ନ ଥାଇ ॥ ୩୭୯ ॥
ହରି ହୋ -ପାଣ୍ଡବେ ତୋତେ ବନ୍ଧୁପଣେ ସରି ।
ଭଉଣୀକି ତୋ ବଳେ ନେଲେ ହରି ॥
ନାଥ ହୋ ସେହି ତ ତୋତେ ପାଇଲେ ।
ତୋତେ ଘେନିଣ ସେ ଶତ୍ରୁ ସାଧିଲେ ॥
ହରି ହୋ -ତୁ ପୁଣି ତାଙ୍କୁ ବୋଲୁଥାଉ ଭାଇ ।
ବଳରାମ ଦାସ କରଇ ଟାହି ॥ ୩୮୦ ॥
ହରି ହୋ -ମନେ ଯାହା କହି ସେ କଥା ଜାଣୁ ।
ଶ୍ରବଣ ପୋତି ତତ୍‌କାଳେ ଶୁଣୁ ॥
ନାଥ ତୁ ଫେଡୁ ଆତଙ୍ଗ ଦୁର୍ଗତି ।
ତେଣୁ ଚିନ୍ତିଲେ ତୋତେ ସେ ଦ୍ରୌପଦୀ ॥
ହରି ହୋ -କାହିଁ ଥାଇ ତୁ କର୍ଣ୍ଣରେ ଶୁଣିଲୁ ।
ବଳିଆ ଦାସକୁ ନିରାଶ କଲୁ ॥ ୩୮୧ ॥
ହରି ହୋ -ଏକା ଶାଢ଼ୀ ଫେଡୁଅଛନ୍ତି ମୂଢ଼େ ।
ବେନି ପାଶରେ ପଡ଼େ କୁଢ଼େ କୁଢ଼େ ॥
ନାଥ ତୁ ରଖିଲେ ଏମନ୍ତ କରୁ ।
ଭୃତ୍ୟ ଛଳରେ ନାନା ରୂପ ଧରୁ ॥

ହରି ହୋ –ତୋହ ଠାବରେ ନାହିଁ ବଡ଼ ସାନ ।
ବଳରାମ ଦାସର ତୋତେ ଧ୍ୟାନ ॥ ୩୮୨ ॥
ହରି ହୋ –ଶ୍ରୀରାମ ନାମ ଚତୁର୍ବେଦେ ସାର ।
ଶ୍ରୀରାମ ନାମ ଜପଇ ଶଙ୍କର ॥
ନାମ ତୋ ଶ୍ରୀରାମ ନାମ ମହିମା ।
ନାମ ଯେ ଜପୁଛନ୍ତି ବେଦ ବ୍ରହ୍ମା ॥
ହରି ହୋ –ଶ୍ରୀରାମ ନାମ ଜପୁଛନ୍ତି ମୁନି ।
ଦାସ ବଳିଆର ମହିମା ଧନି ॥ ୩୮୩ ॥
ହରି ହୋ –ବାସୁଦେବଙ୍କୁ ମାଏ ଗାଧୁଆଇ ।
ସେ ପାଣି ଇନ୍ଦ୍ର ଘେନିଗଲେ ବାହି ॥
ହରି ହୋ– ନାଥ ସେ ଅମର ରାଜା ହେବାକୁ ।
ଚନ୍ଦ୍ର ସୂର୍ଯ୍ୟ ଯେ ଖଟିଲେ ତାହାଙ୍କୁ ॥
ହରି ହୋ –ପାଦୁକା ଆଣି ଘେନି ଶିରାଗ୍ରତ ।
ବଳରାମ ଦାସ ଦେଖି ଉକ୍ଷତ ॥ ୩୮୪ ॥
ହରି ହୋ –ତୁ ଯେ ଜାତିରେ ଅଟୁ ବଡ଼ ହୀନ ।
ସବୁ ଜାତି ହିଁ ତୋହଠାରେ ଲୀନ ॥
ନାଥ ତୁ ସର୍ବ ଅଙ୍ଗେ ଯହୁଁ ଥାଉ ।
ତେଣୁ ଜାତିରେ ବିଟାଳ ହେଉ ॥
ହରି ହୋ –ବ୍ରହ୍ମଚାଣ୍ଡାଳ ସବୁଠାରେ ସରି ।
ବଳିଆ ବୋଇଲେ ଅଜାତି ହରି ॥ ୩୮୫ ॥
ହରି ହୋ –କଳା ଦେହକୁ ରଙ୍ଗ ପାଟ ଶୋଭା ।
ସିନ୍ଦୂଆ ଦୋପଟା ସୁବାସ ଗଭା ॥
ନାଥ ତୁ ଭେଳାଙ୍କ ଉପରେ ଭେଳା ।
ଶୀତ କାଳରେ ଲାଗି ହେଉ ଶୀଳା ॥
ହରି ହୋ –ମଣୋହିଁ ସାରି ଭେଟ ମେଲାଠାରେ ।
ବଳରାମ ଦାସ ନିତି ସେଠାରେ ॥ ୩୮୬ ॥
ହରି ହୋ –ଖଣ୍ଡ ଚୋର ଥେଣ୍ଟା ଦେଶରେ ଥାନ୍ତି ।

ପାପୀ ଲୋକ ପୁଣ୍ୟ ଧାୟେ କରନ୍ତି ॥
ନାଥ ମୁଁ ଥାଇଁ ତୋର ପରସାଦେ ।
ସବୁଠାରେ ମୁଁ ଥାଇଁ ଅପ୍ରମାଦେ ॥
ହରି ହୋ -ଯହିଁ ଥିଲେ ସେ ଯେ ପୁରୁଷୋତ୍ତମ ।
ବଳରାମ ଦାସ ତେଣୁ ଉତ୍ତମ ॥ ୩୮୭ ॥
ହରି ହୋ -ମନ ପବନ ସେ କତିରେ ଥାଇ ।
ମନକୁ ନ କହି ପବନ ଯାଇଁ ॥
ନାଥ ତୁ କେମନ୍ତେ ମନ ବୋଲାଉ ।
କାଳେଣ ପବନ ସଙ୍ଗରେ ଯାଉ ॥
ହରି ହୋ -ଯିବା ନିକଟେ ମୋତେ ପାରିକର ।
ବଳିଆ ଦାସର ପାପ ନିବାର ॥ ୩୮୮ ॥
ହରି ହୋ -ଗୋରୁ ମାରି ଜଣେ ବ୍ରାହ୍ମଣ ଖାଇ ।
ସ୍ତିରୀ ପ୍ରାଣ ପିଇ କି ସୁଖ ପାଇ ॥
ନାଥ ହୋ ଜାଣୁ କି ସେ ଲୋକ କିଏ ।
ପୁରୁଷୋତ୍ତମରେ ଥାକଟି ସିଏ ॥
ହରି ହୋ -ଚକାଆଖି ତାର ନୀଳ ବଦନ ।
ବଳିଆ ଦାସର ମନ ସଦନ ॥ ୩୮୯ ॥
ହରି ହୋ -କଂସକୁ ମାଇଲୁ କେଉଁ ସୁଖକୁ ।
ଜାରା ଘଉଡ଼ାଇ ଦେଲା ତୁମ୍ଭଙ୍କୁ ॥
ନାଥ ତୋ ଧରମ ଅଟେ ପ୍ରମାଣ ।
ଶାସ୍ତି ତୁ ନ ପାଇଲୁ କେତେ ପୁଣ ।
ହରି ହୋ -ପଳାଇ ଲୁଚି ସେରନ୍ତା ହୋଇଲୁ ।
ବଳି ଦାସକୁ କିମ୍ପା ନ କହିଲୁ ॥ ୩୯୦ ॥
ହରି ହୋ -ମୁହିଁ ଅରଜିଛି ତୁହି ନିରେଖ ।
ତୋହ ମୋହ ସରି ହୋଇଲା ଦେଖ ॥
ମୋତେ ଯେ ରାଜା ଏତେ କଲା ପୁଣ ।
ତୋତେ ଯେ ଦେଲା ଜରା ଘଉଡ଼ିଣ ॥

ହରି ହୋ -ତୋହ ମୋହ ଦୁହେଁ ଯିବା ପଳାଇ।
ବଳରାମ ବୋଲେ ଭାଲୁ କମ୍ପାଇଁ ॥ ୩୯୧॥
ହରି ହୋ -କୁବଳୟା ମାରି କଲୁ ନିପାତ।
ଗର୍ଦ୍ଦନ ମରାଉ ଲକ୍ଷ୍ମଣ ହାତ ॥
ହରି ହୋ- ନାଥ ତୁ ଏଡ଼େ ନିରପେକ୍ଷ ହେଉ।
ସତୀ ଯେ ଅବନୀ ପଶିଲେ ତହୁଁ ॥
ହରି ହୋ -ଅର୍ଜ୍ଜୁନ ରଥେ ସାରଥି ହୋଇଣ।
ଦାସ ବଳିଆ ଦେଖୁଥିଲା ପୁଣ ॥ ୩୯୨।
ହରି ହୋ -କଳାଶୁକଳ ରଙ୍ଗ ତିନିବର୍ଣ୍ଣ।
ଶ୍ରୀମୁଖ ଚିତା ଅଧର ନୟନ ॥
ନାଥ ତୋ ମୁଖ ଚାହିଁଲେ ଜୀଅଇଁ।
ତୋର ଅଧରୁ ଯେ ଅମୃତ ପିଇ ॥
ହରି ହୋ -ପୀତ ବସନ ଯେ ଚନ୍ଦନ ଘଷି।
ବଳରାମ ଦାସ ମନକୁ ରସି ॥ ୩୯୩ ॥
ହରି ହୋ -ଢାଳେହେଁ ନିରାଶ ନ କର ମୋତେ।
ନିର୍ଦ୍ଦୟ ବୋଲି ନ ଜାଣଇଁ ତୋତେ ॥
ନାଥ ତୁ ଏଡ଼େ ଦାରୁଣ ହୋଇଲୁ।
ଦୟା ଛାଡ଼ିଣ ଦଣ୍ଡ ଦିଆଇଲୁ ॥
ହରି ହୋ -ଦୟା ନାହିଁ ଯେଣୁ ତେଣୁ ନିର୍ଦ୍ଦୟ।
ଦାସ ବଳିଆକୁ କର ସୁଦୟା ॥ ୩୯୪ ॥
ହରି ହୋ -ନନ୍ଦ ଯଶୋଦା ଗୋପୀ ବୃନ୍ଦାବନ।
ଛାଡ଼ି ଅଇଲୁ ତା ନକଲୁ ମନ ॥
ନାଥ ତୁ ମୋହ ଛାରକୁ ହିଁ ଲେଖୁ।
କାହିଁ ଯେ ହସ୍ତୀବର କାହିଁ ଯୋଖୁଁ ॥
ହରି ହୋ -ଆଉ କେହିନାହିଁ ତୋତେ ଦେଖଇଁ।
ଦାସ ବଳିଆକୁ ରଖେ ଗୋସାଇଁ ॥ ୩୯୫ ॥
ହରି ହୋ -ଯେହୁ ବୋଲଇ ମୋର କେହି ନାହିଁ।

ତାହାକୁ ହସିଣ କହୁ ଗୋସାଇଁ ॥
ନାଥ ତୁ ଗଣ୍ଠିଆ ମାନଙ୍କ ଗୁରୁ ।
ଥେଣ୍ଟ ମାନଙ୍କର ତୁ ଦର୍ପ ହରୁ ॥
ହରି ହୋ -ତୋ ତହୁଁ ମୋର ଆନ ନାହିଁ କେହି ।
ଦାସ ବଳିଆକୁ ରଖ ଗୋସାଇଁ ॥ ୩୯୬ ॥
ହରି ହୋ -କେତେ ବୁଝାଇ କହିବାକ ତୋତେ ।
ଅବୁଝା ଅଟୁ ତୁ ଶ୍ରୀ ଜଗନ୍ନାଥେ ॥
ନାଥ ତୁ ବାଇ ହେଲା ପ୍ରାୟେ ଦିଶୁ ।
ଯହୁଁ ସବୁରି ସଙ୍ଗତରେ ମିଶୁ ॥
ହରି ହୋ -ଜଡ଼ା ହେଲା ପ୍ରାୟେ କଥା ନ କହୁ ।
ବଳିଆ ଦାସକୁ କହୁଣ ଥାଉ ॥ ୩୯୭ ॥
ହରି ହୋ -ଶ୍ରୀ ଜଗନ୍ନାଥେ ଭଲ ହୋଇ ଥାଅ ।
ମୋହ ବୋଲକୁ ବିମୁଖ ନ ପାଅ ॥
ନାଥ ତୁ ନ ନେଲେ କେଦେବ ଆନ ।
ଦେଲେ ଯେ ଦେଉ ଚଉବର୍ଗ ଦାନ ॥
ହରି ହୋ -ଦେଲେ ସେ ମନରେ ଭଲ ବୁଝାଇ ।
ଦାସ ବଳିଆ ମନରେ ଶୁଝଇ ॥ ୩୯୮ ॥
ହରି ହୋ -ତୁ ମୋତେ କି କି ଦେଉଅଛୁଁ କହ ।
କିମ୍ପା ତୋ ମନେ ନ ଥାଉ ସେନେହ ॥
ନାଥ ମୁଁ ବଡ଼ କରିଥିଲି ତୋତେ ।
ତୁହିତ କିଛି ହିଁ ନ ଦେଲୁ ମୋତେ ॥
ହରି ହୋ -ଜାଣିଲେ ମୋ ତହୁଁ ବଡ଼ ନିରେଖ ।
ବଳରାମ ଦାସ ବୁଝିଲା ହକ ॥ ୩୯୯ ॥
ହରି ହୋ -ଦୁତ ପଣେଣ ହସ୍ତିନାକୁ ଯାଉ ।
ଭାଇ ଭାଇ କଟା କଟି ଲଗାଉ ॥
ନାଥ ତୁ ଏଡ଼େ ପରପଞ୍ଚେ ଥାଉ ।
ଗାଈ ରଖିଣ ପୁଡ଼ାଭାତ ଖାଉ ॥

ହରି ହୋ -ଗଉଡୁଣୀଙ୍କ ଲୁଗା ଚୋରିକରୁ ।
ଦାସ ବଳିଆକୁ ରଖି ନ ପାରୁ ॥ ୪୦୦ ॥
ହରି ହୋ -ତୋତେ କି ବୋଲିବି ମୋର କରମ ।
ତୋ ବୋଲେ କିମ୍ପା ହେଉଛି ନରମ ॥
ନାଥ ତୁ କେତେ ମୋତେ ବୁଝାଇଲୁ ।
ଘେନିଣ ଅବତାର ଭିଆଇଲୁ ॥
ହରି ହୋ -ତୋହ ବୋଲାକୁ ମୁଁ ଗଲି ବିଶ୍ୱାସ ।
ଦାସ ବଳିଆକୁ କଲୁ ନିରାଶ ॥ ୪୦୧ ॥
ହରି ହୋ -ଗୋବିନ୍ଦ ଗୋପାଳ ମାଧବ ହରି ।
ଶ୍ରୀହରି ନାମ ଯେ ଧଇଲେ କରି ॥
ନାଥ ମୁଁ ଗୋବିନ୍ଦଙ୍କୁ କରେ ଧ୍ୟାନ ।
ଗତି ସୁଗତି ମୁଁ ଯେଣୁ କାରଣ ॥
ହରି ହୋ -ଗୋବିନ୍ଦ ନାମ ଜପୁଛନ୍ତି ମୁନି ।
ବଳରାମ ଦାସ ନ ପାରେ ଘେନି ॥ ୪୦୨ ॥
ହରି ହୋ -ତୋ ନାମ କରିଛି କଣ୍ଠର ହାର ।
ମନ ସୂତ୍ରେ ଗୁନ୍ଥିଅଛି ମୋହର ॥
ହରି ତୁ ତେଣୁ ମୋହ ସଙ୍ଗେ ଥାଉ ।
ମୋହର ଡାକକୁ ଶ୍ରବଣ ଦେଉ ॥
ହରି ହୋ -ମୁହିଁ ଯେ ତୋତେ କରିଛି ମୋହର ।
ବଳିଆ ଦାସକୁ କଲୁ ତୁ ପାର ॥ ୪୦୩ ॥
ହରି ହୋ -ଶ୍ରୀଜଗନ୍ନାଥେ ଶାଖା ହୋଇଥାଅ ।
ମୋତେ କିମ୍ପାଇ ବଇରାଗ ପାଅ ॥
ନାଥ ମୁଁ ତୋହର ନୁହଇଁ ଭିନ୍ନ ।
ତୋତେ ଘେନି ବଞ୍ଚୁଥାଇ ମୁଁ ଦିନ ॥
ହରି ହୋ -ଭୃତ୍ୟ ଠାରେ ତୋର ଅନ୍ତର ନାହିଁ ।
ବଳରାମ ଦାସ ଏହା ଜାଣଇ ॥ ୪୦୪ ॥

ହରି ହୋ -ମାତଙ୍ଗ ମୁନି କରିଥିଲା ତପ।
କେଡ଼େ ମୁନିର ତୁ ଖଣ୍ଡିଲୁ ଦର୍ପ ॥
ନାଥ ତୁ ମାୟାରେ ତାକୁ ମୋହିଲୁ।
ଗର୍ବ କଲାକୁ ସେ ଶାସ୍ତି ବହିଲୁ ॥
ହରି ହୋ -ଅପସରୀରେ ଲଘୁ ହେଲୁ ଯେତେ।
ବଳରାମ ଦାସ କହିବ କେତେ ॥ ୪୦୫ ॥
ହରି ହୋ -ବ୍ରହ୍ମ ମୁନିଙ୍କି ଯେତେ ଶାସ୍ତି ଦେଲୁ।
ତୁହି କେତେ କେତେ ଗଞ୍ଜି ହୋଇଲୁ ॥
ନାଥ ତୁ ଗୋପୀଙ୍କ ଚରଣ ଧରୁ।
ନାନା ରୂପ ହୋଇଣ ଲୀଳା କରୁ ॥
ହରି ହୋ - ତୋହର ପହିଜ ଜାଣଇଁ ମୁହିଁ।
ବଳି ଦାସକୁ ଲୁଚାଉ କିମ୍ପାଇଁ ॥ ୪୦୬ ॥
ହରି ହୋ - ଦୟା କଲେ ଭବ ଦୂରିତ ଫେଉ।
ଚଉବର୍ଗ ଦାନ ଯାଚିଣ ଦେଉ ॥
ନାଥ ତୁ ହେଲେ ଦେଉ ଇନ୍ଦ୍ରପଣ।
ଯେବେ ତୁ କୃପା କରୁ ନାରାୟଣ ॥
ହରି ହୋ - ନିର୍ଦ୍ଦୟା ଯାହାକୁ କର ଗୋସାଇଁ।
ବଳିବୋଲେ ତ୍ରିଲୋକରେ କେ ନାହିଁ॥ ୪୦୭ ॥
ହରି ହୋ - ନିରେଖ ଲୋକର ବନ୍ଧୁ ସୋଦର।
କୃପଣ ଗୋଟି ଅଭୟ ଭଣ୍ଡାର ॥
ନାଥ ତୁ ସବୁରି ଅଟୁ ବେଉସା
ଏଣୁ କରଇ ମୁଁ ତୋତେ ଭରସା ॥
ହରି ହୋ - ଏମନ୍ତ ସାମନ୍ତ ଦେଖିଲା ନାହିଁ।
ଦାସ ବଳିଆ ମନକୁ ଖଟଇ ॥ ୪୦୮ ॥
ହରି ହୋ - ମାୟା ସମୁଦ୍ର ତରଙ୍ଗରୁ ତାର।
ମାୟା ବନ୍ଧ ଛେଦ ଏ ଅନ୍ଧକାର ॥
ନାଥ ତୁ ମାୟା ଲଗାଇ ନ ଫେଉ।

ବ୍ରହ୍ମା ଇନ୍ଦ୍ରକୁ ଅନ୍ୟାନ୍ୟ କରାଉ ॥
ହରି ହୋ - ଦେବଙ୍କ ମାୟାରୁ କରୁ ତୁ ପାର ।
ବଳରାମ ଦାସ ଭୃତ୍ୟ ତୋହର ॥ ୪୦୯ ॥
ହରି ହୋ - ମୋହଠାରେ ଟାଣି ହୋଇବୁ ନାହିଁ ।
ତୋର ଟାଣ ମୁହିଁ ଭାଙ୍ଗି ପକାଇ ॥
ନାଥ ମୁଁ ନ ଡରଇ ତୋତେ ଜାଣ ।
ତିନି ପୁରରେ ମୁହିଁ ବଡ଼ ଟାଣ ॥
ହରି ହୋ - ତୋତେ ଡରିଲେ କି ସଂସାରେ ଥାଇ ।
ବଳି ଦାସର ଭରସା ତୋଠାଇଁ ॥ ୪୧୦ ॥
ହରି ହୋ - ତିନିପୁରେ ମୁହିଁ ଅଟେ ଅଲେଖା ।
ତୋହର ନାମକୁ କରଇ ଲେଖା ॥
ନାଥ ମୁଁ କାହିଁକି ଯେ ନ ପାରଇଁ ।
ତୋହର ନାମକୁ ଆଶ୍ରେ କରଇଁ ॥
ହରି ହୋ - ତୋର ଶ୍ରୀଚରଣେ ମୋ ମନ ମଜ୍ଜି ।
ବଳରାମ ଦାସ କହୁଛି ହେଜି ॥ ୪୧୧ ॥
ହରି ହୋ - ନାରଦ ମୁନିଙ୍କି ଯେମନ୍ତ କଲୁ ।
ତାହା ପରାଏ କି ମୋତେ ବୁଝିଲୁ ॥
ନାଥ ତୁ ମୋତେ ଭଣ୍ଡି ଲୋଡୁ କାହିଁ ।
ମୁହିଁ ତୋହ ତହୁଁ ଚତୁର ହୋଇ ॥
ହରି ହୋ - ତୁ ଯେ ଗଣ୍ଠିଆ ମୁଁ ତୋ ତହୁଁ ଗଣ୍ଠି ।
ବଳିଆ ଦାସକୁ ନ ପାରୁ ଆଣ୍ଠି ॥ ୪୧୨ ॥
ହରି ହୋ - ଜଗତ ଯାକ ତୁହି ବଶ୍ୟ କଲୁ ।
ବଳିଆ ଦାସେ ଜିତି ନ ପାରିଲୁ ॥
ନାଥ ତୁ କେମନ୍ତେ ଜଗୁ ଜୀବନ ।
ଯେବେ ନ ନେଲୁ ତୁ ମୋହର ମନ ॥
ହରି ହୋ - ସବୁ ପଣ ତୋ ଏହିଠାରୁ ସୁରୁ ।
ବଳିଆ ଦାସକୁ ନେଇ ନ ପାରୁ ॥ ୪୧୩ ॥

ହରି ହୋ - ଜଗବନ୍ଧୁ ନାମ କେମନ୍ତେ ତୋର ।
ମୋହଠାରେ ଯେବେ କଲୁ ଅନ୍ତର ॥
ନାଥ ତୁ ଜଗତକୁ ଅଣହିତ ।
ମାୟା ତୁ ଲଗାଉ ଯେ ଅପ୍ରମିତ ॥
ହରି ହୋ - ତୋର ନ ଥିଲେ ଯେ ନ ଥାନ୍ତା ମାୟା ।
ବଳିବୋଲେ ଛିଦ୍ର ନୁହନ୍ତା କାୟା ॥ ୪୧୪ ॥
ହରି ହୋ - ମାୟା ଛେଦିବାକୁ ତୋହରି ନାମ ।
ଚଉଦ ଭୁବନେ ତୁହି ଉତ୍ତମ ॥
ନାଥ ତୋ ମହିମା କେ କରୁ ଅନ୍ତ ।
ତିନିପୁରେ ଅଟୁଁ ତୁ ସାମରଥ ॥
ହରି ହୋ - ନାମ ଧଇଲେ ମହାପାପୁ ମୋକ୍ଷ ।
ବଳିଆ ବୋଲଇ ଦେଖ ପ୍ରତ୍ୟକ୍ଷ ॥ ୪୧୫ ॥
ହରି ହୋ - ସମସ୍ତ ଠାକୁ ଆଗେ ତୋତେ ଲୋଡ଼ି ।
ତିନିପୁର ଲୋକେ ତୋ ତହୁଁ ବୁଡ଼ି ॥
ହରି ହୋ- ତୁ କାହାର ମନ କେମନ୍ତେ ନେଉ ।
ସବୁ ଯେ ତୋହରି ଚରଣେ ଦେଉ ॥
ହରି ହୋ - ହରି ନଦୀରେ ଯେ ସୋହତି ଟାଣ ।
ଭାସିଲା ବଳିଆ ସେହି ତୀରେଣ ॥ ୪୧୬ ॥
ହରି ହୋ - ତୋହରି ନାମ ଅଗାଧ ଔଷଧି ।
ମୋହ ଛାର କାହିଁ ପାରିବ ଭେଦି ॥
ନାଥ ତୁ ପାରିଲେ କାରଣ କର ।
ତୋର ଭାବେ ଭେଦୁଁ ମନ ମୋହର ॥
ହରି ହୋ - କହିଲି ତୋତେ ମୋର ଦୋଷ ନାହିଁ ।
ଦାସ ବଳିଆକୁ ରଖ ଗୋସାଇଁ ॥ ୪୧୭ ॥
ହରି ହୋ - ଗରୁଡ଼ ଚଢ଼ି ମହାବାହୁ ନାମ ।
କ୍ଷେତ୍ରର ନାମ ତୋ ପୁରୁଷୋତ୍ତମ ॥
ନାଥ ତୁ ପାଣ୍ଡବ କୁଳକୁ ସାହା ।

କ୍ଷତ୍ରିୟ ପଣରେ ଛେଦୁଁ ବିଂଶବାହା ॥
ହରି ହୋ - କୁଟେ ମରାଇଲୁ ଭୀଷ୍ମ ଦ୍ରୋଣଙ୍କୁ ।
ବଳିଆ ଦାସ ଡରେ ତୋ ନାମକୁ ॥ ୪୧୮॥
ହରି ହୋ - ସଂସାରକୁ ତୁ ଶରଣ ସୋଦର ।
ଶରଣ ପଶୁ ପାଣ୍ଡବଙ୍କ ଠାର ॥
ନାଥ ତୋତେ ସର ପୂଳିରେ ସୁଧା ।
ନିର୍ମାଲ୍ୟ ଆଶ୍ରେ କରନ୍ତି ବିବୁଧା ॥
ହରି ହୋ - ଏଣୁ କରି ତୋର ପାଶେ ନ ଯାଇଁ ।
ବଳି ବୋଲେ ତୋତେ ଛୁଇଁବେ ନାହିଁ॥୪୧୯ ॥
ହରି ହୋ - ମୋତେ କାହିଁ ପାଇଁ ଡରାଉ ଥାଉ ।
କିଛି ନ ଦେବାକୁ ଭାଜନ ନୋହୁ ॥
ନାଥ ତୁ ମୋତେ କି ଦେଇଛୁ କହ ।
ଦେଲା ପ୍ରାୟେକ ଦିଶୁଅଛି ମୁହିଁ ॥
ହରି ହୋ - ଦେଇଥିଲେ ନିଅ କ୍ଷେତୁଁ ମୋହର ।
ବଳିଆ ଠାରେ ଧାରଣା ନକର ॥ ୪୨୦ ॥
ହରି ହୋ - କାହିଁକି ଜଞ୍ଜାଳ କରୁଛୁ ମୋତେ ।
ନେଇଥିଲେ ଆଣ ତୁ ମୋର ପତ୍ରେ ॥
ନାଥ ତୁ ନେଇ ନ ପାରିବୁ ମନ ।
ତୋହର ଚରଣେ ମୋହର ଧ୍ୟାନ ॥
ହରି ହୋ - ମୋହ ମନେ ମନେ ବୁଝିଛି ମୁହିଁ ।
ବଳିଆ ଅଛି ମନ ବନ୍ଧା ଦେଇ ॥ ୪୨୧ ॥
ହରି ହୋ - ଶୁଝିଲା ଖାତକ କିମ୍ପାଇ ଧରୁ ।
ଆହୁରି ବେଳେ ନେବାକୁ ବିଚାରୁ ॥
ନାଥ ହୋ ଆଉ କିଛି ମୋର ନାହିଁ ।
ଯେବେ ମୋ ମନକୁ ତୋତେ ଦେଲଇଁ ॥
ହରି ହୋ - ଆଉ ମାଗି ନେବୁ ଦେବଇଁ କାହୁଁ ।
ବଳିଦାସ ପାଇଁ ଏ ଲୋଭୀ ସାହୁ ॥ ୪୨୨ ॥

ହରି ହୋ - ସଭା କରିବା ସନ୍ଥ ଗୋଷ୍ଠୀ ରାଇ ।
ମନକୁ ମୋର ଆଣ ମୁକୁଳାଇ ॥
ନାଥ ତୁ ସାହୁ ହୋଇଁ ଲୋଭ କରୁ ।
ପାଞ୍ଚଗୁଣ ଦେଲା ଠାବରେ ଧରୁ ॥
ହରି ହୋ - ଶୁଝିଲା ଖାତକେ ପତ୍ର ନ ଦେଉ ।
ବଳରାମ ଦାସ ନ ରଖେ ଆଉ ॥ ୪୨୩ ॥
ହରି ହୋ - ମୁଁ ଏବେ ତୋତେ ଧରିବି ଗୋସାଇଁ ।
ମନକୁ ଘେନି ଯିବାଯାଏଁ ଫେଇ ॥
ନାଥ ତୋ ଭଲ ପଣ ଏବେ ଥାଉ ॥
ମୋହର ମନକୁ କିମ୍ପା ନ ଦେଉ ॥
ହରି ହୋ - କେଣେ ହେଁ ମୁହିଁ ନ ପାରିଲି ଯାଇଁ ।
ବଳି ଦାସର ମନ ଅଛି ରହି ॥ ୪୨୪ ॥
ହରି ହୋ - ଏ କଥା ସେବେ ସବୁଦିନେ ଥିବ ।
ତେବେ ଯେ ଭକ୍ତର ସେବା ରହିବ ॥
ନାଥ ମୁଁ ଏତେ ମାଗୁଅଛି ତୋତେ ।
ତୁହି ଯେ ଦୟା କରିଥିବୁ ମୋତେ ॥
ହରି ହୋ - ମୋହ ମାଗୁଣି ମୋ ମନ ତୋ ତହିଁ ।
ବଳରାମକୁ ବାରେ କର ତ୍ରାହି ॥ ୪୨୫ ॥
ହରି ହୋ - ମନରେ ପରତେ ନ ଯାଇ ମୋର ।
ଯାବତ ମାୟାଦି ସବୁ ତୋହର ॥
ନାଥ ତୁ କାଳ ଦେଇ ଜ୍ଞାନ ଦେଉ ।
ମାୟା ପଣ ରାତ୍ର ଦିନ କରାଉ ॥
ହରି ହୋ - ଆୟତ ନୁହନ୍ତି ପଞ୍ଚୁ ପଧାନ ।
ବଳିଆ ଦାସ ମାୟାରେ ବୁଡ଼ିଣ ॥ ୪୨୬ ॥
ହରି ହୋ - ସତ ସ୍ୱରୂପେ ଯେ କହୁଛି ତୋତେ ।
କିମ୍ପା ଛାଡ଼ିଲୁ ତୁ ଶ୍ରୀଜଗନ୍ନାଥେ ॥
ନାଥ ମୁଁ କେଉଁ ଦୋଷ କଲି କହ ।

ଏଡ଼େ ଦାରୁଣ ଅଟଇ ତୋ ଦେହ ॥
ହରି ହୋ - ଦୋଷରୁ ମୋତେ ବେଗେ ପାରିକର ।
ବଳରାମ ଦାସ ଯେ ଭୃତ୍ୟ ତୋର ॥ ୪୨୭ ॥
ହରି ହୋ - କହିଲେ ତୁ ତ କିଛିହିଁ ନ ଶୁଣୁ ।
ତୋହର ଜାତି ଉଭାଇବି ତେଣୁ ॥
ନାଥ ତୁ ସୁଗ୍ରୀବର ଆଗେ ଯାଇଁ ।
କେତେ ବିକଳ ଯେ ହୋଇଲୁ ତୁହି ॥
ହରି ହୋ - କୋଳ କରିଣ ବୋଲୁଁ ବାରେ ରଖ ।
ବଳିଆ ଦାସ ଦେଖୁଥିଲା ହାକ ॥ ୪୨୮ ॥
ହରି ହୋ - ନୀରକ୍ଷ ହୋଇ କପୀଙ୍କର ଆଗେ ।
ସବୁଙ୍କୁ ହିଁ ବିକଳେ ତୁ ରାଗେ ॥
ବୋଲୁଁ ମୋ ଘରଣୀ ନେଲା ରାବଣ ।
ରାବଣ ମାରି ଜାନକୀଙ୍କି ଆଣ ॥
ହରି ହୋ - ସେ କଥା ତୁହି ପାଶୋରିଲୁ ଯହୁଁ ।
ବଳିଆ ଦାସକୁ ଉରାଉ ତହୁଁ ॥ ୪୨୯ ॥
ହରି ହୋ - ମୋହର ଆଗେ ତୁ ନୋହିବୁ କିଛି ।
ମୁହିଁ ସବୁ ତୋର ମର୍ମ ଜାଣିଛି ॥
ନାଥ ହୋ କହିବିଟି ସବୁ ତୋର ।
ଯେତେ କଥା ତୋର ମୋହ ଆଗର ॥
ହରି ହୋ - ଶୁଣିଲା ଲୋକ ଯେ କରିବେ ହାସ ।
ବଳିଆ ଜାଣେ ତୋ ଦୁଃଖ ପରାସ ॥ ୪୩୦ ॥
ହରି ହୋ - ନାମ ବାସନା ଆବୋରି ସଂସାର ।
ସେ ବାସନାକୁ ମୁଁ ଭୃଙ୍ଗ ଆକାର ॥
ନାଥ ତୋ ହୃଦ ମଧ୍ୟରେ କେଶର ।
ତହିଁ ମୋ ମନ ଚୁମ୍ବଇ ଭ୍ରମର ॥
ହରି ହୋ - ମୋ ମନ ବୁଡ଼ି ଯେ ରହିଲା ତହିଁ ।
ବଳିଆ ଦାସର ଆୟତ୍ତ ନାହିଁ ॥ ୪୩୧ ॥

ହରି ହୋ - ସେ ବାସ ତୁମ୍ଭର କେମନ୍ତ ହୁଏ।
ଚଉଦ ଭୁବନେ ପ୍ରଘଟ ପାଏ ॥
ନାଥ ମୁଁ ସେ ବାସନାକୁଟି ବଶ।
ବାସ ସୁଆଦେ ବୋଲାଇ ତୋ ଦାସ ॥
ହରି ହୋ - ବାସ କୁସୁମକୁ ମୋ ମନ ଭୃଙ୍ଗ।
ସେ ବାସ ଭେଦି ତୋ ବଳିଆ ସଙ୍ଗ ॥ ୪୩୨ ॥
ହରି ହୋ - ତୋ ନାଭିକମଳୁଁ ଯେବଣ ପୁଷ୍ପ।
କେଶରୁ ବ୍ରହ୍ମଚାରୀ ଯେ ତ୍ରିଦଶ ॥
ନାଥ ହୋ ଏମନ୍ତ ମହିମା ତୋର।
ନାମ ଯେ ଆଶ୍ରେ କରିଛ ଶଙ୍କର ॥
ହରି ହୋ - ତାହା ଶୁଣି ସିନା ତୋତେ ରସିଲି।
ଦାସ ବଳରାମ କେତେ କହିଲି ॥ ୪୩୩ ॥
ହରି ହୋ - ତିନି ଭୁବନେ ତୁହି ଯେ ସାଆନ୍ତ।
ସେବା କରିଣ ଅଛନ୍ତି ସମସ୍ତ ॥
ନାଥ ହୋ ତିନିପୁରେ ଯେତେ ପ୍ରାଣୀ।
ସବୁ ତୁ ମୋହୁଅଛୁ ଚକ୍ରପାଣି ॥
ହରି ହୋ - ତାଙ୍କ ସଙ୍ଗୁ ମୋତେ କଲୁ ବାହାର।
ଦାସ ବଳିକୁ ଦୟା ନାହିଁ ତୋର ॥ ୪୩୪ ॥
ହରି ହୋ - ମୁଁ ମହାପାପୀ ତୋତେ ନ ସେବିଲି।
ତୋର କଥାରେ ମନହିଁ ନ ଦେଲି ॥
ମୋତେ ସଂସାରରୁ ବାହାର କଲୁ।
ତୋହର ବାସନା ଯହୁଁ ନ ଦେଲୁ ॥
ହରି ହୋ - ଅମୃତ ନ ଦେଇ ଦେଲୁ ତୁ ବିଷ।
ଦାସ ବଳିଆକୁ କଲୁ ନିରାଶ ॥ ୪୩୫ ॥
ହରି ହୋ - ମହାପ୍ରଭୁ ହୋଇ କଲୁ ଅନୀତି।
କେତେ କହିବି ମୁହିଁ ତୋର ନୀତି ॥
ନାଥ ତୁ ସବୁ ପାପରେ କରତା।

ମାୟା ମୋହନଙ୍କୁ ହୋଇଛୁ ହିତା ॥
ହରି ହୋ - ଗତି ମୁକତି ଏଣେ ହୋ କାରିଣୀ ।
ବଳିଆ ଦାସ ଭଲେ ଏହା ଜାଣି ॥ ୪୩୬ ॥
ହରି ହୋ - ତମ ଗୁଣ ହିଂସା ନାହିଁ ତୋହର ।
ମିଛ ମାୟା ଜ୍ଞାନ ବିଚାର ସାର ॥
ନାଥତୁ ସବୁ ଅଂଶ ଧରିପାରୁ ।
ପାପ ପୁଣ୍ୟ ଯେ ପୁଣ ହିଁ ଆଚରୁ ॥
ହରି ହୋ - ଅଂଶ ଅଂଶାବଳୀ କରୁ ଭିଆଣ ।
ଦାସ ବଳିକୁ ରଖ ନାରାୟଣ ॥ ୪୩୭ ॥
ହରି ହୋ - ମାୟା ବନ୍ଧନ କାଟି ଜ୍ଞାନ ସାଧୁ ।
ଦେବଙ୍କୁ ପଞ୍ଚୁ ମାନବେ ତୋ ବନ୍ଧୁ ॥
ନାଥ ତୁ ବିବାହିତା ଭାର୍ଯ୍ୟା ଛାଡୁ ।
ଗୁରୁ କରିଣ ତୁ ଯେ ବିଦ୍ୟା ପଢୁ ॥
ହରି ହୋ - ଜନ୍ମ କଲା ପୁତ୍ର ଆଗେ ମରାଉ ।
ଦାସ ବଳିଆ ଦେଖି ଭୟ ପାଉ ॥ ୪୩୮ ॥
ହରି ହୋ - ଯଜ୍ଞାଦି ଠାବରେ ତୋତେ ବରଣ ।
ବ୍ରହ୍ମାଠାରେ ବେଦ ତୋହରି ପୁଣ ॥
ନାଥ ହୋ ଶାସ୍ତ୍ର ଯେ ପୁରାଣେ ତୁହି ।
ଯେତେ ଘଟେ ଯେତେ ଜ୍ଞାନ କହି ॥
ହରି ହୋ - ତିନିପୁର ଯାକେ ତୋହରି ନାମ ।
ଦାସ ବଳିଆର ମଜ୍ଜଇ ମନ ॥ ୪୩୯ ॥
ହରି ହୋ - ସମସ୍ତ ଠାରେ ଯେ ଭଲ ହୋଇଲୁ ।
ଗୋପେ ଗଉଡ଼ କିମ୍ପା ବୋଲାଇଲୁ ॥
ନାଥ ତୋ ଭକ୍ତକୁ ରଖିବା ପାଇଁ ।
ଭକ୍ତ ଜାତ ଯହିଁ ତୁହି ଯେ ତହିଁ ॥
ହରି ହୋ - ଭକତ ପାଇଁ ହେଉ ନନ୍ଦ ସୁତ ।
ବଳରାମ ଦାସ ଥିଲା ସଙ୍ଗତ ॥ ୪୪୦ ॥

ହରି ହୋ – ଏଡ଼େ ସାଆନ୍ତ ଭୃତ୍ୟ ଭାବେ ବାଇ ।
ଭୃତ୍ୟ ବଶିଆ ତୋ ନାମ ଅଟଇ ॥
ନାଥ ତୁ ଭୃତ୍ୟଠାରେ ମାୟା କରୁ ।
ଦୟା ସେନେହ କିମ୍ପା ଦୂର କରୁ ॥
ହରି ହୋ – ସୁଦୟା କଲେ ପ୍ରଶଂସା ପାଇବୁ ।
ବଳିଆ ଦାସକୁ ବାରେ ରଖିବୁ ॥ ୪୪୧ ॥
ହରି ହୋ – ଆନ ନ ମାଗଇ ମୋର ମନ ରହୁ ।
ତୋର ଚରଣେ ମୋର ମନ ରହୁ ॥
ନାଥ ମୋ ମନ ନ ଯାଉ ଆନକୁ ।
ମନ ଚଇତନ ଥାଉ ହେତୁକୁ ॥
ହରି ହୋ – ମନ ମତ୍ତ ହସ୍ତୀ ନିଅ ବଳାଇ ।
ଦାସ ବଳିଆ ଆନ ନ ମାଗଇ ॥ ୪୪୨ ॥
ହରି ହୋ – ମୋର ମନ ତୁ କରିଥିଲେ ବନ୍ଦି ।
ପ୍ରଭୁ ପଣ ତୋର ଥିବ ଗୋବିନ୍ଦି ॥
ମୁହିଁ ତୋ ସନ୍ଧି ଯେ ପାରଇ ଫେଇ ।
ତୋତେ ଯେ ପ୍ରତେ କରାଇବି ନେଇ ॥
ହରି ହୋ – ମୋତେ ଘେନିଥିଲେ ତୁ ବିକାଇବୁ ।
ବଳିଆ ଦାସ ସଙ୍ଗ ନ ଛାଡ଼ିବୁ ॥ ୪୪୩ ॥
ହରି ହୋ – ତୋହର ଶ୍ରୀମୁଖ ଦେଖିଲେ ମୁହିଁ ।
କୋଟି ଜନ୍ମର ପାତକ ନାଶଇ ॥
ନାଥ ତୁ ଘଟେ ଘଟେ କରୁ ଦୟା ।
ତୋହର ଭୃତ୍ୟଙ୍କ ଠାରେ ନିର୍ଦ୍ଦୟା ॥
ହରି ହୋ – ମୁହିଁ କି କହିବି ମହିମା ତୋର ।
ବଳିଆ ଦାସକୁ ବାରେ ଉଦ୍ଧର ॥ ୪୪୪ ॥
ହରି ହୋ – ଅନନ୍ତ ରୂପ ଅନନ୍ତ ମହିମା ।
ବ୍ରହ୍ମା ରୁଦ୍ର ଇନ୍ଦ୍ର ଭାଙ୍ଗୁ ଗାରିମା ॥
ନାଥ ତୁ ଯେତେ ଯେତେମନ୍ତ ହେଉ ।

ମେରୁ ଯେ ଦାରୁ ଶୀଳାରୂପେ ରହୁ ॥
ହରି ହୋ - ତୋହର ଭୃତ୍ୟ ମୁଁ କର ସଦୟେ ।
ବଳରାମ ଦାସ ଆତଙ୍ଗେ କହେ ॥ ୪୪୫ ॥
ହରି ହୋ - ଜଗତେ ବୋଲନ୍ତି କଳପତରୁ ।
ମୋହର ବାଞ୍ଛା ତୁ ସିଦ୍ଧ ନ କରୁ ।
ନାଥ ମୁଁ ତୋର ତହୁଁ ହୋଇ ବଡ଼ ।
ମୋହର ମନେ ଏହି କଥା ଗାଢ଼ ।
ହରି ହୋ - ଏହି କଥାକୁ ଅବଧାନ କର ।
ବଳରାମ ଦାସ ଭୃତ୍ୟ ତୋହର ॥ ୪୪୬ ॥
ହରି ହୋ - ଆତଙ୍ଗେ ଡାକେ ଉପହାସ ମଣୁ ।
ନିର୍ଦ୍ଦୟା ସାମନ୍ତ ଅଟୁ ତୁ ତେଣୁ ॥
ନାଥ ତୁ ଟାହି କରି ମୋତେ ଚାହୁଁ ।
ମୁହିଁ ଚନ୍ଦ୍ର ଯେ ତୁ ହୋଇଲୁ ରାହୁ ॥
ହରି ହୋ - କି କି ବିଚାରୁ ତା ନ କହୁ ମୋତେ ।
ଦାସ ବଳିଆ ଜଣାଉଛି ତୋତେ ॥ ୪୪୭ ॥
ହରି ହୋ - ଜୀବନ ସୁଫଳ ହୋଇଲା ମୋର ।
ଦର୍ଶନ କଲି ଯହୁଁ ଆଦିମୂଳ ॥
ନାଥ ମୁଁ ଯାହା ପ୍ରଭୁ ଆଶ୍ରେକଲି ।
ମୋହର ଦୁଃଖ ବେଦନା କହିଲି ॥
ହରି ହୋ - ମୁହିଁ ଯେ ତୋତେ କରିଅଛି ସେବା ।
ବଳିଆ ଦାସକୁ ଜାଚି ବରଦେବା ॥ ୪୪୮ ॥
ହରି ହୋ - ବାଳୁତ କାଳ ହୁଁ ଲଗାଉ ମୋହ ।
ଏବେ କିମ୍ପା ଆଉ ନୋହିବ କୋହ ॥
ନାଥ ତୁ ଦୟାରେ ମାୟା ଲଗାଉ ।
ଏବେ କିସ ପାଇଁ ମୋହ କରାଉ ।
ହରି ହୋ - ତୁଚ୍ଛା ଦେହେଁ କେତେ ଦେଖାଉ ବଳ ।
ବଳିଆ ଦାସ ଜୀବନ ସୁଫଳ ॥ ୪୪୯ ॥

ହରି ହୋ – ଯେତେବେଳେ ଦଶ ବରଷୁଁ ସାନ।
ମନରେ କିମ୍ପା ନ ପାଇଲୁ ଆନ ॥
ନାଥ ତୁ ଏବେ ହେଁ କି କି ବିଚାରୁ।
ନିଶାପ ହୋଇଲେ ନ ପୁଣ ହାରୁ ॥
ହରି ହୋ – କଣ୍ଠେ ତୁଳସୀ ମାଳ ତୋର ଥିବ।
ବଳିଆ ଦାସର ମନ ତ ଯିବ ॥ ୪୫୦ ॥
ହରି ହୋ – ଶ୍ରୀଜଗନ୍ନାଥେ ତୋ ଜାଣିଲି ମନ।
ଲୋକମାନଙ୍କୁ ଯେ ହେଉ ପ୍ରସନ୍ନ ॥
ନାଥ ତୁ ଭୃତ୍ୟକୁ ରଖିବା ପାଇଁ।
ରଥରେ ଗୁଣ୍ଡିଚା ଆସ ଗୋସାଇଁ ॥
ହରି ହୋ – ଜୟ ଜଗନ୍ନାଥ ଜଗତ ସାଇଁ।
ବଳରାମ ଦାସ ଦିଏ ଅନାଇଁ ॥ ୪୫୨ ॥
ହରି ହୋ – ଯେବଣ ନରେ ଅଟନ୍ତି ସୁଭାଗି।
ସେହି ଯେ ଦେଖନ୍ତି ଚନ୍ଦନ ଲାଗି ॥
ନାଥ ହୋ ଅର୍ଜ୍ଜୁନ ଥିଲେ ସେ ଥାଇଁ।
ତେଣୁ ଦର୍ଶନ ନ ଦେଲୁ ଗୋସାଇଁ ॥
ହରି ହୋ – ଚନ୍ଦନ ଲାଗି ଯେ ଜଗତେ ସାର।
ଧନ୍ୟ ଜୀବନ ବଳିଆ ଦାସର ॥ ୪୫୩ ॥
ହରି ହୋ – ଭୃକୁଣ୍ଡ ଋଷି ପାଇଲା ତନୟେ।
କର୍ମେଣ ଆୟୁଷ ଅଳପ ହୁଏ ॥
ନାଥ ତୁ ଅଳପ ସଦୟେ କଲୁ।
ସାତ କଳ୍ପ ଯେ ଅମର ବିହିଲୁ ॥
ହରି ହୋ – କେଳେଶ ନାଶନ କେଶବ ନାମ।
ରକ୍ଷା କରସି ଦାସ ବଳରାମ ॥
ହରି ହୋ – ଜଗତ ଭିତରେ ତୋ ନାମ ସାର।
ନାନା କର୍ମାଦି ପାପୁଁ ପାରିକର ॥
ନାଥ ତୁ ସବୁଙ୍କର ସବୁ ସହୁ।

ସର୍ବ ଘଟରେ ବିଜେ କରିଥାଉ ॥
ହରି ହୋ - ମୋତେ କାହିଁପାଇଁ କଲୁ ନିରାଶ ।
କି ଦୋଷ କଲା ବଳରାମ ଦାସ ॥ ୪୫୪ ॥
ହରି ହୋ - କୋଟିଏ ତୀର୍ଥରେ କୋଟିଏ ଧନ ।
କୋଟିଏ ଭୂମି ଦେବା ମହାଦାନ ॥
ନାଥ ତୋ ଗୋଟିଏ ନାମ ଜପିବା ।
କୋଟିଏ ବେଳ କାଶୀରେ ଝାସିବା ॥
ହରି ହୋ - କଳା ଶ୍ରୀମୁଖକୁ କେ ନୁହେଁ ତୁଲ ।
ବଳରାମ ଦାସ ବୋଲେ ଅମୂଲ୍ୟ ॥ ୪୫୫ ॥
ହରି ହୋ - ତୋହର ଦୟା କେ ବିଶେଷି କହୁ ।
ବଇରୀ ଶରଣ ପଶିଲେ ସହୁ ॥
ନାଥ ତୋ ଏହି କଥାକୁ ରସୁଛି ।
ନାଥ ମୁଁ ଏହି କଥାକୁ ମରୁଛି ॥
ହରି ହୋ - ଯେବେତୁ ମୋତେ ବାରେକ ରଖିବୁ ।
ବଳିଆ ଦାସ ଦୋଷ ନ ଧରିବୁ ॥ ୪୫୬ ॥
ହରି ହୋ - ତୋତେ ଆଶ୍ରେକରି କେତେ ସହିବି ।
ଅଛି କେତେ ସରି ତା କି କହିବି ॥
ନାଥ ତୁ ମୋହ କଥା ଯହୁଁ ଜାଣୁ ।
ତୋତେ ମୋ ମନ ନ ସରଇଁ ତେଣୁ ।
ହରି ହୋ - ଭୃତ୍ୟ ଲୋକର ଜଗିଥାଉ ପାଶ ।
ତୋ ଭୃତ୍ୟର ଭୃତ୍ୟ ବଳିଆ ଦାସ ॥ ୪୫୭ ॥
ହରି ହୋ - ତୋହର ଅଙ୍ଗେ ନେଇ ମୋତେ ଭର ।
ଏତେକ ମାତ୍ରକୁ ତୁ ବୋଲ କର ॥
ନାଥ ମୋ ଦନ୍ତେ ତୀରଣ ଶରଣ ।
ତୁହି ଯେ ସର୍ବଘଟେ ନାରାୟଣ ॥
ହରି ହୋ - ମୁହିଁ ଯେ ତୋତେ କରିଛି ମୁହାଁସ ।
ଦାସ ବଳିର ଛେଦ ମାୟାପାଶ ॥ ୪୫୮ ॥

ହରି ହୋ - ମୁହିଁ କଥା ତୋତେ କହିବି ନାହିଁ।
ତୁ କିମ୍ପା ହସିଲୁ ମୋତେ ଅନାଇ ॥
ନାଥ ତୁ ଅବରଣି ପଣେ ଯାଉ।
ସଭା ତଳେ ଶଙ୍ଖ ଖଣ୍ଡେ ବଜାଉ ॥
ହରି ହୋ - ତୁ ଯେବେ ହସିଲୁ ମୋତେ ଅନାଇ।
ବଳିଆ ଦାସକୁ ରଖ ଗୋସାଇଁ ॥ ୪୫୯ ॥
ହରି ହୋ - କୃପାସିନ୍ଧୁ ବୋଲି ବୋଲନ୍ତି ତୋତେ।
କିମ୍ପାଇଁ କୃପା ତୁ ନ କଲୁ ମୋତେ ॥
ନାଥ ମୁଁ ଅଟଇ ତୋର ଅଭିନ୍ନ।
ମୋତେ ଛାଡ଼ିଣ କେହ୍ନେ ବଞ୍ଚୁ ଦିନ ॥
ହରି ହୋ - ବକା ଗିଳୁଥିଲା ତହୁଁ ରହିଲୁ।
ବୋଲେ ବଳିଆ ତାହା ପାଶୋରିଲୁ ॥ ୪୬୦ ॥
ହରି ହୋ - ଦଧିବାମନ ରୂପକୁ ଦୟିନୀ।
ନାମକୁ ଜପୁଛନ୍ତି ସୁରମୁନି ॥
ନାଥ ତୋ ନିର୍ଗୁଣ ନାମ ଅଟଇ।
ମୋହନ ମନରୁ ଦଣ୍ଡେ ନ ଯାଇ ॥
ହରି ହୋ - ନିର୍ବିକାର ବୋଲି ତୁହି ବୋଲାଉ।
ବଳିଆ ବୋଲେ ସବୁଠାରେ ଥାଉ ॥ ୪୬୧ ॥
ହରି ହୋ - ଚୌରାଶୀ କାଠି ଗଙ୍ଗା ନଖ କୋଣେ।
ପୃଥିବୀ ଧଇଲୁ ତୁ ଦନ୍ତମୁନେ ॥
ନାଥ ତୁ ଦଶୀପୋକ ହୃଦେ ଥାଉ।
ବଡ଼ ତୁ ଅସମ୍ଭବ ମହାବାହୁ ॥
ହରି ହୋ - ଦେବେ ଅଗୋଚର ମାୟା ତୋହର।
ବଳରାମ ଦାସ କେତେ ମାତର ॥ ୪୬୨ ॥
ହରି ହୋ - ନବଖଣ୍ଡ ପୃଥ୍ୱୀ ଗର୍ଭେ ପୁରାଉ।
କୋଟି ମେରୁ କୋଟି ସିନ୍ଧୁ ଦେଖାଉ ॥
ନାଥ ତୋ ରୋମ ମୂଳେ ବସୁନ୍ଧରୀ।

କେତେ ମୁଁ କହିବଇଁ ଅନ୍ତକରି ॥
ହରି ହୋ - ଦେବେ ଅଗୋଚର କହିବି କେତେ ।
ଦାସ ବଳିଆର ଭରଷା ତୋତେ ॥ ୪୬୩ ॥

ହରି ହୋ -ଚୌରାଶି କାଠି ଗଙ୍ଗାପାଦେ ଲୁଚେ ।
ଯଶୋଦା ପାଣି ଆଞ୍ଜୋଳିରେ ପୋଛେ ॥
ନାଥ ତୋ ମହିମା ବଡ଼ ଦୁର୍ଲଭ ।
ଭାବରେ ଭକ୍ତ ଜନଙ୍କୁ ସୁଲଭ ॥

ହରି ହୋ -ଦେବେ ଅଗୋଚର ଯାହାର ମାୟା ।
ବଳିଆ ଦାସକୁ କର ସୁଦୟା ॥୪୬୪॥

ହରି ହୋ -ଧନଲୋକ ଦେଖି ଗରବୀ ପ୍ରାଣୀ ।
ଭଲମନ୍ଦ ଦୁଇ ପାପ ନ ଜାଣି ॥
ନାଥ ଏ ସଂସାରେ ଅସାର ଦେହୀ ।
ଏଥିକି ଯେ ଅପକୀରତି ଥାଇଁ ॥

ହରି ହୋ -ଅଳପ ଦିନେ ନ ଥିବ ଏ ଦେହ ।
ବଳି ଦାସକୁ ସତକଥା କହ ॥୪୬୫॥

ହରି ହୋ -ଧନ ଯଉବନ ନୋହଇଁ ସତ ।
ତରିବ ଯେବେ ଚିନ୍ତ ଜଗନ୍ନାଥ ॥
ନାଥ ତୁ ବୋଲୁ ଥାଉ ହରିହର ।
ଭବସାଗରରୁ ଯିବୁ ତୁ ତରି ॥

ହରି ହୋ -ତାରକ ନାମଟି ଗୋବିନ୍ଦ ନାମ ।
ବଳରାମ ଦାସ ଭାବେ ଶ୍ରୀରାମ ॥୪୬୬॥

ହରି ହୋ -ମାୟାଢ଼ାଙ୍କୁଣୀ ତୁ ଫେଡ଼ ମୋହର ।
ଯେତେ ଅକର୍ମ ସବୁ ଦୂରକର ॥
ନାଥ ତୁ ତାରିବୁ ମୋତେ କେମନ୍ତେ ।
ଏହା କହ ମୋତେ ଶ୍ରୀ ଜଗନ୍ନାଥେ ॥

ହରି ହୋ –ଏହି କଥାକୁ ମୋତେତ ଗୁହାରି ।
ବଳିଆ ଦାସକୁ ନିଅ ଉଦ୍ଧାରି ॥୪୬୭॥

ହରି ହୋ –ଜାଣୁ ତୁ ସକଳ ଲୀଳା କେମନ୍ତେ ।
ଅଧିପ ହାତେ ଦଣ୍ଡଦେଲୁ ମୋତେ ॥
ନାଥ ମୁହିଁ କି ଦୋଷ କଲି କହ ।
ତୁମ୍ଭେ ଭୃତ୍ୟର ମାନ ଯେ ନ ସହ ॥

ହରି ହୋ –ଭୃତ୍ୟର ଛଳେ ବାମେ ଛୁରି ନେତ ।
ବଳରାମ ଦାସ କହେ ଉଚିତ ॥୪୬୮॥

ହରି ହୋ –ଧୂପର ବେଳେ ନିରଗଳି ମୁଖ ।
ଶୁଣ ସୁଜନେ ଭଲକରି ଦେଖ ॥
ନାଥ ମୁଁ ଧୂପବେଳେ ଖଟିଥାଇଁ ।
ତୋର ଶ୍ରୀମୁଖ ଦର୍ଶନ ପାଇଁ ॥

ହରି ହୋ –ଧୂପ ଆଳତୀ ବନ୍ଦାପନା ତୋର ।
ଦେଖି ବଳିଆ ହୋଇଲା ନିସ୍ତାର ॥୪୬୯॥

ହରି ହୋ –ସବୁବେଶ ଏକା ତୋତେ ଯେ ହୋଇ ।
ତ୍ରୈଲୋକ୍ୟ ଯାକ ତୋ ମୁଖ ମୋହଇଁ ॥
ନାଥ ତୁ ଉଦ୍ଧାରୁ ଜଗତେ ପ୍ରାଣୀ ।
ମୁହିଁ ଅଜ୍ଞାନ କିଛି ହିଁ ନ ଜାଣି ॥

ହରି ହୋ –ଜଗତସଙ୍ଗେ ମୋତେ ସରିକର ।
ଦାସ ବଳିଆ ମନ ଏବେ ହର ॥୪୭୦॥

ହରି ହୋ –ହରିରସେ ଭଜୁ ଶ୍ରୀଜଗନ୍ନାଥ ।
ସ୍ନାନକରିତେ ଯେ ବଡ଼ ଉସତ ॥
ନାଥ ମୁଁ ଦେଖିଲି ପହଣ୍ଡି ବିଜେ ।
ସ୍ନାନମଣ୍ଡପରେ ଶ୍ରୀ ଦେବରାଜେ ॥

ହରି ହୋ -ନାନା ତୀର୍ଥ ଜଳେ ସ୍ନାନକୁ କରି।
ବଳରାମ ଦାସ ଦେଖି ନିସ୍ତରି ।।୪୭୧।।

ହରି ହୋ -ସ୍ନାନ କରିଣ ଲେଉଟି ବିଜୟେ।
ଫୁଲଚୂଳମାଳ ଦୟଣା ଶୋହେ ।।
ନାଥ ତୁ ଭୋଗଲାଗି ହୋଇଁ ବିଜେ।
ତିନି ଭୁବନରେ ଗହଳ ସାଜେ ।।

ହରି ହୋ -ଦକ୍ଷିଣମୂର୍ତ୍ତି ବନ୍ଦାପନା ସାରି।
ବଳରାମ ଦାସ ବୋଲଇଁ ହରି ।।୪୭୨।।

ହରି ହୋ -ଜଗମୋହନ ଘରକୁ ବିଜୟେ।
ଅଣସରକୁ ତାଟି ବନ୍ଧାହୋଏ ।।
ନାଥ ତୁ ଆସି ହୋଇଁ ଅଣସରେ।
ତାଟି ରୂପରେ ଭୋଗରାଗ କରେ ।।

ହରି ହୋ -ପନ୍ଦରଦିନ ଅଣସରେ ରହୁ।
ବଳିଆ ଦାସକୁ କଥା ନକହୁ ।।୪୭୩।।

ହରି ହୋ -ଅଣସରନ୍ତେ ଉଭାବିଜେ ଯାତ।
ସ୍ୱର୍ଗୁ ସଭାଗଣେ ଆସି ସମସ୍ତ ।।
ନାଥ ସେ ମଣୋହି କୋଠାରେ ଯାଇଁ।
ଶିରେ ମାରିକରି ପାପାଁଡ଼ି ଶୋଇ ।।

ହରି ହୋ -ନେତ୍ର ଉତ୍ସବ ଛାମୁରେ ମେଲାଣି।
ଦାସ ବଳିଆ ଦେଖୁଥିଲା ପୁଣି ।।୪୭୪।।

ହରି ହୋ -ନିଶା ଅବସାନେ କମଳା ବୋଧି।
ମାୟାକରିଣ ତାହାଙ୍କୁ ପ୍ରବୋଧି ।।
ନାଥ ତୋ ଗୁଣ୍ଡିଚା ଯାତ୍ରା ନିମନ୍ତେ।
ତିନି ପ୍ରାଣୀଙ୍କ ଭାଳେଣି ଏକାନ୍ତେ ।।

ହରି ହୋ -ଦାରୁକସାଜେ ନନ୍ଦିଘୋଷ ରଥ ।
ବଳରାମ ଦାସ ଦେଖି ଉସତ ॥୪୭୫॥

ହରି ହୋ -ଆଷାଢ଼ ଶୁକଳ ଦୁତିଆ ଦିନ ।
ଗୁଣ୍ଡିଚାବିଜେ ପ୍ରଭୁ ଭଗବାନ ॥
ନାଥ ତୋ ନବଦିନ କଟକାଇ ।
ସଙ୍ଗରେ ଆଗେଆଣି ଜ୍ୟେଷ୍ଠ ଭାଇ ॥

ହରି ହୋ -ପ୍ରତିବରଷ ବିଜେ ଏହିଦିନେ ।
ବଳରାମ ଦାସ ଦେଖେ ନୟନେ ॥୪୭୬॥

ହରି ହୋ -ଷୋଳଚକରଥେ ବସିଲୁ ଚୋଖେ ।
ମୋତେ ଦେଇଗଲୁ ଦାରୁଣ ଦୁଃଖେ ॥
ନାଥ ତୁ ମୂରୁଛି ପାରିଲେ କହ ।
ତୋର ଦୟାଥିଲେ ରଥରେ ରହ ॥

ହରି ହୋ -ତୁ ରଥେ ଚଳିବୁ ମୁଁ ଥିଲି ଆଗ ।
ବଳିଆ ଦାସର ଅତି ସରାଗ ॥୪୭୭॥

ହରି ହୋ -ଘଉଡ଼ିବୁ ବୋଲି ମୋ ମନେ ନାହିଁ ।
ମିଛ ପ୍ରାଏକ ମଣିଥିଲି ମୁହିଁ ॥
ନାଥ ମୁଁ ମନେ ଜାଣିଥିଲି ଏତେ ।
ମୋହର ହିଆ ଯେ କହିଲି ତୋତେ ॥

ହରି ହୋ -ଯେତେବେଳେ କ୍ଷେତ୍ରୁ ହେଲୁ ବାହର ।
ଜାଣିଲି ବଳିଆ ନୋହେ ତୋହର ॥୪୭୮॥

ହରି ହୋ -ମୁହିଁ ଯେବେ ନିଶ୍ଚେଁ ହୁଅନ୍ତି ତୋର ।
କିପାଇଁ କ୍ଷେତ୍ରୁ ଯେ ହୋନ୍ତି ବାହାର ॥
ନାଥ ହୋ ଏବେ ଯେ ଜାଣିଲି ମୁହିଁ ।
ତୋହର ଦୟା ଆଉ ମୋତେ ନାହିଁ ॥

ହରି ହୋ -ତୁ ଅବା ମୋତେ ଛାଡ଼ିବୁ ଗୋସାଇଁ।
ବଳରାମ ଦାସ ଛାଡ଼ିବ ନାହିଁ ॥୪୭୯॥

ହରି ହୋ -ଗୋରୁ ବ୍ରାହ୍ମଣ ସ୍ତିରୀ ହତ୍ୟାକରୁ।
ଖୁଡ଼ୀ ଦେଠାଇ ଗୁରୁଜନେ ମାରୁ ॥
ନାଥ ତୁ ମାଇଁ ବରପଣେ ଘଟୁ।
ପିତା ବୋଇଲେ ମାତାମୁଣ୍ଡ କାଟୁ ॥

ହରି ହୋ -ଯାହାର ସାଆଁନ୍ତ ଅଟେ ଏମନ୍ତ।
ବଳିଆ ଛାର ଯେ କିସ ମହତ ॥୪୮୦॥

ହରି ହୋ -ଠାକୁର ହୋଇଁ ବହୁରୂପ କାଛୁ।
ଯହୁଁ ଜନଙ୍କର ଭିତରେ ଅଛୁ ॥
ନାଥ ତୁ ସଙ୍ଗେ ଘେନି ନଟ ନଟୀ।
ମହାମାୟା ଯେ କପଟିଆହଟି ॥

ହରି ହୋ -ଠାକୁର ହୋଇଁ ବହୁରୂପ କାଛୁ।
ଯହୁଁ ଜନଙ୍କର ଭିତରେ ଅଛୁ ॥
ନାଥ ତୁ ସଙ୍ଗେ ଘେନି ନଟ ନଟୀ।
ମହାମାୟା ଯେ କପଟିଆହଟି ॥

ହରି ହୋ -ଅନ୍ତପାଟ ଡେରା ଭିତରେ ଥାଉଁ।
ବଳରାମ ଦାସ ଦେଖି ଅନାଉଁ ॥୪୮୧॥

ହରି ହୋ -ଅନୁବ୍ରତେ ତୋ ବହୁରୂପ ରୂପ।
ନଟ କାଛେଣି ଯେ ସ୍ନାନ ସ୍ୱରୂପ ॥
ନାଥ ତୁ ବାଛିଥାଉ କାହିଁପାଇଁ।
ସେହି ବଂଶେ ଗୋପୀ ହୋଇଲେ ବାଇ ॥

ହରି ହୋ -ତୋହ କାଛିଲାତ ଭଲ ନୋହିଲା।
ବଳରାମ ଦାସ ବାଛି କହିଲା ॥୪୮୨॥

ହରି ହୋ -ଅପାର କାଳ ବୁଢ଼ାଦିଅଁ ଗୋଟି ।
ସବୁ ଦେବାଦେବୀ ତୋ ବେଟାବେଟି ॥
ନାଥ ତୁ ଅନେକ କାଳ ପୁରୁଣା ।
ତୋତେ ନ ଜାଣିଣ ହୁଅନ୍ତି ବଣା ॥

ହରି ହୋ -ତୋତେ ସେ ଜାଣଇଁ ସବୁହୁଁ ଆଗ ।
ବଳରାମ ଦାସ ଜାଣେ ସେ ଭାଗ ॥୪୮୩॥

ହରି ହୋ -ଅପାର କାଳ ବୁଢ଼ାଦିଅଁ ଗୋଟି ।
ଶୋହିଛି ପାଦପଦ୍ମକୁ ବଇଠି ॥
ନାଥ ହୋ ଭଲା ବଇଠି ତୋ ସାଜେ ।
ଅନଚକା ହୋଇଲେକ ଯେ ଭାଜେ ॥

ହରି ହୋ -ତୁମ୍ଭ ପାଦପଦ୍ମ ହରଷେ ବହି ।
ବଳରାମଦାସ ସାନନ୍ଦେ କହି ॥୪୮୪॥

ହରି ହୋ -ହରଷେ ଚିନ୍ତିଲି ତୁମ୍ଭ ଚରଣ ।
ଜାଣି ଶଙ୍କର ପଶିଲା ଶରଣ ॥
ନାଥ ଯେ ଅଜାମର ହୋଇଅଛି ।
ରୋଗବ୍ୟାଧି ଯେ ଭୟ ନାହିଁ କିଛି ॥

ହରି ହୋ -ସେହିପାଦରେ ପଶିଲି ଶରଣ ।
ବଳିଦାସକୁ କଲୁ ଅକାରଣ ॥୪୮୫॥

ହରି ହୋ -ଯିସେ ବୋଲୁ ମୋ ତହୁଁ ନାହିଁ ଆନ
ତୁ କିପାଁ ହସି ଚାହୁଁ ଭଗବାନ ॥
ନାଥ ତୁ ଗଣ୍ଠିଆମାନଙ୍କ ଗୁରୁ ।
ଥେଣ୍ଟାମାନଙ୍କର ତୁ ଦର୍ପହରୁ ॥

ହରି ହୋ -ଯେହୁ ଯେମନ୍ତେ ତା ଦେଖିଲେ ଜାଣୁ ।
ବଳିଆ ଚିନ୍ତଇଁ ତୋ ପାଦରେଣୁ ॥୪୮୬॥

ହରି ହୋ -ଶଙ୍କର ଇନ୍ଦ୍ରକୁ ଇସାରାକଲୁ ।
ବ୍ରହ୍ମାର ମୁଣ୍ଡ କାଟିଲେ ସହିଲୁ ॥
ନାଥ ତୁ ନ ଭାଙ୍ଗୁ ସଞ୍ଚିଲା ଧନ ।
ଦେଉ ତୁ କାଶିପୁରେ ବରତନ ॥
ହରି ହୋ -ପ୍ରଭୁପଣର ପରିମୁଣ୍ଡାଯାଇଁ ।
ବଳରାମ ଦାସ ଏଣୁ ଭାବଇଁ ॥୪୮୭॥

ହରି ହୋ -ଅଭୟ ନବ ଅବନତି ବେଶ ।
ଆଲୋଭ ଲୋଭ ନାହିଁ ପରକାଶ ॥
ନାତ ତୁ ଦେଖିଣ ଏମନ୍ତ ହେଉ ।
ଏତେତ ଆନ ଗତିହିଁ ନ ଦେଉ ॥
ହରି ହୋ -ନାନା ଅବିଗୁଣ ହୋଇଲା ସିଦ୍ଧି ।
ବଳିଆ ଦାସକୁ କଲୁ ଅବଧି ॥୪୮୮॥

ହରି ହୋ -ଭାବଦେଇଁ କିପାଁ ଅଭାବ ହେଉ ।
ପ୍ରଭୁପଣେ ଏତେ ଗୁଣ ଦେଖାଉ ॥
ନାଥ ତୋ ମାୟାତୋ ନୋହଇଁ ଜାଣି ।
ମୋହର କାଟ ତୁ ମାୟା ଢାଙ୍କୁଣି ॥
ହରି ହୋ -ପାପ ପୁଣ୍ୟକୁ ତୁହି ଯେ ଗିଅଁତା ।
ବଳରାମ ଦାସର ଫେଡ଼ ଚିନ୍ତା ॥୪୮୯॥

ହରି ହୋ -ଚନ୍ଦ୍ରସେଣା ଗୌଡ଼ ଭଲ ପୋଇଲା ।
ଜାତି ଜାଣି ତୋ ମୁଣ୍ଡ ଛେଚୁଥିଲା ॥
ନାଥ ତୁ ଭଲା ପଳାଇ ଅଇଲୁ ।
ଆସି ଦୂତିକା ଆଗରେ କହିଲୁ ॥
ହରି ହୋ -ଶୁଣି ଦୂତିକା ହସେ କରକର ।
ବଳରାମ ଦାସ ଥିଲା ସେଠାର ॥୪୯୦॥

ହରି ହୋ -ଏବେ କହିବି ଯେତେ ତୋର ଗୁଣ ।
ମୋତେତ ରଘୁ କଲୁ ନାରାୟଣ ॥
ନାଥ ମୁଁ ତୋର କିପାଇଁ ସହିବି ।
ଯେତେ ମୁଁ ଜାଣି ଅଛଇଁ କହିବି ॥

ହରି ହୋ -ତୁ ଯାହା କଲୁ ଜଗତେ ରହିଲା ।
ବଳରାମ ଦାସ ତୋର ପୋଇଲା ॥୪୯୧॥

ହରି ହୋ -ଅର୍ଜ୍ଜୁନକୁ ତୋ ଦେହ ବୋଲି କହୁ ।
ବହେଣିକି ତୋର ବିଭା କରାଉ ॥
ନାଥ ତୁ ରାଉଳିଆପଣେ ଥାଉ ।
ମାଇଁର ତୁହିଁ ଯେ ଭୁଜ ଛଡ଼ାଉ ॥

ହରି ହୋ -ଜାତିକୁଳ ଲାଜ ତୋ ତହିଁ ନାହିଁ ।
ବଳରାମ ଦାସ ସତ କହଇଁ ॥୪୯୨॥

ହରି ହୋ -ମଉଳାକୁ ଛନ୍ଦ କପଟ କଲୁ ।
ମାଇଁକି ପଲଙ୍କ ସୁପାତି ଦେଲୁ ॥
ନାଥ ତୋ ଚନ୍ଦ୍ରସେଣା ଯେ ଦେଖିଲା ।
ନନ୍ଦକୁ ଦେଖାଇବି ଯେ ବୋଇଲା ॥

ହରି ହୋ -ଆସି ଦେଖେ ନନ୍ଦକୋଳେ ବାଳୁତ ।
ବଳରାମ ଦାସ ଜାଣେ ଗୁପତ ॥୪୯୩॥

ହରି ହୋ -ମଉଳା କାଖେ ବାଳୁତ ସ୍ୱଭାବ ।
ରାଧିକା କୋଳେ କ୍ରୀଡ଼ା କାମଦେବ ॥
ନାଥ ତୁ ଏଡ଼େ ବହୁରୂପେ ଥାଉଁ ।
ଭାବରେ ଗୋପିଙ୍କୁ ପାଲଟା କହୁ ॥

ହରି ହୋ -ଗୋପାଳଙ୍କୁ ସଙ୍ଗେ ଉଚ୍ଛିଷ୍ଟ ମିଶା ।
ବଳରାମ ଦାସ କରିଛି ଆଶା ॥୪୯୪॥

ହରି ହୋ -ଦେବେ ନ ଜାଣନ୍ତି ତୋହରି ମାୟା ।
ଗଉଡ଼ ହୋଇ କେ ଜାଣିମ ତାହା ॥
ନାଥ ତୁ କାନ୍ଦୁଥାଉ ମାମୁ ଆଗେ ।
ମାମୁ ମାଈଁ ଦେଖିବୁ ଏକସଙ୍ଗେ ॥

ହରି ହୋ -ରାଧାଦେଖେ ଚନ୍ଦ୍ରସେଣା କାଖର ।
ବଳିଆ ଦାସ କହଇଁ ସେଠାର ॥୪୯୫॥

ହରି ହୋ -ବୃନ୍ଦାବତୀ ଘରେ ପଶିଲୁ ଯାଇଁ ।
ଗୋପୀସଙ୍ଗତେ ଖେଳକରୁ ତୁହି ॥
ନାଥ ତୁ ବୁଢ଼ୀ କେମନ୍ତେ ଜାଣିଲା ।
ଯାଇ ଯଶୋଦା ଆଗରେ କହିଲା ॥

ହରି ହୋ -ଯଶୋଦା ଦେଖେ ଭାରିଜା ଗୃହସ୍ଥ ।
ବଳରାମ ଦାସ ଦେଖି ଉସତ ॥୪୯୬॥

ହରି ହୋ -ଏଡ଼େ ବହୁରୂପୀ ଦେଖିଲା ନାହିଁ ।
ରାଧାଙ୍କୁ କାଳୁଆ ଖାଇଲା ଯାଇଁ ॥
ନାଥ ତୁ ବିଷଝାଡ଼ି ଗୁଣ ହେଉ ।
ଗଦ ତୁ ଆଣ ଯା ମାମୁକୁ କହୁ ॥

ହରି ହୋ -ଚନ୍ଦ୍ରାବଳୀ ହସେ ବିବିଧ ରସେ ।
ତାହା ଦେଖିଲେ ବଳରାମ ଦାସେ ॥୪୯୭॥

ହରି ହୋ -ଏଡ଼େ ମହାପ୍ରଭୁ ସବୁ ଜାଣଇଁ ।
କେତେଲୋକ କଥା ଆଉ ଚିତୋଇ ॥
ନାଥ ତୁ ଅନ୍ତର୍ଯ୍ୟାମୀ ନାରାୟଣ ।
ନରେ ଯେ ସୁମରନ୍ତି ମନେ ମନ ॥

ହରି ହୋ -ତୋର ମହିଁମା ଦେବଙ୍କୁ ଦୁର୍ଲଭ ।
ବଳରାମ ଦାସ କହେ ସୁଲଭ ॥୪୯୮॥

ହରି ହୋ –ଯମନନ୍ଦିନୀ ନିଉଁନ୍ତା ସଭାଏ।
ତୋ ସଙ୍ଗେ ଭକ୍ଷିଗଲେ ହେଜ ଦୁହେଁ ॥
ନାଥ ତୁ ପର୍ଷିବାମାତ୍ରକେ ଖାଉ।
ତୁଚ୍ଛା ଖୋରା ଘେନିଣ ବସି ଥାଉ ॥

ହରି ହୋ –ଲୋକେ ବୋଲନ୍ତି ଏ ରାକ୍ଷସ ଅବା।
ବଳରାମ ଦାସ ଦେଖି ହସିବା ॥୪୯୯॥

ହରି ହୋ –ଗୋପପୁରରେ ଗୋପାଳଙ୍କ ମେଳେ।
ଖେଳ ଖେଳୁଥାଉଁ ବାଳୁତ କାଳେ ॥
ନାଥ ତୁ ସେ କଥା ଜାଣୁ କି ହରି।
ମନରେ ଧରିଛି ମୁଁ ହେତୁକରି ॥

ହରି ହୋ –ଦୂତପରେଣ ମୁହିଁ ଆସଇଁ ଯାଇଁ।
ବଳରାମ ଦାସ ଅଛି ଚିତୋଇ ॥୫୦୦॥

ହରି ହୋ –ଭୃକୁଣ୍ଡରଷି ତୋତେ ତୁଷ୍ଟି କଲା।
ଅପୁତ୍ରିକ ହୋଇଅଛୁ ବୋଇଲା ॥
ନାଥ ତୁ ପୁତ୍ରଦାନ ତାକୁ ଦେଲୁ।
ସାତଦିନ ସାତ କଳପ କଲୁ ॥

ହରି ହୋ –ଦେବସଭାରେ ଯେ ରଷି କାନ୍ଦିଲା।
ବଳରାମ ଦାସ କିଦୋଷ କଲା ॥୫୦୧॥

ହରି ହୋ –ହସ୍ତିନା ଦ୍ୱାରକା କେତେ ଅନ୍ତର।
ଦ୍ରୌପଦୀ ଡାକିଲେ ମାନ ଉଦ୍ଧର ॥
ନାଥ ତୁ କାହିଁ ଥାଇଁ ତା ଶୁଣିଲୁ।
କର୍ଣ୍ଣରେ କହିଲା ପ୍ରାୟ ମଣିଲୁ ॥

ହରି ହୋ –ବସ୍ତ୍ର ଫେଡ଼ନ୍ତେ ନ ଦିଶିଲା ଅଙ୍ଗ।
ବଳରାମ ଦାସ ଦେଖଇଁ ରଙ୍ଗ ॥୫୦୨॥

ହରି ହୋ -ଦେଖି କଉରବେ କାତର ହୋଇଁ ।
ମତିରେ ଅଗ୍ନି ଯେ ଲାଗିଲା ଯାଇଁ ॥
ନାଥ ତୁ ଭୃତ୍ୟର ମାନ ନ ସହୁ ।
ଚାରିଯୁଗରେ ତୁ କଥା ରୁହାଉ ॥

ହରି ହୋ -ତେଣୁ କରି ମୁହିଁ ତୋତେ ରସଇଁ ।
ବଳରାମ ଦାସ ସେବାରେ ଥାଇଁ ॥୫୦୩॥

ହରି ହୋ -ଚଇତେ ତୋର ଦୟଣା ଭାଗୁଣି ।
ଆଗେ ବିଜୟ କରୁ ଚକ୍ରପାଣି ॥
ନାଥ ତୁ ଗରୁଡ଼ ପିଠିରେ ବିଜେ ।
ପଟୁଆରରେ ସୁରଗଣ ସାଜେ ॥

ହରି ହୋ -ମୋହ କାନ୍ଧରେ ବାହା ନାଦ ଦେଉ ।
ବଳିଆ ଦାସକୁ କଥା ନ କହୁ ॥୫୦୪॥

ହରି ହୋ -ଚନ୍ଦନ ଲାଗି ଯେ ହେଉ ଗୋସାଇଁ ।
ସୁରଗଣ ଥାନ୍ତି ଛାମୁରେ ରହି ॥
ନାଥ ମୁଁ ତୋହସଙ୍ଗେ ଥାଇଁ ପୁଣ ।
ଚନ୍ଦନ ଲାଗୁଥାଇଁ ମୋ ଦେହେଣ ॥

ହରି ହୋ -ତେଡ଼େ ସେନେହ ତା କଲୁ ତୁ ଦୂର ।
ବଳିଆ ଗୁହାରି ନ ଶୁଣୁ ଆର ॥୫୦୫॥

ହରି ହୋ -ମୁନିକି ତୋତେ ଭୃତ୍ୟପଣେ ସରି ।
ତୁହି ସାଆନ୍ତ ବ୍ରହ୍ମାଣ୍ଡରେ ପୂରି ॥
ନାଥ ସିନ୍ଧୁନନ୍ଦିନୀ ଯାହା ଦାସୀ ।
ବ୍ରହ୍ମା ରୁଦ୍ର ଖଟି ଥାଆନ୍ତି ଆସି ॥

ହରି ହୋ -ଭୃତ୍ୟପଣେ ଇନ୍ଦ୍ର ନୋହିଲା ସରି ।
ବଳିଆ ଦାସ ଏଣୁକରି ଡରି ॥୫୦୬॥

ହରି ହୋ –ଏଡ଼େ ମିଛୁଆ ହୋଇଲୁ କିପାଁଇ ।
ଜଗତେ ଅଛୁ ପ୍ରତେ ଉପୁଜାଇ ॥
ନାଥ ତୁ କାହାକୁ କିଛି ନ ଦେଉ ।
ତୋହର ନାମେଣ ବୋଧ କରାଉ ॥

ହରି ହୋ –ମୋତେ ହେଁ ପାରିଲେ ତୋର ବିଶ୍ୱାସେ ।
ତୋ ଭୃତ୍ୟ ଭୃତ୍ୟ ବଳରାମ ଦାସେ ॥୫୦୭॥

ହରି ହୋ –ତୁ ମୋତେ ପୂର୍ବେ ଯାହାଥିଲୁ କହି ।
ଏବେ ତ ତାହା ପାଶୋରୁ ଗୋସାଇଁ ॥
ନାଥ ତୁ ତାହା ଛାଡ଼ି ଏହା କଲୁ ।
କ୍ଷେତ୍ରରୁ ଘଉଡ଼ିଣ ମୋତେ ଦେଲୁ ॥

ହରି ହୋ –ସେହି କଥାକୁ ମୁଁ ରୁଷିଲି ତୋତେ ।
ବଳିଆ ଦାସ କହୁଥିବ କେତେ ॥୫୦୮॥

ହରି ହୋ –ଜାଣୁ ନା ଗୋପିରେ ହୋଇଲୁ ଭୂତ ।
ଦେଖି ଡରିଲେ ଗୋପାଳ ସମସ୍ତ ॥
ନାଥ ତୁ ରାଧାକୁ ଲାଗିଲୁ ଯାଇଁ ।
ଏହା ଯେ ଗୋପେ ନ ଜାଣନ୍ତି କେହି ॥

ହରି ହୋ –ଛଡ଼ାଇ ଯାଇଣ ହୁନ୍ଦର କରୁ ।
ଦାସ ବଳିଆ ଦେଖି ଅପସରୁ ॥୫୦୯॥

ହରି ହୋ –କାନେ କହିଲେ କେବେହେଁ ନ ଶୁଣୁ ।
ଧୀରେ କହିଲେ ତତପରେ ଘେନୁ ।
ନାଥ ତୁ ସବୁଠାରୁ ସବୁ ଜାଣୁ ।
ଏକା ମୋହର ଗୁହାରି ନ ଶୁଣୁ ॥

ହରି ହୋ –ଯେତେ ତୁ କଲୁ କ୍ଷେତ୍ରର ଭିତରେ ।
ବନ୍ଧା ହୋଇଲା ବଳିଆ ଛାମୁରେ ॥୫୧୦॥

ହରି ହୋ -ଯେତେକ ଭାବ ତୁ ଭୃତ୍ୟକୁ ଦେଉ ।
ଚରଣେ ମାରି ବାନ୍ଧିଲେ ହୋ ସହୁ ॥
ନାଥ ତୋ ଏ କଥା ନୋହଇଁ କହି ।
ଏହା କାହାବଳେ ହୁଅଇ ସହି ॥

ହରି ହୋ -ମୁହିଁତ ତୋତେ କିଛି କରି ନାହିଁ ।
ବଳିଆ ଦାସକୁ ଦଣ୍ଡୁ କିପାଇଁ ॥୫୧୧॥

ହରି ହୋ -ମୋହ ସୁଖେଣ ଯହିଁ ଇଚ୍ଛା ଥାଇଁ ।
ତୋ କଥା କିପାଁ ମୋତେ ପ୍ରସରଇଁ ॥
ନାଥ ତୁ ଯାଚି ଦେଉ ମୋତେ ଆଣି ।
ମୋତେ ବି ଦେଇ ପୋଷୁ ଅଛୁ ପୁଣି ॥

ହରି ହୋ -ଏ ବେଳ ତୋ କଥା ଉଣିମି ନାହିଁ ।
ବଳିଆ ଦାସ ଉଣାକୁ ନ ଯାଇଁ ॥୫୧୨॥

ହରି ହୋ -ସତେ ହେଁ ମୁଁ ତୋର ନୋହଇଁ ଲୋକ ।
ମୋତେ ଜାଣନ୍ତି ତିନି ତ୍ରଇଲୋକ ॥
ନାଥ ମୁଁ ତୋହ ଘେନି ନିବିକାର ।
ତୋହନାମରେ ନରତେ ନୋହଇଁ ॥

ହରି ହୋ -ଆଶ କେବେଳ ମୋ ତୋହ ନାମକୁ ।
ସତେହେଁ ଲେଖୁ ବଳିଆ ଛାରକୁ ॥୫୧୩॥

ହରି ହୋ -ମନେ ମନେ ଚିନ୍ତା ଦ୍ରୌପଦୀ କଲେ ।
ଏକା ଶାଢ଼ିକି ଅନେକ ଦେଖିଲେ ॥
ନାଥ ତୁ ଭଲା ଯେ ବସ୍ତ୍ର ପିନ୍ଧାଉ ।
ତୋହର ଭୃତ୍ୟକୁ କେ ପୁଣ କହୁ ॥

ହରି ହୋ -ଖଣ୍ଡେ ଫେଡ଼ିଲେ ଖଣ୍ଡେ ଗୁଞ୍ଜିଥାଉ ।
ବଳରାମ ଦାସ ତୋତେ ତୁଳାଉ ॥୫୧୪॥

ହରି ହୋ -ଆସନେ ଶୟନ ଭକ୍ଷ୍ୟ ଭୋଜନେ ।
ତୋତେ ଯେ ଚିନ୍ତା କଲେ ମନେ ମନେ ॥
ନାଥ ତୁ ଚିନ୍ତାମଣି ଦୟା କରୁ ।
ତୁମ୍ଭ ଭୃତ୍ୟର ଯେ ମାନ ଉଦ୍ଧରୁ ॥

ହରି ହୋ -ତୋତେ ଯେ ଚିନ୍ତାକରେ ଜିଘ୍ନସେନି ।
ବଳିଆ ଦାସ ଭାବଇଁ ସେ ଘେନି ॥୫୧୫॥

ହରି ହୋ -ବିଷୟଜାଗତ ତୁହି ସେବେଉଁ ।
ଦୂରିତ ନାଶି ସର୍ବ ସୁଖ ଦେଉ ॥
ନାଥ ତୁ କାଳ କାଟି ଫେଡୁ କଷ୍ଟ ।
ଭକତ ଚିନ୍ତା କଲେ ଦେଉ ଭେଟ ॥

ହରି ହୋ -ମୁହିଁ ଚିନ୍ତା କଲି ରଖ ତୁ ମୋତେ ।
ବଳରାମ ଦାସ ଭାବଇଁ ତୋତେ ॥୫୧୬॥

ହରି ହୋ -ଝୋଲା ଗନ୍ଥା ପିନ୍ଧି ଶଙ୍ଖ ଧରିବା ।
ନାହିଁରେ କେତେ ପଟ୍ଟାନ୍ତର ଦେବା ॥
ନାଥ ତୁ କେମନ୍ତେ ଅଟୁ ଗୋସାଇଁ ।
ଟାଣ ଆଜ ତୋର ଭାଙ୍ଗିବି ମୁହିଁ ॥

ହରି ହୋ -ଆଜ ଜାଣିମା ତୋର ବଡ଼ପଣ ।
ଯେବେ ବଳିଆକୁ ଯିବୁ ଛାଡ଼ିଣ ॥୫୧୭॥

ହରି ହୋ -କୃଷ୍ଣ କେଶବ ମୁକୁନ୍ଦ ବାମନ ।
ମାଧବ ଅଚ୍ୟୁତ ମଧୁସୂଦନ ॥
ନାଥ ତୁ ନିରଞ୍ଜନ ଆଦିକନ୍ଦ ।
ଗିରିଧାରୀ ନାମତୋର ମୁକୁନ୍ଦ ॥

ହରି ହୋ -ଏକା ଦେହେ ସହସ୍ର ନାମ ବହୁ ।
ବଳିଆ ଦାସକୁ କିଅବା କହୁ ॥୫୧୮॥

ହରି ହୋ -ତୁହି ଅଟୁ ଏକା ସହସ୍ରେ ରାଜା ।
ସହସ୍ରେ ଭୁଜ ସହସ୍ରେ ଭାରିଯା ॥
ନାଥ ତୁ ସହସ୍ରେ ସୁଧା ସୁବର୍ଣ୍ଣ ।
ମୋହର ଏମନ୍ତ ବଢ଼ଇଁ ମନ ॥

ହରି ହୋ -କେତକୀ ପୁଷ୍ପ ତୋ ଶିରେ ମୁକୁଟ ।
ବଳିଆ ଦାସର ରହତୁ ଭେଟ ॥୮୧୯॥

ହରି ହୋ -ଖଣ୍ଡ ଚୋର ଆଣ୍ଟ ଦେଶ ଲୋଡ଼ନ୍ତି ।
ପାପୀ ଯେ ପୁଣ୍ୟଥାନକୁ ଯାଆନ୍ତି ॥
ନାଥ ମୁଁ ସାଧୁ ତୋହର ପ୍ରସାଦେ ।
ଯହିଁ ତହିଁ ଥାଇ ଯେ ଅପ୍ରମାଦେ ॥

ହରି ହୋ -ମୁଁ ଯହିଁ ଥାଇଁ ସେ ପୁରୁଷୋତ୍ତମ ।
ବଳରାମ ଦାସ ଦେଖି ଉତ୍ତମ ॥୫୨୦॥

ହରି ହୋ -ଜାରାନାମେ ଏକ କିରାତ ଥିଲା ।
ନୀଳଗିରି ଦେବତାଙ୍କୁ ପୂଜିଲା ॥
ନାଥ ତୁଟ ତାହାତେ ତ୍ରିପୁତିପୂଜା ।
ତୁଯେ ଦେବାଧିଦେବଙ୍କର ରାଜା ॥

ହରି ହୋ -ତାହା ରାନ୍ଧିଲା ତୁ କେମନ୍ତେ ଖାଉ ।
ବଳରାମ ଦାସ ତାହା ତୁଳାଉ ॥୫୨୧॥

ହରି ହୋ -ନେତେକ ପିନ୍ଧି ନେତେକ ଗଉଛି ।
ସୁଗନ୍ଧ ପୁଷ୍ପମାଳ ଘେନୁଅଛି ॥
ନାଥ ତୁ ସତେ ହେଁ ବଡ଼ ସୁନ୍ଦର ।
ନୁଛିଣ ଯାଇଁ ଚାଲିବା ପୟର ॥

ହରି ହୋ -ତୋର ସୁନ୍ଦରପଣ କାହିଁ ଅଛି ।
ବଳରାମ ଦାସ ଏକା ଭାଳୁଛି ॥୫୨୨॥

ହରି ହୋ -ଅତି ଆକୁଳେ ଯେ ଗଜ ଡାକିଲା ।
ରଖ ଆଦିମୂଳ ବୋଲି ବୋଇଲା ॥
ନାଥ ତୁ କାହିଁ ଥାଇଁ ତା ଶୁଣିଲୁ ।
ଗରୁଡ଼ ଚଢ଼ିଣ ବିଜୟେ କଲୁ ॥

ହରି ହୋ -ଚକ୍ରେ ଘେନି ଶିର ଛେଦିଲୁ ଗ୍ରାହା ।
ବଳରାମ ଦାସ ଭାବଇଁ ଏହା ॥୫୨୩॥

ହରି ହୋ -ମନପବନ ଏକଘରେ ଥାଇଁ ।
ମନକୁ ନ କହି ପବନ ଯାଇଁ ॥
ନାଥ ତୁ କେମନ୍ତେ ମନ ବୋଲାଉ ।
କାଳେ ପବନ ସଙ୍ଗତରେ ଯାଉ ॥

ହରି ହୋ -ଯିବାର ବେଳେ କହିଯିବୁ ମୋତେ ।
ବଳିଆ ଦାସର ମାଗୁଣି ଏତେ ॥୫୨୪॥

ହରି ହୋ -ଭୃତ୍ୟର ପାଇଁ ଅଲଘ୍ୟ ଲଘିଲୁ ।
ଚକ୍ର ଘେନିଣ ସମରେ ପଶିଲୁ ।
ନାଥ ତୁ ମାରିଥିଲୁ ମହାରଥୀ ।
ରଥରୁ ଅବତରୁ ପାଦଗତି ॥

ହରି ହୋ -ସତ ଛାଡ଼ିଣ ଭୃତ୍ୟ ବୋଲ ପାଳୁ ।
ଦାସ ବଳିଆକୁ ନାହୁ ଦୟାଳୁ ॥୫୨୫॥

ହରି ହୋ -କମଳ ନୟନ ଯେ କମନୀୟ ।
କଳିଯୁଗେ ନୀଳଗିରି ବିଜୟ ॥
ନାଥ ତୁ କରୁଣାସାଗର ବୋଲି ।
ତୋଣୁ ଯେ ଆଶ୍ରେ ମୁହିଁ ତୋତେ କଲି ॥

ହରି ହୋ -କଲା କରମ କେ କରିବ ଆଜ ।
ବଳିଆ ଦାସର ଫେଡ଼ ତୁ ମାନ ॥୫୨୬॥

ହରି ହୋ -କଳାସୁନ୍ଦରକୁ କଳା ଭଉଁରୀ।
ସବୁରି କୃପା ତୁ ହୋଇଲିକୋରି ॥
ନାଥ ହୋ ତୋତେ ଲୁଚାଇବି କାହିଁ।
ସାତ ବ୍ରହ୍ମାଣ୍ଡରେ ଠାବତ ନାହିଁ।

ହରି ହୋ -ମୁହିଁ ଯହିଁ ଥିବି ତୁ ତହିଁ ଥିବୁ।
ବଳିଆ ଦାସର ମନକୁ ଯିବୁ ॥୫୨୭॥

ହରି ହୋ -କଳାଶ୍ରୀମୁଖକୁ ବିମ୍ବା ଅଧର।
ଦୁଇ ନୟନ ସେ ପଦ୍ମ ଭ୍ରମର ॥
ନାଥ ମୁଁ ଲଚ୍ଛାଇବି ତୋତେ ନେଇଁ।
ମୋର ମନକୁ ଜଗିଥାଅ ତୁହି ॥

ହରି ହୋ -ତେବେ ସିନା ମୋର ହୋଇବୁ ଅଙ୍ଗ।
ବଳିଦାସର ନ ଛାଡ଼ିବୁ ସଙ୍ଗ ॥୫୨୮॥

ହରି ହୋ -ସନ୍ଧ୍ୟା ଅବକାଶେ ସଜ ତୋହର।
ଦର୍ଶନ କଲି କଳା ପାବଚ୍ଛର ॥
ନାଥ ତୋ ଦୟଣା ଚୁଳ କୁଣ୍ଡଳ।
ହୃଦରେ ଶୋହଇଁ କୁସୁମ ମାଳ ॥

ହରି ହୋ -ଗଦାପଦ୍ମ ଯେ ଶଙ୍ଖ ଚକ୍ର ଶୋହେ।
ବଳିଆ ଦାସ ତା କରୁଛି ଧ୍ୟାୟେ ॥୫୨୯॥

ହରି ହୋ -ରତ୍ନସିଂହାସନ ସୁବର୍ଣ୍ଣ ବକା।
ରତ୍ନ ଓଡ଼ିଆଣି ବଳିଣ ରେଖା ॥
ନାଥ ତୋ ବିକ୍ରମସିଂହର ଠାଣି।
ଦେଖିଣ ତରିବେ ମହତ ପ୍ରାଣୀ ॥

ହରି ହୋ -ବଡ଼ସିଂହାରରେ ନେତ ପଉଛା।
ବଳିଆ ଦାସର ଦେଖିତେ ଇଛା ॥୫୩୦॥

ହରି ହୋ –ତୁ ଯେଡ଼େ ତାହା ଜାଣୁ ଜଗନ୍ନାଥ ।
ତୋତେ ଡରନ୍ତି ହର ଚତୁର୍ମାଥ ॥
ନାଥ ତୁ କାହାକୁ କରିଛୁ ରାଗ ।
ବାଟ ସରନ୍ତା ନିକି ମାଗୁ ଭାଗ ॥

ହରି ହୋ –ତୋ ବିନୁ ରଚନା ସଂସାରେ ନାହିଁ ।
ବଳରାମ ଦାସ ଭଲେ ଜାଣଇଁ ॥୫୩୧॥

ହରି ହୋ –ରାଗ ରୋଷ କ୍ରୋଧ କିଛି ନ ବହୁ ।
କୁରୁବଳ ଯାକ ସବୁ ମରାଉ ॥
ନାଥ ହୋ ସ୍ୱକୀୟେ ତୁ ବଡ଼ ମିଛ ॥
ଗାଣ୍ଡିବ ଧରି ନପାରେ ବିବସ୍ତ ॥

ହରି ହୋ –ମିଛକୁ ଜରାବାଣେ ପ୍ରାଣହତ ।
ବଳରାମ ଦାସ ଜାଣେ ତଦନ୍ତ ॥୫୩୨॥

ହରି ହୋ –ଗଉଡ଼ଘରେ ବସା ରଖି ଥାଉ ।
ଗଉଡ଼ ହୋଇଁ ବୁହାଭାତ ଖାଉ ॥
ନାଥ ତୁ ବାଟେ ଘାଟୁଆଳ ହେଉ ।
ମାମୁ ଡରରେ ତୁ ଲୁଚିଣ ଥାଉ ॥

ହରି ହୋ –ମାମୁକୁ ମାରି ମାଇଁତୁଲେ କାନ୍ଧୁ ।
ବଳିଆ ଦାସର ତୁ ଅଟୁ ବନ୍ଧୁ ॥୫୩୩॥

ହରି ହୋ –ନନ୍ଦସୂତ ହୋଇଁ ଗୋପରେ ଥାଉଁ ।
ସର ଲବଣୀ ଯେ ଚୋରାଇଁ ଖାଉ ॥
ନାଥ ତୁ ବନେ ଗାଈ ରଖିଥାଉଁ ।
ବନରେ ପୁଡ଼ାଭାତ ନେଇଁ ଖାଉ ॥

ହରି ହୋ –ମାମୁଘରେ ପଶି ମାଇଁକି ମାରି ।
ବଳି ଧରିଥିଲା ବସନ ଚୋରି ॥୫୩୪॥

ହରି ହୋ -କେଶବ ତୁଣ୍ଡୁ ବଳକିଲା ଦୁଧ।
ତାହା ଖାଇଲେ ଚଉଷଠୀ ସିଦ୍ଧ ॥
ନାଥ ସେ ପଛେ ଗୋରେଖ ଅଇଲା।
ଭୂଇଁ ରେହିଁ ଯେ ଅମର ହୋଇଲା ॥

ହରି ହୋ -ଆଦି ଇନ୍ଦ୍ର ଚରରଙ୍ଗି ନ ପାଇ।
ବଳରାମ ଦାସ ଥିଲା ସେଠାଇଁ ॥୫୩୫॥

ହରି ହୋ -ସହସ୍ରେ ବେଳ ବିଲୋକଇଁ ତୋତେ।
ମହାସଙ୍କଟୁ ଉଦ୍ଧରିବ ମୋତେ ॥
ନାଥ ମୁଁ ବହୁତ ପାଇଲି ଦୁଃଖ।
ମୋତେ ବାରେ ରଖ ତୁ ପଦ୍ମମୁଖ ॥

ହରି ହୋ -ତୋହ ନ ରଖିଲେ ମୁଁ କାହିଁ ଅଛି।
ବଳରାମଦାସ ନିଜେ ମରୁଛି ॥୫୩୬॥

ହରି ହୋ -ବ୍ୟାସସରରୁ ଦୁର୍ଯ୍ୟୋଧନ ମାରୁ।
ପକ୍ଷୀ ତନୟକୁ ସଙ୍କଟୁ ତାରୁ ॥
ନାଥ ତୁ ରଖିଲେ ଏମନ୍ତ କରୁ।
ତୁହି ଯେ ଭୃତ୍ୟର ଶତ୍ରୁ ନିବାରୁ ॥

ହରି ହୋ -ଦୟା କଲେଣ ତୁ କରୁ ଏମନ୍ତ।
ବଳରାମ ଦାସ ତୋହର ଭୃତ୍ୟ ॥୫୩୭॥

ହରି ହୋ -ନାରଦ ମନେ ବିଚାରଇ ମନ୍ଦ।
ସ୍ତିରୀ ଗୋଟିଏ ତୁ ଦେବୁ ଗୋବିନ୍ଦ ॥
ନାଥ ତୁ ଦୋଷଜାଣି ଶାସ୍ତିଦେଲୁ।
ଯେତେଗୋପୀ ତେତେ ରୂପ ହୋଇଲୁ ॥

ହରି ହୋ -ତୋର ମହିମା ଦେବେ ଅଗୋଚର।
ବଳରାମ ଦାସ ହସେ କର୍କର ॥୫୩୮॥

ହରି ହୋ –ଶ୍ରୀବସ୍ତନାମେ ଏକଇ ବ୍ରାହ୍ମଣ
ସ୍ୱର୍ଗରେ ତାକୁ ଦେଲ ଇନ୍ଦ୍ରପଣ ॥
ନାଥ ତୁ ତାରିଲୁ ଅହଲ୍ୟା ଭବେ ।
ତୋର ଭୃତ୍ୟକୁ କେ କହିବ ଗର୍ବେ ॥

ହରି ହୋ –ସାନ ଲୋକକୁ ବଡ଼ କରିପାରୁ ।
ଦାସ ବଳିଆକୁ ଦଇନ କରୁ ॥୫୩୯॥

ହରି ହୋ –ସାନ ଲୋକକୁ ବଡ଼ଲୋକ କଲେ ।
ବିବାଦ କଲା ସେ ନାରଦ ବୋଲେ ॥
ହରି ତୁ ଧଇଲୁ ମନ୍ଦରଗିରି ।
ଧରି ରଖିଲୁ ଗୋପପୁରଶିରୀ ॥

ହରି ହୋ –ଇନ୍ଦ୍ର ପଡ଼ିଲା ତୋର ପାଦତଳେ ।
ବଳରାମଦାସ ଦେଖିଲା ଡୋଳେ ॥୫୪୦॥

ହରି ହୋ –ତୋର ଥାପିଲାକୁ ବ୍ୟାସ ବଶିଷ୍ଠ ।
ନ ବାଛିଲୁ ତାକୁ ଜାତିରେ ଶ୍ରେଷ୍ଠ ॥
ହରି ତୁ ତେଡ଼େବଡ଼ କରି ଦେଖୁଁ ।
ମୁନିମାନଙ୍କର ତୁ ଶ୍ରେଷ୍ଠ ଲେଖୁ ॥

ହରି ହୋ –ଭକ୍ତରେ ବିପ୍ର ଚାଣ୍ଡାଳ ଏକତ ।
ବଳରାମ ଦାସ କହେ ଉଚିତ ॥୫୪୧॥

ହରି ହୋ –ବ୍ରହ୍ମା ପ୍ରଳୟ ବରଷକେ କଲା ।
ନାଭିକମଳେ ବରଷେକ ଥିଲା ॥
ହରି ତୁ ବ୍ରହ୍ମାପଦ ତାକୁ ଦେଲୁ ।
ସୃଷ୍ଟି ପାଳନା କର ତୁ ବୋଇଲୁ ॥

ହରି ହୋ –ତପଭଗ୍ନ ତୃଣ ବେଦ ବଖାଣି ।
ବଳରାମ ଦାସ ମନରେ ଗୁଣି ॥୫୪୨॥

ହରି ହୋ -ପ୍ରଳୟ କାଳେ ବଟପୁଟେ ଥିଲୁ।
ମାର୍କଣ୍ଡ ଋଷିଙ୍କି ଗର୍ଭେ ଧରିଲୁ ॥
ନାଥ ତୁ ରଖିଲେ ଏମନ୍ତ କରୁ।
ଗର୍ଭରେ ଦେଖିଲା ଅଶେଷ ମେରୁ ॥

ହରି ହୋ -ଗର୍ଭେ ବୁଲିଲା କେତେଦିନ ଯାଏ।
ବଳରାମ ଦାସ ଭରସା ପାଏ ॥୫୪୩॥

ହରି ହୋ -ଜାଗର ଜାଳି ଯେ କରବ ଲୟେ।
ତାହାଙ୍କୁ ପ୍ରସନ୍ନ ଦେବାଧିରାୟେ ॥
ହରି ମୁଁ ଦାନ ପୁଣ୍ୟ କରିନାହିଁ।
ତେଣୁ ପରସନ ନୋହୁ ଗୋସାଇଁ ॥

ହରି ହୋ -କି ପୁଣ୍ୟ କରିବି ତା ମୋତେ କହ।
ବଳିଆ ଦାସର ହେଉ ତୁ ଦେହ ॥୫୪୪॥

ହରି ହୋ -ମୁହିଁ ଜାଣଇଁ ତୁହି ସେହିମତି।
ଜମ୍ବୁଦ୍ୱୀପରେ ରାଜା କଲେ ସ୍ତୁତି ॥
ନାଥ ତୁ ବୋଲି କରିଣ ଲୁଚିଲୁ।
କେଉଁ ଲାଜରେ ସଂସାରେ ରହିଲୁ ॥

ହରି ହୋ -ମୋତେ ଏମନ୍ତ କରି କେହି ନାହିଁ।
ବଳିଆ ଦାସକୁରଖ ଗୋସାଇଁ ॥୫୪୫॥

ହରି ହୋ -ପାଣ୍ଡବକଙ୍କୁ ଘେନି ବୁଲିଲୁ ଯେତେ।
ସଂସାର ଲୋକଙ୍କୁ ନ କଲୁ କେତେ ॥
ନାଥ ହୋ ଏବେ ସେ ସାଙ୍ଗେ ନ ଥାନ୍ତି।
ତାହାଙ୍କୁ ଘେନି ହେଲୁ ଏଡ଼େ ଭ୍ରାନ୍ତି ॥

ହରି ହୋ -ଏବେ ଏକା ଅଛି ବଳିଆ ଦାସ।
କିପାଇଁ ତାକୁ କଲୁ ତୁ ନିରାଶ ॥୫୪୬॥

ହରି ହୋ -ମୁହିଁ ମହାପାପୀ ତୁ ମୋତେ ତାର ।
କ୍ଷମାକର ଯେତେ ଅପ୍ରାଧ ମୋର ॥
ନାଥ ତୋ ଚରଣତଳେଣ ଦାସ ।
ଖଟଇ ପାଞ୍ଚଧୂପ ଅବକାଶ ॥

ହରି ହୋ -ଆପଣା ଭୃତ୍ୟକୁ ଆପଣେ ଦଣ୍ଡୁ ।
ବଳିଆ ଦାସର ଦୁଃଖ ନ ଖଣ୍ଡୁ ॥୫୪୭॥

ହରି ହୋ -ବନପୋଡ଼ି ଦିନେ ଗୋପୀ ଗୋପାଳ ।
ଅଗ୍ନି ଦେଖିଣ ହୋଇଲେ ବିକଳ ॥
ହରି ତା ଦେଖି ସବୁଙ୍କୁ ବୋଧିଲୁ ।
ବ୍ୟଙ୍ଗେ ତୁ ନୟନ ବୁଜ ବୋଇଲୁ ।

ହରି ହୋ -ଅକ୍ରୋଶିଣ ଅଗ୍ନି କେଡ଼େ ତୁ ଗିଲୁ ।
ବଳିଆ ଦାସକୁ ନୋହୁ ଦୟାଳୁ ॥୫୪୮॥

ହରି ହୋ -ମୋତେ ଯେ ରାଉ ମୁକି ଦେବିତୋତେ ।
ମୁହିଁ ନ ଡରଇଁ ଶ୍ରୀ ଜଗନ୍ନାଥେ ॥
ନାଥ ମୁଁ ସତେ ନିରେଖ ନୋହଇଁ ।
ମୋହର ପ୍ରଭୁ ସଙ୍ଗେସଙ୍ଗେ ଥାଇଁ ॥

ହରି ହୋ -ତୁକି ଜାଣିଲୁ ଆର ନାହିଁ କେହି ।
ବଳିଆ ଦାସର ସାମନ୍ତ ତୁହି ॥୫୪୯॥

ହରି ହୋ -ମନ ଜାଣି ତୋତେ କରିବି ସେବା ।
ତୁ ମୋତେ କି ଦେବୁ ତାହା କହିବା ॥
ଯେବେ ଦେବୁ ତୁହି ତଳପ କର ।
ଚାହୁଁଥିବି ତୋର ବିମ୍ବାଅଧର ॥

ହରି ହୋ -ମୋ ମନ ହେଜିବ ତୋହରି ତହିଁ ।
ତେବେ ବଳିତୋତେ ସେବା କରଇଁ ॥୫୫୦॥

ହରି ହୋ -ତୁଯେ ମହତ ସବୁରି ଠାକୁର ।
ସବୁବେଦନା ତୁମ୍ଭ ପାରିକର ॥
ନାଥ ତୋ ସତଶାନ୍ତି ଦୟା କ୍ଷମା ।
ଦାସର ଦୋଷ ଏବେ ନ ଘେନିମା ॥

ହରି ହୋ -ସତକୁ ସାଗର ବାନ୍ଧିଛୁ ତୁହ ।
ବଳରାମ ଦାସ ତତ୍ତ୍ୱ କହଇଁ ॥୫୫୧॥

ହରି ହୋ -ନିଶାଣ ବଜାଇଁ ବଇରି ବଧୁ ।
ହାକ ଡାକରେ ସେତୁବନ୍ଧ ବାନ୍ଧୁ ॥
ନାଥ ତୁ ବ୍ରାହ୍ମଣରୂପ ଯେ ଧରୁ ।
ଶଶସ୍ତ୍ରକୁ ଘେନୁ ଘେନୁ ପରସରୁ ॥

ହରି ହୋ -ତେଣୁ ପାଣ୍ଡବଙ୍କୁ ଜଣାଉ ଆଣି ।
ଦାସ ବଳିଆକୁ ନ ରଖୁ ପୁଣି ॥୫୫୨॥

ହରି ହୋ -କପଟେ ଜାରାକୁ ସତ୍ୟ କରାଇ ।
ବୋଇଲୁ ଯୁଦ୍ଧ ଦିଅ ନରସାଇଁ ॥
ନାଥ ସେ ଜାରା ଜାଣି ନ ପାରିଲା ।
ତୋତେ ଯେ ବ୍ରାହ୍ମଣ ପ୍ରାୟ ମଣିଲା ॥

ହରି ହୋ -ବୃକୋଦରକୁ ଯେ ଆବୋରି ଲାଇଁ ।
ବଳରାମ ଦାସ ଥିଲା ସେଠାଇଁ ॥୫୫୩॥

ହରି ହୋ -କପଟକରି ସିନା ମରାଇଲୁ ।
ଫରସା ହୋଇ ଜାଣି ନ ପାରିଲୁ ।
ହରି ତୁ ମାୟାରେ ସବୁଙ୍କୁ ଜିଣୁ ।
ବ୍ରହ୍ମାରୁଦ୍ରଙ୍କୁ ଯେ କରୁ ତୁ ରେଣୁ ॥

ହରି ହୋ -ଗର୍ବ କଲେଣ ତୁହି ଯେ ନ ସହୁ ।
ବଳିଆ ଦାସକୁ ଏ କଷ୍ଟ ଦେଉ ॥୫୫୪॥

ହରି ହୋ -ଅଜା ମଉଳା ଭାଇ ବନ୍ଧୁ ମାରୁ।
ପରକୁ ଘେନି ଆଗତ ବିଚାରୁ ॥
ପାଣ୍ଡବେ ଅବା ତୋ ଅଟନ୍ତି କିସ।
ତାଙ୍କଠାରେ ତୋର ସ୍ନେହ ବିଶେଷ ॥

ହରି ହୋ -କାଳରେ ସେ ତୋତେ ଛୁଇଁଲେ ନାହିଁ।
ବଳି ଦାସକୁ ଲୁଚାଉ କିପାଇଁ ॥୫୫୫॥

ହରି ହୋ -ମୋହ କଥାକୁ ସାବଧାନ ହୁଅ।
ସୁଦୟାକରି ଆଜ୍ଞା ମୋତେ ଦିଅ ॥
ହରିହୋ କ୍ଷେତ୍ରୁ ତୋ ଅଇଲି ମୁହିଁ।
ମୋତେ ତୁ ନ ପାରିବୁ ଆଉନେଇଁ ॥

ହରି ହୋ -ତୋତେ ଛାଡ଼ିଲେ ତୁ ମୋତେ ଛାଡ଼ିବୁ।
ଦାସ ବଳିଆ ସାଙ୍ଗେ ସାଙ୍ଗେ ଥିବୁ ॥୫୫୬॥

ହରି ହୋ -ଜାଣୁଜାଣୁ ଅଭିମନ୍ୟୁ ମରାଉ।
ପକ୍ଷୀତନୟକୁ ଘଣ୍ଟ ଘୋଡ଼ାଉ ॥
ନାଥ ତୁ ରସିଲେ ଏମନ୍ତ କରୁ।
ନିରିଦୟାରେ ଭଣଜାକୁ ମାରୁ ॥

ହରି ହୋ -ମହାପ୍ରଳୟ ଦୟା କଲେ ସଞ୍ଚୁ।
ଦାସ ବଳିଆକୁ କିପାଇଁ ଘୁଞ୍ଚୁ ॥୫୫୭॥

ହରି ହୋ -ଅର୍ଜୁନ ଜିଣଇଁ ଭୀଷ୍ମ ଦ୍ରୋଣଙ୍କୁ।
କି କି ନ କଲୁ ତୁ କୃପାଶଲ୍ୟଙ୍କୁ ॥
ନାଥ ତୁ ଏମନ୍ତ କରୁ ଗୋସାଇଁ।
ଭକତ ରକ୍ଷା ତୋ ବାନା ରୁହାଇ ॥

ହରି ହୋ -ମୋତେ କିପାଇଁ ତୋ କୃପାନୋହିଲା।
ବଳିଆ ଦାସ ଜାଣି ଜଣାଇଲା ॥୫୫୮॥

ହରି ହୋ -ଏବେ ତୁ ମୋତେ ବାରେ ମାତ୍ର ରଖ।
ତିନିପୁରମଧ୍ୟେ ମୁହିଁ ନିରେଖ।
ନାଥ ତୋ ଦୟାକୁ ସାଗର ବାନା।
ମୋହର ଦୁଃଖ ଖଣ୍ଡି ହୁଅ ସେହ୍ନା ॥

ହରି ହୋ -କେଉଁ ଅପ୍ରାଧକୁ ଏ ଦଣ୍ଡ ଦେଲୁ।
ବଳିଦାସର କୃପା ଛଡ଼ାଇଲୁ ॥୫୫୯॥

ହରି ହୋ -ରତ୍ନାକର ଝିଅ ବିଭା ହୋଇଲୁ।
କେମନ୍ତେ ଲୁଣିଆଁ ଘରେ ଖାଇଲୁ ॥
ନାଥ ତୋ ଚନ୍ଦ୍ର ଦେବତା ଯେ ଶଳା।
ତୋହ ଘେନି ଦେହ କ୍ଷୀଣ ହୋଇଲା ॥

ହରି ହୋ -ସେହି ଗୁରୁ ପତ୍ନୀ ହରିଲା ଜାଣି।
ବଳି ଦାସକି ନ ଜାଣଇଁ ପୁଣି ॥୫୬୦॥

ହରି ହୋ -ଲୋକମାନଙ୍କୁ ତୁ କିମ୍ପା ନ ସହୁ।
କେମନ୍ତ କରିଣ ବିଘ୍ନ କରାଉ ॥
ନାଥ ସେ ଯାହାର ଯେହ୍ନୁ ଅଇରି।
ତାହାକୁ ଭେଟାଉ ଉପାୟ କରି ॥

ହରି ହୋ -ସବୁ ଘଟସୂତ୍ର ତୁହି ଯେ ଜାଣୁ।
ବଳିଆ ଦାସ ତୋତେ ଖଟେ ତେଣୁ ॥୫୬୧॥

ହରି ହୋ -ମୋତେ ତରିବାକୁ ଉପାୟ କହ।
ଯେବେ ମୋତେ ତୋର ଥାଇଁ ସେନେହ ॥
ନାଥ ମୁଁ ଉଦାର ନ ଜାଣେ କିଛି।
ତେଣୁ ତୋତେ ମୁଁ ଆଶ୍ରେ କରିଅଛି ॥

ହରି ହୋ -ସତ୍ୟକରି ତୁହି କହ ଯେ ମୋତେ।
ଦାସ ବଳିଆ ଜଣାଉଛି ତୋତେ ॥୫୬୨॥

ହରି ହୋ -ମୋହ ଅଗାରେ ତୁ ଚତୁର ହେଉ।
ଥେଣ୍ଟାଏ କଥା କାହିଁ ପାଇଁ କହୁ ॥
ନାଥ ମୁଁ ତୋ ତହୁଁ ବଡ଼ ନାଗର।
ତୁ ଏବେ ପଚାର ନୀଳକନ୍ଦର ॥

ହରି ହୋ -ଏମନ୍ତକଲେ କି ଜିଣିବୁ ମୋତେ।
ବଳରାମ ଦାସ ଧରିଛି ତୋତେ ॥୫୬୩॥

ହରି ହୋ -ତୋହର କିମ୍ପା ମୋତେ ଏଡ଼େ ରାଗ।
ମୁହିଁତ ତୋତେ କରିଛି ସରାଗ ॥
ନାଥ ତୁ କୁଟିଳ ହିଂସ୍ରପ୍ରାଣୀ।
ତୋତେ ଯେ ଭରସାତ ନୋହେପୁଣି ॥

ହରି ହୋ -ଯେତେକ ମନ୍ଦ ପାପ ମାୟା ହିଂସା।
ଦାସବଳି ବୋଲେ ତୋହରି ଆଶା ॥୫୬୪॥

ହରି ହୋ -ଭଳକଲେକି ତୋତେ ନେହେଜିଣି।
ତୋ ନାମ ଭଜିଲେ ପାରୁ କି କିଣି ॥
ନାଥ ହୋ ତୋତେ ତେବେ ସିନା ପାଇ।
ଆନ ଉପାୟେ ଯେ ଜିଣି ନୋହଇଁ ॥

ହରି ହୋ -ହେତୁ କରିଣ ଧରିଥିବି ଚିତ୍ତେ।
ବଳିଆ ଦାସ ଛାଡ଼ିବୁ କେମନ୍ତେ ॥୫୬୫॥

ହରି ହୋ -ମାନ କଲେଣ ଯେ ତୋତେ ନ ପାଇଁ।
ପେଲି ପଶି ଯେବେ ଜଣାଉଁ ଥାଇଁ ॥
ହରି ସେ ମନ ଚଇତନ ତୋତେ।
ରାତ୍ର ଦିବସରେ ଯେ ଜିହ୍ୱାଗ୍ରତେ ॥

ହରି ହୋ -ବିଶ୍ୱାସକରି ଟେକିବା ଚୈତନ।
ଦାସବଳିଆର ତୋତେ ଧୀଆନ ॥୫୬୬॥

ହରି ହୋ -ମୁହିଁ ଯେ ତୋତେ ଆଶ୍ରେ କରିଥାଇଁ।
ତୋ ନାମ ନିତି ଭଙ୍ଗାଇବି କାହିଁ ॥
ନାଥ ମୁଁ ତୋହ ପସରା ଜାଣଇଁ।
ସୁଖର ସୁପୀରତି ଯେ କିଣଇଁ ॥

ହରି ହୋ -ତୋହ ନାମ ମୋତେ କରିଛି ବାଇ।
ଦାସବଳିଆକୁ ରଖ ଗୋସାଇଁ ॥୫୬୭॥

ହରି ହୋ -ମୁହିଁ ଏବେ ତୋତେ ବାଇ କରିବି।
ଘରଛାଡ଼ି ନାନା ଦେଶ ବୁଲିବି ॥
ନାଥ ତୁ ଭକ୍ତଙ୍କ ସଙ୍ଗତେଥିବୁ।
ମନେ ଚିନ୍ତିଲେ ପ୍ରସନ୍ନ ହୋଇବୁ ॥

ହରି ହୋ -ରାତିଦିନ ଅବକାଶ ନୋହିବ।
ବଳିଆ ଦାସ ଦେଖି ହସୁଥିବ ॥୮୬୮॥

ହରି ହୋ -କଟାକ୍ଷ ନୟନ କାନକୁ ତ୍ରାସ।
ଚାହିଁବା ମାତ୍ରକେ ଦୂରିତ ନାଶ ॥
ନାଥ ତୋ ଶ୍ରୀମୁଖକୁ ଅନାଇଁଲେ।
ଭୟରେ ନୃପତି ଯେ ପଳାଇଲେ ॥

ହରି ହୋ -ତୋର ଜ୍ୟୋତିରେ କଳା ଆଉ ନାହିଁ।
ବଳରାମ ଦାସ କାଳ କାଟଇଁ ॥୫୬୯॥

ହରି ହୋ -ଯେହୁ ଚାହିଁ ଥିବ ତୋର ବଦନ।
ତିନିପୁରେ ସାଧୁ ଅଟେ ସେ ଜନ ॥
ନାଥ ତାହାକୁ ସମ ଦେବା କାହିଁ।
ତୋହର ସଦୟା ତାହାକୁ ଥାଇଁ ॥

ହରି ହୋ -ଯେହୁ ଚାହିଁବ ତୋ କଳା ଶ୍ରୀମୁଖ।
ଦାସବଳି ବୋଲେ କାହିଁ ତା ଦୁଃଖ ॥୫୭୦॥

ହରି ହୋ -ଯେ ତୋର ଦେଖଇଁ ବଡ଼ ସିଂହାର।
ତାକୁ ସରିନିକି ବ୍ରହ୍ମାଶଙ୍କର ॥
ନାଥ ତୋ ଝୁମ୍ପା ଆଞ୍ଜଳି ଯେ ଶୋଭା।
ସିନ୍ଧୁର ବାଳିଯେ ପାଶେ ଖଟିବା ॥

ହରି ହୋ -ରତ୍ନଭଉଁରିଆ ଉପରେ ଥାଇଁ।
ଦାସବଳିଆ ଦର୍ଶନ ସେଠାଇଁ ॥୫୭୧॥

ହରି ହୋ -ନାନାସୁବାସ କସୁମଣ୍ଡଣି।
କରପଲ୍ଲବେ କେରି କେରି ପୁଣି ॥
ନାଥ ତୋ ଶ୍ରୀମୁଖ ସୁନ୍ଦର ଦିଶେ।
ଶୋଭା କେତେ ମୁହିଁ କହିବି କିସେ ॥

ହରି ହୋ -ତେତେବେଳେକରି ଅବଲୋକନ।
ଦାସବଳିଆର ଧନ୍ୟ ଜୀବନ ॥୫୭୨॥

ହରି ହୋ -ଯେ ତୋର ଶ୍ରୀମୁଖ ନିରେଖି ଚାହିଁ।
ତାହାର ପୁଣ୍ୟ କାହିଁ ନ ଦେଖଇଁ ॥
ତାହାକୁ ସାଧୁସଙ୍ଗତରେ ଗଣି।
ଆନପଟାନ୍ତର ନାହିଁ ସେ ପୁଣି ॥

ହରି ହୋ -ସୁଧାପ୍ରତିମା ଯେ ତାହାକ କହି।
ବଳରାମ ଦାସ ଅଛି ଧ୍ୟାଇ ॥୫୭୩॥

ହରି ହୋ -ଯେ ତୋତେ ନିତ୍ୟେ କରଇ ଦର୍ଶନ।
ତ୍ରିପୁରଲୋକେ ତାକୁ ନାହିଁ ସମ ॥
ନାଥତୋ ତ୍ରିଗୁଣ ଭକ୍ତିଟି ସେହି।
ତାହାଙ୍କ ଦର୍ଶନେ ପ୍ରାଣୀ ତରଇଁ ॥

ହରି ହୋ -ତିନିପୁରଯାକେ ତୋର ମହିମା।
ଦାସବଳିଆକୁ ରଖ ତୋ ସୀମା ॥୫୭୪॥

ହରି ହୋ -ମଣ୍ଡନରେ ବଡ଼ଦେଉଳେ ଥାଉ ।
କେତେଭୋଗରାଗ ଶୀତଳଖାଉ ॥
ନାଥହୋ କେମନ୍ତେ ତା ଜୀର୍ଣ୍ଣକରୁ ।
କେଉଁ ପେଟରେ ଏତେ ଦ୍ରବ୍ୟଭରୁ ॥

ହରି ହୋ -ଲୋଭିପଣକୁ ତୋତେ ସରି ନାହିଁ ।
ବଳରାମଦାସ ଭୃତ୍ୟଅଟଇ ॥୫୭୫॥

ହରି ହୋ -ରାତ୍ର ନା ପାହୁଁ ବାଳଭୋଗ ତୋର ।
ଗୋପାଳବଲ୍ଲଭସଙ୍ଗକୁ ସାର ॥
ମଧ୍ୟାହ୍ନ ଧୂପ ତୋହର ମୁଁ ଚାହିଁ ।
ନୟନ ଦୁଇ ମୋ ଦେଖିଲା ନାହିଁ ॥

ହରି ହୋ -ଆସନ୍ତି ଗଣହି ତୋହରି ଠାଇଁ ।
ବଳିଆଦାସକୁ ରଖ ଗୋସାଇଁ ॥୫୭୬॥

ହରି ହୋ -ନବତନବେଶ ବର୍ଷକେ ହେଉ ।
ଅଶାନ୍ତି ହୋଇ ଯେ ବହୁତ ଖାଉ ॥
ନାଥ ତୁ ଭୃତ୍ୟକୁ ରଖିବୁ କାହୁଁ ।
ମୋତେ ବାହାର କରି ଦେଲୁ ତହୁଁ ॥

ହରି ହୋ -ମୋତେ ଭଣ୍ଡିବାକୁ ଭୟ ତୋ ନାହିଁ ।
ବଳିଆ ତୋତେ ଛାଡ଼ି ନ ପାରଇ ॥୫୭୭॥

ହରି ହୋ -ତୁ ମୋତେ ଛାଡ଼ିଲେ ମୁହିଁ ମରିବି ।
ତୋହର ଆଗରେ ମୁଁ ହତ୍ୟାହେବି ॥
ନାଥ ମୁଁ ନିରେଖ ଦୀନ ଯେ ଜନ ।
କେବଳକଳି ତୋତେ ଗଣ୍ଠିଧନ ॥

ହରି ହୋ -ମୋ କଥା ବୋଇଲେ ସରିବ ନାହିଁ ।
ବଳିଆଦାସ ବିନତିରେ କହି ॥୫୭୮॥

ହରି ହୋ –ମୋହର ମନକୁ ନେଇ ରଖିଲୁ ।
ବଳକରି ତୋରହୃଦେ ଭରିଲୁ ॥
ନାଥକୁ କିଛି ହିଁ ମୋତେ ନଦେଉ ।
କିପାଇଁ ମନକୁ ମୋହର ନେଉ ॥

ହରି ହୋ –ମୋହନମନ ନେଇଁ ତୋ ସାଙ୍ଗେ କରୁ ।
ଦାସ ବଳିଆକୁ ମନେ ନ ଧରୁ ॥୫୭୯॥

ହରି ହୋ –ମନ ମୋରଯେବେ ନେଲୁ ଗୋବିନ୍ଦି ।
ମୁହିଁ ଯେ ହୋଇଲି ତୋହରେ ବନ୍ଦି ॥
ନାଥମୋର ମନ ତୋଠାରେ ଥାଇଁ ।
ମୋତେ ତୁ ଛାଡ଼ିବୁ କାହୁଁ ଗୋସାଇଁ ॥

ହରି ହୋ –ମୁଁ ତୋତେ ଦଇଲି ତୁ ମୋତେ ଛନ୍ଦୁ ।
ବଳିଆ ଦାସର ତୁହିଯେ ବନ୍ଧୁ ॥୫୮୦॥

ହରି ହୋ –ତୋତେ ଆଶ୍ରେକରି ହେଲିନିରେଖ ।
ଏ ମୋର ମହିମା ତୁ ଏବେ ଦେଖ ॥
ନାଥମୁଁ ସତ୍ୟ କହୁଅଛି ତୋତେ ।
ତୁହିତ ନିର୍ଦ୍ଦୟା କରୁଛ ମୋତେ ॥

ହରି ହୋ –ନାମ ଯେ ତୋହର ଦୟାସାଗର ।
ବଳରାମ ଦାସ ପୋଇଲା ତୋର ॥୫୮୧॥

ହରି ହୋ –ତୋତେ କିମ୍ବା ମୋତେ ଏଡ଼େଗୁହାରି ।
ତୋବଳେ ମୋତେ କିଛି ନୋହେ କରି ॥
ନାଥମୁଁ ସତେହେଁ ଦୁଃଖୀ ନୋହଇଁ ।
ତୋତେ କିଣିକା ଭରସାଅଛଇ ॥

ହରି ହୋ –ବଡ଼ଦେଉଳେ ମୁଁ ଅଟେ କାରିଣି ।
ବଳି ଦାସକୁ ରଖ ଚକ୍ରପାଣି ॥୫୮୨॥

ହରି ହୋ -ବାଉନକୋଟି ଭଣ୍ଡାର ମୋହର ।
ତୁତହିଁ କିଛି ନୋହୁ ଚକ୍ରଧର ॥
ନାଥ ମୁଁ ତାହାସେ ପାରଇ ବହି ।
ମୋହର ସାଆନ୍ତ ଆଣ୍ଠରେ ମୁହିଁ ॥

ହରି ହୋ -ଯେତେ ଇଚ୍ଛା ତହୁଁ ତେତେକ ନିଅ ।
ଦାସ ବଳିଆର କଷଣ ଫେଅ ॥୫୮୩॥

ହରି ହୋ -ବାଇପଣେ ତୋତେ ବୋଲଇ ଯାହା ।
ତୁନିକି ପ୍ରତେ କରିଅଛୁ ତାହା ॥
ନାଥମୁଁ ତୋହାର ସେବକ ସିନା ।
ମୋହର ଅପ୍ରାଧ କରିବୁ କ୍ଷମା ॥

ହରି ହୋ -ବଡ଼ଦେଉଳେ ନିତିମୋର ସେବା ।
ଦାସ ବଳିଆକୁ ବାରେ ରଖିବା ॥୫୮୪॥

ହରି ହୋ -ମୁହିଁ ଯେ ତୋହର ପାଶେ ନଥିବି ।
ତୁ ଯହିଁ ନଥିବୁ ତହିଁକି ଯିବି ॥
ନାଥତୋ ତ୍ରାସ ନ ଲାଗିବ ଯହିଁ ।
ମୁହିଁ ରହିବି ସେଠାବରେ ଯାଇଁ ॥

ହରି ହୋ -ସେ ଥାନ ଅଟଇଁ ନୀଳକନ୍ଦର ।
ବଳରାମ ଦାସ ଭୃତ୍ୟ ତୋହର ॥୫୮୫॥

ହରି ହୋ -ସେ ଥାନେ ଆଉ ବଡ଼ ସାନ ନାଇଁ ।
ତୁହି ଯେଡ଼େ ମୁହିଁ ତେଡ଼େ ଅଟଇ ॥
ନଥ ତୁ ଦଣ୍ଡି ନ ପାରିବୁ ମୋତେ ।
ମୁହିଁ ଯେ ସେବା ନ କରିବି ତୋତେ ॥

ହରି ହୋ -ସେହିଠାବରେ ମୁଁ ରହିବି ଯାଇଁ ।
ବଳିଆ ଦାସ ତୋତେ ନ ଡରଇ ॥୫୮୬॥

ହରି ହୋ –ଜଗତେ ତୋତେ ଯେ ବାଛିବେହାକ।
ଭୃତ୍ୟ ଦଣ୍ଡନ୍ତି ଅବିବେକ ଲୋକ ॥
ନାଥ ହୋ ଜଗତେ ବୋଲିବା ଏହା।
ତୁହିଁ ଯେ କରିଅଛୁ ମୋତେ ଯାହା ॥

ହରି ହୋ –ମୁହିଁ କହିବି ଯେ ସବୁରିଆଗେ।
ବଳିଆ ଦାସକୁ କରସରାଗେ ॥୫୮୭॥

ହରି ହୋ –ତୋତେ ଯେ ଅକୀର୍ତ୍ତି ହୋଇଲା ଏବେ।
ତୁ ମୋତେ ଦଣ୍ଡ ଦିଆଇଲୁ ଯେବେ ॥
ନାଥତୋ ଗରିମା ସରିଲାଜାଣ।
ମୁହିଁ ସାରିବଇଁ ତୋହର ଟାଣ ॥

ହରି ହୋ –ଏବେହେଁ ତୁମୋତେ କରଆପତ।
ଦାସ ବଳିଆ ତୋ ଭୃତ୍ୟର ଭୃତ୍ୟ ॥୫୮୮॥

ହରି ହୋ –ମୁହିଁ ନିରମାଖି ନିରୋଖ ଜାଣ।
ତୋହଠାରେ ପଶିଥାଇ ଶରଣ ॥
ନାଥ ମୁଁ ସେବା ନଜାଣଇଁ ତୋର।
କେବଳ ମନ ମୋ ତୋହାସାଙ୍ଗରେ ॥

ହରି ହୋ –ମୋମନ ନେଇଁ ତୁ ମୋତେ ଘଉଡୁ।
ବଳିଆ ଦାସକୁ କରୁ ଭୁରୁଡୁ ॥୫୮୯॥

ହରି ହୋ –ତୁ ଏବେ ମୋତେ ଭୃତ୍ୟକରି ରଖ।
ମୁହିଁ ତୋ କଥାରେ ଥାଇଁ ଟିହାକ ॥
ନାଥ ତୋ ନାମ ଧରୁଥାଇଁ ନିତି।
ତିନିତ୍ରିଇଲୋକେ ଏହା ଜାଣନ୍ତି ॥

ହରି ହୋ –ସେବାରେ ନଥିଲେ ବର୍ତ୍ତିନପାରୁ।
ଦାସ ବଳିକୁ ଦୋଷଦେଇଁ ମାରୁ ॥୫୯୦॥

ହରି ହୋ -ମୁହିଁ ଯେ ତୋତେ ସେବା ନକରିବି ।
କେଉଁ କଥାକୁ ଏଶାସ୍ତି ପାଇବି ॥
ନାଥ ମୁଁ ଡରିଲି ତୋର ସେବାକୁ ।
ଦଣ୍ଡ ଦେଇଁଣ ଭାଙ୍ଗିଲୁ ମୋବୁକୁ ॥

ହରି ହୋ -ତୋହ କଥାରେ ଥିଲେ ନାଶ ଯିବି ।
ବଳି ବୋଲେ ଆନ ଉପାୟ ନେବି ॥୫୯୧॥

ହରି ହୋ -ମୋ ମନ ରହିଲା ତୋହର ଠାଇଁ ।
ମୋହ ଆୟତ୍ତନ ନୋହେ ଗୋସାଇଁ ॥
ନାଥ ମୋ ମନକୁ କିକଲୁ କହ ।
ସେ ତ ନ ରହିଲା ମୋହର ଦେହ ॥

ହରି ହୋ -କି କରିବି ଏବେ କହ ନିୟତେ ।
ଦାସବଳିଆ ଜଣାଉଛି ତୋତେ ॥୫୯୨॥

ହରି ହୋ -ସତେ ହେଁ ନିରାଶ ନକରଆଉ ।
ଏତେବଡ଼ ଦଣ୍ଡ କେପାରୁ ସହୁ ॥
ନାଥ ତୋ ଦାସ ବୋଲିଣ ସହିଲି ।
ଆଉ ମୁଁ କାହା ଆଗେ ନ କହିଲି ॥

ହରି ହୋ -ବାନ୍ଧିଣ ହାବୋକା ମାଇଲୁ ମୋତେ ।
ବଳରାମ ଦାସ କହୁଛି ତୋତେ ॥୫୯୩॥

ହରି ହୋ -କଂସମାରିବାକୁ ମଥୁରାବିଜେ ।
ଗୋପାଳପାଏ ସଙ୍ଗତେ ବିରାଜେ ॥
ନାଥ ରଜକକୁ ତୁ ଦୟା କଲୁ ।
ମୁଣ୍ଡଛେଦିଣ ବଇକୁଣ୍ଠେ ନେଲୁ ॥

ହରି ହୋ -ସୁଦାମାକୁ ବର ଦେଲୁ ଗୋସାଇଁ ।
ବଳିଆ ଦାସ ଦେଖୁଥିଲା ରହି ॥୫୯୪॥

ହରି ହୋ -କୁବୁଜୀ ନିସ୍ତର କଲୁ ଗୋବିନ୍ଦ।
କୁଜମୁଖରୁଚି ହୋଇଲା ଚାନ୍ଦ ॥
ନାଥ ତୁ ପ୍ରସଙ୍ଗେ ଏମନ୍ତ କରୁ।
ମୋତେକଷ୍ଟ ଦେଇ ଏକାଯେ ମାରୁ ॥

ହରି ହୋ -କୁବୁଜୀପାଇଲା ବୈକୁଣ୍ଠେଥାନ।
ବଳିଆ ଦାସକୁ କଲୁ ତୁ ଭିନ୍ନ ॥୫୯୫॥

ହରି ହୋ -ମଥୁରା ରହିରୁ ଗୋପନିବାସୀ।
ପ୍ରତାପିରାଜା କଂସାସୁର ନାଶି ॥
ନାଥତୁ ଗୋପୀଙ୍କୁ ନିରାଶକଲୁ।
ତାହାଙ୍କ କ୍ରୋଧେ ମଥୁରାକୁ ଗଲୁ ॥

ହରି ହୋ -ତୁହିକେତେ ଶାସ୍ତି ପାଇଲୁପୁଣ।
ବଳିଆ ଦାସ ଦେଖୁଥିଲା ଜାଣ ॥୫୯୬॥

ହରି ହୋ -ଏକାମାଈଁ ଯେ କଳଙ୍କେ ଧରାଉ।
ପଦ୍ମନ ପରା ପୁତ୍ରକୁ ମରାଉ ॥
ନଥା ତୁ ଏଡ଼େ ନରାପକ୍ଷ ଜାଣ।
ତୋତେ ଭରସା କେହ୍ନୁ କରେ ପୁଣ ॥

ହରି ହୋ -ଏଣୁକରି ସିନା ଡରଇ ମୁହିଁ।
ବଳିଆ ଦାସକୁ ରଖ ଗୋସାଈଁ ॥୫୯୭॥

ହରି ହୋ -ସାଆନ୍ତ ହୋଇଁ ନିରପେକ୍ଷ ଦେଉ।
ତୁ ଯାହା କରୁ ତା କେଅବା ସହୁ ॥
ନାଥତୁ ସବୁଠାରେ ଏହିମତି।
କେଉଁଗୁଣକୁ ଯେ ତୋତେ ସେବନ୍ତି ॥

ହରି ହୋ -ଏବେ ମୁଁ ଜାଣିଲି ତୋହରି ଗୁଣ।
ବଳିଆ ଦାସକୁ ଅଣ୍ଟିଲା ପୁଣ ॥୫୯୮॥

ହରି ହୋ -ଜନ୍ତୁପତିଙ୍କି ମୋର ବଡ଼ ଭୟେ।
ଅନେକ ପାପ ଅରଜିଲି ଦେହେ ॥
ନାଥ ମୁଁ ଏଣୁ ଜାଣୁଅଛି ତୋତେ।
ପାପାଭରା ମୁଁ ଛେଦିବି କେମନ୍ତେ ॥

ହରି ହୋ -ତୁମ୍ଭ ଦର୍ଶନରେ ଦୁରିତ ନ ଥାଇଁ।
ବଳରାମ ଦାସ ଏହା ଜାଣଇଁ ॥୫୯୯॥

ହରି ହୋ -ମୋହବେଦନା କହଣା ନ ଯାଇଁ।
ତୋତେ ଆଶ୍ରେ କଲେ ଏମାନ ପାଇଁ ॥
ନାଥ ତୁହି ତନିପୁର ନାୟକ।
ଫେଡ ତୁ ସବୁରି ବେଦନା ଯାକ ॥

ହରି ହୋ -କାଳ ନରହେ ଯେ ତୋର ଦର୍ଶନେ।
ବଳି ଦାସର ଫେଡ ଅଭିମାନେ ॥୬୦୦॥

ହରି ହୋ -ପତିବ୍ରତାଙ୍କର ନ ରଖିବୁ ପଣ।
ଅହଲ୍ୟା ହରିଲେ ଇନ୍ଦ୍ରରାଜନ ॥
ନାଥ ଯେ ତାରାକୁ ଚନ୍ଦ୍ର ଘେନିଲା।
ତାହାର ଯେ ପୁତ୍ର ଜାତ ହୋଇଲା ॥

ହରି ହୋ -ଗୁଣରେ ଦୋଷ କଲେ ଗାଉନେଇ।
ବଳରାମ ଦାସ ଏହା ଜାଣଇ ॥୬୦୧॥

ହରି ହୋ -ମନ୍ଦୋଦରୀ ତାରା କରାଇ ଦୋଷୀ।
ପଞ୍ଚୁପାଣ୍ଡବେ ଦ୍ରୌପଦୀଙ୍କି ରସି ॥
ନାଥ ତୁ ନ କରୁ କେଉଁ ଭବିଷ୍ୟ।
ଲକ୍ଷ୍ମୀଙ୍କଠାରେ ଲଗାଇଲୁ ଦୋଷ ॥

ହରି ହୋ -ଅପସରାଙ୍କୁ ଲଗାଇଲୁ ଯାହା।
ବଳିଆ ଦାସ କି ନ ଜାଣେ ତାହା ॥୬୦୨॥

ହରି ହୋ -ପାର୍ବତୀ କଲେ କି ପୁରୁଷ ହତ୍ୟା ।
ବ୍ରହ୍ମା କି ନେଲେ ନିଜର ଦୁହିତା ॥
ନାଥ ତୁ ଶିବଙ୍କୁ କିସ ନ କଲୁ ।
ମାତୃହରଣ ଦୋଷ ଲଗାଇଲୁ ॥

ହରି ହୋ -ଇନ୍ଦ୍ର ହରିଲା ଗଉତମ ନାରୀ ।
ବଳିବୋଲେ ସହସ୍ର ତାପ ତାରି ॥୬୦୩॥

ହରି ହୋ -ବ୍ରହ୍ମହତ୍ୟା କରି ଦୋଚାରୀ ନେଲୁ ।
ଲଙ୍କାକୁ ଭେଦି ସୁବଳୟା ଗଲୁ ॥
ନାଥ ତୁ ସାଗର ଅଭକ୍ଷ୍ୟ କଲୁ ।
ମହାବନ୍ଧ ତୁ କାଟି ପକାଇଲୁ ॥

ହରି ହୋ -ସମୁଦ୍ରଶୋଷିଲେ ଅଗସ୍ତି ଋଷି ।
ବଳିଆ ଦାସ ତୋତେ ପଚାରୁଛି ॥୬୦୪॥

ହରି ହୋ -ଯେ ଯେଡ଼େ ତାକୁ ତେଡ଼େକ କଷଣ ।
ଗଙ୍ଗାଲୁଚାଉ ତୁ ନଖରକୋଣ ॥
ନାଥ ତୁ ଚନ୍ଦ୍ରେ କଳଙ୍କ ଲଗାଉ ।
ରବିକୁ ବସାଇ କ୍ଷୀନ୍ନ କରାଉ ॥

ହରି ହୋ -ପବନଦେବ ହୋଇଲା ଅସାର ।
ବଳିଆଛାର ଯେ କେତେ ମାତର ॥୬୦୫॥

ହରି ହୋ -ଅଷ୍ଟ ଅପ୍‌ସରା ହେଲେ ନଟ ନାରୀ ।
ବିଷ୍ଣୁନାନାରୂପରେ ଅବତରି ॥
ହରିହୋ କରିବା ଲୋକଟି ତୁହି ।
ପଦ୍ମଶଶିରେଣ ଯେ ନାଶ ଯାଇଁ ॥

ହରି ହୋ -ବ୍ରାହ୍ମଣଲୋଭୀ ଅଭକତଯୋଗୀ ।
ବଳି ଦାସକୁ ରଖ ତୁ ଶ୍ରୀରଙ୍ଗି ॥୬୦୬॥

ହରି ହୋ -ପାଣ୍ଡବେ ଅଟନ୍ତି ଜାର ଜାତକା ।
ସେ ପୁଣି ତୋହର ହୋଇଲେ ସଖା ॥
ନାଥ ତୁ ସୋମବଂଶକୁ ଯେ କାଛୁ ।
ତୁହି ଯେ ନନ୍ଦଘରେ ବସ୍ତାରଖୁ ॥

ହରି ହୋ -ତୁହି ପୁଣି ଭୁଞ୍ଜୁ ବିଦୁରଘରେ ।
ବଳୀ ବିଟାଳ କଲୁ ଚକ୍ରଧରେ ॥୬୦୭॥

ହରି ହୋ -ଏବେ ସେ ଜାଣିଲି ସେ ମାନତୋର ।
ଖାଉ ତୁ ଲୁଣିଆ ଝିଅ ହାତର ॥
ନାଥ ତୁ ଗୋପୀଙ୍କ ସଙ୍ଗତେ ଯାଉ ।
କନ୍ୟା ଚୋରିକରି ତୁ ବିଭା ହେଉ ॥

ହରି ହୋ -ସଂସାର ଅଗତି ତୋହରିଠାଇଁ ।
ବଳିଆ ତୋ ଘରେ ଖାଇବ ନାହିଁ ॥୬୦୮॥

ହରି ହୋ -ତୋଘରେ ଖାଇଲେ ବିଟାଳ ହେବି ।
ଉଚ୍ଛିଷ୍ଟ ପାଇଲେ କୃତାର୍ଥ ହେବି ॥
ନାଥ ମୁଁ ଏଡ଼େ ଲୋକ ସୁଧାହିତ ।
ମୋତେ ଯେ ସରି ନୁହଇଁ କେହିତ ॥

ହରି ହୋ -ତୋନାମ ଗାଏ ତୋ ନିର୍ମାଲ୍ୟ ଖାଇଁ ।
ବଳିଆ ବୋଲଇଁ ତୋ କ୍ଷେତ୍ରେ ଥାଇଁ ॥୬୦୯॥

ହରି ହୋ -ମୋତେ ତୁ ନ ଛାଡ଼ ରଖ ଗୋସାଇଁ ।
ମୋପରା ସେବକ ପାଇବୁ ନାହିଁ ॥
ନାଥ ମୁଁ ଉଚ୍ଛିଷ୍ଟଭକ୍ଷଇଁ ତୋର ।
ତୋତେ ବିଜେକଲି ଏହି କ୍ଷେତ୍ରର ॥

ହରି ହୋ -ତୋହ ମହିମା ମୋହ ନାମଗାଇ ।
ବଳିଆ ଦାସ ତୋ ହିତରେ ଥାଇଁ ॥୬୧୦॥

ହରି ହୋ -ଭାତବରତନ କିଛି ନ ଦେଉ।
ତୁଚ୍ଛ କଥାକୁ ସାମନ୍ତ ବୋଲାଉ ॥
ନାଥ ତୁ ପୋଲା ସେବକୁ ପାଇଲୁ।
ତେଣୁ ତୁ ଏଡ଼େ ଫୁଲାଇ ହୋଇଲୁ ॥

ହରି ହୋ -ବର୍ତ୍ତନ ଦେଲେ ଯେ କରନ୍ତ କେତେ।
ବଳିଆ ବୋଲଇଁ ତୁଚ୍ଛାକୁ ଏତେ ॥୬୧୧॥

ହରି ହୋ -ସେବକ ହୋଇ ନ ରହିବେ କହି।
ସାଆନ୍ତ ହୋଇଁ ଯେ ବୁଝିଲୁ ନାହିଁ ॥
ନାଥ ତୁ ତୁଚ୍ଛାକୁ ଦଣ୍ଡ ବିହିବୁ।
ଏବେ ତୁ ଏକା ହୋଇ ସିନା ଥିବୁ ॥

ହରି ହୋ -ନିଶ୍ଚୟ କ୍ଷେତ୍ର ଭାଙ୍ଗିଲା ତୋହର।
ବଳିଆକୁ ଦଣ୍ଡେ ନୃପତିଛାର ॥୬୧୨॥

ହରି ହୋ -କିସ କହିବି ତୁ କାହା ନ ଜାଣୁ।
ତୋ ନାମ ସୁଧା ଯେ ମନକୁ ଆଣୁ ॥
ନାଥ ମୁଁ ସେ ଘେନି ତୋ ସଙ୍ଗେ ଥାଇଁ।
ଯହୁଁ ମନ ରହିଲା ତୋହ ଠାଇଁ ॥

ହରି ହୋ -ମୋତେ ଦିଅ ତୁମ୍ଭେ ଅଧରୁ ସୁଧା।
ବଳିଆ ଦାସକୁ କରିଛି କ୍ଷୁଧା ॥୬୧୩॥

ହରି ହୋ -ତୋ ଭାବପ୍ରୀତିରେ କିଣିଲୁ ମୋତେ।
ମୋହର ବେଳେ ଛାଡ଼ି ନୋହେ ତୋତେ ॥
ନାଥ ତୁ ଅଛୁ ମୋ ସଙ୍ଗେ ଗୋଡ଼ାଇଁ।
ମୋତେ ତୁ ଦଣ୍ଡେ ନ ଛାଡୁ ଗୋସାଇଁ ॥

ହରି ହୋ -ମୋ ମନ ତୋ ତହିଁ ଭେଦିଲା ଯହୁଁ।
ବଳିଆ ଦାସକୁ ନ ଛାଡୁ ତହୁଁ ॥୬୧୪॥

ହରି ହୋ -ସାମନ୍ତ ପଣ ପରିମୁଣ୍ଡା ଯିବା ।
ଡାକିଲେ ଶୁଣି ସାଙ୍ଗେ ସାଙ୍ଗେ ଥିବା ॥
ନାଥ ହୋ ମୁହିଁକି କହିବି ତୋତେ ।
ତୁ ତ ରହିଲୁ ମୋହରି ସଙ୍ଗତେ ॥

ହରି ହୋ -ଭୃତ୍ୟରମାନ ଏଣୁକରି ଫେଡୁ ।
ବଳିଆ ଦାସକୁ ଭଜିଣ ଛାଡୁ ॥୬୧୫॥

ହରି ହୋ -ମୋହ ଛାର ପାଇଁ କାହିଁକି ରହୁ ।
ସମୁଦ୍ରକୂଳେ ଲୁଣି ବାଆ ଖାଉ ॥
ନାଥ ତୋ ଗୁଣ୍ଡିଚାଘରକୁ ଯାଅ ।
ନବଦିନ ଯାତ୍ରା ତୁ କରୁ ଥାଅ ॥

ହରି ହୋ -ମୋତେ ସିନା କ୍ଷେତ୍ରୁ କଲୁ ବାହାର ।
ଦାସ ବଳରାମ ନୋହେ ତୋହର ॥୬୧୬॥

ହରି ହୋ -ତୁ କିମ୍ପା ମୋହର ସନ୍ନିଧେ ରହୁ ।
ଆଉକି ଦଣ୍ଡ ଦେବୁ ମହାବାହୁ ॥
ନାଥ ହୋ ନୃପତି ଏହା ଜାଣିଲେ ।
ମୋତେ ସେ ନ ରଖିବ ଆଉଭଲେ ॥

ହରି ହୋ -ଏହି କଥାକୁ ଡରୁଅଛି ମୁହିଁ ।
ଦାସ ବଳିଆକୁ ରଖ ଗୋସାଇଁ ॥୫୧୭॥

ହରି ହୋ -ତୋତେ ଯେ ମୋର ନାହିଁ ବିଶ୍ୱାସ ।
ତୋ ଘେନି ମୁହିଁ ନିଶ୍ଚେ ଗଲିନାଶ ॥
ନାଥ ତୁ ମୋତେ କିମ୍ପା ଏହା କଲୁ ।
ମୋହର ବେଦନା ତ ନ ଫେଇଲୁ ॥

ହରି ହୋ -ମୁହିଁତ ତୋହର ଜନ୍ମ କୋଏର ।
ଦାସ ବଳିଆକୁ ବାରେ ଉଦ୍ଧର ॥୬୧୮॥

ହରି ହୋ -ତୁତ ମୋହର ସନ୍ନିଧେ ଅଇଲୁ ।
ଯାତ୍ରା ଛାଡ଼ି କିମ୍ପା ଏଣେ ରହିଲୁ ॥
ନାଥ ତୁ ଯାଆଯା ଗୁଣ୍ଡିଚା ଘର ।
ଭୋଗ ଅପାର ଅଛି ସେହିଠାର ॥

ହରି ହୋ -ସେ ସୁଖ ଛାଡ଼ି ମୋର ପାଶେ ଆସୁ ।
ଦାସ ବଳିଆର ମନରେ ପଶୁ ॥୬୧୯॥

ହରି ହୋ -ସେନାପଟ୍ଟା ଲାଗି ଜଗୁ ଗୋସାଇଁ ।
ନନ୍ଦିଘୋଷ ରଥ ତୋତେ ସହଇଁ ॥
ନାଥ ତୁ ସେ ମାନ କିମ୍ପାଇଁ ଛାଡୁ ।
ମୋହଠାରେ ବାଲି ରଥରେ ଚଢୁ ॥

ହରି ହୋ -ଏହି ସୁଦୟା ସବୁଦିନେ ଥାଉଁ ।
ଦାସ ବଳିଆକୁ ରଖ ମହାବାହୁ ॥୬୨୦॥

ହରି ହୋ -ଭକ୍ତ ନିବାରଣ କମଳାବନ୍ଧୁ ।
ଶରଣ ପଞ୍ଜର କରୁଣସିନ୍ଧୁ ॥
ନାଥ ହୋଇ ଦୟା ସାଗର ତୋ ବାନା ।
ବିପତ୍ତି କାଳେ ହେଉ ବଜ୍ରସେହ୍ନା ॥

ହରି ହୋ -ମନେ ଚିନ୍ତା କଲେ ତୁହି ସେ ଜାଣୁ ।
ବଳିଆ ଦାସକୁ ସାହା ତୁ ତେଣୁ ॥୬୨୧॥

ହରି ହୋ -ଜଗତେ ମୋତେ ବାଛିବେ ଗୋସାଇଁ ।
ଏହି ଅପକୀର୍ତ୍ତି ପାଇବି ମୁହିଁ ॥
ନାଥ ତୁ ଏଥୁଁ କର ମୋତେ ପାର ।
ମୋତେ ବାଛିବେ ନିଶ୍ଚୟ ସଂସାର ॥

ହରି ହୋ -ଶରଣ ପଶିଲି ତୁ ରକ୍ଷାକର ।
ଦାସ ବଳିକୁ ରଖ ଚକ୍ରଧର ॥୬୨୨॥

ହରି ହୋ -ମୁହିଁତ ତୋତେ ଧରି ଆଣିନାହିଁ।
ତୋହର ସୁଖେ ଅଇଲୁ ଗୋସାଇଁ ॥
ନାଥ ହୋ ମୁହିଁ ଯେ ତୋହର ଦାସ।
କେବଳ ପାଦପଦ୍ମକୁ ମୋ ଆଶା ॥

ହରି ହୋ -ମୋ ମନ ବାସନା ଆଣିଲା ତୋତେ।
ଦାସ ବଳିଆକୁ ଛାଡୁ କେମନ୍ତେ ॥୬୨୩॥

ହରି ହୋ -ନିଶ୍ଚୟ ନୃପତି ହୋଇଲା ବାଇ।
ମୋତେ ରଥରୁ ଦେଲା ଘଉଡ଼ାଇ ॥
ନାଥ ସେ ଜାଣଇଁ ତୋହର ବାନା।
ତୁହି ଯେ ଭୃତ୍ୟର ଫେଡୁ ବେଦନା ॥

ହରି ହୋ -ନିଶ୍ଚୟ ନୃପତି ହୋଇଲା ବାଇ।
ମୋତେ ରଥରୁ ଦେଲା ଘଉଡ଼ାଇ ॥
ନାଥ ସେ ଜାଣଇଁ ତୋହର ବାନା।
ତୁହି ଯେ ଭୃତ୍ୟର ଫେଡୁ ବେଦନା ॥

ହରି ହୋ -ଆନପ୍ରାୟେ ରାଜା ବୁଜିଲା ମୋତେ।
ବଳି ଦାସକୁ ସାହା ଜଗନ୍ନାଥେ ॥୬୨୪॥

ହରି ହୋ -ଭୃତ୍ୟ ଯେଣେ ଯାଇଁ ତୁ ତେଣେ ଥାଉ।
ଭୃତ୍ୟର ବେଦନା ଦଣ୍ଡେ ନ ସହୁ।
ନାଥ ତୁ ଭକ୍ତବସ୍ଥଳ ବୋଲାଉ।
ଭୃତ୍ୟ ଯେ ଦୋଷକଲେ ତାହା ସହୁ ॥

ହରି ହୋ -ମୁହିଁ ଯେ ଅପ୍ରାଧ ନ କଲି ତୋତେ।
ବଳି ଦାସକୁ ରଖ ଜଗନ୍ନାଥେ ॥୬୨୫॥

ହରି ହୋ -ରାଜାବେଳେ ମୋତେ ନୋହେ ଅନାଇଁ।
ତୁ ଯେବେ ଅଜ୍ଞା ନ ଦେଲୁ ଗୋସାଇଁ ॥
ହରିହୋ ସେକିପାରେ ମୋତେ ଦଣ୍ଡି।
ଦେଖ ଯେ ଭାଙ୍ଗିଲା ମୋ ଥୋଡ଼ି ଖଣ୍ଡ ॥

ହରି ହୋ -କାହାକୁ ବୋଲିବି ତୁ କଲୁ ଏହା।
ବଳିଆ ଦାସକୁ ହୋଇବେ ସାହା ॥୬୨୬॥

ହରି ହୋ -ମୋହଠାରେ ଯେବେ ଅଛି ତୋ କାର୍ଯ୍ୟ।
ମୋ କଥା ରହୁ ରାଜା ପାଉ ଲାଜ ॥
ତୋହର ରଥ ନ ଚଳିବ ଠାଉଁ।
ମୁହିଁ ଯେ ଦୃଢ଼େ କହୁଅଛି ତହୁଁ ॥

ହରି ହୋ -ମୁହିଁ ଏକା ଯିବି ତୁ ନିକି ଯିବୁ।
ବଳିଆ ଦାସକୁ ଶାହା ହୋଇବୁ ॥୬୨୭॥

ହରି ହୋ -ଯେତେବେଳେ ରାଜା ବାନ୍ଧିଲା ମୋତେ।
ତୋହର ଦେହ ସହିଲା କେମନ୍ତେ ॥
ନାଥ ତୁ ଭୃତ୍ୟଙ୍କଠାରେ ଅଭିନ୍ନ।
ତୋହର ମୋର ନାହିଁ ଭିନ୍ନାଭିନ୍ନ ॥

ହରି ହୋ -ଯେତେବେଳେ ମୋତେ ମାରୋହାବୋକି।
ବଳିଆ ଦାସକୁ ନୋହିଲୁ ସାକ୍ଷୀ ॥୬୨୮॥

ହରି ହୋ -ପାଷାଣ ପ୍ରାୟ ତୋର ଦେହକଲୁ।
ମୋହର ଦଣ୍ଡ ଦେଖି ସହୁ ଥିଲୁ ॥
ନାଥ ତୁ ତେଷ୍ଟଣା ହଟିଆ ଅଟୁ।
ଏବେ ତୁ ମିଛେ କହୁ ମୋତେଚାଟୁ ॥

ହରି ହୋ -ନିଶ୍ଚୟ ଯେବେ ମୁଁ ଅଟେ ତୋହର।
ବଳିଆ ଦାସକୁ ବାରେ ଉଦ୍ଧର ॥୬୨୯॥

ହରି ହୋ -ନୃପତି ତୋର ଯେ ଅଟଇଁ ଦାସ ।
ସେ ତୋର ଅଟଇଁ ବଡ଼ ବିଶ୍ୱାସ ॥
ନାଥ ତୁ ସଙ୍ଗେ ତା ବିଚାର କଲୁ ।
ତାହାକୁ କହି ଦଣ୍ଡ ଦିଆଇଲୁ ॥

ହରି ହୋ -ସେ ଏବେ ନେବ ଯେ ବିଜେକରାଇ ।
ଦାସ ବଳିଆକୁ ରଖ ଗୋସାଇଁ ॥୬୩୦॥

ହରି ହୋ -ପୂର୍ବରେ ସତ୍ୟ କରିଅଛୁ ଯାହା ।
ଭକ୍ତସଙ୍ଗ ନ ଛାଡ଼ ଚଉବାହା ॥
ନାଥ ମୁଁ ଭରସାକଲି ତହିଁକି ।
ମୋହର ମନ ତୋହର ତହିଁକି ॥

ହରି ହୋ -ତୁ ଯେ ଛାଡ଼ିବୁ ମିଛୁଆ ହୋଇବୁ ।
ବଳିଆଠାରୁ ଯାଇଁ ନ ପାରିବୁ ॥୬୩୧॥

ହରି ହୋ -ତୋହର ମୋହର ହୋଇଛି ସତ୍ୟ ।
ମୁଁ ତୋତେ କରିବି ନାନା ସିଦ୍ଧାନ୍ତ ॥
ନାଥ ତୁ ସମସ୍ତ ମୋର ସହିବୁ ।
ଯହିଁ ମୁଁ ରଖିବି ତହୁଁ ତୁ ଥିବୁ ॥

ହରି ହୋ -ମହାପ୍ରଭୁ ହୋଇଁ ସହିବୁ ତାହା ।
ବଳିଆ ଛାରକୁ କହିଛୁ ଏହା ॥୬୩୨॥

ହରି ହୋ -ମୁହିଁତ ତୋତେ ବୋଲି ନାହିଁକିଛି ।
ତୁ ମୋତେ କିମ୍ପା ରୁଷିଛୁ ଶ୍ରୀବତ୍ସି ॥
ନାଥ ତୁ ମୁହିଁ କରିଅଛୁ ଏଡ଼େ ।
ତୁହିଅଟୁ ଯେଡ଼େ ମୁହିଁ ଯେ ତେଡ଼େ ॥

ହରି ହୋ -ନୋହିଲେ କେମନ୍ତେ ରଖିଛି ତୋତେ ।
ଦାସ ବଳିକୁ ରଖ ଜଗନ୍ନାଥେ ॥୬୩୩॥

ହରି ହୋ -ଯାହା କହଇଁ ମୁହିଁ ତୋତେସତ।
ସାଆନ୍ତକୁ ସିନା ବୋଲଇ ଭୃତ୍ୟ ॥
ନାଥ ମୋ କଥାତୋତେ ଲାଗିଥାଉଁ।
ଭୃତ୍ୟଥିଲାକୁ ତୁହି ବଡ଼ ହେଉ ॥

ହରି ହୋ -ଭୃତ୍ୟ ନ ଥିଲେ ସାନ୍ତ ନ ବିକାଇ।
ବଳରାମ ଦାସ ଅଟଇଁ ବାଇ ॥୬୩୪॥

ହରି ହୋ -ମୁହିଁ ହୁଡ଼ିତୋତେ ବୋଲଇଁ ଯେତେ।
ତୁହିମୋତେ ବୋଲ ଶ୍ରୀ ଜଗନ୍ନାଥେ ॥
ନାଥହୋଇ ତୋହବଳେ ହୋଏ ସହି।
ମୁହିଁ ଯେ ଦଣ୍ଡେହେଁ ସହିବି ନାହିଁ ॥

ହରି ହୋ -ମେରୁସମ କଛ ପିମ୍ପୁଡ଼ି ଦେଖୁ।
ଦାସ ବଳିଆକୁ ତୋ ସଙ୍ଗେ ଲେଖୁ ॥୬୩୫॥

ହରି ହୋ -ଆଣ ବେଭାର ବୋଲୁ ନାହିଁ ତୋତେ।
ହୀନ କଟୁଦୂର ସଂସାର ମତେ ॥
ନାଥ ତୁ ବିବେକୀ ପୁଞ୍ଜ ଗୋସାଇଁ।
ମୋହର ମନରେ ହିତ ବହଇଁ ॥

ହରି ହୋ -ଏହି କଥାକୁ କିମ୍ପା ମୋତେ ରୁଷୁ।
ସତେ ବଳିଆ ଦାସକୁ ନ ପୋଷୁ ॥୬୩୬॥

ହରି ହୋ -ଆରବେଳେ କ୍ଷେତ୍ରୁ ଘଉଡ଼ି ଦେଲୁ।
ମୋଗଲେ କ୍ଷେତ୍ରେ ରହି ନ ପାରିଲୁ ॥
ନାଥ ତୁ ମୋହ ସାଙ୍ଗେ ସାଙ୍ଗେ ଗଲୁ।
ମୋହର ନା ମହତା ହୋଇଥିଲୁ ॥

ହରି ହୋ -ମୁହିଁ ତୋର ଭୃତ୍ୟକୁ ମୋର ସଙ୍ଗୀ।
ଏବେହେଁ ଅଛୁ ବଳିଆକୁ ଜଗି ॥୬୩୭॥

ହରି ହୋ -ଦକ୍ଷିଣେ ବନ୍ଧା ଦେଇଗଲି ତୋତେ ।
ତୁ ଆଗହୋଇ ଅଇଲୁ କେମନ୍ତେ ॥
ନାଥ ତୁ ଅଧବାଟେ ଥିଲୁ ବସି ।
ମୋତେ ତୁ କହିଲୁ ଉଠିଣ ହସି ॥

ହରି ହୋ -ଗଣ୍ଡିରା ଘେନିଣ ପଥ କଢ଼ାଉ ।
ବଳିଆକୁ ରାଜା ହାତେ ବନ୍ଧାଉ ॥୬୩୮॥

ହରି ହୋ -ପୂର୍ବେ ଯେ ଆଜ୍ଞାଦେଲୁ ଚକ୍ରଧର ।
ବୋଇଲୁ ଦୋଷ କ୍ଷମିବି ତୋହର ॥
ନାଥ ମୁଁ ତେଣୁ ତୋତେ ସେବା କଲି ।
ଏବେ ଯେ ଗଞ୍ଜି ହୋଇଁ ନିଶ୍ଚେଁ ମଲି ॥

ହରି ହୋ -ତେଷ୍କଣ ପଣେ ଯ ପାଡ଼ିଲୁ ମୋତେ ।
ବଳିଆ ବିଶ୍ୱାସ ନଯାଇଁ ତୋତେ ॥୬୩୯॥

ହରି ହୋ -ଯେବେ ଯିବୁ ଆଜ ବାଲି ନବର ।
ମୁହିଁ ନ ରିହବି ଏହି କ୍ଷେତ୍ରର ॥
ନାଥ ତୋ ଭୃତ୍ୟକୁ ଦେଲାଟି ଶାସ୍ତି ।
ନିନ୍ଦା ଯେ ହୋଇବ ବୈଷ୍ଣବ ଜାତି ॥

ହରି ହୋ -ଭୃତ୍ୟଜନକୁ ରଖ ଚକ୍ରପାଣି ।
ବଳିଆ ଦାସ ଜଣାଉଛି ପୁଣି ॥୬୪୦॥

ହରି ହୋ -ରଥରେ ତୋର ହାତୀ ଦଣ୍ଡ ଯୋଚି ।
ନୃପତି ପ୍ରତିଜ୍ଞାକରି କହୁଛି ॥
ନାଥ ସେ କଳା ପିଠିଆ ଘଉଡ଼ି ।
ହାତୀ ଯେ ଯୋଚିଲେ କତା ଦଉଡ଼ି ॥

ହରି ହୋ -ଆଜ ନେବ ତୋତେ ବାଲି ନବର ।
ବଳି ଦାସ ଜଣାଉଛି ଛାମୁର ॥୬୪୧॥

ହରି ହୋ -ରାଜାର ପ୍ରତିଜ୍ଞା ରହିବ ପରା ।
ତୁ ତ ଭାଙ୍ଗୁଅଛୁ ଭୃତ୍ୟ ପସରା ॥

ହରି ହୋ -ତୁମ୍ଭେ ସିନା ନିନ୍ଦା ଜାଣ ।
ମୋହର କିଛିହିଁ ନ ଯିବ ପୁଣ ॥

ହରି ହୋ -ତୁ ଯେବେ ବଡ଼ ତୋର କଥା ରହୁ ।
ଦାସ ବଳିକୁ ରଖ ମହାବାହୁ ॥୬୪୨॥

ହରି ହୋ -ମୁହିଁ ଯେ ତୋତେ ପଶିଲି ଶରଣ ।
ତୁ ଯେବେ ମୋତେ ନ ରଖିବୁ ପୁଣ ॥
ନାଥ ମୁଁ ପ୍ରଳୟରେ ଗଲି ଭାସି ।
ମୋତେ ଯେ ବାରେ ରଖ ବ୍ରହ୍ମରାଶି ॥

ହରି ହୋ -ପାରିଲେ କୂଳରେ ଲଗାଅ ମୋତେ ।
ବଳରାମ ଦାସ କହୁଛି ତୋତେ ॥୬୪୩॥

ହରି ହୋ -ଜଗତେ ଜାଣନ୍ତି ମୁହିଁ ତୋହର ।
ତୋହର ମୋତେ ଏଡ଼େ ଅହଂକାର ॥
ନାଥ ମୁଁ କାହିଁରେ ନୋହଇଁ ଜାଣ ।
ଏଡ଼େ ପ୍ରଭୁଙ୍କୁ ମୁଁ ସେବା କରିଣ ॥

ହରି ହୋ -ନିରେଖ ଲୋକ ସାମନ୍ତ ବୋଲାଉ ।
ବଳିଆ ଦାସକୁ ଭରସା ଦେଉ ॥୬୪୪॥

ହରି ହୋ -ମୁହିଁତ ତୋତେ ବଳେ ରଖୁ ନାହିଁ ।
କେବଳ ମନମୋର ତୋହପାଇଁ ॥
ନାଥ ହୋ ସାଆନ୍ତ ସେ ବଳିଆର ।
ମୁହିଁ ଯେ ଦେଲେ ହେବି ପରିଚାର ॥

ହରି ହୋ -ସେବକ ହେଲେ ସବୁ ମୋତେ ଦୋଷ ।
ବଳିଆ ଦାସକୁ କୁଳୁ ନିରାଶ ॥୬୪୫॥

ହରି ହୋ -ପୁଣି କି ମୋତେ ଦଣ୍ଡ ଦିଆଇବୁ ।
ନୃପତି ଆଗରେ ଯାଇଁ କହିବୁ ॥
ନାଥ ମୁଁ ବିଶ୍ୱାସ ତୋତେ ନଯାଇଁ ।
ତୋହର ଆଗେ ବେଦନା କହଇଁ ॥

ହରି ହୋ -ବିଶ୍ୱାସୀ ହୋଇଁ ତ ପାଇଲି ଫଳ ।
ବଳି ଦାସକୁ ରଖ ଆଦିମୂଳ ॥୬୪୬॥

ହରି ହୋ -ତୋତେ ଜଣାଉଁଛି ତୋହରି ପାଇଁ ।
ମୋହର ଏଥି କିଛି ଯାଉ ନାହିଁ ॥
ନାଥ ତୋ ଗୁଣ ନିନ୍ଦା ଯାଉଅଛି ।
ତୋତେ ଯେ ଜଗତଯାକ ଯେ ବାଛି ॥

ହରି ହୋ -ତୋର ମହିଁମା ତିନିପୁରେ ରହୁ ।
ଦାସ ବଳିକୁ ରଖ ମହାବାହୁ ॥୬୪୭॥

ହରି ହୋ -ମୋହ କହିଲେ ତୁ ଟଳିବୁ ନାହିଁ ।
କେଉଁ ଲାଜେ ହସୁ ମୋତେ ଅନାଇ ॥
ନାଥ ତୁ ଲାଜ ସଙ୍କୁଚ ନ ପାଉ ।
ତୁହି ବଡ଼ ଲୀଳାପଣରେ ଥାଉ ॥

ହରି ହୋ -ଯେତେକ ଅନ୍ୟାୟ ନୋହଇ କହି ।
ଦାସ ବିଳିଆ ଏହା ନ ଜାଣଇ ॥୬୪୮॥

ହରି ହୋ -ତୁହି ଯେବେ ମୋତେ କଲୁ ଏମନ୍ତ ।
ମୁହିଁ କି ରଖିବି ତୋର ମହତ ॥
ନାଥ ମୁଁ ବାନ୍ଧି ଦେବି ତୋତେ ଶାସ୍ତି ।
ଆସି ଯେ ରଖିବ ସେହି ନୃପତି ॥

ହରି ହୋ -ପାରିଲେ କେ ତୋତେ ନେଉଛଡ଼ାଇ ।
ବଳିଆ ଦାସ ଏଡ଼େ କରି କହି ॥୬୪୯॥

ହରି ହୋ -କାହାକୁ କହିବି ତୁ ନ ଶୁଣିଲେ ।
ମୋହ କଥା ତୋତେ ଲାଗଇ ଭଲେ ॥
ନାଥ ତୁ ମୋତେ ଅନ୍ତର ନ କର ।
ତୋହର ନ ରଖିବି ପଣ ଆର ॥

ହରି ହୋ -ତୋତେ ଆଶ୍ରେ କଲେ ଏମନ୍ତହୋଇ ।
ବଳିଆ ଦାସକୁ ରଖ ଗୋସାଇଁ ॥୬୫୦॥

ହରି ହୋ -ମୁହିଁ ତୋର ଦାସ ତୁ ମୋର ପ୍ରଭୁ ।
ଭକ୍ତକୁ ଏଡ଼େ ନିର୍ଦ୍ଦୟା ନୋହିବୁ ॥
ନାଥ ତୁ କ୍ଷମାସାଗର ବୋଲାଉ ।
ମୋ ଦୋଷ କ୍ଷମା କର ମହାବାହୁ ॥

ହରି ହୋ -ଏଡ଼େ ଆତଙ୍ଗରୁ ରଖ ତୁ ମୋତେ ।
ବଳରାମ ଦାସ କହୁଛି ତୋତେ ॥୬୫୧॥

ହରି ହୋ -ତୁ ଯେ ବୋଲାଉ ତ୍ରୈଲୋକ୍ୟ ଠାକୁର ।
ସବୁ ଗୁହାରି ଶୁଣି ଶ୍ରବଣର ॥
ନାଥ ତୁ ମୋର ଶ୍ରବଣ ବୁଜିଲୁ ।
କିପାଇଁ ହୃଦେ ତୋ ରତ୍ନ ହେଜିଲୁ ॥

ହରି ହୋ -ଏଡ଼େ ଦୋରହ ଯେ ନୁହଇଁ ତୋର ।
ବଳରାମ ଦାସ ତୋର କିଙ୍କର ॥୬୫୨॥

ହରି ହୋ -ମହାପ୍ରଭୁ ହୋଇ ଏମନ୍ତ କଲୁ ।
କେଉଁ ଦୋଷକୁ ଏହା ବିଚାରିଲୁ ॥
ନାଥ ତୁ ସବୁରି ସଙ୍କଟ ଫେଡ଼ ।
ମୋତେ ଏଡ଼େ ଦୁଃଖ ଆଣିଣ ଦେଉ ॥

ହରି ହୋ -ଏହି କଷଣରୁ କରିବ ପାରି ।
ବଳିଆ ଦାସ କରୁଛି ଗୁହାରି ॥୬୫୩॥

ହରି ହୋ -ନୀଳକନ୍ଦରେ ମୋତେ ରୁହାଇଲୁ ।
ଯେତେ ସୁଖ ମୋତେ ପ୍ରଥମେ ଦେଲୁ ॥
ନାଥ ମୁଁ ସେହିମତି ଜାଣିଥିଲି ।
ତୋର ପାଦ ପଦ୍ମେ ସେବା ମୁଁ କଲି ॥

ହରି ହୋ -ଏବେତ ଏତେ କଷଣ ବିହିଲୁ ।
ଦାସ ବଳିକୁ କାହିଁରେ ନକଲୁ ॥୬୫୪॥

ହରି ହୋ -ତୋହରି ହୃଦରେ ଚେତ ଗୋସାଇଁ ।
ପୂର୍ବେ ଯେତେକ ଥିଲୁ ମୋତେ କହି ॥
ନାଥ ତୁ ତାହା ଏବେ ପାଶୋରିଲୁ ।
ପୁରୁବ କଥା ମନେ ନ ଘେନିଲୁ ॥

ହରି ହୋ -ବିବେକପଣ ନୋହଇଁ ତୋହର ।
ବଳି ଦାସକୁ ରଖ ଚକ୍ରଧର ॥୬୫୫॥

ହରି ହୋ -ସତକରି ମୋତେ କହ ଗୋସାଇଁ ।
ଯିବୁ କି ଥିବୁ ନ କହୁ କିପାଇଁ ॥
ନାଥ ମୁଁପରତେ ନ ଯାଇଁ ତୋତେ ।
ତୋର ଗଣ୍ଠିଆ ପଣକୁ ଜଗତେ ॥

ହରି ହୋ -କିକି ବିଚାରିଣ ଏ ଶାସ୍ତି ଦେଲୁ ।
ବଳିବୋଲେ ଜିଭ ନ କାମୋଡ଼ିଲୁ ॥୬୫୬॥

ହରି ହୋ -କାଲିହୁଁ ମୋତେ ସଜକରାଇଲୁ ।
ବାଲି ନବରକୁ ଯିବା ବୋଇଲୁ ॥
ନାଥ ତୁ ସେନା ପଛାଲାଗି ହୋଇଁ ।
ମୋତେ ସାଙ୍ଗେ ଘେନିଣ ଭାବଗ୍ରାହୀ ॥

ହରି ହୋ -ପହଣ୍ଡି ବିଜୟ ଜଗୁ ସୋଦର ।
ବଳରାମ ଦାସ ତୋହ ଆଗର ॥୬୫୭॥

ହରି ହୋ -ରଥରେ ବସି ମୋତେ ବନ୍ଧାଇଲୁ ।
ଘଉଡ଼ି ଦେଇଁ ପାଶେ ନ ଥୋଇଲୁ ॥
ନାଥ ତୋ ସତ ବଳିଲା କେମନ୍ତେ ।
ପଛେ ଯେ ନୋହଇଁ ଆଗେ ଯୁଗତେ ॥

ହରି ହୋ -ମୁଁ ନିରେଖ ବୋଲି ସହିଲି ଏହା ।
ବଳିଆ ଦାସକୁ ନ କଲୁ କାହା ॥୬୫୮॥

ହରି ହୋ -ସାଙ୍ଗେ ସଜକରି ବାନ୍ଧଣ ମାରୁ ।
ବିଶ୍ୱାସ କରିଣ କାହା ନ କରୁ ॥
ନାଥ ମୁଁ ମୋହ ଇଚ୍ଛାଏ ଅସାର ।
କିପାଇଁ ରହୁଛି ତୋହ ପାଖର ॥

ହରି ହୋ -ସାଙ୍ଗେ ଥିଲାକୁ ମୁଁ ପାଇଲି ଶାସ୍ତି ।
ଦାସ ବଳି ବୋଲେ ରଖ ଶ୍ରୀପତି ॥୬୫୯॥

ହରି ହୋ -ତୋହ ଦଣ୍ଡରେ ମୁଁ ଅଛଇଁ ରହି ।
ମୋହ ଦଣ୍ଡ ଯେବେ ପାରିବୁ ସାହି ॥
ନାଥ ମୁଁ ଏମନ୍ତ କରିବି ତୋତେ ।
ତୋତେ ମୁଁ ବାନ୍ଧିବି ମୋ ମନ ସୂତ୍ରେ ॥

ହରି ହୋ -ମୋହ ମନୁ ଯେବେ ଯିବୁ ଫେରାଇ ।
ବଳିଦାସ ତେବେ ତୋତେ ହାରଇଁ ॥୬୬୦॥

ହରି ହୋ -ଏବେହେଁ ଜାଣିମା ତୁ କେଡ଼େ ଗାଢ଼ ।
ଭକ୍ତ ଥାପିଲାକୁ ତୁ ହେଉ ବଡ଼ ॥
ନାଥ ମୁଁ ତୋତେ ଏବେ ନୂଆରିବି ।
ତୋତେ ଯେ ମୁହିଁ କାହିଁ ନ କରିବି ॥

ହରି ହୋ -ମୋହର ପାଇଁ ଯେ ଉପ୍ରୋଧ ତୋତେ
ଦାସ ବଳିଆକୁ କରିଛୁ ଯେତେ ॥୬୬୧॥

ହରି ହୋ -ତୋହ ମୋହ ଦୁହେଁ ହୋଇବା ବାଛି ।
ମୁଁ ଏବେ ତୋତେ ନ କରିବି କିଛି ॥
ନାଥ ତୁ ମୋହ ସାଙ୍ଗେ ସତ୍ୟକର ।
ଗଞ୍ଜିଣ ହେଉ ରାଏ ଦଣ୍ଡଧର ॥

ହରି ହୋ -ମୋତେ ଏକା କରି ଛାଡ଼ିବୁ ନାହିଁ ।
ବଳି ଦାସକୁ ରଖିବୁ ଗୋସାଇଁ ॥୬୬୨॥

ହରି ହୋ -ଅଶେଷ ବ୍ରହ୍ମାଣ୍ଡ କରୁଣା ତୋର ।
କୀଟୁଁ ବ୍ରହ୍ମଯାଏ ସବୁରି ଠାର ॥
ନାଥ ତୁ ମୋତେ କରୁଣା ନ କରୁ ।
ତୋହର ମନରେ କି କି ବିଚାରୁ ॥

ହରି ହୋ -କମଳ ପରଶ ଲାବଣ୍ୟ ତୋର ।
ଦାସ ବଳିକୁ ଅନୁଗ୍ରହ କର ॥୬୬୩॥

ହରି ହୋ -ତୋତେ ନିକି କେଉଁ କଥା ଉବାର ।
ପୂରିଣ ଅଛୁ ତୁ ସଚରାଚର ॥

ନାଥତୁ ସବୁହୁଁ ଆଦି ପୁରୁଷ ।
ଯାହାର ଚରଣେ ଖଟେ ଅଶେଷ ॥

ହରି ହୋ -ଅଚଳ ମହିମାଁ ତୁ ଆଦିମେରୁ ।
ବଳି ବୋଲେ ତୋତେ କେ କଳିପାରୁ ॥୬୬୪॥

ହରି ହୋ -ଆପଣେ ତଲୁ ତୁ ଅପେହେଁ ରହୁ ।
ଆପେ ହେଁ କହୁ ତୁ ଆପେହେଁ ଖାଉ ॥
ନାଥ ତୁ ଆପେ ଅପା ସୁଖେ ସୁଖୀ ।
ହେଉ ପରଦୁଃଖରେ ତୁହି ଦୁଃଖୀ ॥

ହରି ହୋ -ତେଣୁ ତୁ ପରମେଶ୍ୱର ବୋଲାଉ ।
ବଳି ବୋଲେ ତୁ ପରଦୁଃଖ ସହୁ ॥୬୬୫॥

ହରି ହୋ -ତୋହ ନ ଚଳିଲେ କେଚାଲୁ ତୋତେ।
ରାଜା ହାତୀ କିମ୍ପା ଯୋଡ଼ିଲା ରଥେ ॥
ନାଥ କେ ଚାଳିବ କୋଟି ବ୍ରହ୍ମାଣ୍ଡ।
ଯାହା ରୋମମୂଳେ ପୃଥିବୀ ଖଣ୍ଡ ॥

ହରି ହୋ -ଏ କଥା କିମ୍ପା ରାଜା ନଜାଣଇଁ ॥
ଦାସ ବଳିଙ୍କୁ ଘଉଡ଼ିଣ ଦେଇଁ ॥୬୬୬॥

ହରି ହୋ -କେମନ୍ତେ କରି ସେ ଚାଳିବ ରଥେ।
ମୁଁ ବନ୍ଦିକରିଛି ଶ୍ରୀଜଗନ୍ନାଥେ ॥
ନାଥ ହୋ ଆଜି ତୋ କଥା ଜାଣିମା।
ଆଉ ଭାଙ୍ଗିବ ତୋହର ଗାରିମା ॥

ହରି ହୋ -କେମନ୍ତ କରି ନେବ ତୋର ରଥ।
ବଳିପାଖେ ଅଛି ଶ୍ରୀଜଗନ୍ନାଥ ॥୬୬୭॥

ହରି ହୋ -ମୋତେ ସେ କରିଛି ଯେତେକ ଶାସ୍ତି।
ସେହିମତି ଯେବେ ହେବ ନୃପତି ॥
ନାଥ ତୁ କାଲି ରଥ ଚଢ଼ିଥାଅ।
ମନ ଯେ ଗୁଣ୍ଡିଚାଘରକୁ ଦିଅ ॥

ହରି ହୋ -ମୋହପାଇଁ ତୁ ରଥରେ ରହିବୁ।
ଦାସବଳିକୁ କେବେ ନ ଛାଡ଼ିବୁ ॥୬୬୮॥

ହରି ହୋ -ସର୍ବେ ଦେଖିଲେ ରାଜା କଲା ଯାହା।
ତୁ ସିନା ଏତେ କଲୁ ଚଉବାହା ॥
ହରିହୋ ସମସ୍ତେ ଦେଖନ୍ତି ତାହିଁ।
ରଥ ଯେ ରହୁ ଶିଳାଦ୍ୱାର ଠାଇଁ ॥

ହରି ହୋ -ମୁହିଁତ ହୋଇଲି ସଙ୍ଗକୁ ତୋର।
ଦାସ ବଳିଙ୍କୁ ବାରେ ରକ୍ଷା କର ॥୬୬୯॥

ହରି ହୋ –ମୋହ ଛାର ଦୀନ ମୂଢ଼ ପାମର ।
ହିଂସା ଅପବାଦ ପାପ ଅପାର ॥
ନାଥ ମୁଁ ନ ଭଜିଲି ତୋ ନାମକୁ ।
ତେଣୁ ଭୟ ପାଇଅଛି ଯମକୁ ॥

ହରି ହୋ –ତୁ ମୋତେ ପାରିଲେ କର କାରଣ ।
ବଳିଆ ଦାସ ଯେ ତୋର ଶରଣ ॥୬୭୦॥

ହରି ହୋ –ଦାସ ବଇଷ୍ଣବ ସନ୍ଥ ସୁଜନ ।
ଜ୍ଞାନୀଏ ପୁଣି ମହା ଜନମାନ ॥
ନାଥ ହୋ ଏଥି ମଧ୍ୟେ ଆଉ ଯେତେ ।
ମୋହାର ଶାସ୍ତ୍ର ଦେଖିଲେ ସମସ୍ତେ ॥

ହରି ହୋ –ସମସ୍ତେ ଅଛନ୍ତି ବଡ଼ ଦାଣ୍ଡର ।
ବଳି ବୋଲେ ସେମାନଙ୍କୁ ପଚାର ॥୬୭୧॥

ହରି ହୋ –ନ କଲି ବ୍ରତ ମୁଁ ନ କଲି ତପ ।
ନ ବେଲି ଆଉ ଦେବତା ରୂପ ॥

ନାଥ ମୁଁ ତୋହବିନୁ ଆନେ କାହିଁ ।
କାହାକୁ ବେଦନା କହିବୁ ଯାଇଁ ॥

ହରି ହୋ –ଯାହାକୁ କର ତୋତେ ମୋତେ ସେବା ।
ବଳିଆ ଦାସକୁ ଦୟା କରିବା ॥୬୭୨॥

ହରି ହୋ –ଶରଣ ତାରଣ ନାମ ତୋହର ।
ଶରଣ ପଶିଲେ ଦେଉ ଯେ ବର ॥
ବିଭୀଷଣ ଯେ ପଶିଲା ଶରଣ ।
ଲଙ୍କା ଦେଲୁ ତାକୁ ମାରି ରାବଣ ॥

ହରି ହୋ –ତ୍ରିଜୀବୀ ହୋଇ ସେ ଲଙ୍କେ ରହିଲା ।
ବଳରାମ ଦାସ କି ଦୋଷ କଲା ॥୬୭୩॥

ହରି ହୋ -ସୁଗ୍ରୀଙ୍କି ଥାପିଣ ବାଳିକି ମାରୁ।
ପାଣ୍ଡବରଖି ଦୁର୍ଯ୍ୟୋଧନ ମାରୁ ॥
ନାଥକୁ ଗୋପୀଙ୍କି କଲୁ ନିସ୍ତାର।
କୁବୁଜୀକି କଲୁ ତୁହି ସୁନ୍ଦର ॥

ହରି ହୋ -ଉଦ୍ଧବ ଅକ୍ରୁର ବିଦୁରସଞ୍ଜୁ।
ବଳିଆ ଦାସର ଏବୁଦ୍ଧି ପାଞ୍ଚୁ ॥୬୭୪॥

ହରି ହୋ -ଯେବେ ମୋତେ ଏଥୁଁ କରିବୁ ପାର।
ମୋହ କଥାକୁ ସାବଧାନକର ॥
ନାଥ ମୁଁ ସଂସାରରେ ବଡ଼ଦୁଃଖୀ।
ସଖାବନ୍ଧୁ ନାହିଁ ମୁଁ ନିରିମାଖି ॥

ହରି ହୋ -ଆଶ୍ରାଯାତ ମୁହିଁ କରିଛି ତୋତେ।
ବଳିଦାସକୁ ରଖ ଜଗନ୍ନାଥେ ॥୬୭୫॥

ହରି ହୋ -ଆଶଯାକ ଅଛି ତୋହର ଠାଇଁ।
ତୁମୋର ଆଶା ଛିଣ୍ଡାଇବୁ ନାହିଁ ॥
ନାଥତୁ ଆଶକୁ ହୁଅ ବିଶ୍ରାମ।
ଭକ୍ତକୁ ଦେଉ ଉଟର୍ବର୍ଗଦାନ ॥

ହରି ହୋ -ମୁହିଁଯେ ତୋତେ ସେବା ଅଛିକରି।
ବଳିଆ ଦାସକୁ ରଖ ଶ୍ରୀହରି ॥୬୭୬॥

ହରି ହୋ -ଶ୍ରୀୟାନିବାସ ଶ୍ରୀୟାଦେବପତି।
ଶ୍ରୀଧର ଶ୍ରୀକର ଅନନ୍ତମୂର୍ତ୍ତି ॥
ନାଥ ତୁ କମଳାବର ବୋଲାଉ।
ଯହୁଁ ସକଳ କଳମଷ ଦହୁ ॥

ହରି ହୋ -କଳପତରୁ କରୁଣାସାଗର।
ବଳରାମ ଦାସ ଶରଣ ତୋର ॥୬୭୭॥

ହରି ହୋ -ଆତଙ୍ଗେ ଗୁହାରି କରୁଛି ତୋତେ ।
ତୁ ପରିହାସ୍ୟରେ ଚାହୁଁଛୁ ମୋତେ ॥
ନାଥ ତୋ ଦେହରେତ ଦୟା ନାହିଁ ।
ବିପତ୍ତିର କାଳେ କରୁତୁ ଟାହି ॥

ହରି ହୋ -ମୁହିଁ ଏବେ ତୋତେ କରିବି ଦାସ ।
ତୋତେ ନ ଡରେ ବଳରାମ ଦାସ ॥୬୭୮॥

ହରି ହୋ -ତାପ ବିପତ୍ତିରୁ ତୁହି ଯେ ତାରୁ ।
ଭକ୍ତଙ୍କ ବଇରୀ ତୁହି ନିବାରୁ ॥
ନାଥ ତୁ ଦୁଷ୍ଟଙ୍କର ଦର୍ପଚୂରୁ ।
କେତେବେଳେ କାହା ଆନ ବିଚାରୁ ॥

ହରି ହୋ -ତୋତେ ନ ଭଜିଲେ ଗତିଯେ କାହିଁ ।
ବଳିଆଦାସ ରଖ ଗୋସାଇଁ ॥୬୭୯॥

ହରି ହୋ -ସବୁରି ମନରୁ ସବୁରିଦୁଃଖ ।
ସବୁରି ବିପତ୍ତି ସବୁରି ସୁଖ ॥

ନାଥ ତୁ ସବୁରି ବେଦନା ପେଉ ।
ମୋତେ ଏଡ଼େ କଷ୍ଟ କିପାଇଁ ଦେଉ ॥

ହରି ହୋ -ସର୍ବଘଟେ ଦୟା କି କେ ବୋଲାଉ ।
ବଳିଆଦାସର ଦୁଃଖ ନେଫଉ ॥୬୮୦॥

ହରି ହୋ -ମୋହ କହିଲେ ତୁ ଦ୍ୱିଗୁଣ ହେଉ ।
ମୁହିଁ ତ ତୋତେ ନକହିବି ଆଉ ॥
ନାଥ ତୁ କି କରିବୁ ମୋତେ କର ।
ତୋତେ ନାହିଁ ଆଉ ମୋହର ଡର ॥

ହରି ହୋ -ମୁଁ କିମ୍ପା ତୋତେ ଡରି କହୁଥାଉ ।
ବଳିଆ ଗୁହାରି ଶୁଣିଲୁ ନାହିଁ ॥୬୮୧॥

ହରି ହୋ -ଜାଣିଲି ସତବଳିଲା କେମନ୍ତେ।
ନୃପତି ହାତେ ବନ୍ଧାଇଣ ମୋତେ ॥
ନାଥମୁଁ କିଦୋଷ କରିଛି କହ।
ତୁମ୍ଭେ ଯେ ଭୃତ୍ୟର ମାନ ନସହ ॥

ହରି ହୋ -ବକା ଗିଲୁଥିଲା ତହୁଁ ତରିଲୁ।
ଭଣେ ବଳିଆ ତାହା ପାସୋରିଲୁ ॥୬୮୨॥

ହରି ହୋ -ଏବେ ଯେ ଜାଣିମା ତୋ ଆଷ୍ଟପଣ।
ମୁହିଁ ତୋର ତହୁଁ କେତେନିଟାଣ ॥
ନାଥ ତୁ କେମନ୍ତ ହୋଇଣ ଯିବୁ।
ମୋହାର କିଣା ପ୍ରାୟ ହୋଇଥିବୁ ॥

ହରି ହୋ -କେ କେ ହୋଇ ଘେନିଯିବେଟି ତୋତେ।
ବଳିଆ ଦାସକୁ କରିଛୁ ଯେତେ ॥୬୮୩॥

ହରି ହୋ -ତୋ ଉପରେ ଅଛି ମୋହର ପଣ।
ତୋତେ ବାନ୍ଧିଲି ତୁ କେବଡ଼ ଜଣ ॥
ନାଥ ମୁଁ ଚିତ୍ତ ଶୁଦ୍ଧ କଲି ଯହୁଁ।
ତୋତେ ଏ ଭାଷା ମୁଁ କହିଲି ତହୁଁ ॥

ହରି ହୋ -ତୋହ ଘେନି ହେଲି ଅଘରବାସ।
ବଳିଆ କେମନ୍ତେ ତୋହରି ଦାସ ॥୬୮୪॥

ହରି ହୋ -ତୁଛା ରଥେ ଶୁଭେ ଘଣ୍ଟ କାହାଳି।
କଳାପିଠିଆ କୁରୁ ମଉଛୁଳି ॥
ନାଥ ତୁ ଗୁଣ୍ଡିଚାଘରକୁ ଯିବୁ।
ମୋତେ ତୁ ନିଷ୍ଟେ ନିରେଖ କରିବୁ ॥

ହରି ହୋ -ତୁ ଛାଡ଼ି ଯିବାକୁ ମୁଁ ଡରିନାହିଁ।
ବଳି ଦାସ ଠାରୁ ତୁ ଯିବୁ କାହିଁ ॥୬୮୫॥

ହରି ହୋ -ରଥ ନ ଚଳିଲା ଅନେକ ଦିନ ।
ଦୁଃଖ ପାଇଲେଣି ସେବକ ଜନ ॥
ନାଥ ତୋ ମନେରେ ଏବେଯାଆ ।
ମୋତେ ତୁ ହସିଣ କଥା ନକହ ॥

ହରି ହୋ -ତୋରସଙ୍ଗତେ ମୋର କାର୍ଯ୍ୟ ନାହିଁ ।
ବଳିଆ ଦାସକୁ ରଖ ଗୋସାଇଁ ॥୬୮୬॥

ହରି ହୋ -ରଥ ନ ଚଳିଲା ଛାଡ଼ି ଦଉଡ଼ି ।
ଆକୁଳେ ରାଜା ଶିରେ କରଯୋଡ଼ି ॥
ନାଥ ସେ ସାତଦିନ ସାତରାତି ।
ବଡ଼ଦାଣ୍ଡରେ ଯେ ରହେ ନୃପତି ॥

ହରି ହୋ -ଆକୁଳେ ରାଜା ଅନେକ ଜଣାଇଁ ।
ଦାସ ବଳିଆ ତା ଠାରେ ଶୁଣଇଁ ॥୬୮୭॥

ହରି ହୋ -ଆତ୍ମାନମମଜ୍ଜିଣ ନୃପତିବୀର ।
ଗଦ୍‌ଗଦ ହୋଇ ଶିରେ ବେନିକର ॥

ନାଥ ତୁ କିପାଇଁ ରଥେ ରହିଲୁ ।
ମୋତେ ତୁ ଏତେକ କଷ୍ଟ ବିହିଲୁ ॥

ହରି ହୋ -ନବଗୁଞ୍ଜରେ ନଚଳିଲା ରଥ ।
ଦାସବଳି ବୋଲେ ମୁକୁନ୍ଦ ସନ୍ଥ ॥୬୮୮॥

ହରି ହୋ -ଅନେକ ଜଣାଇଁ ନୃପତିଶୋଇ ।
ରଥ ନଚଳିଲା ତାଟକାହୋଇ ॥
ରଥ ଯେ ହାତେ ଦାଣ୍ଡେ ନଚଳିଲା ।
ମେରୁ ପ୍ରାୟେକରି ଅଚଳ ହେଲା ॥

ହରି ହୋ -ବହୁତବେଦନା ଜଣାଇଁରାଏ ।
ବଳିଆବୋଲେ ବାରେ ରଖ ତାଏ ॥୬୮୯॥

ହରି ହୋ -ବିସ୍ମୟ ହୋଇ ରହିଲା ନୃପତି ।
ରାତ୍ରେ ପ୍ରସନ୍ନହେଲେ ଜଗଜ୍ଜୋତି ॥
ରାଜା ତୁ ନିଶ୍ଚୟ ହୋଇଲୁ ବାଇ ।
ଆମର ଭକ୍ତକୁ ଦଣ୍ଡିଲୁ ନେଇଁ ।

ହରି ହୋ -ଆମ୍ଭରି ଆଗେ ହାବୋକା ମାଇଲୁ ।
ବଳି ବକି ମୋର ଘଉଡ଼ାଇଦେଲୁ ॥୬୯୦॥

ହରି ହୋ -ପଞ୍ଚବୁହାକରି ତାକୁବନ୍ଧାଉ ।
ଗଳଥାଉପରେ ଗଳଥାଉଦେଉ ॥
ଭକ୍ତ କଲା କ୍ରୋଧ ମୋଠାରେ ଯେତେ ।
କାଳେ ଯେ ସେ ତାପ ପଡ଼ିଲା ମୋତେ ॥

ହରି ହୋ -ଆମ୍ଭ ଭକ୍ତଘେନି ବିକେ ଯେ କଲୁଁ ।
ଦାସ ବଳିଆର ସଙ୍ଗତେ ଗଲୁଁ ॥୬୯୧॥

ହରି ହୋ -ତୁ ଗଜ ପଲଙ୍କେ ମୁଁ ବାଲିରଥେ ।
ଲୁଣିଆ ଖାଆନ୍ତି ଆମ୍ଭର ଭକ୍ତେ ॥
ରାଏହୋ ମୁଁ ଭକ୍ତବତ୍ସଳ ଯହୁଁ ।
ଭକତସାଙ୍ଗେ ଦିନବନ୍ଧୁ ତହୁଁ ॥

ହରି ହୋ -ଦାସ ବଳିଆ ଆମ୍ଭ ଅର୍ଦ୍ଧ ଅଙ୍ଗ ।
ତେଣୁ ଯେ ନ ଛାଡୁ ବଳିଆ ସଙ୍ଗ ॥୬୯୨॥

ହରି ହୋ -ନେବୁ ଯେବେ ମୋତେବାଲିନବର ।
ଦାସ ବଳିଆକୁ ଆଣ ଆମ୍ଭର ।
ରାଏ ତୋ ବେନି ହାତବନ୍ଧ ହୋଇ ।
ଦାନ୍ତରେ ତିରଣ ନାଡ଼ି ଏ ତୁହି ॥

ହରି ହୋ -ଗଳାରେ କୁଠାର ଥିବ ତୋହର ।
ବଳିଆ ଦାସ ଦେଖିବ ମୋହର ॥୬୯୩॥

ହରି ହୋ -ରାଣୀଜେନା ଜେମା ସାଙ୍ଗେ ତୋହର ।
ଜଣେ ମାରିବ ହାବୋକା ପଛର ॥
ରାଜା ତୁ ରାଏ ଯାଇ ନିଉଛାନି ।
ସଙ୍ଗରେ ଯାତ୍ରାକାଳି ଥିବେ ମିଳି ॥

ହରି ହୋ -ଆମ୍ଭମାଳଚୁଳବେଶ ସହିତେ ।
ବଳିକି ପ୍ରଣିବୁ ରାଣୀସଙ୍ଗତେ ॥୬୯୪॥

ହରି ହୋ -ଆମ୍ଭଭକ୍ତରେଣୁ ଶିଲେ ଧରିବୁ ।
ସକୁଟୁମ୍ବ ଯାକ ପାଏ ପଡ଼ିବୁ ॥
ରାଏ ତୁ ବୋଲିବୁ ଅପ୍ରାଧ କଲି ।
ଏବେ ଜ୍ଞାତ ହୋଇଣ ଯେତେ ମଲି ।

ହରି ହୋ -ମୋ ଦୋଷ କ୍ଷମାକରି ବିଜେ କର ।
ଧରିବୁ ବଳିଆ ଦାସ ପୟର ॥୬୯୫॥

ହରି ହୋ -ଯେବେ ଆସିବ ସେ ଭକ୍ତ ମୋହର ।
ତାକୁ ବସାଇଲୁ ନନ୍ଦିଘୋଷର ॥
ରାଏ ତା ଡାକିଲେ ଆସିବୁ ଆମ୍ଭେ ।
ତୋତେ ଯେ କହୁଁ ଅଛୁଁ ବଡ଼ଦମ୍ଭେ ॥

ହରି ହୋ -ତାଙ୍କ ନଇଲେ ଆମ୍ଭେ ଆସୁନାହିଁ ।
ଆଗରେ ବଳି ପଛେ ଲକ୍ଷ୍ମୀସାଇଁ ॥ ୬୯୬॥

ହରି ହୋ -ଆମ୍ଭ ଭକ୍ତକୁ ଯେ ଦେଇଛୁ ଶାସ୍ତି ।
ତହୁଁ ଅଧିକ ହୋଇବୁ ନୃପତି ॥
ଜଗତ ଯାକ ଯେ ସର୍ବେ ଦେଖିବେ ।
ତେବେ ସମସ୍ତେ ସନ୍ତୋଷ ହୋଇବେ ॥

ହରି ହୋ -ବାଲିରଥେ ଆମ୍ଭେ କରିଛୁ ବିଜେ ।
ବଳି ମହିମା ଦେଖ ନୃପରାଜେ ॥୬୯୭॥

ହରି ହୋ -ଗଞ୍ଜଣା ନେହୁ ଆମ୍ଭ ଯାତ୍ରା ହେଉ।
ଜଗତେ ଆମ୍ଭ ଭୃତ୍ୟବାନା ରହୁ ॥
ରାଏ ହୋ ତୁ ଏମେ ତେଜିଣ ଥିବୁ।
ଆମ୍ଭ ଭକ୍ତକୁ କେଭେଂ ନ ଛୁଡ଼ିବୁ ॥

ହରି ହୋ -ଏତେକ ଚେତାଇ ଲକ୍ଷ୍ମୀବିଳାସ।
ଯାଇଁ ମିଳିଲେ ବଳିଦାସ ପାଶ ॥୬୯୮॥

ହରି ହୋ -ପ୍ରଭୁଙ୍କ ବିଚନ ଶୁଣି ନୃପତି।
ନିଦ୍ରା ଭାଙ୍ଗିଲା ରାଏ ବେଗେ ଚେତି ॥
ରାଜା ଯେ ସ୍ନାନକୁ ବେଗେ ସାରିଲେ।
ପାତ୍ର ମନ୍ତ୍ରୀ ପାରିଷଦେ ଡାକିଲେ ॥

ହରି ହୋ -ପ୍ରଭୁଙ୍କ ମନହୋଇ ନୃପସାଇଁ।
ବୋଲେ ଦାସବଳି ଅଛଇଁ କାହିଁ ॥୬୯୯॥

ହରି ହୋ -ପାତ୍ରେ ରହିଲେ ବାକିଁ ମୁହାଁଣର।
ପଶ୍ଚିମ ସମୁଦ୍ର ଉତ୍ତର ତୀର ॥
ରାଏ ସେ ବାଲି ତିନିରଥ କରି।
ରାତ୍ରଦିବ ଭଜେ ହରି ହରି ॥

ହରି ହୋ -ସେ ରଥେ ବିଜୟ କମଳା ସାଇଁ।
ଦାସ ବଳରାମ ଅଛଇଁ ଧାଇ ॥୭୦୦॥

ହରି ହୋ -ଶୁଣି ନୃପତି ଯେ ଆନନ୍ଦମନ।
ଟମକ ଦିଆଇ ବିଜେ ରାଜନ ॥
ରାଜା ଯେ ରାଣୀ ଜେମା ଘେନି ସଙ୍ଗେ।
ଯାତ୍ରାକାଳ ଯେ ସୈନ୍ୟ ଚତୁରଙ୍ଗେ ॥

ହରି ହୋ -ପାଟଡ଼ୋରରେ ବନ୍ଧା ନୃପସାଇଁ।
ବଳରାମ ଦାସ ଅଛଇ ଧାଇ ॥୭୦୧॥

ହରି ହୋ -ଗଳଥାମାରି ଆଣନ୍ତି ରାଜାକୁ ।
ଦୁଇହାତ ବନ୍ଧା ପଛଆଡ଼କୁ ।।
ପହଣ୍ଡକେ ସେ ପଡ଼ଇ ଭୂମିର ।
ବୁକୁ ଥୋଡ଼ି ଯେ ବାଲି ଜରଜର ।।

ହରି ହୋ -ଦନ୍ତେ ତିରଣ ଗଳାରେ କୁଠାର ।
ଦେଖି ବଳି ଚିନ୍ତଇଁ ଚକ୍ରଧର ।।୭୦୨।।

ହରି ହୋ -ଆକୁଳେ ନୃପତି ମାଗେ ଶରଣ ।
ତୁରିତେ ମିଳିଲା ବାଙ୍କୀ ମୁହାଁଣ ।।
ରାଜ ସେ ବାଲି ତିନିରଥ ଦେଖି ।
ପ୍ରଭୁଙ୍କ ଟଳଟଳ ପଦ୍ମ ଆଖି ।।

ହରି ହୋ -ରାଜା ଦେଖି ମାନେ ହେଲା କାତର ।
ଦାସ ବଳରାମ ରଥ ଆଗର ।।୭୦୩।।

ହରି ହୋ -ଘଣ୍ଟଧ୍ୱନିରେ ଯେ ବୀର କାହାଳୀ ।
ସୁରନରେ ଯାତ୍ରା ନିମନ୍ତେ ମିଳି ।।
ନାଥ ସେ ଧାଇଁ ଯାଇଁ ନୃପବର
ସ୍ତୁତି କରିଣ ଲୋଟଇଁ ତୁମିର ।।

ହରି ହୋ -ନୃପତି ଧଇଲା ଭୃତ୍ୟ ଚରଣ ।
ବଳରାମଦାସ ତୋତେ ଶରଣ ।।୭୦୪।।

ହରି ହୋ -ବେନିପଦ ରାଜା ଲଦିଲା ଶିରେ ।
ଦୋଷ କ୍ଷମାକର ଶରଣ ତୋରେ ।।
ରାଜା ସେ ବହୁତ କାର୍ପଣ୍ୟ ହୋଇ ।
ବୋଲଇଁବାରେ କରମୋତେ ତ୍ରାହି ।।

ହରି ହୋ -ରାଜା ବୋଲେ ଦୋଷେ ଶାସ୍ତିପାଇଲି ।
ବଳରାମ ଦାସ ବୋଲି ଜାଣିଲି ।।୭୦୫।।

ହରି ହୋ -ସକୁଟୁମ୍ବସାକ ଚରଣ ଧରେ ।
ସକଳ ବୈଷ୍ଣବେ ବିନତି କରେ ॥
ରାଜା ଯେ ଅନେକ କାର୍ପଣ୍ୟ ହୋଇଁ ।
ଯେତେକ ବେଦନା ସବୁ ଜଣାଇଁ ॥

ହରି ହୋ -ରାଜା ଆକୁଳ ଦେଖି ଖୁସିମନ ।
ବୋଲେ ପ୍ରଭୁ ବିଜେକର ବହନ ॥୭୦୬॥

ହରି ହୋ -ଦେଖିବାଲୋକେ ବୋଲୁଛନ୍ତି ବାଣୀ ।
ବାନ୍ଧିମାରି ଧରି ଚରଣ ପୁଣି ॥
ରାଜା ତୁ ହେଲୁ ବଡ଼ ଅଲାଜୁକ ।
ଗଞ୍ଜିଣ ହୋଇମଲୁ ଏବେ ହାକ ॥

ହରି ହୋ -ଏବେ ଚେତି ଥାଅ ତୁ ନୃପବର ।
ଦାସବଳରାମ ସେବେ ପୟର ॥୭୦୭॥

ହରି ହୋ -ନୃପତି ବିନୋଇ କହଇଁ ବାଣୀ ।
ବିଜୟେ କରାଅ ଶାରଙ୍ଗପାଣି ॥
ନାଥ ସେ କହୁଅଛି ରାଜା ଧୀରେ ।
ବନ୍ଧା ହୋଇଁପଡୁ ଅଛି ଭୂମିରେ ॥

ହରି ହୋ -ନୃପତି ବୋଲଇଁ ତୁମ୍ଭେ ଯୋଗାଡ଼ ।
ଦାସ ବଳରାମ ସଂସାରେ ବଡ଼ ॥୭୦୮॥

ହରି ହୋ -ରାଜାର ଭକ୍ତି ଭାବ ଦେଖି ମୁହିଁ ।
ସନ୍ତୁଷ୍ଟ ହୋଇଣ ଛାଡ଼ିଦେଲଇଁ ॥
ନାଥ ଏବେ ଯାଅ ବାଲି ନବର ।
ମୁହିଁତ ସତ ବିଡ଼ିଲି ତୁମ୍ଭର ॥

ହରି ହୋ -ନୃପତି ଆଜ୍ଞା ଦେଉଅଛି ମୁହିଁ ।
ବଳିଆ ଦାସ ତୋ ଆଗେ କହଇଁ ॥୭୦୯॥

ହରି ହୋ -ଆସିଯିବା ଏବେ ବାଲି ନବର
ଉପାସେ ଧାରଣା ପଡ଼ି ନମର ॥
ନାଥ ହୋଇ ଭୋଗ ମୁହିଁ ଦେବି ତୋତେ ।
ତୁ ଏକାଥିବୁଟି ମୋର ସଙ୍ଗତେ ॥

ହରି ହୋ -ମୋହ ସେବାମର୍ମ ପାଇଲୁ ଯହିଁ ।
ବଳିଆ ଦାସ ନ ଛାଡ଼ଇଁ ତହୁଁ ॥୭୧୦॥

ହରି ହୋ -ମୋହ ଛାର ହୀନ ମୂର୍ଖ ପାମର ।
ତୁ ଅଖିଳ କୋଟି ପୃଥ୍ୱୀ ଠାକୁର ॥
ନାଥ ମୁଁ ପରିଚାର ତୋର ସିନା ।
ତୁତ ରୁହାଇଲୁ ମୋହର ବାନା ॥

ହରି ହୋ -ଏବେ ଯେ ଯେ ଜାଣିଲି ଭକ୍ତବତ୍ସଳ ।
ବଳି ଦାସକୁ ରଖ ଆଦିମୂଳ ॥୭୧୧॥

ହରି ହୋ -ରାଜା ନେଲାକୁ ଯେ ଯାଉଛି ମୁହିଁ ।
ମୋହ ପଛେ ପଛେ ଆସ ଗୋଡ଼ାଇଁ ॥
ନାଥତୁ ନନ୍ଦିଘୋଷେ ବିଜେ କର ।
ମୁଁ ଭଲା ହୋଇଥିବି ତୋ ଛାମୁର ॥

ହରି ହୋ -ମୋହ ଥିଲାକୁ ଯେ ବିବାଉ ତୁହିଁ ।
ବଳିଆ ଦାସ ଏଡ଼ିକି କହଇଁ ॥୭୧୨॥
ହରି ବସିଥିବୁ ନନ୍ଦିଘୋଷର ।
ମୁଁ ନୃତ୍ୟ କରୁଥିବି ତୋ ଛାମୁର ॥

ହରି ହୋ -ନାଥ ଗୋ ମୁଖକୁ ଚାହିଁଣ ହସିଁ ।
ଶୋଭା ପାଉଥିବୁ ତୁ ବ୍ରହ୍ମରାଶି ॥

ହରି ହୋ -ତୋହରି ହିତେ ସବୁଦିନେ ଥାଇଁ ।
ବଳିଆ ଦାକୁ ଆର ଯେ ନାହିଁ ॥୭୧୩॥

ହରି ହୋ -କିପାଇଁ ସମୁଦ୍ର କୂଳରେ ଥିବୁ।
ଗୁଣ୍ଡିଚା ଘରେ ତୁ ଭୋଗ ଭୁଞ୍ଜିବୁ ॥
ନାଥ ହୋ ବେଗେ ଯିବା ଏବେ ଆସ
ତୋହର ନାହିଁତ ଦୁଃଖ ପରାସ ॥

ହରି ହୋ -ତୁହି ନ ଗଲେ ଧରି ନେବି ମୁହିଁ।
ବଳିଆର ପଛେ ଥିବୁ ଗୋଡ଼ାଇ ॥୭୧୪॥

ହରି ହୋ -ତାଳ ମୃଦଙ୍ଗ କଂସାଳ ଆଳାପ।
ଶୋଭା ପାଉଥିବୁ ତ୍ରୈଲୋକ୍ୟ ଧାପ ॥
ନାଥ ତୁ ତାହା ଛାଡ଼ି ଏଥେଁ ଥିବୁ।
ଏକାନ୍ତୁ ହୋଇଣ ଭୟ ପାଇବୁ ॥

ହରି ହୋ -ବନ୍ଧ ଫେଇଲେର ଚୋର ନ ଯାଇ।
ବଳିଆ ଦାସ ବନ୍ଧା ଦେଲା ଫେଇ ॥୭୧୫॥

ହରି ହୋ -ଏତେ ଯିବା ଆସ କର ଯାତରା।
ସମସ୍ତେ ଦେଖିବେ ଭକ୍ତପସରା ॥
ନାଥ ଅମୋକ୍ଷକୁ ମୋକ୍ଷ କରିବୁ।
ନବମ ଦି ଯାତ୍ରା ଭିଆଇବୁ ॥

ହରି ହୋ -(ରତ୍ନ) ସିଂହାସନ ଛାଡ଼ି ଏ ବାଲିରଥେ।
ବଳରାମ ଦାସ କହୁଛି ଏତେ ॥୭୧୬॥

ହରି ହୋ -ଆଗହୋଇ ଏବେ ଯାଉଛି ମୁହିଁ।
ତୁ ଏବେ ବିଜୟ କର ଗୋସାଇଁ ॥
ନାଥ ତୁ ସ୍ୱରୂପ କହନି ମୋତେ।
ମୁହିଁ ସେ ପରତେ ନ ଯାଇଁ ତୋତେ ॥

ହରି ହୋ -ଦୟାସାଗର ଦରିଦ୍ର ଭଞ୍ଜନ।
ଦାସ ବଳିଆର ତୁ ଅଟୁ ମନ ॥୪୧୭॥

ହରି ହୋ -ଭୃତ୍ୟଙ୍କ ଗୁହାରି ପ୍ରଭୁ ଶୁଣିଲେ ।
ନନ୍ଦିଘୋଷ ରଥେ ବିଜୟ କଲେ ॥
ନାଥ ହୋ ଆକାଶେ ପୁରିଲା ଜୟେ ।
ବିଜୟ କଲେ ବେତାଙ୍କ ରାୟେ ॥

ହରି ହୋ -ନନ୍ଦିଘୋଷ ରଥେ ବିଜୟ ଯାଇଁ ।
ବଳରାମ ଦାସ ଧ୍ୟାନେ ଜାଣଇଁ ॥୭୧୮॥

ହରି ହୋ -ଆଜ୍ଞାମାଳ ଆସେ ସମୁଦ୍ର ତୀରେ ।
ଲାଇଲା ବଳିଆଦାସ ଗଳାରେ ॥
ନାଥ ସେ ଆଜ୍ଞାମାଳ ଘେନି ଶିରେ ।
ରାଜା ଗୋଡ଼ାଇ ଅଛଇଁ ପଛରେ ॥

ହରି ହୋ -ନନ୍ଦିଘୋଷ ରଥେ ଉଠିଲେ ଯାଇଁ ।
ବଳିଆ ପ୍ରଭୁ ମୁଖକୁ ଅନାଇଁ ॥୭୧୯॥

ହରି ହୋ -ହରି ହରି ସର୍ବ ଭକ୍ତେ ଡାକିଲେ ।
ଜୟ ଶବଦ ସ୍ୱର୍ଗେ ଉଛୁଳିଲେ ॥
ନାଥ ସେ ରଥ ତଳେ ରାଜା ଯାଇଁ ।
ବେନି ହସ୍ତ ଯେ ଫେଡ଼ାହୋଇ ନାହିଁ ॥

ହରି ହୋ -ସ୍ତୁତି କରିଣ ଅଛି ନୃପବର ।
ବଳିଆ ଦାସ ଜଣାଏ ଛାମୁର ॥୭୨୦॥

ହରି ହୋ -ପ୍ରଭୁଙ୍କ ସଦୟା ହୋଇଲା ଯହୁଁ ।
ଧଣ୍ଡାମାନ ଗଲେ ଲମ୍ବାଉ ତହୁଁ ॥
ନାଥ ସେ ମୁଦୀରଥ ହିଁ ସଙ୍ଗର ।
ଯାଇଣ ମିଳିଲେ ରାଜା ଛାମୁର ॥

ହରି ହୋ -ନୃପତି ବନ୍ଧନା ଫେଇଲେ ଯାଇ ।
ବଳିଆ ଦାସ ଗଳାରେ ଲମ୍ବାଇ ॥୭୨୧॥

ହରି ହୋ –ତୋଳାଇ ରାଜାକୁ ବୋଲେ ବହୁତ ।
ଅପସରି ରାଜା ସନ୍ତୋଷ ଚିତ୍ତ ॥
ନାଥ ରଥ ଶୁଦ୍ଧ ହୋଇଲା ଯହୁଁ ।
ଭୋଗ ସୁଆର ଯେ ବୋହିଲେ ତହୁଁ ॥

ହରି ହୋ –ଶୀତଳ ମଣୋହି ରଥ ଉପରେ ।
ବଳରାମ ଦାସ ଅଛି ପାଖରେ ॥୭୨୨॥

ହରି ହୋ –ବାରତା ପାଇଁ ସୁରଲୋକେ ଯାଇଁ ।
ସ୍ତୁତି କରନ୍ତି କାଖେ ହାତଲାଇଁ ॥
ନାଥ ସେ ବ୍ରହ୍ମା ରୁଦ୍ର ଇନ୍ଦ୍ର ଆଦି ।
ଦଶଦିଗପାଳ ସେ ସନକାଦି ॥

ହରି ହୋ –ଧୂପର ବେଳେ ଏଛାମୁରେ ଉଭା ।
ବଳି ବୋଲେ ଏବେ ପାଇଲା ଶୋଭା ॥୭୨୩॥

ହରି ହୋ –ଯହୁଁ ସରିଲା ଶୀତଳ ମଣୋହି ।
ଡାହୁକେ ଉଠିଲେ ରଥରେ ଯାଇ ॥
ନାଥ ସେ ବାନ୍ଧିଲେ ଆନ ଦଉଡ଼ି ।
କଳାପିଠିଆ ଏହୁ ଯାଇଁ ବେଡ଼ି ॥

ହରି ହୋ –ଅପସରାମାନେ କଲେ ଖଟଣି ।
ଦାସ ବଳିଆ କରେ ହରଧ୍ୱନି ॥୭୨୪॥

ହରି ହୋ –ବୈଷ୍ଣବମାନେ ଗାଉଛନ୍ତି ଗୀତ ।
ଆନନ୍ଦେ ନାଚନ୍ତି ହୋଇଣ ମତ୍ତ ॥
ନାଥ କେ ଖୋଳ କର୍ତାଳ ଧରନ୍ତି ।
ଗାଇବା ପାଇଁ ନୃତ୍ୟରେ ପଶନ୍ତି ॥

ହରି ହୋ –କେ ଗଡ଼େ ପଡ଼େ କରେ ଶଙ୍ଖଧ୍ୱନି ।
ଦାସ ବଳିଆ ହରିଭାବ ଘେନି ॥୭୨୫॥

ହରି ହୋ -ଇନ୍ଦ୍ର ଡାକଇଁ ମଣିମା ବୋଲିଣ ।
ରୁଦ୍ରସ୍ତୁତି କରେ ପଞ୍ଚ ମୁଖେଣ ॥
ନାଥ ସେ ବ୍ରହ୍ମା ଚତୁର୍ବେଦ ପଢ଼େ ।
ତ୍ରୈଲୋକ୍ୟେ ତୋ ତହିଁ ନାହିଁକେ ବଡ଼େ ॥

ହରି ହୋ -କଳା ଶ୍ରୀମୁଖକୁ ବିମ୍ବାଅଧର ।
ଦାସବଳି ବୋଲେ କୃତାର୍ଥ କର ॥୭୨୬॥

ହରି ହୋ -ଚଳିଲା ରଥ ଆନନ୍ଦ ବ୍ରହ୍ମାଣ୍ଡ ।
ପୃଥ୍ୱୀ ଦଲଦଲ ଏ ନବଖଣ୍ଡ ॥
ନାଥ ସେ ତିନିପୁରକୁ ଶବଦ ।
ଭଲା ଯେ ଶୁଭଇ ସୁସ୍ୱର ନାଦ ॥

ହରି ହୋ -ଘୁଁ ଘୁଁ ଶବଦ ଶୁଭଇଁ ସୁସ୍ୱରେ ।
ବଳିଆ ଚମକି ପଡ଼େ ରଥରେ ॥୭୨୭॥

ହରି ହୋ -ସିଦ୍ଧସାଧକ ଯେତେ ବ୍ରହ୍ମଋଷି ।
ବେଦନା ଜଣାନ୍ତି ସମେସ୍ତ ଆସି ॥
ନାଥ ସେ ମଧୁର ମୂରତି ତୋର ।
ସୁଧା ବହୁଅଛଇଁ ଝର ଝର ॥

ହରି ହୋ -ଅଧର ସୁଧାକୁ ଅମରେ ଆସି ।
ବଳିଆ ବୋଲେ କୋଟିକଳ୍ପ ବାସୀ ॥୭୨୮॥

ହରି ହୋ -କାଟୁଁ ବ୍ରହ୍ମଯାଏ ସବୁରି ମନ ।
କେମନ୍ତ କରି ହରିଛୁ ଚୈତନ ॥
ନାଥ ତୋ ଦାଇବି ମାୟା ମହିଁମା ।
ତହିଁ ହେଟ ବୁଡ଼ଇ ହରବ୍ରହ୍ମା ॥

ହରି ହୋ -ସେହି ମାୟାରୁ କର ମୋତେ ପାର ।
ଦାସ ବଳିଆ ତୋ ଧର୍ମ ଅଙ୍ଗର ॥୭୨୯॥

ହରି ହୋ -ବହନରେ ଯାଇଁ ଗୁଣ୍ଡିଚା ଘର ।
ବାଟେ କିପାଁଇ ରହୁ ଦାମୋଦର ॥
ନାଥ ତୁ କଲୁ ଶୀତଳ ମଣୋଇ ।
ସାତ ଦିବସ ଉପବାସ ହୋଇଁ ॥

ହରି ହୋ -ଆଗେ ଖାଉ ସେବକଙ୍କୁ ନଦେଉ ।
ବଳିଙ୍କୁ କିପାଁ ସଙ୍ଗେ ଘେନିଥାଉ ॥୭୩୦॥

ହରି ହୋ -ଲେଉଟାଣି ବେଳେ ଏବେଜାଣିବା ।
ଲକ୍ଷ୍ମୀ ସରସ୍ୱତୀଙ୍କ ଦଣ୍ଡଦେବା ॥
ନାଥ ତୁ ଦେଉଳ ବାହାରେ ଥିବୁ ।
ଜାଣି ସିନା କେଉଁ ବାଟରେ ଯିବୁ ॥

ହରି ହୋ -ତେତେବେଳ କଥା ଥିବୁ ଚିତୋଇ ।
ବଳି ଦାସ ଦିଏ କବାଟ ଫେଇ ॥୭୩୧॥

ହରି ହୋ -ଆଜ୍ଞା ହୋଇଲା ପରିଛାକୁ ତହିଁ ।
ଆତ୍ମଦାସ ଅଛି ଉପାସେ ରହି ॥
ଆମ୍ଭେ ଯେ ନ ଜାଣିଲୁକ ମଣୋଇ ।
ତାହାଙ୍କୁ ମଣୋଇ କରାଅ ନେଇଁ ॥

ହରି ହୋ -ଯେତେ ଶୀତଳ ତୁମ୍ଭଠାରେ ଲାଗି ।
ବଳିଆ ଦାସ ତା ପାଇଲା ବେଗି ॥୭୩୨॥

ହରି ହୋ -ବୈଷ୍ଣବ କଲେ ଯେ ପ୍ରସାଦ ଯୁର ।
ଯାହା ନପାନ୍ତି ହରବ୍ରହ୍ମାସୁର ॥
ନାଥ ସେ ସମସ୍ତେ ଅନାଇଁଛନ୍ତି ।
ତୋର ନିର୍ମାଲ୍ୟ ବୈଷ୍ଣବେ ଖାଆନ୍ତି ॥

ହରି ହୋ -ତୋର ଭକ୍ତଙ୍କୁ କେହି ନୋହେ ସରି
ବଳି ଦାସଙ୍କୁ ଥିବୁ ତୁ ଆବୋରି ॥୭୩୩॥

ହରି ହୋ -ଗୁଣ୍ଡିଚ଼ ଘରକୁ ବଜେୟେ କର ।
ଆଠଦିନ ଆସି ହୋଇଲା ତୋର ॥
ନାଥକୁ ଆକୁଳ ପେଇଲୁ ମୋର ।
ତୋତେ ଦେଖିଣ ମୋ ମନ ବିକଳ ॥

ହରି ହୋ -ଦ୍ୱିଗୁଣ ଭୋଗ ଭୁଞ୍ଜିକିନା ତୁହି ।
ଦାସ ବଳିଆ ତୋଉଚ୍ଛିଷ୍ଟ ଖାଇ ॥୭୩୪॥

ହରି ହୋ -ଅନେକ ଭୋଗ ସେ ନୃପତି ଦେଲା ।
ବାଲି ନବରେ ସେ ରଥ ଲାଗିଲା ॥
ନାଥହୋ ନବଦିନ ଯାତ୍ରା ସାରି ।
ବଡ଼ ଦେଉଳର ଯେ ଘେନି ଶିରୀ ॥

ହରି ହୋ -ଭଉଣୀକୁ ଆଣି ଘରଣୀ ଛାଡ଼ି ।
ଦାସ ବଳିଆ ତା ଭାଙ୍ଗିଲା ଥୋଡ଼ି ॥୭୩୫॥

ହରି ହୋ -ଭୃତ୍ୟବତ୍ସଳ ତୋ ବାନା ରହିଲା ।
ଭୃତ୍ୟକୁ ତୋହର ଶରଧା ଭଲା ॥
ନାଥ ତୁ ସାମନ୍ତପଣରେ ବଡ଼ ।
ତେଣୁ ତୁ ଭୃତ୍ୟର ରଖିଲ ଗାଢ଼ ॥

ହରି ହୋ -ଏହି କଥାକୁ ତୋତେ ଆଶ୍ରେକରି ।
ଦାସ ବଳିଆ ଭାବେ ନୀଳଗିରି ॥୭୩୬॥

ହରି ହୋ -ଯେଯେ ଦେବତା ଯେ ଅଛନ୍ତି ଯହିଁ ।
ଏମନ୍ତ ଶରଧା ଭୃତ୍ୟକୁ କାହିଁ ॥
ନାଥ ତୋ ଭୃତ୍ୟରେ ବଡ଼ ଶରଧା ।
ଭକ୍ତି ତୁ ଯାଚିଦେଉ ରସସୁଧା ॥

ହରି ହୋ -ଭକ୍ତି ଦେଲେ ମୁକ୍ତି ମାଗଇଁ ନାହିଁ ।
ଦାସ ବଳରାମ ଭକ୍ତି ସାଧଇଁ ॥୭୩୭॥

ହରି ହୋ -ମୋଛାର ହୀନ ପତିତପାମର ।
ଦୁଃଖୀ ଜନଙ୍କର ମାନ ଉଦ୍ଧର ॥
ନାଥ ମୁଁ ବଡ଼ ଅପ୍ରାଧ ଅର୍ଜିଲି ।
ଏଡ଼େ ପ୍ରଭୁଙ୍କୁ ମୁଁ ବି ନ ବୋଇଲି ॥

ହରି ହୋ -ନୂଛି ହୋଇଁ ଯିବି ବିମ୍ବା ଅଧର ।
ଦାସବଲି ସତ ବିଡ଼େ ତୋହର ॥୭୩୮॥

ହରି ହୋ -ରାଏସାଜିଲେ ପାତ୍ରମନ୍ତ୍ରି ନିତ୍ୟ ।
ଭିତିରେ ବିଜେ ଦଶମୀ ଆଗତ ॥
ରାଏ ସେ କିଙ୍କର ଭାବେଣ ଉଭା ।
ପ୍ରଭୁ ଆପଣେ ବିଜୟେ କରିବା ॥

ହରି ହୋ -ବାହାରେ ବିଜେ ନୃପହାତେ ଦଣ୍ଡି ।
ଭିତରେ ବିଜେ ବଳିଆଙ୍କୁ ମଣ୍ଡି ॥୭୩୯॥

ହରି ହୋ -ଜାଣିଲି ଲାଞ୍ଛ ଦେଉଅଛୁ ମୋତେ ।
ଦେବି ନେଇଁ ସିନ୍ଧୁରାଜଅଗ୍ରତେ ॥
ନାଥ ତୋ କମଳାଙ୍କୁ ବଡ଼ଡ଼ର ।
ତେଣୁ ଭଗ୍ନୀକି ଘେନିଣ ବାହାର ॥

ହରି ହୋ -ଏଡ଼େ ଡର ଯେବେ ଅଛଇଁ ତୋର ।
ଦାସ ବଳିଆଙ୍କୁ ଆଶ୍ପଦ କର ॥୭୪୦॥

ହରି ହୋ -ତିନି ରଥ ସାଜି ବିଜେ ଚତୁର୍ଦ୍ଧା ।
ନଜାଣି ଥିଲି ତୋ ଏଡ଼େ ଶରଧା ॥
ନାଥ ତୁ ଭୃତ୍ୟ ଅଭିମାନ ଫେଡ଼ ।
ସନ୍ଥ ସାଧୁର ବାନା ରଖିଥାଉଁ ॥

ହରି ହୋ -ସନ୍ଥଠାରେ ତୋର ଯେଡ଼େ ବିଶ୍ୱାସ ।
ସାଧୁବାଆ ଲାଗି ବଳିଆ ଦାସ ॥୭୪୧॥

ହରି ହୋ -ରଥ ଲାଗିଲା ଯେ ସିଂହଦୁଆର।
କପାଟ ପାଡ଼ିଲେ ଘରଣୀ ତୋର ॥
ନାଥ ହୋ ମେଘମାନେ ବରଷନ୍ତି।
କଳା ଶ୍ରୀମୁଖ ଝଟକଇଁ କାନ୍ତି ॥

ହରି ହୋ -ମୁଖକୁ ଚାହିଁଣ ଅନାଇଁ ହସୁ।
ଦାସ ବଳିଆର ଭିତରେ ପଶୁ ॥୭୪୨॥

ହରି ହୋ -କମଳା ଚରଣ ଧରି ପଡ଼ିଲି।
ପ୍ରଭୁ ଚିନ୍ତିଛନ୍ତି ବୋଲି ବୋଇଲି ॥
ନାଥ ମୁଁ କହିଛି ଅନେକ ଚାଟୁ।
ଯେମେନ୍ତ ଭାଙ୍ଗଇଁ ବଚନ କଟୁ ॥

ହରି ହୋ -ବୋଧେ କମଳା ଫେଡ଼ିଲେ କପାଟ।
ବଳିଆ ଦାସ ତୋ ଭୃତ୍ୟର ଚାଟ ॥୭୪୩॥

ହରି ହୋ -ଦେଉଳେ ପଶି କମଳିନୀ ଘେନା।
ଦାସ ଦୋଷ କ୍ଷମା ଫେଡ଼ାଉକିନା ॥
ନାଥ ମୁଁ ମେଲାଣି ମାଗି ରହିଲି।
ଦ୍ୱାରରକବାଟ କିଳି ଅଇଲି ॥

ହରି ହୋ -ସୋମନାଥ ମହାପାତ୍ର ତନୟେ।
ବଳରାମ ଦାସ ଗୀତର ଗାଏ ॥୭୪୪॥

ହରି ହୋ -ଏବେଯେ ଜାଣିଲି ଭକ୍ତବତ୍ସଳ।
ତୁ ଅଖିଳ କୋଟି ପୃଥ୍ୱୀ ଠାକୁର ॥
ନାଥ ତୁ ଭୃତ୍ୟ ଅଭିମାନ ଫେଡ।
ଦୁଃଖ ଏଡ଼ାଇଁଣ ତୁ ସୁଖ ଦେଉ ॥

ହରି ହୋ -ବ୍ରହ୍ମାଣ୍ଡ ଯାକ ତୁ ଘୋଟି ଏକତ।
ବଳରାମ ଦାସ ଜାଣଇ ତାତ ॥୭୪୫ ॥

ହରି ହୋ -ପୂର୍ଣ୍ଣିମା ରାତ୍ରି ପୂର୍ଣ୍ଣ ଚନ୍ଦ୍ରପ୍ରାୟ।
ସବୁଠାବରେ ହୋଇଛ ଉଦୟ ॥
ନାଥ ତୁମ୍ଭେ ଅଟ ଚୌବର୍ଗଦାତା।
କୀଟୁ ବ୍ରହ୍ମଯାଏ ପଡ଼ି ଦିଅନ୍ତା ॥

ହରି ହୋ -ବ୍ରହ୍ମାଣ୍ଡ ପ୍ରଭୁ ଅଟୁ ନିରଞ୍ଜନ।
ବଳିଆ ଦାସର ଦୋଷ ନ ଘେନ ॥୭୪୬॥

ହରି ହୋ -ଗୀତା ଭାଗବତ ବେଦରେ ଥାଉ।
ବେଦ ଅଭେଦ ଅନାମ ବୋଲାଉ ॥
ନାଥ ପିଣ୍ଡ ବ୍ରହ୍ମାଣ୍ଡେ ଠାବକଲି।
ତତ୍ତ୍ୱେ ଦୋହ ନାମ ଯେ ଆଶ୍ରେ ନେଲି ॥

ହରି ହୋ -ଜାଣେ ସର୍ବଘଟେ ଅଛୁ ଆବରି।
ଦାସ ବଳିକୁ ଥିବୁ ଦୟାକରି ॥୭୪୭॥

ହରି ହୋ -ତୁମ୍ଭର କୃପା ହୋଇଲାକ ଯହୁଁ।
ପୁରାଣ ସମ୍ପୂର୍ଣ୍ଣ ହୋଇଲା ତହୁଁ ॥

ହରି ହୋ -ସାତଶ ବାଉନ ମଠକୁ ସ୍ମରି।
ମୁହିଁ ଯେ ଚିତ୍ତେ ଅଛି ଦୃଢ଼କରି ॥

ହରି ହୋ -ଗାଇବ କର୍ଣ୍ଣରେ ଶୁଣିବ ଯେହୁ।
(ବିଳିବୋଲେ) ଦୁଃଖ ଖଣ୍ଡିବେ ପ୍ରଭୁ ମହାବାହୁ ॥୭୪୮॥

ଇତି ଶ୍ରୀ ଭାବସମୁଦ୍ର ସମ୍ପୂର୍ଣ୍ଣ ସମାପ୍ତୋଽୟଂଗ୍ରନ୍ଥଃ ॥

କମଳ ଲୋଚନ ଚଉତିଶା

ବଳରାମ ଦାସ

କମଳ ଲୋଚନ ଶ୍ରୀହରି । କରେଣ ଶଙ୍ଖ ଚକ୍ର ଧାରୀ ॥୧॥
ଖଗ ଆସନେ ଖଗପତି । ଖଟନ୍ତି ଲକ୍ଷ୍ମୀ ସରସ୍ୱତୀ ॥୨॥
ଗରୁଡ଼ ଆସନେ ମୁରାରି । ଗୋପରେ ରଖିଲେ ବାଛୁରୀ ॥୩॥
ଘନ କଠିନ କଳେବର । ଘଟଣ ଶ୍ରୀମୁଖ ସୁନ୍ଦର ॥୪॥
ନନ୍ଦନନ୍ଦନ ଗୋପୀନାଥ । ନିସ୍ତରିଯିବ ନରେ ଚିନ୍ତ ॥୫॥
ଚନ୍ଦ୍ରମା ପ୍ରାୟେକ ବଦନ । ଚାହିଁଲେ ଖଣ୍ଡେ ଦୁଃଖମାନ ॥୬॥
ଛତ୍ରୀ ଉତ୍ତମ ଶିରୋମଣି । ଛଟକେ ଆଣିଲେ ରୁକ୍ମିଣୀ ॥୭॥
ଜଗଜ୍ଜୀବନ ଦାଶରଥି । ଜାନକୀ ଦେବୀ ପ୍ରାଣପତି ॥୮॥
ଝୀନ ପତନୀ ଅଙ୍ଗେଶୋଭା । ଝଟକେ ବିଦ୍ୟୁ ପ୍ରାୟେ ଆଭା ॥୯॥
ନୀଳେନ୍ଦ୍ରୀ ଜଳେ ପଦ୍ମ ଆଖି । ନିସ୍ତରିଯିବା ନରେ ଦେଖି ॥୧୦॥
ଟେକିଲେ ଦୂବ କରେ ଦାରୁ । ଟାଣପଣରେ ଭାଙ୍ଗେ ମେରୁ ॥୧୧॥
ଠଣ ସୁନ୍ଦର ଶିରୋମଣି । ଠିକେ କମଳା ଯାର ରାଣୀ ॥୧୨॥
ଡମ୍ବରୁଧର ଯାକୁ ସେବା । ଡରେ ଖଟନ୍ତି ସର୍ବ ଦେବା ॥୧୩॥
ଢମ ଯେ କଲା ରାୟେକଂସ । ଢାଳେ ଅସୁର ଗଲାନାଶ ॥୧୪॥
ଅନନ୍ତ ନାମେ ଅନ୍ତ ନାହିଁ । ଅଣ ଅକ୍ଷରେ ଯାର ଦେହୀ ॥୧୫॥
ତପନ କୁଳେ ଅବତରି । ତାରିଲେ ଗଉତମ ନାରୀ ॥୧୬॥
ଥବିରପଣେ ମାୟାଗତି । ଥୟ ନ ଜାଣେ ବେଦପତି ॥୧୭॥
ଦରିଦ୍ର ଦାମୋଦର ମିତ୍ର । ଦଣ୍ଡକେ ଦେଲେ କୋଟିଅର୍ଥ ॥୧୮॥
ଧରଣୀଧର ଶିରୋମଣି । ଧ୍ରୁବଙ୍କୁ ନିସ୍ତାରିଲେ ପୁଣି ॥୧୯॥
ନୃସିଂହମାଧବ ମୁରାରି । ନଖେର ହିରଣ୍ୟ ବିଦାରି ॥୨୦॥
ପରମାନନ୍ଦ ପଦ୍ମଲାଭ । ପୂରି ରହିଛ ସର୍ବ ଜୀବ ॥୨୧॥
ଫୁଲାପଣକୁ ନୋହେସରି । ଫୁଲ ମାଳରେ ଦେହଭରି ॥୨୨॥

ବାଳିକି ବଧକଲ ହେଳେ ।	ବନ୍ଧ ବାନ୍ଧିଲ ସିନ୍ଧୁଜଳେ ॥୨୩॥
ଭାଙ୍ଗିଲ ରତ୍ନମୟ ପୁର ।	ଭ୍ରାନ୍ତି ଛାଡ଼ିଲା ଦେବଙ୍କର ॥୨୪॥
ମାଇଲ ଅକ୍ଷୟ ରାବଣ ।	ମହିମା କେ କରୁ ବଖାଣ ॥୨୫॥
ଯାଦବ ବଂଶେ ଜାତହୋଇ ।	ଜଗତ ଉଦ୍ଧାରିବା ପାଇଁ ॥୨୬॥
ରଖିଲ ଜଳରେ ଗଜକୁ ।	ରାଗେଣ ଛେଦିଣ ଗ୍ରାହକୁ ॥୨୭॥
ଲାବଣ୍ୟ ମୂର୍ତ୍ତି ଲକ୍ଷ୍ମୀଧର ।	ଲୟ କରନ୍ତି ସୁର ନର ॥୨୮॥
ଶ୍ରୀପତି ଶ୍ରୀକର ଶ୍ରୀଧର ।	ଶ୍ରିୟା ଦେବୀଙ୍କ ମନୋହର ॥୨୯॥
ସଂସାର ଭିତରେ ଉତ୍ତମ ।	ସାଧୁଙ୍କ ହିତରେ ଜନମ ॥୩୦॥
ଶ୍ୟାମସୁନ୍ଦର କଳେବର ।	ସକଳ ଦେବେ ପରିଚାର ॥୩୧॥
ହରି ବୋଇଲେ ହରେ ଦୁଃଖ ।	ହରି ଆନନ୍ଦ ମହାସୁଖ ॥୩୨॥
କ୍ଷମା ସାଗର ପୀତବାସ ।	ଭଣିଲେ ବଳରାମ ଦାସ ॥୩୩॥

କାନ୍ତ କୋଇଲି

ବଳରାମ ଦାସ

କୋଇଲି, କାନ୍ତ ମୋର ଗଲେ ମୃଗ ମାରି,
 କପଟେ ରାବଣ ମୋତେ ନେଉଅଛି ଧରି ଲୋ, କୋଇଲି ।
କୋଇଲି, ଖଳ ବୋଲି ଜାଣି ନପାରିଲି,
 ଖଳ ଯେ କନକ ମୃଗ ଦେଖି ଲୋଭ କଲି ଲୋ, କୋଇଲି ।
କୋଇଲି, ଗୁରୁ ଶ୍ରଦ୍ଧା ବଳିଲା ମୋହର,
 ଗେଲେ ମୁଁ ବୋଇଲି ରାମ ଏ କୁରଙ୍ଗ ମାର ଲୋ, କୋଇଲି ।
କୋଇଲି, ଘଟଣ ଯା' କରିଛି ବିଧାତା,
 ଘୋର ବନେ ମୃଗ ମାରି ଗଲେ ମୋ କରତା ଲୋ, କୋଇଲି ।
କୋଇଲି, ଲକ୍ଷ୍ମଣଙ୍କୁ ଜଗାଇ ଦୁଆର,
 ନାରାଚରେ ମୃଗ ବିନ୍ଧିଗଲେ ରଘୁବୀର ଲୋ, କୋଇଲି ।
କୋଇଲି, ଚାପଧରୀ ଗଲେ ରଘୁନାଥ,
 ଚାପେ ଶର ସନ୍ଧି ମୃଗ ପ୍ରାଣ କଲେ ହତ ଲୋ, କୋଇଲି ।
କୋଇଲି, ଛାଡ଼ିବାର ବେଳେ ମୃଗ ପ୍ରାଣ,
 ଛଦ୍ମରେ ଡାକିଲା ମୋତେ ରଖ ହେ ଲକ୍ଷ୍ମଣ ଲୋ, କୋଇଲି ।
କୋଇଲି, ଜାଣି ନ ପାରିଲି ଛନ୍ଦ ମୁହିଁ,
 ଯାଅ ବୋଲି ଲକ୍ଷ୍ମଣଙ୍କୁ ଦେଲି ପଠିଆଇ ଲୋ, କୋଇଲି ।
କୋଇଲି, ଝଟତିରେ ଯାଆନ୍ତେ ଲକ୍ଷ୍ମଣ,
 ଝାଡ଼ର ଭିତରେ ଲୁଚି ଥିଲାଟି ରାବଣ ଲୋ, କୋଇଲି ।
କୋଇଲି, ନିର୍ମଳ ତପସ୍ୱୀ ରୂପ ଧରି,
 ନିର୍ଭରେ ବସିଲା ଆସି ଦୁଆର ଆବୋରି ଲୋ, କୋଇଲି ।
କୋଇଲି, ଟେକିଣ କହଇ ମାୟା ଯତି,
 ଟେକି ମୋତେ ଫଳ ଭିକ୍ଷା ଦିଅ ମହାସତୀ ଲୋ, କୋଇଲି ।
କୋଇଲି, ଠିକ କଥା ଜାଣି ନ ପାରିଲି,

ଠକ ଯତି କରେ ପୁଣି ଫଳ ଭିକ୍ଷା ଦେଲି ଲୋ, କୋଇଲି ।
କୋଇଲି, ଡିଙ୍ଗର ରାବଣ ବଡ଼ ଦୁଷ୍ଟ,
ଡାହାଣ ଭୁଜକୁ ମୋର ଧରିଲା ପାପିଷ୍ଟ ଲୋ, କୋଇଲି ।
କୋଇଲି, ଢଳିଣ ଚାହିଁଲା ଆକାଶକୁ,
ଢଳେ ରଥ ଶୂନ୍ୟେ ଆସି ମିଳିଲା ତାହାକୁ ଲୋ, କୋଇଲି ।
କୋଇଲି, ଆଣି ମୋତେ ରଥରେ ବସାଇ,
ଆକାଶ ମାର୍ଗରେ ରଥ ନେଲା ତହୁଁ ବାହି ଲୋ, କୋଇଲି ।
କୋଇଲି, ତୁରିତେ ତା' ରାଜ୍ୟରେ ମିଳିଲା,
ତହୁଁ ଅଶୋକ ବନରେ ମୋତେ ଲୁଚାଇଲା ଲୋ, କୋଇଲି ।
କୋଇଲି, ଥାନ୍ତି ଜଗି ସହସ୍ରେ ଅସୁରୀ,
ସ୍ଥାନ ଟିକିଏ ନଥାଏ ବସିଥାନ୍ତି ଘେରି ଲୋ, କୋଇଲି ।
କୋଇଲି, ଦିବା ରାତି ଦୁଇ ମୋର ଏକା,
ଦିନ ନ ସରଇ ନିରନ୍ତରେ କରି ଦକା ଲୋ, କୋଇଲି ।
କୋଇଲି, ଧାତା ମୋତେ ଏତେ କଷ୍ଟ ଦେଲା,
ଧରାଇ ଅସୁର ଘରେ ବନ୍ଦୀ କରାଇଲା ଲୋ, କୋଇଲି ।
କୋଇଲି, ନାରାଚ ଘେନିଣ ରଘୁନାଥ,
ନିମିଷରେ ମୃଗ ମାରି ଆସି ବେନି ଭ୍ରାତ ଲୋ, କୋଇଲି ।
କୋଇଲି, ନାରାଚ ଘେନିଣ ରଘୁନାଥ,
ନିମିଷରେ ମୃଗ ମାରି ଆସି ବେନି ଭ୍ରାତ ଲୋ, କୋଇଲି ।
କୋଇଲି, ପର୍ଣ୍ଣକୁଟୀ ଦ୍ୱାରେ ଡାକୁଥିବେ,
ପୟର ପଖାଳୁ ଜଳ ଦିଅ ସୀତା ଏବେ ଲୋ, କୋଇଲି ।
କୋଇଲି, ଫୁଟି ଡାକୁଥିବେ ବେନିଭାଇ,
ଫୁଟିଛୁଁ ତୃଷାରେ ଜଳ ଦିଅ ବଇଦେହୀ ଲୋ, କୋଇଲି ।
କୋଇଲି, ବୋଲ ଯେବେ ନ ଶୁଣିବେ ମୋର,
ବୋଲିବେ କେ ଘେନିଗଲା ସୀତାଙ୍କୁ ଆମ୍ଭର ଲୋ, କୋଇଲି ।

କୋଇଲି, ମଢ଼ିଆ ଦୁଆରେ ବେନିଭାଇ,
ମୋତେ ଡାକୁଥିବେ କାନ୍ତ ମୃଗଭାର ଥୋଇ ଲୋ, କୋଇଲି।
କୋଇଲି, ଜୀବ ଯିବା ପ୍ରାୟେ ହେଉଥିବେ,
ମାସକ ଯେ ଲକ୍ଷେ ଯୁଗ ପରାୟ ମଣିବେ ଲୋ, କୋଇଲି।
କୋଇଲି, ରାବୁଥିବେ ମୋର ନାମ ଧରି,
ରାତ୍ର ଦିବା ନୟନରୁ ବହୁଥିବ ବାରି ଲୋ, କୋଇଲି।
କୋଇଲି, ଲଙ୍କାର ରାବଣ ଆଣିବାର,
ଲକ୍ଷ୍ମଣ ସହିତେ କାନ୍ତେ ନୋହିଲା ଗୋଚର ଲୋ, କୋଇଲି।
କୋଇଲି, ବାରତା ପାଇଲେ ପ୍ରାଣନାଥ,
ବାରାନିଧି ବାନ୍ଧିଣ ଆସିବେ ବେନି ଭ୍ରାତ ଲୋ, କୋଇଲି।
କୋଇଲି, ଶତ୍ରୁ ରାବଣକୁ ବିନାଶିବେ,
ଶାଢ଼ୀ ବାନ୍ଧି ବିଭୀଷଣେ ରାଜା କରାଇବେ ଲୋ, କୋଇଲି।
କୋଇଲି, ଶ୍ରୀରାମ ଲକ୍ଷ୍ମଣ ବେନି ଭାଇ,
ଶିଷ୍ଟ ପାଳି ଦୁଷ୍ଟ ନାଶି ଉଶ୍ୱାସନ୍ତି ମହୀ ଲୋ, କୋଇଲି।
କୋଇଲି, ଶୁଭେ ହୋଇ ଲଙ୍କାରେ ପ୍ରବେଶ,
ସଙ୍ଗେ ନେଇ ମୋତେ ଚଳିଯିବେ ନିଜ ଦେଶ ଲୋ, କୋଇଲି।
କୋଇଲି, ହେବେ ମୋତେ ଘେନି ଅଭିଷେକ,
ହରଷେ ଖଟିବେ ତାଙ୍କ ପାତ୍ର ମନ୍ତ୍ରୀ ଲୋକ ଲୋ, କୋଇଲି।
କୋଇଲି, କ୍ଷମେ ରାମ ଅଯୋଧ୍ୟା ପ୍ରବେଶ,
କ୍ଷକ୍ଷନ୍ଦେ ଭଣିଲେ ଗୀତେ ବଳରାମ ଦାସ ଲୋ, କୋଇଲି।

ରାସ ପଞ୍ଚାଧ୍ୟାୟୀ

ଜଗନ୍ନାଥ ଦାସ

ତ୍ରିଂଶ ଅଧ୍ୟାୟ

ଶ୍ରୀ ଶୁକ ଉବାଚ

ଶୁଣ ପରୀକ୍ଷ ନରନାଥ । କୃଷ୍ଣ ଚରିତ ଭାଗବତ ॥୧॥
ଶରଦକାଳର ଯେ ଶଶୀ । ମଲ୍ଲିକାପୁଷ୍ପ ପ୍ରାୟେ ଦିଶି ॥୨॥
ଦେଖି ସାନନ୍ଦ ଦାମୋଦର । ମାୟାମନୁଷ୍ୟ ମାୟାଧର ॥୩॥
ଗୋବିନ୍ଦ ବିଚାରନ୍ତି ମନେ । ଆଜ ରମିବା ବୃନ୍ଦାବନେ ॥୪॥
ଷୋଳସହସ୍ର ଗୋପନାରୀ । ମୋତେ ବରିଲେ ତପକରି ॥୫॥
ମୁଁ ତାଙ୍କ ପୂରାଇବି ଆଶ । ସେ ମୋର ଭକତ ବିଶ୍ୱାସ ॥୬॥
ଅନେକ ଜନ୍ମେ ତପ କରି । ଏବେ ହୋଇଲେ ଗୋପ ନାରୀ ॥୭॥
ରମିଣ ଦେବି ନିଜପୁର । ଆଜ ମୁଁ କରିବି ନିସ୍ତାର ॥୮॥
ଏତେ ବିଚାରି ବନମାଳୀ । ଘେନିଲେ ବିରହ ମୁରଲୀ ॥୯॥
ସ୍ୱଭାବେ ଶରଦର କାଳ । ପବନ ବହେ ପରିମଳ ॥୧୦॥
ଫୁଟିଲେ ଜଳସ୍ଥଳେ ଫୁଲ । ସୁଗନ୍ଧ ଶୀତଳ ଅମୂଲ୍ୟ ॥୧୧॥
ଗଗନେ ପ୍ରକାଶିଲା ଶଶୀ । ନିର୍ମଳ ବିରାଜଇ ନିଶି ॥୧୨॥
ଚନ୍ଦ୍ର ମଣ୍ଡଳ ଅଖଣ୍ଡିତ । ଦେଖି ଉଷତ ଗୋପୀନାଥ ॥୧୩॥
ଲକ୍ଷ୍ମୀର ମୁଖ ପ୍ରାୟ ଦିଶି । କିରଣେ ଦଶଦିଗ ତୋଷି ॥୧୪॥
କାଳିନ୍ଦୀ କୂଳେ ବ୍ରହ୍ମରାଶି । କଦମ୍ବ ତରୁ ମୂଳେବସି ॥୧୫॥
ରଜନୀ ଚିରକାଳ କଲେ । ମାୟାପଟଳ ପ୍ରକାଶିଲେ ॥୧୬॥
ବୋଇଲେ ହୁଅ ବ୍ରହ୍ମନିଶି । ସହସ୍ର ଯୁଗେ ଯାହା ଘୋଷି ॥୧୭॥
ତ୍ରିଭଙ୍ଗ ଛନ୍ଦେ ହୋଇ ଉଭା । ଚାରୁ ଅଧରେ ବେଣୁ ଶୋଭା ॥୧୮॥
ଗୋପୀଙ୍କ ନାମ ଧରି ଧୀରେ । ମୁରଲୀ ଡାକଇ ସୁସ୍ୱରେ ॥୧୯॥
ଗୋପୀଏ ଥିଲେ ନିଜ ପୁରେ । ନାଦ ଶୁଣିଲେ ଯେଝାଘରେ ॥୨୦॥
ଦଣ୍ଡେ ଶୁଣିଲେ ସ୍ଥିର କରି । ବେଣୁ ଡାକଇ ନାମ ଧରି ॥୨୧॥

ଶୁଣି ହୋଇଲେ ଛନ ଛନ	।	ବ୍ୟାପାରେ ନ ଲାଗଇ ମନ	॥୨୨॥
କର ଚରଣ ନ ଚଳଇ	।	ମଦନେ କମ୍ପୁଅଛି ଦେହୀ	॥୨୩॥
ନାଦେ ମୋହିଲେ ବନମାଳୀ	।	ଷୋଳ ସହସ୍ର ଗୋପବାଳୀ	॥୨୪॥
ଏକକୁ ଆରେକ ଲୁଚାଇ	।	ଧାଇଁଲେ ଅସମ୍ଭାଳ ହୋଇ	॥୨୫॥
ବୋଲନ୍ତି ନ ପୁଣ ଏ ଜାଣି	।	ମୋତେ ହୋଇବ ସପତଣୀ	॥୨୬॥
ଆଗେ ମୁ ଯିବି ବୃନ୍ଦାବନେ	।	ରମିବି ନନ୍ଦର ନନ୍ଦନେ	॥୨୭॥
ଦେଖିବି ନୟନ ପୂରାଇ	।	ମୋହର ନାମେ ବେଣୁ ବାଇ	॥୨୮॥
କିମ୍ବା ଡାକଇ ରାତ୍ର କାଳେ	।	ଉଭାରି କଦମ୍ବର ମୂଳେ	॥୨୯॥
ଜଳକ୍ରୀଡ଼ାର ବେଳେ ଗଲା	।	ଆମ୍ଭର ବସ୍ତ୍ର ଚୋରିକଲା	॥୩୦॥
କଦମ୍ବବୃକ୍ଷେ ନେଇ ଥୋଇ	।	ମାଗିଲେ ବସ୍ତ୍ର ନ ଦିଅଇ	॥୩୧॥
ଉଲଗ୍ନେ ଜଳ ମଧ୍ୟେ ଥାଇ	।	ଶୀତେ କମ୍ପଇ ଆମ୍ଭ ଦେହୀ	॥୩୨॥
ଅନେକ ବିନୟ ହୋଇଲୁ	।	ଦନ୍ତରେ ତିରଣ ଧଇଲୁ	॥୩୩॥
ବୋଇଲା ଉଠିଆସ ଜଳୁ	।	ଯେ ଯାହା ବସ୍ତ୍ର ନିଅ ଡାଳୁ	॥୩୪॥
ଯେ ଯାହା ବସ୍ତ୍ର ଚିହ୍ନି ନିଅ	।	ନୋହିଲେ ଜଳ ମଧ୍ୟେ ଥାଅ	॥୩୫॥
ତାର ବଚନେ ଲଜ୍ଜା ଛାଡ଼ି	।	ଆଣି ପିନ୍ଧିଲୁ ଯେଝା ଶାଢ଼ି	॥୩୬॥
ଆମ୍ଭର ଶୁଦ୍ଧମନ ଜାଣି	।	ହସି ବୋଇଲେ ବେଣୁପାଣି	॥୩୭॥
ଦେବତା ପୂଜି ନଦୀ ତୀରେ	।	ମୋତେ ଯେ ବରିଅଛ ବରେ	॥୩୮॥
ସେ କଥା କରିବଇଁ ମୁହିଁ	।	ନିୟମ କଲେ ବେଣୁ ଛୁଇଁ	॥୩୯॥
ସେକଥା ସୁମରିଲେ ଆଜ	।	ଆମ୍ଭର ଛଡ଼ାଇବେ ଲାଜ	॥୪୦॥
ପତି ତନୟ ଛନ୍ତି କୋଳେ	।	କେମନ୍ତେ ଯିବୁଁ ରାତ୍ର କାଳେ	॥୪୧॥
ନଗଲେ ନରହେ ଜୀବନ	।	କାଳ ହୋଇଲା ବେଣୁ ସ୍ୱନ	॥୪୨॥
ଏମନ୍ତେ ହୋଇଲେ ବାହାର	।	ମଦନେ କମ୍ପଇ ଶରୀର	॥୪୩॥
କେ ଗୋପୀ ଦୁହୁଁଥିଲା ଗାଈ	।	ବାଛୁରୀ ବାନ୍ଧି ଛନ୍ଦ ଦେଇ	॥୪୪॥
ମୁରଲୀ ଶୁଣି କର୍ଣ୍ଣମୂଳେ	।	ଦୁହୁଣୀ ପକାଇଲା ତଳେ	॥୪୫॥
ମୁରଲୀ ଧ୍ୱନି ଶୁଣି ବେଗେ	।	ଧାଇଁଲା ବୃନ୍ଦାବନ ଲାଗେ	॥୪୬॥
କେ ବସି କାଢୁଥିଲା ସର	।	ମୁରଲୀ ଶୁଣିଲା ସୁସ୍ୱର	॥୪୭॥

ଡାକଇ ତାର ନାମ ଧରି । ବେଗେ ଧାଇଁଲା ଗୋପନାରୀ ॥୪୮॥
କେ କରୁଥିଲା ଦଧିଯୋଗ । ଶୁଣି ଧାଇଁଲା ବେଗବେଗ ॥୪୯॥
କେ ଦୁଧ ଚୁଲିରେ ବସାଇ । ମୁରଲୀ ଶୁଣି ଗଲା ଧାଇଁ ॥୫୦॥
କେ କୋଳେ ବାଳକ ବସାଇ । ଦୁଧ ପିଆଉଁ ଗୀତ ଗାଇ ॥୫୧॥
କର୍ଣ୍ଣେ ଶୁଣିଲା ବେଣୁଧ୍ୱନି । ଡାକଇ ତାର ନାମ ଘେନି ॥୫୨॥
ବାଳକ ପକାଇଲା ତଳେ । ଧାଇଁଲା ମଦନ ବିକଳେ ॥୫୩॥
ସ୍ୱାମୀ ଶୟନ ସ୍ଥାନେ ଥାଇ । କେ ଗୋପୀ ଚରଣ ଚାପଇ ॥୫୪॥
ମୁରଲୀ ତାର ନାମ ଧରି । ଡାକଇ ଆସ ବେଗ କରି ॥୫୫॥
ପତି ଚରଣ ଥୋଇ ତଳେ । ବେଗେ ଧାଇଁଲା କାମ ଭୋଳେ ॥୫୬॥
କେ ବସି ଭୁଞ୍ଜୁଥିଲା ଅନ୍ନ । କର୍ଣ୍ଣ ଶୁଣିଲା ବେଣୁସ୍ୱନ ॥୫୭॥
ବୋଲଇ ଆସ ତୁହି ବେଗେ । କୃଷ୍ଣଙ୍କୁ ଦେଖ ବନଭାଗେ ॥୫୮॥
ଶୁଣି ଭୋଜନ ଉପେକ୍ଷିଲା । ହସ୍ତ ପଖାଳି ନ ପାରିଲା ॥୫୯॥
ବେଗେ ଧାଇଁଲା ବୃନ୍ଦାବନ । ଯେଣେ ଶୁଭଇ ବେଣୁସ୍ୱନ ॥୬୦॥
କେ ବସି ଲିପୁଥିଲା ଘର । ମୁରଲୀ ଶୁଣିଲା କର୍ଣ୍ଣର ॥୬୧॥
ବୋଲଇ ଆସ ତୁ ବହନେ । ହରିଙ୍କି ରମ ବୃନ୍ଦାବନେ ॥୬୨॥
ଘର ବ୍ୟାପାର ଉପେକ୍ଷିଲା । ବେଗେ ସେ ବୃନ୍ଦାବନେ ଗଲା ॥୬୩॥
କେ ବସିଥିଲା ନିଜଘରେ । କଜ୍ୱଳ ପାତି ଘେନି କରେ ॥୬୪॥
ଏକ ଲୋଚନେ ରଞ୍ଜିଥିଲା । ତା ନାମେ ମୁରଲୀ ଡାକିଲା ॥୬୫॥
ଧାମଇଁ ଅସମ୍ଭାଳ ହୋଇ । କଜଳପାତି କରେ ଲଇଁ ॥୬୬॥
କେ ଗୋପୀ ବସ୍ତ୍ର ତଳେ ଥୋଇ । କୁଙ୍କୁମ ଶରୀରେ ଲେପଇ ॥୬୭॥
କର୍ଣ୍ଣେ ଶୁଣିଲା ବେଣୁଧ୍ୱନି । ଉଠିଲା କରେ ବସ୍ତ୍ର ଘେନି ॥୬୮॥
ଜ୍ଞାନ ହାରିଲା କାମ ଭୋଳେ । ପିନ୍ଧିଲା କନ୍ଧରୁ ଅଞ୍ଚଳେ ॥୬୯॥
କେ ଗୋପୀ କୃଷ୍ଣ ନାମ ଧରି । ଗୃହ ବ୍ୟାପାର ଗୃହେ କରି ॥୭୦॥
ଶୁଣିଲା କୃଷ୍ଣ ବେଣୁନାଦ । ମଦନବାଣେ ତନୁ ଖେଦ ॥୭୧॥
କେହୁ ତାମ୍ବୁଳ ଭୁଞ୍ଜୁଥିଲା । ଅର୍ଦ୍ଧେକ ହସ୍ତରେ ଘେନିଲା ॥୭୨॥
କେହୁ ପାହୁଡ଼ ଗୋଡ଼ୁ କାଢ଼ି । ଲେଉଟି ନ ପାରିଲା ଭରି ॥୭୩॥

କେହି ତିଳକ ଘେନୁଥିଲା । ଅର୍ଦ୍ଧେ ତିଳକ ସେ ଲିହିଲା ॥୭୪॥
କେ ଗୋପୀ ରତ୍ନଚାପ ସରି । ଚରଣେ ବାନ୍ଧିଲା ପାସୋରି ॥୭୫॥
ମୂରଲୀ ନାଦ ଅନୁସରି । ବନେ ଧାଇଁଲା ଗୋପନାରୀ ॥୭୬॥
ଏମନ୍ତେ କହିବଇଁ କେତେ । ଷୋଳସହସ୍ର ଯେଝାମତେ ॥୭୭॥
କାହାର ସ୍ୱାମୀ ବଳବନ୍ତ । ଆଗରେ ଓଗାଳିଲେ ପଥ ॥୭୮॥
କାହାର ପୁତ୍ର ଗୋଡ଼ାଇଲା । ଶଶୁର ଖୁଡୁତା ମଉଳା ॥୭୯॥
ଭାଇ ଭଣଜା ଇଷ୍ଟ ମିତ୍ର । ଆଗରୁ ଓଗାଳିଲେ ପଥ ॥୮୦॥
ବୋଲନ୍ତି ଗୋପୀଙ୍କି ଅନାଇଁ । ଏକଥା ଉଚିତ ନୁହଁଇ ॥୮୧॥
ରଜନୀ କାଳେ ଯାଅ ବନ । ଲଜ୍ଜା କି ଛାଡ଼ିଲା ବଦନ ॥୮୨॥
ଶୁଣି ବୋଲନ୍ତି ଗୋପବାଳ । ବନେ ବିଜୟ ବନମାଳୀ ॥୮୩॥
ଶୁଣ ଶୁଭଇ ବେଣୁନାଦ । ମୁରଲୀ ବଢ଼ାଇ ଆନନ୍ଦ ॥୮୪॥
କ୍ଷଣେ ମୁରଲୀ ନାଦ ଶୁଣି । ଆମ୍ଭେ ଆସିବୁ ଯେହିକ୍ଷଣି ॥୮୫॥
ଦାସବତ୍ସଳ ଭଗବାନ । ମୋହିଲେ ଗୋପାଳଙ୍କ ମନ ॥୮୬॥
ତୁଣ୍ଡରୁ ନଇଲା ଉତ୍ତର । ବାହୁଡ଼ିଗଲେ ଯେଝାଘର ॥୮୭॥
ଏକ ଗୋପୀକାୟ କ୍ଷୀଣ ଦେହୀ । ଗହଳେ ନ ପାରିଲା ଯାଇ ॥୮୮॥
ତାହାର ସ୍ୱାମୀ କର ଧରି । ଘରେ ଆଣିଲା ନିଜ ନାରୀ ॥୮୯॥
ଗମ୍ଭୀରି ଭିତରେ ବାନ୍ଧିଲା । ଅନେକ ମାଡ଼ ହିଁ ମାଇଲା ॥୯୦॥
ଦ୍ୱାରେ କବାଟ ଦେଲା କିଳି । ବିକଳେ କାନ୍ଦଇ ଗୁଆଳୀ ॥୯୧॥
ମୁରଲୀ ତାର ନାମ ଧରି । ଡାକଇ ଆସ ବେଗ କରି ॥୯୨॥
ସେ ଗୋପୀ ବନ୍ଧନରେ ପଡ଼ି । କାନ୍ଦଇ ସ୍ତମ୍ଭେ ମୁଣ୍ଡକୋଡ଼ି ॥୯୩॥
କୃଷ୍ଣର ଦେହେ ଦେଇ ମନ । କ୍ଷଣ କ୍ଷଣକେ ଅଚେତନ ॥୯୪॥
ସହି ନପାରି ତାପ ଭର । ବେନି ଲୋଚନ କଲା ସ୍ଥିର ॥୯୫॥
ନୟନ ପିତୁଳି ଲେଉଟି । ଭିତରେ କଲା ଏକଦୃଷ୍ଟି ॥୯୬॥
ଧ୍ୟାନେ ଦେଖିଲା ଭଗବାନ । ନିର୍ଭରେ କଲା ଆଲିଙ୍ଗନ ॥୯୭॥
ଡାକିଲା କୃଷ୍ଣ ତ୍ରାହି ତ୍ରାହି । ପ୍ରାଣ ଛାଡ଼ିଲା ଚୁମ୍ବ ଦେଇ ॥୯୮॥
ଜୀବନ ଛାଡ଼ି ରସଭରେ । ପଶିଲା ଗୋବିନ୍ଦ ଶରୀରେ ॥୯୯॥

ଶୁଣି ପରୀକ୍ଷ ଦଣ୍ଡଧାରୀ । ମୁନି ଚରଣ ତଳେ ପଡ଼ି ॥୧୦୦॥
ବୋଲଇ ହୋଇ କୃତକୃତ । ଶୁଣି ଚରିତ ଭାଗବତ ॥୧୦୧॥
ଭୋ ମୁନି ହୋଇଲି ଚକିତ । ତୁମ୍ଭେ କହିଲ ବିପରୀତ ॥୧୦୨॥
ପର ପୁରୁଷେ ମନ ଦେଇ । ଯେ ନାରୀ ଏକାନ୍ତେ ରମଇଁ ॥୧୦୩॥
ବିଟପୀ ବାଦ ହୋଇ ତାରେ । ନରକେ ପଡ଼ଇ ନିର୍ଭରେ ॥୧୦୪॥
ସେ କିମ୍ପା ଗୋବିନ୍ଦେ ପଶିଲା । ମୋତେ ତ ସନ୍ଦେହ ଲାଗିଲା ॥୧୦୬॥
ପରପୁରୁଷେ ମନ ଦେଲା । ସେ କିମ୍ପା କୃଷ୍ଣଙ୍କୁ ପାଇଲା ॥୧୦୭॥
ଶୁଣି ହସିଲେ ମୁନିବର । ବୋଲନ୍ତି ଶୁଣ ଦଣ୍ଡଧର ॥୧୦୮॥
ପୂର୍ବେ ମୁଁ କହିଅଛି ତୋତେ । ପୁରାଣ ଶିରୀ ଭାଗବତେ ॥୧୦୯॥
କୃଷ୍ଣଙ୍କୁ କରି ଶତ୍ରୁବଳ । ମୋକ୍ଷ ହୋଇଲା ଶିଶୁପାଳ ॥୧୧୦॥
ଏ ଆଦି ଅରିପଣ କଲେ । ପଶିଲେ କୃଷ୍ଣର ଶରୀରେ ॥୧୧୧॥
ମିତ୍ର ସ୍ୱଭାବେ ଦାମୋଦର । ଏ ଆଦି ଯେତେ ମିତ୍ରବର ॥୧୧୨॥
ମିତ୍ର ଅଇରୀ ଯେଣୁ ନାହିଁ । ତରିଲେ ସୂକ୍ଷ୍ମପଦ ପାଇ ॥୧୧୩॥
ତାହାଙ୍କୁ ପ୍ରିୟପଣେ ସେବି । କିମ୍ପା ନୋହିବେ ମୋକ୍ଷ ଭାଗୀ॥୧୧୪॥
ଭକତ ତାରିବାର ଆଶେ । ବହୁ ପ୍ରକାଶି ଅଛି ଅଂଶେ ॥୧୧୫॥
ନିର୍ଗୁଣ ହୋଇ ଗୁଣବନ୍ତ । ଦାସ ବଛଳ ଗୋପୀନାଥ ॥୧୧୬॥
ତାହାର ନାହିଁ କାମ କ୍ରୋଧ । ଏକଇ ସ୍ୱଭାବ ସୁହୃଦ ॥୧୧୭॥
ଯାହାର ମନ ହୋଏ ଲୟେ । ସେ ପ୍ରାଣୀ ପଶେ କୃଷ୍ଣ ଦେହେ॥୧୧୮॥
ଏଣେ ତୁ ସନ୍ଦେହ ନ କର । ମହା ମହିମା ଯୋଗେଶ୍ୱର ॥୧୧୯॥
ଏଣେ ନ କର ଖେଦ ଚିତ୍ତ । କହଇ ଶୁଣ ଭାଗବତ ॥୧୨୦॥
ଗୋପୀଏ ଗଲେ ରାତ୍ରକାଳେ । ମିଳିଲେ କଦମ୍ବର ତଳେ ॥୧୨୧॥
ଷୋଳ ସହସ୍ର ଗୋପବାଳୀ । ଦେଖିଲେ ପ୍ରଭୁ ବନମାଳୀ ॥୧୨୨॥
ନାନା କୁସୁମେ ପରିମଳ । ହୃଦେ ଲମ୍ବଇ ବନମାଳ ॥୧୨୩॥
ଗୁଞ୍ଜୁରାପାଟି ତାଳୁ ଚୂଳ । ଶ୍ରବଣେ ମକର କୁଣ୍ଡଳ ॥୧୨୪॥
ନୂପୁର କଙ୍କଣ ବିରାଜେ । ରତ୍ନ ମେଖଳା କଟୀ ସାଜେ ॥୧୨୫॥
ପୀତ ବସନ ବେଣୁଧର । ନିବିଡ଼ ସୁରଙ୍ଗ ଅଧର ॥୧୨୬॥

କୋଟିଏ କାମ ନୋହେ ସରି | ଦେଖି ଉଷତ ଗୋପୀନାରୀ ||୧୨୭||
ଅନଳ ଦେଖିଣ ପତଙ୍ଗ | ଯେହ୍ନେ ଧାମନ୍ତି ଉଦବେଗ ||୧୨୮||
ବେଢ଼ିଲେ ଶତେପୁର ହୋଇ | କମ୍ପନ୍ତି କୃଷ୍ଣଙ୍କୁ ଅନାଇଁ ||୧୨୯||
ଗୋପୀଙ୍କି ଦେଖି ବନମାଳୀ | ବଦନୁ ଥୋଇଲେ ମୁରଲୀ ||୧୩୦||
କୋମଳ ମଧୁର ବଚନ | କହନ୍ତି ପ୍ରଭୁ ଭଗବାନ ||୧୩୧||
ଶୁଣ ଗୋ ବ୍ରଜବଧୂ ଜନେ | ତୁମ୍ଭେ ଅଇଲ କିମ୍ପା ବନେ ||୧୩୨||
ଗୋପର କହ ଭଲ କଥା | ନନ୍ଦ ଯଶୋଦାଙ୍କ ବାରତା ||୧୩୩||
ଗୋପେ କି ଆପଦ ପଡ଼ିଲା | ମୋତେ ତ ସନ୍ଦେହ ଲାଗିଲା ||୧୩୪||
ଗୋରୁ ଗୋପାଳେ ନେଲେ ବାନ୍ଧି | ତୁମ୍ଭେ ଅଇଲ ବନେ କାନ୍ଦି ||୧୩୫||
ସର୍ବ ସମ୍ପଦ କଲେ ଜୁର | କି ଅବା ମିଳିଲେ ଅସୁର ||୧୩୬||
ଏମନ୍ତ ପ୍ରାୟେ ମୁ ମଣଇ | କିମ୍ପା ଅଇଲ ବନେ ଧାଇଁ ||୧୩୭||
ଭଲେ ଅଇଲ ମୋ ନିକଟେ | ବଣା ନୋହିଲ ବଣ ବାଟେ ||୧୩୮||
ପତି-ତନୟ ଛାଡ଼ି କରି | ଗୃହ କୀରତି ପରିହରି ||୧୩୯||
କିମ୍ପା ଅଇଲ ଘୋରବନ | ନୁହଁଇ ଉଚିତ ବିଧାନ ||୧୪୦||
ଭାଗ୍ୟେ ମୁଁ ବାଉଥିଲି ବେଣୁ | ମୋତେ ଭେଟିଲ ଆସି ତେଣୁ ||୧୪୧||
ରଜନୀ ହେଉଛି ଅପାର | ବନ ଗହନ କୁଞ୍ଜ ଘୋର ||୧୪୨||
ବ୍ୟାଘ୍ର ଭଲ୍ଲୁକ ବନଜୀବେ | ତୁମ୍ଭଙ୍କୁ ଦେଖିଲେ ଖାଇବେ ||୧୪୩||
ବେଗେ ବାହୁଡ଼ିଯାଅ ଘର | ରଜନୀ ହେଉଛି ଉଚ୍ଛୁର ||୧୪୪||
ସ୍ୱଭାବେ ସ୍ତିରୀ ଜନ୍ମ ହୋଇ | ବନେ ତୁମ୍ଭର ଭୟ ନାହିଁ ||୧୪୫||
ନିଶ୍ଚେ ହୋଇବ ଆଜ ନାଶ | ମରଣ କଲଟି ବିଶ୍ୱାସ ||୧୪୬||
ଯାଅ ନ ଥାଅ ବନ ଘୋରେ | ତୁମ୍ଭଙ୍କୁ ଲୋଡୁଥିବେ ଘରେ ||୧୪୭||
ମାତା ପିଅର ପୁତ୍ର ଭାଇ | ଲୋଡୁ ଅଛନ୍ତି ନାମ ରାଇ ||୧୪୮||
ଯେ ଯାହା ସ୍ୱାମୀ କୋପ ଚିତ୍ତେ | ଲୋଡ଼ିବେ ଘରଦ୍ୱାର ପଥେ ||୧୪୯||
ନ ପାଇ କରିବେଟି ରୋଷ | ତୁମ୍ଭେ ହୋଇବ ଜାତି ନାଶ ||୧୫୦||
ବନ୍ଧୁ ବାନ୍ଧବ ତୁମ୍ଭ ଘର | ଅନ୍ନ ନ କରିବେ ଆହାରେ ||୧୫୧||
ଜଳ ହିଁ ନ କରିବେ ପାନ | ତୁମ୍ଭେ ହୋଇବ ଜାତିହୀନ ||୧୫୨||

ନ ଜାଣି ଯେବେ ଗୋ ଅଇଲ । ବହନ କର ମୋର ବୋଲ ॥୧୫୩॥
ଦେଖିଲ ବନ ପରିମଳ । ନାନା କୁସୁମେ ନଦୀଜଳ ॥୧୫୪॥
ମଳୟ ପବନ ଶୀତଳ । ତରୁ ପଲ୍ଲବେ ଭୃଙ୍ଗମେଳ ॥୧୫୫॥
ବହନ ଯାଅ ଗୋପପୁର । ନିଜ ପତିଙ୍କି ସେବାକର ॥୧୫୬॥
ଗାଈଙ୍କ ଗୋଡ଼େ ବଛା ବାନ୍ଧି । ତୁମ୍ଭେ ଯେ ଦୁହୁଁ ଥିଲ ଛନ୍ଦି ॥୧୫୭॥
କ୍ଷୀର ନ ପାଇଣ ବାଛୁରୀ । କାନ୍ଦନ୍ତି ହମ୍ବା ରାବ କରି ॥୧୫୮॥
ବାଳକ ଧରିଥିଲ କୋଳେ । ପକାଇ ଅଇଲ ଯେ ତଳେ ॥୧୫୯॥
ଛିଡ଼ିଲା ଓଷ୍ଠ ଦନ୍ତ ପାଟି । କାନ୍ଦନ୍ତି ତୁଣ୍ଡେ ଭରି ମାଟି ॥୧୬୦॥
ବହନ ନିଜ ପୁରେ ଯାଅ । ସ୍ତନ୍ୟ ପିଆଇ ଗାଈ ଦୁହଁ ॥୧୬୧॥
ଯେବେ ଅଇଲ ବେଣୁ ନାଦେ । ମୋ ରୂପ ଦେଖିବାର ସଧେ ॥୧୬୨॥
ଏବେ ଦେଖିଲ ମୋର ଦେହ । ଯାଅ ଗୋ ଦଣ୍ଡେ ହେଁ ନ ରହ॥୧୬୩॥
ସ୍ୱାମୀଙ୍କ ସଙ୍ଗେ ପ୍ରୀତି କର । ଉଚିତ ଧର୍ମ ଗୋ ତୁମ୍ଭର ॥୧୬୪॥
ସ୍ୱାମୀର ଯେତେ ଇଷ୍ଟଜନ । ବାଳତନୟଙ୍କ ପୋଷଣ ॥୧୬୫॥
ଏ ନିତ୍ୟକର୍ମ ଗୋ ତୁମ୍ଭର । ପୁଣି ବୋଲନ୍ତି ବେଣୁଧର ॥୧୬୬॥
ପୂର୍ବେ ଅର୍ଜିଲା କର୍ମ ଲଇ । ଯେ ଯାହା ସ୍ୱାମୀ ଗୋ ମିଳଇ॥୧୬୭॥
ସେ ଯେବେ ହୋଏ ଅସୁନ୍ଦର । ଦୁଃଖୀ ଦରିଦ୍ର ବ୍ୟାଧିକର ॥୧୬୮॥
ତାହାଙ୍କୁ ନ କରିବ ସାନ । ସେ ବିଷ୍ଣୁଦେବଙ୍କ ସମାନ ॥୧୬୯॥
ତାହାଙ୍କ ପାଦେ ଏକ ଚିତ୍ତେ । ସେବା କରିବ ଅବିରତେ ॥୧୭୦॥
ଏ ମାୟା ସଂସାର ବେଭାର । ଯାହା ସର୍ଜିଲା ବେଦବର ॥୧୭୧॥
ଏହା ଯେ ନ କରନ୍ତି ଭଲେ । ନରକେ ହୁଅନ୍ତି ଅନ୍ତକାଳେ ॥୧୭୨॥
ପର ପୁରୁଷେ ଚିତ୍ତ ଦେଇ । ଯେ ନାରୀ ରମେ ଦେହ ବହି॥୧୭୩॥
ତାହାଙ୍କ ନାହିଁ ସୁଖ ଲେଶ । ନରକେ ହୋନ୍ତି ପ୍ରବେଶ ॥୧୭୪॥
ନିନ୍ଦିତ ହୋନ୍ତି ବେନି ଲୋକେ । ନିରାଶ ହୋନ୍ତି ସ୍ୱାମୀ ସୁଖେ ॥୧୭୫॥
ବିଧବା ହୋନ୍ତି ଜନ୍ମ ସାତ । ଯେ ନାରୀ ସ୍ୱାମୀ ଅଭଗତ ॥୧୭୬॥
ମୋତେ ଅଇଲ ଯେବେ ଦେଖି । ଏତେକେ ପୂରିଲାନି ଆଖି ॥୧୭୭॥
ଯେ ମୋତେ ଦୂରେ ଥାଇ ଚିନ୍ତି । ମନ ବଚନ ମୋତେ ଦ୍ୟନ୍ତି ॥୧୭୮॥

ବେଗେ ହୁଅନ୍ତି ଭବୁ ପାର । ଖଣ୍ଡଇ ଭ୍ରମ ତାହାଙ୍କର ॥୧୭୯॥

ଯେ ମୋର ନିକଟେ ରହଇ । ସେ ପ୍ରାଣୀ ମୋତେ ନ ଭଜଇ॥୧୮୦॥

ମାୟାରେ ହୋଇ ଛନଛନ । ବିଷୟା ଜଡ଼େ ଥାଇ ମନ ॥୧୮୧॥

ସେ ମୋତେ ପାଇବ କେମନ୍ତ । ହସି ବୋଲନ୍ତି ଗୋପୀନାଥ ॥୧୮୨॥

ମୁନି ବୋଲନ୍ତି ରାୟେ ଶୁଣ । ଯାହା କହିଲେ ନାରାୟଣ ॥୧୮୩॥

କେ ତାହା କରିବଟି ଆନ । ସବୁରି ପ୍ରଭୁ ଭଗବାନ ॥୧୮୪॥

ଗୋପୀଏ କୃଷ୍ଣ କଥା ଶୁଣି । ଚିନ୍ତା ବିକଳେ ମନେ ଗୁଣି ॥୧୮୫॥

ବଜ୍ର ପଡ଼ିଲା ଯେହ୍ନେ ଶିର । ବଦନୁ ନଇଲା ଉତ୍ତର ॥୧୮୬॥

ନିଶ୍ୱାସ ବହେ ଖରତର । ଶୁଖିଲା ସୁରଙ୍ଗ ଅଧର ॥୧୮୭॥

ଦଶନେ ଅଧର କାମୋଡ଼ି । କର ଯୁଗଳ ଶିରେ ତାଡ଼ି ॥୧୮୮॥

ଚରଣ ଅଙ୍ଗୁଳିର ଅଗ୍ରେ । ଭୂମି ଚିରନ୍ତି କାମ ବ୍ୟଗ୍ରେ ॥୧୮୯॥

କମ୍ପଇ ବିକଳେ ଶରୀର । ବେନି ଲୋଚନୁ ବହେ ନୀର ॥୧୯୦॥

ଅଞ୍ଜନ କୁଙ୍କୁମର ସଙ୍ଗେ । ଲୁହ ପଡ଼ଇ କୁଚ ଯୁଗେ ॥୧୯୧॥

ଦୁଃଖ ସାଗରେ ନିମଜ୍ଜିଲେ । ସଭୟେ ଲୋଚନ ବୁଜିଲେ ॥୧୯୨॥

ହୋଇଲେ ମୃତପିଣ୍ଡ ପ୍ରାୟେ । ଦେଖନ୍ତି ପ୍ରଭୁ ଦେବରାୟେ ॥୧୯୩॥

କୃଷ୍ଣ ନିଷ୍ଠୁର ବୋଲ ଶୁଣି । ଧର୍ମ ଅଧର୍ମ ମନେ ଗୁଣି ॥୧୯୪॥

ଯାହାର ପାଇଁ ଗୃହବାସ । ଛାଡ଼ିଲୁ ଜୀବନର ଆଶ ॥୧୯୫॥

ତାର ନିଷ୍ଠୁର କଥା ପାଇ । ଜୀବନ ଦଣ୍ଡେ ନ ରହଇ ॥୧୯୬॥

ବେନି ଲୋଚନ ଘଷି କରେ । କୃଷ୍ଣଙ୍କୁ ଚାହିଁଲେ ସଧୀରେ ॥୧୯୭॥

ପାଦେ ପଡ଼ିଲେ ଏକା ବେଳେ । କହନ୍ତି ଜୀବନ ବିକଳେ ॥୧୯୮॥

ଶିର ଲଗାଇ ପଦ୍ମପାଦେ । ବୋଲନ୍ତି ଶୋକ ଗଦ ଗଦେ ॥୧୯୯॥

ଭୋ ନାଥ ପ୍ରଭୁ ଭାବଗ୍ରାହୀ । ଏମନ୍ତେ ବୋଲୁ କାହିଁ ପାଇଁ ॥୨୦୦॥

ତୁ ନୋହୁ ଯଶୋଦାନନ୍ଦନ । ଅନାଦି ପ୍ରଭୁ ନିରଞ୍ଜନ ॥୨୦୧॥

ଆମ୍ଭେ ଅଭାଗୀ ଦୁଃଖୀନାରୀ । ଆଉ କି ଯିବୁ ଗୋପପୁରୀ ॥୨୦୨॥

ଛାଡ଼ିଲୁ ବିଷୟା ବିଷାଦ । ପାଇ ତୋହୋର ପଦ୍ମପାଦ ॥୨୦୩॥

ଲକ୍ଷ୍ମୀ ଯା ନ ଛାଡ଼ଇ କ୍ଷଣେ । ଗଙ୍ଗା ରହିଲା ନଖକୋଣେ ॥୨୦୪॥

ସେ ପାଦ ପାଇ ଆମ୍ଭେ ସୁଖୀ । ଏବେ ହୋଇଲୁ ନିରିମାଖି ॥୨୦୫॥
ଆମ୍ଭଙ୍କୁ ତେଜୁ କାହିଁପାଇଁ । ତୋ ତହୁଁ ଆନଗତି ନାହିଁ ॥୨୦୬॥
ତୋ ପାଦ ପଙ୍କଜର ମୂଳେ । ଜ୍ଞାନୀ ଚିନ୍ତନ୍ତି ଯୋଗବଳେ ॥୨୦୭॥
ସେ ପାଦପଦ୍ମ ଆମ୍ଭେ ପାଇ । କାହିଁକି ଯିବୁ ଭାବଗ୍ରାହୀ ॥୨୦୮॥
ତୋହୋର ପାଇଁ ଦାମୋଦର । ଛାଡ଼ିଲୁ ପତି ସୁତ ଘର ॥୨୦୯॥
ଭଜନ୍ତି ଯେ ତୋହୋର ନାମ । ତାହାଙ୍କୁ ନାହିଁ ଦୁଃଖ ଶ୍ରମ ॥୨୧୦॥
ଆମ୍ଭେ ତୋ ପାଦେ ଚିତ୍ତ ଦେଇ । ନିରାଶ ହୋଇଲୁ ଗୋସାଇଁ ॥୨୧୧॥
ଉଭୟେ ନ ପାଇଲୁ କୂଳ । ତୁ ଯେ ବୋଲାଉ ଆଦିମୂଳ ॥୨୧୨॥
ଧର୍ମ ଦେବତାଙ୍କର ଗୁରୁ । ତୋର ମହିମା ମହାମେରୁ ॥୨୧୩॥
ଯାହା ବୋଇଲୁ ବେଦମତେ । ଭୋ ନାଥ ଶୁଣ ଏକ ଚିତ୍ତେ ॥୨୧୪॥
ଏ ଯେ ତୋହୋର ସାଧୁପଣ । ସେବିବୁଁ ସ୍ୱାମୀଙ୍କ ଚରଣ ॥୨୧୫॥
ଏକଥା ଉଚିତ ତୋହର । ଭୋ ନାଥ ଶୁଣ ବେଦସାର ॥୨୧୬॥
ତୁ ଯେ ସକଳ ପ୍ରାଣୀଙ୍କର । ଦେହ ଜୀବନର ଠାକୁର ॥୨୧୭॥
ଯେ ପ୍ରାଣୀ ତୋହୋରେ ଭଜଇ । ତାହାର ଜନ୍ମ ବନ୍ଧ ନାହିଁ ॥୨୧୮॥
ଅନେକ ପୁଣ୍ୟ କରିଥିଲେ । ତୋ ନାମ ଧରି ଅନ୍ତକାଳେ ॥୨୧୯॥
ଅଭୟ ବ୍ରହ୍ମେ ସେ ପଶନ୍ତି । ଆମ୍ଭର ନାହିଁ ମନେ ଭ୍ରାନ୍ତି ॥୨୨୦॥
ଆଉ କି ଗୋପପୁର ଯିବୁଁ । ପତି ତନୟ ଆବୋରିବୁଁ ॥୨୨୧॥
ଆମ୍ଭର ତେଣେ ନାହିଁ ଆଶା । ତୋ ନାମ କରିଛୁଁ ଭରସା ॥୨୨୨॥
ମନ କି ନ ଜାଣୁ ଆମ୍ଭର । ଆଶା ବିଶ୍ରାମ ବାନା ତୋର ॥୨୨୩॥
କାଳିନ୍ଦୀ ତୀରେ ବ୍ରତ କରି । ପୂଜିଲୁ ଶଙ୍କର ଗଉରୀ ॥୨୨୪॥
ବର ମାଗିଲୁ ଆମ୍ଭେ ଯାହା । ଭୋ ନାଥ ନ ଜାଣୁ କି ତାହା ॥୨୨୫॥
ଆମ୍ଭର ବସ୍ତ୍ର ଚୋରି କରି । ତୁ ଯେ ବୋଇଲୁ ନରହରି ॥୨୨୬॥
ରମିବି ବୃନ୍ଦାବନେ ମୁହିଁ । ନିୟମ କଲୁ ବେଣୁ ଛୁଇଁ ॥୨୨୭॥
ଆମ୍ଭର ସାକ୍ଷୀ ଏ ମୁରଲୀ । କିମ୍ପା ପାସୋରୁ ବନମାଳୀ ॥୨୨୮॥
ତୋହୋର ଯେବେ ଦୟା ନାହିଁ । କିମ୍ପା ରାଇଲୁ ବେଣୁବାଇ ॥୨୨୯॥
ଆମ୍ଭର ମନ ନିଜ ଘରେ । ବୁଡ଼ାଇଥିଲୁ ମୁହାଁସରେ ॥୨୩୦॥

ଶ୍ରବଣେ ମୁରଲୀ ଶୁଭିଲା | କର ଚରଣ ନ ଚଳିଲା ||୨୩୧||
ଜୀବନ ହରିଲୁ ଆମ୍ଭର | ଏବେ ତ କହିଲୁ ନିଷ୍ଠୁର ||୨୩୨||
ଭୋନାଥ କର ପ୍ରାଣ ରକ୍ଷା | ଆମ୍ଭେ ପାଇଲୁ ବେଣୁ ଦୀକ୍ଷା ||୨୩୩||
ତୋର ଅଧରାମୃତ ରସ | ଆମ୍ଭର ମୁଖରେ ବରଷ ||୨୩୪||
ଜୀବନ ରଖ ନନ୍ଦବାଳ | ଆମ୍ଭର ପୂରିଲାଟି କାଳ ||୨୩୫||
କ୍ରୋଟ ଅନଳ ପ୍ରାୟେ ହୋଇ | କାମ ଅନଳ ହୃଦ ଦହି ||୨୩୬||
ଲିଭାଅ ମୁଖୁ ରସଦେଇ | ଦାସ ବଛଳ ଭାବଗ୍ରାହୀ ||୨୩୭||
ଯେବେ ନ ରଖୁ ବନମାଳୀ | ମରିବୁଁ ସକଳ ଗୁଆଳୀ ||୨୩୮||
ହତ୍ୟା ହୋଇବ ତୋର କନ୍ଧେ | ଶୁଣି ହସନ୍ତି ଆଦିକନ୍ଦେ ||୨୩୯||
ଗୋପୀ ବୋଲନ୍ତି କୃଷ୍ଣେ ଚାହିଁ | ପୂତନା ପ୍ରାଣ ଅଛୁ ଖାଇ ||୨୪୦||
ତୁ କାହିଁ ରଖିବୁ ଆମ୍ଭନ୍ତ | ନିଶ୍ଚୟେ ହୋଇଲୁ କୃତାନ୍ତ ||୨୪୧||
ମରିବୁଁ ତୋହୋର ଉପରେ | ଜୀବନ ନ ରହେ ଶରୀରେ ||୨୪୨||
ଭୋ ନାଥ ତୋହୋର ପୟରେ | କମଳା ସେବେ ନିରନ୍ତରେ ||୨୪୩||
ଆମ୍ଭର ପ୍ରିୟ ଅଟୁ ତୁହି | ଆଶା ନ ଛେଦ ଭାବଗ୍ରାହୀ ||୨୪୪||
ତୋହୋର ପାଦର ତୁଳସୀ | ମାଳା କରିଣ ବ୍ରହ୍ମରାଶି ||୨୪୫||
କବରୀଭାର ସଜକରି | ତୋ ପାଦେ ସେବିବୁ ମୁରାରି ||୨୪୬||
ତୋହୋର ପାଦ ହୃଦଗତେ | ମୁନିଏ ଭଜୁଥାନ୍ତି ନିତ୍ୟେ ||୨୪୭||
ସେ ପାଦେ ପଶିଲୁଁ ଶରଣ | ଜୀବନ ରଖ ନାରାୟଣ ||୨୪୮||
ତୋର ଚରଣେ ନରହରି | ସ୍ତନ-ବଦନେ ଶିରେ ଧରି ||୨୪୯||
ଆମ୍ଭର ତାପ ହୃଦୁଁ ଯିବ | ଶରଣ ରଖ ପଦ୍ମନାଭ ||୨୫୦||
ତୋର ସମ୍ପଦ ଭୋଗ କରି | ତୋ ମୁଖ ଚାହିଁ ଦିନ ହରି ||୨୫୧||
ତୋର ସୁନ୍ଦର ରୂପ ଦେଖି | ପିଛାଡ଼ି ନ ପାରୁ ଯେ ଆଖି ||୨୫୨||
ତୋହୋର ରୂପ ହୃଦେ ଗୁଣି | ବ୍ରହ୍ମାଣ୍ଡେ ଯେତେକ ତରୁଣୀ ||୨୫୩||
କେ ଦେହ ଧରିବ ନିର୍ଭରେ | ଶୁଣିଲା ନାହିଁ ତିନିପୁରେ ||୨୫୪||
ତୋ ରୂପ ଦେଖି ପଶୁ ବନେ | ପୁଲକ ହୋନ୍ତି ତରୁ ଗଣେ ||୨୫୫||
ବୋଲନ୍ତି ଶୁକ ମୁନିବର | ଶୁଣ ହୋ କୃଷ୍ଣ ରସ ସାର ||୨୫୬||

ଦେଖିଣ ଗୋପୀଙ୍କ ବିକଳ । ଦୟା ବସିଲା ଆଦିମୂଳ ॥୨୫୭॥
ଆନନ୍ଦେ ବେନିଭୁଜ ତୋଳି । ଆସ ବୋଇଲେ ବନମାଳୀ ॥୨୫୮॥
ବାହୁ ବିସ୍ତାରି କଲେ କୋଳ । ବିଶ୍ୱସ୍ୱରୂପୀ ଆଦିମୂଳ ॥୨୫୯॥
ଆକର୍ଷି ଆଣି ନିଜ କରେ । ହୃଦେ ଲଗାଇ କୋଳ କଲେ ॥୨୬୦॥
ଟାକି ଯେ ଥିଲା ଯୋଗମାୟା । ଶୂନ୍ୟରେ ବିକାଶିଲା କାୟା ॥୨୬୧॥
ଅତ୍ୟନ୍ତ ଦିବ୍ୟ ରୂପମାନ । ସୁରେଖ ତିଳକ ବଦନ ॥୨୬୨॥
ଅଙ୍ଗେ ଆଦିତ୍ୟ ରତ୍ନ ଶୋଭା । ଅଗ୍ନି ଧଉତ ବାସ ପ୍ରଭା ॥୨୬୩॥
କପାଳେ ମଳୟ ଚନ୍ଦନ । ଚମ୍ବୁଲେ ସୁରଙ୍ଗବଦନ ॥୨୬୪॥
ମେଘେ ବିଜୁଳି ଯେହ୍ନେ ଜାଣି । ସୁରେଖ ତିଳକ ତରୁଣୀ ॥୨୬୫॥
କୃଷ୍ଣର ବେନି ଭୁଜେ ପଶି । ତାପ ଛାଡ଼ି ଶୁଭ୍ରକେଶୀ ॥୨୬୬॥
ତକ୍ଷଣେ ପାଇଲେ ଜୀବନ । ହରଷ ଗୋପୀଙ୍କର ମନ ॥୨୬୭॥
କୃଷ୍ଣଙ୍କୁ ବେଢ଼ିଲେ ଯୁବତୀ । ଗଗନେ ଯେହ୍ନେ ତାରାପନ୍ତି ॥୨୬୮॥
ଗୋପୀଏ ତୋଷ ମନ ହୋଇ । ପୁଷ୍ପ ତୋଳନ୍ତି ବନେ ଯାଇ ॥୨୬୯॥
ମାଳା ଗୁନ୍ଥିଲେ ଯତ୍ନ କରି । ବର ବରିଲେ ନରହରି ॥୨୭୦॥
କାଳିନ୍ଦୀ ବାଲିକୁଦେ ଯାଇ । ଗୋପୀଙ୍କ ମଧ୍ୟେ ଭାବଗ୍ରାହୀ ॥୨୭୧॥
ଯୋଗମାୟାର ବଳେ ହରି । ଷୋଳ ସହସ୍ର ରୂପ ଧରି ॥୨୭୨॥
ହୋଇଲେ ବେନି ବେନି ଜନ । ଗୋପୀ ରମିଲେ ଭଗବାନ ॥୨୭୩॥
ରତି ପଣ୍ଡିତ ବଳବନ୍ତ । ତୋଷିଲେ ଗୋପୀଙ୍କର ଚିତ୍ତ ॥୨୭୪॥
କୃଷ୍ଣ ରମଣ ରସ ପାଇ । ଜ୍ଞାନ ହାରିଲେ ସର୍ବେଗୋଇ ॥୨୭୫॥
ସବୁରି ଦେହେ ନଖକ୍ଷତ । ସବୁ କୁଚରେ ପଦ୍ମହସ୍ତ ॥୨୭୬॥
ସକଳେ ଆଲିଙ୍ଗନ ପାଇ । ହରଷ ହୋଇ ସର୍ବେଗୋଇ ॥୨୭୭॥
ମନେ ବିଚାର କଲେ ନାରୀ । ସ୍ୱାମୀର ଗର୍ବ ମନେ ଧରି ॥୨୭୮॥
ଆମ୍ଭର ପ୍ରାୟେ ଭାଗ୍ୟବନ୍ତ । ନାହିଁ ନୋହିବ ଯେ ଜଗତ ॥୨୭୯॥
ରମିଲୁ ଅନାଦି ପୁରୁଷ । ଆମ୍ଭରେ ହରି ହେଲେ ବଶ ॥୨୮୦॥
କୃଷ୍ଣ ଭକତ ଆମ୍ଭ ପ୍ରାୟେ । ସ୍ୱର୍ଗେ ନୋହିବେ ଦେବତାଏ ॥୨୮୧॥
ଏମନ୍ତ ମନେ ଗର୍ବ କରି । ତାହା ଜାଣିଲେ ଭାବଗ୍ରାହୀ ॥୨୮୨॥

ଗୋପୀଙ୍କ ଭାବ ଜାଣିବାରେ । ମାୟା ମୋହିଲେ ନଦୀ ତୀରେ॥୨୮୩॥
ଗୋପୀଏ ବୃନ୍ଦାବତୀ ନାମେ । ଥିଲା ସେ କୃଷ୍ଣ ସନ୍ନିଧାନେ ॥୨୮୪॥
ପୂର୍ବେ ସେ ତପ ଅଛି କରି । ଗୋବିନ୍ଦ ତାର ଭୁଜ ଧରି ॥୨୮୫॥
ଛନ୍ଦିଲେ ଗୋପୀଙ୍କର ମନ । କୃଷ୍ଣ ହୋଇଲେ ଅନ୍ତର୍ଦ୍ଧାନ ॥୨୮୬॥
ବୋଲଇ ଦାସ ଜଗନ୍ନାଥ । ବନେ ନିରୋପି କୃଷ୍ଣପଥ ॥୨୮୭॥
ମୋହୋର ମନ ଗୋଡ଼ାଇଲା । କୃଷ୍ଣଙ୍କୁ ଭେଟ ନ ପାଇଲା ॥୨୮୮॥
ବାହୁଡ଼ି ହୋଇଲା ନିରାଶ । ସୁଜନେ ବୃନ୍ଦାବନେ ପଶ ॥୨୮୯॥
ମୁଁ ଅବା ହରିଙ୍କି ଅନାଇ । କାହିଁ ପାଇବି ଭାବଗ୍ରାହୀ ॥୨୯୦॥
ମୁଁ ଅବା କେତେକ ମାତର । କାହିଁ ପାଇବି ଚକ୍ରଧର ॥୨୯୧॥
ପାମର ହୀନ ମୋର ବୁଦ୍ଧି । କୃଷ୍ଣ ଚରଣେ ମନ ଖେଦି ॥୨୯୨॥
ମୋ ଛାର ପାଇବଇଁ କାହିଁ । ଯାହାର ଆଦିଅନ୍ତ ନାହିଁ ॥୨୯୩॥
ସେ ଦୟାମୟ ହରିପାଦେ । ମନ ମୋ ରହୁ ଅପ୍ରମାଦେ ॥୨୯୪॥
ସୁଜନ ଜନଙ୍କର ହିତ । କହଇ ଦାସ ଜଗନ୍ନାଥେ ॥୨୯୫॥

ଇତି ଶ୍ରୀମଭାଗବତେ ମହାପୁରାଣେ ପାରମହଂସ୍ୟାଂ ସଂହିତାୟାଂ ଦଶମସ୍କନ୍ଧେ ପୂର୍ବାର୍ଦ୍ଧେ ଭଗବତୋ ରାସକ୍ରୀଡ଼ାୟାଂ ନାମ ତ୍ରିଂଶୋଽଧ୍ୟାୟଃ ।

ଦଶମ ସ୍କନ୍ଧ-ଏକତ୍ରିଂଶ ଅଧ୍ୟାୟ

ଶ୍ରୀ ଶୁକ ଉବାଚ

ଶୁଣ ରାଜନ ତୋଷ ମନେ । କୃଷ୍ଣ ଯେ ଗଲେ ଅନ୍ତର୍ଦ୍ଧାନେ ॥୧॥
ଗୋପ ଯୁବତୀ ନଦୀକୂଳେ । ଘଡ଼ିକେ ଜାଣିଲେ ସକଳେ ॥୨॥
କୃଷ୍ଣ ନ ଦେଖି ବନ ଘୋରେ । ଭୟେ ଚିନ୍ତନ୍ତି ସେ କାତରେ ॥୩॥
କମ୍ପନ୍ତି ଚଉଦିଗ ଚାହିଁ । ରଜନୀ ଅର୍ଦ୍ଧ ଅଛି ହୋଇ ॥୪॥
କୃଷ୍ଣର ମାୟା ଘେନି ମେଘେ । ମିଳିଲେ ଶଶାଙ୍କର ଲାଗେ ॥୫॥
ଦେଖି ବିକଳ ଗୋପ ନାରୀ । ଡାକନ୍ତି କୃଷ୍ଣ ନାମ ଧରି ॥୬॥
ଭୋ ନାଥ ଆସ ତୁ ବହନ । ମେଘ ଆଚ୍ଛାଦିଲା ଗଗନ ॥୭॥
ବିଶେଷେ ଯମୁନାର ତୀରେ । ମେଘ ଅନ୍ଧାର ଘନ ଘୋରେ ॥୮॥

ଅନାଥ କରି ଗଲୁ କାହିଁ	। ଅନ୍ଧାରେ ପଥ ନ ଦିଶଇ	॥୯॥
ଏମନ୍ତେ କରନ୍ତି ରୋଦନ	। କ୍ଷଣ କ୍ଷଣକେ ଅଚେତନ	॥୧୦॥
ନିଶି ଅନ୍ଧାର ବନଘୋରେ	। ରୋଦନ କଲେ ଉଚ୍ଚ ସ୍ୱରେ	॥୧୧॥
ବାଳୁତ ପ୍ରାୟେ ହୋଇ କାନ୍ଦି	। ଏକ ଆରକେ ଛନ୍ଦାଛନ୍ଦି	॥୧୨॥
କୃଷ୍ଣର ପ୍ରୀତି ଅନୁରାଗ	। ଅଳପ ହାସ ମୁଖ ରଙ୍ଗ	॥୧୩॥
ମଧୁର ଚାହିଁବାର ରସେ	। ମନ ନିବେଶି କୃଷ୍ଣପାଶେ	॥୧୪॥
ବାଳୁତ କାଳୁଁ ଯେତେ କଲା	। ସୁମରି ଗୋବିନ୍ଦର ଲୀଳା	॥୧୫॥
ମନ ନିବେଶି କୃଷ୍ଣ ଦେହେ	। ଗୋପୀ ପଡ଼ିଲେ ଶୋକ ମୋହେ	॥୧୬॥
ପୁଣି ଉଠିଲେ ଜ୍ଞାନ ପାଇ	। କହନ୍ତି ବାଇ ପ୍ରାୟେ ହୋଇ	॥୧୭॥
କେ ବୋଲେ ମୁହିଁ ନାରାୟଣ	। ସେବଲୋ ମୋହୋର ଚରଣ	॥୧୮॥
କେ ବୋଲେ ମୁହିଁ ନନ୍ଦ ବାଳ	। ଦେଖ ମୋ ଶିରେ ଗୁଞ୍ଜମାଳ	॥୧୯
ପୁଣି ଗୋପୀୟେ ଆଗସରି	। ବୋଲଇ ମୁହିଁ ନରହରି	॥୨୦॥
ଦେଖ ମୋ ଶିଙ୍ଗା ବେଣୁ ବେତ	। ମୁଖେ ବଜାଇ ବେନି ହସ୍ତ	॥୨୧॥
ତ୍ରିଭଙ୍ଗ ଛନ୍ଦେ ଉଭା ହୋଇ	। ବୋଲଇ ନନ୍ଦସୁତ ମୁହିଁ	॥୨୨॥
କେ ବୋଲେ ଦେଖିଲଇଂ ହରି	। ସଖୀ ଗୋଟିଏ ସଙ୍ଗକରି	॥୨୩॥
ଜାଣଇ ଏହିପଥେ ଗଲା	। ମୁରଲୀ ଘେନି ନନ୍ଦ ବଳା	॥୨୪॥
ପୁଣି ଉଠିଲେ ଧାତିକାରେ	। ପଶିଲେ ଲତାକୁଞ୍ଜ ଘୋରେ	॥୨୫॥
ଖୋଜନ୍ତି ପଶି ବନେ ବନ	। ଡାକନ୍ତି ଆସ ନନ୍ଦନାନ	॥୨୬॥
ବାତୁଳଙ୍କର ପ୍ରାୟେ ହୋଇ	। ପୁଚ୍ଛନ୍ତି ଆକାଶ ଅନାଇଁ	॥୨୭॥
ବୋଲନ୍ତି ଚାହିଁ ତରୁଗଣ	। ତୁମ୍ଭେ ଦେଖିଲ ନାରାୟଣ	॥୨୮॥
କ୍ରୋଟ ଭିତରେ ଥୋଇଅଛ	। ଏ କଥା ଅଟଇ ପ୍ରତ୍ୟକ୍ଷ	॥୨୯॥
ଅଶ୍ୱତ୍‌ଥ ବଟ ଶାଳବୃକ୍ଷେ	। ତୁମ୍ଭେ କି ଦେଖିଲ ପ୍ରତ୍ୟକ୍ଷେ	॥୩୦॥
ପଣସ ଅସନ ବକୁଳ	। ଚମ୍ପା ବରୁଣ ନାଗେଶ୍ୱର	॥୩୧॥
ବିଶେଷ ଉଚ୍ଚ ବୃକ୍ଷ ଅଟ	। ଦେଖି ଯେ ଥିବ ନନ୍ଦଚାଟ	॥୩୨॥
ତୁମ୍ଭେ ବୋଲିବ କିମ୍ବା ଲୋଡ଼	। ପରର ପାଇଁ ମୁଣ୍ଡକୋଡ଼	॥୩୩॥
ଏମନ୍ତ ବୋଲ ଅବା ବୃକ୍ଷ	। ଆମ୍ଭ ଜୀବନ ନନ୍ଦ ବତ୍ସ	॥୩୪॥

ମଧୁର ହାସ୍ୟେ ଆମ୍ଭ ମନ । ବାନ୍ଧିଣ ନେଲେ ନନ୍ଦନାନ ॥୩୫॥
ହେ କୁରୁବକ ନାଗେଶ୍ୱର । ଚମ୍ପା ପୁନ୍ନାଗ କନିଅର ॥୩୬॥
ତୁମ୍ଭ ପୀରତି ଘେନି ଚିତ୍ତେ । ଗୋବିନ୍ଦ ଗଲେ କି ଏ ପଥେ ॥୩୭॥
ତୁ ଯେ ତୁଳସୀ ହରିପ୍ରିୟା । ଲୁଚାଇ କରୁଅଛୁ ମାୟା ॥୩୮॥
ଗୋବିନ୍ଦ ହୃଦେ ଲମ୍ବିଥାଉ । ଆମ୍ଭେ ପଚାରିଲେ ନ କହୁ ॥୩୯॥
ଆମ୍ଭେ ତୋ କଥା ଭଲେ ଜାଣି । ତୁ ଯେ ଆମ୍ଭର ସପତଣୀ ॥୪୦॥
ମାଳତୀ ମଲ୍ଲୀ ଜାଈ ଯୂଈ । ତୁମ୍ଭେ ଦେଖିଲ ଭାବଗ୍ରାହୀ ॥୪୧॥
କୃଷ୍ଣର ନଖକ୍ଷତ ଲାଗି । ନ ପୁଣ ହୋଇଛ ସୁହାଗୀ ॥୪୨॥
ହେ ଚୂତ ପଣସ ପିଆଳ । ଅସନ ଜମ୍ବୁ କୋବିଦାର ॥୪୩॥
ବେଲ ବକୁଳ ଲିମ୍ବଯୂଥେ । ଗୋବିନ୍ଦ ଗଲେ କି ଏ ପଥେ ॥୪୪॥
ତୁମ୍ଭେ ଯେ ଯମୁନାର ତୀରେ । ଥାଅ ଯେ ଫଳପୁଷ୍ପ ଭରେ ॥୪୫॥
ପରେଣ କର ଉପକାର । ଏ ତୁମ୍ଭ ମହତ ବିଚାର ॥୪୬॥
କହ ଶ୍ରୀକୃଷ୍ଣ ଗଲେ କାହିଁ । ମରିବୁ ତା ମୁଖ ନ ଚାହିଁ ॥୪୭॥
ଯାନ୍ତେ ଦେଖିଲେ ବନ ଦେଶେ । ଅବନୀ ନ ଦିଶଇ ଘାସେ ॥୪୮॥
ତାହାଙ୍କୁ ଚାହିଁ ଗୋପନାରୀ । ବୋଲନ୍ତି ଦେଖିଲୁକି ହରି ॥୪୯॥
ଏଣେ ଯେ ଗଲେ କୃଷ୍ଣ ଧାଇଁ । ତା ପାଦ ଲାଗି ତୋର ଦେହୀ ॥୫୦॥
ପୁଲକ ହୋଇଅଛି ଦେଖ । ଆମ୍ଭେ ଯେ ହୋଇଲୁ ନିରେଖ ॥୫୧॥
ହରିଣୀ ଯୂଥକୁ ଅନାଇଁ । ବୋଲନ୍ତି ଶୋକଭର ହୋଇ ॥୫୨॥
ଆମ୍ଭେ ଜାଣିଲୁ ସତ୍ୟ ଆଜ । ତୁମ୍ଭେ ଦେଖିଲ ଦେବରାଜ ॥୫୩॥
ହରି ଚରଣ ଯୁଗ ଦେଖି । ନିର୍ମଳ କରିଅଛ ଆଖି ॥୫୪॥
ଏକ ଗୋପୀକା ପଛେ ଥାଇ । ବୋଲଇ ଗୋପୀଙ୍କି ଅନାଇଁ ॥୫୫॥
କୃଷ୍ଣ ଏବାଟେ ଯାଉଥିଲେ । କୁସୁମମାଳ ଛାଡ଼ିଗଲେ ॥୫୬॥
ବହନ ଆଣିଲା ସାଉଁଟି । ଦେଖାଇ କୁନ୍ଦମାଳ ଗୋଟି ॥୫୭॥
ଯେ ନାରୀ କୃଷ୍ଣେ ଘେନିଗଲା । ଏ ମାଳ ତାର ହୃଦେ ଥିଲା ॥୫୮॥
କୃଷ୍ଣର ଆଲିଙ୍ଗନ କାଳେ । ଛିଡ଼ି ଗୋ ପଡ଼ିଅଛି ତଳେ ॥୫୯॥
ତେଣୁ ଗୋ ସୁଗନ୍ଧ ଏହାର । ଏବେ ପାଇବା ଦାମୋଦର ॥୬୦॥

ପ୍ରିୟାର କାନ୍ଧେ ଦେଇ ହାତ | ଏ ପଥେ ଗଲେ ଗୋପୀନାଥ ||୬୧||
ପଦ୍ମ ଗୋଟିଏ ଘେନିକରେ | ବୃକ୍ଷଙ୍କ ଫଳ ପୁଷ୍ପ ଭରେ ||୬୨||
ପଶି ଯେ ଗଲେ ଏଇ ବାଟେ | ଦେଖିଣ ନମନ୍ତି ଉଚ୍ଛାଟେ ||୬୩||
ପୁଣି ଗୋପୀଏ ବୃକ୍ଷେ ଚାହିଁ | ମାଳତୀ ଯାର ହୃଦେ ଥାଇ ||୬୪||
ବୋଲଇ କେତେ ସଉଭାଗୀ | ଦେଖ ଗୋ କୃଷ୍ଣ ନଖ ଲାଗି ||୬୫||
ପୁଲକ ହୋଇଛି ଶରୀର | ଯେଣୁ ଲାଗିଲା କୃଷ୍ଣ କର ||୬୬||
ଏମନ୍ତେ ହୋଇ ଉନମତ୍ତ | କୃଷ୍ଣର ପାଦେ ଦେଇ ଚିତ୍ତ ||୬୭||
ନଟନାରୀଙ୍କ ହଟମତେ | ଗୁଣ ପ୍ରକାଶ କଲେ ଅନ୍ତେ ||୬୮||
ମିଳିଲେ ମହାବନ ଘୋରେ | କାଳିନ୍ଦୀପୁଳିନ ତଟରେ ||୬୯||
ଉଜ୍ଜ୍ୱଳ ଚନ୍ଦ୍ରମା କିରଣ | ପିକ ଝିଙ୍କାରୀ ଶୁକ ତାନ ||୭୦||
ଏକାନ୍ତ ସ୍ଥାନେ ସର୍ବେ ବସି | କୃଷ୍ଣର ନାମ ଗୁଣ ଘୋଷି ||୭୧||
ଏକ ଗୋପିକା ଆଗ ସରି | କୋଳେ ଚାପିଲା ଗୋପ ନାରୀ ||୭୨||
ତାହାର କୁଚେ ମୁଖ ଦେଇ | ନିର୍ଭରେ ଦେଲାକ ପକାଇ ||୭୩||
ବୋଲଇ ମୁହିଁ ନାରାୟଣ | ଶୋଷିଲି ପୂତନାର ପ୍ରାଣ ||୭୪||
ମୋତେ ଲୋ ଭଜ ଗୋପନାରୀ | ଚାପଇ କରେ କର ଧରି ||୭୫||
ଏକ ଗୋପିକା ପଛେ ଥିଲା | ଚରଣେ ଛନ୍ଦି ପକାଇଲା ||୭୬||
ବୋଲଇ ମୁହିଁ ଦାମୋଦର | ବାଦେ ଶକଟ କଲି ଚୂର ||୭୭|
ଏକ ଗୋପୀକି କରି କାନ୍ଧେ | ପକାଇ ବୋଲଇ ଆନନ୍ଦେ ||୭୮||
ଦେଖ ମାଇଲି ତୃଣାବର୍ତ୍ତ | ମୁଁ ହାତେ ଯଶୋଦାର ସୁତ ||୭୯||
କେ ଗୋପୀ ଉଦୁଖଳେ ଟାଣି | ଗୁରୁଣ୍ଡେ ବଜାଇ କିଙ୍କିଣୀ ||୮୦||
ବୋଲଇ ମୋତେ ସେବାକର | ମୁଁ ସେ ଲୋ ଯଶୋଦାକୁମର ||୮୧||
ମୋ ଗର୍ଭେ ଥିଲାଟି ଜଗତ | ଯାହା ଦେଖିଲା ମୋର ମାତ ||୮୨||
କେ ବେନି ରାମକୃଷ୍ଣ ହୋଏ | ବାଛୁରୀ ଗୋପାଳ ଥୋକାଏ ||୮୩||
ପୁଣି ହିଁ ଏକଇ ଗୋପୀଏ | ହୋଇଲା ବତ୍ସାସୁର ପ୍ରାୟେ ||୮୪||
ଏକ ଗୋପୀଏ ଧରି କରେ | ବୁଲାଇ ପିଟିଲା ବୃକ୍ଷରେ ||୮୫||
ବୋଲଇ ମୁହିଁ ଦାମୋଦର | ଦେଖ ମାଇଲି ବତ୍ସାସୁର ||୮୬||

ଆର ଗୋପୀଏ ବୃକ୍ଷଡାଳେ । ଧରି ଚିରିଲା ବେନିଫାଳେ ॥୮୭॥
ବୋଲେ ମୁଁ ଯଶୋଦା କୁମର । ଦେଖ ଚିରିଲି ବକାସୁର ॥୮୮॥
କେ ବୃକ୍ଷଡ଼ାଳେ ମୁଖ ଦେଇ । ଗୀତ ସୁସ୍ୱରେ ବେଣୁ ବାଇ ॥୮୯॥
ଏକର କନ୍ଧେ ଦେଇ ହସ୍ତ । ଚାଲଇ ଯେହ୍ନେ ଗୋପୀନାଥ ॥୯୦॥
ବୋଲଇ ମୁହିଁ ବେଣୁଧର । ଦେଖ ମୋ ଚାଲିବା ସୁନ୍ଦର ॥୯୧॥
ପୁଣି ଗୋପୀଏ ଆଗ ସରି । ବୋଲଇ ହୃଦେ ହସ୍ତ ମାରି ॥୯୨॥
ଇନ୍ଦ୍ର ଛାରକୁ କିମ୍ପା ଡର । ଆଜ ତୋଳିବି ଗିରିବର ॥୯୩॥
କେତେ ଲୋ ବରଷିବ ଆଜ । ବଜ୍ର ପାଷାଣ ଦେବରାଜ ॥୯୪॥
ଶାଢ଼ୀ ପାଲଟି ବାମ କରେ । ତୋଳିଲା ଅଙ୍ଗୁଳି ଅଗ୍ରରେ ॥୯୫॥
ଏକ ଗୋପିକା ବେଗେ ଧାଇଁ । ଆରକ ଶିରେ ପାଦ ଦେଇ ॥୯୬॥
ବୋଲଇ ପଳାଅ କାଳୀୟ । କାଳନ୍ଦୀ ହ୍ରଦରେ ନ ରହ ॥୯୭॥
ଖଳ ନାଶନ ବାନା ମୋର । ଅମୃତ କରିବଇଁ ନୀର ॥୯୮॥
ତୋହର ପ୍ରାୟ ଖଳ ଜନ । ନାଶିବୁ ଯେତେ ଦୁଷ୍ଟମାନ ॥୯୯॥
କେ ଗୋପୀ ଡାକଇ ସୁସ୍ୱରେ । ନୟନ ବୁଜି ଧାତିକାରେ ॥୧୦୦॥
ଅନଳ ଲିଭାଇବି ମୁହିଁ । ବସ ଲୋ ମୁଖେ କର ଦେଇ ॥୧୦୧॥
କେ ଗୋପୀ ଫୁଲମାଳ ଘେନି । କୋପେ ବୋଲଇ ଶିର ଝୁଣି ॥୧୦୨॥
ଲବଣୀ ଖାଉ ତୁ ଚୋରାଇ । ରୋଳେ ବାନ୍ଧିବି ତୋତେ ନେଇ ॥୧୦୩॥
ଆକର୍ଷି ପିନ୍ଧିଲା ବସନ । ବାନ୍ଧୁ ଅଛଇ ମନେ ମନ ॥୧୦୪॥
କେ ଗୋପୀ ଚାଲେ ଗୁଲୁଗୁଞ୍ଜା । କଟୀରେ ରୋଳ ବସ୍ତ୍ର ସଞ୍ଜା ॥୧୦୫॥
ବୋଲଇ ମୁହିଁ ନାରାୟଣ । ଭାଙ୍ଗିଲି ଯାମଳାର୍ଜୁନ ॥୧୦୬॥
ଏମନ୍ତେ କୃଷ୍ଣ ଗୁଣମାନ । ଦେହେ ପୂରୋଇ ଗୋପୀଜନ ॥୧୦୭॥
କଳ୍ପନା ଭାବେ ଗୁଣ ବହି । ଯେ ଆତ୍ମା ପୂର୍ଣ୍ଣାନନ୍ଦ ଦେହୀ ॥୧୦୮
ହେ ନୃପ ସଂଶୟ ନ କର । ଯେ ଗୋପୀ-ଗୋଧନ ଗୋପାଳ ॥୧୦୯॥
ଦ୍ୱାଦଶ ବୃନ୍ଦାବନ ଯେତେ । ସବୁହିଁ କୃଷ୍ଣ ଗର୍ଭଗତେ ॥୧୧୦॥
ଯେ ହରି ସେହୁ ଗୋପନାରୀ । ଗୋପୀ ଗୋପାଳ କୃଷ୍ଣ ସରି ॥୧୧୧॥
ଏମନ୍ତେ ଗୋପୀ ବାଇପଣେ । ରାତ୍ରେ ବୁଲନ୍ତି ବନେ ବନେ ॥୧୧୨॥

ଯାଉଁ ଦେଖିଲେ ବାଲିକୁଦ । ପଡ଼ିଛି ଗୋବିନ୍ଦର ପାଦ ॥୧୧୩॥
ଚିହ୍ନିଲେ କୃଷ୍ଣପାଦ ବୋଲି । ଗୋପୀ ଧାଇଁଲେ ପେଲା ପେଲି ॥୧୧୪॥
ଧ୍ୱଜ ଅଙ୍କୁଶ ପଦ୍ମ ଚିହ୍ନ । ଦେଖି ଆନନ୍ଦ କଲେ ମନ ॥୧୧୫॥
କୃଷ୍ଣର ପାଦ ଅନୁସରି । ବନେ ଚାଲନ୍ତି ଗୋପ ନାରୀ ॥୧୧୬॥
ପୁଣି କେତେହେଁ ଦୂର ଯାଇ । ବୋଲନ୍ତି କୃଷ୍ଣପାଦ ଚାହିଁ ॥୧୧୭॥
ଦେଖ ଗୋ ଚରଣ ପାଖର । ପଡ଼ିଛି କାହାର ପୟର ॥୧୧୮॥
ଯାହାକୁ କୃଷ୍ଣ ଘେନିଗଲା । ସେ ତାର ପାଶେ ଯାଉଥିଲା ॥୧୧୯॥
ଧନ୍ୟ ଗୋ ତାହାର ଜୀବନ । ମୋହିଲା ଯଶୋଦା ନନ୍ଦନ ॥୧୨୦॥
କେତେ ଏ କୃଷ୍ଣେ ଆରାଧିଲା । ଏକାନ୍ତେ କୃଷ୍ଣଙ୍କୁ ରମିଲା ॥୧୨୧॥
ଯେ ପାଦ ବ୍ରହ୍ମା ତ୍ରିପୁରାରି । ଲଭିବା ପାଇଁ ଆଶା କରି ॥୧୨୨॥
ଲକ୍ଷ୍ମୀ ଯା ସେବଇ ନିରତେ । ଏ ତାହା ଲଭିଲା ଏକାନ୍ତେ ॥୧୨୩॥
ତାହାର ପାଦ ବର୍ଣ୍ଣ ଚିହ୍ନ । ଦହଇ ଆମ୍ଭର ଜୀବନ ॥୧୨୪॥
କୃଷ୍ଣ ଅଧର ସୁଧାପାନ । ଯାହାଟି ଗୋପୀଙ୍କ ଜୀବନ ॥୧୨୫॥
ଏକାନ୍ତେ ନେଇ ପାନ କଲା । କେତେ ଗୋ ତପ କରିଥିଲା ॥୧୨୬॥
ପୁଣି ନ ଦେଖିଲେ ପୟର । ଗହଳେ ଅଛି ତୃଣାଙ୍କୁର ॥୧୨୭॥
ବୋଲନ୍ତି କୋମଳ ତା' ପାଦ । ଯେଣୁ ପାଇଲା ତୃଣେ ଖେଦ ॥୧୨୮॥
ତେଣୁ ତାହାକୁ କନ୍ଧେ କଲେ । ନ ଦିଶେ ପାଦଚିହ୍ନ ଭଲେ ॥୧୨୯॥
ପୁଣି କ୍ଷଣକେ ପାଦ ଦେଖି । ଗୋପୀଏ ଚାହାନ୍ତି ନିରେଖି ॥୧୩୦॥
ଦେଖ ଗୋ କୃଷ୍ଣର ପୟର । ଅଧିକେ ଦିଶଇ ଗଭୀର ॥୧୩୧॥
ଯାହାକୁ କୃଷ୍ଣ ନେଉଥିଲା । ସେ ବାମା ଫୁଟିଣ ରହିଲା ॥୧୩୨॥
କନ୍ଧେ ବସାଇ ନେଲା ପ୍ରାୟ । ପାଦ ଗଭୀଦେଖ ମାଏ ॥୧୩୩॥
କୃଷ୍ଣ ଯାହାକୁ ନେଉଥିଲା । ଏଠାରେ କବରୀ ଖସିଲା ॥୧୩୪॥
କନ୍ଧୁ ଓହ୍ଲାଇ ତାର ଅର୍ଥେ । ଫୁଲ ତୋଳିଲା ପରା ଏଥେ ॥୧୩୫॥
ଅଗ୍ରପାଦରେ ଠିଆ ହୋଇ । ଦେଖ ଏ ଚିହ୍ନିତ ଦିଶଇ ॥୧୩୬॥
ବସିଣ ଖୋଷିଛି କବରୀ । ପିଚା ଆକୃତି ଅନୁସରି ॥୧୩୭॥
ପାଦ ଉପରେ ତାକୁ ତୋଳି । ଦେଖ ଗୋ ଫୁଲ ଅଛି ପଡ଼ି ॥୧୩୮॥

ରମଣ କଲା ତାର ତୁଲେ । କଥା ଥୋଇଲା ମହୀତଳେ ॥୧୩୯॥
ଦେଖି କାମିନୀ ଦୁଷ୍ଟପଣ । ବଶ ଗୋ କଲା ନାରାୟଣ ॥୧୪୦॥
ଶୁଣ ପରୀକ୍ଷ ରାସକେଳି । ଯାହାକୁ ନେଲେ ବନମାଳୀ ॥୧୪୧॥
ସେ ଗୋପୀ କୃଷ୍ଣପଛେ ଥାଇ । ଗରବେ ମନେ ବିଚାରଇ ॥୧୪୨॥
ମୁ ଯେ ମୋହିଲି ହରି ଚିତ୍ତ । ମୋ ତହୁଁ ନାହିଁ ଭାଗ୍ୟବନ୍ତ ॥୧୪୩॥
ତାହା ଜାଣିଲେ ଭାବଗ୍ରାହୀ । ଗର୍ବ ବହିଲା ଯେହା ଦେହୀ ॥୧୪୪॥
ମାୟା ମୋହିଲେ ଗୋପୀମନ । କୃଷ୍ଣଙ୍କୁ ବୋଲଇ ବଚନ ॥୧୪୫॥
ଭୋ ନାଥ ନ ପାରଇ ଯାଇ । ନିଅ ତୁ କନ୍ଧରେ ବସାଇ ॥୧୪୬॥
ମୋହୋରେ ଅଛି ଯେବେ ମନ । ବିଶେଷେ ଘୋର କୁଞ୍ଜବନ ॥୧୪୭॥
ମୁ ଏବେ ନ ପାରଇ ଚାଲି । ଶୁଣି ହସିଲେ ବନମାଳୀ ॥୧୪୮॥
ବୋଇଲେ ବସ ମୋର କନ୍ଧେ । କୃଷ୍ଣ ବସିଲେ ବାଲିକୁଦେ ॥୧୪୯॥
ଶୁଣ ଗୋପିକା ତୋଷ ହୋଇ । ବସିଲା କୃଷ୍ଣ କନ୍ଧେ ଯାଇ ॥୧୫୦॥
ଉଠିଲେ ପ୍ରଭୁ ଚକ୍ରଧର । କାମିନୀ ଧରିଅଛି ଶିର ॥୧୫୧॥
କେତେ ହେଁ ଦୂର ବନେ ଯାଇ । ଅନ୍ତର ହେଲେ ଭାବଗ୍ରାହୀ ॥୧୫୨॥
ଗୋପୀ ପଡ଼ିଲା ମୁଖ ମାଡ଼ି । ଅଧର ଓଷ୍ଠ ଗଲା ଛିଡ଼ି ॥୧୫୩॥
ଦଣ୍ଡେ ହୋଇଲା ମୂରୁଛିତ । ଉଠି ଲୋଡ଼ଇ ଗୋପୀନାଥ ॥୧୫୪॥
ସେ କାହିଁ ପାଇବ ମୁରାରି । ଗର୍ବ ଗଞ୍ଜନ ନରହରି ॥୧୫୫॥
ବିକଳେ ଚଉଦିଗେ ଚାହିଁ । କାନ୍ଦଇ ମୁଣ୍ଡେ କରଦେଇ ॥୧୫୬॥
ଆସ ବହନ ଗୋପୀନାଥ । ଗହଳେ ନ ଦିଶଇ ପଥ ॥୧୫୭॥
ମୋତେ ନିଶ୍ଚୟେ ନାଶ କଲୁ । ଗୋପୀଙ୍କ ସଙ୍ଗ ଛଡ଼ାଇଲୁ ॥୧୫୮॥
ପୂର୍ବର ଭାଗ୍ୟେ ତୋତେ ଦେଖି । ଏବେ ହୋଇଲି ନିରିମାଖୀ ॥୧୫୯॥
ଏକା କରିଣ ମୋତେ ଆଣି । ସୁଖେ ରମିଲୁ ବେଣୁପାଣି ॥୧୬୦॥
ମୁଁ ଦୁଃଖୀ କଲି ଦ୍ରୋହ କର୍ମ । ମତ୍ତେ ହୋଇଲି ମତିଭ୍ରମ ॥୧୬୧॥
କନ୍ଧରେ ବସାଇ ବୋଇଲି । ଅଜ୍ଞାନେ ଦେହ ପାସୋରିଲି ॥୧୬୨॥
ଅବଳାଜନ୍ମ ମାତ୍ର କେତେ । ଯହୁଁ ମୁଁ ରମିଲି ଏକାନ୍ତେ ॥୧୬୩॥
କି ଦୋଷ କଲି ମୁହିଁ ତୋରେ । ନିବେସି ଗଲୁ ବନ ଘୋରେ ॥୧୬୪॥

ଏମନ୍ତେ କାନ୍ଦଇ ତରୁଣୀ । କୃଷ୍ଣ ହସିଲେ ତାହା ଶୁଣି ॥୧୬୫॥
ଭାବକୁ ନିକଟ ଗୋସାଇଁ । ଭାବେ ପାଲଟାବସ୍ଥ ବହି ॥୧୬୬॥
ନିକଟେ ଥାଇ ନ ଦିଶନ୍ତି । ଗରବ କ୍ଷଣେ ନ ସହନ୍ତି ॥୧୬୭॥
ଗୋପୀଏ ଯାଉଥିଲେ ବନେ । ତାର ରୋଦନ ଶୁଣି କର୍ଣ୍ଣେ ॥୧୬୮॥
ନିକଟେ ମିଳିଲେ ତାହାର । ତୋଳିଲେ ଧରି ବେନି କର ॥୧୬୯॥
ସଚେତ କରି ପଚାରିଲେ । ବୋଇଲେ ଥିଲୁ କୃଷ୍ଣ ତୁଲେ ॥୧୭୦॥
ଏକା କରିଣ ତୋତେ ଆଣି । କି କି ଗୋ କଲେ ବେଣୁପାଣି ॥୧୭୧॥
ପୁରୁଷ ଦଇନ୍ୟ ବେଭାର । ପକାଇ ହୋଇଲା ଅନ୍ତର ॥୧୭୨॥
ତୋତେ ପକାଇ ଘୋରବନେ । ଗୋବିନ୍ଦ ଗଲେ କେଉଁ ସ୍ଥାନେ ॥୧୭୩॥
ଏଡ଼େ ନିଷ୍ଠୁର ତାର ଦେହୀ । ପୂତନା ପ୍ରାଣ ଅଛି ଖାଇ ॥୧୭୪॥
ଅନେକ ହତ୍ୟା ଅଛି କରି । ଏବେ ଖାଇବ ଗୋପନାରୀ ॥୧୭୫॥
ଅଇଲୁ ତାର ବେଣୁସ୍ୱନେ । ଘୋର ଗହନ ବୃନ୍ଦାବନେ ॥୧୭୬॥
ଛାଡ଼ିଲୁ ଗୃହ ସୁତ କାନ୍ତ । ଏ ବନେ ହୋଇଲୁଁ ଅନାଥ ॥୧୭୭॥
ଏମନ୍ତେ ପଥ ଅନୁସରି । କାନ୍ଦନ୍ତି କୃଷ୍ଣଙ୍କୁ ଏମନ୍ତ ॥୧୭୮॥
ସଖୀକି ହୃଦେ କୋଳକରି । କାନ୍ଦନ୍ତି ଷୋଳସସ୍ର ନାରୀ ॥୧୭୯॥
ସାହେର ଶବଦ ରୋଦନ । ଉଚ୍ଚ ବିଳାପ ବହୁସ୍ୱନ ॥୧୮୦॥
ଚେତନା କରଇ ଅଥିର । ହୃଦରେ କ୍ରୋଧ ଗୁରୁତର ॥୧୮୧॥
ସଖୀକି ପଚାରନ୍ତି ପୁଣି । କାହିଁ ଛାଡିଲୁ ବେଣୁପାଣି ॥୧୮୨॥
ସେ ନାରୀ ସଖୀ ଆଗେ କହି । ଯାହା ସେ କଲେ ଭାବଗ୍ରାହୀ ॥୧୮୩॥
ତାହାର ଗର୍ବମାନ ଯେତେ । କହିଲା ସଖୀଙ୍କ ଅଗ୍ରତେ ॥୧୮୪॥
ଶୁଣି ବିକଳ ଗୋପନାରୀ । ଉଚ୍ଛେ ବିଳାପ ଧ୍ୱନି କରି ॥୧୮୫॥
କାନନେ ପଶିଲେ ସକଳେ । ଷୋଳ ସହସ୍ର ଏକାବେଳେ ॥୧୮୬॥
ବୃକ୍ଷ ଗହଳ ଛାୟା ଦେଖି । ଅନ୍ଧାର ପ୍ରାୟେ ଉପଲକ୍ଷି ॥୧୮୭॥
ଭୟେ ବାହୁଡ଼ିଲେ ସକଳେ । ପୁଣି ମିଳିଲେ ନଦୀକୂଳେ ॥୧୮୮॥
ମନ ନିବେଶି କୃଷ୍ଣପାଦେ । କାନ୍ଦନ୍ତି ଶୋକ ଗଦ ଗଦେ ॥୧୮୯॥
ଦେହ ସଂସାର ପାସୋରିଲେ । ମରଣ ପଥ ଆବୋରିଲେ ॥୧୯୦॥

କୃଷ୍ଣ ଚରଣେ ମନ ଦେଇ	।	କାନ୍ଦନ୍ତି ଶୋକଭର ହୋଇ	॥୧୯୧॥
ନିର୍ମଳ ବାଲୁକା ବିଶେଷି	।	ସକଳ ସଖୀ ତହିଁ ବସି	॥୧୯୨॥
ସମାଧି ଯୋଗଧ୍ୟାନ ପ୍ରାୟେ	।	କୃଷ୍ଣ ଚରଣେ କରି ଲୟେ	॥୧୯୩॥
କୋଟି ସମ୍ପଦ ଦୂର କଲେ	।	ବ୍ରହ୍ମପ୍ରଦୀପ ଦେଖାଇଲେ	॥୧୯୪॥
ସେ ଗୋପୀ ଗୋବିନ୍ଦର ପ୍ରାୟେ	।	ସୁଜନ ଜନକର ଲୟେ	॥୧୯୫॥
ହରି ଚରିତ ଭାଗବତ	।	ଅମୃତର ସମୟ ଗୀତ	॥୧୯୬॥
ଏଣେ କରିବା ମନତୋଷ	।	କହଇ ଜଗନ୍ନାଥ ଦାସ	॥୧୯୭॥

ଇତି ଶ୍ରୀମଭାଗବତେ ମହାପୁରାଣେ ପାରମହଂସ୍ୟାଂ ସଂହିତାୟାଂ ଦଶମସ୍କନ୍ଧେ ପୂର୍ବାର୍ଦ୍ଧେ ରାସକ୍ରୀଡ଼ାୟାଂ କୃଷ୍ଣାନ୍ୱେଷଣଂ ନାମ ଏକତ୍ରିଂଶୋଽଧ୍ୟାୟଃ ।

ଦ୍ୱାତ୍ରିଂଶ ଅଧ୍ୟାୟ

ଶୁକ ଉବାଚ

ଗୋପୀଏ ବସି ବାଲିକୁଦେ	।	କାନ୍ଦନ୍ତି ଶୋକ ଗଦଗଦେ	॥୧॥

ଗୋପୀଜନ ଉବାଚ

ଭୋ ନାଥ ଯଶୋଦା କୁମର	।	ତୋ ଜନ୍ମ କାଳୁଁ ଗୋପପୁର	॥୨॥
ଦାରିଦ୍ର୍ୟ ଦୁଃଖୀ ତ ନ ଜାଣି	।	ଆମ୍ଭର ଘରେ କମଳିନୀ	॥୩॥
ଅନେକ ହୋଇଲା ସମ୍ପଦ	।	କେ କହୁ ଆମ୍ଭର ଆନନ୍ଦ	॥୪॥
ଆମ୍ଭ ଜୀବନ ଅଟୁ ତୁହି	।	ତୋ ତହୁଁ ଅନ୍ୟ ଗତି ନାହିଁ	॥୫॥
ତୋର ସମ୍ପଦ ଭୋଗ କରି	।	ତୋ ମୁଖ ଚାହିଁ ଦିନ ହରି	॥୬॥
ମୁରଲୀ ନାଦେ ଅଣାଇଲୁ	।	ମୁଖୁଁ ଅମିୟରସ ଦେଲୁ	॥୭॥
ଘୋର ଗହନ ବନେ ଥୋଇ	।	ଅନାଥ କରିଗଲୁ କାହିଁ	॥୮॥
ଏବେ ଦେଖାଅ ପଦ୍ମମୁଖ	।	ବାରେ ଜୀବନ ଆମ୍ଭ ରଖ	॥୯॥
ତୋହର ଆଶେ ବ୍ରଜନାରୀ	।	ଏ ବନେ ତୋତେ ଅନୁସରି	॥୧୦॥
ଆମ୍ଭର ଆରତ ବିନାଶୁ	।	କୋଟିଏ କାମ ପ୍ରାୟେ ଦିଶୁ	॥୧୧॥
ତୋର ସେବକ ଦୁଃଖ ନାଶୁ	।	ନିରେଖଜନଙ୍କୁ ଆଶ୍ୱାସୁ	॥୧୨॥
ତୋର ସେବକ ଆମ୍ଭେମାନେ	।	ତୋ ମୁଖ ନ ଦେଖୁଁ ନୟନେ	॥୧୩॥

ପଥ ନ ଦିଶେ ରାତ୍ରକାଳେ । ବୁଡ଼ାଇ ଗଲୁ ଶୋକ ଜଳେ ॥୧୪॥
ଭୋ ନାଥ କମଳଲୋଚନ । ଦେଖାଅ ନିର୍ମଳ ବଦନ ॥୧୫॥
ତୋ ମୁଖ କମଳର ତେଜେ । ଶରଦ-ପଦ୍ମ-ଶିରୀ ଗଞ୍ଜେ ॥୧୬॥
ସେ ଧନେ କିଣିଲୁ ଆମ୍ଭନ୍ତ । ଏ ବନେ କଲୁ ତୁ ଅନାଥ ॥୧୭॥
ସୁରତନାଥ ତୁ ଆମ୍ଭର । କିଣିଲା ଦାସୀ ଆମ୍ଭେ ତୋର ॥୧୮॥
ଯାହାକୁ କିଣି ଧନ ଦେଇ । କେ ତାହା ଛାଡ଼େ ଭାଗଗ୍ରାହୀ ॥୧୯॥
ସେ କି ନୋହଇ ତାର ବଧ । ବେଦ ପୁରାଣେ ଏହି ବାଦ ॥୨୦॥
ଅନେକ ଦୁଃଖୁଁ ଅଛୁ ରଖି । ଏବେ ତୁ କଲୁ ନିରିମାଖୀ ॥୨୧॥
ବକ ଉଦକ ଅଘାସୁର । ଇନ୍ଦ୍ର ବରଷା ମହାଘୋର ॥୨୨॥
ବନ ଅନଳ ଷଣ୍ଢା ମୁଖୁଁ । ତୁ ନାଥ ରଖିଛୁ ଆମ୍ଭଙ୍କୁ ॥୨୩॥
ତୋହର ପାଦ ଆଶ୍ରେ କରି । ଜନ୍ମ ମରଣକୁ ନ ଡରି ॥୨୪॥
ତୁ ନେହୁ ଯଶୋଦା କୁମର । ଜୀବନ ଅଟୁ ପ୍ରାଣୀଙ୍କର ॥୨୫॥
ସକଳ ଜନ୍ତୁ ହୃଦେ ଥାଇ । ଅନ୍ତର ଜାଣୁ ଭାବଗ୍ରାହୀ ॥୨୬॥
ତୋତେ ଚିନ୍ତିଲା ବେଦବର । ନାଶିଲୁ ଅବନୀର ଭାର ॥୨୭॥
ତେଣୁ ଯାଦବକୁଳେ ଜାତ । ତୋହର ନାହିଁ ଆଦି ଅନ୍ତ ॥୨୮॥
ଭୋ ବୃଷ୍ଣିବଂଶ ଚୂଡ଼ାମଣି । ଆମ୍ଭର ଶିରେ ଦିଅ ପାଣି ॥୨୯॥
ତୋହର କର ବ୍ରହ୍ମରାଶି । ଜନ୍ମ ମରଣ ଭୟ ନାଶି ॥୩୦॥
ପଦ୍ମ ହୁଁ ଅତି ସୁକୁମାର । କମଳା ବରିଅଛି ବର ॥୩୧॥
ତୋହର ପାଦପଦ୍ମ ଦୁଇ । ବନେ ଗୋରୁଙ୍କ ପଛେ ଥାଇ ॥୩୨॥
ପଣତ ଦେହୀ ପାପ ନାଶ । ଜଳଧିତନୟା ନିବାସେ ॥୩୩॥
ସହସ୍ର ଫଣା କାଳୀୟର । ସୁନ୍ଦର କଲା ଯେ ପୟର ॥୩୪॥
ଆମ୍ଭର କୁଚେ ତା ଲଗାଅ । କାମଅନଳ ତୁ ଲିଭାଅ ॥୩୫॥
ତୋହର ମଧୁର ବଚନ । ହୃଦେ ଭାବନ୍ତି ମୁନିଜନ ॥୩୬॥
ଆମ୍ଭେ ତୋହର ପରିବାରୀ । ମୂର୍ଚ୍ଛିତ ହୋଇଲୁ ମୁରାରି ॥୩୭॥
ତୋର ଅଧର ସୁଧା ଦେଇ । ଜୀବନ ରଖ ଭାବଗ୍ରାହୀ ॥୩୮॥
ତୋର ଚରିତ ସୁଧାବାରି । ଶ୍ରୁତିଯୁଗଳେ ପାନ କରି ॥୩୯॥

ଜନ୍ମ ମରଣ ତାପ ନାଶେ । ଦୁରିତମାନ ଦେହୁ ଧ୍ୱଂସେ ॥୪୦॥
ମଙ୍ଗଳ କରେ ଶ୍ରୁତିପଥେ । ଯେ ଯାହା ବିଚାରେ ଜଗତେ ॥୪୧॥
ତେଣେ ଯେ ହୋଇ ଉନମତ୍ତା । ସେ ନର ଚଉବର୍ଗଦାତା ॥୪୨॥
ତୋ ଦରହସିତ ବଦନ । କୋମଳ ମଧୁର ବଚନ ॥୪୩॥
ଧ୍ୟାନ ମଙ୍ଗଳ ତୋ ବିହାର । ଏକାନ୍ତ କଥା ହୃଦହାର ॥୪୪॥
କପଟ ପ୍ରାୟ ତୋର ରୀତି । ଆମ୍ଭର ମନ ଏ ଦହନ୍ତି ॥୪୫॥
ତୁ ନାଥ ଗୋରୁଙ୍କର ମେଳେ । କାନନେ ଯାଉ ଯେତେବେଳେ ॥୪୬॥
କୋମଳ ପାଦପଦ୍ମ ଚାହିଁ । ଆମ୍ଭର ହୃଦୟ ଦହଇ ॥୪୭॥
କଣ୍ଟା ପାଷାଣ ତୃଣ ଲାଗି । ନପୁଣ ହୋଏ ଦୁଃଖ ଭାଗୀ ॥୪୮॥
ଯେବେ ଲୋଚନେ ଦେଖୁତାହା । ତେବେ ସେ ସ୍ଥିର ହୋଏ ହିଆ ॥୪୯॥
ବନୁ ଯେ ଆସୁ ଦିନ ଅନ୍ତେ । ଆତୁର ହୋଇ ଦେଖୁଁ ପଥେ ॥୫୦॥
କପୋଳେ କୁଟୀଳ କୁନ୍ତଳ । ହୃଦେ ଲମ୍ବଇ ବନମାଳ ॥୫୧॥
ଗୋରଜ ଦେଖି ତୋର ଦେହେ । ଆମ୍ଭ ଜୀବନ କାମ ଦହେ ॥୫୨॥
ତୋର ଅଭୟ ପଦ୍ମପାଦ । ଶରଣଜନଙ୍କ ସମ୍ପଦ ॥୫୩॥
କମଳା ଦଣ୍ଡେ ନ ଛାଡ଼ଇ । ଆପଦ କାଳେ ଯାହା ଧ୍ୟାୟି ॥୫୪॥
ଅନେକ ସୁଖ ପ୍ରସରଇ । ରଖ ଆମ୍ଭଙ୍କୁ ସ୍ତନେ ଦେଇ ॥୫୫॥
ସୁରତ ପଣେ ବଳୀୟାର । ଶୋକ ବିନାଶେ ପ୍ରାଣୀଙ୍କର ॥୫୬॥
ସୁସ୍ୱର ବେଣୁ ଯେ ଅଧରେ । ଜନ୍ମ ମରଣ ତାପ ହରେ ॥୫୭॥
ତୁ ସେ ଅଧର ସୁଧାରସ । ଦେଇ ଆମ୍ଭର ମନ ତୋଷ ॥୫୮॥
ଗୋରୁ ଚରାଇ ଯାଉ ବନେ । ତୋତେ ନ ଦେଖିଲେ ନୟନେ ॥୫୯॥
ନିମିଷ ଯୁଗ ପ୍ରାୟ ମଣୁ । ଗୁରୁ ଗଉରବ ନ ଗଣୁ ॥୬୦॥
ତୁ ଯେତେବେଳେ ଗୋପେ ପଶୁ । ପଥେ ମୁରଲୀନାଦ ଘୋଷୁ ॥୬୧॥
କୁଟୀଳ କୁନ୍ତଳ ବଦନ । ଦେଖି ନ ଚଳଇ ନୟନ ॥୬୨॥
ପତି ତନୟ ବନ୍ଧୁ ଭାଇ । ଆମ୍ଭେ ତେଜିଲୁ ତୋର ପାଇଁ ॥୬୩॥
ସୁସ୍ୱରେ ବାଉ ବେଣୁଗୀତ । ଆମ୍ଭେ ହୋଇଲୁ ମୂରୁଚ୍ଛିତ ॥୬୪॥
ରାତ୍ରେ ଆଣିଲୁ ଘୋରବନେ । ଆମ୍ଭଙ୍କୁ ତେଜିଲୁ କେସନେ ॥୬୫॥

ଏଡ଼େ ନିର୍ଦ୍ଦୟ ତୋ ତୋ ଶରୀର । ବିଶ୍ୱାସ ନାଶିଲୁ ଆମ୍ଭର ॥୬୬॥
ଶୁଣି ତୋ ଏକାନ୍ତ ବଚନ । ହୃଦୟ ଦହଇ ମଦନ ॥୬୭॥
ଅଳପ ହାସ୍ୟ ମୁଖ ଦେଖି । ପିଛାଡ଼ି ନ ପାରୁ ଯେ ଆଖି ॥୬୮॥
ତୋହର ଶ୍ରୀମୁଖ ଅନାଇଁ । ଆମ୍ଭର ମନ ନ ରହଇ ॥୬୯॥
ଆମ୍ଭ ଆରତ ଖଣ୍ଡିବାରେ । ତୋର ଜନମ ଗୋପପୁରେ ॥୭୦॥
ସୁଫଳ କରଇ ସଂସାର । ଦେହୁ ଖଣ୍ଡଇ ତମଘୋର ॥୭୧॥
ତୋ ପାଦୁଁ ଆନଗତି ନାହିଁ । ନିରାଶ ନକର ଗୋସାଇଁ ॥୭୨॥
ଯେବଣ ପାଦ ଆମ୍ଭେ ଧରି । ସ୍ତନେ ନ ଚାପୁ ଗୋପନାରୀ ॥୭୩॥
କର୍କଶ ସ୍ତନ ଯେ ଆମ୍ଭରି । ପ୍ରାସ କରିବ ବୋଲି ଡରି ॥୭୪॥
ସେ ବେନିପାଦେ ତୃଣାଙ୍କୁରେ । ଏବେ ଚାଲିଲୁ ବନଘୋରେ ॥୭୫॥
ନ ପୁଣ କ୍ଷତ ହୋଏ ପାଦ । ମନରେ ଲଭୁଛୁଁ ବିଷାଦ ॥୭୬॥
ତୋହର ଦାସ ଜଗନ୍ନାଥ । ସେ ପାଦେ ରଖ ଗୋପୀନାଥ ॥୭୭॥
ବୁଡ଼ିଲି ଘୋର ଭବଜଳେ । ଉଦ୍ଧରି ଥୁଅ ନେଇ କୂଳେ ॥୭୮॥
ପୁରାଣରସ ଭାଗବତ । କହଇ ଦାସ ଜଗନ୍ନାଥ ॥୭୯॥

ଇତି ଶ୍ରୀମଦ୍ଭାଗବତେ ମହାପୁରାଣେ ପାରମହଂସ୍ୟାଂ ସଂହିତାୟାଂ ଦଶମସ୍କନ୍ଧେ ପୂର୍ବାର୍ଦ୍ଧେ ରାସକ୍ରୀଡ଼ାୟାଂ ଗୋପୀଗୀତଂ ନାମ ଦ୍ୱାତ୍ରିଂଶୋଽଧ୍ୟାୟଃ ।

ଦଶମ ସ୍କନ୍ଧ-ତ୍ରୟତ୍ରିଂଶ ଅଧ୍ୟାୟ

କହନ୍ତି ଶୁକ ମହାମୁନି । ଶୁଣ ରାଜନ ଚୂଡ଼ାମଣି ॥୧॥
ଏମନ୍ତେ ବନେ ଗୋପନାରୀ । କାନ୍ଦନ୍ତି କୃଷ୍ଣନାମ ଧରି ॥୨॥
ଜୀବନ କୃଷ୍ଣପାଦେ ଦେଇ । ଦିଶ ଆକାଶ ନ ଦିଶଇ ॥୩॥
ରୋଦନ ଉଚ୍ଚସ୍ୱରେ ଧ୍ୱନି । କ୍ଷତ ହରିଣୀପ୍ରାୟେ ଜାଣି ॥୪॥
ଗୋପୀଙ୍କ ରୋଦନ ଶବଦ । ରାତ୍ରେ କୋକିଳ ସ୍ୱର ନାଦ ॥୫॥
ଶୁକ ଝିଙ୍କାରି ପକ୍ଷୀକୁଳ । ଶୁଣିଲେ ଗୋପୀଙ୍କ ବିକଳ ॥୬॥
ପୃଥ୍ୱୀ ସହିତେ ଶୋକ କରି । ଆକାଶ ଦିଗେ ଧ୍ୱନି ପୂରି ॥୭॥
ଶ୍ରୀହରି ନାମ କୀରିତନ । ରୋଦନ କରି ଅଚେତନ ॥୮॥

ଭକ୍ତ ବତ୍ସଳ ଦୟାନିଧି । ଶରଣ ସୋଦର ବାରିଧି ॥୯॥
ଭକ୍ତଜନ ମୋକ୍ଷପାଳ । ଶୁଣିଲେ ଗୋପୀଙ୍କ ବିକଳ ॥୧୦॥
ଭାବକୁ ନିକଟ ମୁରାରି । ଗର୍ବ ଯେ କଲେ ଗୋପନାରୀ ॥୧୧॥
ବନେ ଅନେକ ଦୁଃଖ ଦେଇ । ତୋଷ ହୋଇଲେ ଭାବଗ୍ରାହୀ ॥୧୨॥
ଯେସନେ ଜଳଦେ ବିଜୁଳି । ଗୋପୀଙ୍କ ମଧ୍ୟେ ଯାଇ ମିଳି ॥୧୩॥
ନୀଳ ଶରୀର ପୀତବାସ । ମୁଖପଙ୍କଜେ ମନ୍ଦହାସ ॥୧୪॥
କଣ୍ଠେ ଲମ୍ବଇ ବନମାଳ । ସୁନ୍ଦର ମଦନଗୋପାଳ ॥୧୫॥
ଭୁଜ ବିସ୍ତାରି ନରହରି । ଡାକନ୍ତି ଆସ ଗୋପନାରୀ ॥୧୬॥
ଗୋପୀ ଚାହିଁଲେ ତାହା ଶୁଣି । ମଧ୍ୟେ ବିଜୟ ଚକ୍ରପାଣି ॥୧୭॥
ଜୀବନ ପାଇଲେ ସକଳେ । ଗୋପୀ ଉଠିଲେ ଏକାବେଳେ ॥୧୮॥
ପତଙ୍ଗ ଅନଳକୁ ଚାହିଁ । ଯେହ୍ନେ ପଡ଼ନ୍ତି ବେଗେ ଧାଇଁ ॥୧୯॥
ବହନ ବେଢ଼ିଲେ ମୁରାରି । ଧନ୍ୟଜୀବନ ବ୍ରଜନାରୀ ॥୨୦॥
ପରମଆତ୍ମା ପୁରୁଷକୁ । ପାଇଣ ଦମ୍ଭ କଲେ ବୁକୁ ॥୨୧॥
ଅଙ୍ଗୁଳି ଛନ୍ଦନ୍ତି କେ କରେ । ଚରଣ ଭିଡ଼ନ୍ତି ନିର୍ଭରେ ॥୨୨॥
କେ ବାହୁମୂଳେ କୋଳ କଲା । କେ ପାଦ ଅଙ୍ଗୁଳି ଧଇଲା ॥୨୩॥
କେ ପିଠି କୋଳକରି ରହି । କେ ଜାନୁ ଧଇଲାକ ଯାଇ ॥୨୪॥
କେ ମୁଖେ ମୁଖଭରି ଚାହେଁ । କେ ସ୍ତମ୍ଭ ପ୍ରାୟେ ହୋଇ ରହେ ॥୨୫॥
କେ ଗୋପୀ ନୟନ ଆକର୍ଷି । କଟାକ୍ଷ ଭାବେ ଦରହାସି ॥୨୬॥
ବେଢ଼ି ଧଇଲେ ନାରାୟଣ । ବିଚିତ୍ର ଭଙ୍ଗିମା କରିଣ ॥୨୭॥
ପଣତେ ବାନ୍ଧି ବନମାଳୀ । ଆନନ୍ଦେ ଦେଲେ ହୁଳହୁଳି ॥୨୮॥
କେ କୁଚ ପରେ ଆଲିଙ୍ଗନ । କେ ମୁଖେ ଦିଅନ୍ତି ଚୁମ୍ବନ ॥୨୯॥
କେ ଗୋପୀ ଅଧରେ ଅଧର । ତାମ୍ବୁଳ କରନ୍ତି ଆହାର ॥୩୦॥
କେ ବେନିହସ୍ତେ ପାଦ ଧରି । ସ୍ତନେ ଚାପଇ ଗୋପନାରୀ ॥୩୧॥
କେ ଗୋପୀ ହୃଦେ ବସ୍ତ ଦେଇ । କଟାକ୍ଷ ନୟନେ ଅନାଇଁ ॥୩୨॥
କେ ଦୂରୁଁ ଚାହେଁ କୋପକରି । ସୁରଙ୍ଗ ଅଧର କାମୋଡ଼ି ॥୩୩॥
କେ ଯାଇ ନ ପାରେ ଗହଳେ । ଧୀରେ ଚାହଁଇ ବେନିଡୋଳେ ॥୩୪॥

ଚକ୍ଷୁ ବୁଜିଣ ରସଭରେ । ଗୋବିନ୍ଦେ ଦେଖିଲା ଭିତରେ ॥୩୫॥
ଅଣ୍ଟାଳି କଲା ଆଲିଙ୍ଗନ । ତାପ ଛାଡ଼ିଲା ଗୋପୀମନ ॥୩୬॥
କେ ରୂପ ଦେଖି ଚକ୍ଷୁ ବୁଜି । ପୁଲକ କଲା ରୋମରାଜି ॥୩୭॥
ଆନନ୍ଦମନେ ଧ୍ୟାନ କଲା । ଯୋଗୀଙ୍କ ପ୍ରାୟେ ସେ ରହିଲା ॥୩୮॥
କୃଷ୍ଣର ଦର୍ଶନେ ଆନନ୍ଦ । ଛାଡ଼ିଲେ ମନୁ ଚିନ୍ତା ଖେଦ ॥୩୯॥
ବ୍ରହ୍ମସମାଧି ଲଭି ଜନେ । ନିଶ୍ଚଳ ହୋନ୍ତି ଯୋଗଧ୍ୟାନେ ॥୪୦॥
ତକ୍ଷଣେ ଉଠିଲେ ମୁରାରି । ଆବୋରିଛନ୍ତି ବ୍ରଜନାରୀ ॥୪୧॥
ଯେସନେ ବ୍ରହ୍ମ ଗୁଣବନ୍ତ । ଅଧିକ ଶୋଭା ଗୋପୀନାଥ ॥୪୨॥
ଗୋପୀଙ୍କି ଘେନି ବନମାଳୀ । ଯମୁନା ବାଲିକୁଦେ ମିଳି ॥୪୩॥
କୁନ୍ଦ ମନ୍ଦାର ଫୁଲ ଗନ୍ଧ । ବିକାଶେ ଭ୍ରମର ସମ୍ପଦ ॥୪୪॥
ଶରଦଚନ୍ଦ୍ର ଯେହ୍ନେ ଝଳି । ନିର୍ମଳ ବିରାଜଇ ବାଲି ॥୪୫॥
କୃଷ୍ଣର ଦେହବର୍ଣ୍ଣ ଝଳି । ଯେସନେ ବିରାଜେ ବିଜୁଳି ॥୪୬॥
ପାଇଣ କୃଷ୍ଣ ଅଙ୍ଗସଙ୍ଗ । ତାପ ଛାଡ଼ିଲେ ଗୋପୀଅଙ୍ଗ ॥୪୭॥
ବ୍ରହ୍ମ ବିଚାରି ଜ୍ଞାନ ପାଇ । ଯେହ୍ନେ ପଣ୍ଡିତ ତୋଷ ହୋଇ ॥୪୮॥
ପାଲଟି ପାଡ଼ିଲେ ବସନ । କୃଷ୍ଣଙ୍କୁ ବସାଇ ଆସନ ॥୪୯॥
ବୋଲନ୍ତି ବସ ପ୍ରାଣନାଥ । ବୁଲି ଯେ ଅଛ ଘୋରପଥ ॥୫୦॥
ବସ୍ତ୍ର ଆସନେ କୃଷ୍ଣ ବସି । ଗୋପୀଙ୍କ ମୁଖ ଚାହିଁ ହସି ॥୫୧॥
ଯାହାଙ୍କୁ ହୃଦେ ଯୋଗୀଜନେ । ବସାନ୍ତି କଳ୍ପିତ ଆସନେ ॥୫୨॥
ଦିବ୍ୟକନକ ସିଂହାସନ । ପାଟପତନି ବିଦ୍ୟମାନ ॥୫୩॥
ଅମରବୃନ୍ଦ ଏକମେଳେ । ଆସନ କରନ୍ତି ନିରୋଳେ ॥୫୪॥
ବସାଇ ନ ପାରନ୍ତି ହରି । ଧ୍ୟାନପଥରେ ଅନୁସରି ॥୫୫॥
ସେ ସ୍ୱାମୀ ପାଲଟା ବସନେ । ପାଡ଼ିଣ କଲେକ ଆସନେ ॥୫୬॥
ଭାବକୁ ହୋଏ ଏଡ଼େ ବାଇ । ପୂର୍ବେ ପାଲଟାବସ୍ତ୍ର ବହି ॥୫୭॥
ଗୋପୀଙ୍କ ଭାବ ହୃଦେ ଧରି । ମଧ୍ୟେ ବିଜୟ ନରହରି ॥୫୮॥
ଅଶେଷ ବ୍ରହ୍ମାଣ୍ଡ ଠାକୁର । ରୂପେ କି ଦେବା ପଟାନ୍ତର ॥୫୯॥
କୃଷ୍ଣେ ବସାଇ ଗୋପୀଜନେ । ଚାହାଁନ୍ତି କଟାକ୍ଷ ନୟନେ ॥୬୦॥

ହରିର ବେନିଭୁଜ ଧରି । କୋପେ ବୋଲନ୍ତି ଗୋପନାରୀ ॥୬୧॥
ତୁ ଧୂର୍ତ୍ତ ଚତୁର ନାଗର । ଆମ୍ଭଙ୍କୁ ଛାଡ଼ି ବନଘୋର ॥୬୨॥
ତୁ ପୁଣି ଯାଉ ଏକା ହୋଇ । ସଖୀ ଗୋଟିଏ ସଙ୍ଗେ ଲଇଁ ॥୬୩॥
ନିଶାରେ ଛାଡ଼ି ଗଲୁ କେଣେ । ଆମ୍ଭେ ବୁଲିଲୁ ବଣେ ବଣେ ॥୬୪॥
ଏଡ଼େ ନିଷ୍ଠୁର ତୋର ଦେହୀ । ବିପିନେ ଛାଡ଼ି ଗଲୁ କାହିଁ ॥୬୫॥
ଆମ୍ଭେ ତ ନୋହୁ ତୋର ରିପୁ । ତୋହର ନାମ ହୃଦେ ଜପୁ ॥୬୬॥
ଆମ୍ଭଙ୍କୁ ନିର୍ଦ୍ଦୟା ତୋହର । ଏବେ ଜାଣିଲୁ ବେଣୁଧର ॥୬୭॥
ବିଶ୍ୱାସେ ପୂତନା ପରାଣ । ପିଇ ଯେ ଅଛୁ ନାରାୟଣ ॥୬୮॥
ଏତେ କହିଣ ଗୋପନାରୀ । ବିମ୍ବଅଧର କରେ ଧରି ॥୬୯॥
ଶ୍ରୀମୁଖୁଁ କଲେ ମଧୁପାନ । ଆକର୍ଷି ଦେଲେକ ଚୁମ୍ବନ ॥୭୦॥
ଧନ୍ୟ ଜୀବନ ଗୋପବଧୂ । ଭାବେ ପାଇଲେ ସୁଖସିନ୍ଧୁ ॥୭୧॥
ସମସ୍ତେ ବେଢ଼ିଣ ବସିଲେ । ବିଚ୍ଛେଦ କଥା ପଚାରିଲେ ॥୭୨॥
ବୋଲନ୍ତି ଶୁଣ ପ୍ରାଣନାଥ । ଆମ୍ଭେ ଦେଖିଲୁ ବିପରୀତ ॥୭୩॥
ଭଜନ୍ତା ଜନେ କେ ଭଜଇ । ନ ଭଜିଲେ ବା ଭଜେ କେହି ॥୭୪॥
ଯେ ଯାକୁ ଭାବେଣ ଭଜଇ । ସେ ପୁଣି ତାହାକୁ ତେଜଇ ॥୭୫॥
ଭୋ ନାଥ ତୋହର ପରାୟେ । ଭାବେ ନ ଭଜନ୍ତି ଥୋକାଏ ॥୭୬॥
ସେ ବେନିକୁଳ ନ ଭଜନ୍ତି । ଭୋ ନାଥ ଫେଡ଼ ମନୁ ଭ୍ରାନ୍ତି ॥୭୭॥
ଶୁଣି ବୋଲନ୍ତି କୃଷ୍ଣ ହସି । ବରଜଯୁବତୀ ଆଶ୍ୱାସି ॥୭୮॥
ଶୁଣ ସକଳ ଗୋପନାରୀ । ଯେ ଯାହା ଭାବେ ପ୍ରୀତିକରି ॥୭୯॥
ଏକ ଆରେକ ଉପକାରେ । ଭଜନ୍ତି ସଂସାର ବେଭାରେ ॥୮୦॥
ଯହିଁ ସୁହୃଦପଣ ନାହିଁ । ଭାବ ନ ଦେଖିଲେ ଛାଡ଼ଇ ॥୮୧॥
ଭାବ ନ ଦେଖିଲେ ଭଜଇ । ତାତ ଜନନୀ ପ୍ରାୟ ହୋଇ ॥୮୨॥
ତାହାକୁ ବୋଲି ବଡ଼ପଣ । ସେ ପାଇ ବିଷ୍ଣୁର ଚରଣ ॥୮୩॥
ଥୋକେ ଭକତ ନ ଭଜନ୍ତି । ଆତ୍ମବଡ଼ିମା ପ୍ରକାଶନ୍ତି ॥୮୪॥
ସେ ଗୁରୁଦ୍ରୋହ ଦୋଷ ପାଇ । ଉଭୟଲୋକେ ସୁଖ ନାହିଁ ॥୮୫॥
ଶୁଣ ଗୁଆଳୀ ସାବଧାନେ । ମୋତେ ଭଜନ୍ତି ଯେତେ ଜନେ ॥୮୬॥

ତାହାଙ୍କୁ ଭଜୁଥାଇ ମୁହିଁ । ମୁଁ ତାଙ୍କ ଭକତି ଜାଣଇଁ ॥୮୭॥
ମୋତେ ଯେ ଭକତି କରନ୍ତି । ନିଶ୍ଚଳ ହୋଏ ତାଙ୍କ ମତି ॥୮୮॥
ଦରିଦ୍ର ଯେହ୍ନେ ଧନ ପାଇ । ପ୍ରାଣୁ ଅଧିକ ସମ୍ଭାଳଇ ॥୮୯॥
କାଳେ ହରାଇ ସେହି ଧନ । ବିଷାଦ ହୋଏ ତାର ମନ ॥୯୦॥
ଭାଳଇ ଧନେ ମନ ଦେଇ । କ୍ଷୁଧା ପିପାସା ନ ଲାଗଇ ॥୯୧॥
ପୁଣି ପ୍ରାପତ ହୋଏ ଧନ । ଆତ୍ମାରୁ ଅଧିକେ ଯତନ ॥୯୨॥
ତେମନ୍ତ ହୋଇ ନରଲୋକେ । ଭକତି କରୁଥାନ୍ତି ଥୋକେ ॥୯୩॥
ତୁମ୍ଭେ ତେମନ୍ତ ପ୍ରାୟେ ହୋଇ । ମୋହର ପାଦେ ଚିତ୍ତ ଦେଇ ॥୯୪॥
ଲୋକ ବେଭାର ବେଦପଥ । ଛାଡ଼ି ଭଜିଲ ଅବିରତ ॥୯୫॥
ପ୍ରେମେ ବିଳାପ କଲ ଯେତେ । ଶୁଣିଲି ତୁମର ସଙ୍ଗତେ ॥୯୬॥
ପଛେ ମୁଁ ଥାଇ ତୁମ୍ଭ ତୁଲେ । ଭକତି ଜାଣିଲଇଁ ଭଲେ ॥୯୭॥
ଗରମ କଲ ତୁମ୍ଭେ ଯାହା । ମନେ ମୁଁ ଜାଣିଲଇଁ ତାହା ॥୯୮॥
ସେ ଘେନି ହୋଇଲି ଅନ୍ତର । ଗର୍ବଗଞ୍ଜନ- ବାନା ମୋର ॥୯୯॥
ତୁମ୍ଭର ଗର୍ବ ଗଞ୍ଜିବାରେ । ଅଦୃଶ୍ୟ ହୋଇଲି ଅନ୍ଧାରେ ॥୧୦୦॥
ତୁମ୍ଭର ପ୍ରେମଭକ୍ତି ଜାଣି । ଆସି ମିଳିଲି ଏବେ ପୁଣି ॥୧୦୧॥
ଏ କଥା ମୋର ଭଲପଣ । ତୁମ୍ଭଙ୍କୁ ହୋଇଲା କାରଣ ॥୧୦୨॥
ଆବର ଗର୍ବ ନ କରିବ । ମୋ ନାମ ନିରତେ ଭାବିବ ॥୧୦୩॥
ମୋତେ ନ କର ତୁମ୍ଭେ ରୋଷ । ମୁଁ ତୁମ୍ଭ ପୂରଇବି ଆଶ ॥୧୦୪॥
ତୁମ୍ଭର ଭାବ ମୁଁ ଜାଣଇ । ଛନ୍ଦ କୁଟିଳ ମାୟା ନାହିଁ ॥୧୦୫॥
ଅନେକ କାଳେହେଁ ତୁମ୍ଭର । ଶୁଝି ନ ପାରେ ଉପକାର ॥୧୦୬॥
ମୋହର ମାୟାର ଶାଙ୍କୋଳି । ଭାବେ କାଟିଲ ଗୋପବାଳୀ ॥୧୦୭॥
ତୁମ୍ଭର ଜନ୍ମବନ୍ଧ ନାହିଁ । ମୋତେ କିଣିଲ ଭାବଦେଇ ॥୧୦୮॥
ମୋର ଭକତି ଯେ ଲୋଡ଼ନ୍ତି । ସେ ମୋର ପଥ ଆବୋରନ୍ତି ॥୧୦୯॥
ମୁହିଁ ଠାକୁର ତାହାଙ୍କର । ସୁଜନଜନଙ୍କ ବେଭାର ॥୧୧୦॥
କହଇ ଦାସ ଜଗନ୍ନାଥ । ମୁଁ କୃଷ୍ଣ ସେବକର ଭୃତ୍ୟ ॥୧୧୧॥

ଇତି ଶ୍ରୀମଦ୍ଭାଗବତେ ମହାପୁରାଣେ ପାରମହଂସ୍ୟାଂ ସଂହିତାୟାଂ ଦଶମସ୍କନ୍ଧେ ପୂର୍ବାର୍ଦ୍ଧେ ରାସକ୍ରୀଡ଼ାୟାଂ ଗୋପୀସାନ୍ତ୍ୱନଂ ନାମ ତ୍ରୟତ୍ରିଂଶୋଽଧ୍ୟାୟଃ ।

ଚତୁଃତ୍ରିଂଶ ଅଧ୍ୟାୟ

କହନ୍ତି ବ୍ୟାସଙ୍କ ତନୁଜ । ଶୁଣ ପରୀକ୍ଷ ମହାରାଜ ॥୧॥

ଶ୍ରୀ ଶୁକ ଉବାଚ

ଗୋପୀଏ କୃଷ୍ଣ ବୋଲ ଶୁଣି । ଚିନ୍ତା ଛାଡ଼ିଲେ ମନେ ଗୁଣି ॥୨॥
ସେ ବାଲିକୁଦେ ହୃଷୀକେଶ । ଆରମ୍ଭ କଲେ କେଳିରସ ॥୩॥
ରାସଉତ୍ସବେ ବ୍ରଜନାରୀ । ଏକର କର ଆରେ ଧରି ॥୪॥
ଅନନ୍ତ ମାୟାଯୋଗ କରି । ଷୋଳସହସ୍ର ରୂପ ଧରି ॥୫॥
ଗୋପୀକେ ଗୋବିନ୍ଦ ଗୋଟିଏ । ସ୍ୱର୍ଗେ ଦେଖନ୍ତି ଦେବତାଏ ॥୬॥
କେ କଣ୍ଠତଟେ ଭିଡ଼ି ତୋଷେ । ଚୁମ୍ବନ ଦିଅନ୍ତି ହରଷେ ॥୭॥
କୃଷ୍ଣର ଦେଖି କ୍ରୀଡ଼ାରସ । ତ୍ରିଦଶେ ହୋଇଛେ ହରଷ ॥୮॥
ଗନ୍ଧର୍ବ ଯକ୍ଷ ଅପସରୀ । ବିମାନେ ଗଗନେ ସଞ୍ଚରି ॥୯॥
ଦେଖନ୍ତି ଗୋବିନ୍ଦର କେଳି । ସପତ ସ୍ୱର୍ଗଲୋକେ ମିଳି ॥୧୦॥
ଦୁନ୍ଦୁଭିନାଦ ଗୀତ ସ୍ୱରେ । କୁସୁମ ବରଷନ୍ତି ଶିରେ ॥୧୧॥
ଗନ୍ଧର୍ବେ ଅପସରୀ ମେଳେ । ନୃତ୍ୟ କରନ୍ତି ରସଭୋଳେ ॥୧୨॥
ହରି ବିନୋଦେ ବ୍ରଜନାରୀ । ଆନନ୍ଦେ ବୃନ୍ଦାବନେ ପୂରି ॥୧୩॥
ଅମରେ ସ୍ୱ ଦାରା ସହିତେ । ବିମାନେ ବସି ଶୂନ୍ୟପଥେ ॥୧୪॥
ଦେଖନ୍ତି ଗୋବିନ୍ଦର ନୃତ୍ୟ । ସମସ୍ତେ ହୋଇ ମୋହଗତ ॥୧୫॥
ଗୋପୀଙ୍କ ଢ଼ଳିବାର ଗତି । ଅଙ୍ଗଭଙ୍ଗିମା ଝଲକନ୍ତି ॥୧୬॥
ବଳୟ ନୂପୁର ଶବଦେ । କିଙ୍କିଣୀ ତାଳ ଗୀତ ନାଦେ ॥୧୭॥
କେହି ନ ଶୁଣନ୍ତି ଗହଳେ । କୃଷ୍ଣର ମାୟା ଯୋଗ ବଳେ ॥୧୮॥
ନୀଳ ପର୍ବତ ମଧ୍ୟେ କରି । ଯେସନେ ସୁବର୍ଣ୍ଣ ପାଚେରି ॥୧୯॥
ଗୋପୀଙ୍କ ମଧ୍ୟେ ଶିରୀରଙ୍ଗ । ସୁନ୍ଦର କୋଟିଏ ଅନଙ୍ଗ ॥୨୦॥
ନୃତ୍ୟ କରନ୍ତି ଗୋପନାରୀ । ଗୀତେ ମୋହିଲେ ନରହରି ॥୨୧॥
ବେନି ଯୁବତୀ କନ୍ଧେ କର । ଦେଇଣ ଉଭାଚକ୍ରଧର ॥୨୨॥
ଏବିଧି ସବୁ ନାରୀ କନ୍ଧେ । ଭୁଜଯୁଗଳ ଦେଇ ଛନ୍ଦେ ॥୨୩॥
ଯେହ୍ନେ କନକକଣ୍ଠି ବେନି । ମଧ୍ୟରେ ଶୋହେ ନୀଳମଣି ॥୨୪॥

ହୋଇଣ ଅନେକ ପୀରତି । ମଣ୍ଡଳ ଆକାର ଯୁବତୀ ॥୨୫॥
ପାଦ ଚାଳନ୍ତି ଅଙ୍ଗଭଙ୍ଗେ । ଭ୍ରୂକୁଟି କୁଟିଳ ଅପାଙ୍ଗେ ॥୨୬॥
କୁଚ ମଣ୍ଡଳୁଁ ବସ୍ତ୍ର ଚଳି । ନାଚନ୍ତି ଦେଇ କରତାଳି ॥୨୭॥
ମୁଖେ ଶୋହଇ ଶ୍ରମ ଝାଳ । କବରୀ ଖସି ଫୁଲମାଳ ॥୨୮॥
ବସ୍ତ୍ର ପଡ଼ଇ ଫିଟି ତଳେ । କଟୀ ମେଖଳା ଅସମ୍ଭାଳେ ॥୨୯॥
ବିଜୁଳି ଯେହ୍ନେ ନୀଳ ମେଘେ । ଦିଶନ୍ତି ଗୋବିନ୍ଦର ଲାଗେ ॥୩୦॥
ଗୋପୀଏ ମିଳି ନୃତ୍ୟ ରସେ । ଗାବନ୍ତି ଗୀତ ମନତୋଷେ ॥୩୧॥
ଅତି ସୁସ୍ୱରେ କଲେ ଗାନ । ଶବଦେ ପୂରିଲା ଗଗନ ॥୩୨॥
ଏକ ଗୋପୀକା କୃଷ୍ଣ ସଙ୍ଗେ । ଆଳାପ କଲା ଗୀତ ରାଗେ ॥୩୩॥
ଷଡ଼ଜ ଆଦି ପଞ୍ଚସ୍ୱର । ମୋହିଲା କମଳାର ବର ॥୩୪॥
ସେ ନାଦ ଘେନି ଆର ଗୋପୀ । ଆଳାପ କଲାକ ନିରୋପି ॥୩୫॥
ଧ୍ରୁବ ତାଳରେ ବିଶ୍ରାମିଲା । ଶୁଣି ହସନ୍ତି ନନ୍ଦବଳା ॥୩୬॥
କେ ଶ୍ରମେ କୃଷ୍ଣ ପାଶେ ଥାଇ । ଭୁଜେ ଆଲିଙ୍ଗନ କରଇ ॥୩୭॥
କୃଷ୍ଣର କନ୍ଧେ ଦେଇ ହସ୍ତ । ଶିଥିଳ ହେଲା ଝୀନ ବସ୍ତ୍ର ॥୩୮॥
କବରୀ ଫିଟି ଫୁଲମାଳେ । ଅବନୀ ପଡ଼ିଲେ ଗହଳେ ॥୩୯॥
ଶ୍ରୀକୃଷ୍ଣ ଭୁଜ ଧରି ଗୋପୀ । ଆଘ୍ରାଣ କଲା ଶ୍ୱାସ କ୍ଷେପି ॥୪୦॥
ଚନ୍ଦନେ ସାମଳିଲା ହୋଇ । ଉତ୍ପଳ ପ୍ରାୟେକ ବାସଇ ॥୪୧॥
ଆଘ୍ରାଣ କରି ନାସା ଦ୍ୱାରେ । ରୋମାଞ୍ଚ ହୋଇଲା ଶରୀରେ ॥୪୨॥
କେ ଗୋପୀ ନାଟ ଶ୍ରମ ପାଇ । ଗୋବିନ୍ଦ କର୍ଣ୍ଣମୂଳେ ଯାଇ ॥୪୩॥
କୁଣ୍ଡଳ ତଳେ ମୁଖ ଦେଲା । ଚୁମ୍ବନେ ତାମ୍ବୁଳ ପାଇଲା ॥୪୪॥
କେ ଭୁଜ ଧରି କୁଚେ ଚାପି । କେ ମୁଖ ଚାହାନ୍ତି ନିରୋପି ॥୪୫॥
କଟୀମେଖଳା କ୍ଷୁଦ୍ର ଘଣ୍ଟି । ଶବଦ କରି ନୃତ୍ୟେ ଫୁଟି ॥୪୬॥
ଗୋବିନ୍ଦ କର ଦେଇ ଶିରେ । ଶ୍ରମ ଛାଡ଼ିଲେ ସୁଖ ଭରେ ॥୪୭॥
କୃଷ୍ଣଙ୍କୁ କାନ୍ତ ପଣେ ପାଇ । ଗୋପୀ ରମିଲେ ତୋଷ ହୋଇ ॥୪୮॥
ହରିର କଣ୍ଠେ ଭୁଜ ଦେଇ । ତୋଷେ ରମିଲେ ଗୀତ ଗାଇ ॥୪୯॥
ନୀଳ ଉତ୍ପଳ ଗୋପୀ କର୍ଣ୍ଣେ । ଅଳକେ ଶୋହେ ଝାଳ ଶ୍ରମେ ॥୫୦॥

ବଳୟ ନୂପୁର ଶବଦେ ।	ଗୋବିନ୍ଦ ନାଚନ୍ତି ଆନନ୍ଦେ	॥୫୧॥
ଭ୍ରମିଣ ରଙ୍ଗେ, ନୃତ୍ୟ କରି ।	ରାସ ଉତ୍ସବେ ବ୍ରଜନାରୀ	॥୫୨॥
କବରୀ ଫିଟି ଫୁଲମାଳ ।	କଟୀ ମେଖଳା ଅସମ୍ଭାଳ	॥୫୩॥
ଏମନ୍ତେ ନାନାରସ ବନ୍ଧେ ।	ଗୋବିନ୍ଦ ରମିଲେ ଆନନ୍ଦେ	॥୫୪॥
କୁବେର ଯେହ୍ନେ ଗିରି ଶିଖେ ।	କିନ୍ନରୀ ରମେ ଆତ୍ମାସୁଖେ	॥୫୫॥
ବାଳକ ନିଜ ବିମ୍ବ ଦେଖି ।	ଖେଳଇ ଯେହ୍ନେ ହୋଇ ସୁଖୀ	॥୫୬॥
କୃଷ୍ଣର ଅଙ୍ଗ ସଙ୍ଗ ଲାଗି ।	ଗୋପୀ ହୋଇଲେ ଶ୍ରମ ଭାଗୀ	॥୫୭॥
କେଶ ବସନ ସ୍ତନ ବାସ ।	ଖସିଲେ ଭୂଷଣ ଅଶେଷ	॥୫୮॥
କୃଷ୍ଣର କ୍ରୀଡ଼ାରସ ଦେଖି ।	ତ୍ରିଦଶ ବଧୂଜନେ ସୁଖୀ	॥୫୯॥
ନକ୍ଷତ୍ରଗଣ ଚନ୍ଦ୍ର ସଙ୍ଗେ ।	ସକଳେ ପୀଡ଼ିଲେ ଅନଙ୍ଗେ	॥୬୦॥
ଗୋପୀକେ କୃଷ୍ଣରୂପ ହୋଇ ।	ଲୀଳା ବିନୋଦେ ଭାବଗ୍ରାହୀ	॥୬୧॥
ଯାହାର ନାହିଁ ରୂପରେଖ ।	ଗୋପୀଙ୍କି ଦିଲେ ଆତ୍ମା ସୁଖ	॥୬୨॥
ଗୋପୀଙ୍କ ମୁଖେ ଘର୍ମ ଚାହିଁ ।	କରେ ପୋଛନ୍ତି ଭାବଗ୍ରାହୀ	॥୬୩॥
ଯେ ଯାହା ଅଳଙ୍କାର ଭରି ।	ଗୋପୀ ଚାହାନ୍ତି ନରହରି	॥୬୪॥
କୃଷ୍ଣର ନଖ କ୍ଷତ ପାଇ ।	ଆନନ୍ଦେ ପୁଲକିତ ହୋଇ	॥୬୫॥
କୃଷ୍ଣର କର୍ମଗୁଣ ମୁଖେ ।	କହନ୍ତି ଏକକୁ ଆରକେ	॥୬୬॥
ବ୍ରଜ କାମିନୀ ଘେନି ସଙ୍ଗେ ।	ସ୍ତନ କୁଙ୍କୁମ କୃଷ୍ଣ ଅଙ୍ଗେ	॥୬୭॥
ବ୍ରହ୍ମ ଯାମିନୀ ଅବଶେଷ ।	ସମୟ ଜାଣି ହୃଷୀକେଶ	॥୬୮॥
ଜଳକ୍ରୀଡ଼ାକୁ ମନ କରି ।	ଗୋପୀଙ୍କି ଘେନି ବନମାଳୀ	॥୬୯॥
ପଶିଲେ କାଳିନ୍ଦୀ ଭିତରେ ।	ଶ୍ରମ-ଆରତ ଖଣ୍ଡିବାରେ	॥୭୦॥
କରିଣୀ ଯୂଥେ ଗଜ ଯେହ୍ନେ ।	ଗୋପୀଙ୍କ ଶ୍ରମ ଜାଣି ମନେ	॥୭୧॥
ଗୋବିନ୍ଦ ଦେହେ ଗୋପ ନାରୀ ।	ଜଳ ସିଞ୍ଚନ୍ତି କରେ ଧରି	॥୭୨॥
କଟାକ୍ଷେ ଚାହାନ୍ତି ଶ୍ରୀମୁଖ ।	ଖଣ୍ଡିଲେ କୋଟି ଜନ୍ମ ଦୁଃଖ	॥୭୩॥
ବିମାନେ ଥାଇ ଦେବନାରୀ ।	ପୁଷ୍ପ ବରଷି ସ୍ତୁତି କରି	॥୭୪॥
ଗଜେନ୍ଦ୍ର ପ୍ରାୟେ ରଙ୍ଗମେଳେ ।	ଲୀଳା ବିନୋଦ ନଦୀଜଳେ	॥୭୫॥
ଚନ୍ଦ୍ରକିରଣେ ବନଭୂମି ।	ସୁନ୍ଦର ପ୍ରକାଶେ ଯାମିନୀ	॥୭୬॥

ବ୍ରଜ ଅବଳା ଘେନି ସଙ୍ଗେ । କୃଷ୍ଣ କ୍ରୀଡନ୍ତି ସୁଖରଙ୍ଗେ ॥୭୭॥
ଯାହାର ନାହିଁ ରସଚ୍ୟୁତ । ଅଚ୍ୟୁତ ନାମ ତେଣୁ ଖ୍ୟାତ ॥୭୮॥
ଶୁଣି ଅଭିମନ୍ୟୁ ନନ୍ଦନ । ଚାହିଁଲେ ଶୁକଙ୍କ ବଦନ ॥୭୯॥
ସଭୟେ କହଇ ମଧୁର । ଚରଣେ ଦେଇ ବେନି କର ॥୮୦॥

ପରୀକ୍ଷିତ ଉବାଚ

ଭୋ ମୁନି ଅସମ୍ଭବ ବାଣୀ । ସଂଶୟ ଲାଗିଲା ତ ଶୁଣି ॥୮୧॥
ମନୁଷ୍ୟ ଅଂଶେ ଜାତ ହୋଇ । ଅଖିଳ ବ୍ରହ୍ମାଣ୍ଡ ଗୋସାଇଁ ॥୮୨॥
ଅଧର୍ମ ନାଶିବାର ଆଶେ । ଜାତ ହୋଇଲେ ଯଦୁ ବଂଶେ ॥୮୩॥
ଧର୍ମ ପାଳକ ନରହରି । ସେ କିମ୍ପା ଅଧର୍ମ ଆଚରି ॥୮୪॥
ଜଗତଜନ ଗୁରୁ ପିତା । ନୀତି ଅନୀତି ଇଧିଷ୍ଠାତା ॥୮୫॥
ଯା ନାମ ମୁକତି ପସରା । ସେ କିମ୍ପା କଲେ ପରଦାରା ॥୮୬॥
ମହା ନିଶାରେ ଜଳେ ପଶି । କ୍ରୀଡ଼ା କଲେକ ବ୍ରହ୍ମରାଶି ॥୮୭॥
ବେଦ-ବିରୋଧୀ କର୍ମ କରି । ନିଷେଧବନ୍ଧ ପରିହରି ॥୮୮॥
ସଂସାରେ ନୁହଁଇ ଏ ଭଲ । କର୍ମକାଣ୍ଡକୁ ଯେହୁ ସଲ ॥୮୯॥
ଈଶ୍ୱର ହୋଇ ହୀନକର୍ମ । କିମ୍ପା ଛାଡ଼ିଲେ ନିଜ ଧର୍ମ ॥୯୦॥
ନିଜ ମହିମା ଆତ୍ମାରତ । ସେ କିମ୍ପା କଲେ ବିପରୀତ ॥୯୧॥
କି ଅଭିପ୍ରାୟେ ନ ଜାଣଇ । ସଂଶୟ ଛେଦ ମୋ ଗୋସାଇଁ ॥୯୨॥
ରାଜା ବଦନ ଚାହିଁ ମୁନି । କହନ୍ତି କୃଷ୍ଣଭାବ ଘେନି ॥୯୩॥

ଶୁକ ଉବାଚ

ଶୁଣ ରାଜନ ଭାଗବତ । ଏ ବଡ଼ ଲୋକଙ୍କର ମତ ॥୯୪॥
ଏହାଙ୍କ କର୍ମ ବିପରୀତ । ଯେଣୁ ଏ ତେଜେ ବଳବନ୍ତ ॥୯୫॥
ତେଣୁଟି ଦୋଷଗୁଣ ନାହିଁ । ଅଗ୍ନି ଯେସନେ ସର୍ବ ଦହି ॥୯୬॥
ସତ୍ୟପୁରୁଷ ଆତ୍ମାରତ । ଆବୋରି ଅଛଇ ଜଗତ ॥୯୭॥
ତୁ ଅବା ଦେବକର୍ମ କହୁ । ବେଦପାଦରୁ ଜହ୍ନ ଯେହୁ ॥୯୮॥
ତେଣୁ ସେ ନ ମାନନ୍ତି ତାହା । ଖଟାନ୍ତି ପରିଚାରେ ଯାହା ॥୯୯॥
ଏହାଙ୍କ ମତ ଯେ ଆଚରି । ମନ ବଚନ ଦେହ ଧରି ॥୧୦୦॥

ତୁ ଅମା ବୋଲୁ ମହୀଲୋକେ । ଏକଥା କରିବେଟି ଥୋକେ ॥୧୦୧॥
ଜଡର କର୍ମ ଅନୁସରି । ସାନ କି ତାହା କରିପାରି ॥୧୦୨॥
ଯେବେ କରିବେ ମୂଢ଼ପଣେ । ନାଶ ହୋଇବେ ତତ୍କ୍ଷଣେ ॥୧୦୩॥
ଜଳଧି ମନ୍ଥନର ବିଷ । ରୁଦ୍ରହୁଁ ଆନେ ନାହିଁ ଗ୍ରାସ । ॥୧୦୪॥
କୃଷ୍ଣ ଯେ ଧଇଲେ ମନ୍ଦର । ଦ୍ୱାଦଶଯୁଣ ଗିରିବର ॥୧୦୫॥
ଏହାଙ୍କ ବଚନ ହିଁ ସତ୍ୟ । ଆନ ନ କରନ୍ତି ଏମନ୍ତ ॥୧୦୬॥
ଯେ ବୁଦ୍ଧିମନ୍ତ ସାଧୁ ଧୀର । ସେ ନ କରିବେ ଏ ବେଭାର ॥୧୦୭॥
ଈଶ୍ୱର ଆଦିଙ୍କର ମତ । ଅଳପ ଜନେ ବିପରୀତ ॥୧୦୮॥
ପଶୁ ମନୁଷ୍ୟ ଦେବଙ୍କର । ଈଶ୍ୱରଙ୍କର ସେ ଈଶ୍ୱର ॥୧୦୯॥
ଯାହାର ଦେହବୁଦ୍ଧି ନାହିଁ । ଶୁଭ-ଅଶୁଭ ତାର କାହିଁ ॥୧୧୦॥
ଯାହର ପାଦପଦ୍ମ ଧୂଳି । ଆନନ୍ଦ ହୋଇ ଶିରେ ବୋଳି ॥୧୧୧॥
ନିଶ୍ଚଳେ ଯୋଗେ ଶ୍ରମ କରି । କର୍ମ ନାଶନ୍ତି ବ୍ରହ୍ମଚାରୀ ॥୧୧୨॥
ଯାହାର ପଦ୍ମପାଦ ବାରି । ଆନନ୍ଦେ ଶିବ ଶିରେ ଧରି ॥୧୧୩॥
ତାହାର ଜନ୍ମବନ୍ଧ ନାହିଁ । ଇଚ୍ଛା ସମ୍ପଦେ ଯାର ଦେହୀ ॥୧୧୪॥
ଗୋପୀ ଗୋପାଳ ଆଦି କରି । ଜନ୍ତୁ ଜୀବନ ଯେ ଆବୋରି ॥୧୧୫॥
ଜଗତ ଜନ ତାରିବାରେ । ଯେ ଜାତ ମନୁଷ୍ୟ ଶରୀରେ ॥୧୧୬॥
ତାର ଚରିତ ମନେ ଚିନ୍ତି । ଭକତି ପଥ ଆବୋରନ୍ତି ॥୧୧୭॥
ଗୋପେ ଗୋବିନ୍ଦ ମାୟା ମୋହି । କୋପ ନ କଲେ ଗୋପୀ ଚାହିଁ ॥୧୧୮॥
ପାଶେ ଅଛନ୍ତି ପ୍ରାୟେ ମଣି । ଗୋପାଳେ ଦେଖନ୍ତି ତରୁଣୀ ॥୧୧୯॥
ପୂର୍ବହୁଁ ଅଧିକ ସେନେହ । ଯୁବତୀଜନେ ନାହିଁ କୋହ ॥୧୨୦॥
ଶୁଣ ରାଜନ କୃଷ୍ଣରସ । ବ୍ରହ୍ମଯାମିନୀ ହେଲା ଶେଷ ॥୧୨୧॥
ଏମନ୍ତେ ରଜନୀ ପାହିଲା । ଗଗନେ ଅରୁଣ ଦିଶିଲ ॥୧୨୨॥
କୃଷ୍ଣର ଅଙ୍ଗ ସଙ୍ଗ ପାଇ । ଗୋପୀଏ ଗଲେ ତୋଷ ହୋଇ ॥୧୨୩॥
କୃଷ୍ଣର ଚରଣେ ଦେଇ ମନ । ମିଳିଲେ ଯେ ଯାହା ଭୁବନ ॥୧୨୪॥
ଗୋପୀ ଗୋବିନ୍ଦ କେଳିବନେ । ଏଣେ ଯେ ହୋନ୍ତି ସାବଧାନେ ॥୧୨୫॥
ଭକତି ହୃଦେ ପରିମାଣି । ଏଣେ ଭେଟିବ ଚକ୍ରପାଣି ॥୧୨୬॥

ସକଳ ଦୁରିତରୁ ତରେ । ସେ ନ ପଡ଼ଇ ମାୟାଘୋରେ ॥୧୨୭॥
ବୋଲଇ ଦାସ ଜଗନ୍ନାଥ । ରାସ ଉଛବ ଭାଗବତ ॥୧୨୮॥
ସୁଜନ ଜନେ ଏହା ଚିନ୍ତି । ଏଣେ ଛାଡ଼ିବ ମନ ଭ୍ରାନ୍ତି ॥୧୨୯॥
ଭକତି ହୋଇବ ତୁମ୍ଭର । ହେଲେ ତରିବ ମାୟା ଘୋର ॥୧୩୦॥
ମୁଁ ଛାର ହୀନ ମୂଢ଼ପଣ । ସେବଇ ତୁମ୍ଭର ଚରଣ ॥୧୩୧॥
ମୋହୋର ନ ଘେନିବା ଦୋଷ । ଗୀତେ କହିଲି କୃଷ୍ଣରସ ॥୧୩୨॥
ପୁରାଣ କଲି ଗୀତରସ । ଯାହା ହୋଇଲେ ପୀତବାସ ॥୧୩୩॥
କେ ତାହା କରିବଟି ଆନ । ସବୁରି ପ୍ରଭୁ ଭଗବାନ ॥୧୩୪॥
ଯହୁଁ ମୁଁ ହରିସେବା କଲି । ଭାବେଣ ନୃପତି ନୋହିଲି ॥୧୩୫॥
ଆଜ୍ଞା ମାଗିଲି ପାଦେ ପଡ଼ି । ଧ୍ୟାନ ଧାରଣା କର୍ମ ଛାଡ଼ି ॥୧୩୬॥
ମୋ ମନହୋଇଲା ପ୍ରସନ୍ନ । ଆଜ୍ଞା ଯେ ଦେଲେ ଭଗବାନ ॥୧୩୭॥
ପୁରାଣ ଦେଶଭାଷା ଗୀତ । ରଚିବୁ ଶିରୀଭାଗବତ ॥୧୩୮॥
ତୋହର ହୃଦେ ଆମ୍ଭ ଥାଇ । ପଦକୁ ପଦ ଦେବୁ କହି ॥୧୩୯॥
ଅଠର ସହସ୍ର ଶୋଳକ । ଟୀକା ବଖାଣ ଏକୁ ଏକ ॥୧୪୦॥
ପୂର୍ବେ ପରୀକ୍ଷିତ ଆଗର । କହିଲେ ଶୁକ ମୁନିବର ॥୧୪୧॥
ତାହା ପ୍ରକାଶ ମଞ୍ଚେ କର । ଆଜ୍ଞା ସେ ଦେଲେ ଦାମୋଦର ॥୧୪୨॥
ତେଣୁ ମୁଁ ଏ ଗ୍ରନ୍ଥରେ ପଶି । ଗୀତ ପ୍ରବନ୍ଧର ସେ ରସି ॥୧୪୩॥
ସୁଜନେ ଶୁଣ ଏକ ଚିତ୍ତେ । ହରିଙ୍କି ଭଜ ଅନୁବ୍ରତେ ॥୧୪୪॥
ପୁରାଣ ଶିରୀଭାଗବତ । ବେଦର ମଧ୍ୟେ ସାରସ୍ୱତ ॥୧୪୫॥
ଶୁକ କହିଲେ ଯେଉଁ କଥା । ଶୁଣିଲେ ଛାଡ଼େ ଭବବ୍ୟଥା ॥୧୪୬॥
ଶ୍ରୀକୃଷ୍ଣ ଗୋପକ୍ରୀଡ଼ା ରସ । କହଇ ଜଗନ୍ନାଥ ଦାସ ॥୧୪୭॥

ଇତି ଶ୍ରୀମଭାଗବତେ ମହାପୁରାଣେ ପାରମହଂସ୍ୟାଂ ସଂହିତାୟାଂ ଦଶମସ୍କନ୍ଧେ
ପୂର୍ବାର୍ଦ୍ଧେ ରାସକ୍ରୀଡ଼ା ବର୍ଣ୍ଣନଂ ନାମ ଚତୁଃତ୍ରିଂଶୋଽଧ୍ୟାୟଃ ।

ଅର୍ଥ କୋଇଲି

ଜଗନ୍ନାଥ ଦାସ

କୋଇଲି, କେଶବ ଯେ ମଥୁରାକୁ ଗଲା ।
କାହା ବୋଲେ ଗଲା ପୁତ୍ର ବାହୁଡ଼ି ନଇଲା ଲୋ ॥

ଅର୍ଜ୍ଜୁନ ଉବାଚ

ଅର୍ଜ୍ଜୁନ ବୋଇଲେ ତୁମ୍ଭେ ଶୁଣ ମହାବାହୁ ।
ପୁଚ୍ଛିବି କଥାଏ ପ୍ରଭୁ ମୋତେ ଆଜ୍ଞା ହେଉ ॥
କେଶବ କୋଇଲି ନାଥ କାହାକୁ ଯେ କହି ।
ଏହା ମୋତେ ଶ୍ରୀହରି ପ୍ରସନ୍ନେ ଦେବା କହି ॥

ଶ୍ରୀଭଗବାନୁବାଚ

ପାର୍ଥର ବଚନେ ଯେ ବୋଲନ୍ତି ଭଗବାନ ।
ଉତ୍ତମ କଥାଏ ପାର୍ଥ ପଚାରିଲୁ ପୁଣ ॥
କୋଇଲି ବୋଲିଣ ପାର୍ଥ ଜୀବକୁଟି କହି ।
ସେହି ଜୀବ ମୁହିଁ ଜାଣ ସର୍ବତ୍ର ଅଛଇ ॥
ଆପେ ଆସିଥିଲା ଜୀବ ଆପେ ଚଳିଗଲା ।
ସେହି ପୁତ୍ର ଗୋଟି ଆଉ ବାହୁଡ଼ି ନଇଲା ॥
ଏହି ପୁତ୍ର ଗୋଟି ଯହୁଁ ବାହୁଡ଼ି ନଇଲା ।
ମଥୁରା ସ୍ୱରୂପ ପିଣ୍ଡ ପଡ଼ିଣ ରହିଲା ॥

୧. ମାର୍କଣ୍ଡ ଦାସଙ୍କ ଲିଖିତ 'କେଶବ କୋଇଲି' ଉପରେ ଶ୍ରୀମଦ୍ ଭାଗବତର ଅନୁବାଦକ ଅତିବଡ଼ି ଜଗନ୍ନାଥ ଦାସ 'ଅର୍ଥ କୋଇଲି' ନାମରେ ଏକ ଟୀକା ପଦ୍ୟବନ୍ଧରେ ଲେଖିଛନ୍ତି । ପ୍ରତ୍ୟେକ ପଦକୁ ଜଗନ୍ନାଥ ଦାସ 'ବ୍ରହ୍ମଜ୍ଞାନ' ଦୃଷ୍ଟିରୁ ଟୀକା କରି 'କେଶବ କୋଇଲି'ର ଏକ ଅଭିନବ ଅର୍ଥ ପ୍ରକାଶ କରିଛନ୍ତି । ଅଧିକାଂଶ 'ଗୀତା' ପରି ଲେଖକ ଅର୍ଜ୍ଜୁନଙ୍କୁ ଶିଷ୍ୟ ଓ ଶ୍ରୀକୃଷ୍ଣଙ୍କୁ ଗୁରୁରୂପେ କଳ୍ପନା କରି ସମୁଦାୟ କୋଇଲିର ପଦଗୁଡ଼ିକୁ ବ୍ୟାଖ୍ୟା କରିଛନ୍ତି ।

କୋଇଲି, ଖଣ୍ଡକ୍ଷୀର ଦେବି ମୁଁ କାହାକୁ ।
ଖାଇବାର ପୁତ୍ର ଗଲା ମଥୁରାପୁରକୁ ଲୋ ॥
ପୁଣ ପୁଣ ଅର୍ଜ୍ଜୁନ ଯେ ଚରଣେ ପଡ଼ଇ ।
ଆବର କଥାଏ ମୋତେ କହ ଭାବଗ୍ରାହୀ ॥
ଖଣ୍ଡକ୍ଷୀର କଥା ମୋତେ କହ ଭଗବାନ ।
ଶ୍ରୀହରି କହନ୍ତି ଏହା ଶୁଣ ହେ ଅର୍ଜ୍ଜୁନ ॥
ପିଣ୍ଡରେ' ଥାଇଣ ଜୀବ ମହାସୁଖ ପାଇ ।
ଅନ୍ତର ହୋଇଣ ପୁନଃ ଅନ୍ୟସ୍ଥାନ ଯାଇ ॥
ଆକାଶେ ମିଶିଣ ଜୀବ ଅନ୍ୟ ପିଣ୍ଡେ ଗଲା ।
ହରିରସ ଖଣ୍ଡକ୍ଷୀର ବିଅର୍ଥ ହୋଇଲା ॥
ଶୁଣି କରି ଅର୍ଜ୍ଜୁନ ହୋଇଲା ତୋଷମନ ।
ପୁଣ ପୁଣ କୃଷ୍ଣ ଆଗେ କହଇ ବଚନ ॥

କୋଇଲି, ଗଲା ପୁତ୍ର ବାହୁଡ଼ି ନଇଲା ।
ଗହନତ ବୃନ୍ଦାବନ ଶୋଭା ନ ପାଇଲା ଲୋ ॥
ଗହନତ ବୃନ୍ଦାବନ କାହାକୁ ଯେ କହି ।
ଏକଥା ବିସ୍ତାରି ମୋତେ କହ ଭାବଗ୍ରାହୀ ॥
ଅର୍ଜ୍ଜୁନ ମୁଖକୁ ଚାହିଁ କମଳଲୋଚନ ।
ଯାହା ପଚାରିଲୁ ଶୁଣ ପାଣ୍ଡୁର ନନ୍ଦନ ॥
ଗହନ ବୋଲିଣ ପାର୍ଥ ଜୀବକୁଟି କହି ।
ଗୋପପୁର ଦେହ ଗୋଟା ଶୋଭା ପାଉ ନାହିଁ ॥
ପିଣ୍ଡକୁ ପରମ ଯହୁଁ ଛାଡ଼ିକରି ଗଲା ।
ତେଣୁ କରି ପିଣ୍ଡ ଗୋଟା ଭୂମିରେ ପଡ଼ିଲା ॥
ଏମନ୍ତ ପ୍ରକାରେ ପାର୍ଥ ତା ଅକ୍ଷର ଅର୍ଥ ।
ଏକ ମନେ ଶୁଣ ତୁ ହୋ ପଣ୍ଡୁରାଜା ସୁତ ॥

କୋଇଲି, ଘର ମୋର ନ ମଣନ୍ତି ନନ୍ଦ।

ଘଟଣ ନ ଦିଶେ ପୁର ନ ଥିଲେ ଗୋବିନ୍ଦ ଲୋ ॥

ଘର ବୋଲି କରି ପାର୍ଥ ଯାହାକୁଟି କହି।
ପାର୍ଥର ପିଣ୍ଡରେ ହସ୍ତଦେଲେ ଭାବଗ୍ରାହୀ ॥
ପରମ ଜୀବର ଅର୍ଥ ଶୁଣ ଫାଲୁଗୁନୀ।
ଶାସ୍ତ୍ରର ବିଚାର ତୋତେ କହିବା ଏକ୍ଷଣି ॥
ଘଟଣ ପୁରୁଷ ଯହୁଁ ଛାଡ଼ିକରି ଗଲା।
ନନ୍ଦ ଯେ ପରମ ତହିଁ ନିଷ୍ଫଳ ହୋଇଲା ॥
ଜୀବ ଥିବାଯାଏ ପିଣ୍ଡ ଶୋଭା ପାଉଥାଇ।
ଘଟଣ ପୁରୁଷ ଗଲା ଆସିବାକୁ ନାହିଁ ॥
ପରମକୁ ଜୀବ ଯହୁଁ ଘେନିକରି ଗଲା।
ତେଣୁ କରି ଘରଗୋଟି ଅଶୋଭା ଦିଶିଲା ॥

କୋଇଲି, ନନ୍ଦ ଦେହ ପାଷାଣେ ଗଢ଼ିଲା।

ନୟନେ କଜ୍ଜ୍ୱଳ ଦେଇ ରଥେ ବସାଇଲା ଲୋ ॥

ଅର୍ଜ୍ଜୁନ ବୋଇଲେ ତୁମ୍ଭେ ଶୁଣ ଜଗନ୍ନାଥ।
ନନ୍ଦ ଦେହ ବୋଲିକରି କାହୁଁ ହେଲା ଜାତ ॥
ଅର୍ଜ୍ଜୁନ ବଚନେ ଯେ ବୋଲନ୍ତି ଭଗବାନ।
ନନ୍ଦ ଦେହ ବୋଲି ପାର୍ଥ ଦେହକୁଟି ଜାଣ ॥
ଏ ଜୀବନ[୩] ହୁଡ଼ି ଯହୁଁ ଅନ୍ତରୀକ୍ଷ ଗଲା।
ନିରାଶ ହୋଇଣ ଆଉ ବାହୁଡ଼ି ନଇଲା ॥
ଯେତେବେଳେ ପିଣ୍ଡରୁଟି ଜୀବ ଛାଡ଼ିଯାଇ।
ବେନି ନୟନରୁ ଅଶ୍ରୁ ଯାଉଥାଏ ବହି ॥

୩. ଜୀବ ସଂସାରର ଯାତ୍ରା ଶେଷ କରି ବାହୁଡ଼ିଯାଏ। କବି ଜଗନ୍ନାଥ ଏଠାରେ ନନ୍ଦରୂପକ ପିଣ୍ଡକୁ ତ୍ୟାଗକରି ଶ୍ରୀକୃଷ୍ଣରୂପକ ଜୀବ ଭ୍ରମରେ ଅନ୍ତରୀକ୍ଷରୂପକୁ ମଥୁରାକୁ ଚାଲିଯାଆନ୍ତେ ଆଉ ଫେରି ନ ଥିବାର କଳ୍ପନା କରିଛନ୍ତି। ପିଣ୍ଡ ତ୍ୟାଗକରି

ଜୀବ ଅନ୍ତରୀକ୍ଷକୁ ଚାଲିଗଲେ ସାଂସାରିକ ସମ୍ବନ୍ଧ ଥିବା ବ୍ୟକ୍ତମାନେ ଉକ୍ତ ପିଣ୍ଡ ବିହୀନରେ ନେତ୍ରରୁ ଅଶ୍ରୁ ଝରାନ୍ତି। ତାହାହିଁ ବ୍ୟାବହାରିକ ଜଗତର ନିୟମ।

କଜ୍ୱଳ ବୋଲିଣ ତାକୁ ଶାସ୍ତ୍ରେ ଅଛି କହି।
ପୁଣ ପୁଣ ଅର୍ଜ୍ଜୁନ ଯେ ଦଇନି କରଇ ॥

କୋଇଲି, ଚଳୁଥାଇ କଟିସ୍ଥ ମେଖଳୀ।
ଚକିତ ହୋଇଲେ ଶୁଣି ଗୋପପୁର ବାଳୀ ଲୋ ॥*
ଅର୍ଜ୍ଜୁନ ବଚନ ଶୁଣି କମଳଲୋଚନ।
ଯାହା ପଚାରିଲୁ ଶୁଣ ପାଣ୍ଡୁର ନନ୍ଦନ ॥
ପିଣ୍ଡରେ ପରମ ଯେବେ ଲୀଳା କରୁଥାଇ।
ନିଶ୍ଚଳ ହୋଇଣ ପିଣ୍ଡ-ଯନ୍ତ୍ର ଚଳୁଥାଇ ॥
ପରମକୁ ଘେନି ଯହୁଁ ଜୀବ ଚଳିଗଲା।
ଯନ୍ତ୍ରମାନ ନିଶ୍ଚଳ ଯେ ହୋଇଣ ରହିଲା ॥
ସୂତ୍ରେ ଚଳୁଥିଲା ପିଣ୍ଡ ଜୀବ ଆଶ୍ରାପାଇ।
ପଦେ ପଦେ କରି ଶୁଣ ସୁଭଦ୍ରାର ସାଇଁ ॥

କୋଇଲି, ଛାଟକେ ମୁଁ ମାଇଲି ପୁତ୍ରକୁ।
ଛାଡ଼ି କରି ଗଲା କୃଷ୍ଣ ମଥୁରା ପୁରକୁ ଲୋ ॥**
ଛଛନ୍ଦ୍ର ହୋଇଣ ଜୀବ ଛାଡ଼ି କରି ଗଲା।
ଛିତିରେ ପଡ଼ିଣ ମୋହ ମାୟାକୁ ଛାଡ଼ିଲା ॥
ଛାଟେକ ପ୍ରକୃତି ପାର୍ଥ ପିଣ୍ଡ ମଧ୍ୟେ ଥାଇ।
ଛାଡ଼ି କରି ଗଲା ଜୀବ କ୍ଷୋଭ ମନ ହୋଇ ॥
ପୂର୍ବକଥା ବିଚାରିଣ ଗଲା ନିଜ ପୁରୀ।
ଅର୍ଜ୍ଜୁନ ଆଗରେ ଏହା କହିଲେ ଶ୍ରୀହରି ॥
ଏମନ୍ତ ପ୍ରକାରେ ପାର୍ଥ ଛ ଅକ୍ଷର ବାଣୀ।
ଶାସ୍ତ୍ରର ବିଚାର ଏହା ମିଥ୍ୟା ନୋହେ ପୁଣି ॥

*   'ଗୋପପୁର ବାଳୀ ଗୋ' କେତେକ ପୋଥିରେ ପାଠ ରହିଛି।

** କେତେକ ପୋଥିରେ

ଛାଟେକ ମୁଁ ମାଇଲି ପୂରୁବେ

ଛାଡ଼ି ଅବା ଗଲେ କୃଷ୍ଣ ସେହି ପରାଭବେ ଲୋ, ପାଠ ରହିଛି।

କୋଇଲି, ଦୂତପଣେ ଅଇଲା ଅକ୍ରୂର।

ଯାତ୍ରା ବୋଲି ଭଣ୍ଡି ନେଲା ବସାଇ ରଥର ଲୋ ॥

ଜୀବ[୪] ଗଲେ ପରମ ଯେ କ୍ଷଣେ ନ ରହଇ।

ଦୂତପଣେ ବୋଲି ପାର୍ଥ ପରମକୁ କହି ॥

ଯାତ୍ରା ଏ ଯେ ଖେଳ ଘର ସଂସାର ଅଟଇ।

ଅକ୍ରୂର ବୋଲିଣ ପାର୍ଥ ମୁହଁଟି ବୋଲାଇ ॥

ରଥ ବୋଲି କରି ଯାହା ପଚାରିଲୁ ପାର୍ଥ।

ଜୀବ ଗଲେ ପିଣ୍ଡଟି ହୁଅଇ ଭୂମିଗତ ॥

କୋଇଲି, ଝୁରୁ ଝୁରୁ ଲୁହ ନ ରହିଲା।

ଝଗଡ଼ା ସାରିଣ କୃଷ୍ଣ ମଥୁରା ରହିଲା ଲୋ ॥

ପୁଣ ପୁଣ ଅର୍ଜ୍ଜୁନ ସେ ଚରଣେ ପଡ଼ଇ।

ଝରୁଅଛି କେଉଁ ସ୍ଥାନ କହ ଭାବଗ୍ରାହୀ ॥

ଜୀବକୁଁ[୫] ନ ଦେଖିଣ ପ୍ରକୃତି ଝୁରୁଥାନ୍ତି।

ଝଗଡ଼ା ସଂସାର ଗୋଟି ଛାଡ଼ିକରି ଯାନ୍ତି ॥

ଝଗଡ଼ା ସଂସାର ପାର୍ଥ ପଚାରିଲୁ ଯେତେ।

ପଦ ପଦ କରି ଏବେ କହି ଦେଲୁ ତୋତେ ॥

କୋଇଲି, ନିଶାକାଳେ ହରି ମାଗେ ଚାନ୍ଦ।

ନୟନ ଟେକିଣ ତାକୁ ରାଉଥାନ୍ତି ନନ୍ଦ ଲୋ ॥

ନିଶାକାଳ ବୋଲି ପାର୍ଥ ଚକ୍ଷୁଟିକି କହି।

ଚାନ୍ଦ ବୋଲି ପରମାନନ୍ଦର ଘର ସେହି ॥

୫.	ଝଗଡ଼ା ସଂସାର ଅର୍ଥାତ୍ ଜଞ୍ଜାଳମୟ ସଂସାର ତ୍ୟାଗକରି ଜୀବ ବାହାରିଗଲେ ପ୍ରାକୃତିକ ଜଗତ୍ ତାହା ବିହୀନରେ ଝୁରି ହୁଏ।

୪.	ପିଣ୍ଡ ମଧ୍ୟରେ ଜୀବ ଓ ପରମର ନିତ୍ୟ ଖେଳ ଚାଲିଥାଏ। ପିଣ୍ଡ ଯେତେବେଳେ ନିର୍ଜୀବ ହୋଇ ଭୂମିସାତ୍ ହୁଏ, ସେତେବେଳେ ପରମ ଅର୍ଥାତ୍ ଜ୍ଞାନସ୍ୱରୂପ ପରମାତ୍ମା ଆଉ ମୁହୂର୍ତ୍ତିଟିଏ ସୁଦ୍ଧା ସେଠାରେ ରହନ୍ତି ନାହିଁ।

ନନ୍ଦ ଯେ ପରମାର୍ଥ ବାମ ଚକ୍ଷୁ ଜାଣୁ।
ନୟନ ବୁଜିଲେ ଯେ ଅନ୍ଧାର ଦିଶେ ତେଣୁ ॥
ନିଶାକାଳେ ଅର୍ଥ ଶୁଣ ପାର୍ଥ ମନ ଦେଇ।
ଯାହା ପଚାରିଲୁ ପାର୍ଥ ଯୁଧିଷ୍ଠିର ଭାଇ ॥
ଶୁଣି କରି ଅର୍ଜ୍ଜୁନ ହୋଇଲା ତୋଷମନ।
କାର୍ପଣ୍ୟ ହୋଇଣ ପୁଣି ପୁଚ୍ଛଇ ବଚନ ॥

କୋଇଲି, ଟହ ଟହ ହସୁଥାନ୍ତି କୋଳେ।
ଟଳଟଳ ହେଉଥାନ୍ତି ଝୁଲିବାର ବେଳେ ଲୋ ॥
ଟଳ[୬] ଟଳ ବନ୍ଧ ପାର୍ଥ ନାସାକୁଟି କହି।
ଟାକି ରହିଅଛି ଜୀବ ଛାଡ଼ି ଯିବାପାଇଁ ॥
ତ୍ରିକୂଟ ମଧ୍ୟରେ ଟଙ୍କଧରଙ୍କ ଆସ୍ଥାନ।
ସେଠାକୁ କହଇ କୋଳ ବୋଲି ହେ ଅର୍ଜ୍ଜୁନ ॥
ତହିଁର ଉପର ହରିବୋଲ ଯେ ବାଜଇ।
ପରମକୁ ଘେନି ଜୀବ ଶୂନ୍ୟରେ ରହଇ ॥
ଟଳବନ୍ଧ ନୟନ ଯେ ଶୂନ୍ୟେ ଆତଜାତ।
ଟଳିଣ ପଡ଼ିବ ପିଣ୍ଡ ହୋଇଣ ଅନାସ୍ତ ॥

କୋଇଲି, ଠଣ ଯେ ସୁନ୍ଦର ବେନି ପୋଏ।
ଠକି ଉଣ୍ଡି ଗଲେ କୃଷ୍ଣ ନଇଲେ ବେଡ଼ାଏ ଲୋ ॥
ଠଅ ଅକ୍ଷରର ଅର୍ଥ ଶୁଣ ଫାଲଗୁନି।

ଶାସ୍ତ୍ରର ବିଧାନ ତୋତେ ବୁଝାଇବା ପୁଣି ॥
ଠଣ ଯେ ସୁନ୍ଦର ଜୀବ ପରମକୁ କହି।
ବାହୁଡ଼ି ନଇଲେ ସେ ଯେ ଅନ୍ୟ ସାହା ପାଇ ॥

୬. ଶରୀର ମଧ୍ୟରେ ଜୀବର ଅସ୍ତିତ୍ୱ ସମ୍ବନ୍ଧରେ ଧାରଣା କରିବାକୁ ହେଲେ ନାସିକା ହେଉଛି- ଏକମାତ୍ର ମାଧ୍ୟମ। ହୃଦପଦ୍ମର ଶତଦଳ ଉପରେ ତ୍ରିକୂଟ ବୋଲି ଏକ ସ୍ଥାନ ରହିଛି ବୋଲି ବ୍ରହ୍ମଜ୍ଞାନୀମାନେ ମତ ଦିଅନ୍ତି। ସେଠାରେ ଜୀବ ଓ ପରବ ବାସ କରନ୍ତି। ତାଙ୍କରି ନିର୍ଦ୍ଦେଶରେ ନୟନ ସଂସାରର ଆତଯାତ ସମ୍ବନ୍ଧରେ ସମସ୍ତ ଧାରଣା କରେ। ପିଣ୍ଡରୁ ଜୀବ ବାହାରି ଯିବାମାତ୍ରେ ନେତ୍ର ସ୍ଥିର ହୋଇଯାଏ।

ଠଣ[୭] ଦେହ ଗୋଟା ପାର୍ଥ କ୍ଷଣକରେ ଯିବ।
ଶୁଣି କରି ଅର୍ଜ୍ଜୁନ ଯେ କରେ ବହୁ ସ୍ତବ ॥

କୋଇଲି, ଡାକିଲେ ଭାଷଇ ଯେହ୍ନେ ଶାରୀ।
ଡାଳରତ୍ନଶୁଆ ପରି ଭାଷୁଥାନ୍ତି ହରି ଲୋ ॥
ଅର୍ଜ୍ଜୁନ ବଚନ ଶୁଣି କମଳଲୋଚନ।
ଡାଳରତ୍ନ[୮] କଥା ତୁ ହୋ ଶୁଣସି ଅର୍ଜ୍ଜୁନ ॥
ଚାରି ଡାଳ ଏ ପିଣ୍ଡକୁ ଆବୋରି ରହିଛି।
ଏହାର ମଧ୍ୟରେ ଜୀବ ଭ୍ରମଣ କରୁଛି ॥
ପଞ୍ଜରୀ ଭିତରେ ଯେହ୍ନେ ଶୁଆପକ୍ଷୀ ଥାଇ।
ପିଣ୍ଡରେ ପରମ ଜୀବ ସେହିମତି ହୋଇ ॥
ଶୁଣି କରି ଅର୍ଜ୍ଜୁନ ହୋଇଲା ତୋଷଚିତ୍ତ।
ଡ ଅକ୍ଷର ଅର୍ଥ କହିଲେ ଗୋପୀନାଥ ॥

କୋଇଲି, ଢଳ ଢଳ ନୟନେ କଜ୍ଜଳ।
ଢଳଇ ନାସାରେ ମୋତି ମାଣିକ୍ୟର ଫଳ ଲୋ ॥*
ଢଳ ଢ଼ଳ ବୋଲି ପାର୍ଥ ଭ୍ରୂଲତାକୁ କହି।
ମୋତିବର ବେନି ଚକ୍ଷୁ ଢଳ ଢଳ ହୋଇ ॥

୭. ଶରୀରର ସୌନ୍ଦର କିମ୍ବା ଅବୟବର ସୌଷ୍ଟବ ଜୀବ ଓ ପରମକୁ ଧରି ରଖିବାରେ ସକ୍ଷମ ହୁଏ ନାହିଁ। ଜୀବ ବିନା ଶରୀରର ସୌନ୍ଦର୍ଯ୍ୟ କ୍ଷଣକରେ ନାଶ ହୁଏ।

୮. 'ଡାଳତ୍ନଶୁଆ' ମୂଳପାଠରେ ଶ୍ରୀକୃଷ୍ଣଙ୍କ ଉଦ୍ଦେଶ୍ୟରେ ଲିଖିତ। ଟୀକାରେ ହସ୍ତପାଦକୁ ଚାରିଗୋଟି ଡାଳ ସହିତ ତୁଳନା କରିଛନ୍ତି। ହସ୍ତପାଦ ବ୍ୟତିରେକେ ଶରୀରର ଉପଯୋଗିତା କିଛି ନଥାଏ। ଜୀବ ଓ ପରମ ତାହାରି ସାହାଯ୍ୟ ଶରୀରର ଇଷ୍ଟ ସାଧନ କରନ୍ତି କିମ୍ବା ଧର୍ମ, ଅର୍ଥ, କାମ, ମୋକ୍ଷରୂପକ ଡାଳ ସାହାଯ୍ୟରେ ଜୀବ ଉଦ୍ଦେଶ୍ୟ ସାଧନରେ ବ୍ରତୀ ହୁଏ। ଅନ୍ୟଥା ଶରୀରର କୌଣସି ଉପାଦେୟତା ଅନୁଭୂତ ହୁଏ ନାହିଁ।

* **ଏହି ପଦ ପରିବର୍ତ୍ତେ ଅନ୍ୟ ପୋଥିରେ**

'ଢାଳୁଥାନ୍ତି ମାଏ ଯଶୋବନ୍ତୀ,

ଢାଳେ ହରାଇଲେ ମୋର ପୁତ୍ର ଶୀରିପତି ଲୋ, !' ବୋଲି ପାଠ ରହିଛି।

ଚକ୍ଷୁର ଲୋତକ ଧାରା ଯାଉଥାଇ ବହି।
କଣ୍ଟ୍ରଳ[୮] ବୋଲିଣ ତାହା ଶାସ୍ତ୍ରେ ଅଛି କହି ॥
ଢଳିଣ ପଡ଼ିବ ଜୀବ କ୍ଷଣକ ଭିତର।
ଢ ଅକ୍ଷର ଅର୍ଥ ଶୁଣ ପାଣ୍ଡୁର କୁମର ॥

କୋଇଲି, ଅନେକ ହିଂସିଲା ରାୟ କଂସ।
ଅଣହେଳା କରିଣ ଆପଣେ ଗଲା ନାଶ ଲୋ ॥
ଅଣ ଆୟତରେ ଜୀବ ହୋଇଛି ବନ୍ଧନ।
କଂସପୁର ଶୂନ୍ୟ ପାର୍ଥ ହେତୁ କରି ଜାଣ ॥
ଅଣହେଳା କଲେ ଜୀବ କ୍ଷଣକରେ ଯିବ।
ତେଣୁ କରି ଆପଣେ ଯେ ବିଅର୍ଥ ହୋଇବ ॥
ଅଣହେତୁ[୧୦] କରଣେ ଯେ ପିଣ୍ଡ ନାଶ ଯାଇ।
ଅଲେଖ ପୁରୁଷ ଗଲେ ପାଇବୁ ତୁ କାହିଁ ॥
ଅଣ ଅକ୍ଷରର ଅର୍ଥ ଶୁଣି ବୀରମଣି।
ଆନନ୍ଦେ ଗଦ୍‌ଗଦ୍ ହୋଇ ଯୋଡ଼େ ବେନିପାଣି ॥

କୋଇଲି, ତନୁରେ ତା ଲେପଇ କୁଙ୍କୁମ।

ତନୟ ଖଳାଉଥାନ୍ତି ଭାଇ ବଳରାମ ଲୋ ॥

ତ୍ରିକୂଟ[୧୧] ସ୍ଥାନରେ ପୁଣି ହଂସ ଖେଳୁଥାଇ।

ତ୍ରିବେଣୀ ଶିଖରୁ ନୀର ଆସୁଥାଇ ବହି ॥

୯. ଶରୀରର ଶୋଭାଧାୟକ ନୟନ ତଥା ନୟନରେ ଶୋଭା ହେଉଛି କଜ୍ଜଳ; କିନ୍ତୁ ସମସ୍ତ ଶୋଭାର ମୂଳବିନ୍ଦୁ ହେଉଛନ୍ତି ଜୀବ ଓ ପରମ।

୧୦. ଯୋଗ, ପ୍ରାଣାୟାମାଦି କାର୍ଯ୍ୟରେ ଜୀବ ଓ ପରମଙ୍କୁ ଦୀର୍ଘଦିନ ଘଟରେ ସଂସ୍ଥାପନା କରାଯାଇ ପାରେ। ଅଧମ ତଥା ପାପାଚାରରୂପକ ଅଣହେଳା ଫଳରେ ଜୀବ ଓ ପରମ ଘଟାନ୍ତରରେ ଆଶ୍ରୟ ଲୋଡ଼ନ୍ତି।

୧୧. ତ୍ରିକୂଟ ମଧ୍ୟରେ ହଂସ ଅର୍ଥାତ୍ ସୋଽହଂ ପରମାତ୍ମା ବାସ କରନ୍ତି। ଇଅଁଳା, ପିଙ୍ଗଳା ଓ ଶୁଷୁମ୍ନାର କେନ୍ଦ୍ରସ୍ଥଳରୁ ଶରୀରର ଏକମାତ୍ର ଆଧାର ବାୟୁ ନିର୍ଗତ ହୋଇ ଶରୀରର ପ୍ରତ୍ୟେକ ଅଂଶରେ ବ୍ୟାପିଯାଏ। ଶରୀରର ପ୍ରତ୍ୟେକ ଅଙ୍ଗରେ ସେହି ବାୟୁ ସଞ୍ଚାରିତ ହୋଇ ଜୀବକୁ ସଞ୍ଚରଣରେ ସକ୍ଷମ କରାଏ। ତାହାରି ଫଳରେ ହସ୍ତପଦାଦି ଅବୟବ ସଞ୍ଚରଣଶୀଳ ହୋଇପାରେ।

ତଳକୁ ଖସିଣ ବନ୍ଧମୂଳେ ଯେ ରହଇ।

ତନୁ ତାର କୋମଳ ଯେ କ୍ଷଣକରେ ଯାଇ ॥

ବଳରାମ ପରମ ଯେ ଜୀବକୁ ଖେଳାଇ।

ଯାହା ପଚାରିଲୁ ଶୁଣ ଯୁଧିଷ୍ଠିର ଭାଇ ॥

କୋଇଲି, ଥନ ଭାଙ୍ଗି କ୍ଷୀର ପାନ ଦେଲି।

ସ୍ଥବିର କାଳକୁ ପୁତ୍ର ଦେଖି ନ ପାରିଲି ଲୋ ॥

ଥକା[୧୨] ଘର ଛାଡ଼ିଣ ଯେ ଅନ୍ୟସ୍ଥାନେ ଯିବ।

ଥଳ ଯେ ସେ ମୋର ନାମ ବିଅର୍ଥ ହୋଇବ ॥

ସ୍ଥବିର ଯେ ବୁଢ଼ାକାଳ ଯହୁଁ ଘୋଟିଗଲା।

ସ୍ଥାନ ଭଗ୍ନ କରି ଜୀବ ଶୂନ୍ୟରେ ରହିଲା ॥

ଥକା ଘରସିନା ପାର୍ଥ କ୍ଷଣକରେ ଯିବ।

ସ୍ଥବିର ହୋଇଣ ଜୀବ କାହିଁ ନ ରହିବ ॥
ଥ ଅକ୍ଷର ଅର୍ଥ ଯାହା ପଚାରିଲୁ ବୀର ।
ପଦ ପଦ କରି କହି ଦେଲୁଟି ନିକର ॥

କୋଇଲି, ଦଉଡ଼ିରେ ବାନ୍ଧିଲି ପୁତ୍ରକୁ ।
ଦାମୋଦର ରାଗେ ଗଲେ ମଥୁରା ପୁରକୁ ଲୋ ॥
ଦଉଡ଼ି ବୋଲିଣ ମାୟା ସଂସାର ଅଟଇ ।
ଦାମୋଦର କୃଷ୍ଣ ମୁହିଁ ପିଣ୍ଡ ମଧ୍ୟେ ଥାଇ ॥
ପରମ ବୋଲଇ ଅବା ମୋତେ ମାନ କରି ।
ପୂର୍ବ ଗୁଣ ସୁମରି ଯେ ଗଲା ଛାଡ଼ିକରି ॥
ମଥୁରା ଯେ ଶୂନ୍ୟସ୍ଥାନ ସେ ସ୍ଥାନେ ରହିଲେ ।
ଜୀବ ଯେ ପରମ ଦୁହେଁ ଏକତ୍ୱ ହୋଇଲେ ॥

୧୨. ଜୀବ ଚୌରାଶୀ କୋଟି ଯୋନିରେ ଭ୍ରମଣ କରିବାର ଉଦ୍ଦେଶ୍ୟ ଘେନି ସଂସାରକୁ ଆସି ପରମର ନିର୍ଦ୍ଦେଶରେ ପରିଚାଳିତ ହୁଏ । ଗୋଟିଏ ଶରୀରରେ କେତେଦିନ କର୍ମରତ ରହି ସେ ଶୂନ୍ୟରେ ଅନେକ କାଳ ପର୍ଯ୍ୟନ୍ତ ଘୂରି ବୁଲେ । ପରେ କ୍ଳାନ୍ତ ହୋଇ ପୁଣି ଗୋଟିଏ ଜୀବର ଆଶ୍ରୟ ଲୋଡ଼େ । ସେହି ଥକା ମେଣ୍ଟିଗଲେ ପୁଣି ଜୀବ ଶୂନ୍ୟରେ ଭ୍ରମଣ କରେ ।

ଶୁଣିକରି ଅର୍ଜ୍ଜୁନ ଯେ କରଇ ଦଇନି ।
ଦ ଅକ୍ଷର ଅର୍ଥ କହିଦେଲ ଦୟାମଣି ॥

କୋଇଲି, ଧନ୍ୟ ସେହୁ ଦଇବକୀ ନାରୀ ।
ଧର୍ମ ଥିଲା ପୁତ୍ରଗୋଟି ହୋଇଲା ତାହାରି ଲୋ ॥
ଧର୍ମ[୧୩] ପଦ ଘେନି ଜୀବ ପିଣ୍ଡରେ ରହିଲା ।
ଧରଣୀରେ ପଡ଼ି ସଦଜ୍ଞାନ ହରାଇଲା ॥
ଧର୍ମରେ ଚଳଇ ଜୀବ ଅଧର୍ମରେ ଯାଇ ।
ଧ୍ରୁବ ଏ ଚରିତ ମିଥ୍ୟା ନ ମଣ ଯେ ତୁହି ॥

ଯେଉଁଆଡ଼େ ଧର୍ମନାଶ ସେହୁଆଡ଼େ ଯାଇ ।
ଅର୍ଜ୍ଜୁନ ଆଗରେ ଏହା କହିଲେ ବୁଝାଇ ॥

କୋଇଲି, ନିରାଶ କରିଣ କୃଷ୍ଣ ଗଲେ ।
ନିଜ ଗୃହ ବାସ ବୋଲି ବେଢ଼ାଏ ନଇଲେ ଲୋ ॥*
ନିରାଶ ହୋଇଣ ଜୀବ ଛାଡ଼ିକରି ଗଲା ।
ନିଜଘର ଗୋଟା ତେଣୁ ଅଶୋଭା ଦିଶିଲା ॥
ନିରାକାର ପୁରୁଷ ଏହାର ଖେଳ ଘର ।
ଆଦ୍ୟହୁଁ ସୃଜିଲା ପିଣ୍ଡ ମାନବ ଶରୀର ॥
ନିର୍ମଳ ଶରୀର ଗୋଟି ନିଷ୍ଫଳ ହୋଇଲା ।
ଶ୍ରୀହରି କହିଲେ ଏହା ଅର୍ଜ୍ଜୁନ ଶୁଣିଲା ॥
ଶୁଣିକରି ଅର୍ଜ୍ଜୁନ ହୋଇଲା କୃତକୃତ୍ୟ ।
ନ ଅକ୍ଷର ଅର୍ଥ କହିଦେଲେ ଗୋପୀନାଥ ॥

* ଅନ୍ୟାନ୍ୟ ପୋଥିରେ- 'ନ ଶୋଭଇ ଗୋପପୁର ମୋର, ନାରାୟଣ ଗଲାଦିନୁ ମଥୁ ନଗର ଲୋ !' ପାଠ ରହିଛି ।

୧୩. ଧର୍ମ ବ୍ୟତିରେକେ ଶରୀର ନାଶ ଶୀଘ୍ର ସମ୍ଭବ ହୁଏ । ଅଧର୍ମର ଅପସାରଣରୂପକ ଉଦ୍ଦେଶ୍ୟ ଘେନି ଜୀବ କୁକ୍ଷିରେ ପ୍ରବେଶ କରେ । କିନ୍ତୁ ଭୂମିସାତ୍ ହେବାମାତ୍ରେ ସାଂସାରିକ ବାୟୁମଣ୍ଡଳର ସଂକ୍ରମଣରେ ସେ ଅତୀତକୁ ପାଶୋରିଦିଏ ।

 କୋଇଲି, ପବିତ୍ର ପୁରୁଷ ମୋ ମାଧୋଇ ।
ପବିତ୍ର ମୁଁ ହେଉଥିଲି କୃଷ୍ଣମୁଖ ଚାହିଁ ଲୋ ॥
ପବିତ୍ର[୧୪] ପୁରୁଷ ବୋଲି ମହାମନ୍ତ୍ର କହି ।
ପୁଣ୍ୟ ଦ୍ୱାରା ବୋଲି ପାର୍ଥ କର୍ଣ୍ଣେ ଯେ ଅଟଇ ॥
ଅପବିତ୍ର ପିଣ୍ଡ ପାର୍ଥ ପବିତ୍ର ହୋଇଲା ।
ଏଣୁକରି ମହାମନ୍ତ୍ର କର୍ଣ୍ଣରେ କହିଲା ॥
ପରମାନନ୍ଦ ପୁରୁଷ ମୁହିଁଟି ଅଟଇ ।
ପଦେ ପଦେ କରି ଶୁଣ ଯୁଧିଷ୍ଠିର ଭାଇ ॥

କୋଇଲି, ଫଳିବାକୁ ଆଶା ନାହିଁ ମୋର ।

ଫଳିବାର ଫଳ ଗଲା ବସୁଦେବ ପୁର ଲୋ ॥

ଏ ବୃକ୍ଷର[୧୫] ଫଳ ପାର୍ଥ ହରି ରସ କହି ।
ଜୀବ ଗଲେ ଫଳମାନ ବିଅର୍ଥ ହୁଅଇ ॥
ବସୁଦେବ ବୋଲି ପାର୍ଥ ମୁଖଗୋଟି କହି ।
ପରମ ଜୀବର ଯିବା ବାଟ ଅଟେ ସେହି ॥
ବେନି ମଧ୍ୟେ ଜୀବ ପରମର ପୁଣି ପଥ ।
ପଦ ପଦ କରି ତୋତେ କହିଦେବା ପାର୍ଥ ॥
ବ୍ରହ୍ମଜ୍ଞାନ ଶୁଣି ପାର୍ଥ ଛାଡ଼ିଲା ବିରସ ।
ପୁଣି ହିଁ କୃଷ୍ଣଙ୍କୁ ଚାହିଁ ହୁଅଇ ହରଷ ॥

୧୪. ଜୀବ ଆପଣାର ମୋକ୍ଷ ଉଦ୍ଦେଶ୍ୟରେ ମହାମନ୍ତ୍ର ଅର୍ଥାତ୍ "ହରେ କୃଷ୍ଣ ହରେ କୃଷ୍ଣ କୃଷ୍ଣ କୃଷ୍ଣ ହରେ ହରେ । ହରେ ରାମ ହରେ ରାମ ରାମ ରାମ ହରେ ହରେ ॥" କିନ୍ତୁ ଭୂର୍ଭୁବଃ ସ୍ୱଃ ଆଦି ଗାୟତ୍ରୀ ଜପକରେ; ଅର୍ଥାତ୍ ପିଣ୍ଡର ପବିତ୍ର ଦ୍ୱାର କର୍ଣ୍ଣପଥରେ ସେହି ମହାମନ୍ତ୍ର ଶ୍ରବଣ କରି ସାଂସାରିକ ଖେଳାଲୀଳାକୁ ସାର୍ଥକ କରେ ।

୧୫. ଶରୀରରୂପକ ବୃକ୍ଷର ଆଧ୍ୟାତ୍ମିକ ଫଳ ହେଉଛି-ହରିନାମ ସ୍ମରଣ । ପିଣ୍ଡରୁ ଜୀବ ଓ ପରମ ବାହାରି ଯାଆନ୍ତେ ସାଂସାରିକ ବସ୍ତୁ ଅର୍ଥାତ୍ ଅଷ୍ଟରତ୍ନ ନଷ୍ଟ ହେବା ସଙ୍ଗେସଙ୍ଗେ ହରିନାମ ରୂପକ ଫଳର ସାର୍ଥକତା ରହେ । ଜୀବ ବ୍ୟତିରେକେ ପ୍ରାଣୀ ହରିନାମ ଉଚ୍ଚାରଣରେ ସମର୍ଥ ହୋଇପାରେ ନାହିଁ ।

କୋଇଲି, ବହୁତ ସହିଲି ତାଙ୍କ ଅଳି ।

ବଢ଼ାଇ ଶରଧା ଭାଙ୍ଗି ଗଲେ ବନମାଳୀ ଲୋ ॥

ବ୍ରହ୍ମା ବିଷ୍ଣୁ ଥାଇଣ ଏ ପିଣ୍ଡକୁ ଗଢ଼ିଲେ ।
ବଳଗଣ୍ଡି ବୋଲିଣ ଏହାର ନାମ ଦେଲେ ॥
ବହୁଅଛି ତ୍ରିବେଣୀଟି ଏହି ବୃକ୍ଷପର ।
ସେହି ରସ ପିଉଛନ୍ତି ଭକତ ମୋହର ॥
ବଙ୍କୁ ନାଳ[୧୬] ସଳଖରେ ଗୋଲା-ହାଟପୁର[୧୭] ।

ମିଶିଛନ୍ତି ବ୍ରହ୍ମା ବିଷ୍ଣୁ ତ୍ରିକୂଟ ମଧ୍ୟର ॥
ଏ ବୃକ୍ଷ ଫଳ ସରିଲେ କେହି ନ ରହନ୍ତି ।
ଅର୍ଜ୍ଜୁନ ଆଗରେ ଏହା ଶ୍ରୀହରି କହନ୍ତି ॥

କୋଇଲି, ଭଣ୍ଡି ମୋତେ ଗଲେ ବେନି ପୋଏ ।
ଭାଇ ତାଙ୍କ ବଳରାମ ନଇଲେ ବେଢ଼ାଏ ଲୋ ॥
ଭଣ୍ଡି କରି ଗଲା ଜୀବ ବାହୁଡ଼ି ନଇଲା ।
ବଳରାମ ପରମ ଯେ ଛାଡ଼ିକରି ଗଲା ।
ଜୀବ ଯେ ପରମ ସ୍ଥାନ ଭ୍ରମର[୧୮] ଗୁମ୍ଫାରେ
ଭକ୍ତ ଜନମାନଙ୍କର ସୁଖ ସେହିଠାରେ ।
ଡାହାଣ ଚକ୍ଷୁରେ ଜୀବ ପରମ ବାମେଣ ।
ତେଣୁ କରି ଭ୍ରମର ଗୁମ୍ଫା ବୋଲି ଜାଣ ॥
ଭ ଅକ୍ଷର ଅର୍ଥ ଯେବେ ପଚାରିଲୁ ବୀର ।
ପଦେ ପଦେ କରି ତୋତେ କହିଲୁ ନିକର ॥

କୋଇଲି, ମଥୁରାକୁ ଯିବକି ମୁଁ ଧାଇଁ ।
ମାଧବ ମଧୁସୂଦନ ଆଣିବି କଢ଼ାଇ ଲୋ ॥

୧୬. ହୃତ୍‌ପଦ୍ମରୁ ଅନାହତ ଚକ୍ର ନିକଟକୁ ଥିବା ସୂକ୍ଷ୍ମରନ୍ଧ୍ର ।
୧୭. ଇଅଁଳା, ପିଙ୍ଗଳା ସୁଷୁମ୍ନାର ମିଳନସ୍ଥଳ ।
୧୮. ଅନାହତ ଚକ୍ରର ଉପରେ ଥିବା ଶତଦଳ ପଦ୍ମର ଅଭ୍ୟନ୍ତରଭାଗ ।

ମଧୁପୁର[୧୯] ବାଟେ ଯହୁଁ ଜୀବ ଛାଡ଼ିଗଲା ।
ପରମ ଜୀବର ଆଉ ଦେଖା ଯେ ନୋହିଲା ॥
ମୁଖବାଟେ ଜୀବ ଯାହୁଁ ବାହାର ହୁଅଇ ।
ମଧୁପୁର ବୋଲି ତେଣୁ ମୁଖଟି ବୋଲାଇ ॥
ମୁକୁନ୍ଦର ନାମ ବ୍ରହ୍ମଜ୍ଞାନଟି ଅଟଇ ।
ଶୁଣିକରି ଅର୍ଜ୍ଜୁନ ଯେ ପୁଣି ପଚାରଇ ॥

କୋଇଲି, ଯିବେ ସେ ଆସିବେ ବୋଲି ଗଲେ ।
ଜଗତ ଜୀବନ କୃଷ୍ଣ ବେଢ଼ାଏ ନଇଲେ ସେ ॥
ଯାଉଁଳି କବାଟ ପାର୍ଥ ନାସାକୁଟି କହି ।
ଜୀବର ଆହାର ପାର୍ଥ ପବନ ଅଟଇ ॥
ଜଗତ ଜୀବନ କୃଷ୍ଣ ଛାଡ଼ିକରି ଗଲା ।
ଯାଉଁଳି କବାଟ ପାର୍ଥ ନିଷ୍ଫଳ ହୋଇଲା ॥
ଜାଣିକରି ଯୋଗିଜନେ ସେହିଦ୍ୱାରେ[20] ଭଜ ।
ନିଶ୍ଚଳେ ପାଇବ ଭେଟ ମହାମତ୍ତଗଜ ॥
ଯ ଅକ୍ଷର ଅର୍ଥ ଏବେ ଶୁଣିଲ ଅର୍ଜ୍ଜୁନ ।
କାର୍ପଣ୍ୟ ହୋଇଣ ପୁଣ କହଇ ବଚନ ॥

କୋଇଲି, ରତ୍ନ ବସ୍ତ୍ର ଅଲଙ୍କାରମାନ ।
ରାମକୃଷ୍ଣ ଶ୍ରୀଅଙ୍ଗକୁ ଦିଶେ ଶୋଭାବନ ଲୋ ॥
ରତ୍ନ ବୋଲି କରି ପାର୍ଥ ପଚାରିଲୁ ଯାହା ।
ପଦ ପଦ କରି ତୋତେ କହିଦେବା ତାହା ॥
ପିଣ୍ଡକୁ[21] ଯେ ବୋଲି ନାମ ରତ୍ନ ବୋଲି ଯାହା ।
ବ୍ରହ୍ମା ବେଦବର ଆଣି ପ୍ରତିକାର କୁହା ॥

୧୯. ମଧୁପୁର ବାଟ ଅର୍ଥାତ୍ ସୂକ୍ଷ୍ମମାର୍ଗ ମଧରେ ଜୀବ ପିଣ୍ଡରୁ ନିର୍ଗତ ହେବାପରେ ଶରୀରଧାରୀର ବ୍ରହ୍ମଜ୍ଞାନ ସମ୍ବନ୍ଧରେ ଧାରଣା ରହେ ନାହିଁ ।

୨୦. ପ୍ରାଣାୟାମ ସାଧନା ଯୋଗୀମାନଙ୍କ ପକ୍ଷେ ଉତ୍କୃଷ୍ଟ ପନ୍ଥା ବୋଲି ଯୋଗଶାସ୍ତ୍ରରେ ନିର୍ଦ୍ଦେଶ ଦିଆଯାଇଛି । ପ୍ରଣବ ଉଚ୍ଚାରଣପୂର୍ବକ ରେଚକ, ପୂରକ ଓ କୁମ୍ଭକ ମାଧ୍ୟମରେ ପବନକୁ ଆୟତ୍ତ କରାଯାଇପାରିଲେ ଯୋଗୀମାନେ ଇଚ୍ଛାମୃତ୍ୟୁ ଗ୍ରହଣ କରିପାରନ୍ତି ।

୨୧. ଏ ପାଦଟିର ଅର୍ଥ ସୁସ୍ପଷ୍ଟ ନ ହେଲେ ସୁଦ୍ଧା, ଖୁବ୍ ସମ୍ଭବତଃ ପିଣ୍ଡ ଅର୍ଥାତ୍ ଜୀବଧାରୀ ପକ୍ଷରେ 'ନାମ' (ହରିନାମ) ଶ୍ରେଷ୍ଠ ସମ୍ପତ୍ତି ବୋଲି କବି ଏଠାରେ ନିର୍ଦ୍ଦେଶ ଦେଇଛନ୍ତି ।

ରାମ ନାମ ପରମ ଯେ କୃଷ୍ଣ ନାମ ରାମ ।
ଶୋଭା ଦିଶେ ଏ ପିଣ୍ଡକୁ ଦୁଇଗୋଟି ନାମ ॥
ଶୁଣିକରି ଅର୍ଜ୍ଜୁନ ଯୋଡ଼ଇ ବେନିକର ।
ଲକ୍ଷ୍ମୀର ବଲ୍ଲଭ ନାଥ ମୋତେ ଦୟାକର ॥

କୋଇଲି, ଲକ୍ଷ୍ମୀର ବଲ୍ଲଭ ନାରାୟଣ ।

ଲଳିତେଣ ନାମ ଦେଲେ ଗାର୍ଗବ ବ୍ରାହ୍ମଣ ଲୋ ॥

ଲକ୍ଷ୍ମୀପତି[୨୨] ନାରାୟଣ ଶୂନ୍ୟରେ ମିଶିଲା ।
ରାମନାମ ଗୋଟାପଦ ନିଶବଦ ହେଲା ॥
ରାମ ପାଦ ଚଳିଗଲା ମଥୁରା ପୁରକୁ ।
ଶୂନ୍ୟ ହୋଇ ଗଲା ଜୀବ ମୃତ୍ୟୁ ଭବନକୁ ॥
ଲ ଅକ୍ଷରର ଅର୍ଥ ଶୁଣ ଫାଲଗୁନି ।
ପିଣ୍ଡ ଯେ ବ୍ରହ୍ମାଣ୍ଡ ତୋତେ ଭେଟାଇଲୁ ଆଣି ॥

କୋଇଲି, ବୃନ୍ଦାବନ ନ ଶୋଭଇ ମୋର ।

ବତ୍ସା କିଏ ଚରାଇବ ଯମୁନାର ତୀର ଲୋ ॥

ବିନୟ ହୋଇଣ ପୁଣ ପାର୍ଥ ପଚାରଇ ।
ବ ଅକ୍ଷର ଅର୍ଥ ମୋତେ କହ ଭାବଗ୍ରାହୀ ॥
ବୃନ୍ଦାବନ[୨୩] ଗୋଟା ପାର୍ଥ ଦେହକୁଟି କହି ।
ବତ୍ସା ବୋଲିକରି ପାର୍ଥ ପ୍ରକୃତି ଅଟଇ ॥
ପିଣ୍ଡରୁ ପରମ ଜୀବ ଅନ୍ତର ହୋଇଲା ।
ବୃନ୍ଦାବନ ତେଣୁ କରି ଅଶୋଭା ଦିଶିଲା ॥
ବ ଅକ୍ଷର ଅର୍ଥ ଶୁଣି ଅର୍ଜୁନ ସନ୍ତୋଷ ।
କୃଷ୍ଣର ହୋଇଣ ପୁଣି କହେ କୃଷ୍ଣଦାସ ॥

୨୨. ଲକ୍ଷ୍ମୀପତି ନାରାୟଣ ଅର୍ଥାତ୍ ପରମାତ୍ମା ଦେହରୁ ଅନ୍ତର ହୋଇ ମଥୁରାରୂପକ ଶୂନ୍ୟରେ ମିଶିଯାନ୍ତେ, ଦେହୀ ପରମ ଶୂନ୍ୟ ହୋଇ ଅନ୍ତରୀକ୍ଷରେ ମିଶିଯାଏ ।

୨୩. ଦେହରୁ ପରମ ଅନ୍ତର ହେବାକ୍ଷଣି ବୃନ୍ଦାବନ ରୂପକ ଦେହର ସଜୀବତା ନଷ୍ଟ ହୁଏ । ଜୀବ ମଧ୍ୟ ପରମର ପଦାଙ୍କ ଅନୁସରଣ କରିବାରୁ ମୃତପିଣ୍ଡ ଘଟ ନିଶ୍ଚେଷ୍ଟ ହୋଇ ପଡ଼ି ରହେ ।

କୋଇଲି, ଶ୍ରୀମନ୍ତ ପୁରୁଷ ମୋ ମାଧୋଇ।

ଶିରୀରଙ୍ଗ ଗଲାଦିନୁ ନନ୍ଦ ହେଲେ ବାଇ ଲୋ ॥

ଶ୍ରୀନୀଳ[୨୪] କନ୍ଦର ପାର୍ଥ ଜୀବର ଆସନ।
ଶ୍ରୀମନ୍ତ ପୁରୁଷ ଗଲେ ପିଣ୍ଡ ହୁଏ ଲୀନ ॥
ନୀଳ ଯେ ମାଧବ ରୂପ କଣ୍ଠ ମଧ୍ୟେ ଥିଲା।
ବ୍ରହ୍ମା ଶିବ ଦେବ ପ୍ରାଣ ସେହି ଛାଡ଼ି ଗଲା ॥
ମୃତ୍ୟୁ ପିଣ୍ଡ କରି ଜୀବ ଛାଡ଼ିକରି ଗଲା।
ନନ୍ଦର ପରମଜୀବ ଛାଡ଼ି ଚଳିଗଲା ॥

କୋଇଲି, ସାତଦିନ ଇନ୍ଦ୍ର ବୃଷ୍ଟି କଲା।

ସପତ ବରଷ ପୁତ୍ର ମନ୍ଦର ଧଇଲା ଲୋ ॥

ସପତ[୨୫] ଖଣ୍ଡରେ ପିଣ୍ଡୁ ପ୍ରାଣ ଛାଡ଼ି ଯାଇ।
ତେଣୁ କରି ସାତ ଦିନ ଶାସ୍ତ୍ରେ ଅଛି କହି ॥
ସାତବାର ଭିତରେ ଏ ଆତ-ଯାତ ହୋଇ।
ସପତ ବରଷେ ପାର୍ଥ ବ୍ରହ୍ମଜ୍ଞାନ ପାଇ ॥
ଜଳରୁ ଜନ୍ମଇ ପିଣ୍ଡ ଜଳରେ ଯେ ନାଶ।
ସପତ ଦଣ୍ଡରେ ପାର୍ଥ ଘୋଟଇ ଆକାଶ ॥
ଶୁଣି କରି ଅର୍ଜୁନ ଯେ ହୋଇ ଦିବ୍ୟ ତୋଷ।
ସ ଅକ୍ଷର ଅର୍ଥ ମୋତେ କହ ପିତବାସ ॥

୨୪. ଶ୍ରୀନୀଳକନ୍ଦର ଅର୍ଥାତ୍ ପ୍ରାଣୀର ହୃତ୍‌ପିଣ୍ଡରୁ ଜୀବ ଓ ପରମ ଶୂନ୍ୟ ହୋଇଯାନ୍ତେ, ପିଣ୍ଡର ଅସାରତା ପ୍ରମାଣିତ ହୁଏ।

୨୫. ବିଭିନ୍ନ ସାତଟି ସ୍ତର ଦେଇ ଜୀବ ଓ ପରମ ଘଟତ୍ୟାଗ କରନ୍ତି। ଆଉ ମଧ୍ୟ ସପ୍ତ ବରଷ ପର୍ଯ୍ୟନ୍ତ ଦେହଧାରୀର ଅଜ୍ଞାନତା ଘୋଟିଥାଏ। ଜଳର ଅଗାଧତା ପରି ପିଣ୍ଡରେ ଜୀବ ଓ ପରମର ଅଗାଧତା ସମ୍ବନ୍ଧରେ କାହାରି ଧାରଣା ହୋଇପାରେ ନାହିଁ। ଜଳ ଯେପରି କ୍ଷଣକରେ ଶୂନ୍ୟରେ ଘୋଟି ଶୂନ୍ୟକୁ ଜଳମୟ କରିଦିଏ, ସେହିପରି ପିଣ୍ଡରେ ଜୀବପରମର ପ୍ରବେଶ, କ୍ଷଣକରେ ଦେହକୁ ସଜୀବ କରିଦିଏ।

କୋଇଲି, ଶଶୀ ଯେହ୍ନେ ଦିନୁ ଦିନୁ କ୍ଷୀଣ ।
ସେହିପରି କ୍ଷୀଣ ହେଲେ ନନ୍ଦ ଯେ ରାଜନ ଲୋ ॥
ଶଶୀ ଚନ୍ଦ୍ର ଯେହ୍ନେ ପାର୍ଥ ଆକାଶରେ ଥାଇ ।
କଳଙ୍କ ମିଶିଲେ ସେ ଯେ ନାଶହିଁ ନ ପାଇ ॥
ପିଣ୍ଡରେ ଥାଇଣ ଜୀବ ସେହିମତି ନାଶ ।
ପ୍ରକୃତି ପୁରୁଷମାନେ ବେଢ଼ିଛନ୍ତି ପାଶ ॥
ଶଶୀ ପ୍ରାୟ ହେଲେ ପିଣ୍ଡ ବାହାର ହୁଅଇ ।
ଏକ ମନେ ଶୁଣ ତୁହୋ ଯୁଧିଷ୍ଠିର ଭାଇ ॥

କୋଇଲି, ହାଇ ଯେ ମାରଇ ପୁତ୍ର ତୁଣ୍ଡ ।
ହୃଦରେ ଦେଖିଲେ ମାଏ ସପତ ବ୍ରହ୍ମାଣ୍ଡ ଲୋ ॥
ହରଷ ହୋଇଣ ପୁଣ ପାର୍ଥ ପଚାରଇ ।
ହ ଅକ୍ଷର ଅର୍ଥ ମୋତେ କହ ଭାବଗ୍ରାହୀ ॥
ହରିହର[୨୭] ବ୍ରହ୍ମା କେହି ରଖି ନ ପାରନ୍ତି ।
ହରଷ ହୋଇଣ ଜୀବ ପରମେ କହନ୍ତି ॥
ହରି ନାମ ଭଜିଥିଲେ ବ୍ରହ୍ମଜ୍ଞାନ ପାଇ ।
ଅଶେଷ ବ୍ରହ୍ମାଣ୍ଡ ପାର୍ଥ ହରିନାମ କହି ॥
କୋଇଲି, କ୍ଷନ୍ଦଣି ବନ୍ଦଣି ଭୁଜଦଣ୍ଡ ।
କ୍ଷମା କର ଦୋଷ ମୋର ଭଣେ ମାରକଣ୍ଡ ଲୋ ॥
କ୍ଷନ୍ଦଣୀ ଯେ[୨୮] ବୋଲାଯାଏ ମାୟା ଜନ୍ତୁଙ୍କର ।
କ୍ଷମା ଯେ କରୁଣାନିଧି ଏଥିର ବିଚାର ॥
ଭୃତ୍ୟଜନମାନଙ୍କୁ ସେ ଦଣ୍ଡ ଦେବାପାଇଁ ।
ପିଣ୍ଡେ ଯେ ବ୍ରହ୍ମାଣ୍ଡ ଏକ କରିଣ ବୁଝାଇ ॥
ଅର୍ଜୁନ ପଚାରିଲେ ଶ୍ରୀହରି ଅର୍ଥ କଲେ ।
ଜଗନ୍ନାଥ ଦାସ ଏହା ପୁରାଣେ କହିଲେ ॥

କେଶବ କୋଇଲି ଅର୍ଥ ବ୍ରହ୍ମଜ୍ଞାନ ସାର।
ଲବଣୀ ସାଗରୁ ଏ ଯେ ହୋଇଛି ବାହାର ॥
ସାଧୁଜନମାନେ ମୋର ନ ଧରିବ ଦୋଷ।
ଶ୍ରୀମୁଖରେ ଆଜ୍ଞା ଯାହା ଦେଲେ ପୀତବାସ ॥

୨୬. ନାମହିଁ ନପାଇ ସ୍ଥାନରେ 'ନାଶକୁ ହିଁ ପାଇ' ହେବା ସମୀଚୀନ। ଅନ୍ୟଥା ପ୍ରକୃତ ଅର୍ଥ ସୁସ୍ପଷ୍ଟ ହେଉ ନାହିଁ।

୨୭. ପରମର ପ୍ରୟାସକୁ ରୋଧ କରିବାର ଶକ୍ତି କାହାର ନାହିଁ।

୨୮. ମାୟାରୂପକ ଛନ୍ଦଣୀରେ ଜୀବ ବନ୍ଦୀହୋଇ ସଂସାରରେ ଲୀଳାଖେଳାରେ ଲାଗିଥାଏ। ସେହି ମାୟା ବା ଅଜ୍ଞାନତାର ବନ୍ଧନ ଫେଇ ପରମ ପିଣ୍ଡରୁ ନିର୍ଗତ ହେଲେ ଜୀବ ମଧ୍ୟ ପରମର ଅନୁସରଣ କରେ। ସଂସାର ଜଞ୍ଜାଳରେ ମଗ୍ନହୋଇ ଯେତେ ଯାହା କିଛି କାର୍ଯ୍ୟ କରୁଥାଏ, ହୃତ୍‌କମଳଦଳରେ ପରମ ଆସ୍ଥାନ ଜମାଇ ତା'ର ସାକ୍ଷୀସ୍ୱରୂପ ହୋଇଥାଏ। ତେଣୁ ସନ୍ଥଜନମାନେ ଏହି ତତ୍ତ୍ୱର ଅନୁଧାନ କରି ତଦନୁସାରେ ଆଚରଣପୂର୍ବକ ଇହଜନ୍ମରୁ ମୁକ୍ତିଲାଭ କରନ୍ତି। କବି ଜଗନ୍ନାଥ ଦାସ ପିଣ୍ଡ-ବ୍ରହ୍ମାଣ୍ଡ ଚରିତକୁ ଏହିପରି ଭାବରେ ଭକ୍ତ ବା ସନ୍ଥଜନଙ୍କ ହିତ ଅର୍ଥରେ ବୁଝାଇଛନ୍ତି।

ବାରମାସୀ କୋଇଲି

ଶିଶୁ ଶଙ୍କର ଦାସ

ଆରେ ବାବୁ ଚାପଧାରୀ
କି ଦଣ୍ଡ ହେଲା ତୋହରି
କାନ୍ଦି କଉଶଲ୍ୟା ବୋଲନ୍ତି, କୈକେୟୀ ଅରଜିବ କେଉଁ ଶିରୀ ଲୋ,
କୋଇଲି, ଶୁଣ ଲୋ ।

ଏହି ମଗୁଶିର ମାସ
କାକର ପଡ଼େ ବିଶେଷ
ଶୀତଳ ପବନ ବହେ ଘନ ଘନ, ମୋ ପୁତ୍ର କରିବ କିସ ଲୋ,
କୋଇଲି, ଶୁଣ ଲୋ ।

ପୁଷମାସେ ବଡ଼ ଶୀତ
କଷ୍ଟଦିଏ ଅପ୍ରମିତ
ବିନା ବସନରେ ବୃକ୍ଷ ବକଳରେ, କି ଦୁଃଖ ନ ହେବ ଜାତ ଲୋ,
କୋଇଲି, ଶୁଣ ଲୋ ।

ମାଘରେ ତହୁଁ ଅଧିକ
ଗରିବ ଦୁଃଖଦାୟକ
ଅମୂଲ୍ୟ ସୁପାତି ତେଜି ରଘୁପତି, ବୁଲଇ କାନନଯାକ ଲୋ,
କୋଇଲି, ଶୁଣ ଲୋ ।

ଫଗୁଣେ ଫଗୁ ଖେଳରେ
ମାତିଛନ୍ତି ଘରେ ଘରେ
ମୋ ଅନ୍ଧୁଣୀ ଧନ ମୋଠୁ ହୋଇ ଭିନ୍ନ, ଭସାଇଲା ଶୋକ ନୀରେ ଲୋ,
କୋଇଲି, ଶୁଣ ଲୋ ।

ଚଇତ୍ରମାସରେ ଖରା
ନୀରସ କରଇ ଧରା
ଶରୀରରୁ ଝାଳ ବହେ ଅନର୍ଗଳ, ପରାଣ ହୁଏ ଘାବରା ଲୋ,
କୋଇଲି, ଶୁଣ ଲୋ ।

ବଇଶାଖ ଖରା ଚାହିଁ
ବାହାରକୁ ନୋହେ ଯାଇ
କେଉଁ ବୃକ୍ଷମୂଳେ ଜୀବନ ବିକଳେ, ଥିବ ମୋର ପୁତ୍ର ରହି ଲୋ,
କୋଇଲି, ଶୁଣ ଲୋ ।
ଜ୍ୟେଷ୍ଠେ ମୋ ଜ୍ୟେଷ୍ଠ ନନ୍ଦନ
ଜାନକୀସହ ଲକ୍ଷ୍ମଣ
ନାନା ପକ୍ୱଫଳ ଖୋଜି ବୁଲୁଥିବେ, ବିଧିର ଏ ବିଡ଼ମ୍ବନା ଲୋ,
କୋଇଲି, ଶୁଣ ଲୋ ।
ଆଷାଢ଼ ମାସରେ ମେଘ
ଗରଜଇ ଯେହ୍ନେ ବାଘ
ବେଳେ ଦୃଶ୍ୟ ବେଳେ ହୁଅଇ ଅଦୃଶ୍ୟ, ଘୋଟିଯାଏ ଚଉଦିଗ ଲୋ,
କୋଇଲି, ଶୁଣ ଲୋ ।
ଦେଖ ଏ ଧାରା ଶ୍ରାବଣ
ଜଳ ପଡ଼େ ଅନୁକ୍ଷଣ
ଘର ଘାଟ ନାହିଁ ମୋ ଦୁଃଖୀ ସଙ୍ଖାଳି, କିରୂପେ କାଟିବେ ଦିନ ଲୋ,
କୋଇଲି, ଶୁଣ ଲୋ ।
ଭାଦ୍ରବ ହେଲେ ପ୍ରବେଶ
ସୁନିର୍ମଳ ଦଶଦିଶ
ଅତି ସୁକୁମାରୀ ଜନକ କୁମାରୀ, ମନେ ଭାଳୁଥିବ କିସ ଲୋ,
କୋଇଲି, ଶୁଣ ଲୋ ।
ଆଶ୍ୱିନେ ଚନ୍ଦ୍ରକିରଣ
କରଇ ମନ ହରଣ
କେତେମତେ କେତେ ଉତ୍ସବ କରନ୍ତେ, ଘରେ ଥିଲେ ରଘୁରାଣ ଲୋ,
କୋଇଲି, ଶୁଣ ଲୋ ।
ଏ ମହା କାର୍ତ୍ତିକ ମାସ
ଭଣିଲେ ଶଙ୍କର ଦାସ
ସୀତା ସଙ୍ଗେ ଘେନି ରଘୁ କୁଳ ମଣି, ଭୋଗକଲେ ବାରମାସ ଲୋ,
କୋଇଲି, ଶୁଣ ଲୋ ।

■

ଆର୍ତ୍ତତ୍ରାଣ ଜଣାଣ

ଦୀନକୃଷ୍ଣ ଦାସ

(ରାଗ-କାମୋଦୀ)

କୃପାସିନ୍ଧୁ ବଦନ କରି ଅବଲୋକନ
କେଉଁ କରମହୀନ ଜନ,
କାକୁସ୍ତତର ହୋଇ କରଯୋଡ଼ି ଜଣାଇଁ
ଗରୁଡ଼ସ୍ତମ୍ଭ ସନ୍ନିଧାନ ହେ-
ମହାପ୍ରଭୁ
କୃପା-ସରିତ-ପତି ହୋଇ
କର୍ମହୀନ ଜନର ତହିଁ
କରୁଣା କଲନାହିଁ କିମ୍ପା ହେ ଭାବଗ୍ରାହୀ
ଏହା ମୁଁ ବିଚିତ୍ର ମଣଇ ହେ।୧।
ଖିଳ ବ୍ରହ୍ମାଣ୍ଡୋଦରେ କର୍ମହୀନ ଜନରେ
ଯେଣୁ ମୋ ସମ ଆନ ନାହିଁ,
ଖଗ ତିଳକ କାନ୍ତ କେ କାରଣୁ ଏମନ୍ତ
ଖେଦ ଆରତେ କହିଲଇଁ ହେ
ମହାପ୍ରଭୁ,
ଖଣ୍ଡିଲ ନାହିଁ ଯେଣୁ ମୋର
ଖେଦ ଆରତ ରତ୍ନାକର
ଖିଳ ବ୍ରହ୍ମାଣ୍ଡୋଦରେ ଖଣ୍ଡିନାହିଁ କାହାରେ
କଉଁ ବିପତ୍ତି ବିଶ୍ୱମ୍ଭର ହେ ।।୨।।
ଗଜରାଜଙ୍କୁ ଜଳେ ଗ୍ରାହ ଗ୍ରାସିବା କାଳେ
ଡାକିଲା ରଖ ଆଦିମୂଳ,
ଗୁରୁତର ଆତଙ୍କ ଜାଣିଣ ତା ଶ୍ରୀଅଙ୍ଗ

ରଥାଙ୍ଗ ପେଷିଲ ତତ୍କାଳ ହେ

ମହାପ୍ରଭୁ,

ଗ୍ରାହ ଜୀବନେ ନିବାରିଲ

ଗଜ ବିପତ୍ତିରୁ ତାରିଲ

ଗୁରୁତ୍ମାନ କେତନ   ମମ କର୍ମକୁ ଘେନ

ନିରାଶ ନୀରବଧି ହେଲ ହେ ॥ ୩ ॥

ଘନଶ୍ୟାମ ହେ   ବିପଦ ବିନାଶନ

ବିଚାରୁଥାଇ ମନେ ମୋର,

ଘୋର ବିପତ୍ତି ଛାର   କେତେ ମାତ୍ର ଯାହାର

ପ୍ରଭୁ-ମହିଁମା ଅକୁପାର ହେ

ମହାପ୍ରଭୁ,

ଘନେ ଏକଥା ମନେ ଥିଲା

ଘୃଣା କି କାରଣେ ନୋହିଲା

ଘୋର ବିପତ୍ତି ମୋରହୋଇ ଘଟକୁମ୍ଭର

ମହିମା ବାରିଧି ଶୋଷିଲା ହେ ॥୪॥

ନିରକ୍ଷ ନିସ୍ତାରଣ   କାରଣେ ପ୍ରହରଣ

କରକମଳରେ ବହିଛ,

ନିଧନ ସମୟରେ   ନିରକ୍ଷ ଜନଠାରେ

ନିର୍ଦ୍ଦୟ ହୃଦୟ ହୋଉଛ ହେ

ମହାପ୍ରଭୁ,

ନୀଳାଚଳରେ ତୁମ୍ଭେ ଥିବ

ନିରକ୍ଷ ଜନ ନାଶଯିବ

ନିଖିଳ ନିକେତନ   ନବ-ପଞ୍ଚ-ଭୁବନ

ମଧ୍ୟେ ଏ କେମନ୍ତ ଶୁଭିବ ହେ ॥୫॥

ଚତୁର୍ବର୍ଗ ଯାହାର   ଚରଣେ ପରିଚାର

ଚଞ୍ଚଳା ଯାର ଆଜ୍ଞାକାରୀ,

ଚାହିଁ ଯାହା ଶ୍ରୀମୁଖ   ଖଣ୍ଡେ ଦୁରିତ ଦୁଃଖ
ସେ ପ୍ରଭୁ ଭୃତ୍ୟହିଁ ଭିକାରୀ ହେ
ମହାପ୍ରଭୁ,
ଚତୁର୍ଦ୍ଦଶ ଭୁବନ ପ୍ରାଣୀ
ଚକିତ ହେବେ ଏହାଶୁଣି
ଚିତ୍ର ନୋହେ କି ଏହୁ   କଥାରେ ମହାବାହୁ
ନୀଳଶଇଳ ଚୂଡ଼ାମଣି ହେ ॥ ୬ ॥
ଛାଡ଼ି ସକଳ ଆଶ   ତୁମ୍ଭ ପାଦ ସାରସ
ଭରସା କରିଛି ସନ୍ତତେ
କ୍ଷୋଭ ସାଗରେ ପଡ଼ି   ମରିବା କାଳେ ବୁଡ଼ି
ଛାଡ଼ି ତ ଦେଉଅଛି ମୋତେ ହେ
ମହାପ୍ରଭୁ
କ୍ଷିତି ମଣ୍ଡଳେ ତୁମ୍ଭବିନା   କ୍ଷଣେ ହେଁ ନାହିଁ ବଜ୍ର ସେହ୍ନା
ଛଦ୍ମ ନୁହେଁ ଉଚିତ   କହୁଛି ପ୍ରଭୁ ସତ୍ୟ
ନିଶ୍ଚେ ଏତେବେଳକୁ ସିନା ହେ
ମହାପ୍ରଭୁ ॥୭॥

ଜଗତ ଅନୁରାଗେ   ଜାତ ଅବନୀ ଭାଗେ
ଦଇବେ ଜଗତର ନାଥ
ଜଗତ ଜନଙ୍କର   ଭିତରୁ ହିଁ ବାହାର
ମୁହିଁକି କାରଣେ ଅନାଥ ହେ
ମହାପ୍ରଭୁ
ଜଗନ୍ନାଥ ନାମ ବହିବ   ଜନ ଆରତ ନ ସହିବ
ଜଗତ ପତି ହୋଇ   ଅନୀତି କଲାଠାଇଁ
ଆଉ କେ ବା ଆଗେ କହିବ ହେ
ମହାପ୍ରଭୁ ॥୮॥

ଝଳିଛି ଏ ବଚନ ନବପଞ୍ଚଭୁବନ
ଆରତ ଭଞ୍ଜନ ଶ୍ରୀହରି
ଝଞ୍ଜିକା ମଣୁଅଛ କିମ୍ବା ମୋ ବିଷୟରେ
ବିନାଶ କାଳେ ଦଇତ୍ୟାରି ହେ
ମହାପ୍ରଭୁ
ଝାଡ଼େ ଡାକିଲା ଗର୍ଭଏଣୀ ଝଟତିରେ ତା ଡାକ ଶୁଣି
ଝିମିଟି ସେ ବିପତ୍ତି ହରିଲା ହେ ଶ୍ରୀପତି
ମୋରେ ନିର୍ଦ୍ଦୟ କିମ୍ବା ପୁଣି ହେ
ମହାପ୍ରଭୁ ।।୯।।

ନ ଥିଲେ ଦୟା ଚିତ୍ତେ କହ ହେ ପ୍ରଭୁ ମୋତେ
ମୋ ଜୀବ ପ୍ରତି ଆଶା ଫିଟୁ,
ନିଶ୍ଚେ କରୁଣାନିଧି ହେଲେ ନିର୍ଦ୍ଦୟ ନିଧି
ବୋଲି ତ୍ରିଭୁବନେ ପ୍ରକଟୁ ହେ
ମହାପ୍ରଭୁ,
ନିଶ୍ଚେ ନିର୍ଦ୍ଦୟ ହେବ ଯେବେ
ନିଖିଳେ ଆଉ ନିକି ଥିବେ
ନାଗ-ନୃପତି ପୁର ସମ୍ଭାର ନିଧିଧର
ଯେ ଯାହା ସତ୍ୟକୁ ଲଙ୍ଘିବେ ହେ ।।୧୦।।

ଟିକିଏ ବିଳମ୍ବିତ ନକରି ପାଣ୍ଡୁସୁତ
କ୍ଷୋଦ୍ଭୁତ ସଙ୍କଟ ତାରିଲ
ଟେକି ଦୁଃସହ ଘୋର ଦାରିଦ୍ର ସୁଦାମାର
ଦର୍ଶନ ମାତ୍ରକେ ହରିଲ ହେ
ମହାପ୍ରଭୁ
ଟଳିବ କି ମହିମା ସାଗର ସୁଖସୀମା

ଏମନ୍ତ ବିଚାରେ ମନରେ ହେ
ମହାପ୍ରଭୁ ॥୧୧॥

ଠାବ ନ କଲି ଚିତ୍ତେ କଉଁ ଦୋଷକୁ ମୋତେ
ନିରାଶ କରୁଛ ଗୋସାଇଁ,
ଠାକୁର ହୋଇ ଭୃତ୍ୟ- ଠାରେ କଲେ ଏମନ୍ତ
ଆଉକା ଆଗେ କହିବଇଁ ହେ
ମହାପ୍ରଭୁ,
ଠୁଳ ବିପତ୍ତି ଦେଖି ମୋର
ଠିକେ ନ କରୁଛ ଅନ୍ତର
ଠଣ ପଦ୍ମଚରଣ ବିନୁ ପ୍ରତି କାରଣ
ଅଛି କେ ବ୍ରହ୍ମାଣ୍ଡ ଭିତର ହେ
ମହାପ୍ରଭୁ ॥୧୨॥
ଡେରିଥିଲ ଶ୍ରବଣ ଗଜ ଆଦି ବ୍ରାହ୍ମଣ
ଡାକିଲା ମାତ୍ରକେ ଶୁଣିଲ
ଡୋଳା ଗୋଚରେ ଥାଇ ଡାକିଲେ ନ ଶୁଭଇ
କର୍ଣ୍ଣକୁହର କି ମୁଦିଲ ହେ
ମହାପ୍ରଭୁ
ଡାକ ପଡୁଛି ଜଗତରେ ଡାକିଲେ ନଶୁଣ କର୍ଣ୍ଣରେ
ଡରି କି ମୋହର ବିପଦ ଦେଖି ଘୋର
ତେଣୁ ବା ନ ଶୁଣୁଛ ବାରେ ହେ
ମହାପ୍ରଭୁ ॥୧୩॥

ଢାଳେ ତୁମ୍ଭ ବାହାରେ ଅଛିକେ ଜଗତରେ
କା ଆଗେ ଜଣାଇବି ଆଉ
ଢାଳେ ବିପଦାର୍ଣ୍ଣବେ ଭାସୁଛି ଭୃତ୍ୟ ଏବେ

ତୁମ୍ଭ ପରାୟେ ପ୍ରଭୁ ଥାଉଁ ହେ
ମହାପ୍ରଭୁ
ଢମାଳି ପ୍ରାୟେ ମୋ ଉତ୍ତର   ଢାଳେ ନମଣ ଚକ୍ରଧର
ଢଳି ନଯାଉ ଜୀବ   ଦେଇ କରୁଣା ନାବ
ଉଦ୍ଧରି ଧର ବିଶ୍ୱମ୍ଭରହେ
ମହାପ୍ରଭୁ ॥୧୪॥

ଆହେ ହେ ମହାବାହୁ   ବିପଦ ଚନ୍ଦ୍ର ରାହୁ
ଆଜ୍ଞା ଯେ ଦେଇଛ ଶ୍ରୀମୁଖେ
ଆରତଜନ ହେଲେ   ଆରତରେ ଡାକିଲେ
ମୁଁ ତାହା ନସହଇ ରେଖେ ହେ
ମହାପ୍ରଭୁ
ଆଉ ଆରତ ମୋହପୁରେ ଅଛିକେ ବ୍ରହ୍ମାଣ୍ଡ ଭିତରେ
ଆରତ ତ୍ରାଣ ତାହା   ଜାଣ ହେ ଚଉବାହା
ପ୍ରତ୍ୟୟ ନାହିଁ ମୋ ମନରେ ହେ
ମହାପ୍ରଭୁ ॥୧୫॥

ତୁମ୍ଭେ ତ୍ରିତାପହର   ତ୍ରିଭୁବନ ଈଶ୍ୱର
ଆରତ ଜନ ନିସ୍ତାରଣ
ତେଣୁକରି ମୋହର   ଭରସା ନିରନ୍ତର
ଯେଣୁ ମୁଁ ପତିତ ଭୂଷଣ ହେ
ମହାପ୍ରଭୁ
ତଥାପି କରୁଣା ନିଧନ   ତ୍ରାହି ନକଲେ ଦୀନଜନ
ତେଣୁ ତୁମ୍ଭର ଦୀନବନ୍ଧୁ ନାମ କେତନ
ତେଜ ଏଣିକି ତ୍ରିଭୁବନ ହେ
ମହାପ୍ରଭୁ ॥୧୬॥

ଥୟ ନୋହୁଛି ମନ   ଯେହ୍ନେ ବିଜୁଳି ଘନ
ନଳିନୀଦଳ ବନ ପ୍ରାୟ
ଥିଲା ଯେଉଁ ପ୍ରଭୁଙ୍କୁ   ଆଶା ଉଦ୍ଧରିବାକୁ
ଦେଖିଣ ପ୍ରଭୁଙ୍କୁ ନିର୍ଦ୍ଦୟହେ
ମହାପ୍ରଭୁ
ସ୍ଥଳେ କେ ଅଛି ଜଗତରେ ଥୟବା କେ କରିବ ମୋରେ
ସ୍ଥିତି ଆଦି ପ୍ରଳୟେ ଯାହା ଆଜ୍ଞାହେ ହୁଏ
ସେ ପ୍ରଭୁ ନରଖିଲେ ତିଳେ ହେ
ମହାପ୍ରଭୁ ॥୧୭॥

ଦୟା ସାଗର ବୋଲି   ଦମ୍ଭ ତେଛି ଭଜିଲି
ଅମ୍ବୁଜ ଚରଣେ ତୁମ୍ଭର
ଦେଲନାହିଁ ବିବୁଧ   ପତି ପଦ ବିଶୁଦ୍ଧ
ମୋ କର୍ମେ ଦୟାହିଁ ଦୁସ୍ତର ହେ
ମହାପ୍ରଭୁ
ଦୀନବନ୍ଧୁ ନାମ ତୁମ୍ଭର   ଦ୍ୱିସପ୍ତ ଲୋକରେ ବିସ୍ତାର
ଦେଖୁ ଦେଖୁ ଦୁର୍ଗତି ହେଉଛି ଦଣ୍ଡ ଅତି
ଏ କିମ୍ପା ହୋଇବ କାହାର ହେ
ମହାପ୍ରଭୁ ॥୧୮॥

ଧରିଛି ଏହି ସୁଖ   ମନେ ହେ ପଦ୍ମମୁଖ
ଅଭୟ ପଞ୍ଚରେ ପଶିଲେ
ଧରି ଦାରୁଣ ମୂର୍ତ୍ତି   ସକ୍ରୋଧ ଅତି
ବିସମ ବିପଦ ଗ୍ରାସିଲେ ହେ
ମହାପ୍ରଭୁ
ଧରି ଯାହା ନାମ ମନରେ, ଧ୍ରୁବ ପ୍ରହ୍ଲାଦ ନିସ୍ତିଲେ

ଧରି ଏହୁ ଭରସା ପତିତ ପ୍ରତି ଆଶା
କରିଛି ରଜନୀ ବାସରେ ହେ
ମହାପ୍ରଭୁ ॥୧୯॥

ନିଗୂଢ଼ ସଙ୍କଟକୁ ପେଶ ମୁଁ ଦର୍ଶନକୁ
ଏବେ କି କିରଣେ ନପେଶ
ନିଶ୍ଚେ ନିରକ୍ଷ ନାଶ ଗଲେହେ ହୃଷୀକେଶ
ଏଥିକି ହୋଇବ ପୌରୁଷ ହେ
ମହାପ୍ରଭୁ
ନ ସହି ଆରତ ବିଳମ୍ବ ନିସ୍ତାରିଛ ନୃପ କଦମ୍ବ
ନିଧନ ସମୟରେ ନୀରକ୍ଷ ଜନଠାରେ
ଏବେ କି କାରଣେ ବିଳମ୍ବ ହେ
ମହାପ୍ରଭୁ ॥୨୦॥

ପରିହର ସକଳ ଆଶା ହେ ଆଦିମୂଳ
ପଶିଛି ଶରଣ ତୁମ୍ଭଲେ
ପ୍ରଭୂତ ସକଳ ଆଶା ହେ ଆଦିମୂଳ
ପଶିଛି ଶରଣ ତୁମ୍ଭଲେ
ପ୍ରଭୂ ଅବିଚାର କରି ଦେଉଛ ଘୋର
ବିପଦ ସଙ୍କଟ ମୁଖରେ ହେ
ମହାପ୍ରଭୁ
ପରାପର ତୁମ୍ଭର ନାହିଁ ପରମ ଦୟାଳୁ ଗୋସାଇଁ
ପତିତ ଗତିହୋଇ ପତିତ ଜନଠାଇଁ
ଏଡ଼େ ନିର୍ଦ୍ଦୟ କାହିଁପାଇଁ ହେ
ମହାପ୍ରଭୁ ॥୨୧॥

ଫେଡ଼ି କହିବି କେତେ   ଭରସା ଅଛି ଯେତେ
ତୁମ୍ଭ ଶ୍ରୀଚରଣେ ମୋହର
ଫୁଲ୍ଲେନ୍ଦୀବରେକ୍ଷଣ   ତୁମ୍ଭେତ ତାହାଜାଣ
ଜାଣି କରୁଛ କିମ୍ପା ଦୂର ହେ
ମହାପ୍ରଭୁ
ଫନ୍ଦା ମୁ କରିଛି ତୁମ୍ଭଙ୍କୁ   ଫାନ୍ଦ ଦୁଷ୍କରୁ ତରିବାକୁ
ଫଣୀ ଶୟନ ଦିନ ବାନ୍ଧବ ହୋଇ ଭିନ୍ନ
ନକର ନୀରକ୍ଷ ଜନକୁ ହେ
ମହାପ୍ରଭୁ ॥୨୨॥

ବନଜକର ଯାନ   ଚରଣ ବିଲୋକନ
କରି ପ୍ରମୋଦ ହୋଇଥାଇଁ
ବିଷମ ସମୟରେ   ମୋହ ପକ୍ଷ ପାତରେ
ପ୍ରତିକାର କରିବା ପାଇଁ ହେ
ମହାପ୍ରଭୁ
ବିଷମ ସଙ୍କଟ ପଡ଼ିଲା   ବାରେ କି ଚକ୍ର ନେ ଭେଦିଲା
ବିନାଶିବାରୁ ଗାଢ଼ ବିପତ୍ତି ମାନ ଦାଢ଼
ଚକ୍ର କି ବକ୍ରକୁ ଭେଦିଲା ହେ
ମହାପ୍ରଭୁ ॥୨୩॥

ଭୂମିଭରା ହରଣେ ପତିତ ନିସ୍ତାରଣେ
ଭୃତ୍ୟକୁ ଉଦ୍ଧାରିବା ପାଇଁ
ଭାବେ ନୀଳ କନ୍ଦରେ ବିଜେ କରିଛ କରେ
କମ୍ବୁ ଚକ୍ର ଭୂଷିତ ହୋଇ ହେ
ମହାପ୍ରଭୁ
ଭକ୍ତ ବତ୍ସଳ ତୁମ୍ଭ ବାନା   ଭବଭୟକୁ ବଜ୍ରସେହ୍ନା ।

ଭବ ସାଗରେ ଯେବେ ଭୃତ୍ୟ ଭାସିବ ଏବେ
ସେ ନିନ୍ଦା ତୁମ୍ଭଙ୍କୁହିଁ ସିନାହେ
ମହାପ୍ରଭୁ ॥୨୪॥

ମହାପ୍ରଭୁ ଅନ୍ତର କରିଲେ ହେ ମୋହର
ତୁମ୍ଭ ବିହୀନେ ଅନ୍ୟ ନାହିଁ
ମୃଗଧୃତ ଚକୋର ଚାତକ ଜଳଧର
ମୀନ ଜୀବନ ପ୍ରାୟ ହୋଇହେ
ମହାପ୍ରଭୁ
ମୋରେ ଯେବେ ଦୟା ନୋହିବ ମୋ ଜୀବ କ୍ଷଣେ ନ ରହିବ
ସତ କରି କହୁଅଛି ହେ ମହାବାହୁ
ସବୁରି ସଂଶୟ ରହିବହେ
ମହାପ୍ରଭୁ ॥୨୫॥

ଯାହାନାମ ସ୍ମରଣେ ମରଣ ଭୟଜିଣେ
ନୋହେ ଦଣ୍ଡଧର ଦଣ୍ଡକୁ
ଜଗତ ନିସ୍ତାରଣ ଥାଉଁ ଏଡ଼େ ଦାରୁଣ
ହୋଇଲେ ବିପତ୍ତି କାଳକୁ ହେ
ମହାପ୍ରଭୁ
ଜୀବ ଯିବାର ବଡ଼ସୁଖ ଜିଇଁବା ସମ ନାହିଁ ଦୁଃଖ
ଯାହା ସାମନ୍ତ ଚାରିବର୍ଗରେ ଅଧିକାରୀ
ତାହା ସେବକର ଦୁଃଖ ହେ
ମହାପ୍ରଭୁ ॥୨୬॥

ରାଜୀବ ପଦଯାର   ପାଷାଣ କରେ ନର
ଶୋକ କଳଶ ନିବାରଣ
ରଙ୍କପ୍ରାୟ ତାହାର   ପରିଚାରହେ ବର
ଏ ନିକି ପ୍ରଭୁଙ୍କୁ ଭୂଷଣ ହେ
ମହାପ୍ରଭୁ
ରମା ଯାହାର ପ୍ରିୟବତୀ   ରସାଦି ତ୍ରୈଲୋକ୍ୟର ପତି
ରତିଏ ତ ସୁନ୍ଦର ନୋହିଲା ମୋ ଉତ୍ତର
ଏମନ୍ତ ପ୍ରଭୁର ଏ ରୀତି ହେ
ମହାପ୍ରଭୁ ॥୨୭॥

ଲଲାଟର ଲିଖନ   କେ କରିପାରେ ଆନ
ଏମନ୍ତ ଆଜ୍ଞା ହେଉ ଅବା
ଲଭି ତୁମ୍ଭଙ୍କୁ ପତି ପଣେ ହେ ରମାପତି
କର୍ମକୁ କିପାଁ ଆରଦିବା ହେ
ମହାପ୍ରଭୁ
ଲୀଳା ମାତ୍ରକେ ଏ ସଂସାର   ଲୁତାପ୍ରାୟେ କର ସଂହାର
ଲୋକ କର୍ମକୁ ଏହୁ କଥା ହେ ମହାବାହୁ
ଏହାକି ପଚାର ମନରହେ
ମହାପ୍ରଭୁ ॥୨୮॥

ବିଚିତ୍ର କରି ଗୁରୁ -   ପୁତ୍ର ଶମନ ପୁରୁ
ଈକ୍ଷିତ ମାତ୍ରକେ ଆଣିଲ,
ବିଂଶକର ଅମର-   ବର କରିଣ ବିଦୂର
ବିନାଶି ବିଧିକି ଜିଣିଲ ହେ ମହାପ୍ରଭୁ,
ବିଷମ ସଂକଟୁ ଉଦ୍ଧର
ବିଶ୍ୱ ସଂସାରୁ ପାରିକର

ବିଶେଷେ ବାଞ୍ଛାନିଧି   ବାଞ୍ଛା କର ପ୍ରସିଦ୍ଧି
ବୋଲି ଅନେକ ବାଞ୍ଛା ମୋର ହେ
ମହାପ୍ରଭୁ ॥୨୯॥
ସେବକ ହୋଇକରି   ପ୍ରଭୁ କୋପକୁ ଡରି
ଭରସା ଯେବେ ନ କରିବି
ଶୁଣ ମହିମା ମେରୁ   ଏ ଦୁଃଖ ଜଳଧିରୁ
କେମନ୍ତ ପ୍ରକାରେ ତରିବି ହେ ମହାପ୍ରଭୁ,
ସର୍ବଜ୍ଞ ପୁରୁଷ ଗୋସାଇଁ
ସକଳ ଜୀବ ହୃଦେ ଥାଇ
ସେବକ ଦୁଃଖ ଜାଣି   ଦୟା ନ କଲେ ପୁଣି
ଆଉ ଜାଣନ୍ତା ଅଛି କେହି ହେ ମହାପ୍ରଭୁ ॥ ୩୦॥

ଶେଷେ ବିରଞ୍ଚି ଶିବ   ସୁରଆଦି ବାସବ
ଶୁକ ଶନକ ସନାତନ,
ସେବେ ଯେଉଁ ପୟରେ   କୋଟି ଅଂଶ ମୁଁ ଲକ୍ଷରେ
ଦାସପଣେ କି ରାଜନ୍ ହେ ମହାପ୍ରଭୁ,
ସବୁ ଭରସା ଅଛି ଏଣୁ,
ଶରଣ ନିସ୍ତାରଣ ଯେଣୁ
ଶୁଣିଅଛି ଆହୁରି   କଥାଏ ଚିତ୍ର କରି
ସୁମେରୁ ସମ କର ରେଣୁ ହେ
ମହାପ୍ରଭୁ ॥ ୩୧॥

ଶୁଣ ତୁମ୍ଭ ଭରସା   ବିଶ୍ୱାସ ନାବେ ଆଶା
ନିବେଶି ତବ ଶ୍ରୀଚରଣେ
ସୁଖ ସାଗର ହୋଇ   ଦୁଃଖ ସାଗରେ ନେଇ
ମେଲି ଦେଉଛି ଅକାରଣେ ହେ ମହାପ୍ରଭୁ

ସେବିଛି ତୁମ୍ଭ ପାଦ ଦୁଇ, ଶୋକ ସିନ୍ଧୁ ତରିବା ପାଇଁ
ଶ୍ରୀବତ୍ସ ହେ ଲାଞ୍ଛନ କର ପ୍ରତି କାରଣ
କରୁଣା କଟାକ୍ଷେ ଅନାଇହେ
ମହାପ୍ରଭୁ ।୩୨।

ହୃଦୟେ ଅଛି ମୋର ଏହୁ ସଂସାରସାଗର
ତରିବି ତୁମ୍ଭ ମହିମାରୁ,
ହୋଉଅଛି ସଂଶୟେ ଯେଣୁ ମୋର ବିଷୟେ
ଅକରୁଣା ମହିମା ମେରୁ ହେ
ମହାପ୍ରଭୁ,
ହୋଇଲା କର୍ମ ମୋ ବଇରି
ହୃଦୟେ ଦହଇ ମୋହରି
ହେତୁ କର୍ମ ତୁମ୍ଭର ତେଣୁ କରି ଅଦମ୍ୟେ
ଗୁହାରି କଲି ଦଇତାରି ହେ
ମହାପ୍ରଭୁ ।। ୩୩ ।।

କ୍ଷମାସାଗର ବୋଲି ଛାମୁରେ ସିନା ମୁହିଁ
ଜଣାଉଅଛି ଏଣୁ ବାରେ
କ୍ଷଣେ ହେଁ ମୋହ ମନ ନରହେ ତୁମ୍ଭ ଧ୍ୟାନ
ଗୁଣ ଗାୟନମାନଙ୍କରେ ହେ
ମହାପ୍ରଭୁ,
କ୍ଷୋଭ ଯେବେ ମନେ ନୁଅନ୍ତା
କ୍ଷଣେ ହେ ନାମ କେ ପାରନ୍ତା
ଛାର ଦୀନ ପାମର କୃଷ୍ଣ କିମ୍ପାଇଁ ଛାର
ଭବସାଗରକୁ ତରନ୍ତା ହେ
ମହାପ୍ରଭୁ ।। ୩୪ ।।

■

ମନବୋଧ ଚଉତିଶା

ଭକ୍ତ ଚରଣ ଦାସ

କହଇ ମନ ଆରେ ମୋ ବୋଲ କର । କଳା ଶ୍ରୀମୁଖ ବାରେ ଦେଖିବ ଚାଲରେ ॥
କେତେ ଦିନକୁ ମନ ବାନ୍ଧିଛୁ ଆଣ୍ଟ । କେ ଘେନି ଯିବୁ ତୋର ଛୁଟିଲେ ଘଟରେ ॥୧॥
ଖଣ୍ଡି ଯେ ଖଣ୍ଡି ତୋର ପଞ୍ଜରା କାଠି । ଖାଉଣ ଥିବେ ଶ୍ୱାନ ଶୃଗାଳ ବାଣ୍ଟିରେ ॥
ଖଟ ପଲଙ୍କେ ଶେଯ ସଜାଇ ଶୋଉ । ଖଳ ଦୁର୍ଗନ୍ଧ ହେବ ଏ ତୋର ଦେହୁରେ ॥୨॥
ଗଲେଣି ତୋ ସଙ୍ଗରୁ ଯେତେକ ଜନ । ଗଣ୍ଠିରେ ବାନ୍ଧିନେଲେ କେ କେତେ ଧନରେ ॥
ଗୁରୁ ଗୋବିନ୍ଦ ନାମ ତୁଣ୍ଡେ ନ ବୋଲୁ । ଗାଢ଼େ ମଜିଣ ନିତ୍ୟେ ଧନ ଅର୍ଜିଲୁରେ ॥ ୩ ॥
ଘର ବୋଲି ଅର୍ଜିଛୁ ଯେତେ ପଦାର୍ଥ । ଘଟ ଛୁଟିଲେ ତୋତେ ବୋଲିବେ ଭୂତ ॥
ଘର ଘରଣୀ ଦେହ କିଳାଉ ଥିବେ । ଘେନି ବନ୍ଧୁ କୁଟୁମ୍ବ ଶୁଦ୍ଧ ହୋଇବେ ॥୪॥
ଉଦ୍ଧାର ହେବୁ ଯେବେ ଭବ ସାଗରୁ । ଉପାୟ କରି ଏବେ ଭଜ ଶ୍ରୀଗୁରୁ ॥
ଉଣା ହେଉଛି ଦିନୁଁ ଦିନୁଁ ଆୟୁଷ । ଆଉ ଏଣିକି ଅଛି କେତେ ବୟସ ॥୫॥
ଚିତ୍ର ପ୍ରତିମା ପ୍ରାୟ ଦିଶୁ ସୁନ୍ଦର । ଚିରି ଭିତର ଦେଖ କି ନାରଖାର ॥
ଚର୍ମ ବେଢ଼ିଛି ସିନା ଚଉରାଶିକି । ଚିତ୍ତ ତୁ ଦିଅ ନୀଳଗିରିବାସୀଙ୍କି ॥ ୬ ॥
ଛାର ଦେହକୁ ମନ କରିଛୁ ସଜ । ଛନ୍ଦ କପଟ ତେଜି ଗୋବିନ୍ଦ ଭଜ ॥
ଛୁଇଁବେ ନାହିଁ ତୋତେ ବୋଲିବେ ମଡ଼ା । ଛଖଣ୍ଡି କାଣ୍ଠ ହେବ ତୋ ପାଇଁ ଲୋଡ଼ା ॥୭॥
ଯମ ଯେ ନ ଜାଣଇ ବାଳୁତ ଯୁବା । ଜିଇଁବୁ ବୋଲି ମନେ କରିଛୁ ଅବା ॥
ଜଣେ ହେଁ ଏଥୁ କେହି ନାହିଁ ଅମର । ଜଗନ୍ନାଥଙ୍କୁ ଭଜ ହେବୁ ଉଦ୍ଧାର ॥ ୮॥
ଝୋଲା କନ୍ଥା ପାଛୋଡ଼ା ପିନ୍ଧାକୁ ରସୁ । ଝାଡ଼ ସଂସାରେ ମନ ନବୁଝି ବସୁ ॥
ଝୁଣ୍ଟି ପଡ଼ିଲେ ଉଠି ପାରିବୁ ନାହିଁ । ଝଡ଼ିଲାପତ୍ର ବୃକ୍ଷେ ଲାଗିଛି କାହିଁ ॥୯॥
ନିଶି ଦିବସ ଥୟ ନୋହୁନା ମନ । ନିଦ୍ରାରେ ଦେଖୁ ଅଛୁ ଯଥା ସପନ ॥
ନ ଯିବେ ସଙ୍ଗେ କେହି ଯିବୁ ତୁ ଏକା । ନାମ ମାତ୍ର ଅଟଇ ପଥକୁ ସଖା ॥ ୧୦॥
ଟାଣ କରିଛୁ ମନ ସବୁ ମୋହରି । ଟଳି ପଡ଼ିଲେ କେହି ନୁହେଁ କାହାରି ॥
ଟେରା ଭିତରେ ଯେହ୍ନେ ଅପୂର୍ବ ନାରୀ । ଟୋପଚଉଁରା ଅଛି ତୋ ଦେହେ ପୁରି ॥୧୧॥

ଠିକେ ମୁଁ କହୁଅଛି କର ମୋ କଥା । ଠିକେ ତୋ ଦେହେ ଅଛି ଶୂନ୍ୟ ଦେବତା ॥
ଠିକି ଯିବୁଟି ଠିକ ମୁଣ୍ଡେ ପଡ଼ିଲେ । ଠିକେ ଗୁରୁଙ୍କୁ ସେବା କର ତୁ ଭଲେ ॥୧୨॥
ଡାକି କହୁଛି ମନ ଭଜ ଗୋବିନ୍ଦ । ଡରି ଜଞ୍ଜାଳ ଯାଉ ତୋହର ହୃଦ ॥
ଡେରିଥାନ୍ତି ଶ୍ରବଣ ଭକ୍ତ ଡାକକୁ । ଡଙ୍ଗା ଯେହ୍ନେ ଜଳରେ ଚାହାଁ ପଛକୁ ॥୧୩॥
ଢୋଲ ଯେସନେ ଢାଉଁ ଢାଉଁ ବାଜଇ । ଢାଳେ ତହିଁ ଭିତରେ କିଛି ହିଁ ନାହିଁ ॥
ଢାଙ୍କି ରହିଛି ଦେହ ସବୁଟି ତୁଚ୍ଛ । ଢଳିପଡ଼ିଲେ ସବୁ ହେବଟି ମିଛ ରେ ॥୧୪॥
ଏଣେ ତୁ ଦେଇଥିଲେ ତେଣେ ପାଇବୁ । ଅଣଆୟତ୍ତ ବେଳେ କି ଘେନି ଯିବୁ ॥
ଅଣନିଶ୍ୱାସୀ ହୋଇ ରହିବୁ ଦିନେ । ଅନେକ ଦୁଃଖ ଦେବେ ଯମ ଭୁବନେ ॥୧୫॥
ତୁ ଯେବେ ବୋଲୁ ମୋର ଅର୍ଜିଲା ଧନ । ତୋ ଦେହ ନୋହେ ତୋର ଦେଖ ଏ ମାନ ॥
ତୋହରି ସଙ୍ଗୁ ମନ ଗଲେଣି କେତେ । ତୁ ମିଥ୍ୟା କଥାକୁ ତ ଯାଉ ପରତେ ॥୧୬॥
ଥିଲେ ଏ ସଂସାରରେ ଯେତେ ନୃପତି । ଥୟକରି କେ ଭୋଗ କଲା ଏକ ପୃଥ୍ୱୀ ॥
ଥୋଇଲା ଧନ ତୋର ଖଣ୍ଟ ଖାଇବେ । ଥାନେ ତୋହର ଘର କରି ରହିବେ ॥୧୭॥
ଦେହେ ପୂରିଛି ତୋର ଅଶେଷ ରୋଗ । ଦିନ ଚାରିକି ସିନା ଏ ସୁଖ ଭୋଗ ॥
ଦଣ୍ଡେହେଁ କେହି ତୋତେ ରଖିବେ ନାହିଁ । ଦଣ୍ଡୁ ଯେ ଥିବେ ଯମ ଡଗର ଯହିଁ ॥୧୮॥
ଧର୍ମ ଅଧର୍ମ କଥା ନ ଜାଣୁ ତୁହି । ଧନ୍ଦିହେଉଛୁ ଧନ ଅର୍ଜିବା ପାଇଁ ॥
ଧୋକା ରଖିଲେ ଧନ୍ଦା ଫିଟିବ ନାହିଁ । ଧର୍ମରେ ଆତଯାତ ହେଉଛି ମହୀ ॥୧୯॥
ନିନ୍ଦିତ କର୍ମ କଲେ ନିନ୍ଦା ପାଇବୁ । ନରକେ ପଡ଼ି କେତେ ଦୁଃଖ ସହିବୁ ॥
ନିମିଷମାତ୍ର ମୁଖେ ନ ବୋଲୁ ହରି । ନାଶ ହେତୁଙ୍କୁ କିମ୍ପା ଧରୁ ଆବୋରି ॥୨୦॥
ପାହିଲେ ନିଶି ଯେହ୍ନେ ରବି ଉଦୟ । ପଦ୍ମଲୋଚନ ସବୁ ଦେହେ ଉଦୟ ॥
ପ୍ରଭୁଙ୍କୁ ଆଶ୍ରେ କର ତରିବୁ ଯେବେ । ପାଦପଦ୍ମରେ ଚିତ୍ତ ଦିଅ ତୁ ଲବେ ॥୨୧॥
ଫୁଲ ଯେସନେ ଫୁଲେ ଫୁଲେ ବିହରେ । ଫୁଲ ସମୀରେ ଆଉ ନ ଦିଶେ ତାରେ ॥
ଫଳ ସଂସାରେ ଲାଭ ହରି ଭଜନ । ଫାଶ ଲଗାକୁ ଜମା କରୁଛୁ ଧନରେ ॥୨୨॥
ବେଳକୁବେଳ ତୋତେ କହୁଛି ମୁହିଁ । ବାନ୍ଧିଣ ନେବେ ଯମ କି ଦୁଃଖ ଦେଇ ॥
ବିକଳେ କାନ୍ଦୁଥିବୁ ଆକୁଳ ହୋଇ । ବେଳହୁଁ ଆଶ୍ରେ କରି ଭଜ ଗୋସାଇଁ ॥୨୩॥
ଭେଳା ବୁଡ଼ିବ ହେଳା କଲେ କହୁଛି । ଭଙ୍ଗାନାବରେ କେବା ସିନ୍ଧୁ ତରିଛି ॥

ଭାବେ ନିକଟ ସେହି ଅଭାବେ ଦୂର । ଭକତ ଦାସ ବୋଲେ ଜୀବନ ଛାର ॥୨୪॥
ମିଥ୍ୟା ମାୟା ସଂସାର ନୋହେ କାହାରି । ମଲା ବୋଲିଣ ଦିନେ ପଡ଼ିବ ହୁରି ॥
ମହୀ ଭିତରେ କେହି ରହିବେ ନାହିଁ । ମଲା ବୋଲି କାନ୍ଦୁଛୁ ମରିବୁ ତୁହି ॥୨୫॥
ଜନମ ହେଲେ ପ୍ରାଣୀ ଅବଶ୍ୟ ମରି । ଯଶ ରଖିବୁ ଯେବେ ଭଜ ଶ୍ରୀହରି ॥
ଯମ ଯେ ବାନ୍ଧିନେବ ହେବୁ ମେଲାଣି । ଜଗନ୍ନାଥ ମହିମା ଏଣିକି ଆଣି ॥୨୬॥
ରଙ୍ଗ ପସରା ସିନା ଭବସାଗର । ରଙ୍ଗ ଭିତରେ ଅଛି କି ନାରଖାର ॥
ରୂପ ପ୍ରତିମାକୁ ତୁ ପରତେ ନ ଯା । ରହିବେ ନାହିଁ କେହି ରାଜା ପରଜା ॥୨୭॥
ଲୋଚନେ ଦେଖି କର୍ଣ୍ଣେ ଶୁଣୁଛୁ ନିତି । ଲୋଭ କରି ଅର୍ଜିଲୁ ଧନ ସମ୍ପତ୍ତି ॥
ଲୋଭଟି ସବୁ ନାଶ କରଇ ମନ । ଲୋଡ଼ିଲେ ନ ପାଇବୁ ଆଉ ଜୀବନରେ ॥୨୮॥
ବିଅର୍ଥେ ବହିଅଛୁ ଦୁର୍ଲଭ ଦେହ । ବିଷୟା ବିଷେ ଆଉ ନ ବଳା ସ୍ନେହ ॥
ବୁଡ଼ିଯିବଟି ମୂଳ ଲାଭ ସରିବ । ବେଳହୁଁ ଆଶ୍ରେ କରି ଭଜ ମାଧବ ॥୨୯॥
ଶ୍ରୀକୃଷ୍ଣ ପାଦପଦ୍ମେ ଦିଅ ତୁ ମନ । ସରିଲେ ନ ପାଇବୁ ଆଉ ଜୀବନ ॥
ଶ୍ରୀକୃଷ୍ଣ ନାମଗୋଟି କର ଭଜନ । ଶ୍ରୀକୃଷ୍ଣ ପାଦପଦ୍ମେ ଦିଅ ତୁ ଧ୍ୟାନ ॥୩୦॥
ସନ୍ତୋଷ ଚିତ୍ତେ ତୁହି ହରିଙ୍କି ଭଜ । ସଂସାରେ ପଡ଼ି ଆଉ ନ ପାଅ ଲାଜ ॥
ସବୁଟି ମିଛ ହରି ନାମଟି ସତ । ଶ୍ରୀକୃଷ୍ଣ ପାଦପଦ୍ମେ ଦିଅ ତୁ ଚିତ୍ତ ॥୩୧॥
ସତ୍ୟ ମଣୁଛୁ ତୁହି ଭବସାଗର । ସରିଯାଉଛି ପରମାୟୁ ତୋହର ॥
ସନ୍ତୋଷ ହୋଇ ଦୃଢ଼େ ଭଜ ଶ୍ରୀହରି । ଶୋକ ସାଗରୁ ଯେବେ ହୋଇବୁ ପାରି ॥୩୨॥
ହୁଡ଼ିଲେ ଯେତେ ଜନ ହରିନାମକୁ । ହୀନ ଗତିକି ଗଲେ ବୁଡ଼ି ତଳକୁ ॥
ହଜିଲେ ଦେହ ଆଉ ପାଇବୁ ନାହିଁ । ହାଟ ବସାଇଥିବେ ତୋ ଦେହ ପାଇଁ ॥୩୩॥
କ୍ଷୟ ଦୁର୍ଲଭ ଦେହ ହୋଏ ଆୟୁଷ । କ୍ଷୟ ନ ଯିବ ନାମ ହୃଦୟେ ଘୋଷ ॥
ଛାର ଦେହକୁ ମନ ନ ଯା ବିଶ୍ୱାସ । ଛାର ଦୁର୍ବୁଦ୍ଧି କହେ ଭକତ ଦାସ ॥୩୪॥

କଳା କଳେବର ଚଉତିଶା

ଭକ୍ତ ଚରଣ ଦାସ

କଳାକଳେବର କହ୍ନାଇ ସଙ୍ଗେ ରୋହିଣୀ ସୁତ,
କରନ୍ତି ମଥୁରା ବିଜୟେ ଦାଣ୍ଡେ ଦେଖ ସଙ୍ଘାତ ॥୧॥

ଖସି ପଡୁଛି କି ଆକାଶୁ କିଏ ଗଙ୍ଗା ଯମୁନା
କ୍ଷୀର ସଙ୍ଗେ ପ୍ରାଣ ଶୋଷିଲେ ନାଶ ଗଲା ପୂତନା ॥୨॥

ଗହନ କାନନ ବନରେ ଘୋର ବରଷା କାଳ,
ଗିରି ବାମ କରେ ଧଇଲେ ନନ୍ଦ ଯଶୋଦାବାଳ ॥୩॥

ଘରେ ନ ରହନ୍ତି ଗଉଡ଼େ ବଡ଼ ଅଧମ ଜାତି,
ଘେନି ବସ୍ତାବୃନ୍ଦ ବାଳକେ ବନେ ବୁଲନ୍ତି ନିତି ॥୪॥

ଉଇଁ ଆସୁଛିକି ପୂର୍ଣ୍ଣିମା ଶଶି କ୍ଷୀର ସାଗରୁ,
ଉଠ ମଧୁପୁର ଯୁବତୀ ଓଗାଳିବା ଆଗରୁ ॥୫॥

ଚନ୍ଦନ ବେଶ ମୁଁ କରନ୍ତି ମୋର ହେଉଛି ମନ,
ଚିତ୍ତ କେ ଧରିବ ଯୁବତୀ ଚାହିଁ ଚନ୍ଦ୍ର ବଦନ ॥୬॥

ଛନକା ପଶିଲା ଛାତିରେ ଜାତି କୁଳ ଉପେକ୍ଷି
ଛାଡ଼ିବେ ଜୀବନ ଯଶୋଦା ଗୋପେ କୃଷ୍ଣ ନ ଦେଖି ॥୭॥

ଜହର ସଙ୍ଗରେ ମହୁରା ଆସି ହେଲା ନିୟତ
ଯୁବତୀ କୁଳକୁ ଦଇବ କଲା ଏ ଉତପାତ ॥୮॥

ଝଡ଼ି ପଡୁଛି କି ଝୁଣ୍ଟିଆ ଝସକେତନ ଘାତେ,
ଝାଳ ବିନ୍ଦୁ ବିନ୍ଦୁ ଶ୍ରୀମୁଖୁ ବହୁଅଛି ନିରତେ ॥୯॥

ନୟନ ଉପରେ ଭ୍ରୂଲତା ଏ କି କାମ କମାଣ,
ନୁହନ୍ତି ଏ ପୋଏ କାହାରି ସବୁ ଗୋପୀଙ୍କ ପ୍ରାଣ ॥୧୦॥

ଟୋପି ଟୋପି କରି ଚନ୍ଦନ ମଣ୍ଡିଛନ୍ତି କି ସଜେ,
ଟେକିବାରେ ଚାହାଁ ମଥୁରା ଦାଣ୍ଡେ ଗୋବିନ୍ଦ ବିଜେ ॥ ୧୧ ॥

ଠାବେ ଠାବେ ଗୋଳ ଚହଳ ଶିଙ୍ଘା ବେଣୁ ବଇଁଶୀ,
ଠିଆ ହୋଇ ଭକ୍ତ ଦାସ ତା' ଦାଣ୍ଡେ ଦେଖନ୍ତି ଆସି ॥୧୨ ॥

ଡାକନ୍ତି ଏକକୁ ଆରେକ ଆସ ଜୀବ ଜୀବନ,
ଡୋଲାରେ ଏ ରୂପ ଦେଖିବା ବିଜେ ମଧୁସୂଦନ ॥୧୩ ॥

ଢଳିଢଳି କୃଷ୍ଣ ନାଚନ୍ତି ଭଙ୍ଗୀ ଦେଖ ମିତଣୀ,
ଢାଳନ୍ତି କିରୂପେ ଡୋଲାକୁ କେଉଁ ଛଟକେ ଆଣି ॥୧୪ ॥

ଅଳକାରେ ସରୁ କାଇଁଚ ମଣ୍ଡିଛନ୍ତି ରଙ୍ଗରେ,
ଅଣହେଳା ପାଉଥିବେ ଗୋ ନନ୍ଦ ଗଉଡ଼ ଘରେ ॥୧୫ ॥

ତିଳକ ଉପରେ କସ୍ତୁରୀ ଗୋରଚନା ଖଞ୍ଜିଛି,
ତେରେଛେଇଁ ଚାହିଁ ଦେବାରୁ ତରଳାଇ ଦେଉଛି ॥୧୬ ॥

ଥକା ହୋଇ ଥୋକେ ରହିଲେ ଥୋକେ ଗଲେ ଗୋଡ଼ାଇ,
ଥିର ମଦନ ସଂଘାତରେ କାମ ଦେଲା ଭୁଲାଇ ॥୧୭ ॥

ଦୁଃଖୀ ଲୋକଙ୍କର ସଂଖାଳି ସେ ତ ଦରିଦ୍ର ଧନ,
ଦହି ଦୁଧ ସର ଖିଆ ଗୋ ତେଣୁ ବଡ଼ ଲାବଣ୍ୟ ॥୧୮ ॥

ଧରଣୀ ମଣ୍ଡିଲା ପରାଏ ହୋଇଛନ୍ତି କି ଉଭା,
ଧଳା କଳା ବେନି ଭାଇ ଗୋ ଦୁହେଁ ଦୁହିଁଙ୍କ ଶୋଭା ॥୧୯ ॥

ନାସାବିନ୍ଧା ଅପତିଆଣୀ ସେ ଯେ ଯଶୋଦାସୁତ,
ନକଲା ଦଇବ ନରେନ୍ଦ୍ର ଘରେ ଏ ପୁଅ ଜାତ ॥୨୦ ॥

ପୁଅ ହୋଇ ଏଡ଼େ ସୁନ୍ଦର ନାହିଁ କାହାର ଘରେ,
ପାହିଲା କି ଯୋଗେ ରଜନୀ ଆଜି ମଧୁନଗରେ ॥୨୧ ॥

ଫୁଲରେ ଏହାଙ୍କ ଶରଧା ଫୁଲେ ଦିଶନ୍ତି ତୋରା,
ସ୍ଫୁରୁଛି ତ ବାମ ନୟନ ମୋତେ ଚାହିଁବେ ପରା ॥୨୨ ॥

ବୁଦ୍ଧି ବଣା ହେଲା ଶୁଣିଣ ଅମୃତ ଜିଣା ବାଣୀ,
ବସି କେତେ କାଳ ଗଢ଼ିଲା ତାକୁ କେଉଁ ବିନ୍ଧାଣୀ ॥୨୩॥

ଭଜିବାକୁ ହେଲା ଭଜନ ମାଳା କଲା ଏ ରୂପ,
ଭଜିବକି ଭକ୍ତ ଦାସ ତା' କ୍ଷୟ କରିବ ପାପ ॥୨୪॥

ମନ୍ଦ ବୁଦ୍ଧିକଲେ ନନ୍ଦ ଗୋ ସେ ତ ଆମ୍ଭ କରମ,
ମିଛେ ନନ୍ଦ ପୁଅ ବୋଲନ୍ତି ମଥୁରାରେ ଜନମ ॥୨୫॥

ଯଦୁକୁଳ ଚନ୍ଦ୍ର ବୋଲିବା ସେ ତ ଯଦୁବିହାରୀ,
ଜାତି ଯଉବନ ଜୀବନ ସବୁ ନେଲା ଆମ୍ଭରି ॥୨୬॥

ରାମକୃଷ୍ଣ ବେନି ଭାଇ ଗୋ ଦୁହେଁ ଦୁହିଁଙ୍କି ତୋରା,
ରଙ୍ଗେ ନାଚି ଆସୁଥାନ୍ତି ଗୋ ଯେହ୍ନେ ଗଗନ ତାରା ॥୨୭॥

ଲାଜ ଭୟ ତେଜି କରିଲେ କୃଷ୍ଣ ସଙ୍ଗେ ପୀରତି,
ଲାଭ ହେଉଥିବ ଆମ୍ଭର ହସୁଥିବା ଗୋ ନିତି ॥୨୮॥

ବଳିଣ ଦିଶେ କି ମଳିନ ବାହୁ ଶ୍ରୀଭୁଜ ସ୍ଥଳ,
ବିନ୍ଧୁଛି କି ଝସ କେତନମିଶି ହେଲା ତରଳ ॥୨୯॥

ଶ୍ରୀମନ୍ତ ବଢ଼ାଇ ଏ ପୁଅ ଲକ୍ଷ୍ମୀ ଏହାଙ୍କ ଦାସୀ,
ଶ୍ରୀମୁଖ ଏ ପରା ଦିଶୁଛି କିବା ପୂର୍ଣ୍ଣିମା ଶଶୀ ॥୩୦॥

ସରଳବଣୀ ଗୋଟିକା ଯେ ଖାଇ ନନ୍ଦର ବସ୍ତି,
ସବୁ ଗୋପୀଙ୍କର ମନକୁ ବଂଶୀସ୍ୱନେ ମୋହିଛି ॥୩୧॥

ସଧୀରେ ପବନ ବହଇ ସରୁ କଟି ମେଖଳା,
ଶିବ ଡମ୍ବରୁ କି କୈଳାସୁ ଶ୍ୟାମ ବଦନ କଳା ॥୩୨॥

ହେଲେ ହେବୁ ପଛେ କୁଳଟା ହାର କରିବୁ ଗଳେ,
ହସୁଥିବୁ ତାର ସଙ୍ଗତେ ବସିଥିବୁ ଗୋ କୋଳେ ॥୩୩॥

ଛାଡ଼ି ଲଜ୍ଜାଭୟ ତା' ରୂପ ଦରପଣେ ମାଜିବା,
ଛାର ଭକ୍ତ ଦାସ କହେ ତା' ଧ୍ୟାୟୀ ରଜନୀ ଦିବା ॥୩୪॥

■

BLACK EAGLE BOOKS

www.blackeaglebooks.org
info@blackeaglebooks.org

Black Eagle Books, an independent publisher, was founded as a nonprofit organization in April, 2019. It is our mission to connect and engage the Indian diaspora and the world at large with the best of works of world literature published on a collaborative platform, with special emphasis on foregrounding Contemporary Classics and New Writing.

www.ingramcontent.com/pod-product-compliance
Lightning Source LLC
Chambersburg PA
CBHW020512080526
44583CB00013B/569
9781645602880